中国建设年鉴 2018

《中国建设年鉴》编委会 编

中国建筑工业出版社

图书在版编目(CIP)数据

中国建设年鉴.2018/《中国建设年鉴》编委会编.
北京：中国建筑工业出版社，2019.4
ISBN 978-7-112-23358-8

Ⅰ.①中… Ⅱ.①中… Ⅲ.①城乡建设-中国-2018-年鉴 Ⅳ.①F299.2-54

中国版本图书馆CIP数据核字(2019)第033436号

责任编辑：马 红 边 琨
责任校对：赵 颖

中国建设年鉴2018
《中国建设年鉴》编委会 编
*
中国建筑工业出版社出版、发行(北京海淀三里河路9号)
各地新华书店、建筑书店经销
北京红光制版公司制版
天津翔远印刷有限公司印刷
*
开本：880×1230毫米 1/16 印张：48¾ 插页：8 字数：1579千字
2019年5月第一版 2019年5月第一次印刷
定价：380.00元
ISBN 978-7-112-23358-8
(33671)

版权所有 翻印必究
如有印装质量问题，可寄本社退换
(邮政编码100037)

编辑说明

一、《中国建设年鉴》是由住房和城乡建设部组织编纂的综合性大型资料工具书，中国建筑工业出版社具体负责编辑出版工作。每年一册，逐年编辑出版。

二、《中国建设年鉴》力求综合反映我国住房城乡建设事业发展与改革年度情况，内容丰富，资料来源准确可靠，具有很强的政策性、指导性、文献性。可为各级建设行政主管领导提供参考，为地区和行业建设发展规划和思路提供借鉴，为国内外各界人士了解中国建设情况提供信息。本书具有重要的史料价值、实用价值和收藏价值。

三、《中国建设年鉴》2018卷力求全面记述2017年我国房地产业、住房保障、城乡规划、城市建设、村镇建设、建筑业、建筑节能与科技和国家基础设施建设等方面的主要工作，突出新思路、新举措、新特点。

四、《中国建设年鉴》记述时限一般为上一年度1月1日至12月31日。为保证有些条目内容的完整性和时效性，个别记述在时限上有所上溯或下延。为方便读者阅读使用，选录的部分新闻媒体稿件，在时间的表述上，有所改动，如"今年"改为"2017年"。

五、《中国建设年鉴》采用分类编辑方法，按照篇目、栏目、分目、条目依次展开，条目为主要信息载体。全卷设8个篇目，篇目内包含文章、分目、条目和表格。标有【 】者为条目的题目。

六、《中国建设年鉴》文稿的内容、文字、数据、保密问题等均经撰稿人所在单位把关审定，由《中国建设年鉴》编辑部汇总编辑完成。

七、我国香港特别行政区、澳门特别行政区和台湾地区建设情况暂未列入本卷。

八、限于编辑水平和经验，本年鉴难免有错误和缺点，欢迎广大读者提出宝贵意见。

九、谨向关心支持《中国建设年鉴》的各级领导、撰稿人员和广大读者致以诚挚的感谢！

《中国建设年鉴2018》编辑委员会

主　任
　　易　军　住房和城乡建设部副部长

副主任
　　常　青　住房和城乡建设部党组成员、办公厅主任
　　尚春明　中国建筑工业出版社党委书记

编　委
　　孙志强　驻住房和城乡建设部纪检组副组长
　　周　韬　住房和城乡建设部法规司副司长
　　秦海翔　住房和城乡建设部住房改革与发展司副司长
　　曹金彪　住房和城乡建设部住房保障司司长
　　刘　灿　住房和城乡建设部标准定额司司长
　　姜万荣　住房和城乡建设部房地产市场监管司司长
　　张　毅　住房和城乡建设部建筑市场监管司司长
　　张小宏　住房和城乡建设部城市建设司司长
　　卢英方　住房和城乡建设部村镇建设司巡视员
　　李如生　住房和城乡建设部工程质量安全监管司司长
　　苏蕴山　住房和城乡建设部建筑节能与科技司司长
　　张其光　住房和城乡建设部住房公积金监管司司长
　　王胜军　住房和城乡建设部城市管理监督局副局长
　　张兴野　住房和城乡建设部计划财务与外事司司长
　　江小群　住房和城乡建设部人事司司长
　　王瑞春　住房和城乡建设部直属机关党委常务副书记
　　秦　虹　住房和城乡建设部政策研究中心主任
　　于　洋　住房和城乡建设部执业资格注册中心副主任
　　杨彦奎　住房和城乡建设部人力资源开发中心主任
　　陶　泳　北京市住房和城乡建设委员会委员
　　孙新军　北京市城市管理委员会主任
　　张　维　北京市规划和国土资源管理委员会党组书记、主任
　　高大伟　北京市园林绿化局（首都绿化办）党组成员、副局长
　　潘安君　北京市水务局党组书记、局长
　　孙连辉　北京市城市管理综合行政执法局党组书记、局长
　　宋力威　天津市城乡建设委员会党委书记、主任
　　霍　兵　天津市规划局副局长

蔡云鹏	天津市国土资源和房屋管理局局长	陈 平	江西省住房和城乡建设厅党组书记、厅长
霍永晟	天津市市容和园林管理委员会副主任	周善东	山东省住房和城乡建设厅副厅长
张文波	天津市水务局副局长	吴 浩	河南省住房和城乡建设厅厅长
黄永平	上海市住房和城乡建设管理委员会主任	李昌海	湖北省住房和城乡建设厅党组书记、厅长
徐毅松	上海市规划和国土资源管理局局长	鹿 山	湖南省住房和城乡建设厅党组书记、厅长
邓建平	上海市绿化和市容管理局局长	张少康	广东省住房和城乡建设厅厅长
白庭辉	上海市水务局 上海市海洋局党组书记、局长	周家斌	广西壮族自治区住房和城乡建设厅厅长
乔明佳	重庆市城乡建设委员会党组书记、主任	陈孝京	海南省住房和城乡建设厅副厅长
谢礼国	重庆市城市管理局党组书记、局长	丁式江	海南省规划委员会主任
董建国	重庆市国土资源和房屋管理局党组书记、局长	何 健	四川省住房和城乡建设厅党组书记、厅长
曹光辉	重庆市规划局党组书记、局长	张 鹏	贵州省住房和城乡建设厅厅长
康彦民	河北省住房和城乡建设厅党组书记、厅长	王云昌	云南省住房和城乡建设厅副厅长
王立业	山西省住房和城乡建设厅党组书记、厅长	斯朗尼玛	西藏自治区住房和城乡建设厅党组副书记、厅长
冯任飞	内蒙古自治区住房和城乡建设厅厅长	韩一兵	陕西省住房和城乡建设厅党组书记、厅长
杨春青	黑龙江省住房和城乡建设厅党组书记、厅长	杨咏中	甘肃省住房和城乡建设厅党组书记、厅长
魏举峰	辽宁省住房和城乡建设厅党组书记、厅长	师 健	青海省住房和城乡建设厅副厅长
邢文忠	吉林省住房和城乡建设厅副巡视员	马汉文	宁夏回族自治区住房和城乡建设厅党组书记、厅长
周 岚	江苏省住房和城乡建设厅厅长	李宏斌	新疆维吾尔自治区住房和城乡建设厅厅长
项永丹	浙江省住房和城乡建设厅党组书记、厅长	蔡启明	新疆生产建设兵团建设局党组书记、局长
赵馨群	安徽省住房和城乡建设厅党组书记、厅长	马成恩	大连市城乡建设委员会主任
		陈 勇	青岛市城乡建设委员会党委书记、主任
林瑞良	福建省住房和城乡建设厅党组书记、厅长	张国平	宁波市住房和城乡建设委员会副主任
		陈锦良	厦门市建设与管理局党组书记、局长
		王曙彩	深圳市住房和建设局副巡视员

詹有力	深圳市规划和国土资源委员会（市海洋局）副巡视员	陈　重	中国风景园林学会理事长
王　太	交通运输部公路局副局长	崔衡德	中国市长协会秘书长
杨华雄	交通运输部水运局副局长	吴建平	中国城市规划协会副会长兼秘书长
陈立东	工业和信息化部信息通信发展司副司长	王子牛	中国勘察设计协会副理事长兼秘书长
王明亮	文化和旅游部财务司副巡视员	赵　峰	中国建筑业协会副秘书长
时以群	农业农村部发展计划司副司长	杨存成	中国安装协会副会长兼秘书长
祖雷鸣	水利部建设与管理司司长	刘　哲	中国建筑金属结构协会秘书长
齐贵新	国家卫生健康委员会规划与信息司副司长	王学军	中国建设监理协会副会长兼秘书长
李春红	生态环境部规划财务司副巡视员	刘晓一	中国建筑装饰协会执行会长
刘春晨	中国民航局机场司司长	张志新	中国工程建设标准化协会秘书长
熊春庚	中国铁路总公司建设管理部专员兼副主任	徐惠琴	中国建设工程造价管理协会理事长
余　刚	中国城市科学研究会秘书长	刘　杰	中国建设教育协会理事长
仲继寿	中国建筑学会秘书长	王要武	哈尔滨工业大学教授
李建钢	中国土木工程学会副秘书长		

《中国建设年鉴 2018》工作执行委员会

陈少鹏　住房和城乡建设部办公厅综合处处长
成得礼　住房和城乡建设部办公厅秘书处调研员
马骏驰　住房和城乡建设部办公厅督办处处长
王宏轩　住房和城乡建设部办公厅宣传信息处处长
王秀娟　住房和城乡建设部办公厅档案处处长
贾四海　住房和城乡建设部法规司综合处处长
王凌云　住房和城乡建设部住房保障司综合处处长
谭　华　住房和城乡建设部标准定额司综合处处长
朱文奇　住房和城乡建设部房地产市场监管司综合处处长
陈　波　住房和城乡建设部建筑市场监管司综合处处长
邱绪建　住房和城乡建设部城市建设司综合法规处处长
顾宇新　住房和城乡建设部村镇建设司综合处处长
宋梅红　住房和城乡建设部工程质量安全监管司综合处处长
王建清　住房和城乡建设部建筑节能与科技司综合处处长
黄海群　住房和城乡建设部住房公积金监管司综合处处长
朱宇玉　住房和城乡建设部城市管理监督局综合处副处长
王彦芳　住房和城乡建设部计划财务与外事司综合处处长
袁　雷　住房和城乡建设部人事司综合与机构编制处副处长
王　敏　住房和城乡建设部直属机关党委办公室主任
浦　湛　住房和城乡建设部政策研究中心处长
陈雪娇　住房和城乡建设部人力资源开发中心办公室主任
付春玲　住房和城乡建设部执业资格注册中心办公室主任
马　红　中国建筑工业出版社中国建设年鉴编辑部主任
刘忠昌　北京市住房和城乡建设发展研究中心主任
堵锡忠　北京市城市管理委员会研究室主任
刘俊兰　北京市规划和国土资源管理委员会研究室（新闻宣传处）主任
王　军　北京市园林绿化局（首都绿化办）研究室主任
刘大根　北京市水务局研究室主任
霍保安　北京市城市管理综合行政执法局办公室主任
张　巍　天津市城乡建设委员会总经济师
王　瑛　天津市规划局办公室主任
俞晓群　天津市国土资源和房屋管理局办公室主任
赵　瑾　天津市市容和园林管理委员会规划处（研究室）处长

丛 英	天津市水务局改研室调研员	袁晓虎	贵州省住房和城乡建设厅办公室主任
徐存福	上海市住房和城乡建设管理委员会政策研究室主任	杜华瑞	云南省住房和城乡建设厅办公室主任
胡国俊	上海市规划和国土资源管理局办公室主任	王世玉	西藏自治区住房和城乡建设厅办公室主任
王永文	上海市绿化和市容管理局研究室主任	杜晓东	陕西省住房和城乡建设厅政策法规处处长
田 军	上海市水务局 上海市海洋局办公室副主任	杨福波	甘肃省住房和城乡建设厅办公室主任
周 刚	重庆市城乡建设委员会办公室主任	王有云	青海省住房和城乡建设厅办公室副主任
黄 建	重庆市城市管理局办公室主任	赵建明	宁夏回族自治区住房和城乡建设厅办公室副主任
熊仪俊	重庆市国土资源和房屋管理局综合处处长	霍新力	新疆维吾尔自治区城市建设档案馆馆长
刘 睿	重庆市规划局办公室主任	张静宇	新疆生产建设兵团建设局办公室副主任
赵春旺	河北省住房和城乡建设厅办公室主任	王志勇	大连市城乡建设委员会办公室主任
贺 鑫	山西省住房和城乡建设厅办公室主任	刘 立	青岛市城乡建设委员会政策法规处处长
刘文宇	内蒙古自治区住房和城乡建设厅办公室主任	许志平	宁波市住房和城乡建设委员会办公室主任
田建军	黑龙江省住房和城乡建设厅总经济师	李小平	厦门市建设与管理局办公室主任
李江波	辽宁省住房和城乡建设厅办公室主任	李 辉	深圳市规划和国土资源委员会（市海洋局）秘书处副处长
刘 金	吉林省住房和城乡建设厅行业发展处处长	吴长松	深圳市住房和建设局办公室主任
赵庆红	江苏省住房和城乡建设厅办公室主任	王松波	交通运输部公路局工程管理处副处长
包立奎	浙江省住房和城乡建设厅办公室主任	翁笑冰	交通运输部水运局建设市场监管处处长
陈小满	安徽省住房和城乡建设厅办公室主任	贺 丰	工业和信息化部信息通信发展司处长
苏友佺	福建省住房和城乡建设厅办公室主任	亢 博	文化和旅游部财务司规划统计处副处长
王海涛	江西省住房和城乡建设厅办公室主任	张永江	农业农村部发展计划司投资处处长
潘岚君	山东省住房和城乡建设厅办公室主任	司毅军	水利部建设与管理司副巡视员
马炳杰	河南省住房和城乡建设厅办公室主任	李 军	国家卫生健康委员会规划与信息司处长
曾 龙	湖北省住房和城乡建设厅办公室主任	张华平	生态环境部规划财务司综合处处长
颜和平	湖南省住房和城乡建设厅办公室主任	彭爱兰	中国民航局机场司建设处处长
曾 峥	广东省住房和城乡建设厅办公室主任	刘俊贤	中国铁路总公司建设管理部综合处处长
陈世山	广西壮族自治区住房和城乡建设厅办公室主任	叶蒙宇	中国城市科学研究会办公室副主任
成和军	海南省住房和城乡建设厅改革与发展处副处长	魏 巍	中国建筑学会综合部主任
		张 君	中国土木工程学会综合部副主任
		贾建中	中国风景园林学会副理事长
吴 雄	海南省规划委综合处处长	王长远	中国市长协会常务副秘书长
陈 涛	四川省住房和城乡建设厅党组成员、总规划师	李建伟	中国城市规划协会宣传部副主任
		汪祖进	中国勘察设计协会副秘书长
		王承玮	中国建筑业协会信息传媒部主任

顾心建	中国安装协会副秘书长兼办公室主任	诸金伟	中国工程建设标准化协会办公室主任
宋雪文	中国建设监理协会行业发展部副主任	薛秀丽	中国建设工程造价管理协会副秘书长
龚仰其	中国建筑装饰协会秘书处办公室主任	王凤君	中国建设教育协会副理事长兼秘书长
吕志翠	中国建筑金属结构协会办公室副主任		

中国建设年鉴编辑部
主编兼编辑部主任：马红
电　话：010-58337053
地　址：北京市海淀区三里河路9号院　住房和城乡建设部中国建筑工业出版社

主要撰稿人名单（排名不分先后）

尹飞龙	王 峥	曾 剑	余山川	陈 静	宋 涛	李海莹	褚苗苗
阮国旗	李 琦	朱 乐	韩丽娜	丁泉伟	葛一鸣	叶 笛	倪 稞
金香梅	宾 帆	李德春	秦 川	亢 博	袁志章	李芳馨	胡忙全
曲怡然	罗丕津	李 童	王 普	汪成钢	武 斌	赵 霆	田 雨
齐庆栓	张京松	张丽燕	王春敏	李 菁	高建静	丛 英	严德华
戈壁青	周海霞	倪周晶	李 培	曾 杰	王 力	陈文芳	郭晓丽
米玉婷	曹 光	格根哈斯	崔英华	张勇智	贺 岩	施华伟	张晓明
刘叶冲	南王儒	葛蒙生	施德善	夏 萍	孙运通	李新怀	马炳杰
王 放	钱 璟	韩 冬	赵 航	李 琳	孙文玺	冯 译	李根芽
岳 乐	向贵和	何治强	宋维修	王世玉	吴汉卫	彭 强	顾永宁
乔 静	金 鹏	关常来	张宏震	朱 军	刘静雯	陈 锋	张婷婷
张致富	袁 媛	王要武	李晓东	满庆鹏	冯凯伦	赵 蕊	胡国华
袁振民	陈石玮	陈雪峤	付春玲	史现利	季 帆	姬朕宇	李 佳
张 君	付彦荣	姜 洋	李小梅	侯丽娟	李雪菊	顾心建	吕志翠
宋雪文	王本明	李文娟	姚春妤	张 晶			

目 录

特 载

习近平在北京考察：抓好城市规划建设
　　筹办好冬奥会 ………………………… 2
千年大计、国家大事——以习近平同志为
　　核心的党中央决策河北雄安新区规划
　　建设纪实 ……………………………… 4
张高丽：推动雄安新区规划建设开好局
　　起好步 ………………………………… 10
全面贯彻落实党的十九大精神奋力谱写
　　新时代住房城乡建设事业发展新篇章 …… 11

专 题 报 道

住建部部长王蒙徽：5年近8000万困难
　　群众改善住房条件 …………………… 16
王蒙徽在全国城市生活垃圾分类工作现场
　　会上强调统一思想明确目标系统谋划群
　　策群力　加快推进生活垃圾分类工作 …… 16
王蒙徽在老旧小区改造试点工作座谈会上
　　强调充分运用"共同缔造"理念 推进
　　老旧小区改造 ………………………… 17
易军在促进建筑业持续健康发展新闻发布会上
　　要求落实顶层设计 打造中国建造品牌 …… 18
倪虹带队实地检查时要求：确保
　　全国市政公用设施安全运行 ………… 19

建 设 综 述

法规建设 ……………………………………… 22
　立法工作 …………………………………… 22
　　• 积极开展法律、行政法规立法工作 …… 22
　　• 规章立法工作取得积极进展 ………… 22
　　• 不断提高立法质量 …………………… 22
　"放管服"改革工作 ………………………… 22
　　• 继续减少行政审批事项 ……………… 22
　　• 进一步规范部机关行政审批行为 …… 22
　　• 指导地方进一步优化营商环境 ……… 22
　　• 持续稳妥推进规章文件清理工作 …… 22
　行政复议和行政诉讼工作 ………………… 22
　行政执法监督工作 ………………………… 23
　普法工作 …………………………………… 23
　其他工作 …………………………………… 23
住房保障 ……………………………………… 23
　全年重点工作、新举措 …………………… 23
　　• 圆满完成棚改年度目标任务 ………… 23
　　• 研究提出指导地方推进新一轮棚改的意见 …… 23
　　• 扎实推进公租房分配和管理工作 …… 24
　　• 支持北京市、上海市开展共有产权住房
　　　试点 …………………………………… 24
　住房保障政策拟定 ………………………… 24
　城镇保障性安居工程年度计划、资金
　**　安排及实施情况** ………………………… 26
　　• 明确年度计划 ………………………… 26
　　• 年度资金安排情况 …………………… 26
　　• 工程质量总体可控 …………………… 26
　　• 城镇保障性安居工程建设进展顺利 … 26
城乡规划 ……………………………………… 26
　城市总体规划 ……………………………… 26
　　• 规划期至2020年的城市总体规划审查报批 … 26
　　• 开展新一版城市总体规划编制试点 … 26
　　• 指导各地开展"多规合一"管理平台建设 … 26
　区域规划 …………………………………… 27

- 省域城镇体系规划审查报批 …………… 27
- 推动省级空间规划试点工作 …………… 27
- 推动跨省级城市群规划制定实施 ……… 27
- 推进中新天津生态城建设 ……………… 27

城乡规划管理 ………………………………… 27
- 全面推进全国城市建成区违法建设专项治理 …………………………………… 27
- 推进部规划管理信息平台建设 ………… 27
- 开发区目录审核 ………………………… 27
- 加强规划编制单位管理 ………………… 27

历史文化保护 ………………………………… 27
- 历史文化名城名镇名村保护 …………… 27
- 历史文化街区划定和历史建筑确定 …… 27
- 加强历史建筑保护利用 ………………… 27
- 开展历史文化名城名镇名村保护工作评估检查 ……………………………………… 27

城市设计和建筑设计管理 …………………… 27
- 印发《城市设计管理办法》 …………… 27
- 开展城市设计试点工作 ………………… 27
- 研究加强建筑设计管理工作 …………… 27

推进生态修复城市修补 ……………………… 28
- 印发生态修复城市修补指导意见 ……… 28
- 开展生态修复城市修补试点工作 ……… 28
- 召开生态修复城市修补试点现场会 …… 28

标准定额 ……………………………………… 28
- 2017年工程建设标准、造价的基本情况 … 28
- 启动工程建设标准体制改革 …………… 28
- 推进建筑市场人工单价改革 …………… 28
- 加强重点标准的编制 …………………… 28
- 构建科学的计价依据体系 ……………… 29
- 加强建设标准编制工作管理 …………… 29
- 启动工程造价数据监测工作 …………… 29
- 完善工程造价监管机制 ………………… 29
- 积极开展标准宣传和推广活动 ………… 29
- 深入推进标准实施监督改革 …………… 30
- 推动重点领域标准实施 ………………… 30
- 推进养老服务和无障碍设施建设 ……… 30
- 指导产品质量认证工作 ………………… 30
- 抓好党风廉政建设 ……………………… 30
- 2017年批准发布的国家标准 …………… 30
- 2017年批准发布的行业标准 …………… 33
- 2017年批准发布的产品标准 …………… 34
- 2017年批准发布的工程项目建设标准 … 36

房地产市场监管 ……………………………… 36
房地产市场调控政策及市场运行基本情况 … 36
- 房地产市场调控工作 …………………… 36
- 房地产市场运行基本情况 ……………… 37

房屋交易与权属管理基本情况 ……………… 37
- 加快培育和发展住房租赁市场 ………… 37
- 深入开展房地产市场秩序专项整治 …… 37
- 全面推进房地产交易信息和涉税信息共享 … 37
- 做好交易与不动产统一登记衔接 ……… 37

房地产开发与房屋征收基本情况 …………… 38
- 优化房地产开发企业一级资质审批 …… 38
- 推进房屋征收工作依法有序开展 ……… 38
- 加强对违法违规行为督查督办 ………… 38

物业管理基本情况 …………………………… 38
- 完善物业管理制度 ……………………… 38
- 转变物业服务市场监管方式 …………… 38
- 加强维修资金监管工作 ………………… 38
- 开展房屋使用安全和白蚁防治工作 …… 38

建筑市场监管 ………………………………… 38
概况 …………………………………………… 38
深入推进行业改革和发展 …………………… 39
- 构建新时代行业发展体制机制 ………… 39
- 加快推进工程建设组织实施方式变革 … 39
- 探索推进建筑市场机制改革 …………… 39
- 创新发挥建筑师作用机制 ……………… 39
- 加快培育建筑产业工人队伍 …………… 39

加强建筑市场监管 …………………………… 39
- 继续清理规范工程建设领域保证金 …… 39
- 推动建筑市场信用体系建设 …………… 39
- 加大建筑市场违法违规行为的查处力度 … 40

深入推进行政审批制度改革 ………………… 40
- 放宽行业市场准入 ……………………… 40
- 简化施工许可管理 ……………………… 40
- 加强行政审批制度建设 ………………… 40
- 加大资质审批监督力度 ………………… 40
- 创新资质资格审批方式 ………………… 40

城市建设 ……………………………………… 41
海绵城市建设、排水防涝与黑臭水体整治 … 41
- 海绵城市 ………………………………… 41
- 排水防涝 ………………………………… 41
- 黑臭水体 ………………………………… 41

地下综合管廊建设 …………………………… 41
- 开展管廊规划巡查辅导 ………………… 42
- 稳步推进管廊建设试点 ………………… 42
- 完善管廊建设政策、标准 ……………… 42
- 管廊建设项目库信息化建设 …………… 42
- 综合管廊建设宣传 ……………………… 42

- 市政交通建设 …… 42
  - 城镇燃气 …… 42
  - 城镇供热 …… 42
  - 城市道路交通 …… 42
- 城市环境卫生 …… 43
  - 推动垃圾分类 …… 43
  - 推动建筑垃圾管理和资源化利用 …… 43
  - 加强垃圾处理设施建设和运行管理 …… 43
  - 加强公厕建设管理和城市保洁工作 …… 43
- 城镇水务 …… 43
  - 强化城镇供水安全保障 …… 43
  - 加强城镇供水节水工作 …… 43
  - 加快城镇污水处理设施建设 …… 43
- 园林绿化建设 …… 43
  - 法规标准体系建设 …… 43
  - 国家园林城市、县城、城镇和生态园林城市创建 …… 43
  - 园林文化宣传 …… 43
  - 市场管理改革 …… 43
- 风景名胜区与世界遗产 …… 44
  - 做好国家级风景名胜区规划审查审批 …… 44
  - 强化风景名胜区和世界遗产地监督管理 …… 44
  - 做好国家级风景名胜区和世界遗产培育及申报工作 …… 44
  - 办好首个"文化和自然遗产日" …… 44

村镇建设 …… 44
基本情况 …… 44
- 概况 …… 44
- 建设投资 …… 45
- 公用设施建设 …… 45

村镇建设工作进展 …… 45
- 农村人居环境改善 …… 45
- 农村生活垃圾治理 …… 45
- 农村生活污水治理 …… 45
- 农村住房建设管理 …… 45
- 扶贫攻坚 …… 45
- 传统村落和民居保护 …… 46
- 小城镇建设 …… 46
- 乡村规划编制管理 …… 46

工程质量安全监管 …… 46
概况 …… 46
工程质量监管 …… 46
- 开展工程质量安全提升行动 …… 46
- 开展监督执法检查 …… 46
- 配合建筑业改革发展工作 …… 46
- 加强法规制度建设 …… 47
- 调查处理工程质量事故问题 …… 47
- 巩固工程质量监管工作基础 …… 47

建筑施工安全监管 …… 47
- 加强工作部署 …… 47
- 推进制度建设 …… 47
- 严格监督执法 …… 47
- 强化事故查处 …… 47
- 加强安全生产基础建设 …… 47

城市轨道交通工程质量安全监管 …… 47
- 建立完善制度 …… 47
- 加强监督检查 …… 48
- 强化事故通报 …… 48
- 开展业务培训与经验交流 …… 48

勘察设计质量监管与行业技术进步 …… 48
- 开展勘察设计质量专项治理 …… 48
- 加强施工图审查管理 …… 48
- 组织编制标准设计 …… 48
- 推动行业技术进步 …… 48

城乡建设抗震防灾 …… 48
- 加强法规制度建设 …… 48
- 加强建筑工程抗震设防管理 …… 48
- 提高地震应急处置能力 …… 48
- 积极应对地震灾害 …… 48

住房城乡建设部安全生产管理委员会办公室工作 …… 48
- 加强部安委办协调 …… 48
- 加强部内应急协调 …… 48

建筑节能与科技 …… 49
概况 …… 49
建筑节能与绿色建筑工作 …… 49
- 加强建筑节能与绿色建筑制度建设 …… 49
- 完善标准体系，提升建筑能效 …… 49
- 加强监督检查 …… 49

装配式建筑和绿色建材工作 …… 49
- 完善政策措施 …… 49
- 完善技术标准体系 …… 49
- 试点示范引领整体推进 …… 49
- 加大宣传引导 …… 50
- 积极推广应用绿色建材 …… 50

建设科技创新工作 …… 50
- 住房城乡建设部印发《住房城乡建设科技创新"十三五"专项规划》 …… 50
- 组织实施国家科技项目 …… 50
- 研究行业创新能力建设机制 …… 51

- 推进现代信息技术在住房城乡建设领域
  应用 …………………………………………… 51

国际科技合作工作 …………………………………… 51
- 稳步推进建筑节能与绿色建筑发展领域
  国际科技合作 ………………………………… 51
- 积极推进低碳生态城市国际合作 …………… 51
- 大力推进住房城乡建设领域应对气候变
  化工作 ………………………………………… 51
- 组织开展国际科技交流活动 ………………… 51

住房公积金监管 …………………………………… 52

住房公积金业务发展 ……………………………… 52
- 住房公积金缴存 ……………………………… 52
- 住房公积金提取 ……………………………… 53
- 个人住房贷款 ………………………………… 54
- 试点项目贷款 ………………………………… 55

住房公积金监督和管理机构 ……………………… 55

完善住房公积金政策和监管制度 ………………… 55
- 按时公布住房公积金年度报告 ……………… 55
- 促进住房公积金制度平稳运行 ……………… 55
- 加强住房公积金统计工作 …………………… 55
- 规范住房公积金个人贷款业务 ……………… 56
- 规范住房公积金归集业务 …………………… 56
- 推动内地（大陆）就业的港澳台同胞享
  有住房公积金待遇 …………………………… 56
- 维护住房公积金缴存职工购房贷款权益 …… 56

住房公积金信息化建设和服务 …………………… 56
- 加快推进信息化建设 ………………………… 56
- 推进综合服务平台建设 ……………………… 56
- 开通转移接续平台 …………………………… 56

城市管理监督 ……………………………………… 56
- 推进城市管理执法体制改革 ………………… 56
- 加强城市管理（执法）立法工作，推进
  严格规范公正文明执法 ……………………… 57
- 开展利用卫星遥感监测城市总体规划
  实施情况工作 ………………………………… 57
- 改进城乡规划和管理督察员制度 …………… 57
- 集中行使部机关行政处罚权 ………………… 57
- 城市建成区违法建设专项治理工作五年
  行动 …………………………………………… 58
- 组织开展建筑工地施工扬尘专项治理 ……… 58
- 组织开展京沪高铁沿线环境综合整治 ……… 58
- 统一城市管理执法制式服装和标志标识 …… 58
- 加强城市管理执法队伍建设 ………………… 58
- 开展宣传引导，营造积极正面的舆论氛围 … 59

人事教育 …………………………………………… 59

机构变化 …………………………………………… 59
- 住房和城乡建设部建筑节能与科技司
  内设机构调整 ………………………………… 59
- 住房和城乡建设部离退休干部局内设
  机构调整 ……………………………………… 59
- 住房和城乡建设部办公厅内设机构调整 …… 59
- 住房和城乡建设部城乡规划司内设机构
  调整 …………………………………………… 59
- 住房和城乡建设部机关服务中心内设机构
  调整 …………………………………………… 59
- 住房和城乡建设部政策研究中心（中国
  城乡建设经济研究所）内设机构调整 ……… 60
- 住房和城乡建设部城乡规划管理中心
  （住房和城乡建设部遥感应用中心、
  住房和城乡建设部世界自然遗产
  研究中心）内设机构调整 …………………… 60
- 住房和城乡建设部人力资源开发中心内
  设机构调整 …………………………………… 60

高等教育 …………………………………………… 60
- 2016～2017年度高等学校建筑学专业
  教育评估工作 ………………………………… 60
- 2016～2017年度高等学校城乡规划专业
  教育评估工作 ………………………………… 62
- 2016～2017年度高等学校土木工程专业
  教育评估工作 ………………………………… 64
- 2016～2017年度高等学校建筑环境与
  能源应用工程专业教育评估工作 …………… 66
- 2016～2017年度高等学校给排水科学与
  工程专业教育评估工作 ……………………… 67
- 2016～2017年度高等学校工程管理专业
  教育评估工作 ………………………………… 68

干部教育培训工作 ………………………………… 69
- 2017年度领导干部调训工作 ………………… 69
- 举办市长培训班 ……………………………… 69
- 印发培训计划并开展领导干部及专业
  技术人才培训 ………………………………… 69
- 全国市长研修学院（部干部学院）国家
  级专业技术人员继续教育基地积极开展
  专业技术人员培训工作 ……………………… 69
- 举办全国专业技术人才知识更新工程
  高级研修班 …………………………………… 69

职业资格工作 ……………………………………… 69
- 住房城乡建设领域职业资格考试情况 ……… 69
- 住房城乡建设领域职业资格及注册情况 …… 70
- 与人力资源社会保障部联合印发注册

城乡规划师职业资格文件	70	概况	84
• 完成职业资格清理规范工作	70	• 规范通信建设招标投标活动	84
人才工作	70	• 光纤到户建设效果显著	84
• 指导行业从业人员职业技能培训工作	70	• 电信普遍服务持续推进	84
• 加强现场专业技术人员教育培训工作指导	71	• 规范通信建设行为	85
• 做好行业职业教育	71	• 质量安全总体稳定	85
• 加强专家服务管理工作	71	农业农村基本建设	85
• 深化职称制度改革	71	• 农业综合生产能力建设	85
• 做好部属事业单位工资管理相关工作	71	• 农业科技创新能力建设	85
城乡建设档案	71	• 农业公共服务能力条件建设	85
• 城建档案法制建设	72	• 农业资源保护与利用条件建设	85
• 建设工程竣工档案归集管理	72	• 其他农业农村基础设施建设	86
• 重点工程档案管理	72	水利建设	86
• 城建档案信息化建设	72	• 水利建设与管理概况	86
• 数字声像档案管理	73	• 水利设施投资、资金利用等概况	86
• 城市地下管线工程档案管理	73	• 重点水利工程建设	86
• 地下管线普查和信息化建设	73	• 水利建设相关法规	87
• 城建档案馆舍、机构、人员培训情况	73	• 水利建设市场监管	87
2017年住房城乡建设大事记	74	• 水利建设市场信用体系建设	87
基础设施投资建设	80	铁路建设	87
全国公共文化设施建设	80	• 概况	87
• 加强文化设施建设，覆盖城乡的公共文化设施网络初步形成	81	• 建设管理	89
• 贫困地区公共文化设施建设成效显著	81	• 建设标准	89
• 非物质文化遗产保护利用设施建设有序推进	81	• 招标投标	90
• 国家重大文化设施建设取得新进展	81	• 质量安全	90
• 加强文化设施建设标准编制工作	82	民航建设	90
生态环境保护工程建设	82	• 年度民航工程建设投资、资金利用概况	90
• 投资与资金利用	82	• 机场法规规章及技术标准	92
• 重点工程建设	82	公路建设	92
• 环境保护工作相关法规、政策	83	• 公路建设基本情况	92
医疗卫生基础设施建设	83	• 统筹推进重点公路工程建设	92
• 医疗卫生服务体系建设成效显著	83	• 推进公路建设转型升级	93
• 建立疑难病症诊治能力提升工程项目储备库	83	• 组织重点工程项目竣工验收	93
• 委属（管）单位建设进展顺利	84	水路工程建设	93
信息通信业建设	84	• 水路工程建设投资、资金利用情况	93
		• 水路工程建设	94
		• 水路工程建设相关法规、政策	94

各 地 建 设

北京市	98	城市管理	114
住房和城乡建设工作	98	城管综合执法	116
城乡规划	110	园林绿化	118

水务建设与管理 …………………… 120
天津市 …………………………………… 121
　　城乡规划建设管理 ………………… 121
　　信息化建设 ………………………… 127
　　城乡建设管理 ……………………… 128
　　国土资源和房屋管理 ……………… 134
　　城市管理·市容园林 ……………… 139
　　水务建设与管理 …………………… 141
河北省 …………………………………… 143
　　概况 ………………………………… 143
　　法规建设 …………………………… 143
　　房地产业 …………………………… 143
　　住房保障 …………………………… 144
　　住房公积金管理 …………………… 144
　　城乡规划 …………………………… 145
　　城市建设 …………………………… 146
　　村镇规划建设 ……………………… 148
　　标准定额 …………………………… 149
　　工程质量安全监管 ………………… 150
　　建筑市场 …………………………… 150
　　建筑节能与科技 …………………… 151
　　人事教育 …………………………… 152
　　大事记 ……………………………… 152
山西省 …………………………………… 154
　　概况 ………………………………… 154
　　法规建设 …………………………… 155
　　房地产业 …………………………… 155
　　住房保障 …………………………… 156
　　住房公积金管理 …………………… 157
　　城乡规划 …………………………… 157
　　城市建设 …………………………… 158
　　村镇规划建设 ……………………… 160
　　标准定额 …………………………… 162
　　工程质量安全监管 ………………… 163
　　建筑市场 …………………………… 164
　　建筑节能与科技 …………………… 165
　　人事教育工作 ……………………… 165
　　扶贫工作 …………………………… 166
　　行政审批制度改革 ………………… 167
　　大事记 ……………………………… 168
内蒙古自治区 …………………………… 168
　　概况 ………………………………… 168

　　法规建设 …………………………… 168
　　房地产业 …………………………… 169
　　住房保障 …………………………… 169
　　住房公积金管理 …………………… 170
　　城乡规划 …………………………… 170
　　城市建设 …………………………… 170
　　城市管理 …………………………… 171
　　村镇规划建设 ……………………… 171
　　工程质量监管 ……………………… 171
　　建筑业发展 ………………………… 172
　　勘察设计 …………………………… 172
　　建筑节能与科技 …………………… 172
　　人事教育 …………………………… 172
　　大事记 ……………………………… 173
辽宁省 …………………………………… 174
　　概况 ………………………………… 174
　　政策法规 …………………………… 175
　　房地产业 …………………………… 175
　　住房保障 …………………………… 176
　　住房公积金管理 …………………… 177
　　城乡规划 …………………………… 177
　　城市建设与市政公用事业 ………… 178
　　村镇规划建设 ……………………… 179
　　工程建设标准定额 ………………… 180
　　工程质量安全监管 ………………… 180
　　建筑市场 …………………………… 181
　　建筑节能与科技 …………………… 182
　　建设人事教育工作 ………………… 182
　　大事记 ……………………………… 183
吉林省 …………………………………… 184
　　概况 ………………………………… 184
　　法规建设 …………………………… 184
　　房地产业 …………………………… 185
　　保障性安居建设 …………………… 186
　　住房公积金管理 …………………… 186
　　城乡规划 …………………………… 187
　　城市建设 …………………………… 187
　　村镇规划建设 ……………………… 189
　　标准定额 …………………………… 190
　　工程质量安全监管 ………………… 191
　　建筑市场 …………………………… 191
　　建筑节能与科技 …………………… 192

勘察设计 …… 193
　　人事教育 …… 194
黑龙江省 …… 194
　　概况 …… 194
　　城乡规划 …… 194
　　城市基础设施建设 …… 195
　　美丽乡村建设 …… 195
　　保障性安居工程建设 …… 195
　　农村泥草（危）房改造 …… 196
　　住房公积金管理 …… 196
　　房地产市场 …… 196
　　建筑业 …… 197
　　建筑科技与节能 …… 197
　　城市管理 …… 197
　　依法行政 …… 197
上海市 …… 198
　　住房城乡建设 …… 198
　　房地产业 …… 198
　　城市建设 …… 204
　　城乡规划 …… 209
　　绿化市容 …… 213
　　水务建设与管理 …… 218
江苏省 …… 219
　　概况 …… 219
　　法规建设 …… 219
　　房地产业 …… 220
　　住房保障 …… 220
　　住房公积金管理 …… 221
　　城乡规划 …… 221
　　城市建设 …… 222
　　村镇规划建设 …… 224
　　标准定额 …… 225
　　工程质量安全监管 …… 225
　　建筑市场 …… 226
　　建筑节能与科技 …… 229
　　人事教育 …… 230
浙江省 …… 231
　　概况 …… 231
　　法规建设 …… 232
　　房地产业 …… 232
　　住房保障 …… 233
　　住房公积金管理 …… 233

　　城乡规划 …… 234
　　城市建设 …… 235
　　村镇规划建设 …… 236
　　标准定额 …… 237
　　工程质量安全监管 …… 238
　　建筑市场 …… 238
　　建筑节能与科技 …… 239
　　人事教育 …… 240
　　大事记 …… 241
安徽省 …… 242
　　概况 …… 242
　　法规建设 …… 243
　　房地产业 …… 243
　　住房保障 …… 244
　　住房公积金管理 …… 245
　　城乡规划 …… 245
　　城市建设 …… 246
　　村镇规划建设 …… 248
　　标准定额 …… 249
　　工程质量安全监管 …… 250
　　建筑市场 …… 250
　　建筑节能与科技 …… 251
　　人事教育 …… 252
　　大事记 …… 252
福建省 …… 253
　　概况 …… 253
　　法规建设 …… 255
　　房地产业 …… 256
　　住房保障 …… 257
　　住房公积金管理 …… 257
　　城乡规划 …… 258
　　城市建设 …… 259
　　城市管理 …… 260
　　村镇建设 …… 261
　　工程质量安全监管 …… 262
　　建筑市场 …… 263
　　建筑节能与科技 …… 264
　　大事记 …… 266
江西省 …… 267
　　概况 …… 267
　　法规建设 …… 269
　　房地产业 …… 270

住房保障 ······ 270	住房保障 ······ 306
住房公积金管理 ······ 271	住房公积金管理 ······ 307
城乡规划 ······ 272	城乡规划 ······ 308
城市建设 ······ 273	城市建设 ······ 308
村镇规划与建设 ······ 274	村镇规划建设 ······ 309
勘察设计与标准定额 ······ 275	标准定额 ······ 310
建设工程质量安全监管 ······ 276	工程质量监管 ······ 310
建筑业 ······ 277	建筑施工 ······ 311
建筑节能与科技 ······ 278	建筑节能与科技 ······ 312
人事教育 ······ 278	人事教育 ······ 313
大事记 ······ 279	大事记 ······ 313

山东省 ······ 280　　## 湖南省 ······ 316

概况 ······ 280	概况 ······ 316
建设法规 ······ 281	政策法规 ······ 317
新型城镇化 ······ 282	政务服务 ······ 318
城乡规划 ······ 283	新型城镇化与城乡规划 ······ 319
城市建设 ······ 283	城市建设管理 ······ 320
城市管理 ······ 284	住房保障 ······ 322
村镇建设 ······ 285	房地产监管 ······ 323
房地产业 ······ 286	建筑业管理 ······ 323
住房保障 ······ 287	勘察设计 ······ 324
住房公积金管理 ······ 288	建筑节能与科技及标准化 ······ 325
工程质量安全监管 ······ 289	工程造价管理 ······ 325
建筑市场 ······ 289	村镇建设 ······ 326
建筑节能与建设科技 ······ 290	住房公积金管理 ······ 327
标准定额 ······ 292	世界遗产与风景名胜管理 ······ 328
大事记 ······ 292	建设教育 ······ 328

河南省 ······ 295

概况 ······ 295	信息化建设 ······ 329
法制建设 ······ 296	城建档案管理 ······ 330

广东省 ······ 330

城市管理执法监督 ······ 297	概况 ······ 330
城乡规划和建设 ······ 297	法规建设 ······ 330
市政公用基础设施建设 ······ 298	房地产业 ······ 331
村镇规划和建设 ······ 299	住房保障 ······ 332
住房保障 ······ 300	住房公积金管理 ······ 333
房地产开发 ······ 300	城乡规划 ······ 333
工程建设和建筑业 ······ 301	城市建设 ······ 334
大事记 ······ 303	村镇规划建设 ······ 335

湖北省 ······ 305

概况 ······ 305	标准定额 ······ 336
法规建设 ······ 305	工程质量安全监管 ······ 337
房地产业 ······ 306	建筑市场 ······ 337
	建筑节能与科技 ······ 338

人事教育	339	世界遗产保护管理	390
大事记	339	城乡环境综合治理	390

广西壮族自治区 … 343
- 概况 … 343
- 法规建设 … 344
- 房地产业 … 345
- 住房保障 … 345
- 住房公积金管理 … 346
- 城乡规划 … 346
- 城市建设 … 347
- 村镇建设 … 347
- 标准定额 … 348
- 工程质量安全监管 … 348
- 建筑市场 … 348
- 建筑节能与建设科技 … 349
- 人事教育 … 349
- 大事记 … 350

海南省 … 353
- 住房和城乡建设 … 353
- 城乡规划 … 364

重庆市 … 369
- 城乡建设 … 369
- 城乡规划 … 375
- 房地产业、住房保障与公积金管理 … 377
- 城市园林绿化 … 379

四川省 … 382
- 概况 … 382
- 法制建设 … 383
- 房地产市场监管 … 383
- 住房保障建设 … 384
- 住房公积金监管 … 384
- 城乡规划 … 384
- 城市建设和市政公用事业 … 385
- 村镇建设 … 385
- 标准定额 … 386
- 工程质量安全监管 … 386
- 建筑市场监管 … 387
- 勘察设计与科技 … 388
- 人事教育 … 389
- 城乡建设档案工作 … 389
- 监察执法 … 389
- 风景名胜和园林绿化 … 389

- 大事记 … 390

贵州省 … 392
- 概况 … 392
- 新型城镇化建设 … 393
- 法规建设 … 394
- 房地产业 … 394
- 住房保障 … 395
- 住房公积金管理 … 395
- 城乡规划 … 396
- 城市建设管理 … 396
- 改善农村人居环境和传统村落保护 … 397
- 标准定额 … 397
- 工程质量安全监管 … 398
- 风景名胜和世界自然遗产资源保护利用 … 398
- 建筑市场 … 398
- 建筑节能与科技 … 399
- 人事教育 … 399
- 大事记 … 399

云南省 … 402
- 概况 … 402
- 法规建设 … 402
- 房地产业 … 403
- 住房保障 … 403
- 住房公积金管理 … 404
- 城乡规划 … 404
- 城市建设 … 405
- 村镇规划建设 … 407
- 标准定额 … 408
- 工程质量安全监管 … 408
- 建筑市场 … 409
- 建筑节能与科技 … 409
- 人事教育 … 410
- 大事记 … 411

西藏自治区 … 411
- 概况 … 411
- 住房建设 … 411
- 城镇规划建设 … 411
- 边境小康村规划建设 … 412
- 乡村建设 … 412
- 建设市场监管服务 … 412

工程质量安全监管 …… 413	城乡规划 …… 441
深入服务脱贫攻坚 …… 413	城镇基础设施建设 …… 442
推进生态文明建设 …… 414	城镇保障性安居工程 …… 442
完善规程标准体系 …… 414	住房公积金管理 …… 443
深化改革 …… 414	村镇建设 …… 443
维稳和城市宗教工作 …… 414	房地产业 …… 443
大事记 …… 415	建筑业 …… 444
陕西省 …… 417	勘察设计 …… 444
概况 …… 417	建筑节能与科技 …… 445
政策规章 …… 417	可可西里申遗工作 …… 445
房地产业 …… 418	建设人事教育 …… 445
住房保障 …… 419	大事记 …… 445
住房公积金管理 …… 419	**宁夏回族自治区** …… 448
城乡规划 …… 420	概况 …… 448
城市建设与市政公用事业 …… 421	法规建设 …… 449
村镇规划建设 …… 422	房地产业 …… 450
勘察设计和标准定额 …… 424	住房保障 …… 451
工程质量安全监管 …… 424	住房公积金管理 …… 451
建筑市场 …… 425	城乡规划 …… 452
建筑节能与科技 …… 426	城市建设 …… 453
人事教育 …… 427	村镇规划建设 …… 454
大事记 …… 428	建筑业与质量安全 …… 455
甘肃省 …… 430	建筑节能与科技 …… 457
概况 …… 430	大事记 …… 458
法规建设 …… 430	**新疆维吾尔自治区** …… 460
房地产业 …… 431	法规建设 …… 460
住房保障 …… 432	住房保障与棚户区改造 …… 460
住房公积金管理 …… 432	城乡规划 …… 461
城市规划 …… 433	标准定额管理 …… 462
城市建设 …… 434	房地产市场 …… 463
村镇规划建设 …… 435	建筑市场 …… 464
标准定额 …… 435	城市建设 …… 465
工程建设 …… 436	世界自然遗产与风景名胜区 …… 467
建筑市场 …… 437	村镇建设 …… 467
建筑节能与科技 …… 438	工程建设质量管理 …… 468
教育培训 …… 438	工程安全管理 …… 468
勘察设计 …… 439	抗震防灾与应急管理 …… 469
建设稽查执法 …… 439	建筑节能与科技 …… 469
大事记 …… 440	住房公积金管理 …… 470
青海省 …… 441	"访惠聚"及民族团结一家亲活动 …… 471
概况 …… 441	大事记 …… 471
政策法规 …… 441	**新疆生产建设兵团** …… 475

城镇保障性安居工程	475	市政公用事业	492
城镇规划	475	宁波市	492
城镇建设	475	概况	492
村镇建设	475	基础设施建设	494
建筑业	476	住房保障和棚户区改造	495
大连市	477	建筑业	496
概况	477	房地产业	498
房地产业	477	大事记	499
住房保障	478	厦门市	502
住房公积金管理	479	概况	502
城乡规划	481	政策法规	502
城市建设	481	房地产开发与物业管理	503
村镇规划建设	483	保障性安居工程	503
标准定额	483	城市建设	504
工程质量安全监管	484	村镇建设	506
建筑市场	485	技术综合管理	506
建筑节能与科技	486	工程质量安全监管	507
人事教育	487	建筑市场	508
大事记	487	建材节能与科技	508
青岛市	487	勘察设计	509
概况	487	行政审批	509
城市基础设施建设	487	人事管理与教育	509
新型城镇化建设	488	大事记	509
建筑节能工作	489	深圳市	512
美丽青岛整治提升	489	住房和城乡建设	512
建筑业	489	大事记	514
工程质量安全管理	490	城市规划管理	515
勘察设计	491	房地产	516
房地产业	491		

政策法规文件

国务院办公厅关于促进建筑业持续健康
　发展的意见
　　国办发〔2017〕19号 ………… 520
建筑工程设计招标投标管理办法
　　中华人民共和国住房和城乡建设部令第33号 …… 523
城市管理执法办法
　　中华人民共和国住房和城乡建设部令第34号 …… 526
城市设计管理办法
　　中华人民共和国住房和城乡建设部令第35号 …… 528
住房城乡建设部关于废止《城市公共汽
　电车客运管理办法》的决定
　　中华人民共和国住房和城乡建设部令第36号 …… 530
住房城乡建设部关于支持北京市、上海市
　开展共有产权住房试点的意见
　　建保〔2017〕210号 ………… 530
住房城乡建设部关于加强生态修复城市
　修补工作的指导意见
　　建规〔2017〕59号 ………… 531
住房城乡建设部关于将北京等20个城市
　列为第一批城市设计试点城市的通知

建规〔2017〕68号 …… 534

住房城乡建设部关于将保定等38个城市
列为第三批生态修复城市修补试点
城市的通知
　　建规〔2017〕147号 …… 535

住房城乡建设部关于将上海等37个城市
列为第二批城市设计试点城市的通知
　　建规〔2017〕148号 …… 536

住房城乡建设部关于加强历史建筑保护与
利用工作的通知
　　建规〔2017〕212号 …… 537

住房城乡建设部 国家文物局关于开展
国家历史文化名城和中国历史文化
名镇名村保护工作评估检查的通知
　　建规〔2017〕221号 …… 538

住房城乡建设部关于将北京等10个城市
列为第一批历史建筑保护利用试点
城市的通知
　　建规〔2017〕245号 …… 540

住房城乡建设部办公厅关于进一步加强历史
文化街区划定和历史建筑确定工作的通知
　　建办规函〔2017〕270号 …… 541

住房城乡建设部办公厅等关于做好足球场
地设施布局规划建设的指导意见
　　建办规〔2017〕37号 …… 543

住房城乡建设部 民航局关于进一步开放
民航工程设计市场的通知
　　建市〔2017〕66号 …… 544

住房城乡建设部关于印发建筑业发展"十
三五"规划的通知
　　建市〔2017〕98号 …… 545

住房城乡建设部关于开展全过程工程咨询
试点工作的通知
　　建市〔2017〕101号 …… 546

住房城乡建设部关于印发工程勘察设计
行业发展"十三五"规划的通知
　　建市〔2017〕102号 …… 547

住房城乡建设部等部门关于印发贯彻落
实促进建筑业持续健康发展意见重点
任务分工方案的通知
　　建市〔2017〕137号 …… 548

住房城乡建设部关于促进工程监理行业
转型升级创新发展的意见
　　建市〔2017〕145号 …… 552

住房城乡建设部 工商总局关于印发建设
工程施工合同（示范文本）的通知
　　建市〔2017〕214号 …… 553

住房城乡建设部 文化部 国家文物局
关于组织开展"文化和自然遗产日"
活动的通知
　　建城〔2017〕105号 …… 554

住房城乡建设部 环境保护部关于规范
城市生活垃圾跨界清运处理的通知
　　建城〔2017〕108号 …… 555

住房城乡建设部关于进一步加强国家级
风景名胜区和世界遗产保护管理工作
的通知
　　建城〔2017〕168号 …… 556

住房城乡建设部 国家发展改革委 财
政部 能源局关于推进北方采暖地区
城镇清洁供暖的指导意见
　　建城〔2017〕196号 …… 558

住房城乡建设部关于开展城镇供热行业
"访民问暖"活动加快解决当前供暖
突出问题的紧急通知
　　建城〔2017〕240号 …… 560

住房城乡建设部印发《园林绿化工程
建设管理规定》的通知
　　建城〔2017〕251号 …… 561

住房城乡建设部关于加快推进部分
重点城市生活垃圾分类工作的通知
　　建城〔2017〕253号 …… 562

住房城乡建设部办公厅关于切实做好
北方采暖地区今冬明春城镇供热
采暖工作的通知
　　建办城〔2017〕62号 …… 564

住房城乡建设部办公厅关于开展城市
停车设施规划建设督查工作的通知
　　建办城函〔2017〕495号 …… 565

住房城乡建设部办公厅关于印发市
政公用行业安全生产大检查方案的
通知
　　建办城函〔2017〕595号 …… 566

住房城乡建设部关于印发工程质量安全
提升行动方案的通知
　　建质〔2017〕57号 …… 569

住房城乡建设部　财政部关于印发建设
　工程质量保证金管理办法的通知
　　建质〔2017〕138号 …………………… 571
住房城乡建设部关于开展工程质量安全
　提升行动试点工作的通知
　　建质〔2017〕169号 …………………… 572
住房城乡建设部关于开展工程质量管理
　标准化工作的通知
　　建质〔2017〕242号 …………………… 574
住房城乡建设部办公厅关于严厉打击
　建筑施工安全生产非法违法行为的通知
　　建办质〔2017〕56号 …………………… 575
住房城乡建设部办公厅关于加强城市
　轨道交通工程关键节点风险管控的通知
　　建办质〔2017〕68号 …………………… 577
国家发展改革委　住房城乡建设部关于
　印发气候适应型城市建设试点工作的通知
　　发改气候〔2017〕343号 ……………… 578
财政部　住房城乡建设部　环境保护部
　国家能源局关于开展中央财政支持北方
　地区冬季清洁取暖试点工作的通知
　　财建〔2017〕238号 …………………… 580
住房城乡建设部关于进一步规范绿色
　建筑评价管理工作的通知
　　建科〔2017〕238号 …………………… 581
住房城乡建设部办公厅　银监会办公厅
　关于深化公共建筑能效提升重点城市
　建设有关工作的通知
　　建办科函〔2017〕409号 ……………… 582
关于在内地（大陆）就业的港澳台同胞享
　有住房公积金待遇有关问题的意见
　　建金〔2017〕237号 …………………… 584
住房城乡建设部　财政部　中国人民银行
　国土资源部关于维护住房公积金缴存
　职工购房贷款权益的通知
　　建金〔2017〕246号 …………………… 585
住房城乡建设部　财政部关于印发城市
　管理执法制式服装和标志标识供应
　管理办法的通知
　　建督〔2017〕31号 ……………………… 586
交通运输部　中央宣传部　中央网信办
　国家发展改革委　工业和信息化部
　公安部　住房城乡　建设部人民银行
　质检总局　国家旅游局关于鼓励和
　规范互联网租赁自行车发展的指导意见
　　交运发〔2017〕109号 ………………… 589
司法部　住房城乡建设部关于开展律师
　参与城市管理执法工作的意见
　　司发通〔2017〕114号 ………………… 591
住房城乡建设部关于进一步加强违法
　建设治理工作的通知
　　建督〔2017〕252号 …………………… 593
住房城乡建设部办公厅关于印发建筑
　工地施工扬尘专项治理工作方案的通知
　　建办督函〔2017〕169号 ……………… 594

数据统计分析

2017年城乡建设统计分析 …………………… 598
　2017年城市（城区）建设 ………………… 598
　2017年县城建设 …………………………… 601
　2017年村镇建设 …………………………… 603
2017年城乡建设统计分省数据 …………… 605
　2017年城市（城区）建设分省数据 ……… 605
　2017年县城建设分省数据 ………………… 612
　2017年村镇建设分省数据 ………………… 619
2017年建筑业发展统计分析 ……………… 637
　2017年全国建筑业基本情况 ……………… 637
　2017年全国建筑业发展特点 ……………… 645

2017年建设工程监理行业基本情况 ……… 648
2017年工程建设项目招标代理机构基本
　情况 ………………………………………… 649
2017年工程勘察设计企业基本情况 ……… 650
2017年房屋市政工程生产安全事故情况
　通报 ………………………………………… 651
2017年我国对外承包工程业务完成额
　前100家企业和新签合同额前100家
　企业 ………………………………………… 656
2017年全国房地产市场运行分析 ………… 659
　2017年全国房地产开发情况 ……………… 659

2017年商品房销售和待售情况 …… 660
2017年全国房地产开发资金来源结构
　　分析 …… 661
2017年全国房地产开发景气指数 …… 662
2017年70个大中城市住宅销售价格变动
　　情况 …… 662

部属单位、社团

住房和城乡建设部人力资源开发中心 …… 682
住房和城乡建设部执业资格注册中心 …… 683
中国建筑工业出版社（中国城市出版社）…… 684
中国建筑学会 …… 686
中国土木工程学会 …… 689
中国风景园林学会 …… 691
中国市长协会 …… 693
中国城市规划协会 …… 695
中国勘察设计协会 …… 697
中国建筑业协会 …… 699
中国安装协会 …… 703
中国建筑金属结构协会 …… 706
中国建设监理协会 …… 708
中国建筑装饰协会 …… 710
中国工程建设标准化协会 …… 714
中国建设工程造价管理协会 …… 715
中国建设教育协会 …… 718

附　录

示范名录 …… 722
2017年国家园林城市名单 …… 722
2017年各省（区、市）改善农村人居环境
　　示范村名单 …… 723
住房城乡建设部第一批城市设计试点城市
　　名单 …… 728
住房城乡建设部第二批城市设计试点城市
　　名单（共37个城市）…… 728
住房城乡建设部第一批历史建筑保护利用
　　试点城市名单 …… 729
第一批农村生活垃圾分类和资源化利用
　　示范县（区、市）名单 …… 729
第二批全国特色小镇名单 …… 730
住房城乡建设部第三批生态修复城市
　　修补试点城市名单（共38个城市）…… 734
获奖名单 …… 735
2017年中国人居环境奖获奖名单 …… 735
2016～2017年度中国建设工程鲁班奖
　　（国家优质工程）获奖名单 …… 736

全面贯彻落实党的十九大精神
奋力谱写新时代住房城乡建设事业发展新篇章

党的十八大以来，在以习近平同志为核心的党中央坚强领导下，全国住房城乡建设系统认真贯彻落实党中央、国务院决策部署，住房城乡建设事业蓬勃发展，成就斐然。

人民群众住房条件明显改善，城镇居民人均住房建筑面积由2012年的32.9平方米提高到2016年的36.6平方米，6000多万棚户区居民"出棚进楼"，2600多万住房困难群众住进了公租房。坚持"房子是用来住的，不是用来炒的"定位，房地产市场调控效果持续显现，一线城市和部分热点二线城市房价涨幅回落，三四线城市房价趋于稳定，房地产去库存取得明显成效。

建筑业持续快速发展，2016年建筑业总产值达19.36万亿元的历史峰值，建筑业增加值达4.96万亿元，占国内生产总值的6.66%，建筑业在国民经济中的支柱产业地位显著增强。

城市发展成就举世瞩目，城镇化率从2012年的52.6%提高到2016年的57.4%，城市数量达到657个，建制镇数量从19881个增加到20883个，城市规划对于城市转型发展的引领作用日益显现，城市基础设施建设步伐加快，城市管理和服务水平明显提高。

农村危房改造成效显著，累计支持1469万户贫困农户改造了危房，农村生活垃圾污水治理取得积极成效，农村人居环境持续改善。

党的建设进一步加强，广大党员干部不断强化"四个意识"，坚定"四个自信"，全面从严治党深入推进，中央八项规定精神得到切实落实，"四风"问题整治成效明显，政治生态得到进一步净化。

(摘自《中国建设报》 2017.12.25 记者 刘丽媛 吴国文)

厦门世茂海峡大厦　摄影：曾少雄

城市建设 日新月异

北京轨道交通燕房线主线工程。该工程主线全长14.4千米，是北京市新一轮轨道交通科技创新范线，国内首条全自动无人自动驾驶线路，2017年12月24日竣工

北京市住房和城乡建设委员会 供稿

北京首钢西十冬奥广场。该工程位于石景山区首钢旧厂址，主要对区域内工业资源进行改造建设，为北京冬奥组委入驻提供办公、生活配套等综合服务。建筑面积约4.16万平方米，包含12个建筑单体，2017年12月竣工

北京市住房和城乡建设委员会 供稿

城市建设 日新月异

江苏省张家港市城西新区　　　　　江苏省住房和城乡建设厅 供稿

内蒙古自治区包头市夜景　　　　　内蒙古自治区住房和城乡建设厅 供稿

位于呼和浩特市的内蒙古自治区博物馆　　　　　内蒙古自治区住房和城乡建设厅 供稿

城市面貌改造提升 装配式建筑大力发展

厦门市中山路第一百货立面整治提升效果　　　　　　　　　　　　摄影：强晓飞

装配式建筑项目——深圳市龙悦居三期　　　　　　　　　　　　深圳市住房和建设局　供稿

城市综合地下管廊项目

山西省长治市长子县丹朱大街地下管廊项目　　　　　　山西省住房和城乡建设厅　供稿

深圳市光明新区光侨路、华夏路、观光路综合管廊运营管理　　　　　　深圳市住房和建设局　供稿

海绵城市建设

青海省西宁市海湖广场经海绵化改造　　　　　青海省住房和城乡建设厅　供稿

云南省玉溪市海绵城市建设——两湖大瀑布项目　　　　　云南省住房和城乡建设厅　供稿

人居环境改善

河北省黄骅市盐碱地生态修复项目获得2017年中国人居环境范例奖　　　　河北省住房和城乡建设厅　供稿

2017年10月27日，青海省玉树市城市特色风貌项目荣获"中国人居环境范例奖"，图为玉树市全景

青海省住房和城乡建设厅　供稿

中国建设年鉴 2018
Yearbook of China Construction

生态园林城市建设

国家生态园林城市——江苏省建湖九龙口湿地　　摄影：王康

国家生态园林城市——江苏省泗洪市佳和公园　　摄影：李牧

园林城市、园林县城建设

2017年国家园林城市延安市　　　　　　　　　　　　　　　　陕西省住房和城乡建设厅　供稿

陕西省宁陕县获"2017年国家园林县城"称号　　　　　　　　　陕西省住房和城乡建设厅　供稿

住房保障 住有所居

北京市通州区马驹桥物流B东（C-02、C-03、C-05地块）公共租赁房项目，获2017年中国土木工程詹天佑优秀住宅小区金奖。　　　　　　　　北京市住房和城乡建设委员会　供稿

厦门市湖里区泥金社老建筑立面整治提升。图左为改造前，图右为改造后　　　　摄影：曾少雄

陕西省宝鸡市安居工程文广新区　　　　　　　　陕西省住房和城乡建设厅　供稿

住房保障 住有所居

2017年12月1日,全国老旧小区改造现场会在厦门召开,来自全国的代表参观厦门市先锋营小区

摄影:郑晓东

福建省厦门市祥平保障房地铁社区一期现场施工

摄影:张雪琳

村 镇 建 设

山西省晋城市沁水县郑村镇湘峪村,获得"中国历史文化名村、中国传统村落"称号　　山西省住房和城乡建设厅　供稿

云南省镇康县县城鸟瞰　　云南省住房和城乡建设厅　供稿

村镇建设

特色小城镇——河北省衡水市武强县周窝镇　　　　河北省住房和城乡建设厅　供稿

辽宁盘锦市大洼区榆树街道曾家村整治后面貌　　　　辽宁省住房和城乡建设厅　供稿

中国建设年鉴2018
Yearbook of China Construction

新建筑风采

北京官厅水库特大桥　　　　　　　　　　北京市住房和城乡建设委员会　供稿

中国人寿陕西省分公司综合楼工程获2016—2017年度中国建设工程鲁班奖

陕西省住房和城乡建设厅　供稿

新建筑风采

阿里中心位于浙江省杭州市西湖区，集阿里巴巴办公、蚂蚁金服全球电子支付、浙江网商银行为一体，以移动互联、大数据、云计算为基础，为中国践行普惠金融提供重要支撑，成为网络科技应用的标志性工程。

图片提供：中天建设集团有限公司

青海省西宁汽车客运中心站工程荣获2016—2017年度国家优质工程奖　　青海省住房和城乡建设厅　供稿

新建筑风采

北京市朝阳区紫御华府(1号楼等14项)工程获得2017年中国土木工程詹天佑优秀住宅小区金奖

北京市住房和城乡建设委员会　供稿

东南热电中心三期工程位于北京市朝阳区王四营乡，2017年11月投产运行，至此，北京市四大燃气热电中心全部建成投产

北京市住房和城乡建设委员会　供稿

特　　载

习近平在北京考察：抓好城市规划建设 筹办好冬奥会

新华社北京2月24日电 中共中央总书记、国家主席、中央军委主席习近平近日在北京考察时强调，北京城市规划建设和北京冬奥会筹办工作是当前和今后一个时期北京市的两项重要任务，要认真贯彻党中央决策部署，坚持首善标准，解放思想、开阔思路，求真务实、攻坚克难，统筹生产、生活、生态，立足提高治理能力抓好城市规划建设，着眼精彩非凡卓越筹办好北京冬奥会，努力开创首都发展更加美好的明天。

北国早春，春寒料峭，雪后的首都阳光明媚。2月23日至24日，习近平在中共中央政治局常委、国务院副总理张高丽，北京市委书记郭金龙、市长蔡奇陪同下，到北京市考察城市规划建设和北京冬奥会筹办工作。

23日下午，习近平考察了北京新机场建设。北京新机场位于北京市南部，规划远期年客流吞吐量1亿人次、飞机起降量88万架次，已于2014年开工建设，2019年将建成并投入运营。

习近平首先考察了新机场安置房建设情况。在工程项目部，他察看整体征地搬迁规划，了解安置房小区规划、建设进度、建筑标准。在安置房内，他察看户型和配套设施，详细询问工程质量和回迁群众入住流程。得知安置房普遍采用绿色环保新材料，习近平很高兴。他强调，新机场建设涉及10多个村的群众搬迁安置，这是一项重要民生工程，要在标准和质量上把好关。要贯彻公开、公正、公平的原则，保障被安置群众利益，使搬迁安置的每个环节都让群众放心。

之后，习近平来到新机场主航站楼建设工地考察。在工程指挥部，他观看视频短片，察看新机场模型，结合展板了解新机场功能定位和建设规划，听取机场综合交通体系和京津冀交通一体化情况汇报，并来到航站楼工地平台察看建设现场。承建单位负责人介绍，主航站楼在屋盖钢结构网架拼装等方面采用很多新技术，显著提高了精准度，施工做到了零差错、零事故。习近平表示肯定，鼓励他们再接再厉。他强调，新机场是首都的重大标志性工程，是国家发展一个新的动力源，必须全力打造精品工程、样板工程、平安工程、廉洁工程。每个项目、每个工程都要实行最严格的施工管理，确保高标准、高质量。要努力集成世界上最先进的管理技术和经验。

看到总书记来了，现场工程建设人员纷纷过来向总书记问好。习近平同他们亲切握手，感谢他们的辛勤劳动。习近平指出，社会主义是干出来的。新机场建设的每一个参与者都在参与历史、见证历史，大家要树立责任意识、奉献意识，在建设中增长才干、展示风貌。

24日上午，习近平先后考察了五棵松体育中心、首都体育馆、北京城市副中心行政办公区和大运河森林公园。

五棵松体育中心是北京冬奥会冰球比赛场地。习近平在门厅结合沙盘和多媒体，听取北京、延庆、张家口3个赛区场馆总体规划介绍，随后到廊道平台察看冰球比赛场地，观看青少年冰球训练，之后又进入内场观看青少年队列滑表演。习近平指出，场馆规划、设计、施工要注意借鉴国外先进经验，同时要加强我们自身技术积累和技术创新，一些场馆要反复利用、综合利用、持久利用。我国冰雪运动总体上是"冰"强于"雪"，既要强项更强，更要抓紧补短板。习近平对围过来的青少年冰球和队列滑爱好者们给予热情勉励，称赞他们训练和表演很专业，希望他们勤学苦练，出人才，出成果，为提高我国冬季运动竞技水平作贡献。

首都体育馆承担北京冬奥会短道速滑和花样滑冰比赛项目。习近平了解冰雪运动项目设置、体育馆改造规划，视察比赛场地、观看国家短道速滑队和花样滑冰队训练，到训练场边同教练员和运动员交流。国家花样滑冰队双人滑主教练赵宏博向总书记介绍刚参加完日本札幌第八届亚冬会比赛回国的运动员，习近平同他们一一握手，听他们讲述参赛感受。在同亚冬会500米短道速滑金牌获得者武大靖握手时，习近平说你的比赛我在电视上看了，很精彩。习近平强调，少年强中国强，体育强中国强，推动我国体育事业不断发展是中华民族伟大复兴事业的重要组成部分。他希望运动员们刻苦训练，不断提高技战术水平，多为祖国争荣誉、为人生添光彩。在总书记同教练员和运动员合影时，大家齐声喊：中国队加油！

建设北京城市副中心，是党中央一项重要决策。通州城东，副中心行政办公区建设一片繁忙。在现场指挥部，习近平察看规划沙盘，观看视频短片，了解副中心建设理念、目标定位、文化保护等情况。在建设工地，习近平考察建设进度，了解新材料、新技术、新工艺应用情况。习近平指出，站在当前这个时间节点建设北京城市副中心，要有21世纪的眼光。规划、建设、管理都要坚持高起点、高标准、高水平，落实世界眼光、国际标准、中国特色、高点定位的要求。不但要搞好总体规划，还要加强主要功能区块、主要景观、主要建筑物的设计，体现城市精神、展现城市特色、提升城市魅力。

在工程安全体验培训中心，一些工人正在接受安全帽撞击、安全鞋冲击、洞口坠落、安全带使用、灭火器演示等安全体验培训。习近平逐项观摩，同工人们亲切交谈。他强调，安全生产必须落实到工程建设各环节各方面，防止各种安全隐患，确保安全施工，做到安全第一。

时近中午，习近平来到大运河森林公园，听取通州区历史文化、水系治理、生态环境保护等情况介绍，察看大运河沿岸生态环境治理成果，眺望北京城市副中心建设全貌。习近平强调，北京城市副中心建设要高度重视绿化、美化，增强吸引力。通州有不少历史文化遗产，要古为今用，深入挖掘以大运河为核心的历史文化资源。保护大运河是运河沿线所有地区的共同责任，北京要积极发挥示范作用。

24日下午，习近平在人民大会堂北京厅主持召开北京城市规划建设和北京冬奥会筹办工作座谈会。北京市委书记郭金龙、国家体育总局局长苟仲文汇报了有关工作，习近平发表重要讲话。

习近平指出，城市规划在城市发展中起着重要引领作用。北京城市规划要深入思考"建设一个什么样的首都，怎样建设首都"这个问题，把握好战略定位、空间格局、要素配置，坚持城乡统筹，落实"多规合一"，形成一本规划、一张蓝图，着力提升首都核心功能，做到服务保障能力同城市战略定位相适应，人口资源环境同城市战略定位相协调，城市布局同城市战略定位相一致，不断朝着建设国际一流的和谐宜居之都的目标前进。总体规划经法定程序批准后就具有法定效力，要坚决维护规划的严肃性和权威性。

习近平强调，疏解北京非首都功能是北京城市规划建设的"牛鼻子"，在这个问题上要进一步统一思想，围绕迁得出去、落得下来，研究制定配套政策，形成有效的激励引导机制。要放眼长远、从长计议，稳扎稳打推进。北京的发展要着眼于可持续，在转变动力、创新模式、提升水平上下功夫，发挥科技和人才优势，努力打造发展新高地。要以资源环境承载力为硬约束，确定人口总量上限，划定生态红线和城市开发边界。对大气污染、交通拥堵等突出问题，要系统分析、综合施策。北京历史文化是中华文明源远流长的伟大见证，要更加精心保护好，凸显北京历史文化的整体价值，强化"首都风范、古都风韵、时代风貌"的城市特色。

习近平指出，城市规划建设做得好不好，最终要用人民群众满意度来衡量。要坚持人民城市为人民，以北京市民最关心的问题为导向，以解决人口过多、交通拥堵、房价高涨、大气污染等问题为突破口，提出解决问题的综合方略。要健全制度、完善政策，不断提高民生保障和公共服务供给水平，增强人民群众获得感。

习近平强调，北京冬奥会是我国重要历史节点的重大标志性活动，是展现国家形象、促进国家发展、振奋民族精神的重要契机，对京津冀协同发展有着强有力的牵引作用。要全力做好每项筹办工作。

习近平指出，绿色、共享、开放、廉洁的办奥理念，是新发展理念在北京冬奥会筹办工作中的体现，要贯穿筹办工作全过程。绿色办奥，就要坚持生态优先、资源节约、环境友好，为冬奥会打下美丽中国底色。共享办奥，就要坚持共同参与、共同尽力、共同享有，使冬奥会产生良好社会效应。开放办奥，就要坚持面向世界、面向未来、面向现代化，使冬奥会成为对外开放的助推器。廉洁办奥，就要勤俭节约、杜绝腐败、提高效率，坚持对兴奋剂问题零容忍，把冬奥会办得像冰雪一样纯洁无瑕。要用好社会主义制度可以集中力量办大事的政治优势，也要充分发挥市场机制和社会力量的作用。北京冬奥会各赛区要对照筹办工作总体计划，深化细化场馆和基础设施建设规划，尊重规律、讲求科学。各项建设和改造工程都要努力成为精品工程，同时要充分考虑后续利用，不要贪大贪多。

习近平强调，对提高我国冬季运动竞技水平，要及早谋划、持续推进。在时间上要长短结合，既立足长远，扩大冬季运动覆盖面，夯实冬季运动群众基础，又着眼参赛，集中兵力提高技战术水平。在项目上要扬长补短，既优先保证、重点发展优势项目和潜优势项目，又积极发展一般项目和新开展项目，抓紧开展缺项运动项目，推动我国冰雪运动全面发展。在人才队伍上要坚持运动员、教练员一起抓，既抓急需急用又抓备用梯队，既引进来又走出去，既抓技战术水平提升又抓思想意志磨练。

习近平指出，赛事组织、后勤保障、对外联络、宣传推广、市场开发、社会动员等赛会运行保障和服务工作，要系统设计、扎实推进。要积极运用现代科技特别是信息化、大数据等技术，提高赛会运行保障和服务效率。北京冬奥会工作领导小组、北京冬奥会组委会要切实履行职责、搞好组织协调。中央各有关部门要给予支持。北京市、河北省要分级负责、主动担当、加强衔接、协同作战。

王沪宁、刘延东、栗战书和中央有关部门负责同志陪同考察，徐匡迪参加座谈会。

（2017年02月24日22:33　来源：新华社）

千年大计、国家大事——以习近平同志为核心的党中央决策河北雄安新区规划建设纪实

4月初的白洋淀，绿柳婆娑，碧波荡漾，放眼水鸟嬉戏，听闻蛙声一片。

襟带崇墉分淀泊，阑干依斗望京华——

河北安新县白洋淀凉亭上的这副楹联，在这个春天里，与位于东北方向100多公里的首都北京，有了不同寻常的关联。

2017年4月1日，新华通讯社受权发布：中共中央、国务院决定设立河北雄安新区。消息一出，犹如平地春雷，响彻大江南北。

涉及河北省雄县、容城、安新3县及周边部分区域的雄安新区，迅速成为海内外高度关注的焦点。

设立雄安新区是以习近平同志为核心的党中央作出的一项重大的历史性战略选择。这是继深圳经济特区和上海浦东新区之后又一具有全国意义的新区，是千年大计、国家大事。党的十八大以来，以习近平同志为核心的党中央高瞻远瞩、深谋远虑，着眼党和国家发展全局，立足大历史观，深入推进京津冀协同发展战略，以规划建设河北雄安新区为重要突破口，探索人口经济密集地区优化开发的新模式，谋求区域发展的新路子，打造经济社会发展新的增长极。

燕赵大地上，春潮涌动，正奏响开创历史、引领发展的澎湃乐章……

把握时代大趋势的历史性举措——设立雄安新区是以习近平同志为核心的党中央深入推进京津冀协同发展作出的重大选择

"这是党的十八大后中央抓的一个新区建设。雄安新区是党中央批准的首都功能拓展区，同上海浦东、广东深圳那样具有全国意义，这个定位一定要把握好。"——2016年5月27日，习近平总书记主持召开中共中央政治局会议。

华北平原，雪后初霁，万物润泽。

2017年2月23日上午，习近平总书记从中南海出发，驱车100多公里，专程到河北省安新县实地察看规划新区核心区概貌。

在大王镇小王营村，总书记走进一片开阔地，极目远眺。这里就是规划中的雄安新区起步区的核心地块。

在展开的一张规划图前，习近平仔细察看区位、规划状况，详细了解人口搬迁安置、区域内的地质水文条件等情况。

"这地方老百姓生活得怎么样？人口密度有多大？拆迁人口有多少？"习近平总书记向河北省委书记赵克志询问。他叮嘱：设立雄安新区，一定要让老百姓得到更多的实惠，要有实实在在的获得感。

当天中午，习近平在安新县主持召开了一场小型座谈会。他强调指出，规划建设雄安新区是具有重大历史意义的战略选择，是疏解北京非首都功能、推进京津冀协同发展的历史性工程。

大发展需要大战略，大战略需要大手笔。

37年前，位于华南的深圳经济特区，从昔日小渔村起步，发展成繁华都市，引领着珠三角经济增长极崛起，成为中国开启国门走向开放的重要标志。

25年前，位于华东的上海浦东新区，从一片旷野地蝶变成汇聚财富的金融中心，辐射带动长三角跻身世界六大城市群，成为中国改革开放再出发的

新象征。

位于华北的京津冀大地，坐落着北京、天津、石家庄等北方重要城市，但多年来地区间发展不平衡：一面是京津两极"肥胖"，人口膨胀、交通拥堵等"大城市病"突出，一面是周边地区过于"瘦弱"，呈现显著差距。

实现京津冀协同发展，正是今天中国作为世界第二大经济体、经济发展步入新常态的大时代背景下爬坡过坎的必然选择，也是在中国北方打造新增长极的迫切需要。

着眼全局，运筹帷幄——

党的十八大以来，从谋划京津冀协同发展战略，到提出选择一个疏解北京非首都功能集中承载地，再到部署雄安新区建设，以习近平同志为核心的党中央以高超的政治智慧、宏阔的战略格局、强烈的使命担当，筹划部署、把脉导向。习近平总书记多次深入京津冀三省市考察调研，多次主持召开会议研究和部署实施，作出一系列重要指示批示，倾注了大量心血。

2013年5月，习近平总书记在天津调研时指出，要谱写新时期社会主义现代化的京津"双城记"。同年8月，在北戴河主持研究河北发展问题时，他强调要推动京津冀协同发展。2014年2月，他考察北京市并主持召开座谈会，明确提出京津冀协同发展的重大战略。

在推进实施京津冀协同发展大战略中，疏解北京非首都功能任务是重中之重。而选择一个疏解北京非首都功能集中承载地的构想也逐渐浮出水面。

对首都北京，作为"老北京"的习近平感情至深——

"凸"字型的格局，"九经九纬""左祖右社"的考究……拥有3000多年建城史和860多年建都史的北京，承载着古人的智慧和先进的理念，体现着中华风格、首都气派。

然而，21世纪的北京，虽前所未有繁华，却面临"大城市病"的种种困扰。

如何在时代的演进中焕发出千年古城的历史底蕴？正在快速迈向民族复兴的中国要建设一个什么样的首都？怎样破解城市规划建设中的难题从而推动协同发展？一系列时代追问，萦绕在习近平总书记的心头。

"建设和管理好首都，是国家治理体系和治理能力现代化的重要内容。""要坚持和强化首都核心功能，调整和弱化不适宜首都的功能，把一些功能转移到河北、天津去，这就是大禹治水的道理。"习近平总书记在考察北京时的讲话高屋建瓴。

宜疏不宜堵，构建大格局。

2014年10月17日，习近平总书记对《京津冀协同发展规划总体思路框架》批示指出："目前京津冀三地发展差距较大，不能搞齐步走、平面推进，也不能继续扩大差距，应从实际出发，选择有条件的区域率先推进，通过试点示范带动其他地区发展"。

经过不断思考，在2014年年底召开的中央经济工作会议上，习近平总书记强调，京津冀协同发展的核心问题是疏解北京非首都功能，降低北京人口密度，促进经济社会发展与人口资源环境相适应。

方向愈加清晰，思路更加明确，在京外设立一座新城的战略构想逐渐成熟。

2015年2月10日，中央财经领导小组第9次会议审议研究京津冀协同发展规划纲要。习近平总书记在讲话中提出"多点一城、老城重组"的思路。"一城"就是要研究思考在北京之外建设新城问题。

2015年4月2日和4月30日，习近平先后主持召开中共中央政治局常委会会议和中央政治局会议研究《京津冀协同发展规划纲要》。他再次强调，要深入研究论证新城问题，可考虑在河北合适的地方进行规划，建设一座以新发展理念引领的现代新城。

2015年6月印发的《京津冀协同发展规划纲要》充分体现了习近平总书记的战略构想，明确提出："深入研究、科学论证，规划建设具有相当规模、与疏解地发展环境相当的集中承载地。"

在相当一段时间里，"集中承载地"成为了"新区"的代名词。

这个新区选在哪里？以何种定位出现？

根据习近平总书记的重要指示，京津冀协同发展领导小组多次组织国务院有关部门、河北省、京津冀协同发展专家咨询委员会等有关方面，召开专题会议和小范围会议，综合考虑区位、交通、土地、水资源和能源保障、环境能力、人口及经济社会发展状况等因素，经过多轮对比、反复论证新区选址。

2016年3月24日，习近平主持召开中共中央政治局常委会会议，听取北京市行政副中心和疏解北京非首都功能集中承载地有关情况的汇报并作了重要讲话。

习近平指出：从国际经验看，解决"大城市病"问题基本都用"跳出去"建新城的办法；从我国经验看，改革开放以来，我们通过建设深圳经济特区和上海浦东新区，有力推动了珠三角、长三角的发展。

习近平强调：北京正面临一次历史性抉择，从摊大饼转向在北京中心城区之外，规划建设北京城市副中心和集中承载地，将形成北京新的"两翼"，也是京津冀区域新的增长极。

一次次重要讲话、一场场科学论证、一步步深入推进……从思考到谋划，从批示到规划，从要求到部署，从宏观到微观，习近平总书记对设立新区的战略思考不断深入，构想逐渐变为现实。

2016年5月27日，这是研究设立河北雄安新区的一个大日子——

这天上午，中共中央政治局会议在中南海怀仁堂召开，审议《关于规划建设北京城市副中心和研究设立河北雄安新区的有关情况的汇报》，"雄安新区"首次出现在汇报稿的标题之中。

习近平强调：在现代化建设和城镇化加快推进阶段，北京又面临着一次历史性的空间格局调整。无论是从它的健康发展和解决问题，都要做出选择，最后做了这个选择。

顶层设计，志在千年。

公元1153年，金建都于燕京，拉开了北京城860多年的建都史。

公元2017年，河北雄安新区的规划设立，又将揭开北京城发展的崭新一页。

"这件事确实是千年大计、国家大事。"习近平强调，北京城市副中心和雄安新区的规划建设，要能够经得起千年历史检验，这也是我们这一代中国共产党人留给子孙后代的历史遗产。

把准历史大方位，着眼时代新特征，续写北京千年古都建设、谋划华夏大地发展的新篇章。

"80年代看深圳，90年代看浦东，21世纪看雄安"——今天流行的这句新话并非豪言壮语，它是时代的选择，更是历史的承诺。

"深圳和浦东的今天，就是我们希望看到的雄安的明天。雄安新区发展的机遇和挑战都是前所未有的。"京津冀协同发展专家咨询委员会副组长邬贺铨院士说，千年大计，正是表达着中央推行这个战略的决心和定力。

俯瞰中国地图，深圳、浦东和雄安呈梯度而上，分别占据全国南、中、北三个维度，这将合力推动中国实现全局均衡发展，改变经济发展"南强北弱"的状况。

英国《金融时报》网站文章如此评价：雄安新区这片经济活力带将寻求催生出京津冀地区甚至更大范围内的发展活力。

"水乡花县今新邑，北地江南古渥城。"雄安新区这片具有数千年悠久历史和当代光荣革命传统的大地，将成为大时代背景下中国开拓发展的新支点，必将创造时代发展的新传奇。

回答实践新要求的战略决策——科学论证选址，优化京津冀城市布局和空间结构，形成北京发展的新翼，打造创新驱动的高地

"具体到哪里建，这是一个科学论证的问题。一旦定下来，京津冀三地和有关部门都要统一思想，提高认识，用大历史观看待这件大事。"——2016年3月24日，习近平总书记主持召开中共中央政治局常委会会议。

雄韬伟略，长治久安。

"雄安"——未来之城的名字，取自"雄县、安新县"各一字，朗朗上口、声名远扬，既尊重历史，又寓意吉祥。

"雄"字意味宏伟、阳刚、英雄；"安"字包含稳定、牢固、安康，体现了地域特色，符合中华传统文化，契合国家实现"两个一百年"奋斗目标、实现中华民族伟大复兴的中国梦的内在要求。

大任何以降雄安？

2015年2月10日，习近平总书记主持召开中央财经领导小组第9次会议明确提出，研究考虑在北京之外建新城的思路；此后，在不同场合他多次提出在河北合适地方建设一座新城。由此，选择一个疏解北京非首都功能的集中承载地就成为现实要求。习近平总书记的重要讲话，为雄安新区的最终设立提供了战略指引。

按照习近平总书记的要求，京津冀协同发展领导小组牵头组织研究论证设立集中承载地有关工作。2015年2月，选址工作启动，各有关方面展开了紧锣密鼓的科学论证：

——本着认真、谨慎、科学、民主的原则，新区选址综合考虑区位、交通、土地、水资源和能源保障、环境能力、人口及经济社会发展状况等因素；

——京津冀协同发展领导小组对集中承载地规划选址进行多地点多方案比选，经过反复调研论证，多个回合讨论研究；

——由16位顶尖级专家组成的京津冀协同发展专家咨询委员会，对多个选址进行实地考察调研，召开10多次会议听取河北省及规划组的汇报；

——河北省组织省内多个部门，持续进行多轮研究，谋划提交多个选址方案；

——初步方案经过京津冀协同发展领导小组讨论，意见反馈给河北省，河北省对方案进行相应调整，专家咨询委员会再次实地考察，并听取河北省及中国城市规划设计研究院等方面意见。方案经修订，再次上报京津冀协同发展领导小组开会讨论；

——2016年2月29日，国务院举行专题会议研究集中承载地的相关问题；

——2016年3月和5月，最终选址方案呈报中共中央政治局常委会会议和中央政治局会议审议。

规划建设新区的选址事关发展全局，是涉及首都的历史性工程，要经得起历史检验。

每一次调研都细致严谨，每一次讨论都充分热烈。"雄县—容城—安新"这一方案在几个方案比选中逐步得到确认，最终脱颖而出。

选择集中承载北京非首都功能的新区，这个地方不能太远，也不能太近。太近容易连成一片，达不到疏解目的；太远则难以接受北京的辐射和带动，不能更好地承接和转移非首都功能。

雄安新区地处保定。保定之名取"保卫大都，安定天下"之意，自古就是"京畿重地"要冲之塞。

距离北京约40分钟高铁车程的保定东站广场，矗立着"京畿之门"的高大建筑，提醒熙来攘往的人们这座城市的特殊地位。从保定东站向东北沿高速公路，半个多小时即可到达雄安新区。

新区位于京津保腹地，各方优势明显，土地水利环境地质支撑条件优良，发展空间充裕，正是集中承接北京非首都功能疏解的首选之地：

——区位优势。地处华北平原，一马平川。雄安新区与北京、天津构成一个等边三角形，距离北京、天津、石家庄和保定市分别约105公里、105公里、155公里、30公里。

——交通便捷。雄安新区东至大广高速、京九铁路，南至保沧高速，西至京港澳高速、京广客专，北至荣乌高速、津保铁路等交通干线。基本形成与北京、天津、石家庄、保定的半小时通勤圈。同时具备空港优势，距离北京新机场约55公里，完全可以满足高端高新产业的发展需要。

——生态良好。拥有华北平原最大的淡水湖白洋淀，漕河、南瀑河、萍河、南拒马河等多条河流在区域内交汇。九河下梢，汇集成淀，星罗棋布的苇田，摇船入淀，但见浩渺烟波，苍苍芦苇，悠悠小舟，岸上人家，宛若"华北江南"。

——开发度低。雄安新区范围内人口密度低，建筑少，拆迁量不大。核心区所辖人口尚不到10万人，仅相当于北京的一个社区。可开发建设的土地较充裕且可塑性强，具备一定的城市基础条件。

2016年3月24日，习近平主持召开中共中央政治局常委会会议，审议并原则同意《关于北京市行政副中心和疏解北京非首都功能集中承载地有关情况的汇报》，确定了新区规划选址，同意定名为"雄安新区"。

"具体到哪里建，这是一个科学论证的问题，不能拍脑袋说在雄安。"习近平总书记在这次会议讲话中强调，现在经过反复论证，并和北京市、河北省共同研究形成这个结果，一旦定下来，京津冀三地和有关部门都要统一思想、提高认识，用大历史观看待这件大事。

根据这次常委会会议精神，京津冀协同发展领导小组召开小范围会议对规划方案进行了修改完善。2016年5月27日，习近平主持召开中共中央政治局会议，听取了关于规划建设北京城市副中心和研究设立河北雄安新区有关情况的汇报。

习近平在讲话中指出："建设北京城市副中心和雄安新区两个新城，形成北京新的'两翼'。这是我们城市发展的一种新选择""在新的历史阶段，集中建设这两个新城，形成北京发展新的骨架，是千年大计、国家大事"。

为精益求精，在京津冀协同发展领导小组组织下，京津冀协同发展领导小组办公室和专家咨询委员会对《设立河北雄安新区的实施方案》进行研究完善。

2016年7月31日至8月6日，专家咨询委员会进行一周的封闭研究，请国家发展改革委、河北省、中国城市规划设计研究院等有关方面负责同志和专家学者共同进一步完善新区实施方案。

"可以说，新区选址是经过了各方反复深入论证才定的，最后制定了这个实施方案。"经历选址全过程、三赴雄安实地调研的京津冀协同发展专家咨询委员会组长、中国工程院主席团名誉主席徐匡迪院士说。

习近平总书记到规划中的雄安新区考察时，对这里的区位、人口密度、自然条件等表示满意。他说，这个地方选得好，在这里建新城，不会过多打扰当地人的生活，涉及搬迁量少，能快速起步见到效果。

大好河山，坐标已定。

雄安新区规划建设以特定区域为起步区先行开发，起步区面积约100平方公里，中期发展区面积约200平方公里，远期控制区面积约2000平方公里——这座担当着新时代发展使命的未来之城将跃然而出。

新区之"新"在于"以新破局"，构建起京津冀协同发展的"新格局"，也为中国实现区域协同发展提供可复制可推广的经验。

从国际上看，很多国家探索解决"大城市病"问题，都是用跳出去的办法，迄今看也是有效的、成功的。

在世界一些知名大城市，旁边也有伴城。例如美国纽约之外有新泽西，旧金山附近有圣荷西等；以色列的特拉维夫之外，有创新之城海法；日本东京50公里之外，则有高新产业集聚地的科学城筑波。

大鹏展翅九万里——

从首都区位看，北京城市副中心、雄安新区作为两翼分列北京中心城区的东侧和西南，定位清晰、错位发展，拱卫首都实现新腾跃；

从河北区位看，雄安新区和以2022年北京冬奥会为契机推进建设的张北地区，呈现一南一北，同样是带动燕赵大地腾飞的两翼。

全局上谋势，关键处落子。

雄安新区，这里将高标准高起点起步，立足当前、着眼长远，成为创新驱动发展、改革开放的高地。

习近平总书记强调：雄安新区不同于一般意义上的新区，其定位首先是疏解北京非首都功能集中承载地，重点承接北京疏解出的行政事业单位、总部企业、金融机构、高等院校、科研院所等，不符合条件的坚决不能要。

雄安新区绝非传统工业和房地产主导的集聚区，创新驱动将是雄安新区发展基点，进行制度、科技、创业环境的改革创新，吸引高端高新技术企业集聚，建设集技术研发和转移交易、成果孵化转化、产城融合的创新发展示范区。

设立雄安新区的消息在海内外引起强烈反响。

有海外媒体指出，"如果只注意到非首都功能疏解的集中承载地，而忽视这里是新发展理念的创新发展示范区，就看不到雄安新区设计初衷的根本所在。"

雄安新区的定位也引来诸多国内科研单位、央企总部、产业巨头的呼应。中国科学院、中船重工、航天科技集团、国家开发投资公司、中国交建、中石化等纷纷表示坚决拥护党中央决策部署，主动对接雄安新区建设，有的央企已明确表示将拿出"迁企"的实际行动。

在新的历史阶段，雄安新区的设立，按下了推进新一轮改革发展的启动键，推开了一扇崭新的转型发展之门。

落实新发展理念的重大实践——坚持世界眼光、国际标准、中国特色、高点定位，打造世界级城市群的中国样本

"建设雄安新区是一项历史性工程，一定要保持历史耐心，有'功成不必在我'的精神境界。"——2017年2月23日，习近平总书记到河北雄安新区考察并主持召开座谈会。

九河下梢，北地西湖。雄安新区囊括白洋淀整个水域。

2月23日，习近平总书记在实地考察雄安新区建设规划时专程前往白洋淀。这是习近平第一次来到白洋淀。他说："小时候读小兵张嘎的故事，就对这里十分神往。我曾在河北正定工作，但也一直没有机会来。"

走过安新县郊野公园的白洋淀大堤，沿着长长木栈道，习近平步入淀区深处。水面波光粼粼，芦苇荡还没有返青，阳光照射下金灿耀眼。他登上一座木制观景台，环视开阔的白洋淀。

习近平曾在宁德、福州、杭州等南方城市工作，对山清水秀的生态之美感触至深。

总书记在考察中强调，建设雄安新区，一定要把白洋淀修复好、保护好。将来城市距离白洋淀这么近，应该留有保护地带。要有严格的管理办法，绝对不允许往里面排污水，绝对不允许人为破坏。

高起点，新梦想。雄安新区将坚持生态优先，建设一座绿色生态之城——

习近平反复强调："要坚持生态优先、绿色发展，划定开发边界和生态红线，实现两线合一，着力建设绿色、森林、智慧、水城一体的新区。"

天人合一、道法自然……雄安新区将构建蓝绿交织、清新明亮、水城共融、多组团集约紧凑发展的生态城市。

"水会九流，堪拟碧波浮范艇。荷开十里，无劳魂梦到苏堤。"在未来规划建设中，白洋淀的景色只会变得更美、淀水更加清澈，湖面更加开阔。

高标准，新理念。雄安新区将坚持规划先行，筑造一座标杆之城——

谋定后动，规划引领。2014年2月和2017年2月，习近平总书记两次考察北京市。他对城市规划引领经济社会发展的作用格外重视，强调指出："考察一个城市首先看规划，规划科学是最大的效益，规划失误是最大的浪费，规划折腾是最大的忌讳。""城市规划建设做得好不好，最终要用人民群众满意度来衡量。"

在谋划设立雄安新区的数次重要会议上，习近平反复强调"把每一寸土地都规划得清清楚楚再开始建设""精心推进不留历史遗憾"。

在安新县召开座谈会时,总书记郑重告诫:雄安新区将是我们留给子孙后代的历史遗产,必须坚持"世界眼光、国际标准、中国特色、高点定位"理念,努力打造贯彻新发展理念的创新发展示范区。

"要坚持用最先进的理念和国际一流水准规划设计建设,经得起历史检验。"人口密度低、开发程度低、发展空间充裕……一张白纸能够画出最美的图画。

按照习近平总书记要求,目前京津冀协同发展领导小组正会同专家咨询委员会、国家发展改革委等有关部门、河北省委省政府等抓紧组织编制雄安新区总体规划、起步区控制性规划、启动区控制性详细规划及白洋淀生态环境治理和保护规划等。

新区将借鉴国际经验,组织国内国际一流规划人才进行城市设计,细致严谨地做好单体建筑设计,特别是细节设计,建成标杆工程,成为今后城市建设的典范。

"规划上要达到国际一流城市的水平,同时在建筑上要充分体现中华文化的元素,在建设过程当中要精雕细琢,以工匠精神打造百年建筑,留下千年传承。"国家发展改革委主任何立峰说。

高水平,新家园。雄安新区将坚持以人民为中心的思想,成为一座现代宜居之城——

如果说此前,中国的大部分现代化城市建设都是向外借鉴学习,那么在多年积累的基础上,雄安新区将构建一个蓬勃内生、发扬传统、自信开放的现代化城市,从而达到"从跟跑到并跑再到领跑世界"。

雄安新区不会简单复制深圳和浦东,而是要开创国家新区和城市发展的全新模式。

"要坚持以人民为中心,从市民需要出发,做到疏密有度、绿色低碳、返璞归真,提供宜居的环境、优质的公共服务,有效吸引北京人口和功能疏解转移。"新区规划一开始,习近平总书记就如此强调。

人往高处走,水往低处流。按照规划,新区远期将承载200万至250万人口。新区的建设,将紧紧围绕"人"这个核心谋篇布局,充分提高基本公共服务水平,发展社会事业,配套优质教育医疗等资源,提高对疏解北京非首都功能高端人才的吸引力。

水城共融犹如江南水乡,大量管廊地下藏,地底通道汽车穿梭忙,行人休闲走在马路上,街道两边传统特色建筑分外亮堂,河水穿城流淌,森林公园空气清新舒畅,被绿树隔离带包围的白洋淀碧波荡漾……徐匡迪院士这样描述未来雄安新区美丽如画的模样,崭新的生产、生活、生态三大发展空间让人无限向往。

高要求,新机制。雄安新区将坚持体制机制改革,打造一座创新发展之城——

早在一年多前召开的中共中央政治局常委会会议上,习近平总书记就指出,要防止炒作土地等问题出现,要切实采取有效措施。

从2016年6月开始,雄安新区规划区域内,已逐步实行房屋等不动产、规划、土地、项目、户籍的冻结,为筹建新区做准备。

雄安新区将制定全新的住房政策,严禁大规模开发房地产。专家咨询委员会专家表示,国家将在这里探索全新的房地产改革道路,控制房地产价格,保障民众住房需求。

户籍改革、医疗改革、公共服务改革、深化行政管理体制改革、实行大部门制和负面清单管理、探索投融资体制改革、加强对外合作促进贸易便利化、建立与国际接轨的城市管理规则和体系……体制机制改革将是新区发展的制度保障。

在全面深化改革的大棋局中,雄安将争当"改革先锋",一些改革举措在这里先行先试,在"深水区"中趟出一条可复制、可推广的新路子。

引领时代发展,打造改革高地,人们也将从这里读懂未来中国。

"白洋淀,风光好,英雄多,到处都有嘎子哥。"从白洋淀码头坐船出发,半个小时水程来到赵庄子村——电影原型"小兵张嘎"的故乡。

忆往昔,这里是见证峥嵘岁月的革命老区;

看今朝,这里是肩负历史使命的发展新区。

"我们这代人做什么梦的都有,就是没有做过这样的梦。"赵庄子村党支部书记赵文祥说,"这几天乡亲们茶余饭后都在讨论新区建设,畅想家乡未来。"

"规划定了就要严格执行,确保'一张蓝图干到底'。"

"要尊重城市开发建设规律,合理把握开发节奏,稳扎稳打,一茬接着一茬干。"

"这件事是不可逆的工作,所以必须发扬工匠精神,精心推进。"

……

在以习近平同志为核心的党中央领导下,从中央到地方,从国家部委到河北省各部门,新区建设工作正在紧张有序地展开,雄安新区筹委会已经成立……

放眼未来,美好前景催人奋进——

3年后的2020年,一个新城的雏形将初步显现。

雄安新区骨干交通路网基本建成，起步区基础设施建设和产业布局框架基本形成；

5年后的2022年，在北京冬奥会成功举办时与京津冀主要城市联系进一步紧密，与北京中心城区错位发展，起步区基础设施全部建设完成，新区核心区基本建成；

13年后的2030年，一座绿色低碳、信息智能、宜居宜业的现代化新城显露活力，成为具有较强竞争力和影响力、人与自然和谐共处、闻名遐迩的城市新星。

雄安新区，必将绽放出璀璨夺目的光芒！

（记者：霍小光、张旭东、王敏、曹国厂、李亚红）

（新华社北京2017年4月13日电）

张高丽：推动雄安新区规划建设开好局起好步

中共中央政治局常委、国务院副总理张高丽6日在河北实地察看和调研雄安新区规划建设有关工作。张高丽前往容城县了解雄安新区铁路、公路、水路等交通情况；到雄县公共资源交易中心和部分住宅小区售楼部，调研土地、房地产、户籍管控工作；到宋辽古战道，调研文化遗产、文物等保护工作；然后到白洋淀察看生态环境整治工作。6日下午，张高丽在安新县主持召开雄安新区规划建设工作会议，听取河北省有关工作情况汇报，研究部署当前和今后一个时期重点工作。

张高丽表示，设立雄安新区，是以习近平同志为核心的党中央深入推进实施京津冀协同发展战略、积极稳妥有序疏解北京非首都功能作出的一项重大决策部署，是千年大计、国家大事。习近平总书记亲自谋划、亲力亲为，强调要先谋后动、稳扎稳打，用最先进的理念和国际一流的水准设计建设，努力将雄安新区打造成为贯彻新发展理念的创新发展示范区。李克强总理也对雄安新区有关工作作出指示。我们一定要把思想认识行动统一到党中央重大决策部署上来，扎扎实实做好新区规划建设工作。

张高丽充分肯定河北和有关方面做的工作，同时强调要保持清醒头脑、坚持问题导向，精心细心用心，有力有序有效做好管控工作，坚决管住土地、管住房地产、管住周边区域，保护历史文化遗产，保护环境生态，保持社会大局稳定，为雄安新区规划建设开好局、起好步创造有利条件。要先谋后动、规划引领，坚持"世界眼光、国际标准、中国特色、高点定位"，高标准高质量组织编制完善新区总体规划、起步区控制性规划、启动区控制性详细规划、白洋淀生态环境保护和治理规划及各专项规划，推动"多规合一"。要突出生态优先、绿色发展，加强白洋淀生态环境治理和保护，提高产业准入门槛，建设绿色、森林、智慧、水城一体的新区，着力打造生态城市标杆。要用新发展理念引领新区发展，发展高端高新产业和服务业，加快体制机制创新，提高公共服务水平，促进人口资源环境协调发展，努力打造创新驱动引领区和协调发展示范区。

张高丽表示，做好雄安新区规划建设工作意义重大、影响深远，各有关地方和部门要切实增强"四个意识"，发扬钉钉子精神，强化历史担当，加强协调配合，共同把新区规划建设工作落到实处。要更加紧密地团结在以习近平同志为核心的党中央周围，凝心聚力、稳扎稳打，确保雄安新区规划建设开好局、起好步，以优异成绩迎接党的十九大胜利召开。

王勇、徐匡迪和京津冀三省市、京津冀协同发展领导小组办公室、专家咨询委员会以及有关部门负责同志参加了会议。

（新华社雄安5月7日电 记者张旭东）

全面贯彻落实党的十九大精神
奋力谱写新时代住房城乡建设事业发展新篇章

12月23日，全国住房城乡建设工作会议在京召开。住房城乡建设部党组书记、部长王蒙徽全面总结了五年来住房城乡建设工作成就，提出今后一个时期工作总体要求，对2018年工作任务作出部署。

会议指出，党的十八大以来，在以习近平同志为核心的党中央坚强领导下，全国住房城乡建设系统认真贯彻落实党中央、国务院决策部署，住房城乡建设事业蓬勃发展，成就斐然。人民群众住房条件明显改善，城镇居民人均住房建筑面积由2012年的32.9平方米提高到2016年的36.6平方米，6000多万棚户区居民"出棚进楼"，2600多万住房困难群众住进了公租房。坚持"房子是用来住的、不是用来炒的"定位，房地产市场调控效果持续显现，一线城市和部分热点二线城市房价涨幅回落，三四线城市房价趋于稳定，房地产去库存取得明显成效。建筑业持续快速发展，2016年建筑业总产值达19.36万亿元的历史峰值，建筑业增加值达4.96万亿元，占国内生产总值的6.66%，建筑业在国民经济中的支柱产业地位显著增强。城市发展成就举世瞩目，城镇化率从2012年的52.6%提高到2016年的57.4%，城市数量达到657个，建制镇数量从19881个增加到20883个，城市规划对于城市转型发展的引领作用日益显现，城市基础设施建设步伐加快，城市管理和服务水平明显提高。农村危房改造成效显著，累计支持1469万户贫困农户改造了危房，农村生活垃圾污水治理取得积极成效，农村人居环境持续改善。党的建设进一步加强，广大党员干部不断强化"四个意识"，坚定"四个自信"，全面从严治党深入推进，中央八项规定精神得到切实落实，"四风"问题整治成效明显，政治生态得到进一步净化。

会议指出，五年来住房城乡建设事业发展取得了历史性成就，根本在于习近平新时代中国特色社会主义思想的科学指引，在于以习近平同志为核心的党中央的坚强领导，在于有习近平总书记这位英明领袖的掌舵领航。住房城乡建设系统广大干部职工进一步增强了政治意识、大局意识、核心意识、看齐意识，更加坚定了中国特色社会主义道路自信、理论自信、制度自信、文化自信。五年来的工作实践证明，实现住房城乡建设事业持续健康发展，必须坚持和加强党的全面领导，必须切实践行新发展理念，必须始终坚持以人民为中心的发展思想，必须坚定不移推进全面深化改革，必须坚持科学的思想方法和工作方法，必须坚持全面从严治党。

会议强调，今后一个时期，做好住房城乡建设工作，要全面贯彻落实党的十九大精神，以习近平新时代中国特色社会主义思想为指导，牢固树立"四个意识"，坚决贯彻落实党中央、国务院决策部署，坚持稳中求进的工作总基调，坚持新发展理念，紧扣我国社会主要矛盾变化，着力解决住房城乡建设领域发展不平衡不充分问题，按照高质量发展要求，统筹推进"五位一体"总体布局和协调推进"四个全面"战略布局，坚持以供给侧结构性改革为主线，推动住房城乡建设发展质量变革、效率变革、动力变革，在新时代中国特色社会主义新征程中，谱写住房城乡建设事业发展新篇章，为决胜全面建成小康社会、全面建设社会主义现代化国家作出新的更大贡献。

会议要求，2018年，全国住房城乡建设系统要认真贯彻落实中央经济工作会议精神，重点做好以下工作。

一是深化住房制度改革，加快建立多主体供给、多渠道保障、租购并举的住房制度。大力发展住房租赁市场特别是长期租赁，在人口净流入的大中城市加快培育和发展住房租赁市场，推进国有租赁企业的建设，充分发挥对市场的引领、规范、激活和调控作用。支持专业化、机构化住房租赁企业发展，加快建设政府主导的住房租赁管理服务平台，加快推进住房租赁立法，保护租赁利益相关方合法权益。扎实推进新一轮棚改工作，2018年改造各类棚户区580万套。全力做好公租房工作，增加公租房实物供给，持续提升公租房保障能力，优先保障环卫、公交等行业困难群体，将符合条件的新就业无房职工、外来务工人员和青年医生、青年教师等纳入保障范围，对低保、低收入住房困难家庭，要实现应保尽保。因地制宜发展共有产权住房，多渠道解决群众住房问题。改革完善住房公积金制度，提高住房公积金管理服务水平。

二是抓好房地产市场分类调控，促进房地产市场平稳健康发展。坚持房子是用来住的、不是用来炒的定位，完善促进房地产市场平稳健康发展的长效机制，坚持调控目标不动摇、力度不放松，保持房地产市场调控政策的连续性和稳定性，继续严格执行各项调控措施，防范化解房地产市场风险。针对各类需求实行差别化调控政策，满足首套刚需、支持改善需求、遏制投机炒房。库存仍然较多的部分三四线城市和县城要继续做好去库存工作。加强区域协调和城乡统筹，促进大中小城市互联互通，提高中小城市、县城和中心镇的教育、医疗等基本公共服务水平，引导人口和住房需求合理分布。加大房地产市场秩序规范整顿力度，始终保持高压严查态势，严厉打击房地产企业和中介机构违法违规行为。加强市场监测分析，提高精准调控的能力和水平，进一步强化地方政府主体责任。

三是全面提高城市规划建设管理品质，推动城市绿色发展。推进城市总体规划编制和实施体系改革，全面开展规划期至2035年的新一版城市总体规划编制工作，同步建设"多规合一"管理平台，建立和完善城市总体规划编制、审批、实施和考核评估体系。进一步加强历史文化保护，明年全部完成历史文化街区划定和历史建筑确定工作，积极开展历史建筑保护利用。全面推进海绵城市建设，完善标准体系，编制实施海绵城市建设专项规划。进一步加大城市黑臭水体整治力度，推进城市排水防涝补短板三年行动，因地制宜推进城市地下综合管廊建设，大力加强城镇污水和垃圾处理设施建设，全面推动城市生活垃圾分类工作，在部分城市开展老旧小区改造试点。切实抓好城市生态建设，建立城市生态建设评估考核标准和机制，提高生态建设水平。以生态修复城市修补工作为载体，改善城市生态环境，增强城市宜居性。积极创建绿色城市、绿色社区、绿色机关、绿色校园，大力发展绿色建筑，推进建筑节能。深化城市管理体制改革，搭建城市综合管理服务平台，坚持共谋共建共管共评共享，全面开展美好环境与和谐社会共同缔造行动，从群众关心的小事、身边事做起，开展城市环境整治，让城市更有序、更安全、更干净。建设数字化城市管理平台，大力加强城市管理执法队伍作风建设，严格规范公正文明执法。

四是加大农村人居环境整治力度，推进美丽乡村建设。落实党的十九大乡村振兴战略的部署，实施农村人居环境整治三年行动，继续推进农村生活垃圾治理，大力推动农村户厕建设和改造，同步实施厕所粪污治理，推广成熟污水治理，保护乡村山水田园景观，提升村容村貌，开展设计下乡活动，建设体现地域特点、民族特色和时代特征的乡村建筑。集中力量推进建档立卡贫困户等重点对象危房改造，做好传统村落和传统建筑保护发展，推动传统建筑挂牌保护。

五是以提升建筑工程质量安全为着力点，加快推动建筑产业转型升级。加快建设国际化的中国工程建设标准体系，提高中国工程标准水平，引领建筑产业高质量发展。加强与"一带一路"沿线国家的多边与双边工程标准交流与合作，推动中国工程标准转化为国际或区域标准，促进建筑业"走出去"。大力培育现代化建筑产业工人队伍，引导和支持大型施工企业与建筑劳务输出大省合作建立劳务基地，逐步建立建筑工人技能培训、技能鉴定和使用相衔接的管理机制。开展建筑施工安全专项治理行动，落实企业安全生产主体责任，强化重大安全风险管控，加大隐患排查整治力度，确保全国建筑施工安全事故总量下降。以狠抓建筑施工安全为切入点，推动建筑业体制机制改革，健全质量安全责任体系，深化工程招投标制度改革，完善工程建设组织方式，加强建筑市场诚信体系建设，推动建造方式变革，提升建筑业科技创新能力，促进建筑产业提质增效。

六是不断加强党的建设，推动全面从严治党向纵深发展。切实把党的政治建设摆在首位，旗帜鲜明讲政治，牢固树立"四个意识"，坚决维护以习近平同志为核心的党中央权威和集中统一领导。持续强化思想理论武装，切实用习近平新时代中国特色社会主义思想武装头脑，认真开展"不忘初心、牢记使命"主题教育。深入推进反腐败斗争，持之以恒正风肃纪，巩固拓展落实中央八项规定精神成果，继续整治"四风"问题，不断加强队伍建设，切实转变工作作风，更好为群众服务。

会议号召，全国住房城乡建设系统要紧密团结在以习近平同志为核心的党中央周围，全面贯彻落实党的十九大精神，以抓铁有痕、踏石留印的劲头和钉钉子精神，以永不懈怠的精神状态和一往无前的奋斗姿态，奋力谱写新时代住房城乡建设事业发展新篇章，为决胜全面建成小康社会、夺取新时代中国特色社会主义伟大胜利、实现中华民族伟大复

特 载

兴的中国梦、实现人民对美好生活的向往而不懈奋斗！

中央纪委驻部纪检组组长石生龙，住房城乡建设部副部长易军、陆克华、倪虹、黄艳，党组成员常青出席会议，易军作总结讲话。各省、自治区住房城乡建设厅、直辖市建委及有关部门、计划单列市建委及有关部门主要负责人，新疆生产建设兵团建设局主要负责人，党中央、国务院有关部门司（局）负责人，后勤保障部军事设施建设局负责人，中国海员建设工会有关负责人，部机关各司局、部属单位主要负责人以及部分地级以上城市人民政府分管住房城乡建设工作的副市长出席了会议。

（摘自《中国建设报》2017年12月25日 记者刘丽媛 吴国文）

专题报道

住建部部长王蒙徽：
5年近8000万困难群众改善住房条件

昨天上午举行的十九大新闻发布上，住房城乡建设部党组书记、部长王蒙徽介绍，党的十八大以来，在以习近平同志为核心的党中央的坚强领导下，住房和城乡建设事业改革发展取得了巨大成就，住房保障成就显著，近8000万困难群众改善了住房条件。

10月22日，十九大新闻中心举办记者招待会，邀请教育部党组书记、部长陈宝生，民政部党组书记、部长黄树贤，人力资源社会保障部党组书记、部长尹蔚民，住房城乡建设部党组书记、部长王蒙徽，国家卫生计生委党组书记、主任李斌介绍满足人民新期待，保障改善民生有关情况，并回答记者提问。

王蒙徽表示，习近平总书记指出，加快推进住房保障和供应体系建设，是满足群众基本住房需求，实现全体人民住有所居目标的重要任务。五年来，棚户区改造大力推进，有6000多万棚户区居民出棚进楼。同时公租房保障能力显著提升，有1900多万住房困难的群众住进了公租房，城镇中低收入家庭的住房条件明显改善，城镇低保、低收入家庭基本上实现了应保尽保。

王蒙徽指出，在住房和城乡建设工作方面，还存在着不少问题，特别是人们普遍关心的住有所居问题。下一步，将认真学习和贯彻党的十九大精神，特别是习近平总书记新时代中国特色社会主义思想，为实现人民对美好生活的向往，实现中华民族伟大复兴中国梦作出新的贡献。

"按照我个人的想法，到本世纪中叶，我们要建设社会主义现代化强国，至少我们要实现居住环境、居住条件达到当时的世界先进水平，也就是说要实现报告中提出的全体人民住有所居。这只是一个基本的条件。不光要住有所居，而且要生活在一个美丽的环境里，也就是要建成美丽中国。同时，还要使我们的居住设施设备能够更方便、更齐全，让我们的老百姓生活得更幸福，获得感更强。"他说。

(经济日报-中国经济网
北京 2017.10.23 记者 景远)

王蒙徽在全国城市生活垃圾分类工作现场会上强调
统一思想明确目标系统谋划群策群力 加快推进
生活垃圾分类工作

11月30日，住房城乡建设部在福建省厦门市召开全国城市生活垃圾分类工作现场会。住房城乡建设部党组书记、部长王蒙徽出席并讲话。

王蒙徽强调，普遍推行生活垃圾分类制度，是关系广大人民群众生活的大事，是我们当前的一项重要政治任务。要以习近平新时代中国特色社会主义思想为指导，认真学习贯彻党的十九大精神和习近平总书记关于垃圾分类工作的重要指示精神，不断强化"四个意识"，坚持以人民为中心的发展思想，从加强和创新社会治理，加强生态文明建设、促进绿色发展，提高全社会文明程度，实现"两个一百年"奋斗目标的高度，推进城市生活垃圾分类工作。

王蒙徽认为，近一年来，各地区、各部门积极行动，生活垃圾分类工作总体开局良好。住房城乡建设部和国家发展改革委进一步加强统筹协调，国家机关事务管理局、中央军委后勤保障部、国家卫生计生委等部门积极配合，率先在党政机关、军队单位、医疗机构实施生活垃圾分类。各省（自治区、直辖市）积极研究制定落实生活垃圾分类工作的相关政策。先行开展生活垃圾分类的46个城市均已启动垃圾分类工作，有12个城市已有垃圾分类地方法规或政府规章，有24个城市已出台垃圾分类工作方案。尤其是厦门市经过半年多的努力，主城区的居民小区和全市机关、学校、驻厦部队等全部推行生活垃圾分类，形成了强化组织领导、注重法治先行、坚持共同缔造、聚焦学校教育和完善硬件设施等做法，值得各地学习借鉴。

王蒙徽指出，到2020年，各城市全面推行垃圾分类制度，基本建立相应的法律法规和标准体系，公共机构普遍实行垃圾分类，先行先试的46个城市基本建成垃圾分类处理系统。到2035年，各城市全面建立垃圾分类制度。

王蒙徽要求，各地区、各部门要加强领导、广泛动员、群策群力，用综合的、全局的思维来系统谋划、统筹协调，加快垃圾分类工作。一是把垃圾分类工作作为党委、政府的一项重要任务，狠抓落实。二是要广泛发动公众参与，打造共建共治共享社会治理格局。三是要加快立法进程，为垃圾分类提供长期保障。四是要抓住重点环节，做到分类投放精准、杜绝先分后混、分类运输系统健全、分类处理设施完善。五是要结合实际探索创新，形成可复制可推广的经验。同时，要加快农村生活垃圾治理步伐，因地制宜探索出适合农村特点的生活垃圾分类方法。

与会代表实地考察了厦门市生活垃圾分类工作开展情况。厦门市有关方面负责人介绍了生活垃圾分类工作经验。

住房城乡建设部副部长倪虹主持会议。各省（自治区）住房城乡建设厅、直辖市环卫主管部门和新疆生产建设兵团建设局主要负责人，部分重点城市人民政府分管副市长，住房城乡建设部、国家发展改革委、教育部、环境保护部、商务部、国家卫生计生委、国家机关事务管理局、中央军委后勤保障部有关部门负责人参加了会议。

（摘自《中国建设报》2017.12.01 部宣）

王蒙徽在老旧小区改造试点工作座谈会上强调 充分运用"共同缔造"理念 推进老旧小区改造

12月1日，住房城乡建设部在福建省厦门市召开老旧小区改造试点工作座谈会。会议深入学习贯彻党的十九大精神，认真落实习近平总书记有关老旧小区改造工作的重要指示，部署推进老旧小区改造试点工作。住房城乡建设部党组书记、部长王蒙徽出席会议并讲话。

王蒙徽强调，学习贯彻党的十九大精神，是我们当前和今后一个时期的首要政治任务和头等重要大事。要以党的十九大精神为统领，站在党和国家大局上想问题、办事情，把中央大政方针不折不扣地落到实处。

王蒙徽认为，老旧小区改造是贯彻落实党的十九大精神，解决城市发展不平衡不充分问题、实现人民群众对美好生活向往的重要举措。推进老旧小区改造，有利于改善居民的居住条件和生活品质，提高群众获得感、幸福感、安全感；有利于改善小区环境，延续历史文脉，实现城市可持续发展；有利于加强和创新基层社会治理，打造共建共治共享的社会治理格局。

王蒙徽指出，为更好地推进老旧小区改造，在15个城市开展老旧小区改造试点，目的是探索城市老旧小区改造的新模式，为推进全国老旧小区改造提供可复制、可推广的经验。

王蒙徽强调，试点工作中要注意把握三个原则。一是坚持以人民为中心，充分运用"共同缔造"理念，激发居民群众热情，调动小区相关联单位的积极性，共同参与老旧小区改造，实现决策共谋、发展共建、建设共管、效果共评、成果共享。二是坚持问题导向，明确重点内容。要顺应群众期盼，先民生后提升，明确近远期老旧小区改造的重点和内容。三是坚持因地制宜，做到精准施策。结合本地和小区实际，共同制订科学的改造方案。

王蒙徽要求，试点工作要着重探索4个方面的体制机制。一是探索政府统筹组织、社区具体实施、居民全程参与的工作机制。充分发挥街道、社区党组织的作用，在老旧小区改造各环节充分反映居民需求。二是探索居民、市场、政府多方共同筹措资金机制。按照"谁受益、谁出资"原则，采取居民、原产权单位出资、政府补助的方式实施老旧小区改造。三是探索因地制宜的项目建设管理机制。强化统筹，完善老旧小区改造有关标准规范，建立社区工程师、社区规划师等制度，发挥专业人员作用。四是探索健全一次改造、长期保持的管理机制。加强基层党组织建设，指导业主委员会或业主自治管理组织，实现老旧小区长效管理。

王蒙徽最后指出，要以习近平新时代中国特色社会主义思想为指导，用拼搏向上的精神、扎实苦干的作风，把人民群众的小事当成我们的大事，从人民群众关心的事情做起，从让人民群众满意的事情做起，推动老旧小区改造，为决胜全面建成小康社会、实现人民对美好生活的向往作出新的更大贡献！

与会代表现场观摩了厦门市老旧小区改造情况，厦门市等城市有关负责人分别介绍了经验。住房城乡建设部副部长倪虹主持会议，试点城市所在省、自治区住房城乡建设厅负责人，各试点城市人民政府及老旧小区改造主管单位负责人参加会议。

（摘自《中国建设报》2017.12.04 部宣）

易军在促进建筑业持续健康发展新闻发布会上要求落实顶层设计 打造中国建造品牌

在住房城乡建设部于2月27日召开的促进建筑业持续健康发展新闻发布会上，住房城乡建设部副部长易军指出，建筑业是我国国民经济的支柱产业、传统产业、基础性产业和朝阳产业，党中央、国务院高度重视建筑业改革发展，所以，国务院办公厅日前印发了《关于促进建筑业持续健康发展的意见》（以下简称《意见》）。这是建筑业改革发展的顶层设计，从深化建筑业简政放权改革、完善工程建设组织模式、加强工程质量安全管理、优化建筑市场环境、提高从业人员素质、推进建筑产业现代化、加快建筑业企业"走出去"7个方面提出了20条措施，对促进建筑业持续健康发展具有重要意义。

易军全面、细致、深入地解读了《意见》。易军说，在党中央、国务院的正确领导下，经过30多年的改革发展，建筑业的建造能力不断增强，产业规模不断扩大，到2016年，全国建筑业总产值达19.35万亿元，建筑业增加值达4.95万亿元，占国内生产总值的6.66%。建筑业还吸纳了大量农村转移劳动力，占农村进城务工人员总数的1/5以上，有5000多万人，并带动了50多个关联产业发展，对经济社会发展、城乡建设和民生改善作出了重要贡献。

易军提醒，在看到成绩的同时，也要清醒地看到需要改进的地方。我们要看到，建筑业仍然"大而不强"，监管体制机制不健全、工程建设组织方式落后、建筑设计水平有待提高、质量安全事故时有发生、市场违法违规行为较多、企业核心竞争力不强、工人技能素质偏低等问题较为突出。这些问题严重制约并影响了建筑业的持续健康发展，是《意见》要着力解决的问题。

易军明确，解决上述问题必须遵循《意见》提出的以下几个方面的改革思路。

一是坚持以推进供给侧结构性改革为主线，不断提升工程质量安全水平，为人民群众提供高品质、安全、美观、绿色的建筑产品。改革开放30多年来，人民群众对居住的需求已经从安居提升为宜居、适居和美居。建筑业要不断提升工程质量，满足人民群众的需求。提升工程质量的基础是落实主体责任、强化政府监管。落实主体责任就是要保证参建各方的责任终身可追溯，把责任转化为参建各方的内在动力。要保证落实责任就要强化政府监管，按照"两随机、一公开"的要求，明确监管重点，强化队伍建设，创新监管方式，确保政府对工程质量安全实施有效监管。高水平的技术标准是实现高品质工程质量的保障，要对标国际先进标准，不断完善和适度提高我国的工程建设标准。

二是坚持以深化建筑业"放管服"改革为保障，加快完善体制机制，创建适应建筑业发展需要的建筑市场环境。发展社会主义市场经济，发挥市场配置资源的决定性作用和更好地发挥政府的作用，关键是处理好市场和政府的关系。一方面要减少政府对市场经济活动的直接干预，改革建筑市场准入制度，弱化企业资质，强化个人执业资格；缩小工程招投标范围，让建设单位自主决定发包方式；清除阻碍企业自由流动、公平竞争的各种市场壁垒。另一方面要不断健全市场机制，推行国际通行的最低价中标、承包商履约担保和业主工程款支付担保等制度，用经济的手段约束合同双方的履约行为；充分运用信息化手段，加快诚信体系建设，构建"守信得偿、失信惩戒"的市场信用环境。

三是以提高建筑工人素质为基础，推动"大众创业、万众创新"，培育现代建筑产业工人队伍。5000多万农民工是建筑业生存和发展的基石，建筑业的改革发展必须要惠及他们。只有先解决农民工的归属问题，降低其流动性，才能保障工人的合法权益，才能有效地开展技能培训和技能鉴定，提升工人技能水平，这是提高工人素质的基本条件。因此，要大力发展以作业为主的专业企业，使其成为工人的主要载体，实现建筑工人的公司化管理。在此基础上，推动实名制管理，落实劳动合同制度，规范工资支付，开展技能培训和鉴定，促进建筑业农民工向技术工人转型。

四是坚持以加快建筑业产业升级为核心，转变建造方式，提升我国建筑业的国际竞争力。以创新驱动引领，推动建筑业传统生产方式的升级改造，不仅仅是科技创新，还包括管理、方式、品牌等要素的创新。以推行工程总承包和全过程咨询服务，推动管理创新，有利于提高工程质量、控制造价，提高工程建设组织效率，更好地对建设项目全过程或全寿命周期进行系统兼顾，实现整体优化。以推行智能和装配式建筑，推动建造方式创新，实现标准化设计、工厂化生产、装配化施工、一体化装修、信息化管理、智能化应用。以加强技术研发应用，推动技术创新，大力推广建筑信息模型（BIM）技术，大幅提高技术创新对产业发展的贡献率。以提升建筑设计水平和加快建筑业"走出去"，推动品牌创新，培育有国际竞争力的建筑设计队伍和建筑业企业，提升对外承包能力，打造"中国建造"品牌。

易军最后强调，《意见》充分体现了以市场化为基础、以国际化为方向的理念，是今后一段时间内建筑业改革发展的纲领性文件。我们要按照"先立后破、不立不破、试点先行、样板引路"的原则，健全工作机制，明确任务分工，完善相关政策，稳妥推进，确保按期完成各项改革任务。

（住房城乡建设部网站 www.mohurd.gov.cn 2017.02.28）

倪虹带队实地检查时要求：确保全国市政公用设施安全运行

1月20日上午，住房城乡建设部副部长倪虹带队检查北京市节前市政公用设施安全运行情况，并调研垃圾分类、冬季清洁取暖等工作。倪虹要求，一定要绷紧安全这根弦，保证市政公用设施安全运行，让全国人民过一个安全、欢乐、祥和的春节。

检查组一行先察看了朝阳区朝阳循环经济产业园，了解生活垃圾收集、转运、处理情况。随后，到北京燃气集团，察看了调度指挥中心、96777热线服务大厅和第五分公司工程抢修所，并与有关人员交谈，详细了解北京燃气安全运行、春节值班和抢修设施设备节前准备情况。倪虹代表检查组充分肯定了北京市有关部门的工作，并向奋战在一线的干部职工致以节日问候。

倪虹对全国市政公用设施运行安全提出要求：一要确保春节期间安全生产，全力以赴做好供气、供水、供热、生活垃圾处理等保障工作，确保市政公用设施安全运行，让群众过一个欢乐祥和的春节；二要加快研究推动北方地区冬季清洁取暖，提高天然气等清洁能源利用，为推动京津冀及周边地区大气环境治理作出贡献；三要推动标准化工作改革，鼓励社会团体、行业协会和企业组织等参与标准制定，以标准水平的提升，促进市政公用事业保障能力和服务水平的提升。

（住房城乡建设部网站 www.mohurd.gov.cn 2017.01.23）

建 设 综 述

法 规 建 设

立法工作

【积极开展法律、行政法规立法工作】 配合国务院法制办开展《住房公积金管理条例（修订）》立法工作，待国务院常务会议审议。会同有关司研究起草《住房租赁管理条例》《住房销售管理条例》草案并报国务院审查，配合国务院法制办开展了立法调研、征求意见等工作。此外，《城镇住房保障条例》准备提请国务院常务会议审议，配合国务院法制办开展《城市地下管线管理条例》的征求意见等工作，会同有关司开展《建筑法（修订）》《城市公园条例》《节约用水条例》等法律、行政法规的立法研究。积极推动城市管理执法立法，与立法机关积极沟通开展调研。

【规章立法工作取得积极进展】 继续围绕"放管服"，积极推进规章"立改废"。会同部有关司，制定《建设工程设计招标投标管理办法》《城市管理执法办法》《城市设计管理办法》等4部规章。主动协调交通运输部、公安部等部门，废止《城市公共汽车客运管理办法》《城市公共交通车船乘坐规则》等2部规章。根据国家关于外商投资有关审批制度改革的决定，商商务部拟于近期联合废止外商投资建筑工程设计企业、建筑业服务企业等有关规章3部。《危险性较大的分部分项工程安全管理规定》拟于近期提请部常务会议审议。《城镇园林绿化管理办法》《房屋建筑和市政基础设施工程质量检测管理办法》公开征求意见。

【不断提高立法质量】 坚持科学立法、民主立法，深入开展调查研究，认真分析存在的问题，努力找寻解决问题的有效途径并用法律制度予以规范。广泛征求意见，坚持通过召开座谈会、论证会和网上公开征求社会意见等方式，广泛邀请地方、有关部门、专家学者、企业、个人等方面的代表参与立法工作，所有重要行政法规草案和部门规章都公开向社会征求意见。认真开展部门协调，充分听取意见，争取达成共识，明确监管职能。

"放管服"改革工作

【继续减少行政审批事项】 减少1项住房城乡建设部负责实施的行政审批事项（物业服务企业一级资质核定），还有1项（甲级工程建设项目招标代理机构资格认定）已经国务院常务会议审议通过，待通过修改法律取消。取消2项中央指定地方住房城乡建设部门实施的行政审批事项，包括物业服务企业二级以下资质认定和历史文化名城、名镇、名村保护范围内进行相关活动方案审批。行政审批事项取消后，会同部有关司通过印发文件、制定后续措施等方式确保改革工作顺利实施。同时，配合国务院法制办对相关法律法规研究提出了修改意见，并对相关规章和规范性文件进行清理修订。

【进一步规范部机关行政审批行为】 认真执行《行政许可标准化指引（2016年版）》，进一步约束自由裁量权，规范审批行为，努力优化审批流程，减少审批环节。积极推进网上办事和咨询，积极推进政务公开。接受了国务院审改办组织的行政许可标准化测评。

【指导地方进一步优化营商环境】 制定住房城乡建设部提升公用事业服务质量效率工作方案，积极开展调查研究，指导地方做好供水、供气、供热等市政公用事业服务工作。继续研究和指导地方清理规范投资项目报建审批事项。积极支持地方开展行政审批承诺制、"多规合一"、经济发达镇行政管理体制等改革工作，加强调查研究，不断总结地方改革经验。

【持续稳妥推进规章文件清理工作】 根据全面深化改革、经济社会发展需要以及上位法制定、修改、废止情况，及时清理规章109部、规范性文件1353件，就22部法律法规提出清理意见，并向国务院报告。2017年年底前，完成对现行行政法规、规章、规范性文件的清理工作，清理结果拟于近期向社会公布。

行政复议和行政诉讼工作

2017年共审理行政复议案件705件，办理行政应诉案件427件，切实做到及时高效纠正违法行政行为、促进行政机关依法行政，全力支持和配合人民法院审判案件，严格执行生效裁判，充分发挥行政复议和行政诉讼制度在化解行政争议、推动依法行政、促进社会和谐稳定方面的重要作用，不断增强工作的专业性、权威性和公信力。同时不断健全和完善复议应诉工作机制，建立部机关旁听庭审制度，发挥法律顾问和公职律师作用；发布典型案例，加强对地方部门工作指导；建立健全同有关部门经常性会商协调机制；持续加强复议和应诉工作能力建设。

行政执法监督工作

推进住房城乡建设领域法治政府建设。贯彻实施《法治政府建设实施纲要（2015—2020年）》，按照法治政府建设实施方案和年度计划安排，深入推进法治政府建设工作。

加强城市管理领域相关执法问题规范，在市县城市管理部门大力推进执法全程记录试点工作。

研究推动《城乡规划法》与《刑法》衔接工作的深入推进。推动最高法院发布违法建设入刑的典型案例，推动相关部门研究解决违法建设相关法律问题。

普法工作

继续推进《住房城乡建设部关于在住房城乡建设系统开展法治宣传教育的第七个五年规划（2016—2020年）》《关于完善住房城乡建设系统国家工作人员学法用法制度的实施方案》的贯彻落实。配合建筑市场监管司开展最低价中标试点工作。按照全国普法办的要求，开展了"12·4"法治宣传日活动。

其他工作

部法规司还负责规范性文件、行政处罚决定合法性审核，法规草案征求意见答复，经济体制改革材料汇总，议案、建议和提案答复，地方请示答复等工作。这些日常工作量大面广，2017年对43件规范性文件进行合法性审核，对148件行政处罚案件进行合法性审核，办理法规草案征求意见229件，办理议案、提案、建议47件。

（住房和城乡建设部法规司）

住　房　保　障

全年重点工作、新举措

【圆满完成棚改年度目标任务】 2017年棚户区改造计划开工600万套，11月底全面完成目标任务。主要采取了以下措施：一是工作部署安排早。会同国家发展改革委、财政部等部门，2016年12月初就将600万套棚改目标任务落实到各省，配合相关部门及时下达中央补助资金，明确棚改专项贷款规模。二是不断加大督促指导力度。逐月通报国家开发银行、农业发展银行棚改贷款进展，3月份起逐月通报各省棚改开工、基本建成进度，7月起对进度偏慢省份进行督促，对个别省份进行约谈。三是及时调整棚改货币化安置政策。要求各地正确处理棚改货币化安置和稳定房地产市场的关系，切实防止棚改货币化安置助推房价上涨。四是严格控制棚改成本。督促各地认真落实2016年我部会同财政部、国土资源部关于控制棚改成本、做好市域范围内资金平衡的联合发文，确保按合同约定及时偿还国家开发银行、农业发展银行等金融机构贷款。两行均未出现不良棚改贷款。

【研究提出指导地方推进新一轮棚改的意见】 2017年5月24日国务院常务会议决定，实施2018—2020年棚改三年攻坚计划，再改造各类棚户区1500万套。为落实国务院要求，主要开展了以下工作：一是认真开展棚户区调查摸底。会同国家发展改革委、财政部、国土资源部等7部门下发文件，部署各地做好棚户区调查摸底和2018—2020年改造计划安排工作。二是研究提出指导各地推进新一轮棚改的意见。强调推进新一轮棚改，要既尽力而为，又量力而行，努力实现市域内棚改资金收支大体平衡；要注重保护历史街区和古建筑；要严格控制城郊村、城边村的改造。三是切实防范棚改潜在的金融风险。为切实落实习近平总书记重要批示，要求各地严格控制棚改专项贷款使用范围，严格控制改造成本，确保按合同约定及时偿还棚改贷款。

【扎实推进公租房分配和管理工作】 公租房竣工和分配。把公租房分配纳入与各省（区、市）签订的住房保障工作目标责任书，并按月通报各省进展。全年新分配公租房214万套，整体分配率达到86%，比上年提高15个百分点。

加快公租房及其配套设施建设。中央财政安排100亿元资金用于支持28个省（区、市）和新疆生产建设兵团的137万套公租房及其配套设施建设。截至年底，获得中央补助资金支持的项目已基本达到交付使用条件。

积极推进公租房货币化。督促和指导有需求、有条件的地方加快发展公租房租赁补贴，全年新增发放租赁补贴41万户，截至年底有242万户保障家庭领取租赁补贴。

促进各地实施精准保障。印发《关于完善公租房分配方式的通知》，要求各地实施精准保障，加大对环卫、公交等住房困难面广的行业职工保障力度。据不完全统计，截至年底，全国有近15万户环卫工人、6万户公交职工享受公租房保障。完善公租房运营管理机制。

【支持北京市、上海市开展共有产权住房试点】 印发《关于支持北京市、上海市开展共有产权住房试点的意见》，并向国务院领导报告了试点的相关情况。

住房保障政策拟定

【《住房城乡建设部 国家发展改革委 财政部 国土资源部 农业部 国务院国资委 国家林业局关于做好棚户区调查摸底和2018—2020年改造计划的通知（建保函〔2017〕49号）》】

通知主要内容：

总体要求。要把改善棚户区居民住房条件作为出发点和落脚点，以力争到2020年基本完成现有城镇棚户区、城中村和危房改造为目标，进一步调查摸底截至2017年底待改造棚户区数量，做好2018—2020年改造计划。

调查范围。一是城镇棚户区。指简易结构房屋较多、建筑密度较大，使用年限久，房屋质量差，建筑安全隐患多，使用功能不完善，配套设施不健全的区域。城市危房、城中村、旧住宅小区改建（扩建、翻建）工程纳入城镇棚户区范围。

二是国有工矿棚户区。国有工矿棚户区按照《国民经济行业分类代码》（GB/T 4754—2011）采矿业和制造业两大门类（行业代码06—43）界定。位于城市规划区范围内的，纳入城镇棚户区调查范围；位于城市规划区范围外的，纳入国有工矿棚户区调查范围。中央企业棚户区纳入调查摸底范围。三是国有林区（场）棚户区（危旧房）。国有林区棚户区标准，按照《国有林区棚户区改造工程项目管理办法》（林规发〔2010〕252号）执行。国有林场危旧房标准，按照《关于做好国有林场危旧房改造有关工作的通知》（林计发〔2009〕135号）执行。深山远山职工搬迁纳入调查摸底和改造计划。国有林区（林场）管护站点用房此次可一并调查摸底。四是国有垦区危房。国有垦区危房标准，按照《关于做好农垦危房改造工作的意见》（农垦发〔2011〕2号）执行。在垦区长期劳动居住的困难家庭危房、垦区天然橡胶林等管护用房此次可一并调查摸底。

合理安排2018—2020年棚改三年计划。一是完善棚户区界定标准。城镇棚户区界定标准由市县人民政府根据国发〔2013〕25号文件、住房城乡建设部等7部门印发的建保〔2012〕190号文件规定，结合实际，合理确定。全省（区、市）适宜统一制定标准的，由省级住房城乡建设部门报请省级人民政府确定。各地要结合实际，调整和完善现有棚户区界定标准，合理确定棚户区改造范围。二是合理确定三年改造计划。安排2018—2020年棚改计划，要坚持量力而行、尽力而为的原则，符合城市规划，结合生态修复、城市修补，重视维护城市传统风貌特色，优先安排连片规模较大、住房条件困难、安全隐患严重、环境较差、居民改造意愿迫切的项目，重点安排国有工矿棚户区改造项目。

抓好组织实施。一是明确责任分工。对于做好调查摸底和改造计划工作，省级住房城乡建设部门负责统筹组织协调，会同有关部门加强监督指导。省级住房城乡建设部门、财政部门负责城镇棚户区相关工作；省级国土资源部门负责提供国家下发的年度全覆盖遥感影像图片，对影像分辨率难以满足工作要求的，可向国土资源部查询获取更高分辨率遥感影像；省级住房城乡建设、发展改革、国有资产管理等部门按照省内分工，负责国有工矿棚户区相关工作；省级农业、林业部门负责垦区、林区棚户区相关工作；各中央企业集团加强组织领导，督导所属企业做好中央企业棚户区相关工作。二是用好卫星影像图片数据。市县棚改主管部门会同市县国土资源部门，依据当地棚户区界定标准，在遥感影像图片上解析并初步标识出疑似棚户区片，棚改主管部门要组织逐片调查核实。标识棚户区片的卫星影像图片要一并上报省级有关部门。三是保证工作质量。对于林区、垦区、国有工矿和中央企业棚户区，各相关部门和单位要加强与市县棚改主管部门的沟通对接，统一纳入市县调查摸底结果和改造计划。省级住房城乡建设部门要会同省级相关部门，审核汇总市县棚改主管部门报送的棚户区调查摸底结果和改造计划，报经省级人民政府批准后，上报住房城乡建设部、国家发展改革委、财政部、国土资源部、农业部、国家林业局、国务院国资委。

【《住房城乡建设部办公厅关于完善公租房分配方式的通知（建办保函〔2017〕634号）》】

通知主要内容：

实施精准保障。各地要全面梳理和总结住房困难群众住房保障实施情况，确保城市低保、低收入住房困难家庭应保尽保，符合条件的享受国家定期抚恤补助的优抚对象、孤老病残人员等各类特殊困难家庭优先保障，环卫工人、公交司机等住房困难面广的行业职工居住条件得到积极改善。各地根据公租房需求以及房源供给情况，可在每年新增或腾退的公租房房源中，优先或确定一定数量的公租房，面向符合条件的住房困难群众以及环卫、公交等住房困难职工较多的用人单位集中配租，稳定其住房解困预期；当地公租房实物房源不足的，也可通过继续筹集实物房源或发放租赁补贴的方式，多渠道解决困难群众和职工的住房问题。

充分发挥用人单位的作用。住房困难职工较多的用人单位，可根据当地公租房有关政策，向住房保障部门提出集中配租申请，并协助住房保障部门和公租房产权单位做好相关工作。配租前，用人单位负责组织困难职工报名申请、为申请人出具真实的收入证明、核查申请人提交的相关材料、在单位内对申请人有关情况进行公示、将职工申请材料集中提交住房保障部门审核、协助住房保障部门告知审核结果；配租过程中，用人单位要协助产权单位或其委托的运营单位与符合条件的职工签订入住协议；配租后，用人单位要协助产权单位或其委托的运营单位做好租金及相关费用收缴、公租房日常使用监管、清退不再符合条件的承租人等工作，确保公租房的公平善用。当地住房保障部门要对用人单位做好监督和指导。

优化完善公租房申请和分配流程。各地要按照深化"放管服"改革的要求，规范和完善公租房准入审核机制，简化公租房申请手续，取消各种不必要的证明。要求提供的申请材料中，凡没有法律法规依据的一律取消，能通过个人现有证照来证明的一律取消，能采取申请人书面承诺解决的一律取消，能通过网络核验的一律取消；对必要的证明要加强互认共享，减少不必要的重复举证。要进一步完善公租房审核分配流程，明确工作时限，切实拓宽公租房申请渠道，开通网上办事大厅、微信公众号等服务平台，积极推行"互联网＋政务服务"，让群众更方便、更快捷、更有效率地享受到公租房保障。

加强公租房分配工作廉政风险防控。各地住房保障部门要会同有关部门研究确定本地区公租房精准保障的具体方案和政策，并报经当地人民政府批准实施。要加强信息公开，及时公示公租房房源、申请审核情况、分配结果等信息，提高分配工作透明度；主动接受审计、纪检监察部门和社会监督。要建立健全与保障对象收入水平相适应的租金动态调整机制和公租房退出机制，将住房保障失信情况纳入社会征信系统。要健全廉政风险防控措施，严肃纪律，坚决查处在公租房分配中出现玩忽职守、滥用职权、徇私舞弊等违法违规行为，确保公租房分配公平公开公正。

【《住房城乡建设部关于支持北京市、上海市开展共有产权住房试点的意见（建保〔2017〕210号）》】

意见主要内容：

习近平总书记指出，加快推进住房保障和供应体系建设，是满足群众基本住房需求、实现全体人民住有所居目标的重要任务，是促进社会公平正义、保证人民群众共享改革发展成果的必然要求。发展共有产权住房，是加快推进住房保障和供应体系建设的重要内容。目前，北京市、上海市积极发展共有产权住房，取得了阶段性成效。北京市制定《共有产权住房管理暂行办法》，明确了未来五年供应25万套共有产权住房的目标，着力满足城镇户籍无房家庭及符合条件新市民的基本住房需求。上海市截至2016年底已供应共有产权保障住房8.9万套，并明确了下一步发展目标，着力改善城镇中低收入住房困难家庭居住条件。经研究，决定在北京市、上海市开展共有产权住房试点。

总体要求。认真贯彻落实党中央、国务院决策部署，坚持"房子是用来住的、不是用来炒的"的定位，以满足新市民住房需求为主要出发点，以建立购租并举的住房制度为主要方向，以市场为主满足多层次需求，以政府为主提供基本保障，通过推进住房供给侧结构性改革，加快解决住房困难家庭的基本住房问题。

基本原则。坚持政府引导、政策支持，充分发挥市场机制的推动作用；坚持因地制宜、分类施策，满足基本住房需求。

供应对象。面向符合规定条件的住房困难群体供应，优先供应无房家庭，具体供应对象范围由两市人民政府确定。

管理制度。要制定共有产权住房具体管理办法，核心是建立完善的共有产权住房管理机制，包括配售定价、产权划分、使用管理、产权转让等规则，确保共有产权住房是用来住的，不是用来炒的。同时，要明确相关主体在共有产权住房使用、维护等方面的权利和义务。

运营管理主体。要明确由国有机构代表政府持有共有产权住房政府份额，并承担与承购人签订配售合同、日常使用管理、回购及再上市交易等事项。

政策支持。要确保共有产权住房用地供应，并落实好现有的财政、金融、税费等优惠政策。

规划建设。共有产权住房应以中小套型为主，要优化规划布局、设施配套和户型设计，抓好工程质量。

组织实施。要高度重视共有产权住房试点工作，在市委、市政府的统一部署和领导下，按照已经确定的工作目标和重点任务，扎实有序推进发展共有产权住房工作。同时，要以制度创新为核心，在建设模式、产权划分、使用管理、产权转让等方面进行大胆探索，力争形成可复制、可推广的试点经验。

城镇保障性安居工程年度计划、资金安排及实施情况

【明确年度计划】 《政府工作报告》提出，2017年棚户区住房改造600万套。住房城乡建设部代表保障性安居工程协调小组与各省、自治区、直辖市及新疆生产建设兵团签订了目标责任书。各地及时将任务落实到市县和具体项目，并逐级签订了目标责任书。

【年度资金安排情况】 中央安排下达补助资金共2243亿元，国家开发银行发放棚改贷款8800亿元，农业发展银行发放棚改贷款4274亿元，发改委核准发行棚改企业债券1680亿元。

【工程质量总体可控】 按照国务院的部署和要求，住房城乡建设部把保障性住房的工程质量管理纳入对各地督查、约谈和问责的范围。各地普遍加强了工程质量监管工作，在选址、设计、建材、施工、验收等环节严格把关。从检查情况看，保障性住房工程质量总体可控。

【城镇保障性安居工程建设进展顺利】 2017年棚户区改造开工609万套，基本建成604万套，超额完成年度目标任务。

（住房和城乡建设部住房保障司）

城 乡 规 划

城市总体规划

【规划期至2020年的城市总体规划审查报批】 2017年，加强对报国务院审批总体规划的城市的工作指导，改进总体规划审查方式，提高审批效率。组织召开第67、68、69次城市总体规划部际联席会议，审查湘潭、嘉兴、泰安等12个城市总体规划。报请国务院批复贵阳、鹤岗等40个城市总体规划（含修改）。

【开展新一版城市总体规划编制试点】 年内，指导北京、上海率先完成新一版城市总体规划编制工作，《北京城市总体规划（2016—2035年）》已经党中央和国务院批复，《上海市城市总体规划（2017—2035年）》已经国务院批复，起到了重要的示范作用。选择江苏、浙江两省和沈阳、长春等15个城市开展城市总体规划编制试点，指导试点城市坚持城乡统筹，全域覆盖，落实"多规合一"，划定生态控制线和城镇开发边界，形成一张蓝图、一本规划，同步建设"多规合一"管理平台，建立和完善城市总体规划编制、审批、实施和考核评估体系。

【指导各地开展"多规合一"管理平台建设】 指导城市总体规划编制试点城市梳理统筹制作全市域数字化现状图，整合各类空间性规划和相关规划，建立"多规合一"管理平台，改革建设项目审批流程，提高审批效率。面向总体规划编制试点城市发布《"多规合一"信息平台建设指南（试行）》，指导"多规合一"数据建库、成果管理、应用开发及运行维护工作。

区域规划

【省域城镇体系规划审查报批】 3月，经国务院同意，住房城乡建设部批复山东省城镇体系规划。6月，住房城乡建设部复函同意吉林省编制新一版省域城镇体系规划。

【推动省级空间规划试点工作】 指导和推动江西、云南、安徽等地做好省级空间规划编制工作，指导海南省完善总体规划编制成果并上报国务院。

【推动跨省级城市群规划制定实施】 2月，经国务院同意，国家发展改革委、住房城乡建设部共同印发北部湾城市群发展规划。国家发展改革委、住房城乡建设部共同开展关中平原城市群发展规划编制工作。

【推进中新天津生态城建设】 2月27日，中共中央政治局常委、国务院副总理张高丽与新加坡副总理张志贤在北京共同主持中新天津生态城联合协调理事会第九次会议。

城乡规划管理

【全面推进全国城市建成区违法建设专项治理】 在福州召开城市违法建设专项治理5年行动工作推进会，截至12月底，全国查处违法建设建筑面积10.46亿平方米，其中，查处存量违法建设建筑面积9.48亿平方米。公开挂牌督办8件情节严重、社会影响较大的违法建设典型案件，6件已经摘牌，其中占用约1公里泄洪河道进行违法建设的甘肃兰州港联购物中心被依法拆除，24名有关责任人受到党纪政纪处分。

【推进部规划管理信息平台建设】 启动建设全国城乡规划管理信息平台建设，研发部、省、市三级规划动态监测系统。

【开发区目录审核】 与国家发展改革委等部门组织对进入复核阶段的756家省级开发区进行复核，发布《中国开发区审核公告目录》（2018年版）。

【加强规划编制单位管理】 推进全国规划编制单位信息系统升级，及时公开查询信息。完善信用档案建设，将资质审核中发现的虚假申报行为记入信用档案和企业不良行为名单。建立并实施"双随机、一公开"的抽查管理制度，对已取得规划资质的规划编制单位进行监督，对3家以虚假材料申报甲级资质的企业，予以行政处罚。建立实施城乡规划信用档案制度，将被行政处罚的企业计入信用档案。

历史文化保护

【历史文化名城名镇名村保护】 国务院将浙江省龙泉市、吉林省长春市公布为国家历史文化名城。住房城乡建设部会同国家文物局组织专家开展第七批中国历史文化名镇名村评选工作。截止到年底，国家历史文化名城共133座，中国历史文化名镇252个、名村276个。

【历史文化街区划定和历史建筑确定】 印发《关于请报送违法建设治理及历史文化街区划定和历史建筑确定工作情况的通知》，要求各地建立工作协调机制，及时上报历史文化街区划定和历史建筑确定情况。4月，印发《关于进一步加强历史文化街区划定和历史建筑确定工作的通知》，要求各地在8月底前完成普查工作。

【加强历史建筑保护利用】 印发《关于加强历史建筑保护与利用工作的通知》，要求各地做好历史建筑确定、挂牌和建档工作，最大限度发挥历史建筑使用价值，不拆除和破坏历史建筑，不在历史建筑集中成片地区建高层建筑。12月，印发《关于将北京市等10个城市列为第一批历史建筑保护利用试点城市的通知》，探索建立历史建筑保护利用的新路径、新模式和新机制，形成一批可复制可推广的经验。

【开展历史文化名城名镇名村保护工作评估检查】 会同国家文物局印发《关于开展国家历史文化名城和中国历史文化名镇名村保护工作评估检查的通知》，通过自查（名城）、互查（省际）和抽查（两部局）的方式开展检查工作，通过检查和抽查工作掌握保护工作基本状况和数据，发现存在的问题，对完善下一步的保护工作提供了依据。

城市设计和建筑设计管理

【印发《城市设计管理办法》】 《城市设计管理办法》（住房城乡建设部令第35号）是我国第一部城市设计方面的部门规章，明确了城市设计工作的原则以及编制、审批、实施等要求，推动在全国建立城市设计管理制度。

【开展城市设计试点工作】 分两批公布57个城市设计试点城市，指导试点城市因地制宜探索开展工作，发挥城市设计落实城市规划、指导建筑设计、塑造城市风貌的作用。

【研究加强建筑设计管理工作】 7~8月，赴厦门、哈尔滨、青岛、南京调研建筑设计管理工作。委托相关单位就加强建筑设计管理、开展建筑策划、宣传新时期建筑方针等开展一系列专题研究。

推进生态修复城市修补

【印发生态修复城市修补指导意见】 印发《关于加强生态修复城市修补工作的指导意见》，安排部署全国开展生态修复城市修补工作，明确指导思想、基本原则、主要任务目标，提出具体工作要求。

【开展生态修复城市修补试点工作】 继三亚后又分两批公布57个生态修复城市修补试点城市，鼓励试点城市创新工作组织方式，建立政府牵头多部门协调合作机制，利用开展生态修复城市修补推动社会共建共治共享，把生态修复城市修补作为落实新发展理念、补足城市短板、提升城市品质的重要抓手。

【召开生态修复城市修补试点现场会】 9月13日，组织在江苏徐州召开生态修复城市修补试点现场会，试点城市所在省住房城乡建设厅和58个试点城市人民政府领导参加，住房城乡建设部副部长黄艳参加会议并作重要讲话。

标 准 定 额

【2017年工程建设标准、造价的基本情况】 2017年，在住房城乡建设部党组的正确领导下，部标准定额司紧紧围绕党中央国务院决策部署及住房城乡建设中心工作，继续深化标准定额改革，完善标准定额体系，认真落实各项工作任务，深入开展"两学一做"学习教育活动，着力加强党风廉政建设，圆满完成各项任务，成果较为显著。截至12月31日，2017年共批准发布204项工程建设标准，其中国家标准96项，行业标准51项，产品标准57项。发布工程项目建设标准及方法参数11项。批准发布2套3册全国统一消耗量定额。翻译工程建设标准外文版21项。备案水利、电力、煤炭等各领域工程建设行业标准141项；备案工程建设地方标准529项。2017年完成工程造价咨询企业乙级升甲级资质审核441家，745家甲级企业资质延续，造价工程师注册20505人，开展第三批造价工程师与香港工料测量师互认188人。

【启动工程建设标准体制改革】 研究制订工程建设标准体制改革方案。针对工程建设标准存在的刚性约束不足、体系不尽合理、指标水平偏低、国际化程度不高等问题，提出建立以强制性工程建设规范为统领、标准为支撑、合规性判定为拓展的新模式，以标准改革促进工程建设领域供给侧结构性改革，整体提高建设质量和效益。完成《工程建设标准体制改革方案（初稿）》并征求有关单位意见。

启动构建国家全文强制工程建设规范体系。逐步取消现行强制性条文，建立全文强制性工程建设规范体系，确保底线不破。在住房城乡建设领域，以城乡规划、建筑工程、市政工程为试点，启动38项工程建设规范研编工作。研究提出国家工程建设规范体系框架，拟于2018年全面启动研编。

积极培育发展团体标准，优化标准供给结构。贯彻落实住房城乡建设部《关于培育和发展工程建设团体标准的意见》，按照"市场主导、诚信自律、创新驱动"的原则，充分放开团体和企业标准，增强标准市场化供给活力，为下一步工程建设团体标准的蓬勃发展奠定制度基础。

【推进建筑市场人工单价改革】 一直以来，建筑工程定额人工单价组成偏离市场的矛盾，关系着建筑企业农民工切身利益，备受行业关注。2017年以来，通过深入调研，广泛听取全国造价管理部门意见建议，多次在全国专家研讨会上专题研究，在制定出台的加强和改善工程造价监管意见中，改革计价依据中人工单价的计算方法，使其更贴近市场，满足市场实际需要。扩大人工单价计算口径，及时调整人工消耗量。同时，要求全国造价管理机构发布的人工单价信息更加直接地反映市场实际价格，为农民工获取合理利益提供服务。

【加强重点标准的编制】 落实《中共中央 国务院关于推进安全生产领域改革发展的意见》（中发〔2016〕32号）中关于"强化城市运行安全保障，提高基础设施安全配置标准"的要求，修订发布《城市桥梁养护技术规范》，进一步完善桥梁突发事件及灾害应急预案、抗倾覆性加固改造、抗震加固等内容。

落实《国务院办公厅关于进一步激发社会领域

投资活力的意见》（国办发〔2017〕21号）中关于"扎实有效放宽行业准入，修订完善养老设施、建筑设计防火等相关标准"的要求。组织对《老年人照料设施建筑设计标准》《建筑设计防火规范》开展修订，放宽相应准入条件，并公开征求意见。

落实关于推广装配式建筑的要求，发布《装配式混凝土建筑技术标准》《装配式钢结构建筑技术标准》《装配式木结构建筑技术标准》，对不同结构形式的装配式建筑分别进行技术规定。

落实推广综合管廊相关要求，组织制订《城镇综合管廊监控与报警系统工程技术规范》《城市地下综合管廊运行维护及安全技术标准》，进一步细化完善综合管廊相关技术要求。

落实海绵城市建设相关要求，发布《城镇雨水调蓄工程技术规范》《城镇内涝防治技术规范》，继续完善海绵城市相关标准体系。

贯彻落实绿色发展理念以及习近平总书记关于"提高建筑标准和工程质量"等指示精神，开展提高建筑标准，推进绿色发展专项工作，抓紧开展《民用绿色建筑建设标准》等建设标准的编制工作。

组织开展建筑门窗、防水、装修、可再生能源应用4个领域标准提高研究工作，编制完成4个专项的标准关键指标技术发展报告，为下一步修订相关标准提供了技术依据。

【构建科学的计价依据体系】 服务全过程工程造价管理工作，着重完善工程前期计价依据。组织修订《城市轨道交通工程概算编制办法》；修编《城市地下综合管廊工程投资估算指标》《海绵城市建设工程投资估算指标》。通过强化前期投资估算、概算指标编制，为确定建设投资，控制工程造价提供依据。

坚持市场决定工程造价，大力推动共享定额编制。为满足我国新型城镇化建设和建筑业转型发展需求，坚持市场决定工程造价，积极组织全国力量，共编共享计价依据。为满足老旧小区改造计价需要，开展《房屋修缮工程消耗量定额（10册）》修编；配合节能标准提高，编制节能门窗、地源热泵和防水工程造价指标；促进绿色和生态发展，编制《全国园林绿化养护概算定额》《城市地下综合管廊工程消耗量定额》，修编《园林绿化工程消耗量定额》；为服务工程建设总承包，组织制订《建设项目工程总承包费用项目组成》《建设项目总投资费用项目组成》，征求国务院有关部门意见。计价依据共编共享，既降低了各省市造价管理机构编制工作量，提高了编制效率，又打破地区、行业壁垒，助力统一建筑市场的形成。

【加强建设标准编制工作管理】 围绕国家投资体制改革关于完善建设标准的要求，按照"打基础、抓重点、立规矩"的工作思路，住房城乡建设部会同国家发展改革委抓紧开展100多项建设标准的编制。对175项已批准发布的建设标准清理完成，会同国家发展改革委印发《关于废止部分建设标准的通知》（建标〔2017〕118号），废止68项建设标准，其中有些标准是20世纪80年代发布的。

【启动工程造价数据监测工作】 为进一步合理和有效控制工程造价，改革工程造价咨询企业由事前资质核准向事中事后全过程监管转移，3月起，先后在北京、内蒙古、福建等10个地区开展工程造价试点监测。通过工程造价数据监测，落实"放、管、服"的要求，运用现代科技创新造价监管方式，发布各类工程建设价格指标、指数，有效利用巨大的造价数据资源，对工程建设市场的预测预判等宏观决策提供支持。已形成阶段性成果，并在全国范围内全面开展。

【完善工程造价监管机制】 为进一步贯彻落实国务院"放、管、服"改革等文件精神，立足行业发展，完善工程计价制度，起草完成《工程造价事业发展"十三五"规划》《加强和改善工程造价监管的意见》等文件。进一步修改完善《造价工程师职业资格制度规定》《造价工程师职业资格考试实施办法》，与人力资源社会保障部、交通部、水利部共同征求有关方面的意见。优化企业资质和人员资格审批，为企业减轻负担，提高审批效率。组织开展了工程造价纠纷调节机制、工程造价咨询企业国际化战略等课题研究，为下一步工程造价管理工作改革奠定基础。

【积极开展标准宣传和推广活动】 对全国31个省（区、市）和新疆生产建设兵团工程建设标准化工作有关负责人进行工程建设地方标准化工作管理干部培训，指导各地进一步做好地方工程建设标准化工作。

印发《住房城乡建设部标准定额司 建筑节能与科技司关于做好装配式建筑系列标准培训宣传与实施工作的通知》（建标实函〔2017〕152号），指导各地开展装配式建筑标准的编制及宣传贯彻。

指导有关单位，针对装配式建筑、建筑节能、城市轨道交通等重要标准，开展宣贯培训。继续推进中国工程标准"走出去"。开展英国、德国、欧盟民用建筑标准管理性规定研究，形成研究报告，为我国工程标准的管理及实施监督提供参考；组织编制中国工程建设标准使用指南,为我国标准在国际项目中的使用提供指导。

【深入推进标准实施监督改革】 组织编制建筑门窗、防水、装修等领域品牌建设指南,对各重点领域品牌建设的整体规划和实施路径进行研究,推动住建领域品牌发展。

组织开展《实施工程建设强制性标准监督规定》(建设部81号令)修订前期研究工作,总结工程建设强制性标准实施情况随机抽查试点工作经验。

【推动重点领域标准实施】 贯彻落实《国务院办公厅关于加快高速宽带网络建设推进网络提速降费的指导意见》(国办发〔2015〕41号),继续开展光纤到户国家标准执行情况联合检查工作。与工信部联合印发《工业和信息化部办公厅 住房城乡建设部办公厅关于开展2017年光纤到户国家标准执行情况联合检查工作的通知》(工信厅联通信函〔2017〕20号),在全国范围开展光纤到户国家标准贯彻实施情况大检查工作,对广东、海南等7个省(区、市)和新疆生产建设兵团进行抽查,实现对31个省(区、市)和新疆生产建设兵团的抽查全覆盖。

落实化解产能要求,继续开展高性能混凝土推广应用试点工作。

【推进养老服务和无障碍设施建设】 积极准备政协双周协商会工作。住房城乡建设部会同民政部、中国残联、全国老龄办组成5个检查组,赴河北等15个省(区、市)开展《无障碍环境建设条例》贯彻实施情况检查。

多次组织有关部门和无障碍建设专家专题研究无障碍环境建设工作。推进养老服务设施建设,推进老旧小区无障碍改造试点。根据国务院督查计划安排,组织赴山东、山西开展全面放开养老服务市场专项行动督查。

【指导产品质量认证工作】 按照《新型城镇化规划(2014—2020年)》要求,推动在建筑施工领域质量管理体系认证中应用《工程建设施工企业质量管理规范》;为完善绿色建筑认证体系,开展绿色建材、绿色建筑与绿色生产认证协同发展研究以及装配式建筑认证研究。

推动国家认监委批准成立国家建筑幕墙门窗质量监督检验中心。与国家质检总局、国家认监委共同主办2017年"世界认可日"中国主场活动。

【抓好党风廉政建设】 按照部党组部署,标准定额司认真学习习近平总书记系列重要讲话,抓好党风廉政建设。一方面注重抓好建章立制、严格制度执行,另一方面注重抓好队伍建设。认真学习、总结教训、入心入脑,取得明显成效。2017年,标准定额司安排班子成员讲党课4次,组织集中研讨4次,专题组织生活会1次,"两学一做"学习教育活动深入开展。

【2017年批准发布的国家标准】 见表1。

2017年批准发布的国家标准   表1

序号	标准名称	标准编号	批准日期	实施日期	公告号
1	电力装置电测量仪表装置设计规范	GB/T 50063—2017	2017/1/21	2017/7/1	1435
2	牛羊屠宰与分割车间设计规范	GB 51219—2017	2017/3/3	2017/11/1	1436
3	通信高压直流电源设备工程设计规范	GB 51215—2017	2017/1/21	2017/7/1	1437
4	生活垃圾卫生填埋场封场技术规范	GB 51220—2017	2017/1/21	2017/7/1	1438
5	煤炭工业露天矿边坡工程监测规范	GB 51214—2017	2017/1/21	2017/7/1	1439
6	城镇污水处理厂工程质量验收规范	GB 50334—2017	2017/1/21	2017/7/1	1440
7	城镇污水处理厂工程施工规范	GB 51221—2017	2017/1/21	2017/7/1	1441
8	城镇雨水调蓄工程技术规范	GB 51174—2017	2017/1/21	2017/7/1	1442
9	公共建筑标识系统技术规范	GB/T 51223—2017	2017/1/21	2017/7/1	1443
10	城镇内涝防治技术规范	GB 51222—2017	2017/1/21	2017/7/1	1444
11	机械工业工程设计基本术语标准	GB/T 51218—2017	2017/1/21	2017/7/1	1445
12	通信传输线路共建共享技术规范	GB/T 51217—2017	2017/1/21	2017/7/1	1446
13	盾构法隧道施工及验收规范	GB 50446—2017	2017/1/21	2017/7/1	1447
14	城市排水工程规划规范	GB 50318—2017	2017/1/21	2017/7/1	1448
15	煤矿井下排水泵站及排水管路设计规范	GB/T 50451—2017	2017/1/21	2017/7/1	1449
16	煤炭矿井通信设计规范	GB 51213—2017	2017/1/21	2017/7/1	1450

续表

序号	标准名称	标准编号	批准日期	实施日期	公告号
17	移动通信基站工程节能技术标准	GB/T 51216—2017	2017/2/20	2017/9/1	1486
18	乡村道路工程技术规范	GB/T 51224—2017	2017/2/21	2017/10/1	1485
19	预应力混凝土路面工程技术规范	GB 50422—2017	2017/2/21	2017/10/1	1484
20	多高层木结构建筑技术标准	GB/T 51226—2017	2017/2/21	2017/10/1	1483
21	硬泡聚氨酯保温防水工程技术规范	GB 50404—2017	2017/2/21	2017/10/1	1482
22	立井钻井法施工及验收规范	GB 51227—2017	2017/2/21	2017/10/1	1453
23	禽类屠宰与分割车间设计规范	GB 51219—2017	2017/1/21	2017/7/1	1452
24	煤矿斜井井筒及硐室设计规范	GB 50415—2017	2017/3/3	2017/11/1	1454
25	煤矿井下热害防治设计规范	GB 50418—2017	2017/3/3	2017/11/1	1455
26	并联电容器装置设计规范	GB 50227—2017	2017/3/3	2017/11/1	1456
27	建筑信息模型施工应用标准	GB/T 51235—2017	2017/5/4	2018/1/1	1534
28	建设项目工程总承包管理规范	GB/T 50358—2017	2017/5/4	2018/1/1	1535
29	建设工程项目管理规范	GB/T 50326—2017	2017/5/4	2018/1/1	1536
30	城市轨道交通工程测量规范	GB/T 50308—2017	2017/5/4	2018/1/1	1537
31	城市轨道交通桥梁设计规范	GB/T 51234—2017	2017/5/4	2018/1/1	1538
32	工程建设施工企业质量管理规范	GB/T 50430—2017	2017/5/4	2018/1/1	1539
33	氯碱生产污水处理设计规范	GB/T 51230—2017	2017/5/4	2018/1/1	1540
34	数据中心设计规范	GB 50174—2017	2017/5/4	2018/1/1	1541
35	焦化机械设备安装验收规范	GB 50390—2017	2017/5/4	2018/1/1	1542
36	煤矿井下供配电设计规范	GB/T 50417—2017	2017/5/4	2018/1/1	1543
37	矿井建井排水技术规范	GB/T 51229—2017	2017/5/4	2018/1/1	1544
38	煤矿巷道断面和交岔点设计规范	GB 50419—2017	2017/5/4	2018/1/1	1545
39	工业建筑节能设计统一标准	GB 51245—2017	2017/5/27	2018/1/1	1571
40	同步数字体系（SDH）光纤传输系统工程设计规范	GB/T 51242—2017	2017/5/27	2018/1/1	1572
41	钢铁工业资源综合利用设计规范	GB 50405—2017	2017/5/27	2018/1/1	1573
42	自动喷水灭火系统施工及验收规范	GB 50261—2017	2017/5/27	2018/1/1	1577
43	自动喷水灭火系统设计规范	GB 50084—2017	2017/5/27	2018/1/1	1574
44	民用机场航站楼设计防火规范	GB 51236—2017	2017/5/27	2018/1/1	1575
45	工业循环冷却水处理设计规范	GB/T 50050—2017	2017/5/27	2018/1/1	1576
46	粮食钢板筒仓施工与质量验收规范	GB/T 51239—2017	2017/5/27	2018/1/1	1578
47	煤矿井下车场及硐室设计规范	GB 50416—2017	2017/5/27	2018/1/1	1579
48	油气输送管道线路工程抗震技术规范	GB/T 50470—2017	2017/5/27	2018/1/1	1580
49	钢铁工业环境保护设计规范	GB 50406—2017	2017/5/27	2018/1/1	1581
50	管道外防腐补口技术规范	GB/T 51241—2017	2017/5/27	2018/1/1	1582
51	公众移动通信隧道覆盖工程技术规范	GB/T 51244—2017	2017/5/27	2018/1/1	1583
52	网络电视工程技术规范	GB/T 51252—2017	2017/7/31	2018/4/1	1644
53	炼钢机械设备工程安装验收规范	GB 50403—2017	2017/7/31	2018/4/1	1643
54	天然气净化厂设计规范	GB/T 51248—2017	2017/7/31	2018/4/1	1642
55	绿色生态城区评价标准	GB/T 51255—2017	2017/7/31	2018/4/1	1640

续表

序号	标准名称	标准编号	批准日期	实施日期	公告号
56	建设工程白蚁危害评定标准	GB/T 51253—2017	2017/7/31	2018/4/1	1639
57	火工品试验室工程技术规范	GB 51237—2017	2017/7/31	2018/4/1	1638
58	高填方地基技术规范	GB 51254—2017	2017/7/31	2018/4/1	1637
59	石油化工液体物料铁路装卸车设施设计规范	GB/T 51246—2017	2017/7/31	2018/4/1	1636
60	油气输送管道工程测量规范	GB/T 50539—2017	2017/7/31	2018/4/1	1635
61	微电网接入配电网系统调试与验收规范	GB/T 51250—2017	2017/7/31	2018/4/1	1634
62	建筑钢结构防火技术规范	GB 51249—2017	2017/7/31	2018/4/1	1633
63	建筑内部装修设计防火规范	GB 50222—2017	2017/7/31	2018/4/1	1632
64	建设工程造价鉴定标准	GB/T 51262—2017	2017/8/31	2018/3/1	1667
65	腈纶设备工程安装与质量验收规范	GB/T 51259—2017	2017/8/31	2018/3/1	1668
66	液化天然气低温管道设计规范	GB/T 51257—2017	2017/8/31	2018/5/1	1663
67	玻璃纤维工厂设计规范	GB 51258—2017	2017/8/31	2018/5/1	1666
68	冶金机械液压、润滑和气动设备工程安装验收规范	GB/T 50387—2017	2017/8/31	2018/5/1	1664
69	水泥工厂余热发电设计规范	GB 50588—2017	2017/8/31	2018/5/1	1665
70	机械工厂年时基数设计标准	GB/T 51266—2017	2017/9/27	2018/5/1	1699
71	环境卫生技术规范	GB 51260—2017	2017/9/27	2018/5/1	1698
72	煤炭工业矿井工程建设项目设计文件编制标准	GB/T 50554—2017	2017/9/27	2018/5/1	1697
73	轻轨交通设计规范	GB/T 51263—2017	2017/9/27	2018/5/1	1696
74	房屋建筑制图统一标准	GB/T 50001—2017	2017/9/27	2018/5/1	1695
75	双向拉伸薄膜工厂设计标准	GB/T 51264—2017	2017/9/27	2018/5/1	1694
76	建筑振动荷载标准	GB/T 51228—2017	2017/9/27	2018/5/1	1693
77	工业炉砌筑工程质量验收标准	GB 50309—2017	2017/9/27	2018/5/1	1692
78	煤矿采空区岩土工程勘察规范	GB 51044—2017	2017/10/30	2018/2/1	1710
79	绿色照明检测及评价标准	GB/T 51268—2017	2017/10/25	2018/5/1	1712
80	线材轧钢工程设计规范	GB/T 50436—2017	2017/10/25	2018/5/1	1713
81	油气田工程测量规范	GB/T 50537—2017	2017/10/25	2018/5/1	1714
82	建筑信息模型分类和编码标准	GB/T 51269—2017	2017/10/25	2018/5/1	1715
83	油气输送管道跨越工程设计规范	GB/T 50459—2017	2017/10/25	2018/5/1	1716
84	住房公积金个人住房贷款业务规范	GB/T 51267—2017	2017/10/25	2018/5/1	1717
85	钢质石油储罐防腐蚀工程技术规范	GB/T 50393—2017	2017/10/25	2018/5/1	1718
86	住房公积金归集业务规范	GB/T 51271—2017	2017/11/20	2018/8/1	1739
87	物联网应用支撑平台工程技术规范	GB/T 51243—2017	2017/11/20	2018/8/1	1740
88	建筑防排烟系统技术规程	GB 51251—2017	2017/11/20	2018/8/1	1741
89	钢筋混凝土筒仓设计规范	GB 50077—2017	2017/11/20	2018/8/1	1742
90	纺织工业职业安全卫生设施设计标准	GB 50477—2017	2017/11/20	2018/8/1	1743
91	镁冶炼厂工艺设计规范	GB 51270—2017	2017/11/20	2018/8/1	1744
92	木结构设计规范	GB 5005—2017	2017/11/20	2018/8/1	1745
93	装配式建筑评价标准	GB/T 51129—2017	2017/12/12	2018/2/1	1773

续表

序号	标准名称	标准编号	批准日期	实施日期	公告号
94	城镇综合管廊监控与报警系统工程技术标准	GB/T 51274—2017	2017/12/12	2018/7/1	1772
95	钢结构设计规范	GB 50017—2017	2017/12/12	2018/7/1	1771
96	软土地基路基监控标准	GB/T 51275—2017	2017/12/13	2018/7/2	1774

【2017年批准发布的行业标准】 见表2。

2017年批准发布的行业标准　　　　　表2

序号	标准名称	标准编号	批准日期	实施日期	公告号
1	住宅专项维修资金管理信息信息系统技术规范	CJJ/T 258—2017	2017/1/10	2017/7/1	1412
2	住宅专项维修资金管理基础信息数据标准	CJJ/T 257—2017	2017/1/10	2017/7/1	1413
3	城镇给水膜处理技术规程	CJJ/T 251—2017	2017/1/10	2017/7/1	1414
4	城市照明合同能源管理技术规程	CJJ/T 261—2017	2017/1/10	2017/7/1	1415
5	风景园林基本术语标准	CJJ/T 91—2017	2017/1/10	2017/7/1	1416
6	房屋建筑和市政工程项目电子招标投标技术标准	JGJ/T 393—2017	2017/1/20	2017/7/1	1429
7	城市轨道交通梯形轨枕轨道工程施工及质量验收规范	CJJ 226—2017	2017/1/20	2017/7/1	1430
8	动物园管理规范	CJJ/T 263—2017	2017/1/20	2017/7/1	1431
9	生活垃圾渗沥液膜生物反应处理系统技术规程	CJJ/T 264—2017	2017/1/20	2017/7/1	1432
10	住房公积金管理人员职业标准	JGJ/T 407—2017	2017/1/20	2017/7/1	1433
11	建筑基桩自平衡静载试验技术规程	JGJ/T 403—2017	2017/2/20	2017/9/1	1468
12	缓粘结预应力混凝土结构技术规程	JGJ 387—2017	2017/2/20	2017/9/1	1469
13	预应力混凝土异型预制桩技术规程	JGJ/T 405—2017	2017/2/20	2017/9/1	1470
14	锚杆检测与监测技术规程	JGJ/T 401—2017	2017/2/20	2017/9/1	1471
15	铸钢结构技术规程	JGJ/T 395—2017	2017/2/20	2017/9/1	1472
16	城市综合地下管线信息系统技术规范	CJJ/T 269—2017	2017/2/20	2017/9/1	1473
17	动物园设计规范	CJJ 267—2017	2017/2/20	2017/9/1	1474
18	建筑震后应急评估和修复技术规程	JGJ/T 415—2017	2017/2/20	2017/9/1	1475
19	现浇X形桩复合地基技术规程	JGJ/T 402—2017	2017/2/20	2017/9/1	1476
20	贯入法检测砌筑砂浆抗压强度技术规程	JGJ/T 136—2017	2017/2/20	2017/9/1	1477
21	建筑与小区管道直饮水系统技术规程	CJJ/T 110—2017	2017/5/15	2017/11/1	1548
22	焊接作业厂房供暖通风与空气调节设计规范	JGJ 353—2017	2017/5/15	2017/11/1	1549
23	聚苯模块保温墙体应用技术规程	JGJ/T 420—2017	2017/5/15	2017/11/1	1550
24	建筑施工测量规范	JGJ/T 408—2017	2017/5/15	2017/11/1	1554
25	现浇金属尾矿多孔混凝土复合墙体技术规程	JGJ/T 418—2017	2017/5/15	2017/11/1	1555
26	建筑用真空绝热板应用技术规程	JGJ/T 416—2017	2017/5/15	2017/11/1	1556
27	中低速磁浮交通设计规范	CJJ/T 262—2017	2017/5/15	2017/11/1	1557
28	建筑工程饰面砖粘接强度检验标准	JGJ/T 110—2017	2017/5/15	2017/11/1	1558
29	模块化户内中水集成系统技术规程	JGJ/T 409—2017	2017/5/15	2017/11/1	1559

续表

序号	标准名称	标准编号	批准日期	实施日期	公告号
30	冲击回波法检测混凝土缺陷技术规程	JGJ/T 411—2017	2017/5/15	2017/11/1	1560
31	建筑智能化系统运行维护技术规范	JGJ/T 417—2017	2017/4/11	2017/10/1	1518
32	饮食建筑设计标准	JGJ 64—2017	2017/7/31	2018/2/1	1620
33	城市桥梁养护技术规范	CJJ 99—2017	2017/7/31	2018/2/1	1618
34	信息栏工程技术规程	JGJ/T 424—2017	2017/7/31	2018/2/1	119
35	城市工程地球物理探测规范	CJJ/T 7—2017	2017/8/23	2018/2/1	1652
36	高层建筑岩土工程勘察规程	JGJ/T 72—2017	2017/8/23	2018/2/1	1651
37	预应力混凝土管桩技术规程	JGJ/T 406—2017	2017/8/23	2018/2/1	1650
38	生活垃圾焚烧厂运行维护与安全技术规程	CJJ 128—2017	2017/8/23	2018/2/1	1649
39	混凝土基体植绿护坡技术规程	JGJ/T 412—2017	2017/8/23	2018/2/1	1648
40	桥梁顶升移位改造技术规范	GB/T 51256—2017	2017/7/31	2018/4/1	1641
41	城市地下管线探测技术规程	CJJ 61—2017	2017/6/20	2017/12/1	1596
42	混凝土异形柱结构技术规程	JGJ 149—2017	2017/6/20	2017/12/1	1595
43	游泳池给水排水工程技术规程	CJJ 122—2017	2017/6/20	2017/12/1	1597
44	城市基础地理信息系统技术标准	CJJ/T 100—2017	2017/10/30	2018/6/1	1709
45	装配式住宅建筑设计标准	JGJ/T 398—2017	2017/10/30	2018/6/1	1711
46	建筑工程大模板技术标准	JGJ/T 74—2017	2017/12/4	2018/6/1	1747
47	既有社区绿色化改造技术标准	JGJ/T 425—2017	2017/11/28	2018/6/1	1748
48	城市绿地分类标准	CJJ/T 85—2017	2017/11/28	2018/6/1	1749
49	波形钢腹板组合梁桥技术标准	CJJ/T 272—2017	2017/11/28	2018/6/1	1750
50	城市轨道交通工程远程监控系统技术标准	CJJ/T 287—2017	2017/11/28	2018/6/1	1751
51	城镇供水水质在线监测技术标准	CJJ/T 271—2017	2017/11/28	2018/6/1	1752

【2017年批准发布的产品标准】 见表3。

2017年批准发布的产品标准　　　　表3

序号	标准名称	标准编号	批准日期	实施日期	公告号
1	动物园安全标志	CJ/T 115—2017	2017.12.27	2018.8.1	1793
2	家用燃气灶具用涂层钢化玻璃面板	CJ/T 157—2017	2017.7.10	2018.1.1	1608
3	内衬不锈钢复合钢管	CJ/T 192—2017	2017.9.26	2018.5.1	1678
4	动物观赏导向标志用图形符号	CJ/T 220—2017	2017.12.27	2018.8.1	1794
5	水力控制阀	CJ/T 219—2017	2017.9.26	2018.5.1	1679
6	立式长轴泵	CJ/T 235—2017	2017.11.27	2018.5.1	1738
7	聚乙烯塑钢缠绕排水管及连接件	CJ/T 270—2017	2017.11.27	2018.5.1	1735
8	偏心半球阀	CJ/T 283—2017	2017.9.26	2018.5.1	1677
9	预制双层不锈钢烟道及烟囱	CJ/T 288—2017	2017.11.27	2018.5.1	1737
10	建设事业智能卡操作系统技术要求	CJ/T 304—2017	2017.9.30	2018.5.1	1691
11	一体化好氧发酵设备	CJ/T 505—2017	2017.7.10	2018.1.1	1607
12	城镇污水处理厂污泥处理 稳定标准	CB/T 510—2017	2017.3.20	2017.9.1	1499
13	铸铁检查井盖	CJ/T 511—2017	2017.3.20	2017.9.1	1500
14	园林植物筛选通用技术要求	CJ/T 512—2017	2017.5.27	2017.12.1	1568

续表

序号	标准名称	标准编号	批准日期	实施日期	公告号
15	生活垃圾除臭剂技术要求	CJ/T 516—2017	2017.11.27	2018.5.1	1732
16	生活垃圾渗沥液厌氧反应器	CJ/T 517—2017	2017.7.10	2018.1.1	1606
17	潜水轴流泵	CJ/T 518—2017	2017.9.5	2018.4.1	1662
18	齿环卡压式薄壁不锈钢管件	CJ/T 520—2017	2017.9.5	2018.4.1	1660
19	建筑涂料涂层耐温变性试验方法	JG/T 25—2017	2017.5.27	2017.12.1	1566
20	建筑门窗五金件 传动机构用执手	JG/T 124—2017	2017.12.7	2018.6.1	1761
21	建筑门窗五金件 合页（铰链）	JG/T 125—2017	2017.1.19	2017.7.1	1426
22	建筑门窗五金件 传动锁闭器	JG/T 126—2017	2017.12.7	2018.6.1	1758
23	建筑门窗五金件 滑撑	JG/T 127—2017	2017.12.22	2018.8.1	1777
24	建筑门窗五金件 撑挡	JG/T 128—2017	2017.12.22	2018.8.1	1775
25	建筑门窗五金件 滑轮	JG/T 129—2017	2017.12.7	2018.6.1	1763
26	建筑门窗五金件 单点锁闭器	JG/T 130—2017	2017.12.7	2018.6.1	1759
27	吊挂式玻璃幕墙用吊夹	JG 139—2017	2017.12.27	2018.8.1	1790
28	混凝土用机械锚栓	JG/T 160—2017	2017.5.27	2017.12.1	1569
29	民用建筑远传抄表系统	JG/T 162—2017	2017.9.30	2018.5.1	1688
30	建筑门窗五金件 旋压执手	JG/T 213—2017	2017.12.7	2018.6.1	1760
31	建筑门窗五金件 插销	JG/T 214—2017	2017.12.22	2018.8.1	1776
32	建筑门窗五金件 多点锁闭器	JG/T 215—2017	2017.12.7	2018.6.1	1762
33	住宅厨房家具及厨房设备模数系列	JG/T 219—2017	2017.12.27	2018.8.1	1795
34	聚羧酸系高性能减水剂	JG/T 223—2017	2017.5.27	2017.12.1	1570
35	建筑门窗用通风器	JG/T 233—2017	2017.12.22	2018.8.1	1778
36	建筑用遮阳金属百叶帘	JG/T 251—2017	2017.12.22	2018.8.1	1780
37	建筑用发泡陶瓷保温板	JG/T511—2017	2017.3.20	2017.9.1	1494
38	建筑外墙涂料通用技术要求	JG/T 512—2017	2017.3.20	2017.9.1	1497
39	钢边框保温隔热轻型板	JG/T 513—2017	2017.3.20	2017.9.1	1495
40	建筑用金属单元门	JG/T 514—2017	2017.1.19	2017.7.1	1425
41	酚醛泡沫板薄抹灰外墙外保温系统材料	JG/T 515—2017	2017.3.20	2017.9.1	1496
42	建筑装饰用彩钢板	CJ/T 516—2017	2017.1.19	2017.7.1	1427
43	工程用中空玻璃微珠保温隔热材料	JG/T 517—2017	2017.3.20	2017.9.1	1498
44	基桩动测仪	JG/T 518—2017	2017.5.27	2017.12.1	1567
45	轻质砂浆	JG/T 521—2017	2017.9.5	2018.4.1	1695
46	铝合金模板	JG/T 522—2017	2017.9.26	2018.5.1	1676
47	钢模板清理机	JG/T 523—2017	2017.11.27	2018.5.1	1733
48	高压无气喷涂机	JG/T 524—2017	2017.11.27	2018.5.1	1734
49	混凝土真空脱水装置	JG/T 525—2017	2017.11.27	2018.5.1	1736
50	建筑电气用可弯曲金属导管	JG/T 526—2017	2017.9.5	2018.4.1	1661
51	木制品甲醛和挥发性有机物释放率测试方法—大型测试舱法	JG/T 527—2017	2017.9.30	2018.5.1	1686
52	建筑装饰装修材料挥发性有机物释放率测试方法——测试舱法	JG/T 528—2017	2017.9.30	2018.5.1	1687

续表

序号	标准名称	标准编号	批准日期	实施日期	公告号
53	导光管采光装置	JG/T 530—2017	2017.9.30	2018.5.1	1689
54	市政工程及建筑用石英塑复合板材	JG/T 531—2017	2017.9.30	2018.5.1	1690
55	建筑用柔性薄膜光伏组件	JG/T 535—2017	2017.12.22	2018.8.1	1781
56	热固复合聚苯乙烯泡沫保温板	JG/T 536—2017	2017.12.27	2018.8.1	1792
57	建筑用不锈钢焊接管材	JG/T 539—2017	2017.12.22	2018.8.1	1779
58	建筑用柔性仿石饰面材料	JG/T 540—2017	2017.12.22	2018.8.1	1782
59	建筑隔震柔性管道	JG/T 541—2017	2017.12.27	2018.8.1	1791

【2017年批准发布的工程项目建设标准】 见表4。

2017年批准发布的工程项目建设标准　　　　表4

序号	标准名称	批准文号	批准日期	施行日期	标准编号
1	城市社区应急避难场所建设标准	建标〔2017〕25号	2017.1.16	2017.6.1	建标180—2017
2	殡仪馆建设标准	建标〔2017〕60号	2017.2.23	2017.9.1	建标181—2017
3	城市公益性公墓建设标准	建标〔2017〕60号	2017.2.23	2017.9.1	建标182—2017
4	城市消防站建设标准	建标〔2017〕75号	2017.3.17	2017.9.1	建标152—2017
5	省级以下邮政管理业务用房建设标准	建标〔2017〕88号	2017.4.14	2017.10.1	建标183—2017
6	特困人员供养服务设施（敬老院）建设标准	建标〔2017〕179号	2017.8.24	2017.12.1	建标184—2017
7	国家口岸查验基础设施建设标准	建标〔2017〕219号	2017.9.29	2018.1.1	建标185—2017
8	食品检验检测中心（院、所）建设标准	建标〔2017〕223号	2017.10.23	2017.12.1	建标186—2017
9	药品检验检测中心（院、所）建设标准	建标〔2017〕223号	2017.10.23	2017.12.1	建标187—2017
10	医疗器械检验检测中心（院、所）建设标准	建标〔2017〕223号	2017.10.23	2017.12.1	建标188—2017
11	妇幼健康服务机构建设标准	建标〔2017〕248号	2017.12.7	2018.5.1	建标189—2017

（住房和城乡建设部标准定额司）

房地产市场监管

2017年，在住房城乡建设部党组领导下，部房地产市场监管司深入学习贯彻习近平新时代中国特色社会主义思想和党的十九大精神，坚持房子是用来住的、不是用来炒的定位，全面落实党中央、国务院关于住房和房地产工作的决策部署，加强房地产市场分类调控和监管，一线城市和部分热点二线城市房价涨幅回落，三四线城市房价趋于稳定，房地产去库存取得明显成效。

房地产市场调控政策及市场运行基本情况

【房地产市场调控工作】 2017年以来，按照党中央、国务院决策部署，各地区、各有关部门坚决落实房子是用来住的、不是用来炒的定位，一方面坚持分类调控、防范化解房地产风险，另一方面深化住房制度改革、加快建立房地产长效机制。

在分类调控、防风险方面：坚持调控目标不动摇、力度不放松，保持调控政策的连续性稳定性，做好房地产市场运行情况监测和市场形势分析，及时发现新情况、新问题，加强与有关地方会商，因地制宜完善调控政策措施，加强舆论引导，稳定市场预期，确保房地产市场持续平稳运行。

在住房制度改革和房地产长效机制建设方面：住房城乡建设部启动了四项试点工作。一是印发《关于在人口净流入的大中城市加快发展住房租赁市场的通知》，在12个人口净流入的大中城市开展住房租赁试点；配合国土资源部在13个城市开展推进集体建设用地建设租赁住房试点；加强租赁市场立法工作，起草《住房租赁条例（草案）》。二是印发《关于支持北京市、上海市开展共有产权住房试点的意见》，推进共有产权住房试点工作。三是在江苏、广东两省开展大中小城市协调发展试点，引导人口和住房需求在空间上合理分布。四是开展建立房价统计和市场监测预警指标体系试点，细化评价单元，提高精准调控能力和水平。

【房地产市场运行基本情况】

（1）商品房销售增速明显放缓。据国家统计局数据，2017年全国商品房销售面积16.9亿平方米，同比增长7.7%，比2016年回落14.8个百分点。其中，商品住宅14.5亿平方米，同比增长5.3%，比2016年回落17.1个百分点。

（2）热点城市房价涨幅继续回落。据国家统计局70个大中城市数据，2017年12月份一线城市新建商品住宅价格同比涨幅比11月份回落0.1个百分点，连续15个月回落；二线城市涨幅扩大0.4个百分点；三线城市涨幅与上月持平。15个热点城市（苏州不在70个城市中）中，有9个城市新建商品住宅价格同比下降。

（3）房地产去库存成效明显。据国家统计局数据，2017年末全国商品房待售面积5.9亿平方米，同比下降15.3%。其中，商品住宅待售面积3.0亿平方米，同比下降25.1%。三四线城市去库存进程加快，多数城市住宅可售面积回归合理区间。

（4）房地产开发投资企稳。据国家统计局数据，2017年，全国房地产开发投资11.0万亿元，同比增长7.0%，增幅比上年加快0.1个百分点。房屋新开工面积同比增长7.0%，增幅比上年回落0.6个百分点。

（5）住宅用地供应面积同比增加。据国土资源部数据，2017年，全国房地产用地供应面积11.5万公顷。同比增加7.2%。其中，住宅用地供应面积8.4万公顷，同比增加15.5%。

（6）个人住房贷款增速放缓。据人民银行数据，2017年，全国房地产贷款余额32.2万亿元，同比增长20.9%，增幅比上年回落6.1个百分点。其中，个人住房贷款余额21.9万亿元，同比增长22.2%，比上年回落14.5个百分点。

房屋交易与权属管理基本情况

【加快培育和发展住房租赁市场】 选取广州、深圳等12个人口净流入的大中城市开展住房租赁试点。充分发挥国有企业的引领、规范、激活和调控作用，支持专业化、机构化住房租赁企业发展；通过盘活存量、加快新建、探索推进集体建设用地租赁住房等多种方式增加租赁住房供应；加快建设政府主导的住房租赁信息服务与监管平台，提供便捷规范的交易服务。除试点城市外，北京、上海、辽宁、江苏、浙江、山东、河南等地也积极培育和发展住房租赁市场。与发改、金融、财税等部门研究制定相关支持政策。加快推进住房租赁立法，保护租赁利益相关方合法权益。

【深入开展房地产市场秩序专项整治】 3月，召开全国电视电话会议，全面部署开展房地产市场秩序专项整治工作，并集中通报违法违规房地产开发企业和中介机构。9月，派出6个督查组分别赴12个省17个城市实地督查，通过召开房地产座谈会、抽查、暗访等形式加强房地产市场监管，规范市场秩序。为规范购房融资行为，加强房地产领域反洗钱工作，住房城乡建设部、人民银行、银监会9月印发《关于规范购房融资和加强反洗钱工作的通知》（建房〔2017〕215号），明确提出严禁违规提供"首付贷"等购房融资，严禁个人综合消费贷款等资金挪用于购房，严厉打击"首付贷""消费贷"等违规融资行为。与国家发展改革委联合开展商品房销售价格行为交叉检查。

【全面推进房地产交易信息和涉税信息共享】 为优化营商环境，简化办事流程，国家税务总局、住房和城乡建设部印发《关于加强信息共享深化业务协作的通知》（税总发〔2017〕114号），要求加强新建商品房和二手房交易信息与涉税信息共享，税务部门可直接调用共享信息进行税源信息采集，并推行跨部门业务联办，实现交易和办税资料一窗受理、内部流转、一次办证。

【做好交易与不动产统一登记衔接】 配合国务院督查室对不动产登记办证难问题进行督办。为解决不动产登记"中梗阻"问题，国土资源部、住房和城乡建设部印发《关于房屋交易与不动产登记衔接有关问题的通知》（国土资发〔2017〕108号），要求将二手房与新建商品房纳入统一的房地产市场管理，实现房屋交易与不动产登记信息实时共享。

房地产开发与房屋征收基本情况

【优化房地产开发企业一级资质审批】 按照国务院审改办行政许可标准化测评要求，进一步完善《房地产开发企业一级资质核定服务指南》《房地产开发企业资质证书变更材料清单》，取消"注册资本""验资报告""补领证书须在新闻媒体上声明"等规定，进一步优化审批流程，规范审批行为，提高了审批效率。

【推进房屋征收工作依法有序开展】 督促指导各地全面贯彻落实《国有土地上房屋征收与补偿条例》，不断完善房屋征收法规政策，进一步规范征收与补偿程序，增强有关规定的可操作性；大力推进房屋征收与补偿信息公开，督促指导各地重点做好补偿方案公开征求意见、听证和修改情况公布以及社会稳定风险评估等工作，促进房屋征收与补偿活动公开、公平、公正。

【加强对违法违规行为督查督办】 督促指导各地强化对房屋征收拆迁与房地产开发有关风险隐患排查化解，加大对违法违规行为的监督检查力度，化解矛盾纠纷，维护群众合法权益；参加中央联席办组织督查组对内蒙古、四川等地征收拆迁信访案件进行实地督查，依法严肃处理，并督促各地积极做好整改工作。

物业管理基本情况

【完善物业管理制度】 贯彻落实国发〔2017〕7号、46号文件，印发《关于做好取消物业服务企业资质核定相关工作的通知》（建办房〔2017〕75号），梳理与物业服务企业资质相关的法律法规，向国务院提出修改《物业管理条例》的建议，做好修订或废止相关部门规章、规范性文件的前期准备。配合全国人大法工委开展物业服务合同有关问题专题研究，修改完善《中华人民共和国民法合同编（草案）》"物业服务合同"专章。

【转变物业服务市场监管方式】 指导各地转变物业服务行业监管思路，将监管重心从事前审批转移到加强事中事后监管上来，要求各地切实承担物业服务属地管理主体责任，积极推动将物业服务纳入社区治理体系，建立健全服务标准和服务规范，完善物业服务投诉平台，建立"双随机一公开"抽查机制，构建以信用为核心的物业服务市场监管体制。研究赋予业主大会统一社会信用代码的必要性和可行性，协调国家发展改革委、质检总局增设业主大会统一社会信用代码证书，完成提出证书样式、预估代码数量、确定回传字段等工作。

【加强维修资金监管工作】 监督指导各地创新业主表决方式，简化资金使用程序，畅通应急使用渠道，充分发挥维修资金对保障房屋住用安全、支持老旧小区改造和电梯更新改造的积极作用。开展维修资金制度落实情况专项调查，研究维修资金代管机构的法律风险防控问题，为完善相关制度做好政策储备。

【开展房屋使用安全和白蚁防治工作】 配合质检总局研究起草《国务院关于加强电梯安全管理工作的意见（代拟稿）》，配合公安部研究制定《消防安全责任制实施办法》。贯彻落实财税〔2017〕20号文件，指导各地做好白蚁防治费取消后的各项工作，积极争取财政部门的支持，将白蚁预防费用纳入财政预算，保障白蚁预防工作正常开展。

（住房和城乡建设部房地产市场监管司）

建筑市场监管

概况

2017年，住房和城乡建设部建筑市场监管司认真贯彻党的十八大、十九大和中央城市工作会议精神，深入学习习近平新时代中国特色社会主义思想，坚持党对一切工作的领导，以落实《国务院办公厅关于促进建筑业持续健康发展的意见》（国办发〔2017〕19号）为主线，以深化建筑业重点环节改革为核心，以推动建筑企业发展为目标，加强建筑市场监管，深入推进建筑领域"放管服"改革，促进建筑业持续健康发展，全面完成2017年度各项工作任务。

深入推进行业改革和发展

【构建新时代行业发展体制机制】 在住房和城乡建设部党组的统一部署下，在副部长易军的带领下，深入开展建筑业改革发展的顶层设计。2月，国务院办公厅印发促进建筑业持续健康发展的意见，指出新时代建筑业改革发展的方向，明确了主要目标和政策措施。该意见是继1984年以来，时隔33年由国务院专门为建筑业出台的文件，是今后一段时间建筑业改革发展的纲领性文件。司领导班子积极统筹推进意见的贯彻落实，会同国家发展改革委等18个部门制定分工方案，明确工作职责和任务，着力构建新时代建筑业发展体制机制。为推进行业改革发展，印发《建筑业发展"十三五"规划》《工程勘察设计行业发展"十三五"规划》《关于促进工程监理行业转型升级创新发展的意见》，明确建筑业、勘察设计、工程监理等领域改革发展的指导思想、基本原则、发展目标和工作任务。

【加快推进工程建设组织实施方式变革】 推广工程总承包制，指导9个省市开展工程总承包试点，制定细化配套政策，起草完成《房屋建筑和市政基础设施项目工程总承包管理办法》，推进工程总承包项目落地。修订《建设项目工程总承包合同示范文本（试行）》，起草与工程总承包合同示范文本配套的设计分包、施工分包和采购分包3个合同示范文本。推进全过程工程咨询服务。印发《关于开展全过程工程咨询试点工作的通知》，选择9个省市和40家企业开展全过程工程咨询试点，研究起草推进全过程工程咨询服务发展的指导意见、技术标准框架和合同示范文本。据不完全统计，截至2017年底，全国实施全过程工程咨询服务项目127个。

【探索推进建筑市场机制改革】 改革承发包监管方式，会同国家发展改革委印发《关于开展房屋建筑和市政基础设施工程招标投标改革试点工作的通知》。选择10个省市，开展民间投资建筑工程由建设单位自主决定发包方式试点。在北京、上海、广东等地选择5个采用常规通用技术标准的工程项目，开展最低价中标试点。推进工程担保制度，研究起草《关于加快推进实施工程担保制度的指导意见》，对工程担保实施分类指导，推进工程担保替代保证金，培育担保人市场，促进工程担保市场健康发展。

【创新发挥建筑师作用机制】 完善建筑设计招投标决策机制，修订发布《建筑工程设计招标投标管理办法》（住房城乡建设部令第33号）。推进设计团队招标，助力设计招投标比选，在冬奥会延庆赛区、张家口赛区工程建设项目的设计招标中开展设计团队招标试点。推进建筑师负责制，开展建筑师负责制制度研究，起草完成《在民用建筑工程中推进建筑师负责制的指导意见（征求意见稿）》，在上海、深圳、广西、福建自贸区厦门片区四地开展建筑师负责制试点，由建筑师团队提供规划设计、策划咨询、工程设计、招标采购、合同管理、运营维护、更新拆除等工程全过程设计咨询服务。

【加快培育建筑产业工人队伍】 推动建筑劳务用工制度改革，在安徽、浙江、陕西3省开展建筑劳务用工制度改革试点。起草完成《关于培育新时期建筑产业工人队伍的指导意见》（征求意见稿），加强建筑产业工人的队伍建设的顶层设计，提出促进专业作业企业发展、加强工人技能培训和技能鉴定、保护工人权益等方面的政策措施。

加强建筑市场监管

【继续清理规范工程建设领域保证金】 加快完善保证金管理制度，会同有关部门修订印发《工程质量保证金管理办法》《建设工程施工合同示范文本》，把工程质量保证金的上限由5％降至3％、明确可用银行保函替代现金保证、缴纳履约保证金的不得同时预留工程质量保证金等内容。据统计，2017年企业减少缴纳质量保证金约2800亿元，完成了国务院确定的减轻企业负担2100亿元的目标。加快推行银行保函，会同国资委印发《关于进一步推动中央企业工程建设领域保证金保函替代工作有关事项的通知》，提出在中央企业范围内要用银行保函、财务公司保函替代现金保证金等政策措施。加强监督检查，印发《住房城乡建设部办公厅关于报送工程建设领域保证金缴纳情况的通知》，定期汇总各地工程建设领域保证金缴纳情况，并对在国务院督查中发现2个省市违规收取保证金问题进行调查处理，督促地方严格落实清理规范工程建设领域保证金工作。据统计，2017年建筑业企业累计缴纳保证金2.38万亿元，其中保函形式缴纳约5665.51亿元，占23.76％。

【推动建筑市场信用体系建设】 加强诚信制度建设，印发《建筑市场信用管理暂行办法》，探索建立建筑市场主体黑名单制度。推进失信联合惩戒，2017年配合住建部信用办与国家发展改革委等部门签订5个联合惩戒备忘录，对严重失信主体在市场准入、招标投标等方面依法实施限制，营造"一处失信、处处受限"的市场环境。印发《住房城乡建设部办公厅关于扎实推进省级建筑市场监管一体化工作平台建设的通知》，完善全国建筑市场监管公共服务平台，不断提高建筑市场监管信息化水平。

【加大建筑市场违法违规行为的查处力度】 加大企业资质和人员资格申报弄虚作假查处力度，2017年共对提供虚假材料骗取资质资格的8家企业和51名注册人员撤回资质证书或撤销注册执业资格，对提供虚假材料申请资质资格的67家企业和25名专业人员通报批评。加强对发生质量安全责任事故企业和人员的查处，2017年共对2家涉及安全事故责任的企业处以停业整顿、降低资质等级的行政处罚，对4名涉及安全事故责任的注册人员处以吊销注册证书、停止执业的行政处罚。会同部法规司起草《关于建筑施工企业母公司承接工程交由子公司实施是否属于转包以及行政处罚两年追溯期认定法律适用问题的请示》报全国人大法工委。修订《建筑工程施工转包违法分包认定查处办法》，定期通报全国建筑工程发包承包违法违规行为查处情况，督促地方保持对建筑工程施工转包、违法分包、挂靠等违法违规行为查处力度，2017年各地共查处10448个项目存在各类建筑市场违法行为，查处存在违法违规行为的建设单位4155家，施工企业7423家。

深入推进行政审批制度改革

【放宽行业市场准入】 印发《住房城乡建设部办公厅关于取消工程建设项目招标代理机构资格认定加强事中事后监管的通知》，自12月28日起，停止招标代理机构资格的受理和审批。印发《住房城乡建设部民航局关于进一步开放民航行业工程设计市场的通知》，研究修订《工程监理企业资质管理规定》《工程设计资质标准》和《施工总承包特级资质标准》，简化企业资质标准条件，减少企业资质申报材料，释放市场活力。

【简化施工许可管理】 配合部法规司起草《关于压缩建筑工程施工许可水气报装时间的通知》，要求各级住房城乡主管部门清理违法设置的建筑工程施工许可前置条件和"搭车"事项，取消没有法律法规依据的申请材料，大力推行施工许可网上办理。印发《关于工程总承包项目和政府采购工程建设项目办理施工许可手续有关事项的通知》，进一步完善施工许可制度，明确了工程总承包项目和政府采购工程建设项目办理施工许可证的相关要求。

【加强行政审批制度建设】 制定《建筑市场监管司来访接待管理办法（试行）》，对涉及资质资格审批事项的来访全面实施登记制度，规范了来访接待行为。制定《建筑市场监管司关于资质审批特殊扶持政策管理办法（试行）》，规范资质审批特殊扶持政策程序，明确有关纪律要求，防止审批权力滥用。制定《建设工程企业资质评审专家考评办法》，加强建设工程企业资质评审专家考评管理，规范评审专家行为，提高评审质量。修订《注册建造师管理规定》，简化申报程序，强化执业责任，不断完善个人执业资格管理制度。

【加大资质审批监督力度】 严厉打击建筑业企业资质申报中弄虚作假行为，开展企业业绩实地核查，共对江西、福建、河南、安徽、四川等5省的130家施工企业的申报业绩进行现场实地核查，对其中存在弄虚作假行为的39家企业依法进行了查处。加大投诉举报的调查核实力度，做到"一事一登记"和"有问题必核查、有举报必回复"。2017年共收到131家企业的群众举报，均已转住房城乡建设部城市管理监督局或地方进行调查，已依法处理54家。

【创新资质资格审批方式】 印发《住房城乡建设部办公厅关于简化监理工程师执业资格注册申报材料有关事项的通知》《住房城乡建设部办公厅关于进一步推进勘察设计资质资格电子化管理工作的通知》，住房城乡建设部负责审批的建设工程企业资质以及勘察设计注册工程师、监理工程师均已实行电子化申报审批，简化了申报材料，提高了审批效率。印发《建筑业企业资质告知承诺审批试点方案》，在上海、浙江、北京等3省市开展资质审查承诺制试点。探索开展"互联网＋"审批方式，在上海试行企业资质申报信息自动比对和建设工程企业电子化资质证书。

（住房和城乡建设部建筑市场监管司）

城 市 建 设

2017年，城市建设工作坚决贯彻落实习近平总书记相关重要讲话、指示和批示精神，以全面贯彻落实中央城市工作会议要求为工作主线，按照中央经济工作会议和全国住房城乡建设工作会议的部署，坚持突出重点、以点带面，通过抓规划谋项目、抓试点求模式、抓督查促落实，着力补上城市基础设施短板，着力提高城市运行效率和安全水平，推动城建事业健康发展。

海绵城市建设、排水防涝与黑臭水体整治

【海绵城市】 印发《关于2016年海绵城市试点工作进展情况的通报》，通报海绵城市建设试点及海绵城市建设专项规划编制情况，根据各地规划编制情况，对全国653个城市规划编制进展进行调度与规划巡查，组织专家对内蒙古、江苏、山东、广东等省（区）的43个城市海绵城市建设专项规划逐一进行专题辅导，对30个国家试点城市海绵城市专项规划进行逐一审查。举办2017年海绵城市规划建设论坛，邀请海绵城市建设的规划、设计、管理、投融资等方面的专家学者共500余人进行交流，探讨海绵城市规划、设计、建设和运维的核心问题，分享建设经验。从源头减排、城市黑臭水体治理、内涝防治、片区建设与改造等方面在全国范围内遴选了21个典型案例，编辑出版《海绵城市建设典型案例》，向全国推荐。全面推进海绵城市建设。至年底，全国653个城市中已有465个城市编制完成海绵城市建设规划，占城市总数的71%；其中，295个地级及以上城市中有257个编制完成海绵城市建设规划，占87%。

【排水防涝】 印发《住房城乡建设部关于公布全国城市排水防涝安全责任人名单的通告》（建城函〔2017〕99号），首次公布各地城市排水防涝安全责任人及重要易涝点责任人名单，督促其切实履行城市排水防涝工作职责。汛前及时印发《住房城乡建设部办公厅关于加强2017年城市排水防涝汛前检查做好安全度汛工作的通知》（建办城函〔2017〕151号），要求各地加强领导，全面开展隐患排查，完善应急机制，确保城市安全度汛。先后赴湖北、四川、安徽等地进行现场检查，指导各地开展相关工作。汛中紧急印发《关于认真贯彻中央领导重要指示批示精神切实做好城市排水防涝工作的紧急通知》（建办城电〔2017〕59号）、《关于转发〈关于启动国家防总防汛防台风Ⅲ级应急响应的通知〉的紧急通知》（建办城电〔2017〕70号），要求各地及时启动相应级别的应急响应，以预防为主，全面排查风险隐患，切实做好防范工作，防止人员伤亡事故发生。通过建立涝情日报、周报制度，及时掌握各地降雨、内涝积水情况，组织专家现场指导各地针对新增易涝点抓紧制定实施方案，完善应急预案。

【黑臭水体】 落实国务院关于推行河长制的要求，在黑臭水体整治中率先落实河长制，由同级党政负责人担任黑臭水体的"河长"，落实主体治理责任。至年底，全国295个地级及以上城市建成区的2100个黑臭水体中已有91%以上的水体按要求落实了河长，36个重点城市建成区的681个黑臭水体全部落实了河长。

在重点城市黑臭水体中，选取205个影响较大、整治任务较重的黑臭水体进行重点督办，实行周报告、月分析、季通报。在整治工作推进过程中，组织开展城市黑臭水体整治专题培训，指导各地从污水直排、溢流污染、生态破坏等角度科学分析黑臭成因，有的放矢、科学施策，委派专家开展整治指导，指导各地解决在工程中遇到的技术问题，同步组织开展专项督查与暗访，督促36个重点城市加快城市黑臭水体整治工作。开展城市黑臭水体整治效果评估工作，在"全国黑臭水体整治监管平台"开通"重点城市评估材料"上报模块，为重点城市黑臭水体"一河一档"提供技术保障，至年底，36个重点城市建成区已基本消除黑臭水体。

地下综合管廊建设

2017年《政府工作报告》中提出"再开工建设城市地下综合管廊2000公里以上"的目标任务，住房城乡建设部通过开展专题会议部署，采取信息周报、月度通报、季度调度、不定期现场督查等措施对各地管廊建设进展跟踪指导督查，积极推进管廊开工建设任务落实。2017年全国共有160个城市和41个县城新开工管廊项目537个，总长度2004公里，总投资1980亿元，顺利完成全年目标任务。

【开展管廊规划巡查辅导】 组织专家逐省对各地的管廊规划进行巡查辅导，提升规划编制质量，督促完善管廊建设项目储备。先后17批次组织专家51人次对29个省（自治区、直辖市）485个城市开展管廊规划巡查辅导，各地新批准规划99个，187个城市76个县城新入库项目706个，总长度2622公里。

【稳步推进管廊建设试点】 会同财政部完成25个试点城市年度绩效考核，在成都召开试点工作现场会，组织试点城市进行经验交流和讨论，布置下一步试点工作。调研沈阳、哈尔滨、长沙等13个试点城市，总结试点城市建设经验。25个试点城市已开工建设地下综合管廊1057公里，占计划任务的98.7%，累计形成廊体800公里。累计完成投资1062亿元，占计划投资总额的97.5%。厦门等12个试点城市已出台综合管廊收费标准并实施。

【完善管廊建设政策、标准】 印发《城市地下综合管廊工程消耗量定额》，满足城市地下综合管廊工程计价需要；发布《城镇综合管廊监控与报警系统工程技术规范》，规范综合管廊监控与报警系统工程设计、施工及验收、维护；组织研究制定《城市地下综合管廊运行维护及安全技术标准》，保障综合管廊设施完好和安全稳定运行。

【管廊建设项目库信息化建设】 升级改造完成全国城市地下综合管廊建设项目信息系统，全年完成48期管廊建设进展周报信息供领导参阅，每月向国务院办公厅和国办督查室报送管廊进展信息。完成城建大数据平台建设框架和推进方案研究，加快推进部级城建大数据平台建设。

【综合管廊建设宣传】 先后组织厦门、哈尔滨等11个试点城市和北京、南京等9个城市在新华社、人民日报、中央电视台等主流媒体上发布文字（图片）报道，圆满完成"砥砺奋进的五年"成就展中综合管廊建设图片、模型的制作和布展相关工作，管廊建设相关展品展出后得到社会好评。

市政交通建设

【城镇燃气】 加强燃气安全。下发《住房城乡建设部办公厅关于加强市政公用行业安全生产工作的通知》（建办城电〔2017〕61号）和《住房城乡建设部关于印发市政公用行业安全生产大检查方案的通知》（建办城函〔2017〕595号），组织开展市政公用行业安全生产大检查。赴湖北、上海等10个省（市）开展安全生产大检查专项督查。共检查了28个市（县、区）的燃气、垃圾、园林、管廊等安全生产工作。参加国务院安全生产大检查。9月，根据国务院安委办和部安委办要求，派员参加国务院安委会办公室组织的安全生产大检查综合督查第7组，对江苏省开展安全生产综合督查。10月，按照国务院安委办要求，又派员参加安全生产大检查"回头看"，再次对江苏开展"回头看"检查。推进燃气改革。落实石油天然气体制改革意见。会同国家发改委、能源局、科技部等13部委联合印发《加快推进天然气利用的意见》。

【城镇供热】 推进清洁取暖。会同国家发改委、财政部、能源局联合印发《关于推进北方采暖地区城镇清洁供暖的指导意见》，提出推进北方地区城镇清洁供暖的基本要求和主要思路，指导北方城镇采暖地区清洁供暖。与国家发改委等部门共同编制《北方地区冬季清洁取暖规划（2017—2020年）》。

强化供热保障。印发《关于切实做好北方采暖地区今冬明春供热采暖工作的通知》，重点针对推进清洁取暖工作新形式、新特点，对各地在今冬明春在强化供热保障、应对极端天气、加强供热管理、提升安全服务等方面提出了新的要求。组织召开北方采暖地区今冬明春城镇供热采暖工作电视电话会议，副部长倪虹在会上作了重要讲话，对各地做好今冬明春供热采暖各项工作提出明确要求，做了具体的部署。印发《关于开展城镇供热行业"访民温暖"活动加快解决当前供暖突出问题的紧急通知》。

【城市道路交通】 城市道路桥梁建设。会同公安部等4部委共同印发《城市道路交通文明畅通行动计划（2017—2020）》，推动完善城市综合交通规划、优化城市路网结构。研究城市建成区路网监测分析方法，利用大数据加强路网密度监测。调度推进各地按时完成桥梁加固改造。

城市轨道交通建设。持续开展城市轨道交通建设规划审核，共完成长沙、广州等8个城市的轨道交通建设规划审核，开展城市轨道交通信息系统建设研究。配合国家发改委等部门联合印发《关于促进市域（郊）铁路发展的指导意见》。

城市停车场建设。印发《住房城乡建设部办公厅关于开展城市停车设施规划建设督查工作的通知》，部署督查工作，推进停车场建设。会同交通部联合印发《关于促进小微型客车租赁健康发展的指导意见》。

城市环境卫生

【推动垃圾分类】 会同国家发展改革委制定《生活垃圾强制分类制度方案》，由国办批转印发；加快推进46个重点城市开展生活垃圾强制分类工作，截至年底42个城市已经启动垃圾分类工作，21个城市出台生活垃圾分类方案；会同国家机关事务管理局、中央军委后勤保障部、国家卫生计生委等部门印发实施意见，推动在党政军机关和医院等公共机构率先开展生活垃圾分类；召开全国城市生活垃圾分类推进现场会，总结地方工作进展，推广厦门经验；做好舆论宣传，组织中央有关媒体赴垃圾处理设施现场座谈观摩，开展"垃圾分类进校园"活动。

【推动建筑垃圾管理和资源化利用】 深入调研，形成《关于我国建筑垃圾管理情况的报告》和《关于陕西省建筑垃圾资源化利用情况的报告》两份专题报告，呈报国务院；细化加强建筑垃圾管理工作措施，启动建筑垃圾管理治理试点工作。

【加强垃圾处理设施建设和运行管理】 开展生活垃圾焚烧厂、填埋场等级评价工作，按照4部委《关于进一步加强城市生活垃圾焚烧处理工作的意见》，全面开展既有设施评价和达标整治；加强指导，研究建立环卫设施建设运行情况评价制度；会同环境保护部印发《关于规范城市生活垃圾跨界清运处理的通知》，进一步加强城市生活垃圾清运处理管理，规范垃圾跨界转移处置行为。

【加强公厕建设管理和城市保洁工作】 运用大数据手段，开发全国"城市公厕云平台"，实现快速寻厕功能；开展"世界厕所日"宣传活动；继续提高道路清扫保洁水平。

城镇水务

【强化城镇供水安全保障】 组织开展2017年度城市供水水质督察、城镇供水规范化管理考核及二次供水专项检查工作。发布《关于印发〈国家供水应急救援能力配套设施建设要求〉的通知》，指导济南、南京、抚顺、武汉、广州、绵阳、西安、乌鲁木齐8个国家应急供水救援中心，加强配套设施建设管理。

【加强城镇供水节水工作】 印发《城镇供水管网分区计量管理工作指南—供水管网漏损管控体系构建（试行）》，组织开展《城镇供水管网漏损控制及评定标准》培训，指导各地通过供水管网系统规划建设分区管理，构建管网漏损管控体系，提高管网信息化、精细化、精准化管理水平；召开城镇节水推进会，完成天津、沈阳等23个节水型城市的复查工作；开展以"全面建设节水城市，修复城市水生态"为主题的2017年度城市节水宣传周活动；组织对全国地级及以上缺水城市的国家节水型城市达标情况进行检查督导和考核。

【加快城镇污水处理设施建设】 修订印发《城镇污水处理工作考核暂行办法》，强化效能优先，质量第一，进一步加强对全国城镇污水处理设施建设运行情况进行考核通报。印发《关于对城镇污水处理和节水减排专项督导的通知》，组织开展对"水十条"专项督查督导；完成对各地落实"水十条"中有关城镇污水处理及配套管网、污泥处理处置等方面情况的考核。

园林绿化建设

2017年，城市园林绿化建设不断加强，城市绿地总量和绿地品质进一步提升，城市人居环境质量得到改善。截至年底，全国城市建成区绿地面积199.26万公顷，公园绿地面积65.36万公顷，人均公园绿地面积13.7平方米，建成区绿地率36.43%。

【法规标准体系建设】 积极开展园林绿化法规标准研究，印发《住房城乡建设部关于印发〈城市湿地公园管理办法〉的通知》（建城〔2017〕222号）和《住房城乡建设部办公厅关于印发〈城市湿地公园设计导则〉的通知》（建办城〔2017〕63号）。编制出版《践行绿色发展 服务绿色生活——园林绿化科学发展指南》，指导园林绿化科学、规范发展。

【国家园林城市、县城、城镇和生态园林城市创建】 继续加强对园林绿化建设管理的监督、指导和服务，编制完成《国家园林城市、县城、城镇标准解读》。通过分片区组织开展对园林城市标准体系的宣贯培训和指导，有效推进创建工作。2017年，确定并命名浙江省杭州市等4个国家生态园林城市、河北省辛集市等35个国家园林城市、河北省魏县等79个国家园林县城和江苏省苏州市甪直镇等19个国家园林城镇。

【园林文化宣传】 加大中国园林文化宣传交流，第十一届中国（郑州）国际园林博览会成功开幕，并在开幕式期间举办园林绿化高层论坛、十八大以来生态园林建设成就展等系列活动。有序推进第十二届中国（南宁）国际园林博览会筹备工作。与河南省人民政府共同举办"中国开封第35届菊花文化节"。

【市场管理改革】 编制印发《住房城乡建设部

办公厅关于做好取消城市园林绿化企业资质核准行政许可事项相关工作的通知》(建办城〔2017〕27号)和《住房城乡建设部印发〈园林绿化工程建设管理规定〉的通知》(建城〔2017〕251号),明确取消城市园林绿化企业资质核准行政许可事项,简化事前审批程序,确定了园林绿化工程范畴。组织开展园林绿化建设市场改革试点工作,印发《住房城乡建设部办公厅关于开展园林绿化工程建设市场管理改革创新试点工作的通知》(建办城函〔2017〕543号),选取浙江、江苏、上海、厦门、武汉、南宁、淄博等代表性省市开展并推进试点工作。

风景名胜区与世界遗产

【做好国家级风景名胜区规划审查审批】 2017年,国务院批准桃花源、北武当山、宝山、凤凰山、织金洞、鼓浪屿—万石山、秦皇岛北戴河、蜀冈—瘦西湖、青城山—都江堰、海坛、九洞天、德夯、五老峰、三亚热带海滨、嶂石岩、崆山白云洞、娲皇宫、太行大峡谷、响堂山、金石滩、博斯腾湖、三百山、高岭—瑶里、西岭雪山、马岭河峡谷、石阡温泉群、剑门蜀道、沩山、潭獐峡、灵通山等30处国家级风景名胜区总体规划,住房城乡建设部批复梅岭—滕王阁、松花湖、衡山、龟峰、三清山、龙虎山、福寿山—汨罗江、黄山、光雾山—诺水河、罗浮山、天台山、鼓浪屿—万石山等13个国家级风景名胜区的14处详细规划,为国家级风景名胜区资源保护和合理利用提供了基本指导和依据。组织开展总体规划修编评估,要求2020年前到期的国家级风景名胜区总体规划全面启动评估和修编工作,更好地适应风景名胜区发展的新形势新要求。

【强化风景名胜区和世界遗产地监督管理】 抓好国家级风景名胜区整改验收,并利用遥感等新技术手段对国家级风景名胜区进行有效监管,2017年完成100余处国家级风景名胜区遥感动态监测。印发《住房城乡建设部关于进一步加强国家级风景名胜区和世界遗产保护管理工作的通知》,推动全行业深刻汲取甘肃祁连山国家级自然保护区的问题教训,深入贯彻生态文明建设要求,推进风景名胜区和世界遗产事业持续健康发展。

【做好国家级风景名胜区和世界遗产培育及申报工作】 国务院批准设立第九批19处国家级风景名胜区,将一大批珍贵的景观资源纳入到法制化保护管理的轨道。青海可可西里成功申报世界自然遗产,列入联合国教科文组织《世界遗产名录》。贵州梵净山申报世界自然遗产项目顺利推进,接受世界自然保护联盟(IUCN)专家实地考察评估。

【办好首个"文化和自然遗产日"】 住房城乡建设部会同湖北省人民政府、中国联合国教科文组织全国委员会于6月10日在湖北神农架召开首个"文化和自然遗产日"活动启动暨中国世界自然遗产推进会,在全行业、全社会掀起关心、关爱和保护遗产的新热点、新热潮;

组织开展世界遗产成就展、遗产地免费体验等系列活动,展现中国世界遗产价值和30多年发展成就,提升公众对世界遗产及其保护事业的认知。组织各地办展科普讲座、研讨、公益展览、世界遗产进社区进校园等活动,印发出版物和宣传品、开设网站专栏、利用微信微博等新媒体进行宣传,成效突出。浙江、广东等省份的宣传工作有声有色,社会反响良好。

(住房和城乡建设部城市建设司)

村 镇 建 设

基本情况

【概况】 2017年年末,全国共有建制镇21116个,乡(苏木、民族乡、民族苏木)10529个。据对18085个建制镇、10314个乡(苏木、民族乡、民族苏木)、703个镇乡级特殊区域和244.9万个自然村(其中村民委员会所在地53.3万个)统计汇总,村镇常住总人口8.72亿。其中,建制镇建成区1.68亿,占村镇总人口的19.23%;乡建成区0.24亿,占村镇总人口的2.74%;镇乡级特殊区域建成区0.05亿,占村镇总人口的0.58%;村庄6.75亿,占村镇总人口的77.44%。

年末,全国建制镇建成区面积392.6万公顷,平均每个建制镇建成区占地217公顷,常住人口密度4271人/平方公里；乡建成区63.4万公顷，平均每个乡建成区占地61公顷，常住人口密度3773人/平方公里；镇乡级特殊区域建成区13.7万公顷，平均每个镇乡级特殊区域建成区占地195公顷，常住人口密度3711人/平方公里（常住人口）。

【建设投资】 2017年，全国村镇建设总投资17625亿元。按地域分，建制镇建成区7410亿元，乡建成区653亿元，镇乡级特殊区域建成区238亿元，村庄9324亿元，分别占总投资的42.0%、3.7%、1.3%、52.9%。按用途分，房屋建设投资12826亿元，市政公用设施建设投资4799亿元，分别占总投资的72.8%、27.2%。

在房屋建设投资中，住宅建设投资9253亿元，公共建筑投资1614亿元，生产性建筑投资1961亿元，分别占房屋建设投资的72.1%、12.6%、15.3%。

在市政公用设施建设投资中，道路桥梁投资2000亿元，排水投资647亿元，供水投资468亿元，环境卫生投资505亿元，分别占市政公用设施建设总投资的41.7%、13.5%、9.8%和10.5%。

【公用设施建设】 2017年年末，在建制镇、乡和镇乡级特殊区域建成区内，供水管道长度66.9万公里，排水管道长度19.0万公里，排水暗渠长度10.4万公里，铺装道路长度41.3万公里，铺装道路面积27.8亿平方米，公共厕所15.7万座。

年末，建制镇建成区用水普及率88.10%，人均日生活用水量109.46升，燃气普及率52.11%，人均道路面积13.81平方米，排水管道暗渠密度6.41公里/平方公里，人均公园绿地面积3.13平方米。

2017年年末，乡建成区用水普及率78.78%，人均日生活用水量104.27升，燃气普及率25.02%，人均道路面积15.70平方米，排水管道暗渠密度5.29公里/平方公里，人均公园绿地面积1.65平方米。

年末，镇乡级特殊区域建成区用水普及率95.62%，人均日生活用水量105.59升，燃气普及率65.33%，人均道路面积17.43平方米，排水管道暗渠密度6.53公里/平方公里，人均公园绿地面积5.52平方米。

村镇建设工作进展

【农村人居环境改善】 住房城乡建设部9月在贵州遵义牵头召开第三次全国改善农村人居环境工作会议，国务院副总理汪洋出席会议并作工作部署；配合国家发展改革委起草《农村人居环境整治三年行动方案》（代拟稿），6项任务中住房城乡建设部独立牵头1项、作为第一责任单位牵头5项，并承担组织评估和督导工作；组织开展改善农村人居环境示范村创建，认定第一批295个示范村，中央财政每村奖励100万元；组织开展2017年农村人居环境普查，完成近53万个行政村的调查。

【农村生活垃圾治理】 住房城乡建设部6月在海南召开农村生活垃圾治理推进会，推广农村垃圾治理经验，部署下一步工作；组织验收北京、天津、海南、广西4个省（区、市）的农村生活垃圾治理；向全国推广浙江金华农村生活垃圾"两次四分"的分类经验，确定首批100个农村生活垃圾分类和资源化利用示范县，截至年底，示范县有约1/2乡镇和1/3行政村已开展分类；督促地方开展非正规垃圾堆放点排查，各地共排查上报2.7万余个堆放点并建立工作台账。2017年，农村生活垃圾治理成效显著，全国农村生活垃圾得到处理的行政村比例达74%，较2016年提高9个百分点。

【农村生活污水治理】 年内，住房城乡建设部指导农村生活污水治理梯次推进，向国务院办公厅报送关于农村生活污水治理的情况报告，起草推进厕所革命的报告并向国务院领导汇报；7月在山东召开农村厕所污水治理电视电话会议，提出厕所污水治理理念、方法；继续推进农村生活污水治理百县示范，总结推广成熟经验和模式；组织成立全国村镇污水治理专家委员会，完成农村生活污水处理技术标准报批稿。

【农村住房建设管理】 年内，住房城乡建设部持续推进农村危房改造工作，重点推进建档立卡贫困户等4类重点对象的危房改造任务，支持190.6万户4类重点对象改造危房，竣工率达92.7%；通过召开会议、培训、印发文件等方式，纠正政策实施中存在的对象认定不准确、深度贫困户无力建房、补助资金拨付和使用不规范等问题，提出质量安全等方面的管理要求；在22个省开展农房加固改造示范，已建成1万余套；完成2016年危房改造绩效评价，将考核结果通报全国；会同财政部对成绩较好的地方在2017年任务资金分配中予以激励支持，组织开展2017年绩效评价；向国务院报告以船为家渔民上岸安居工程完成情况。

【扶贫攻坚】 年内，住房城乡建设部除结合农村危房改造和农村人居环境改善开展脱贫攻坚外，还负责定点帮扶湖北省红安县、麻城市和青海省湟中县、大通县4县（市）；选派5名干部赴4县挂职，其中1人任贫困村第一书记；动员直属单位、干部职工捐款640余万元；支持定点扶贫县开展产业扶贫、教育资助等项目；印发进一步加强定点扶贫工作的意见、加强挂职干部管理的通知；组织定点扶贫县调研指导、督促检查、干部培训等；按照部领导的指示，在4个定点县各选一个示范村开展脱贫攻坚和美丽宜居乡村建设共同缔造示范；进一步加强与大别山片区的沟通联系，支持片区脱贫攻坚。

【传统村落和民居保护】 年内，住房城乡建设部推动将传统村落保护列入《关于实施中华优秀传统文化传承发展工程的意见》，并列为十五项工程之一；启动第五批中国传统村落调查工作，截至年底，各地上报了6000余个村落；组织列入2017年中央财政支持范围的中国传统村落技术审查，拨付2017年中央财政补助资金18亿元；建立警示和退出机制，对已发现保护不力的村落开展现场调查；启动传统村落价值研究；开发传统村落数字博物馆，完成165个村落建馆；组织调查、编纂、出版《中国传统建筑解析与传承》第二批10册分省卷，总结各地传统建筑精髓和当代建筑创作传承方法；组织开展传统建造技术调查，完成"窑洞、抬梁、砖、石"四部分调查和编纂；开展传统建筑名匠调查；印发《农家乐（民宿）建筑防火导则》。

【小城镇建设】 住房城乡建设部2017年公布了第二批276个全国特色小镇，印发《关于保持和彰显特色小镇特色若干问题的通知》，防止盲目拆老街区、盖高楼和照搬抄袭外来文化；组织开展特色小镇培育工作检查，及时约谈部分特色小镇培育数量较多或培育节奏过快的省份；出版《说清小城镇》。组织全国特色小镇培训会，针对突出问题提出基本底线要求；会同农业发展银行、国家开发银行、中国建设银行等出台支持小城镇建设的金融政策，累计投放贷款1176亿元；组织编制《小城镇规划建设指南（试行）》，建设特色小镇培育网；配合国家发改委开展特色小镇调研，印发《关于规范推进特色小镇和特色小城镇建设的若干意见》。

【乡村规划编制管理】 年内，住房城乡建设部组织开展全国乡村规划检查，公布检查结果并通报到各省级人民政府；编印乡村规划示范优秀案例集，宣传推广符合农村实际的乡村规划编制理念和方法；推广安徽、山东等地的农村规划建设管理经验；大力推进乡村建设规划许可发放工作，普遍实施乡村建设规划许可的县（市）比例达到62%；修订《村庄和集镇规划建设管理条例》。

（住房和城乡建设部村镇建设司）

工程质量安全监管

概况

2017年，住房城乡建设部工程质量安全监管司认真贯彻党的十八大和十九大精神，认真落实中央城市工作会议和《国务院办公厅关于促进建筑业持续健康发展的意见》精神，全面落实全国住房城乡建设工作会议部署，巩固和拓展工程质量治理两年行动成果，组织开展工程质量安全提升行动，围绕"落实主体责任"和"强化政府监管"两个重点，严格监督管理，严格责任落实，提高工程技术创新能力，全国工程质量安全水平稳步提升。

工程质量监管

【开展工程质量安全提升行动】 印发《工程质量安全提升行动方案》，召开专题部署会议，要求各地制定实施方案，全面开展提升行动。印发《关于开展工程质量安全提升行动试点工作的通知》，在23个省（区、市）开展监理单位向政府报告质量监理情况、工程质量保险等8项工作试点，组织召开试点地区座谈会，推动试点工作稳步开展。建立季度通报制度，要求各地按季度报送工程质量安全提升行动进展情况，督促各地严格落实工作部署。

【开展监督执法检查】 组织开展2017年工程质量安全提升行动督查，先后分3批对全国20个省（区、市）进行监督执法检查，共抽查100个在建工程，总建筑面积259万平方米，在检查内容中符合项、不符合项分别占81.2%、18.8%，对22个违反工程建设强制性标准和存在质量安全隐患的工程下发执法建议书。

【配合建筑业改革发展工作】 参与起草《国务院办公厅关于促进建筑业持续健康发展的意见》（以下简称《意见》），提出落实质量责任、强化政府监管、加强队伍建设的改革思路和政策措施。《意见》出台后，配合做好相关政策解读工作，并按照任务分工将贯彻落实《意见》精神与工程质量安全提升行动相结合，确保各项工作落实到位。

【加强法规制度建设】 广泛征求各地区各部门意见，修订《建设工程质量检测管理办法》（建设部令第141号）。会同财政部修订印发《建设工程质量保证金管理办法》，对预留比例、预留方式、返还程序等方面进行调整完善。配合国家质检总局，制定印发《关于进一步加强建筑钢筋质量监管 严惩"瘦身"钢筋等违法行为的通知》，严格建筑钢筋质量监管。

【调查处理工程质量事故问题】 2017年共受理工程质量投诉28起，及时转省级住房城乡建设主管部门调查处理。统计各地建设工程各方质量责任主体行政处罚情况，并进行全国通报。赴浙江省温州文成县百丈漈镇了解农房"2·2"倒塌事故，指导帮助地方开展救援和应急处置工作，提出加强老旧建筑管理有关措施报国务院。参与调查山西运城农房质量问题、海南"瘦身钢筋"等问题。

【巩固工程质量监管工作基础】 组织召开全国住宅工程质量常见问题专项治理总结现场会，交流各地专项治理工作成果和经验，观摩示范工程，全面总结专项治理工作经验，推进专项治理工作常态化、制度化。印发《关于开展工程质量管理标准化工作的通知》，推进质量行为标准化和工程实体质量控制标准化，建立质量责任追溯、岗位责任、样板示范等制度。

建筑施工安全监管

2017年，全国建筑施工安全生产形势总体稳定，共发生房屋市政工程生产安全事故692起、死亡807人，未发生重大及以上事故。

【加强工作部署】 召开建筑施工安全生产工作会议，及时传达贯彻中央领导同志指示批示精神，分析通报建筑施工安全生产形势，研究加强和改进工作的具体措施，全面部署建筑施工安全监管工作。印发《关于开展2017年建筑施工安全专项整治工作的通知》，部署开展以深基坑工程、模板支撑系统、起重机械、市政基础设施工程等为重点的专项整治活动。党的十九大前印发典型事故通报，要求各地引以为戒，切实增强责任意识，强化落实安全防范措施，严防安全事故发生。

【推进制度建设】 起草部门规章《危险性较大的分部分项工程安全管理规定》，进一步明确危险性较大的分部分项工程的定义和范围，强化工程建设参与各方主体责任，为加强危险性较大的分部分项工程安全管理奠定更加坚实的法律基础。印发《住房城乡建设部办公厅关于进一步加强危险性较大的分部分项工程安全管理的通知》《起重机械、基坑工程等五项危险性较大的分部分项工程施工安全要点》等文件，切实加强危险性较大的分部分项工程安全管理。

【严格监督执法】 印发《全国建筑施工安全生产大检查方案》，部署开展为期三个月的全国建筑施工安全生产大检查，组织开展对部分事故多发地区监督检查，督促各地认真落实安全生产责任制，加强安全监管执法，为十九大胜利召开创造稳定的安全生产环境。印发《住房城乡建设部办公厅关于严厉打击建筑施工安全生产非法违法行为的通知》，督促各地进一步严格履职、严肃执法，切实加大对安全生产违法违规行为查处力度，建立健全查处通报机制，确保处罚措施落到实处、取得实效。

【强化事故查处】 按月度和季度对全国房屋市政工程生产安全事故情况予以通报。按照事故督办处理办法，对23起房屋市政工程生产安全较大以上事故启动督办程序，下发事故查处督办通知书，其中广州"3·25"、鄂尔多斯"7·11"、广州"7·22"等事故发生后，及时组织工作组赶赴事故现场，实地指导督促事故应急处置及调查处理工作。针对部分地区事故多发的情况，约谈相关地区住房城乡建设主管部门负责人，督促其认真进行事故查处。

【加强安全生产基础建设】 制定《全国建筑施工安全监管信息系统共享交换数据标准（试行）》，促进各地区建筑施工安全监管工作信息共享和业务协同。印发《关于开展2017年住房城乡建设系统"安全生产月"活动的通知》，并与北京市住房和城乡建设委员会联合开展"6·16"安全生产宣传咨询日活动，大力宣传建筑施工安全生产工作。举办全国建筑施工安全监管人员培训班，对200名来自各地区住建部门、安全监督机构以及有关单位的建筑施工安全监管工作人员开展教育培训。

城市轨道交通工程质量安全监管

【建立完善制度】 印发《住房城乡建设部办公厅关于加强城市轨道交通工程关键节点风险管控的通知》，指导各地强化轨道交通工程关键工序和重要部位施工前风险预控措施，提升风险管控水平，有效防范和遏制事故发生。推进质量安全标准化管理工作，组织标准化现场观摩，研究起草相关技术指南。

【加强监督检查】 重点加强对新开工以及发生较大事故的城市轨道交通工程质量安全督查。组织专家抽查厦门、深圳、沈阳、青岛和太原等城市13个在建项目,车站面积21.6万平方米、区间长度约20千米,提出书面反馈意见321条。督促各地进一步落实法律法规、标准规范和质量安全责任,提高工程实体质量水平和事故隐患排查治理能力。

【强化事故通报】 对厦门地铁"2·12"盾构减压仓起火、深圳地铁"5·11"基坑内土方滑坡和青岛地铁"6·23"电缆运输车辆侧翻等3起较大事故进行通报和督办,要求有关地方住房城乡建设主管部门查明事故原因,依法依规对负有责任的企业和人员严肃处理。召开城市轨道交通工程管理工作座谈会,要求事故多发地区分析事故原因、落实整改措施。

【开展业务培训与经验交流】 组织开展全国城市轨道交通工程质量安全管理培训班,对来自全国各地80多名省(市)质量安全监管人员展开培训,提升全国城市轨道交通工程质量安全管理整体水平。组织召开城市轨道交通工程质量安全联络员会议和专家委员会全体会议,总结2017年城市轨道交通工程质量安全管理工作,交流各地在风险全过程管控和质量安全标准化方面的经验做法,部署2018年重点工作。

勘察设计质量监管与行业技术进步

【开展勘察设计质量专项治理】 组织开展部分地区建筑工程勘察设计质量专项督查,对5个违反工程建设强制性标准和存在质量安全隐患的工程下发执法建议书。起草《大型公共建筑工程后评估管理暂行办法(初稿)》,开展大型公共建筑工程后评估试点工作。开展勘察质量监管工作调研,开展勘察质量管理信息化试点工作。

【加强施工图审查管理】 配合国务院法制办修订《建设工程质量管理条例》《建设工程勘察设计管理条例》涉及施工图审查制度的相关内容。组织召开施工图审查制度改革工作座谈会,调研全国施工图审查机构总体情况及改革进展。推进施工图联合审查和数字化审查,简化整合建设工程报建手续,优化营商环境。

【组织编制标准设计】 组织召开标准设计改革工作座谈会,研究标准设计改革思路。印发23项国家建筑标准设计。

【推动行业技术进步】 印发《建筑业10项新技术(2017版)》,促进工程技术水平进一步提升。组织召开部分地区推动工程技术进步工作研讨会。组织开展建筑工程新型建造方式技术政策研究等课题研究。

城乡建设抗震防灾

2017年,我国大陆地区共发生13次5级(含5级)以上破坏性地震,其中四川九寨沟7.0级、新疆精河县6.6级、新疆塔什库尔干县5.5级等地震造成较重的人员伤亡和财产损失。各级住房城乡建设主管部门采取一系列措施,推进建筑工程抗震防灾能力建设,稳步提高建筑工程抗震设防水平。

【加强法规制度建设】 印发《〈国家综合防灾减灾规划(2016—2020)〉部内任务分工方案》,推动相关任务落地。加快推进《建设工程抗震管理条例》研究起草工作。

【加强建筑工程抗震设防管理】 落实第5代动参数区划图关于取消不设防区的要求,推进我国建筑工程全面设防。加强超限高层建筑工程抗震设防审查和隔震减震工程质量监管。2017年,全国共开展超限高层建筑工程抗震设防专项审查1612项,开工建设隔震减震工程2648栋。

【提高地震应急处置能力】 加强与有关部门协调配合,参与国务院抗震救灾指挥部应急准备工作督查,定期参加国家减灾委办公室全国自然灾害情况部际会商。组织开展震后房屋建筑安全应急评估培训,提升住房城乡建设系统地震应急处置能力。

【积极应对地震灾害】 四川九寨沟7.0级、新疆精河县6.6级、新疆塔什库尔干县5.5级地震发生后,及时启动应急响应,指导地方开展地震应急响应,支持灾区开展震后房屋安全应急评估,消除次生灾害隐患。

住房城乡建设部安全生产管理委员会办公室工作

【加强部安委办协调】 召开住房城乡建设部安委会全体会议,贯彻落实党中央、国务院领导同志关于安全生产重要批示指示和全国安全生产电视电话会议、国务院安委会全体成员会议精神。制定落实《关于推进安全生产领域改革发展的意见》、安全生产"十三五"规划部内分工方案,建立住房城乡建设部安委会联络员工作制度。参加全国安全生产大检查督查及"回头看"、省级政府安全生产考核、国务院安全生产巡查、省级政府消防考核和高层建筑消防安全综合治理联合专项督查。

【加强部内应急协调】 协调部有关司局,按照职责分工,落实《国家突发事件应急体系建设"十三五"规划》部内分工方案，做好住房城乡建设领域突发事件应对和信息报送工作。加强预警提醒，在汛期、节假日、岁末年初等特殊时段印发紧急通知，督促各级住房城乡建设主管部门和有关单位做好安全生产和突发事件应对工作。向国务院应急办报送2016年度突发事件总结评估报告和2017年突发事件季度信息报告。

（住房和城乡建设部工程质量安全监管司）

建筑节能与科技

概况

2017年建筑节能与科技工作，深入学习贯彻习近平总书记系列重要讲话精神，按照《中共中央 国务院关于进一步加强城市规划建设管理工作的若干意见》任务分工和全国住房城乡建设工作会议部署，遵循创新、协调、绿色、开放、共享理念，重点抓好提升建筑节能与绿色建筑发展水平、全面推进装配式建筑、积极推动重大科技创新以及应对气候变化、务实推进智慧城建等工作，较好完成了预定工作目标。

建筑节能与绿色建筑工作

全面贯彻落实中央城市工作会议精神及国务院节能减排任务部署，以提高建筑节能标准和推广绿色建筑为工作主线，积极推进相关工作取得新突破。据统计，全国城镇新建建筑全面执行节能强制性标准，累计建成节能建筑面积170亿平方米，北京、天津、河北、山东、新疆、上海、重庆等地执行高于国家标准的地方标准；全国城镇累计建设绿色建筑23.5亿平方米，其中2017年新增绿色建筑面积7.4亿平方米，绿色建筑占城镇新建民用建筑面积比例超过40%；2017年全国城镇共完成既有居住建筑节能改造5225万平方米，完成公共建筑节能改造3717万平方米。

【加强建筑节能与绿色建筑制度建设】 制定印发《建筑节能与绿色建筑发展"十三五"规划》，明确"十三五"建筑节能与绿色建筑发展规划目标、主要任务及重点举措。对住房城乡建设领域绿色发展内涵、目标、任务、保障措施等进行研究梳理，形成住房城乡建设领域绿色发展行动方案。落实国务院"放管服"改革要求，印发《关于进一步规范绿色建筑评价管理工作的通知》，启动《绿色建筑评价标准》修订研究工作，对绿色建筑新的定义、指标体系、星级划分等进行研究。

【完善标准体系，提升建筑能效】 分别会同国家发改委、财政部呈报国务院《关于提升建筑能效有关情况的报告》和《北方冬季清洁取暖有关情况报告》，确定第一批12个北方地区冬季清洁取暖试点城市。会同银监会印发《关于深化公共建筑能效提升重点城市建设有关工作的通知》，将北京、天津、石家庄等29个城市列为公共建筑能效提升重点城市，大力推进合同能源管理等方面实施公共建筑节能改造。开展建筑节能与可再生能源、建筑环境全文强制标准的研编及严寒、寒冷地区城镇新建绿色建筑节能设计标准的修订和《近零能耗建筑设计标准》制定工作。

【加强监督检查】 完成2016年度建筑节能、绿色建筑及装配式建筑实施情况专项检查，配合国家发改委完成2016年度省级人民政府能源消耗总量和强度"双控"考核。

装配式建筑和绿色建材工作

【完善政策措施】 出台《住房城乡建设部关于印发〈"十三五"装配式建筑行动方案〉〈装配式建筑示范城市管理办法〉〈装配式建筑产业基地管理办法〉的通知》（建科〔2017〕77号），对发展装配式建筑做了具体规划和重点布置。

【完善技术标准体系】 《装配式混凝土建筑技术标准》《装配式钢结构建筑技术标准》《装配式木结构建筑技术标准》等标准规范正式实施，《装配式建筑评价标准》进入报批程序。委托相关单位开展装配式混凝土建筑、钢结构建筑和现代木结构建筑技术体系梳理。

【试点示范引领整体推进】 积极推进装配式建筑科技示范，共有95个装配式建筑项目列入部科技计划项目，认定30个城市和195家企业为第一批装配式建筑示范城市和产业基地。在试点示范的引领带动下，装配式建筑逐步形成全面推进的工作格局。据统计，2017年，全国新建装配式建筑项目达1.6亿平方米，较2016年增长40%。装配式建筑规模的扩大直接带动了设计、施工、部品部件生产、装配化装修、设备制造、运输物流及相关配套等全产业链的发展。

【加大宣传引导】 召开全国装配式建筑工作座谈会、全国装配式建筑暨绿色建筑工作座谈会、全国装配式建筑质量提升经验研讨会以及"推进装配式建筑平稳健康发展"新闻发布会，得到社会的广泛关注。装配式建筑已经成为建筑业转型发展的新动能，也是各地经济发展的新增长点。

【积极推广应用绿色建材】 联合国家质检总局、工业和信息化部、国家认监委、国家标准委进一步理顺管理机制，出台《关于推动绿色建材产品标准、认证、标识工作的指导意见》（国质检认联〔2017〕544号）。同时，积极推进绿色建材评价标识工作，2017年，全国有21个省（自治区、直辖市）明确了日常管理机构，共有82家绿色建材评价机构通过备案，456个建材产品获得绿色建材评价标识。

建设科技创新工作

落实国家科技创新发展战略，实施住房城乡建设"十三五"规划纲要及科技创新专项规划，加强科技创新能力建设。

【住房城乡建设部印发《住房城乡建设科技创新"十三五"专项规划》】 根据《国民经济和社会发展第十三个五年规划纲要》和《住房城乡建设事业"十三五"规划纲要》，部建筑节能与科技司组织编制了《住房城乡建设科技创新"十三五"专项规划》，总结"十二五"时期行业科技工作成效；围绕推动城市绿色发展、促进建筑产业提效升级，分析"十三五"时期行业转型升级、现代技术发展、科技体制改革发展的趋势与需求；概述"十三五"时期推进住房城乡建设科技创新和绿色发展的指导思想；提出坚持绿色发展、需求牵引、深化改革、重点突破、全球视野等5条原则；确立绿色发展关键技术和装备研发取得重大进展、行业科技创新体系基本形成的工作目标；部署8个方面的重点任务：一是推动规划设计技术创新、促进形成集约空间格局；二是推动智能化技术应用、保障城市运行安全；三是提升城镇节能减排技术水平、促进低碳节约循环发展；四是加强生态和环境技术研究、营造良好城市人居环境；五是构建绿色建筑技术体系、提升建筑品质；六是发展绿色建造方式、促进建筑业产业提质增效；七是推广经济适用技术、改善农村人居环境；八是强化科技创新能力建设、促进成果推广转化。提出加快科技管理改革和机制创新、拓宽多元化资金投入渠道、加强国际科技交流合作、营造行业科技创新氛围等4个方面措施。

【组织实施国家科技项目】 水专项"城市污泥水泥窑协同处置技术研究与工程示范"等24个课题通过验收，研发低有机质污泥强化厌氧消化、多水源条件下供水系统优化配置等关键技术，成果应用于60项示范工程，编制55项技术规程或评价方法，为城市水污染控制和饮用水安全保障提供有效支撑。启动京津冀区域3个项目，主要开展多水源格局下城市供水安全保障、北京北运河上游水环境治理与水生态修复、天津海绵建设技术研究与应用示范；太湖流域1个项目、5个独立课题，主要开展太湖流域周边城市供水安全保障技术研究与应用示范；污水治理技术体系2个独立课题、饮用水安全保障技术体系5个独立课题，研究推动行业先进技术体系化、标准化发展。组织水专项两个主题组按照技术体系梳理水专项成果，制订水专项《城市排水系统安全与预警》《饮用水厂膜法处理技术》等系列丛书撰写计划。

推动高分城市精细化管理遥感应用示范系统（一期）项目成果应用。完成江苏、广东等省城镇体系规划、国务院审批总体规划108个城市总体规划和遥感影像库制作，提高规划编制、审查、监督和评估的标准化和精细化水平；研发国家、省、市三级联动的规划监测系统，接收并处理了1.5万景高分遥感影像数据，提升违法建设行为发现和查处力度。组织申报的"GF-7卫星城市建设典型地物要素变化检测技术"项目获批立项。

结合住房城乡建设部相关重点工作，凝练科技需求、科研攻关和示范任务，协调科技部列入国家重点研发计划"绿色建筑及建筑工业化""公共安全风险防控与应急技术装备"等重点专项2018年度项目指南，部署绿色低碳发展技术路线图、市县规划设计技术、既有城市住区及工业区功能提升、工业建筑环境保障与节能、智能结构体系、立式工业建筑体系、城市地下大空间安全施工、安全韧性城市构建与防灾等方面研究内容；参与编写"京津冀环境综合治理""地球深部探测""人工智能"等面向2030国家重大科技项目和"十三五"重点研发计划"固废资源化""综合交通运输与智能交通"等重点专项实施方案，提出开展京津冀生态环境治理修复、深层地下空间规划设计、建造和运营维护、城市基础设施智能化、城市生活垃圾和建筑垃圾处理和资源化利用等方面研究内容。

开展国家科技支撑计划7个收尾项目研究工作，完成传统村落保护规划和传承、村镇环境基础设施配置、绿色农房建造、智慧城镇综合管理、城镇要害系统防灾等方面关键技术研究和示范应用。组织制定国家科技支撑计划建筑工程新技术项目成果凝练方案，根据绿色建造、超高层建筑、地下空间开发、施工装备等不同领域特点，分别梳理成果形式，确定成果简介、技术指南系列丛书的大纲，成立编委会，组织召开启动会开展各项成果的有序编制工作。

【研究行业创新能力建设机制】 开展住房城乡建设科技创新调研工作。组织管理、科研、投资等方面专家，深入到北京、上海、苏州、深圳等国内科技创新先进地区和芬兰等国家，并到中建八局、腾讯、华为、华大基因等企业，调研科技创新经验和做法。在总结调研经验的基础上，针对住房城乡建设科技创新发展不充分不平衡问题，提出建设行业新型科技创新生态体系方案。组织召开住房城乡建设行业科技创新基地建设研讨会，研讨科技创新推动住建行业绿色发展建议、科技创新平台建设机制和方案。

【推进现代信息技术在住房城乡建设领域应用】 对住建部年度科技计划项目和318个智慧城市试点项目进行梳理总结，开展住房城乡建设领域信息化技术应用情况专题研究，出版住房城乡建设行业信息化发展报告，并编制《住房城乡建设领域信息技术推广应用公告》。作为新型智慧城市建设部际协调工作组成员，根据工作分工配合国家发改委开展推进新型智慧城市建设相关工作；作为促进大数据发展部际联席会议制度组成部门，配合国家发改委等部门开展工作；参与视频监控联网建设等工作。

国际科技合作工作

以建筑节能与绿色建筑、低碳生态城市、应对气候变化为主线，深化国际科技交流与合作，积极推动住房城乡建设领域行业科技进步，服务住房城乡建设领域转型创新发展。截至2017年底，新申请及正在执行的有国内外经费支持的国际合作项目9项。

【稳步推进建筑节能与绿色建筑发展领域国际科技合作】 启动国家重点研发计划"政府间国际科技创新合作"重点专项——中美清洁能源联合研究中心建筑节能领域二期合作项目，组织举办"净零能耗建筑"技术研讨活动，"净零能耗建筑"示范工程有序推进。组织举办木结构建筑技术、政策国际研讨会，开展试点示范。继续组织实施世界银行/全球环境基金"中国城市建筑节能与可再生能源应用"项目，组织开展城市社区绿色化建设与更新、低碳生态背景下的城市设计、绿色城市更新、分布式光伏建设模式等课题研究。

【积极推进低碳生态城市国际合作】 全球环境基金赠款"可持续城市综合方式项目"中国子项目顺利启动。"中欧低碳生态城市合作项目"有序推进。与加拿大自然资源部续签《关于生态城市建设技术的合作谅解备忘录》，与瑞典环境与能源部签署《关于城市可持续发展的合作谅解备忘录》。启动"中德城镇化伙伴关系项目"。推进中美、中芬等低碳生态试点城市工作。

【大力推进住房城乡建设领域应对气候变化工作】 与国家发改委联合下发《关于做好气候适应型城市建设试点工作的通知》，确定28个气候适应型城市建设试点。启动亚洲开发银行"城市适应气候变化推广项目"。组织推荐"中国城市生活垃圾处理领域国家适当减缓行动项目"获批。配合有关部委完成《中国应对气候变化政策与行动（2017）白皮书》《应对气候变化——中国在行动》宣传片与画册。

【组织开展国际科技交流活动】 组织赴芬兰、英国开展低碳生态城市合作洽谈，赴法国、意大利开展低碳宜居城市形态技术与实践调研，赴加拿大、美国就木结构建筑技术调研交流。

（住房和城乡建设部建筑节能与科技司）

住房公积金监管

2017年，住房公积金缴存、提取业务持续增长，受房地产市场影响，个人住房贷款回落，服务水平稳步提升，住房公积金制度在提高缴存职工住房消费能力，帮助缴存职工实现住有所居方面，发挥了重要作用。

住房公积金业务发展

【**住房公积金缴存**】 2017年，住房公积金实缴单位262.33万个，实缴职工13737.22万人，分别比上年增长10.11%和5.15%。新开户单位37.69万个，新开户职工1828.28万人。住房公积金缴存额18726.74亿元，比上年增长13.06%。

2017年末，住房公积金缴存总额124845.12亿元，缴存余额51620.74亿元，分别比上年末增长17.68%和13.13%。表1为2017年各地区住房公积金缴存情况。

2017年各地区住房公积金缴存情况 表1

地区	实缴单位（万个）	实缴职工（万人）	缴存额（亿元）	缴存总额（亿元）	缴存余额（亿元）
全国	262.33	13737.22	18726.74	124845.12	51620.74
北京	15.83	732.23	1711.59	11116.27	3719.37
天津	5.71	260.95	436.28	3481.41	1232.80
河北	5.58	477.99	545.88	3854.02	1778.10
山西	4.42	336.96	356.44	2365.39	911.14
内蒙古	3.70	230.76	345.33	2324.36	1170.93
辽宁	8.46	476.56	702.97	5691.72	2263.11
吉林	3.61	239.43	297.94	2163.43	1017.82
黑龙江	3.81	281.69	375.92	2835.30	1283.38
上海	35.24	809.91	1133.69	8248.83	3578.39
江苏	26.65	1232.35	1562.51	10013.24	3850.16
浙江	19.54	716.28	1191.01	7991.13	2866.85
安徽	5.65	405.37	546.28	4187.27	1513.12
福建	10.53	374.02	523.77	3530.81	1375.06
江西	4.46	258.20	346.92	1971.63	1038.74
山东	12.99	894.06	1042.01	6857.75	3099.63
河南	7.55	736.09	603.67	3860.69	1907.77

续表

地区	实缴单位（万个）	实缴职工（万人）	缴存额（亿元）	缴存总额（亿元）	缴存余额（亿元）
湖北	6.83	465.33	666.91	4034.02	2024.75
湖南	6.06	405.48	530.46	3194.46	1621.57
广东	32.11	1788.57	2035.20	12970.41	4665.83
广西	5.05	279.82	377.65	2503.18	995.93
海南	2.36	99.58	110.83	704.91	339.40
重庆	3.21	246.40	337.68	2103.35	893.12
四川	10.37	598.08	878.01	5417.74	2422.49
贵州	3.87	238.04	315.99	1695.15	865.91
云南	4.76	257.20	465.45	2947.38	1297.35
西藏	0.41	32.78	73.70	407.32	220.63
陕西	5.27	367.74	400.13	2777.21	1148.42
甘肃	3.09	181.90	249.88	1686.23	882.17
青海	0.84	49.64	94.82	656.32	288.73
宁夏	0.94	59.57	95.25	688.97	264.56
新疆	3.15	177.65	337.05	2352.43	970.87
新疆生产建设兵团	0.28	26.59	35.52	212.79	112.64

表2为2017年各类型单位住房公积金缴存情况。

2017年各类型单位住房公积金缴存情况 表2

单位性质	缴存单位（万个）	占比（%）	实缴职工（万人）	占比（%）	新开户职工（万人）	占比（%）
国家机关和事业单位	73.58	28.05	4390.88	31.96	277.13	15.16
国有企业	20.45	7.80	2868.61	20.88	215.48	11.79
城镇集体企业	4.45	1.70	254.24	1.85	30.78	1.68
外商投资企业	10.7	4.08	1296.54	9.44	240.71	13.16
城镇私营企业及其他城镇企业	129.52	49.37	3933.74	28.64	864.52	47.29
民办非企业单位和社会团体	5.91	2.25	219.62	1.6	44.77	2.45
其他类型单位	17.72	6.75	773.59	5.63	154.89	8.47
合计	262.33	100	13737.22	100	1828.28	100

图1为2013—2017年住房公积金缴存金额及增长速度。

图1 2013—2017年住房公积金缴存金额及增长速度

【住房公积金提取】 2017年，住房公积金提取人数4689.49万人，占实缴职工人数的34.14%；提取额12729.80亿元，比上年增长9.49%；提取率（当年提取额占当年缴存额的比率）67.98%，比上年减少2.22个百分点；住房消费类提取10118.95亿元，非住房消费类提取2610.85亿元。

2017年末，住房公积金提取总额73224.38亿元，占缴存总额的58.65%。

表3为2017年各地区住房公积金提取情况。

2017年各地区住房公积金提取情况 表3

地区	提取额（亿元）	提取率（%）	住房消费提取额（亿元）	非住房消费提取额（亿元）	提取总额（亿元）
全国	12729.80	67.98	10118.95	2610.85	73224.38
北京	1261.91	73.73	1125.17	136.74	7396.91
天津	362.19	83.02	288.30	73.89	2248.61
河北	311.99	57.15	216.99	95.00	2075.92
山西	141.80	39.78	100.11	41.69	1454.24
内蒙古	224.62	65.05	165.98	58.64	1153.43
辽宁	508.30	72.31	391.77	116.53	3428.61
吉林	196.89	66.08	138.61	58.28	1145.60
黑龙江	245.52	65.31	175.01	70.51	1551.92
上海	737.09	65.02	605.91	131.18	4670.44
江苏	1151.64	73.70	914.18	237.46	6163.08
浙江	942.25	79.11	781.45	160.80	5124.27
安徽	441.83	80.88	340.88	100.95	2674.15
福建	366.54	69.98	280.58	85.96	2155.76
江西	201.56	58.10	147.23	54.33	932.89
山东	712.40	68.37	563.83	148.57	3758.12

续表

地区	提取额（亿元）	提取率（%）	住房消费提取额（亿元）	非住房消费提取额（亿元）	提取总额（亿元）
河南	332.86	55.14	243.85	89.01	1952.92
湖北	413.01	61.93	305.62	107.39	2009.27
湖南	314.48	59.28	233.08	81.40	1572.89
广东	1458.17	71.65	1235.91	222.26	8304.58
广西	260.12	68.88	206.23	53.89	1507.25
海南	83.66	75.48	64.64	19.02	365.52
重庆	231.75	68.63	182.20	49.55	1210.22
四川	564.91	64.34	443.54	121.37	2995.26
贵州	174.60	55.25	131.96	42.64	829.24
云南	296.19	63.64	237.87	58.32	1650.03
西藏	42.08	57.10	32.69	9.39	186.69
陕西	220.51	55.11	168.48	52.03	1628.79
甘肃	151.37	60.58	105.45	45.92	804.06
青海	69.00	72.77	51.89	17.11	367.59
宁夏	74.54	78.26	61.55	12.99	424.41
新疆	214.63	63.68	163.24	51.39	1381.56
新疆生产建设兵团	21.39	60.22	14.75	6.64	100.15

表4为2017年各类型住房公积金提取情况。

2017年各类型住房公积金提取情况 表4

提取原因	提取人数（万人）	占比（%）	提取金额（亿元）	占比（%）
购买、建造、翻建、大修自住住房	713.84	15.22	3927.35	30.85
偿还购房贷款本息	2570.31	54.81	5534.93	43.48
租赁住房	495.52	10.57	444.76	3.49
其他住房消费	168.69	3.60	211.91	1.67
离退休	265.03	5.65	1740.78	13.67
丧失劳动能力并与单位终止劳动关系	146.17	3.12	255.94	2.01
出境定居或户口迁出本市	168.49	3.59	198.16	1.56
死亡或宣告死亡	10.29	0.22	50.82	0.40
其他非住房消费	151.15	3.22	365.15	2.87
合计	4689.49	100	12729.80	100

图 2 为 2013—2017 年住房公积金提取金额及提取率。

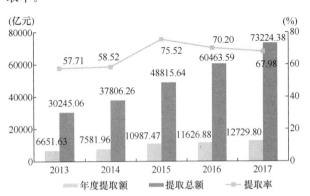

图 2　2013—2017 年住房公积金提取金额及提取率

【个人住房贷款】　2017 年，发放住房公积金个人住房贷款 254.76 万笔、9534.85 亿元，分别比上年降低 22.21% 和 24.93%；回收个人住房贷款 5022.86 亿元，比上年降低 0.23%。

2017 年末，累计发放个人住房贷款 3082.57 万笔、75602.83 亿元，分别比上年末增长 9.05% 和 14.44%；个人住房贷款余额 45049.78 亿元，比上年末增长 11.14%；个人住房贷款率（年度末个人住房贷款余额占年度末住房公积金缴存余额的比率）87.27%，比上年末减少 1.57 个百分点。

表 5 为 2017 年各地区住房公积金个人住房贷款情况。

2017 年各地区住房公积金个人住房贷款情况　表 5

地区	放贷笔数（万笔）	贷款发放额（亿元）	累计放贷笔数（万笔）	贷款总额（亿元）	贷款余额（亿元）	个人住房贷款率（%）
全国	254.76	9534.85	3082.57	75602.83	45049.78	87.27
北京	5.78	535.78	102.77	5527.32	3500.20	94.11
天津	2.80	120.09	94.67	2844.04	1372.43	111.33
河北	6.68	222.31	92.60	2065.30	1338.12	75.26
山西	5.32	179.07	48.73	975.77	656.83	72.09
内蒙古	7.96	265.84	96.33	1677.39	891.47	76.13
辽宁	12.42	419.71	156.65	3382.51	1955.38	86.40
吉林	5.90	198.82	62.80	1323.35	847.34	83.25
黑龙江	7.47	260.13	79.82	1630.10	889.28	69.29
上海	9.28	586.28	243.08	7059.10	3531.01	98.68
江苏	21.57	747.89	279.45	6954.31	3750.63	97.41
浙江	13.09	622.90	164.54	5055.91	2902.47	101.24
安徽	9.77	287.09	116.36	2485.54	1532.12	101.26

续表

地区	放贷笔数（万笔）	贷款发放额（亿元）	累计放贷笔数（万笔）	贷款总额（亿元）	贷款余额（亿元）	个人住房贷款率（%）
福建	5.78	243.58	90.73	2303.90	1373.58	99.89
江西	6.17	213.38	67.67	1532.54	1010.98	97.33
山东	19.09	658.90	183.98	4230.44	2589.11	83.53
河南	10.23	304.01	109.17	2353.71	1543.30	80.90
湖北	10.82	351.62	115.37	2660.31	1639.33	80.96
湖南	11.59	377.10	114.62	2211.99	1415.51	87.29
广东	15.08	661.25	161.82	5291.56	3429.61	73.50
广西	6.70	224.85	61.68	1280.44	879.24	88.28
海南	1.90	79.53	15.13	403.29	304.85	89.82
重庆	5.82	203.95	48.78	1240.39	871.70	97.60
四川	14.20	464.62	135.41	3079.93	2071.41	85.51
贵州	6.42	198.87	59.31	1233.34	840.78	97.10
云南	9.02	328.38	110.82	2010.37	1105.96	85.25
西藏	1.03	56.96	7.09	226.57	138.52	62.78
陕西	7.59	240.78	62.84	1280.01	872.94	76.01
甘肃	5.64	182.83	67.08	1088.04	661.53	74.99
青海	1.92	66.80	23.33	374.93	167.23	57.92
宁夏	2.01	66.92	24.67	450.67	216.78	81.94
新疆	5.24	152.12	80.61	1298.82	712.33	73.37
新疆生产建设兵团	0.47	12.49	4.65	70.94	37.81	33.57

表 6 为 2017 年各类型住房公积金个人住房贷款情况。

2017 年各类型住房公积金个人住房贷款情况　表 6

类别		发放笔数（万笔）	占比（%）	金额（亿元）	占比（%）
房屋类型	新房	179.72	70.54	6411.67	67.24
	存量商品住房	70.55	27.69	2951.76	30.96
	建造、翻建、大修自住住房	1.53	0.61	70.05	0.74
	其他	2.96	1.16	101.37	1.06
房屋建筑面积	90 平方米(含)以下	70.76	27.77	2674.79	28.05
	90 至 144 平方米(含)	156.49	61.43	5645.24	59.21
	144 平方米以上	27.51	10.80	1214.82	12.74

续表

类别		发放笔数（万笔）	占比（%）	金额（亿元）	占比（%）
支持购房套数	首套	219.7	86.24	8164.91	85.63
	二套及以上	35.06	13.76	1369.94	14.37
贷款人年龄	30岁(含)以下	84.87	33.31	3175.74	33.31
	30岁—40岁(含)	97.85	38.41	3891.85	40.82
	40岁—50岁(含)	55.36	21.73	1948.00	20.43
	50岁以上	16.68	6.55	519.26	5.44

图3为2013—2017年个人住房贷款金额及个人住房贷款率。

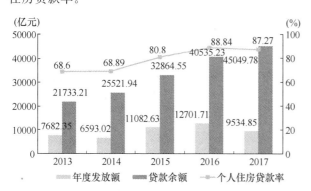

图3 2013—2017年个人住房贷款金额及个人住房贷款率

【试点项目贷款】 2017年末，经住房城乡建设部会同财政部、人民银行批准，全国已开展住房公积金贷款支持保障性住房建设试点的城市85个，试点项目374个，计划贷款额度1059.99亿元。

2017年，发放试点项目贷款9.62亿元，回收试点项目贷款53.49亿元。

2017年末，累计向373个试点项目发放贷款871.69亿元。累计回收试点项目贷款789.89亿元，试点项目贷款余额81.80亿元。328个试点项目结清贷款本息，63个试点城市全部收回贷款本息。

住房公积金监督和管理机构

根据《住房公积金管理条例》规定，住房城乡建设部会同财政部、人民银行负责拟定住房公积金政策，并监督执行。住房城乡建设部设立住房公积金监管司，各省、自治区住房城乡建设厅设立住房公积金监管处（办），分别负责全国、省（自治区）住房公积金日常监管工作。2017年末，部、省两级住房公积金专职监管人员共142人。

直辖市和省、自治区人民政府所在地的市以及其他设区的市（地、州、盟）设立住房公积金管理委员会，作为住房公积金管理决策机构，负责在《住房公积金管理条例》框架内审议住房公积金决策事项，制定和调整住房公积金具体管理措施并监督实施。2017年末，全国共设有住房公积金管理委员会342个。

直辖市和省、自治区人民政府所在地的市以及其他设区的市（地、州、盟）设立住房公积金管理中心，负责住房公积金的管理运作。2017年末，全国共设有住房公积金管理中心342个；未纳入设区城市统一管理的分支机构149个，其中，省直分支机构24个，石油、电力、煤炭等行业分支机构77个，区县分支机构48个。全国住房公积金服务网点3255个，实现服务全覆盖。全国住房公积金从业人员4.25万人，其中，在编2.69万人，非在编1.56万人。

按照人民银行的规定，住房公积金贷款、结算等金融业务委托住房公积金管理委员会指定的商业银行办理。各城市受委托商业银行主要为工商银行、农业银行、中国银行、建设银行、交通银行等。

完善住房公积金政策和监管制度

【按时公布住房公积金年度报告】 5月27日，住房城乡建设部会同财政部、人民银行向社会公开披露《全国住房公积金2016年年度报告》。报告全面披露住房公积金机构概况、业务运行情况、业务收支和增值收益情况、资产风险状况、社会经济效益，以及其他重要事项，保障了缴存单位和缴存职工的知情权和监督权。从披露的数据看，2016年，住房公积金缴存覆盖面进一步扩大，有力地减轻了缴存职工住房消费负担，积极促进房地产市场平稳健康发展，大力支持保障性住房建设，取得了较好的社会经济效益。《全国住房公积金2016年年度报告》的公开披露，对社会各界客观了解住房公积金管理运行情况、营造良好的舆论氛围起到了积极作用。

【促进住房公积金制度平稳运行】 7月18日，住房城乡建设部办公厅发布《关于保持住房公积金业务平稳运行有关问题的通知》（建办金〔2017〕47号），要求各地健全政策风险评估机制，严格政策备案管理，确保业务正常运转，加强宣传和舆论引导，切实保障缴存职工权益，充分发挥住房公积金制度作用。

【加强住房公积金统计工作】 8月，新版住房公积金统计信息系统上线运行，将各项业务数据纳入统计范围，同时加强对数据的综合分析与运用，更好地展示住房公积金制度作用，为领导决策提供数据支撑。

【规范住房公积金个人贷款业务】 10月25日，住房城乡建设部和国家质量监督检验检疫总局联合发布《住房公积金个人贷款业务规范》GB/T 51267—2017，于2018年5月1日开始实施。本规范涉及贷款咨询与受理、贷款审查与批准、贷款签约与发放、贷款回收、贷款变更、贷款核算规则和贷后管理等方面，对规范个人贷款业务，保证资金安全，防范贷款风险具有重要意义。

【规范住房公积金归集业务】 11月20日，住房城乡建设部和国家质量监督检验检疫总局联合发布《住房公积金归集业务标准》GB/T 51271—2017，于2018年8月1日开始实施。本规范明确了单位缴存登记、个人账户设立、缴存基数和比例调整、转移、封存、起封、汇补缴等业务的办理程序和要求，对规范归集业务和维护住房公积金所有者合法权益具有积极意义。

【推动内地（大陆）就业的港澳台同胞享有住房公积金待遇】 11月28日，住房城乡建设部、财政部、人民银行、国务院港澳办和台办联合印发《关于在内地（大陆）就业的港澳台同胞享有住房公积金待遇有关问题的意见》（建金〔2017〕237号），为港澳台同胞在内地（大陆）就业、生活提供便利，促进港澳台同胞更好地融入内地（大陆）的经济社会发展。

【维护住房公积金缴存职工购房贷款权益】 12月13日，住房城乡建设部、财政部、人民银行和国土资源部联合印发《关于维护住房公积金缴存职工购房贷款权益的通知》（建金〔2017〕246号），要求压缩贷款审批时限、严格委贷业务审核、加强销售行为管理、提高抵押登记效率、公开业务办理流程、促进部门信息共享、加大联合惩戒力度、畅通投诉举报渠道、集中开展专项治理和切实加强监督检查。此项政策对维护住房公积金缴存职工合法权益，有效发挥住房公积金作用，规范市场秩序和净化房地产环境具有积极意义。

住房公积金信息化建设和服务

【加快推进信息化建设】 年末，366个住房公积金中心、分中心完成住房公积金基础数据标准贯彻和住房公积金结算应用系统接入工作。年内，通过结算应用系统完成资金结算交易619万笔，交易金额6746亿元，住房公积金资金、业务和财务明细信息实现实时关联匹配，资金管控能力全面增强，财务管理效率大幅提高，服务水平全面提升。

【推进综合服务平台建设】 为使缴存单位和缴存职工能够更方便地通过信息化渠道办理各项业务，提高业务办理效率，全国342个设区城市中，有105个城市基本建成综合服务平台，其他城市也建成部分服务渠道。其中：开通门户网站的城市有295个、使用12329服务热线的城市有313个、建成网上业务大厅的城市有161个、设置自助终端服务的城市有233个、开通官方微信的城市有241个、上线手机客户端的城市有128个。

【开通转移接续平台】 为方便缴存职工跨区域就业，7月，建成并开通全国住房公积金转移接续平台，让数据多跑路，让群众少跑腿，实现"账随人走，钱随账走"。截至年末，各地通过平台共办结住房公积金转移接续业务19万笔、54.1亿元。

（住房和城乡建设部住房公积金监管司）

城 市 管 理 监 督

【推进城市管理执法体制改革】 2017年，深入贯彻落实《中共中央国务院关于推进城市执法体制改革改进城市管理工作的指导意见》（以下简称《指导意见》），组织召开全国城市管理工作部际联席会议全体会议，制定2017年联席会议工作要点，全面推进城市管理执法体制改革。住房城乡建设部主要负责人主持召开省级城市管理部门主要负责人座谈会，部署推进改革。在江苏省徐州市召开全国城市管理工作现场会暨城市执法体制改革推进会，总结《指导意见》落实情况，交流各地可复制、可推广的经验，部署进一步推进城市管理执法体制改革，提升城市管理和服务水平。指导督促地方改革工作。组织各省级城市管理部门建立改革任务台账，逐级上报8项重点改革任务进展，定期通报改革进展情况。在各地自查自纠的基础上，组织全国城市管理工作部际联席会议成员单位分别带队，赴16个省份、48个城市实地督察，逐一反馈督察意见。对其余16个省份也统一提出推进改革的意见建议。分别召开5个片区改革推进会，促进改革要求加快落地。

截至年底，全国28个省份出台贯彻落实《指导意见》实施方案，城市管理执法体制改革取得积极进展。多数市县整合市政公用、市容环卫、园林绿化和城市管理执法等相关职能，综合设置城市管理执法机构。积极稳妥推进市县集中行使住房城乡建设领域有关行政处罚权。推进环保、工商、交管、水务、食药监等方面16项行政处罚权事项划转，印发《城市管理执法部门集中行使5方面16项行政处罚权试点工作方案》，并在河北省秦皇岛市、内蒙古自治区呼和浩特市、辽宁省盘锦市、吉林省四平市、江苏省丹阳市、浙江省杭州市、江西省新余市、山东省济南市、河南省开封市、湖北省黄冈市、湖南省邵阳市、广东省广州市、广西壮族自治区柳州市、四川省成都市、贵州省福泉市等15个城市开展试点工作。24个省份整合形成了省级城市管理监督机构。全国三分之一的市县建立了数字化城市管理平台。各地践行以人民为中心的发展思想，推动网格化管理，精细管理，精准服务。完善公共服务设施，补齐便民服务设施"短板"，增强人民群众满意度、获得感。配合民政、宣传、组织部门，完善相关政策，引导多元主体参与城市管理，促进形成多方共治的城市管理工作格局。依托科技手段、信息技术，提升城市管理精细化、智慧化水平。

【加强城市管理（执法）立法工作，推进严格规范公正文明执法】 2017年，住房城乡建设部颁布城市管理领域第一部部门规章《城市管理执法办法》，完善执法制度，促进严格规范公正文明执法。地方城市管理（执法）相关立法工作取得成效，《湖南省城市综合管理条例》《成都市城市管理综合行政执法条例》《海口市城市管理综合行政执法条例》《株洲市城市综合管理条例》《赣州市城市管理条例》《芜湖市城市管理条例》《上饶市城市管理条例》《安阳市城市管理综合执法条例》《孝感市城市综合管理条例》《蚌埠市城市管理条例》《日照市城市管理条例》《宣城市城市管理条例》《锦州市城市管理综合执法条例》《东莞市城市综合管理条例》等14部城市管理和执法方面的地方性法规颁布实施。

全面推行城市管理执法全过程记录工作，3月20日，印发《住房城乡建设部关于印发推行执法全过程记录制度试点实施方案的通知》（建法〔2017〕74号），在市、县两级政府城市管理部门的行政处罚和行政强制两类行政执法行为中，全面推行城市管理执法全过程记录工作。截至年底，95%以上的地级市实现执法全过程留痕和可回溯管理。11月2日，与司法部联合出台《司法部住房城乡建设部关于开展律师参与城市管理执法工作的意见》（司法通〔2017〕114号），推行"律师驻队"的方式，为城市管理执法队伍提供法律服务，促进规范文明执法，引导城市管理相对人依法理性表达诉求，发挥律师促进依法行政、化解矛盾纠纷的作用。

【开展利用卫星遥感监测城市总体规划实施情况工作】 分4批对103个国务院审批总体规划的城市和21个地级市开展利用卫星遥感监测城市总体规划实施情况工作，要求有关城市处理图斑涉及的违法问题，核查涉及城市总体规划强制性内容的图斑情况，并报告有关情况。监测共提取图斑19408个，涉及面积569.64平方公里，其中涉及总体规划强制性内容的图斑1631个，涉及面积49.04平方公里。

3月2日，公开挂牌督办甘肃兰州港联购物中心违法建设案、河南太康外国语学校违法建设案、内蒙古呼和浩特公共交通总公司违法建设案、安徽马鞍山翔天劳务有限公司违法建设案、山东青岛旭利泰土石方工程有限公司违法建设案、湖南湘潭通达驾校违法建设案、广东湛江海田汽车城违法建设案、陕西商洛大云寺周边违法建设案等8起违法情节严重、社会影响较大的违法建设典型案件，严肃查处违法行为，追究有关人员责任。其中6起已发出重大违法案件挂牌督办解除通知书，有59人被追究责任。

【改进城乡规划和管理督察员制度】 组织城乡规划和管理督察员聚焦突破规划刚性约束的违法行为，向派驻城市发出督察文书20份，及时制止违法违规行为苗头269起，保护城市生态资源和人文景观免遭侵占和破坏。

加强督察员队伍建设与管理，组织全体督察员培训，对城市管理执法改革情况、城乡规划和管理相关法律法规等方面开展培训，有力提升了督察员对新形势新任务的认识，增强了使命感和责任感。完善督察员后勤服务制度，修订《住房城乡建设部城乡规划督察工作经费管理规定》，适应部机关财务管理规定，进一步规范督察员工作经费管理。加强制度顶层设计，积极探索新形势下城乡规划督察员制度改革方向，在系统梳理督察工作成效和问题的基础上，就督察内容、督察方式和督察体制机制建设等问题进行研究，进一步提高规划督察改革精准度和有效性。

【集中行使部机关行政处罚权】 4月，印发《住房城乡建设部关于集中行使部机关行政处罚权工作规程的通知》（建督〔2017〕96号），明确业务司局负责立案调查并提出处罚意见，法规司负责合法性审查，城市管理监督局负责统一制发行政处罚决定书并监督执行。规程从5月1日开始施行，全年累计办理行政处罚和撤销行政许可事项125件。

【城市建成区违法建设专项治理工作五年行动】
3月1日，邀请中央电视台、人民日报、新华社、中央人民广播电台等近30家主流媒体召开新闻通气会，介绍"城市建成区违法建设专项治理工作五年行动"开展情况及工作打算。中央电视台先后在新闻频道和央视网播出，四川卫视等地方电视台和主要网站纷纷转播，在社会上产生广泛影响。

4月20日，在福州召开全国违法建设专项治理工作现场推进会，进一步部署违法建设专项治理工作，要求各地牢固树立"四个意识"，切实落实好主体责任，从讲政治的高度认识违法建设治理工作，坚决完成中央部署的任务。北京、重庆、福建、福州、济南、昭通等6个工作先进的省市介绍了典型经验。

12月22日，印发《关于进一步加强违法建设治理工作的通知》，从坚决遏制新增违法建设、有效治理存量违法建设、建立健全惩防长效机制、全面强化考核评价等4个方面，对违法建设治理工作进一步提出明确要求。

各地认真贯彻党中央、国务院决策部署，按照《城市建成区违法建设专项治理工作五年行动方案》要求，大力推进违法建设治理工作。所有省（自治区、直辖市）均成立了省级违法建设专项治理领导机构。其中，北京、天津、山东等12个省（自治区、直辖市）成立了由省级政府领导牵头的领导小组。各市县也普遍成立由党政负责人牵头的违法建设治理专门领导小组，并建立多部门联动工作机制。各地在违法建设治理工作中，认真贯彻全面从严治党要求，党员领导干部率先申报并拆除自己和亲友的违法建设，党委、人大、政府、政协和国有企事业单位率先拆除单位违法建设。各地注重发挥纪检监察部门作用，开展专项督查，加强执纪问责。积极将拆除违法建设后的土地优先用于公园、绿地、配套公共设施建设，增强了人民群众的获得感、幸福感。

【组织开展建筑工地施工扬尘专项治理】 3月13日，《住房城乡建设部办公厅关于印发建筑工地施工扬尘专项治理工作方案的通知》（建办督函〔2017〕169号）发布，要求各级主管部门加强组织领导，明确工作责任，强化监管执法，督促建筑工程各方主体落实扬尘治理责任，在建筑工地认真采取设置围挡、覆盖、分段作业、择时施工、洒水抑尘、冲洗地面和车辆等防尘降尘措施，做好扬尘治理工作。方案印发后，各地区认真制定实施方案，创新工作方式，采取多种措施，深入推进施工扬尘治理工作。各地共检查工程63.3万个，责令整改21.19万起，实施行政处罚3.16万起，处罚金额2.7亿元。组织对京津冀及周边6省份18个市进行专项督查。通过严肃查处相关违法违规行为，有效遏制了房屋建筑、市政基础设施建设及建筑物拆除工地施工扬尘突出问题，提高了建筑施工标准化水平，城市大气环境质量明显改善。

【组织开展京沪高铁沿线环境综合整治】 落实建设美丽中国要求，会同国家铁路局、中国铁路总公司部署京沪高铁沿线7省市开展环境综合整治。开展查处重大安全隐患、查处违法违规问题和排查整治环境问题"三大战役"，推行"双段长"责任制。沿线各地均成立了由相关部门参与的工作领导小组或建立了联席会议制度，加强与铁路部门的密切配合，共同研究解决重大问题，积极协调推进环境整治，分解各阶段工作任务、明确时间节点、倒排工期、全面排查、建立台账、对号销账。各地排查并消除重大和明显安全隐患69处，查处并整治违法占地、建设和经营行为1566处，清理垃圾13.5万吨，扭转沿线"脏乱差"现象，提升了环境面貌，保障了"'一带一路'高峰论坛"、金砖国家峰会等国际大型会议期间高铁安全运行。在此基础上，总结经验，与国家铁路局、中国铁路总公司联合印发《关于高铁沿线环境综合整治长效机制的意见》（建督〔2017〕236号）。

【统一城市管理执法制式服装和标志标识】 2月7日，经国务院同意，住房城乡建设部、财政部印发《关于印发城市管理执法制式服装和标志标识供应管理办法的通知》（建督〔2017〕31号），统一规范城市管理执法制式服装和标志标识，明确配发范围、供应种类、供应标准、管理要求等。4月21日，住房城乡建设部城市管理监督局印发《关于印发城市管理执法制式服装和标志标识技术指引（试行）的通知》（建督政函〔2017〕12号），明确制式服装和标志标识的样式、号型、颜色、材料等技术参数，指导各地有序开展制式服装和标志标识的采购工作。各地按要求陆续统一着装，队伍形象明显改善。

【加强城市管理执法队伍建设】 2016年11月，《住房城乡建设部关于印发全国城市管理执法队伍

"强基础、转作风、树形象"专项行动方案的通知》（建督〔2016〕244号）印发后，各地高度重视，狠抓落实，紧紧围绕打造"政治坚定、作风优良、纪律严明、廉洁务实"的城市管理执法队伍总目标，开展全员培训，完善执法制度，改进工作方式，严明工作纪律，强化宣传引导，"强基础、转作风、树形象"专项行动在全国深入推进。

专项行动开展以来，全国共出台行动方案2556个，培训执法干部43.4万人，建立执法规范相关制度7257套，夯实了队伍建设的基础。共制定"721工作法""四个做到"工作落实措施4690条。共开通1153个官方网站、562个手机APP、1475个微信微博公众号、1319条便民服务热线、1402个地方设立城管开放日，聘请1675名市民为监督员，搭建了服务群众、接受群众监督的平台，在全社会逐步营造出人民群众支持、参与城市管理工作的浓厚氛围。通过1年的专项行动，城市管理执法人员政治站位和责任担当进一步提高，立足岗位服务群众的意识明显增强，执法行为进一步规范，队容风纪得到改善，人民群众满意度有所提升，城市管理执法新形象逐步树立。

在专项行动开展过程中，涌现出大批表现突出的单位和个人，住房城乡建设部对65个单位和64名个人给予通报表扬。

【**开展宣传引导，营造积极正面的舆论氛围**】配合中央电视台、新华社、人民日报社等主流媒体开展宣传报道。《法治中国》报道了城市管理执法体制改革成效，社会反响热烈。多家媒体报道全国统一着装工作，树立城市管理执法新形象，营造全社会支持城市管理工作的良好氛围。组织中国建设报、大城管微信公众号持续报道改革进展，在中国建设报头版开设"城市管理体制改革进行时"专栏，共宣传改革动态140余篇。

（住房城乡建设部城市管理监督局）

人 事 教 育

机构变化

【**住房和城乡建设部建筑节能与科技司内设机构调整**】 1月5日，住房城乡建设部人事司印发《关于建筑节能与科技司内设机构调整的通知》（建人综〔2017〕2号），对住房城乡建设部建筑节能与科技司内设机构进行调整，将墙体材料革新处更名为装配式建筑与墙材革新处。调整后，建筑节能与科技司设5个处：综合处、科研开发处、国际科技合作处、建筑节能处、装配式建筑与墙体材料革新处。

【**住房和城乡建设部离退休干部局内设机构调整**】 3月27日，住房城乡建设部人事司印发《关于离退休干部局内设机构调整的通知》（建人综〔2017〕39号），对住房城乡建设部离退休干部局内设机构进行调整，设立党委办公室，将综合处（党委办公室）更名为综合处。调整后，离退休干部局设7个处：党委办公室、综合处、离休干部工作处、退休干部工作处、文体生活处、保健处、财务处。

【**住房和城乡建设部办公厅内设机构调整**】 4月14日，住房城乡建设部人事司印发《关于办公厅内设机构调整的通知》（建人综〔2017〕59号），对住房城乡建设部办公厅内设机构进行调整，增设保密处，督查处（保密处）更名为督查处。调整后，办公厅设10个处：综合处（值班室）、秘书处、督查处、保密处、宣传信息处（新闻办公室）、档案处（城建档案工作办公室）、政务公开处（社会信用体系建设处）、信访保卫处（信访办公室）、电子政务处（行政审批集中受理办公室）、秘书二处。

【**住房和城乡建设部城乡规划司内设机构调整**】 4月20日，住房城乡建设部人事司印发《关于城乡规划司内设机构调整的通知》（建人综〔2017〕60号），对住房城乡建设部城乡规划司内设机构进行调整，增设建筑设计管理处。调整后，城乡规划司设7个处：综合处、规划管理处、城市规划处、历史名城保护处、区域规划处、城市设计管理处、建筑设计管理处。

【**住房和城乡建设部机关服务中心内设机构调整**】 3月1日，住房城乡建设部人事司印发《关于部机关服务中心内设机构调整的批复》（建人综〔2017〕27号），对住房城乡建设部机关服务中心内设机构进行调整，将党委办公室更名为党委办公室（纪委办公室）。调整后，机关服务中心设9个内设机构：办公室、党委办公室（纪委办公室）、人事处、计划财务处、机关服务处（机关节能办公室）、卫生处、房改与房产管理处、基建办公室、退休职工管理办公室。

【住房和城乡建设部政策研究中心（中国城乡建设经济研究所）内设机构调整】 5月25日，住房城乡建设部人事司印发《关于住房和城乡建设部政策研究中心（中国城乡建设经济研究所）内设机构调整的批复》（建人综〔2017〕71号），对住房和城乡建设部政策研究中心（中国城乡建设经济研究所）内设机构进行调整，设立财务处，将办公室更名为综合处，综合研究室更名为战略研究处（中国社科院研究生院城乡建设经济系办公室），城乡规划建设研究处更名为城市建设管理研究处。调整后，中心设6个处室：综合处、住宅与房地产业研究处、建筑业研究处、城市建设管理研究处、战略研究处（中国社科院研究生院城乡建设经济系办公室）、财务处。

【住房和城乡建设部城乡规划管理中心（住房和城乡建设部遥感应用中心、住房和城乡建设部世界自然遗产研究中心）内设机构调整】 5月25日，住房城乡建设部人事司印发《关于住房和城乡建设部城乡规划管理中心（住房和城乡建设部遥感应用中心、住房和城乡建设部世界自然遗产研究中心）机构设置和中层领导职数调整的批复》（建人综〔2017〕70号），对住房和城乡建设部城乡规划管理中心（住房和城乡建设部遥感应用中心、住房和城乡建设部世界自然遗产研究中心）内设机构进行调整，设立政策法规处、规划研究处，将办公室更名为综合财务处，规划处更名为规划技术处，信息处更名为规划检测处，遥感技术处更名为规划信息处，将世界遗产研究处和风景名胜区监管处整合为世界遗产研究处（风景名胜区监管处）。调整后，中心设11个处室：综合财务处、政策法规处、规划研究处、规划技术处、规划监测处、规划信息处、园林绿化技术管理处、给排水处、遥感业务管理处、地下管线处、世界遗产研究处（风景名胜监管处）。

【住房和城乡建设部人力资源开发中心内设机构调整】 6月8日，住房城乡建设部人事司印发《关于住房和城乡建设部人力资源开发中心内设机构调整的批复》（建人综〔2017〕74号），对住房和城乡建设部人力资源开发中心内设机构进行调整，撤销人才交流处、信息开发处，设立综合业务部、咨询服务部。调整后，人力资源开发中心设7个处室：办公室（党委办公室）、财务处、综合业务部、人事代理部、档案管理部、职业培训部、咨询服务部。

（葛一鸣）

高等教育

【2016～2017年度高等学校建筑学专业教育评估工作】 2017年，全国高等学校建筑学专业教育评估委员会对内蒙古工业大学、昆明理工大学、中央美术学院、南昌大学、河北工业大学、华北水利水电大学、湖南科技大学、苏州科技大学等8所学校的建筑学专业教育进行了评估。评估委员会全体委员对各学校的自评报告进行审阅，于5月派遣视察小组进校实地视察。之后，经评估委员会全体会议讨论并投票表决，做出评估结论并报送国务院学位委员会。2017年高校建筑学专业评估结论如表1。

2017年高校建筑学专业评估结论　　表1

序号	学校	学位类别	本科合格有效期	硕士合格有效期	备注
1	内蒙古工业大学	学士 硕士	4年（2017.5～2021.5）	4年（2017.5～2021.5）	本科复评 硕士复评
2	昆明理工大学	学士 硕士	4年（2017.5～2021.5）	4年（2017.5～2021.5）	本科复评 硕士复评
3	中央美术学院	学士 硕士	4年（2017.5～2021.5）	4年（2017.5～2021.5）	本科复评 硕士初评
4	南昌大学	学士	4年（2017.5～2021.5）	—	本科复评
5	河北工业大学	学士	4年（2017.5～2021.5）		本科复评
6	华北水利水电大学	学士	4年（2017.5～2021.5）		本科初评
7	湖南科技大学	学士	有条件4年（2017.5～2021.5）	—	本科初评
8	苏州科技大学	硕士	2016.5～2020.5	4年（2017.5～2021.5）	硕士初评

截至5月，全国共有62所高校建筑学专业通过专业教育评估，受权行使建筑学专业学位（包括建筑学学士和建筑学硕士）授予权，其中具有建筑学学士学位授予权的有61个专业点，具有建筑学硕士学位授予权的有40个专业点。见表2。

建筑学专业评估通过学校和有效期情况统计表

（截至2017年5月，按首次通过评估时间排序） 表2

序号	学校	本科合格有效期	硕士合格有效期	首次通过评估时间
1	清华大学	2011.5～2018.5	2011.5～2018.5	1992.5
2	同济大学	2011.5～2018.5	2011.5～2018.5	1992.5
3	东南大学	2011.5～2018.5	2011.5～2018.5	1992.5
4	天津大学	2011.5～2018.5	2011.5～2018.5	1992.5
5	重庆大学	2013.5～2020.5	2013.5～2020.5	1994.5
6	哈尔滨工业大学	2013.5～2020.5	2013.5～2020.5	1994.5
7	西安建筑科技大学	2013.5～2020.5	2013.5～2020.5	1994.5
8	华南理工大学	2013.5～2020.5	2013.5～2020.5	1994.5
9	浙江大学	2011.5～2018.5	2011.5～2018.5	1996.5
10	湖南大学	2015.5～2022.5	2015.5～2022.5	1996.5
11	合肥工业大学	2015.5～2022.5	2015.5～2022.5	1996.5
12	北京建筑大学	2012.5～2019.5	2012.5～2019.5	1996.5
13	深圳大学	2016.5～2023.5	2016.5～2020.5	本科1996.5/硕士2012.5
14	华侨大学	2016.5～2020.5	2016.5～2020.5	1996.5
15	北京工业大学	2014.5～2018.5	2014.5～2018.5	本科1998.5/硕士2010.5
16	西南交通大学	2014.5～2021.5	2014.5～2021.5	本科1998.5/硕士2004.5
17	华中科技大学	2014.5～2021.5	2014.5～2021.5	1999.5
18	沈阳建筑大学	2011.5～2018.5	2011.5～2018.5	1999.5
19	郑州大学	2015.5～2019.5	2015.5～2019.5	本科1999.5/硕士2011.5
20	大连理工大学	2015.5～2022.5	2015.5～2022.5	2000.5
21	山东建筑大学	2012.5～2019.5	2016.5～2020.5	本科2000.5/硕士2012.5
22	昆明理工大学	2017.5～2021.5	2017.5～2021.5	本科2001.5/硕士2009.5
23	南京工业大学	2014.5～2018.5	2014.5～2018.5	本科2002.5/硕士2014.5
24	吉林建筑大学	2014.5～2018.5	2014.5～2018.5	本科2002.5/硕士2014.5
25	武汉理工大学	2015.5～2019.5	2015.5～2019.5	本科2003.5/硕士2011.5
26	厦门大学	2015.5～2019.5	2015.5～2019.5	本科2003.5/硕士2007.5
27	广州大学	2016.5～2020.5	2016.5～2020.5	本科2004.5/硕士2016.5
28	河北工程大学	2016.5～2020.5（有条件）	—	2004.5
29	上海交通大学	2014.5～2018.5	—	2006.6
30	青岛理工大学	2014.5～2018.5	2014.5～2018.5	本科2006.6/硕士2014.5
31	安徽建筑大学	2015.5～2019.5	2016.5～2020.5	本科2007.5/硕士2016.5
32	西安交通大学	2015.5～2019.5	2015.5～2019.5	本科2007.5/硕士2011.5
33	南京大学	—	2011.5～2018.5	2007.5
34	中南大学	2016.5～2020.5	2016.5～2020.5	本科2008.5/硕士2012.5
35	武汉大学	2016.5～2020.5	2016.5～2020.5	2008.5
36	北方工业大学	2016.5～2020.5	2016.5～2020.5	本科2008.5/硕士2014.5
37	中国矿业大学	2016.5～2020.5	2016.5～2020.5	本科2008.5/硕士2016.5
38	苏州科技大学	2016.5～2020.5	2017.5～2021.5	本科2008.5/硕士2017.5
39	内蒙古工业大学	2017.5～2021.5	2017.5～2021.5	本科2009.5/硕士2013.5

续表

序号	学校	本科合格有效期	硕士合格有效期	首次通过评估时间
40	河北工业大学	2017.5～2021.5	—	2009.5
41	中央美术学院	2017.5～2021.5	2017.5～2021.5	本科2009.5/硕士2017.5
42	福州大学	2014.5～2018.5	—	2010.5
43	北京交通大学	2014.5～2018.5	2014.5～2018.5	本科2010.5/硕士2014.5
44	太原理工大学	2014.5～2018.5	—	2010.5
45	浙江工业大学	2014.5～2018.5	—	2010.5
46	烟台大学	2015.5～2019.5	—	2011.5
47	天津城建大学	2015.5～2019.5	2015.5～2019.5	本科2011.5/硕士2015.5
48	西北工业大学	2016.5～2020.5	—	2012.5
49	南昌大学	2017.5～2021.5	—	2013.5
50	广东工业大学	2014.5～2018.5	—	2014.5
51	四川大学	2014.5～2018.5	—	2014.5
52	内蒙古科技大学	2014.5～2018.5	—	2014.5
53	长安大学	2014.5～2018.5	—	2014.5
54	新疆大学	2015.5～2019.5	—	2015.5
55	福建工程学院	2015.5～2019.5	—	2015.5
56	河南工业大学	2015.5～2019.5	—	2015.5
57	长沙理工大学	2016.5～2020.5（有条件）	—	2016.5
58	兰州理工大学	2016.5～2020.5	—	2016.5
59	河南大学	2016.5～2020.5	—	2016.5
60	河北建筑工程学院	2016.5～2020.5	—	2016.5
61	华北水利水电大学	2017.5～2021.5	—	2017.5
62	湖南科技大学	2017.5～2021.5（有条件）	—	2017.5

【2016～2017年度高等学校城乡规划专业教育评估工作】 2017年，住房城乡建设部高等教育城乡规划专业评估委员会对中山大学、南京工业大学、中南大学、深圳大学、西北大学、福州大学、湖南城市学院、北京建筑大学、合肥工业大学、厦门大学等10所学校的城乡规划专业进行评估。评估委员会全体委员对各校的自评报告进行审阅，于5月派遣视察小组进校实地视察。经评估委员会全体会议讨论并投票表决，做出了评估结论，见表3。

2016～2017年度高等学校城乡规划专业教育评估结论　　　表3

序号	学校	学位类别	本科合格有效期	硕士合格有效期	备注
1	中山大学	学士	4年（2017.5～2021.5）	—	本科复评
2	南京工业大学	学士　硕士	6年（2017.5～2023.5）	4年（2017.5～2021.5）	本科复评　硕士复评
3	中南大学	学士　硕士	4年（2017.5～2021.5）	4年（2017.5～2021.5）	本科复评　硕士复评
4	深圳大学	学士　硕士	6年（2017.5～2023.5）	4年（2017.5～2021.5）	本科复评　硕士复评
5	西北大学	学士　硕士	6年（2017.5～2023.5）	4年（2017.5～2021.5）	本科复评　硕士复评
6	福州大学	学士	4年（2017.5～2021.5）	—	本科复评
7	湖南城市学院	学士	4年（2017.5～2021.5）	—	本科复评
8	北京建筑大学	硕士	2015.5～2019.5	4年（2017.5～2021.5）	硕士复评
9	合肥工业大学	学士	4年（2017.5～2021.5）	—	本科初评
10	厦门大学	学士	4年（2017.5～2021.5）	—	本科初评

截至2017年5月,全国共有46所高校的城乡规划专业通过专业评估,其中本科专业点45个,硕士研究生专业点26个。详见表4。

城乡规划专业评估通过学校和有效期情况统计表

(截至2017年5月,按首次通过评估时间排序) 表4

序号	学校	本科合格有效期	硕士合格有效期	首次通过评估时间
1	清华大学	—	2016.5～2022.5	1998.6
2	东南大学	2016.5～2022.5	2016.5～2022.5	1998.6
3	同济大学	2016.5～2022.5	2016.5～2022.5	1998.6
4	重庆大学	2016.5～2022.5	2016.5～2022.5	1998.6
5	哈尔滨工业大学	2016.5～2022.5	2016.5～2022.5	1998.6
6	天津大学	2016.5～2022.5	2016.5～2022.5(2006年6月至2010年5月硕士研究生教育不在有效期内)	2000.6
7	西安建筑科技大学	2012.5～2018.5	2012.5～2018.5	2000.6
8	华中科技大学	2012.5～2018.5	2012.5～2018.5	本科2000.6/硕士2006.6
9	南京大学	2014.5～2020.5(2006年6月至2008年5月本科教育不在有效期内)	2014.5～2020.5	2002.7
10	华南理工大学	2014.5～2020.5	2014.5～2020.5	2002.6
11	山东建筑大学	2014.5～2020.5		本科2004.6/硕士2012.5
12	西南交通大学	2016.5～2022.5	2016.5～2022.5	本科2006.6/硕士2014.5
13	浙江大学	2016.5～2022.5	2016.5～2022.5	本科2006.6/硕士2012.5
14	武汉大学	2012.5～2018.5	2012.5～2018.5	2008.5
15	湖南大学	2012.5～2018.5	2012.5～2022.5	本科2008.5/硕士2012.5
16	苏州科技大学	2012.5～2018.5	2014.5～2018.5	本科2008.5/硕士2014.5
17	沈阳建筑大学	2012.5～2018.5	2012.5～2018.5	本科2008.5/硕士2012.5
18	安徽建筑大学	2016.5～2022.5	2016.5～2020.5	本科2008.5/硕士2016.5
19	昆明理工大学	2016.5～2020.5	2016.5～2020.5	本科2008.5/硕士2012.5
20	中山大学	2017.5～2021.5	—	2009.5
21	南京工业大学	2017.5～2023.5	2017.5～2021.5	本科2009.5/硕士2013.5
22	中南大学	2017.5～2021.5	2017.5～2021.5	本科2009.5/硕士2013.5
23	深圳大学	2017.5～2023.5	2017.5～2021.5	本科2009.5/硕士2013.5
24	西北大学	2017.5～2023.5	2017.5～2021.5	2009.5
25	大连理工大学	2014.5～2020.5	2014.5～2018.5	本科2010.5/硕士2014.5
26	浙江工业大学	2014.5～2018.5	—	2010.5
27	北京建筑大学	2015.5～2019.5	2017.5～2021.5	本科2011.5/硕士2013.5
28	广州大学	2015.5～2019.5	—	2011.5
29	北京大学	2015.5～2021.5		2011.5
30	福建工程学院	2016.5～2020.5		2012.5
31	福州大学	2017.5～2021.5		2013.5
32	湖南城市学院	2017.5～2021.5		2013.5
33	北京工业大学	2014.5～2018.5	2014.5～2018.5	2014.5

续表

序号	学校	本科合格有效期	硕士合格有效期	首次通过评估时间
34	华侨大学	2014.5～2018.5	—	2014.5
35	云南大学	2014.5～2018.5	—	2014.5
36	吉林建筑大学	2014.5～2018.5	—	2014.5
37	青岛理工大学	2015.5～2019.5	—	2015.5
38	天津城建大学	2015.5～2019.5	—	2015.5
39	四川大学	2015.5～2019.5	—	2015.5
40	广东工业大学	2015.5～2019.5	—	2015.5
41	长安大学	2015.5～2019.5	—	2015.5
42	郑州大学	2015.5～2019.5	—	2015.5
43	江西师范大学	2016.5～2020.5	—	2016.5
44	西南民族大学	2016.5～2020.5	—	2016.5
45	合肥工业大学	2017.5～2021.5	—	2017.5
46	厦门大学	2017.5～2021.5	—	2017.5

【2016～2017年度高等学校土木工程专业教育评估工作】 2017年，住房城乡建设部高等教育土木工程专业评估委员会对郑州大学、武汉理工大学、华侨大学、北京交通大学、大连理工大学、上海交通大学、河海大学、武汉大学、石家庄铁道大学、北京工业大学、吉林建筑大学、昆明理工大学、西安交通大学、四川大学、安徽建筑大学、内蒙古工业大学、西南科技大学、安徽理工大学、盐城工学院、桂林理工大学、燕山大学、长江大学、烟台大学、汕头大学、成都理工大学、中南林业科技大学、福建工程学院、安徽工业大学、广西科技大学等29所学校的土木工程本科专业进行评估。评估委员会全体委员对各校的自评报告进行了审阅，于5月派遣视察小组进校实地视察。经评估委员会全体会议讨论并投票表决，做出评估结论，见表5。

2016～2017年度高等学校土木工程专业教育评估结论 表5

序号	学校	学位类别	本科合格有效期	评估类型
1	郑州大学	学士	6年（2017.5～2023.5）	本科复评
2	武汉理工大学	学士	3年（2017.5～2020.5）	本科复评
3	华侨大学	学士	6年（2017.5～2023.5）	本科复评
4	北京交通大学	学士	6年（2017.5～2023.5）	本科复评
5	大连理工大学	学士	6年（2017.5～2023.5）	本科复评
6	上海交通大学	学士	6年（2017.5～2023.5）	本科复评
7	河海大学	学士	6年（2017.5～2023.5）	本科复评
8	武汉大学	学士	6年（2017.5～2023.5）	本科复评
9	石家庄铁道大学	学士	6年（2017.5～2023.5）（2006年6月至2007年5月不在有效期内）	本科复评
10	北京工业大学	学士	6年（2017.5～2023.5）	本科复评
11	吉林建筑大学	学士	6年（2017.5～2023.5）（2016年6月至2017年5月不在有效期内）	本科复评
12	昆明理工大学	学士	6年（2017.5～2023.5）	本科复评
13	西安交通大学	学士	3年（2017.5～2020.5）	本科复评
14	四川大学	学士	6年（2017.5～2023.5）	本科复评
15	安徽建筑大学	学士	6年（2017.5～2023.5）	本科复评
16	内蒙古工业大学	学士	6年（2017.5～2023.5）	本科复评
17	西南科技大学	学士	6年（2017.5～2023.5）	本科复评
18	安徽理工大学	学士	6年（2017.5～2023.5）	本科复评
19	盐城工学院	学士	6年（2017.5～2023.5）	本科复评
20	桂林理工大学	学士	6年（2017.5～2023.5）	本科复评
21	燕山大学	学士	6年（2017.5～2023.5）	本科复评
22	长江大学	学士	6年（2017.5～2023.5）	本科复评
23	烟台大学	学士	6年（2017.5～2023.5）	本科复评
24	汕头大学	学士	6年（2017.5～2023.5）	本科复评
25	成都理工大学	学士	6年（2017.5～2023.5）	本科复评
26	中南林业科技大学	学士	6年（2017.5～2023.5）	本科复评

续表

序号	学校	学位类别	本科合格有效期	评估类型
27	福建工程学院	学士	6年（2017.5～2023.5）	本科复评
28	安徽工业大学	学士	3年（2017.5～2020.5）	本科初评
29	广西科技大学	学士	3年（2017.5～2020.5）	本科初评

截至5月，全国共有92所高校的土木工程专业通过评估。详见表6。

高校土木工程专业评估通过学校和有效期情况统计表（截至2017年5月，按首次通过评估时间排序） 表6

序号	学校	本科合格有效期	首次通过评估时间
1	清华大学	2013.5～2021.5	1995.6
2	天津大学	2013.5～2021.5	1995.6
3	东南大学	2013.5～2021.5	1995.6
4	同济大学	2013.5～2021.5	1995.6
5	浙江大学	2013.5～2021.5	1995.6
6	华南理工大学	2010.5～2018.5	1995.6
7	重庆大学	2013.5～2021.5	1995.6
8	哈尔滨工业大学	2013.5～2021.5	1995.6
9	湖南大学	2013.5～2021.5	1995.6
10	西安建筑科技大学	2013.5～2021.5	1995.6
11	沈阳建筑大学	2012.5～2020.5	1997.6
12	郑州大学	2017.5～2023.5	1997.6
13	合肥工业大学	2012.5～2020.5	1997.6
14	武汉理工大学	2017.5～2020.5	1997.6
15	华中科技大学	2013.5～2021.5（2002年6月至2003年6月不在有效期内）	1997.6
16	西南交通大学	2015.5～2021.5	1997.6
17	中南大学	2014.5～2020.5（2002年6月至2004年6月不在有效期内）	1997.6
18	华侨大学	2017.5～2023.5	1997.6
19	北京交通大学	2017.5～2023.5	1999.6
20	大连理工大学	2017.5～2023.5	1999.6
21	上海交通大学	2017.5～2023.5	1999.6
22	河海大学	2017.5～2023.5	1999.6
23	武汉大学	2017.5～2023.5	1999.6
24	兰州理工大学	2014.5～2020.5	1999.6
25	三峡大学	2016.5～2022.5（2004年6月至2006年6月不在有效期内）	1999.6
26	南京工业大学	2011.5～2019.5	2001.6
27	石家庄铁道大学	2017.5～2023.5（2006年6月至2007年5月不在有效期内）	2001.6
28	北京工业大学	2017.5～2023.5	2002.6
29	兰州交通大学	2012.5～2020.5	2002.6
30	山东建筑大学	2013.5～2018.5	2003.6
31	河北工业大学	2014.5～2020.5（2008年5月至2009年5月不在有效期内）	2003.6
32	福州大学	2013.5～2018.5	2003.6
33	广州大学	2015.5～2021.5	2005.6
34	中国矿业大学	2015.5～2021.5	2005.6
35	苏州科技大学	2015.5～2021.5	2005.6
36	北京建筑大学	2016.5～2022.5	2006.6
37	吉林建筑大学	2017.5～2023.5（2016年6月至2017年5月不在有效期内）	2006.5
38	内蒙古科技大学	2016.5～2022.5	2006.6
39	长安大学	2016.5～2022.5	2006.6
40	广西大学	2016.5～2022.5	2006.6
41	昆明理工大学	2017.5～2023.5	2007.5
42	西安交通大学	2017.5～2020.5	2007.5
43	华北水利水电大学	有效期截止到2017.5	2007.5
44	四川大学	2017.5～2023.5	2007.5
45	安徽建筑大学	2017.5～2023.5	2007.5
46	浙江工业大学	2013.5～2018.5	2008.5
47	解放军理工大学	2013.5～2018.5	2008.5
48	西安理工大学	2013.5～2018.5	2008.5
49	长沙理工大学	2014.5～2020.5	2009.5
50	天津城建大学	2014.5～2020.5	2009.5
51	河北建筑工程学院	2014.5～2020.5	2009.5
52	青岛理工大学	2014.5～2020.5	2009.5
53	南昌大学	2015.5～2021.5	2010.5
54	重庆交通大学	2015.5～2021.5	2010.5

续表

序号	学校	本科合格有效期	首次通过评估时间
55	西安科技大学	2015.5~2021.5	2010.5
56	东北林业大学	2015.5~2021.5	2010.5
57	山东大学	2016.5~2022.5	2011.5
58	太原理工大学	2016.5~2022.5	2011.5
59	内蒙古工业大学	2017.5~2023.5	2012.5
60	西南科技大学	2017.5~2023.5	2012.5
61	安徽理工大学	2017.5~2023.5	2012.5
62	盐城工学院	2017.5~2023.5	2012.5
63	桂林理工大学	2017.5~2023.5	2012.5
64	燕山大学	2017.5~2023.5	2012.5
65	暨南大学	有效期截止到2017.5	2012.5
66	浙江科技学院	有效期截止到2017.5	2012.5
67	湖北工业大学	2013.5~2018.5	2013.5
68	宁波大学	2013.5~2018.5	2013.5
69	长春工程学院	2013.5~2018.5	2013.5
70	南京林业大学	2013.5~2018.5	2013.5
71	新疆大学	有效期截止到2017.5	2014.5
72	长江大学	2017.5~2023.5	2014.5
73	烟台大学	2017.5~2023.5	2014.5
74	汕头大学	2017.5~2023.5	2014.5
75	厦门大学	有效期截止到2017.5	2014.5
76	成都理工大学	2017.5~2023.5	2014.5
77	中南林业科技大学	2017.5~2023.5	2014.5
78	福建工程学院	2017.5~2023.5	2014.5
79	南京航空航天大学	2015.5~2018.5	2015.5
80	广东工业大学	2015.5~2018.5	2015.5
81	河南工业大学	2015.5~2018.5	2015.5
82	黑龙江工程学院	2015.5~2018.5	2015.5
83	南京理工大学	2015.5~2018.5	2015.5
84	宁波工程学院	2015.5~2018.5	2015.5
85	华东交通大学	2015.5~2018.5	2015.5
86	山东科技大学	2016.5~2019.5	2016.5
87	北京科技大学	2016.5~2019.5	2016.5
88	扬州大学	2016.5~2019.5	2016.5
89	厦门理工学院	2016.5~2019.5	2016.5
90	江苏大学	2016.5~2019.5	2016.5
91	安徽工业大学	2017.5~2020.5	2017.5
92	广西科技大学	2017.5~2020.5	2017.5

【2016～2017年度高等学校建筑环境与能源应用工程专业教育评估工作】 2017年，住房城乡建设部高等教育建筑环境与能源应用工程专业评估委员会对清华大学、同济大学、天津大学、哈尔滨工业大学、重庆大学、沈阳建筑大学、南京工业大学、大连理工大学、上海理工大学、南华大学、合肥工业大学、太原理工大学、宁波工程学院等13所学校的建筑环境与能源应用工程专业进行评估。评估委员会全体委员对学校的自评报告进行审阅，于5月份派遣视察小组进校实地视察。经评估委员会全体会议讨论并投票表决，做出评估结论，见表7。

2016～2017年度高等学校建筑环境与能源应用工程专业教育评估结论　　表7

序号	学校	学位类别	本科合格有效期	评估类型
1	清华大学	学士	5年（2017.5~2022.5）	本科复评
2	同济大学	学士	5年（2017.5~2022.5）	本科复评
3	天津大学	学士	5年（2017.5~2022.5）	本科复评
4	哈尔滨工业大学	学士	5年（2017.5~2022.5）	本科复评
5	重庆大学	学士	5年（2017.5~2022.5）	本科复评
6	沈阳建筑大学	学士	5年（2017.5~2022.5）	本科复评
7	南京工业大学	学士	5年（2017.5~2022.5）	本科复评
8	大连理工大学	学士	5年（2017.5~2022.5）	本科复评
9	上海理工大学	学士	5年（2017.5~2022.5）	本科复评
10	南华大学	学士	5年（2017.5~2022.5）	本科初评
11	合肥工业大学	学士	5年（2017.5~2022.5）	本科初评
12	太原理工大学	学士	5年（2017.5~2022.5）	本科初评
13	宁波工程学院	学士	有条件5年（2017.5~2022.5）	本科初评

截至5月，全国共有39所高校的建筑环境与能源应用工程专业通过评估。见表8。

高校建筑环境与能源应用工程评估通过学校和有效期情况统计表（截至2017年5月，按首次通过评估时间排序） 表8

序号	学校	本科合格有效期	首次通过评估时间
1	清华大学	2017.5～2022.5	2002.5
2	同济大学	2017.5～2022.5	2002.5
3	天津大学	2017.5～2022.5	2002.5
4	哈尔滨工业大学	2017.5～2022.5	2002.5
5	重庆大学	2017.5～2022.5	2002.5
6	解放军理工大学	2013.5～2018.5	2003.5
7	东华大学	2013.5～2018.5	2003.5
8	湖南大学	2013.5～2018.5	2003.5
9	西安建筑科技大学	2014.5～2019.5	2004.5
10	山东建筑大学	2015.5～2020.5	2005.6
11	北京建筑大学	2015.5～2020.5	2005.6
12	华中科技大学	2016.5～2021.5（2010年5月至2011年5月不在有效期内）	2005.6
13	中原工学院	2016.5～2021.5	2006.6
14	广州大学	2016.5～2021.5	2006.6
15	北京工业大学	2016.5～2021.5	2006.6
16	沈阳建筑大学	2017.5～2022.5	2007.6
17	南京工业大学	2017.5～2022.5	2007.6
18	长安大学	2013.5～2018.5	2008.5
19	吉林建筑大学	2014.5～2019.5	2009.5
20	青岛理工大学	2014.5～2019.5	2009.5
21	河北建筑工程学院	2014.5～2019.5	2009.5
22	中南大学	2014.5～2019.5	2009.5
23	安徽建筑大学	2014.5～2019.5	2009.5
24	南京理工大学	2015.5～2020.5	2010.5
25	西安交通大学	2016.5～2021.5	2011.5
26	兰州交通大学	2016.5～2021.5	2011.5
27	天津城建大学	2016.5～2021.5	2011.5
28	大连理工大学	2017.5～2022.5	2012.5
29	上海理工大学	2017.5～2022.5	2012.5
30	西南交通大学	2013.5～2018.5	2013.5
31	中国矿业大学	2014.5～2019.5	2014.5
32	西南科技大学	2015.5～2020.5	2015.5
33	河南城建学院	2015.5～2020.5	2015.5
34	武汉科技大学	2016.5～2021.5	2016.5
35	河北工业大学	2016.5～2021.5	2016.5
36	南华大学	2017.5～2022.5	2017.5
37	合肥工业大学	2017.5～2022.5	2017.5
38	太原理工大学	2017.5～2022.5	2017.5
39	宁波工程学院	2017.5～2022.5（有条件）	2017.5

【2016～2017年度高等学校给排水科学与工程专业教育评估工作】 2017年，住房城乡建设部高等教育给排水科学与工程专业评估委员会对南京工业大学、兰州交通大学、广州大学、安徽建筑大学、沈阳建筑大学、北京工业大学、福建工程学院等7所学校的给排水科学与工程专业进行评估。评估委员会全体委员对各校的自评报告进行审阅，于5月派遣视察小组进校实地视察。经评估委员会全体会议讨论并投票表决，做出评估结论，见表9。

2016～2017年度高等学校给排水科学与工程专业教育评估结论 表9

序号	学校	学位类别	本科合格有效期	评估类型
1	南京工业大学	学士	6年（2017.5～2023.5）	本科复评
2	兰州交通大学	学士	6年（2017.5～2023.5）	本科复评
3	广州大学	学士	6年（2017.5～2023.5）	本科复评
4	安徽建筑大学	学士	6年（2017.5～2023.5）	本科复评
5	沈阳建筑大学	学士	6年（2017.5～2023.5）	本科复评
6	北京工业大学	学士	3年（2017.5～2020.5）	本科初评
7	福建工程学院	学士	3年（2017.5～2020.5）	本科初评

截至5月，全国共有38所高校的给排水科学与工程专业通过评估。详见表10。

高校给排水科学与工程专业评估通过学校和有效期情况统计表（截至2017年5月，按首次通过评估时间排序） 表10

序号	学校	本科合格有效期	首次通过评估时间
1	清华大学	2014.5～2019.5	2004.5
2	同济大学	2014.5～2019.5	2004.5
3	重庆大学	2014.5～2019.5	2004.5
4	哈尔滨工业大学	2014.5～2019.5	2004.5

续表

序号	学校	本科合格有效期	首次通过评估时间
5	西安建筑科技大学	2015.5～2020.5	2005.6
6	北京建筑大学	2015.5～2020.5	2005.6
7	河海大学	2016.5～2021.5	2006.6
8	华中科技大学	2016.5～2021.5	2006.6
9	湖南大学	2016.5～2021.5	2006.6
10	南京工业大学	2017.5～2023.5	2007.5
11	兰州交通大学	2017.5～2023.5	2007.5
12	广州大学	2017.5～2023.5	2007.5
13	安徽建筑大学	2017.5～2023.5	2007.5
14	沈阳建筑大学	2017.5～2023.5	2007.5
15	长安大学	2013.5～2018.5	2008.5
16	桂林理工大学	2013.5～2018.5	2008.5
17	武汉理工大学	2013.5～2018.5	2008.5
18	扬州大学	2013.5～2018.5	2008.5
19	山东建筑大学	2013.5～2018.5	2008.5
20	武汉大学	2014.5～2019.5	2009.5
21	苏州科技大学	2014.5～2019.5	2009.5
22	吉林建筑大学	2014.5～2019.5	2009.5
23	四川大学	2014.5～2019.5	2009.5
24	青岛理工大学	2014.5～2019.5	2009.5
25	天津城建大学	2014.5～2019.5	2009.5
26	华东交通大学	2015.5～2020.5	2010.5
27	浙江工业大学	2015.5～2020.5	2010.5
28	昆明理工大学	2016.5～2021.5	2011.5
29	济南大学	有效期截止到2017.5	2012.5
30	太原理工大学	2013.5～2018.5	2013.5
31	合肥工业大学	2013.5～2018.5	2013.5
32	南华大学	2014.5～2019.5	2014.5
33	河北建筑工程学院	2015.5～2020.5	2015.5
34	河南城建学院	2016.5～2021.5	2016.5
35	盐城工学院	2016.5～2021.5	2016.5
36	华侨大学	2016.5～2021.5	2016.5
37	北京工业大学	2017.5～2020.5	2017.5
38	福建工程学院	2017.5～2020.5	2017.5

【2016～2017年度高等学校工程管理专业教育评估工作】 2017年，住房城乡建设部高等教育工程管理专业评估委员会对沈阳建筑大学、华北水利水电大学、三峡大学、长沙理工大学、东北林业大学、西安理工大学、辽宁工程技术大学、徐州工程学院等8所学校的工程管理专业进行评估。评估委员会全体委员对各校的自评报告进行审阅，于5月派遣视察小组进校实地视察。经评估委员会全体会议讨论并投票表决，做出评估结论，见表11。

2016～2017年度高等学校工程管理专业教育评估结论　　表11

序号	学校	学位类别	本科合格有效期	评估类型
1	沈阳建筑大学	学士	6年（2017.5～2023.5）	本科复评
2	华北水利水电大学	学士	6年（2017.5～2023.5）	本科复评
3	三峡大学	学士	6年（2017.5～2023.5）	本科复评
4	长沙理工大学	学士	6年（2017.5～2023.5）	本科复评
5	东北林业大学	学士	4年（2017.5～2021.5）	本科初评
6	西安理工大学	学士	4年（2017.5～2021.5）	本科初评
7	辽宁工程技术大学	学士	4年（2017.5～2021.5）	本科初评
8	徐州工程学院	学士	4年（2017.5～2021.5）	本科初评

截至5月，全国共有47所高校的工程管理专业通过评估。详见表12。

高校工程管理专业评估通过学校和有效期情况统计表（截至2017年5月，按首次通过评估时间排序）　　表12

序号	学校	本科合格有效期	首次通过评估时间
1	重庆大学	2014.5～2019.5	1999.11
2	哈尔滨工业大学	2014.5～2019.5	1999.11
3	西安建筑科技大学	2014.5～2019.5	1999.11
4	清华大学	2014.5～2019.5	1999.11
5	同济大学	2014.5～2019.5	1999.11
6	东南大学	2014.5～2019.5	1999.11
7	天津大学	2016.5～2022.5	2001.6
8	南京工业大学	2016.5～2022.5	2001.6
9	广州大学	2013.5～2018.5	2003.6
10	东北财经大学	2013.5～2018.5	2003.6
11	华中科技大学	2015.5～2020.5	2005.6
12	河海大学	2015.5～2020.5	2005.6
13	华侨大学	2015.5～2020.5	2005.6
14	深圳大学	2015.5～2020.5	2005.6
15	苏州科技大学	2015.5～2020.5	2005.6
16	中南大学	2016.5～2022.5	2006.6

续表

序号	学校	本科合格有效期	首次通过评估时间
17	湖南大学	2016.5~2022.5	2006.6
18	沈阳建筑大学	2017.5~2023.5	2007.6
19	北京建筑大学	2013.5~2018.5	2008.5
20	山东建筑大学	2013.5~2018.5	2008.5
21	安徽建筑大学	2013.5~2018.5	2008.5
22	武汉理工大学	2014.5~2019.5	2009.5
23	北京交通大学	2014.5~2019.5	2009.5
24	郑州航空工业管理学院	2014.5~2019.5	2009.5
25	天津城建大学	2014.5~2019.5	2009.5
26	吉林建筑大学	2014.5~2019.5	2009.5
27	兰州交通大学	2015.5~2020.5	2010.5
28	河北建筑工程学院	2015.5~2020.5	2010.5
29	中国矿业大学	2016.5~2022.5	2011.5
30	西南交通大学	2016.5~2022.5	2011.5
31	华北水利水电大学	2017.5~2023.5	2012.5
32	三峡大学	2017.5~2023.5	2012.5
33	长沙理工大学	2017.5~2023.5	2012.5
34	大连理工大学	2014.5~2019.5	2014.5
35	西南科技大学	2014.5~2019.5	2014.5
36	解放军理工大学	2015.5~2020.5	2015.5
37	广东工业大学	2015.5~2020.5	2015.5
38	兰州理工大学	2016.5~2020.5	2016.5
39	重庆科技学院	2016.5~2020.5	2016.5
40	扬州大学	2016.5~2020.5	2016.5
41	河南城建学院	2016.5~2020.5	2016.5
42	福建工程学院	2016.5~2020.5	2016.5
43	南京林业大学	2016.5~2020.5	2016.5
44	东北林业大学	2017.5~2021.5	2017.5
45	西安理工大学	2017.5~2021.5	2017.5
46	辽宁工程技术大学	2017.5~2021.5	2017.5
47	徐州工程学院	2017.5~2021.5	2017.5

(田歌)

干部教育培训工作

【2017年度领导干部调训工作】 2017年，中组部、中宣部、国家机关工委等部门共计下达住房城乡建设部干部调训名额73人次，其中"一校五院"调训班次40人，司局级干部专题研修班25人，中央国家机关党校班6人，其他调训班次2人。住房城乡建设部按照相关要求，积极选派学员参加相关培训班次，全年共有65人按期参训并完成学习任务，培训计划执行率达89%。

【举办市长培训班】 2017年，住房城乡建设部配合中组部，共举办7期市长专题研究班，培训学员258人，其中调训地级市政府主要负责人44人。部领导高度重视市长培训，党组书记、部长王蒙徽上任不久即为市长班学员授课，并对做好领导干部培训作出重要指示。易军、陆克华、倪虹、黄艳等部领导多次到培训班授课或与学员座谈研讨。

【印发培训计划并开展领导干部及专业技术人才培训】 3月，住房城乡建设部印发《住房城乡建设部办公厅关于印发2017年部机关及直属单位培训计划的通知》（建办人〔2017〕16号），根据部计划安排，部机关、直属单位和部管社会团体共组织培训班167项，288个班次，培训住房城乡建设系统领导干部和专业技术人员49012人次。部人事司举办支援新疆培训班、支援青海及大别山片区定点扶贫培训班共3期，培训相关地区领导干部和管理人员350名，住房城乡建设部补贴经费37.5万元。

【全国市长研修学院（部干部学院）国家级专业技术人员继续教育基地积极开展专业技术人员培训工作】 成立住房城乡建设部国家级专业技术人员继续教育基地建设工作领导小组，部领导亲任组长，制定国家级专业技术人员继续教育基地培训规划和管理办法。市长学院首次使用国家级专业技术人员继续教育基地专项资金，共举办10期专题培训班，其中"万名总师培训计划"举办6期培训班，共计培训学员1472人，专项补贴经费100多万元，实现行业内高层次、骨干专业技术人员的知识更新。

【举办全国专业技术人才知识更新工程高级研修班】 根据人力资源社会保障部全国专业技术人才知识更新工程高级研修项目计划，2017年住房城乡建设部在北京举办"装配式建筑应用技术""城市水污染控制与治理"高级研修班，培训各地相关领域高层次专业技术人员140名，经费由人力资源社会保障部全额资助。

(田歌)

职业资格工作

【住房城乡建设领域职业资格考试情况】 2017年，全国共有109万人次报名参加住房城乡建设领域职业资格全国统一考试（不含二级），共有18.9万人次通过考试并取得职业资格证书。详见表13。

2017年住房城乡建设领域职业资格全国统一考试情况统计表　　表13

序号	专业	2017年参加考试人数	2017年取得资格人数
1	一级建造师	724984	128249
2	一级注册结构工程师	16381	1829
3	二级注册结构工程师	5357	1031
4	注册土木工程师（岩土）	10860	2556
5	注册公用设备工程师	17429	3106
6	注册电气工程师	11669	115
7	注册化工工程师	2158	462
8	注册土木工程师（水利水电工程）	1937	639
9	注册土木工程师（港口与航道工程）	551	85
10	注册环保工程师	551	85
11	注册城乡规划师	33007	2923
12	造价工程师	164990	14983
13	房地产估价师	14566	2803
14	房地产经纪人	28901	8255
15	监理工程师	60919	21867
	合计	1094260	188988

【住房城乡建设领域职业资格及注册情况】　截至年底，住房城乡建设领域取得各类职业资格人员共159.5万（不含二级），注册人数132万。详见表14。

住房城乡建设领域职业资格人员专业分布及注册情况统计表
（截至2017年12月31日）　　表14

行业	类别	专业	取得资格人数	注册人数	备注
勘察设计	（一）注册建筑师（一级）		34569	33023	
	（二）勘察设计注册工程师	1.土木工程 岩土工程	21806	17950	
		水利水电工程	9932	—	未注册
		港口与航道工程	282	—	未注册
		道路工程	2411	—	未注册
		2.结构工程（一级）	52662	48556	
		3.公用设备工程	35462	29162	
		4.电气工程	26971	23026	
		5.化工工程	8610	6373	

续表

行业	类别	专业	取得资格人数	注册人数	备注
勘察设计	（二）勘察设计注册工程师	6.环保工程	6621	—	未注册
		7.机械工程	3458	—	未注册
		8.冶金工程	1502	—	未注册
		9.采矿/矿物工程	1461	—	未注册
		10.石油/天然气工程	438	—	未注册
建筑业	（三）建造师（一级）		694453	666112	
	（四）监理工程师		291523	189684	
	（五）造价工程师		191663	174672	
房地产业	（六）房地产估价师		58920	53452	
	（七）房地产经纪人		65656	32701	
	（八）物业管理师		63647	23149	
城乡规划	（九）注册城市规划师		23191	21615	
	总计		1595238	1319475	

【与人力资源社会保障部联合印发注册城乡规划师职业资格文件】　5月，住房城乡建设部联合人社部印发《人力资源社会保障部 住房城乡建设部关于印发〈注册城乡规划师职业资格制度规定〉和〈注册城乡规划师职业资格考试实施办法〉的通知》（人社部规〔2017〕6号），对注册城乡规划师职业资格制度的实施作出调整和部署。

【完成职业资格清理规范工作】　9月，人社部印发《人力资源社会保障部关于国家职业资格目录的通知》（人社部发〔2017〕68号），住房城乡建设部注册建筑师、监理工程师、房地产估价师、造价工程师、注册城乡规划师、建造师、勘察设计注册工程师等7项职业资格列入准入类职业资格目录清单，房地产经纪人专业人员职业资格列入水平评价类职业资格目录清单。国家职业资格目录清单的公布，标志着职业资格清理规范工作基本结束。

（田歌）

人才工作

【指导行业从业人员职业技能培训工作】　4月，住房城乡建设部人事司印发《住房城乡建设部人事司关于印发2017年全国建设职业技能培训工作任务的通知》，下达各地培训计划218.18万人，截至年底各地实际培训203万人。5月，印发《住房城乡建设部办公厅关于做好住房城乡建设行业从业人员培训管理信息系统数据对接工作的通知》，开展信息系统数据对接工作，将各地技能人员和现场专业技术人员培训数据对接到住房城乡建设行业从业人员培训管理信息系统。9月，住房城乡建设部人事司组织开展行业从业人员培训管理信息化建设培训班，交流各地培训工作情况，讲解信息系统的建设、使用情况，通报数据对接、鉴定摸底等工作进展情况。2017年住房城乡建设部人事司组织编修排水行业、市政行业、装配式建筑、智能楼宇管理员等23个职业工种的职业技能标准。指导中国城镇供水排水协会、中国建筑业协会、中国物业管理协会举办多个工种的国家二类职业技能竞赛。组织选拔优秀选手参加第44届世界技能大赛砌筑、瓷砖贴面、抹灰与隔墙系统、管道与制暖四个赛项角逐，其中砌筑、瓷砖贴面两个项目分别获得金牌，抹灰与隔墙系统、管道与制暖两个赛项均获得优胜奖。住房城乡建设部协调人力资源社会保障部，确定部执业资格注册中心作为职业技能鉴定承接机构，统筹管理行业职业技能鉴定工作。

【加强现场专业技术人员教育培训工作指导】住房城乡建设部人事司对部分省份进行调研，研讨"放管服"改革形势下现场专业技术人员培训管理中遇到的问题和解决思路。在江苏、四川等地推行电子证书试点，为全面推行电子证书，加强信息化管理积累经验。依托住房城乡建设行业从业人员培训管理信息系统，开发了现场专业技术人员培训信息管理模块，将现场专业技术人员培训信息数据纳入统一培训平台系统，逐步实现培训信息全国一张网。

【做好行业职业教育】2017年，住房城乡建设部与教育部合作举办建筑工程识图（高职）、建筑装饰、建筑设备安装与调试、工程测量（中职）四个赛项的职业院校技能竞赛。按照教育部的统筹安排，组织开展高职17个专业教育教学标准的编修工作。根据教育部有关要求，住房城乡建设部人事司组织制定《全国住房和城乡建设职业教育教学指导委员会章程》，并以全国住房和城乡建设职业教育教学指导委员会名义印发。同时，为规范住建行指委工作，加强对住建行指委工作指导监督，住建行指委秘书处调整为住房城乡建设部人力资源开发中心。根据工作需要对住建行指委领导和个别成员做出调整。

【加强专家服务管理工作】年初，住房城乡建设部人事司对部内司局、部属单位、社团印发文件，对各单位联系的专家和部组建的专家组织收集情况，研究分类规范管理，加强工作联系，服务部中心工作。根据中组部人才局工作安排，协调中国城市规划设计研究院接收西部之光访问学者1名，完成第18批博士服务团选派工作和第17批博士服务团成员的考核工作。

【深化职称制度改革】住房城乡建设部人事司委托住房城乡建设部人力资源开发中心，组织修订职称评审办法，指导部职称评审相关工作。2017年各项评审工作进展顺利。

【做好部属事业单位工资管理相关工作】6月，住房城乡建设部人事司完成部属事业单位和相关社团养老保险参保登记工作。指导各单位完成相关人员信息的增减、核对工作及做好相关政策咨询。指导各单位按要求做好绩效工资改革实施工作。3月，报送人社部关于住房城乡建设部绩效工资实施方案及绩效工资总量的报告。按照国务院办公厅有关文件精神和人社部统一工作部署，组织部属事业单位和有关社团9月底完成相关退休人员基本养老金待遇调整。

（胡秀梅）
（住房和城乡建设部人事司）

城乡建设档案

2017年，住房城乡建设部城建档案工作办公室坚持以习近平新时代中国特色社会主义思想为引领，认真学习党的十九大精神，以服务城乡建设管理工作为中心，以健全法制建设为保障，以规范归集整理为重点，以积极推进城建档案信息化水平为抓手，不断加强城建档案管理体制机制建设，全面推动城建档案工作持续健康发展，为进一步加强城乡建设管理提供优质服务和保障。

【城建档案法制建设】 城建档案法规和制度建设是城建档案管理工作的重要依据，是促进城建档案工作沿着法制化、规范化轨道发展的有力保证。北京市印发《关于加强北京市"十三五"时期城建档案工作的指导意见》，参与《北京市城建档案行业管理制度研究》课题研究和《城市综合管廊资料管理规程（企标）》编订工作，为工程建设解决过程资料管理难题。黑龙江省出台新的《黑龙江省城乡规划条例》《黑龙江省建设项目规划行政许可规程》《黑龙江省城乡建设档案报送规程》，对城建档案工作提出明确要求。山东省颁布实施《山东省地下管线探测技术规程》《山东省地下管线信息系统建设标准》。江苏省修订《江苏省城建档案管理办法》。福建省发布地方标准《福建省建设工程电子文件与电子档案管理技术规程》。江西省印发《江西省住房城乡建设档案事业发展"十三五"规划纲要》。宁夏回族自治区颁布实施《宁夏回族自治区地下管线管理条例》，对地下管线及综合管廊的档案管理作出明确规定。

各地陆续印发、修订城建档案管理规范性文件，强化了城建档案管理程序，提高了城建档案工作标准化水平，保障了城建档案收集的完整、准确、系统、安全和有效利用。主要有：《天津市城建档案移交管理办法》《天津市城建档案利用办法》《上海市关于落实〈上海市工程设计、施工及竣工图数字化和白图交付实施要点〉的操作口径》《上海市关于规范本市燃气配套管线工程竣工档案编制报送的通知》《重庆市建设工程档案数据采集标准》等。

【建设工程竣工档案归集管理】 各地不断完善城建档案管理规章制度，规范归档报送程序，提高建设工程竣工档案归集率。北京市馆积极开展竣工验收备案网上办理工作，加大历史城建档案资料征集力度，完善城建档案资源体系。天津市组织建设单位参加归档培训，有效提升了建设单位档案工作人员的建档水平。上海市通过对区县管理的项目档案核查和备案，逐步提升区县档案归档质量。重庆市率先实施将工程项目档案专项验收、接收纳入大厅"一站式"服务管理。河北省加强现场业务指导力度，实行工程资料技术交底，有效提高了城建档案从业人员业务水平。黑龙江省加大征收力度，围绕城市重点建设工程、新开发项目，积极做好上门业务指导工作。山东省全面执行"两书一证"制度，建设工程档案归集进馆率平均达到90%以上。江西省积极拓宽城建档案接收渠道和领域，加大收集力度，逐步扩大城市基础设施档案、重点工程档案、电子档案、声像档案的馆藏比例。宁夏回族自治区将城建档案收集纳入建设工程行政管理必备程序，通过提前介入建设工程项目现场指导和网络指导相结合的形式加大档案归集管理力度，提高城建档案入库率。青海省及时接收规划管理、市政工程、招标管理等档案。西宁市深入建设、管理单位及施工现场，指导推进城建档案收集工作。

【重点工程档案管理】 北京市、天津市通过派遣工作人员驻建设工程现场服务、组织建设工程档案业务培训等多种形式主动做好重点工程档案工作的业务指导和服务工作，保障档案顺利接收进馆。上海市通过对市属重点工程进行覆盖性提前告知，为建设单位建立健全档案管理规章制度、制定培训手册、全程跟踪指导等工作方式，保质保量完成全市重点工程项目的档案整理、编制及验（接）收工作。黑龙江省各地对重点工程建设项目档案实施多角度、全方位的全程管理，档案的收集、整理、归档上做到齐全、完整、准确、系统。吉林省采取制定规范、业务培训、现场指导、执法检查等形式加强对重点工程档案工作的监督指导和服务。安徽省对重点项目多次深入施工现场进行指导。宁夏回族自治区加大市政、道路等城市重点工程档案的接收力度。

【城建档案信息化建设】 为进一步提升城建档案服务水平，各地以贯彻落实《建设电子文件与电子档案管理规范》为契机，通过建立城建档案信息管理系统，开展城建档案数字化加工，实现计算机实时检索，充分发挥馆藏档案资源优势，为智慧城市建设提供了重要的城建档案信息支撑，切实将"死档案"变成"活信息"，把"档案库"变成"智慧库"。北京市着力建设城建档案目录中心，开展规划许可证档案数字化工作，完成市馆与各区级馆规划许可证数据的共享，目录中心覆盖全市竣工及规划项目。上海市完成城建档案空间信息服务系统开发工作，完善基础地理数据，组织人员开展建设工程规划许可证审批档案GIS注记工作。重庆市着力推进"重庆市市、区（县）城建档案信息一体化平台"建设，实现档案数据智能采集、档案业务智能管理、档案查阅智能展示、政府决策智能辅助等功能，提升了城建档案的利用价值和为公众及政府服务的能力；同时，大力推进实体档案和数字档案、电子档案的同步移交，积极推动以数字化档案代替原件提供利用，有效实现城建档案信息化与服务体系的深度融合。河北省积极开展纸质档案数字化和声像档案数字化工作，逐步实现全方位、多层次的档案信息化管理方式。山东省17个市全面开展馆藏纸质档案数字化工作。安徽省大部分地区全面实行纸质档案和电子档案同步接收。福建省设区市本级完成馆藏档案数字化近18万卷，一半设区市本级开展电子档案接收，还有一半正在进行城建档案业务管理系统建设改造和电子接收试点。江西省投入近900万元用于改善网站软硬件，完成图纸和文件扫描83.96TB。河南省大力推进信息化建设，郑州馆购置硬件设备，安装运行城建档案管理系统软件，对库存的规划管理档案进行数字化扫描，实现档案信息化、数字化管理。

各地建立异地备份、同城备份、本地备份的三级备份机制，提高应对、处置自然灾害和突发公共事件的能力，为城建档案数据安全存储提供有效保障。天津市与滨海新区签订同城互备协议，建立起完整的三级备份机制。重庆市与北京市开展城建电子档案异地备份工作，与重庆市建设信息中心开展数据同城异址常态化备份工作。河南省有10个城建档案馆与黑龙江省对口城市签订协议并开展数据异地备份工作。海南省建立在线式保护——一般备份系统—高级备份系统安全等级的备份系统，保障数据信息安全。新疆维吾尔自治区与江苏省签订异地备份协议，着手电子数据异地备份工作。

【数字声像档案管理】 各地积极推进城市建设影像档案管理工作，坚持声像跟踪拍摄从地面向空中延伸，从静态记录逐步走向动静结合，为反映城建动态留下第一手影像资料。北京市拍摄制作专题片《北京城市副中心建设中》，该专题片真实记录北京市行政副中心建设历史原貌及征地拆迁过程。天津市通过建档业务培训，规范工程声像档案接收审验工作，逐步提高工程声像档案质量，拍摄完成9个工程的录像。上海市完成市城建声像档案数字化管理和应用系统一期项目系统搭建工作，稳步推进声像档案和电子档案管理工作。新疆维吾尔自治区不断加强声像档案收集工作，通过有偿征集、无偿捐献等形式完善声像档案资料。

【城市地下管线工程档案管理】 按照《国务院办公厅关于加强城市地下管线建设管理的指导意见》（国办发〔2014〕27号）要求，各地认真贯彻落实文件精神，陆续制定地下管线建设管理相关规定，成立机构，明确牵头部门及其职责，不断加大地下管线工程档案管理力度，地下管线工程档案管理与接收工作稳步推进。上海市简化现有地下管线档案核查办理环节，通过为信息、燃气、电力、上水等工程编制管线工程样板档案、约谈管线单位、参与全市地下管线工程管理组群等多种方式加强与相关单位沟通协调，共同推进管线工程档案管理工作。河北省对新建工程地下管线档案要求同步验收和移交，部分设区市着手开展数字化加工，形成地下管线电子档案汇入档案管理系统，方便查档利用。保定市组织技术人员到山东淄博和莱芜馆学习地下管线动态管理流程、地下管线GIS综合管理系统先进经验，接收地下管线探测项目成果的电子版数据及纸质档案共9255千米，管点数42.83万。辽宁省多数城市专门成立地下管线管理部门或设专人负责指导地下管线档案归档工作。大连市完成市内四区和高新区地下管线查漏补测工程验收工作。山东省大多数城市地下管线档案已移交城建档案馆并实现动态管理与更新。广东省不断完善地下管线管理工作制度，加强管线档案信息化建设。韶关市重点抓燃气地下管线工程档案归集工作，全年接收燃气地下管线工程竣工档案36卷。中山市对逾期未交的地下管线工程历史档案进行催收，完成336宗市政管线工程规划验收业务档案的整理工作，为地下管线成果更新入库做好准备。宁夏回族自治区加强与管线管理部门和管线建设单位的协调配合，在管线建设单位办理工程规划许可证时，与其签订"管线工程档案报送责任书"，将管线工程档案归档内容和范围告知管线建设单位，确保了管线工程档案的准确、完整。青海省积极协调城市供水、排水、供热、供气、电力、电信、工业等地下管线相关部门，开展收集地下管线现状分布图工作。

【地下管线普查和信息化建设】 按照《国务院办公厅关于推进城市地下综合管廊建设的指导意见》（国办发〔2015〕61号）文件精神，根据《住房城乡建设部等部门关于开展城市地下管线普查工作的通知》（建城〔2014〕179号）要求，各省市着手开展地下综合管廊建设和地下管线基础信息普查工作。黑龙江省采取政府统筹管理、属地化组织实施、分专业普查的办法继续推进地下管网普查工作。山东省各地市建立以管线档案归集和查询利用为核心的地下管线管理机制，全省17个城市全部完成主城区普测工作。江西省地下管线工程信息化电子文件数据228GB。新疆维吾尔自治区积极做好城市地下管线普查档案业务指导工作，乌鲁木齐、克拉玛依和哈密等市实现城市地下管线动态管理，全区7个城市实现1.6万多公里地下管线普查成果档案的动态接收和信息化。

【城建档案馆舍、机构、人员培训情况】 为切实履行城建档案管理职责，适应现代化城市建设和管理的需求，各地进一步加强馆舍建设、机构建设和人员队伍建设，城建档案管理体制机制得到进一步完善。

山东省、江苏省各地均设置城建档案馆（室），负责本辖区内城建档案和地下管线资料的收集和管理工作，省、市、县（市、区）、乡（镇）四级城建档案工作管理体系基本形成，构建起相对完善的建设档案闭合管理体系。福建省全省除平潭综合实验区未单独设立城建档案馆外，其余9个设区市均设有城建档案馆。新疆维吾尔自治区所有设区市均建立城建档案馆（室），17个城市实行"一个机构两块牌子"的管理体制，33个县建立城建档案馆（室），形成以城建档案馆（室）为主体，建设系统基层档案室和建设单位为基础的城建档案管理网络，基本形成自治区、市、县三级城建档案事业管理体系。

北京市通过新进馆职工业务初始培训，组织人员参加上级单位岗位交流和内部集中培训等方式，使工程档案管理人员更加全面系统了解工程档案管理的相关内容和要求。天津市深入区县对基层档案管理人员进行业务培训，进一步规范城建档案管理程序，提高区县档案工作人员的业务水平与管理能力。上海市通过开展座谈会、专家讲座、交流会等活动搭建业务交流和学习平台。重庆市对各区县建委分管领导、城建档案馆（室）负责人开展业务能力培训，组织业务骨干到先进省市交流学习，切实为城建档案工作转型升级、提质增效提供人才队伍保障。山东省通过召开城建档案管理工作会、研讨会、座谈会等形式，提高各级领导对城建档案工作的认识，不定期组织业务骨干出省考察，筹建全省城建档案专家库，不断提高城建档案工作适应新形势、满足新需要的能力。江苏省、江西省、河南省、广东省通过内部培训、馆际间交流和邀请专家授课的方式提高人员素质、业务技能和服务能力。贵州省采取以会代训、以学代训等形式加强对县市城建档案工作人员的培训。

（住房和城乡建设部城建档案工作办公室）

2017年住房城乡建设大事记

1月

月初，住房城乡建设部部长陈政高赴青海省西宁市大通回族土族自治县、湟中县调研，代表部党组向两个定点扶贫县分别送去扶贫捐赠资金，深入建档立卡贫困户家中慰问、看望奋斗在扶贫工作一线的干部职工。

11日　国务院常务会议提出：在全国统一和规范管理城管执法制式服装、标志标识，推进规范文明执法，有利于营造良好营商环境、提高城市管理水平、提升政府公信力。

16日　住房城乡建设部、国家发展改革委、财政部、国土资源部、人民银行、国家开发银行、中国农业发展银行在北京联合召开全国棚户区改造工作电视电话会议。会上，学习了习近平总书记重要讲话，传达李克强总理以及张高丽副总理对棚改工作的重要批示。陈政高对2016年棚户区改造工作作了全面总结，对2017年棚户区改造工作任务作出部署。国家发展改革委、财政部、人民银行、国家开发银行相关负责人出席会议并讲话。

20日上午　住房城乡建设部副部长倪虹带队检查北京市节前市政公用设施安全运行情况，并调研垃圾分类、冬季清洁取暖等工作。倪虹要求，一定要绷紧安全这根弦，保证市政公用设施安全运行。

24日　《建筑工程设计招标投标管理办法》（住房城乡建设部令第33号）经第32次部常务会议审议通过，自2017年5月1日起施行。该《办法》的颁布为落实《中共中央国务院关于进一步加强城市规划建设管理工作的若干意见》，进一步完善我国建筑设计招标投标制度，促进公平竞争，繁荣建筑创作，提高建筑设计水平。

同日　《城市管理执法办法》经第32次部常务会议审议通过，自2017年5月1日起施行。旨在规范城市管理执法活动，提高执法和服务水平，维护城市管理秩序，保护执法相对人合法权益。

2月

2日　8时左右，浙江省温州市文成县百丈漈镇外大会村发生一起四间四层半民房坍塌事故。事故发生后，住房城乡建设部立即派员赶赴现场，按照国务院领导批示要求，指导配合地方做好人员搜救等相关工作。

月内 倪虹带队赴广东、四川专题调研生活垃圾分类工作。调研组一行深入实际，了解居民家庭、大学校园垃圾分类投放情况，同垃圾回收企业负责人、垃圾转运工作人员等交流垃圾分类回收、分类运输情况，到垃圾处理厂详细了解垃圾分类处置情况，并同省、市政府和有关方面负责人座谈，共同研究垃圾分类良策。

月内 住房城乡建设部召开城市设计试点工作座谈会。副部长黄艳指出，住房城乡建设部鼓励各试点城市"因城"开展城市设计，既要以问题为导向，也要以目标为导向，解决城市存在的具体问题，实现对城市格局、风貌和各类空间的精细化管理，通过城市设计指导建筑单体设计，规范城市建设，塑造城市特色，提升城市品质。黄艳还对试点工作提出了具体要求。

16日 网络媒体反映河南一所小学内违法建别墅，住房城乡建设部责成河南省住建厅立即调查处理。从调查情况看，媒体反映的违法建设情况基本属实。27日，太康县人民政府依法对10套联排"别墅"实施拆除。对其余违法建设制定拆除整改方案，限时办结。

24日 习近平总书记在北京考察时强调，城市规划在城市发展中起着重要引领作用。为落实总书记重要指示精神，住房城乡建设部全面推动违法建设监测所有城市全覆盖，挂牌督办一批典型案件，推动城乡规划法与刑法衔接，坚决遏制违法建设无序蔓延态势。

同日 国务院办公厅印发《关于促进建筑业持续健康发展的意见》。从七个方面对促进建筑业持续健康发展提出具体措施。

27日 举行促进建筑业持续健康发展新闻发布会。住房城乡建设部副部长易军指出，建筑业是我国国民经济的支柱产业、传统产业、基础性产业和朝阳产业，党中央、国务院高度重视建筑业改革发展。国务院办公厅印发《关于促进建筑业持续健康发展的意见》是建筑业改革发展的顶层设计，从深化建筑业简政放权改革、完善工程建设组织模式、加强工程质量安全管理、优化建筑市场环境、提高从业人员素质、推进建筑产业现代化、加快建筑业企业"走出去"7个方面提出20条措施，对促进建筑业持续健康发展具有重要意义。

3月

1日 住房城乡建设部在甘肃省兰州市召开全国农村危房改造质量安全管理电视电话会议暨加固改造（甘肃）现场会，明确下一阶段农村危房改造工作重点。住房城乡建设部总经济师赵晖出席会议并讲话。

6日 住房城乡建设部印发《关于加强生态修复城市修补工作的指导意见》，安排部署在全国全面开展生态修复、城市修补工作，明确指导思想、基本原则、主要任务目标，提出具体工作要求。

23日 住房城乡建设部在浙江省湖州市德清县召开全国特色小镇培训会，提出十项要求规范小城镇建设。现场考察了德清县莫干山镇、乾元镇、洛舍镇和诸暨市店口镇等。住房城乡建设部总经济师赵晖出席会议并讲话。

25日 8时左右，广东省广州市从化固体废弃物综合处理中心（广州市第七资源热力电厂）项目发生一起操作平台倒塌事故。住房城乡建设部派员紧急赶赴现场，指导事故应急处置工作。

27日 住房城乡建设部在广州市主持召开新闻通气会，通报广州"3·25"高空作业平台坍塌事故有关情况，要求深刻吸取事故教训，严厉打击违法违规行为，依法依规严肃查处事故责任人。

29日 住房城乡建设部召开整顿规范房地产开发销售中介行为电视电话会议，通报近期各地查处的30家违法违规房地产中介机构和开发企业。这是继2016年住房城乡建设部连续三次通报96家违规房企之后，再次集中公开曝光违规房企名单。

4月

12日 由中央组织部和住房城乡建设部联合主办的"城市规划变革与城市特色风貌塑造专题研究班"开班。住房城乡建设部党组成员、副部长倪虹参加开班仪式并讲话。住房城乡建设部副部长黄艳、中央组织部干部教育局吴武洲副巡视员参加开班仪式。仪式结束后，黄艳讲了主题为"城市规划新理念、新趋势、新方法"的第一课。

14日 第十四届中国土木工程詹天佑奖（简称"詹天佑奖"）颁奖大会在北京举行，共有29项科技创新工程荣获詹天佑奖。住房城乡建设部副部长易军出席并讲话。中国土木工程学会理事长郭允冲在大会上发言。中国土木工程学会副理事长、清华大学副校长袁驷出席。

25日　住房城乡建设部、国家发展改革委、财政部联合召开全国城市排水防涝设施建设补短板工作部署电视电话会议，认真学习贯彻习近平总书记的重要指示批示精神，落实李克强总理在今年政府工作报告和国务院第158次常务会议上的工作要求，对城市排水防涝工作和做好今年城市防汛工作进行再动员再部署，要求有补短板任务的城市和相关部门真抓实干，开好头、起好步，确保城市安全度汛。

28日　住房城乡建设部召开推进"两学一做"学习教育常态化制度化动员大会，部署推进"两学一做"学习教育常态化制度化工作。部党组书记、部长陈政高强调，住房城乡建设部各级党组织和党员领导干部要进一步强化"四个意识"，更加紧密地团结在以习近平同志为核心的党中央周围，以良好的精神状态和工作作风，真"学"实"做"，以优异成绩迎接党的十九大胜利召开。

5月

3日　住房城乡建设部副部长倪虹同国家铁路局副局长于春孝、中国铁路总公司副总经理刘振芳一起，带队到北京市丰台区玉泉营、新发地等地察看京沪高铁北京段整治情况。京沪高铁沿线环境综合整治"第一战役"已经打响。

16日　住房城乡建设部通报了2015年列入濒危名单以及2012～2015年执法检查后被责令整改的共计60处国家级风景名胜区复查结果。住房城乡建设部复查了列入濒危名单的吉林仙景台等11处国家级风景名胜区。整改情况均已达到整改要求，整改验收通过，决定将其移出濒危名单，纳入常态化监管。

同日　财政部、住房城乡建设部、环境保护部、国家能源局四部门发布《关于开展中央财政支持北方地区冬季清洁取暖试点工作的通知》（财建〔2017〕238号），决定开展中央财政支持北方地区冬季清洁取暖试点工作。试点示范期为三年，中央财政奖补资金标准根据城市规模分档确定，直辖市每年安排10亿元，省会城市每年安排7亿元，地级城市每年安排5亿元。

17日　经国务院同意，由住房城乡建设部、国家发展改革委组织编制的《全国城市市政基础设施规划建设"十三五"规划》正式发布实施。这是首次编制国家级、综合性的市政基础设施规划。该《规划》针对我国城市市政基础设施存在的总量不足、标准不高、发展不均衡、管理粗放等问题，提出了"十三五"时期城市市政基础设施发展目标、规划任务、重点工程和保障措施，是指导"十三五"时期我国城市市政基础设施建设的重要依据。

同日　2016梁思成建筑奖颁奖典礼在北京清华大学举行。住房和城乡建设部部长陈政高出席颁奖典礼并讲话。由中国建筑学会主办，住房和城乡建设部、中国科学技术协会及国际建筑师协会鼎力支持的梁思成建筑奖，被视为建筑界的最高奖项，旨在激励建筑师发挥创新精神，繁荣建筑创作，铸造"中国设计"品牌。

19日　中央纪委驻部纪检组和部直属机关党委联合举办部直属机关青年干部"中国梦 清风颂"廉洁从政演讲会。直属机关12名青年结合自身工作实际，讲述廉洁从政感悟。部党组成员、副部长易军出席并向直属机关广大青年干部提出五点希望。

25日　住房城乡建设部对河南泰吉通工程建设有限公司、广西鑫豪建筑工程有限公司等6家建筑业企业资质申报弄虚作假行为进行通报，不批准其资质申请，并将其不良行为在全国建筑市场监管公共服务平台予以公布。

31日　中共中央组织部副部长邓声明到住房和城乡建设部宣布中央决定，王蒙徽同志任中共住房和城乡建设部党组书记，免去陈政高同志中共住房和城乡建设部党组书记职务。

6月

本月是我国第16个"安全生产月"。按照《国务院安委会办公室关于开展2017年全国"安全生产月"和"安全生产万里行"活动的通知》的统一部署，住房城乡建设部下发通知，要求全国住房城乡建设系统开展以"全面落实企业安全生产主体责任"为主题的"安全生产月"活动。

1日　为深化行政审批制度改革、促进建筑业科学发展，住房城乡建设部建筑市场监管司对2007年颁布的《施工总承包企业特级资质标准》进行了修订，发布征求意见稿，要求各地6月30日前反馈意见。征求意见稿明确了施工总承包企业申请特级资质应具备的条件，同时，对企业工程业绩也作出了严格的规定。

5日　住房城乡建设部下发通知，要求各省级住房城乡建设主管部门组织开展2017年装配式建筑示范城市和产业基地申报工作，6月25日前将推荐材料报送部建筑节能与科技司。

6日　住房城乡建设部办公厅印发通知，决定在北京市门头沟区、江西省瑞昌市、宁夏回族自治区永宁县等100个县（市、区），开展第一批农村生活垃圾分类和资源化利用示范工作。按照要求，开展示范的县（市、区）要在2017年确定符合本地实际的农村生活垃圾分类方法，并在半数以上乡镇进行全镇试点，两年内实现农村生活垃圾分类覆盖所有乡镇和80%以上的行政村，并在经费筹集、日常管理、宣传教育等方面建立长效机制。

8日下午 全国政协在京召开第68次双周协商座谈会，围绕"无障碍环境建设"建言献策。全国政协主席俞正声主持会议并讲话。

同日 住房城乡建设部和环境保护部联合下发通知，规范城市生活垃圾跨界清运处理。

10日 是中国首个"文化和自然遗产日"，住房城乡建设部、湖北省人民政府、中国联合国教科文组织全委会在湖北神农架启动首个"文化和自然遗产日"活动，召开中国世界自然遗产推进会。国务院决定，自2017年起，将每年6月的第二个星期六设立为"文化和自然遗产日"。

13日 为贯彻落实《国务院办公厅关于促进建筑业持续健康发展的意见》要求，住房城乡建设部会同18个部委制订了《贯彻落实〈国务院办公厅关于促进建筑业持续健康发展的意见〉重点任务分工方案》。方案共分为七大部分、20项内容。住房城乡建设部会同有关部门对工作落实情况进行跟踪和监督指导，重大问题及时向国务院报告。

14日 住房城乡建设部办公厅、银监会办公厅联合下发通知，深化公共建筑能效提升重点城市（以下简称"重点城市"）建设。"十三五"时期，各省、自治区、直辖市建设不少于1个重点城市，树立地区公共建筑能效提升引领标杆。直辖市、计划单列市、省会城市直接作为重点城市进行建设。

20日 为贯彻落实国务院关于进一步清理规范涉企收费、切实减轻建筑业企业负担精神，规范建设工程质量保证金管理，住房城乡建设部、财政部对《建设工程质量保证金管理办法》进行了修订，将建设工程质量保证金预留比例由5%降至3%，下调两个百分点。

21日 为进一步贯彻落实《国务院办公厅关于促进建筑业持续健康发展的意见》、深化全国建筑市场监管公共服务平台（以下简称"全国平台"）应用，住房城乡建设部下发通知，要求推进省级建筑市场监管一体化工作平台建设，切实提高数据质量。

月末 全国所有住房公积金管理中心全部接入全国住房公积金异地转移接续平台。此平台是住房城乡建设部为适应住房公积金缴存职工异地流动，跨城市转移接续住房公积金的业务需求，推进"互联网＋政务服务"而开发的。自7月1日起，住房公积金异地转移接续业务全部可以通过平台办理。

7月

7日 在波兰克拉科夫召开的第41届世界遗产委员会会议上，青海可可西里申遗项目获表决通过，成为青藏高原首个世界自然遗产地。

同日 住房城乡建设部发布通知，要求各地保持和彰显特色小镇特色，尊重小镇现有格局、不盲目拆老街区，保持小镇宜居尺度、不盲目盖高楼，传承小镇传统文化、不盲目搬袭外来文化。

12日 住房城乡建设部印发《关于将上海等37个城市列为第二批城市设计试点城市的通知》，继北京等第一批20个试点城市之后，又将上海等37个城市列为第二批城市设计试点城市。通知要求试点城市探索建立有利于塑造城市特色的管理制度，因地制宜开展城市设计；坚持问题导向，使用信息化等新技术，做有用实用的城市设计；划定城市成长坐标，保护城市历史格局，延续城市文脉；结合"城市双修"，开展城市设计，推动城市转型发展。

18日 住房城乡建设部会同国家发展改革委、公安部、财政部、国土资源部、人民银行、税务总局、工商总局、证监会八部门联合印发《关于在人口净流入的大中城市加快发展住房租赁市场的通知》，旨在进一步贯彻落实中央经济工作会议、中央财经领导小组第十四次会议精神以及《国务院办公厅关于加快培育和发展住房租赁市场的若干意见》的工作部署要求，准确把握住房的居住属性，以满足"新市民"住房需求为主要出发点，以建立租购并举的住房制度为主要方向，以市场为主满足多层次需求，以政府为主提供基本保障，在人口净流入的大中城市加快发展住房租赁市场。

20日 住房城乡建设部办公厅下发《关于印发建筑施工安全生产大检查方案的通知》，决定即日起至2017年10月底，集中4个月时间对全国房屋建筑和市政基础设施工程开展建筑施工安全生产大检查。

21日 住房城乡建设部副部长、部安全生产管理委员会主任易军主持召开住房城乡建设部安全生产管理委员会全体会议。会议传达学习了习近平总书记、李克强总理关于安全生产和防灾减灾救灾重要批示指示和全国安全生产电视电话会议精神，总结上半年住房城乡建设系统安全生产工作，研究部署下半年重点任务。

31日 住房城乡建设部召开新闻发布会，发布由住房城乡建设部与福建省人民政府共同举办的首届"传统村落保护发展国际大会"将于10月在福建省厦门市召开，此次大会的主题是"传承文明，共创未来"。

8月

1日 住房城乡建设部发布《关于印发工程造价事业发展"十三五"规划的通知》。

8日 21时19分，四川省阿坝州九寨沟县发生7.0级地震。接到地震有关情况后，住房城乡建设部领导高度重视，要求及时了解灾情，指导和支持灾区开展抗震救灾工作。

同日 交通运输部、住房城乡建设部联合发布《关于促进小微型客车租赁健康发展的指导意见》。《指导意见》的出台，对保护用户权益、提高小微型客车租赁有效供给、优化交通出行体系、促进行业健康规范发展具有积极意义。

17日 住房城乡建设部发布《关于印发住房城乡建设科技创新"十三五"专项规划的通知》。

21日 国土资源部和住房城乡建设部联合下发通知，确定在北京、上海、广州等13个城市开展利用集体建设用地建设租赁住房试点。通过改革试点，在试点城市成功运营一批集体租赁住房项目，完善利用集体建设用地建设租赁住房规则，形成一批可复制、可推广的改革成果，为构建城乡统一的建设用地市场提供支撑。

22日 住房城乡建设部下发通知，决定在19个省（自治区、直辖市）开展工程质量安全提升行动试点工作，进一步完善工程质量安全管理制度，落实建设工程五方主体责任，强化工程质量安全监管，促进全国工程质量安全总体水平不断提升。

同日 住房城乡建设部发布通知，公布第二批全国特色小镇名单，认定北京市怀柔区雁栖镇等276个镇为第二批全国特色小镇。

同日 住房城乡建设部发布《关于进一步加强国家级风景名胜区和世界遗产保护管理工作的通知》，提出，要全面深入贯彻生态文明建设要求，推进风景名胜区和世界遗产事业持续健康发展。

25日 住房城乡建设部办公厅发布《关于严厉打击建筑施工安全生产非法违法行为的通知》，严厉打击建筑施工安全生产非法违法行为。

28日 住房城乡建设部、财政部和国务院扶贫办下发通知，要求各地加强和完善建档立卡贫困户等4类重点对象农村危房改造工作，力争到2019年基本完成、2020年做好扫尾工作。

9月

6日 住房城乡建设部、国家发展改革委、财政部、能源局四部门发布《关于推进北方采暖地区城镇清洁供暖的指导意见》，要求加快推进北方采暖地区城镇清洁供暖，以保障群众采暖需求并减少污染物排放。

14日 住房城乡建设部发布《关于加强和改善工程造价监管的意见》。

15日 第三次全国改善农村人居环境工作会议在贵州遵义召开，国务院副总理汪洋出席会议并讲话。他强调，要深入贯彻习近平总书记关于改善农村人居环境的重要指示精神，坚持以人民为中心的发展思想，切实回应农民群众对良好生活条件的诉求和期盼，明确重点方向，聚焦突出问题，深入开展整治行动，不断提高农村人居环境建设水平。

20日 住房城乡建设部下发《关于加强历史建筑保护与利用工作的通知》，要求各地加强历史建筑保护与利用，做好历史建筑的确定、挂牌和建档，最大限度发挥历史建筑使用价值，不拆除和破坏历史建筑，不在历史建筑集中成片地区建高层建筑。

22日 住房城乡建设部、工商总局发布《关于印发建设工程施工合同（示范文本）的通知》。旧版同时废止。

27日 住房城乡建设部在陕西省渭南市大荔县召开全国农村危房改造工作培训暨加固改造现场会。部总经济师赵晖出席会议并讲话。会议指出，各地要深刻认识到做好贫困户危房改造工作是住房城乡建设部门的重大责任。要认真学习习近平总书记关于扶贫攻坚和推进深度贫困地区脱贫攻坚工作的重要讲话精神，贯彻党中央、国务院脱贫攻坚决策部署，学习陕西大荔等地危房加固改造经验，采取有效措施，确保2020年完成贫困户住房安全有保障的目标任务。

10月

11日 北方采暖地区今冬明春城镇供热采暖工作电视电话会议召开，部署今冬明春城镇供热采暖工作。副部长倪虹出席会议并讲话。倪虹强调，各地要认真学习领会习近平总书记关于推进北方地区冬季清洁取暖的重要指示精神，贯彻落实党中央、国务院决策部署，把清洁取暖和供热保障工作抓实、抓好、抓出成效。

13日　住房城乡建设部发布《关于印发〈城市湿地公园管理办法〉的通知》。

18日　上午9时，举世瞩目的中国共产党第十九次全国代表大会在北京人民大会堂隆重开幕。根据部党组统一部署和中央国家机关工委要求，住房城乡建设部组织广大干部职工集中收听收看党的十九大开幕会盛况，认真聆听习近平总书记代表十八届中央委员会向大会所作的报告。

22日　上午，党的十九大新闻中心举行第五场记者招待会，十九大新闻发言人郭卫民邀请教育部部长陈宝生、民政部部长黄树贤、人力资源和社会保障部部长尹蔚民、住房和城乡建设部部长王蒙徽、国家卫生和计划生育委员会主任李斌，围绕"满足人民新期待，保障改善民生"介绍情况，并回答记者提问。

25日　国家发展改革委、住房城乡建设部联合发出通知，部署从2017年10月30日至11月30日在全国范围内开展商品房销售价格行为联合检查，检查对象为房地产开发企业和房地产中介机构，对房地产开发企业在售楼盘和房地产中介机构门店商品房销售价格行为进行检查。

26日　住房城乡建设部党组书记、部长王蒙徽主持召开部直属机关党员干部大会，传达学习贯彻党的十九大精神。部党组成员、部领导、总师，部机关全体干部、直属单位领导班子成员和社团党委主要负责人近400人参加了大会。

31日　住房城乡建设部、广东省人民政府与联合国人居署共同在广州举办2017年"世界城市日"全球主场活动。住房城乡建设部部长王蒙徽、联合国副秘书长兼人居署执行主任克洛斯、广东省省长马兴瑞、上海市副市长时光辉、广州市市长温国辉和南非驻华大使多拉娜·姆西曼女士出席开幕式并致辞。

11月

1日　为强化城市轨道交通工程关键节点（以下简称"关键节点"）施工前风险预控措施、提升关键节点风险管控水平、有效防范和遏制事故发生，住房城乡建设部办公厅下发通知，明确了34个关键节点。要求关键节点风险管控要坚持全面识别、重点管控、各负其责、强化落实的原则，将开展关键节点施工前条件核查作为关键节点风险管控的重要手段。

6日　中国建筑业协会在北京召开会议，发布238项2016~2017年度中国建设工程鲁班奖（国家优质工程）。住房城乡建设部副部长易军、原副部长郑一军出席会议并讲话。住房城乡建设部总工程师陈宜明，部相关司局主要负责人出席大会。中国建筑业协会会长王铁宏致辞。易军在讲话中肯定了鲁班奖对推动工程质量水平提高发挥的重要作用，并就贯彻落实党的十九大精神，加快深化建筑业改革提出三点意见。

9日　为积极推进装配式建筑发展，住房城乡建设部办公厅发文认定北京市、杭州市、广安市等30个城市为第一批装配式建筑示范城市，北京住总集团有限责任公司、杭萧钢构股份有限公司、碧桂园控股有限公司等195个企业为第一批装配式建筑产业基地。

17日　住房城乡建设部在江苏省徐州市召开全国城市管理工作现场会暨城市执法体制改革推进会。这次大会深入学习贯彻党的十九大精神，总结《中共中央国务院关于深入推进城市执法体制改革改进城市管理工作的指导意见》落实情况，交流经验，部署进一步推进城市执法体制改革，提升城市管理和服务水平，构建共建共治共享城市治理新格局。住房城乡建设部党组成员、副部长倪虹出席会议并讲话。江苏省人民政府副省长蓝绍敏出席会议并致辞。

18日　西藏自治区林芝市米林县发生6.9级地震后，住房城乡建设部立即启动Ⅳ级应急响应，第一时间与西藏自治区住房城乡建设厅取得联系，密切关注灾情，指导和支持地方做好抗震救灾工作。

19日　"找公厕 大民生"——"城市公厕云平台"上线试运行。研发单位介绍，该公厕云平台汇总全国近33万条公厕信息，初步实现了快速寻厕功能，群众可随时随地就近找到公厕。

21日　住房城乡建设部会同国土资源部、人民银行在湖北省武汉市召开部分省市房地产工作座谈会，学习贯彻党的十九大精神，部署近期房地产工作，进一步落实地方调控主体责任，坚持分类调控、因城因地施策，坚持调控目标不动摇、力度不放松，保持调控政策的连续性稳定性，切实防范化解房地产风险，促进房地产市场平稳健康发展。有关城市政府相关负责人以及所在省（自治区）住房城乡建设厅主要负责人参加会议。

23~24日，全国住宅工程质量常见问题专项治理现场会在山东召开。会上总结了全国住宅工程质量常见问题专项治理在五年工作中取得的主要成绩,并对下一步工程质量工作提出了具体要求。住房城乡建设部工程质量安全监管司司长李如生说,新时代要有新目标、新作为,要继续深入开展工程质量安全提升行动,全面提升工程质量水平,加快打造"中国建造"品牌,为实现"两个一百年"奋斗目标奠定质量基础。

28日　住房城乡建设部、财政部、中国人民银行、国务院港澳事务办公室、国务院台湾事务办公室联合发布《关于在内地(大陆)就业的港澳台同胞享有住房公积金待遇有关问题的意见》。

29日　住房城乡建设部、国家铁路局、中国铁路总公司联合发布《关于建立高速铁路沿线环境综合整治长效机制的意见》。

30日　住房城乡建设部在福建省厦门市召开全国城市生活垃圾分类工作现场会。住房城乡建设部党组书记、部长王蒙徽出席并讲话。

12月

1日　住房城乡建设部在福建省厦门市召开老旧小区改造试点工作座谈会。会议深入学习贯彻党的十九大精神,认真落实习近平总书记有关老旧小区改造工作的重要指示,部署推进老旧小区改造试点工作。王蒙徽出席会议并讲话。

11日　住房城乡建设部下发紧急通知,要求各地城镇供热管理部门在2018年元旦之前,利用周末时间集中组织开展一次"访民问暖"专项活动,加快解决当前供暖突出问题。

同日　住房城乡建设部印发《建筑市场信用管理暂行办法》,要求地方各级住房城乡建设主管部门通过省级建筑市场监管一体化工作平台,认定、采集、审核、更新和公开本行政区域内建筑市场各方主体的信用信息,加快推进建筑市场信用体系建设,规范建筑市场秩序,营造公平竞争、诚信守法的市场环境。《暂行办法》自2018年1月1日起施行。

12日　第一批历史建筑保护利用试点城市名单公布,北京市、山东省烟台市、安徽省黄山市等10个城市入选。住房城乡建设部下发通知,对做好试点工作提出要求。

13日　住房城乡建设部、财政部、中国人民银行、国土资源部联合印发《关于维护住房公积金缴存职工购房贷款权益的通知》,《通知》规定,住房公积金管理中心要规范贷款业务流程,压缩审批时限,自受理贷款申请之日起10个工作日内完成审批工作。

14日　住房城乡建设部在成都召开全国住房城乡建设系统法治政府建设暨依法行政工作会议。此次会议的主题是:深入学习贯彻党的十九大精神,总结工作,交流经验,研究部署下一步工作,进一步推进法治政府建设,提高住房城乡建设依法行政水平。住房城乡建设部副部长黄艳出席会议并讲话。

20日　住房城乡建设部印发《关于加快推进部分重点城市生活垃圾分类工作的通知》,加快推进北京、天津、上海等46个重点城市生活垃圾分类工作,并要求46个重点城市年内均要形成若干垃圾分类示范片区。

同日　2017年,全国各类棚户区改造开工609万套,顺利完成年度目标任务,完成投资1.84万亿元。

23日　全国住房城乡建设工作会议在京召开。住房城乡建设部党组书记、部长王蒙徽全面总结了五年来住房城乡建设工作成就,提出今后一个时期工作总体要求,对2018年工作任务作出部署。

基础设施投资建设

全国公共文化设施建设

2017年,全国文化系统以习近平新时代中国特色社会主义思想为指导,全面落实党的十八大和十八届三中、四中、五中、六中、七中全会精神,深入学习贯彻党的十九大精神,紧紧围绕"五位一体"总体布局和"四个全面"战略布局,坚持中国特色社会主义文化发展道路，坚持以人民为中心的工作导向，以贯彻落实《中华人民共和国公共文化服务保障法》为指导，加大公共文化服务设施建设投入力度，全国文化设施建设取得显著成效。

【加强文化设施建设，覆盖城乡的公共文化设施网络初步形成】 2017年，全国文化（文物）系统基本建设投资项目总数达到1233个，项目计划总投资达1936.39亿元，比上年增加104.9%；计划施工面积（建筑面积）15513.83万平方米，与上年基本持平；本年完成投资额为95.12亿元，比上年减少25.3%。全国竣工项目378个，竣工面积186.23万平方米。分类型看，有107个公共图书馆建设项目，占基建项目总数的8.7%，全年竣工项目22个，竣工项目面积9.57万平方米；群众艺术馆、文化馆（站）建设项目65个，占5.3%，全年竣工项目18个，竣工面积9.29万平方米；博物馆建设项目124个，占10.1%，全年竣工项目37个，竣工面积39.79万平方米。分层级看，县级和乡镇级基建项目485个，占全国项目总数的39.3%，全年竣工项目158个，竣工项目面积72.54万平方米。

截至年末，全国共有公共图书馆3166个，文化馆3328个，文化站41193个，博物馆4721个，覆盖城乡的公共文化设施网络初步形成，基本实现"县县有图书馆、文化馆，乡乡有文化站"。

【贫困地区公共文化设施建设成效显著】 截至年末，支持贫困地区建设约3万个村综合文化服务中心，每个村综合文化服务中心均按照"七个一"基本标准进行建设，即一个文化活动广场（1000平方米），一个文化活动室（90平方米），一个简易戏台（长10米、宽5米、高0.8米），一个宣传栏，一套文化器材（含1套音响和部分乐器），一套广播器材，一套体育设施器材（含1个篮球场、2个乒乓球台、1套体育健身器材），有力地改善了贫困地区村级文化设施状况。其中，2017年共安排专项资金47878万元，补助5909个建设项目。

加强贫困地区文化设施内容建设和流动文化服务建设。实施贫困地区村文化活动室设备购置项目，计划"十三五"期间为贫困地区已建成的村文化活动室购置设备，以保障其文化活动的正常开展。其中，2017年中央财政安排贫困地区村文化活动室设备购置项目补助资金44872万元，主要为贫困地区村文化活动室购置音响、乐器、电脑、桌椅等基本文化服务设备。

在前期实施流动图书车工程的基础上，实施流动文化车工程，为贫困地区县级文化馆配备流动文化设备，进一步支持基层文化单位面向农村提供流动文化服务。其中，2017年争取中央财政安排10992万元，为贫困地区的458个县级文化馆配备了流动文化车。全国916个贫困县及新疆生产建设兵团的国家重点扶贫团场全部配送完毕。

【非物质文化遗产保护利用设施建设有序推进】 为进一步加强我国非物质文化遗产保护力度，有效推动我国非物质文化遗产保护传承与经济社会发展的有机结合，文化部会同国家发展改革委在2014年试点启动实施国家级非物质文化遗产保护利用设施建设项目建设的基础上，在"十三五"期间继续对国家级非物质文化遗产保护利用设施项目进行建设。依据"保护为主、抢救第一、合理利用、传承发展"的原则，共评审出219个建设项目纳入项目库。其中传统表演艺术类项目132个，传统手工技艺类项目64个，传统民俗活动类项目17个，其他综合类项目6个。其中，对于表演艺术类非遗项目，主要建设室内小型剧场或露天舞台；对于手工技艺类非遗项目，主要建设生产制作、传习培训场所；对于民俗活动类非遗项目，主要建设活动展示场所。其中，2017年已安排下拨中央预算内投资3.35亿元，对46个建设项目进行了补助。

【国家重大文化设施建设取得新进展】 党中央、国务院高度重视重大文化设施建设工作，其中国家美术馆、中国工艺美术馆（国家非物质文化遗产馆）、"平安故宫"工程、国家图书馆国家文献战略储备库等4项工程纳入国家"十三五"规划，各项工程均取得不同程度进展。国家美术馆工程在广泛征求建筑界、美术界、文化界专家意见基础上，对建筑设计方案进行了优化完善，获得中央批准。"平安故宫"工程稳步推进，其中故宫北院区项目取得立项，基础设施改造工程开工建设。中国工艺美术馆工程、国家图书馆国家文献战略储备库项目可行性研究报告报送发展改革委审批。中央歌剧院剧场工程、中国国家画院扩建、中国交响乐团团址翻扩建项目也取得了不同程度进展。

2017年，完成保加利亚、希腊、罗马尼亚、塞内加尔4个文化中心的房产或土地购置工作，完成以色列、摩洛哥、瑞典、拉脱维亚、缅甸5个文化中心的房屋租赁工作，完成以色列、荷兰、斯里兰卡、巴基斯坦4个文化中心的装修改造工作。确定了埃塞俄比亚、匈牙利、马来西亚、葡萄牙、卢森堡、越南6个文化中心的选址。年内揭牌启用希腊、越南、保加利亚、以色列、缅甸5个文化中心，截至年底，海外中国文化中心总数达35个。

【加强文化设施建设标准编制工作】 "十一五"以来,文化部抓住国务院颁布实施《公共文化体育设施条例》的有利时机,抓紧完善配套制度和标准,相继组织编制了《公共图书馆建设标准》《文化馆建设标准》和《乡镇综合文化站建设标准》。这些建设标准的编制实施,对于加强和规范文化设施规划选址、建设规模、功能内容、设备配备,提高文化设施建设的科学决策和管理水平起到了重要的作用。

年内,基本完成《公共美术馆建设标准》编制工作,正式报送住房城乡建设部和国家发展改革委审批。同时组织开展全国专业剧场数据统计调查工作,对我国专业剧场的规划布局、功能需求和使用情况进行了深入分析,完成《专业剧场建设标准》初稿。

(文化和旅游部财务司)

生态环境保护工程建设

投资与资金利用

2017年,中央财政安排环保专项资金约492亿元,重点推进水、大气、土壤污染防治,农村环境综合整治、重点生态保护修复治理,以及跨省流域上下游横向生态补偿等。其中,安排水污染防治专项资金约115亿元,支持28个省(区、市)重点流域水污染防治和丹江口水库、千岛湖等29个湖泊、水库生态环境保护和治理;安排大气污染防治专项资金160亿元,支持京津冀及周边地区、长三角、珠三角13个省(区、市)大气污染防治;安排土壤污染防治专项资金65.38亿元,支持31个省(区、市)土壤污染防治以及土壤污染状况详查工作;安排农村环境整治专项资金60亿元,重点支持南水北调东线和中线水源地及其输水沿线、京津冀和长江经济带沿线以及重要水源地周边2.8万多个村庄开展环境综合整治;安排专项资金80亿元,支持青海、云南、福建、广西、山东、吉林、四川等7个省(区)生态保护修复治理工作;安排专项资金11.99亿元,支持河北、安徽、福建、江西、广西等省(区)开展流域上下游横向生态补偿工作。

环境保护部安排部门预算6.6亿元支持国控辐射环境监测自动站建设及现有国控辐射环境监测自动站升级改造、东北边境及周边地区核与辐射应急监测能力建设、全国省市两级国控重点污染源监控中心能力建设、环境保护督查中心环境监管能力建设、国家大气颗粒物组分/光化学监测网建设、国家环境空气质量监测网更新完善、国家水质自动监测站上收、更新完善及功能扩展能力建设、国家环境监测网数据质量保证与质量控制能力建设、生态环境大数据建设、环保云及异地灾备中心建设、环境遥感监测支撑能力建设等。

重点工程建设

【项目储备】 开展"十三五"环保投资项目储备库建设。环境保护部、财政部联合印发《关于开展水污染防治行动计划项目储备库建设的通知》和《关于开展"十三五"环保投资项目储备库建设工作的通知》,指导地方围绕大气、水、土壤污染防治三大行动计划,开展"十三五"水、大气、土壤污染防治项目储备库建设。2017年度大气、水、土壤污染防治中央项目储备库初步建立,指导、督促地方完善环保项目储备库建设,组织申报2018年度环保中央储备库项目。

【大气污染防治】 圆满实现《大气污染防治行动计划》目标。联合财政部、住房城乡建设部、能源局推进北方地区冬季清洁取暖,将12个城市列入首批试点城市。持续推进燃煤电厂超低排放改造。推进全国实施第五阶段机动车排放标准和油品标准,黄标车淘汰基本完成。会同科技部启动实施大气重污染成因与治理攻关项目。特别是针对1~2月京津冀及周边地区"2+26"城市(以下简称"2+26"城市)PM2.5浓度大幅上升的不利局面,会同相关部门以及相关省(市)印发实施2017年大气污染防治工作方案、秋冬季大气污染综合治理攻坚行动方案。从全国抽调环境执法骨干人员,对"2+26"城市开展大气污染防治强化督查和巡查。京津冀及周边地区清理整治涉气"散乱污"企业6.2万家;完成以电代煤、以气代煤394万多户,削减散煤消耗约1000万吨,淘汰燃煤小锅炉5.6万多台,京津保廊上万平方公里区域基本实现散煤"清零";重污染天气应对实现统一联防联控。提前供应国六车用汽柴油,天津、河北、山东环渤海港口煤炭集疏港全部由公路改为铁路。

年内,"2+26"城市PM2.5平均浓度同比下降11.7%,重污染天数下降28.8%;北京市PM2.5平均浓度同比下降20.5%,重污染天数下降43.6%。

【水污染防治】 大力推动长江经济带大保护。联合发展改革委、水利部印发《长江经济带生态环境保护规划》,会同财政部安排30亿元用于长江流域生态修复奖励。持续开展长江经济带地级以上城市饮用水水源地环保执法专项行动,排查出的490

个环境问题全部完成清理整治。启动长江经济带战略环评"三线一单"编制工作。与2013年相比,长江经济带9省2市Ⅰ—Ⅲ类水体比例提高9.1%、劣Ⅴ类水体比例下降6.2%。

加大水污染治理力度。深入实施《水污染防治行动计划》,制定发布20项配套政策措施。截至11月底,36个重点城市排查确认的黑臭水体中,74.3%完成整治任务。截至年底,地级及以上城市集中式饮用水水源中,97.7%完成保护区标志设置;全国2198家省级及以上工业集聚区建成集中污水处理设施,占总数的93%;完成2.8万个村庄环境整治任务;非法或设置不合理的入海排污口得到全面清理。

【土壤污染防治】 组织实施《土壤污染防治行动计划》。配合全国人大常委会开展固废法执法检查,土壤污染防治法(草案)经全国人大常委会二审,《农用地土壤环境管理办法(试行)》颁布实施。发布土壤污染治理与修复成效技术评估和农用地土壤环境质量类别划分等技术规范和指南。土壤污染状况详查全面展开。联合国土资源部、住房城乡建设部开展已搬迁关闭重点行业企业用地再开发利用情况专项检查,部署应用全国污染地块土壤环境管理信息系统。106个产粮油大县制定土壤环境保护工作方案。江苏、河南、湖南启动耕地土壤环境质量类别划分试点。31个省(区、市)和新疆生产建设兵团公布土壤环境重点监控企业5926家。

【加强生物多样性和生态系统保护】 启动实施生物多样性保护重大工程,建立440余个生物多样性观测样区。国务院批准新建17个国家级自然保护区,总数达463个。开展全国生态状况变化(2010~2015年)调查评估。北京市延庆县等46个地区被命名为第一批国家生态文明建设示范市县,浙江省安吉县等13个地区被命名为第一批"绿水青山就是金山银山"实践创新基地。福建、江西、贵州积极推进国家生态文明试验区建设,广东积极推进珠江三角洲国家绿色发展示范区建设。云南、广西、四川、山东、福建、吉林等6省(区)开展第二批山水林田湖草生态保护修复工程试点。西藏着力实施退牧还草、湿地保护等重点生态保护与建设工程。

环境保护工作相关法规、政策

【环境立法工作进展顺利】 6月27日,第十二届全国人民代表大会常务委员会第二十八次会议通过《关于修改〈中华人民共和国水污染防治法〉的决定》。新修改的《中华人民共和国水污染防治法》在保护水生态、保障饮用水安全、防治地下水污染、强化流域防控机制等方面作出了创新性规定。

7月16日,国务院公布《关于修改〈建设项目环境保护管理条例〉的决定》。新修改的《建设项目环境保护管理条例》适应国家"放管服"改革要求,取消环保部门对建设项目环境保护设施验收、环境影响评价单位资质许可等行政许可事项,简化环境影响评价程序,细化环境影响评价文件审批要求,进一步加大了对违法行为的处罚力度。

9月1日,第十二届全国人民代表大会常务委员会第二十九次会议通过《中华人民共和国核安全法》。该法体现了"理性、并进、协调"的国家核安全观,坚持从高从严建立核安全标准体系,为保障核安全与安全利用核能提供了有力的法律依据。

12月25日,国务院公布《中华人民共和国环境保护税法实施条例》,对环境保护税的征收范围、程序作出具体规定。

(生态环境部规划财务司)

医疗卫生基础设施建设

【医疗卫生服务体系建设成效显著】 2017年,国家安排中央专项资金242亿元支持全国医疗卫生服务体系1138个项目建设。其中,县级医院500个,中央投资180.8亿元;妇幼健康保健机构267个,中央投资33.8亿元;疾病预防控制机构300个,中央投资17.2亿元;采供血机构57个,中央投资7.7亿元;省级专病防治机构10个,中央投资2亿元;卫生应急移动处置中心4个,中央投资5533万元。

大部分项目已经开工建设,部分项目竣工投入使用,显著改善了医疗卫生机构基础设施条件,服务能力和水平有效提升,医疗卫生服务体系进一步加强。

【建立疑难病症诊治能力提升工程项目储备库】 根据《全民健康保障工程建设规划》相关要求,"十三五"期间将启动实施疑难病症诊治能力提升工程,围绕人民群众健康需求,主要针对严重危害人民群众健康的肿瘤、心脑血管病、呼吸系统疾病等重点病种,支持100所左右专科优势突出、医疗技术水平较高、辐射带动能力较强的省(部)属医院建设,着力增加优质医疗资源供给,提高省域内疑难病症诊治服务的公平性和可及性。9月,原国家卫生计生委和国家发展改革委联合印发了《疑难病症诊治能力提升工程项目遴选工作方案》。按照工作方案,经各地遴选、公示,两委复审、公示,建立由

113个项目组成的疑难病症诊治能力提升储备库,标志着该工程的正式启动实施。

【委属(管)单位建设进展顺利】 为进一步提高我国医学教学科研能力,推动健康中国建设,2017年,国家发展改革委共安排中央预算内基本建设投资18.1亿元支持委属(管)单位改善基础设施条件。在建项目包括国家卫生计生委科学技术研究所国家人类遗传资源中心和复旦大学附属华山医院临床医学中心等43项,总建筑面积308万平方米,总投资257亿元。项目总体建设进展顺利,工程质量良好。其中,复旦大学附属眼耳鼻喉科医院异地扩建工程等7个项目于2017年陆续竣工投入使用,有效改善了医院基础设施条件,缓解了科研教学用房紧张的状况,进一步促进了医院医教研协同发展。

(国家卫生健康委员会)

信息通信业建设

【概况】 2017年,信息通信业深入贯彻落实党中央、国务院系列重大决策部署,推进网络强国建设,突出抓好提速降费、普遍服务、5G发展、民资开放、光纤到户等重点工作,信息通信业保持快速发展,对经济增长的支撑作用不断增强。

2017年我国光纤化进程持续推进,全年新增光缆线路长度705万公里,全国光缆线路总长度达3747万公里,比上年增长23.2%。全年新增FTTH/O端口1.2亿个,达到6.57亿个,在固定宽带接入端口中占比已超过五分之四,光网城市全面建设,光纤网络全球覆盖最广。

4G网络建设进入平稳发展期,全国城区及人口密度较大的中东部农村地区已实现较好覆盖,全年4G基站净增65.2万个,总数达到328万个,占移动通信基站比例达到53%,继续保持全球最大4G网络地位。国际互联网出入口高速扩容,总带宽达到6.5Tbps,年增幅超过100%,国际通信网络不断优化建设,开封、兰州等多城市建设国际互联网数据专用通道。3个新增互联网骨干直联点全部投入运行,网间互联带宽新扩容1.6Tbps。电信普遍服务试点全面完成第三批3.2万个行政村通光纤任务部署,累计投入中央财政补助资金33亿元,带动基础电信企业投资超过70亿元。

2017年全国电话用户净增8269万户,总数达到16.1亿户。其中,移动电话用户净增9555万户,总数达14.2亿户,移动电话用户普及率达102.5部/百人;固定电话用户总数1.94亿户,比上年减少1286万户。固定宽带接入用户全年净增5133万户,用户总数达3.49亿户,移动宽带用户(即3G和4G用户)全年净增1.91亿户,总数达11.3亿户,其中4G用户总数达到9.97亿户。2017年底50M以上固定宽带用户占比、4G用户占比双双达到七成,固定宽带家庭普及率提前完成国家"十三五"规划目标。

【规范通信建设招标投标活动】 提高招标投标监管信息化水平,实现"通信工程建设项目招标投标管理信息平台"与基础电信企业采购平台的互联互通。2017年,有1.3万个项目实现网上备案,依法必须招标的项目基本都采用公开招标方式招标。组织开发语音和短信自动通知评标专家、诚信体系的管理等多个模块功能,平台功能不断完善。

工业和信息化部印发《通信工程建设项目施工招标文件范本》等8个招标文件范本,规范通信工程建设项目招投标行为,提高通信工程建设项目招标文件的编制质量。加强通信建设工程招标投标监督检查,组织对北京等10个省市和电信企业集团公司进行抽查,对检查情况进行通报,通过监督检查,推进通信工程招标投标活动公开、公平、公正。2017年新入库专家约4500名,累计入库专家超过3.6万人。

【光纤到户建设效果显著】 光纤到户验收备案机构逐渐向县级延伸,基本实现与当地住建等部门的工作对接,通过新建住宅小区项目设计图审、验收备案、公众网络接入等关键环节配合,强化光纤到户国家标准的执行。2017年,全国验收备案项目1.36万个,合格项目1.34万个,合格率98.5%。光纤到户国标实施以来,验收备案项目4.2万个,合格项目4.1万个,合格率97.5%。组织开展光纤到户国家标准执行情况联合检查工作,各省开展本地区的自查工作,对上海、宁夏等8个省(市、区)、15个地市项目进行抽查,扎实推进光纤到户工作。已有16个省(市、区)实现全部新建住宅小区光纤到户。

在落实住宅小区实现光纤到户的同时,推进商业楼宇采用光纤方式进行建设,印发《综合布线系统工程设计规范》GB 50311—2016(2017年4月1日开始施行),对商业楼宇光纤建设提出强制性要求,保障用户的自由选择权,通过促进竞争推动中小企业互联网专线接入资费调整。

【电信普遍服务持续推进】 2017年,电信普遍服务步入攻坚阶段,针对一些试点地区偏远、施工建设难度大、企业投资效益差等问题,加强沟通协调,争取地方支持,扎实推进电信普遍服务,指导各地积极申报，并组织试点地市遴选，批复各省试点地市名单。已超额完成2017年《政府工作报告》提出的"3万个行政村通光纤"任务，22个省提前实现2020年贫困村宽带普及率超过90%的目标，行政村通宽带比例超过96%，农村20M以上宽带接入端口占比达51%，达到与城市相当水平，农村地区宽带网络能力和覆盖水平显著提升，电信普遍服务已成为缩小城乡、区域数字鸿沟，助力打赢脱贫攻坚战的重要手段。

【规范通信建设行为】 推动建立通信基础设施专项规划协调机制，组织开展专项规划编制的示范和经验交流，推进各地编制通信基础设施专项规划，并纳入地区总体规划及控制性详细规划。截至年底，全国303个城市完成通信基础设施专项规划（以下简称"专项规划"）编制，其中91个大规模以上城市，212个大规模以下城市，为通信基础设施的规范建设和安全运行提供了有效保障。

结合通信工程建设项目特点和发展需求，制定印发了2017年通信工程建设国家标准编制计划3项和行业标准编制计划12项，发布《物联网应用支撑平台工程技术标准》等7项国家标准和《通信管道人孔和手孔图集》等6项行业标准，完成《海底光缆工程设计规范》等17项重点通信工程建设标准的翻译工作，通信工程建设标准体系不断完善，国际化水平进一步提升。

【质量安全总体稳定】 印发《关于做好2017年通信建设安全生产工作的通知》（工信厅通信函〔2017〕231号），督促各地有效防范和坚决遏制生产安全事故的发生，强化安全生产管理工作，提高企业安全生产能力。通过加强通信工程现场监督检查，突出抓好安全生产源头治理，通信工程建设质量总体水平稳步提高，安全生产形势总体平稳。

各省（区、市）通信管理局强化工程质量监督和安全生产检查，全年开展工程实体抽查6600多项，发现问题292项，已责令相关企业整改。各电信企业不断完善工程建设管理制度和流程，积极开展质量监督申报和竣工验收备案，2017年共申报质量监督项目19.7万项，办理竣工验收备案项目10.1万项。全年抽查工程中使用的材料和设备，其中经检测未达到相关产品质量标准要求的材料31批次，对检测存在问题的材料和设备，各电信企业积极落实整改责任，约谈相关供应商，按照合同进行退货、换货等处理，并要求相关供应商加强产品质量管控。

（工业和信息化部信息通信发展司）

农业农村基本建设

2017年，在国家发展改革委等部门大力支持下，农业部共参与安排中央预算内建设投资276.7亿元，主要用于农业综合生产能力建设、农业科技创新能力建设、农业公共服务能力条件建设、农业资源环境保护与利用条件建设和其他农业农村基础设施建设等方面。

【农业综合生产能力建设】 共安排中央预算内投资181.4亿元，包括新增千亿斤粮食田间工程155亿元，在粮食主产区建设标准农田约1292万亩；糖料生产基地5亿元，在糖料主产区建设标准农田约82万亩；油料生产基地5亿元，在油料主产区建设标准农田约41.66万亩；农垦天然橡胶基地2.2亿元，支持广东、海南和云南农垦天然橡胶基地建设，更新胶园92100亩、新植胶园120亩、建设胶园道路54.26千米等；国家现代农业示范区标准农田建设3.89亿元，支持示范区平整土地，加强灌排设施、田间道路建设，有效提升了农田基础设施，改善了农田生产条件；支持23个省、自治区、生产建设兵团和农垦总局、计划单列市的奶牛标准化规模养殖小区（场）建设4.882亿元；支持15个省、自治区和兵团的肉牛肉羊标准化规模养殖小区（场）建设5.438亿元。

【农业科技创新能力建设】 共安排中央预算内投资19.8亿元，包括种植业种子工程5亿元，建设种子工程项目88个；养殖业良种工程3亿元，支持养殖业原良种场和科研单位建设项目63个；农业科技创新能力条件建设5亿元，重点支持建设农业部综合性重点实验室14个、专业技术集成科研基地13个和科学观测实验站（基地）17个；数字农业建设试点2亿元，选择大田种植、设施园艺、畜禽养殖、水产养殖等领域，支持实时感知、智能决策、自动控制、精准作业和科学管理等设施建设和设备购置，打造一批数字农业示范样板，引领带动现代农业发展。

【农业公共服务能力条件建设】 共安排中央预算内投资3.2亿元，包括动植物保护提升3.2亿元，支持23个省、自治区和生产建设兵团加强陆生动物、水生动物、农作物病虫疫情、草原生物灾害的监测预警和防治设施建设。

【农业资源保护与利用条件建设】 共安排中央预算内投资60.3亿元，包括天然草原退牧还草工程20亿元，建设草原围栏3424万亩、建设舍饲棚圈

5.9万亩、改良退化草原233万亩、黑土滩治理21万亩、毒害草治理75万亩、建设人工饲草地109.7万亩、岩溶草地治理74万亩；草原防火基础设施建设2.61亿元，建设草原防火物资储备库、草原防火站等；农村沼气工程20亿元，支持规模化生物天然气工程试点项目18个和规模化大型沼气工程项目485个；农业环境突出问题治理11亿元，支持重点流域农业面源污染综合治理试点项目21个、农牧交错带已垦草原治理试点项目县29个、东北黑土地保护试点项目6个；整县推进畜禽粪污资源化利用6.68亿元，在45个畜牧大县开展种养结合整县推进试点。

【其他农业农村基础设施建设】 共安排中央预算内投资12亿元，包括垦区危房改造8.5262亿元，主要用于国有垦区职工住房条件改善；农垦公益性基础设施建设2.3亿元，支持中央直属直供垦区医疗卫生、教育、场区道路等方向的社会公益性基础设施建设；渔业资源调查船1.2亿元，建造2艘渔业资源调查船。

（农业农村部发展计划司）

水利建设

【水利建设与管理概况】 2017年，各级水利部门积极践行中央新时代水利工作方针和治水新思路，坚持建管并重，切实抓好质量管理、运行管理、河湖管理和市场监督管理。一年来，节水供水重大水利工程建设加快推进，一批重大水利工程相继建成并投入运行。水库大坝等水利工程安全运行管理持续加强，河湖管理保护成效显著。工程建设质量管理水平持续提升，大规模水利建设质量安全保障有力。水利建设市场监管严格规范，水利建设市场秩序总体向好。

【水利设施投资、资金利用等概况】 2017年共落实水利建设投资7176.2亿元，较上年增加5.8%，其中落实中央水利建设投资1558.55亿元，较上年增加10.1%。截至年底，年度中央水利建设投资计划完成率达94.0%，其中重大水利工程完成率95.2%，其他水利工程完成率92.9%。在中央投资安排上，重大水利工程中央投资600亿元，占年度中央投资规模的38.5%；民生水利873亿元，占56%；中西部地区1343亿元，占86.2%。

2017年共落实中央农村水利投资365.2亿元，地方各级在加大财政投入的同时，通过以奖代补、先建后补、金融支持等政策，吸引更多社会资金投向农村水利，年内吸引社会资本投入高效节水灌溉和农村饮水安全巩固提升，分别约占总投资的13%和30%。

各地充分利用各级财政、金融贷款和社会融资等多渠道筹措水利建设资金，全年落实规模再创新高，满足了大规模水利建设的资金需求。

【重点水利工程建设】 年内，山西中部引黄水源、内蒙古引绰济辽、吉林西部供水、黑龙江锦西灌区、安徽巢湖环湖防洪治理、江西四方井水利枢纽、黄盖湖防洪治理、云南滇中引水、车马碧水库、西藏湘河水利枢纽及配套灌区、青海那棱格勒河水利枢纽、新疆大石峡水利枢纽等16项节水供水重大水利工程开工建设，超额完成《政府工作报告》提出的"再开工15项重大水利工程"的年度目标任务。年度完成重大工程中央水利建设投资计划1139亿元，为稳增长调结构防风险惠民生做出了重要贡献。

在建重大水利工程进展顺利。172项节水供水重大水利工程已开工122项，在建工程投资规模超过9000亿元，其中中西部地区99项，占比81.1%；贫困地区69项，占比56.6%。东北三江治理、太湖流域水环境综合治理、进一步治理淮河工程部分项目完工，长江中下游河势控制和河道整治、洞庭湖治理深入推进。河南出山店水库、贵州夹岩水利枢纽及黔西北调水工程、安徽月潭水库、云南阿岗水库实现年度导截流目标，广西大藤峡水利枢纽、新疆阿尔塔什水利枢纽、安徽引江济淮、陕西引汉济渭、湖北鄂北水资源配置、吉林西部供水等主体工程加快建设，新疆卡拉贝利水利枢纽工程下闸蓄水，湖南涔天河水库扩建工程首台机组并网发电，福建长泰枋洋水利枢纽工程具备向厦门市应急供水条件，河北引黄入冀补淀完成试通水，江西浯溪口水利枢纽、安徽淮水北调等15项工程完工或基本完工，黄河下游近期防洪治理、河南沁河河口村水库、江西峡江水利枢纽等3项工程率先通过竣工验收。

2017年农村饮水安全巩固提升工程建设完成投资436亿元，新增高效节水灌溉面积2165万亩，提前超额完成《政府工作报告》提出的2000万亩年度目标任务。

水利部始终把质量安全放在水利建设的核心位置，通过不断建立和完善制度，创新监管模式，加强监督检查，水利建设质量管理水平得到明显提升。基层质量监督机构建设取得明显进展，全国95%的市级水行政主管部门成立了质量监督机构，53.2%的县级水行政主管部门成立了质量监督机构，部、省、市、县四级质量监督责任得到落实，基本实现水利建设质量监督全覆盖。加强重大水利项目质量巡查和现场监督管理，对24个重点工程项目现场设站进行质量监督，对34个重大水利项目进行质量监督巡查。各地也积极推行质量巡查和重点项目驻地监督机制，有效保障了大规模水利建设质量安全。

【水利建设相关法规】 2017年，《大中型水利水电工程建设征地补偿和移民安置条例》以国务院令第679号正式颁布实施。经国务院常务会议审定，水利部再取消5项行政许可，包括建设项目水资源论证报告书审批、生产建设项目水土保持设施验收审批、坝顶兼做公路审批、利用堤顶戗台兼做公路审批和水利工程启闭机使用许可证核发等5项行政审批事项，并对相关配套制度进行修订或废止。

根据《水利部关于废止和修改部分规章的决定》（中华人民共和国水利部令第49号），废止《开发建设项目水土保持方案管理办法》《开发建设项目水土保持设施验收管理办法》和《水利工程启闭机使用许可管理办法》，修订《黄河下游浮桥建设管理办法》《河道管理范围内建设项目管理的有关规定》《开发建设项目水土保持方案编报审批管理规定》《水利工程质量管理规定》《水利工程建设程序管理暂行规定》《水利工程建设安全生产管理规定》《水利水电建设工程蓄水安全鉴定暂行办法》《水利工程建设监理规定》《水利工程建设监理单位资质管理办法》《水利工程建设项目验收管理规定》《水利工程质量检测管理规定》等相关规定。

加快农村水利改革发展。2017年，水利部会同有关部门编制印发《全国大中型灌区续建配套节水改造实施方案（2016—2020年）》《"十三五"新增1亿亩高效节水灌溉面积实施方案》《关于做好"十三五"农村饮水安全巩固提升工作的通知》《农村饮水安全巩固提升工作考核办法》等。修订印发《国家高效节水灌溉示范县评估办法》。印发《关于加强农村水利项目建设管理工作的通知》《关于扎实做好深度贫困地区农村饮水安全工作的通知》等文件。

【水利建设市场监管】 水利部强化招标投标监管，改进市场监管方式，规范市场主体行为，水利建设市场监管更加严格规范。一是印发《水利部关于促进公平竞争维护水利建设市场秩序的实施意见》，在放宽市场准入、减轻企业负担、规范招标投标、加强事中事后监管、严格依法依规监管等方面提出18条具体措施，着力打破市场准入壁垒，减轻企业负担，激发市场活力，维护水利建设市场正常秩序。二是积极推动水利建设项目进入公共资源交易市场交易，2017年全国进入公共资源交易市场或其他交易市场交易的水利建设项目19424个，约占招标项目总数的98.96%。三是按照国务院"放管服"工作要求，组织开展"双随机一公开"监督检查，加强事中事后监管。

【水利建设市场信用体系建设】 加大市场主体信息、水利建设项目信息公开力度，推动有关信息平台互联互通和信息共享。累计公开1.2万家单位、77.4万名从业人员信用信息104.7万条，发布不良行为记录456条。组织开展水利建设市场主体信用评价工作，受理公布1249家勘察、设计、施工、监理、咨询、机械制造、招标代理、质量检测等8类水利建设市场主体信用等级评价结果。强化信用信息运用，落实守信激励、失信惩戒机制。

（水利部建设与管理司）

铁路建设

概况

2017年，铁路建设系统以迎接党的十九大胜利召开和学习贯彻党的十九大精神为动力，认真贯彻党中央和国务院关于铁路建设的重大决策部署，全面落实中国铁路总公司党组确定的"强基达标、提质增效"工作主题，坚持以质量安全为核心，坚持目标和问题导向，纵深推进标准化管理，科学有序组织工程建设，圆满完成了年度建设任务。

【年度投资任务全面完成】 全年完成基建投资5711亿元，投产新线3038公里。截至年底，铁路营业里程达到12.7万公里，其中高铁2.5万公里，"四纵四横"高铁网提前建成运营，铁路建设取得显著成绩，为经济社会发展提供了有力支撑。其中，中西部地区（含东北三省）累计完成铁路基建投资3964亿元，占铁路基建投资的69.4%；14个集中连片贫困地区、革命老区、少数民族地区、边境地区累计完成铁路基建投资4338.4亿元，占铁路基建投资的76%。全年新开工项目35个，新增投资规模3560亿元。

【铁路建设科学有序推进】 充分发挥建设单位主体作用，紧紧依靠参建各方，统筹谋划、提早安排，上下联动、合力而为，确保了全路建设项目的整体有序推进。严格施组管理，坚持一年两次施组集中审查制度，强化重难点控制工程施组专项审查，抓好施组动态优化，强化工期风险预控，落实技术保障措施，全路大中型建设项目施组兑现率达到

90%左右。京张、京沈、商合杭、杭黄、拉林等一批重点工程进展顺利，宝兰、西成、石济、武九、九景衢等一批重大项目高质量开通且无限速点，福厦、安九、杭绍台、广汕等35个项目先后开工建设。深化投融资体制改革，坚持分类分层建设，有效落实地方政府、企业多元投资主体的责任，多渠道、多方位筹集铁路建设资金，保证了京张、沪通、商合杭、昌赣等在建项目的正常推进。

【管理创新迈出坚实步伐】 适应公司制改革的新要求，转变思想观念，理顺管理关系，大胆创新实践，为铁路建设可持续发展提供了重要保障。积极推进铁路建设系统改革，制定印发《中国铁路总公司关于调整铁路建设系统管理体制和运行机制的通知》。开展施工分包试点，借鉴公路、水利等行业施工分包的做法，研究制定铁路工程施工分包试点管理规定，选择北京局、上海局和黔张常公司等7个建设单位进行试点；探索承发包新模式，选择盐城至南通铁路开展EPC工程总承包试点，制定了招标文件参考示范文本；扩大单价承包试点范围，在蒙华铁路、成兰铁路开展单价承包试点的基础上，选择重庆至昆明、西宁至成都、上海至苏州至湖州等6个建设项目扩大试点。编制印发《铁路建设项目"四电"系统集成甲供物资目录》，制定《关于规范非控股非代建合资铁路项目委托运营验收和运营安全评估工作的指导意见》，指导铁路局依法合规开展工作。

【技术创新取得重要突破】 坚持以建设项目为依托，大力推进技术创新，着力完善标准体系，取得了一批具有自主知识产权的原创性成果，推动铁路工程建造水平上了一个新台阶。完善技术标准体系，研究优化铁路工程设计建筑限界、线间距、到发线有效长度、隧道断面等关键参数；探索开展高速铁路"四电"专业新标准编制工作；推进铁路工程设计由容许应力法向极限状态法转轨，完成路基、桥梁、隧道、轨道极限状态法设计研究。提升建设标准质量，着眼于保障铁路行车安全和养护维修人员安全，修订客货共线简支T梁通用图，采用了在人行道板下方设置电缆槽方案；进一步完善标准设计体系，保证桥梁混凝土浇筑质量。推进关键技术创新，依托京张高铁建设，以BIM技术为核心，综合运用物联网、云计算、移动互联、大数据等信息技术，实现以信息智能采集、高效协同管理、数据科学分析、过程智慧预测等为主要内容的工程建设信息化；研究高速铁路路基冻胀时空发展规律，创新严寒地区高速铁路路基冻胀设计理论；推进高速铁路40米跨度简支梁研制和试用，沪通铁路超千米跨度公铁两用斜拉桥、连镇铁路五峰山超千米跨度公铁两用悬索桥的施工关键技术研究取得突破；开展八达岭地下车站设计施工、城市区大直径盾构隧道修建关键技术研究。

【质量安全保持总体稳定】 坚持问题导向，强化过程管控，以"零容忍"的态度严肃问责，保持了铁路建设质量安全形势的总体稳定。狠抓巡视问题整改，针对中央机动式巡视反馈的问题，严肃查处南广铁路等4个项目违规招投标、转包、违法分包问题，并开展了为期3个月的铁路在建工程项目违规招投标、转包、违法分包和"黑中介"专项排查整治活动，发现并整改各类问题977个，严肃处理了一批违规单位和责任人员；集中整治质量问题，针对沪昆高铁贵州段多个隧道漏水和拱顶掉块等突出问题，总公司成立专门调查组，深入现场调查，并在全路开展质量安全排查整治专项行动；果断处置奥凯问题电缆，现场抽检奥凯问题电缆58组，全路共计更换奥凯问题电缆3744公里；组织对年内所有开通高铁项目"四电"重要自购物资进行对标检查，集中整治发现的问题；大力整治高铁限速点，全年整治完成58个因工程质量原因引起的限速点。建立长效工作机制，研究出台了《铁路建设项目质量安全红线管理规定》《关于加强铁路建设工程质量管理的实施意见》等一系列管理文件，并组织铁路局分管领导和铁路公司主要领导集中培训宣贯。

【队伍建设得到有效加强】 以抓好中央机动式巡视发现问题整改为契机，扎实推进"两学一做"学习教育常态化制度化，着力提升建设队伍的政治素质和业务能力。京张高铁项目成立了建设、设计、施工、监理单位现场联合党工委，有效发挥了党组织战斗堡垒和党员先锋模范作用。认真落实年度培训工作计划，开展形式多样、内容丰富的学习培训；各建设单位、参建企业通过专题学习、职工夜校、网络课堂等形式，集中组织开展培训教育。深刻吸取刘志军腐败案件的教训，召开中央机动式巡视整改专题民主生活会，严格落实"一岗双责"，抓住了领导干部这个"关键少数"；修订完善《铁路建设项目实施阶段重点环节廉政风险防控手册》，进一步强化了工程招投标、物资采购、信用评价、概算调整等关键环节的风险防控；认真落实廉洁办奥的要求，在京张高铁建立覆盖所有参建单位的廉政风险防控体系，通过"制度＋科技＋阳光"的手段，防范腐败问题发生，营造清正廉洁、规范有序的建设环境。

（综合处）

建设管理

按照铁路建设管理制度修订和建设需要，印发12个铁路建设管理办法，对部分建设管理事项进行明确、调整或补充。

【重要管理办法】 修订印发《中国铁路总公司关于规范铁路建设项目施工企业架子队管理的指导意见》（铁总建设〔2017〕24号），在原铁道部《关于积极倡导架子队管理模式的指导意见》（铁建设〔2008〕51号）等办法基础上，对架子队组建的基本条件、组成人员、作业人员、组织形式、管理要求、安全作业交底要求、劳务作业人员工资发放要求等进行了修订。

制定印发《关于规范非控股非代建合资铁路委托运营验收和运营安全评估工作的指导意见》（铁总建设〔2017〕43号）、《关于实施高速铁路限速点考核评价的通知》（铁总建设〔2017〕310号）。修订印发《中国铁路总公司管理的合资铁路公司建设管理考核办法》（铁总建设〔2017〕120号）、《铁路建设项目施工现场设计配合管理办法》（铁总建设〔2017〕175号）、《铁路建设项目实施阶段重点环节廉政风险防控手册》（铁总建设〔2017〕236号）。

制定印发《中国铁路总公司关于开展铁路建设项目施工分包试点工作的通知》（铁总建设〔2017〕246号）。修订印发《铁路建设管理人员责任追究办法》（铁总建设〔2016〕124号）。制定印发《铁路建设项目质量安全红线管理规定》（铁总建设〔2017〕310号）、《中国铁路总公司关于铁路局集团公司提前介入铁路建设项目管理工作的指导意见》（铁总办〔2017〕320号）、《关于加强铁路建设工程质量管理的实施意见》（铁总建设〔2017〕328号）、《中国铁路总公司关于调整铁路建设管理体制和运行机制的通知》（铁总办〔2017〕337）号。

【建设单位考核】 完成2016年度建设单位考核工作。依据《铁路建设单位考核办法》（铁总建设〔2015〕347号），总公司工管中心根据建设单位上报的2016年度自评结果进行了初评并报总公司建设部，建设部组织机关有关部门进行审核并提出考核意见，经总公司研究同意后按规定对2016年度建设单位考核结果进行公示、公布。

【信用评价】 根据《铁路建设项目施工企业信用评价办法》《铁路建设项目监理企业信用评价办法》《铁路建设项目勘察设计单位施工图评价办法》，继续开展信用评价活动，2017年共公布铁路施工企业信用评价结果2期、铁路建设工程监理信用评价结果2期、勘察设计单位施工图考核结果2期，评价结果与工程招投标挂钩。

【建管人员培训】 加大建设管理人员培训工作力度，2017年共举办7期培训班，其中领导人员学习贯彻党的十八届六中全会精神暨建设工作"强基达标、提质增效"专题培训班2期、铁路建设领导人员质量安全管理专题培训班1期，工程管理培训班2期、计划合同管理培训班1期、安全质量管理培训班1期，共培训460人，有效提高了参培人员的业务水平。

（建设管理处）

建设标准

以构建和实施科学合理、系统完备、国际接轨的总公司建设标准体系为目标，全面推进标准制修订工作，积极开展标准基础研究和国际化工作，提高标准的科学性和可操作性，全方位提升标准管理能力，各项工作取得新进展。

【规范标准】 积极推动铁路工程建设标准化管理，根据总公司建设标准体系构成及实施方案的要求，全年共计发布总公司规范标准14项。以铁路工程质量安全为主线，规范施工技术要求，完善施工规程标准体系，发布《客货共线铁路路基工程施工技术规程》等10项施工标准；以信息化手段强化全过程质量安全控制，发布隧道信息化施工规程；为提高铁路工程桩基础建设水平，统一旋挖挤扩灌注桩设计、施工与验收标准，发布《铁路工程旋挖挤扩灌注桩技术规程》；为进一步保障铁路运输安全，修订完善《铁路桥隧守护设施设计规定》；为满足铁路客站乘用汽车的停车需求，提高旅客出行便捷性和舒适性，发布《铁路客站停车设施设置标准》；贯彻落实总公司关于维护职工群众利益、改善铁路沿线职工生产生活条件一系列部署，按照京沪高铁标准示范线建设等有关工作要求，以及铁路沿线站区生产生活房屋集中建设、统一管理的要求，完成了《铁路房屋建筑设计标准》修编工作。

【造价标准】 根据铁路改革发展和铁路工程建设需要，认真落实"强基达标、提质增效"工作主题，集中力量完成了加筋土挡墙路基定额测定、全回转套管钻机施工钻孔桩定额测定、大直径钢筋混凝土管桩定额测定、节段预制胶接拼装箱梁技术经济研究、基于建设项目标准化管理和市场化发展的铁路工程造价标准研究等16项造价标准研究测定项目，为工程定额的补充完善奠定了基础。发布了涵盖路基静态爆破、桥梁钢管外包混凝土、隧道盾构施工、轨道Ⅲ型板及灾害监测工程等内容的《铁路工程补充预算定额（第一册）》《关于规范铁路营业线施工配合技术服务费计取工作的指导意见》等标准。

【标准设计】 为提高施工质量，统一设计要求，保障铁路运输行车安全和养护维修人员人身安全，修订发布了客货共线简支T梁（钢横梁人行道方案）和高速铁路连续梁（优化0号块钢筋）等5项通用参考图。

【标准研究】 以夯实理论基础、强化技术支撑为目的，围绕标准制修订工作组织开展规范科研工作，深入研究并完成《高速铁路路基与轨道结构防排水系统研究》《铁路隧道锚杆快速施工及无损检测技术研究》等总公司科研项目8项。为实现铁路工程建设标准与国际接轨，推进铁路工程设计由容许应力法向极限状态法转轨，按照转轨工作实施方案，现阶段完成了铁路路桥隧轨极限状态法试设计结题验收工作，为正式版标准编制提供技术支撑。

【标准翻译】 适应铁路"走出去"战略需要，精心组织标准外文版翻译。贯彻落实我国铁路"走出去"战略部署，2017年组织报批《铁路物流中心设计规范》标准英文版15项，发布《高速铁路轨道工程施工技术规程》《铁路隧道监控量测技术规程》等标准英文版12项。

【标准参数优化】 在确保铁路工程安全和质量的前提下，推进技术创新，进一步提高设计标准的经济性、可操作性，提升工程建设标准对投资的控制作用，完成《铁路工程设计优化指导意见》初稿，提出铁路工程建筑限界、线间距、到发线有效长度、隧道断面等关键参数优化建议。

【隐蔽工程】 落实陆总经理关于加强铁路建设项目施工质量安全管理，特别是对隐蔽工程要留存现场施工影像资料、实现质量安全责任可追溯和落实质量终身负责制要求，发布了《关于规范铁路工程建设项目隐蔽工程视频资料管理工作的通知》。

（技术标准处）

招标投标

按照党中央、国务院关于加快铁路建设的总体部署，各单位认真贯彻落实《招标投标法》和《招标投标法实施条例》，总公司有关部门和单位严格审查把关，加强驻场监督，积极防范围标、串标等违法违规行为，为铁路建设招标活动的依法有序展开创造了良好条件。全年基建大中型项目累计招标127批次，中标价合计2898.02亿元。

（工程管理处）

质量安全

【质量专项整治】 年内开展2次质量专项整治。一是根据《关于开展铁路在建项目质量检查活动的通知》（铁总建设函〔2017〕588号）要求，从7~10月份，组织在全路建设系统开展质量安全大检查活动。二是根据《中国铁路总公司关于迅速开展铁路建设项目质量安全排查整治专项行动的通知》（铁总建设电〔2017〕182号）要求，11月至年底，总公司在全路开展铁路建设项目质量安全全面排查整治专项行动，对近一年半以来开通新线项目、今明两年即将开通的新线项目和其他在建项目进行全面排查整治。

（工程管理处）
（中国铁路总公司建设管理部）

民航建设

年度民航工程建设投资、资金利用概况

2017年，民航全行业完成固定资产投资825亿元，同比增长5.5%，其中民航发展基金安排投资补助222亿元。

【重点工程建设】 年内新开工、续建机场项目260个，新增跑道14条、停机位556个、航站楼123.2万平方米。空管"三个中心"工程正式开工，民航通信网、东西部地区ADS—B工程全面启动，60多个空管工程通过行业验收。新增航油储备能力5.3万立方米，新增供油管线552公里。全面落实加快民航基础设施建设工作会议精神，以现代工程管理理念提升民航基础设施品质，积极推进"平安机场、绿色机场、智慧机场、人文机场"建设。

【长沙黄花机场扩建工程】 1月18日，民航中南地区管理局组织长沙黄花机场扩建工程行业验收。工程按满足2020年旅客吞吐量3100万人次、货邮吞吐量32万吨的目标设计。工程主要建设内容：新建长3800米、宽60米的第二跑道，配套建设滑行道和公用配套等设施。工程总投资36.5亿元。

【重庆江北机场扩建工程】 7月20日，民航西南地区管理局组织重庆江北机场扩建工程行业验收。工程按满足2020年旅客吞吐量4500万人次、货邮吞吐量110万吨的目标设计。工程主要建设内容：新

建长3800米、宽60米的第三跑道，新建53万平方米的T3A航站楼、79个机位的站坪、7.9万平方米的货运站，配套建设消防救援、辅助生产、生活、办公和公用配套等设施。工程总投资282.07亿元。

【武汉天河机场扩建工程】 8月15日，民航中南地区管理局组织武汉天河机场扩建工程行业验收。工程按满足2020年旅客吞吐量3500万人次、货邮吞吐量44万吨的目标设计。工程主要建设内容：新建长3600米、宽60米的第二跑道，新建37万平方米的T3航站楼、60个机位的站坪，配套建设辅助生产、生活、办公和公用配套等设施。工程总投资152.75亿元。其中第二跑道工程已于2016年5月4日通过行业验收。

【北京新机场工程】 全面落实习近平总书记考察北京新机场建设时提出的"四个工程"要求，贯彻局党组决策部署，全力推进北京新机场工程建设和运营筹备工作。工期进度计划按节点完成，截至年底，规划设计基本完成、控制性详规基本稳定；飞行区土方工程施工完成92%、地基处理工程施工完成93%，道面工程完成40%；空管、供油、主基地航空公司等配套工程相继开工；航站楼实现封顶封围，获国家绿色建筑最高标准"三星级"和节能建筑"3A级"双认证。

加强工程质量安全监督管理，北京新机场施工保持安全"零"事故。积极推进运营筹备工作，组织召开北京新机场运营筹备工作会、北京新机场运行流程优化研讨交流会等会议，建立运营筹备定期协商推进机制，明确了跨地域运营、航权航线时刻、空域规划等16项难点问题的任务分工并纳入行政督查。持续做好与有关部委、地方政府各级主管部门的沟通对接，发挥好各层级新机场工程协调推进机制的平台作用。协调交通运输部公路局召开专题协调会，全力保障新机场航站楼部分工程构件和设备超限构件运输。积极配合国家发改委开展南苑新机场跑道南移方案论证工作，取得了有利于北京新机场未来安全运行和发展的成果。配合国家发改委召开北京新机场建设领导小组第八和第九次会议。

【上海浦东机场飞行区扩建工程】 工程按满足2020年旅客吞吐量8000万人次、货邮吞吐量570万吨、飞机起降65.3万架次、试飞飞行量920架次的目标设计。工程主要建设内容：新建长3400米、宽45米的第五跑道、平行滑行道及助航灯光等配套设施。工程总投资65.59亿元。工程预计2019年竣工。

【广州白云机场扩建工程】 工程按满足2020年旅客吞吐量8000万人次、货邮吞吐量250万吨的目标设计。工程主要建设内容：新建长3800米、宽60米的第三跑道，新建62.4万平方米的2号航站楼、100个机位的站坪以及相关配套设施。工程总投资197.4亿元。工程于2012年8月开工。

【哈尔滨太平机场扩建工程】 工程按满足2020年旅客吞吐量1800万人次、货邮吞吐量17.5万吨的目标设计。工程主要建设内容：将现有跑道延长400米至3600米，新建16万平方米的T2航站楼、45个机位的站坪，配套建设辅助生产、生活和公用配套等设施。工程总投资45.28亿元。工程于2014年10月开工，预计2019年竣工。

【青岛机场迁建工程】 工程按满足2025年旅客吞吐量3500万人次、货邮吞吐量50万吨的目标设计。工程主要建设内容：新建2条远距平行跑道，新建47.8万平方米的航站楼、171个机位的站坪、7.68万平方米的货运站、20万平方米的停车楼及交通换乘中心，配套建设辅助生产、生活和公用配套等设施。工程总投资332.72亿元。工程于2015年9月开工，预计2019年建成投运。

【桂林两江机场扩建工程】 工程按满足2025年旅客吞吐量1200万人次、货邮吞吐量9.5万吨的目标设计。工程主要建设内容：新建9.97万平方米的T2航站楼、31个机位的站坪，配套建设辅助生产、生活和公用配套等设施。工程总投资30.8亿元。工程于2015年11月开工。

【长春龙嘉机场扩建工程】 工程按满足2025年旅客吞吐量1600万人次、货邮吞吐量20万吨的目标设计。工程主要建设内容：新建第二平行滑行道，新建12.8万平方米的T2航站楼，配套建设辅助生产、生活和公用配套等设施。工程总投资47.66亿元。工程于2015年10月开工，预计2019年竣工。

【成都新机场工程】 工程按满足2025年旅客吞吐量4000万人次、货邮吞吐量70万吨的目标设计。工程主要建设内容：新建"两纵一横"三条跑道，其中西跑道按4F标准设计，长4000米、宽60米，东跑道按4E标准设计，长3200米、宽45米，北跑道按4E标准设计，长3800米、宽45米。建设60万平方米的航站楼，202个机位的机坪，8万平方米的综合交通换乘中心，17万平方米的停车楼及货运、机务维修、消防救援、辅助生产生活设施，配套建设空管、供油、供电、给排水、供热、供气、航空公司基地等设施。工程总投资718.64亿元。工程于2016年12月开工，预计2020年竣工。

【海口美兰机场扩建工程】 工程按满足2025年旅客吞吐量3500万人次、货邮吞吐量40万吨的目标设计。工程主要建设内容：新建长3400米、宽60米的第二跑道，新建29.6万平方米的T2航站楼、59个机位的站坪，配套建设辅助生产、生活和公用配套等设施。工程总投资138.38亿元。工程于2016年10月开工，预计2019年竣工。

【民航运行管理中心和气象中心工程】 工程主要建设内容：建设57822平方米的业务楼，由运行中心、气象中心、后勤中心三个单体组成，建设运行管理中心自动化设施、通信系统和运行辅助设施，气象中心民航气象信息与服务系统、天气雷达资料共享平台、预报业务系统、数值预报系统等。工程总投资171220万元。工程预计2020年竣工。

【民航通信网建设工程】 工程以2020年为建设目标年，建设覆盖民航局、地区管理局、监管局、民航空管系统、民航运输机场及航空公司的专用通信网络。主要建设内容：建设网络节点，配置网络传输设备、IP业务承载设备、TDM业务承载设备、网络安全设备、网络管理系统、网络实验测试培训系统，对部分节点机房进行改造。工程总投资132612万元。工程预计2018年竣工。

【东西部地区广播式自动相关监视（ADS-B）建设工程】 工程主要建设内容：建设ADS-B地面站、一级数据中心、二级数据中心及数据站，配置服务器、存储设备、网络设备及应用软件，在部分机场配置数据处理显示终端，建设通用航空飞行服务站系统。工程总投资84712万元。

机场法规规章及技术标准

【规章及技术标准发布】 完成《民用机场专用设备管理规定》局部修订；发布《通用机场分类管理办法》；发布《民用运输机场航空燃油供应安全运营许可管理办法》；发布《绿色航站楼标准》MH/T 5033—2017等8部规范性文件。

【规章及技术标准修订】 完成《民用机场使用许可规定》修订稿并报至交通运输部审批；根据政法司审查意见对《民用机场运行安全管理规定》调整完善后提请局务会审议；启动《民用机场建设管理规定》局部修订；完成《民航专业工程质量和安全生产管理规定》修订稿编制；配合相关规章修订同步开展《民用运输机场适用性检查和符合性评价管理办法》《临时机位划设规则》《机场运行安全专家库管理办法》《民用运输机场运行安全诚信管理办法》等编制工作；完成《宽体飞机下舱集装箱、集装板装载机功能要求》GB/T 23420—2009等5部国家标准的修订并已报国标委审核；完成《飞机污水车》MH/T 6015—2014等8部行业标准的修订，并发布修订单。

（民航局机场司）

公路建设

【公路建设基本情况】 截至2017年底，全国公路总里程达477.35万公里，比上年末增加7.82万公里。公路密度为49.72公里/百平方公里，增加0.81公里/百平方公里。

全国等级公路里程433.86万公里，比上年末增加11.31万公里，占公路总里程90.9%，提高0.9个百分点。其中，二级及以上公路里程62.22万公里，增加2.28万公里，占公路总里程13.0%，提高0.3个百分点。

全国高速公路里程13.65万公里，比上年末增加0.65万公里。其中，国家高速公路10.23万公里，增加0.39万公里。全国高速公路车道里程60.44万公里，增加2.90万公里。

【统筹推进重点公路工程建设】 2017年，交通运输行业坚持服务京津冀一体化和雄安新区建设、"一带一路"、长江经济带等国家重大区域发展战略，服务全面建成小康社会和脱贫攻坚，牢牢把握黄金机遇期，加快推进公路建设，不断完善公路基础设施网络，公路重点工程建设取得新的成果。

港珠澳大桥。港珠澳大桥东接香港特别行政区，西接广东省珠海市和澳门特别行政区，是在"一国两制"框架下，粤港澳三地首次合作建设的超大型跨海交通工程。整个大桥包括海中桥隧主体工程、香港接线、珠海接线、澳门接线和三地口岸等，总长约55公里，建成后将成为世界最长的跨海大桥。其中，大桥主体工程全长约29.6公里，采用桥、岛、隧组合方案，22.9公里为桥梁，穿越伶仃西航道和铜鼓航道段约6.7公里为岛隧组合工程。3月7日，港珠澳大桥控制性工程——海底沉管隧道的最后一节钢筋混凝土沉管顺利完成安装，各项关键技术指标均满足设计要求。5月2日，沉管隧道最终接头顺利完成吊装，标志着港珠澳大桥沉管隧道工程胜利合龙。

京新高速公路（G7）。7月15日，京新高速公路内蒙古临河至白疙瘩段、甘肃白疙瘩至明水段、新疆明水至哈密段建成通车，标志着北京至新疆的高速公路大通道贯通。其中，内蒙古临河至白疙瘩段全长930公里，是我国里程最长的高速公路项目；甘肃省白疙瘩至明水段长134公里；新疆明水至哈密段长178公里。工程沿线大多位于戈壁、荒漠地区，干旱缺水，冬季严寒，夏季酷暑，风沙灾害严重，内蒙古境内将近500公里的施工路段基本为无人区，施工条件特别艰苦。在交通运输部统筹组织下，在当地党委、政府的领导下和沿线群众的大力支持下，当地交通运输部门采取有力措施，组织参建单位克服种种困难，加强工程管理，贯彻绿色公路的设计理念和施工理念，广泛采用新材料新技术防风治沙，确保工程质量和项目顺利实施。工程实施后期，三省区交通运输部门在交通运输部统一协调下，互相支持，互相配合，衔接好施工车辆通行和服务设施、安全设施设置，确保收尾工程顺利实施，确保同步建成通车。京新公路大通道的建设，在内蒙古自治区和甘肃、新疆北部开辟了一条东西向的新的大通道，是北京连接内蒙古西北部、甘肃北部和新疆最为便捷的公路通道，将进一步加强我国北方地区东、中、西部的联系，促进沿线地区经济社会协调发展和民族团结。

此外，湖北沌口长江公路大桥、安徽芜湖长江二桥、长深高速公路（G25）内蒙古通辽至鲁北段、杭瑞高速公路（G56）云南曲靖至宣威段、银昆高速（G85）陕西坪坎至汉中段、青海花石峡至久治高速公路等项目建成通车，包茂（G65）、济广（G35）、厦蓉（G76）等国家高速公路实现全线贯通。其中，青海花久高速公路雪山一号隧道双洞总长9065米，平均海拔超过4400米，是目前世界上海拔最高的隧道工程。

深圳至中山通道、南京长江第五大桥、湖北赤壁长江公路大桥、四川绵阳至九寨沟高速公路、云南保山至泸水高速公路、包茂高速内蒙古包头至东胜段改扩建工程、京哈高速吉林长春至拉林河段改扩建工程等国家重点公路建设项目初步设计通过交通运输部审批。广东虎门二桥、武汉青山长江公路大桥、贵州都匀至安顺高速公路、四川雅安至康定高速公路、汶川至马尔康高速公路等重点项目顺利推进。浙江温州瓯江北口大桥、内蒙古海拉尔至满洲里高速公路、福建尤溪中仙至建宁里心高速公路、山东莱芜至泰安段改扩建工程等一批重点项目开工建设。

【推进公路建设转型升级】 12月，交通运输部印发《关于推进公路水运工程应用BIM技术的指导意见》，推进建筑信息模型（Building-Information-Modeling，BIM）技术在公路水运工程建设中的应用，加强项目信息整合，实现工程全寿命期管理信息的畅通传递，提升工程品质和投资效益。同时，研究确定贵州省都匀至安顺高速公路、京沪高速公路山东莱芜至临沂段改扩建工程等5个项目作为第一批公路BIM技术应用试点项目，为提升技术应用水平积累经验。

为进一步落实《交通运输部办公厅关于实施绿色公路建设的指导意见》和《交通运输部关于推进公路钢结构桥梁建设的指导意见》，研究确定33个绿色公路建设试点工程和9个公路钢结构桥梁建设试点工程。

【组织重点工程项目竣工验收】
（1）九江长江公路大桥

3月，交通运输部组织江西九江长江公路大桥竣工验收。九江长江公路大桥项目包括主桥及接线工程，路线全长17.004公里，概算总投资约37.6亿元。其中，长江大桥长8.642公里，采用主跨818米双塔双索面不对称单侧混合梁斜拉桥方案。该项目的建成对于落实长江经济带发展战略，完善区域高速公路网络，推动周边地区经济社会发展，具有重要意义。

（2）陕西安康至汉中高速公路

4月，交通运输部组织了陕西安康至汉中高速公路竣工验收。安康至汉中高速公路位于陕西省南部，是福州至银川国家高速公路十堰至天水联络线（G7011）的重要组成部分，路线全长188.069公里，概算总投资约137.7亿元。该项目在建设中深入践行施工标准化施工，注重精细化管理和生态环境保护，采用降噪排水路面结构，构件工厂化集中预制等新型工艺、工法，率先建成了西乡服务区等一批绿色建筑，有效提升了工程品质。

（3）贵州镇宁至胜境关高速公路

7月，交通运输部组织上海至瑞丽国道主干线贵州镇宁至胜境关（黔滇界）公路竣工验收。镇宁至胜境关公路位于贵州省西南部，是杭州至瑞丽国家高速公路（G56）的重要组成部分，路线全长186.173公里，概算总投资约126.6亿元。坝陵河特大桥为该项目控制性工程，采用主跨1088米钢桁架悬索桥方案，桥面至水面高度超过370米，是我国较早建设的山岭区特大跨径桥梁。大桥实施过程中应用了"桥面移动塔吊施工工法""大跨径悬索桥水平索垂直排线施工工法"等新工艺、工法，为西部山岭峡谷地区同类桥梁建设积累了宝贵经验。

（交通运输部公路局）

水路工程建设

水路工程建设投资、资金利用情况

2017年，水运建设行业以党的十九大精神为指引,深入学习贯彻习近平新时代中国特色社会主义思想,坚持以供给侧结构性改革为主线,坚持贯彻落实新发展理念,按照高质量发展要求,开创了水运发展新局面。

全年完成水运建设投资1238.88亿元,比上年下降12.6%。其中,内河建设完成投资569.39亿元,增长3.1%,内河港口新建及改(扩)建码头泊位180个,新增通过能力6597万吨,其中万吨级及以上泊位新增通过能力820万吨,全年改善内河航道里程590.38公里;沿海建设完成投资669.49亿元,下降22.6%,沿海港口新建及改(扩)建码头泊位107个,新增通过能力19581万吨,其中万吨级及以上泊位新增通过能力18153万吨。

水路工程建设

【内河航道】 加快推进内河航道建设项目。长江干线宜昌至昌门溪航道整治二期工程、安庆河段航道整治二期工程、三峡水库变动回水区碍航礁石二期工程全面开工建设;黑沙洲二期、九龙坡至朝天门段航道整治工程施工有序推进;燕子窝水道、鲢鱼山水道、东北水道、江心洲水道投入试运行;长江南京以下12.5米深水航道实现初通。引江济淮工程(安徽段)航部分初步设计批复。汉江雅口、赣江新干等航电枢纽建设进展顺利。西江干线贵港航运枢纽二线船闸工程、西津水利枢纽二线船闸工程施工稳步推进,西江(界首至肇庆)航道扩能升级工程完成主体交工验收。

年末全国内河航道通航里程12.70万公里,比上年减少80公里。等级航道6.62万公里,占总里程52.1%,下降0.2个百分点。其中三级及以上航道1.25万公里,占总里程9.8%,提高0.3个百分点。

各等级内河航道通航里程分别为:一级航道1546公里,二级航道3999公里,三级航道6913公里,四级航道10781公里,五级航道7566公里,六级航道18007公里,七级航道17348公里。等外航道6.09万公里。各水系内河航道通航里程分别为:长江水系64857公里,珠江水系16463公里,黄河水系3533公里,黑龙江水系8211公里,京杭运河1438公里,闽江水系1973公里,淮河水系17507公里。

【港口】 沿海港口重点建设项目有序推进,上海国际航运中心洋山港区四期工程、唐山港京唐港区25万吨级航道工程、连云港30万吨级航道二期工程等一批项目建设进展顺利。年末全国港口拥有生产用码头泊位27578个,比上年减少2810个。其中,沿海港口生产用码头泊位5830个,减少57个;内河港口生产用码头泊位21748个,减少2753个。

年末全国港口拥有万吨级及以上泊位2366个,比上年增加49个。其中,沿海港口万吨级及以上泊位1948个,增加54个;内河港口万吨级及以上泊位418个,减少5个。全国万吨级及以上泊位中,专业化泊位1254个,比上年增加31个;通用散货泊位513个,增加7个;通用件杂货泊位388个,增加7个。

水路工程建设相关法规、政策

【完善《航道法》配套法规体系】 为贯彻落实《航道法》设定的航道通航条件影响评价审核制度,交通运输部在总结1994年以来桥梁通航净空尺度和技术要求审批、涉水工程通航安全影响论证实践经验的基础上,进一步深化"放管服"改革,于1月16日发布《航道通航条件影响评价审核管理办法》(交通运输部2017年第1号令),自2017年3月1日起实施。

【推进水运绿色发展】 着力加快水运绿色发展,强化重点区域和关键领域顶层设计。制定《水运工程绿色发展标准体系》。发布《港口码头能效管理技术规程》。印发《推进长江经济带绿色航运发展的指导意见》,推动长江航运绿色循环低碳发展。

完善岸电法规标准和规划。印发《港口岸电布局方案》,建立信息定期报送和通报机制。修订《港口工程建设管理规定》,落实《大气污染法》关于码头岸电设施建设要求。完成国家标准《码头船舶岸电设施工程技术规范》编制工作,启动《港口船舶岸电系统检验检测标准》《码头船舶岸电设施建设技术规范》等行业标准规范的制定工作。大力推进靠港船舶使用岸电,联合国家能源局、国家电网公司和浙江省人民政府协同推进靠港船舶使用岸电。

进一步推动水运行业应用液化天然气(LNG)。组织完成《船舶液化天然气加注站设计规范》国家标准制定工作。出台《长江干线京杭运河西江航运干线液化天然气加注码头布局方案(2017—2025年)》,构建主要航运干线的LNG水运加注体系。完成对交通运输部水运行业应用LNG首批试点示范项目的总结评估和对第二批项目的现场督察。

着力推进港口船舶污染物治理。推动修订《水污染防治法》,明确地方政府为港口船舶污染物接收设施建设的责任主体,将落实港口船舶污染物接收设施建设任务纳入部省合作协议和水污染防治行动计划考核内容。建立月度督查制度,配合环保部对各省《水污染防治行动计划》2017年实施情况进行考核打分，绝大部分港口完成方案编制并按进度有序推进建设。研究制定长江干线水上洗舱站布局方案。推进原油成品油码头油气回收，编制发布《码头油气回收设施建设技术规范（试行）》，督促首批试点示范项目开展，并完成总结评估。

【推进水运标准化工作】 完善水运工程标准体系。组织开展《水运工程标准体系表》《码头结构施工规范》等一批标准的制定修订工作。发布《水运工程地基基础施工规范》《海上沉船清除打捞工程计价办法及其配套定额》等12本行业标准。持续推动国家"一带一路"建设，促进我国水运建设企业"走出去"，组织完成《航道工程设计规范》等14本水运工程标准外文版翻译发布工作。发布《交通运输部关于在互联网上公开水运工程行业标准的公告》，明确现行的150余项水运工程行业标准向社会公开全部内容。

【加强水运工程技术创新】 积极鼓励水运工程建设技术创新，提高水运工程施工技术水平，加速创新成果转化应用。组织完成2017年度水运工程工法评审和发布工作，共发布水运工程一级工法16项、二级工法8项。促进水运行业重大技术应用，开展BIM技术在水运工程建设领域应用的标准研究工作，配合部公路局起草发布《交通运输部办公厅关于推进公路水运工程BIM技术应用的指导意见》，组织开展《水运工程设计信息模型应用标准》《水运工程施工信息模型应用标准》《水运工程信息模型应用统一标准》编制工作。

（交通运输部水运局）

各 地 建 设

北 京 市

住房和城乡建设工作

概况

2017年，北京市住房城乡建设系统着力推进城乡建设、建筑节能、京津冀协同发展等各方面工作。全年办理房屋建设工程施工许可共681项，总规模2929.59万平方米；房屋施工面积21512.7万平方米；房屋竣工面积2671.1万平方米。保障性住房累计完成投资851.6亿元，全市新开工建设公共租赁房项目0.76万套，竣工2.3万套；经济适用房竣工0.6万套。新开工建设共有产权住房（含限价商品住房、自住型商品住房）0.38万套房源，竣工3.4万套；新开工建设定向安置房5.4万套（含结转），竣工2.7万套；新建商品住房成交4.3万套，均价连续15个月下降；二手住房成交13.4万套。全市累计完成棚户区改造40718户，超额完成全年任务。共确定五大类、230项重点工程，完成投资2781.9亿元。

住房保障工作方面，逐步完善租购并举的住房供应制度，出台共有产权住房管理政策，发布集体土地租赁住房意见，深化保障性住房运营主体改革，推动住房租赁监管平台和交易服务平台上线运行。建立"新北京人"专项分配长效机制，推行"以区为主"分配模式，简化优化审核流程，加大租金补贴力度。全面建立全生命周期标准化实施体系，加强保障性住房后期精细化管理，严格保障房使用监管。从严规范棚户区改造工作，加大老城整体保护力度，全年完成棚户区改造4.95万户，超额完成目标任务。

房地产市场方面，3月以来，北京市连续密集出台10个方面、20多项政策措施，打出政策"组合拳"，从"控需求""增供给"两方面综合施策，规范市场秩序，房地产市场调控工作取得显著成效。房屋管理方面，开展"疏解整治促提升"专项行动。年内城六区和通州区10个试点、43万平方米开展老旧小区综合整治工作并取得积极成效。全市老楼增设电梯开工459部，安装投入运行274部。全年实现棚户区改造4.95万户，超额完成年度改造计划；2013年新一轮棚户区改造以来累计完成改造17.5万户。

建筑业与建筑市场方面，深化落实"放管服"要求，进一步优化营商环境、减轻企业负担，推行以银行保函方式缴纳工程质量保证金、停止建材"两项基金"征收、推进进京企业备案全程电子化申报。深化招投标制度改革，加强信用体系建设，维护建筑市场秩序，全力保障城市副中心、新机场、冬奥会、京津冀协同发展等重大项目建设。深入开展工程质量安全提升三年行动，在住房城乡建设部全国工程质量安全提升行动督导检查中，符合率排名全国第一，全市10项工程获鲁班奖，16项工程获国家优质工程奖。

科技创新引领作用突出，建筑节能和行业绿色发展进展顺利，20项重点科技成果达到国际先进水平，重大项目高品质绿色建筑规模发展，装配式建筑迅速铺开，超低能耗建筑打开局面，大力推行标准化绿色文明施工，扬尘治理成效显著。

法规建设

【推进地方性法规和政府规章立法】 在地方性法规方面，《北京市住房租赁条例》经深入调研、先行先试已形成草案初稿；《北京市物业管理条例》开展立法调研，基本确立了立法思路，计划2018年完成该条例立项论证工作并列入市人大立法计划。在政府规章方面，《轨道交通建设工程安全质量管理规定》已完成立项论证报告，拟报市政府法制办；《建筑材料使用管理规定》已形成草案初稿；《北京市国有土地上房屋征收补偿办法》调研工作已基本完成。

【做好规范性文件制定清理工作】 全年共制发规范性文件30件，均出具合法性审查意见，按时向市政府法制办备案，并在市住房城乡建设委门户网站公开。此外，按照要求开展法律、法规、规章及规范性文件清理工作：市住房城乡建设委代拟市政府规章15部，对其中4部政府规章进行修订，其余11部保留；1980年至2017年由市住房城乡建设委牵头起草的北京市政府文件160件，保留35件，宣布失效49件，不予处理76件；市住房城乡建设委现行有效规范性文件639件，决定废止106件，决定保留533件，保留文件中有24件需要修订。

【完成行政执法考核任务指标】 年内，建立全市住房城乡建设系统行政执法情况按月通报制度，多次召开全市执法工作推进会，确保本年度依法行政考核指标任务完成。市、区住房城乡建设系统纳入考核的A类行政执法人员412人，2017年总计实施行政处罚8543起，实施行政检查45315次，人均行政处罚量20.74件，人均检查量109.99件；市政府法制办录入行政处罚职权584项，已履行行政处罚职权149项，职权履行率25.51%，职权履行均衡度82.55%。各项行政执法考评指标全部满分完成。

【强化行政处罚职权清理】 按照市政府审改办、市政府法制办工作要求，针对"9+X"行政职权设置中存在的职权重复、设置不合法等突出问题，对已公布的831项行政职权进行全面梳理，初步研究拟撤销、合并、变更、划转、下放、新增涉及的509项职权，职权数量由831项缩减至478项。截至2017年底，市住房城乡建设委除行政处罚之外的74项其他职权事项已经市编办审核通过，其中行政给付1项、行政检查3项、行政确认2项、行政许可16项、其他职权52项，已在市政府首都之窗及市住房城乡建设委网站公布。

房地产业

【房屋征收拆迁管理】 4月18日，印发《关于废止房屋拆迁单位管理办法相关文件的通知》，取消房屋拆迁单位资质核准，破除行业壁垒，引导各区房屋拆迁管理部门建立服务行为动态评价制度，加强对房屋拆迁服务机构事前提醒和事中、事后监管，规范服务行为，提升服务质量。10月13日，印发《关于加强征收拆迁安置房源统筹管理工作的通知》，明确各区应建立安置房源统筹管理长效机制，做好安置房源的建设、分配、销控和回收等工作，指定专人加强相关补偿安置信息填报，逐步实现全市房屋征收拆迁补偿工作精细化、信息化管理。年内全市核发国有土地上房屋征收决定17个，征收房屋建筑面积69万平方米，涉及14046户；核发集体土地上房屋拆迁许可证30个，拆除房屋建筑面积220万平方米，涉及8075户。全市房屋征收拆迁共签约住宅户数20357户，涉及住宅建筑面积215万平方米。全市共清理完成在征在拆项目85个。

【房地产开发管理】 年内，加快推进在途房地产项目开工入市，在做好需求端调控的同时，全面增强商品住宅市场供应能力。从3月中旬开始，全面启动了"1300万+950万"在途商品住宅专项任务的推进工作，对全市拿地未开工和开工未入市项目实施专项推进，加大供给力度，提升有效供给，稳定房地产市场预期。截至11月底，1300万平方米拿地未开工项目推进858.6万平方米，推进率65.4%，950万平方米开工未入市项目推进582.7万平方米，推进率60.4%。加强配套设施建设管理，9月28日印发《关于进一步加强居住项目代征城市道路用地和配套设施建设管理的通知》，明确将《居住项目建设方案》纳入到项目招标投标、施工许可、质量监督、竣工验收备案和测绘备案、销售等管理环节中，强调开发企业在居住项目代征城市道路用地和配套设施建设工作中应承担的责任。加强开发企业资质管理工作，取消房地产开发企业二级及以下资质证书作废声明，深化开发企业负责人面谈制度。截至2017年底，全市资质有效期范围内房地产开发企业2414家，其中一级企业84家，二级企业131家，三级企业96家，四级企业1537家，暂定级企业566家。2017年全市新设立房地产开发企业293家。依法注销企业483家。

【商品房供应和成交情况】 供应方面，2017年北京市共批准商品房预售许可证216个，商品房建筑面积685.4万平方米，其中商品住宅项目120个、建筑面积348.9万平方米、2.6万套；保障性住宅项目18个、建筑面积94.5万平方米、1.3万套。商品现房销售确认面积205.3万平方米，其中住宅74.6万平方米。成交方新建商品住房网签量4.3万套、均价3.79万元/平方米，稳定在每月3000～4000套的较低水平。二手住房网签量13.4万套、成交均价6.08万元/平方米，环比下降0.1%，连续6个月环比下降，较价格高点时的3月份下降10.5%。

【严格落实房地产调控要求】 3月以来，针对北京市房地产市场出现的不良倾向、热点现象及政策漏洞，及时果断强化调控措施，连续、密集出台了10个方面、18项政策措施，疏堵结合，有效抑制了投资投机需求。进一步收紧限购限贷政策，对非京籍居民家庭以纳税为依据购房的，由连续五年调整为连续60个月在北京市缴纳个人所得税；对住宅平房实施限购。提高二套房贷款首付款比例并"认房又认贷"，且对离婚一年以内的房贷申请人，参照二套房贷款政策执行，暂停发放25年以上贷款，并对购房资金等严格监管，防止"热钱"炒房。3月20日，发布《关于加强国有土地上住宅平房测绘、交易及不动产登记管理的通知》，要求严格依照规划许可内容和不动产权登记证明记载的房屋平面布局进行测绘成果审核和不动产登记，严控住宅平房一间擅自分割为多间的行为。3月26日，发布《关于进一步加强商业、办公类项目管理的公告》，明确商办类项目未经批准不得擅自改变为居住用途，新建商办类项目最小分割单元不得低于500平方米，在建、在售项目不得面向个人销售，此前已售项目再交易时如出售给个人，严格执行限购政策，并暂停办理个人购房贷款。

【完善商品房交易监管机制】 建立预售项目售前约谈机制，自2016年"9·30"开始，对新批准的预售项目负责人、销售负责人逐个进行约谈，详细讲解北京市调控政策，要求企业严守承诺，遵守政策；加强商品房销售监管，严格商品住房预售、现售的价格引导，严格执行一房一价，明码标价，指导各区落实好稳定房价的属地责任，截至12月底，全市共批准商品房预售许可证216个，面积685.4万平方米。优化存量房交易、登记信息系统，在将系统发证房屋的房源核验时限由10个工作日压缩至5个工作日基础上，协调不动产登记部门压缩整体购房资格审核和非系统发证房屋的房源核验时限；研究实施"交易告知单"制度，在确保交易登记安全的基础上，压缩各环节工作时限、精简审核要件，逐步提高二手房交易效率。研究修订《存量房买卖合同示范文本》，通过合同示范文本规范买卖双方当事人及经纪机构行为，维护各方合法权益。

【培育和规范住房租赁市场】 年内，通过组织专题调研、专家论证、企业座谈等形式，抓紧推进《北京市住房租赁条例》立法工作，同时积极参与国家《住房租赁管理条例》调研起草相关工作。4月14日，发布《关于本市企业自持商品住房租赁管理有关问题的通知》，从自持年限、出租期限、项目转让、网上签约等方面严格规范自持租赁住房经营管理，明确禁止"以租代售"。9月29日，发布《关于加快发展和规范管理本市住房租赁市场的通知》，从增加租赁住房供应、建立监管平台、明确行为规范、加强市场监管等方面明确提出规范发展住房租赁市场的具体措施要求。该通知10月31日正式实施，租赁监管平台和交易服务平台同步上线运行。

【加强中介行业秩序整顿】 年内，严格中介机构备案管理，为避免行业无序发展和扩张，限制机构新设立门店，注销未在备案地经营的245家经纪机构备案。加大对违规中介机构惩罚力度，在"北京企业信用信息网"首页开辟"被关停房地产经纪机构信息"专栏，集中公示了联合执法检查中被责令关停的房地产经纪机构，对存在违规违法经营行为的经纪机构进行登记限制。同时，推进房地产中介信用体系建设，研究制定《关于加强北京市房地产经纪机构备案及经营场所公示管理的通知》；进一步理顺工作职能，明确中介机构、开发企业钥匙盘发放与激活、销售人员备案、特殊网签注销等事项的职能分工、办理标准等；推动北京市房地产经纪地方规章立法进程，完善经纪行业管理政策法规体系；开展全市房地产估价行业管理工作会暨房地产估价师证书挂靠专项治理工作。截至12月底，全市备案房地产经纪机构2919家，分支机构4354家；备案的房地产经纪从业人员135765人。全市共有房地产估价机构160家，其中一级估价机构51家、二级估价机构33家、三级估价机构62家、三级暂定估价机构3家、军队估价所3家；外地一级机构在京分公司8家。

【老旧小区综合整治试点项目】 截至年底，10个试点项目节能改造、拆除违法建设、整治地下空间均已完成；增设电梯43部，补建停车设施共实施272个立体车位，已完成35个；补建养老和社区服务设施共实施4处，已完成1处；此外，架空线入地、室外雨污水管线改造、电力增容按计划积极推进中。10个试点项目中，西城区3个试点项目已按计划于2017年12月底前全部完成，东城区胡家园东区计划于2019年三季度完成改造，其他试点项目预计于2018年第二季度完成改造。

【城镇房屋安全管理】 为掌握北京市城镇房屋安全状况，及时发现和解除危险隐患，2017年11月至2018年2月，组织实施城镇房屋安全检查。实查城镇房屋67938万平方米，为应查（不包括军产、外事用房及厂矿工业用房等）70315万平方米的96.62%。检查电梯89280部，检查率为98.59%；检查高层二次供水水泵35236台，检查率为97.16%；检查避雷装置193235个系统，检查率为99.22%。2017年北京市经房屋安全鉴定机构鉴定为危险房屋共计427栋，面积562556平方米，其中，C级房屋210栋，面积为232203.07平方米，D级房屋206栋，面积为320453平方米，严重损坏房屋11栋，面积为3608.76平方米。根据上报数据，按月向危险房屋所在地房屋行政主管部门发放《鉴定为危险房屋情况的通报》，督促各区房屋行政主管部门及时落实解危监管责任,督促危险房屋的安全责任人、管理人及时解危。经各区房屋行政主管部门反馈已经解危的房屋191栋,面积213061平方米,占全部危房面积的44.73%。

【物业服务管理】 截至年底,全市物业企业总量为3135家,其中一级企业166家,二级企业404家,三级企业2237家,三级企业(暂定)200家,外埠在京企业128家。全市有物业服务项目6815个,建筑面积6.2亿平方米,约占全市房屋总规模的63%。其中,住宅类项目3825个、44972万平方米,商业类项目319个、1472.55万平方米,商住类项目185个、1808.81万平方米,写字楼项目755个、3027.33万平方米,行政办公楼项目722个、2141.36万平方米,工业类项目217个、1218.31万平方米,综合类项目792个、7174.34万平方米。

【房屋测绘管理】 年内,共实施房产测绘项目70个、工程测量项目12个,建筑规模共计975.9万平方米。其中,已完成测绘项目57项、建筑面积480.2万平方米,在施测项目25项、建筑面积495.7万平方米。受理转移登记图表474项(1777户),成果发放387项(1684户),接待来人、来电2634人(次)。累计完成创收901.68万元。完善政策性住房的各项经济技术指标审核,作为专家组成员,就项目报规面积、共有面积分摊、申报配套经济技术指标等方面为开发单位提供技术支持并答疑解惑,共参会30次,涉及参审项目39个。

住房保障

【保障性住房建设情况】 年内,全市共建设筹集公共租赁住房项目10个,约0.76万套房源,实现竣工项目24个,约2.3万套房源;全市经济适用住房项目实现竣工4个,约0.6万套房源;全市新开工建设共有产权住房(含限价商品房、自住型商品房住房)项目9个,约0.38万套房源,实现竣工项目34个,约3.4万套房源;全市新开工建设定向安置住房项目36个,约5.4万套房源,竣工项目21个,约2.7万套房源。

【出台共有产权住房管理政策】 9月20日,北京市印发《北京市共有产权住房管理暂行办法》(京建法〔2017〕16号),并于9月30日正式实施。该办法共六章38条,对共有产权住房的规划建设、审核配售、产权约定和监督管理等方面进行了明确规定,通过产权共有的方式,科学确定个人与政府利益分配机制,实行封闭管理、内部流转,打消投资投机空间,回归住房居住属性。《北京市共有产权住房规划设计宜居建设导则(试行)》同步实施,该导则明确了共有产权住房设计、建造、评价、管理等标准化技术体系。截至年底,共有产权住房项目共有42个、4.4万套,启动网申项目5个项目、3937套。

【印发集体土地建设租赁住房工作意见】 10月31日,发布《关于进一步加强利用集体土地建设租赁住房工作的有关意见》(京规划国土发〔2017〕376号),明确集体租赁住房的准入条件、建设地点、申报主体、资金筹集、租赁模式等相关政策措施。规定项目未经批准,不得出让、转让,不得转租,不得改变土地用途,不得对外出售或以租代售;集体经济组织可自行建设,也可与国有企业合作开发,农村集体经营性建设用地入市试点区域,也可在项目地块公开入市交易后,由土地竞得者进行开发建设;鼓励趸租作为公共租赁房使用,面向公共租赁房备案家庭或人才配租。年内,全市共供应集体土地租赁住房地块39个、203.8万平方米。

【建立"新北京人"专项分配长效机制】 年内,全面贯彻落实中央"以满足新市民为主要出发点"有关要求,在园区人才公共租赁房基础上,从共有产权住房、公共租赁房拿出不少于30%的房源,面向符合条件的非京籍家庭配租配售。全年推出面向"新北京人"共有产权住房1182套、公共租赁房项目774套。此外,结合三城一区和重点功能区建设,面向各类人才、为首都城市运行提供服务和保障的有关行业人员开展公共租赁房专项配租。

【简化保障性住房审核流程】 年内,进一步精简保障性住房申请材料,申请家庭无需提交公积金纸质证明材料,通过信息共享方式,让群众少跑腿。优化资格查询流程,单位查询的,由需求方向区住房保障部门统一提出申请;个人查询的,通过市住房城乡建设委官网直接查询,解决资格查询"最后一公里"问题。年内,全市住房保障资格受理申请6.6万户,市级备案通过6万户。其中公共租赁房实物申请5.1万户,市级备案通过4.6万户(含三房轮候家庭0.13万户),申请量同比增长77%,备案量同比增长104%。

【加大租房补贴发放力度】 加大对老龄、重残、大病等特困家庭补贴力度,减轻低收入困难家庭租金负担,确保家庭住得起、住得稳。年内,市场租房补贴发放1.93万户、1.86亿元,累计发放4.97万户、14.51亿元;公共租赁房租赁补贴发放1.97万户、2.23亿元,累计发放2.32万户、5.42亿元。共有产权住房累计入市42个项目、4.4万套,启动网申5个项目、3937套。

【推行"以区为主"分配模式】 进一步完善保障性住房分配政策，房源分配实行年度计划管理，由各区政府根据区域功能定位和发展方向确定配售对象及排队规则，各区房源优先面向本区户籍或在本区工作的家庭分配，不再组织全市大摇号，有效促进职住平衡、产城融合。同时发挥市级房源统筹作用，在城市发展新区调配公共租赁住房对接东城、西城区，为疏解工作创造条件。年内，全市公开分配公共租赁住房1.16万套，累计启动分配15.76万套，整体分配率达78.8%。

【完善区级保障性住房专业运营管理平台】 5月10日，印发《关于完善区级保障性住房专业运营管理机构的指导意见》，要求各区组建本区保障性住房专业运营管理企业，负责本区保障性住房投融资、建设收购、运营管理等职责，并作为共有产权住房政府份额的代持机构，力求通过打造优势互补的市区两级平台，促进保障房运营管理市场化、专业化、规范化。截至年底，全市已有顺义、通州、海淀、昌平、门头沟5个区组建成立区级保障性住房专业运营企业。

【加强保障性住房配套设施建设】 11月7日，印发《关于进一步加强保障性住房项目红线外配套市政基础设施建设的通知》，要求各区落实属地管理责任，完善项目台账，统筹推进红线外配套市政基础设施建设、投资等工作；各市政专业公司要优先投资建设；严格按既定时间节点推进列入2016－2018年建设计划的项目，确保市政配套设施与住宅同步建设、同步交用。

【严格保障性住房使用监督管理】 年内，开展公共租赁房年度检查工作，对138个公共租赁房项目的运营管理、使用监管、物业服务进行专项检查，公共租赁房满意度打分连续五年上升。严厉查处公共租赁房转租转借等违规行为，注重运营管理"精细度"。此外，加大社会公共服务协调力度，市保障房中心持有公共租赁房项目承租家庭子女就近入学需求基本满足，燕保京原家园等8个公共租赁房小区首次列入全市社区规范化建设试点，获得市社会办专项资金支持，社会服务均等化水平进一步提升。

【棚户区改造工作】 年内，北京市重大项目办会同市住房城乡建设委等部门编制了"2018—2020"三年专项行动计划，明确2018—2020年棚户区改造计划为108个项目、6.73万户。11月17日，市住房城乡建设委、市重大项目办联合印发《关于进一步规范我市棚户区改造工作的若干意见》（京建发〔2017〕481号），从项目准入、项目规模、纳入程序、过程监管等四个方面对北京市棚户区改造工作进行从严规范，严控拆占比、拆建比等关键指标，严格控制棚户区改造项目成本、人口及建筑规模。1～12月，全市累计完成棚户区改造（签订协议、搬迁腾退及修缮加固）49540户，完成全年任务（36000户）的138%，涉及人口约27.6万人，完成全年任务（222393人）的124%，累计完成投资910.6亿元，占全年任务（750亿元）的129%。16个区全部完成与市政府签订责任书目标。

【推进中心区人口疏解安置房建设】 按照市政府统一部署，在昌平、房山、大兴和顺义四区选址集中建设核心区人口疏解安置房4万套（每区1万套），四区政府选取房山区长阳镇06、07街区等9个地块。截至年底，顺义区临河村项目和房山区长阳镇06、07街区项目已经基本完成拆迁工作，约8000套房源已具备开工手续。

住房公积金管理

【住房公积金年度归集使用情况】 截至2017年底，北京地区建立住房公积金单位19.25万个、职工988.62万人，当年住房公积金缴存职工新增88.81万人。当年归集住房公积金1711.59亿元，提取1261.91亿元，净增449.68亿元。累计归集11116.27亿元，累计提取7396.91亿元，余额3719.37亿元。北京地区当年发放住房公积金个人贷款5.78万笔、金额535.78亿元，回收金额269.02亿元，净增266.76亿元。累计发放住房公积金贷款102.77万笔、金额5527.32亿元，回收金额2027.13亿元，余额3500.20亿元。累计发放政策性贴息1.35万笔，贴息额度49.61亿元。累计发放支持保障性住房建设贷款36笔，金额291.28亿元。

【助推企业减轻负担】 2017年，持续推进《关于调整住房公积金缴存比例的通知》，北京地区企业缴存继续实行5%～12%比例政策，其他性质单位的缴存继续实行12%比例政策；单位和个人月缴存基数上限（全市上年度职工月平均工资3倍）为23118元，下限（全市最低工资标准）为2000元，为此按照12%比例计算的职工和单位月缴存额上限均为2774元，下限为240元。共有1018家企业按规定在5%～11%之间确定缴存比例，审批同意1家企业缓缴住房公积金，切实减轻企业单位尤其是小企业缴存公积金的负担，增强了企业的市场活力。

【提升住房公积金归集管理服务水平】 7月28日，出台《北京住房公积金管理中心关于进一步改进服务加强住房公积金归集管理有关事项的通知》（京房公积金发〔2017〕58号），与市住房城乡建设委、市规划国土委、市人力社保局实现互联互通，做到住房公积金缴存人住房和社保信息的共享，提高审核材料的准确性。协同经办银行，实现外部转移、法定退休、单位开户一站办理，方便办事群众。按照"简政放权、放管结合、优化服务"要求，加强对外服务规范管理，简化提取材料，取消"异地购房证明""离职证明""收入证明"等多项证明类材料，畅通了异地贷款购房提取的业务办理渠道，提升了客户服务水平。

【实施差别化信贷政策】 3月17日，北京市印发《关于完善商品住房销售和差别化信贷政策的通知》（京建法〔2017〕3号），实行差别化信贷政策，停止发放25年期以上住房公积金个人贷款；3月24日，与中国人民银行营业管理部等联合印发了《关于加强北京地区住房信贷业务风险管理的通知》（银管发〔2017〕68号），对离婚一年内申请贷款的，按二套房贷款政策执行，坚决遏制投资、投机需求，发挥公积金对合理住房消费的支持作用。截至2017年底，累计发放住房公积金个人贷款102.77万套，发放金额5527.32亿元；当年贷款发放金额736亿元，涉及5.78万套住房，首套房贷款占90.6%，重点支持中低收入家庭解决基本住房需求，政策性作用发挥显著。全面放开二手房住房公积金评估机构范围，推动建立更加公平的评估市场环境。

【推进公共租赁住房项目贷款】 住房公积金公共租赁住房项目贷款按时接续发放。截至2017年底，住房公积金发放公共租赁房项目贷款4个，余额30.07亿元，其中北京地方在贷公共租赁房项目3个，余额15.07亿元；中央国家机关分中心在贷项目1个，余额15亿元。

城市建设

【施工许可办理情况】 年度内北京市共办理施工许可1843项，其中，房屋建设工程共681项，总规模为2929.59万平方米、同比下降15.45%，连续两年均下降约18%；市政基础设施工程共199项，合同价款89.83亿元、同比下降7.46%；装饰改造工程共963项，总规模为959.18万平方米、同比下降23.6%。上述办理施工许可的房屋建设工程中，住宅项目共249项，建筑面积1358.62万平方米，同比持平，其中商品住宅775.18万平方米、同比上涨16.61%；其他类住宅（含政策性住房、职工自建房等）583.44万平方米、同比下降17.63%。

【重点工程建设情况】 年内，北京市重点工程分五大类共230项，其中续建128项，计划新开工102项，力争竣工40项，总投资约1.3万亿元，年计划投资约2744亿元。重点工程全年新开工85项，竣工35项；年度完成投资2781.9亿元，占年度投资计划101.4%。从各类项目年度投资计划执行情况看，京津冀协同发展项目、"高精尖"产业项目、生态环境提升项目、基础设施项目及民生改善项目分别占年度计划98.5%、80.7%、73.0%、103.8%、117.4%。

【北京市中低速磁浮交通示范线（S1线）竣工】 工程位于北京市西部，西起门头沟石厂站，东至石景山区苹果园站，线路全长10.21千米，除石景山段约0.278千米的隧道段外，其余全部为高架线。全线设车站8座，全部为高架车站。

【轨道交通燕房线主线工程竣工】 工程主线起自燕山站（原燕化站），沿燕房路、京周路、大件路，至阎村车辆段南侧、大件路北侧的阎村东站。主线全长14.4千米，均为高架线，平均站间距1.657千米，最大站间距2.077千米；全线共设置9座高架车站。

【轨道交通西郊线工程竣工】 位于北京市西北部，起于香山地区4号停车场的香山站，止于地铁10号线巴沟站。全长约8.863千米。该线是连接北京市主城区和香山风景区的一条服务于西郊风景区，以旅游、休闲、观光为目的的现代有轨电车线路，也是北京市第一条现代有轨电车线路。

【北京市市管城市道路大修工程竣工】 工程位于北京市西单北大街、西四北大街、西四南大街、鼓楼西大街。主要工程量包括道路工程、慢行系统整治工程、排水工程、交通工程等内容。道路工程需治理路面病害、道路结构补强、整体加铺建新、更换路缘石及人行道面砖、完善人行系统及无障碍设施等。

【京开高速拓宽工程竣工】 工程位于大兴区京开高速魏永路至西黄垡桥段，为高速公路，全长11.4千米，设计时速120千米，工程总投资159174万元。2016年6月开工，2017年12月完工。

【中心城区污水及再生管线建设工程竣工】 工程位于朝阳区、海淀区、丰台区、石景山区，共建设污水管线100千米、再生水管线30千米，工程总投资100000万元。2017年9月开工，2017年12月竣工。

标准定额

【编制完成装配式定额】 3月，配合住房城乡建设部及北京市推广装配式建筑行动计划，落实北京市政府《关于加快发展装配式建筑的实施意见》（京政办发〔2017〕8号）要求，完成《〈北京市建设工程计价依据——预算消耗量定额〉装配式房屋建筑工程》的编制、颁发和宣贯工作。5月，配套发布《关于执行2017年〈北京市建设工程计价依据——预算消耗量定额〉装配式房屋建筑工程〉有关规定的通知》（京建法〔2017〕8号），在预制率的计算、措施项目的优选、企业管理费的计取和定额表现形式上均有所突破和创新，填补了北京市计价依据的空白。该定额于6月1日起执行。

【编制完成绿色建筑定额】 根据住房城乡建设部《关于加快绿色建筑和建筑产业现代化计价依据编制工作的通知》（建办标函〔2015〕1179号）要求，3月，完成涵盖房屋建筑与装饰、通用安装、市政、园林绿化、城市轨道交通五个部分的《〈北京市建设工程计价依据——预算消耗量定额〉绿色建筑工程》的编制、颁发、宣贯工作。10月，配套发布《关于执行2017年〈北京市建设工程计价依据——预算消耗量定额〉绿色建筑工程〉有关规定的通知》（京建法〔2017〕22号）。绿色建筑定额的执行，满足了绿色建筑工程项目的计价需要，为合理确定和有效控制绿色建筑工程造价提供了支撑。该定额自10月1日起执行。

【完成老旧小区综合改造技术经济指标编制】 为满足老旧小区综合改造项目中投资估算、资金计划与控制以及工程招投标等方面的需求，7月，编制完成《北京市老旧小区综合改造技术经济指标》（2017），包括多层住宅楼加装电梯、抗震加固改造、给排水及采暖工程系统改造等32个专项造价指标。

【发布工程造价信息】 为确保《工程造价信息》发布内容科学合理，继续加强网员单位管理，完善网员信息报送制度，提高网员单位信息报送次数和质量。年内，共发布8位码《工程造价信息》（含税版、营改增版）12期，发布建筑、安装、市政、古建、园林绿化工程等专业人工、建筑产品及设备市场信息价格，以及机械、模板和脚手架等市场租赁价格信息近14300条；新增装配式构件、人防门、骨料保温混凝土、复合轻集料等信息约1700条。此外，开辟符合绿色建筑标准的材料参考信息价专栏，助力绿色建材应用和推广，为市场主体使用提供更多选择。

【做好计价依据咨询解释工作】 年内，通过服务窗口、电话、预约和专项咨询等多种形式，继续开展全方位工程计价依据咨询服务。坚持每周三、五对社会义务咨询调解服务工作，共接待来访单位2053家，人员2421人次，解答问题3990个，涉及工程项目1151个，合同金额2292.47亿元，建筑面积8465.99万平方米。严格落实热线电话值班制度，耐心解答来电人员问题。开展预约造价咨询6项，定期赴北京城市副中心、新机场等重点工程工地开展专项咨询服务。针对社会关注的难点和共性问题，以及日常造价咨询解释涉及的问题进行分类汇总和分析，并发布计价依据解读。

【推进京津冀工程计价体系一体化】 年内，为贯彻国务院《京津冀协同发展规划纲要》精神，加快推进京津冀工程造价管理一体化，在住房城乡建设部的协调指导下，市住房城乡建设委、天津城乡建设委和河北住房城乡建设厅共同开展京津冀计价体系一体化试点工作。3月，向住房城乡建设部上报《关于开展工程计价体系一体化试点的请示》。4月，住房城乡建设部印发《关于同意开展工程计价体系一体化的回函》。5月，签订《推进京津冀工程计价体系一体化合作备忘录》，在河北石家庄组织召开京津冀工程计价体系一体化实施方案研讨会。7月，印发《推进京津冀工程计价体系一体化实施方案》。8月，在天津组织召开造价信息组专业工作方案研讨会。9月，在北京召开计价标准组和宣传报道组专业工作方案研讨会，启动《京津冀城市地下综合管廊工程预算消耗量定额》编制工作。10月，完成《京津冀城市地下综合管廊工程预算消耗量定额》编制方案。11月，组织专家评审会通过地下综合管廊工程土建、安装、市政管线三个专业约4600个定额项目划分，定额编制试点各项工作稳步推进。年内，为初步实现数据一体化，统一了京津冀工程造价信息，分阶段逐步完成造价信息同步、同版、同载体发布，并搭建京津冀工程造价信息共享平台。

工程质量安全监管

【贯彻落实《北京市建设工程质量条例》】 年内，对北京市政路桥集团、轨道公司等单位质量管理人员以及施工作业人员进行了专题培训，共计1500余人参加，引导公众知晓并遵守《北京市建设工程质量条例》（以下简称《条例》）。全年市区工程质量监督执法机构共依据《条例》实施行政处罚636起，处罚金额1010.8万元，发挥了监督执法对《条例》贯彻实施的监督作用。

【质量安全提升行动取得良好成效】 年内，成立"北京市工程质量安全提升行动工作领导小组"，5月2日印发《北京市工程质量安全提升行动工作方案》，并于5月5日召开全市提升行动动员部署电视电话会议，全面部署具体工作任务。8月29日至9月1日，住房城乡建设部督查组来京对北京市工程质量安全提升行动进行督导检查，重点检查了北京市部署开展工程质量安全提升行动情况，贯彻落实国家工程质量安全法律法规、规范性文件情况，工程质量安全监督机构建设情况等内容，并随机抽查5个结构在施工程项目，共检查质量安全分项834项，其中符合774项，不符合60项，符合率92.8%，符合率位列全国第一。

【开展工程质量检查与整治】 7月和11月，两次组织开展全市工程监理专项检查，检查了北京市48个在建工程项目的监理履责情况。8月2日，市住房城乡建设委对上半年发生施工安全事故项目的监理企业进行约谈告诫。11月，组织开展了重点工程、轨道工程、民生工程等领域的钢筋质量专项执法检查，对钢筋等建筑材料进场试验、检验情况进行了监督执法检查，严厉打击使用"瘦身"钢筋。年内，还开展了上下半年保障性安居工程预拌混凝土驻厂监理专项检查，对10家驻厂监理单位所涉及40个搅拌站的驻厂监理资料、生产现场实验室、原材料库和生产环境等进行重点检查；对全市工程项目电线电缆进场检验、电线电缆施工技术资料、监理单位见证和审查等情况进行了执法检查，共检查项目388项次。

【20项工程荣获中国建设工程鲁班奖】 年内，中国建筑业协会发布2016～2017年度中国建设工程鲁班奖获奖名单。其中，北京地区由北京建工集团承建的雁栖湖国际会展中心、奥林匹克公园瞭望塔，北京城建集团承建的中国国学中心工程，中建一局集团建设发展有限公司承建的亦庄云计算中心项目等20项工程获奖，获奖数量创历届新高，占全国总数的8.4%。其中，和田市北京医院成为北京首个荣获鲁班奖的援疆项目。

【建立健全工程质量监督工作制度】 12月13日，印发修订后的《北京市房屋建筑和市政基础设施工程质量监督档案管理规定》（京建发〔2017〕534号），规范了建设工程质量监督档案的收集、整理、立卷和归档等工作，确保建设工程质量监督档案真实、完整、规范、有效；11月29日，印发《关于进一步明确市区两级建设工程质量监督执法工作分工的通知》（京建发〔2017〕498号），明确市区两级工程质量监督工作范围，落实监管责任。

【开发全市安全监督管理信息平台】 年内，组织实施了北京市安全监督管理信息平台开发建设的相关工作。截至年底，安全监督管理信息平台已进入调试运行阶段，初步具备上线条件，配套安全监督平台APP移动端也正在同步开发中，可为工程安全监督管理智能化"APP＋Web"服务提供可靠保证。

【完善信息监管系统】 在房屋建筑和市政基础设施工程质量检测报告中统一增加二维码防伪标识，升级检测监管系统。检测报告使用单位可以扫描二维码，通过委托编号、检测项目、工程名称、工程部位、委托单位、检测结论、检测机构、报告日期、唯一编码等信息，高效、便捷地对检测报告进行验证，杜绝篡改、伪造预拌混凝土检测报告的行为。完善预拌混凝土生产、使用管理信息平台，召开研讨会对全市数据进行摸底调查，建立平台数据预警制度，对预拌混凝土生产企业关键岗位人员以及生产数据进行实时预警。

【完善安全生产责任体系】 6月15日，北京市住房城乡建设委党组出台《市住房城乡建设委安全生产"党政同责、一岗双责"规定》（京建党组〔2017〕9号），建立了以党组书记为第一责任人的安全生产责任体系，明确党政领导和相关业务部门的安全生产管理职责，将安全生产工作纳入干部考核体系和党组会议内容，在"管业务必须管安全"的基础上进一步强化党组织在安全生产工作的重要作用，完善了安全生产"党政同责、一岗双责"的责任体系。

【试行安全总监制度】 7月18日，印发《关于进一步强化建筑施工企业安全生产主体责任的通知》（京建发〔2017〕284号），明确建筑施工企业安全生产管理机构设置和人员配备要求，并在全市建筑施工总承包特级和一级企业试行企业安全总监制度，在达到一定规模的工程和申报绿色安全工地的工程，试行项目安全总监制度。

【开展安全质量监督执法工作】 年内，监督在施单体工程533项/标段，同比基本持平，其中房建单体工程86项，建筑面积1145.8万平方米；市政单体工程332项，投资额125.6亿元；轨道交通工程共计115个标段。

【全年安全生产形势平稳可控】 2017年，北京市建设系统共发生生产安全事故14起，死亡14人，其中高处坠落9起，占64.3%；物体打击3起，占21.4%；机械伤害2起，占14.3%。全年未发生死亡2人及以上生产安全事故，事故起数和死亡人数较上年（26起26人）均下降46%。

建筑市场

【完善建筑市场政策法规】 年内，为贯彻国务院关于维护市场公平竞争的要求，对已施行的工程保证担保制度进行调整，通过废止《关于工程建设保证担保的若干规定》（京建法〔2006〕938号）和《关于实施〈关于工程建设保证担保的若干规定〉有关工作的通知》（京建市〔2006〕1267号），修订《关于进一步规范房地产开发项目工程保证担保的暂行办法》（京建法〔2008〕134号），重新制发《关于进一步规范房地产开发项目工程保证担保的办法》（京建法〔2017〕23号），进一步完善了房地产开发项目应当实行工程款支付保证担保和承包人履约保证担保的政策性要求，减少了对开发商、施工企业办理工程担保的限制性措施。

【加强建筑市场执法】 7月，制发《关于在本市建筑工程施工现场加强建筑市场执法检查工作的通知》，对建筑市场执法的范围、内容、方式、标准等做出明确规定，初步解决了长期以来建筑市场执法范围模糊、履职缺乏标准等难题，理顺了市区两级住房城乡建设主管部门的职责分工，为加强对建筑市场执法的量化管理奠定了基础。组织开展2017年建筑市场违法发包、分包、转包及挂靠等违法行为专项执法检查。

【推进建筑市场执法标准化、规范化和专业化建设】 7月24日，在近年来实践探索的基础上，印发《关于在本市建筑工程施工现场加强建筑市场执法检查工作的通知》，这是第一个对建筑市场执法的范围、内容、方式、标准等做出明确规定的规范性文件，解决了长期以来建筑市场执法范围模糊、履职欠缺标准等问题，理顺了市区两级建设行政主管部门的职责分工，为建筑市场执法量化管理奠定了基础。

【推行工程总承包模式】 年内，为贯彻落实《国务院办公厅关于大力发展装配式建筑的实施意见》（国办发〔2016〕71号），加快推进装配式建筑和工程总承包模式发展，提升工程建设管理水平，12月26日，印发《关于在本市装配式建筑工程中实行工程总承包招标投标的若干规定》，在北京市装配式建筑工程中推行工程总承包招标投标。

【加强招标投标管理】 3月6日，印发《北京市建设工程电子化招标投标工作实施方案》，提出全市范围各类建设工程招标投标全面实施电子化的目标。7月1日起，北京市建设工程电子化招标投标在市区两级得到全面实施。8月30日，发布《关于进一步加强建设工程评标专家管理的通知》，加强评标专家入库管理，完善评标专家库功能，建立评标专家信用管理制度。全年办理施工总承包发包交易2917项、交易额2417.9亿元；完成监理服务交易2029项、交易额40.2亿元；完成专业承包工程招标582项、中标价73.89亿元，完成专业分包工程招标676项、中标价162.08亿元，完成材料设备招标817项、中标价56.7亿元。

【深化"放管服"改革】 12月26日，北京市印发《关于在本市装配式建筑工程中实行工程总承包招标投标的若干规定（试行）》，加大改革创新力度，破解装配式建筑招标难题。11月8日，印发《关于开展房屋建筑和市政基础设施工程招标投标改革试点工作的通知》和《关于开展最低价中标试点工作的通知》，开展民间投资工程由建设单位自主决定发包方式和最低价中标试点工作。此外，落实《国务院关于加快推进"互联网+政务服务"工作的指导意见》要求，全面梳理公共服务事项，实行清单管理、动态调整，进一步推进管理服务规范化、标准化，实现公共服务事项全程网上办理。

【完善建筑市场信用体系建设】 为完善守信联合激励和失信联合惩戒制度，7月28日，北京市住房城乡建设委印发《失信被执行人信用监督、警示和惩戒机制建设任务分解方案》，明确了各项任务的责任单位及要求，加快制定对失信被执行人实行信用监督、警示、惩戒的具体措施。11月，修订了施工总承包企业诚信评价标准，印发了《关于印发〈北京市建筑施工总承包企业市场行为信用评价标准（2017版）〉和〈北京市建筑施工总承包企业中注册建造师市场行为信用评价标准（2017版）〉的通知》（京建发〔2017〕495号）。新标准于12月正式实施。年内，升级建筑市场监管平台，准确及时地掌握全市建筑市场主体规模、资质及从业人员情况。对建筑市场监管平台评分标准进行调整，重建评价模型，通过对企业和人员数据的分析，实现了企业和人员的等级信用评价，进一步实现对建筑主体的智能化监管。截至12月底，门户网站主动公开业绩、获奖、违法违规等10类信息，实现对4041家总包企业、491家监理企业、80家质量检测机构，104172名建造师、12336名监理师的信用评价，进一步增加了建筑业市场管理的透明度。

【清理工程建设领域保证金】 按照《住房城乡建设部办公厅关于报送工程建设领域保证金缴纳情况的通知》（建办市函〔2017〕460号）的要求，7月21日，市住房城乡建设委下发《关于报送工程建设领域保证金缴纳情况的通知》，明确了保证金统计报送的内容、方式和时间，确保上报数据及时、准确、真实。年内，全市注册的施工总承包企业（不含中建、中铁等中央在京企业），在全国各地缴纳的四类保证金共计480.49亿元。其中，以保函形式缴纳约227.67亿元，保函缴纳比例为47.38%。

【清理规范涉企保证金】 11月20日，北京市住房城乡建设委印发《关于填报北京市工程建设领域保证金情况调查表的通知》，通过委门户网站、安居北京微博及各区住房城乡建设委通知在京建筑业企业，要求在规定日期之前登录"北京市建筑市场监管信息系统"按照要求如实进行填报。截至12月12日，企业共上报应取消的保证金241万元，涉及项目6个；逾期未返的保证金7140万元，涉及项目10个。

【协调解决施工合同纠纷】 年内，为协调解决涉及施工合同纠纷的信访案件，完善人民调解工作制度，推进"人民调解委员会"各项制度建设，遵循《北京市建设工程施工合同纠纷调解实施细则》开展人民调解工作。同时，协调处理施工合同纠纷等信访投诉案件，共接到信访案件35件，其中属建筑市场管理处职责范围内33件，多为工程款结算争议或施工合同纠纷，通过行政调解帮助企业收回工程款605万元，协助企业通过法律途径收回工程款75万元。

【健全预防拖欠农民工工资的政策体系】 年内，为保障农民工合法权益，从源头减少拖欠工资问题，搭建了预防拖欠农民工工资的政策体系。8月1日，制发了《北京市工程建设领域农民工工资支付工作管理规定》（京人社监发〔2017〕162号），进一步规范北京市工程建设领域工资支付行为，维护农民工及工程建设领域企业双方的合法权益，加强源头预防和治理；起草了《北京市工程建设领域农民工工资保证金管理办法》，推行以银行保函方式建立农民工工资保证金；并将政府工程欠薪问题整治作为工作重点，确保政府工程"零拖欠"；牵头对住房和城乡建设部《关于培育新时期建筑产业工人队伍的指导意见》提出修改建议，并启动培育北京市建筑产业工人队伍研究。

建筑节能与科技

【建筑节能专项备案】 年内，北京市共受理建筑节能设计审查备案建筑面积2275.86万平方米，同比减少14.4%。受理民用建筑节能专项验收备案建筑面积2208.67万平方米，同比减少35.4%。2017年全市新开工执行75%节能设计标准的居住项目1090项，建筑面积941.71万平方米，建筑规模占全年新建居住建筑的95.7%。

【推进太阳能热水系统建筑应用】 年内，全市新开工1041.08万平方米设计太阳能生活热水系统的工程，其中居住建筑占比64.3%；新建成791.96万平方米安装太阳能热水系统的工程，其中居住建筑占比73.7%。新开工执行75%节能标准的居住建筑中，有645.86万平方米工程设计了太阳能热水系统，设计率为68.6%。

【完成农宅抗震节能改造6万户】 2017年，作为北京市重要实事项目和折子工程，继续推进农宅抗震节能改造工作。截至年底，北京市全面完成6万户农宅抗震节能改造任务，减少了污染物排放，为改善首都空气质量做出了贡献。改造后农民住宅室内环境和舒适度明显提升，室内温度普遍提高3℃～5℃，被群众称为"暖心暖居的惠民工程"。

【推进公共建筑节能绿色化改造】 6月30日，印发《北京市公共建筑节能绿色化改造项目及奖励资金管理暂行办法》，明确了公共建筑节能绿色化改造的总体要求、改造项目申报流程和组织实施办法、奖励资金的拨付、监督管理办法等，明确达到节能率要求的改造项目市级财政给予30元/平方米的资金奖励。同步开发了北京市公共建筑节能绿色化改造项目信息管理系统，确定了北京市公共建筑节能绿色化改造项目评审专家库。年内，已有179.79万平方米的公共建筑绿色化改造项目在项目管理系统中进行了申报，其中41.64万平方米已完成改造，6.8万平方米已获得奖励资金。

【推广超低能耗建筑示范】 6月30日，印发《北京市超低能耗建筑示范工程项目及奖励资金管理暂行办法》，明确了北京市超低能耗建筑的发展目标和财政政策，对示范项目的申报、管理、资金拨付等工作流程作了详细规定，明确对符合超低能耗要求的项目，市级财政按照申报年度分别给予每建筑平方米1000、800、600元的资金奖励；同时，组织编制《北京市超低能耗建筑示范项目技术要点》《北京市超低能耗农宅示范建设项目应用技术导则》《北京市超低能耗建筑技术导则》，指导超低能耗示范项目的设计建设。年内，已有9个项目通过超低能耗示范项目专家评审，总示范面积100291平方米，完成三年行动计划目标的三分之一。

【继续开展公共建筑电耗限额管理】 年内，通过公共建筑电耗限额管理系统和官网发布了2017年度公共建筑电耗限额值，并对其中建筑面积两万平方米以上的大型公共建筑（1217家单位的1409栋建筑）发放了电耗限额值的纸质通知单；对公共建筑电耗限额管理系统中6539家单位的9610栋公共建筑完成了2016年度电耗限额考核工作，发布了2016年限额考核优秀的建筑名单，2015、2016年连续两年超限额20%的建筑名单和2016年一年超限额20%的建筑名单；对一年超限额20%和连续两年超限额20%建筑的产权单位发放《能源审计告知书》，并开展现场服务和专项执法工作；完成限额值调整方法的专家论证，对符合限额值调整条件的501家单位公共建筑2016年度的电耗限额值进行了调整。

【推进建筑垃圾资源化综合利用】 年内，为进一步做好北京市建筑垃圾资源化再生产品的推广使用工作，在调研外省市管理经验基础上，全力推进朝阳、通州、昌平等区现场资源化试点项目建设，研究建立北京市建筑垃圾资源化综合利用的长效工作机制。截至年底，朝阳区孙河项目已建成投产，再生骨料、道路无机料等资源化再生产品在满足项目自用的前提下，已开始对外供应。

【推动绿色建筑发展】 年内，编制出版《北京市绿色建筑适宜技术指南》，加快推动绿色建筑适用技术、材料、产品在北京市建设工程中的集成应用；编制出版《北京市绿色建筑评价技术指南》，为北京市绿色建筑评价工作统一评判标准提供更加明确的技术原则和更加详细的评判依据。8月3日，发布2017年《〈北京市建设工程计价依据—预算消耗量定额〉绿色建筑工程》。10月1日起，北京市取得建设工程规划许可证的房屋建筑类项目按二星级审查要点进行绿色建筑施工图专项审查，其中政府投资公益性建筑和大型公共建筑应达到绿色建筑二星级及以上标准。年内北京市获得绿色建筑标识的项目共计48项（44项设计标识、4项运行标识），1个绿色建筑标识项目获得资金奖励，金额为158.175万元。截至年底，北京市通过绿色建筑标识认证的项目共274项，建筑面积达3201.28万平方米。全市共对23个绿色建筑运行标识项目进行奖励，奖励资金56259625元，奖励面积389.82万平方米。

【加强装配式建筑管理】 2月22日，《北京市人民政府办公厅关于加快发展装配式建筑的实施意见》发布，该意见明确规定在保障性住房、政府投资新建建筑和部分商品房开发项目应实施装配式建筑。9月22日，发布《北京市装配式建筑专家委员会管理办法》，并征集第一批装配式建筑专家委员会委员。2017年全市落实装配式建筑项目约1100万平方米。

【完成重点科技成果鉴定项目88项】 年内，围绕重点工程项目，开展技术攻关，组织完成重点科技成果鉴定项目88项，其中20项达到国际领先水平，36项达到国际先进水平，30项达到国内领先水平，特别是在超高层建筑结构体系、大跨组合结构体系、城市地下空间结构建造、复杂条件下地铁设施与隧道施工等方面取得显著成果。

【推进建筑信息模型（BIM）技术应用】 年内，市住房城乡建设委组织开展《北京市推进建筑信息模型应用工作指导意见》编写工作，通过政策引导，推动BIM技术与工程建造技术的深度创新应用，促进建筑产业转型升级。同时，开展北京市BIM应用示范工程建设工作，形成示范效应，推动BIM在建筑领域的广泛应用。

【15项北京市建筑业新技术应用示范工程通过验收】 年内，共组织验收北京市建筑业新技术应用示范工程15项，建筑面积合计2247835.05平方米，其中13个项目新技术应用整体达到国内领先水平，形成北京市工法18项。项目包括中国人民军事博物馆、中国国学中心、国贸三期等重点工程，中国少年儿童科技培训基地、X78地块中学工程等科普、教育工程，以及槐房水厂等市政基础设施项目。

【103项工法通过北京市工法评审】 年内，申报项目210项，144个项目达到了会议评审要求。按工程专业类别分6个专业组别，共组织进行了25场评审会。经专家会议评审，大跨度蝶型空间扭转桁架水平悬空滑移施工方法、轴力自动补偿内支撑施工工法、装配式混凝土剪力墙结构现浇节点施工工法等103个项目最终通过北京市工法评审。

人事教育

【人事管理工作】 年内，市住房城乡建设委共有工作人员1317人，局级领导共13人，其中正局级干部3人、副局级干部10人；处级干部共300人，其中正处级领导干部65人、正处级非领导职务干部66人、副处级领导干部105人、副处级非领导职务干部64人。

【加强干部教育培训】 贯彻落实《干部教育培训工作条例》和《2013—2017年全国干部教育培训规划》，围绕落实首都城市战略定位、建设国际一流的和谐宜居之都，落实推动京津冀协同发展、有序疏解非首都功能，落实全面深化改革、建设法治中国首善之区任务，做好全员培训、新入职干部培训、专业技术人员培训、人事干部培训和军转干部培训工作，提高干部工作能力和综合素质。

【启用执业人员注册监管系统】 遵循"简政放

权、轻审批重监管"的新型行业监管理念，以现有行政信息资源为基础，整合共享多维度数据源，6月30日，全面启用"北京市住房城乡建设执业人员注册监管系统"，该系统惠及全市八千余家建筑施工企业、十余万注册执业人员，实现了注册人员执业全周期数据可视化管理，同时也为行业诚信体系建设和差别化监管提供决策数据支撑。业务流程设计更加人性化，功能更全面，办事更透明，企业申报更便捷。

【完成"三类人员"续期工作】 为做好"三类人员"继续教育工作，提供人才保障，9月6日，下发2017年度"三类人员"续期工作通知，组织召开中央驻京单位、北京市各大集团代表续期工作会议，部署"三类人员"继续教育和证书续期工作。创新使用续期防伪贴，减少续期工作中证书打印、盖章和流转环节，缩短了办理时限。全年完成"三类人员"续期39817人次。

大事记

2月1日，《公共租赁住房建设与评价标准》正式实施，这是国内首部关于公租房建设与评价的地方标准。

2月22日，《北京市人民政府办公厅关于加快发展装配式建筑的实施意见》发布，该意见规定在保障性住房、政府投资新建建筑和部分商品房开发项目应实施装配式建筑。

3月10日，北京市政府与各区政府、市住房城乡建设委、市发展改革委、市规划国土委、市财政局及市保障性住房建设投资中心签订2017年住房保障工作目标责任书，明确建设筹集各类保障性住房5万套，竣工6万套，完成1.5万套自住型商品住房供地的任务。

3月17日，《关于完善商品住房销售和差别化信贷政策的通知》发布，北京市实行差别化信贷政策，停止发放25年期以上住房公积金个人贷款。

3月26日，北京市发布《关于进一步加强商业、办公类项目管理的公告》，明确商办类项目未经批准不得擅自改变为居住用途，新建商办类项目最小分割单元不得低于500平方米。

4月7日，北京市发布《北京市2017—2021年及2017年度住宅用地供应计划》和《北京市2017年度国有建设用地供应计划》，明确未来5年内将建立购租并举的住房制度，优化住宅供应结构。

4月14日，北京市发布《关于本市企业自持商品住房租赁管理有关问题的通知》，明确企业自持商品住房应全部用于对外租赁，不得销售。企业持有年限与土地出让年限一致，对外出租单次租期不得超过10年。

5月22日，2022年冬奥会新建项目首体综合训练馆工程开工。该馆是国家队备战2022年冬奥会日常训练的重要场馆，包含两个标准冰场和相关服务用房、科研教学用房、医疗康复用房等附属配套设施。场馆总建筑面积为33220平方米，总投资约3亿元。

6月12日，东城区和平里一区4号楼4单元加装的室外电梯投入使用，该项目是城六区首部通过验收，正式投入使用的老旧小区增设电梯试点工程。

6月30日，北京新机场航站楼钢网架已搭建完毕，航站楼钢结构顺利实现封顶。

7月1日，北京市建设工程电子化招投标平台全面上线，招标投标监管服务事项将实现全程网上受理、网上审批、网上办结。

7月11日，市住房城乡建设委网站对外发布了《北京住房和城乡建设发展白皮书（2017）》，正式披露了北京在"住"和"建"上的发展思路。

7月26日，冬季运动管理中心综合训练馆工程第一根护坡桩开始施工，标志着2022年北京冬奥会第一个场馆工程正式开工建设。

7月31日，北京市朝阳区豆各庄1号地农租房腾退安置项目正式进入工程建设阶段。这是北京市国企利用自有用地解决农租房腾退安置的首个开工项目，也是房地集团非经资产处置的首个项目。

8月1日，《北京市工程建设领域农民工工资支付工作管理规定》印发，进一步规范北京市工程建设领域工资支付行为，维护农民工及工程建设领域企业双方的合法权益。

9月20日，北京市印发《北京市共有产权住房管理暂行办法》，该办法对共有产权住房的规划建设、审核配售、产权约定和监督管理等方面进行了明确规定。

9月28日，"2022年冬奥会北京赛区标志性新建场馆——冬奥会国家速滑馆项目"完成入场登记，该项目是冬奥会首个PPP项目，总投资约14.8亿元，建成后将成为奥林匹克公园中的新地标。

11月9日，住房城乡建设部办公厅公布全国首批装配式建筑示范城市和产业基地名单，北京市获首批"国家装配式建筑示范城市"。

11月21日，印发《北京市住房城乡建设系统开展安全隐患大排查大清理大整治专项行动工作方案》，在施工现场、物业管理小区、城镇房屋普通地下室等领域开展以消防安全为主的"三大行动"。

12月20日,发布《关于对〈关于规范存量房交易服务平台网签工作的通知(征求意见稿)〉公开征求意见的公告》,将此前规范存量房网签管理的三个文件"三合一",形成标准统一、文件单一、内容全面的规范性文件,用于指导网签业务开展。

(北京市住房和城乡建设委员会)

城乡规划

概况

2017年,北京城乡规划工作精心编制、实施城市总体规划,有力开展疏解整治促提升专项工作,全面深化改革,圆满完成各项任务。

全力推进城市总体规划编制实施。5月17日,市委召开十一届十四次全会,同意将《北京城市总体规划(2016—2030年)(送审稿)》上报党中央、国务院审定。9月13日,新版城市总体规划获党中央、国务院批复。为推进城市总体规划实施,制定实施工作方案,确定四方面102项任务,建立"一办八组"总规实施工作专班。

加强"四个中心"功能建设。保障中央政务功能,开展建筑高度管控专项工作,启动核心区控规编制。配合开展长安街沿线、天安门广场周边景观提升和建筑物外立面整治。配合做好中轴线申遗准备,推进"两轴、三带"保护利用。开展雁栖湖国际会都扩容、新国际交往中心规划选址研究。深化"三城一区"规划方案。

高水平规划建设北京城市副中心。深化完善通州区总体规划,完成城市副中心城市设计方案征集和综合汇总,编制城市副中心控规和近40项专项规划、23个规划设计导则。深入推进"城市绿心"等重点地区规划设计及图书馆、剧院、博物馆等建筑设计方案征集工作,高标准规划建设城市副中心绿色市政基础设施。加强项目设计方案审查,积极推进重点项目建设,保障城市副中心项目顺利落地。

加强非首都功能疏解相关工作。建立新增建设用地供应与减量腾退用地挂钩机制,研究制定非首都功能疏解腾退空间管理使用政策。批复新首钢地区控规,推进天坛医院等市属医院迁建。加强京津冀交界区域统一规划和共管共治,编制通州区与廊坊北三县地区整合规划,积极推进北京新机场及临空经济区、冬奥会及冬残奥会、世园会相关项目规划编制和审批。

加强历史文化名城保护。起草北京老城整体保护行动方略。组织中心城核心地区、"三山五园"等重点地区专项整治,启动历史文化街区划定和历史建筑确定,对历史文化街区改造模式进行多样化探索。编印《北京传统村落一村一表一图》等。

提高城市设计水平。构建城市设计管理体系和机制,建立街道公共空间"一机制两平台",分级分类划定城市设计重点地区。编制"两导则一图集",组织北京城市基调和多元化战略方案征集。以国家会议中心二期项目为试点,探索将城市设计纳入控规和土地出让条件。维修城市雕塑21件。

助力美丽乡村建设。启动71个美丽乡村建设试点的村庄规划编制。发布北京市村庄规划导则和村庄规划用地分类标准,编制北京市村庄布局规划,制定北京市乡村责任规划师制度工作方案,开展特色小城镇实施策略研究。

加强基础设施规划建设。加强各类交通基础设施项目规划建设,组织制定各区公共停车场规划,提级改造普通公路,构建区域高速公路网,推进京津冀交通一体化。轨道在建线路20条,里程约354公里,年底通车线路3条,全网运营里程达608公里。推进冬奥会、新机场、雄安新区交通规划和项目建设。推进冬奥会延庆赛区、怀柔科学城及新机场市政专项规划。统筹规划建设地下综合管廊、固废集中处置设施、城市供排水和防洪防涝工程、环境整治架空线入地等重大市政建设工程项目。落实清洁空气行动计划,保障城市能源供应安全。

严格规划验收和执法监督。加强项目事中事后监管,实现项目规划核验关口前移。建立市级机关联合惩戒违法用地违法建设工作机制,加大违法建设查处力度,处罚面积42.96万平方米,限期拆除2.58万平方米。违法建设治理专项行动成效显著,拆除违建5985万平方米,计划完成率150%,腾退占地9464万平方米。

全面加强综合性基础性工作。推进依法行政,清理权力清单。推进测绘地理信息大数据应用,建设"城市副中心智慧三维平台",开展地下管线普查,完成地理国情普查。推进城乡规划标准工作,发布实施《北京市城乡规划与土地利用用地分类对应指南》等标准。推进北京市第二次全国地名普查和地名文化保护工作,开展无名路及不规范路名专项整治。

积极稳妥推进各项改革。深化规划国土机构改革,加强规划编制实施、名城保护、城市设计、规划监督,推进审批事项集中规范办理;增设城市副中心规划建设指挥部；完善首规委办职能；推进系统行政处罚权内部集中，构建覆盖城乡的三级联动执法体制。深化"放管服"改革，优化行政审批事项和流程，平均减少审批环节约35.7%，减少审批时限约23%；落实"一会三函"工作机制，推进公共服务类建设项目投资审批改革试点；完善控规编制、审批和调整机制；持续推进"一站式"审批服务。推进城市规划建设管理专项改革，采取"清单制＋责任制"方式，建立抓改革落实台账和"清单式督查"制度，完成各项重点改革任务。（赵霓）

规划编制

【北京城市总体规划草案公示】 3月29日至4月27日，北京城市总体规划草案进行公示。期间，前往北京市规划展览馆现场参观的市民达25849人次，193个单位团体组织集体观展；约7200人次通过现场留言、网络留言、发送邮件、信件等方式对总规草案提出11500余条意见，剔除无效信息后，汇总意见7658条，其中现场留言意见1528条、网络留言意见6047条、邮件和信件意见83条。在对汇总意见进一步梳理后，实质需要讨论的意见中，被采纳3160条，采纳率达到88%。（赵霓）

【冬奥会冬残奥会延庆赛区外部交通规划】 3月，北京市规划院编制完成《2022冬奥会和冬残奥会延庆赛区外部交通系统规划》。该规划分为北京市域外围到达延庆赛区交通、延庆赛区与北京赛区和张家口赛区间的交通、延庆赛区各功能区间的交通三个层次，旨在解决中心城区到延庆区外围通道交通布局和调整，合理安排交通基础设施建设时序，主要为2022冬奥会和冬残奥会提供交通保障，兼顾2019世园会交通需求，并为延庆区未来发展提供交通支撑。（刘韵）

【北京城市总体规划】 9月13日，《北京城市总体规划（2016年—2035年）》获党中央、国务院批复，成为首都发展的法定蓝图。2014年，北京市组织开展北京城市总体规划编制工作。5月17日，中共北京市委召开十一届十四次全会，同意将《北京城市总体规划（2016年—2030年）（送审稿）》上报党中央、国务院审定。6月27日，习近平总书记主持中央政治局常委会会议，专题听取北京城市总体规划编制工作汇报，并发表重要讲话。（曹文馨）

【北京市村庄规划导则】 12月7日，北京市规划国土委印发《北京市村庄规划导则（试行）》。该导则从总体规划层面完善乡村规划编制体系和规划审批流程，明确村庄分类和村庄建设规划条件，包括村庄规划的基本原则、分区分类引导策略、主要内容、目标指引、实施保障等内容，为美丽乡村建设提供规划依据。（刘扬 丁加良）

【城市副中心行政办公区综合防灾规划】 12月30日，北京市规划院编制完成《北京城市副中心行政办公区综合防灾专项规划》。该规划明确了先期示范建设区域，重点推进防冲撞示范街道、自融雪道路、综合管廊智能化巡检系统、隔震减震技术、防灾公园的落实，设置了由25项指标构成的防灾减灾指标体系。（赵庆楠）

【北京城市消防规划】 年内，北京市规划院编制完成《北京城市消防规划》。该规划选取火灾风险影响要素，开展全市消防安全综合评估，合理确定消防安全格局，科学引导公共消防设施合理布局，完善消防队空间布局，加强应急通道建设，保障消防用水需求，提出规划实施与管理对策建议。（李翔）

【北京城市色彩及第五立面规划】 年内，市规划院编制完成《北京城市色彩及第五立面规划》。该规划构建北京城市景观眺望系统、第五立面空间秩序；汲取古都五色系统精髓，形成规划策略；与城市修补、生态修复相结合，提升城市第五立面与城市色彩整体品质；探索第五立面与城市色彩的内在逻辑，建立分区分级分类引导机制，按不同风貌地区的环境特征、风貌特色、管控要求，提出针对性规划要求。（汪瑀）

【北京市河湖水系蓝线规划】 年内，北京市规划院编制完成《北京市河湖水系蓝线规划》。该规划结合现行法规和技术要求，制定北京市河湖水域蓝线划定技术标准；划定中心城河湖水系蓝线、市域五大水系干流及其主要一级支流蓝线、各新城规划集中建设区河湖水系蓝线，共226条河道，总长度1766公里。（徐彦峰）

【北京市综合管廊规划设计导则】 年内，北京市规划院编制完成《北京市综合管廊规划设计导则》。该导则研究制定综合管廊规划编制及管理工作流程，提出"分阶段、分层次"规划体系；对各阶段综合管廊规划编制的主要内容及技术深度提出要求，对制图标准做出规定；通过对城市集中建设区、城市道路、轨道交通、地下空间、旧城更新等不同类型综合管廊项目解析，总结提炼出不同类型综合管廊规划编制技术。（魏萌）

【邻近区域基础设施协同发展规划】 年内，北京市规划院与河北省规划院、天津市规划院共同完成《北京与邻近区域重大基础设施协同发展战略规划》。该规划紧密围绕京津冀区域资源统筹管理、流域协调共治、设施共建共享三大领域，提出邻近区域防洪协作和生态协同对策、京津冀能源消费总量和能源结构优化双控目标。（徐彦峰）

【通州区总体规划】 年内，北京市规划国土委会同通州区政府编制完成《通州区总体规划（2016年—2035年）》。该规划是落实北京城市总体规划的第一个分区规划，重点统筹通州区与城市副中心一体发展、通州全区城乡协调发展、通州区与北京东部地区及河北廊坊北三县地区协同发展，构建全要素指标体系和全域空间管控底线要求，划定战略留白区，预留镇级、区级、远期有条件三级建设用地指标，增强对未来发展的动态适应和调控能力。（杜锐 李秀伟）

【通州区与廊坊北三县地区整合规划】 年内，北京市规划国土委会同河北省住建厅继续推进通州区与廊坊北三县地区整合规划。该规划立足京津冀区域协同发展和北京非首都功能疏解，重点解决京冀交界地区规划建设管理问题，以实现统一规划、统一政策、统一管控。两省市多次就生态空间严管严控、贴边发展、城乡建设用地开发强度和设施共建共享等进行研究，达成初步共识。（于子彦）

【城市副中心控规（街区层面）】 年内，市规划国土委编制完成《北京城市副中心控制性详细规划（街区层面）》。该规划从功能疏解、底线管控、交通组织、建设标准四方面入手，构建水绿交融的空间格局和紧凑集约的功能体系，形成5—15—30分钟生活圈；统筹生产、生活、生态空间，提高本地就业率，实现职住平衡发展；加强建筑高度、开发强度、色彩与第五立面的空间管控，塑造独具魅力的城市风貌；完善交通、市政、民生服务、公共安全和智慧管理体系，建设可持续发展的健康城市；确定管控区划，做好刚性管控与弹性预留；借鉴雄安新区规划思路，建立质量评价指标体系，落实管控要求。（邓博 李瑞）

【城市副中心综合交通规划】 年内，北京市规划院编制完成《北京城市副中心综合交通规划》。该规划将副中心打造为区域交通中心，转变东部地区面向中心城区依附型的向心交通状况；推动交通规划设计精细化和智慧化，促进副中心新老融合发展；践行"小街区、密路网"规划理念，发挥步行、自行车在中短距离出行和公交接驳换乘中的主体作用；实行分区管控，对小客车拥有和使用实行双控。（徐铮鸣）

【城市副中心防洪防涝规划】 年内，北京市规划院编制完成《北京城市副中心防洪防涝规划》。该规划确定了城市副中心防洪防涝总体格局、总体目标及规划策略，以安全保障、径流削减、资源涵养为方向，编制防洪防涝系统规划方案，为城市副中心可持续发展打下基础。（徐彦峰）

【新机场临空经济区总体规划】 年内，北京市规划国土委联合河北省住建厅共同组织编制《北京新机场临空经济区总体规划》，从临空经济区、总体管控区、统筹协调区三个层次对北京新机场临空经济区进行研究，确定了区域生态格局和交通组织、产业组织和布局、空间结构和形态、城乡体系、功能区布局和用地规模、交通市政基础设施等方面内容。市规划院完成北京新机场临空经济区（北京部分）规划，形成总体管控区规划管控要点，提出京冀两地统一管控要求；形成街区层面控规，为下一层次的详细规划编制及规划管理提供依据，为近期建设项目落地提供基础。（曹文馨 王鹏）

【"三山五园"绿道总体规划设计】 年内，北京城市雕塑建设管理办公室（以下简称"市雕办"）完成"三山五园"绿道总体规划与设计。该规划设计的研究范围为东到清华西门，西到香八拉地区，合理处理绿道与现状公园的关系、绿道与机动车道的关系，设置不同路径，提供多元选择，将"三山五园"绿道设计成串联沿线游园、融合历史文化、适合市民游赏健身的慢行系统，营造有历史文化感的高品质公共空间。（刘颖）

规划管理

【行政许可概况】 2017年，北京市规划国土委核发城镇建筑工程建设用地规划许可总用地规模1522.79公顷（其中，建设用地1234.31公顷）、建设工程规划许可总建筑规模3837.01万平方米；市政基础设施工程建设用地规划许可总用地规模2454.00公顷，建设工程规划许可市政建筑工程建筑规模57.73万平方米、市政线性工程建设规模156.15万延米；乡村一般建设项目乡村建设规划许可总用地规模2311.35公顷、建设规模132.56万平方米，临时乡村建设规划许可总用地规模6.54公顷、建设规模12.90万平方米；规划监督1496件，其中规划验线313件、规划验收1183件。规划验线合格规模999.36万平方米，其中城镇建筑工程994.87万平方米、市政基础设施工程4.49万平方米。规划验收合格规模3516.80万平方米，其中城镇建筑工程3489.77万平方米、市政基础设施工程27.03万平方米。（杜红艳 王岩）

【城乡规划与土地利用用地分类对应指南】 9月20日，北京市规划国土委印发《北京市城乡规划与土地利用用地分类对应指南（试行）》。该指南对北京市《城乡规划用地分类标准（DB11/996—2013）》《土地利用现状分类（GB/T 21010—2007）》《地类认定规范（DB11/T 1108—2014）》进行梳理，将不同体系下的用地分类进行对应，规范了城乡规划和土地利用分类的对照使用，适用于市域范围内城乡规划与土地利用规划编制、建设管理及权籍登记等，有利于城乡规划和土地利用数据的对接。（段晓威）

【城市总体规划实施】 9月28日，北京市委、市政府组织召开北京城市总体规划实施动员和部署大会，全面部署城市总体规划实施工作。11月15日，市委办公厅、市政府办公厅印发《北京城市总体规划实施工作方案（2017—2020年）》。该方案从规划编制、重点功能区和重大项目建设、专项工作、政策机制四个方面，提出102项任务。为统筹推进城市总体规划实施，市规划国土委建立综合统筹办公室、分区规划组、专项规划组、重点功能区重大项目组、政策机制组、信息平台组、城市副中心组、宣传培训组、体检督察组"一办八组"总规实施工作专班，推进近期任务实施。（曹文馨　赵霆）

【历史文化名城名镇名村保护交叉评估】 11月21～23日，北京市规划国土委接待上海评估检查组对北京市历史文化名城名镇名村保护交叉评估检查。上海评估检查组听取北京历史文化名城保护总体情况介绍，实地检查房山区南窖乡水峪历史文化名村、杨梅竹斜街、东四南历史文化街区、故宫博物院文保单位的保护利用工作，对北京市历史文化名城名镇名村保护工作给予肯定。（孙兵　金晓峰　季慧　韩雪松　姜玮玮）

【城乡建设用地评估办法研究】 年内，北京市规划国土委组织开展"基于'两规合一'的城乡建设用地评估办法研究"。该研究以城市总体规划确定的城乡建设用地管控目标为前提，明确北京市实现"减量、疏解、提质"的工作框架、重点任务和评估机制，为评估城乡建设用地供应与减量实施情况提供标准，为下达城乡建设用地供应与减量计划提供依据。（丁加良）

【传统村落一村一表一图】 年内，北京市规划国土委编制"北京传统村落一村一表一图"，研究市级传统村落的现况、历史、遗存、产业、风貌等基本情况，全面梳理传统村落在不同区的分布、特色与保护进展，传统村落规划编制情况和获得的政策支持等。（郑纯根）

【新机场规划建设】 年内，市规划国土委完成东航基地机务维修及特种车辆维修区一期工程、生活服务区一期，南航基地机务维修设施、航空食品工程、单身倒班宿舍，新机场油库配套业务楼、空防安保培训中心，口岸办海关国检综合办公楼、出入境边防检查站工程、国检口岸疾控中心等工程的规划设计方案审核；对跨京冀的新机场信息中心及指挥中心先期进行规划意见函审核。（陈蜀　王悦）

【历史文化街区划定和历史建筑确定】 年内，市规划国土委开展历史文化街区划定和历史建筑确定工作，核查全市符合条件的历史文化街区和历史建筑基本情况和保护情况，制定历史建筑认定标准。截至年底，主要完成工作框架制定，不同特点的历史街区和历史建筑试点遴选，形成技术规程。（孙兵　金晓峰　季慧　韩雪松　姜玮玮）

【城市副中心市政规划许可】 年内，市规划国土委办理完成北京城市副中心行政办公区配套变电站、综合管廊、景观水系工程、能源站工程等项目规划行政许可相关工作；开展环球影城周边配套道路、综合管廊、萧太后河分洪渠工程等项目设计方案研究，办理完成部分项目设计方案审查意见函及规划许可。（刘旭）

【冬奥会冬残奥会市政专项】 年内，市规划国土委组织编制2022年冬奥会及冬残奥会延庆赛区市政专项规划，并获市政府批复。配合延庆区水务局深化研究各专项设计方案，完成造雪引水、应急水源、佛峪口水库改造、生态廊道等4项涉水项目；冬奥延庆赛区外部市政配套综合管廊；完成张北柔性直流，张昌500千伏输电线路工程，西白庙220千伏、玉度、海坨110千伏输变电工程等电力配套项目及高塔西路等道路工程设计方案审查并办理相关手续。开展北京赛区配套市政规划，加快推进北京赛区场馆市政方案工作。（刘旭）

【新机场外部市政配套设施规划建设】 年内，市规划国土委研究批复新机场配套市政管线涉及永兴河北路、大礼路、青礼路道路工程设计方案及随路综合管廊规划方案，核发新机场高速地下综合管廊（南四环—新机场）、新机场供水干线，大兴区青礼路、大礼路、永兴河北路道路及随路综合管廊工程设计方案审查意见函；组织开展北京新机场水厂、南水北调大兴支线规划选线工作。（刘旭）

【中心城区水环境治理】 年内，市规划国土委积极配合相关部门完善中心城区污水处理设施体系，以中心城区及其城乡结合部再生水厂、雨污分流和污水收集管网建设为重点，加快推进再生水厂、污泥处理设施及配套管线的规划选址及审批；按"一会三函"要求，对城六区雨污合流管线改造工程项目核发设计方案审查意见函；会同市水务局组织开展中心城合流制改造规划——前三门盖板河流域深隧工程初步方案研究。（刘旭）

【村庄规划用地分类标准】 9月18日，北京市规划国土委、市质监局联合发布《村庄规划用地分类标准》。该标准明确了村庄规划用地分类的类级和类别代码、用地类别名称及对应的具体内容解释，明确在村庄规划及用地统计汇总时应参照的统计表基础格式。从2018年4月1日起实施。（公维卿 付雨竺）

【电动汽车充电基础设施规划设计标准】 9月18日，市规划国土委、市质监局联合发布《电动汽车充电基础设施规划设计标准》。该标准对各类生活场所的充电设施规划设计提出要求；对办公类建筑、商业类建筑、旅游场所配建停车场、社会公共停车场、换乘停车场充电桩设置做出最低安装比例要求；明确新建居住区要预留充电桩安装条件；提出将充电基础设施的设计要求纳入城市规划；明确电动汽车充电基础设施防漏电安全措施，提出了充电设施防火灾设计要求。从2018年4月1日起实施。（公维卿 白同宇）

【三项地下管线标准】 9月18日，北京市规划国土委、市质监局联合发布《地下管线现状及竣工数据汇交标准》《地下管线数据库建设标准》《地下管线信息管理技术规程》，指导和规范北京市地下管线信息管理、现状及竣工数据汇交及数据建库工作。均从2018年4月1日起实施。（白同宇）

【城市综合管廊工程设计规范】 12月15日，北京市规划国土委、市质监局联合发布《城市综合管廊工程设计规范》。该规范从规划布局、规划断面、三维控制、监控中心四个方面对综合管廊工程规划提出技术要求；对城市副中心及旧城区地下管廊综合规划设计提出要求；规定综合管廊地面附属构筑物及设施应与周边景观协调统一；从结构和附属系统方面完善并强化防灾系统及管理系统相关规定；在各舱温度控制、墙体防护、应急隔离等方面分别进行针对性设计，确保管廊内作业人员、管廊及入廊管线安全；为监控、防火等新技术引进预留空间。从2018年7月1日起实施。（公维卿 白同宇）

【北京市城市设计试点】 年内，市规划国土委会同各区政府和北京经济技术开发区组织开展城市设计试点工作，确定以各区政府和亦庄为主体，采取"政府组织、专家领衔、部门协作、公众参与"工作模式，选取辖区内至少1处具备城市设计实施条件的地段或街道作为试点项目，推动建立健全北京市城市设计管理制度，实现城市设计与城市规划、建筑设计管理工作的有效衔接。（严坤 宋晓强）

城 市 管 理

环境建设

【概况】 年内，北京市城市管理委员会制定《2017年环境建设管理工作意见》，编制《2017年首都环境建设任务书》，确定264项重点任务。突出重大活动城市运行和环境保障，圆满完成"一带一路"国际合作高峰论坛和党的十九大保障任务，全年21次重大会议活动保障零差错。坚持疏解整治与优化提升同步推进，以精治、共治、法治推进城市精细化管理。实施长安街及延长线环境景观提升工程，推进核心区全部背街小巷整治提升，解决群众身边脏乱问题，注重长效管理，改善人居环境，人民群众获得感幸福感明显提升。推进架空线入地及梳理，开展建筑物屋顶广告牌匾专项行动，推广城市家具二维码管理，加快"有路无灯"道路照明建设和城市副中心办公区景观照明建设，实施节日景观布置，开展铁路沿线环境整治，城市品质显著提升。

【调整首都环境建设管理委组成】 年内，落实北京市城市管理体制改革部署要求，在原首都城市环境建设委员会的基础上，增加城市运行、决策、考评等管理职能，调整组建首都城市环境建设管理委员会（简称首都环境建设管理委），成员单位由73家增加到78家，修订了首都环境建设管理委工作规则。

【开展铁路沿线环境整治】 年内，重点开展京哈、京沪高铁沿线环境综合整治，确立"六无、一绿、一配套"整治标准，对沿线两侧30米范围内进行整治提升，完成京哈高铁第一阶段环境整治任务和京沪高铁12处重点安全隐患排查治理工作。

【推进核心区背街小巷环境整治提升】 年内，制定《首都核心区背街小巷环境整治提升三年（2017—2019年）行动方案》，明确"十无一创建"整治标准，确定2435条整治任务。年内开工1484条，基本完工750条。编制《核心区背街小巷环境整治提升设计管理导则》《背街小巷环境整治提升验收办法》《背街小巷精细化管理指导意见》，构建起了背街小巷精细管理长效机制。

【建立街巷长制】 年内，在核心区试点实行街巷长制度。每条街巷都设置街巷长，负责落实"十无一创建"工作的巡视、监督和问题处置。每名街巷长配备《街巷长日志》、"街巷通"专用手机，做到巡查有记录，意见有反馈，工作有痕迹。核心区共设置街巷长2432名（东城区1030名、西城区1402名）。

【推广城市家具二维码管理】 年内，组织开展300条主要大街公共服务设施（城市家具）二维码管理扩大试点工作，实现城六区主要道路和远郊区建成区主要道路设施二维码"两个全覆盖"。

【开展建筑物天际线集中清理提升】 年内，修订《北京市牌匾标识设置管理规范》，编制《集中清理全市建筑物屋顶广告牌匾专项行动方案》，对破坏城市天际线、超出建筑物本体或不符合设置要求的广告牌匾进行清理规范，城市市容市貌明显改观。

【启动城市副中心办公区照明建设】 年内，制定《行政办公区城市照明专项规划设计导则》《北京城市副中心行政办公区景观照明建设工程灯具遴选办法》，核定93款灯具、2万米线型灯和2万盏投光灯的施工安装条件、出线位置，完成10个组群共85个单体建筑立面和楼顶庭院施工设计。

【深化网格化城市管理】 年内，10个远郊区组建城市管理监督中心，网格化城市管理系统实现16区"全覆盖"，包括274个街道（乡、镇）、5993个社区（村）、57715个管理网格，覆盖面积达1.18万平方公里。网格化平台共立案325.5万件，结案265.4万件，结案率81.5%；市区两级平台公开网格案件196.2万件。

环境卫生

【概况】 年内，组织修订《北京市环境卫生作业预算定额》，提高环卫预算标准，为改善环卫工人待遇，加强环卫队伍建设，推动行业规范化和精细化管理提供保障支撑。全市城市道路清扫保洁面积达2.4亿平方米，进一步加大财政投入，增加作业频次，扩大再生水和新能源清洁能源应用，加强道路尘土量化监督考核，清扫保洁质量和效率进一步提高。发布《公共厕所运行管理规范》，修订《农村公厕、户厕建设基本要求》，全市公共厕所达1.9万座，分布密度达5.8个/平方公里，位居国内领先水平，城市公厕等级达标率91%。加快垃圾处理设施建设，提高现有设施处理能力，全市垃圾处理设施达36座，其中垃圾转运站9座、填埋场12座、生化处理厂8座、焚烧厂7座，日均处理能力达到2.47万吨。全年生活垃圾量为901.75万吨，无害化处理率99.88%。大力推广垃圾分类，广泛开展宣传动员，在公共机构率先推广垃圾强制分类，实施居民垃圾分类示范片区建设、餐饮单位餐厨垃圾规范管理、建筑垃圾渣土规范管理、农村垃圾分类试点，促进垃圾减量。规范再生资源回收行业管理，年回收总量、生活垃圾资源化率逐年提高。

【提升道路清扫保洁作业质量】 年内，划定中心城区环境卫生责任区界限节点241个、城市轨道站口责任区界限300个，编制完成责任区台账和区域图。细化城市道路分级管理，提升城市道路机械化作业能力，实施冬季洗地作业，提高次干道清洗频次，扩大再生水冲洗范围和使用量，机扫率、冲扫洗收组合工艺作业率分别达89%、88%，全市快速路、主次干道全面实施每日冲洗2次以上。坚持"以克论净"，加强道路尘土残存量量化考核，每月监测数量增加至90条，尘土残存量年均值在13.9克/立方米内，同比下降5.9%。

【推进生活垃圾强制分类】 年内，落实国务院《生活垃圾分类制度实施方案》，制定实施《北京市加快推进生活垃圾分类工作的意见》和《北京市垃圾分类治理行动计划（2017—2020年）》，率先开展161家中央单位与部队、127家市属公共机构、1700家区属机关垃圾强制分类，创建垃圾分类示范片区527个、覆盖251万人。

【完成国家农村生活垃圾分类试点】 年内，编制实施《农村生活垃圾治理技术导则》，在门头沟区、怀柔区、延庆区开展国家级农村生活垃圾分类和资源化利用示范区试点创建，在昌平区兴寿镇辛庄村等20个农村开展垃圾分类示范村建设，通过住房城乡建设部等10个部委联合验收。

市政公用事业

【概况】 年内，加强市政公用设施运行保障和管理，确保城市生命线安全有序。全市共有石油天然气管道27条、总长度983.70公里，分别归属10家央属企业运营和管理。全市燃气、热力等各类地下管线达到18.42万公里、井盖类设施298.95万套，落实地下管线保护综合管理，深化"管路互随"机制，加快开展消隐工程，地下管线运行安全度逐年上升。年内，制定《关于加强城市地下综合管廊建设管理的实施意见》，加快推进地下综合管廊建设，完成投资25.8亿，规范现有管廊管理，提升市政基础设施建设管理水平。

【制定地下综合管廊建设管理意见】 年内，落实市政府建立地下综合管廊规划、投资、建设、管理、运营体制机制要求，制定《关于加强城市地下综合管廊建设管理的实施意见》，从指导思想、工作目标、专项规划、入廊管理、实施主体、有偿使用、安全运营、政府投入等方面，加强对地下综合管廊的建设管理。

【新开工综合管廊建设项目47公里】 年内，组织推进世园会园区内外、新机场工作区（北京市界范围）、新机场高速公路等3个地下综合管廊建设项目，新开工47公里。

【完成地下管线基础信息统计】 年内，完成地下管线基础信息统计工作，截至2016年底，北京市地下管线总长度约18.42万公里，比上年增加0.64万公里；井盖类设施数量约298.95万套，比上年增加7万套。百公里地下管线事故数量为1.55起，同比2011年8.7起下降7.15起，事故数量下降82%。

【完成管道保护权力清单确认】 年内，依据《管道保护法》，共确认管道建设选线通过地理条件限制区域防护方案、管道专用隧道保护范围内公共工程采石爆破作业、管道保护范围内特定施工作业3项行政许可，管道竣工测量图、管道停止运行封存报废、石油天然气企业管道事故应急预案3项行政备案，督促、检查有关部门依法履行管道保护职责1项行政检查，划清部门职责权力。

能源日常运行

【概况】 年内，全市供热面积位居全国城市首位，区域锅炉房3407座，供热单位1408个，推进热源建设，新增供热能力3000万平方米，对老旧小区管网进行改造，发放居民供热燃料补贴58亿元，出台落实困难群体采暖救助政策，全市约8万人享受采暖费补助政策，确保全体市民温暖过冬。全市燃气居民用户928万户，其中天然气居民用户652万户、液化石油气居民用户276万户，天然气年用量达到164亿立方米，位列世界各大城市第二位，年内建成陕京四线天然气工程，新增输气能力7000万立方米/日。全年总用电量达到1067亿千瓦时，年内建成蔚县—门头沟输电工程，全市外受电能力达到2300万千瓦，城网供电可靠率达到99.994%。充电设施不断增加，全市已建电动汽车充电桩10.85万个，车、桩比例1：0.7。

【做好能源品种应急储备】 年内，共完成1万吨液化石油气、10万吨供热用煤炭、1000吨供热用油和10万吨电煤政府储备，增强应急保障能力。

【清洁能源供热面积提升至97%】 年内，供热面积8.4亿平方米，推进节能改造，对122座锅炉房、4300蒸吨燃煤锅炉实施清洁能源改造，开展112个老旧小区供热管网设施改造，全市清洁能源供热面积达97%。

【制定充电基础设施建设管理实施意见】 年内，制定实施《关于进一步加强本市电动汽车充电基础设施建设和管理的实施意见》，从指导思想、工作目标、加快推进建设、完善管理体系、强化支撑保障、做好组织实施等方面，加强对全市充电基础设施建设管理的指导。

【加强充电基础设施标准规范建设】 年内，制定《关于加快推进本市电动汽车社会公用充电设施新国标升级改造工作的通知》，组织社会公用充电设施新国标升级改造补助资金申报项目的评估，完成约1.1万个社会公用充电设施新国标升级改造。

（北京市城市管理委员会）

城管综合执法

【概况】 2017年，在北京市委、市政府坚强领导下，市城管执法局牢固树立"四个意识"，不断增强责任担当，团结带领全市城管执法队伍，深入学习贯彻习近平总书记对北京重要讲话精神，全力以赴做好迎接、保障、学习宣传贯彻党的十九大各项工作，圆满完成"一带一路"国际合作高峰论坛执法保障任务，扎实推进"疏解整治促提升"专项行动，有序开展环境秩序综合治理，深入推进全面从严治党，顺利完成了年度各项任务，取得"五升一降"工作成效：立案处罚各类违法行为28万起，同比上升68.6%；罚款1.5亿元，同比上升23.6%；拆除及配合拆除违法建设5985万平方米，同比上升98.8%；职权履行率74.8%，同比上升11.4%；人均处罚43.2起，同比上升45.9%；受理群众举报39.4万件，同比下降12.4%。

全面加强重点地区环境秩序管控

【加强重大活动涉及地区环境秩序整治】 年内，围绕党的十九大、"一带一路"国际合作高峰论坛、全国"两会"等重大活动，采取全员停休上岗、实名制盯守、机关支援一线、远程视频监控等措施，对会场、驻地、途径线路等重点地区做到全天候、无缝隙管控，确保了环境秩序良好，特别是党的十九大执法保障期间，首都城市环境秩序创同期历史最好水平。

【加强中央机关周边执法保障力度】 年内，建立服务中央单位和驻京部队联络机制，协调完成东坝服务中心出租房清退等工作，得到国家机关事务管理局肯定。

【加强京津冀交界地区协同执法】 年内，摸排北京市与津冀交界地区的环境秩序突出问题，组织召开京津冀城管协同执法座谈会，理清制约协同执法的困难，建立三地执法协作联络机制。

【加强城市副中心环境秩序精细化管理】 年内，按照"建设没有城市病的城区"要求，研究建立副中心环境秩序精细化执法服务监管标准和运行机制，推动迅速提升城市副中心环境秩序管理水平。

【加强背街小巷环境秩序整治】 年内，对照城六区背街小巷环境整治提升工作要求，细化城管执法目标和责任，确保各项任务落到实处，查处无照经营、店外经营等违法行为 4.7 万起，城管热线受理查处率达到 100%，有力推进了整治提升工作。

全力落实"疏解整治促提升"专项行动

【超额完成占道经营整治任务】 年内，依托市区两级占道经营整治联席会议办公室平台，建立健全挂销账管理、全过程跟踪分析、交界地区执法联动、典型经验推介、履职情况认定、整治效果综合评价等制度规范，全方位加强组织实施，确保占道经营整治有效推进；查处占道经营违法行为 21.6 万起，完成执法任务量的 191.6%，全市 1011 处重点点位实现占道经营违法行为动态清零，一批历史遗留、情况复杂、市民举报强烈的重点点位得到有效治理。

【积极发挥拆违控违尖兵作用】 年内，加强市区两级城管执法协调领导小组办公室的协调、督导作用，健全违法建设管控查处机制，提高违法建设整治成效，拆除及配合拆除违法建设 5985 万平方米，查处了方庄紫芳园"霸王违建"等一批顶风作案的典型案件，形成了强力整治声势。

【协同攻坚"开墙打洞"等整治任务】 年内，整治"开墙打洞" 2.9 万处，完成全年任务量的 178%；清理整治"散乱污"企业 5829 家，疏解退出一般制造业企业 639 家，做到了主动补台，加力加劲。

助力首都空气质量改善

【加强施工扬尘道路遗撒整治】 年内，采取施工工地实名制管理、道路设卡夜查、媒体曝光、停标记分等多项措施，加强执法检查和惩处力度，立案处罚施工扬尘、道路遗撒 1.3 万起，同比上升 29.8%；罚款 5984 万元，同比上升 56.2%；联合市住建委通报扬尘治理不达标单位 28 家，记分 3 家，暂停在京招投标资格 40 家，形成了有力震慑。

【加强露天烧烤露天焚烧管控】 年内，深化事前布控、非现场执法等措施，建立公安警航总队案件移送处置机制，提高了整治成效，立案处罚露天烧烤、露天焚烧 3309 起，同比上升 39.2%。

【加强空气重污染应急处置】 年内，接到市空气重污染预警指令，第一时间启动应急预案，迅速调整工作重点，加强大气污染类违法行为执法检查，查处违法行为 1.5 万起，推动了污染程度减缓。

【加大园林绿化保护力度】 年内，立案处罚破坏园林绿化违法行为 5907 起，同比上升 790%，作出单次 800 万元的行政处罚，执法护绿取得了积极成效。

着力解决群众身边环境秩序问题

【加强燃气安全专项执法】 年内，严格落实安全隐患大排查大清理大整治专项行动，全面开展燃气安全等专项隐患排查清理工作，规范存在燃气安全隐患问题单位 4307 家，立案处罚燃气安全违法行为 1320 起，同比上升 55%；罚款 425.2 万元，同比上升 83.8%，做到对安全隐患零容忍。

【积极改善群众出行环境】 年内，牵头开展"僵尸车"专项整治行动，清理"僵尸车" 2282 辆，改善了市民身边环境秩序；加强停车管理执法检查，取缔非法停车场 21 个，拆除非法设置地桩地锁 8322 个，立案处罚无照经营机动车停车场等违法行为 1506 起，罚款 162.3 万元，努力做到还路于民、还路于行。

【加强视觉环境净化】 年内，加强非法小广告整治，立案处罚非法小广告 1.4 万起，同比上升 12.3%；警示追呼涉案电话号码 30.6 万个次，同比上升 45.4%，非法小广告持续退出群众举报前十位。

推动城管执法体制机制创新

【深入推进城管执法体制改革】 年内，严格落实北京市委、市政府决策部署，推进城管执法重心下移、力量下沉，着重加强全过程跟踪指导、典型经验推荐交流，确保城管执法体制改革稳步有序推进；推动出台《关于进一步相对集中城市管理领域行政处罚权的决定》，推进城市管理领域综合执法；牵头搭建城市管理联合执法平台，积极解决综合执法与专业执法衔接不畅、部门交叉执法等问题。

【强化综合监管】 年内，依托"四公开一监督"等信息平台，加大执法检查和跟踪督办力度，向属地政府及相关部门发送《监管通知单》17.3万件，同比上升191%；督导解决环境秩序问题20.2万个，同比上升147.1%，发挥了一线执法易于发现问题的优势。

大事记

1月13日晚，市局党组书记、局长孙连辉参加市"两会"期间市人大代表询问、市政协委员咨询活动。共接待代表、委员16人次。答复处理代表、委员提出的老旧小区治理、城乡结合部整治、违法建设、占道经营等问题10余件。

1月27日，农历除夕夜，孙连辉在市烟花爆竹安全管理工作指挥部坐镇指挥，市局指挥中心设立分指挥部，副局长周霆钧，办公室主任霍保安参加调度。

2月22日，市局召开2017年城管系统第一季度执法工作调度电视电话会议。赵世龙副局长通报城管队伍管理教育情况，并受孙连辉委托部署第一季度工作，周霆钧主持会议并通报2016年度城管系统综合考评情况。

3月2日，北京市政府召开市城管执法协调领导小组暨城管执法系统工作电视电话会，会议观看了《2016年全市环境秩序整治工作总结片》，通报表扬了2016年度全市环境秩序整治工作先进单位和个人。

3月3日，市局召开全市大气污染防控电视电话会。

4月14日，市局召开2017年第二季度城管系统执法工作调度电视电话会议。党组书记、局长孙连辉出席会议并讲话。

17日，北京市市长蔡奇到城管慰问调研工作，实地察看了城管物联网指挥中心，观看了《全市环境秩序综合治理工作总结片》，召开了座谈会并作了重要讲话。隋振江副市长，王芳副秘书长、姜帆副秘书长陪同调研。党组书记、局长孙连辉汇报了全市城管执法工作情况。

5月10日，市局召开城管系统高峰论坛环境秩序保障冲刺阶段动员视频会议。孙连辉出席会议并讲话。

7月27日，市局召开城管系统2017年上半年执法工作总结暨下半年工作部署会。党组书记、孙连辉局长出席会议并讲话。

9月5日，市城管执法局开展"精治、共治、法治推动智慧城管建设"城管政务开放日主题活动。市局党组书记、局长孙连辉全程参加开放日活动，党组副书记、副局长赵世龙主持召开座谈会。

10月14日，市局召开全市城管系统十九大环境秩序保障再动员再部署视频会。党组书记、局长孙连辉出席会议并讲话。

12月20日，京津冀三地城管协调执法工作研讨会在通州区城管执法局召开，周霆钧主持会议并讲话，河北省住房和城乡建设执法监察局、廊坊市及北三县（市）城管执法局、天津市城管执法局、武清区局，通州区局和市局执法协调处、宣传处、执法总队、副中心工作组等相关人员参加会议。

（北京市城管执法局）

园 林 绿 化

【概述】 2017年，北京市园林绿化系统圆满完成了市委、市政府和首都绿化委员会部署的各项任务。全年新增造林绿化面积1.19万公顷、新增城市绿地695公顷，恢复建设湿地2400公顷。全市森林覆盖率达到43%，城市绿化覆盖率达到48.2%，人均公共绿地面积达到16.2平方米。

绿化造林。全市共完成绿化造林1.19万公顷，实施森林健康经营4.67万公顷，建设森林经营示范区10处，完成低效林改造1.77万公顷，彩叶树种造林1420公顷。

义务植树。全市共有387万人次以各种形式参加义务植树，共植树242万株、抚育树木1100万株；社会力量认建认养绿地244块、面积534.7万平方米，认养树木6.4万株。

资源安全。防火期内共接报火警38起，形成一般森林火灾3起，实现了"两个确保"的工作目标。全年实施飞防作业1267架次，预防控制面积127万公顷；推广绿色防控1.02万公顷，实现了"有虫不成灾"的目标。共清理枯枝死树7000余株，清理各类垃圾2000余吨，补植补造6500余株，整形修剪7.3万余株，明显改善了林地环境。

重大活动保障。圆满完成了党的十九大、"一带一路"国际合作高峰论坛和五一劳动节、国庆节等重大活动、重要节日的景观环境服务保障任务。

【共和国部长义务植树活动】 3月25日，中直机关、中央国家机关各部委、单位和北京市的162位部级领导干部，到北京大兴新机场周边的礼贤镇西郏河地块参加"着力推进国土绿化，携手共建美好家园"为主题的共和国部长义务植树活动。共和国部长植树地块礼贤镇，位于大兴区南部，是新机场选址的核心区，未来打造"穿过森林进机场"的景观带，部长们新植银杏、白蜡、国槐、栾树1450余株。北京市领导一同参加了植树活动。自2002年以来，共和国部长义务植树活动累计有2769人次参见，共栽下树木32950株。

【党和国家领导人参加义务植树活动】 3月29日，党和国家领导人习近平、张德江、俞正声、刘云山、王岐山、张高丽等来到北京市朝阳区将台乡参加首都义务植树活动。这是一片面积近16.67公顷的开阔地，规划改造建成开放式带状公园，纳入北京第二道绿化隔离地区。习近平总书记发出了"培养热爱自然珍爱生命的生态意识、把造林绿化事业一代接着一代干下去"的号召，首都党政军学民参与首都绿化、美化家园的热情空前高涨。在京中共中央政治局委员、中央书记处书记、国务委员等参加了首都义务植树活动。

【拓展北京绿色空间】 2017年，北京市委、市政府加大中心城疏解建绿和留白增绿，新增绿地695公顷、改造绿地840公顷，建成东城西革新里、西城莲花池东路等10个城市休闲公园，建设小微绿地160处，公园绿地500米服务半径覆盖率达到77%。围绕提升城市绿化生态品质，对核心区179条胡同街巷实施了绿化美化提升，完成居住区绿化17处、老旧小区绿化改造21处；实施西城区新街口、菜市口等6处城市森林建设试点，完成广渠路、通燕高速路等67条道路绿化。实施屋顶绿化5.5万平方米，垂直绿化49.5千米。

【完善平原地区绿化】 2017年，北京市园林绿化工作围绕城乡结合部、新机场、世园会和冬奥会周边以及京津冀生态廊道和京津保等重点区域，共实施拆迁腾退800万平方米，完成平原绿化建设0.4万公顷，启动将府（四期）、孙村、东小口、常营五里桥4个郊野公园建设。

【公路河道两侧绿化】 2017年，北京市公路河道绿化建设180千米，主要分布在丰台区10千米、房山区60千米、平谷区30千米、怀柔区20千米、密云区30千米和门头沟区30千米。

【湿地保护恢复】 2017年，北京市在密云水库周边、永定河沿线等重点区域恢复和新增湿地2400公顷，完成密云太师屯清水河、古北口汤河2处新建湿地保护小区示范建设。完成北京市湿地保护修复制度工作方案初稿，起草《〈北京市湿地保护条例〉解读》。

【北京城市副中心绿化美化建设】 2017年，北京市园林绿化系统完成副中心行政办公区园林绿化规划设计方案国际征集和先行启动区园林绿化景观方案编制工作。开展"两带一环"（两带：即通州区和河北之间的沿潮白河延伸生态绿带，通州区和北京城区之间建设的湿地公园群、森林湿地带。一环：即城市副中心将被一道周长56千米的"绿环"围绕）的规划研究，编制副中心园林绿化规划设计导则，配合相关部门完成13条河道园林绿化设计方案编制。2017年实施的25个新建项目，22个项目已完成设计招投标工作，23个项目完成重点区域大树栽植工作，实施绿化面积86.67公顷。

【北京新机场绿化建设】 2017年，北京市园林绿化局会同大兴区园林绿化局，编制《新机场重要联络线绿化建设规划方案》，由区政府正式报请市政府审定该方案和相关政策意见。开展《北京新机场外围绿化建设规划》编制工作，结合平原绿化工程，在新机场外围和永定河流域安排造林绿化0.17万公顷。

【2019中国北京世界园艺博览会周边绿化项目】 2017年，北京市园林绿化局按照2019中国北京世界园艺博览会筹办工作的总体安排，2019中国北京世界园艺博览会周边绿化项目总面积709.87公顷，总投资5.24亿元。完成绿化面积512.93公顷，栽植20.5万余株。

【公园绿地建设】 2017年，全市完成新建改建公园绿地50处，新增公园绿地250公顷、改造公园绿地300公顷。其中，利用朝阳官悦新村、海淀农大南路北侧绿地、房山燕房石化等21处代征绿地，建设公园绿地20公顷；通过疏解整治建设东城大通滨河公园、海淀双泉堡绿地、平谷大夏各庄滨水森林公园等6处公园绿地68公顷。实施西城区广阳谷等6处城市森林试点项目建设，总面积14.6公顷。全市完成西城京韵园、龙头井、朝阳枫竹园等微公园、小微绿地建设140处，新增绿化面积18公顷。

【道路绿化景观提升】 2017年，北京市重点实施广渠路、壁富路、通燕高速、京津公路等67条道路绿化建设，新增绿化面积130公顷，改造绿化面积530公顷。完成长安街、二、三、四环路、京承高速等多条道路绿化改造提升，改造面积532.8公顷。

【背街小巷老旧小区综合整治】 2017年，北京市印发《城六区背街小巷绿化美化工作指导意见》和相关技术导则。以东、西城为重点，共完成179条胡同、街巷绿化美化，其中东城57条，西城122条，其余各区正积极推进相关工作。完成东城和平里七区、海淀车南里小区、通州武夷花园等21处老旧小区绿化改造，改造面积10.3公顷。

【完成村庄绿化任务】 2017年，全市完成村庄"五边"（农村沟、路、河、渠、村边）绿化任务，对283个村进行五边绿化，建设美丽乡村，全年计划绿化美化面积280公顷。完成10个区346个村庄的五边绿化美化工作，绿化美化面积332公顷，占计划总任务的119%，共栽植乔木19.5万株，灌木33.9万株，地被植物20.4万平方米。

【2019年中国北京世界园艺博览会筹备】 2017年，2019年中国北京世界园艺博览会北京参展室内外展区规划设计工作。北京室外展区占地5375平方米，位于中华园艺展示区中心，与中国馆和国际馆遥相呼应。北京室内展区位于中国馆省区市展区（中国馆一层），面积150平方米。"2019北京世园会室外展北京园方案设计"项目，并与招标代理公司多次洽商，研究拟订招标方案及相关文件。

（北京市园林绿化局）

水务建设与管理

【概述】 2017年，北京市水务工作始终坚持以习近平总书记两次视察北京和关于保障水安全的重要讲话精神为根本遵循，认真贯彻落实中央和市委市政府决策部署，全年完成基本建设投资255亿元，全市年用水总量39.5亿立方米，再生水利用量达到10.51亿立方米，万元GDP水耗下降至14.11立方米，农田灌溉水有效利用系数达到0.73，污水处理率达到92.4%。（田雨）

【水资源】 水资源量。2017年北京全市平均降水量592毫米，略高于多年平均值585毫米。形成水资源总量为29.77亿立方米，其中地表水资源量为12.03亿立方米，地下水资源量为17.74亿立方米。全市大中型水库年末蓄水量为27.75亿立方米，其中密云水库蓄水20.29亿立方米，官厅水库蓄水4.43亿立方米。全市平原区年末地下水埋深为24.97米，同比回升0.26米。

水资源开发利用。2017年全市总供水量为39.5亿立方米，其中地表水为3.57亿立方米，地下水16.61亿立方米，再生水10.51亿立方米，南水北调水8.82亿立方米。2017年全市总用水量为39.5亿立方米，其中生活用水14.74亿立方米，生态环境用水12.17亿立方米，工业用水3.41亿立方米，农业用水5.07亿立方米。

水资源管理。深入实施最严格水资源管理制度，统筹规划地下水压采工作，逐步压减怀柔、平谷和潮白河应急水源地取水量。提升水资源监控能力建设，建成国家水资源监控平台（一期），实现监控许可水量占全市年终保有效许可水量的71%。印发《关于加强饮用水水源地保护工作的通知》，强化水源地规范化达标建设，首都水源地安全保障水平得到进一步提升。在2017年国务院最严格水资源管理制度考核中，北京市为优秀省市之一。

水资源调度。强化对地表水、地下水、外调水、再生水的统一调度配置，严格执行年度用水计划及调配方案，南水北调中线工程全年入境水量10.77亿立方米；完成山西省册田水库、河北省响水堡水库向北京集中输水工作，官厅水库实际收水近3000万立方米，为保障首都水资源安全发挥了重要作用。（姜体胜）

【城乡供水】 供水设施建设。加快推进供水设施建设，良乡水厂主体工程基本建成，石景山、亦庄、黄村等水厂已开工建设。组织市自来水集团完成300公里供水管线新建改造工作，两广路东沿供水干线正式通水。积极推进自备井置换及老旧小区供水管网改造，编制完成《加快推进自备井置换和老旧小区内部供水管网改造工作方案》，全年累计完成200个单位和小区的自备井置换工作，受益人口16.25万。完成中心城区75个老旧小区内部供水管网改造。

水质督查。分两次对全市供水监测点进行检测分析，督查范围涵盖全市城镇公共供水企业、日供水能力较大的乡镇集中供水厂、部分自建设施单位，结果显示公共供水水质检测合格率为100%。聘请中科院生态研究中心，对10个水样按照国标106项全项以及国标附录A和美国EPA的部分指标进行了抽测，结果全部达标。（周政）

【节水型社会建设】 加强计划用水管理，对计划用水指标执行情况按月预警、双月考核，全年收取超计划累进加价费800余万元。制定并启动实施农业节水三年行动方案，完成中央下达的新增改善高效节水灌溉8万亩的建设任务。推进用水管理向基层延伸做实，将用水总量控制指标分解到各区并加强考核，实行乡镇（街道）用水量"月统计、季报告"，计划用水覆盖率达90%以上。加强节水器具推广，全年换装高效节水器具23万套，年节水138万立方米，城镇居民家庭节水器具普及率达到99.3%。编制《北京市节水型区创建考核工作指南》，完成了对东城区、西城区和平谷区的节水型区创建验收工作。在全市城镇地区建成集雨池、透水

路面、下凹式绿地、集雨樽等雨水利用工程88处，雨水收集利用率不断提高。（刘鹏）

【污水处理】 加快推进污水收集处理设施建设，2017年完成8座新建再生水厂和1座污水处理厂升级改造工程建设，新建污水管线697公里，改造雨污合流管线184.5公里，新建再生水管线97.6公里。通过城带村、镇带村、联村、单村等方式解决了265个村的污水收集处理问题。通过建设截污管线、建设临时污水处理设施等方式，完成365个规模以上排污口治理。2017年全市投入运行的城镇大中型污水处理厂67座，总处理能力665万吨/天；全市污水处理总量达到17.3亿立方米，其中中心城区12.3亿立方米，郊区5.0亿立方米。

【黑臭水体治理】 通过采取控源截污、清淤疏浚、水系循环、生态治理等综合措施，加快黑臭水体治理，黑臭水体治理取得阶段性成果，全市排查出的141条段黑臭水体治理工程全部开工，国家考核的建成区57条段黑臭水体治理任务全面完成。全市141条段黑臭水体与2015年底黑臭水体普查结果相比，水质改善的河段119条段，占84.4%。（刘国军 付朝臣 郝邺）

【城市副中心建设】 建成南水北调通州水厂并投入运行，城市副中心供水保障能力得到提升。聚焦攻坚治污水，通州区上游16条河流治理、北运河和潮白河2个生态带建设以及城市副中心6个片区水环境综合治理扎实推进。城市副中心行政办公区水系建设和萧太后河景观提升等工程取得阶段性成效。（田雨）

【水利建设市场监管】 完成水利工程招投标备案192项，投资金额约161亿元。随机抽取6个局属单位14个项目，组织开展招投标情况执法检查。印发《关于水务工程建设项目招投标进入公共资源交易平台有关事项的通知》《北京市水利工程建设项目招投标行政监督工作须知的通知》，界定工程招投标监管责任，规范招投标管理。加强信用体系建设，接收市国税局、市地税局重大税收违法案件信息26件，对案件当事人依法限制参与水利市场有关活动。（郝邺）

（北京市水务局）

天津市

城乡规划建设管理

概况

2017年，天津市城乡规划系统深入学习贯彻党的十八大、十八届三中、四中、五中、六中全会及十九大精神，以习近平总书记对天津工作"三个着力"要求为元为纲，深学真信笃用习近平总书记系列重要讲话，全面落实天津市委十届十次、十一次全会和市第十一次党代会决策部署，全面落实京津冀协同发展国家战略，取得良好工作成效。

【京津冀协同发展重点领域实现新突破】 突出滨海新区在协同发展中的重要作用，加强对非首都功能承接方面的研究，开展国家大学创新园区、京津产业新城总体规划等重点地区规划编制，推进区域产业合作平台规划实施。在推进交通一体化方面，突出天津铁路枢纽的研究，深化铁路运输大通道规划、开展津雄铁路研究，编制《市域铁路网规划研究》《天津铁路枢纽总图规划研究》，确定津承城际、京沪二通道、环渤海城际铁路等规划线位，配合开展港口和机场总体规划。在区域生态保障方面，按照市第十一次党代会部署，研究制定《关于严格滨海新区和中心城区中间地带规划管控的实施意见》，划定双城间规划管控范围，划分四级管控分区提出管控措施。配合编制4个湿地修复方案，全面落实全市"四清一绿"重点任务，打造京津冀地区生态屏障。

【城市总体规划编制工作取得新进展】 深入贯彻京津冀协同发展战略，以建设世界级城市群为目标，把握"一基地三区"的战略定位，坚持"多规合一"、区域协同，形成总体规划修编工作方案，并报请市政府向国务院申请开展天津市新一轮城市总体规划编制工作，完善市域城乡体系，促进产业转型升级、布局优化和产城融合发展。

【前瞻性规划研究取得新成果】 开展《天津

2049远景发展规划研究》，完成《近期建设指引研究》。着眼长远发展，从历史视角、国际视野、国家战略和天津特色等角度深入分析天津长远发展目标愿景，深化天津城市定位，发挥自由贸易试验区、海空港门户等优势，强化对区域的辐射带动作用。立足当前需要，通过研判天津城市发展趋势，分析近期城市建设需要解决的重点问题，提出六个方面行动策划方案，指引城市近期建设。

【深化控制性详细规划】 对接中央城市工作会议精神和天津市委市政府的工作要求，更新理念，完成中心城区控制性详细规划深化方案。充分对接社会管理，将控制性详细规划单元与街道办管辖范围对应，完善城市功能和配套设施级配标准，方便百姓生活；增加历史风貌保护和城市设计专篇，强化城市特色重塑；将窄路密网、海绵城市、地下空间利用等城市发展新理念以通则形式予以落实。

【完成一批重点地区规划设计】 推动市内六区总体城市设计研究，结合各区特点和发展需求，确定功能定位、城区结构、总体布局、形态特色等。完成武清北部功能区总体规划、宝坻城际站周边地区总体城市设计及子牙河、新开河两岸地区城市设计深化；编制外环线沿线十一公园周边城市设计、郊野绿道联通实施方案。按照经营城市的理念，对中心城区2017年拟出让地块提出承担周边配套设施的规划意见，完成轨道交通线环内沿线用地规划调整方案。

【加强文化遗产保护利用】 落实习近平总书记关于大运河文化带建设工作的重要批示精神，按照市政府工作部署，编制大运河天津段总体城市设计，牵头完成大运河天津段建设总体规划实施方案，突出对大运河历史和文化保护。深化完善天津市历史文化名城保护规划、工业遗产保护与利用规划，完成全市保护性建筑普查，分四批向社会公布1018座保护性建筑名录，完成前三批历史建筑紫线划定，促进历史文化街区的有机更新。组织编制《天津市城市雕塑总体规划》，推进城市文化和公共环境品质提升。

【推动乡村规划编制】 印发《天津市乡村规划编制技术要求（修订）》，指导武清、宝坻、静海、宁河、蓟州区开展区域乡村建设规划和村庄规划编制工作，推动示范村村庄规划编制工作。其中镇域村庄规划涵盖411个现状村庄。指导蓟州区编制完成24个镇乡781个村村庄规划。编制完成《天津市特色小镇规划设计导则》，指导各区开展特色小镇规划编制，印发《市规划局关于天津市特色小镇规划初审要求的函》，配合做好特色小镇规划方案初审工作。

【以专项规划编制为抓手提升城市功能】 加强专项规划编制和计划管理，研究制定《天津市城乡规划编制计划管理规定》《天津市专项规划编制管理规则》，协调各专业部门推动基础设施、公共服务设施等专项规划编制。先后编制机动车停车设施专项规划、地下空间开发利用规划，推动体育、卫生、排水等专项规划编制，组织审查通信基础设施专项规划。大力推进7条地铁线及轨道Z2线规划建设，完成5万套棚户区改造安置房规划审批。

【持续开展微观规划研究】 在建设项目审批中，持续推动社区便民行政超市建设、商业建筑退线空间规划建设，累计在52个建设项目规划审批中落实"行政超市"配建要求。配合推动社区老年人日间照料中心规划建设，适应老龄化社会的需求。继续推进老旧社区配套设施补充完善规划工作，2016年以来，累计完成44个地块配套设施补充完善规划编制，涉及周边404个社区，补充居委会面积40702平方米。在全市开展探索新型社区规划试点，应用海绵城市、共同管廊、地下空间综合利用等理念，完善以人为本的公共服务设施配套，构建绿色、开放、共享、可持续发展的新型社区。完成天津市街道设计导则编制，重塑路权、慢行优先。将红线、绿线和建筑退线三线统筹融合，优化街道空间。以南开区老城厢地区、和平区滨江道地区为试点，改善提升慢行系统，提升城市活力。

【发挥规划公共政策作用】 围绕民生需求，主动作为、勇于担当，通过实地摸查、充分研究、集体决策，制定并施行一批指导性或操作性较强的公共政策，解决一批市场中出现的带有一定普遍性的问题，包括建筑方案与规划条件同等效力、部分示范镇历史遗留住宅项目规划验收、加快地铁建设项目规划审批，写字楼按照住宅建设问题、停止各类型公寓审批和集体建设用地上居住建筑审批，以及加强危险品综合用地规划管理、污染土壤治理等。制定并实施的《市规划局关于解决部分历史遗留住宅项目规划验收的实施方案》，有效解决约230个项目规划验收问题，近10万户百姓能够办理后续产权证，有效维护群众切身利益。

【推进规划法规、地方标准体系建设】 以《天津市城乡规划条例（修订）》《天津市地名管理条例（修订）》为重点，强化立法调研，突出立法论证，提高立法科学化水平。开展局地方标准研究，《天津市建筑工程选址意见书和规划条件申请书编制通则》

等7项标准通过立项。实行规范性文件"三统一"管理,结合"放管服"改革、生态文明建设、公平竞争审查等要求,配合清理相关法规规章、规范性文件,废止局规范性文件26件。

【加强规划集中管控】 依法梳理、全面规范各层级规划及市政、建设项目的审批主体、内容和程序,突出规划的"刚"和"钢"。严格控制性详细规划修改的法定程序,2017年控制性详细规划修改17项,较2016年减少50%。完成执法监察工作规定、规程、标准的修订。在基层分局开展"双随机一公开""三项制度"试点工作,提升执法工作水平。采取综合督查、专项督查、日常督查相结合的形式,对全市城乡规划管理日常业务工作进行全面督查,发现问题及时整改,确保规划管理依法依规、严谨规范,维护规划的权威性、严肃性。

【全面下放审批事权】 在依法设定的16项行政许可事项中,做到除跨行政区域项目或法律明确必须由省、直辖市实施许可审批的事项之外,计10项行政许可事项由各区实施审批。支持自贸区规划建设,将全部规划许可审批事权授予自贸试验区属地实施。按照市政府要求,以委托下放方式向滨海新区下放测绘资质审批等3个事项。

【全面梳理规划行政职权】 确定权责清单87项内容向社会公布,并实施动态调整机制。结合城乡规划工作管理职责,梳理印发天津市城乡规划行业市场准入负面清单,确定禁止准入类4项、限制准入类8项。完成《天津市城乡规划业务手册》修编工作,梳理取消涉及市、区分层级5个许可事项8项申请要件。研究制定公共服务事项编码,同步指导各区规划部门梳理本级公共服务事项目录,实行清单管理。

【放管结合、优化服务】 结合"双万双服"活动,主动走访服务、加快办理速度,为重大项目办理核发各类规划许可1219件次,解决"双万双服"活动平台线上、市各委办局、各区分局事项14件,为企业和群众解决实际问题910个,全力推动亿元重大建设项目早开工、早落地,服务地区发展、帮助企业解难,受到社会各界的肯定,收到各类感谢信20多封、锦旗30多面。落实相关集中许可权改革要求,实现6个行政许可事项、3个服务事项现场办理、集中审批,推行容缺后补、网上审批、"立等办结"、上门、预约等服务方式,提高审批效率、降低企业成本,2017年办理各类行政许可和服务477件,为优化投资环境做出贡献。

规划业务管理

【规划管理机制建设】 组织有关业务管理制度的研究拟订,将国家和全市有关政策要求在管理中实施,做好制度落实的指导与督办。组织梳理和推动土壤污染防治与环保文件落实工作,研究制定《关于深入推进重点污染源专项治理行动方案的通知》《市规划局关于深入落实市委市政府加快推进生态文明建设的实施意见》《市规划局关于贯彻落实市委市政府优化投资服务和营商环境的实施意见》等有关文件。按照《市规划局关于落实天津市全面深化改革各项任务工作方案的通知》,逐一分工,落实到位。对照《市规划局深化改革工作任务台账》要求,对涉及的工作任务进行分解,明确落实责任处室。

【规划行政许可管理】 做好行政许可规范性管理。基本完成组织《天津市城乡规划业务手册》修编工作,组织将业务手册修编成果进行整合,组织研究纳入城乡规划数据资源整合平台建设工作。组织对行政许可事项、办事环节流程和工作时效进行梳理,确保各项行政行为依法合规。共梳理取消涉及市、区分层级5个许可事项8项申请要件。逐项编制公共服务事项目录和办理指南,实行公共服务事项编码管理。根据市审批办统一要求,完成并上报市级规划部门7项公共服务事项目录及办理指南,同步指导区级规划部门制定本级公共服务事项目录,实行清单管理。建立城乡规划督查工作机制,按照《2016年度城乡规划综合督查工作方案》要求,组织进行综合督查。通过梳理现场督查发现的问题,研究整改意见,对照工作标准,进行评分。对综合督查发现的24个案卷存在问题进行分类,按照确定的处理原则进行通报,并对要求上报整改情况。

【综合业务协调】 按照天津市政府工作部署,做好支持和服务企业发展相关工作,协调推动20项民心工程、全市"双万双服"、东西部扶贫和民营经济服务等工作。制定并在全系统印发《市规划局关于加强重大项目规划保障的通知》,明确重大项目十项保障措施,促进重大项目早开工早建设。组织各区(分)局开展重点项目、大项目和招商引资企业绿色服务通道,为项目报建提供便利,加快项目审批,确保重点项目按期完成。研究制定《市规划局关于在全系统做好"双万双服"活动工作的通知》,并在全局系统和有关审批局印发,明确职责,压实责任。

【绩效考核】 印发《天津市规划局2017年度绩

效管理工作方案》，明确绩效管理的工作目标、考核标准和工作要求。逐项分解考核内容，落实目标任务，明确每项工作的责任人。严格自查自评，推动工作有序开展。实行绩效管理内部自查制度，建立绩效进度台账，严格执行月自查、季自评要求，形成内部监控机制。业务工作实绩、行政能力建设、机关党的建设、安全生产方面，均对应考核指标逐项细化落实，全部完成考核任务，并提出9项工作申报重点工作加分。2018年3月1日，市级政府部门绩效考评组到市规划局现场考核，对局绩效考核工作给予高度肯定。

【指令性任务管理】 2016年指令性任务安排100项，其中计划任务71项，临时任务29项。市规划院承担计划任务54项，验收通过41项，结转10项，取消3项；市测绘院承担计划任务29项，验收通过23项，结转6项；市勘察院承担计划任务23项，验收通过20项，结转3项；市建院承担计划任务3项，验收通过3项；地下空间信息中心承担计划任务5项，验收通过4项，结转1项。

规划编制管理

【规划研究】 为贯彻落实天津市十一次党代会提出的关于"滨海新区与中心城区要严格中间地带规划管控，形成绿色森林屏障"的部署要求，组织研究制定《关于严格滨海新区和中心城区中间地带规划管控的实施意见》，划定双城间的规划管控范围，按照要求划分为禁止建设区、战略预控区、严格管控区和集约发展区四种管控类型，分别明确管控措施，实施精细化管理，通过规划管控、生态修复、城市修补等措施，将该地区建设成为展现后现代生态文明理念的核心地带，为优化空间发展战略规划确定的双城相向发展格局，促进双城区集聚发展指明方向。

【"一控规两导则"编制管理】 天津中心城区突出严格管理，规范控规调整程序，加强土地细分导则动态维护工作，开展控规管理网上审批系统的研究开发；环外地区突出控规与总规的结合落地，控规覆盖工作按照目标推进，成果上网基本完成。2017全年组织召开局长业务会（控规）13次、控规专题会30次，研究审查业务件138件次。依据市政府审定的重点地区和重点项目规划策划，组织对控规进行落位，依法依规履行调整程序，22项上报市政府审批。

【天津中心城区控规管理】 全力推进中心城区控规深化工作，结合城市建设投资管理体制改革、棚户区城中村改造、重大市政基础设施建设、重点地区开发建设等全市发展要求，对中心城区控规深化编制方案进行优化。组织对控规深化工作技术要点进行深化完善，出台《市规划局关于中心城区控规深化工作的指导意见》，在技术层面有效指导控规的编制。

【重点地区城市设计编制】 按照有关工作部署，阶段性完成开放空间体系城市设计、子牙河两侧城市设计、天津市外环线沿线十一公园周边地区城市设计深化等重点项目编制工作。

【环外地区督查】 加强全市控规宏观管理工作，规范环外地区控规的编制与管理，赴环外各区开展2016年综合督查，针对控规修改程序合法化、控规公布图纸涉密等问题进行督导督查及专项督查。

建设项目规划管理

【用地策划管理】 为支持经济发展，实现重点带动、全面发展，主动服务、积极沟通，做好拟出让地块的规划策划，对重点项目在规划布局、建筑立面等工作上给予支持和服务。

2017年，在主要河流两岸、重要城市道路两侧、地铁站点周边等重点区域，核发天拖二期岁丰路东侧地块、解放南路郁江道D地块、E地块、F地块、解放南路（东侧一区）26号、28号、29号、30号、31号地块等地块规划条件62件，总占地面积413.56万平方米。

开展试点重点项目建筑工程规划条件申请书、规划放线测量技术报告编制工作。落实好各项法规关于建设项目规划审批前置要件的要求，制定完善项目报审和审批图纸标准，全面规范建设项目审批内容和程序。

【修详规编制管理】 不断改进管理方式，提升规划理念。按照住房城乡建设部城市设计试点工作安排，组织完成新开河两岸地区规划方案、侯台公园周边地区规划方案、柳林公园周边地区规划方案、解放南路周边地区规划方案编制工作，并报市领导审查通过。组织各分局完成城市设计成果整合、深化与动态维护工作。

开展中心城区公共服务设施梳理及补建规划编制工作。为落实20项民心工程惠及千家万户，加强联系社区服务，切实解决中心城区老旧社区公共服务设施欠缺、居民生活不便的问题，组织市勘察院推进2017年老旧社区配套设施补充完善规划工作任务，完成21个地块的旧社区配套设施补充完善规划编制工作，涉及周边228个居住组团，补充居委会面积12276平方米。

组织开展行政超市建设等工作。通过规划引导提升城市活力，继续深入开展提升社区规划水平、增强城市活力、全面改善民计民生的研究工作。

【建筑设计管理】 加强规划设计导则的指导作用。推动导则在项目审批中的运用，为提升规划管理工作的科学性创造条件。

继续组织开展建设工程规划管理系统、建设用地规划动态管理系统、天津市中心城区规划管理三维系统、中心城区地下空间系统的数据动态运营维护，对2660平方千米的现状数据、7732条规划审批数据的深入挖掘分析整理，推动数字化城市建设、规划管理基础数据收集等工作，为科学规划、合理决策提供有力保障。

【管理措施】 完善规划建设管理规章制度，规范规划建设管理。印发《市规划局关于加强地下空间建设项目规划管理有关要求的通知》，推进建设用地多功能立体开发和复合利用。印发《市规划局关于停止新审批各类型公寓项目的通知》，会同市国土房管局、市建委印发《市规划局市国土房管局市建委关于酒店型公寓建设管理相关文件失效的通知》，要求全市各级城乡规划审批部门自2017年开始一律不得新审批各类型公寓项目。印发《市规划局关于做好工业仓储企业场地再开发利用有关规划管理工作的通知》，深入实施"美丽天津"建设，充分发挥规划实施在土壤污染防治中的管控作用。印发《市规划局关于推动海绵城市、绿色建筑和装配式建筑有关工作的通知》，持续推动海绵城市、绿色建筑和装配式建筑建设。

大力推进居家养老工作的开展。联合市建委、市民政局印发《关于推进社区老年人日间照料中心规划建设的通知》，将各建设项目按《天津市居住区公共服务设施配置标准》配置托老所，均明确为社区老年人日间照料中心，以适应老龄化社会需求。

为贯彻国务院《民用建筑节能条例》和《天津市建筑节约能源条例》，切实加强民用建筑节约能源管理，印发《市规划局关于加强新建民用建筑节能规划管理工作的通知》，要求各级规划审批部门对民用建筑进行规划审查时，在修建性详细规划（总平面设计方案）或建设工程设计方案阶段应就民用建筑节能强制性标准与建设行政主管部门做好衔接，确保建筑物的布局、朝向、形状和可再生能源的合理利用。

开展规划限制要素平台建设工作。结合"8·12天津港爆炸事故""赵晋案件"的经验教训，针对规划管理工作对周边学科及行业的法定内容不够全面，规划部门和其他相关行业主管部门之间、规划部门和建设单位之间权责关系不清晰，给规划建设管理工作带来被动的现实，组织梳理830余个与城乡规划相关的法律法规、规章标准、会议精神的文件，利用大数据工作模式，对相关内容进行解读、归类、空间落位，开发移动端查询平台，实现规划管理人员随时随地方便查找、采集规划工作相关规范性文件，推动城乡规划审批高效、科学。充分借鉴"8·12天津港爆炸事故""赵晋案件"的经验教训，与国家和天津市规范充电桩、规划条件管理等要求，参与业务手册修编及行政许可事项办事指南修订工作。

理顺市区两级规划管理权责，在规划审批全面下放至区级部门的基础上，探索全面下放规划审批决策权的机制。起草完成《市规划局关于进一步提升规划实施管理水平意见的通知》《建筑工程规划审批监督工作操作规程》，借助移动终端平台技术的开发，从时间角度以事前和事后的模式划分市区管理权责，建立规划建设项目专项督查机制，实现"放而不乱、管而有序"的工作目标。强化宏观管理和监督检查，对各区规划审批部门进行多次专项督查，实现市、区两级上下联动。

市政工程规划建设管理

【重点市政设施规划管理】 落实"四清一绿"重点任务，积极组织区规划局办理规划前期工作，包括清新空气行动：涉及燃煤锅炉改燃并网、冬季清洁取暖、散煤清洁化等配套管线；清水河道行动涉及雨污分流、新建空白区污水管网、城镇污水处理设施提标改造进出水管线、供水旧管网改造等。

重大能源管道工程。加快推动重大能源管道规划建设工作，积极推进中航油北京新机场第二供油管道、中石油锦郑成品油管道、中石化LNG管道等重大能源管道的规划审批工作，为完善能源管道布局、改善大气环境创造条件。

【业务案件审批】 共审批建设工程规划许可证1883件，审批建设项目长度约55922.46千米。其中，市规划局办理7件，市中心六区规划分局办理138件，环城四区规划分局办理559件，远郊五区规划局办理726件，滨海新区规国局办理404件，高新技术产业开发区规划处和海河教育园区建管局办理16件。

交通工程规划建设管理

【规划政策研究和编制】 贯彻"创新、协调、绿色、开放、共享"新发展理念，配合天津市有关部门开展天津市停车配建标准修订工作，将预留充电桩设施、地铁周边公共设施配套车位折减等国家政策及先进理念在修订中进行统筹研究。修订天津市道路交通竖向规划：结合近年来天津市竖向高程变化情况和城乡规划情况，对原有规划进行修编，为全市道路交通项目建设和沿线地块开发建设提供竖向高程的规划依据。天津铁路规划研究：积极推动京津冀协同发展战略。落实《国家中长期铁路网规划》《京津冀城际铁路网》，配合市有关部门开展深化完善市域铁路网规划、天津铁路枢纽总图规划、天津市客运铁路规划的研究工作，开展深化津承城际、京沪二通道、环渤海城际铁路、津保忻货运铁路通道等空间落位工作；全面落实雄安新区国家发展战略，参与开展津雄铁路规划研究。

【管理机制建设】 强化地铁规划审批管理，制定《进一步加快地铁建设项目规划审批的实施意见》，明确审批权限及相关规划原则。规范地铁规划信息公开公示有关要求。

【铁路、公路项目规划管理】 落实年度政府工作报告，审批京滨城际铁路、京唐城际铁路地上段规划方案；完成豆双、汉周铁路联络线的规划线位控制工作；开展津石高速公路规划审批工作。

【轨道交通项目规划管理】 推动轨道交通项目前期工作，审定地铁4、7、10、11、8号线和地铁6号线南段线路及部分车站规划选址条件，审批地铁4、10号线南段规划方案，核发地铁6号线南段选址意见书。

保护规划管理

【规划编制】 为推动城市雕塑规划管理水平，展示天津地域特色和城市文化，以高品质的城市雕塑为载体，推进城市文化和公共环境品质提升，依据《天津市城市雕塑管理办法》，组织编制完成市域范围《天津市城市雕塑总体规划（2017—2035年）》。

组织完成《天津市历史文化名城保护规划（2017—2030年）》深化工作，完成规划编制阶段性成果。

按照《中共中央、国务院关于加快推进生态文明建设的意见》和《中共天津市委天津市人民政府关于加快推进生态文明建设的实施意见》要求，加强"三区四线"管理，维护规划的权威性、严肃性。依据《城市紫线管理办法》和《天津市控制线管理规定》要求，对中心城区历史文化街区范围以外的35座历史建筑划定紫线，组织编制完成《天津市历史建筑紫线划定》成果，并由市规划局正式批复。

组织开展重点工业遗产规划设计策划方案深化工作，探索更新利用新模式，策划方案深化工作基本完成。

为强化城市总体规划与土地利用总体规划的统一引领作用，明确规划目标导向和重点任务，使特色小镇的规划更具科学性、合理性，组织编制完成《天津市特色小镇规划设计导则》，对于提升天津市特色小镇规划的编制水平发挥重要作用。

【重点建设项目规划管理】 组织研究天津美术学院扩建项目、大沽路25号地、和平区多伦道等地块规划策划方案，确保项目按期实施建设；积极推动河东区一热电重点项目规划建设工作；配合市文广局完成天津非物质文化遗产馆规划选址工作；组织研究全运村体育公园景观雕塑设计方案及红桥区泰达R3号地项目设计方案。

【动态维护管理】 对海河历史文化街区C4街坊04地块、海河历史文化街区D5街坊保护规划履行修改程序，经报请市政府批复同意。

【名城名镇名村保护工作评估检查】 按照《住房城乡建设部国家文物局关于开展国家历史文化名城和中国历史文化名镇名村保护工作评估检查的通知》要求，市规划局会同市文物局和市国土房管局组织对全市历史文化名城名镇名村保护工作进行评估自查，制定详细的工作方案，印发《市规划局市文物局市国土房管局关于开展天津市历史文化名城名镇名村保护工作评估检查工作的函》，部署工作任务，召开评估检查培训会，对接各区政府和各区规划、文物、房管部门，在各区自查的基础上，全面梳理全市历史文化名城名镇名村保护基本情况和存在主要问题，提出改进措施，完成《天津市历史文化名城名镇名村保护工作评估自查报告》。赴重庆市对历史文化名城名镇名村保护工作进行交叉检查，完成重庆检查评估报告。接待北京规划和国土资源管理委员会、文物局到天津对全市名城名镇名村保护工作进行评估检查。

【保护性建筑普查】 根据《住房城乡建设部关于坚决制止破坏行为加强保护性建筑保护工作的通知》要求，并报请市政府同意，市规划局会同市国土房管局和市文物局共同组织开展天津市保护性建筑普查工作，建立保护性建筑信息管理系统。2017年5月与11月分别向社会公布第三批、第四批保护性建筑名录，向社会公布天津市保护性建筑总数达到1018座。开展天津市保护性建筑名录成果编纂工作。

【管理机制】 通过城乡规划综合督查、专项督查和业务培训等工作,提高各区规划管理人员的业务水平,逐步规范规划管理程序和审批要求。组织完成《天津市乡村规划编制技术要求(修订)》,并印发全市各涉农区执行,规范乡村规划编制内容和深度,加强对乡村建设的规划引导。市规划局协助市特色办开展特色小镇规划审查工作并发文,要求各镇规划的编制应突出产业特色和资源特色、符合相关上位规划,对居住用地、行政办公和生活服务设施用地均提出相关要求,先后对65个乡镇进行特色小镇规划编制和审批工作的培训,收到良好效果。

证后管理

【规划验收】 对861项建筑工程进行规划验收,涉及建筑规模约3033万平方米;规划验收市政工程104项,涉及建设规模约17万米。

【管理机制】 广泛采用城乡规划综合督查、专项督查、"双随机、一公开"查验、讲座培训等手段,对各基层单位进行深入的业务指导和监督管理。促进全市各相关部门依法履职,担当作为,规范开展证后管理工作。

城建档案管理

【区城建档案管理】 针对天津市各区城建档案管理工作的实际情况,深入到静海、宝坻、蓟州、滨海新区进行建档培训。为各区城建档案工作提供有效的技术支持,规范城建档案管理程序,统一验收标准,提高各区档案工作人员的业务水平与管理能力。

【业务培训】 坚持对全市城建档案管理人员开展季度培训,全年共计232人参加新建工程建档业务培训,199名资料员取得培训结业证书,提升建设单位档案工作人员的建档水平。对重点工程制定专门服务方案和计划,不断完善重点工程服务督办机制,为地铁5号线工程、全运村工程、保障房工程煤改燃等重点建设项目提供现场服务,保障档案顺利接收进馆。

【档案执法】 配合局执法监察部门开展城建档案执法检查,重点对市内六区和环城四区2017年未办理档案认可证及档案预验收证明的项目进行确认,对156个超期未办理档案认可证项目进行执法督办。

【局机关档案室管理】 加强对局系统档案工作的监督指导,对局系统事业单位档案工作情况开展调研,对市测绘院进行业务档案归档工作培训。全年接待档案查阅、提供利用219次。业务档案审验移交308卷,文书档案整理归档110卷。

法治建设

2017年制定《市规划局市国土房管局市建委关于酒店型公寓建设管理相关文件失效的通知》《市规划局关于废止部分局发行政规范性文件的通知》《市规划局关于印发〈天津市规划局政府信息公开规定〉的通知》《市规划局关于废止部分局发行政规范性文件的通知》。

执法监察

【机制建设】 为深入贯彻落实中央和天津市深入推进简政放权、放管结合、优化服务的决策部署,切实落实市委巡视整改要求,市规划局印发《天津市城乡规划违法行为查处规范》,对案件查处程序、申请执行及处罚标准等多方面工作内容作出严格具体的规定,对法制审核、执法过程全记录、公开处罚决定等环节提出明确的要求,统一全市规划系统的城乡规划违法行为查处文书和自由裁量权细化标准,促进全市规划系统各单位严格规范公正文明执法。

【违法建设查处】 天津市规划局深入组织全市规划系统各有关单位开展城乡规划违法建设行为查处工作,组织违法建设查处不作为不担当专项督查和2017年行政处罚案卷专项督查,并充分利用市行政执法监督平台归集执法信息、抽查执法行为,规范执法程序,切实加强执法监察工作效能。2017年,全市共出动巡查人员7107人次,巡查3243个重点地区,发现新增违法建设195起。

【行政复议、行政诉讼应诉工作】 2017年,共经办行政复议案件152件,其中国家住房城乡建设部受理行政复议案件87件,市政府受理行政复议案件2件,市规划局受理行政复议案件63件。市规划局应诉行政应诉案件80件。召开行政复议案件会审会共9次,对25起案件进行研究。

信息化建设

【城市建设管理监管平台建设】 天津城市建设管理监管系统于6月份通过项目验收,在数据建设、监管及系统建设三方面开展深化工作,召开工作例会14次,组织专题会议3次,联络员会议1次,取得较好的成效。

【天津市规划局城乡规划数据资源整合与管理平台建设项目】 组织天津市规划院、市测绘院、市勘察院等单位进行工作方案的研究与完善,并于7月6日局长业务会通过《城乡规划数据资源整合与管理平台建设工作方案》。结合市规划局一网通升级实际需求,对原有的规划业务管理空间数据进行分析与梳理,经研究与讨论,完成《规划业务管理空间数据结构优化方案》《界定建设项目用地范围建议书》,规范完善规划业务空间管理数据标准,为下一步实现建设项目基于空间位置的全生命周期管理奠定基础。

(天津市规划局)

城乡建设管理

【建设规模保持平稳】 天津市2017年完成城建固定资产投资2498亿元,其中:市政交通基础设施投资265亿元,房地产投资2233亿元。创造条件积极吸引社会资本进入基础设施领域,津沧高速、解放南路、海绵城市、地铁建设探索采取PPP模式,利用世行资金启动劝业场、鼓楼地区慢行交通体系建设。实施工业、科技、文化、教育、卫生、体育、商业、基础设施等102项市重点项目,全运村、天河城购物中心等12项工程完工,为全运会配套的49座新建和改造体育场馆全部按期完工,保证了赛会需要。

【现代综合交通体系建设成效显著】 铁路工程建设方面,大北环铁路开通运营,西南环线具备开通运营条件。地铁建设方面,已建成运营1、2、3、9号线和6号线一期北段共168公里,地铁5号线、6号线实现试运行。滨海新区B1、Z4线开工建设。城市路网建设方面,以完善中心城区快速路路网体系为重点,加速推进外环线东北部调整线建设;津汉、罗浮路、浯水道等6座立交桥竣工通车;海沽道、高峰路等一批道路完工;服务全运村、解放南路、双青、大寺新家园、五金城公租房等重点项目,实施67条配套道路及管网建设,20条道路通车,保障了周边居民按期入住。

【民心工程】 累计完成水、气、热老旧管网改造100公里,其中:自来水管道10公里,燃气管道40公里,供热管道50公里,电力老旧设施改造19项。完成大明道、日朗路、罗浮路3座雨水泵站建设,解决了苑苑、候台等地区道路积水问题。南开二马路北段等6处道路卡口改造基本完成,方便了群众出行。全市保障性住房开工3万套、竣工3万套。农村危房改造完成5000户。推动完成禁燃区35蒸吨以上5座20台燃煤供热锅炉改燃并网,72座126台燃煤供热锅炉改燃并网,2284台燃煤供热锅炉"清零"任务,实施武清无煤区、静海区、滨海新区配套管线建设和东丽区2台燃煤供热锅炉超低排放改造。城市居民清洁取暖完成14.28万户,采用集中供热补热、电代煤、气代煤和拆迁腾迁等方式替代散煤采暖。提前供热10天,延长供热16天,得到社会普遍好评。

【推进城建绿色发展】 制定绿色建筑管理规定、验收规程等,新建绿色建筑2900万平方米,4个项目荣获住房城乡建设部绿色建筑创新奖。出台大力发展装配式建筑实施方案,初步建立从设计、生产、施工到验收全过程标准体系。明确海绵城市立项、规划指标、施工监管、竣工验收等环节管控措施。制定综合管廊运行维护政策,静海滨港电镀产业园一期2.5公里竣工,中新生态城等区域15.2公里综合管廊加快建设。

【施工扬尘和渣土洒漏治理】 严格落实建筑工地"六个百分之百"标准,全市1734个建筑工地全部安装视频扬尘检测设备。环城四区渣土处置场全部具备使用条件,严格落实现场渣土运输"六定"要求,累计开展渣土装运检查2464项次;下达责令整改通知书50份;约谈相关项目负责人86次。采取疏堵结合办法,推广智能建筑垃圾车,中心城区和滨海新区核心区全面禁止非智能车辆使用,制定了智能车辆技术标准和购置补贴方案,全年新增智能车辆1033部。

【建筑市场秩序不断规范】 坚决打击工程转包、违法分包、无证施工等行为,市、区两级市场监察部门检查2000余项次,对存在建筑市场违法行为的300余个项目进行了处罚,对20家存在转包、违法分包等违法违规行为的责任单位进行了公开曝光,有力震慑了市场违法行为。推动京津冀建筑市场深度融合,实现市场准入条件、工程承发包机制、信用信息共享、建设工程标准四统一,制定推进京津冀计价体系一体化实施方案,明确造价信息发布、计价依据编制使用,以及造价管理规则和机制等,被住房城乡建设部列为工程计价体系一体化试点。调整施工总承包企业信用评价指标,修订监理企业、招标代理机构信用评价办法,对1805家施工总承包企业、401家监理企业、246家招标代理机构开展信用评价,12家企业被清出天津市建筑市场。

【工程质量安全监管】 巩固工程质量治理两年行动成果,组织开展质量安全提升行动,深入组织安全生产隐患大排查大整治和综合督查等各项活动,全年安排专项检查19次,检查工程2087项,下达责令暂停施工118份，全市共查处各类违法违规案件652起，50家责任企业和111名责任人被问责处理。积极推进建材信息公示制度，建立了"来源可查、去向可追、责任可究"的信息化监管机制，报废施工机械设备5770台套。全市较大以上安全生产事故为零，全市建设工程质量竣工验收合格率为100%。

【综合管廊建设】 截至2017年，天津市综合管廊开工建设总计21.2公里。作为国内首个工业园区地下综合管廊系统，静海区滨港电镀产业园建设了工业废水集中处理厂，综合管廊规划全长12.5公里，目前已建成2.5公里并投入使用。该管廊包含14种电镀废水收水管，同时布设电力、电信、自来水及消防等其他配套管线，实现所有电镀废水分类收集、分类处置、达标排放和废物循环利用。中新生态城综合管廊一期工程总长4.6公里，管网管线都将由电脑监控，全程跟踪其运行动态，提高资源能源输送效率。宝坻新城西环路地下综合管廊工程建设总规模6.8公里，建于西环路改扩建工程中央景观绿化带下，收纳了给水、热力、电力、通信等管线。

为推进地下综合管廊建设，天津市制定出台《天津市地下综合管廊规划建设工作方案》，有效提高了市政管线的运行管理水平，提高智能管理水平，有力推动智慧城市建设。

【海绵城市建设】 2017年，天津市海绵城市建设健全组织机构，市区两级均成立了以主管副市长、主管副区长为组长的海绵城市建设工作领导小组。整体推进海绵城市建设，制定工作任务目标责任清单。修编完善海绵城市专项规划，指导海绵城市建设。加强完善制度保障，出台加快海绵城市建设的一系列配套文件，制定技术导则、图集和审查要点，全市从立项、图纸审查、施工监管、竣工验收等各环节加强了对海绵城市的管理，实现了全过程管控。

全面提升海绵城市建设技术水平，组织各部门、各区、设计单位、建设单位开展全方位系统化海绵城市培训工作，先后1200人次参加培训。

积极推动国家海绵城市试点区建设，制定"源头减排、过程控制、综合施策、系统治理"的实施方案，加快项目的建设推动力度，完成了第二新华中学、生态城华夏未来小学和幼儿园等样板工程，其中第二新华中学是天津市首个整体采用海绵城市理念建设的学校，在雨季的实际运行管理中发挥了良好效果，成为天津市海绵城市现场观摩和学习的重要场所。

【建设项目融资与管理】 2017年，研究推动政府和社会资本合作，在轨道交通、海绵城市、供热供冷等市政公用基础领域推广PPP模式，取得阶段性成果。

2017年，重点组织推动了地铁4、7、8、11号线一期工程项目PPP策划、解放南路地区海绵城市PPP项目。作为国家第二批海绵城市试点城市，天津市解放南路地区海绵城市项目按照PPP模式实施。2017年，组织编制了解放南路海绵城市PPP项目"两评一案"，组织完成PPP社会资本资格预审工作。

【执法监督制度建设】 2017年，天津市建委进一步健全完善执法监督制度，促进规范公正文明执法。

健全完善"四个一"制度。一是规范行政处罚工作程序，实现执行处罚程序与环节、责任和时限的固化透明，执法文书统一规范，阳光运行。二是明确行政处罚裁量基准，压缩裁量空间，明确评判尺度，推进行政处罚合理合法、公平公正、过罚相当。三是落实"双随机、一公开"制度，打破监管对象和监管人员固定对应模式。四是制定行政处罚案卷标准，进一步引导和规范行政处罚案卷制作。

开展"三项制度"试点。全面贯彻天津市"三项制度"试点工作部署，制定行政执法公示、全过程记录、重大执法决定法制审核工作规程和工作方案，初步形成覆盖全行业的三项制度工作体系。一是落实执法全过程记录制度。在行政执法全过程各环节，全部制作并留存行政执法文书和相应文字记录，形成从发案到结案完整执法过程的记录。二是全面推行行政执法公示制度。明确在天津建设网和办事大厅、服务窗口等场所，公示行政执法主体、人员、职责、权限、随机抽查事项清单、依据、程序、行政处罚决定等信息。三是推行重大执法决定法制审核。确定重大执法决定清单，确保每项重大执法决定必须经过合法性审查，守住法律底线，保证合法行政。

强化执法监督平台一张网。建立动态化、常态化监督机制，行政处罚信息实行全部监督评测，对行政检查等执法信息实现30%以上抽测率，对发现的瑕疵和问题，及时督促有关部门整改，最大限度地减少执法瑕疵。

【重点建设项目完成情况】 截至年底，102项天津市重点建设项目基本实现年度计划目标。涉及科技创新、高端产业、基础设施、生态环境、民生和公共服务等5大类项目。其中，科技创新项目8项、高端产业项目17项、基础设施项目33项、生态环境项目9项、民生和公共服务项目35项。

【城市路网建设】 2017年，天津市重点实施外环线提升改造工程及外环线洞庭路、芥园西道、京沪铁路、津汉立交等4座节点立交工程。外环线提升改造工程及4座节点立交工程均已完工通车。

【地铁及枢纽建设】 2017年，天津市中心城区地铁6号线南段试运行。地铁5号线、地铁1号线东延线具备试运行条件。地铁4号线二期、6号线二期和8号线一期完成建设规划调整报告。

【村镇建设】 2017年，天津市继续推进村镇建设。农村危房改造。全年完成农村危房改造5000户。进一步规范危改资格认定，实行前置联网筛查，提升危房鉴定精度，强化危改质量管理；开展村镇建设管理人员危改鉴定等业务知识培训180余人次，培训农村建筑工匠1579名；印发《天津市农村危房加固改造技术指南》，推行加固改造，降低危改成本。

改善农村人居环境。开展全市农村人居环境调查，对3636个行政村的村容村貌、基础设施及公共配套设施等44项基本数据进行全面调查、系统分析；津南区前进村、静海区惠丰西村、武清区小雷庄村、宁河区杨泗村、宝坻区欢喜庄村等5个村庄入选2017年全国改善农村人居环境示范村；开展全市非正规垃圾堆放点排查，配合做好农村生活垃圾治理国家级验收。

推进传统村落和传统民居保护。组织开展中国传统村落调查，推荐蓟州区孙各庄满族乡隆福寺村、出头岭镇官场村，宝坻区八门城镇陈塘庄村参加第五批中国传统村落评选；组织推荐中国传统建筑名匠；组织编制天津市特色民居设计图集。

小城镇建设。武清区大王古庄镇、津南区葛沽镇、蓟州区下营镇被评为全国第二批特色小镇；分别会同中国农业发展银行天津分行、国家开发银行天津市分行、中国建设银行天津市分行印发相关支持文件，为小城镇建设融资提供有效资金渠道。

【风景名胜区建设管理】 2017年，盘山风景名胜区全年景区共接待中外游客172万人次，景区资金收入8664万元。盘山风景名胜区全年累计投资1800万元。黄崖关长城风景名胜区全年共接待中外游客37万人次，实现景区资金收入2928万元。

【燃气管理】 2017年，天津市天然气供气总量达到42.2亿立方米，比2016年增长21.2%；天然气管道长度达到2.07万公里，其中高压、次高压管线2489.7公里。全市管道燃气经营企业39家，汽车加气站59座，天然气用户达到420万户。完成旧管网改造40公里、灶具连接管改造1.5万户。组织编制了《燃气设施重点部位管理导则》和《天津市城市燃气管线与地铁安全间距控制管理办法》；开展燃气行业迎全运综合整治、供气保障和安全检查工作，保障全运会顺利进行；完成2017年中心城区老旧小区及远年住房安全问题整治燃气项目工作，共计改造庭院管网33.38公里，灶具连接管、户内立管改造2.18万户；开展燃气设施安全评价工作，完成对34家重点企业的评价和隐患整改工作；坚持推进燃气行业在线监测工作，完成天津市燃气行业在线监测平台建设工作并积极推动燃气经营企业进行数据对接；组织津燃华润公司完成对大地燃气公司供气区域6319户居民的气源转换工作；推动国务院督办项目陕津长输燃气管线王庆坨段占压治理工作并完成摘牌。

【城建科技】 2017年，天津市下达建设系统科学技术发展计划40项，完成科技项目成果鉴定和验收36项，申请专利十余项。绝大多数研究成果已经在全市各类建设项目中得到应用。其中《张弦预应力钢结构网架与吊挂层二步整体提升施工技术研究》不仅获得国家授权的实用新型专利1项，而且还获得天津市级工法1项。组织完成天津市建设系统2017年度华夏建设科学技术奖励项目申报和核查工作，推荐14项华夏科学技术奖励项目。组织完成住房城乡建设部2018年度科学技术项目申报和初审工作，共有19项科学技术项目通过立项。受住房城乡建设部委托完成住房城乡建设部科学技术项目验收7项。

按照住房城乡建设部水专项管理办公室要求，组织完成国家"十三五"水体污染控制与治理科技重大专项——《天津海绵城市建设与海河干流水环境改善技术研究与示范》项目的立项评审、合同审查及签订等工作，获得中央财政资金支持超过1亿元。加快促进建设领域科技成果转化，收集评选74项技术纳入推广新技术项目库。评选确定10项建设领域推广新技术、21项新技术应用示范工程和67项市级工法。

做好天津市建设领域科技专家库建设工作，积极打造"千人专家库"。组织开展科技专家库申报工作，确定入选科技专家629名并成功纳入专家库。

【工程建设地方标准编制及管理】 2017年，完成《装配式建筑预制混凝土构件质量与检验标准》《天津市公共建筑能耗标准》等7项新编标准，完成《天津市集中供热住宅计量供热设计规程》《天津市住宅装饰装修工程技术标准》等8项修编标准，完成《预制楼梯、空调板、阳台板》《轨道交通出入口、风亭、冷却塔》等9项新编标准设计图集。

开展民生领域标准编制，组织开展既有住宅加装电梯、黑臭水体治理、充电桩建设、海绵城市、绿色建筑以及轨道交通等方面10余册标准规范和图集的编制工作，部分标准规范和图集已编制完成。

开展新技术标准编制，鼓励企业结合自身需求，自主制定更加细化、更加先进的企业标准，推动技术创新，2017年完成8册新型建筑材料和新技术的企业标准备案。

组织开展2018年地方标准申报和立项评审工作，将《装配式框架和木结构技术规程》《民用建筑和轨道交通BIM设计标准》《城市双修老旧社区更新技术导则》等21项标准列入2018年编制和修订计划。

截至2017年底，天津市现行地方标准（含导则）共191项、标准设计40余册（套），对提升城市宜居水平、保证工程安全质量起到重要支撑作用。

【装配式建筑】 2017年，天津市装配式建筑新开工建筑面积52万平方米，在施建筑面积达到122万平方米，同时培育出第一批装配式建筑部品部件生产企业18家，已形成满足800万平方米钢筋混凝土和600万平方米钢结构建筑的产能。

11月9日，住房城乡建设部下发《关于认定第一批装配式建筑示范城市和产业基地的函》，认定天津市为全国第一批装配式建筑示范城市，同时认定5家企业为全国第一批装配式建筑产业基地。

【建筑节能减排】 2017年，天津市大力推进建筑节能减排工作。新建民用建筑100%执行节能强制性标准，新建75%节能率居住建筑2007万平方米，65%节能率公共建筑566万平方米；积极开展被动式超低能耗建筑示范，加快推动示范项目建设，节能率达到80%以上。截至2017年底，全市完成居住建筑节能改造6733万平方米。完成公共建筑节能改造406.1万平方米，平均节能率20.3%，通过国家第一批公共建筑节能改造示范城市验收。出台《天津市公共建筑能效提升重点城市建设实施方案》，在全市部署500万平方米改造任务。

全市可再生能源建筑应用面积1097万平方米，其中太阳能光热应用面积733.49万平方米，太阳能光电应用面积41.31万平方米，浅层地热应用面积94.95万平方米，其他可再生能源应用面积228.21万平方米。发布了《天津市公共建筑能耗标准》，为公共建筑用能基线管理提供了技术支撑。

【供热管理】 2017年，天津市集中供热面积达到4.76亿平方米，其中热电联产供热面积1.69亿平方米，燃煤锅炉供热面积8894万平方米，燃气供热面积1.87亿平方米，地热及其他热源供热面积3089万平方米，供热能源结构发生了根本性转变，热电联产、燃气和清洁能源供热比重大幅上升，逐步形成了以清洁能源为主的集中供热体系。全市集中供热普及率达到99.5%，中心城区住宅集中供热普及率达到99.9%。完成了城市居民散煤治理任务14.28万户，其中煤改电3.38万户，煤改气2.29万户，无烟煤替代288.81万平方米。完成了旧管网改造50公里，提高了相关供热系统的安全性。

全力推进行业标准化、信息化建设和管理，初步建成供热应急与能耗监测平台，平台覆盖全市2.79亿平方米，实现热源、换热站和用户三级监测，中心城区111座改燃锅炉房可视频实时监测，2600座换热站的运行数据可上传。结合法定供热前、停热后的气温情况，会同相关部门，从燃料供应、热电调度、补贴资金、价格调整、环保治理等多角度考虑，科学合理确定提前和延后供热的日期，切实解决好事关群众利益的民生问题。

【绿色建筑】 完善绿色建筑标准规范。结合国家及天津市现行标准，总结近年绿色建筑施工经验，12月，制定《天津市绿色建筑施工方案编制技术要求》。

严把绿色建筑施工图审查关。2017年，天津市累计完成施工图审查584项，建筑面积3184.41万平方米。其中按规定执行绿色建筑标准的项目累计539项，建筑面积为3163.37万平方米，已全部通过施工图审查，上述项目100%执行《天津市绿色建筑设计标准》。

开展绿色建材和设备评价标识工作。现有绿色建材和设备评价标识机构6家。评价产品种类涉及预拌砂浆、预拌混凝土、锅炉、集热器、溴化锂吸收式冷水机组。2017年，4家企业获得绿色建材评价标识3星级证书；10家企业获得绿色建材评价标识2星级证书。

开展绿色建筑评价标识工作。2017年，共有43个建筑项目获得绿色建筑设计评价标识，建筑面积477.97万平方米。其中，获得一星级设计标识的建筑项目18个，建筑面积263.32万平方米；获得二星级设计标识的建筑项目20个，建筑面积189.99万平方米；获得三星级设计标识的建筑项目5个，建筑面积24.66万平方米。2017年，共有4个建筑项目获得绿色建筑运行评价标识，建筑面积20.55万平方米。其中，获得二星级运行标识的建筑项目2个，建筑面积5.14万平方米；获得三星级运行标识的建筑项目2个，建筑面积15.41万平方米。

【全运村及全运会场馆建设】 8月，第十三届全国运动会在天津市召开。按照赛事需求，比赛共涉及场馆49个，其中新建21个，改造15个，利用现有场馆11个，易地使用2个，同时建设全运村1座。

新建21座体育场馆中，教育系统新建10座场馆（涉及9所院校）；武清、宝坻区各1座场馆；体育系统新建4座场馆，包括小轮车、沙滩排球、橄榄球、射箭和足球比赛场；通过社会力量解决5座场馆，包括皮划艇赛艇（静水）、飞碟、马术和山地车比赛场。新建场馆自2014年开始建设，2017年4月陆续完工，新建总建筑面积达到26万平方米，新增加观众席位7万个，可满足各类比赛项目的需要，为全运会顺利召开提供了保障。

全运村建设采用市场化运作模式，地块于2014年11月摘牌，自2015年4月正式开工建设，2017年8月竣工并交付使用。共建设88栋94万平方米的住宅，其中地上面积71万平方米，81栋住宅为运动员、技术官员、媒体等提供住宿服务，配套建设餐饮、购物、健身、休闲、就医等其他生活服务设施9.8万平方米，能接待约1.7万名运动员、技术官员和新闻工作者。

【海河沿线开发项目情况】 截至年底，海河沿线24个开发项目总体进展良好。海景文苑、渤海银行等6个项目已经在2016年底前竣工，剩余18个项目，6个项目竣工，中信城市广场交付使用。7个项目基本完工。天津湾C2、C3公寓及D地块、奥式风情南区（原希尔顿酒店）2个项目基础施工。3个项目持续推进。

【重点开发项目进展情况】 2017年，天津市13个重点开发项目按照计划实施。截至2017年12月底，棉三创意产业综合体、中信城市广场、手表厂地块、红旗北路（大成食品）地块4个项目竣工。绿荫里、中海八里台、八马路（律东）地块3个项目基本完工。解放南路43号地块、天拖一期、育红路（北宁起步区）地块、现代城A区、一热电地块5个项目工程进度不断加快。

【建筑业】 2017年，天津市各类建筑业企业4533家。其中，特级施工总承包企业13家，一级施工总承包企业93家，二级施工总承包企业263家，三级施工总承包企业516家；一级专业承包企业974家，二级及以下专业承包企业1500家；劳务分包企业1174家。全市建筑行业从业管理人员40余万人。其中，一级注册建造师1.50万人，二级注册建造师3.11万人，注册监理工程师3657人，注册造价工程师3116人；中、高级职称人员4.25万人；施工项目部管理人员20.02万人；持证上岗技术工人10.51万人。

2017年，天津市建筑业完成产值4262亿元，实现增加值747亿元。建筑业企业签订合同额共计1.21万亿元，同比增长10.7%，保持了两位数增长。其中，年度新签合同额6378.07亿元，同比增长10.1%。

天津市建筑业企业的外埠市场开拓能力大幅提升。2017年，天津市建筑业企业在外省完成产值2303.06亿元，超过在津完成产值343.78亿元，同比增长14.3%，占全市建筑业产值的54.0%，近10年首次超过在津完成产值。

【建筑市场管理】 2017年，天津市为巩固"全国统一建筑市场"和"清理规范工程建设领域保证金"的工作成果，建立了工程建设领域保证金缴纳情况季报制度，掌握全市建筑企业缴纳保证金情况，接受关于违规收取保证金的举报投诉，全面推行用银行保函代替保证金的缴费方式，为企业营造减负增效的市场环境。

加强建筑市场执法监察，建立打击建筑工程施工转包违法分包等违法行为情况季报制度。市、区两级共对1217个在施项目开展了建筑市场检查，对存在违法发包、无施工许可证擅自开工建设等建筑市场违法行为的226个项目进行了处罚，对责任单位罚款5028.7万元。开展专项执法检查，对全部行政区实现督查全覆盖，随机抽检77个项目，对江都建设集团等20家单位责任单位进行通报，并在主要媒体上公开曝光。

【劳务用工管理】 2017年，为进一步加强建筑工人实名制管理，研究修订《天津市建筑工人实名制管理办法》及相关实施细则。开展建筑业劳务用工专项检查，对40余家制度不落实的总承包企业进行全市通报批评。加强技能培训，组织完成农民工技能培训任务1.03万人。按照"四室、两中心、一管理"的标准，继续着力推进非永久标准化建筑工人公寓建设，全市在施项目公寓建设率达到20%以上。建成恒大帝景项目一期、生态城中部片区亿利住宅项目和天津市滨海新区文化中心工程等非永久标准化建筑工人公寓140处。接待投诉369件，接待来访2013人，涉案金额1.97亿元，保护了建筑工人合法权益。

【工程咨询服务】 2017年，天津市新增建筑业中介机构17家，累计达到263家。其中，监理企业新增12家，累计达到135家；工程造价咨询机构新增5家，累计达到128家。全年有2家企业晋升乙级资质，有2家企业晋升甲级资质。

为推进京津冀工程计价体系一体化，天津市会同北京市、河北省建设行政主管部门签订了《协调推进京津冀计价体系一体化三方合作备忘录》，制定《推进京津冀计价体系一体化工作实施方案》，申报成为住房城乡建设部工程计价体系一体化试点。

【建筑市场信用体系建设】 2017年，天津市继续加强建筑市场信用管理工作。调整施工总承包企业信用评价指标，修订建设工程监理企业、招标代理机构信用评价办法，完成对1805家施工总承包企业、401家建设工程监理企业、246家招标代理机构开展信用评价，向社会发布评级结果。

【勘察设计】 截至年底，天津市勘察设计企业共334家，其中中央驻津企业34家，外资企业17家，民营企业283家，全行业具备甲级资质的企业共计177家，占总数的53%。全市共有勘察设计专业技术人员5.2万人，具备中、高级职称的专业技术人员3.10万人，占全行业的59.6%；勘察设计类注册人员5105人，占全行业的9.8%。2017年评选出天津市"海河杯"优秀勘察设计奖261项，获奖单位共计56家。为强化勘察设计企业事中事后监管，加强行业自律，相继出台《天津市建设工程勘察设计管理规定》和《天津市勘察设计企业信用评价办法》。全年严格开展勘察设计领域执法，对85家企业开展了资质资格检查，对80余项勘察设计工程开展了质量检查，并对3家企业依法实施了行政处罚。

【招标投标管理】 2017年，天津市继续加强招投标市场管理。改革民间投资房屋建筑工程招投标方式。在民间投资房屋建筑项目中，试行由建设单位自主决定发包方式。不采用招标发包的项目，不再需要进场交易以及缴纳工程交易服务费。过去至少需要20天的时间才能将手续办理完毕，现在对材料齐全的3个工作日内予以登记。

放开工程担保限制。全面放开市场，取消专业担保公司必须在本地注册的规定，引入保险公司作为担保保证人。将建设工程是否担保的选择权交由市场主体自由选择，建设单位可不要求工程担保，如要求中标单位提交履约担保的，按照权利义务对等原则，同时应向中标单位提交支付担保。

【工程质量管理】 2017年，天津市加强工程质量管理。落实《中共中央国务院关于进一步加强城市规划建设管理工作的若干意见》《国务院办公厅关于促进建筑业持续健康发展的意见》（国办发〔2017〕19号）精神。根据住房城乡建设部2017年—2019年在全国范围内开展建设工程质量安全三年提升行动的会议精神，制定天津市落实行动工作方案，从多个层面入手，进一步完善工程质量安全管理制度，落实工程质量安全主体责任，天津市新开工工程签署法定代表人授权书、工程质量终身责任承诺书以及竣工项目设立永久性标志牌三项制度的执行率和覆盖率达到了100%。

【工程安全管理】 2017年，天津市加强工程安全管理。全年安排开展19次质量安全专项检查和治理，将预防硫化氢中毒、工地食堂食品卫生和工地垃圾清理纳入检查范围，积极配合，主动担当。以防高空坠落、防坍塌、防机械伤害、防触电、防物体打击、防火灾"六防"为重点，查隐患、堵漏洞、抓整改，落实班前安全隐患排查、开工前周边环境现状调查等制度，加强风险施工全过程管控，确保责任落实、安全防范、施工管理、监理履责、隐患消除、应急处置、监督检查"七到位"。摸清冬季施工项目底数，加强特许施工项目监管，严格执行冬季施工"双十"禁令，凡达不到冬季施工条件的建设项目，一律停工。开展全市房屋建筑施工大检查，全面排查整治工地火灾隐患，对各类安全隐患下狠手、狠下手，坚决杜绝重特大安全事故，防范一般事故发生。在地铁10号线金贸产业园站施工现场开展地铁工程深基坑渗漏应急抢险演练。

【房地产业】 房地产开发投资保持稳定。2017年天津市房地产投资实际完成2233亿元。新开工面积2334万平方米，竣工面积2023万平方米，累计施工面积8796万平方米。

重点区域、重点项目及民心工程加快建设。城市外围居住组团建设稳步推进，解放南路起步区、南站片区、静海团泊等大型居住片区开发效果进一步显现，有效缓解了中心城区居住压力。新八大里项目加快建设，四、五、七里部分项目竣工入住。

落实"双万双服"工作部署，进一步优化营商环境。深入推进城建领域"放管服"改革，激发市场活力和行业发展力，对不适应当前发展需要、不符合上位法规定要求的文件进行集中清理，废止一批规范性文件。深入绿城全运村等70个企业进行实地帮扶，拉动房地产开发投资平稳上涨。运用"互联网+政务服务"思维，开发了网上政务服务平台，实现商品房建设计划网上办理，企业在线申报，办理过程和结果及时推送，做到了让信息多跑腿、企业少跑腿。

建立常态化房地产项目执法检查机制。按照

"双随机"原则，加大事中事后监管力度。全年共对全市16个区及海河教育园65个房地产项目进行了专项执法检查，向相关企业下发《责令限期改正通知书》16份，实现了执法检查全市各区全覆盖、执法职权全覆盖。

【**房地产开发企业管理**】 2017年末，天津市具有房地产开发资质企业1364家。出台《天津市房地产开发企业资质管理规定》，以及资质申请、核定、注销等地方标准，降低行业准入门槛，调整资质等级开发规模，为行业发展创造良好环境。

【**保障性住房建设**】 2017年，天津市保障性住房新开工建设3万套，基本建成3万套。在保障房建设中，注重做好促开工、重品质、抓质量。

大事记

1月26日，天津市委书记李鸿忠春节前检查慰问地铁6号线阳光乐园站。天津市建委、市轨道交通集团有关负责人参加。

2月3日，天津市建委召开城建系统党委工作会暨党风廉政建设会，市建委党委书记、主任张盛如主持会议。

2月10日，天津市市长王东峰察看全运会场馆建设和城市综合整治情况，并在天津市市容环境指挥部召开现场会议。张盛如陪同视察。

2月13日，副市长孙文魁在天津市轨道交通指挥部召开地铁建设推动例会，听取了有关轨道指挥部办公室筹备情况以及加快地铁建设工作方案。张盛如参加。

3月9日，天津市人大常委会副主任张俊滨带队到天津市建委调研指导，与会人大代表围绕承办单位贯彻落实代表建议条例和建议办理工作发表意见。张盛如做相关工作汇报。

3月31日，市委、市政府召开天津市城市工作会议。市委书记李鸿忠、市长王东峰出席会议并讲话。会议由市委副书记怀进鹏主持，副市长孙文魁就《天津市进一步加强城市规划建设管理工作意见》作说明。天津市建委、市规划局、市市容园林委、滨海新区、北辰区负责人作发言。

4月15日，天津市建委召开干部大会，宋力威调天津市建委任党委书记、主任。

6月6日，市建委党委书记、主任宋力威陪同市人大领导在中新生态城参加市人大督办代表建议办理工作，检查海绵城市建设工作。

6月11日，住房城乡建设部建筑节能与科技司组织专家对天津市公共建筑节能改造重点城市建设工作进行了验收。

6月12日，顺利完成全运村竣工验收监督工作，全运村进入运行阶段。

6月21日，召开全市建设工程质量安全工作会议，副市长孙文魁讲话并提要求，宋力威作工作汇报。

同日，召开全市海绵城市和综合管廊建设推动会。

6月30日，天津大北环铁路正式开通，对进一步加强天津铁路枢纽地位、促进京津冀区域经济发展有着重要意义。

7月7日，天津市人民政府办公厅印发《关于大力发展装配式建筑实施方案》，明确提出2021年—2025年全市范围内国有建设用地新建项目具备条件的全部采用装配式建筑。

8月17日，天津市建委、市公安局在中建六局"悦东嘉园"项目召开农民工实名制管理观摩推动会，开拓创新建筑业农民工管理机制，联合市公安局共同开展农民工实名制管理工作。

9月13日，住房城乡建设部通报了2017年度全国绿色建筑创新奖获奖项目，天津市共有4个项目获得全国绿色建筑创新奖二等奖，分别是天津大学新校区第一教学楼、中新天津生态城公屋展示中心、天津梅江华厦津典川水园和天津京蓟圣光万豪酒店。

同日，《天津市建设工程勘察设计管理规定》经天津市人民政府第111次常务会议通过，自2017年11月1日起施行。

11月3日，天津市编办印发《关于调整渣土治理工作管理体制的通知》（津编办发〔2017〕471号），将全市渣土治理工作的牵头部门由天津市建委调整为天津市市容园林委。

11月15日，天津市建委在华苑国际创业中心停车楼现场组织召开"智能化立体停车楼系统成套技术现场观摩会"。各区建委相关工作负责人，规划、建设、设计、施工、监理单位及相关技术支撑单位等约80人到会。

12月2—4日，天津市建委全面开展全市房屋建筑安全大检查，坚决遏制安全事故发生。

（天津市城乡建设委员会）

国土资源和房屋管理

概况

2017年，天津市国土房管局深入学习贯彻习近平新时代中国特色社会主义思想，认真贯彻落实党的十九大精神，按照住房城乡建设部和天津市委、市政府的部署要求，主动适应经济发展新常态，牢牢把握历史性窗口期，全面推进改革创新，不断深化服务保障，各项工作任务全面如期完成，为天津市全面建成高质量小康社会、建设社会主义现代化大都市作出了积极贡献。一年来，全力抓好中心城区棚户区改造，圆满完成39片、51.1万平方米改造任务，1.7万户群众直接受益；持续抓好房地产市场调控工作，全年成交各类房屋2492.5万平方米，顺利完成国务院住房价格稳控目标；积极推进建立租购并举住房制度，全市住房租赁市场总规模达3800万平方米；统筹推进老旧小区及远年住房改造，634个片区、2433.93万平方米分批开工、分批竣工，33.3万户群众直接受益；加强房屋结构安全使用管理，开展房屋隐患排查大整治专项行动，严格落实"两书一报告一清单"制度，有效维护群众生命财产安全；全面落实住宅小区物业服务"双随机、一公开"监管制度，完成对1712个物业管理商品住宅小区全覆盖等级化服务考评，物业服务合格率达到98.95%；继续抓好改革创新，推进实施35项改革，涉及住房保障、房地产市场、既有房屋管理、物业管理等领域，全面提升管理服务水平；大力推进简政放权，市级行政许可事项由18项减少到7项，企业群众办事效率进一步提高，行政审批效能综合考评总成绩连续排名全市第一。在住房城乡建设部、天津市委、市政府领导下，全局系统干部职工奋发有为，屡创佳绩，1个部门、3名同志分别荣获部市级荣誉称号，王娜同志荣获"全国最美信访干部"。

（办公室）

综合管理业务

【改革创新工作重点推进】 天津市国土房管局把改革创新作为兴局之要，列为工作的重中之重。2017年实施35项改革创新事项，各领域改革多点突破，改革的系统性、整体性、协同性进一步增强，在住房租赁市场建设、棚户区改造安置、城镇住房保障体系建设等方面取得明显成效。

【局领导服务各区取得实效】 按照工作计划，天津市国土房管局领导每月安排不少于一次到各区进行调研，面对面帮助解决经济发展、民计民生方面的问题，做到当月问题当月解决，助推区域发展。2017年共调研服务121次，解决各类问题312项，得到了各区政府和企业的广泛认可。

【权责清单动态调整制度化规范化】 天津市国土房管局全面推进依法行政，规范权力运行，优化公共服务，强化社会监督，制定《天津市国土房管局权责清单动态管理办法》，按要求及时调整权责清单，取消行政职权12项，修改行政职权25项。

（综合业务处）

房地产市场管理

【房地产市场宏观调控】 坚持"房子是用来住的、不是用来炒的"定位，继续做好房地产市场调控工作，确保房地产市场平稳健康发展。2017年3月31日出台《天津市人民政府办公厅关于进一步深化我市房地产市场调控工作的实施意见》，严格落实住房限购政策。协调金融部门同步出台《关于完善差别化住房信贷政策的通知》，强化住房限贷政策。印发《关于落实房地产市场调控工作有关问题的通知》，细化调控措施。严格实施土地、商品房、二手房"三价"联控，有效遏制房地产市场过热苗头。2017年，全市成交各类房屋2492.5万平方米，同比下降45.1%，住房平均交易价格均实现了国务院的调控目标。

【培育和发展住房租赁市场】 按照十九大报告提出的"房子是用来住的，不是用来炒的，加快建立多主体供给、多渠道保障、租购并举的住房制度"精神，积极构建租购并举的住房制度，加快住房租赁市场建设。出台《天津市人民政府办公厅关于培育和发展我市住房租赁市场的实施意见》，明确发展住房租赁市场的发展目标、工作举措等。印发《关于加强我市房地产经纪机构和住房租赁企业备案管理有关问题的通知》，在全国率先对住房租赁企业实行备案管理。加大租赁房源筹集供应，培育集中式品牌长租公寓项目试点，支持分散式房源托管租赁，规范个人通过中介居间或自行成交租赁住房行为，截至年底，住房租赁市场总规模达3800万平方米。加强政银合作，与建设银行就搭建天津市住房租赁服务与监管云平台达成合作，为住房租赁交易提供高效、便捷、规范的服务保障。目前，初步形成了供地方式多样、供应渠道多元、供需衔接精准、权益保障有力、金融支持充分的住房租赁市场"天津模式"。

【房地产市场管理】 依法高效审批商品房销售许可，2017年发放销售许可证1002个、1719.8万平方米。2月22日，修订《天津市存量房屋买卖协议》（示范文本），充分保障房屋交易双方合法权益。积极拓展多部门联动监管机制，出台《市国土房管局市市场监管委关于进一步整顿规范我市房地产市场秩序的通知》，重点监管房地产开发企业、经纪机构的不规范经营行为。加强房地产市场日常巡查，2017年，市、区两级监管部门共巡查商品房项目2807次，中介机构1719次，实施行政处罚27例，暂停网签项目22个，曝光典型案例23起，有效净化了市场环境。印发《市国土房管局关于发布天津市2016年房屋租赁市场租金水平的通知》（津国土房市管〔2017〕12号），为租赁双方议定租金提供有效参考。

【房地产中介市场管理】 在全市范围内全面推开房地产经纪机构网签，截至年底，共有227家经纪机构（法人机构）开通网签功能，覆盖全市90%以上连锁机构，网签存量房买卖协议占全市二手房交易总量的25%以上。按照住房城乡建设部要求，将房地产价格评估机构资质审批管理变更为备案管理。开展房地产估价师和房地产经纪专业人员证书挂靠集中治理，责令相关人员按照要求进行整改。

【房地产交易资金监管】 1月12日，出台《天津市人民政府办公厅关于转发市国土房管局拟定的天津市存量房屋交易资金监管办法的通知》，自3月1日起实施，进一步理顺相关部门职责，简化相关手续，提升资金监管安全度，更好满足群众需求。严格落实《天津市新建商品房预售资金监管办法》，简化新建商品房预售资金提取流程，监管账户留存金额同比下降16%，开发企业资金使用效率进一步提高。强化与各区房管局、监管合作银行联动，加强日常巡查与不定期抽查，有效维护交易群众合法权益，确保资金监管各环节安全高效。（市场处）

住房保障

2017年，住房保障工作连续第11年列入天津市委、市政府20项民心工程，全年计划开工建设棚户区改造安置房3万套，建成保障性住房3万套，新增租房补贴家庭3000户，累计向13.3万户中低收入家庭提供租房补贴，该目标同时列入天津市与国家签订的责任目标。截至2017年底，全年开工建设棚户区改造安置房3.02万套，基本建成3.18万套，新增租房补贴5873户，累计向13.58万户中低收入家庭提供租房补贴，分别完成年度目标的100%、106%、196%和102%。出台《关于印发2017年调整住房保障三种补贴收入准入条件的通知》，自2017年4月1日起，将廉租住房实物配租补贴、廉租住房租房、经济租赁房租房补贴三种补贴收入准入标准提高8%。印发《关于规范限价商品住房管理有关意见》，自2017年11月1日实施以来，日均受理申请户数、购房登记户数大幅减少，主动注销资格户数明显增多，起到了抑制投资投机需求、精准保障困难群体的作用。进一步增加限价房供应，推出荣欢园等4个项目6000套房源。2017年，中心城区陆续推出约6500套公租房房源，全市累计分配使用公租房14.2万套。组织开展华丰家园等已配租项目6100余户租赁合同到期家庭续租工作；648户家庭因条件变化主动退出公租房。公租房实行物业、经营、修缮"三位一体"管理模式，全面实施标准化管理，租金收缴率98.36%，房屋维修及时率、完成率均为100%。提高"互联网＋政务服务"水平，投入使用"住房保障个人终端APP"，实现各类保障方式全部开放查询，为群众提供更多便利。进一步加大监督管理力度，天津市住房保障管理信息系统实现与社会保险信息共享，运用房屋、殡葬死亡、婚姻登记、住房公积金、社保、工商、车辆等信息对保障家庭住房、人口及收入财产情况全覆盖核查。（保障处）

既有房屋管理

【启动老旧小区及远年住房改造】 按照天津市政府常务会审议通过的《中心城区老旧小区及远年住房改造工作方案》的有关要求，编制老旧住房改造项目导则和技术规范，建立老旧住房改造协调督办机制，按期完成既定改造任务。截至年底，634个片区、2433.93万平方米已全部开工，竣工430个片区、1398万平方米。同时，完成围墙、阳台外檐等安全隐患紧急排险542个片区3895处。

【加强既有房屋安全管理】 开展既有房屋安全度汛，组织各区将直管公房、危损房屋和住人地下室作为防汛工作重点，全面落实相关单位、部门、区属管理责任，汛期中出动抢险人员1500余人次，未发生塌房伤人责任事故。迅速落实住房城乡建设部和天津市政府安全生产大检查工作要求，组织各区对全市城镇范围内老旧房屋进行冬季查勘，严格落实"两书一报告一清单"制度，做到责任落实到人、查勘不留死角。开展全市既有房屋安全大检查，建立市、区两级工作联络机制，发布《关于房屋安全使用有关事项的公告》，组织各区房管局完成3000余处房屋结构安全隐患整改。编制《天津市房屋修缮工程工程量清单指引》，房屋安全鉴定进一步规范。

【直管公房管理】 完成《市国土房管局关于印发天津市直管公产非住宅房屋租金计算办法的通知》《市国土房管局关于印发天津市公用公房维修范围的通知》《市国土房管局关于加强直管公产房屋租金使

用管理的通知》修订工作。对全市496处、660余万平方米市级保管自修公用公房进行普查，对普查出的7类339个问题积极推动治理，并研究制定《市级保管自修公用公房管理服务规范》。规范区级公用公房管理，建立市、区、管理单位三级管理规范，明晰责任，规范管理行为，指导涉农五区建立机构，并通过试点示范的形式，统一规范区级公用公房管理工作。推动直管公房出售，2017年市内六区直管公房出售34.26万平方米，自2014年加大推动公房出售力度以来，市内六区直管公房累计出售710.07万平方米。

【历史风貌建筑保护】 加大历史风貌建筑依法行政工作创新力度，对同属文物建筑的历史风貌建筑，与文物部门共同召开专家评审会议，高效完成15幢历史风貌建筑装饰装修审批工作，减少了申请人的待审批时间。推动相关经营管理单位，完成26幢历史风貌建筑结构加固及综合整修工程，切实改善历史风貌建筑的结构安全性能和使用功能。指导做好迎全运会涉及的22幢沿街历史风貌建筑的外檐整修工程，实现修旧如故。静园、庆王府等项目2017年接待游客超过118万人次，同比增长7%。举办"五大道里的老照片"等百余次主题文化活动，不断深化"互联网+旅游"营销模式，实现游客网上自助语音导览。积极开展"中国文化和自然遗产日"的宣传活动，彰显了城市文化和历史风貌建筑保护成果。（房管处）

棚户区改造

4月1日，天津市委办公厅、市政府办公厅印发《市区棚户区改造工作方案》，要求用3年时间，到2019年底完成市区147.33万平方米棚改任务。天津市国土房管局把棚改作为全局重中之重的任务，与各区一起攻坚克难，有力、有序、有效推进棚改工作。加强组织领导，市、区两级分别成立棚改组织机构，定期召开联席会议，协调解决重点难点问题，完成一项销号一项，确保落实到位。压实工作责任，按照属地管理原则，把棚改任务完成情况纳入各区年度绩效考评，分别签订目标责任书，定期检查、通报进度。加强协调服务，天津市国土房管局建立协调服务机制，帮助协调解决资金、规划、用地、建设等难点问题。打破制约瓶颈，制定地块自行平衡、区内自行平衡、全市统筹平衡三条平衡政策，解决各区棚改资金平衡问题。落实改造资金，与国家开发银行建立合作会商机制，一揽子解决天津市棚改资金需求的方案；积极争取各商业银行资金支持，多渠道落实资金。加大安置力度，市、区两级集中资源，多渠道筹集落实房源，优先支持棚改。截至年底，天津市完成中心城区棚户区改造51.1万平方米。（拆迁办）

物业管理

【强化物业服务企业诚信建设】 严格落实《天津市物业服务企业信用信息管理办法》，对1056家物业企业信用等级进行评定，涉及2951个物业管理项目，信用良好以上企业占到考评企业的81%，同比提高7%。通过严格落实奖惩措施，鼓励诚信企业做大做强，依法惩处和逐步淘汰不诚信企业，初步形成了企业守法自律、行业依法监管、社区社会监督的良好局面。

【全面落实物业服务"双随机、一公开"监管制度】 通过建立物业企业日巡查月考评制度、各区季度检查年度全覆盖考评制度和市局月抽查季讲评通报年度公布考评结果制度，持续推动《关于实施住宅小区物业服务等级化管理的意见》的贯彻实施。完成对1712个物业管理商品住宅小区全覆盖等级化服务考评，并将考评结果通过媒体向社会公布，主动接受社会监督。完成《天津市物业管理行政监管信息系统》二期研发任务，增加业主大会备案模块、业主会员会成员变更模块、政策法规模块等10余项功能，搭建起市、区、街道（乡镇）三级行政监管信息网络。

【维修资金管理工作稳步提升】 研发维修资金接存单管理系统，提高结存单发放精准度。圆满完成2017年全国维修资金专委会全体委员大会承办工作，将天津市维修资金管理的主要特点及创新做法进行交流。（物业处）

法制建设

2月20日，天津市政府规章《天津市国有土地上房屋征收与补偿规定》（津政令第27号）顺利出台，自4月1日施行。完成《天津市既有建筑玻璃幕墙使用维护管理办法》的起草工作，报市政府审议，确保2018年顺利出台。完成市人大预备审议项目《天津市房屋安全使用管理条例》修改稿的起草和社会公开征求意见，完成调研项目《天津市物业管理条例（修改）》立法调研工作，分别向市人大、市政府上报了立法调研报告。（法制处）

行政审批

精简审批事项，取消"物业服务企业二、三级资质等级核定"行政许可事项、"物业服务企业资质等级核定（一级）"市级初审上报国家部委行政许可事项及"地质勘查资质许可"行政许可事项，并将"房地产估价机构资质许可"事项调整为"房地产估价机构备案"服务事项；减少审批要件，取消"商品房销售许可"事项等7个事项的申请材料17个；减化办理环节，将"天津市地热从业单位备案"事项纳入局驻市行政许可服务中心行政服务事项目录，并对《2018年版行政许可事项目录》进行重新修订。深化"互联网＋审批服务"，6月实现出让用地建设用地批准书网上办理。将"地质灾害危险性评估单位资质和地质灾害治理工程勘查、设计、施工和监理资质许可"资质类事项列入京津冀行政许可一体化事项目录，实现津、京、冀三地行政审批名称、申请条件、申请材料一致，审批结果互认。2017年，天津市国土房管局共办理行政许可服务事项23516件，均在承诺时限内办结，群众满意率100%。（审批处）

科技教育

2017年，经推荐申报、专家论证以及综合评议，确定26项科研课题。24项课题成果完成专家验收，科研成果转化达到100%，为提升国土房管行政管理工作水平起到了重要的科技支撑作用。天津市国土房管局荣获天津市第31届科技周活动作出突出贡献单位。24项科研成果载入《2017年天津科技年鉴》。2017年，以开展国土房管系统从业人员各类业务培训和科学大讲堂网上视频讲座培训为重点，提高干部职工的综合素质和工作能力，促进国土房管事业科学发展。录制科学大讲堂网上视频课程12讲，完成各类培训1.8万余人次。（科教处）

大事记

1月12日，天津市人民政府办公厅转发市国土房管局拟定的《天津市存量房屋交易资金监管办法》。

1月22日，天津市国土房管局召开2017年国土资源和房屋管理工作会议暨党委扩大会议。

1月24日，天津市国土房管局党委召开2017年党风廉政建设工作视频会议。

2月23日，中国物协维修资金研究专委会2017年全体委员大会在天津市成功召开。

2月27日，天津市国土房管局党委召开专项工作部署视频会议，部署推动全局开展不作为不担当问题专项治理、巡察自查整改工作和党建工作任务落实等专项工作。

3月1日，天津市国土房管局组织召开全系统信访安全稳定工作视频会议。

3月31日，天津市人民政府办公厅印发《关于进一步深化我市房地产市场调控工作的实施意见》。

4月1日，《天津市国有土地上房屋征收和补偿规定》（津政令27号）施行。

4月11日，国务院副秘书长、国家信访局局长舒晓琴一行到天津市国土房管局调研指导工作。

4月24日，天津市国土房管局印发《关于开展作风纪律专项整治工作的通知》。

4月26～27日，全国"最美信访干部"颁奖暨启动学习宣传活动仪式在北京举行。天津市国土房管局王娜同志作为住建系统唯一、全国直辖市唯一人选，被评为全国"最美信访干部"。

5月3日，天津市委常委、政法委书记赵飞接见荣获全国"最美信访干部"称号的天津市国土房管局王娜，并召开座谈会。

5月23日，天津市国土房管局召开改革创新工作会议。

5月25日，天津市国土房管局召开汛期既有房屋安全管理工作动员部署会。

5月31日，天津市国土房管局召开党委扩大会议，学习贯彻市第十一次党代会精神。

6月7日，天津市国土房管局党委召开学习贯彻市第十一次党代会精神视频会。

6月14日，天津市国土房管局召开2017年国土房管科技工作会议。

6月21日，天津市人民政府办公厅印发《关于培育和发展我市住房租赁市场的实施意见》。

6月22日，天津市国土房管局召开专题防汛工作会议。

9月21日，天津市国土房管局召开国土房管系统信访安全稳定工作会议。

10月13日，天津市国土房管局召开改革创新工作推动会。

12月2日，天津市国土房管局召开安全生产事故隐患大排查大整治专项行动动员部署会。

12月8日，全市棚户区改造推动会召开，天津市副市长孙文魁出席会议并讲话。

（天津市国土资源和房屋管理局）

城市管理·市容园林

城市管理概况

2017年，按照天津市委、市政府的决策部署，天津市市容园林委紧紧围绕"市容环境整洁靓丽、生态环境清新优美、安全保障有力有效、城市文明程度显著提升"四大目标和"街景立面美化提升、净化亮化改造提升、里巷道路环境治理"等十项工程，坚持高起点规划、高水平建设、高效能管理，扎实开展城市综合整治，深入推进美丽天津建设。

按照"十三五"规划的要求，坚持每年新建提升园林绿化面积2000万平方米，2017年，市市容园林委紧紧抓住全运会的契机，相比往年，实现绿量大幅增长、绿化品质大幅提升、绿化形式大幅创新，打造了城市景观新的绿色亮点，吸引了各界来宾的眼球、赢得了百姓的点赞。

2017年全市建设提升各类绿化面积2298.17万平方米，栽植乔灌木776.18万株，营造了郁郁葱葱、满眼皆绿的景象。栽植草花47.5万平方米，设计布置立体花坛景观60余处，栽植平面花坛花境多达千处。创新绿化的栽植形式、表现手法，制作立体草雕、花雕200多个，在奥体中心、天津站等重点地区摆放。对奥体中心、全运村、友谊路等地区的绿墙、绿篱、绿化隔离带等进行灯光投射。

围绕奥体中心等比赛场馆、全运村、宾馆、机场、车站、入市口道路，开展全要素整治，多维度治理，全覆盖提升。

规范架空线缆入地。实施建筑立面整修。修订《天津市既有建筑外檐综合整修导则》《既有建筑屋面整治与管理导则》和《牌匾设置导则》三个导则，形成了一套可借鉴、可复制、可推广的建筑整修新模式。城市综合整治期间，对173条道路、3739栋建筑、826万平方米立面进行整修粉刷。

推进市容市貌美化。对黑牛城道、卫津路等15条道路156万平方米路面进行罩面铺装，对144条道路62.6万平方米标线重新施划，规范牌匾13100处，整修国省干线、高速公路等17条313.7万平方米，更新配置一批马路家具。

坚持动静相结合，对奥体中心及周边3个场馆、7条道路、357栋建筑、127处楼顶、6公里绿化、3个公园、两座立交桥和近9万平方米水系进行夜景灯光建设，采用智能联动照明控制技术，对场馆周边围合的18栋高层建筑群进行媒体演绎。

秉承"金色海河、流光岁月"的主题，提升了天津之眼到大光明桥8公里夜景效果，增加了津湾广场、狮子林桥等动态媒体演绎，打破平静、增加韵律，形成了新的视觉景观亮点。

在25公里城市夜景灯光线的基础上，增加14条道路44公里，全面建设提升全运村、天津站、五大道等重要景观节点，形成了63公里的精品夜景灯光网络。

推进450个社区综合整治，对54条里巷道路进行杂物清整清理、补全功能设施、硬化裸露地面，实施6座人行天桥、15条道路人行便道修整工程，新建改造空调罩17.31万平方米，新建提升、改造整修公厕594座，修整围墙42万平方米，补装补建20条道路缺失路灯，更换友谊北路等51条道路老化灯具；持续开展环境卫生大清整大清洗大清扫活动，清理居民社区、单位庭院垃圾杂物7万余处，拆除违章设施9400余处。

高速公路两侧广告牌治理，实现天津市域内19条高速公路两侧3294块大型占地户外广告设施全部拆除。

拆除违法建设496.66万平方米；深入开展公铁沿线治理，拆除高速铁路沿线各类违法建设、土地圈占14余万平方米，清运垃圾渣土2.34万吨；坚持以整治促进管理，以管理深化整治，清理占路经营6.1万处、乱堆乱放2.8万处，立案查处运输撒漏案件1168起，处罚金额121余万元。（刘腾）

【行业发展规划】 2017年，持续推动行业发展规划目标和任务。在天津市发改委批复《天津市市容园林"十三五"发展规划（2016—2020年）》的基础上，及时转发各区、各处室、各直属单位贯彻执行，继续推动规划落实工作。同时，编制印发了《市市容园林委关于印发进一步组织推进市容园林"十三五"发展规划重点任务和明确部门分工的工作意见的通知》（津容规〔2017〕404号），着重强调主要目标和重点任务，落实部门分工和责任，确保《天津市市容园林"十三五"发展规划（2016—2020年）》提出的各项目标和任务按时完成。

严格程序组织专项规划编制。按照《天津市绿化条例》要求和市领导的批示，组织市城市规划研究院、市园林规划设计院开展《天津市绿地系统规划》前期研究和编制工作，完成初步汇报稿待委领导审查指导。

统筹协调平行行业规划。按照全市的统一安排和市市容园林委的部署要求，牵头并参与协调落实市建委部署的海绵城市建设相关工作，派驻专人进入市海绵城市领导小组办公室规划组，组织完成市市容园林委海绵城市建设规划建设管理相关工作档案资料，配合市建委落实国家迎检工作。

【市容市貌】 加强街容日常管理，实现精细长效。突出日常管理落实。按照全方位、全时空、全天候，无漏点、无死角、无盲区的工作目标，狠抓精细化管理，坚持主干路与次支路同一管理标准，强化对中心城区151条主干道路和市容环境综合整治过道路的管理标准，落实属地责任。

坚持依法治理违章。制定《关于专项治理违法户外广告设施工作的实施意见》，明确10条治理标准、治理重点、完成时限、阶段划分和保障措施。

研究制定导则规范。组织专业团队进行深入研究，分析现状，借鉴经验，结合实际，突出特点。完成《天津市既有建筑外檐综合整修导则》《天津市既有建筑屋面整治与管理导则》《天津市牌匾设置导则》《城市家具配置导则》和《天津市中心城区户外广告设置控制性详细规划导则》等规范导则。

元旦、五一、国庆期间，重点对31条主干道路和重点繁华地区进行了布置，插挂国旗14958余面，开启景观灯22万盏。全力推动烟囱拆除美化，形成市区新景观。按照"废弃的全部拆除、在用的全部美化"的总体原则，"一囱一策、一囱一景"，结合每一根烟囱周边环境实际，逐一制定了拆除和美化施工方案。组织各区和相关部门，高标准高质量地完成了中心城市区109根烟囱集中治理任务。（吴杉子）

【市容环境综合整治】 按照天津市委、市政府的决策部署，组织实施了迎全运城市综合整治，十大工程84个子项任务全面报捷，城市综合整治取得显著成效，整修街道近200条，清洗城市道路4700余条，完成54条里巷道路的修补、80条道路50公里架空线入地规范，提标改造污水处理厂55座，新建改造公厕594座，为全运会的成功举办提供了坚实的环境保障。（郭婷婷）

【环境卫生管理】 年内，先后5次开展环境卫生大清整大清洗大清扫相关工作，累计清理脏乱点位368处，清整清扫居民社区3000余个，清理垃圾杂物9273吨，清洗各类果皮箱桶12320个，清洗环卫公厕902座，清洗垃圾转运站146个；全市可机扫水洗道路机扫水洗持续施行全覆盖，小街小路实现了清扫保洁全覆盖；二类以上公厕实现跟踪保洁，三类以下公厕实现巡回保洁，全天候免费开放。全市环境卫生取得了明显的变化，为全运会的召开提供了干净整洁的城市环境。

完善环卫管理制度标准体系。结合2016年全市机扫水洗全覆盖实际运行情况，对全市16个区可机扫水洗道路和小街小路进行了重新核定，经汇总整理后编印为《天津市城市道路环卫作业明细手册(2017)》，为机扫水洗全覆盖工作开展划定了精准作业范围及考核范围。2017年起草下发了《市市容园林委第十三届全运会环境卫生保障工作方案》《天津市城市道路冬季清扫保洁工作方案》和《关于落实精细化管理科学开展机扫水洗作业的通知》等文件，结合实际逐步提升了环卫作业及考核标准，使现行标准规范更具科学性、针对性和可操作性，为进一步落实环卫管理标准化，环卫作业精细化提供了基础保障。深度推进环境卫生全方位考核工作。实现"以克论净"量化考核。（李瑛）

【废弃物管理】 2017年，全市城市生活垃圾清运量为306.87万吨，无害化处理量293.97万吨，无害化处理率95.8%。其中市内六区、环城四区生活垃圾清运量为190.29万吨，无害化处理190.29万吨，无害化处理率100%；滨海新区生活垃圾清运量为60.45万吨，无害化处理60.45万吨，无害化处理率100%；其他区生活垃圾清运量为56.13万吨，无害化处理43.23万吨，无害化处理率77.02%。（朱延国）

【城市园林绿化】 科学编制迎全运城市综合整治园林绿化计划，优化城市绿地布局，编制完善城市绿地系统规划，针对不同区域特点，科学选好树种，种大树成大林，改善城市生态品质。通过实施场馆绿化、道路绿化、河岸绿化、公园绿化、街心绿化、垂直绿化、立体绿化、入市口绿化、社区绿化，全方位、全覆盖的提升城市绿化水平。

对全运会比赛场馆周边、道路、河道沿线绿化进行改造，实施道路立体绿化和垂直绿化，改造街头街心绿地。2017年全力围绕全运会场馆周边进行园林绿化新建提升改造工程，其中场馆周边新建提升改造绿化面积20.29万平方米。道路绿化新建提升改造绿化面积257.87万平方米，栽植乔灌木24.19万株。河道沿线新建提升改造绿化面积48.09万平方米，栽植乔灌木7.8万株。立体绿化新建提升改造绿化面积3.2万平方米，栽植乔灌木0.04万株；垂直绿化新建提升改造绿化面积0.77万平方米。街心绿地绿化新建提升改造绿化面积18.31万平方米，栽植乔灌木3.44万株。（刘佳）

【城市公园管理】 天津市拥有各类城市公园115个，总面积2344.07万平方米，其中水域面积568.27万平方米。市内六区52个（含直属公园3个）、面积710.86万平方米；城四区9个、面积312.35万平方米；滨海新区31个、面积690.74万平方米；外围五区23个、面积630.12万平方米。动物管理。2017年末存栏情况共计173种1918只。其中：哺乳纲77种，542只；鸟纲76种，1254只；爬形纲19种，120只；两栖纲1种，2只。（李志毅）

【路灯照明管理】 高标准实施改造提升。完成了贵州路、宾水西道等38条道路沿线3441基灯杆及96座箱式变电站进行油饰清洗任务，确保了路灯设施整洁美观。高标准组织供电保障。充分利用路灯灯杆资源优势，开展公益广告设计、制作、悬挂。高标准做好运行维护。高标准推进老旧小区及远年住房提升改造。完成了路灯安全问题调查摸底工作。自下而上调查中心城区和环城四区涉及路灯问题。（吴杉子）

【夜景灯光设施管理】 按照天津市委市政府的决策部署和市领导的指示要求，组织相关区、部门和有关单位，高标准地完成了奥体中心、海河沿线和重点道路的夜景灯光建设提升任务。（吴杉子）

【综合执法管理】 迎全运市容环境秩序综合整治。违法建设治理顺利进行，治理工作取得阶段性成果，累计查处存量违法建设497.66万平方米，完成总存量的56.87%，提前完成住房城乡建设部2017年底50%的治理要求。

8月17日，在全国省、直辖市率先完成市、区、街镇城管执法队伍整建制统一更换制式服装。（许璐）

【市容园林法制】 2017年，天津市市容园林委进一步加强建设法治市容、法治园林、法治城管工作，法治工作有序推进。继续做好《天津市生活垃圾管理条例》立法相关工作，对《条例》草案进行修改完善，做好《天津市城市照明管理规定》（修订）立法调研相关工作，制定《天津市生活垃圾分类管理实施意见》，由市政府印发全市执行，指导全市生活垃圾分类工作稳步开展。（李敬源）

【市容园林科技】 按照"实用适用管用"的原则，积极推动科技研究和成果转化，有效服务和支撑市容环境、园林绿化和城市管理工作。组织制订《市容园林系统科技项目管理办法》，规范全委科技项目管理，夯实专业管理基础，保障科技项目研究和科技成果转化工作有规可依有序发展。

突出专业理念，组织开展有针对性的教育培训，努力增强市容园林系统专业技术人员的专业素质和专业能力。精心谋划，成功组织举办市容园林系统科技周系列活动，扎实开展有形有效的科普宣传。

遵循"有标采标、旧标修标、缺标制标"的思路，积极组织推进全委标准化建设工作。针对市容园林建设实际，积极组织餐厨垃圾收集和生活垃圾分类处理标准制订工作，服务全市垃圾分类工作大局。充分结合园林绿化施工和生产实际，组织完成《园林绿化工程施工及验收规范》《安祖花盆花生产技术规程》复审工作。指导推动基层单位不断完善各类标准、规范、规程和导则、指南，夯实工作基础，让各项工作有标准有遵循精细化精准化。

（钟玲杰）

【市容建设管理】 精心组织，高标准完成沿街建筑综合整修任务。全市共整修街道173条、建筑3739栋、平房2803间。其中：粉刷建筑739.02万平方米、改型整修85.98万平方米、新建改造空调罩17.31万平方米、规范牌匾12.91万平方米、整修围墙41.82万平方米、拆除各类违法设施9445处。

制定下发《天津市既有建筑综合整修导则》和《天津市既有建筑第五立面整修与管理导则》。积极协调，提前完成海河堤岸修复工程。按时完成环卫设施建设任务。按照中央环保督察组提升的整改任务清单，协助相关处室积极推动全市垃圾处理设施建设工作。（魏瀛超）

【城市管理考核】 2017年城市管理考核按照天津市委、市政府关于加强天津城市精细化管理，提升城市管理水平，不断强化监督考核的要求，紧紧围绕迎全运城市综合整治目标任务，开展城市管理日常考核和专项考核工作。通过精细化、规范化、科学化的管理考核，努力实现全市每寸土地有人管、每件设施都管好、每个细节管到位。全面贯彻落实《天津市城市管理规定》和《天津市城市管理考核办法》，创新城市管理运行机制，改革完善考核方式方法，发挥数字化城市管理平台作用，突出强化属地管理和网格化管理，不断提升城市管理水平。先后制定并实施《迎全运城市综合整治大清洗大清整大扫除专项考核方案》《迎全运城市综合整治专项考核方案》和《迎全运城市综合整治交叉检查工作方案》等多部规范性文件。（康凯）

（天津市市容和园林管理委员会）

水务建设与管理

【概况】 2017年，天津市水务局强化对绿色发展理念和生态文明建设的认识，加强顶层设计，全面落实河长制，科学配置水资源，引江、引滦向天津市供水11.63亿立方米，充分利用雨洪水，累计承接上游来水8.46亿立方米，先后为北运河、潮白新河等河道，七里海、北大港等湿地湖库实施生态调水补水，在确保防汛安全的同时，有力改善了水环境面貌。全年完成水务建设投资46.98亿元，水环境面貌持续改善，全市国考断面水质优良比例达到35%、比上年同期提高20个百分点，劣Ⅴ类水质比例降至40%、比上年同期下降15个百分点，治理完成建成区25条黑臭水体，城镇污水集中处理率提高到92.5%，城镇污水处理厂出水水质主要指标达标率保持在90%以上，污泥无害化处理处置率提高到87%，全市水环境不断改善。大力推进节水型社会建设，万元GDP用水量16立方米，万元工业增加值用水量7.5立方米。

【污水处理】 2017年底，天津市已投入运行城镇污水处理厂74座、总规模316.7万吨/日，平均日产污泥量约为1519吨，全年处理水量10.1亿吨，城镇污水处理率92.5%；已运行建制镇污水站34座，总规模0.685万吨/日，建制镇污水处理率82.5%。2017年，开展了天津市污水处理行业管理考核工作。考核组深入各区水务局及污水处理厂，对各区污水处理管理工作和污水处理厂运行情况进行检查考核，同时对各区污水处理行业管理工作进行指导，有效提升全市污水处理行业管理水平。

【再生水利用】 2017年，天津市水务局编制完成《天津市再生水厂管理考核暂行办法》。完善中心城区已通水再生水管网设施台账信息，建立《再生水信息管理系统》，加大对全市再生水厂建设、运营监管力度；规范再生水厂月报，对水质、水量、水压等供水情况加大监管力度。全市已运行11座再生水厂，日处理能力45.1万吨，全年生产再生水4804万吨。

【黑臭水体整治】 2017年，天津市水务局采取购买服务模式实施水体生态修复，完成中心城区张贵庄河、小王庄河、护仓河、陈台子河4条黑臭河道水体生态修复项目治理期建设任务，通过采取"生物复合酶+强化耦合生物膜+微生物净水剂+生物抑藻剂+水生植物净化技术+曝气增氧"组合形成的集成技术体系，强化治理与持续维护相结合，改善水体感观，逐步恢复水体生态，提升水体自净能力。截至年底，完成全市25条（段）、117.3千米建成区黑臭水体治理工程，经公众评议和水质监测，达到住房城乡建设部明确的"初见成效"标准，建成区黑臭水体基本消除。按照住房城乡建设部相关要求，落实整治进展等相关信息上报和社会公布，妥善处理住房城乡建设部全国黑臭水体整治监管平台反馈的全部群众举报，无一逾期。

【海绵城市建设】 2017年，天津市水务局积极配合市建委开展海绵城市规划及建设工作。编制印发《天津市水务局关于配合做好我市海绵城市建设的工作方案》，细化责任分工。融合海绵城市建设理念，在低影响开发的前提下，谋划城市防洪排涝规划布局，提升雨水收集、存蓄、利用、排放能力，完成《天津市城市排水专项规划（2016—2030）》大纲。编制《天津市雨水排放管理制度》，启动雨水排放标准和设施养护维修标准的编制工作。已完成全市范围内征求意见，并报天津市海绵办待印发。组织实施建设2座大型调蓄池工程，即新开河调蓄池工程（服务面积总计445km^2）和先锋河调蓄池工程（服务面积总计644km^2）。截至2017年底，2个项目均已开工建设。按月组织具有相应资质的监测单位对各城市供水单位出厂水开展监督性监测，并在市水务局网站公示监测结果，按月对全市各区供水管网漏损率情况进行考核和通报。

重点开展海绵城市试点片区建设。组织解放南路片区排水设施排查，组织市、区管理部门对解放南路试点片区内市管、区管及社会产权排水设施和改造项目情况进行清查和梳理，提出整改方案，改善该地区的排水能力。开展试点区内复兴河、长泰河进行水环境提升工程，上半年对2条河道进行清淤，顺利保障了汛期、全运会及十九大召开期间河道水体环境优良。按月对解放南路试点地区浅层地下水水位监测，会同中新生态城对生态城试点片区开展浅层地下水水位动态监测工作。

【节水型社会建设】 2017年，天津市持续推进节水型社会建设，推进节水型载体创建，开展节水型企业（单位）、节水型居民小区、公共机构节水型单位建设，2017年创建节水型企业（单位）123家，节水型居民小区114个，节水型公共机构9家，节水型企业（单位）和居民小区覆盖率分别提高至48.34%和24.75%，节水型公共机构覆盖率达到了81%。

【水污染防治】 在完成清水河道行动的同时2016年启动了水污染防治工作，2017年，依据《天津市2017年水污染防治实施计划》，市水务局牵头负责任务为加强污染源治理、加强水资源保护、强化水生态环境修复、加强水安全保障、推动经济转型、完善制度保障、生态廊道治理和中心城区水环境提升8大类、21项、199个任务，其中工程类173项任务，管理类25项任务，制度保障类1项任务。截至年底，中心城区铺设雨污分流管道10.5千米，区县合流制地区铺设雨污分流管道138.6千米，污水收集能力进一步提高。

【水务工程建设】 2017年，天津市水务建设项目计划投资60.17亿元，完成投资46.98亿元，为计划的78.1%。主要工程建设包括：南水北调市内配套工程武清供水工程等。

组织开展项目法人履职行为检查、扬尘治理检查、重点工程联合检查、检测单位专项检查、档案痕迹专项检查、汛前及安全隐患排查专项检查、高温安全度汛专项检查、冬季施工检查、水十条专项检查、交叉检查、市级委办局联合检查等11类在建重点水务工程专项检查共计262项次。

（天津市水务局）

河 北 省

概况

2017年，河北全省城乡规划水平持续提升，城市（含县城）市政基础设施投资继续增长，国家园林城、省级园林城覆盖面扩大，城市环境更加宜居宜业。棚户区改造、农村危房改造年度目标任务全部完成，城乡居住条件不断改善。妥善开展冬季供暖应急处置，超额完成农村气代煤电代煤任务，建筑施工扬尘达标率达到99%以上，助力全省大气污染防治。全省房地产市场保持基本平稳，建筑业总产值持续增加，城镇绿色建筑、装配式建筑呈现规模化发展势头，依法行政水平进一步提高，为全省经济社会发展做出突出贡献。

法规建设

【**立法工作**】《河北省绿化条例》5月26日由河北省第十二届人民代表大会常务委员会第二十九次会议通过，自9月1日起施行。《河北省城镇排水与污水处理管理办法》于2016年12月23日河北省人民政府第100次常务会议讨论通过，自2017年2月1日起施行。《河北省工程建设标准化管理办法》报河北省人民政府待审，《河北省绿色建筑发展条例》《河北省住房租赁市场管理规定》按计划进入立法调研。《河北省住房公积金失信行为惩戒管理办法》等5个规范性文件印发。开展法规文件清理工作，对以河北省住房和城乡建设厅名义起草实施的12部地方性法规、27部政府规章进行全面评估，修改2部、废止1部。

【**普法工作**】组织全省住房城乡建设系统执法骨干，对《河北省城镇排水与污水处理管理办法》《河北省绿化条例》进行培训。开展《民法总则》宣贯活动。12月4日，在石家庄市西清法制公园集中组织开展"12·4"全国法制宣传日活动，为市民免费发放资料，讲解法律知识；举行"宪法宣誓"活动。

【**执法监督**】对涉及违法建设、违法预售、违规变更规划、质量安全、违反建筑节能强制性标准等8个方面的典型案件分2次曝光。河北省房地产开发建设违法行为监管平台上线运行。开展省级层面全面推行行政执法全过程记录工作试点建设，推进行政执法公示制度、执法全过程记录制度、重大执法决定法制审核制度。加强重点领域和重要环节执法监督，推进行政检查方式改革，大力推进"双随机、一公开"制度建设。

【**"放管服"改革**】年内取消省本级许可事项4项、市县审批事项1项，衔接向雄安新区下放权力事项清单并制定衔接措施，其中1项列入河北省人民政府首批下放目录。完善清单体系，在公布《权力清单》《责任清单》基础上，相继编制发布《监管清单》《公共服务清单》《行政许可中介服务事项清单》。

房地产业

【**房地产市场运行情况**】据河北省统计局数据，1～12月，全省房地产开发完成投资4823.9亿元，同比增长2.7%，其中商品住房完成投资3657.0亿元，同比增长5.2%；房地产新开工面积8417.2万平方米，同比增长3.1%，其中商品住宅新开工面积6568.0万平方米，同比增长6.1%；房地产施工面积30318.3万平方米，同比下降0.5%，其中商品住宅施工面积23200.0万平方米，同比下降0.9%；房地产竣工面积3416.0万平方米，同比下降20.3%，其中商品住宅竣工面积2730.1万平方米，同比下降18.6%；商品房销售面积6425.9万平方米，同比下降3.8%，其中商品住宅销售面积5577.0万平方米，同比下降5.5%；商品房平均销售价格7203元/平方米,同比增长11.9%,商品住宅平均销售价格7039元/平方米,同比增长11.9%;商品房待售面积1056.5万平方米,同比下降33.2%,其中商品住宅待售面积703.0万平方米,同比下降38.0%。

【房地产市场调控】 年内,加大对雄安新区及环新区、环首都地区、热点城市房地产管控力度,4月5日,河北省住房和城乡建设厅、中国人民银行石家庄中心支行、河北省银监局联合印发《关于加强雄安新区周边地区房地产市场管控的指导意见》。5月4日,河北省人民政府办公厅印发《关于进一步促进全省房地产市场平稳健康发展的实施意见》,进一步加强房地产市场分类调控,抑制房地产市场泡沫。全省9个设区市、26个热点县(市)陆续出台限购、限贷等具体配套措施,形成协调一致、上下联动的管控体系。石家庄市于9月23日升级管控措施,进一步提高外地人住房"限购"门槛,实行住房"限售"政策。

【规范房地产市场秩序】 河北省住房和城乡建设厅会同河北省工商、物价、司法、公安等部门联合开展全省房地产中介专项整治,重点对无证经营、发布虚假房源信息、炒卖房号等18项违法违规行为进行查处。全年对全省5000余家房地产中介机构开展拉网式排查,对498家违法违规企业公开曝光。

【房地产市场监测】 将环首都和环雄安新区房地产市场情况纳入房地产市场监测范围,每天对房价波动情况进行分析,及时发布预警提示,针对新情况、新问题及时研究解决措施和办法。积极引导社会舆论,及时发布权威消息、解答房地产热点问题。

【物业管理】 河北省住房和城乡建设厅组织开展了优秀物业服务住宅小区(大厦、工业区)创建工作,石家庄市东胜紫御府住宅小区、石家庄市悦景园住宅小区等44个项目分别达到全省物业服务优秀住宅小区(大厦、工业区)标准,被命名为2017年度全省物业服务优秀住宅小区(大厦、工业区)。

住房保障

【概况】 2017年,国家下达河北省任务目标是开工棚户区改造住房20万套,基本建成棚改和公租房10万套,2013年及以前政府投资公租房分配率达到90%、2014年政府投资公租房分配率达到85%。截至12月底,河北省棚户区改造新开工20.2万套,完成全年目标任务的101%;基本建成棚改和公租房16.2万套,完成全年目标任务的162%。全省2013年及以前政府投资公租房共计开工27.7万套,累计分配26.4万套,分配率达到95.4%;2014年政府投资公租房共计开工2.4万套,累计分配2.3万套,分配率达到94.8%。各项工作均超额完成国家下达的年度目标任务。

【政策制定】 河北省保障性住房管理中心出台《关于建立住房保障信用管理制度的指导意见(试行)》(冀建保中心〔2017〕8号),以住房保障相关个人和单位为信用主体,界定失信行为,加强信用记录和信用信息归集共享,引导相关主体诚实守信、遵规守矩,营造"守信光荣、失信可耻"的良好信用环境。该《指导意见》为国内首个省级层面住房保障信用管理制度。河北省保障性住房管理中心制发《关于进一步加强公共租赁住房管理工作的指导意见》(冀建保中心〔2017〕6号),提出"政府主导、市场运作,科学管理、便民服务,文化引领、共建共享,立足当前、放眼长远"的基本原则,在完善公租房运营管理机制、规范公租房监督管理、加强公租房管理信息化建设、推进公租房小区人性化服务等方面,提出具体指导意见,切实提高公租房配置效率和管理水平。

【住房保障督查】 在各地派驻住房保障督察员,开展4次住房保障督查员培训。全年共实地核查项目1699个、55万余套,下发整改通知书53份,印发督查专报5期,有效推动保障性安居工程年度任务目标完成。规范公租房建设和使用管理,历时一个月对全省已入住公租房使用情况及配建公租房项目建设分配情况开展专项检查,掌握全省各地公租房建设管理总体情况和典型做法、存在问题及成因,提出下一步工作安排和建议。分类处置和盘活园区配建公租房、县城和乡镇公租房、长期停建的公租房3万套。对申请中央财政配套专项资金公租房项目,实行挂账督办,通过定期通报排名、下发督办函等形式跟踪督导建设进度,确保年底前全部达到交付使用条件。

【住房制度研究】 按照河北省政府第135次省长办公会部署,河北省住房和城乡建设厅承担雄安新区住房制度专项研究课题。河北省住房和城乡建设厅联合住房城乡建设部政策研究中心成立研究专班开展专题研究,形成雄安新区住房制度研究报告。

住房公积金管理

【概况】 缴存方面:按同口径与2016年比较,2017年全年新开户单位4918家,实缴单位55772家,净增单位2162家;新开户职工43.37万人,实缴职工477.99万人,净增职工9.63万人;缴存额

545.88亿元，同比增长10.66%。2017年末，缴存总额3854.02亿元，同比增长16.5%；缴存余额1778.1亿元，同比增长15.15%。提取方面，2017年，提取额311.99亿元，同比增长3.13%；占当年缴存额的57.15%，比上年减少4.18个百分点。2017年末，提取总额2075.92亿元，同比增长17.69%。个人住房贷款方面：全年发放个人住房贷款6.68万笔222.31亿元，同比下降39.46%、39.75%；回收个人住房贷款131.02亿元。

2017年末，累计发放个人住房贷款92.60万笔2065.30亿元，贷款余额1338.12亿元，同比分别增长7.78%、12.06%、7.32%。个人住房贷款余额占缴存余额的75.26%，比上年减少5.49个百分点。

【政策制定】 河北省住房和城乡建设厅印发《河北省住房公积金失信行为惩戒管理办法》，明确了适用范围和住房公积金管理、决策和监督部门的职责，界定住房公积金失信行为的范围，规范了管理中心对失信行为认定程序和失信行为黑名单信息的内容，设定了对失信行为的惩戒措施和信用修复条件。该《办法》是全国率先出台的省级住房公积金失信行为惩戒制度。

【优化服务】 在全省统一的业务管理信息系统基础上，2017年全面完成异地转移接续平台建设工作，住房公积金在全国范围内实现"账随人走，钱随账走"。各地建立住房公积金客服中心，开通"12329"住房公积金服务热线，设立12329热线和短信推送服务，开设微信公共账号，向缴存职工提供政策咨询、数据查询等服务，缴存单位和职工足不出户可在网上办理住房公积金业务。

城乡规划

【推进京津冀协同发展】 河北省人民政府办公厅印发《关于加强京冀交界地区规划建设管理实施方案》（冀政办字〔2017〕26号），强化交界地区城镇布局、生态空间、基本公共服务、社会管理的衔接协调和有效管控。河北省、北京市有关部门共同委托中国城市规划设计研究院启动《通州区与廊坊北三县地区整合规划》编制工作。落实《北京新机场临空经济区规划（2016—2020年）》，河北省、北京市有关部门共同编制《临空经济区总体规划》。

【城乡规划编制】 1月25日，住房和城乡建设部函复原则同意《河北省城镇体系规划（2016—2030年）》成果，后又结合雄安新区规划建设、北京城市副中心与廊坊北三县统筹发展、冬奥会筹办等要求进一步修改完善。石家庄、张家口、秦皇岛、唐山、保定、邯郸等由国务院审批城市总体规划的城市全部启动总体规划修编工作。省级"多规合一"试点城市开展自评工作、专家评审，完成省级"多规合一"试点城市考核。核发延庆—崇礼高速公路（河北段）等4个冬奥会建设项目选址意见书。核发重大项目选址意见书69个，城乡规划编制单位乙级资质14家，丙级资质7家。

【开展"一区三边"违法建设集中整治专项行动】 8月10日，河北省委办公厅、省政府办公厅联合印发《河北省集中整治"一区三边"违法建设专项行动方案》，成立河北省集中整治"一区三边"违法建设专项行动领导小组，由主管省领导任组长，省交通、公安、国土等部门负责同志为成员，办公室设在省住房城乡建设厅，全面清查处理各市县的城市（县城）建成区和高速铁路、高速公路和国省干道沿线"一区三边"违法建设，坚决遏制违法建设增量，2018年底前实现违法建设"清零"。各市县成立党委、政府主要负责同志任组长的工作小组，并制定具体实施方案。河北省政府共组织召开专题调度会5次，印发工作简报6期。截至年底，全省共排查出违法建设10525万平方米，查处10483万平方米，其中，"一区三边"应拆面积5820万平方米，实际拆除5787万平方米，拆除比例99%，超额完成年度目标。省集中整治"一区三边"违法建设专项行动领导小组办公室印发《2017年集中整治"一区三边"违法建设专项行动工作年度考核验收办法》，从组织推进、台账管理、违法建设查处、拆改结合、严控新增、长效机制等方面制定评分标准，通过听取汇报、查阅资料、现场核实和综合评议，对市、县（市、区）考核验收，考核结果均为合格，其中：秦皇岛、邢台、邯郸、保定为先进市，高邑县等54个为先进县（市、区）。

【城乡规划督察工作】 召开全省城市规划督察工作座谈会，各市（含定州、辛集市）和18个县级市，环首都5个县城乡规划主管部门、城管执法部门有关人员及省规划督察员参会，总结上一年度工作，结合新形势对城乡规划督察工作提出要求，聘请专家对卫星遥感监测图斑的现场勘查核定进行培训。2017年，规划督察员对派驻市总体规划、历史文化名城保护、风景名胜区等专项规划实施以及城市"五线"规划管理等实施重点督察。加强违法图斑督察工作，对住房和城乡建设部交办的遥感监测涉法图斑处理进行督察。

【实施生态修复城市修补】 张家口市入选第二批全国"城市双修"试点城市，秦皇岛市、保定市入选第三批全国"城市双修"试点城市。

【历史文化名城保护】 住房城乡建设部和国家文物局赴蔚县就国家历史文化名城申报工作进行现场考察，蔚县申报请示由住房城乡建设部会同国家文物局报送国务院。各市有序开展历史文化街区划定，省住房和城乡建设厅向省政府请示批准公布符合要求的15个历史文化街区。按照住房城乡建设部国家文物局工作安排，开展国家历史文化名城和中国历史文化名镇名村评估检查工作。河北省5个国家级历史文化名城按照要求开展自查评估。国家历史文化名城和中国历史文化名镇名村评估检查组对正定县、井陉县、山海关历史文化名城名镇名村开展评估检查。印发《河北省历史建筑确定和保护技术规定》。

【新型城镇化工作有序推进】 2017年，河北省常住人口城镇化率达到55.01%。3月8日，全省推进城镇化工作电视电话会议在石家庄召开，专题部署推动农村人口向城镇转移工作，副省长张古江出席会议。印发《河北省人民政府办公厅关于推动农村人口向城镇有序转移实施方案》《河北省人民政府办公厅关于推动非户籍人口在城市落户的实施意见》（冀政办字〔2017〕8号）。石家庄、定州、张北3个第一批国家新型城镇化综合试点通过国家发改委开展的试点评估检查；河北省人大、省直有关部门联合对9个国家新型城镇化综合试点和13个省级新型城镇化综合试点进行调研指导；组织开展第二批省级新型城镇化综合试点申报工作。河北省城镇化工作领导小组办公室印发《河北省关于加快推进新型城镇化建设行动的实施方案》（冀城镇化办〔2017〕17号）。5月9日，全省城市规划建设管理专题培训班在河北行政学院举办，副省长张古江出席开班式并作专题辅导。12月，《2016年河北省城镇化发展报告》由河北出版传媒集团、河北人民出版社出版。

城市建设

【海绵城市建设】 2月22日，全省海绵城市建设调度会召开，总结2016年海绵城市建设进展，对重点对迁安国家海绵城市建设试点和省级海绵城市建设示范区有关工作进行调度，对海绵城市专项规划编制工作提出要求。

【地下综合管廊建设】 2017年，住房和城乡建设部分配河北省63公里地下综合管廊开工建设任务，截至年底，所有项目均开工建设，开工率达到100%。

【黑臭水体整治】 河北省住房和城乡建设厅印发《河北省城市（县城）黑臭水体整治专项行动方案》（冀建城〔2017〕13号），确定近期和远期目标，近期目标（2017年）为，石家庄市城市黑臭水体得到基本消除（消除比例达到90%以上），其他设区市（含定州、辛集市）城市黑臭水体消除比例达到60%以上；所有县城（县级市）完成黑臭水体排查工作，制定整治修复方案，并完成1条以上整治任务。远期目标（2020年）为，石家庄市黑臭水体消除比例2017年以后不低于95%，其他设区市（含定州、辛集市）2018～2020年黑臭水体消除比例分别达到80%、90%、95%以上。3月14日，全省城市（县城）黑臭水体整治工作推进会在石家庄市召开，对全省工作作出部署。分别于9月、12月开展全省城市黑臭水体治理专项督导检查工作，对城市黑臭水体整治进展情况、已完成整治工程的黑臭水体整治效果、正在开工整治的黑臭水体工程进度等进行督导检查，并印发通报。截至年底，列入国家考核的设区市43条黑臭水体，已有34条完成整治，其中石家庄市5条黑臭水体全部消除，其他设区市黑臭水体消除比例达到76%，完成国家考核任务。

【城镇排水与污水处理】 截至年底，全省建成投运城镇（不含小城镇）污水处理厂184座，形成污水处理能力815.6万立方米/日，全部污水处理厂已达到《城镇污水处理设施污染物排放标准》一级A标准；共建成城镇排水管网总长29693.1千米，其中污水管网10994.5千米，合流制管网7550.5千米（占25%）。

加强规划编制，4月，印发《河北省城镇污水及再生利用设施建设"十三五"规划》（冀发改环资〔2017〕446号），确定到2020年，全省城市污水处理率达到95%，县城污水处理率达到90%，设区市污泥无害化处理率达到90%，城市（县城）再生水利用率不低于30%；计划"十三五"期间，全省新增污水处理能力148.7万立方米/日，提标改造处理能力173.4万立方米/日，新建排水管网2351千米，改造排水管网2448.7千米，新建再生水利用规模65.7万立方米/日。石家庄、秦皇岛、廊坊、保定等市均编制市级排水与污水处理规划，并发至各县实施。

推进污泥提标改造，2017年，在完成全部污水处理厂一级A提标改造的基础上，重点推进污泥处理处置设施达标改造。截至年底，全省184座污水处理厂中，有164座污水处理厂的污泥处理处置符合国家现行标准要求，剩余20座污水处理厂的污泥项目需要改造改造任务。12月27日，省住房和城乡建设厅印发《河北省小城镇污水处理设施建设行动方案》（冀建村〔2017〕59号），明确2018年不具备污水处理能力的小城镇，力争全部启动污水处理项目建设，2019年小城镇实现污水设施全覆盖，污水处理率达到70%，到2020年重点镇污泥无害化处置率提高5个百分点，初步实现小城镇污泥统筹集中处置；要求各地开展科学制定建设方案、加快组织项目建设、规范运营管理三大方面重点任务。

加强顶层设计，《河北省城镇排水与污水处理管理办法》自2月1日起施行，填补了河北省在排水与污水处理方面的立法空缺。5月19日，河北省住房和城乡建设厅印发《河北省城镇供水设施改造与建设"十三五"规划》《河北省城镇排水防涝设施建设"十三五"规划》。6月14日，河北省住房和城乡建设厅、河北省发展和改革委员会印发《关于命名石家庄市为"河北省节水型城市"称号的通报》（冀建城函〔2017〕79号），决定命名石家庄市为河北省节水型城市。

【垃圾分类】 河北省发展和改革委员会、河北省住房和城乡建设厅联合印发《河北省"十三五"城镇生活垃圾无害化处理设施建设规划》，明确"十三五"期间垃圾处理总体目标、技术路线、建设项目等内容，引导各地完善垃圾分类处理体系。开展垃圾分类调研，启动生活垃圾分类操作规程编制工作。开展垃圾分类试点，确定邯郸、石家庄等10个市县区为试点地区，先行探索实践；各试点城市全部编制完成垃圾分类实施方案。

【供热保障】 编制《河北省城镇集中供暖专项实施方案》，并作为河北省委、省政府《关于强力推进大气污染综合治理的意见》中的附件之一印发全省实施。推进全省供热规划编制，《河北省城镇供热"十三五"专项规划》印发全省实施，各市、县按照积极开展城镇供热专项规划编制、修编工作。印发《关于贯彻落实河北省城镇集中供暖专项实施方案的通知》（冀建城〔2017〕27号），将任务分解落实到各地。河北省住房和城乡建设厅印发《关于推进城镇供热智能化建设的指导意见》（冀建城〔2017〕72号），明确到2020年，全省供热企业的集中供热系统要基本建成无人值守换热站，供热面积在200万平方米以上的，要基本建成智能供热系统；有条件的要建成环保监控系统、安全保障系统、供热服务系统和供热企业管理系统。总供热面积在2000万平方米以上的城市要建成城市智慧供热监管指挥系统。

【城市燃气管理】 河北省住房和城乡建设厅印发《关于公布河北省2016年燃气经营企业延续经营许可有效期结果的通知》（冀建城〔2017〕2号），公布全省2016年准予延续燃气经营许可有效期的265家企业名单。开展城镇燃气行业安全检查、城镇燃气安全隐患排查整治。组织开展2017年度燃气行业"安全生产月"活动，各地结合广泛开展燃气安全宣传咨询日、燃气安全知识下乡、知识竞赛等活动，增强用户安全用气意识，提升用户安全用气技能水平；开展安全教育、应急演练、隐患整治，提高企业安全生产水平。开展打非治违专项行动，重点查处非法加气站、流动液化气充装站等，保障燃气运行和使用安全。

【园林城市创建】 全年新增辛集、黄骅等国家园林城市2个，魏县、曲周等国家园林县城8个，位居全国前列。开展省级园林城创建、复查技术指导，全年新增赞皇县等5个省级园林县城。开展环首都县（市）创建国家园林城督导评估，开展2次督导1次评估，环首都14个县（市）已有6个建成国家园林县城。

【园林绿化】 持续拓展城市绿色空间，全年全省城市植树1173.11万株，新增城市绿地3562.39公顷，绿道绿廊330.87公里，新建提升公园游园216个。加大县城园林绿化建设力度，县城植树655.71万株，增绿2166.9公顷，新增绿道绿廊216.65公里。开展"五进四创"活动（绿化"进机关、进企业、进学校、进社区、进庭院"和星级公园、园林式单位（小区）、街道）创建），全年新增星级公园（游园、广场）117个，省级园林式单位77个、小区63个、街道49条。

加强园林绿化管理。《河北省绿化条例》于5月26日河北省第十二届人民代表大会常务委员会第二十九次会议通过，自9月1日起施行。河北省住房和城乡建设厅修订并印发《河北省园林式单位、居住区（小区）、街道评选办法和标准》（冀建城〔2017〕46号）。对2017年度河北省星级公园（游园、广场）和园林式单位（居住小区、街道）进行现场验收和综合评定，认定滦平县南山公园等3个公园为河北省五星级公园，石家庄市栾城区柴武台公园等28个公园为河北省四星级公园，石家庄市鹿泉区石柏公园等30个公园为河北省三星级公园，无极县儿童公园等3个公园为河北省二星级公园；石家庄市怡康园等41个游园为河北省三星级游园，唐山市唐山湾国际旅游岛潮河游园等2个游园为河北省二星级游园；正定县子龙广场等10个广场为河北省三星级广场；石家庄市老年养护院等77个单位为河北省园林式单位；石家庄市栾城区福美小区等63个居住小区为河北省园林式居住小区；石家庄市鹿泉区御园路（京赞线—青银高速）等49条街道为河北省园林式街道。

【风景名胜区管理】 《河北省省级风景名胜区管理评估和监督检查办法》通过专家审查。《河北省风景名胜区体系规划》通过专家评审；5个国家级、3个省级风景名胜区总体规划获批。配合省环保厅完成生态保护红线划定，将全省42处自然类风景名胜区核心景区纳入生态保护红线范围。

【自然资源和世界自然遗产保护】 京津冀古树名木保护研究中心成立。完成全省二次古树名木普查工作，对691株散生古树、8个古树群实施重点保护。完成古树名木基因种植基地建设，保存49株千年以上古树基因苗。河北省住房和城乡建设厅、河北省委宣传部联合开展"十佳最美古树"推选活动，确定10株最美古树，并在河北省博物院展出。建立古树名木和风景名胜资源保护项目库，推进精准保护，提高补助资金效益。启动太行山申遗现场调研，开展价值评估。

【城市管理】 推进城管体制改革，秦皇岛、衡水、邢台、迁安4个全省城市管理体制改革试点城市有序推进完成试点任务，为改革全面铺开并向市县延伸积累了经验。12月5~10日，河北省城市管理工作联席会议办公室组成4个督导组对各市、县城市管理综合执法体制改革工作开展督导。截至2017年底，全省11个设区市出台改革实施方案全省县级以上城市全部建成数字化城管平台。

全面开展"强基础、转作风、树形象"专项行动。按照2016年印发的《河北省住房和城乡建设厅关于印发河北省城市管理执法队伍"强基础、转作风、树形象"专项行动实施方案的通知》（冀建法〔2016〕24号）要求，大力开展专项行动。开展宣传活动，先后编印工作简报22期，各设区市共利用户外电子显示屏200余块、大型广告牌、路边围挡等20000余平方米，标语条幅750余条，对工作进行宣传。组织城管执法干部轮训，组织全省处级以上城管执法干部123人分期参加住房城乡建设部组织的干部轮训，组织对全省1200名城管执法科级干部分四期进行培训。各设区市按要求对科级以下干部共2万余人开展培训。开展"全省城市管理执法征文"活动，共收到征文170余篇，经专家评审，共38篇文章获奖，并在全省通报。编辑《河北省城管执法理论与实践》，由河北科学技术出版社出版发行。开展"全省城市管理执法人员业务知识竞赛"活动，共收到答题卡15530份，评出了一二三等奖和优秀奖，并对获奖情况在全省通报。

推动城管执法队伍换装工作。开展全省城市管理执法人员统一制式服装和标志标识工作调研，制定河北省城管执法制式服装和标志标识配发要求，确定全省城管执法人员胸号编号。河北省住房和城乡建设厅、河北省财政厅联合转发《住房城乡建设部财政部关于印发城市管理执法制式服装和标志标识供应管理办法的通知》（冀建法〔2017〕9号），对全省城管执法队伍换装提出明确要求，2017年底，各市城管执法人员换装基本完成。

【市政基础设施安全运行】 1月、9月两次对各地供水、燃气、供热、桥梁、污水处理、建筑垃圾（渣土）、游园景区等行业安全工作开展检查，并在全国通报。加强节假日安全运行监管，对"春节""国庆"、党的十九大召开期间等重要时期城建行业安全生产作出部署，有效遏制重大安全生产事故发生。

【道路扬尘防治】 继续开展"洁净城市"创建活动，全面推行"以克论净"道路扬尘防控标准，构建城市道路扬尘量化防控体系，对黄骅市、南和县等23个城市创建"洁净城市"工作进行评估，对18个达标城市通报表扬。

组织开展渣土车辆整治行动，建立整治工作定期上报制度，两次开展督导检查。

【建筑施工扬尘治理】 出台《河北省建筑施工扬尘治理方案》和《河北省扬尘综合整治专项实施方案》，成立河北省建筑施工扬尘治理领导小组和河北省扬尘综合整治协调办公室，每月对各地重点任务完成情况排名通报。组织召开全省建筑施工扬尘治理动员部署电视电话会议、扬尘综合整治专题调度会、全省建筑施工扬尘治理观摩会。组织开展2次全省建筑施工扬尘治理督导检查和1次暗查暗访，共抽查施工现场189个，发现扬尘问题134个，下发隐患整改通知书73份，执法建议书38份。编印并发放《建筑施工扬尘治理工作手册》3万册；在重污染天气应急响应期间，全省各地共出动检查人员6000余次，对所有在建工程进行拉网式督导检查。

村镇规划建设

【村镇规划】 完成美丽乡村建设重点村规划编制任务，组织完成16个省级重点片区总体规划编制，并经专家审查通过；县（市、区）域乡村建设规划（美丽乡村建设规划）和重点村规划编制任务完成。第四批河北省历史文化名镇名村保护规划编制工作完成，2个历史文化名镇、40个历史文化名村编制了保护规划。完成了重点培育的100个特色小城镇总体规划编制或修编工作，其中，45个特色小城镇完成控制性详细规划编制。

【农村危房改造】 6月21日河北省住房城乡建设厅、财政厅、扶贫开发办公室联合印发《关于加快深度贫困县建档立卡贫困户危房改造工作的实施方案》（冀建村〔2017〕30号），提高补助标准，明确重点工作和任务。8月9日，河北省住房城乡建设厅、财政厅、扶贫开发办公室联合印发《关于做好2017年农村危房改造工作的通知》，确定2017年全省农村危房改造9.3万户，按照各市上报的10个深度贫困县、15个2017年计划脱贫出列县年度计划，综合考虑其他县（市、区）建档立卡贫困户、低保户、农村分散供养特困人员和贫困残疾人家庭四类重点对象危房存量、工作任务安排、地方财力、建设能力管理等情况，明确了各地2017年农村危房改造任务。截至2017年底，全省农村危房改造9.3万户全部开工。

开展农村危房改造专项治理。河北省住房和城乡建设厅印发《河北省农村危房改造专项治理行动工作方案》，从2017年11月至2018年6月，在全省开展农村危房改造专项治理行动，重点治理2015年11月以来农村危房改造工作中存在的突出问题。11月6日，河北省住房和城乡建设厅印发《改进农村危房改造工作作风十条措施》（冀建村〔2017〕48号），严格农村危房改造的廉洁纪律、群众纪律和工作纪律，改进工作作风，解决突出问题。

【农村房屋及安全排查整治】 按照河北省委办公厅、省政府办公厅印发的《河北省农村设施安全隐患排查整治行动实施方案》，开展了农村房屋安全隐患排查整治，全省共排查房屋214万户，发现隐患37万户，通过拆除、维修改造、设立警示标识或增加防护设施等方式进行整治，完成整治35.7万户。

【农村生活垃圾治理】 河北省住房和城乡建设厅会同省美丽乡村领导小组办公室印发《2017年全省农村生活垃圾治理专项行动工作方案》，并组织各地深入开展农村生活垃圾治理工作。开展农村生活垃圾分类试点，确定高邑县、井陉县等38个县（市、区）为农村环境整治和垃圾治理示范县（市、区），开展垃圾分类、资源化利用，为全省农村生活垃圾治理探索可借鉴、可复制经验。其中，邱县、满城区列入住房城乡建设部第一批农村生活垃圾分类和资源化利用示范县（区、市）。开展非正规化垃圾堆放点排查，河北省住房和城乡建设厅、环保厅、省委宣传部、农业厅等部门建立全省非正规垃圾堆放点排查整治工作联席会议制度，全面开展覆盖所有市、县的排查工作，并重点排查城乡结合部、环境敏感区、交通干线、江河沿线等区域。

【特色小城镇】 建立重点培育的100个特色小城镇项目库，2017年共235个项目入库。9月26日，全省特色小城镇培育工作现场会在邢台召开，总结交流特色小城镇培育经验，推动特色小城镇提高建设水平。开展第二批中国特色小城镇申报工作，8个镇列入第二批全国特色小城镇名单。加快小城镇污水处理设施建设，对各地小城镇污水处理设施建设督导调研，制定全省小城镇污水处理设施建设工作方案。加大对小城镇建设发展支持力度，建立金融支持小城镇项目库，引导各地充分利用金融政策，推进重点小城镇建设。

【农村历史文化保护】 3月2日，《河北省人民政府关于公布第四批河北省历史文化名镇名村的通知》（冀政字〔2017〕9号）印发，确定大名县金滩镇等2个镇为第四批河北省历史文化名镇，井陉县小梁江村等40个村为第四批河北省历史文化名村，全省历史文化名镇名村达到90个。河北省住房和城乡建设厅、文物局联合完成第七批中国历史文化名镇名村申报工作。组织各地申报传统村落中央财政补助资金，经住房城乡建设部技术审查，71个传统村落列入2017年、2018年补助范围。组织第五批中国传统村落申报。组织中国传统建筑名匠申报推荐。组织申报全国第一批绿色村庄，经住房城乡建设部审查，837个村庄被认定为绿色村庄，数量位居全国第五位。

【农村地区气代煤电代煤】 全省农村地区气代煤电代煤竣工253.7万户，其中气代煤完成231.1万户，煤电代煤完成22.6万户，超额完成180万户的任务，覆盖13个市（区）129个县（市、区）849个乡9730个村。编印《河北省农村气代煤工程实施技术导则》《河北省农村气代煤电煤消防安全管理导则》《河北省农村气代煤用户手册》，填补了国家行业标准规范不能覆盖农村的空白。

标准定额

【标准立项】 组织完成《装配式建筑评价办法》《城市地下综合管廊施工及验收规程》《城镇污水处理厂污泥处置技术规程》《绿色建筑竣工验收标准》《既有居住建筑综合改造技术规程》《既有建筑加装电梯工程技术规程》等标准立项论证工作。

【标准编制】 完成《绿色建筑设计标准》《村镇

绿色建筑评价标准》《波纹钢综合管廊工程技术规程》《钢管混凝土组合结构体系施工规程》《剪力墙结构钢筋混凝土叠合板》《预制混凝土剪力墙内墙板》《城市轨道交通节能工程施工质量验收》等30余项公益性标准和标准设计编制工作。

【标准实施】 对石家庄、衡水、沧州、辛集四个地级市（县）在建商品住宅、保障性住房等24项在建工程执行《居住建筑75%节能标准》《公共建筑65%节能标准》情况开展监督检查。

【标准宣贯】 10月19～20日，召开全省工程建设管理和工程技术人员参加的标准宣贯培训班，对《装配式建筑、建筑节能系列标准》相关内容进行解读，共三百余人参加。

【京津冀计价一体化】 4月，经住房城乡建设部批准，京津冀试点成为全国首个工程计价体系一体化工作试点。三地联合签订《推进京津冀工程计价体系一体化合作备忘录》，并制定《京津冀工程计价体系一体化实施方案》。三地建立了联席商榷会的共商机制，旨在打破区域管理行政和技术壁垒，推动实现统一发布造价信息、统一编制计价依据、统一制定管理政策。

【补充完善计价依据体系】 启动修编建筑安装概算定额及其他费用定额工作，启动编制装配式钢结构工程定额及费用标准、绿色建筑工程定额。开展建筑施工扬尘治理有关费用调查。

【计价实施】 全省共完成1055项国有投融资项目的限价审核备案。开展《建筑业营改增河北省计价依据调整办法》实施情况及营改增对建筑业企业税负的影响调研活动。进一步规范工程造价市场秩序，邢台市率先推行工程造价行业诚信体系建设，建立诚信激励、失信惩罚的市场机制。

工程质量安全监管

【实施工程质量提升行动】 组织召开全省工程质量监督管理工作暨工程质量提升行动推进会议，安排部署全年工作；组织召开全省县城建设工程质量提升活动现场观摩交流会，总结交流工作经验。印发《河北省工程质量安全提升行动方案》。开展全省工程质量巡查暗访。以工程质量终身责任制落实和常见问题专项治理为重点，全省各级开展质量巡查暗访。全年组织开展全省质量巡查2次、暗访4次、城市轨道交通工程质量检查1次，共检查工程92项，印发《建设工程质量巡查整改通知书》65份，《行政处罚建议书》18份，并约谈存在突出问题的7项工程相关责任主体；对个别存在突出问题的工程开展现场复查，不留质量隐患。

【质量监督机构和人员考核】 考核市、县质量监督机构184个，合格169个，基本合格14个，不合格1个；考核监督人员2365人，通过1908人，未通过457人。

【工程质量检测管理】 开展全省工程质量检测机构监督检查。开发工程质量检测人员考试系统，组织开展全省检测人员考核。在全省试行2017版统一格式检测报告，逐步实行检测报告二维码防伪及检测信息结果手机查询功能。

【绿色施工和文明施工】 1月12日，河北省住房和城乡建设厅公布2016年河北省安全文明工地，河北省第四建筑工程有限公司承建的际华广场商超工程等199项建设工程项目，在施工过程中能够始终保持标准，未发生人员伤亡事故，符合申报要求，被确认为2016年河北省安全文明工地。河北省建设工程安全生产监督管理办公室分别于8月7日、12月29日印发2017年第一批、第二批河北省安全文明工地创建计划，其中，第一批共150个施工项目，第二批共291个施工项目。

【勘察设计】 开展"河北省优秀工程勘察设计奖"评审，从申报的455个项目中评出一等奖项目30项、二等奖项目88项、三等奖项目177项。

建筑市场

【概况】 根据河北省统计局数据，2017年，河北省入统建筑业企业2668家，同比增长2.34%；有工作量企业2522家，同比增加2.23%。从业人员期末人数139万人，同比增长6.56%，其中工程技术人员27万人，同比增加23.44%。全省建筑业企业签订合同总额11575亿元，同比增长20.84%。全省建筑业企业完成产值5657亿元，同比增长2.52%。省外完成产值1689亿元，同比增长5.23%。全省建筑业企业竣工产值2834亿元，同比减少1.89%。全省建筑企业房屋施工面积34540万平方米，同比减少0.22%，其中本年新开工面积12952万平方米，同比减少0.43%。

【建筑业改革】 11月13日，河北省人民政府办公厅印发《关于促进建筑业持续健康发展的实施意见》（冀政办字〔2017〕143号），明确具体目标：一是力争到2020年，全省建筑业的总产值、增加值等主要指标有较大增长，建筑市场结构进一步优化，建筑市场监管和公共服务体系进一步健全，工程质量和施工安全管理水平显著提高，形成龙头企业引领带动，中小微企业协同发展的产业体系。二是产业规模发展壮大。全省建筑业总产值预期年均增长7.2%，到2020年达到7200亿元；建筑业增加值预期年均增长5.7%，到2020年达到2500亿元，占全省国内生产总值的比重达到6.7%以上；力争2025年建筑业总产值突破万亿元。三是企业规模效益提高。到2020年，全省特、一级建筑业企业预期达到450家，以工程总承包、施工总承包为主业的大型企业明显增加。年产值500亿元以上企业不少于2家，100亿元以上企业不少于5家，超50亿元企业不少于20家。四是人才队伍结构优化。到2020年，建筑业从业人员预期达到400万人，其中，河北省工程勘察设计大师55名以上，各类注册执业人员10万人以上，中级工20万人以上。《实施意见》共提出6大类27小项具体推进举措。

【**建筑市场监管与服务**】 初步建成建筑市场监管一体化平台，实现省市县各级数据共享，并与全国平台相衔接，优化监管方式和行政管理模式。将进冀建筑业企业纳入一体化平台统一监管，推进省内企业、省外企业无差别管理。

【**招标投标改革**】 推广使用新版评标规则和计算机辅助评标系统，并覆盖所有设区市。推广招标代理活动项目负责人负责制度。严格"一标一评一记录"制度和评标专家日常管理，完成对全省房屋建筑和市政基础设施工程专业7355名评标专家的考核工作。6月23日，《河北省房屋建筑和市政基础设施工程合同网上备案管理办法》印发，旨在加强招投标事后监管，提高工作效率，规范房屋建筑和市政基础设施工程合同管理工作。初步完成合同网上备案管理平台前期开发。

建筑节能与科技

【**新建建筑节能工作水平稳中有升**】 4月21日，河北省住房和城乡建设厅印发《河北省建筑节能与绿色建筑发展"十三五"规划》（冀建科〔2017〕12号）。截至年底，全省城镇节能建筑累计达5.823亿平方米，占全省城镇民用建筑总面积的46.81%，超额完成年度目标任务（45%）。一是城镇新建居住建筑全面执行75%节能标准。自5月1日起，全省城镇新建居住建筑全面执行75%节能标准，成为河北省建筑能效提升的重要标志。到年底，已实施75%节能标准项目1689个、建筑面积6465.7万平方米，其中，竣工项目220个、建筑面积570.5万平方米，在建项目1476个、建筑面积5994.3万平方米。二是被动式超低能耗绿色建筑建设进展较快。秦皇岛、保定、石家庄等10个市开展了被动式超低能耗绿色建筑建设，累计竣工建筑面积15.13万平方米，其中秦皇岛市占全省竣工面积的47.72%。被动式超低能耗绿色建筑在建面积35万多平方米，规模较大的有8.8万平方米（总建筑面积15万多平方米）的"北京（曹妃甸）现代产业发展试验区（生态城先行启动区）一期住宅"、20万平方米（总建筑面积120万平方米）的"高碑店市列车新城项目"等。《河北省被动式低能耗建筑施工及验收规程》9月1日实施；《河北省被动式公共建筑节能设计标准》编制完成。三是强化新建建筑节能全过程闭合管理。完善设计审查备案、施工控制、竣工专项验收等制度，建立健全工作机制，提高了建筑节能标准执行力，促进新建建筑节能标准设计、施工执行率提升。加强日常巡查和定期抽查，采取"双随机"方式，加大市场主体建筑节能标准执行和执法主体监管检查力度，实现对全部建筑工程和工程建设各过程"全覆盖"。

【**绿色建筑规模化发展步伐加快**】 自5月1日起，全省城镇民用建筑全面执行绿色建筑标准。全年绿色建筑占比达37.2%，完成35%的年度目标任务。石家庄市在全省率先要求国有投资项目按二星级以上绿色建筑标准进行建设。2017年，全省执行绿色建筑标准项目1655个、建筑面积5474.5万平方米。其中，政府投资公益性建筑145个、建筑面积79.9万平方米，大型公共建筑101个、建筑面积564.3万平方米，保障性住房12个、建筑面积64.6万平方米，其他建筑项目1397个、建筑面积4765.7万平方米。162个项目获得绿色建筑评价标识，建筑面积1074.13万平方米。其中，设计标识161个、建筑面积1062.13万平方米；运行标识1个、建筑面积12万平方米。河北省住房和城乡建设厅开展《河北省绿色建筑施工图审查要点》宣贯培训，300余人参加培训。《河北省绿色建筑发展条例》列入省人大2018年立法计划。8月30日，河北省住房城乡建设厅印发《关于公布"河北省绿色建筑创新奖"评选结果的通知》（冀建科〔2017〕28号），确定8个项目获得"河北省绿色建筑创新奖"，其中一等奖1项、二等奖3项、三等奖4项。

【**可再生能源建筑应用推广**】 截至年底，全省可再生能源建筑应用面积累计2.6亿平方米，其中2017年新增4140.17万平方米，占新增建筑面积的54.87%。因地制宜推进空气源热泵、土壤源热泵等技术建筑应用。全省13个国家级、4个省级可再生能源建筑应用示范市、县（区）积极推进示范建设任务，发挥了带头作用。

【既有居住建筑节能改造】 截至年底，河北全省累计完成既有居住建筑供热计量及节能改造9874.77万平方米，占具备改造价值老旧住宅总量11676.85万平方米的84.56%，实现国家要求的"到2017年底，京津冀及周边地区80%的具备改造价值既有建筑完成节能改造"目标。2017年，省级财政安排建筑节能专项资金2039万元，参照国家标准补助衡水、廊坊、石家庄等市既有居住建筑节能综合改造项目38.96万平方米。保定、廊坊、石家庄、唐山、衡水5个北方地区冬季清洁取暖试点城市，继续对既改项目存量进行改造。唐山市将2017～2019年城市及县城609.94万平方米既改任务，按年度分解到各县（市）、区。石家庄"河北省建筑科学研究院2号、3号住宅楼"，利用被动式技术完成既有建筑节能改造。

【公共建筑节能】 截至年底，全省已累计完成公共建筑节能改造项目570.13万平方米，其中，2017年完成50.13万平方米。省级公共建筑能耗监测平台中国家机关办公建筑和大型公共建筑能耗监测模块，已完成与10个市级平台对接，2017年底上传数据的建筑共189栋，总建筑面积336万平方米。

人事教育

【干部培训】 对2017年度住房城乡建设系统干部培训作出计划安排，全年完成15个班次干部培训，市、县管理和专业技术干部共4450名参加培训。

【人才工作】 河北省住房城乡建设厅、人力资源社会保障厅、总工会、共青团河北省委共同组织开展2017年中国技能大赛·河北省建设行业"建工杯"职业技能竞赛活动，共有265名选手、400余人参加决赛，共评选出175名获奖选手。河北省住房城乡建设厅、人力资源社会保障厅、林业厅、共青团河北省委在全省组织开展了2017年中国技能大赛·河北省园林景观设计创新竞赛和花卉园艺职业技能竞赛。建立河北省住建领域高层次人才信息库，并发至各市和雄安新区有关单位，架设市、县基层部门与业内专家沟通对接的桥梁，推动实现人才共享共用。加大对紧缺职业工种从业人员培养引进力度，组织对住建行业紧缺职业（工种）进行调查征集，梳理汇总紧缺职业（工种）69个。

【干部任用】 河北省住房和城乡建设厅选派2名干部援疆、6名干部驻村扶贫、2名干部到河北省群众中心接访、2名处级干部分别到北京和县政府挂职，抽调53人次参加省委、省政府紧急任务，抽调11名干部支持和保障雄安新区规划建设。加强对年轻干部教育培养，协调抽借15名年轻干部参加重点工作专班，以招录的重点学院选调生为主，选派10名科级干部到基层锻炼。招录北大、天大硕士毕业生3名，协调省委组织部遴选985院校毕业的基层选调生2名，补强年轻干部力量。

【干部管理】 坚持将干部的日常管理监督制度化和常态化。2017年因个人有关事项报告提醒8人，干部退休、辞职提醒3人，因本人在社团违规兼职和违规领取补贴、亲属在行业经商办企业等提醒2人，诫勉6人，因私出国（境）提醒5人，其他提醒1人。按照河北省委组织部统一部署，按时完成2017年领导干部报告个人有关事项填报工作。

【河北省首届园林博览会举办】 7月15日，河北省首届园林博览会在衡水市开幕。此次园博会由河北省住房和城乡建设厅主办、衡水市政府承办。以"湿地园林·休闲湖城"为主题，贯彻新发展理念，坚持以人民为中心，弘扬园林文化，彰显地域特色。会址位于衡水湖畔，建有254公顷的园博园，重点建设了主展馆、滏阳楼和景观天桥3大建筑，主题园区、城市园区、企业园区、县市园区和嘉年华乐园（含5D影院）等5大片区共36座展园。

【2017年中国技能大赛·河北省建设行业"建工杯"职业技能竞赛】 竞赛历时5个月时间，经过预赛、选拔赛层层选优，共有265名选手跻身决赛。竞赛决赛由省住房城乡建设厅会同省人力资源社会保障厅、省总工会、团省委主办，省建设教育培训中心承办，分别在河北省建筑科学研究院有限公司、河北工业职业技术学院、建国伟业防水科技望都有限公司3个分赛场进行。决赛共设钢筋工、砌筑工、防水工、工程结构检测和工程建设BIM技术应用5个比赛项目，兼顾了传统项目和前沿技术，采用理论考试和现场实操相结合的方式进行。

10月27～30日，在石家庄、保定举行竞赛决赛，最终决出一等奖15名、二等奖30名、三等奖45名。获奖的90名选手将被授予"河北省建设行业技术能手"荣誉称号。其中，获得一等奖的15名选手还将被授予"河北省技术能手"荣誉称号。

大事记

1月17日，全省住房城乡建设工作会议在石家庄召开。会议传达全国住房城乡建设工作会议精神，回顾2016年全省住房城乡建设工作，对2017年工作任务进行安排部署。省住房城乡建设厅党组书记、厅长曹汝涛在会上讲话。

1月22日，河北省政府新闻办召开新闻发布会，解读《河北省城镇排水与污水处理管理办法》。省住房和城乡建设厅副厅长李贤明在会上介绍《办法》的相关背景和主要内容，并回答记者提问。《办法》的颁布实施，标志着河北省将城镇排水与污水处理纳入了法治轨道。

2月10日，省住房和城乡建设厅组织召开2017年深化机关作风整顿动员会。厅党组书记、厅长曹汝涛主持会议，就深入抓好机关作风整顿工作作动员部署。

2月22日，全省海绵城市建设调度会在石家庄召开。会议总结2016年全省海绵城市工作进展，分析存在的问题，部署2017年工作任务。

3月8日，全省推进城镇化工作电视电话会议在石家庄召开。副省长张古江出席会议并讲话，省城镇化工作领导小组办公室主任、省住房城乡建设厅厅长曹汝涛通报全省农村人口向城镇化转移工作。

3月14日，省政府新闻办召开新闻发布会，就《河北省人民政府办公厅关于大力发展装配式建筑的实施意见》进行解读。省住房城乡建设厅党组成员、省城镇化工作领导小组办公室副主任于文学介绍《实施意见》的起草背景、主要内容及下步工作计划。中央和省内近30家媒体记者参加会议。

3月19日，省住房城乡建设厅组织召开南水北调水源切换攻坚行动推进暨城镇供水保障调度会，调度水源切换攻坚行动，部署城镇供水安全保障工作。

3月24日，2017年全省工程质量监督管理工作暨工程质量提升行动推进会议在张家口市召开。会议传达国务院办公厅《关于促进建筑业持续健康发展的意见》和住房城乡建设部《工程质量安全提升行动方案》，总结2016年全省工程质量监督管理工作情况，安排部署2017年重点工作。

4月10日，省住房和城乡建设厅组织召开全省建筑施工扬尘治理攻坚行动动员部署电视电话会议。会议就《河北省建筑施工扬尘治理方案》的起草过程、主要内容等情况进行了说明，安排部署攻坚行动工作任务。

4月18日，全省地下综合管廊建设现场会在衡水市武邑县召开。总结2016年全省地下综合管廊建设工作进展情况，安排部署2017年工作任务。

4月21日，全省园林城市创建工作推进会在平山召开。会议总结2016年全省园林城市创建工作总体情况，安排部署2017年工作任务。

4月26日，2017年全省住房和城乡建设系统精神文明建设工作座谈会在秦皇岛召开，总结2016年工作概况，安排部署2017年工作任务。

5月2日下午，省住房和城乡建设厅召开2017年度党风廉政建设工作会议。

5月3日，全省保障性安居工程工作电视电话会议召开。副省长张古江出席会议并讲话，省住房和城乡建设厅厅长曹汝涛通报工作进展情况。

5月3日，全省城镇供热保障调度暨落实全省大气污染综合治理任务推进会在石家庄召开。会议总结交流2016年供热保障工作，推动省委、省政府《关于强力推进大气污染综合治理的意见》和《河北省城镇集中供热专项实施方案》落实，安排部署2017年供热保障工作。

5月4日，京津冀古树名木保护专家委员会成立大会在石家庄召开。省住房和城乡建设厅副厅长李贤明出席会议并讲话。来自北京林业大学、北京市公园管理中心、北京市园林绿化局、天津市园林绿化研究所、北京市园林科学研究院、中国园林博物馆以及清华大学等单位的21名行业专家接受京津冀古树保护研究中心颁发的聘用证书，成为京津冀古树名木保护专家委员会成员。

5月9日上午，全省城市规划建设管理专题培训班在河北行政学院举办，副省长张古江出席开班式并作专题辅导。培训班纳入全省公务员培训计划，为期5天。邀请中国城市规划设计研究院、中国城市建设研究院、北京建筑大学以及财政部、住房城乡建设部等国内知名专家和领导，就城市修补和生态修复、海绵城市建设、城市基础设施运行管理、城建投融资、城市生态文明建设等开展专题培训。旨在深入贯彻落实中央和省城市工作会议精神，提高领导干部城镇化专业素养和城市工作水平，推动新型城镇化战略和县城建设集中攻坚行动落地生根。各市政府分管负责同志及有关部门主要负责同志参加培训。

5月11日，全省绿色施工和扬尘治理观摩交流会在三河市燕郊镇召开。各市相关管理部门、企业代表等400余人参加会议。

5月19日，省住房和城乡建设厅召开"一问责八清理"专项行动暨基层"微腐败"专项整治动员会议，对全厅两个专项工作进行动员部署。

5月24日，省住房和城乡建设厅在石家庄组织召开全省历史文化街区划定和历史建筑确定工作推进会议，传达全国历史文化街区划定、历史建筑确定工作推进会精神，通报各市工作进展情况，安排部署下一步工作。

5月25日，全省城市管理工作联席会第一次会议暨城市管理综合执法体制改革电视电话会议在石家庄市召开。副省长张古江出席会议并讲话，省住房和城乡建设厅厅长曹汝涛通报全省城市管理综合执法体制改革进展情况。

6月15～16日，全省风景名胜区工作现场会在保定市召开。会议安排部署下阶段全省风景名胜区工作任务，提出要按照"规范提质，保景富民"原则，全面推进全省风景名胜区工作上水平。

6月16日，省住房和城乡建设厅组织开展"安全生产宣传咨询日"活动。在厅机关楼前设立咨询服务点，接受市民咨询，并发放《河北省安全生产条例》《城镇燃气知识百问》《燃气安全使用须知》等安全生产和燃气安全宣传资料5000余份。

6月20日，全省县城建设座谈会在石家庄召开。会议总结2016年以来县城建设攻坚行动工作进展情况，分析当前形势，明确今年下半年工作方向。

8月30日，全省公租房和棚改工作调度会在石家庄市召开。会议传达全国公租房工作座谈会精神，听取各地公租房和棚改工作情况汇报，部署安排下一步工作。

9月8日，"携手创新，共谋发展——2017河北省PPP产业高峰论坛暨河北省PPP产业联盟成立大会"在沧州国际会议中心召开。省内外PPP产业领域专家学者，政府有关部门代表，PPP项目投资、建设、运营单位，银行、信托、基金、融资租赁等金融机构相关代表200余人齐聚一堂，现场交流研讨。会上，河北省PPP产业联盟正式揭牌成立。

9月8日，2017京津冀第三届城乡环境卫生新技术新设备新工艺博览会（以下简称博览会）在沧州国际会展中心举办。9月21日，第四届中国（高碑店）国际门窗博览会在高碑店开幕。博览会以"让建筑更节能、让生活更美好"为主题，旨在向世界展示节能门窗产业和超低能耗建筑产业发展的新技术、新工艺和新成果，推动中国建筑节能产业向标准化、低碳化和智能化方向转型升级。博览会展出面积12万平方米，展品种类3万种，来自全球30多个国家和地区的1136家企业参展，参展客商达6.2万人次。

9月22日，全省深入推进县城建设攻坚行动现场观摩调度会在邯郸涉县召开。与会人员实地观摩涉县、峰峰矿区县城建设情况。

10月31日，住房城乡建设部公布2017年中国人居环境奖（含综合奖、范例奖）获奖名单，河北省"黄骅市盐碱地生态修复项目"获得中国人居环境范例奖。

11月17日，省住房和城乡建设厅组织召开全省农村危房改造专项治理行动工作会议。自2017年11月到2018年6月，在全省开展农村危房改造专项治理行动，解决该项工作过程中存在的不正之风和腐败问题，提高农村危房改造综合效果和群众满意度，促进精准脱贫目标如期实现。

12月4日，省住房和城乡建设厅集中组织开展"12·4"全国法制宣传日活动。上午，在石家庄西清法制公园开展广场集中宣传活动，为市民免费发放《河北省建筑工程造价管理办法》《河北省城市地下管网条例》等资料，讲解相关法律知识。下午，厅机关全体干部、驻厅直属单位副处级以上干部二百余人进行宪法宣誓活动。

（河北省住房和城乡建设厅）

山 西 省

概况

2017年，山西省住房和城乡建设厅全面贯彻党的十八大和十八届三中、四中、五中、六中全会精神，深入落实省十一次党代会精神，按照省委"一个指引、两手硬"重大思路要求及省政府工作部署，紧紧围绕年初确定的任务目标，改革创新，真抓实干，坚持改革创新和依法行政，深入推进全面从严治党，突出稳增长和惠民生主题，城乡规划工作取得新突破、城市建设管理水平得到新提升、城市棚户区和城中村改造迈出新步伐、房地产去库存取得新进展、建筑业实现新发展、村镇建设得到新加强，各项工作迈上新台阶，为促进我省经济稳步向好、民生不断改善、塑造美好形象、实现振兴崛起作出新的贡献。（李国红　米玉婷）

法规建设

【立法工作】 年内，完成《山西省城乡环境综合治理条例》和《山西省历史文化名城名镇名村保护条例》的立法工作。《山西省城乡环境综合治理条例》于2017年7月4日经山西省第十二届人大常委会第三十九次会议审议全票一次通过，用时两个月。《山西省历史文化名城名镇名村保护条例》，于12月1日省第十二届人大常委会第四十二次会议全票通过。开展法规规章清理工作。共清理地方性法规13部，其中保留8部，修订5部；政府规章8部，其中保留2部，修订4部，废止2部；规范性文件44个，其中保留34个，修订6个，废止4个。加强规范性文件审查备案以及厅发文件合法性审查工作。对《山西省安全生产标准化考评实施办法》等13件规范性文件备案审查，对厅发文件进行合法性审查全覆盖。（李国红 乔丽娜）

【普法工作】 山西省住房和城乡建设厅创新"七五"普法工作，作为全国各行业第一家在全省住建系统开展网络在线学法用法和无纸化考试工作，组织全省460家住建单位、17245名国家工作人员参加网络学法用法和无纸化考试。扎实开展普法宣传活动，印发《关于贯彻落实国家机关"谁执法谁普法"普法责任制的实施意见》等，制定度专项普法培训计划，组织《山西省城乡环境综合治理条例》宣贯会，参加"12.4"宪法宣传日活动等，编印"七五"普法学习资料3期。（李国红 乔丽娜）

【执法监督工作】 加强制度建设，正式印发《山西省住房和城乡建设厅行政处罚裁量权实施办法》和《山西省住房和城乡建设厅行政处罚裁量基准》；依据行政处罚、行政强制等有关规定，对2010年9月出台的《山西省住房和城乡建设行政执法文书格式》进行修订。开展行政执法案卷评查工作，连续四年在全省住建系统开展案卷评查工作，进一步规范行政执法工作，促进全省住建系统各级执法机关严格公正文明执法。开展重大行政处罚备案审查工作，梳理汇总厅属行政执法单位2016年度办结的重大行政处罚案件，报省政府法制办备案审查。（李国红 乔丽娜）

【行政复议、行政诉讼】 依法受理行政复议案件。山西省住房和城乡建设厅共收到行政复议案件24件，含上年度结转2件，新收22件。受理16件，办结16件，不予受理8件。办理案件过程中，山西省住房和城乡建设厅在严格依法办案的基础上积极和申请人、被申请人沟通协调，行政复议决定均未被起诉后败诉，达到了行政复议定纷止争的社会效果。积极办理被复议、被起诉案件，作为被申请人被复议到住房城乡建设部4件，已全部审结，住房城乡建设部均支持了山西省住房和城乡建设厅具体行政行为；办理行政应诉案件10件，一审6件，二审4件，均驳回原告或上诉人的诉讼请求，支持山西省住房和城乡建设厅具体行政行为。在办理案件的基础上，制定《行政应诉工程规程》，提高行政应诉工作质量。修订《行政复议工作流程图》、《行政诉讼工程流程图》。李国红、乔丽娜两名同志获得山西省司法厅颁发的公职律师证，充实了厅直法治力量。（李国红 乔丽娜）

房地产业

【房地产市场运行】 2017年，山西省完成房地产开发投资1166.3亿元，同比下降27%。山西省房屋施工面积1.65亿平方米，同比下降3.5%；新开工面积3305.8万平方米，同比下降14.2%；竣工面积1969.9万平方米，同比下降26.6%；山西省商品房销售面积2415.9万平方米，同比增长17.2%。（米玉婷 王璐璐）

【房地产去库存】 制定政策措施，印发《山西省化解房地产库存工作方案》（晋政发〔2017〕8号），从加强供应管控、优化供应结构、扩大有效需求、推进房地产开发企业兼并重组四个方面提出了13项具体措施。细化分解任务，年初与山西各市签订目标责任状，明确各市去库存目标任务；5月印发了《山西省化解房地产库存行动计划》，对去库存工作进行了安排部署，明确了去库存的时间表、路线图和责任单位。制定《房地产去库存工作专项督查方案》，开展房地产去库存专项督查，确保政策落实到位，工作有序推进。通过全省上下一致努力，房地产去库存工作取得明显成效，截至年底，山西省商品房待售面积1225.7万平方米，消化周期6.1个月，较2016年底（10.3个月）缩短了4.2个月，控制在年初确定的"力争商品房待售面积消化周期控制在10个月左右"目标任务之内。（米玉婷 王璐璐）

【防范房地产市场泡沫】 加强对太原市的调研、督导，定期与太原市会商研判房地产市场形势，实地督查，强化太原市稳房价、防泡沫、防风险的主体责任，督促指导太原市出台了加强预售审批、加强网签管理、控制二手住房短期交易转让等一系列政策措施。调整相关政策，山西省住房和城乡建设厅指导太原市调整棚改货币化安置政策，对太原市棚改货币化比例不做具体要求；指导太原市落实住房和城乡建设部要求，调整住房公积金政策，降低公积金贷款额度、提高二套房贷款条件。加强房地产市场整顿，房地产市场专项整治和商品房销售价格行为联合专项检查，加大对违法违规项目的打击和整改力度，遏制投资投机性购房。（米玉婷　王璐璐）

【促进房地产业持续健康发展】 12月，山西省住房和城乡建设厅报请山西省人民政府印发《山西省人民政府办公厅关于加快推进房地产业持续健康发展的意见》（晋政办发〔2017〕166号）。从总体要求、工作重点及主要任务、扶持政策、推进措施等方面提出了合理安排住宅用地供应，科学把握住房建设和上市节奏，持续推进三四线及以下城市房地产去库存，加大住房保障力度，规范和培育住房租赁市场，落实中介机构备案、从业人员实名服务制度，规范房地产中介服务行为，建立联动监管机制，强化行业监督检查，完善物业服务管理体制，延伸拓展物业服务领域，发展壮大物业服务企业，加强物业服务市场监管13条具体措施。（米玉婷　王璐璐）

【加快培育和发展住房租赁市场】 4月，山西省住房和城乡建设厅下发《关于对住房租赁市场摸底调查的通知》，对各市住房租赁市场进行摸底调查，基本摸清了全省住房租赁市场底数；6月，山西省住房和城乡建设厅与山西省工商行政管理局共同研究制定了《山西省房屋租赁合同示范文本》，明确房屋租赁双方的权利义务，保护租赁当事人的合法权益。9月，山西省化解房地产库存工作领导小组办公室印发了《关于加快培育和发展住房租赁市场的目标责任分解方案》，对发展住房租赁工作进行了目标任务分解，明确了责任单位，强化了责任落实。11个设区城市均出台了培育和发展住房租赁市场的实施意见，全省培育和发展住房租赁市场工作有序推进。11月，山西省住房和城乡建设厅与中国建设银行山西省分行签订住房租赁全面合作协议，共同协作建立住房租赁综合服务平台系统，山西省是全国第3个全面推开此项工作的省份。（米玉婷　王璐璐）

【强化房地产市场监管】 山西省住房和城乡建设厅扎实开展房地产市场专项检查和整治，加大对房地产违法违规项目的打击和整改力度。起草制定《高校物业服务标准》，健全了物业服务标准体系，提升了物业行业发展水平。联合6个厅局起草制定《关于加快发展物业服务业的指导意见》，加快推进物业服务业不断向社会化、市场化、专业化、规范化发展。（米玉婷　王璐璐）

住房保障

【城镇保障性安居工程】 截至年底，山西省累计开工建设城镇保障性安居工程252.41万套（占全国开工总量约6500万套的3.9%），累计建成204.63万套，占已开工总量的81.1%，解决了约600万城镇中低收入住房困难群众和棚户区居民的住房问题，完成投资4242.8亿元。在已开工的城镇保障性安居工程中，包括：公共租赁住房（含廉租住房）51.69万套，占20.5%；经济适用住房36.6万套，占14.5%；限价普通商品住房5.7万套，占2.2%；各类棚户区住房改造158.42万套，占62.8%。山西省棚户区住房改造已开工13.61万套，占年度任务的104.5%；建成20.37万套，占年度任务的135.8%；城镇保障性安居工程完成投资547.51亿元，占年度任务的109.5%；政府投资的公共租赁住房分配入住10.36万套，占年度任务的106.3%。（李国红　孙涛）

【棚户区改造】 截至年底，山西省已累计开工改造各类棚户区住房158.42万套（含城中村41.93万套），占全国开工改造总量3860万套的4.1%；累计完成改造121.21万套，占已开工量的76.5%，约360万棚户区居民实现了出棚入楼的夙愿；累计完成投资3026.9亿元。5月24日国务院常务会议确定，实施2018年到2020年3年棚改攻坚计划，再改造各类棚户区住房1500万套。按照国家要求，山西省保障性安居工程建设领导组办公室组织了摸底调查，经山西省人民政府批准，确定山西省2018—2020年新三年改造计划为各类棚户区住房31.11万套，占全国三年规划的2.1%。（李国红　孙涛）

【棚户区改造货币化安置】 2017年，山西省结合各市棚改任务及商品住房库存量，确定了"可售面积消化周期大于36个月的市、县棚改货币化安置比例不低于80%，18个到36个月之间的不低于60%，其他原则上不低于50%，商品住房库存量大、市场房源充足的三、四线城市和县城基本实现货币化安置"的目标要求。按照这一要求，各市县一方面鼓励棚户区居民优先选择政府购买房源和政府搭建平台居民选购房源方式进行安置；一方面积极引导和协调房地产开发企业对现有商品房源实施户型结构改造，确保商品住房与棚改安置住房渠道畅通。全年实施棚改货币化安置8.73万套，棚改货币化安置比例达到64.2%，有效消化了商品房库存，促进了房地产市场健康平稳发展。（李国红　孙涛）

【公租房】 2017年按照住房城乡建设部、国家发展改革委、财政部、国土资源部联合印发了《关于进一步做好公共租赁住房有关工作的意见》（建保〔2017〕111号）。山西省住房城乡建设厅、山西省发展改革委、山西省财政厅、山西省国土资源厅联合下发《关于转发〈关于进一步做好公共租赁住房有关工作的意见〉的通知》，组织开展对开工建设的各类公租房全面摸底清查，组织汇总拟盘活项目的申请和实施方案，由市级人民政府向省级人民政府统一上报。经山西省住房城乡建设厅、山西省发展改革委、山西省财政厅、山西省国土资源厅等部门现场核实和研究论证，由省政府批复7个市61个项目、20791套政府投资公租房的盘活申请。

山西省政府投资公租房全年新增分配8.27万套，分类处置和盘活2.08万套。截至年底，2013年底前开工政府投资公租房累计分配21.92万套，分配率为90.8%；2014年开工政府投资公租房累计分配2.15万套，分配率为85.2%。

为解决公共租赁住房配套基础设施不全问题，中央财政专门安排公共租赁住房及其配套设施专项补助资金100亿元，山西省有115个公租房项目争取到中央财政公租房及其配套设施专项补助资金40760万元，涉及公租房57740套。（李国红　张钢军）

住房公积金管理

【公积金缴存使用监管】 将山西省晋煤、同煤、阳煤、焦煤、潞矿等五个公积金管理分中心与原单位分离移交纳入了《山西省国有企业分离办社会职能实施意见》，会同省国资委、省人社厅、省编办、省财政厅印发了《关于做好省属国有煤炭企业住房公积金管理机构与原单位分离移交的通知》（晋建金字〔2017〕278号），为山西省煤炭行业住房公积金管理机构实现属地化统一管理迈出了关键性一步。对照《住房公积金廉政风险防空指引》，重点对太原、吕梁、运城三市开展了廉政风险防控工作检查，及时发现问题，及时依据检查结果下达了《关于限期整改住房公积金廉政风险防控存在问题的通知》，将资金风险消灭在萌芽状态，有效确保了公积金行业健康发展。按照住房城乡建设部要求于4月底向社会发布了《山西省住房公积金2016年年度报告》，主动接受社会监督，进一步提升了住房公积金的透明度和社会的认同度。配合省审计厅对11个市管理中心及6个分中心业务进行了全覆盖审计，督促各个单位对相关问题进行了整改。（李国红　董小麟）

【公积金缴存与发放】 截至12月底，山西省住房公积金缴存人数累计4234862人，缴存总额2365.39亿元，提取总额1454.25亿元，缴存余额911.14亿元，发放住房公积金贷款975.77亿元，贷款余额656.83亿元，结余资金252.52亿元。提取率61.48%，个贷率72.09%。2017年，全省住房公积金缴存额356.45亿元，同比增长32.38%，提取630591笔，资金额度141.81亿元，发放贷款53207笔，197.07亿元。申请降低缴存比例和缓缴公积金企业192家，涉及职工61479人，资金额度为20332.6万元。其中，申请降低缴存比例企业177家，涉及职工51594人，为企业减低成本12989.12万元；申请缓缴公积金的企业为15家，涉及职工9885人，为企业缓解资金7343.48万元。公积金贷款直接拉动的住房消费占全省住宅销售额约30.1%，为促进住房消费和山西省房地产去库存发挥了重要作用。（李国红　董小麟）

【住房公积金"双贯标"】 2017年，太原、大同、朔州、阳泉、长治、晋城6个市管理中心以优异成绩圆满通过省、部联合验收，忻州、临汾、运城等3个市管理中心初步通过省级验收。指导督促11个市管理中心按时按要求连通了全国住房公积金异地转移接续平台，为异地转移住房公积金的缴存职工提供了便捷服务。（李国红　董小麟）

城乡规划

【太原都市区规划】 太原都市区规划由山西省政府第145次、第158次常务会议审议，省委第38次常委会议审议并原则批准。太原都市区规划范围包括太原市六城区、清徐县、阳曲县，晋中市榆次区和太谷县，面积6503平方公里，规划期限为2016—2035年。空间布局结构为"一主一副一区多组团"，总体定位为国家新型产业基地和能源科技创新中心，国家资源型经济转型与绿色发展示范区，具有国际影响力的文化旅游都市，努力建设成为国家区域中心城市。11月1日山西省政府以晋政函〔2017〕145号批复了《太原都市区规划（2016—2035年）》。该规划已印发执行，相关媒体进行了宣传。（米玉婷　孙许阳）

【"五规合一"试点】 由太原市人民政府和山西省住房和城乡建设厅联合成立了太原市"五规合一"试点工作领导小组，制定了工作方案。通过大量基础资料整合、部门对接协调消除规划差异等做法，太原市已经完成了"五规合一"空间总体规划编制和信息平台建设工作，并积极推进"五规合一"改革优化建设项目审批流程再造，"五规合一"信息平台已部署至太原市政务专网并和相关单位联通对接，完成系统上线试运行。在全面总结太原市试点工作经验基础上，山西省住房和城乡建设厅制定完善了《山西省多规合一规划编制技术导则》和《山西省多规合一信息平台建设指南》，为全省全面开展多规合一改革工作打下了基础。（米玉婷　孙许阳）

【城市总体规划编制】　制定印发全省《山西省县（市）城乡总体规划编制导则（试行）》和《山西省县（市）城乡总体规划技术审查要点（试行）》，全省县及县级市的总体规划修编，全面按照城乡总体规划进行，推进城乡一体化发展。指导全省市、县开展总规修编，太原市、大同市城市总体规划国务院已批复；临汾市市域城镇体系规划和城市总体规划省政府已同意修编，正在编制中；晋中市完成了总体规划修改调整，省政府已批复；21个县（市）总体规划已全面开展修编工作，正在按计划推进。（米玉婷　孙许阳）

【历史文化名城保护评估工作】　开展历史文化名城、街区保护评估工作。评估主要针对历史文化名城、街区所在地政府履职情况，名城、街区内人居环境改善情况以及历史文化遗产保护情况，全面总结"十二五"期间山西省历史文化遗产保护取得的成绩，梳理存在的问题，为"十三五"期间历史文化名城、街区保护提供依据。目前评估工作已全面完成，形成了评估报告。（米玉婷　孙许阳）

【山西省历史文化名城名镇名村保护条例】　山西省历史文化遗产资源丰富。12月1日《山西省历史文化名城名镇名村保护条例》已由山西省人大常务会审议通过，自2018年1月1日起施行。（米玉婷　孙许阳）

【违法建设专项治理五年行动】　山西省22个城市全部制定了专项治理工作方案并成立了领导机构，完成了摸底排查工作。经摸底排查，全省违法建设总占地面积892.46万平方米，违法建设总建筑面积2142.63万平方米。全省共查处违法建设建筑面积1567.92万平方米，完成查处违法建设总数的73.17%。（米玉婷　孙许阳）

【城乡规划许可系统建设】　山西省城乡规划许可信息管理系统于11月1日试运行，于2018年1月1日正式上线运行。该系统覆盖全省所有市县和开发区城乡规划主管部门核发的"一书三证"（建设项目选址意见书、建设用地规划许可证、建设工程规划许可证和建设工程竣工规划认可证）。截至12月底，全省各市县规划管理部门已通过省许可系统核发"一书三证"511件，其中选址134件、用地规划证131件、工程规划证177件、竣工认可证69件。该系统通过在证书加上可识别的唯一的二维码，防止假证出现，保证证书信息的安全，可及时查看、验证证书的信息，了解证书的发放情况；通过扫描二维码，可直接到山西省住房和城乡建设厅网站上验证该证书的真伪，方便批后监管和群众查询甄别。（米玉婷　孙许阳）

【规划督察】　8~9月省住房城乡建设厅分3个督察组，对省政府审批总体规划的20个设市城市城乡规划工作进行全面督察，对9个设区城市（太原、大同除外）开展卫星遥感监测工作，共发现29处违法建设图斑，各市城乡规划主管部门积极调查核实图斑涉及项目建设情况，通过罚款、责令限期拆除、责令停工、建设单位书面承诺、联合其他部门查处等手段处理违法建设行为，有效维护了规划的权威性和严肃性。（米玉婷　黄蓉蓉）

【建设稽查】　2017年，山西省住房和城乡建设厅稽查办公室共办理案件71件。涉及房地产市场的20件，建筑市场的29件，城乡规划的6件，城市建设的3件，城市管理的3件，工程质量安全的8件，风景名胜区的1件，住房公积金的1件。共下达行政处罚决定书51份，对10个单位和41名个人进行了行政处罚，共计罚款179.1415万元，有效规范了住房城乡建设市场行为。（米玉婷　黄蓉蓉）

城市建设

【改善城市人居环境】　2017年，按照山西省委、省政府对改善城市人居环境工作的总体部署，紧紧围绕设施提升、城市安居、城中村改造和环境提质"四大工程"任务，精心组织、周密部署，创新举措、全力推进，促进了山西省城市人居环境持续改善。山西省省改善城市人居环境四大工程累计投资2700.20亿元，其中，设施提升工程完成751.20亿元，城市安居工程完成1575.67亿元，城中村改造工程完成198.15亿元，环境提质工程完成175.18亿元，为拉动经济增长做出了积极贡献。第一，设施建设进一步加强，综合承载能力有效提升。2017年，山西省新建、改造城市道路1000公里、水气热等各类市政管网6748公里，新增公交车辆1757辆、运营线路1768.7公里，有效缓解了城市交通压力；开工建设城市地下综合管廊26.8公里，新建、扩建变电站29座，新增、更换配电变压器467台，改造老旧10千伏线路1218公里，城市供电能力得到有效保障；新增固定宽带用户121万户、4G用户596万户，通讯质量不断提升。城市基础设施建设明显加快，城市功能不断完善，综合承载能力有效提升。第二，保障性安居工程快速推进，住房需求基本得到保障。山西省城市保障性住房供应体系不断完善，开工各类保障性住房13.6万套、建成20.37万套；商品房竣工1970万平方米，房地产开发总体保持稳定。城镇中低收入住房困难家庭和棚户区居民的居住条件得到明显改善，居住水平有了较大提高。第三，城中村改造扎实推进，配套设施日趋完善。山西省将城中村改造作为棚户区改造的重点任务，科学编制改造计划，落实相关政策，大力推进实施。全省城中村改造开工7.6万户，同步进行市政设施配套建设，城中村脏乱差现象逐渐消除，极大地改善了城市面貌和住房条件。第四，生态环境逐步改善，宜居水平不断提高。山西省建成污水配套管网751公里、污泥处置中心4个、生活垃圾无害化处理设施9个，建设固体废物处置项目3个、建成再生资源回收站点35个、投放旧衣物回收箱1700个。新增城市绿化面积1564万平方米，建成11个高标准的城郊森林公园；新设计执行绿色建筑标准面积2818万平方米、可再生能源建筑应用面积2869万平方米；抢险维修文物保护单位23个；完成城市河道整治94.2公里，蓄水美化面积2.8平方公里；新增集中供热面积6149万平方米，淘汰城市燃煤小锅炉4068台、黄标车32146辆、老旧车13362辆，全省平均空气优良天数达到201天，城市生态环境不断改善。（米玉婷　常江）

【城市市政基础设施建设】　认真贯彻落实中央城市工作会议精神，以提升城市综合承载能力、改善城市人居环境为目标，加快推进城市市政基础设施建设。报请山西省人民政府出台了《全省城乡污水垃圾治理行动方案》，印发了《全省城市生活垃圾分类工作的实施意见》《关于全面加快城市集中供热建设推进冬季清洁取暖的实施意见》等重要文件。初，以目标责任书的形式，将投资和建设任务分解下达各市，并多次开展专项督察，研究解决存在问题，采取会议调度、现场指导、通报督办等措施推进市政基础设施建设。山西省城市市政基础设施建设完成投资639.72亿元，新建改造城市道路1000公里，新建改造水气热各类市政管网6748公里，新增集中供热面积6149万平方米，新增园林绿化面积1564万平方米。永济市、应县、静乐县被住房城乡建设部命名为国家园林城市（县城）；河津市、繁峙县、五寨县被省政府命名为省级园林城市（县城）。（米玉婷　沈宏）

【城市生活垃圾分类】　研究出台《全省城市生活垃圾分类工作的实施意见》，报请山西省人民代表大会常务委员会出台了《山西省城乡环境综合治理条例》，进一步健全了城市生活垃圾分类的政策法规体系。会同山西省发展和改革委员会召开了工作推进会议，对城市生活垃圾焚烧发电工作进行了安排部署。11个设区城市均出台了《城市生活垃圾分类工作方案》，晋城市制定出台了《生活垃圾分类管理办法》。太原市列入全国第一批生活垃圾分类示范城市，在100个单位、学校、小区开展了试点；晋中市针对机关、学校、门店、楼院等不同情况，多形式、多层面推进试点工作，收到初步成效。太原市餐厨垃圾处理设施已投入试运行，晋中市餐厨项目正在进行设备安装；太原、阳泉、长治三市的垃圾焚烧项目已开工，晋中市正在开展前期工作。（米玉婷　王国红）

【城市供热】　配合发改部门开展山西省城市清洁取暖工作调研，制定下发《关于全面加快城市集中供热建设推进冬季清洁取暖的实施意见》，明确了山西省城市集中供热的发展目标、重点任务和保障措施。组织开展冬季清洁取暖推进情况督察，指导各市加快推进集中供热设施建设和供热管网改造等工作，累计完成投资82.62亿元，新建改造供热管网1465.44公里，新增集中供热面积6149万平方米。同时，根据山西省政府工作报告"支持太原市率先实现清洁取暖全覆盖"的安排部署，指导太原市制定《清洁能源供热全覆盖实施方案》，申报了清洁供暖试点城市，积极争取国家和省级补助资金。太原市新建改造供热管网264公里，新增集中供热面积2155万平方米，热电联产占比提高到77％。（米玉婷　李晨凯）

【城市地下综合管廊建设】　报请山西省人民政府同意，就住房城乡建设部下达山西省的年度任务进行了分解下达，并建立了月报通报制度。会同国家开发银行山西分行出台了《关于运用抵押补充贷款开展城市地下综合管廊建设的通知》，明确了PSL（抵押补充贷款）资金使用范围、使用条件和申报流程。两次召开山西省城市地下综合管廊建设调度会，对工作进行安排部署；组织各市参加了住房城乡建设部管廊专项规划专题辅导会，指导帮助各市提升规划编制水平；对部分重点城市管廊建设情况进行了专项督查，针对问题进行了督促指导，太原、大同、朔州、忻州、晋中、临汾等市县累计开工地下综合管廊26.78公里。（米玉婷　刘国桥）

【城市黑臭水体治理】　会同山西省环境保护厅印发《关于做好城市黑臭水体效果评估工作的通

知》，对黑臭水体信息公开、效果评估等工作进行安排部署。按照住房城乡建设部、环境保护部黑臭水体整治工作要求，督促太原、晋中、吕梁、晋城等市进一步加快实施整治工作，将进展严重滞后的晋城市纳入山西省人民政府"13710"信息督办系统加以推进，并组织对晋城市黑臭水体整治工作进展情况进行了督导检查。全面落实黑臭水体整治工作河长制，对太原市4个黑臭水体整治工作进行了重点挂牌督办。山西省列入住房城乡建设部城市黑臭水体整治平台的74条黑臭水体，56条已完成整治，其中太原市已全部整治完成，其他设区城市完成总数的67.3%。（米玉婷 王国红）

【海绵城市建设】 按照山西省人民政府办公厅《关于推进海绵城市建设管理的实施意见》，对各市工作任务进行了安排部署。组织编制山西省的《海绵城市技术标准》和《海绵城市工程建设标准设计图集》，并结合工作实际，召集各市主管部门举办了专题宣贯培训班，进一步提高了山西省海绵城市建设管理人员政策理论知识水平。19个城市编制海绵城市建设专项规划，开工建设一批海绵城市项目，累计建设面积49.1平方公里。（米玉婷 郝晨光）

【城市市政运营行业监管】 深入贯彻国家、山西省和住房城乡建设部有关安全工作精神和要求，组织开展山西省市政公用行业重点领域事故隐患集中排查治理行动，并结合省内实际，制定印发了检查方案，对各市市政公用主管部门、企业（单位）安排部署，同时，结合山西省住房城乡建设系统安全生产大检查、城建行业重点工作督查等工作，持续推进工作落实。组织各市认真开展汛前检查和备汛工作，指导各市认真落实住房城乡建设部、山西省防汛抗旱指挥部各项城市防汛措施。强化城市供热统筹调度，供暖季前指导各市供热企业就供热储煤、检修、运行、信息报送等工作进行安排部署，确保稳定运行。（米玉婷 黄颖）

【燃气市场监管】 为进一步规范整顿全省自供燃气设施，促进燃气行业健康有序发展，研究印发《关于进一步加强燃气市场监管确保安全供气的通知》，要求山西省内全部自供燃气设施应符合当地城乡发展规划、天然气和燃气发展等专项规划，并由取得燃气经营许可证的燃气企业设立。同时，组织开展专项检查，全面消除各类燃气安全隐患。印发了《关于进一步加强城镇燃气安全管理工作的通知》，要求各市针对目前城镇燃气安全的严峻形势，进一步做好城镇燃气安全管理工作，切实强化安全用气指导。组织开展全省住房城乡建设系统危险化学品安全综合治理工作，制定印发了工作方案，将管道燃气企业，CNG、LNG加气站企业，液化石油气储配企业纳入摸排范围，同时建立城镇燃气行业重大危险源数据库，强化危险化学品安全监管能力建设。（米玉婷 黄颖）

【风景名胜区监督管理】 组织五台山风景名胜区、碛口风景名胜区、壶口风景名胜区按照住房城乡建设部意见，开展了风景名胜区总体规划修改完善工作；摩天岭风景名胜区、黄河乾坤湾风景名胜区两处省级风景名胜区总体规划经省政府批复实施；指导云梦山风景名胜区、卦山—玄中寺风景名胜区、太行龙泉风景名胜区等加快风景名胜区总体规划编制工作。按照中国共产党山西省委员会、山西省人民政府的决策部署，积极配合有关部门做好风景名胜区、公园等景区（景点）的改革创新工作，印发了《关于切实做好风景名胜区体制机制改革创新工作的通知》，对风景名胜区理顺体制机制，拓宽投融资渠道，加强政策扶持，加快改革进度等工作进行了安排部署。（米玉婷 董晋斐）

村镇规划建设

【农村危房改造】 山西省政府高度重视农村危房改造工作，将之纳入为农民办的"五件实事"、改善农村人居环境"四大工程"和脱贫攻坚重点工作强力推进。2008年启动实施以来，全省累计完成农村危房改造任务85.96万户，约使301万农村贫困人口解决住房安全问题。9月27日，住房城乡建设部在陕西省大荔县召开的农村危房改造工作现场会上，就8月中旬对各省农村危房改造督察结果进行了通报，在全国承担农村危房改造任务的32个省中，山西省取得第1名的优异成绩，工作成效得到住房城乡建设部充分的肯定和认可。2017年完成农村危房改造任务7.42万户，其中：四类重点对象任务5.19万户，一般户任务2.23万户。印发了《2017年度山西省农村危房改造专项提升行动计划》（晋建村函〔2017〕332号），对年度任务推进的组织领导、项目实施、落实资金、技术服务、监督管理、责任落实等工作要求做出进一步明确，确保完成2017年度农村危房改造任务。编印《山西农村危险土窑洞加固技术指南》，全面分析全省各类危险土窑洞不同的病害类型，制定了不同危险等级的鉴定标准，针对不同的病害类型，明确了相应的改造方式，为危险土窑洞加固改造提供了技术支持。山西省住房和城乡建设厅配合省财政厅印发了《山西省农村危房改造补助资金管理办法》，进一步明确了农村危房改造补助对象和补助标准，要求各地积极做好危房改造补助资金统筹整合工作，发挥补助资金最大使用效益。要求各地在补助资金发放上，必须通过"一卡通"或"一折通"方式及时发放到农户。8~11月，在山西省山西省住房和城乡建设厅总规划师翟顺河的带领下，对全省农村危房改造进行了三轮督查，督查范围覆盖全省11市68县700余户农户。通过三轮督查，进一步提高了各地农村危房改造工作的规范性，加快工作进度，有力保证了危房改造质量安全，有效促进了年度任务顺利完成。（李国红　杜雪峰）

【乡村清洁工程】 2017年继续抓好乡村清洁工程"人员队伍、清扫保洁、垃圾收集处理、村容整饰、长效管理机制"五个全覆盖，累计配备清扫保洁人员9.4万名，监管员1.6万名，农村清扫保洁体系持续运转。积极推进农村垃圾收运处置体系建设，争取农发行贷款支持，协调相关部门加快农村垃圾治理项目各项手续办理；7月1日国家政府购买服务政策调整后，立即启动将项目改造为PPP模式实施的相关工作，48个县启动了农村垃圾治理PPP项目。开展非正规垃圾堆放点排查，会同环保、农业、水利部门共同下发《关于开展非正规垃圾堆放点排查工作的通知》，组织各地深入摸底调查，完成各类非正规垃圾堆放点排查录入9205处，数量居全国第一。启动农村垃圾分类试点，印发《山西省农村垃圾分类治理工作方案》和《山西省农村生活垃圾分类治理技术指南》，岢岚、灵石、长子3个县被住房城乡建设部公布为首批国家级农村垃圾分类治理示范县，阳曲县、怀仁县等18个县列为首批省级试点县。（李国红　张斌）

【传统村落保护】 全省现存古村落达3500多处，已登记建档古村落1700处，其中，中国传统村落279处（全国第4位），省级传统村落286处；中国历史文化名镇名村40处（全国第3位），省级历史文化名镇名村197处。建立省级住建、文化、文物、财政、国土、农业、旅游、环保等八部门参与的"7+1"协调工作机制，定期召开专题会议，开展技术指导和专项督查，协调解决困难和问题，完成了49个中国传统村落保护项目，启动59个中国传统村落保护项目。配合开展了《山西省历史文化名城名镇名村保护条例》立法，完成《山西省传统村落保护发展管理办法（送审稿）》，《山西省传统建筑解析与传承》编辑完成并由中国建筑工业出版社出版，启动《山西传统建筑认定标准》《山西省传统村落保护发展规划编制要求》《山西传统村落图集》等编写工作。开展第五批中国传统村落调查申报，分四组对全省11个市81个县（市、区）650余个村开展实地摸底，审核推荐了600个村申报第五批中国传统村落，申报数量居全国第一。推荐了88个村镇申报第七批中国历史文化名镇名村，超过了前几批申报数量的总和，居全国第一位。推荐136个中国传统村落开展中央资金申请工作，有97个被列入中央资金支持范围，争取中央资金2.91亿元。16个村被列入首批住房城乡建设部中国传统村落数字博物馆。推荐51位工匠申报首批中国传统建筑名匠。开展了全省传统村落论文征集等五项省级传统村落系列活动，并推荐优秀作品上报首届传统村落保护发展国际大会。会同省摄影家协会等单位成功举办2017年平遥国际摄影大展"山西传统村落摄影展"，择优推荐的摄影作品数量居全国第一。（李国红　赵俊伟）

【传统村落保护发展会议】 7月，由山西省住房城乡建设厅和高平市人民政府共同主办的第三届传统村落保护发展会议在良户村召开。会议针对当前传统村落保护发展面临的突出问题，特别是在传统村落保护发展中如何协调政府、社会人士、村民、企业的关系，议定将"共生、共赢、共享"作为会议主题，邀请省内外各界人士共同探讨传统村落保护发展之路。

【特色小城镇建设推进】 为全面贯彻落实习近平总书记"抓特色小镇、小城镇建设大有可为"的重要指示，按照住房城乡建设部、国家发展改革委、财政部《关于开展特色小镇培育工作的通知》要求，山西省积极推进特色小城镇培育创建，2017年，全省有9个镇被公布为全国特色小城镇，30个镇公布为省级特色小城镇。组织省规划院、山西大学、太原理工大学、太原师范学院等院校的专家成立特色小城镇规划建设专家指导组，开展了山西省特色小城镇建设研究，制定《山西省特色小城镇规划编制要求》和《山西省特色小城镇创建培育标准》。从全省建制镇中遴选50个镇作为山西省特色小城镇的重点培育对象，编写了《山西省特色小城镇情况简介》，根据产业发展特点，将各镇定位分类为：历史文化小镇9个、旅游休闲小镇14个、传统经典产业小镇5个、商贸物流小镇5个、现代农业小镇5个、先进制造业小镇12个。（李国红　赵毅）

【特色小城镇发展成效】 城镇人口集聚和就业吸纳能力得到提升，2017年12个全国特色小城镇累计吸纳农业转移人口16998人，直接或间接带动周边农民就业62763人。基础设施建设载体功能得到拓展，各特色小城镇按照《山西省特色小城镇创建培育标准》，加强补短板的建设。重点在水电路气网等基础设施和学校、医院、养老院等公共服务设施建设方面持续用力推进。2017年，实施道路建设、供水、燃气、供热、污水及排水等基础设施建设项目105项，累计投资37.3亿元，投入力度显著增强，城镇基础设施水平得到较大的提升。特色产业基础初步建立，形成了5种特色产业发展模式的特色小城镇：以巴公镇、翟店镇为代表的先进制造业小镇，以杏花村镇、金沙滩镇为代表的传统经典小镇，以信义镇为代表的现代农业小镇，以大寨镇、贾家庄镇、静升镇、曲村镇为代表的旅游休闲小镇，以润城镇、右卫镇、神农镇为代表的历史文化小镇。（李国红　赵毅）

标准定额

【工程建设标准制度建设】 2017年，制定印发《山西省工程建设地方标准化"十三五"规划》《山西省工程造价行业"十三五"规划》和《山西山西省山西省住房和城乡建设厅2017年标准定额工作要点》。5月8日制定印发《山西省工程建设地方标准编制工作规程》。《规程》规定了标准在立项、编制、征求意见以及审定、报批等各环节的工作内容。在成立的由山西省住房和城乡建设厅分管领导为组长、机关相关处室及所属相关事业单位主要负责人为成员的"山西省工程建设标准化领导小组"的基础上，5月26日召开领导小组第一次会议，进一步提高了大家对标准化工作的认识。同时，在申请报名的400多名技术人员中，按规划、岩土、建筑、结构、电气、施工、市政公用等专业进行了择优遴选和分类，最后确定194名专家入库，完成山西省工程建设标准化专家库的建立，为发挥技术专家在标准化工作中的专业指导和技术支持作用提供了保障。（米玉婷　冯明洲）

【标准制定】 征集并下达两批工程建设地方标准规范制订修订项目计划，共有37个项目列入今年编制计划。2017年批准发布了《海绵城市技术标准》《绿色建筑评价标准》等19项工程建设地方标准。完成了住房城乡建设部标定司委托的《提高建筑防水标准专项工作》课题研究任务。山西省住房和城乡建设厅会同国家建筑防水协会召开了5次专题会议，7月底完成《建筑防水关键技术指标发展报告》，10月代住房城乡建设部起草了《关于提高建筑防水标准的若干意见》（代拟稿），《建筑防水标准提高专项工作研究报告》于11月底完成，上报住房城乡建设部标定司。（米玉婷　冯明洲）

【标准实施监督】 按照"双随机、一公开"的工作要求，在全省组织开展2017年度工程建设强制性标准执行情况检查，对太原、运城、临汾3个市进行了抽检。检查涉及勘察、抗震、防火、防水、幕墙、无障碍设施、光纤到户等7个方面的强制性标准。通过检查，推动标准全面应用，树立标准权威。认真落实住房城乡建设部等五部委《关于开展〈无障碍环境建设条例〉贯彻实施情况检查工作的通知》要求，5月8~12日，山西省住房和城乡建设厅会同山西省民政、经信、残联、老龄委对太原、运城、晋中、长治、晋城五市进行了省级检查。同时，7月份接受了以民政部牵头的第二检查组对太原、晋中两市的检查，进一步促进了全省养老设施、无障碍设施的建设。为助力装配式建筑的推广应用，委托山西省土木建筑学会于7月28日、9月8日举办了两期《装配式混凝土建筑技术标准》暨装配式建筑新技术关键应用研讨班，全省建筑施工、设计、监理、预制构件生产企业等单位230余人参加了培训。（米玉婷　冯明洲）

【工程造价咨询业管理】 完成2017年山西省工程造价咨询企业工程造价统计报表工作。2017年度山西省工程造价咨询企业总数237家，其中甲级资质82家，乙级资质155家。年度末工程造价企业从业人数7152人，其中有职称人数4655人，注册造价工程师人数2119人。企业营业总收入137823.15万元，其中造价咨询业务营业收入95143.33万元。涉及的工程投资总额49839367.22万元；完成山西省2017年度工程造价咨询企业市场从业行为和信用管理综合考核评价工作，共对237家造价咨询企业进行了考核，合格以上225家，督促整改12家；为形成山西省造价监测指标指数，为工程建设市场预测预判等宏观决策提供支撑，于11月启用工程造价监测系统。（米玉婷　冯明洲）

【工程造价计价依据管理】 修编完成新版《山西省建设工程计价依据》，自2018年2月1日起在全省范围内实施；为适应建筑市场劳务价格的变化，经过分析测算，印发《关于调整山西省建设工程计价依据中人工单价的通知》，引导发、承包双方在建筑工程招投标中正确计算人工费，使计价依据中的人工单价与当前劳动工资政策相符；每两月收集、测算、发布一次山西省工程建设材料指导价和建筑安装工程、市政工程造价指数、指标，为政府部门的决策和广大工程造价人员提供参考；定期开展了工程计价纠纷定额解释，全年共接待400余人次。（米玉婷　冯明洲）

工程质量安全监管

【工程质量安全提升行动】 按照住房城乡建设部要求,下发《山西省工程质量安全提升行动工作方案》,对工程质量安全提升行动进行安排部署,全面启动山西省工程质量安全提升行动。召开全省工程质量安全提升行动推进观摩会,组织厅安委会有关处室(单位)负责人,各市住建局(委)分管领导、质量安全科长(处长)、质量安全监督站站长70余人,实地参观山西财大图书馆项目和太原市"常青藤"房地产项目工地,深入推进工程质量安全提升行动。组织开展全省工程质量安全提升行动督查,6月下旬,山西省住房和城乡建设厅组织4个督查组,抽查11个市本级和11个县(市)的在建项目33个,共检查工程质量内容1932项,检查施工安全内容4563项,下达执法建议书10份,并对督查情况进行了通报。7月中旬,配合住房城乡建设部对山西省工程质量安全提升行动开展情况专项督查,抽查阳泉市5个在建工程项目,下发了1份执法建议书,检查中发现的问题已全部完成整改。9月下旬,配合开展工程质量安全提升行动轨道交通工程专项督查,对太原地铁2号线一期工程2个站点进行现场检查,检查中发现的问题已责令市轨道公司督促施工单位认真完成整改。(李国红 薛文祥)

【工程质量监管】 全面落实参建各方主体的工程质量安全责任,全省新办理质量监督手续工程1588项,办理竣工验收备案工程555项,所有项目都执行了"两书一牌一档"制度。加强工程质量监督检查,开展建设工程质量监督机构和监督人员考核,完成对全省县级以上工程质量监督人员培训与考核工作,共有1291名监督员考核合格;加强工程质量监督机构考核,实现市、县两级机构考核全覆盖。11月底,开展工程质量安全提升行动勘察设计专项督查,实地抽查了太原、晋中2个市3家图审机构,抽查了10个项目,对检查中发现的问题已完成整改。推进监理单位报告工程质量监理情况试点工作,制定了试点工作实施方案,并将太原市和晋中市列为试点城市,计划到2019年6月底,通过试点工作,全面分析总结,逐步在全省范围内全面推行,充分发挥监理企业在质量控制中的作用,形成监理企业质量管控标准体系。(李国红 薛文祥)

【建筑工程技术创新】 评审公布2016年度省级施工工法。组织专家对申报的731项工法进行评审,确定了483项省级工法,鼓励企业不断采取新技术、新工艺,进一步提高全省工程建设技术水平;审核公布了2017年度省建筑业新技术应用示范工程立项项目200个,大力推广"建筑业10项新技术";组织编制完成《海绵城市工程建设标准设计图集》,并通过专家委员会审查,并予以公布。(李国红 薛文祥)

【建筑安全监管】 建立健全安全生产管理机制。推进建筑施工安全标准化考评工作,出台《山西省建筑施工安全生产标准化考评实施办法(试行)》《关于创建省级建筑施工安全生产标准化示范项目和企业实施办法》,通过开展建筑施工企业和项目安全生产标准化考评,创建省级标准化示范项目和企业活动,进一步落实安全生产主体责任,提升建筑施工安全生产管理水平。构建风险隐患双重预防机制,制定了《全省住房城乡建设系统构建安全风险分级管控和隐患排查治理双重预防机制实施方案》,要求建筑施工企业认真分析安全风险关键环节和岗位,在安全风险辨识、隐患排查治理方面,实行全过程分类差别化安全管控,实现隐患排查整治闭合管理,构建双重预防体系建设。

全力抓好安全生产专项整治和专项检查。根据省政府1号文件要求,重点开展了预防建筑施工模架支撑和土方(隧道)开挖坍塌事故专项整治,累计排查安全隐患675项,全部完成整改。开展了"反三违"专项行动,对施工企业存在的"三违"现象进行专项整治,纠正"三违"行为153项,督促企业规范安全生产行为。制定全省建筑工地扬尘综合整治实施方案和年度工作方案,明确了扬尘整治目标任务、措施标准和工作要求。

做好重点时段安全生产督查。开展全省春季复工安全生产督查,共抽查34个在建工程项目,下发检查情况反馈意见表34份、整改通知单11份、执法建议书5份,对督查情况进行了通报;做好汛期安全生产工作,要求各市组织开展汛期安全生产隐患排查整治,由厅分管领导带队对太原市地铁2号线建设项目汛期安全生产进行督查与调研。(李国红 薛文祥)

【安全生产宣传培训】 制定全省住建系统安全生产"知责履责、失职追责"活动方案,开展了为期6个月的专题活动,进一步理清安全生产职责,提升安全生产意识。参加山西省政府安委办组织的"2017年安全生产咨询日活动暨三晋安全行启动仪式",加强从业人员安全教育培训,累计培训建筑施工企业"三类人员"50477名,不断提高从业人员安全素质。(李国红 薛文祥)

【抗震防灾工作】 严格执行《山西省超限高层

建筑工程抗震设防界定规定》，组织专家对12个超限高层建筑抗震设防项目涉及18幢、45万平方米的超限高层建筑工程进行了抗震设防专项审查，审查率100%。在太原、忻州、晋中、临汾等抗震设防八区、地震重点危险区新建的中小学校舍与医疗卫生建筑采用了减隔震技术，抗震防灾能力提高到新的水平。（李国红　薛文祥）

建筑市场

【建筑业发展】　制定出台《关于进一步加大对山西省建筑业企业扶持力度的通知》《关于加快山西省建筑业企业资质提档升级的通知》和《关于鼓励外埠建筑业企业在山西省落户的指导意见》等一系列政策，帮扶山西省企业承揽业务、加快资质提档升级、吸引省外优秀企业落户，助力企业成长，推动行业发展。加大企业资质提档升级服务，建立企业服务登记制度，重点做好资质报部升级企业的帮扶工作，实行包保扶持，提升资质升级成功率。住房城乡建设部共核准山西省企业特级资质12项，一级资质26项，高等级资质企业队伍实现跨越式发展。

加大骨干企业培育力度，印发《关于支持山西省骨干建筑业企业做大做强的实施意见》，评选48家骨干建筑业企业，在资质升级增项、招投标等方面予以重点支持。强化建筑业运行监测，坚持月分析、月调度、月排名，及时查找问题、制定措施，确保全省建筑业运行平稳。全省完成建筑业总产值首次突破3500亿元，达3566.6亿元，同比增长7.5%。建筑业增加值首次突破1000亿元，达1019.8亿元，同比增长4.1%。（米玉婷　王赟）

【完善建筑市场制度】　印发《房屋建筑和市政基础设施工程施工评标办法》，加大省内科技成果和投标人资信的评审权重，遏制投标人陪标、围标、串标等违法违规行为，促进评标活动科学化、规范化。印发《关于开展度建筑业等5类企业双随机核查工作的通知》，持续加强建筑市场监督执法检查力度，对存在违法违规行为的51个典型项目，下达执法建议书18份，行政处罚告知书30份，10个项目予以通报。加大资质批后监管力度，对资质申报的人员资格、业绩真实性进行核查，共撤回、撤销15家企业资质。开展资质动态核查，为527家勘察、设计、监理和招标代理机构核定动态考核结论，作为市场监管、招标投标和评优评先参考依据。制定印发《关于推进建筑工程项目劳务实名制管理工作的通知》，加强项目用工管理，从源头遏制拖欠农民工工资问题发生，保护农民工合法权益，维护社会稳定。（米玉婷　王赟）

【出台建筑业发展实施意见】　10月，省政府办公厅印发《关于促进建筑业持续健康发展的实施意见》，提出加快行业转型升级、完善工程建设组织模式等27条具体意见。文件是近年来山西省内容最全、覆盖面最广的建筑业发展指导性文件，措施具体，可操作性较强，对推动山西省建筑业发展具有里程碑式的意义。针对国有企业体制约束大，活力尚未完全释放的问题，文件提出要加快山西省国企改革步伐，着力破解困扰国企建筑业企业经营发展的难题。为加快推动装配式建筑发展，文件提出推动建筑产业园区建设，以园区为平台，吸引上下游相关产业入驻园区，推动产业集聚发展。并以太原、大同、运城、晋东南、吕梁为重点建设地区，形成覆盖全省，辐射京、津、冀、蒙、豫、陕等周边省份的产业布局。针对拖欠工程款严重阻碍行业发展的问题，明确了项目前期、施工过程和工程竣工验收等阶段工程款支付要求，建立竣工结算备案制度和推行业主支付担保制度，建立完善建设单位市场行为监督机制，防止工程款拖欠的发生。（米玉婷　王赟）

【诚信体系建设】　印发《关于进一步加强建筑市场监管公共服务平台建设提高信息采集录入质量的通知》，实现信息采集、资质审批和市场监管等事项的联动管理，确保数据录入质量。共录入项目信息8245项，实现了全省房屋建筑和市政基础设施工程新建和在建项目信息全部入库，建筑工程项目信息化监管水平显著提升。不断完善企业和从业人员诚信信息档案，2017年各级住房城乡建设主管部门共检查项目3536项，对发现存在违法行为的60余个项目的有关责任企业和个人均计入诚信档案，并通过监管公共服务平台进行曝光和通报，使被处罚、通报的违法企业在其他工程项目的投标中均受到了较大影响，真正起到了"一处失信，处处受限"的震慑作用。按照国家发展改革委等38部委联合下发的《关于印发〈失信企业协同监管和联合惩戒备忘录〉的通知》要求，逐步建立与人社、工商等其他省直部门的信息数据交换、共享机制。定期向信用山西信息共享平台推送企业和人员诚信信息，探索开展协同监管，对失信企业依法采取联合惩戒措施。（米玉婷　张扬）

【龙头企业转型重组】　9月21日，省内规模最大的工程建设企业山西建筑工程（集团）总公司完成公司制改革，成立山西建设投资集团有限公司。

通过改制，集团实现了由承建商向建筑服务商、投资运营商转变；由传统、单一的房建施工向产业链一体化、相关多元化经营转变；由施工总承包企业向工程总承包企业转变；由劳动密集型向资本、技术密集型企业转变；由规模速度型向质量效益型增长转变。通过改制，使集团公司发展战略更加清晰，主业优势更加突出，企业治理更加规范，经营机制更加灵活，创新发展成为主导，实现了发展模式的根本转变，对全省建筑行业的带动引领、示范作用将进一步增强。（米玉婷　王赟）

建筑节能与科技

【建筑节能】 强化建筑节能监管，推动建筑行业绿色发展。强化建筑节能监管，严把节能设计认定和节能专项验收备案两个关口，确保新建建筑全面执行65%节能标准。大力发展绿色建筑，全省新设计建筑面积4097.06万平方米，执行绿色建筑标准面积2817.99万平方米，执行率68.78%，超额完成35%的年度目标任务。积极培育高星级绿色建筑，新增二星级以上绿色建筑评价标识项目127.98万平方米，超额完成100万平方米年度目标任务。积极发挥建筑节能领跑作用，完成"绿色建筑行动"计划投资49.69亿元，为全年任务的248.45%。

山西省克服中央、省节能改造奖励资金政策取消等客观因素影响，积极督促各市结合当地实际，制定年度改造计划，统筹各方面资金大力推进既有居住建筑节能改造工作。结合清洁取暖工作，指导全省"2+26"中的太原市等4个城市积极申报国家清洁取暖示范市，争取中央财政奖励资金。将既有居住建筑节能改造工作纳入《山西省冬季清洁取暖实施方案》，并确定了太原、阳泉、晋城、长治、晋中、临汾6个城市为重点市，稳步推进既有居住建筑节能改造。组织有关企业和节能改造主管单位开展合同能源管理、PPP等改造模式探讨和工作对接，努力争取社会资金。加大考核问责力度，按月对各市进展情况进行考核评分，对进度较慢的市通报批评，并约谈市主管部门主要负责人，督促加快工作进度。全省累计新开工既有居住建筑节能改造项目307.67万平方米。（李国红　薛星艳）

【建设科技】 着力推动科技创新，开创建设科技工作新局面。开展建设科技成果登记，印发《山西省住房和城乡建设厅关于做好建设科技成果登记工作的通知》，将科技成果与企业资质管理、招投标、评优评奖挂钩，引导企业把科技创新放在核心战略位置，加快自主创新能力建设，经省级以上部门鉴定和专家审定，49项建设科技成果予以登记。引导企业技术进步，开展科学技术计划项目申报示范工作，列入住房和城乡建设部科学技术计划项目9项，山西省科学技术厅科学技术计划项目3项，山西省住房和城乡建设厅科学技术计划项目24项，3项成果被评为山西省科学技术二、三等奖。大力推广应用新技术新产品，印发《山西省住房和城乡建设厅关于进一步加强建筑节能新产品新技术新设备推广应用的通知》，召开泡沫陶瓷应用技术交流推广会，举办装配式建筑、智慧城市专题讲座，全年发布节能技术、产品目录303项，新产品新技术新设备推广应用工作不断向广度、深度发展。组织实施绿色建材评价，太原市玉磊预拌混凝土有限公司生产的预拌混凝土通过山西省首个二星级绿色建材评价。（李国红　薛星艳）

【装配式建筑】 大力发展装配式建筑，各项工作有序启动。做好顶层设计，印发《关于大力发展装配式建筑的实施意见》，制定《山西省住房和城乡建设厅装配式建筑行动方案》，成立装配式建筑领导组，加快推动全省装配式建筑发展。着力打造装配式建筑产业园区，山西建设投资集团有限公司被住房城乡建设部认定为第一批装配式建筑产业基地。印发《山西省住房和城乡建设厅装配式建筑示范城市管理办法》《山西省住房和城乡建设厅装配式建筑产业基地管理办法》《山西省住房和城乡建设厅装配式建筑示范项目管理办法》，开展省级示范评选工作。全省已建成装配式建筑产业基地4个，在建、拟建5个，涵盖钢结构、混凝土结构、木结构三大装配式建筑结构体系，产业基地布局已基本形成。召开山西省装配式建筑现场会，参观大同市体育运动学校钢结构装配项目及钢管束生产车间，听取太原市、大同市试点城市进展情况汇报，安排下一步工作。开展山西省装配式建筑工作推进情况大调研，全面掌握全省情况。（李国红　薛星艳）

人事教育工作

【三基建设】 在深入调研的基础上，结合住建系统实际，印发了全系统加强"三基建设"实施方案，明确了三个方面十项具体任务，同时配套制定了干部能力通用标准，即《干部专业基本能力标准》《干部专业基本能力评价标准》和《岗位干部基本能力测评实施办法》，保障全系统高标准推进"三基建设"。（米玉婷　王永星）

【干部人事】 完成试用期满处级干部考核，对去年提任的18名试用期满的处级干部进行考核测评，履行了转正手续。稳步推动干部选任，优化干部选任程序，分层次有序进行干部选任工作，共调整配备干部19名。注重智力援疆，从省规划院和省安投公司选派两名技术型干部从事援疆工作。根据工作需要和岗位空缺情况，精心组织、规范程序，圆满完成了机关5名公务员的选调、遴选工作和厅属单位11名工作人员的招聘、调入工作。（米玉婷　周树雁）

【干部监督管理】 制定《工作人员考勤管理暂行办法》，启用了电子考勤系统，责成专人进行情况统计和通报，机关工作秩序和作风有了明显改善。制定《事业单位整改意见》，综合采取职责调整、转制等多种措施激发厅属单位活力，各项工作正在稳步推进。按10%的规定比例，核查了14名干部，对存在瞒报的1名干部进行了诫勉谈话，个人有关事项核查已经成为干部监督的有力手段。（米玉婷　周树雁）

【教育培训】 根据住房城乡建设部和省委组织部安排，组织选调30余人次省管干部和处级干部参加了各类主题班次培训和研讨培训班。（米玉婷　董丽）

【城市执法体制改革】 2017年，按照住房城乡建设部和省委、省政府要求，山西省住房和城乡建设厅会同省编办、省政府法制办积极推进山西省城市管理执法体制改革工作，各项任务均取得了显著成效。在充分调研摸底和考察学习的基础上，制定出台了《中共山西省委山西省人民政府关于深入推进城市执法体制改革改进城市管理工作的实施意见》（晋发〔2017〕38号）。召开全省深入推进城市执法体制改革改进城市管理工作电视电话会议，对山西省城市管理执法体制改革工作进行再动员再部署。积极开展试点，搞好引领示范。确定晋中市作为试点市，先行先试，确保改革取得实效。山西省住房和城乡建设厅、省编办、省政府法制办加强对试点工作的指导，协调解决推进中的具体问题，试点工作取得了预期效果。督促市、县全面开展城市执法体制改革工作。

截至12月底，有10个设区城市、32个县（市）出台了本地区城市管理执法体制改革方案；有7个设区城市、72个县（市、区）实现了城市管理领域机构综合设置；有10个设区城市、100个县（市）明确了城市管理执法人员配备比例；有7个设区城市、56个县（市、区）集中行使了住房城乡建设领域全部行政处罚权；有9个设区城市、16个县（市）建成数字化城市管理平台；有6个设区城市完成换装工作，全省城市管理执法人员制式服装采购全部到位；全省119名城市管理执法处级干部、159名科级干部完成轮训。（米玉婷　段晓燕）

扶贫工作

【扶贫工作】 山西省住房和城乡建设厅帮扶地前川乡地处河曲县高山地带，属于纯农业乡镇，农民以耕地为生，主要粮食作物有土豆、谷子、糜子、玉米、黑豆、绿豆等；经济作物以葵花、蓖麻、黄芥为主；全乡养殖业以猪羊为主。其乡中上沟北、下沟北、南也、沙坡、夺印、马家也、牛草洼、星佐8个自然村为贫困村，需帮扶对象有350户、780人。强化组织管理，提高扶贫效率。厅党组领导紧紧跟随党中央、省委、省政府的脱贫攻坚脚步，坚持以精准扶贫，精准脱贫为原则，于4月27日制定印发了《山西省住房和城乡建设厅驻村工作队员和第一书记管理办法》，以加强扶贫队伍建设。为切实加大扶贫力度，厅党组在5月12日调整厅干部下乡驻村和领导干部包村增收工作领导组，印发《中共山西省住房和城乡建设厅党组干部下乡驻村和领导干部包村增收工作方案》，明确制定山西省住房和城乡建设厅帮扶的忻州市河曲县前川乡8个贫困村的脱贫攻坚具体措施。并将各包村干部组划分为若干"定期进点精准帮扶小组"，按照10月山西省住房和城乡建设厅党组制定印发的《定期进点精准帮扶计划表》，有计划的进行精准扶贫。为扎实有序的推进脱贫进展，厅党组于12月出台《山西省住房和城乡建设厅精准帮扶考核办法》，以强化管理提高各扶贫队员的积极性。

精准发力，扎实实施脱贫攻坚各项举措。6月山西省住房和城乡建设厅以党组书记李栋梁厅长为组长、党组成员郭燕平副厅长为副组长的"双组长"脱贫攻坚专项领导组，"双组长"脱贫攻坚专项领导组全体党组成员签订了河曲县脱贫攻坚双签责任书，以"领头羊"精神多次带领全厅346名党员干部奋斗在脱贫攻坚第一线，誓要打赢脱贫攻坚战。山西省住房和城乡建设厅帮扶8个贫困村有效推广了富硒杂粮种植、渗水地膜技术，专业合作社设立20余个；马家也、星佐村分别建成卫生室，方便群众基本就医；马家也、上沟北、星佐、南也建成绿色光伏发电项目；8个贫困村农村养老保险、医疗保险参合率达到100%，农业种植保险参合率达到85%；8个贫困村整体完成自来水入户工程，从根本上解决了村民吃水难问题；12月山西省住房和城乡建设厅南也村敬老院项目破土动工。

山西省住房和城乡建设厅实地帮扶340余人次，实现上沟北、下沟北、南也、马家也、星佐5个贫困村脱贫。省住房和城乡建设厅1名同志荣获忻州市"全市优秀农村第一书记"称号。同年山西省社会科学院文学所根据山西省住房城乡建设厅派驻南也村第一书记为村民化解矛盾、解决喝水难问题的脱贫攻坚事迹被撰写成电影剧本《三把锁》。（李国红　杨安平）

行政审批制度改革

【企业投资项目承诺制改革】　根据山西省企业投资项目承诺制改革领导组部署，成立了山西省住房和城乡建设厅企业投资项目承诺制改革领导组，将涉及山西省住房和城乡建设行业的10项审批事项在山西省转型综改示范区等十个开发区内进行了承诺制改革试点；制定了《落实企业投资项目试行承诺制实行无审批管理服务监管办法（试行）》和《施工图设计文件联合审查管理办法（试行）》。（李国红　张烨）

【行政审批"两集中、两到位"】　山西省住房和城乡建设厅制定《行政审批事项"两集中两到位"实施方案》；完成了工作交接和人员培训；厅15项行政审批事项由行政审批管理处负责在山西省政务服务中心内进行全流程办理；优化审批流程，重造了期办件、快办件、即办件办理流程；实行驻中心首席代表制度；建立了背靠背审查、专家审查、会议审查、领导抽查制度。（李国红　张烨）

【行政审批制度改革】　制定《山西省住房和城乡建设厅营造"六最"环境实施方案和行动计划》；成立了山西省住房和城乡建设厅优化营商环境工作领导组；山西省住房和城乡建设厅行政审批管理处牵头，落实山西省住房和城乡建设厅减证便民专项工作，1227项行政审批前置申请材料清理了403项，占比33%；按照省政府优化改进投资项目报建审批要求，制定了《山西省住房和城乡厅优化改进投资项目报建审批工作方案》。行政审批事项取消23项、下放2项、调整6项，审批事项由23大项54小项减少至17大项24小项；调整了权责清单，并实施动态管理，取消了住房和城乡建设部批办、山西省住房和城乡建设厅批办的行政审批事项市级初审环节；对企业资质报住房城乡建设部事项实行即办制度；企业资质证书变更、执业人员出省注册等简易事项实行即来即办，期办件平均办理时间压缩至法定办理时限的2/3。

贯彻山西省人民政府关于商事制度改革"多证合一"要求，将房地产经纪机构及其分支机构备案和住房公积金缴存登记2项列为山西省"多证合一"改革整合事项。

按照山西省商事制度改革"证照分离"改革试点要求，确定了建筑业企业资质核准等7项改革试点事项，确定了太原、大同、晋中、长治、晋城5个市共9个部门为改革试点单位，明确了改革任务；对接山西省省企业信用信息系统，实现了行政许可、行政处罚数据全量、即时推送和共享。（李国红　张烨）

【"互联网＋政务服务"】　将涉及山西省住房城乡建设部门的建设项目选址意见书核发等7项事项纳入山西省投资项目在线审批监管平台运行；按照省政府推进"互联网＋政务服务"要求，完成了山西省住房和城乡建设厅行政审批管理系统与省政务服务中心管理系统间的单点登录对接、全审批流程数据对接；梳理收集山西省省级住房和城乡建设部门网上审批事项系统升级改造基础数据；开展社会信用体系建设，完成了山西省住房和城乡建设行业省级部门生成的行政许可、行政处罚数据与山西省社会信用信息平台对接，全年共计实时、全量推送数据99479条；对山西省住房和城乡建设厅行政许可、行政处罚"双公示"工作进行全面自查，接受国家发展改革委员会委托第三方评估机构进行的抽查评估，并在山西省委组织部、山西省发展与改革委员会组织的山西省社会信用体系建设培训及经验交流会议上作为山西省省级部门先进代表做了经验交流。（李国红　张烨）

【政府信息公开】　2017年，山西省住房和城乡建设厅认真贯彻落实《中华人民共和国政府信息公开条例》、省政府信息公开有关规定和出台的《政府信息公开管理办法》，加强政务大厅和门户网站等公开载体建设，积极推进政府信息主动公开，规范办理政府信息依申请公开。全年共主动公开政府信息522条，包括保障性住房、住房公积金、农村危房改造、工程质量治理、国有土地上房屋征收等内容；向省政府网站报送政府公开信息522条，厅机关电子屏发布信息2033条。（李国红　米玉婷）

【城建档案】　一是开展城建档案异地备份。5月16日，晋川城建档案异地备份工作座谈会在成都市召开，山西省11个地级市与四川省18个地级市对接城建档案异地备份，签约率达到100%。全省城建档案纸质档案数字化达到30%。二是地下管线档案管理。太原、晋中、临汾、忻州市等城建档案馆参与当地政府组织的地下管线普查工作，建立和完善城市地下管线档案动态信息系统,与城市地下管线综合管理动态系统对接,及时更新信息,提供查询服务工作。2017年10月18—20日在临汾市举办山西省地方标准《城市地下管线工程文件归档规范》宣贯培训,全省城建档案工作人员200余人参加培训。三是山西省城建档案馆汇总整理各市县报送的名城、街区档案资料,初步完成《山西省历史文化名城、街区画册》编纂工作。(李国红 张兵)

【厅机关文书档案管理】 重新鉴定、分类、目录录入、装订和整理省住建厅1983～1995年的机关档案972卷,并移交省档案馆永久保存。(李国红 张兵)

大事记

1月5日,山西省晋城、长治、运城正式进入国家级城市群。

1月20日,山西省住房城乡建设工作会议在太原召开。

1月20日,山西省239个村庄入围全国第一批绿色村庄。

2月8日,山西省住房和城乡建设厅举行国家工作人员首次宪法宣誓仪式。

2月15日,山西创建三类改善农村人居环境示范村。

2月17日,全省村镇建设工作会议召开。

3月18日,山西省建筑科学研究院成为山西首个绿色建材评价机构。

4月13日,《山西省"十三五"城镇住房发展规划》出台。

5月13日,山西建筑产业现代化园区(晋东南园区)开工建设。

7月4日,《山西省城乡环境综合治理条例》出台。

8月16日,山西新版房屋租赁合同出炉。

8月18日,山西省首个城市管理综合执法监督局晋中市城市管理综合执法监督局成立。

9月21日,山西建设投资集团有限公司揭牌成立。

9月26日,《山西省贯彻落实〈中原城市群发展规划〉实施方案》印发。

9月28日,山西省内首家装配式建筑生产基地落地投产。

10月11日,山西省装配式建筑推进会在大同市召开。

11月16日,山西省住房和城乡建设厅与中国建设银行山西分行签署住房租赁全面合作协议。

11月18日,山西恒山、五老峰、北武当、五台山、壶口、碛口6个国家级风景名胜区总体规划全部编制完成。

12月1日,《山西省历史文化名城名镇名村保护条例》出台。

12月26日,王立业同志担任省住房城乡建设厅党组书记。

(山西省住房和城乡建设厅)

内 蒙 古 自 治 区

概况

2017年,内蒙古自治区住房和城乡建设系统深入贯彻中央和自治区城镇化工作会议、城市工作会议精神,落实中央和自治区的决策部署,全区住房和城乡建设事业取得了长足进步。城市规划建设管理工作不断提档升级,棚户区改造和住房保障力度不断加大,房地产去库存和稳增长协同推进,全区商品房库存面积呈现明显下降态势。农村牧区面貌发生显著变化,建筑业的支柱产业地位不断加强,建筑节能工作持续推进。

法规建设

【出台地方性政府规章和规范性文件】 1月4日,代自治区政府起草印发《内蒙古自治区人民政府办公厅关于加快培育和发展住房租赁市场的实施意见》,有序化解房地产库存,推进供给侧改革。8月19日,代自治区政府起草的《内蒙古自治区物业管理条例(修订草案)》经自治区人民政府第13次常务会议讨论通过,9月23日自治区人大常委会第三十五次会议一审通过。9月28日,代自治区政府起草印发《内蒙古自治区人民政府办公厅关于大力推进装配式建筑发展的实施意见》，加强自治区推进装配式建筑发展的政策引导。11月28日，代自治区政府起草印发《自治区人民政府办公厅关于促进建筑业持续健康发展的实施意见》，大力优化建筑市场环境，推进建筑产业现代化。

房地产业

【年度运行情况】 2017年，全区住宅与房地产业工作紧紧围绕中央、自治区的重大经济工作部署，积极指导各地因城因地施策做好房地产去库存工作，全区商品房屋库存持续下降。截至12月底，全区商品房累计可售面积10714万平方米，同比下降26.44%，全区商品房库存面积呈现明显下降态势。分盟市情况看，市场分化明显。包头市、赤峰市商品住宅库存消化周期已经达到或低于12个月，住房供应处于短缺边缘，鄂尔多斯市商品住宅库存消化周期仍处于高位。

房地产开发投资、新开工、施工面积同比下降，商品房屋供应减少。2017年，全区完成房地产开发投资889.72亿元，同比下降21.5%；全区商品房屋新开工面积为2359.7万平方米，同比下降7.96%；商品房屋施工面积10847.19万平方米，同比下降12.83%。

商品房屋销售下滑，住房价格基本稳定。2017年，全区商品房屋销售面积2067.6万平方米，同比下降18.21%。12个盟市中，呼和浩特市、包头市、呼伦贝尔市、兴安盟、赤峰市、鄂尔多斯市、巴彦淖尔市、乌海市8个盟市商品房屋销售面积同比下降。全区新建商品住宅销售均价4239元/平方米，同比增长4.87%。

【房地产行业发展政策】 推动出台《内蒙古自治区人民政府办公厅关于加快培育和发展住房租赁市场的实施意见》，明确通过建立房屋租赁信息服务平台、培育市场供应主体、鼓励住房租赁消费、完善公共租赁住房、支持租赁住房建设、加大政策支持力度等多渠道培育和发展住房租赁市场的意见。根据去库存的工作要求和房地产开发投资下降的实际，印发《关于协调推进房地产去库存和房地产投资适度增长的紧急通知》，指导各地统筹考虑协同发展问题。对于库存较高的地区，继续落实商品房去库存政策。对库存较少或去库存任务已经完成以及住房供应出现短缺的地区，加快土地供应，严防市场供需失衡。

【农牧民进城购房支持政策】 自治区住房和城乡建设厅联合中国农业银行内蒙古分行，在全区范围内开展农牧民"安居贷"工程。通过简化贷款审批流程，执行贷款最低首付20%的比例及利率9折优惠，自主灵活约定按月、季、半年、年还款等，对农牧民进城购房给予了积极的信贷支持。截至12月底，已累积发放贷款22.6亿元。

【物业管理】 "物业管理服务规范年"收官，各地按要求进一步规范和完善公示制度，实现在物业管理区域显著位置公示业主及企业的权利和义务、服务项目、等级、标准、电话、计费方式等内容和《内蒙古自治区物业服务企业行为准则》等事项。截至12月底，全区老旧小区物业服务覆盖率达到70%以上、新建住宅小区达到100%。自治区住房和城乡建设厅与自治区民政厅联合印发《关于加快推进组建业主委员会的通知》，明确工作目标及责任，建立定期考核机制、社区居委会监督机制，强化业主委员会建立及其职能职责发挥，拟在2018年底前实现业主委员会成立比例达到40%以上，并逐年提高。

住房保障

【棚改概况】 2017年，积极争取中央投资和补助资金，加强与金融机构的沟通协调，大力推进政府购买棚户区改造服务工作，因城施策推进棚改货币化安置工作。年度内全区棚户区改造开工22.1万套，开工率100.3%，基本建成27.8万套，建成率235.5%，货币化安置率97.7%，完成投资812.3亿元。同比增长30.3%，完成年度计划投资的147.7%。

【棚改资金筹集】 2017年，自治区政府与各盟市签订住房保障工作目标责任书，及早落实保障性安居工程任务，多措并举筹集棚户区改造资金。棚改资金：中央投资和补助资金87.1亿元；自治区本级财政安排城镇保障性安居工程补助资金4.3亿元；政策性银行中农发行发放贷款147.4亿元，国开行发放贷款48.7亿元；商业银行中，农业银行发放贷款51.3亿元，工商银行发放贷款45亿元，其他银行发放贷款65.6亿元。

【棚户区调查摸底】 根据住房城乡建设部等六部委印发的《关于做好棚户区调查摸底和2018－2020年改造计划的通知》《关于申报2018年棚户区改造计划任务的通知》要求，各盟市旗县结合地区实际，确定城镇棚户区界定标准，开展新一轮棚户区摸底调查工作，制定2018～2020年棚改三年计划；同时，按要求尽早落实2018年棚改任务和项目，提前着手开展棚改项目方案制定、征收拆迁、手续办理、融资等各项前期准备工作。

住房公积金管理

2017年,自治区住房公积金管理工作,继续重点落实各项惠民政策,提高住房公积金使用率,加快信息建设,充分发挥住房公积金作用。截至12月底,全区住房公积金归集总额2324.36亿元,全区住房公积金个贷率达到76.13%,比2012年提高21个百分点,住房公积金贷款在全区住房贷款中占比达到37.8%,公积金作用不断加强。全区21个管理机构全部接入全国异地转移接续平台,实现了"账随人走,钱随账走。"建立呼、包、鄂住房公积金贷款异地通用机制,完善异地转移接续平台和异地住房个人贷款工作。

城乡规划

【城乡规划法制建设】 2017年,自治区人民政府办公厅修订并印发《内蒙古自治区城市总体规划修改工作规则》,进一步规范城市总体规划修改审批程序。

【城市规划】 进一步修改完善《内蒙古自治区城镇体系规划》,积极构建自治区新型城镇体系布局。指导支持和林格尔新区高起点规划、高标准建设。在包头、通辽、乌兰察布、乌海、阿尔山和多伦等6个地区开展"多规合一"试点工作,通辽市、阿尔山市"多规合一"取得积极进展。召开阿尔山"多规合一"专家论证会,并将阿尔山"多规合一"工作经验推广全区。包头市、呼伦贝尔市和乌兰察布市成功入选全国城市设计试点城市。

【历史文化建筑和街区保护】 全面完成历史建筑普查工作,全区确定历史建筑307个。包头市北梁传统街区等11条街区被确定为自治区历史文化街区。

【城市修补、生态修复】 成立城市"双修"工作领导小组,印发全区城市"双修"工作方案,建立全区城市"双修"项目库。确定呼和浩特市等14个地区为自治区级城市"双修"试点,其中包头市、呼伦贝尔市、乌兰浩特市、阿尔山市入选全国城市"双修"试点。自治区工作经验在全国城市"双修"会议上作典型经验介绍。

【城市建成区违法建设专项治理】 成立由自治区人民政府分管负责同志任组长、各有关厅局为成员的工作领导小组,制定工作实施方案,建立月通报制度。截至12月底,全区设市城市累计查处违法建筑面积1801.461万平方米,累计查处进度58%,剩余存量违法建筑面积1304.569万平方米。

城市建设

【城镇基础设施建设】 2017年,全区完成城镇基础设施投资697.49亿元,同比增长10.1%。其中,市政道路完成投资281.74亿元,园林绿化完成投资176.08亿元,其他基础设施建设完成投资239.67亿元。全区市政网规划建设完成投资213亿元。包头市、兴安盟、通辽市、乌兰察布市、乌海市、巴彦淖尔市6个盟市初步完成规划编制工作,另有7个盟市开展编制工作。全区已完成城镇老旧地下管网改造1021公里,完成投资76亿元。其中,供水管网改造完成165公里,完成投资12亿元;供热管网改造完成398公里,完成投资35亿元;排水及污水管网改造完成287公里,完成投资25亿元;燃气管网改造完成171公里,完成投资4亿元。

【"生态宜居县城"与"园林城市(县城)"创建】 为期三年的"生态宜居县城"创建活动收官,全区已有15个旗县(市)创建成为自治区"生态宜居县城"示范旗县。赤峰市、巴彦淖尔市被评为国家园林城市,鄂托克前旗、达拉特旗、准格尔旗、科右前旗、阿荣旗被评为国家园林县城。截至年底,全区已有9个城市获得国家园林城市称号,8个县城获得国家园林县城称号。牙克石市、武川县、达茂旗、杭锦旗、察右中旗、察右后旗、科左中旗、林西县、阿右旗被评为自治区园林城市、县城称号。截至年底,18个城市获得自治区园林城市称号,42个县城获得自治区园林县城称号。

【城市地下综合管廊和海绵城市建设】 截至年底,全区已开工城市地下综合管廊29.356公里,其中,包头市20.61公里,鄂尔多斯市伊金霍洛旗1.8公里,乌兰察布市卓资县0.6公里,兴安盟阿尔山市1.81公里,锡林郭勒盟二连浩特市4.536公里,完成2017年初住房城乡建设部下达的开工任务。呼和浩特市等9个设市城市完成海绵城市专项规划草案的编制工作,其中呼伦贝尔市等8个设市城市的专项规划通过了技术性审查。

【风景名胜区发展】 2017年,额尔古纳市成功入选第九批国家级风景名胜区。自治区住房和城乡建设厅向住房城乡建设部上报关于将"呼伦贝尔市森林、湿地、草原过渡带景观和中国东北古代少数民族发源地"和"阿拉善盟巴丹吉林沙漠"列入国家自然遗产预备清单的请示,正式启动自治区申遗工作。向自治区法制办提交《内蒙古自治区风景名胜区条例》立项报告书,立法规范当前风景名胜区在规划、保护、利用和管理中出现的问题。

【城镇供水】 开展盟市供水行业主管部门对所辖行政区域内城镇供水水质的督察工作,每月对公共供水厂出厂水水质进行42项常规指标检测,依据结果按年度进行通报。

【黑臭水体治理】 贯彻落实《水污染防治行动计划》,推进水环境问题整治力度,加强黑臭水体综合整治工作。截至12月底,全区地级及以上城市共排查出13处黑臭水体,分别是呼和浩特市7处、包头市4处、赤峰市2处。呼和浩特市7处黑臭水体均已通过初见成效公众评议,并按要求将基础资料上报住房城乡建设部黑臭水体监管平台;包头市、赤峰市已完成年度治污工程。

【人居环境范例奖】 11月,乌兰察布市白泉山山体生态修复暨公园建设项目和兴安盟阿尔山市棚户区改造保障性住房项目获2017年度中国人居环境范例奖。

城市管理

2017年,自治区城市执法体制改革在全区全面推开。推动出台《内蒙古自治区党委自治区人民政府关于深入推进城市执法体制改革改进城市管理工作的实施意见》。自治区住房和城乡建设厅获批并增设城市管理处、城市执法监督处,调整设立城市综合执法局,实现自治区本级城市管理机构的综合设置。制定《自治区住房和城乡建设厅集中行使厅机关行政处罚权工作规程》《自治区住房和城乡建设厅行政处罚全过程记录实施办法》,实现自治区本级住房城乡建设领域行政处罚权的集中行使,加快督促盟市整合形成数字化城市管理平台。自治区本级的城市管理执法体制改革任务全部完成。各盟市的改革任务进展:12个盟市出台了实施方案、实现了机构的综合设置,有11个盟市完成了住建领域行政处罚权的集中行使。启动为期4年的"城市精细化管理年"专项活动。

村镇规划建设

【村镇规划】 22个旗县(市)编制完成域乡村建设规划,16个旗县(市)正在编制。8516个行政村编制完成村庄规划,编制率达82.3%,674个编制完成乡镇总体规划,编制率达86.4%,其中259个自治区级重点镇全部编制完成镇域规划,400个苏木乡镇设立规划管理机构。截至年底,全区有44个中国传统村落,其中39个编制完成专项保护规划;6个中国历史文化名镇名村,全部编制完成专项保护规划;8个自治区级历史文化名镇名村,其中3个编制完成专项保护规划。

【村镇建设】 "四类重点对象"危房改造:2017年自治区危房改造任务为6.76万户。截至12月底,共下达中央补助资金9.68亿元,自治区级补助资金4.61亿元,全区已开工建设6.74万户,竣工5.99万户,完成投资总额30.4亿元。游牧民安居工程:2017年自治区游牧民安居工程任务为2.28万户,下达补助资金3.08亿元。截至12月底,全区开工建设1.96万户,竣工1.94万户,完成投资总额13.9亿元。

【农村人居环境治理】 推动出台《关于建立农村牧区人居环境治理长效机制的指导意见》,引导农村牧区建立由旗县(市、区)环卫主管部门统一管理负责的城乡一体化工作体系,建立完善的农村牧区环境卫生长效管护机制,合理配置苏木乡镇、嘎查村级工作人员,确保农村牧区环境治理有人管、出实效,实现科学规范、长效管理。开展改善农村人居环境示范村创建评选活动,住房城乡建设部确定赤峰市宁城县存金沟乡草沟门村等9个嘎查村为改善农村人居环境示范村。自治区住房城乡建设厅会同财政厅、环境保护厅整合农村牧区环境综合整治专项资金项目9500万元,用于支持农村牧区生活垃圾和污水终端处理设施建设、饮用水水源地保护、其他环境综合整治项目等。

【特色小镇及美丽宜居村镇建设】 2017年,自治区有9个镇列入2017年第二批全国特色小镇名单,全区共12个镇列入国家特色小镇名单。克什克腾旗同兴镇等3个镇、9个村列入住房城乡建设部公布的第四批美丽宜居小镇、美丽宜居村庄示范名单。截至年底,自治区共创建了17个国家级美丽宜居村镇、67个自治区级美丽宜居村镇。

工程质量监管

【工程质量监管】 印发《内蒙古自治区工程质量安全提升行动实施方案》,在落实主体责任、提升项目管理水平、推行质量标准化、发展装配式建筑、推进BIM技术应用、健全监督管理机制、加强质量监督队伍建设等方面提出新的要求。组织开展了全区建筑市场、工程质量监督执法检查,共抽查12个盟市、24个旗县区的48个项目,下达12个执法建议书,曝光12个典型违法案例,严厉打击未批先建、转包、挂靠等违法行为。

【招标投标监管】 加强招标投标监管,先后印发《内蒙古自治区本级政府投资非经营性项目招标投标信用管理暂行办法》《国有资金投资的房屋建筑和市政工程设计招标文件编制指导意见》《关于开展全区房屋建筑和市政工程招标投标活动规范年工作的通知》等文件，提升招投标服务水平。

建筑业发展

【建筑业发展和改革】 全区全社会建筑业实现增加值1301亿元，建筑施工企业达到3700家，特级资质企业4家、一级施工企业161家，全区建筑业从业人员总数约70万人左右，队伍规模进一步扩大，高资质企业增加。推动出台《自治区人民政府办公厅关于促进建筑业持续健康发展的实施意见》，明确全区建筑业改革发展的总体要求、主要任务和保障措施三个方面三十二项内容。

【安全生产】 以建筑施工安全标准化示范工地建设为突破口，不断提高施工现场安全生产标准化水平，初步形成了覆盖监督管理机构、建筑业企业、施工现场工建筑安全标准化考核体系。持续开展专项整治和执法大检查，共抽查在建工程101项，排查整改各类安全隐患2343个，下达限期整改通知单49份、局部停工整改书15份、停工整改书27份、执法建议书5份，并向全区先后下发了安全生产督查情况的通报，通报情况录入自治区建筑业信息诚信平台，录入黑名单企业44家、项目22项，进一步完善了信用惩戒制度。

勘察设计

【施工图审查】 2017年，自治区住房和城乡建设厅在6个盟市7家施工图审查机构实施数字审查试点，完成施工图数字审查3677.8万平方米，占全区的67%，超额完成年度目标任务。

【抗震防灾】 印发《关于开展建筑工程抗震设防专项检查的通知》，组织开展全区建筑工程抗震设防专项检查，从设计、施工图审查、施工、监理、验收各环节严格把关，进一步提高自治区建筑工程抗震设防水平。完成阿拉善左旗"6·3"地震应急工作，及时抽调专业技术人员赴阿左旗，协同当地拟定排查方案，实地查看地震灾害房屋建筑受损情况。

【工程建设地方标准编制】 编制《公共建筑节能设计标准》《农村牧区居住建筑节能设计标准》《绿色施工技术规程》3本标准。组织技术人员对《02系列结构标准设计图集》进行修订，补充完善结构设计标准设计，编制出版《16系列结构标准设计图集》，对提高设计质量起到积极的指导和促进作用。按照到"十三五"建筑能效提升20%的总体目标要求，编制新版《内蒙古自治区居住建筑节能设计标准》，将新建居住建筑节能水平提高到75%。《内蒙古自治区公共建筑节能设计标准》DBJ 03—27—2017于6月1日起实施。

建筑节能与科技

【绿色建筑发展】 2017年，全区新增绿色建筑721个、901.24万平方米。"内蒙古农业大学生命科学楼""兴泰东方信息中心二期"等13个项目82.2万平方米通过了绿色建筑标识评价。强制实施与激励引导相结合，推进绿色建筑发展，全面执行新的建筑节能标准，施工阶段节能标准执行率达到98%。

【装配式建筑发展】 推动出台《内蒙古自治区人民政府办公厅关于大力推进装配式建筑发展的实施意见》，加强自治区推进装配式建筑发展的政策引导。包头市、满洲里市入选首批国家装配式建筑示范城市，满洲里联众木业有限责任公司、内蒙古包钢西创集团有限责任公司2家企业入选首批国家装配式建筑产业基地。

人事教育

【直属单位体制改革】 调整完善3家直属单位的名称、职能职责和内设机构，分别撤销内蒙古自治区住房和城乡厅机关事务服务中心，设立内蒙古自治区住房和城乡建设政务服务中心；撤销内蒙古自治区城镇建设水文中心，设立内蒙古自治区城镇供排水监测中心；撤销内蒙古自治区建设工程造价管理总站，设立内蒙古自治区建设工程标准定额总站。进一步明确内蒙古自治区建设工程施工图审查中心单位性质。完成内蒙古自治区建筑节能监督管理中心与内蒙古自治区住宅产业化促进中心整合工作，成立内蒙古自治区建筑节能与住宅产业化促进中心。

【行业协会脱钩】 制定《自治区住房和城乡建设厅行业协会与行政机关脱钩的实施方案》，明确脱钩工作处室、单位具体责任人。按照自治区民政厅统一安排，对内蒙古自治区建筑工程质量协会等3个行业协会脱钩工作进行部署，召开协会脱钩推进会议，制定协会脱钩的具体实施方案，建立主管行业协会和行政机关脱钩试点工作任务台账。

【人才建设】 完成《内蒙古自治区住房和城乡建设事业"十三五"人才专项规划》编写工作。落实住房城乡建设部、自治区党委组织部、自治区人社厅等部门组织的集中轮训、专题培训、"双休日"讲座等各类培训任务。协调自治区党委组织部、发改委等部门，积极争取"京蒙对口帮扶项目"，分别在包头和呼和浩特举办3期领导干部城市规划建设管理和执法管理专题培训班。印发《厅系统2017年度教育培训计划》，出台《内蒙古自治区燃气经营企业从业人员岗位管理办法》和《内蒙古自治区住房和城乡建设领域现场专业人员岗位管理办法》，进一步规范从业人员岗位管理。

大事记

2月14日，内蒙古自治区政府召开会议安排部署2017年保障性安居工程建设工作，与各盟市签订2017年住房保障工作目标责任书。

2月24日，印发《内蒙古自治区燃气经营企业从业人员岗位管理办法》；

2月27日，印发《内蒙古自治区住房和城乡建设厅软件正版化管理制度》。

3月3日，印发《内蒙古自治区住房和城乡建设厅"三重一大"事项决策议事规则》。

3月7日，印发《内蒙古自治区城镇污水处理主管部门规范化管理考核办法》《内蒙古自治区城镇污水处理运营单位规范化管理考核办法》。

同日，印发《内蒙古自治区城镇污水处理主管部门规范化管理考核办法》，同时印发《内蒙古自治区城镇污水处理运营单位规范化管理考核办法》。

3月29日，内蒙古自治区住房和城乡建设厅批复了鄂尔多斯高新技术产业开发区总体规划（2016－2030年）。

4月17日，自治区住房和城乡建设厅通报2016年度内蒙古自治区人居环境范例获奖名单，授予乌兰察布市白泉山山体生态修复暨公园建设等7个项目"2016年度内蒙古自治区人居环境范例奖"。

4月10日，在呼和浩特市召开阿尔山"多规合一"专家论证会，聘请国内知名专家对成果进行论证。

4月18日，内蒙古自治区住房和城乡建设厅会同自治区公安厅、自治区旅游发展委员会转发《关于印发农家乐（民宿）建筑防火导则（试行）的通知》。

5月19日至6月5日，内蒙古自治区住房和城乡建设厅组成三个执法督查组，赴呼伦贝尔市、兴安盟、通辽市、赤峰市、锡林郭勒盟、乌兰察布市、巴彦淖尔市和乌海市8盟市进行了安全生产执法督查。

5月22日，内蒙古自治区住房和城乡建设厅印发《内蒙古自治区城镇集中供热设施建设"十三五"规划》《内蒙古自治区城镇地下空间开发利用"十三五"规划》《内蒙古自治区城镇排水防涝设施建设"十三五"规划》《内蒙古自治区城镇园林绿化设施建设"十三五"规划》《内蒙古自治区城镇燃气设施建设"十三五"规划》。

5月25日，内蒙古自治区住房和城乡建设厅与中国人民银行呼和浩特中心支行、新华社中国经济信息社内蒙古中心、新华社中国经济信息社房地产信息部共同主办了"内蒙古自治区房地产融资对接会"，18家金融机构、投资机构负责人，近200家房地产开发企业负责人参会。

5月27日，内蒙古自治区住房和城乡建设厅会同自治区财政厅印发《关于开展2017年国家级、自治区级风景名胜区补助项目申报工作的通知》。

6月5日，内蒙古自治区住房和城乡建设厅印发《2017年政务公开工作要点》。

6月6日，内蒙古自治区住房和城乡建设厅印发《关于进一步加强岩土工程勘察质量安全管理工作的通知》。

6月9日，内蒙古自治区住房和城乡建设厅印发《内蒙古自治区城乡建设抗震防灾"十三五"发展规划》。

6月28日，内蒙古自治区在乌兰察布市召开全区棚改工作现场推进会，观摩乌兰察布市棚改项目，通报2017年全区棚改工作进展情况，交流棚改工作经验，推进全区棚户区改造工作。

6月29日，内蒙古自治区机构编制委员会同意为内蒙古自治区住房和城乡建设厅增设城市管理处、城市执法监督处。

8月5～6日，内蒙古自治区住房和城乡建设厅组织召开海绵城市专项规划技术性审查工作会，对呼伦贝尔市、包头市、赤峰市、通辽市、巴彦淖尔市、锡林浩特市、阿尔山市、乌兰浩特市8个设市城市的专项规划给予技术性审查。

8月25日，内蒙古自治区住房和城乡建设厅会同自治区人力资源与社会保障厅、自治区总工会、共青团内蒙古自治区委员会、自治区妇女联合会共同组织举办了"中国梦·劳动美"第四届建设行业职业技能大赛。

9月5日，内蒙古自治区住房和城乡建设厅在乌兰浩特市组织召开全区城市"双修"工作现场会，全面部署城市"双修"工作。

9月8日，内蒙古自治区住房和城乡建设厅印发《内蒙古自治区住房和城乡建设厅在市场体系中建立公平竞争审查制度实施方案》。

9月12日，自治区住房和城乡建设厅在全国城市"双修"经验交流会上就城市"双修"工作进行经验介绍。

9月18~28日，内蒙古自治区住房和城乡建设厅联合自治区统计局深入12个盟市开展了房地产市场运行数据填报及房地产市场秩序专项督查。

9月22日，内蒙古自治区机构编制委员会同意为内蒙古自治区住房和城乡建设厅调整设立内蒙古自治区城市综合执法局。

10月10日，内蒙古自治区住房和城乡建设厅下发《关于做好应对低温天气城镇供热工作的紧急通知》。

10月13日，内蒙古自治区住房和城乡建设厅在全区开展2007~2018年度各盟市级所属旗县供水水质督察工作。

同日，对全区生态宜居县城创建活动情况进行通报，呼伦贝尔市阿荣旗、扎兰屯市等15个旗县荣获自治区生态宜居县城示范旗县（市）；呼和浩特市托克托县等24个旗县荣获自治区生态宜居县城先进旗县（市）；呼和浩特市武川县、和林县等37个旗县获自治区生态宜居县城达标旗县（市）。

同日，内蒙古自治区住房和城乡建设厅印发《促进全区工程勘察设计行业健康发展的指导意见》。

10月27日，内蒙古自治区住房和城乡建设厅会同自治区文物局联合转发住房和城乡建设部、国家文物局《关于开展国家历史文化名城和中国历史文化名镇名村保护工作评估检查的通知》。

同日，内蒙古自治区住房和城乡建设厅组织召开2017年度自治区园林城市（县城）综合评审会，牙克石市、武川县、达茂旗、杭锦旗、察右中旗、察右后旗、科左中旗、林西县、阿右旗被评为自治区园林城市（县城）。

同日，内蒙古自治区乌兰察布市白泉山山体生态修复暨公园建设项目和兴安盟阿尔山市棚户区改造保障性住房项目获2017年度中国人居环境范例奖。

11月21日，内蒙古自治区住房和城乡建设厅印发《内蒙古自治区实施〈工程建设项目招标代理机构资格认定办法〉细则》《内蒙古自治区实施〈工程造价咨询企业管理办法〉细则》《内蒙古自治区实施〈工程监理企业资质管理规定〉细则》。

11月24日，内蒙古自治区住房和城乡建设厅会同自治区发改委、财政厅、国土资源厅联合印发《关于进一步做好公共租赁住房有关工作的实施意见》。

12月19日，内蒙古自治区住房和城乡建设厅下发《关于支持二连浩特国家重点开发开放试验区建设的通知》。

12月20日，印发《内蒙古自治区住房和城乡建设厅"强基础、抓规范、求突破"工程总体方案》。

12月22日，内蒙古自治区住房和城乡建设厅会同自治区发改委、财政厅、国土资源厅批复了兴安盟等五市公共租赁住房盘活处置报告。

12月25日，内蒙古自治区住房和城乡建设厅命名包头市的阿尔丁植物园等为第二批内蒙古自治区重点公园。

同日，内蒙古自治区住房和城乡建设厅命名呼和浩特市等33个单位为第一批自治区园林式单位、自治区园林式居住区。

12月27日，内蒙古自治区住房和城乡建设厅命名2017年牙克石等9个园林市县城为自治区园林城市、县城。

（内蒙古自治区住房和城乡建设厅）

辽 宁 省

概况

2017年，辽宁省住房和城乡建设系统把学习贯彻党的十九大精神作为首要任务。棚户区改造顺利完成国家任务，房地产去库存成效明显，建筑业筑底企稳，特色乡镇建设全面展开，城市基础设施进一步完善，城乡规划和城市管理水平进一步提高，机关党建工作进一步加强。此外，在争取中央资金、应急管理、政策法规、人事人才、审计监督和舆论宣传等方面，全省住建系统做了大量工作。

政策法规

【立法工作】 开展《辽宁省绿色建筑条例》《辽宁省风景名胜区条例》《辽宁省城镇燃气管理条例》3个省人大立法项目和《辽宁省城镇供水用水管理办法》1个政府规章论证工作。《辽宁省物业管理条例》通过省人大常委会审议，并已颁布实施。按照推进"放管服"改革和加强生态文明建设有关要求，深入开展地方性法规、规章、规范性文件清理工作，共废止1部省政府规章和22份规范性文件，修改1部地方性法规、4部省政府规章和6份规范性文件，为全省建设行业健康、有序发展构建了良好的法制环境。

【依法行政】 2015年，辽宁省住房和城乡建设厅完成了权责清单编制工作，共有行政职权152项。2015之后结合实际对清单进行多次调整，不断健全完善，截至2017年底保留行政职权121项。同时，将权责清单全部在辽宁省住房和城乡建设厅门户网站公开，接受企业和群众监督。积极做好复议、应诉工作化解社会矛盾纠纷。2017年，共办理行政复议案件54件、行政督促案件2件，主要集中在房屋征收（拆迁）、规划挡光、信息公开等方面。通过办理复议，有效纠正下级部门违法、不当行为，化解了一批社会矛盾。结合新行政诉讼法的新规定、新要求，积极做好答辩准备、出庭应诉及沟通工作，8件行政诉讼案件全部胜诉。落实中共中央、国务院《关于深入推进城市执法体制改革改进城市管理工作的指导意见》文件要求，出台《关于深入推进城市执法体制改革改进城市管理工作的实施意见》，对全省城市管理执法体制改革进行全面部署。设立辽宁省住房和城乡建设厅城市管理监督局，切实发挥辽宁省住房和城乡建设厅作为全省城市管理工作牵头部门的作用。加强顶层设计，提出了城管执法部门"4方面管理＋15项执法＋其他行政处罚权"的基本职责，提出市级层面"规划、建设、管理执法"设立3个机构的框架。推动指导各市县机构综合设置、集中行政处罚权、一线城管执法人员统一着装、搭建数字城管平台等重点改革任务。截至2017年底，需省级落实的4项任务已经完成，需要市县落实的4项任务完成过半。

【"放管服"改革】 不断加大简政放权力度。2016年以来，共取消和下放行政职权32项，现有行政职权121项，比2015年减少了22%，其中行政审批16项，比十八大之前减少了45%。全省各市也根据工作实际和县区的承接能力，积极推进简政放权。强力推行"双随机、一公开"监管改革工作。将7类执法检查事项全部纳入"双随机、一公开"监管范围，建立检查事项清单、市场主体名录库和执法人员名录库，并在辽宁省住房和城乡建设厅门户网站进行公开。不断优化行政审批工作。建立一系列行政审批制度，形成规范化行政审批长效机制。压缩行政审批不计时环节时限，不断提高行政审批效率。按照省政府"互联网＋政务服务"工作的总体要求，积极推进行政审批电子化。

【优化营商环境】 贯彻落实辽宁省委、省政府要求，印发《全省住建系统优化营商环境建设年实施方案》和《全省住建系统优化营商环境专项整治工作实施方案》，部署建设年活动和专项整治工作。开展全省住建系统优化营商环境专项整治工作，针对整治政务环境、整治政府侵占企业财产行为、整治违规增加企业负担行为、整治执法环境中存在的问题、整治特定行业服务不规范行为等5类问题进行排查，建立问题清单台账，深入分析产生问题的原因，逐件落实整改责任单位和责任人，逐件督办、逐件销号。通过整治，除一些客观原因等非住房城乡建设部门主导的因素外，其余问题全部整改到位。通过《中国建设报》《辽宁日报》等媒体刊发文章和在门户网站上开设专栏等多种形式宣传，为构建"亲"、"清"新型政商关系营造浓厚的社会氛围。召开了全省住建系统优化营商环境电视电话会议，总结全省建设领域优化营商环境工作，安排部署当前和今后一个时期全省建设领域优化营商环境建设任务。

房地产业

【概况】 坚持以习近平新时代中国特色社会主义思想为指导，深入学习贯彻党的十八大、十九大精神，按照党中央、国务院的部署要求，坚决贯彻坚持房子是用来住的，不是用来炒的定位，深入推进供给侧结构性改革，加快房地产去库存，全省房地产市场保持平稳健康发展态势。

截至年底，全省商品房库存去化周期20个月左右；其中，商品住房库存去化周期15个月左右，已动态回落至省委、省政府确定的12～18个月合理区间。

2017年全省商品房销售面积4148.5万平方米，同比增长11.8%；商品房销售额2771.7亿元，同比增长22.8%；开发投资2289.7亿元，同比增长9.3%。

【制定政策，分类指导】 以支持刚性需求和改善性需求为着力点,辽宁省人民政府出台了《全省加快房地产去库存工作方案》。针对非主城区和县城房地产库存压力大的问题,辽宁省住房和城乡建设厅把县城房地产去库存作为工作重点,将房地产去库存与促进人口城镇化有机结合,有序引导农民工和农民进城居住,重点部署三四线城市和县城房地产去库存工作。下半年,针对沈阳市出现房价连续上涨迹象,指导沈阳市出台《关于加强房地产市场调控工作的通知》,对三环内区域实行严格限价和限售政策,进一步抑制投资投机性需求。

【租购并举,抓好试点】 坚决贯彻"房子是用来住的,不是用来炒的"的定位精神,高度重视住房租赁市场发展,将其作为建立房地产市场长效机制、保持房地产市场平稳健康发展的重要措施,作为加快房地产去库存、全面推进供给侧结构性改革的有效手段。9月,省政府常务会议审议通过了《辽宁省培育发展住房租赁市场(2017—2020年)四年滚动计划实施方案》,以满足新市民住房需求为出发点,以建立购租并举的住房制度为主要方向,健全以市场配置为主、政府提供基本保障的住房租赁体系,支持住房消费,促进住房租赁市场健康发展。沈阳市作为全国培育住房租赁市场试点城市,出台《沈阳市住房租赁试点工作方案》,围绕搭建平台、培育主体、解决突出问题、支持租赁消费、创新管理服务机制等重点工作,提出17项措施,扎实开展工作。

【修订条例,提升服务】 修订《辽宁省物业管理条例》(2018年2月1日起施行),建立住宅专项维修资金管理应急使用制度,编制物业服务标准,建立易安居物业投诉报修平台。居民通过手机在平台提出投诉报修,管理部门在线监督物业企业及时解决问题。

【完善统计,加强监测】 建立完善以房地产市场交易信息日报、市场舆情周报、商品房库存月报以及月度分析报告为主要内容的房地产市场监测体系,为分析研判房地产市场形势,指导房地产市场发展,提供数据支持和工作参考。

住房保障

【概况】 2017年,国家下达给辽宁省棚户区改造新开工任务为100384套,基本建成任务34219套。

截至9月底,全省各类棚户区改造已开工101070套,完成全年任务的100.7%;基本建成109064套,完成全年任务的318.7%。截至12月底,完成新增租赁补贴任务9629户,完成比例142.3%。国家下达的棚改和保障性安居工程任务全面完成。

【加强棚改债务管理】 为贯彻落实党中央防范重大风险的决策部署,以及中共辽宁省委、辽宁省人民政府防范和化解政府债务风险,特别是棚改形成政府债务风险的工作要求,辽宁省住房和城乡建设厅会同辽宁省财政厅、辽宁省国土资源厅联合下发了《关于盘活棚改形成资产加强棚改债务管理工作的指导意见》,提出"摸清棚改形成的政府性资产和举债融资详细情况、制定棚改形成的政府性资产运营及防范和化解相应财政金融风险工作方案、创新棚改形成的政府性资产运营方式、力争棚改实现市域内资金收支平衡、强化还本付息工作"等工作措施。

【推行货币化安置】 按照"分散化、货币化、市场化"的要求,积极推行"市场解决安置房源、政府搭建平台、开发企业让利、动迁居民自主购买"的创新型货币化安置方式,满足了居民实物住房的要求,实现分散化安置,助力房地产去库存。全省棚改货币化安置比例97.5%,可以拉动630万平方米的商品房销售,促进了房地产市场的健康发展。

【各地举措】 全省各地因地制宜推进棚改工作。沈阳市对各地区采取检查和业务培训相结合的方式,加快推进项目开工;鞍山、盘锦等市委市政府主要领导现场办公,亲力亲为抓棚改;抚顺市率先在全省完成政府购买棚改服务及国开行贷款工作;辽阳、锦州市组织全市征收部门和棚改部门相关人员进行了集中培训;朝阳市朝阳县建立了"房源超市",将县域内符合条件的待售商品房、存量房纳入房源超市,增加了被安置居民的选择范围;葫芦岛市创新房屋征收方式,棚改项目划片分区,每个片区各户均签约给予奖励,鼓励先走多得,棚改居民参与的积极性较高。

【统筹谋划2018~2020年三年棚改计划】 按照中央经济工作会议和中共辽宁省委、辽宁省人民政府坚持稳中求进工作总基调的要求,辽宁省住房和城乡建设厅督促各市统筹考虑,慎重决策,科学安排三年棚改计划。辽宁省住房和城乡建设厅会同辽宁省财政厅、辽宁省国土资源厅联合下发《关于做好棚户区改造工作的指导意见》,对各地科学安排2018~2020年三年棚改计划进行部署,重点提出"尽力而为,量力而行,努力实现市域内棚改资金收支总体平衡;创新方式,科学管控,做好棚改形成资产盘活,防范棚改债务风险工作"等工作要求。辽宁省住房和城乡建设厅逐市逐项目审核把关,并实地抽查部分项目,防止搭车棚改,防止不计成本、不顾风险安排棚改计划。

住房公积金管理

【缴存】 2017年，新开户单位9821家，实缴单位84634家，净增单位2117家；新开户职工38.05万人，实缴职工476.56万人，净增职工2.71万人；缴存额702.96亿元，同比增长4.39%。2017年末，缴存总额5691.71亿元，同比增长14.09%；缴存余额2263.10亿元，同比增长9.41%。

【提取】 2017年，提取额508.30亿元，同比增长0.87%；占当年缴存额的72.31%，比上年减少2.53个百分点。2017年末，提取总额3428.61亿元，同比增长17.41%。

【贷款】 个人住房贷款：2017年，发放个人住房贷款12.41万笔419.71亿元，同比增长1.22%、2.44%。回收个人住房贷款227.57亿元。2017年末，累计发放个人住房贷款156.64万笔3382.51亿元，贷款余额1955.36亿元，同比分别增长8.61%、14.17%、10.89%。个人住房贷款余额占缴存余额的86.4%，比上年增加1.1个百分点。住房公积金支持保障性住房建设项目贷款：2017年，发放支持保障性住房建设项目贷款0亿元，回收项目贷款2.3亿元，累计发放项目贷款31.98亿元。年末，还有1个试点城市，两个试点项目贷款余额11.6亿元。

【购买国债】 2017年，购买国债0亿元，兑付、转让、收回国债0.0021亿元。2017年末，国债余额0.77亿元，比上年减少0.0021亿元。

【融资】 2017年，融资5.58亿元，归还6.86亿元。年末，融资总额60.79亿元，融资余额17.43亿元。

【资金存储】 2017年末，住房公积金存款326.48亿元。其中，活期21.24亿元，1年（含）以下定期173.82亿元，1年以上定期86.43亿元，其他（协定、通知存款等）44.99亿元。

【资金运用率】 2017年末，住房公积金个人住房贷款余额、项目贷款余额和购买国债余额的总和占缴存余额的86.95%，比上年增加0.99个百分点。

【规范住房公积金管理】 为确保住房公积金业务平稳运行，要求各中心把业务平稳运行工作的相关内容，作为管委会会议审议的内容之一。建立健全风险评估机制，政策调整要及时报备，不得随意暂停业务办理，建立健全新闻发言人制度和突发事件报告制度，加强宣传和舆论引导，营造良好社会舆论氛围。

【完善个人住房异地贷款制度】 下发《关于住房公积金异地个人住房贷款几个具体问题的通知》，要求各地在原有省内异地贷款业务的基础上，开通全国异地个人住房贷款业务，并对几个具体问题进行了规范，支持职工在全国范围内异地购房需求，保障缴存职工权益。

【住房公积金廉政风险防控工作检查】 辽宁省住房和城乡建设厅统一组织，由厅领导亲自带队，从各中心抽调业务能力强、认真负责的主任、副主任和处（科）长共29人组成7各检查组，对全省住房公积金行业，40项，81个廉政风险点和重点工作开展检查，对全省住房公积金管理机构进行了检查，检查结果全省进行通报，并限期整改，提高全省公积金行业廉政风险防控工作。

【加强和改进住房公积金服务】 推动各地住房公积金综合服务平台建设，要求各地中心结合"双贯标"工作，建立住房公积金综合服务平台，开通符合自身需要的服务渠道，为缴存职工提供多种获得信息和办理业务的方式，做到公开、透明、方便、快捷办理各项业务。与工商部门共享"多证合一"企业登记信息，要求各市中心分时段下载相关企业信息，对共享信息中涵盖的原有事项信息，不得再要求企业提供额外的证明文件，使统一社会信用代码营业执照成为企业唯一"身份证"，使统一社会信用代码成为企业唯一身份代码。通过掌握企业信息，为归集扩面、执法工作提供依据，更好地发挥住房公积金制度作用。

【信息化建设】 推进省级住房公积金监管服务平台（12329短信部分）建设工作。各中心陆续接入省级平台，使用12329短号码给缴存职工发送住房公积金业务短信。各地分批上线使用全国转移接续平台，方便跨设区城市就业人员办理转移接续业务，实现全国范围内办理转移接续业务。继续推动各地"双贯标"工作。3月底在丹东市召开全省"双贯标"工作推进会暨丹东中心"双贯标"工作验收现场会。部、省、市组成联合检查验收组，对丹东中心"双贯标"工作全面验收，提升了各地完成"双贯标"工作的决心和信心。

城乡规划

【推进"多规合一"】 深入开展"多规合一"试点工作，对试点市县进行了工作调度、指导及现场督查，在沈阳召开了全省推进"多规合一"工作现场会，推广了沈阳经验。组织开展了"多规合一"专题研究，完成了《"多规合一"标准体系研究报告》《"多规合一"平台建设研究报告》《"多规合一"

体制机制研究报告》和《"多规合一"综合研究报告》，为全省"多规合一"工作提供指导。启动省级空间规划编制，委托中国城市规划院开展省级空间规划编制的第一个阶段工作。

【规划编制审批工作】 在《辽宁省城镇体系规划》纲要初步成果基础上，组织规划编制单位召开了多次研讨会，为下一步工作明确了方向，深化完善了相关内容。会同省直相关部门超常规工作，迅速组织规划编制单位完成了《沈抚新区总体规划（2017—2040）》编制工作并获省政府批准实施。启动《辽中南城市群规划》编制工作，并完成规划初稿。加快推进东港、凤城、调兵山、庄河市等设市城市城市总体规划编制审批工作。

【历史文化名城保护】 按照住房城乡建设部历史文化街区和历史建筑确定工作要求，积极指导各市县开展历史文化街区申报和历史建筑认定工作，2017年上报省政府公布了辽阳白塔、庆化—东京陵、台子沟、唐户屯等4条街区为历史文化街区。对辽阳市申报国家历史文化名城进行了指导，对全省历史文化保护工作进行了调研，形成《辽宁省历史文化名城名镇名村保护工作情况调研报告》上报省政府。

【城市双修工作】 积极开展生态修复、城市修补工作，下发《关于开展生态修复城市修补工作暨试点申报工作的函》和《关于进一步开展生态修复城市修补工作的通知》，全面部署"城市双修"工作，明确全省"城市双修"工作的目标、实施计划及考核要求确定并公布了鞍山市、盘锦市、朝阳市为辽宁省首批"城市双修"工作试点城市，鞍山市被住房城乡建设部公布为国家"城市双修"工作试点城市。

【城市设计工作】 按照住房城乡建设部城市设计工作的部署，组织开展城市设计试点城市申报工作，向住房城乡建设部推荐大连市、盘锦市、阜新市为城市设计试点城市。经评审，大连市被住房城乡建设部公布为国家"城市设计"工作试点城市。继续指导各地划定城市设计重点区域，深化城市设计内容，发挥城市设计对规划实施效果和建筑设计的管控作用。

城市建设与市政公用事业

【风景名胜区管理】 指导强化风景名胜区管理机构建设，设立了大连海滨——旅顺口风景名胜区管理局；推进风景名胜区规划编制工作，凤凰山、金石滩国家级风景名胜区总体规划得到国家批复；指导青山沟、医巫闾山国家级风景名胜区总体规划修改完善；组织召开鸭绿江、大连海滨——旅顺口、本溪水洞、辉山风景名胜区总体规划省级评审工作；批准五龙山风景名胜区休闲运动区和宗教文化区详细规划，批准辉山风景名胜区、沈阳森林动物园详细规划。加强风景名胜区监督管理，配合住房城乡建设部开展国家级风景名胜区执法检查工作，部署开展省级、国家级风景名胜区执法检查工作，督促风景名胜区做好执法检查整改工作。

【地下综合管廊建设】 按照国务院2017年"再开工建设城市地下综合管廊2000公里以上"工作部署，2017年全省计划开工建设城市地下综合管廊21.57公里：沈阳市南北快速干道综合管廊2.31公里，本溪市威宁大街地下综合管廊6.22公里，朝阳县县城综合管廊13.04公里。全部完成开工建设任务。6月，召开城市地下综合管廊规划编制培训会，对各市开展管廊专项规划编制工作辅导。配合财政部、住房城乡建设部对沈阳市开展2017年管廊试点绩效评价工作。

【生活垃圾分类】 辽宁省人民政府出台《辽宁省城乡生活垃圾分类四年滚动计划实施方案（2017—2020年）》。制定并公布了生活垃圾分类品种目录，对省级试点地区开展了督导工作，加强了生活垃圾处理设施监管。截至12月底，全省累计开展生活垃圾分类居民小区403个，2017年新增278个；开展垃圾分类公共机构331个，2017年新增278个；开展垃圾分类相关企业194个，2017年新增185个；开展垃圾分类行政村639个，2017年新增554个。

【城市园林绿化】 积极创建国家园林城市。2017年指导盘锦市成功创建国家园林城市。继续推进全省城市裸露土地绿化覆盖工程，防治大气扬尘污染，2017年全省完成裸露土地绿化覆盖435公顷。进一步优化营商环境，取消了城市园林绿化企业资质。

【全省城市工作会议】 2017年，辽宁省人民政府先后召开全省城市建设工作座谈会、全省特色乡镇工作领导小组全体（扩大）会议、全省推进建筑业发展工作电视电话会议、全省城乡一体化建设管理工作现场会。通过会议部署，进一步统一思想、提高认识，推进城市规划建设管理工作。

【海绵城市建设】 截至年底，辽宁省30个设市城市已有19个城市基本完成专项规划编制工作，其中，已通过专家审查和经政府批复的16个，正在进行专家审查的3个；其余的11个城市正在开展专项规划编制工作。编制并下发了《全省海绵城市建设技术—低影响开发雨水系统工程设计标准图集》。通过海绵城市建设月报表统计显示，全省设市城市开展海绵城市建设项目135个，估算总投资为25.51亿元，其中，国家试点城市大连庄河市根据海绵城市建设专项规划，确定了122个示范项目，2017年完工项目28个，完成投资10亿元。

【水污染防治】 深入贯彻落实《水污染防治计划》，加快推进《辽宁省水污染防治工作方案》，截至年底，实施城镇污水处理厂提标改造，基本完成38座。实施城市建成区黑臭水体治理，完成整治51条，其中沈阳、大连20条黑臭水体整治已经全部完成，并通过专家验收。制定并下发《辽宁省城镇污水再生利用实施方案》。下发专项通知对现有污泥处理处置设施改造情况进行调查摸底，全省实际完成污泥处理处置设施达标改造24处，对应处理处置75座污水处理厂产生的污泥。

【供热工作】 2017年采暖期全省储煤率为95%，收费率为99%，设备"三修"完成率为100%。实施高效一体化供热，2017年新改扩建热源厂45个，拆除建成区10吨以下燃煤供暖小锅炉486台，改造供热老旧管网2020公里，超额完成省政府下达的任务指标，集中供热率达到97%。本采暖期全省各地共建立应急队伍152个，储备供暖应急煤炭187.85万吨，应急资金1.2亿元，14个市全部出台了城市困难群体供暖救助办法，省、市两级政府共筹集供暖救助资金3.62亿元。本采暖期控制面积内的低保户救助率100%，低保边缘户达到50%以上。辽宁省人民政府组织召开全省冬季供暖保障工作会议，省政府领导对本采暖期供暖及煤炭供应保障工作进行全面部署，并提出"六个确保"，要求各地、各部门和相关企业要从讲政治、过大局的高度，强化措施，确保人民群众温暖度冬。

【燃气工作】 按照辽宁省人民政府"气化辽宁"战略部署，结合工作职责，认真抓好全省城镇燃气隐患排查整治组织督查、规划编制、经营许可证换发监督检查、应急管理等工作。2017年，全省新建和改造供气管网1210公里，燃气普及率达到96.9%。共用8个月的时间以城镇燃气企业、厂站、管网、汽车加气站等设施以及燃气用户用气安全为重点，集中开展了三轮全省范围的城镇燃气安全大检查工作，累计排查燃气用户158.07万户，经营企业986家，及时消除隐患10299项，清理违章占压1035处，进行安全宣传3538次，全年未发生致人死亡燃气事故，燃气事故发生率和死亡人数较往年均有大幅度下降，城镇燃气基本实现了平安稳定供应。

【供水工作】 重点抓好鞍山、阜新、葫芦岛等三市的DMA分区计量省级试点，并积极申报国家试点。以分区试点城市为引领，总结经验，推动全省降低漏损率工作。对全省二次供水设施情况再次进行全面排查，要求各地制定二次供水管理政策，逐步将二次供水建设改造、运营管理纳入到自来水公司统一管理。按照住房城乡建设部相关要求，组织对各地开展城镇供水规范化管理考核情况进行检查。开展全省水质督查，确保饮用水水质安全。力争尽早颁布实施《辽宁省城镇供水用水管理办法》。开展全省节水宣传周活动，组织2018年全省节水型企业、社区申报评审工作。

村镇规划建设

【新型城镇化工作】 印发《2017年全省推进新型城镇化工作要点》《关于做好新型城镇化建设调度工作的通知》，明确省直相关部门和试点地区工作重点，组织开展月、季调度工作。全省城镇化率达67.49%。为贯彻《国家发展改革委关于印发加快推进新型城镇化建设行动方案的通知》，完成《辽宁省人民政府印发关于加快推进全省新型城镇化建设行动实施方案的通知》并印发各地执行。按照《关于开展全省新型城镇化综合试点工作的通知》要求，完成省级新型城镇化综合试点专家评审工作，并以省城镇化工作办公室名义公布首批全省2个市、10个县（市、区）、10个镇新型城镇化综合试点名单。同时，沈阳市辽中区、本溪县、台安县桑林镇、北镇市沟帮子镇等4个地区获批第三批国家新型城镇化综合试点。按照《国家发展改革委办公厅关于开展国家新型城镇化规划（2014—2020年）中期评估的通知》要求，组织专家坚持问题导向，查找薄弱环节，提出工作建议，完成全省新型城镇化规划中期评估工作。

【宜居乡村建设】 下发《2017年辽宁省宜居乡村建设工作要点》，建立工作调度制度。出台《辽宁省人民政府办公厅关于印发深入推进宜居乡村建设实施方案》，明确工作目标、工作任务，落实了相关责任，强化了保障措施。印发《辽宁省人民政府办公厅印发关于开展全省非正规垃圾堆放点排查整治工作实施方案的通知》，明确工作目标、要求、原则，重点工作任务及工作措施等。大力推进县域乡村建设规划和村庄规划试点开展规划编制工作，组织开展乡村规划工作检查，对各地乡村规划许可证的发放情况进行调查统计。出台《辽宁省历史文化名城名镇名村管理办法（试行）》，使历史文化名城名镇名村保护管理工作有法可依。

【特色乡镇】 完成省级特色乡镇培育对象筛查工作。完成全省特色乡镇培育评选工作，并以省政府名义公布沈阳市新民市兴隆堡镇等100个乡镇省级特色乡镇培育名单。成立了由时任省长陈求发担任组长的省特色乡镇建设工作领导小组，办公室设在辽宁省住房和城乡建设厅。全省14个市均参照成立了相应的领导机构。召开全省特色乡镇建设工作领导小组第一次全体（扩大）会议，通报全省特色乡镇建设情况，部署了2017年的重点工作。完成《辽宁省特色乡镇建设标准》《辽宁省特色乡镇创建导则》，启动《辽宁省特色乡镇建设规划编制导则》编制工作。指导组织规划编制工作。基本完成列入2016年50个省级培育特色乡镇建设规划和实施方案编制工作。组织建立建设项目库。据各市上报情况统计，2017年建设项目467个，计划总投资777.1亿元。积极组织开展战略合作，与辽宁省城乡建设集团、中交集团等2家企业签署了战略合作协议。全省特色乡镇建设投资超百亿元。组织开展培训工作。组织14个地级市建委分管领导、村镇处（科、办）负责人，13个国家级特色小镇主要领导以及部分县（市）建设局主要领导赴浙江大学开展特色乡镇建设专题培训工作。开展宣传工作。借助《人民日报》《辽宁日报》《特色乡镇建设专报》等媒体广泛开展特色乡镇建设宣传工作，营造了良好的社会氛围。

【全国特色小镇和美丽宜居示范村镇】 按照国家要求，组织专家筛查和现场实地考核，推荐10个镇推荐申报国家特色小镇，法库县十间房镇等9个镇获批第二批国家级特色小镇。全省有13个镇荣获全国特色小镇殊荣。

【农村危房改造】 完成2016年国家下达2.16万户农村危房改造任务，下达了2017年全省农村危房改造3.05万户任务和3.6736亿元补助资金。

工程建设标准定额

【计价依据编制及宣贯】 编制2017年《房屋建筑与装饰工程定额》《装配式建筑工程定额》《绿色建筑工程定额》等专业定额共计24册并颁布执行。本届定额编制，使全省建设工程施工承发包计价行为向更加科学合理的方向发展，为全省国有投资和国有投资为主的建设项目提供了完善的计价依据。召开全省2017年度定额宣贯会，开展计价依据宣贯，各市造价、财政、审计部门近400名专业人员参加了宣贯学习。组织专业力量赴全省14个城市，面向全省工程造价从业人员宣讲15场，参会人员达8000余人。

【工程造价管理】 开展工程造价咨询企业资质技术审核工作，全年新增甲级工程造价咨询企业8家，乙级工程造价咨询企业6家。全省有工程造价咨询企业269家，其中，甲级工程造价咨询企业104家，乙级工程造价咨询企业165家，专职专业人员6749人，其中，注册造价工程师2283人。2017年，全省工程造价咨询业务收入为10亿元左右，完成的工程造价咨询项目所涉及的工程造价总额约3000亿元。

工程质量安全监管

【概况】 2017年，全省共监督房屋建筑工程30357项，建筑面积24607万平方米，完成建筑业产值3688亿元；市政基础设施工程1052项，造价207.6亿元，全省工程项目地基基础、主体结构和使用安全得到有效保证，工程质量始终保持平稳可控状态。沈阳万科柏翠园二期16号楼等137项单位工程和东港市太平湖·佳地二期住宅小区（B6号楼、B7号楼、C2号-C9号楼、D3号-D9号楼）等4项住宅小区工程荣获2017年度省优质工程。

【责任落实】 进一步强化全省建筑行业安全生产考核工作，将安全生产指标要求、重点工作纳入年度考核，对14个市住房城乡建设主管部门下达目标管理考核责任书。其中，2017年度，沈阳市建委等8个单位及所属建筑安全管理机构为全省建筑行业安全生产工作目标管理考核优秀单位，本溪市建委等4个单位及所属建筑安全管理机构为良好单位。

【规章制度建设】 进一步推进起重机械"一体化"管理，公布了三批（34家企业）进入建机"一体化"企业名录；推行风险预防和控制体系建设，加强危大工程管控，督促企业建立健全危大工程安全管理体系；完善安全生产诚信体系建设，建立不良行为举报平台，公布举报电话和电子信箱，将各类投诉纳入不良记录管理；不断完善安全监管系统，搭建管理部门和企业间信息平台，全省建筑安全监管水平进一步提高。为贯彻落实《中共中央国务院关于推进安全生产领域改革发展的意见》精神，印发《关于加强全省建筑行业安全生产监管的意见》，进一步明确全省建筑行业安全生产监管工作的指导思想、基本原则、工作目标和重点任务。

【安全管理信息化建设】 全省建筑安全监督管理信息系统已经覆盖了14个市和9000多家建筑施工企业，企业安全生产许可证、企业安全生产标准化考核工作实现了电子化管理，全省建筑施工企业安管人员、特种作业人员安全考试、证书管理更加规范，全省工程质量安全信息网进一步更新，为有效监管提供了技术保障。全省14市信息化建设也取得长足进步。

【工程质量治理两年行动】 通过制定配套制度、树立先进典型、全面宣传报道、加强培训教育、强化监督检查、实行月报通报、记录诚信档案等工作措施，扎实推进质量安全提升行动，全面落实"两书一牌"制度。2017年，全省新开工项目两书签署率100%。落实重点时段安全管控措施，制定《关于印发全省春季建筑施工安全隐患排查治理专项行动方案的通知》《关于开展2017年建筑施工安全专项整治工作的通知》，为认真吸取"11.16"和"11.17"坍塌事故教训，下发了《关于切实加强近期全省住建系统安全生产工作的紧急通知》，并组织召开工程质量安全提升行动推进会暨现场观摩会，进一步部署了质量安全提升行动。为做好重要时段安全监管工作，下发《辽宁省住房和城乡建设厅关于印发做好党的十九大期间全省住建系统安全生产工作的方案的通知》《关于切实做好党的十九大和国庆、中秋节期间全省住建系统安全生产工作的通知》《关于切实做好端午期间全省建设系统安全稳定工作的通知》《关于加强建设工程开（复）工质量安全监管工作的通知》等文件，并统一组织开展"两节两会"期间安全督查、开（复）工安全检查、工程质量安全执法检查、安全生产标准化考核、工程质量治理提升行动等检查工作，开展建筑施工现场扬尘污染专项治理、预防施工坍塌专项整治工作。

【安全月活动】 围绕"全面落实企业安全生产主体责任"活动主题，在全省住建系统开展"安全生产月"活动。开展安全生产宣传教育、法律法规知识讲座、公开课、开展"送知识到现场"、发放安全教育读物，组织事故应急救援演练，播放典型事故案例片，开展安全生产警示教育等活动，做到"一人出事故、万人受教育"，取得较好效果。

【控制扬尘文明施工】 全省文明施工管理水平明显提升。2017年，各市积极推进建筑施工现场安装视频监控设施，为推进全省"蓝天工程"，防治大气污染做出贡献。

【教育培训】 组织建筑施工企业安管人员安全生产知识考试60余次，为55000余名三类人员核发安全考核合格证书。

建筑市场

【概况】 2017年，辽宁省建筑业在面临固定投资下降、企业不强等不利因素的情况下筑底企稳，全省完成建筑业总产值3688亿元，同比下降6.1%，降幅较上年度收窄21.4个百分点，其中四季度当季完成总产值1283亿元，同比增长24.9%。实现建筑业增加值1999亿元，同比增长6.3%。2017年出台了《关于促进建筑业持续健康发展的实施意见》等1+1+4系列文件，从推进建筑业供给侧结构性改革和"放管服"改革，优化建筑业市场环境和营商环境，加强建设工程质量和安全管理，强化建筑业从业人员的教育培训和素质的提高等方面促进辽宁省建筑业持续健康发展。为推进装配式建筑发展，印发《关于大力发展装配式建筑的实施意见》，提出到2020年底，全省装配式建筑占新建建筑面积的比例力争达到20%以上；到2025年底，全省装配式建筑占新建建筑面积比例力争达到35%以上。2017年沈阳市被列为全国装配式建筑示范市，沈阳、大连6家企业被列为全国装配式建筑示范基地。为进一步扶持企业发展，省住房城乡建设厅制定了《关于进一步扶持建筑业企业发展的意见》，从加大资质扶持力度，推动整合重组，切实减轻企业负担等三大方面提出20条扶持政策，深化我省建筑业企业改革，促进传统建筑业企业转型升级，着力提升企业核心竞争力。辽宁省在2017年内新增特级企业5家，为1000余家企业办理了不同等级的资质升级或增项，企业结构进一步优化。截止到年底，全省建筑业企业总数达到9000家，其中特级企业15家，一级企业600余家；全省建筑业从业人员112万。

【推进建设领域简政放权】 将施工、监理、招标代理资质省级审批权下放至沈阳、大连、营口三个自贸区。建筑业资质审批时间由住房城乡建设部规定的40天压缩至20天。全省施工许可核发机构从111家增加至154家。取消了对非国有资金投资项目招标限制，由业主自行选择招标方式。建成全省建筑市场监管一体化平台，推进施工项目全过程监管。拆除限制民营企业、外地企业进入本地市场的各种壁垒。

【推进装配式建筑发展】 出台《辽宁省人民政府办公厅关于大力发展装配式建筑的实施意见》和《辽宁省住房和城乡建设厅关于推进新建住宅全装修工作的意见》。与沈阳市政府共同举办"第六届中国沈阳国际建筑产业博览会"。沈阳市被列为全国装配式建筑示范市，沈阳、大连6家企业被列为全国装配式建筑示范基地。

【规范建筑市场管理】 继续落实住房城乡建设部工程质量治理两年行动，打击转包、违法分包等行为。全年全省共查处违法承发包行为98个，其中违法发包74个、转包8个、挂靠5个、违法分包11个，共处罚金1365.7万元。

【预防治理拖欠问题】 印发《关于做好2017年春节前建筑和市政工程项目工程款和农民工工资支付工作的通知》，布置开展专项排查工作。集中督办43项欠薪案件。召开全省住建系统安全维稳会议，印发《关于开展全省住房城乡建设领域工程项目欠薪欠债问题专项整治活动的通知》，布置开展专项排查和整治工作。全年全省各级住房城乡建设部门自行及协助人社部门查处拖欠农民工工资案件298件，涉及项目169个，涉及农民工10893人，清欠金额9595.1万元。

【完善招标投标管理】 推进电子招标投标工作。2017年施工类项目电子评标率达72%，网上报名率达100%。积极与公共服务平台对接，在上半年全国公共资源评比中，辽宁省连续3个月排名进入前三。制定《房屋建筑与市政工程电子招标投标技术标准》，积极开展平台涉企收费整改，推动平台拆分及交易平台市场化运作。

【加强监理行业管理】 资质结构不断优化，全省共有监理企业322家，其中综合资质3家，甲级资质139家。规范合同备案管理，完善与施工许可系统对接选取功能，强化对不使用合同示范文本、合同内容不规范、监理恶意取费等情形的审查，加强对入辽监理企业项目组成人员与投标承诺是否一致的审查。推动监理行业转型创新，贯彻住房城乡建设部《关于促进工程监理行业转型升级创新发展的意见》，推动监理企业依法履责、创新服务模式。

建筑节能与科技

【新建建筑节能】 全省城镇新建建筑节能标准执行率在设计阶段保持100%，年底编制完成《居住建筑节能率75%设计标准》。组织开展全省建筑节能与绿色建筑专项检查，对全省14个地级市进行抽查，共检查在建项目24项，竣工项目8项，下发整改通知单14个，共涉及企业33家48个问题。2017年全年全省城镇新增建筑面积6885万平方米，全省累计建成节能建筑面积5.5亿平方米。沈阳建筑大学完全应用自身技术建成中德示范节能研究中心。

【绿色建筑及绿色建材推广】 落实国家及省"绿色建筑行动方案"要求，沈阳、大连、抚顺、本溪、锦州等市出台市级实施方案，大力推动绿色建筑发展，一些政府投资的公共建筑和大型公建按照绿色建筑标准建设，2017年全年建成绿色建筑面积1035万平方米。各地施工图审查机构按照《辽宁省绿色建筑审图要点》要求严格把关，各地开工绿色建筑占新建建筑比例显著提高。

【既有居住建筑节能改造】 指导和督促各市开展既有居住建筑节能改造工作，沈阳市和葫芦岛市完成430万平方米的改造。组织专家对抚顺市、岫岩县、新宾县和朝阳市等市县的改造项目进行了省级验收。会同辽宁省财政厅再次向住房城乡建设部上报了辽宁省2014、2015年已经完成能效测评及验收的改造面积共计2041.95万平方米。

【公共建筑节能】 继续进行能耗监测平台建筑末端采集系统建设。完成第四期20栋的建设工作，新增监测建筑面积36万平方米，新增电耗监测点位536个，热耗监测点位10个，水耗监测点位11个。完成2016年度全省民用建筑能耗和节能信息统计工作。统计城市民用建筑基本建筑信息416栋，总建筑面积达419万平方米，总能耗14.15万吨标煤。完成全省公共建筑能耗监测平台数据系统2017年运行维护的招标。

【可再生能源建筑应用】 继续推进可再生能源技术建筑应用。以文件形式下发2017年推广任务指标，分解落实"十三五"期间完成2000万平方米地源热泵供热面积的指标，召开地源热泵工作推进会议。加快推进国家可再生能源示范市县验收，召开验收布置工作会议，开展实地调研督导，组织专家研讨，对验收标准、条件和要求进行论证，并对验收工作进展缓慢的实现下达了验收督办函。组织可再生能源技术有关科研课题进行验收，已经验收课题15项。编制、修订《辽宁省海水源热泵技术规程》等4项可再生能源技术地方标准。建立可再生能源统计报告制度，不断提高可再生能源统计信息的及时有效性。截至年底，全省累计完成地源热泵技术建筑应用面积401.5万平方米，太阳能建筑应用面积285.9万平方米。

【绿色建材】 积极推进高性能混凝土试点省工作，沈阳、锦州、葫芦岛出台市级《推广高性能混凝土试点工作方案》，组织有关企业和项目开展试点工作。开展绿色建材评价相关工作，与辽宁省经信委联合出台《关于开展绿色建材评价标识和高性能混凝土推广应用工作的通知》文件，确定5家绿色建材评价机构。

建设人事教育工作

【干部选拔任用】 坚持党管干部原则，坚持好干部标准，严格执行《党政领导干部选拔任用条例》，紧紧围绕突出政治标准和强化"四个意识"选拔任用干部，强化干部管理监督，不断激发厅直机关干部队伍生机活力。2017年，提任正厅级干部1名，副厅级领导干部3名，调研员4名，副处级领导干部8名，副调研员2名；交流轮岗正处级领导干部8名，接收军转干部2名，选派援疆干部1名，选派援藏专业技术人才1名；厅直单位提拔1名正处级和1名副处级领导干部；完成了厅机关公务员和厅直单位领导班子和领导干部2017年度考核工作。

【干部管理】 组织厅机关和直属单位92名副处级以上干部对2017年度个人事项按首次填报要求详细、全面、规范地进行了填报。对37名领导干部进行重点核查和随机抽查，对核查中发现的问题进行了调查处理。

【机构编制管理】 2017年，按照辽宁省人民政府印发的《辽宁省人民政府办公厅关于印发辽宁省住房和城乡建设厅主要职责内设机构和人员编制规定的通知》要求，对工作职责、内设机构和人员及时进行了调整。组织各处室对"新三定"规定中明确加强、取消、整合的职责是否到位、行政审批事项是否集中办理等十项内容进行了自查。内设机构调整全部就位，撤销政策法规与行业发展处、信访处，设立政策法规处（信访处）；机关党委办公室与人事处（离退休干部处）合署办公，设立机关党委办公室（人事处、离退休干部处）；撤销建筑市场管理处、建筑企业管理处、招投标监管处，设立建筑业监管处；撤销稽查办公室，设立城市管理监督局；规划处更名为城乡规划处；办公室（离退休干部处）更名为办公室。

【深入推进事业单位分类改革】 2017年，根据《省委办公厅、省政府办公厅关于印发〈辽宁省深入推进事业单位分类改革实施方案〉的通知》要求，对厅直事业单位优化调整进行了前期工作，摸清了各单位人员编制、实有人员、空余编制的底数。理清了各单位的性质和工作职责，多次与省编办、省人社厅进行沟通协调，并报送了优化调整方案。

【社团清理规范工作】 2017年，对现有2家协会进一步开展清理规范，积极推进省建设执业注册师协会办理注销手续和省土木建筑学会办理主管部门变更手续，加强对退休领导干部在社团兼职工作管理和清理规范，对符合文件要求的退休领导干部拟继续在协会兼职的，按干部管理权限履行审批手续。目前，我厅共有8名省管退休干部、9名厅管退休干部按干部管理权限经审批后在协会兼职。

大事记

1月19日，辽宁省省住房和城乡建设工作会议在沈阳召开。省住房城乡建设厅党组书记、厅长魏举峰做了工作报告，总结过去五年特别是2017年全省住房城乡建设工作，部署2018年任务。

2月7日，辽宁省召开全省化解产能暨棚改工作会议，省住房城乡建设厅党组书记、厅长魏举峰出席会议并讲话，要求各地认真抓好今年棚改工作，确保完成年度任务目标。

2月9日，辽宁省召开全省优化营商环境建设年电视电话会议。会议总结过去一年全省营商环境建设工作，安排部署当前和今后一个时期全省营商环境建设任务。

3月9日，省住建厅召开党组扩大会议，传达学习贯彻习近平总书记在参加辽宁代表团审议时的重要讲话精神。

5月16日，省住房城乡建设厅召开了推进全省县城房地产去库存和棚改工作电视电话会议。

6月5日，辽宁省人民政府召开全省特色乡镇建设工作领导小组第一次全体（扩大）会议。时任省长陈求出席并讲话。

6月26日，省住房城乡建设厅组织召开了全省住建系统优化营商环境电视电话会议。省住建厅党组书记、厅长魏举峰到会并讲话。

同日，省住房城乡建设厅组织召开全省城市黑臭水体整治工作电视电话会议在。省住建厅党组书记、厅长魏举峰到会并讲话。

8月1日，由省住房城乡建设厅（省城乡规划委员会办公室）主办的"全省推进'多规合一'工作现场会"在沈阳召开。

11月6日，辽宁省特色乡镇建设工作领导小组办公室在海城市召开全省国家级特色小镇建设工作推进会议。省特色乡镇建设工作领导小组办公室主任、省住建厅党组书记、厅长魏举峰同志出席会议并讲话。

（辽宁省住房和城乡建设厅）

吉 林 省

概况

2017年，吉林省住房城乡建设工作主要有：加快伊通河百里生态长廊工程建设。此项目治理方案复杂、施工难度大，及时组织专家论证和技术支持，聘请国内专家对长春市伊通河沿岸景观建设方案进行审查论证，指导长春市在推进黑臭水体治理同时，推进伊通河沿岸景观建设更加生态、自然，工程已完成投资97.64亿元。

全面完成白城市国家海绵城市建设试点任务，完成投资23亿元。累计完工项目279项，完工比例100%，累计完成投资43亿元，占工程建设总投资的99%。

坚持分类调控，因城因地施策，培育住房租赁市场，支持居民满足合理住房需求，探索建立符合实际、适应市场规律的基础性制度和长效机制，促进房地产市场平稳健康发展，棚改货币化安置比例达到55%，提前完成商品房去库存三年任务。

启动改善农村人居环境四年行动计划，创建3000个"保障基本型"达标村庄。省内50个市、县，三种类型重点村共创建完成3460个，并全部通过达标验收。其中保障基本型村庄1516个，环境整治型村庄1351个，美丽宜居型村庄593个。

长春市城区内基本消除黑臭水体，其他城市完成60%的黑臭水体治理工程任务。全省97处黑臭水体中，已开工的有92处，占94.8%，已完成投资47.09亿元。

加快保障性住房建设，改造各类棚户区11.5万套。已开工11.9万套，完成年度计划的103.4%。计划基本建成10.73万套，已完成11.9万套，完成年度计划的110.9%。计划完成投资200亿元，已完成313.87亿元，完成年度计划的156.94%。

改造农村危房4.8万户，优先保障建档立卡贫困户农村危房改造。住房城乡建设部第5督查组对吉林省农村危房改造工作进行督查，吉林省取得了总分89分、全国排名第6的成绩。全省4.8万户建档立卡贫困户农村危房任务全面完成。

开工建设城市地下综合管廊120公里。在住房城乡建设部、财政部组织的中期评估中，四平市位列国家第二批试点城市第一名。截至11月30日，新建项目开工121.67公里，形成廊体36.85公里，完成投资22.92亿元。

改造农村厕所15万户，全省15万户农村厕所改造任务，已完工151138户，超额完成1138户。

深化城市执法体制改革，完成市、县两级政府城市管理领域的机构综合设置，实现执法制式服装和标志标识的统一。

全省水库移民工作取得积极进展。代省政府审核了辉南县应急备用水源工程等27个"停建令"，审查批复了移民安置规划大纲、移民安置报告等前期要件64个。通过做好新建、在建水利水电工程征地补偿移民安置工作，保障了水利水电工程建设的顺利实施，维护了移民的合法权益。2017年，全省共争取、落实移民资金4.68亿元。其中，共为12.21万人发放直补资金0.75亿元，落实民生项目1568个、涉及资金3.93亿元。

法规建设

【行业新规】 出台2部地方性法规，3部省政府规章，修订1部省政府规章《吉林省建筑市场条例》，完成《吉林省城市地下综合管廊管理条例》等4部地方性法规和省政府规章出台前的准备工作。开展《吉林省物业管理办法》、《吉林省城市污水处理特许经营管理办法》等2项立法后评估工作。

【行政职权梳理】 对700余项行政职权进行全面梳理，确定保留行政许可、行政处罚、行政确认等行政职权共8大类319项行政职权，对每项行政职权的名称、设置依据、运行流程、受理条件、受理材料、监督电话等作出明确规定，对社会公开，使权力受到监督。随着"放管服"改革的不断深入，对权力清单适时进行动态调整和公开。

【行政审批】 共取消、下放5项行政审批事项，其中，取消"城市园林绿化资质""物业服务企业二级及以下资质"；取消"房地产估价机构二、三级资质"，改成备案；主动将"燃气企业经营许可证审批权限""房地产开发企业四级、暂定级资质核定"下放至市、县行政主管部门进行审批。取消、下放的行政许可事项占总许可事项的30%。

【规范性文件清理】 印发《关于开展规范性文件清理工作方案》，转发省政府《关于开展规范性文件清理工作的通知》，出台《吉林省住房城乡建设厅规范性文件管理办法》。共清理地方性法规、省政府规章59部。其中继续有效的地方性法规8部，省政府规章23部；需要修改的地方性法规1部，省政府规章9部；废止的地方性法规1部，省政府规章9部；失效的省政府规章有8部。清理规范性文件325件。其中，继续有效的规范性文件69件，修改的规范性文件62件，废止的规范性文件97件，失效的规范性文件98件。

房地产业

【概述】 2017年，全省房地产行业继续推动房地产去库存工作，坚持分类调控，因城因地施策，培育住房租赁市场，支持居民满足合理住房需求，营造良好的房地产市场发展环境，房地产市场平稳保持健康发展。全省房地产开发投资完成910亿元，商品房销售面积1885万平方米，提前1年完成商品住房去库存三年任务。

【房地产调控】 研究化解房地产库存的政策措施。在上年已出台去库存20条政策基础上，又以吉林省政府名义印发《关于进一步做好化解房地产库存工作的通知》，重点围绕支持和鼓励农民进城购房等10个方面，进一步聚焦和细化政策措施，积极推动全省化解房地产库存工作。全省已批准预售尚未销售的商品房库存面积4572.9万平方米，比2015年底减少900万平方米，库存下降16.4%；其中，商品住房库存面积2703万平方米，比2015年底减少952.2万平方米，库存下降26.1%，占3年化解全省商品住房库存940万平方米任务的101%。加强督导，下发《关于报送化解房地产库存实施细则备案的督办函》，督促13个未制定去库存政策的县（市），出台配套政策，13个城市均按照时限要求完成了备案工作。对各城市房地产去库存工作，采取政府购买服务方式，进行检查评估。根据第三方中介机构的检查评估结果，会同省财政厅向省政府上报奖补资金分配意见，对长春市等综合打分前10名的城市分别下拨奖补资金共1亿元。

【住房租赁试点】 下发《关于贯彻落实〈吉林省人民政府办公厅关于加快培育和发展住房租赁市场市场意见〉的通知》（吉建房〔2017〕9号），召开住房租赁试点工作调度会，听取长春、吉林、四平、通化等4个试点城市的工作进展情况，实地调研研究分析困难和问题，部署推进试点工作。提出试点模式，制定《吉林省培育住房租赁市场试点工作实施方案》（吉建房〔2017〕21号），提出政府组织模式、政府委托模式、企业组织模式和搭建住房租赁有形市场模式等4种试点模式。争取政策性贷款支持，到开行吉林省分行协调住房租赁试点贷款支持，处会同国开行、省开行实地调研四平市住房租赁试点项目，研究落实政策性贷款申报事宜。推进住房租赁综合服务平台建设。12月7日，省住房城乡建设厅与中国建设银行吉林省分行签订住房租赁工作战略合作协议，共同建设吉林省住房租赁综合服务平台，省建行未来5年向租赁主体意向性授信300亿元。

【房地产市场秩序整治】 下发《吉林省住房和城乡建设厅关于做好房地产市场秩序专项整治工作的通知》（吉建房〔2017〕14号），严肃查处扰乱房地产市场的违法违规行为，净化房地产市场环境，稳定市场预期，保障房地产交易安全。会同吉林省发改委等9部门转发《住房城乡建设部等部门关于加强房地产中介管理促进行业健康发展的通知》，提出建立部门联动机制、严格中介机构备案管理、强化行业信用管理、加强中介市场监管等具体措施。下发《关于做好整顿规范房地产市场秩序督查相关工作的通知》（吉建房〔2017〕28号），全面梳理总结整顿规范房地产市场秩序工作和做法，做好11个方面自查工作，按时向住房和城乡建部上报《关于报送整顿规范房地产市场秩序工作自查情况的报告》。

【物业管理】 赴浙江省和湖南省学习考察物业管理工作，分别与两省住建厅、杭州市、长沙市住建委、部分物业企业负责同志进行了座谈，实地考察专业化物业管理和社区治理的小区，形成了调研报告。赴福建省和江苏省学习老旧住宅加装电梯工作；配合省人大法工委完成物业管理条例年度立法计划申请；及时下发《关于暂停办理物业服务企业二级及以下资质认定的通知》，取消物业二级及以下资质审批；组织开展物业服务示范项目考评工作，充分发挥示范项目的带头引领作用，进一步提高物业服务水平，28个项目获得"吉林省物业服务示范项目"称号；联合省工会，组织了吉林省第一届"物业管理行业职业技能竞赛"，选派优秀选手参加了首届"全国物业管理行业职业技能竞赛"，吉林省电工刘巍取得全国第五名，被授予"全国住房城乡建设行业技术能手"称号。

【房屋征收】 全省国有土地上房屋征收工作以棚户区改造为重点，坚持围绕中心，服务大局，全年完成征收（拆迁）7.68万户，同比增加2.73万户，完成量提高55.1%，全年申请法院强制执行420件、428户，法院裁定312件、315户，实际执行194件、235户。确保了全省棚户区改造的顺利实施，也为重大项目落地、城市建设发展创造了条件。

【房屋征收机制】 建立提前启动机制，为确保棚改项目按时开工，推动各地提前谋划实施房屋征收。打破冬季不征收的惯例，开展房屋征收冬春攻坚，实现早启动、早实施；落实实地推动机制，2月对全省房屋征收工作进行了统一调度，3月深入吉林、松原、白城等10个市县调研督导，通过实地踏查、政策解答、座谈交流，共同研究破解难点问题；实施调度通报机制，每月5日前，各地报送房屋征收进展情况，并排名通报各地政府，对进展缓慢的进行一对一调度；完善经验交流机制，创办了《房屋征收信息》，总结吉林市、通化市、梅河口市等地冬春攻坚、司法强迁的经验做法，供各地学习借鉴，并在全国房屋征收工作座谈会上书面交流经验。

【房屋征收规范】 出台《关于进一步规范国有土地上房屋征收有关工作的通知》，对征收现场办公室设置、征收信息公开、工作人员行为规范、征收评估管理等内容进行了细化明确；规范补偿协议文本，针对各地征收补偿协议内容不规范、格式不统一等问题，印发了《房屋征收补偿协议示范文本》；推进信息化建设。为进一步实施阳光征收，积极推进房屋征收信息系统建设，逐步实现补偿协议网上审查、网上签约。经各地申报，确定20个市县为第一批实施单位，目前已经完成网络安装调试和业务培训。

保障性安居建设

【概况】 2017年，吉林省各类棚户区改造开工11.9万套，完成年度计划103.4%。其中，货币化安置7.8万套（政府购买1.6万套，占20.5%；政府搭桥2.6万套，占33.3%；直接货币补偿3.6万套，占46.2%）。基本建成13.04万套，完成年度计划的124.2%。新增发放租赁补贴1.14万户，完成年度计划162.8%。完成投资331亿元，完成年度计划的165.5%。2008年以来，累计建设公租房33.62万套，截至年底已累计分配31.86万套，分配率94.7%。据住房城乡建设部通报，吉林省公租房分配率位列全国第二位。其中2017年分配公租房2.21万套，完成年度计划的101.8%。

【加强指导】 印发《关于加快推进棚户区改造工作的通知》（吉安居办〔2017〕10号），指导各地抢抓政策机遇，全面做好棚改项目落地、项目审批、用地供应、资金筹集、房屋征收、货币化安置等工作。坚持"抓两头、促中间"，对各地实施"点对点"指导、包保服务和跟踪督查，督促各地加快推进棚户区改造工作。到9月底，全省棚户区改造工作提前超额完成全年任务，据住房城乡建设部通报，吉林省是9月底全国17个开工率达到100%以上的省份之一。

【拓宽融资渠道】 制定出台《关于转发进一步加强棚户区改造项目和资金管理的通知》（吉建联发〔2017〕70号），会同吉林省发改委、省财政厅争取国家资金52.15亿元，落实省级配套资金1.28亿元，为各地实施棚户区改造提供了资金保障。会同国开行、农发行出台《关于进一步做好棚户区改造贷款相关工作的通知》（吉建联发〔2017〕10号），有效解决制约棚改贷款进度的瓶颈问题。组织各地政府上报棚改贷款工作方案，逐个市县制定完成时间表、路线图，完善相关审批手续。2017年，全省棚户区改造共需贷款223.50亿元。截至12月31日，全省棚改项目已取得授信（审批）总额度为338.27亿元。

【棚改规划】 会同省发改委等6个部门，组织各地政府对辖区内现有棚户区进行了调查摸底、系统排查，编制了2018～2020年棚户区改造计划。据统计，全省2018～2020年计划改造各类棚户区26.65万套。力争到2020年底，基本完成全省城市和县（市）政府所在地城镇建成区范围内的棚户区改造任务。

【公共租赁住房】 财政和国土部门制定出台《关于进一步做好公共租赁住房有关工作的实施意见》（吉建联发〔2017〕66号），明确了盘活原则、盘活范围和用途、盘活程序、盘活处置后项目统计和资金管理、盘活后续管理等内容，就公租房调整为棚户区改造安置用房的项目，长期停建退出公租房管理的项目，公租房调整扶贫拆迁，城市危房避险搬迁、救灾、"双创"基地、文化教育、养老等重大项目的安置用房，对2012年前因单套建筑面积超过50平方米且已完成建筑面积未完成建设套数的公租房项目明确了具体盘活规定和要求。

住房公积金管理

【住房公积金管理】 截至年底，当年归集298亿元，发放贷款200亿元，提取197亿元，比2016

年分别增长9.28%、−8.48%、6.26%。在吉林省12个住房公积金管理中心（分中心）考核中，吉林、四平、长春3个中心及省直分中心被评为优秀等次，其他8个中心（分中心）为合格等次。

【住房公积金管理制度】 修订《吉林省住房公积金业务管理工作考核办法》及《考核细则》，提高廉政风险防控、信息化建设等项目的分值。8月，依据《中华人民共和国档案法》《住房公积金管理条例》等法律法规，结合吉林省工作实际，印发《吉林省住房公积金业务档案管理办法（试行）》。

【住房公积金管控】 4月，完成全省住房公积金信息公开共享，并在住房城乡建设厅官方网站进行公示接受社会各界监督。9月，对全省廉政风险防控组织开展、长效机制建立、防控措施等情况进行了重点检查。

城乡规划

【城乡规划】 完成吉林省委、省政府委托制定的《中共吉林省委省政府关于进一步加强全省城市规划建设管理工作若干意见责任分工的意见》，于7月按照省政府的要求，以省住房城乡建设厅名义印发全省执行。制定印发《吉林省加强城市规划管理、提升城市规划质量三年行动工作方案》。

【省域城镇体系规划】 制定《省域城镇体系规划修编工作方案》。将国家"空间规划""多规合一"的理念和要求融入省域城镇体系规划中。积极支持和指导长春市开展相关规划试点工作。

【规划审查和专项规划编制】 召开大安市城市总体规划实施评估专家评审会，长白山保护与开发总体规划纲要专家论证会，加强各地总体规划编制审查；组织专家审查了吉林市、白山市、珲春市等地海绵城市专项规划。加强了专项规划编制规范工作。制定印发城市地下空间开发利用规划导则、大纲、深度和技术要求等4部技术标准；制定印发《吉林省海绵城市专项规划编制要求》，全面规范专项规划的编制工作。

【开展"城市双修"】 印发《吉林省松花江流域景观规划设计总体思路》和《滨河岸线城市景观规划设计指引》。编制松花江流域综合治理工程景观设计，将沿线城市的功能提升、景观营造、自然环境改造等工程统一纳入综合项目库。着手制定"城市双修"规划编制标准。起草了《吉林省关于开展城市功能修补和生态修复工作的指导意见》。

【违法建设专项治理】 全面完成全省50个市、县城市建成区违法建设再核查工作。全省违法建设总占地面积432.5万平方米，约占全省城市建设城区用地总面积的0.22%；违法建设总建筑面积578.7万平方米，约占全省总建筑面积的0.9%。组织召开了全省违法专项治理工作座谈会暨统计培训会，对各地违法建设统计人员进行了专题系统培训。至8月底，全省各市、县已查处违法建设总建筑面积305.95万平方米，已完成全省五年行动目标总量的52.87%，超额完成2017年底50%的工作目标。

【历史文化街区划定和历史建筑】 制定《吉林省关于开展城市功能修补和生态修复工作的指导意见》。与省文化厅联合印发《关于进一步加强吉林省历史文化街区划定和历史建筑确定工作的通知》。会同省文化厅组织召开全省历史文化街区划定和历史建筑确定工作推进暨培训会，对历史文化街区划定和历史建筑确定的标准、报批程序及历史遗存的调查途径、评估价值等方面进行培训。创新全省历史文化街区和历史建筑的普查工作方式。全省确定历史文化街区6处，历史建筑23处；移交专家审核鉴定的潜在历史文化街区15处，历史建筑186处。

【规划监督管理】 制定规范全省规划管理。制定印发《吉林省建设用地规划条件管理办法》《吉林省城乡规划行政许可审批指导意见》等政策文件。建立省级城乡规划成果备案管理制度。全面开展县级以上城市总规和控规编制成果备案工作。截至年底50个市、县中完成总规备案32个，完成控规备案13个。全面加强规划项目审批管理。规范了规划项目"一书两证"审批管理，实行省级备案，公示制度，对新建项目违法建设"零容忍"。建立了全省城乡规划和城市设计专家库，启动城乡规划巡查员遴选工作。研究制定省级城乡规划信息管理平台建设方案。建立以为项目建设为主线的项目规划建设全过程管理信息平台。

城市建设

【城市地下综合管廊建设】 2017年全省17个城市115条路段共计310.1公里综合管廊开工，形成廊体80.77公里，完成投资59.09亿元，其中，新建项目开工121.67公里（完成省政府年初制定新开工120公里任务），形成廊体36.85公里，完成投资22.92亿元；续建项目开工188.43公里，形成廊体43.92公里，完成投资36.17亿元。全面完成国家、省政府制定的各项任务指标。力推《吉林省城市地下综合管廊管理条例》正式出台。7月28日吉林省政府2017年第7次常务会议讨论并通过了将《吉林省城市地下综合管廊管理条例》以省政府议案形式提交省人大常委会审议，省人大已就《吉林省城市地下综合管廊管理条例（草案）》征求意见组织召开多次座谈会并赴省内多地进行立法调研。探索新型管廊建设模式。装配式钢制管廊。3月13日，与省工信厅组织专家，成立考察调研组，前往河北省武邑县，进行为期三天的考察，为下一步解决省内钢铁企业产能，出台钢制管廊发展规划及标准提供了可借鉴经验。

【海绵城市建设】 截至12月底，白城市海绵城市建设项目共计279项，累计完工项目279项，完工比例100%；完成22平方公里示范区面积；2017年完成投资23亿元，超额完成任务。长春市2017年海绵城市道路及公园项目开工建设61项，现已完工44项，其余17项为续建工程；完成5处积水点改造项目。四平市海绵城市建设计划投资2亿元，计划改造项目50个，实际改造项目70个，完成投资2.48亿元。改造项目总面积约119万平方米，雨水管线改造2.9万米，污水管线改造3.4万米，新建污水井3771个，透水砖铺装14.5万平方米，透水混凝土和透水沥青铺装42万平方米，绿化面积约11.2万平方米。通化市海绵城市建设主要对2个项目进行建设。

【黑臭水体整治】 制定并下发《贯彻落实水污染防治行动计划实施方案》（吉建城〔2017〕52号），下发《全省城市生态保护与建设实施方案（2017—2020年）》（吉建联发〔2017〕42号），将黑臭水体整治工作作为生态保护与建设的重要内容。下发《关于转发2017年第三季度全省黑臭水体整治工作进展情况通报的函》（吉建函〔2017〕880号），转发住房城乡建设部通报并提出2018年工作目标和重点及下一步工作要求和安排。推动黑臭水体整治进度，分别在4月末、6月初和9月末多次组织召开全省黑臭水体治理工作调度会、推进会，全面贯彻黑臭水体整治要求，落实河长制，进一步明确工作重点和任务目标。全省97处黑臭水体中，已开工的有92处，占94.8%，已完成投资47.09亿元。长春市75处黑臭水体治理项目均处于工程开工阶段，其中46个水体黑臭现象已基本消除，剩余29个水体正在施工中。对长春市12处黑臭水体以及吉林省城市的14条黑臭水体进行重点挂牌督办。同时配合住房城乡建设部对长春市12处重点挂牌督办水体治理情况逐一进行现场检查和督导。

【污水治理】 完善制度，下发《关于进一步加强全省城市（县城）污水处理工作的通知》（吉建城〔2017〕43号）、《关于核实上报城市（县城）生活污水处理及再生利用设施设备建设及运营情况的通知》（吉建城〔2017〕51号）、《关于印发贯彻落实水污染防治行动计划实施方案的通知》（吉建城〔2017〕52号）、《关于转发2017年第三季度全国城镇污水处理设施建设和运行情况的通报的函》（吉建城〔2017〕882号）等文件。盘活收回市县城镇污水处理设施配套管网和城市管网中央专项资金3068.65万元，以奖补的方式提请省财政对东辽、汪清、永吉、伊通等市县污水管网改造建设项目予以支持。

【城市生活垃圾处理】 完善生活垃圾处理工作监督考核机制，出台《吉林省城市生活垃圾处理考核评价办法》，制定《推行生活垃圾分类处理的实施方案》（征求意见稿）。城市道路清扫保洁面积17741万平方米，其中机械化清扫保洁面积10853万平方米。生活垃圾清运量496.95万吨，生活垃圾无害化处理场（厂）16座，无害化日处理能力11280吨，其中，卫生填埋5678吨；焚烧5602吨，生活垃圾无害化年处理量355.3万吨，生活垃圾无害化处理率71.5%。城市生活垃圾转运站816座，公共厕所3417座，城市市容环卫专用车辆设备总数6548辆，开工建设2座焚烧发电厂，处理规模1400吨/日。8月至9月，迎接中央环保督查组检查，10月，对全省8座生活垃圾处理场进行无害化等级评定。

【城市园林绿化】 新增城市绿地1135公顷，建成各类城市公园23个。对3个省级园林城市（通化市、和龙市、双辽市）和2个省级园林县城（柳河县、东辽县）进行了复查。重点打造四个园林城市群，即：长春地区园林城市群、吉林地区园林城市群、通化地区园林城市群和延边州园林城市群，目前延边州已率先建成园林城市群。对白山市、白城市和松原市城市绿地系统规划进行专家论证，并提出评审意见。

【风景名胜区管理】 下发《吉林省住房和城乡建设厅关于加快推进风景名胜事业健康发展的通知》（吉建城〔2017〕21号）和《吉林省住房和城乡建设厅关于开展国家级风景名胜区总体规划评估工作的通知》（吉建〔2017〕25号），要求2018年底前完成总体规划修编工作，2020年底前完成景区详细规划编制工作。

【城市地下管网改造】 全年计划完成地下管网改造2000公里，实际完成2823公里。其中供水624公里，排水381公里，燃气519公里，供热1299公里。

【城镇燃气管理】 开展燃气企业反恐怖防范工作标准、安全标准化建设、危险化学品安全风险评估、重大危险源辨识等工作。会同省反恐办转发

《城镇燃气行业反恐怖防范工作标准》，下发《关于开展城镇燃气经营企业安全标准化建设的通知》（吉建城〔2016〕82号）、《关于进一步规范燃气企业安全标准化评审备案工作的通知》（吉建城〔2017〕79号）、《关于规范燃气企业安全生标准化证书格式的通知》（吉建城〔2017〕15号）、《关于加强燃气行业重大危险源辨识评估、监控、建档备案工作的通知》（吉建城〔2017〕41号）等文件，将城镇燃气行业反恐怖防范工作的人防、物防、技防、安全管理和应急预案等同步落实。目前，已在重点行业、重点企业，明确试点单位和推进时限，年底各项工作已经落实。

突出老旧管网改造和风险防范。按照国家老旧管网改造要求和吉林省燃气老旧管网改造计划，2017年计划改造老旧管网504.5公里，吉林省仍有陈旧老化燃气高风险管网837.19公里，对不能即时改造的风险管网，各企业都增加专业巡线检测频次，明确管道监护责任，进行风险评估，配备高精度监测设备，采用监控和钻孔等检测手段做好监护监控工作。

【城市供热】 至12月底，新增供热能力1680兆瓦，实际新建锅炉22台，新增供热能力1684兆瓦；计划撤并分散燃煤采暖锅炉房150座，实际撤并改造246座。计划改造陈旧供热管网1200千米，实际改造管网1118.9千米，未完成改造任务。主要原因是各供热企业将资金用于建设改造脱硫除尘设施，造成管网改造资金不足。完善城市供热制度，3月初，组织编制《城镇供热系统调控设计技术规程》，已完成《技术规程》初稿。修改完善《吉林省城镇供热行业规范化服务考核方案》，并组织开展了两次规范化服务考核。

【城市管理监督】 专案稽查共受理有效举报案件共计190件，其中网络举报101件、住房城乡建设部转办66件、邮寄7件、领导批示6件、直访4件、电话举报4件、处室移交2件。对每一件举报案件，严格依据相关法律、法规和《住房和城乡建设领域违法违规行为举报管理办法》进行调查处理。

【城市执法体制改革】 7月18日，吉林省编制委员会办公室批复同意住建厅增设城市管理监督局，为正处级行政机构，完成市、县两级政府城市管理领域的机构综合设置，实现执法制式服装、门楣和车辆标志标识的统一。全省已有46个市县出台了改革实施方案，46个市县城市管理部门完成了机构综合设置，38个市县城市管理部门完成了执法人员新式服装的换装工作。

【集中行使处罚权】 11月13日，按照《中共中央国务院关于深入推进城市执法体制改革改进城市管理工作的指导意见》（中发〔2015〕37号）、《中共吉林省委吉林省政府关于深入推进城市执法体制改革改进城市管理工作的实施意见》（吉发〔2016〕42号）要求和省编办《关于省住房和城乡建设厅增设城市管理监督局的批复》（吉编行字〔2017〕160号）精神，参照《住房城乡建设部关于印发集中行使部机关行政处罚权工作规程的通知》（建督〔2017〕96号），制定《集中行使厅机关行政处罚权工作规程》，33个市县实现了住房城乡建设领域行政处罚权的集中行使。

【城建档案管理】 4月，组织召开全省城建档案工作座谈会；并印发《2017年全省城建档案工作要点》。6月份，组织全省开展档案日宣传活动，印发《关于全省城建档案系统开展2017年"国际档案日"宣传活动的通知》。9月份，开展城镇档案管理人员业务培训及吉林市城建档案从业人员培训工作。

村镇规划建设

【农村危房改造】 2017年，国家下达吉林省建档立卡贫困户等4类重点对象改造指标2.78万户，下达资金3.8891亿元，吉林省按照与国家基本补助标准1∶1.1的比例落实省级配套补助资金3.7798亿元。按照同步实施其他贫困户危房改造的要求，省下达4.8万户危房改造计划。国家和省级补助资金7.6689亿元全部下达各县、市。截至2017年末，开工数50159户，开工率104%；竣工数49612户，竣工率103%。完成投资额12.01亿元。

【传统建筑调查和传统村落保护】 住房和城乡建设部启动《关于做好中国传统村落数字博物馆优秀村落建馆工作的通知》和《住房城乡建设部关于举办首届"传统村落保护发展国际大会"的通知》统一梳理调查研究工作，省开展传统村落建筑调查，传统建筑发展及数字博物馆脉络挖掘，传统建筑风格和传统元素分析、整理等各项工作，全省有9个国家级传统村落，争取国家传统村落资金2700万元（每个村落各300万元），根据《住房城乡建设部办公厅关于申报第五批中国传统村落调查推荐关注的通知》，省上报有梅河口市海龙镇春光村、临江市六道沟镇火绒沟村、临江市桦树镇西小山村转头山屯、敦化市官地镇岗子村4个村申报国家等待批复。

【特色小镇调研和培育】 吉林省住房城乡建设厅、发改委、财政厅、农委、国土厅、工信厅组织成立调研组赴省内外开展特色小镇调研并形成报告，通过组织各位专家评审通过，省公布第一批省级特色小镇名单，40个镇（乡）入选省级特色小镇。安图县二道白河镇、长春市绿园区合心镇、抚松县松江河镇、四平市铁东区叶赫满族镇、吉林市龙潭区乌拉街满族镇、集安市清河镇被评为第二批国家级特色小镇。

【改善农村人居环境工程】 印发《吉林省改善农村人居环境工作四年行动计划》《吉林省2017年改善农村人居环境工作实施方案》，围绕住房城乡建设部提出的建设保障基本生活条件、村庄环境整治、美丽宜居村庄3种类型，分层次有步骤推进农村人居环境改善工作。

2017年，全省50个市（州）、县（市）9340个行政村。经创建通过重点村达标验收的有3460个行政村。其中，保障基本型村庄1516个，占重点村达标总数的43.82%，占全省行政村总数的16.23%；环境整治型村庄1351个，占重点村达标总数的39.04%，占全省行政村总数的14.47%；美丽宜居型村庄593个，占重点村达标总数的17.14%，占全省行政村总数的9.35%。

【保障基本型村建设】 全年建设完成农村公路2780公里，超过年初计划的39%，自然屯通硬化路率74.5%，超额完成年度建设目标。村村通、屯屯通公路实现全覆盖。实施贫困地区乡（镇）村（屯）供水工程，投资10.14亿元，新建改造水源工程1374处，安装净化消毒设施7109台（套），覆盖全省48个县（市、区）704个贫困村，巩固提升88.29万农村居民及0.78万农村学校师生的饮水安全保障能力，全省农村自来水普及率达80.3%，集中供水率69.5%。投资额12.01亿元，完成49612户农村危房改造竣工率103%。投资21.32亿元，新建及改造10千伏线路9143公里，配电变压器13107台，低压线路2972公里。解决动力电进村屯的难题，保障农用机械及附属设备的正常运作。全省农村家庭20兆以上接入能力99.0%，4G网络全面覆盖乡镇以上地区，行政村覆盖率81.8%，实现乡镇以上地区深度覆盖，农村热点区域有效覆盖。

【环境整治型村建设】 年内，有17个市、县启动农村生活垃圾治理试点工作。交通便利的村庄按照"户分类、村收集、镇转运、县处理"的方式进行处理。基础条件较好地区采取县域生活垃圾统一处理方式与公共服务向农村延伸的模式，对垃圾进行就地分类减量和资源回收利用，全年建设转运站68座、购置转运车辆369辆，垃圾箱、地埋桶等4.7万个，累计投入资金3.9亿元，完成全省20%以上农村生活垃圾治理工作。规划水污染防治项目512个，投入建设资金3.2亿元，完成水污染防治项目建设160个，配套建设养殖废弃物处理设施的备案规模养殖场比例超过75%，累计产生畜禽养殖粪尿7500余万吨，畜禽粪污资源化利用率67%。基本做到畜禽养殖粪便的减量化处理、资源化利用、无害化治理。全省50个市、县、区，改造厕所15.18万户，超额完成年初目标。实施秸秆综合利用重点项目目标任务25个建成项目7个，完成投资31.5亿元，基本解决秸秆露天焚烧问题。

【美丽宜居型村建设】 全省累计投入改善农村义务教育薄弱学校基本办学条件专项资金50.1亿元，占规划资金63.3亿元的80%；校舍建设项目开工面积247万平方米，占规划总面积279万平方米的89%；竣工面积211万平方米，占规划总面积的76%；完成设备购置金额12.7亿元，占规划资金17.6亿元的72%。对全省500个贫困村文化活动室设备购置补助工作，补助标准每个村3万元，已完成415个贫困村设备配备。完成200个行政村健身器材配备任务，为全民参与健康运动营造良好环境。

标准定额

【工程建设地方标准编制】 围绕农村人居环境改善、城市综合管廊建设、水生态修复、装配式建筑、绿色建筑与建筑节能等重点工作，下达两批编制计划。其中《建筑工程抗震超限界定标准》等16项已发布实施，《全装修住宅室内装饰装修设计标准》、《农村生活垃圾处理技术标准》通过审查。

【工程建设地方标准机制建设】 发挥工程建设标准化基层作用，印发《吉林省住房和城乡建设厅关于完善吉林省工程建设标准化工作机制的通知》（吉建标〔2017〕2号）建立工程建设地方标准化联络员制度；理顺标准发布和备案程序，同省质量技术监督局联合印发《关于进一步推进全省工程建设标准化工作的意见》（吉建联发〔2017〕50号），由省住房城乡建设部门牵头组织工程建设地方标准立项和审查，邀请省质监部门工作人员参加，省质监部门对工程建设地方标准给予单独号段，并由省住建和质监部门联合发布，统一备案。

【工程建设地方标准体系研究】 结合行业发展方向，使标准研究与科技创新、标准制定与科技成果转化、标准实施与科技成果产业化三者紧密结合起来。同省质量监督局标准研究院共同完成标准化战略科研专项《成品住宅标准体系研究》工作，为政府在成品住宅标准化决策方面提供科学依据，对促进吉林省成品住宅发展具有重要意义。

【建设工程造价管理】 落实国务院绿色建筑行动方案有关"制定绿色建筑工程定额和造价标准"要求，满足吉林省绿色建筑工程计价需要，编制2017年《吉林省绿色建筑工程计价定额》，自8月1日起施行。编制了2017年《吉林省城市轨道交通工程计价定额》和2017年《吉林省城市轨道交通工程费用定额》，自6月1日起施行；编制了2017年《吉林省装配式建筑工程计价定额》，自7月1日起施行。《2017年吉林省建筑工程质量安全成本指标》于12月发布。组织全省工程造价咨询企业专项检查，完善工程造价咨询行业信用体系建设。指导各市州做好招标控制价和工程竣工结算的备案工作。组织各市州造价管理机构定期发布人工、材料、机械台班市场价格信息，指导建设各方招标投标和工程结算。

工程质量安全监管

【质监管理】 制定《吉林省建设工程质量安全监督机构及其监督人员考核管理办法》（吉建质〔2016〕6号），开展全省60家建筑工程质量监督机构及980名监督人员培训考核工作。经考核，55家监督机构通过并换发了资格证书，对未达到标准的监督机构通报当地人民政府，为各地工程质量监督机构解决了工作经费、人员配备和办公条件等方面存在的一系列难题。为弥补监督机构监督力量薄弱的问题，倡导推行政府购买服务的形式补充监督力量，取得了良好的效果。

【主体质量检测】 印发《关于进一步规范工程质量检测市场管理的通知》（吉建质〔2017〕14号），强化建设、施工、监理及检测机构等单位及个人的质量主体责任，为强化建设单位的首要责任，有效遏制虚假检测报告。制定下发《吉林省住房和城乡建设厅关于建设工程检验试验费适用范围的解释规定》，对工程质量验收所发生的检测费用的计取作出明确规定。

【监督执法】 各级住建管理部门开展监督执法检查，全年各地共计检查在建工程4598次，检查工程3527项，下发反馈意见书3569份，下发执法建议书38份，曝光典型案例8起。

建筑市场

【概况】 2017年，吉林全省完成建筑业产值2219亿元，实现增加值964亿元。为智能审批和电子招标做准备，企业项目入库1.28万项，已和住房城乡建设部数据对接。截至2017年，全省共有注册建造师37489人，其中：一级建造师6520人，二级30969人。全年新增培训考试的施工现场管理人员3.1万人，技术工人5.2万人，累计达到38.8万人。开展清理注册建造师执业人员挂证工作，共清理挂证人员2315人。

【扶持企业发展】 确定32户重点扶持企业，充分发挥大型骨干企业对行业发展的引领带动作用。突破常规，支持中建三局在吉林省设立的东北区域性子公司"中建三局建设工程长春有限公司"、万科集团设立的建筑产业现代化子公司"吉林省新土木建设工程有限责任公司"、吉林安装集团子公司"吉林省凯程建筑工程有限公司"发展。大力推行保函担保，印发《关于加快推行工程担保制度的暂行意见》，建立担保公司推荐制度，减轻建筑业企业流动资金压力。

【施工现场标准化管理】 组织开展施工现场标准化管理达标考核工作，68个项目荣获2017年度省级标准化管理示范工地称号，112个项目荣获2017年度省级标准化管理示范工地奖牌，同比增长47.5％。落实中央环保督察相关要求，并随机抽查9个县（市）。共检查了62个工地，下达建设工程存在问题整改通知单38份，提出整改问题114项。

【建筑市场监管】 全面建立"市场"与"现场"的两场联动机制。建立企业资质升级代表工程业绩诚信平台自动公示制度，已经公示113项资质申请事项，完成全省1400户建筑和市政总承包企业信用评价。184户企业被评为优良，1011户企业被评为合格，205户企业被评为不合格，守信激励、失信惩戒的氛围已凸显。

【装配式建筑】 以吉林省政府办公厅文件印发《关于大力发展装配式建筑的实施意见》和《关于推进木结构建筑产业化发展的指导意见》，明确目标任务，提供政策保障和组织保障。加快推进装配式混凝土结构、钢结构和木结构建筑发展。落实和推进长春万科城项目44号地块（10.44万平方米）、长春万科绿暖郡香项目（7.04万平方米）、长春万科柏翠园（7.64万平方米）、万科蓝山A地块4.3期（3.89万平方米）、万科城市之光（22.8万平方米）、万科金色里程（8.8万平方米）装配式混凝土项目；锯城.华亿购物中心（14.37万平方米）钢结构项目；珲春市木墅湾（3.12万平方米）、珲春市汉城国际花园酒店（2.18万平方米）木结构建筑项目。

【抗震防灾】 开展超限工程抗震设防专项审查，审查超限工程25项。于4月11日召开了全省建设工程抗震防灾工作会议。印发《吉林省住房和城乡建设厅关于加强抗震防灾管理工作的意见》。结合质量提升两年行动开展超限高层建筑工程抗震设防专项检查。抽取吉林市2个超限项目，重点检查超限审查意见在施工图设计阶段落实的情况。

正式印发《吉林省城乡建设防灾减灾"十三五"规划》。编辑并印发《吉林省防震减灾避险手册》。开展农村抗震设防管理调研工作。开展农村抗震设防管理工作调研，下发了《吉林省住房和城乡建设厅关于开展农村抗震设防管理工作调研的通知》，对吉林省农村民居的历史状况、存续现状进行摸底，了解吉林省农村民居抗震设防管理工作现状及当前推进工作遇到的困难，为下一步制定农村民居抗震防灾相关政策提供参考。

【建设工程应急管理】 指导督促各级建设行政主管部门结合本地区的实际及事故类型，制定完善相关行业应急预案。应急预案修订制定13个专项应急预案，其中新制定3个。主要类别：《吉林省建设工程重大质量安全事故应急预案》《吉林省供水系统应急预案》《吉林省桥梁重大安全事故应急预案》《吉林省住房和城乡建设厅预防地震应急预案》《吉林省建设系统群体性上访事件应急方案》《全省建筑施工质量事故应急预案》《全省城市供热生产安全事故应急预案》《全省城市排水系统突发事故应急预案》《预案全省城市污水处理生产安全事故应急预案》《全省城市大型广告牌匾突发事故应急预案》《全省公园风景区突发事故应急预案》《全省城市大型公共建筑突发事故应急预案》《全省城市住宅和危险房屋突发事故应急预案》。

【建设工程招标投标】 出台《吉林省住房和城乡建设厅关于做好取消城市园林绿化企业资质核准后招标投标工作的通知》。联合下发《吉林省住房和城乡建设厅关于进一步明确工程总承包管理有关事项的通知》。印发《吉林省房屋建筑和市政基础设施工程招标评标业绩认定暂行规定》、全面建立"市场"与"现场"的两场联动机制，与其他处室完善"吉林省建筑市场监管与诚信信息管理平台"工程项目库信息录入工作，指导各地建设行政主管部门对招标代理机构业绩录入审核。为加强招标代理机构动态监管，按照《吉林省住房和城乡建设厅关于对全省招标代理机构开展执法检查情况的通报》（吉建招〔2016〕20号）要求，对经整改后依旧不符合相应条件9家代理机构资质依法注销和降级。对吉林省所属216家招标代理机构进行信用评价。为加强建设工程评标专家管理，对全省现有专家库的专家信息进行网上基础信息核对，建立信息数据库。

建筑节能与科技

【建筑节能】 2017年，吉林全省新建民用建筑设计阶段节能标准执行率100%，施工阶段100%。按照分层次、分阶段逐步实施原则，推动全省地级城市及部分县市新建公共建筑全面执行节能65%设计标准，组织开展《公共建筑节能65%设计标准》宣贯培训工作。全省新建绿色建筑922万平方米，占全省新建建筑的40%，其中有32个项目获得星级绿色建筑评价标识，建筑面积317.9万平方米；编制印发《吉林省一星级绿色民用建筑设计标准》，为全面普及绿色建筑奠定了技术基础。组织年度建筑节能与绿色建筑行动实施情况专项检查，下发了检查情况通报。实施省级可再生能源建筑应用示范项目14个，示范面积61.2万平方米，预计每个采暖期可节约燃煤1.26万吨，减排温室气体3.15万吨。开展省级节约型校园节能监管体系建设示范工作，完成了18所省级节约型高校的专项验收，示范面积454万平方米，推动了高校"绿色校园"建设。

【建设科技】 结合吉林省地域特点，开展严寒地区超低能耗绿色建筑关键技术研究工作，形成了具有吉林特色的《技术研究报告》，填补了吉林省空白。启动绿色建材评价标识工作，制定下发《关于开展2017年绿色建材评价标识工作的通知》（吉建联发〔2017〕18号），2个产品获得了绿色建材星级评价标识。列入2017年住房城乡建设部科技计划项目14个，占申报总量18.2%。组织科技成果鉴定1项，产品鉴定4项。不断完善制度机制建设，制定印发《吉林省建筑节能及建设科技专家委员会管理办法》，成立了吉林省建筑节能及建设科技专家委员会，进一步提高政府决策水平。

【墙材革新与建筑节能】 全省新型墙体材料产量近63.2亿块标砖，新型墙材生产率达93%，新型墙材应用比例达92.7%。通过推广应用新型墙体材料，全省共计节约耕地1.04万亩，减排二氧化碳94.8万吨，减排二氧化硫0.9万吨。全年生产建筑材料的建筑废弃物使用量达91.92万吨占建筑废弃物总量的9.87%。全省县级城市全面实现"禁实"，地级市全部实现"限黏"，按时完成国家下达任务。在扩大城市"限黏"工作基础上，将"禁实"工作向农村延伸。全省共完成能耗统计建筑3225栋，总建筑面积2800.45万平方米，其中居住建筑1907栋，中小型公共建筑610栋，大型公共建筑133栋，国家机关办公建筑575栋。

【散装水泥】 1～11月，全省散装水泥供应量

1609.5万吨,完成2017年散装水泥发展目标的114.96%,根据相关标准测算,1~11月累计发展散装水泥实现综合经济效益7.24亿元,节约标准煤36.98万吨,减少粉尘排放量16.18万吨,减少二氧化碳排放量96.15万吨,减少二氧化硫排放量3143.35吨;

全省预拌混凝土累计供应量1963.6332万立方米,完成全年预拌混凝土发展目标的103.35%,生产预拌混凝土共使用散装水泥567.8823万吨,资源综合利用204.3948万吨。全省干混预拌砂浆产量2.74万吨。

勘察设计

【概况】 全年完成房屋建筑工程施工图审查面积4500万平方米,累计完成城市综合管廊施工图审查258公里,全省营业收入93.14亿元,与上年相比略有降低。工程设计收入和工程技术管理服务收入较上年度大幅增长10.1%和17%。(其中:工程勘察收入10.34亿元,工程设计收入55.72亿元,工程技术管理服务收入7.11亿元,工程总承包收入16.82亿元,其他收入3.15亿元);人均收入33.4万元,利润总额9.7亿元。企业获国家级和省部级奖978项(其中国家172项),参加编制国家、行业、地方技术标准217项(国家级43项),参加编制国家、行业、地方标准设计21册;企业累计拥有专利技术734项;企业累计拥有专有技术453项。

【勘察设计机构队伍建设】 在国家制定的工程勘察设计21个行业中,吉林省勘察设计企业行业类别齐全,涵盖了除核工业、民航、海洋之外的煤炭、化工石化医药、石油天然气、电力、冶金、军工、机械、商物粮、电子通信广电、纺织、建材、铁道、公路、水运、市政、农林、水利、建筑共18个行业。勘察设计企业资质等级结构分布,省工程勘察设计企业534家,企业数量略有增加,较上年度增长4%。资质等级结构分布:甲级勘察设计企业125家,乙级勘察设计企业240家、丙级勘察设计企业168家、无级别设计企业1家、地区分布为,长春地区301家、吉林地区57家、延边地区36家、四平地区30家、通化地区24家、白城地区21家、辽源地区17家、松原地区17家、白山地区20家、长白山管委会1家、公主岭地区8、梅河口地区2家。甲、乙、丙级资质构成比例合理。

【勘察设计专业技术人员】 勘察设计行业从业人数为27881人,较上年增长3%。其中:勘察人员3635人,占从业人的14%;设计人员19477,占从业人员70%。勘察设计行业专业技术人员23556人,2017年高级、中级和初级出现小幅下滑,分别较上年减少3.2%、1.2%和1.1%。其中具有高级技术职称人员8608人,较上年占专业技术人员37%;中级技术职称人员8649人,占专业技术人员37%;初级技术职称人员4905人,占专业技术人员21%;初级以下及非专业技术职称人员1394人,占专业技术人员5%;各类执业注册人员5403人,占从业人数23%。其中,勘察设计行业注册人员3080人。注册建筑师831人(一级注册建筑师454人,二级注册建筑师377人);注册结构工程师1000人(一级注册结构工程师716人,二级注册结构工程师284人);岩土工程师等304人;公用设备工程师466人(暖通空调178人,给水排水189人,动力99人),注册电气工程师406人(注册电气工程师发输变电177人,注册电气工程师供配电229人);化工工程师73人。国家勘察设计大师10人,省勘察设计大师110人,省青年设计大师29人。

【勘察设计市场监管】 对全省勘察设计企业进行两次年度动态核查,第一次对资质逾期和注册师严重不足的11户企业注销资质;第二次对资质逾期的39户企业和注册师不达标的64户企业给予公示,公示期满后仍不延续或不达标的勘察设计单位,将分别做出记入不良行为记录、降低信用评价等级、降低资质等级、撤回资质的处理;2017年办理外省入吉信息登记255件;办理一级建筑师和勘察设计工程师注册审核上报882件;配合厅审批办,受理勘察设计资质审批现场核查355件。印发《关于加快推进全省建筑信息模型应用的指导意见》,依据国家、省对海绵城市政策文件及标准规范要求,制定《关于加强海绵城市建设勘察设计管理工作的指导意见(试行)》,下发了《吉林省海绵城市建设设计要点(试行)》《海绵城市设计施工图审查要点》,组织编制《住宅工程质量常见问题防控设计统一技术措施》。

【施工图审查】 吉林省现有施工图审查机构16家,长春地区7家,四平地区2家,吉林、延边、通化、白城、辽源、松原、白山地区各1家。其中,一类审查机构11家(超限审查6家),二类审查机构5家。住房城乡建设部于2~6月对吉林省建筑工程勘察设计质量进行了监督执法检查。于10~12月对9个市(州)的2017年度房屋建筑工程和市政基础设施(桥梁)工程施工图设计文件(含勘察设计)进行质量检查,覆盖9个地区,36家勘察单位、74家设计单位(含省外单位13家)、16家审图机构,共抽取76个工程项目，其中住宅工程项目43个（含保障房项目6个），建筑面积26万平方米；公共建筑项目28个，建筑面积32万平方米；市政基础设施桥梁工程项目5个。对检查中发现质量问题的12家审图机构、37家勘察设计单位、52名注册执业人员依法依规进行了严肃处理。8月对全省综合管廊工程勘察设计和施工图审查质量实施专项检查。管廊工程是否履行施工图审查程序，重点检查管廊工程是否未经图审或图审不合格即开工建设；管廊工程设计质量是否存在重大缺陷。11月1日启动施工图审查机构信息管理系统的使用，可实现建设单位网上报审、审查机构网上审查、管理部门在线跟踪及网上备案管理。

【省级工程优秀勘察设计评选】 依据《吉林省建设工程优秀勘察设计评选办法》有关规定，开展了2017年度吉林省优秀工程勘察设计评选活动。本次评选活动全省共申报建筑工程设计项目152项，依据评审细则和程序规定，经评审组专家初审、评审工作委员会复审和综合评定，共评出获奖项目62项，其中方案创作奖2项、一等奖11项、二等奖26项、三等奖23项。

人事教育

【机构改革】 启动省水库移民管理局和厅稽查办公室参公工作程序，包括动员部署、档案审查及考核、考试登记、非领导职务职数核定、认真做好28名干部的人员登记、职务与级别确定、工资套改。配合省编办做好厅属事业单位分类工作，完成1户事业单位类别划分工作。

【选拔与任用】 全年通过民主推荐方式选拔正处级领导干部7人，副处级领导干部9人；交流轮岗正处级领导4人次，副处级领导4人次，工作人员2人次；1名处级领导干部转正；非领导职务晋升11人；按安置计划接收军转干部4人；按照全省公务员招录计划，新招录公务员4人。接收市州上挂干部4名，按照省委组织部要求，向相关部门和市州选派挂职干部3名。继续贯彻实施好《报告个人有关事项的规定》等相关法规，完成66名干部有关事项报告登记备案工作。协助中组部、住房城乡建设部和省委组织部查询房产信息万余人次。

【年度考核】 配合组织部完成2016年度厅领导班子及省管干部考核工作、2016年度厅机关及所属事业单位工作人员考核、1名人民满意公务员推荐人选考核、2名处级干部试用期满考察工作，圆满完成了各项综合考核任务，1名干部被省公务员局评为年度人民满意公务员；围绕2名驻村扶贫第一书记"建强基层组织、推动精准扶贫、为民办事服务、提升治理水平"四项职责进行考核，对派驻村书记的工作能力、工作作风等方面有了深入了解，全面系统地掌握了派驻村书记的优缺点，以及党员群众对今后扶贫工作的期望和建议。

【职称评审】 全年共有2456名工程系列专业技术人员参加职称评审，人事处认真审核职称申报材料，组织专家审议会议和评委会，评审工作严格按照保密、公平、公正的要求进行，纪检监察人员全程监督，顺利完成住房和城乡建设系统中高级系列职称评审会，其中评为工程系列高级职称资格322人，中级职称资格939人。

（吉林省住房和城乡建设厅）

黑 龙 江 省

概况

2017年，在黑龙江省委、省政府的坚强领导下，全省住建系统广大干部职工全面贯彻落实党的十九大精神，以及习近平总书记系列讲话特别是对黑龙江省两次重要讲话精神，认真落实中央和省委经济工作会议、省"两会"以及全国住房城乡建设工作会会议精神，着力推进"建住房、打基础、强管理、改面貌"，保障性安居工程建设、农村泥草危房改造、市政基础设施建设等民生工作有序推进，房地产市场去库存、建设领域科技节能、城管综合执法体制改革等重点工作推进有力，为全省稳增长、调结构、惠民生、促发展做出重要贡献。

城乡规划

以省委省政府名义印发《中共黑龙江省委办公

厅省人民政府办公厅关于进一步加强城市规划建设管理工作的实施意见》《中共黑龙江省委黑龙江省人民政府关于支持省会哈尔滨市建设的若干意见》，建立黑龙江省城市规划建设管理工作、支持省会哈尔滨市建设工作联席会议制度。组织编制完成《黑龙江省城镇体系规划》，印发了《县域乡村建设规划编制指引》。齐齐哈尔、牡丹江、佳木斯、大庆、鸡西、伊春城市总体规划获国务院批复。省政府批复同意双鸭山、绥化等7个城市总体规划修改，省规委会审查了抚远、虎林等20个县（市）城市总体规划成果。加强城市设计和历史文化名城保护，对全省历史文化街区和历史建筑进行普查认定，哈尔滨被住房城乡建设部列为全国首批城市设计试点城市。组织开展生态修复、城市修补工作，哈尔滨、抚远被列为全国试点城市。严格规划实施管理和监督检查，开展城市建成区违法建设专项治理五年行动、卫星遥感变化图斑查处等工作，严肃查处违法审批和违法建设行为。全省设市城市累计查处新增违法建筑面积67.43万平方米、用地面积60.75万平方米；查处存量违法建筑面积196.20平方米、用地面积242.23万平方米。

城市基础设施建设

"三供三治"项目开复工252项，完成投资85.37亿元。积极推进项目建设市场化，会同省财政厅、发改委等部门出台《关于在污水、垃圾处理领域全面实施政府和社会资本合作（PPP）模式的实施意见》，积极与大集团企业和金融部门对接，做好双向推介。推广新工艺新技术，探索应用生物强化降解覆盖技术治理存量垃圾，促进集中供热智能化建设。哈尔滨市地下综合管廊建设进展顺利，累计完成投资额约22.64亿元，完成管廊主体施工23.06公里，分别占总投资额83.54％、设计管廊总长度90.43％。黑臭水体整治取得积极进展，23个黑臭水体整治项目开工22个，其中完成整治14个、完工率60％，哈尔滨市3个黑臭水体整治项目全部完工，顺利完成国家《水污染防治行动计划》提出的任务目标。积极整改中央环保督察反馈问题，将中央环保督察涉及住建系统整改工作纳入重要议事日程，健全完善约谈制度、问责制度、目标考核制度、项目进展通报制度。8项问题中基本完成5项整改，未建成、建成未运行垃圾处理场问题正在整改，城市饮用水水质合格率、存量垃圾治理2项问题长期整改。

美丽乡村建设

体制机制逐步健全，制定《美丽乡村建设考核标准》等相关制度。农村生活垃圾治理扎实开展，完成全省非正规垃圾堆放点的排查工作。组织开展3次农村生活垃圾集中整治行动，清运垃圾150万吨左右；农村生活污水治理有序推进，通过推进农村改厕，修建明沟暗渠、建设化粪池、沉淀池等方式，有效缓解污染问题，全省共有5个村入选全国改善农村人居环境示范村。特色小镇加快培育，组织完成第二批国家级特色小镇推荐申报，尚志市一面坡镇、萝北县名山镇、五大连池市五大连池镇等8个镇被命名为国家级特色小镇。启动省级特色小镇培育，以省政府办公厅名义出台《关于加快特色小（城）镇培育工作的指导意见》，公布52个省级特色小镇培育名单。设立"南北特色小（城）镇产业投资基金"，争取募集基金规模50亿元，为特色小镇培育提供资金支持。

保障性安居工程建设

全省开工改造各类棚户区21.4万套，开工率102.8％；基本建成28.2万套，基本建成率175.2％；完成投资326亿元。四煤城采沉区棚改累计基本建成14.22万套，超额完成"14.05万户采沉区棚改三年全部改造完成"的任务目标。多渠道筹措资金，积极推进政府购买棚改服务，争取国开行、农发行棚改贷款支持，棚改贷款发放372.02亿元；积极配合财政、发改部门向上争取中央补助资金，研究制定资金分配方案，国家下达黑龙江省的97.3662亿元保障性安居工程建设补助资金，全部分解下达到各市县。因地制宜推进货币化安置，继续坚持新建、购买和货币补偿等多种安置方式并举，对商品房存量较大、市场房源充足的市县，鼓励加大购买存量商品房安置力度，共实施货币化安置14.1万套，货币化安置率66％。抢抓开工建设，多次组织召开专题会、推进会安排部署棚改工作，督促市县做好前期工作，加快项目建设进度；严格落实省市县三级督查考核机制，组织开展随机抽查和全覆盖督查，对工作推进缓慢市县进行约谈。将公租房分配入住纳入省政府目标责任制，会同财政、发改、国土等部门印发《关于进一步做好公共租赁住房有关工作的实施意见》，为军队退役人员建立公租房需求档案，全省共完成公租房分配入住2.64万套。加强质量安全，继续对安置房屋质量安全实行"零容忍"，督促各地从规划、设计、招标、施工等各环节严把质量关,确保工程质量达到国家验收规范合格标准。

农村泥草(危)房改造

全面贯彻落实黑龙江省委省政府脱贫攻坚各项部署,精准改造建档立卡贫困户危房7.1万户,完成投资36亿元。坚持精准识别,扎实开展全省农村住房普查和C、D级危房精准识别鉴定工作;进行多轮建档立卡贫困户危房户数据比对,精准确定建档立卡贫困户中危房户和无合理稳定居住条件户;深入危房存量较大县(市)进行解剖麻雀式调研,对20个贫困县进行交叉互检,逐户核实情况查找问题。坚持精准施策,争取中央财政补助资金9.84亿元,省级财政安排补助资金6.79亿元,市县加大匹配力度;因户施策,明确分类改造省级补助标准;完成边境县抵边乡(镇)危房数据统计工作,部署边境地区改造任务;加快资金拨付和使用管理,会同省财政厅重新修订《农村危房改造补助资金管理办法》。坚持精准改造,创新提出修、建、买、换、租和建设农村公租房等多种改造方式,实行"一户一策";加强指导服务,编制《农村危房加固改造技术指南》、《农村公租房(幸福大院)规划建设指导意见》等5个技术规范和8种小户型设计图集;成立专家技术指导组,培训农房建设技术骨干5600余人次,动员系统干部职工深入基层、深入农户、深入施工现场指导危房改造;把质量安全管理作为农危房改造绩效评价重点,认真落实现场质量检查、责任追究和公示制度,让农民住上安全房、暖屋子。

住房公积金管理

全省现有281.69万人缴存住房公积金,缴存总额为2835.3亿元,提取总额为1551.92亿元,缴存余额为1283.38亿元;累计发放住房公积金个人贷款79.82万笔、1630.1亿元;个贷余额为889.28亿元;个贷率为69.29%,同比提高4.59个百分点;使用率为86.29%,同比提高2.58个百分点。其中2017年全省公积金缴存为375.92亿元,同比提高7.56个百分点;提取额为245.53亿元,同比提高11.37个百分点;发放住房公积金个人贷款7.47万笔、260.13亿元,分别同比提高3.18个百分点、8.09个百分点。

加快推进信息化建设,全省住房公积金12329短信服务平台正式上线运行,进一步拓宽服务渠道,共为缴存职工提供信息服务27.52万条。认真落实黑龙江省《关于印发黑龙江省"多证合一"改革实施方案的通知》要求,全省18家公积金中心通过省工商局"黑龙江省企业信用信息协同监管系统",采集企业数据信息,有效提高全省住房公积金缴存登记业务办事效率。

房地产市场

2017年,认真贯彻落实党中央国务院"三去一降一补"和省十二次党代会关于促进房地产业健康发展的决策部署,坚持科学调控、因城施策。房地产去库存成效显著,通过加大棚改货币化安置力度、严控新建商品住宅土地供应、加大农民和农民工进城购房补贴、鼓励引导房地产开发企业发展跨界地产等措施,全省房地产去库存工作成效明显,截至12月底,全省商品房库存4269万平方米,去化周期16.2个月,比2016年底减少1254万平方米、5.2个月。其中商品住宅库存为2464万平方米(26.2万套),去化周期11.1个月,比2016年底减少1105万平方米(12.3万套)、4.3个月。

积极培育发展住房租赁市场,出台《黑龙江省加快培育和发展住房租赁市场实施意见》,指导各地制定完善相关政策措施。鼓励自然人、各类机构投资者,以及以住房租赁为主营业务的机构化、专业化企业购买存量房,成为租赁市场的房源提供者,不断扩大租赁市场份额。支持引导哈尔滨、齐齐哈尔、大庆等城市先行先试,率先培育专业住房租赁企业。加强房地产市场监管和整顿,初步建立全省房地产市场运行监控系统,联通商品房预(销)售审批、网签、预售资金等5类数据。深入开展房地产市场秩序专项整治行动,排查房地产开发项目1074个,对违规企业进行处罚;排查中介机构717家,关停8家,限期整改307家;及时纠正捆绑销售、捂盘惜售、未取得预售许可进行内部认购等违规行为,维护消费者合法权益,规范房地产市场秩序。

全年共完成房地产开发投资816亿元,房屋施工面积10328万平方米、竣工面积1651万平方米、待售商品房面积2095万平方米,同比分别下降5.7%、4.9%、30.5%、19.2%。新开工面积2220万平方米、商品房销售面积2256万平方米、商品房销售额1460亿元、商品房销售均价6471元/平方米,同比分别增长10.6%、6.5%、30.2%、22.2%。完成房地产业税收179亿元,同比增长23.1%;全省地方税收623亿元,同比增长17.5%,房地产业税收占地方税收的28.7%。

建筑业

2017年，全年完成建筑业总产值1560.1亿元；实现增加值896.4亿元，同比增长2%。工程建设领域秩序持续好转，严厉查处违法发包、转包、挂靠和违法分包等行为，排查在建项目2130个，查处违法违规项目78个，建筑市场违法违规行为明显减少。清理工程建设领域保证金2160.19万元，查处拖欠农民工工资案件62件，为农民工追回欠薪5182.6万元。

加快从业人员队伍建设，全省注册建造师等人员达4.4万人。推进行业技术进步与创新，评定省级工法52项，评审十项新技术示范金牌工程23项、银牌工程38项。建筑业企业等级不断提高，特级和一级总承包企业166家，特一级总承包企业比例为2.96%。装配式建筑发展稳步推进，印发《关于推进装配式建筑发展的实施意见》，稳步推进试点城市、示范基地和示范项目建设，宇辉集团等3家企业被评为全国第一批装配式建筑产业基地。建设工程质量安全形势保持平稳，开展工程质量安全提升行动，推行工程质量管理和安全生产标准化，加强诚信体系建设，深入开展质量常见问题治理、安全生产专项整治和隐患排查治理，全面落实各方主体质量安全责任，提升工程质量安全水平。全省工程监督覆盖率和竣工验收合格率均达到100%，房屋建筑和市政基础设施工程生产安全事故起数和死亡人数同比分别下降40%和53%。

建筑科技与节能

2017年，将建筑节能工作纳入政府工作目标考核，强化从规划到验收的工程全过程闭合式监管，节能工程质量进一步提高。公共建筑节能改造完成82万平方米，机关办公建筑和大型公共建筑能耗监测平台全面建成。部分市县自行筹资完成既有建筑节能改造约290万平方米。绿色建筑推广进展顺利，全省推广绿色建筑313万平方米。建筑科技创新力度进一步增大，标准体系进一步完善，获得省科技进步一等奖2项、三等奖5项；制定发布23项地方标准。

城市管理

2017年，黑龙江省城市执法体制改革深入推进，多次组织召开专题会、座谈会研究市县改革工作，建立专项督办和定期通报制度，会同相关部门先后3次深入市县开展实地督查。齐齐哈尔、牡丹江等10个市（地）制定出台本地具体实施方案；哈尔滨、佳木斯等8个市（地）和绥芬河、巴彦等24个县（市）完成城市综合执法机构设置；黑河、萝北等11个市（地）、县实现住建领域行政处罚权集中行使。加强城管执法队伍建设，开展"强基础、转作风、树形象"专项行动，组织执法人员统一穿着制式服装，实行执法过程全记录，推动文明执法。数字化城管稳步推进，督促指导各地加快数字化城管平台建设，召开全省推进数字化城管建设哈尔滨现场会，组织开展专题辅导培训，哈尔滨、齐齐哈尔等7个地级城市和讷河、铁力等16个县（市）平台已建成运行。城镇供水水质监管能力不断提升，组织专业机构对38个市县供水厂出厂水和管网水进行106项水质全分析检测，及时向有关市县反馈问题，督促其提升供水水质。对全省76个市县进行供水行业规范化管理考核，首次将二次供水列为考核内容，促进供水主管部门和企业管理水平提升。垃圾分类工作启动实施，以省政府办公厅名义印发《关于做好生活垃圾分类工作的通知》，从确立试点、建立体系、制定政策、监督评价、总结推广和舆论宣传等方面对生活垃圾分类工作进行部署，提出具体要求。城市老旧小区改造有序推进，召开专题推进会议，开展省内外调研，对改造投资需求进行测算，全省老旧小区改造开工1044万平方米，完成投资9.25亿元，惠及居民15.18万户。

依法行政

法制建设日趋完善，《黑龙江省城镇燃气管理条例》正式颁布实施，完成10部住建领域地方性法规和政府规章的清理，修改规范性文件14件、废止37件，有效规范了行政审批、行政监督管理工作。简政放权深入推进，认真落实国家和省相关要求，权责清单实现动态化管理，及时调整清单内容，取消物业服务企业二级资质认定、物业服务企业一级资质认定（初审）、房地产估价机构一、二、三级资质审批、城市园林绿化企业二级资质认定、中省直建设单位和在本省从事建设活动的外省建设单位新型墙体材料专项基金征收等5项行政权力，下放房地产开发企业三级资质认定，行政权力事项由153项减少到126项。全面清理中介服务事项，取消建筑业企业资质申请人财务报表审计、招标代理机构资格申请人财务报告审计等13项中介服务事项，规范注册监理工程师执业资格申请人继续教育培训、勘察设计注册工程师执业资格申请人继续教育培训等5项中介服务事项，仅保留企业资产负债证明、抗震试验研究报告等4项行政审批中介服务事项。行政审批效能不断提升，成立行政审批处，做到机关权限内行政审批事项"一个部门受理，一个部门审批，一个部门发放"。认真组织实施流程再造，按照"放权力、减环节、简程序、减材料、压时限"要求，优化行政审批类事项16项，减少环节13个、简化程序22个、减少申报材料40件、平均压缩时限5个工作日；优化行政处罚类事项108项，办理时限从原来的90天压缩至60个工作日，核减率达33.3%；优化其他公共服务事项15项，核减率达66.7%。完成《行政权力工作事项台账》《行政权力问题清单》《工作流程对比台账》《行政权力流程图》。深入开展以"服务受理零推诿、服务方式零距离、服务质量零差错、服务结果零投诉"为主要内容的"四零"服务承诺创建，制定四类16项服务承诺，在门户网站公开创建原则要求、基本标准和公开承诺，主动接受群众监督，并在行政许可大厅显著位置张贴宣传标语，窗口工作人员服务能力和水平显著提升。事中事后监管进一步加强，制定下发《关于加强住建系统随机抽查规范事中事后监管的实施意见》《"双随机、一公开"工作实施细则》《随机检查事项清单》等制度文件，对权限内勘察设计资质认定、城乡规划编制单位乙级、丙级资质认定等行业开展8次"双随机一公开"检查。加大违法违规案件查办力度，及时办理住房城乡建设部转办和群众举报案件，共办结各类案件65件，对26家企业及个人进行处罚，有效约束和规范市场主体经营行为。

（黑龙江省住房和城乡建设厅）

上 海 市

住房城乡建设

概况

2017年，上海市住房城乡建设工作坚持以人民为中心的发展思想和稳中求进的工作总基调，持续在破瓶颈、补短板、防风险、抓落实上下功夫。

一是坚持补短板、惠民生。年内，"五违四必"区域生态环境综合整治"攻坚战"取得重要阶段性成果，人居环境明显改善；二是坚持"房子是用来住的，不是用来炒的"的定位，市民群众居住条件进一步改善；三是坚持市区与郊区统筹，城乡一体化建设步伐进一步加快；四是坚持改革创新，建设市场行业监管和建筑业转型升级力度进一步加大；五是坚持严守安全底线，城市运行管理保障水平进一步提升。（南丁）

房地产业

【住宅建设与房地产市场】 2017年，上海始终坚持"房子是用来住的、不是用来炒的"的定位，贯彻执行国家因城施策的房地产调控要求，并实施了精准聚焦式的细化调控措施，全年房地产市场呈现"量缩价稳"的态势。

2017年，上海市房地产开发投资3856.53亿元，比上年增长4.0%，增速较上年回落2.9个百分点。房地产开发投资占全社会固定资产投资比重为53.2%，比上年下降1.7个百分点。

2017年，上海房地产开发投资呈现增速震荡回落、低位波动走势。1～2月份10.0%的增速为全年最高点，之后逐月回落，上半年降至4.1%，下半年在3%～5%的区间低位波动。

上海市商品房建设规模基本稳定，施工面积小幅增长。2017年，商品房施工面积15362.25万平方米，比上年增长1.7%。其中，住宅8013.80万平方米，下降0.7%。受土地供应减少影响，2017年商品房新开工面积2618.00万平方米，比上年下降7.8%。其中，住宅新开工面积1402.91万平方米，下降2.3%。2017年，商品房竣工面积3387.56万平方米，比上年增长32.8%。其中，住宅竣工面积1862.74万平方米，增长21.5%。

2017年，上海市新建商品房销售面积1691.60万平方米，比上年下降37.5%。其中，住宅销售面积1341.62万平方米，下降33.6%。从结构分析，由于市场化新建住宅供应大幅减少，导致销售面积575.04万平方米，下降51.9%，占全部新建住宅销售面积的42.9%，比重回落16.3个百分点；保障性新建住宅销售面积766.58万平方米，下降7.0%。

2017年，上海不断规范"类住宅"销售市场，与2016年火爆的销售情况相比，商办楼销售形势急转直下。2017年，上海市办公楼销售面积124.10万平方米，比上年下降59.5%；商业营业用房销售面积79.33万平方米，下降61.5%。

2017年，上海市存量房网签面积1509.82万平方米，比上年下降57.6%。其中，存量住宅网签面积1179.18万平方米，下降62.7%。从月度成交量看，1月份、2月份成交量均低于80万平方米；3月份成交量反弹至年内最高的153万平方米。随着全国各地调控政策出台，上海楼市成交量出现萎缩，4月份、5月份分别为121万平方米和114万平方米；之后市场观望气氛更加浓厚，月度成交量持续在90万平方米左右的规模低位波动。

2017年，上海市新建住宅平均销售价格24866元/平方米。其中，内环线以内95502元/平方米，内外环线之间43733元/平方米，外环线以外18541元/平方米。剔除征收安置住房和共有产权保障住房等保障性住房后，市场化新建住宅平均销售价格分别为：内环线以内103411元/平方米，内外环线之间72293元/平方米，外环线以外36003元/平方米。（南丁）

【住房发展"十三五"规划】 7月6日，上海市人民政府印发《上海市住房发展"十三五"规划》（沪府发〔2017〕46号），明确了到2020年上海市住房发展工作的各项目标任务。

"十三五"期间，上海住房发展将积极贯彻落实中央决策部署，从上海城市发展实际出发，在总体考虑上突出五个方面：一是保障和改善市民基本居住条件；二是完善购租并举的住房体系；三是积极平衡住房市场的供给和需求；四是注重补齐短板，加强住宅小区综合治理，按照"留、改、拆并举，以保留保护为主"的原则，有序推进旧区改造和旧住房修缮改造，统筹推进城乡住房发展，构建公平多元的住房公共服务体系。五是突出区级层面的主体责任。明确各区政府切实承担本区域住房发展的主体责任，把促进住房市场平稳发展、推进住房保障、服务百姓安居纳入区级工作目标。（高宏宇）

【房地产调控】 2017年，上海始终坚持以"房子是用来住的、不是用来炒的"的定位，贯彻落实国家关于房地产市场调控的各项政策措施，严格执行"沪九条"、"沪六条"及信贷新政等调控政策，加强商品房销售管理，强化市场监管，加大执法力度，坚决抑制投资投机性购房需求，防止房价反弹。

落实各区主体责任。7月，上海市房地产市场监管工作联席会议改名为促进房地产市场平稳发展联席会议，成员单位增加了各区政府，分管区长为负责人。要求各区进一步提高加强房地产市场调控的思想认识，按照国家要求和市委市政府工作部署，根据本区域商品住房消化周期、房价调控目标，细化本区域土地供应、商品住房上市价格、上市节奏及其他房地产市场调控方案，切实承担"控房价、稳市场"的主体责任和管理职责。一是土地出让既要适度增加供应，又要确保不出现"地王"，稳定市场预期；二是商品住房销售既要控价格，又要促上市，稳定供求关系；三是商业办公既要做好清理整顿，又要建立常态管理机制，消除风险隐患。

加快推进联席会议综合信息平台建设。根据市领导指示要求，2017年初开始积极推进房地产市场调控信息平台的建设工作，制定完善信息平台建设的总体方案，基本完成了信息平台（一期）的阶段建设任务。

加强商品住房预销售管理。严格实行新建商品住房销售方案备案市、区两级审核制度，对上市房源定价不合理的，坚决予以调整。推行摇号排序、按序选房的商品住房销售制度，针对市场出现黄牛炒卖房号等违规现象，5月3日发布了规范商品住房预销售行为的通知，并于7月与上海市司法局联合下发具体实施意见，明确要求新开盘商品住房项目采取由公证机构主持的摇号排序，按序购房，严格落实购房实名制，杜绝炒卖房号、哄抬房价等扰乱市场秩序行为。实行商品住房及其地下车库等附属设施销售"一价清"、"价格承诺"制度，进一步规范商品住房销售行为及其地下车库等附属设施租售行为，实行"一价清"、"价格承诺"制度；加强对地下车库销售方案备案的指导和审核，坚决查处超备案销售、价外加价等违法违规行为。

平稳推进商业办公项目清理整顿工作。按照"坚决稳妥、稳字当头"的原则，有序推进上海市商业办公项目清理整顿工作，取得阶段性成果。已转入"一楼一策"具体方案实施及开发企业查处阶段。

加快培育发展上海市住房租赁市场政策研究。为加快发展上海市住房租赁市场，建立购租并举的住房制度，根据《国务院办公厅关于加快培育和发展住房租赁市场的若干意见》（国办发〔2016〕39号）等有关会议和文件精神，对接上海市《住房发展"十三五"规划》，起草制订了《关于加快培育和发展上海市住房租赁市场的实施意见》。经广泛征求各方意见，多次修改完善，报请市政府常务会议和市委常委会审议通过，以市政府办公厅名义正式印

发,并召开新闻通气会向社会公开发布。(徐艳丽)

【开展房地产经纪专项整治】 根据国家和上海市关于进一步规范房地产经纪行为,加强房地产经纪机构和人员管理的要求,截至年底,共检查房地产经纪机构8700余家,查处290家。全面开展二手房网签密钥清理工作。对已取得网上房地产认证(领取密钥)的5730家房地产经纪机构(含分支机构)和17257名房地产经纪专业人员进行了逐一核查。一是暂停非正常使用的密钥。对超过1年以上无成交记录的房地产经纪机构和工商已注销但尚未办理网上注销的经纪机构的共计7400个密钥进行清理,暂停其网签功能;二是结合国家住房城乡建设部房地产经纪专业人员证书挂靠集中治理工作,根据机构、人员、专业资格证书、劳动关系证明一一对应的清理要求,凡不符合的,均列入清理对象,目前已清理挂靠人员5005人,涉及的房地产经纪机构2578家。经过上述清理,上海市暂停及注销密钥约12400个,占已发放密钥总数的约70%。(徐艳丽)

【加强房地产估价机构和人员管理】 依法开展房地产估价机构备案,推进上海市房地产估价行业"两承诺制度,即房地产估价机构经营承诺、房地产估价师执业承诺;组织实施2017年上海市房地产估价机构检查,按要求完成2016年度上海市房地产估价机构检查并将检查结果向社会公告;按照住房城乡建设部要求,完成房地产估价师证书挂靠集中治理,上报上海市房地产估价师证书挂靠集中治理情况工作报告;配合完成房地产估价机构行政审批事项办事指南和业务手册的修订;参与房地产估价报告网上系统开发,组织开展估价报告备案系统的试运行,完成《上海市上海市房地产估价报告网上备案若干规定》(征求意见稿),并组织听取有关方面的意见建议。(徐艳丽)

【住房建设与管理】 2017年上海全年完成房地产开发投资3856.53亿元,比上年增长4.0%。其中,住宅投资2152.40亿元,增长9.5%;办公楼投资642.20亿元,下降7.7%;商业营业用房投资506.71亿元,下降2.4%。商品房施工面积15362.25万平方米,增长1.7%;竣工面积3387.56万平方米,增长32.8%。商品房销售面积1691.60万平方米,下降37.5%。其中,住宅销售面积1341.62万平方米,下降33.6%。全年商品房销售额4026.67亿元,下降39.9%。其中,住宅销售额3336.09亿元,下降36.3%。全年存量房买卖登记面积1563.53万平方米,下降54.0%。

全年新增供应各类保障性住房8万余套,完成中心城区二级旧里以下房屋改造49万平方米、受益居民2.4万户。全年供应租赁住房用地80公顷,可形成租赁住房供应能力近3万套。(姚文江)

【保障房建设】 截至年底,上海市共完成上海市棚户区改造新开工17476套、基本建成14401套,公共租赁住房基本建成8975套,全面完成国家下达的各项目标任务。2017年国家下达上海市的保障性安居工程为全年新开工建设和实施棚户区住房改造1.6万套、基本建成1.33万套,公共租赁住房基本建成8700套。

2017年全市保障性住房实际新开工建设43849套、约354.29万平方米,其中市属征收安置住房12801套、约92.51万平方米,区属征收安置住房31048套、约261.78万平方米;基本建成92548套、约775.76万平方米,其中共有产权保障住房19013套、约120.09万平方米,市属征收安置住房8320套、约69.80万平方米,区属征收安置住房56240套、约541.58万平方米,公共租赁住房8975套、约44.29万平方米。(姚文江)

【持续推进公租房房源筹措供应】 截至2017年底,上海市公租房(含单位租赁房)累计筹措房源约16万套,其中2017年新增筹措房源约1.3万套;累计供应房源约11.8万套,其中2017年新增供应房源1.3万套。全市公租房(含单位租赁房)居住保障户数约20万户(单身人士1人计为1户),累计保障户数超过30万户。(林英杰)

【全面完成国家下达的公租房任务】 按照国家保障性安居工程协调小组下达的2017年度公租房分配目标任务,2013年底前政府投资开工建设的公租房2017年底前90%要完成分配、2014年政府投资开工建设的公租房2017年底前85%要完成分配。市房管局通过月度通报、现场督导等多种方式指导市和各区公租房运营机构抓紧推进公租房分配工作。截至2017年底,全市2013年底前开工建设的政府投资公租房44974套中已分配41666套,分配率为92.6%;2014年开工建设的政府投资公租房2789套中已分配2611套,分配率为93.6%;均超额完成国家下达的分配目标任务。(林英杰)

【优化完善单位整体租赁公租房政策机制】 2月,上海市住建委印发《关于进一步完善单位整体租赁公共租赁住房审核配租工作机制的通知》(沪建保〔2017〕182号),支持上海市科创中心、自贸区建设相关重点企事业单位整体租赁公租房解决职工阶段性住房困难,优化单位整体租赁公租房的准入资格审核和配租工作机制。针对单位整体租赁拟安排入住的部分新引进人才暂不满足上海市公租房准入条件中"具有上海市常住户口,或持有《上海市居住证》和连续缴纳社会保险金达到规定年限"的问题,经区级人民政府同意,可在承租单位书面担保承诺基础上,允许相关职工先入住公租房后在规定期限内补齐居住证、社保等准入要件,从而使新来沪人才能够及时享受公租房保障。(林英杰)

【总结推广公租房管理服务创新经验】 11月,上海市房管局召开全市公共租赁住房管理服务创新经验交流会,对近年来全市公租房运营机构在公租房信息化智能化管理和高品质租赁配套服务等方面涌现的创新举措进行表彰和推广。浦东新区公租房人脸指纹双识别门禁系统和车牌二次识别系统、长宁区代理经租居民闲置存量住房用作公租房、浦东新区公租房网上询租机制、地产公租房"居住无忧"租赁配套服务等4项举措被评为全市公租房管理服务创新示范项目,地产公租房身份证识别智能门锁、嘉定区公租房三位一体的信息化平台建设、普陀区长风8号西公租房建设工地党建联建工作站、长宁区公租房网上轮候选房系统、宝山区霄云湾公租房"绿色环保、互联网+"智慧社区等5项举措被评为全市公租房管理服务创新项目。上海电视台、上海人民广播电台、《中国建设报》《解放日报》《文汇报》等新闻媒体对相关创新经验进行连续报道。(林英杰)

【公有住房出售】 2017年,上海市房管局会同相关部门继续推进上海公有住房出售。据统计,全年共出售公有住房1.17万套,建筑面积63.11万平方米,回收购房款约1.91亿元,扣除维修基金后净归集额1.17亿元。全市自公有住房出售政策实施以来,已累计出售公有住房194.22万套,建筑面积约10481.51万平方米。(仇育彬)

【支持配合外省市住房分配制度改革】 配合外省市住房分配制度改革和经济适用住房、动拆迁货币安置等工作的开展,做好外地职工及其配偶在沪住房情况申报确认工作,2017年共确认765户,自2003年此项工作开展以来,累计确认6594户。(仇育彬)

【继续解决未确权的公有住房的出售问题】 2017年,根据《关于进一步推进上海市公有住房出售若干规定的通知》(沪府发〔1999〕44号)的精神,继续对投资单位未申领房地产权证的住房进行梳理,将符合出售条件的住房出售给承租的职工家庭。当年各区房改部门出售的这类住房共533套,建筑面积2.99万平方米;已累计代售51880套,建筑面积约306万平方米。(仇育彬)

【解决各区有限产权接轨工作的疑难问题】 市、区房改部门经过调研和协调,研究解决各类疑难问题,推动有限产权住房接轨工作顺利推进,全年有限产权住房接轨1530套,累计接轨75980套。(仇育彬)

【开展共有产权住房试点工作】 根据国务院统一部署,从2014年起住房城乡建设部在上海、北京、深圳、成都、淮安、黄石等六城市开展共有产权房试点工作。按照住房城乡建设部的要求,上海试点的重点是共有产权保障住房定价、供后违规行为处置、回购、五年后购买政府产权、上市转让等内容。上海开展了部分市级房源项目开展共有产权保障住房购买政府产权、上市转让和政府优先购买试点工作。

截至年底,基本完成3个批次、11个市筹房源项目和1个区筹房源项目市场基准价格制订工作,累计受理62户供后交易申请(均为购买政府产权)。下一步,将不断强化上市转让时政府指定机构优先购买工作,强化房屋所在地区政府指定机构优先购买的托底责任,提高房源使用效率。(王永刚)

【推进共有产权保障住房分配供应】 自2014年上海开展共有产权保障住房分配签约工作以来,截至2017年底,已累计签约9.2万余户,其中,年内新增签约0.23万户。各区基本完成2016年批次(第六批次)申请家庭初审审核工作,其中,宝山、奉贤、金山及青浦等4个区完成全部审核工作,金山区已完成摇号和选房,共完成摇号155户、选房138户。(王永刚)

【稳步开展"租售转化"试点工作】 根据在上海市长宁区开展廉租住房实物配租房源与共有产权保障住房"租售转化"试点工作要求,市住房保障领导小组办公室下发了《关于开展廉租实物配租房源与共有产权保障住房"租售转化"试点工作的通知》,并与市物价局联合下发《廉租实物配租房源与共有产权保障住房"租售转化"试行意见》(沪房保障〔2017〕11号)。市房管局会同市发改委(市物价局)初步确定试点房源的销售基准价格及购房人产权份额,会同市规土局(市不动产登记局)研究确定试点房源的不动产登记实施细则,会同市工商局初步完成试点所需的共有产权保障住房买卖合同和供后房屋使用管理协议(示范文本)起草工作,会同市地税局、市财政局研究解决试点房源销售计价标准和税费缴交等问题,基本解决了"租售转化"

试点工作遇到的相关政策瓶颈问题。(王永刚)

【廉租住房】 2017年,上海市从准入标准、保障水平、制度体系衔接等方面进一步优化完善廉租住房政策,并继续按照"补贴为主、实物为辅、政策科学、应保尽保"的原则对城镇低收入住房困难家庭做好托底保障,截12月底,全市当年共新增廉租受益家庭3446户,历年累计受益家庭达11.85万户。

为进一步完善上海市住房保障体系、继续扩大廉租住房受益面,年内研究制订了准入标准等政策调整方案。新准入标准等政策从2018年1月1日起实施,主要包括以下几个方面:一是放宽了收入和财产准入标准。其中,3人及以上家庭廉租住房的收入准入标准从家庭人均月可支配收入2500元以下调整为3300元以下,财产准入标准从家庭人均9万元以下调整为12万元以下。1人及2人家庭,收入和财产准入标准继续按上浮10%执行。收入和财产准入标准调整后,廉租住房与共有产权保障住房的保障范围将进一步有机接轨。二是调整了租金配租的分档补贴标准。其中,3人及以上家庭按照基本补贴标准实施补贴的范围从家庭人均月可支配收入1300元以下(含1300元),调整为2000元以下(含2000元);按照70%标准实施补贴的范围从家庭人均月可支配收入1300~2000元(含2000元)间调整为2000~2800元(含2800元)间;按照40%标准实施补贴的范围从家庭人均月可支配收入2000~2500元(含2500元)间调整为2800~3300元(含3300)间。1人、2人家庭及经认定的因病支出型贫困家庭,各分档标准均对应上浮10%。三是对住房困难的因病支出型贫困家庭实施"精准救助"。考虑到住房困难的因病支出型贫困家庭因存在医疗刚性支出,更需要居住方面的救助,新政策标准对该类家庭申请廉租住房保障时的收入和财产准入标准也进行了针对性放宽,在3人及以上家庭标准基础上放宽10%,即放宽至家庭人均月可支配收入3630元以下、人均财产13.2万元以下。(姚文江)

【全面提高租金配租家庭租赁补贴标准】 从1月1日起,上海市对廉租金配租家庭的租赁补贴标准等进行了调整,总体提高幅度约45%。提高了每平方米居住面积补贴标准。其中对黄浦、徐汇、长宁、静安、普陀、虹口、杨浦、浦东等8个区,按基本标准补贴的家庭的每月每平方米居住面积租金补贴标准从86元提高至125元,按70%标准补贴的家庭从60元提高至90元,按40%标准补贴的家庭从34元提高至50元;对闵行、宝山、嘉定等3个区,按基本标准补贴的家庭从68元提高至95元,按70%标准补贴的家庭从48元提高至70元,按40%标准补贴的家庭从27元提高至40元;对青浦、松江等2个区,按基本标准补贴的家庭从46元提高至95元,按70%标准补贴的家庭从32元提高至70元,按40%标准补贴的家庭从18元提高至40元;对金山、奉贤、崇明等3个区,按基本标准补贴的家庭从46元提高至65元,按70%标准补贴的家庭从32元提高至50元,按40%标准补贴的家庭从18元提高至30元。增加了托底保障面积。将廉租家庭的托底保障面积从12平方米居住面积提高至15平方米居住面积。三是对1人、2人户家庭补贴金额另行上浮了20%。(姚文江)

【公租房】 截至年底,上海全市公租房(含单位租赁房)累计筹措房源约16万套,其中2017年新增筹措房源约1.3万套;累计供应房源约11.8万套,其中2017年新增供应房源1.3万套。全市公租房(含单位租赁房)正在保障户数约20万户(单身人士1人计为1户),累计保障户数超过30万户。

【全面完成国家下达的公租房任务】 按照国家保障性安居工程协调小组下达的2017年度公租房分配目标任务,2013年底前政府投资开工建设的公租房2017年底前90%要完成分配、2014年政府投资开工建设的公租房2017年底前85%要完成分配。市房管局通过月度通报、现场督导等多种方式指导市和各区公租房运营机构抓紧推进公租房分配工作。截至2017年底,全市2013年底前开工建设的政府投资公租房44974套中已分配41666套,分配率为92.6%;2014年开工建设的政府投资公租房2789套中已分配2611套,分配率为93.6%;均超额完成国家下达的分配率目标任务。

【优化完善单位整体租赁公租房政策机制】 2月,上海市住建委印发《关于进一步完善单位整体租赁公共租赁住房审核配租工作机制的通知》(沪建保障〔2017〕182号),支持上海市科创中心、自贸区建设相关重点企事业单位整体租赁公租房解决职工阶段性住房困难,优化单位整体租赁公租房的准入资格审核和配租工作机制。针对单位整体租赁拟安排入住的部分新引进人才暂不满足上海市公租房准入条件中"具有上海市常住户口,或持有《上海市居住证》和连续缴纳社会保险金达到规定年限"的问题,经区级人民政府同意,可在承租单位书面担保承诺基础上,允许相关职工先入住公租房后在规定期限内补齐居住证、社保等准入要件,从而使新来沪人才能够及时享受公租房保障。

【协调推进住宅小区综合治理】 年内，上海市委、市政府联合召开市住宅小区综合治理工作推进会议。市领导要求用创新社会治理加强基层建设的积极成效大力推进综合治理工作，用综合治理的实际成效有力提升广大群众满意度和获得感。找准薄弱环节，持续提升能力，确保全面完成各项治理任务。

分解落实各区工作任务。将各区年度工作分解为完善治理体制机制、推进民生实事项目、强化业主自治社区共治、加强物业行业监管、切实解决突出问题等5大类、27项任务，市住宅小区综合治理联席会议与各区联席会议签署工作责任书，明确落实年度各项重点任务和工作目标。

启动新一轮三年行动计划编制工作。年内，通过整理资料、剖析典型案例、召开研讨会等，汇总相关意见和调研成果，形成了新一轮三年行动计划（征求意见稿）。10月下旬就征求意见稿连续召开了市级相关部门、各区房管局、街镇、业委会、物业企业、大型居住社区等6场座谈会，并书面征询市级联席会议成员单位和各区区委、区政府意见。明年，适时向全市发布。（曹阳）

【理顺物业行政管理体制】 年内，进一步完善上海市街镇房屋管理机构物业行政管理工作职责。以上海市住房城乡建设管理委、市住宅小区综合管理联席会议办公室名义联合印发《关于支持区房管办事处下沉街镇开展工作的通知》，明确了街镇层面涉及综合管理、物业管理、协助三大类17项工作内容、工作要求和工作规范，并对静安、黄浦等660余名街镇分管领导及房屋管理机构工作人员进行业务培训。

完善物业服务价格信息发布机制。更新物业服务信息发布平台存量数据，新增500个住宅小区数据信息，为业主和物业服务企业协商确定服务标准和服务价格提供更全面、更准确的参考。

完善招标投标管理规则。年内，经市政府同意《物业管理招投标代理机构管理规则》有效期延长至2022年6月。《物业项目招投标评分规则》已修订完成，将整合到物业项目招投标平台。年内，分批对全市240余名入围招投标专家进行培训、考核。

健全物业服务标准体系。推进城市综合管理标准体系中房屋管理相关标准编制，《城镇住宅小区整治后管理标准》已正式发布，《住宅小区公共区域清洁卫生管理标准》等5项标准已完成初稿，正在征求各方面意见。同时启动《住宅物业管理服务规范》《非居住物业管理服务规范》等推荐性地方标准制修订工作。

规范物业服务企业经营行为。继续在全市范围内开展常态化的住宅物业管理动态督查工作，重点检查四查制度、维修资金管理制度、公共收益管理制度执行情况，促进物业服务企业提高服务质量和管理水平。截至12月底，已对全市11970个住宅小区进行了实地检查。（曹阳）

【优化完善业主自我管理】 加强指导和推进，提高业主委员会组建率。截至2017年12月底，上海市已组建业主大会9074个，占符合条件小区数的94.16%，超额完成91%的年度目标。

鼓励和推进符合条件的居委会成员兼任业委会成员。在2098个符合条件的小区中，已有2048个小区开展试点，完成率97.62%，提前完成年初预定90%的年度任务。推动符合条件的业委会中成立党的工作小组。在2800个符合条件的小区中，已有2730个小区开展试点，完成率达97.5%，超额完成预定年度目标。扶持和培育物业管理专业社会中介组织参与住宅小区综合管理事务。全市街镇物业管理专业社会中介组织工作覆盖率达100%。

试点推行业主自行管理模式，全市218个符合条件的小区中，已有188个小区实施业主自行管理，试点率达86.24%，超额完成年初预定50%的年度目标。（曹阳）

【推进民生实事项目】 上海市全面实施住宅小区设施设备改造工程综合统筹施工。截至12月底，上海市已开工的687个符合统筹施工条件的小区，均已100%落实统筹施工。

有序推进各类实事项目。截至年底，老旧住宅小区电能计量表前供电设施改造已完成81.5879万户，累计完成315万户，提前三年296万户的改造任务。中心城区二次供水设已全面完成3500万平方米的改造任务；3553个完成改造的小区已由供水企业管水到表。市级财力补贴的三类旧住房综合改造年度目标为487.7万平方米，现已开工590万平方米；各区自筹资金老旧住宅小区修缮改造工程已完成1830.1347万平方米，超额完成全年1657.57万平方米的改造任务。完成水电气三表集抄改造31.5632万户，为967个既有住宅小区新建电动自行车充电设施，均已超额完成年度目标。完成100个老旧住宅小区消防设施改造，完成958台存在严重安全使用隐患的老旧住宅电梯的维修、改造和更新工作。年内，累计为1215个商品房住宅小区补建住宅专项维修资金。全市垃圾分类绿色账户累计达410万户，超过400万户的年度目标。（曹阳）

城市建设

【地下综合管廊建设】 2017年，上海在建地下综合管廊工程约31.55公里，到年底，已形成廊体10.1公里，累计完成投资12.5亿元。年内新开工建设地下综合管廊38.16公里，其中，干线及支线管廊开工建设24.25公里，涉及松江、闵行、普陀三区；缆线管廊开工建设13.91公里，涉及杨浦、浦东、徐汇、黄浦四个区。

9月，《上海市地下综合管廊专项规划（2016～2040）》经上海市政府同意，正式发布。专项规划明确了"主干管廊+重点建设区"的总体布局，确定了近、远期建设规模，明确到2020年前建设地下综合管廊100公里，到2040年管廊总规模达到约300公里。

上海市住建委、市规土局、市交通委三部门联合印发了《关于上海市地下管线纳入地下综合管廊的若干意见》（沪建联〔2017〕267号），确定了管线敷设的严控区和控制区，明确了管线纳入地下综合管廊的工作要求。（欧阳雁）

【海绵城市建设】 2017年，上海围绕到2020年中心城建成区基本达到海绵城市的目标，上海市住建委会同市规土、水务、环保、绿化市容等市有关部门及16个区和相关管委会，划定了64个地块约350平方公里范围，开展各类样板工程建设。目前，浦东新区临港地区、川沙六灶国际社区、闵行郊野公园、静安苏州河北岸地区、徐汇滨江、杨浦滨江、嘉北郊野公园、奉贤南桥新城等已开工建设，并初步形成了浦东新区临港环湖80米景观带和六灶国际社区、世博园最佳实践区雨水花园、徐汇区滨江跑道公园、杨浦滨江一期等一批样板工程。

自2016年4月上海市入选第二批全国海绵城市建设试点城市以来，上海市政府高度重视海绵城市建设工作，从体制机制、政策、标准等各方面推进海绵城市建设。一是注重规划引领，编制了宏观、中观、微观三个层面的海绵城市专项规划体系。在宏观层面，制定全市海绵城市专项规划（2016—2035）；在中观层面，16个区和管委会编制本区域海绵城市建设规划，将海绵城市各项规划指标落实到片区；在微观层面，编制区块海绵城市实施方案（全市已划定64个区块约350平方公里近期建设区域），将海绵城市建设规划明确的区块控制指标落实到具体地块。二是建立管理体制机制。按照市政府办公厅出台的《贯彻落实国务院办公厅〈关于推进海绵城市建设的指导意见〉的实施意见》（沪府办〔2015〕111号），明确了上海市海绵建设推进工作机构、政策措施、工作任务等。明确浦东临港地区为试点，并建立了"1+3"推进工作机制，即1个领导小组办公室（临港海绵办）和3个专项推进工作小组（资金组、项目组和审批组）。三是完善技术支撑体系。年内市住建委、规土局、发展改革委、水务局、交通委、环保局、市容绿化局等七部门联合印发了《上海市海绵城市建设指标体系（试行）》《上海市海绵城市建设技术导则（试行）》《上海市海绵城市建设标准图集（试行）》。在总结近年来试点经验的基础上，已编制完成《上海市海绵城市建设技术规程》《上海市海绵城市建设标准图集》等标准。同时，成立由各方面专家组成的专家委员会，依托委员会专家资源提供海绵城市决策咨询和技术支撑，组织专家对海绵城市建设标准、绩效评估体系等方面开展深入研究。（欧阳雁）

【旧区改造】 年内，上海市按照年初预定的任务目标稳步推进旧区改造及城中村改造。全年中心城区完成二级旧里以下房屋改造49万平方米，受益居民2.4万户，分别为年度计划的102%、104%。郊区城镇完成二级旧里以下房屋改造12万平方米，受益居民1756户，分别占年度计划的274%、195%。全年城中村改造动迁安置房基地基本完成动迁11个，占年度计划100%；动迁安置房开工2619套，占年度计划164%；完成动迁4560户（包括企事业单位），占年度计划114%。继续推进政府购买旧区改造服务。在2016年虹口、杨浦等区推进政府购买旧区改造服务试点基础上，总结经验，完善机制，在全市面上推广政府购买旧区改造服务。加大市属征收安置房建设力度。完善"四位一体"住房保障政策，强化征收安置房保障基本的主要功能，进一步加大市属征收安置房建设力度，确保中心城区旧区改造顺利推进。进一步盘活存量，优化土地供应结构，优先确保征收安置房建设用地。继续推进旧改重点区与大型居住社区所在区之间的"区区对接"房源建设和供应方式。加快已批方案的城中村项目改造推进。研究起草《关于进一步加强上海市城中村改造管理工作的若干意见（初稿）》，进一步规范城中村的改造。

2017年，上海为适应新形势要求，最大限度地保存城市的历史文脉，大力推进城市有机更新，将传统的"拆、改、留"转向"留、改、拆"。完成上海历史建筑调研。按照市委市政府要求，开展历史建筑、历史风貌调研，形成《关于加强上海市历史建筑保护的调研报告》市住建委分报告，同时配合市规土局开展外环以内建成50年以上历史建筑普查，开展后续价值甄别工作。深化城市更新"留改拆"工作研究。从坚持保护保留的前提下，多渠道多途径地改善居民居住条件的角度，研究形成《关于坚持留改拆并举，深化城市有机更新，进一步改善市民群众居住条件的若干意见》。重点加强里弄房屋修缮改造。制定下发《关于加快推进上海市各类里弄房屋修缮改造工作的通知》，明确上海市各类里弄房屋修缮改造按照"确保结构安全、完善基本功能、传承历史风貌、提升居住环境"的要求，遵循"居民自愿、政府主导、因地制宜、分类改造"的原则推进实施。并完成《上海市各类里弄房屋修缮改造技术导则》，明确各项具体设计要求和工程技术措施。积极开展试点。年内开展了虹口区历史风貌保护街坊春阳里内部整体改造、黄浦区复兴东路404弄承兴里内部整体改造、普陀区金城里内部整体改造等试点，以及徐汇区衡复风貌区优秀历史建筑修缮、静安区直管公房全项目修缮、长宁区愚园路历史风貌保护区老洋房厨卫改善、奉贤区青村老街修缮恢复等工程，形成了一些特色案例。五是针对各级政府、有关部门和相关人员制定分批次分层次培训方案和培训教材，开展留改拆相关文件的首批次专题培训，统一思想认识、切实转变观念、提高保留保护意识、落实各项工作。（陈卓）

【旧房修缮】 上海市结合小区综合治理，加大力度推进各类旧住房修缮改造工作。全年实施三类旧住房综合改造590万平方米，受益居民10万户，达到原定任务目标（300万平方米，6万户）的196%。按照"留改拆"城市更新历史风貌保护相关工作要求，下达了里弄房屋修缮改造专项计划共计130.39万平方米，涉及居民33886户，本年度竣工25万平方米，受益居民7900户，各项目在有序推进中。不断拓展旧住房修缮改造内涵。完成《上海市旧住房拆除重建项目实施管理办法》制订工作，并有序推进旧住房拆除重建改造各试点项目。同时，推动各区根据区域实际情况和特色，因地制宜探索修缮改造形式、创新工作机制和方式，结合小区综合治理形成了如"美丽家园"、"同心家园"、"整街坊改造"、"幸福家园小区综合治理"、"家门口工程"等有亮点的特色项目。推进既有多层住宅加装电梯工作，针对社会关心的加装电梯政策和实施过程中的典型案例，积极回应社会和舆论关切，及时解读政策，并通过媒体做好政策宣传工作。继续做好加装电梯的服务工作，在进一步优化政策的基础上，指导市房屋修建行业协会做好政策咨询和技术服务工作，编制《既有多层住宅加装电梯建设指南》，提供相关单位和居民。（陈卓）

【房屋使用管理】 年内，上海市加强房屋使用安全管理重点开展老旧住房安全隐患处置。明确2017年老旧住房安全隐患处置工作目标为完成82.6万平方米，截止11月底已全部实施处置完毕。对2016年老旧住房安全隐患处置项目开展了复查核销工作。重点协调解决平江小区等领导关心、社会关注的处置疑难小区。针对市房屋管理局机构职能调整的实际，专题研究安全、防汛、应急管理工作，明确要求，完善机制，落实分工，并建立和强化了汛期的防汛防台加强值班制度，保持机构调整后安全、防汛和应急管理工作的有序开展。全面开展安全大检查。根据市防汛办开展汛前防汛安全大检查、市安委会开展电气火灾隐患专项整治的要求，房管系统全面开展防汛安全大检查，在汛前和汛期中，重点对住宅小区、住宅修缮工地、房屋拆除工地等防汛安全进行检查，对发现的防汛薄弱环节和安全隐患督促相关责任单位落实整改，消除隐患。会同市住宅修缮中心、市房屋安全监察所对各区安全大检查和隐患整改情况进行了督查。（陈卓）

【加强优秀历史建筑保护管理】 为加强上海优秀历史建筑的修缮，年内，编制了《上海市优秀历史建筑修缮（装修改造）设计方案审批管理办法》、《关于在黄浦区、徐汇区、静安区、长宁区、虹口区开展优秀历史建筑行政审批事权下放工作的通知》和《上海市优秀历史建筑修缮（装修改造）评审专家管理办法》。完成第五批优秀历史建筑保护技术规定及铭牌内容编写的招投标工作，有序推进后续工作。继续推进优秀历史建筑普查及保护指南编制工作。四是完善了优秀历史建筑严管制度。对优秀历史建筑进行了普查，编制了优秀历史建筑保护管理技术规定和"一幢一册"及保护指南、落实了优秀历史建筑告知承诺制度、建立了优秀历史建筑保护管理系统和巡查制度、加大了执法力度。围绕巨鹿路888号保护建筑被擅自拆除恶性事件，针对保护日常管理缺失和短板问题，下发《关于进一步加强上海市优秀历史建筑日常巡查和纳入网格化管理的通知》，推动了优秀历史建筑监管纳入网格化和处罚纳入城管综合执法的工作。五是开展修缮技术研究和宣传活动。研究历史建筑修缮传统技术，利用"文化遗产日"等加强社会宣传，引导公众参与。（陈卓）

【生态环境综合治理】 2017年，上海全面完成22个市级地块治理任务，共拆除违法建筑1252.6万平方米，消除违法用地8231亩，整治污染源1336处，消除消防安全隐患3565处、生产安全隐患1475处，关闭无证及淘汰企业3889家，查处违法经营企业2444家；308个区级地块内共拆除违法建筑区级地块拆违1216.3万平方米。全市在2015年7月至2017年9月间，经过三轮整治，达成了"五违"问题集中成片区域基本消除的总体目标。根据各区统计，9个郊区腾出土地约86平方公里，六成多已经或即将用于生态修复，近四成可用于开发建设；7个中心城区腾出的4.56平方公里土地中，已补绿15.28公顷，推动完成旧改4.3万户。（咸艳平）

【网格化管理】 2016年10月至2017年9月（2017考核年度），上海全市各级城市网格化综合管理部门共计立案1407.34万件，同比增加88%。以提升城市管理效能为目标，完善工作机制，健全市级督查制度，建立重点工作协同机制。以深化基层社会治理为原则，拓展管理内容，与市编办联合印发《关于落实街道综合管理权的实施办法》，与市政法委、市禁毒办联合印发《关于社会面吸毒人员网格化服务管理工作的实施意见》，与市民政局联合印发《关于规范居村功能、畅通为民服务的指导意见》。以落实长效管理为要求，完善了考核办法，增加问题发现和案件质量的评分权重，深入分析网格化管理日常工作数据提升考核评价的客观性和公正性。以推进规范化为目标，加强队伍建设，组织专项培训，启动监督员队伍的职业化建设。以加强城市管理精细化为契机，开展大数据分析运用，完善网格化基础数据库。（咸艳平）

【建筑垃圾处置】 2017年，上海市住建委会同市绿化市容局等单位制定《关于进一步规范拆房（拆违）垃圾和装修垃圾收运管理工作的通知》，全面加强和改善拆房（拆违）垃圾和装修垃圾的管理，并联合市绿化市容局等单位完成对各区拆房（拆违）垃圾清运工作的检查。会同市绿化市容局等单位制定《关于加快推进上海市建筑垃圾处置工作的实施方案》，对临时堆放处置点、建筑废弃混凝土等工作提出具体要求。（咸艳平）

建筑业

【概况】 上海市全年实现建筑业总产值6426.42亿元，比上年增长6.3%；房屋建筑施工面积41197.49万平方米，增长14.4%；竣工面积8066.54万平方米，增长7.8%。

2017年，全市建设工程全年报建项目数5774个，同比上升3.44%，总投资额8482.58亿元，同比下降14.51%，总建筑面积6412.31平方米，同比上升19.62%。全市全年竣工验收备案次数3997次，备案单位工程数14862个，备案总建筑面积22060.32万平方米。年内全市建设工程全年勘察发包价3.21亿元，同比下降19.95%；设计发包价45.02亿元，同比下降4.38%；施工发包价2976.5亿元，同比上升7.32%；监理发包价39.98亿元，同比下降9.51%。

截至12月底，全市建筑行业有从业企业18367家，同比上升20.97%，其中上海市企业11992家，同比上升11.87%，外省市企业6375家，同比上升42.84%。建设工程执业注册人员93879人，同比上升3.52%，其中外地进沪备案人员22433人，同比下降24.6%；施工管理人员持证148376人，同比下降49.8%。其中重要原因，是新资质政策出台后，原协会所发放的证书失效，管理部门清理了失效证书，造成自2017年9月起原施工管理人员持证大幅减少。全市全年行政处罚立案数1076件，同比下降8.11%，行政处罚825件，同比下降8.74%；中止案件91件，同比上升46.77%；结案1264件，同比上升0.96%。

2017年，上海市建设工程累计发生因工死亡事故18起，死亡19人，与去年同期（29起、36人）相比，死亡事故下降了37.9%，死亡人数下降了47.2%。发生的18起安全事故中，高空坠落10起，占安全事故总量的55.6%；其次起重伤害3起，机械伤害2起，坍塌2起及触电1起。

工程质量状况整体稳定，全年质量事故上报为零起。建材检测数据2203923个，合格2199503个，平均合格率99.80%，比去年同期上升0.06个百分点。检测工程数据2344113个，合格2339105个，平均合格率99.78%。

2017年，受理各类施工扰民投诉共2779件，同比下降了28.5%。其中施工噪声为1762件，扬尘污染为772件，夜间灯光为49件。（沈琼 姜莹莹）

【发布建筑业改革实施意见】 9月，上海市人民政府办公厅发布《关于促进上海市建筑业持续健康发展的实施意见》，提出着力转变建筑业生产方式，着力推进科技进步和创新，着力提升城市建筑设计水平，着力强化工程质量安全监管，建立并完善符合国际通行规则和现代市场经济要求的建筑市场运行机制和监管体制，促进上海市建筑业全面、协调、可持续发展。

努力实现建筑市场规则国际化、分工专业化、监管信息化，大力推动建筑生产组织方式向集约化、产业化、生态化转变。到2020年，工程总承包、工程保险、工程咨询服务等国际通行方式广泛应用，装配式建筑、建筑信息模型、绿色建筑、绿色建材等现代产业技术全面推广，职业化、技能化的建筑技术工人队伍基本形成，工程质量安全水平显著提高，力争成为国内建筑品质最高、制度性交易成本最低、业内协作程度最优的示范区之一，国际综合竞争力明显增强。借鉴国际特大型城市先进做法，立足上海市建筑业发展实际，做好顶层设计，依托中国（上海）自由贸易试验区建设，在"证照分离"改革、招投标管理、工程总承包、工程保险、建筑师负责制等重点领域试点先行，进行差别化探索，稳步推进改革。（沈琼）

【建筑业改革】 年内，上海市进一步深入推进行政审批制度改革。通过"流程再造、分类审批、提前介入、告知承诺、多评合一、多图联审、同步审批、限时办结"等举措，重点聚焦社会投资项目，印发《进一步深化上海市社会投资项目审批改革实施办法》及实施细则，明确改革目标，配套开发上海市建设工程联审共享平台。推进招投标制度改革，出台《上海市建设工程招标投标管理办法》及实施细则，招投标管理由事前审批向事中事后监管转变。探索工程建设管理新模式，开展工程总承包、建筑师负责制和全过程咨询服务等试点，出台配套管理流程和制度。注重行业诚信体系建设，鼓励招标人将信用分作为施工投标筛选条件，开展工程监理企业信用评价。加强劳务用工管理和建筑市场执法，规范建筑业市场行为。（沈琼）

【工程建设】 2017年上海市完成城市基础设施建设投资1705.22亿元，比上年增长9.9%。其中，电力建设投资137.85亿元，比上年降低5%；交通运输投资903.62亿元；比上年增长2.2%；邮电通信投资92.48亿元；比上年降低13.1%；公用事业投资97.68亿元；比上年增长37.8%；市政建设投资473.60亿元，比上年增长37%。

2017年，上海市安排重大工程项目128项，预备项目7项，计划投资1305亿元。截至12月底，重大工程完成投资1342.9亿元，为计划的102.9%，是世博会以来完成投资额最高的一年。全年实现新开工项目22个，基本建成项目15个。（沉默）

【重大工程建设】 2017年，上海市安排重大工程项目128项，预备项目7项，计划投资1305亿元。全年完成投资1342.9亿元。实现新开工项目22个，基本建成项目15个。

道路交通方面，基本建成轨道交通9号线三期、17号线通车运营，8号线三期，上海全市轨道交通运营里程达到666公里；10号线二期、13号线二期、三期全线结构贯通；14号线、15号线、18号线主体开工建设。虹梅南路高架、普善路——三泉路、浦星公路改建、S3公路等建成通车；军工路快速化、杨树浦路改建、崧泽高架西延伸等开工建设；北横通道、沿江通道加快建设；13条区区对接道路按时打通。浦东机场第五跑道建成试运行，虹桥机场东航基地二期竣工，虹桥机场T1航站楼改造、浦东机场三期、沪通铁路等完成重要节点目标。洋山深水港区四期投入试运行，外高桥内河码头开工建设；平申线航道整治、大芦线航道整治二期等进入收尾阶段。

产业科创项目方面，软X射线自由电子激光装置项目、光源二期、微小卫星工程中心通信卫星研发等一批科技创新项目建设进入最后冲刺阶段。上海通用设计技术中心金桥基地、8英寸MEMS研发项目建成运行；中航商用航空发动机产业基地、联影医疗高技术基地、上海和辉光电第6代AMOLED项目、华力微电子12英寸先进生产线、集成电路研发中心12英寸先导线项目、中芯国际12英寸芯片项目等抓紧建设。5号沟LNG事故备用站扩建二期基本建成；500千伏输变电工程、220千伏输变电工程、申能奉贤热电项目、天然气主干管网工程等加快建设。新开发银行总部大楼提前开工，成为首个落户上海的国际金融组织；上海国际金融中心、中国金融期货交易所技术研发基地、上海证券交易所技术研发基地等抓紧建设。

生态环境和水利水务工程方面，完成黄浦江两岸公共空间45公里岸线全线贯通、全线开放；外环生态绿地全面建成；黄浦江上游水源地金泽水库投入使用，郊区生活垃圾无害化处理设施相继建成运行；崇明世界级生态岛启动建设；虹桥、泰和污水处理厂及苏州河深层调蓄管道系统等实现开工，白龙港、石洞口污水处理厂及26座郊区污水厂完成提标改造；上海市太湖流域水环境综合治理工程，重点河道和泵闸、中心城区排水系统等稳步推进。

社会事业项目和保障房建设方面，上海历史博物馆建成开放，上海图书馆东馆、上海博物馆东馆、程十发美术馆、世博文化公园、徐家汇体育公园、宛平剧场改扩建工程等陆续开工；上音歌剧院、上海天文馆等项目土建结构基本完成。上海理工大学新校区一期开工建设；复旦大学内涵能力提升、电力学院临港校区、戏剧学院浦江校区等进入建设高峰；上海大学宝山校区扩建三期工程基本建成。上海市检测中心二期开工；瑞金医院肿瘤（质子）中心、华山医院临床医学中心、新虹桥国际医学中心、肿瘤医院医学中心、上海老年医学中心、新华医院儿科综合楼等加快实施。

大型居住社区市属保障房新开工1.28万套，基本建成2.73万套；列入第三轮大型居住区外配套138个项目累计开工122个、建成106个。（沉默）

农村人居环境建设与居住

【农村人居环境】 2017年，上海"美丽乡村"建设以改善农村人居环境为主要目标，以农村村庄改造工程为载体，促进农村全面健康可持续发展。

推进农村人居环境建设。完成改善农村人居环境工作进展情况报告；完成国家住房城乡建设部改善农村人居环境示范村创建活动申报，浦东新区书院镇塘北村、青浦区朱家角镇张马村、松江区泖港镇黄桥村、金山区廊下镇中丰村、崇明区竖新镇仙桥村5个村获评2017年全国改善农村人居环境示范村。在全市范围内开展绿色村庄创建，研究制定上海绿色村庄验收、考核办法。开展2017年农村人居环境调查。

历史文化名镇名村保护。一是推进上海历史文化名镇名村保护试点项目——泗泾镇下塘村和康桥镇沔青村改造落地，探索项目改造与国企合作，下塘村与光明集团合作，沔青村与申迪集团合作。泗泾镇已形成整体规划设计方案和样板段设计方案。二是开展第七批中国历史文化名镇名村申报，推荐宝山区罗店镇、浦东新区大团镇申报。开展第五批中国传统村落和中国传统建筑名匠推荐申报。探索通过科技手段将名镇名村在不同时期的状况数据建档管理。

探索农村风貌建设。一是开展上海农村风貌专题调研。组织同济大学师生对崇明、金山、青浦、浦东等区12个村调研，形成调研报告。二是编制上海市村庄风貌建设导则。从村宅院落、村庄道路、村庄设施、村庄环境等方面，分别按照现状问题梳理、分项建设导则、近期实施建议提出引导要求。三是出版村民住宅建筑方案图集。将郊区农村分为江南水乡、滨海平原、沙岛田园三大风貌区，以"宅"为对象，包含宅基地范围内的住房和院落，为村民个人建房提供近20套组合设计方案。

农民集中居住。上海市嘉定区江桥、永丰农民搬迁项目实施方案获批复，拨付首批补贴资金约1.1亿元；老港、航头项目组织会审。除了市政府补贴之外，嘉定、浦东、金山等区、镇两级均拿出配套财政资金，落实农民搬迁和安置所需资金。

农村危旧房改造。自2009年以来，上海市农村危房改造累计受益农户约1.5万户，中央、市、区（县）三级财政补助资金投入约5亿元。组织开展加强农村危房改造质量安全管理的工作自查，规范改造对象认定程序，推动农村危房改造实行基本结构设计、落实基本质量检查。（丁化 陈卓）

【推进农民集中居住】 年内，上海市为进一步有序推进农民集中居住。按照"开工建设一批，抓紧启动一批，组织储备一批"的工作总体思路，上海市住建委积极组织各区有序推进，完成市政府下达的任务目标。

发挥市级组织协调指导功能。加强现场调研，及时帮助指导解决项目推进中存在问题；推进项目实施方案等编制与批复。积极会同市领导小组成员单位协商解决方案中各类问题，江桥、永丰项目实施方案已获得批复，老港镇项目、航头镇项目已组织会审，漕泾镇项目近期将上报；积极会同上海市发改委、市财政局研究明确市级按户补贴资金报审办法。经协调，江桥、永丰项目首批补贴资金约1.1亿元已拨付；针对各区反映的突出问题，会同各成员单位研究细化明确了"市级支持政策适用时间节点"、"节余建设用地计算口径"、"拆旧区复垦原则"等操作意见；强化与规土部门沟通协作机制，合力推进项目前期土地和规划审批工作。

发挥各区政府推进主体作用。构建区镇两级推进机制。各区参照市推进办，也各自成立了区、镇两级领导小组，由分管领导任组长，明确区级协调牵头部门，搭建区级协调平台，落实各项任务。制定政策细则。各区结合各地实际情况，在市里政策基础上，细化制定出台了个性化的操作政策，例如，浦东新区拟订了《关于浦东新区农民集中居住申报与操作流程的实施意见》、金山区出台了《推进农民向城镇集中居住的实施意见》等。落实配套资金。除了市政府给予补贴之外，嘉定、浦东、金山等区、镇两级均拿出配套财政资金，落实农民搬迁和安置所需资金。（丁化）

【推进历史文化名镇名村保护】 年内，为推进上海历史文化名镇名村保护试点项目——泗泾镇下塘村和康桥镇沔青村改造落地。制定了规划设计方案，完善改造实施方案。探索项目改造与国企合作，下塘村与光明集团合作，沔青村与申迪集团合作，通过企业介入，探索开展古镇、古村保护。

上海市住建委会同市发改委、规土局、财政局、房管局和文物保护专家等,共同论证实施方案与上位规划衔接、保护更新资金项目运作模式、保护更新工作中房屋产权取得等问题。确定将下塘村作为郊区风貌城市更新试点。

多次邀请伍江、阮仪山、常青等著名专家,通过现场视察、召开咨询会等方式论证保护实施方案,并将实施方案与区域规划相衔接。泗泾镇已形成整体规划设计方案和样板段设计方案。针对资金难题,上海市住建委会同市发改、市财政等共同研究泗泾镇保护更新资金项目运作模式,初步完成泗泾镇改造资金测算,并形成项目库。

按照住房城乡建设部要求,积极开展第七批中国历史文化名镇名村申报工作,上海已推荐宝山区罗店镇、浦东新区大团镇申报。目前正在开展第五批中国传统村落和中国传统建筑名匠的推荐申报工作。通过申报工作进一步扩大名镇名村保护面,调动区镇积极性,提高保护管理工作水平。

探索通过科技手段将名镇名村在不同时期的状况数据建档管理。以沔青村核心保护区为例,通过第三方合作,引入无人机航摄建模技术等科技手段,采集高清现状航摄图和三维矢量化现状模型,并对重要保护建筑进行测绘落图。(丁化)

【探索农村风貌建设】 下半年起,上海市开展了一系列调查和研究工作,积极探索具有上海地区特点的农村风貌建设。目前有关研究成果正结合"十三五"崇明世界级生态岛规划建设工作,计划在崇明等区选择自然村落开展村庄风貌建设试点。

开展农村风貌专题调研。上海市住建委与同济大学建筑城规学院、上海建筑设计研究院紧密合作,积极开展上海市农村风貌研究。组织同济大学师生对崇明、金山、青浦、浦东等区12个村,深入开展调研,形成详细的图文并茂的调研报告。

编制上海市村庄风貌建设导则。在专题调研成果的基础上,由同济大学组织编制上海市村庄风貌建设导则,从村宅院落、村庄道路、村庄设施、村庄环境等方面,分别按照现状问题梳理、分项建设导则、近期实施建议提出引导要求。

出版村民住宅建筑方案图集。在分析上海郊区村民住宅建筑特点的基础上,将郊区农村分为江南水乡、滨海平原、沙岛田园三大风貌区,以"宅"为对象,包含宅基地范围内的住房和院落,由上海建筑设计研究院为村民个人建房提供近20套组合设计方案。(陈卓 丁化)

【开展农村危旧房改造】 农村低收入户危旧房改造是上海针对农村低收入困难家庭实施的住房救助项目。自2009年以来,上海市农村危房改造累计受益农户约1.5万户,中央、市、区(县)三级财政补助资金投入约5亿元。实施危旧房改造后的农村困难家庭,居住条件普遍有较大程度改善,住房安全得到保障。

推进落实年度计划任务。按照住房城乡建设部工作部署,继续推进上海市农村低收入户危旧房改造。今年下达改造计划任务677户,截至12月底已开工538户,竣工364户,总体进展有序,预计能够按要求完成年度计划任务。

落实质量安全要求。根据住房城乡建设部通知要求,组织开展了加强农村危房改造质量安全管理的工作自查,落实住房城乡建设部质量安全管理要求。同时,规范改造对象认定程序,推动上海市农村危房改造实行基本的结构设计、落实基本的质量检查。

组织开展专题培训。对负责农村危房改造工作的区县、乡镇管理人员和项目施工负责人实施专题培训,邀请民政、财政等部门专项工作负责人和住房城乡建设部农村危房改造技术专家,分别就救助政策和资金管理、抗震措施和质量要求、施工安全和质量管理等方面进行培训。(陈卓)

(上海市住房和城乡建设管理委员会)

城 乡 规 划

【概况】 2017年是上海市实施十三五规划的重要一年和推进供给侧结构性改革的深化之年,规划国土资源工作深入贯彻党的十八大、十九大和习近平新时代中国特色社会主义思想,坚持以"人民对美好生活的向往"为奋斗目标,统筹推进"五位一体"总体布局,突出重点、精准施策,全力推进新一轮总规编制、城市有机更新、历史风貌保护等重点工作,继续发挥规划引领作用和土地保障作用,提高精细化管理水平,以规划国土资源管理方式转型促进城市发展方式和社会治理方式转变。

【新一轮城市总体规划获国务院批复】《上海市城市总体规划(2017—2035年)》(以下简称"上海2035")是党的十九大召开后第一个全面对接"两个阶段"战略安排并向国务院报批的超大城市总体规划。"上海2035"于1月上报国务院,住房城乡建设部于5月26日召开城市总体规划部际联席会议审查通过《送审稿》,7月12日将建议批复的请示上报国务院。十九大召开以后,上海市主动对照十九大报告进行全面修改完善。12月15日,国务院正式批复。"上海2035"以习近平新时代中国特色社会主义思想为指导，全面贯彻党的十九大精神，全面对接"两个阶段"战略安排，全面落实创新、协调、绿色、开放、共享的发展理念，明确了上海2035年远景展望至并2050年的总体目标、发展模式、空间格局、发展任务和主要举措，为上海未来发展描绘了美好蓝图。规划明确了城市性质确定为：上海是我国的直辖市之一，长江三角洲世界级城市群的核心城市，国际经济、金融、贸易、航运、科技创新中心和文化大都市，国家历史文化名城，并将建设成为卓越的全球城市、具有世界影响力的社会主义现代化国际大都市。上海将坚决按照努力当好新时代改革开放排头兵、创新发展先行者的总要求，主动服务"一带一路"建设、长江经济带发展等国家战略，坚持以人民为中心，坚持可持续发展，坚持人与自然和谐共生，坚持在发展中保障和改善民生，进一步彰显功能优势，增创先发优势，打造品牌优势，厚植人才优势，努力把上海建设成为卓越的全球城市，令人向往的创新之城、人文之城、生态之城，具有世界影响力的社会主义现代化国际大都市。

【完成新一轮土地利用总体规划编制】 上海市新一轮土地利用总体规划于2月经市政府常务会和市委常委会审议通过，上海市政府于3月正式上报国务院审批。7月，按照国务院相关部委审查意见进行修改。十九大召开后，结合城市总体规划修改完善工作，同步完成了土地利用总体规划修改完善，形成《上海市土地利用总体规划（2017—2035年）（送审稿）》。《上海市土地利用总体规划（2017—2035年）》与《上海市城市总体规划（2017—2035年）》同步开展，坚持"两规融合、多规合一"，形成了一套覆盖市域的空间规划方案。规划围绕上海"资源环境紧约束"的特点，以建设卓越的全球城市为目标，充分发挥土地利用规划在"多规合一"中"定底数、定底盘、定底线"作用。规划从原来侧重耕地保护，转向了全方位土地资源配置；由侧重指标的管控转向指标管控、空间布局管控并重；由单一的土地利用总体规划，转向"多规融合"，在全国能发挥探索试点和带动引领作用。

【优化"多规合一"空间规划体系】 按照全市新一轮城市总体规划确定的空间规划体系，推进各层次规划编制工作。

浦东新区和郊区各区总体规划暨土地利用总体规划。区总规肩负着"承上启下、统筹协调"的任务，是实现"多规合一"的重要平台，按照比全市总规进度晚半年的工作节奏推进编制工作。经过"评估深化、战略研讨、成果编制"三个阶段，9个区总规均已形成初步成果，各区城市开发边界深化方案已经全部稳定。崇明区总规完成规划公示，开展草案审查。

主城区单元规划。单元层次规划上承全市新一轮总体规划要求，向下指导未来控制性详细规划调整与修编，是统筹协调生态空间、公益性设施和文化风貌等底线型内容、强化空间引导和落地管控的综合性管理平台。在徐汇区、杨浦区、静安区3个试点的基础上，开展主城区单元规划编制技术要求和成果规范研究工作。7月13日，出台《关于开展主城区单元规划编制工作的函》（沪规土资总〔2017〕421号），正式启动主城区单元规划的编制工作。12月14日，印发《上海市主城区单元规划编制技术要求和成果规范》。

新市镇总体规划暨土地利用总体规划。镇总规对上承接全市和区总体规划各项宏观战略性目标的分解落实，对下指导控制性详细规划和村庄规划等实施操作性规划的编制，也是统筹城乡的关键环节，按照"量力而行、保证质量、有序推进"的原则，推进新市镇总体规划暨土地利用总体规划研究、编制、审批工作。目前，新浜镇总规已获批复；安亭镇、外冈镇总规已经编制完成并正式上报规划成果；柘林镇、徐泾镇、浦江镇、月浦镇、城桥镇、陈家镇、东平镇、九亭镇总规已开展初步方案审查工作；朱泾镇、漕泾镇、赵巷镇、祝桥镇总规已开展任务书审查工作。

镇村规划编制。完成8个新版郊野单元（公园）规划编制和20个村庄规划报批。

【加快推进城市有机更新】 继续开展城市更新四大行动计划推进工作，完成外滩社区160街坊风貌重塑、上海生物制品研究所改造、张江科学城西北片科创社区更新建设、紫竹高新区双创空间数码港改造、万里社区活力再造更新、上海戏剧学院改造更新、黄浦江两岸（浦东、黄浦）慢行系统贯通改造、徐汇万体馆城市更新等更新试点的控详规划审批工作。按照聚焦存量用地、调动更新意愿、突破更新瓶颈的工作要求，在开展专题研究与实施评估的基础上，完成了《更新细则》的修订工作。

【拓展历史风貌保护工作】 开展50年以上历史建筑普查。梳理现存建成50年及以上建筑分布情况，重点针对成片石库门里弄、工业遗产等历史建筑进行调查，切实做到"应查尽查、真查实查、联查共查"。第二批风貌保护街坊申报。经普查和甄别，形成131处里弄类第二批风貌保护街坊推荐名单，市政府于9月19日批准公布第二批风貌保护街坊名单。出台《关于深化城市有机更新促进历史风貌保护的若干意见》。重点聚焦法定保护保留对象，强化风貌保护管理制度，建立项目认定和实施监管相结合的管理制度，积极完善配套政策，分别从规划土地、财政、保护修缮等方面提出支持政策和措施。修订《保护条例》，形成《上海历史风貌和历史建筑保护条例》（暂名）初稿，并列入市人大2018年立法正式项目。第五批优秀历史建筑保护技术规定（第一批上报部分）编制。完成第五批优秀历史建筑（第一批上报部分）保护范围和建设控制范围划示工作。开展历史风貌保护更新实施项目试点。启动历史风貌保护更新实施项目试点工作，探索在成片历史风貌保护要求下的有机更新模式。优化历史风貌保护信息化平台。将50年以上历史建筑普查成果、第二批风貌保护街坊等纳入上海市历史风貌保护多媒体数据库。

【崇明世界级生态岛规划】 为全面贯彻落实中央生态文明建设要求和习近平总书记长江沿线"共抓大保护、不搞大开发"指示精神，按照"坚持生态立岛，坚持高标准、高质量，举全市之力推进崇明世界级生态岛建设"的工作要求，重点加快推进了崇明区总体规划、东平－海永－启隆城镇圈规划、崇明世界级生态岛规划建设导则编制工作。

崇明区总体规划。崇明区总规是崇明世界级生态岛建设的重要基础和平台。在规划目标上，把崇明建设成为在生态环境、资源利用、经济社会发展、人居品质等方面具有全球引领示范作用的世界级生态岛，成为全球鸟类的重要栖息地、世界自然资源多样性的重要保护地、长江生态环境大保护的示范区、国家生态文明发展的先行区。在规划策略上，坚决守住人口、用地、生态、安全四条底线，大力实施"＋生态"（＋生态节点和生态廊道）战略，稳妥推进"生态＋"（＋活力、动力、魅力）战略，以生活生产方式转变促进发展模式全面转型。规划于7月向社会公示，年底完成草案审查和市规委会专家会议、崇明区人大常委会审议。

崇明世界级生态岛规划建设导则。9月，完成《导则》编制工作，明确了崇明世界级生态岛规划建设目标、策略等具体要求，是指导崇明世界级生态岛建设的综合性文件和基本依据。《导则》充分体现了三个特点：全域统筹，适用于崇明全岛包括南通市海永镇、启隆镇以及横沙岛，长兴岛参照执行。全程管控，贯穿规划、建设、管理三大环节，既对开发建设活动实施管控，也为后续规划、建设、管理提供重要指导依据。全面创新，构建"目标－策略－要点"研究框架，围绕生态岛建设总目标，借鉴国际先进经验，确立绿色多元的生态环境、和谐优美的城乡空间、低碳集约的基础设施、更可持续的绿色发展4个子目标；按照生态地区、乡村地区、城镇地区等不同类型，明确差别化发展策略，形成12项重点策略、44项引导要点，力求导向清晰、策略聚焦。

东平－海永－启隆城镇圈协同规划编制。按照沪苏共建崇明世界级生态岛的要求，会同南通市政府开展崇明东平－江苏海门海永－江苏启东启隆城镇圈协同规划编制，已形成最终方案。对照建设世界级生态岛的目标，规划着力构建目标协同、生态协同、规模协同、建设协同和支撑协同"五个协同"的基本框架。

【重要专项规划】 土地利用总体规划调整完善和全域永久基本农田划定。根据国土部统一部署，以二次调查和规划中期评估结果为基础，同步推进上海市土地利用总体规划调整完善和全域永久基本农田划定工作。划定全域永久基本农田254万亩，其中重点城市周边68.17万亩（国家下达249万亩、66.32万亩），7月通过国土部数据库审核。在此基础上，编制形成了《上海市土地利用总体规划（2006－2020年）调整方案》，6月获得国土资源部批复同意。结合新一轮区总规编制，同步开展浦东新区和各郊区区、镇两级土地利用总体规划调整完善工作，基本形成成果。

上海市土地资源利用和保护"十三五"规划。《上海市土地资源利用和保护"十三五"规划》于4月正式发布。规划确定上海市"十三五"期间土地资源保护和利用的总体目标是：主动适应经济发展新常态，坚持实施"五量调控"土地利用基本策略，更加注重生态环境保护、更加注重资源节约集约、更加注重利益统筹平衡，科学合理配置生产、生活、生态用地，构建空间资源配置合理、利用效能综合全面、运行机制有序高效的土地管理"三位一体"新格局。在规划导向上，坚持底线思维，聚焦结构优化，注重功能提升，强化实施机制。在规划指标上，锁定建设用地规模、耕地保有量和基本农田保护任务、低效建设用地减量化规模总量。在规划策略上，强化"新三线"管控，实施建设用地减量化和土地综合整治，推进城市有机更新，深化土地节约集约利用，保障城市地质安全，推进土地制度改革。

《上海市轨道交通近期建设规划（2017—2025）》相关线路规划预控制方案。为衔接在编的上海市新一轮轨道交通近期建设规划，落实相关新增线路的规划建设控制要求，确保线路的实施条件，对于近期建设规划相关项目开展了规划预控制方案的编制。于年内完成了机场联络线、崇明线、20号线、21号线、23号线等线路的规划预控制方案编制工作。

全市轨道交通车辆基地专项研究。通过统筹全市轨道交通线网资源共享以及场站改造复合利用的相关技术条件，实现资源紧约束背景下轨道交通基础设施建设用地规模的合理保障。截至2017年底已完成初步成果，为下一步全市轨道交通线网规划建设工作的深化提供了有力的基础。

黄浦江岸线综合利用规划。按照将黄浦江转变为"群众健身休闲、观光旅游的公共空间，开放成市民的生活岸线"的目标，结合两岸贯通实施方案，开展了黄浦江岸线综合利用规划编制工作。11月，规划方案获原则同意。规划以实现黄浦江核心段岸线由生产岸线向生活岸线转变、由岸线独占模式向公共开放转变、由单一岸线功能向岸线集约综合利用转变为重要原则，统筹岸线资源与岸线后方陆域资源，确保与安全相关的公务设施规划布局，保障与民生相关的越江交通设施，重点对公务码头、游船客运码头以及轮渡码头布局方案进行了深化研究，初步形成"2基7站"公务码头布局方案、1处邮轮码头、11处游船码头、22处越江码头设施、10处游艇码头。

公共体育设施布局规划。与上海市体育局、市发改委、市旅游局联合编制《上海市体育产业集聚区布局规划（2017—2020年）》，通过打造一批特色体育产业集聚区，形成"一核两带多点"的体育产业总体布局，引导各区体育产业形成特色及主导优势。

殡葬设施布局专项规划。与上海市民政局共同编制《上海市殡葬设施布局专项规划（2016—2040）》，基本完成规划成果。规划预测，上海亡口峰值约在2046~2050年间来临，现有殡葬用地基本满足到2040年新增骨灰安置需求，原则上不再新增。规划提出，建立以殡仪馆为核心、地区殡仪服务中心为依托，城乡公益性骨灰安置设施为主体、经营性骨灰安置设施为辅助、生态节地环保为特色的殡葬设施服务网络。

综合管廊专项规划。与上海市住建委共同编制《上海市地下综合管廊专项规划（2016—2040）》，于9月获批。规划聚焦城市地下空间集约利用，以重大工程为载体，建设主干综合管廊和管廊重点建设区，形成线面结合的空间布局。全市近期（至2020年）规划建设综合管廊约80-110公里，远期（至2040年）规划建设综合管廊约300公里。

海绵城市专项规划。与上海市住建委共同编制《上海市海绵城市专项规划（2016—2035）》，基本完成成果。规划提出综合生态、水环境、水资源、水安全四方面控制指标，划定全市海绵城市近期（2020年）建设区域38片，总面积约236.4平方公里。

农村地区专项规划编制。完成《上海市农民集中居住专项规划（2016年计划启动项目）》和《上海市农民集中居住专项规划（2017年计划启动和预备项目）》，完成《上海市土地整治规划（2016—2020年）》编制并报请市政府审批。

【重大项目专项规划】 沪苏湖铁路（上海段）选线专项规划。沪苏湖铁路是促进长三角城市群区域一体化发展、加强华东地区交通联系的一条重要铁路。根据国家《中长期铁路网规划》，沪苏湖铁路定位为国家高速铁路区域连接线，连接湖州、苏州和上海市，衔接商合杭高速铁路，具有路网与城际双重功能。为推进项目建设，组织编制沪苏湖铁路（上海段）选线专项规划，规划方案对线路通道和枢纽场站方案进行了深入的研究，明确了项目实施的相关规划控制条件。

上海铁路东站综合交通枢纽专项规划。为进一步深化完善铁路东站区域内的综合交通统筹方案，明确规划建设要求，推进项目实施落地，我局与市交通委共同组织编制上海铁路东站综合交通枢纽专项规划，于年内完成初步成果。

北横通道（共和新路－双阳路）专项规划。北横通道是上海市中心城"三横三纵"骨架性主干路网的组成部分，对提升中心城北部地区道路网容量、缓解中心城交通压力有着重要作用，随着中心城区北部地区城市建设和路网交通的持续发展，北横通道在骨干路网中的整体交通功能日益突出。为进一步发挥北横通道交通功能，实现北横通道地下连续道路进一步向东延伸的功能，于12月完成《北横通道（共和新路－双阳路）专项规划调整》批复。

【重点地区规划】 深化重点地区规划，优化城市功能布局。

黄浦江两岸贯通。坚持"贯通为先、以绿为主、保障安全、合理建设"四条工作底线，完成黄浦江两岸公共空间贯通实施方案审核。为加快推进贯通实施工作，打通滨江岸线断点难点，完成上粮六库、中石油油库、上海警备区用地、东部战区海防一旅等四个项目的异地选址研究,完成龙腾大道红线调整(龙腾大道以东部分)相关控规调整审批工作,有效推进滨江贯通实施。

世博会后滩及周边地区。为进一步完善城市生态系统、增加公共活动空间,明确世博会后滩及周边地区整体建设为世博文化公园。世博文化公园对标纽约中央公园等国际一流的城市公园,规划突出生态性、文化性、公共性三大理念,是"城市,让生活更美好"理念的最佳诠释。世博文化公园首期启动区已于9月开工。

三林滨江南片区。随着黄浦江两岸综合开发和建设工作从城市核心区不断向南北两侧拓展,该地区的区位优势日益凸显,生态功能的重要性更为突出,地区转型发展提上日程。在地区结构规划指导下,一是完成黄浦江南延伸段三林滨江南片区东区控制性详细规划增补图则审批;二是优化西片区城市设计方案,积极推进西片区控详规划和重点地区附加图则的编制和审批工作。

徐汇滨江地区。始终坚持"规划引领、文化先导、生态优先、科创主导"的基本原则,围绕滨江贯通工程、市重大项目和重点功能项目等有序开展规划工作。推进重大文化项目建设实施,完成宛平剧场改扩建工程、滨江两个美术馆的相关规划调整;推动沿江贯通工程向南延伸,开展WS7单元规划评估、WS5单元西片区规划研究,为地区更新和建设做好技术储备。

临港地区。对接成为上海建设具有全球影响力的科技创新中心的主体承载区的目标定位,按照临港地区详细规划工作计划,开展推进相关规划组织编制和研究。完成临港地区科技城控制性详细规划(修编)审批工作,开展临港地区科技城扩区(原主城区103单元)控制性详细规划评估研究,完成临港集卡服务中心控规调整审批。

上海国际旅游度假区(迪士尼)。会同度假区管委会和申迪公司,组织开展上海国际旅游度假区南一片区控规编制和核心区二三期乐园过渡性开发实施方案修编的规划前期研究。

吴淞地区转型规划。会同宝山区政府开展《吴淞地区转型发展建设规划》编制工作,根据新一轮总体规划对地区的定位与要求,确定了地区的整体框架与发展目标,深化总体空间结构、功能定位、开发规模、设施布局要求,锁定绿化、河道、公共服务等支持系统。

张江科学城建设规划。会同浦东新区政府编制《张江科学城建设规划》,于7月获批。8月,《张江国家实验室编制单元控详规划修编》《张江西北片区单元控详规划修编》完成规划审批。

桃浦科技智慧城。推动桃浦科技智慧城原上海英雄金笔厂所在地块规划调整工作,研究提出保留地块历史遗存建筑的方案,6月,完成规划调整工作。

(上海市规划和国土资源管理局)

绿化市容

概况

2017年,上海市绿化市容行业对照"国内领先,国际一流"行业发展目标,对标建设卓越的全球城市总体要求,攻坚克难,开拓进取,深入推进生态环境建设,圆满完成了全年各项任务。

生态环境质量持续提升。生态环境建设稳中有进。全年造林6.5万亩,绿地建设1358.5公顷,其中公园绿地830.8公顷,完成绿道224公里,立体绿化40.9万平方米,森林覆盖率达16.2%,人均公园绿地面积达到8.02平方米,湿地保有量稳定在46.46万公顷。浦江郊野公园、嘉北郊野公园、广富林郊野公园先后开放,全市共有6个郊野公园建成运行。累计创建命名198条林荫道。完成8个绿化特色街区建设。建设街心花园47个。全市城市公园总数达到243座,公园分级分类管理成效明显,延长开放时间已达133座。市民绿化节组织绿化大篷车园区公益行31场、园艺大讲堂等活动300余场次。深化安全优质信得过果园创建,实现76家"安全优质信得过果园"果品追溯全覆盖。2017中国森林旅游节成功举办,被国家林业局授予特别贡献奖。

垃圾综合治理不断深化。完善生活垃圾全程分类体系,绿色账户新增覆盖210万户,全市累计覆盖400余万户,党政机关单位生活垃圾强制分类全面覆盖,企事业单位生活垃圾强制分类宣传基本落实。奉贤区、松江区、崇明区成功申报全国农村垃圾分类示范区,并建成300个垃圾分类示范村。深入推进农村垃圾综合治理,改造村级垃圾分类收集房1160座,建设湿垃圾利用点232个,设置村内宣传栏1265块。上海生活垃圾科普展示馆正式开馆。全市五类建筑垃圾申报总量4728万余吨,其中工程渣土3826万吨,工程泥浆50万余吨,工程垃圾41万余吨,拆房垃圾561万余吨,装修垃圾250万余吨。浦东机场3号围区南侧、南汇东滩N1库区、横沙圈围促淤项目七期、八期全面启用，市重大工程渣土泥浆消纳得到保障。老港再生能源利用中心二期基础工程全面推进，老港基地渗滤液提标改造工程开工建设，老港建筑垃圾、湿垃圾资源化处理设施和综合填埋场二期工程正式立项。嘉定再生能源利用中心点火试运行。

市容环境保持靓丽。"补短板、治五乱"专项治理三年行动计划累计完成80%，取缔各类占道亭棚2295个，整治跨门营业21.2万处，规范非机动车停放41.8万处，清理乱张贴、乱悬挂1010.9万处。配合实施1864条黑臭河道水域环境综合整治。出台《城市容貌规范》。完成71个市容环境达标街镇复查和8个市容环境综合管理示范街镇创建。完成责任区管理"五个一"任务，创建责任区示范道路120余条（段），责任区管理自律组织累计达1061个，组织责任人、管理人员参与培训21.9万余人次，建立责任人信息档案26万组。全年拆除违法户外广告设施4589块，超额完成年度整治任务。加强20条重点道路扬尘污染防治。提升机械化保洁水平，增加780辆作业车辆。全市沿街商铺上门收集垃圾道路数达1500余条。新建环卫公厕15座、改建202座、增设第三卫生间52座，2160多座公厕创建成为文明公厕，环卫公厕布局不断优化。

行业发展基础愈加扎实。以生态文明建设为龙头，坚持强基础、重管理、充分发挥规划引领、法治保障、科技信息等支撑保障作用，不断夯实行业发展基础。建立"城市绿化成果转化、柑橘产业研发和固废资源化利用"三个行业科技创新中心。成立"上海城市树木生态应用工程技术研究中心"。完成1项国家标准编制、3项行业标准编制和6项地方标准编制修订。"绿色上海"拓展深化，微信粉丝达8万人，网站建设、网上政务大厅、政务信息公开等名列全市前茅。市民认建认养的绿地160万平方米，树木60881棵，古树名木249棵及各种果树13100棵。全年受理信访诉求436件次，办结率100%。市民诉求处置能力不断提高，受理处置各类投诉31385件，先行联系率达97.67%，按时办结率达100%，满意度测评为75.04%。

绿化

【概况】 全市加大绿化造林，新造林6.5万亩，绿地建设1358.5公顷（其中公园绿地830.8公顷）。完成绿道建设224公里，立体绿化建设40.9万平方米。森林覆盖率达到16.2%，人均公园绿地面积达8.02平方米，湿地保有量维持在46.46万公顷以上。

【推进生态环境建设】 出台《关于进一步推进本市生态廊道建设的若干意见》，确定配套政策和建设导则，建立造林质量监管机制。金山化工区周边、老港固废基地周边、吴淞江两岸、青东农场环境综合治理区域等造林工作加快推进。

【外环生态专项全面竣工】 外环生态专项全面竣工，完成腾地284公顷，建绿220公顷。桃浦中央绿地、三林、张家浜、康家村等一批楔形绿地建设推进有力。

【部分郊野公园建成运行】 浦江郊野公园、嘉北郊野公园、广富林郊野公园先后开放，目前全市共有6个郊野公园建成运行。

【参与崇明生态岛建设】 积极参与崇明生态岛建设，东滩生态修复项目主体工程全面完成，东平森林公园改扩建完成项目选址及建设方案编制，形成崇明三岛公共绿地发展规划、绿道规划和鸟类保护专项工作方案。

【推进绿道建设】 推进黄浦江两岸绿色公共空间绿廊绿道建设，积极构建黄浦滨江绿道、虹口北外滩滨江绿道、浦东东岸滨江绿道、普陀楂浦公园绿道、闵行郊野公园S32南核心区绿道、松江昆秀湖绿道、青浦环淀山湖生态带（西岑段）绿道、崇明长兴郊野公园绿道等多个项目，黄浦江两岸45公里绿色公共空间全面贯通。

【推进绿地建设】 绿地建设重点突出、亮点明显，呈现一批具景观特色的公园绿地。如结合黄浦江贯通工程共新增绿地70公顷，建成普陀桃浦智慧城中央绿地北片25公顷、静安彭越浦楔形绿地4.5公顷，浦东张家浜楔形绿地40公顷、川杨河生态廊道30公顷、徐汇油罐艺术公园一期3.2公顷、跑道公园一期4.58公顷，长宁1号公园8公顷，闵行轻轨站东侧绿地3.4公顷，宝山滨江上港14区绿地3.4公顷，青浦北极星广场绿化1.1公顷，奉贤南桥新城11单元两路一带绿地4.4公顷、浦星公路西侧绿地18.2公顷，嘉定菊园北水湾景观绿地5公顷，金山新城老红旗港滨水绿地7.6公顷，崇明团城公路绿地1.3公顷等。

【林荫道创建】 创建命名林荫道24，累计创建命名198条林荫道。林荫景观精细化养护程度不断提升，如徐汇区百色路、嘉定区墅沟路。道路版式更加多样，部分区域林荫片区初现雏形。杨浦区江湾城路林荫道路至清波路成为全市首条日本晚樱为主角的林荫道。

【打造特色街区】 积极推进8个绿化特色街区建设，在静安嘉里中心率先建成绿化特色街区的经验基础上,杨浦创智天地、长宁黄金城道、普陀曹杨社区、黄浦新天地等街区围绕各自主题定位和区域风格突出绿化资源整合和特色植物营建,并从养护标准、经费保障、管理措施等方面加强后续长效管理机制的研究。

【申城的落叶景观道路增至29条】 上海的"落叶景观道路"将从原来的18条增至29条。此次新增的11条落叶景观道包括思南路、巨鹿路、光复路、运城路、安汾路、虹湾路、溧阳路、番禺路、愚园路、茅台路、虹古路,树种包括香樟树、银杏、北美枫香、梧桐。

【景观花卉布置】 完成重点区域"五一"、"十一"、"十九大"期间花卉布置工作。同时,对标北京"十九大"花卉保障工作查找不足,研究上海重大活动及节庆期间城市花卉保障机制并形成初步工作方案。开展市级花卉配送监管,着重推广新优品种,有效保持全市良好的花卉景观面貌。

【街心花园建设】 完善街心花园建设,共完成街心花园31个,如徐汇建成东湖街心花园、普希金街心花园,普陀建成光复西路街心花园和松江建成文翔路街心花园等。

【老公园改造】 加快推进老公园改造,延长开放时间的公园达133座,占全市城市公园总数的60%以上。住房城乡建设部充分肯定上海老公园改造工作,编印《实施公园改造,造福申城百姓》(建设工作简报第8期)下发全国推广上海经验。

【新增城市公园26座】 加强分类分级管理,完成本年度城市公园名录调整工作并正式发文。新纳入城市公园26座,全市城市公园总数达到243座。

【园林街镇创建】 浦东新区浦兴路街道创建成为市级园林街镇。浦兴路街道以"大爱浦兴美好家园"为主线,以"改善市政设施、加强城市管理、优化社区环境、提升生态文明"为创建目标,做实五大创建任务、六大平台建设,提升了街道的整体面貌,提高了小区居民的获得感。

【举办公园主题活动】 各大公园组织开展了丰富多彩的主题活动,园艺大讲堂、樱花节、梅花节、菊花节、植物园国际花展、共青森林音乐节、辰山植物园国际月季展、滨江森林公园建园十年、古猗园文化建设、动物园科普教育等活动受到市民广泛欢迎,参与人次逾千万。

【公园延长开放】 全市133座已实施延长开放公园(含76座全年延长开放,43座全年全天开放)管理工作,加强实施延长开放公园的后续管理,协调各区化解延长开放引发的各种矛盾和问题,重点研究延长开放条件以及解决游园安全、噪声扰民和运营费用增加等突出问题。

【开展世博文化公园金点子征集】 成功组织"世博文化公园"建设市民金点子征集活动,共征集市民意愿调查表22377份,金点子方案1810份,世博文化公园市民金点子征集活动受众面达1841万人次。

【举办园艺大讲堂】 全年共开办园艺讲座311场,接受了园艺知识、技术、鉴赏等方面的普及与传授,充分发挥公园作为文化、生态阵地的积极作用,通过园艺讲座、观摩欣赏、实地辨认、现场制作、探访等形式,向广大市民传授养花、插花、多肉植物养护、植物病虫害防治以及家庭阳台布置等绿化知识,丰富市民的文化生活,提高群众的园艺水平。

【开展古树名木监测管理】 开展了古树名木标牌的置换工作,对1417株古树名木进行了标牌更换。开展古树名木日常监测工作,制定了实施方案,落实了监测指标以及仪器设备的选用,对全市8株千年古银杏开展了现场生长势监测。在安信农业保险公司为全市古树名木及古树后续资源进行了保险,今年已处理7起古树名木保险赔付。

【加大古树名木保护管理力度】 督查古树及古树后续资源18000余株次,发现异常问题并协调落实养护措施120株次;结合10个区21个点的城维项目试点开展古银杏生长情况的监测,探索建立古树生长健康评价体系;配合地铁14号线等重点工程建设推进,加大对建设时期古树保护,下发保护函12次并跟进落实保护整改意见;更新开发古树名木信息管理系统微信二维平台,继续推进面向市民的古树科普宣传。

【第三届上海市民绿化节精彩纷呈】 3～10月举办主题为"园艺进家庭,绿化美生活"的第三届上海市民绿化节,推出约40多项家庭园艺、绿色展示、体验互动、科普服务等市级活动,各区结合区域特点开展了3000多场次区级活动。在传统的活动中注入市民喜闻乐见的新内容,力求出新、出彩。推出"绿化大篷车园区公益行"31场、园艺大讲堂301场、电视园艺节目"绿色星梦想—花香艺境"21期、"2017博大园艺杯"市民插花大赛、"绿色上海和你一起"系列活动、家庭园艺微视频等主要活动。

【开展全民义务植树】 上海市民认建认养的绿地160万平方米,树木60881棵,古树名木249棵及各种果树13100棵。

【湿地保护情况】 根据上海市第二次湿地资源

调查，上海拥有46.46万公顷的湿地，约占全市陆域面积的55.54%，其中崇明区、浦东新区、青浦区3个区湿地面积为42.8万公顷，占全市湿地的92.24%。

【加强湿地管理】 贯彻落实国务院《湿地保护修复制度方案》，市政府办公厅印发《上海市湿地保护修复制度实施方案》。加强上海市重要湿地名录研究，崇明东滩、浦东九段沙、崇明北湖等一批重要湿地及嘉定浏岛、松江雪狼湖等一批野生动物重要栖息地列入上海市生态保护红线范围。上报《崇明禁猎区管理规定草案》，组织开展上海市湿地名录研究。

生活垃圾

【概况】 完善生活垃圾全程分类体系，绿色账户新增覆盖210万户，超额完成市政府实事项目任务目标，党政机关单位生活垃圾强制分类全面覆盖，企事业单位生活垃圾强制分类宣传基本落实。

【落实环保督察整改工作】 7项环保督查整改任务中，5项即知即改和整治类项目按期完成整改并建立长效机制，其他2项工程类项目按照时间节点扎实推进。对违规倾倒、嘉定残渣填埋场、安亭综合处理厂等环保督察发现的问题立即整改，及时修复奉贤、金山、浦东新区等6处垃圾违规倾倒点的环境整治，关停相关违规处理厂并着手环境治理和配套设施建设。保障市重大工程渣土、中心城区装修垃圾、拆房垃圾稳定消纳，充分利用圈围造地项目提升建筑垃圾属地消纳能力。按照新修订出台的《建筑垃圾处理管理规定》，探索建立长效机制。

【推进生活垃圾分类减量】 "绿色账户"累计覆盖400万户。建立全市绿色账户倒逼监督检查制度，开展垃圾分类达标居住区全覆盖第三方专业检查，全年创建达标小区1712个，示范小区109个，提高源头分类实效。深化与蚂蚁金服合作，开通绿色账户自主申领渠道和线上自由兑换通道，建立绿色商盟体系并成立首个绿色商盟，提高绿色账户吸引力，全年新增积分10亿分，消纳积分5.2亿分。

【开展单位生活垃圾强制分类】 开展单位生活垃圾强制分类联合执法，共发放告知书5万余份，执法检查430余次，发放责令整改单244张，开具行政处罚单20张。

【推进农村垃圾综合治理】 深入推进农村垃圾综合治理，改造村级垃圾分类收集房1160座，建成湿垃圾利用点232个，设置村内宣传栏1265块。

【垃圾清运管理成效显著】 开展"破难题，补短板，固形象"垃圾箱房及垃圾清运专项整治行动，共计出动检查人员1133人次，检查样本5872个，垃圾清运车辆优良率达95.5%，提升7.5个百分点；垃圾箱房优良率达96.93%，提升6.9个百分点。完成对607个问题的整改，问题整改合格率达99.84%。对全市7000余个生活垃圾分类示范居住区开展垃圾分类清运专项检查，共抽查样本996个，分类投放率达到88.9%，分类运输率达到86.0%。

【加强建筑垃圾处置管理】 严格落实"实施源头申报、规范中转分拣、强化物流管控、落实属地消纳、推行卸点付费"等全程管控要求，全市五类建筑垃圾申报总量4728万余吨，其中工程渣土3826万吨，工程泥浆50万余吨，工程垃圾41万余吨，拆房垃圾561万余吨，装修垃圾250万余吨。浦东机场3号围区南侧、南汇东滩N1库区、横沙圈围促淤项目七期、八期全面启用，市重大工程渣土泥浆消纳得到保障。持续开展建筑垃圾规范运输执法检查，实施诚勉谈话196家次、整顿整改18家次、市场退出2家。

【餐厨废弃油脂处置管控力度加大】 加强法制建设，研究制定餐厨废弃油脂处置财政补贴配套制度，确保财政补贴规范落实。积极推进资源化利用，依托"柴油环卫车使用高比例餐厨废弃油脂制生物柴油应用示范"课题，实现了资源化利用的重大突破，并获"2017年食品药品安全管理先进单位"。

【推广应用新型渣土车】 全市在网新车超1500辆，完成900余辆违规车强制改造。试点开展装修垃圾、拆房垃圾就地分拣处置，各区建成建筑垃圾分拣处置线17条，推进资源化利用综合扶持政策研究。

【推进环卫基础设施建设】 老港再生能源利用中心二期基础工程全面推进，老港基地渗滤液提标改造工程开工建设，老港建筑垃圾、湿垃圾资源化处理设施和综合填埋场二期工程正式立项。嘉定再生能源利用中心点火试运行。各区陆续开展建筑垃圾、湿垃圾项目选址，闵行区厨余、餐厨废弃物资源化利用和无害化处理工程开工。长兴岛中转站基本建成，闵吴码头完成防汛墙建设。

市容环境

【概况】 2017年，上海市加强顽症治理，健全长效机制，"补短板、治五乱"专项治理三年行动计划累计完成80%，全面完成责任区管理"五个一"任务。继续巩固提升市容环境达标、示范街镇创建成果。推进车辆清洗规范服务。配合实施1864条黑臭河道水域环境的综合整治。户外广告治理、景观灯光提升进入新阶段。

【推进户外广告专项整治】 基本完成违法户外广告设施专项整治工作,共拆除违法设施4589块,超额完成年度整治任务。其中重点督办1459块,杨浦、长宁、宝山、普陀、青浦、闵行、黄浦、浦东、崇明和路政局、自贸区、虹桥商务区等全面完成督办任务,嘉定、徐汇、金山、奉贤、静安完成督办任务90%以上,一大批"老大难"违法广告设施得以拆除。完成34条游船违规广告整治。组织全市603条道路临时性户外广告设置情况检查。有序推进户外招牌整治,拆除各种招牌10000多块。开展户外招牌示范道路、特色店招、特色路段评选。

【加强景观照明管理】 颁布实施《上海市景观照明总体规划》,按照"控制总量、优化存量、适度发展"理念,提出"一城多星,三带多点"夜景框架,明确划定核心区域、重要区域、发展区域、一般区域及禁设区域。

【景观照明方案国际征集】 完成黄浦江两岸景观照明设计方案国际征集形成《黄浦江两岸景观照明总体方案》,结合黄浦江两岸45公里公共空间贯通工程,对吴淞口海上门户区域、工业遗存区域、外滩—陆家嘴核心区域、世博徐汇滨江区域及杨浦、南浦、卢浦、徐浦大桥等标志性构筑物夜景照明进行了全面系统设计。吴淞滨江、逸仙路高架、虹桥商圈等一批新的景观灯光项目落地。

【加强招牌规范设置基础管理】 组织力量编制完成了以管理部门、设计单位为服务对象的《上海市户外招牌设施设置导则》和以中小商家为服务对象的《户外招牌设置指南》,为全市开展店招店牌整治和规范设置管理提供技术服务。

【做好重大活动夜景灯光保障】 圆满完成2017年央视春晚上海分会场景观照明、国际技能大赛中国邀请赛、迎接党的十九大等近十次重大活动景观照明保障工作,让璀璨的城市夜景给出席活动的中外嘉宾留下美好的深刻印象。同时,主动服务,积极协调,配合市相关部门做好户外媒体公益宣传工作。

【推进"五乱"治理】 以老旧小区、集市菜场、轨交站点、医院周边、学校周边,以及区际结合部、城乡结合部、条块结合部等为重点区域,累计完成"补短板、治五乱"三年专项行动任务总量的80%治理工作,督办了1261个新查找的问题。重点聚焦"乱占道"和"乱张贴"专项治理,深入推进互联网租赁自行车街面秩序管理、占道亭棚治理等工作,专题研究违规道路指示牌、废弃电线杆治理等难题,全市已累计整治各类占道亭棚2295个、跨门经营21.2万处,规范非机动车停放41.8万处,清理乱张贴、乱悬挂1010.9万处。

【做好重大活动市容保障】 聚焦"重大活动"、"重要节点"和"重点区域",推动全市面上的市容环境治理工作。完成"党的十九大"、中欧高级别人文交流对话机制会议、国际军乐节、"全国双创周"、"中国国际技能大赛"和国际技能研讨会、环崇明岛国际自行车联盟女子公路世界巡回赛、环球马术冠军赛、上海国际马拉松赛、国际田联上海黄金大奖赛、2017年上海车展等重要会议和活动的市容环境保障工作。切实做好元旦、春节、清明、"五一"、端午、国庆等重要节点期间的市容环境保障,加强巡查、发现,督办重点问题330余起,营造了和谐温馨的环境氛围。

【开展上海市首批"三最"示范河道创建活动】 按照上海市政府对本市水域日常保洁管理的分工,全面落实沿线10个区44条支流的闸内段、闸外段水域保洁责任;结合上海市城乡中小河道集中整治后的长效管理需求,以及近年来中小河道水域市容环境卫生的管理成果,开展首批"三最"示范河道创建活动。

基础发展

【深化行政审批改革】 完成10项深化审批制度改革和"放管服"改革任务。推动濒危野生动物及其制品贸易改革举措复制推广到全市,为国家其他7个自贸区相关制度建设提供"上海方案"。全年为企业提供野生动植物进出口许可服务超过3300批次,较2016年增长100%以上。推进"证照分离",在全市层面推广复制户外广告设施设置审批改革成果。配合浦东新区形成新一轮"证照分离"改革事项清单,覆盖新区绿化市容、林业全部市场准入事项。

【优化行政审批服务】 完成"三个一批"事项清理,其中,当场办结事项4项,提前服务事项1项。继续取消调整一批行政审批事项。建立完善权责清单动态调整机制,报送取消、调整行政权责事项8项。积极稳妥推进行业协会脱钩。政府数据资源公开获全市第2名。全年受理办结行政审批申请3994件,行政审批按时办结率为100%。

【深化养护作业市场化改革】 推进环卫定额修订,推进行业诚信体系建设,建立完善绿化养护信息化监管平台,建成绿化养护信息化管理系统。直属公园市场化招投标率继续维持在95%以上。环卫定额修订工作基本完成,开展《上海市绿化养护作业诚信指标》研究。推动制定《上海市市容环境卫生行业协会会员信用评价管理暂行办法》和评审标准,连续2年创建19家企业。

【推进行业法治建设】 全面推进《上海市生活垃圾管理条例》立法调研,形成条例草案框架,明确立法思路和核心制度。出台《关于建立完善本市生活垃圾全程分类体系的实施方案》。颁布实施关于修改《上海市流动户外广告设置管理规定、上海市户外广告设施管理办法的决定》(沪府令53号)、《上海市建筑垃圾处理管理规定》(沪府令57号)颁布实施,制订建筑垃圾运输单位招投标办法和运输许可证吊销程序规定。完成《上海市崇明禁猎区管理规定(草案)》、《上海市景观照明管理办法(草案)》的起草上报工作。组建局法治政府建设工作领导小组,完善政府法律顾问制度,建立重大行政执法决定法制审核制度。建立局公平竞争审查机制。2起行政复议和1起行政诉讼得到妥善处置。

【深化科技信息工作】 建立城市绿化成果转化、柑橘产业研发、固废资源化利用三个行业科技创新中心。建设行业科技信息共享交换平台。成立"上海城市树木生态应用工程技术研究中心"。完成1项国家标准编制、3项行业标准编制和6项地方标准制修订,协助制定全国《园林绿化养护概算定额》,2项国家级标准化试点项目和1项市级标准化试点项目成功验收。初步确立湿垃圾和建筑垃圾资源化利用技术路线。荣获市科技进步二等奖、三等奖各1项,市科普教育创新奖科普贡献一等奖1项,科普成果二等奖1项。

(上海市绿化和市容管理局)

水务建设与管理

概况

2017年,在上海市委、市政府的正确领导下,上海市水务局 上海市海洋局紧紧围绕全市经济社会发展大局,迎难而上、真抓实干、履职尽责,践行社会主义生态文明观,全力推进城乡中小河道综合整治,实现"中小河道基本黑臭、水域面积只增不减"目标。推进安全优质供水,供水水质和保障能力稳步提升;着眼水安全和水环境"两水平衡",着力补齐防汛设施短板,防汛防台基础进一步夯实;推进城乡一体化发展,促进现代农业建设,农村水利工作取得新成效;全年完成投资377亿元,其中水利板块307亿元,供水板块19亿元,排水板块51亿元,完成年度各项目标任务。

【中小河道基本消除黑臭】 根据10~12月上海水质监测报告显示,列入整治计划的1864条段1756公里中小河道已基本消除黑臭,水质达标率为99%。同时,对上述河道委托第三方开展公众满意度测评,公众对整治后河道满意度均超过90%。城乡中小河道综合整治还带动面上水环境质量稳步提升。

【构建三级河长体系】 2017年,共计7781名领导干部担任市—区—街镇(村居)河长,部分区还结合实际探索设立民间河长、河道监督员等3441名,全市所有河湖以及小微水体都有了河长,以党政领导负责制为核心的责任体系更加健全。

【河道长效管理得到加强】 全面开展河湖本底调查,形成"一河一图一信息"全覆盖、无重复、无遗漏的河湖本底数据,编制发布《2016年上海市河道(湖泊)报告》。制定河湖水面率管控方案、整治与长效管理导则、规划设计导则、河道命名管理办法、农村生活污水排放标准、小微水体管理指导意见等一批制度文件,深入推进养护作业市场化改革,河道长效常态管理水平进一步提升。

【供水安全保障体系全面形成】 黄浦江上游金泽水库原水工程建成通水,构建完成"两江并举、集中取水、水库供水、一网调度"的原水供应格局。供水行业在上海"夏令热线"第三方测评中名列前茅,行业服务水平不断提高。全年共计完成改造任务5560万平方米,占年度计划112%,其中中心城区基本收官,完成改造任务4010万平方米;郊区改造工作进展顺利,完成改造任务1550万平方米。"管水到表"深入推进,供水企业新增接管5000万平方米,累计完成接管1.2亿平方米。

【污水污泥处理设施加快建设】 落实国家水污染防治行动计划,坚持"泥水并重",加快污水处理、污泥处置基础设施建设,全市城镇污水处理率可达95%左右。石洞口污水处理厂完成提标改造,出水水质稳定达标。26座郊区污水处理厂提标改造工程全部完成。

城市供水

【自来水供应量】 2017年底,上海市共有自来水厂37座,与上年持平。全市自来水厂供水能力为1184万立方米/日,比上年增长2.8%。2017年,全市自来水供水总量31.01亿立方米,同比下降3.2%。

【节水型社会建设】 2017年,上海市新增3家节水型工业园区、2家节约用水示范企业、20家节水型企业、4所节约用水示范学校、39所节水型学校、16家节约用水示范小区、138家节水型小区、3家节约用水示范机关、69家节水型机关、1家节约用水示范单位、6家节水型单位。

城市排水

【道路积水改善工程】 2017年，上海市共实施完成安国路、双辽路、平凉路等11个道路积水改善工程项目，均被列入2017年市政府实事项目，涉及黄浦、静安、虹口、杨浦、普陀5个区，共新敷设DN1000～DN1800排水管道5038公里，总投资1.48亿元。（胡洁雯、倪周晶）

【城镇污水总量】 2017年，上海市城镇污水总量22.95亿立方米（其中工业污水量5.13亿立方米，生活污水量17.82亿立方米），折合日均城镇污水量628.84万立方米。

【城镇污水处理厂污水处理量】 截至年底，上海市共有城镇污水处理厂51座，总处理规模为825.7万立方米/日。全年平均实际污水处理量594.28万立方米/日，全市城镇污水处理率94.5%，比上年增加0.2个百分点。

【农村生活污水处理】 2017年，上海市完成6万户农村生活污水处理，涉及闵行、嘉定、宝山、奉贤、松江、金山、青浦、崇明等8个区。
（田军　倪周晶）

（上海市水务局）

江　苏　省

概况

2017年，江苏省住房城乡建设系统在住房城乡建设部和省委省政府的有力领导下，以迎接党的十九大召开、贯彻落实党的十九大精神为工作主线，围绕"强富美高"新江苏建设目标，确定了聚焦小康补短板、转型升级增后劲、突出特色提品质、落实实事惠民生四个方面12条工作举措，着力推动全省住房城乡建设事业迈上新台阶。

城市规划工作。江苏省认真落实习近平总书记"城市规划在城市发展中起着重要引领作用""先布棋盘再落子"等要求，持续优化全省城镇空间布局，强化城市规划的战略引领作用，加强全省城乡空间特色塑造，不断加强历史文化遗产保护，不断健全"从区域到城市、从城镇到农村、从总体到专项"的层次明晰、相互衔接、配套健全的城乡规划体系。

建筑业发展。江苏省在建筑业改革发展推进过程中，一方面突出转型升级。另一方面突出改革创新。建筑业产值规模连续多年位居全国首位，是江苏省支柱产业、优势产业和富民产业，全年实现建筑业总产值31395.9亿元，比上年增长6.4%，增幅较上年提高1.6个百分点。

住房和房地产市场工作。认真落实习近平总书记近年来关于推进住房保障体系和供应体系建设、促进房地产市场平稳健康发展、培育和发展住房租赁市场等关于住房工作的一系列重要指示精神，坚持房子是用来住的、不是用来炒的定位，一手抓好住房保障体系建设，一手抓好房地产市场稳控，积极推动建立完善多主体供给、多渠道保障、租购并举的住房制度，为解决城镇居民住有所居问题作出了应有的贡献。

城市建设管理工作。认真贯彻落实中央城市工作会议精神，尤其围绕习近平总书记指出的城市发展存在十个方面突出问题，坚持以人民为中心的发展思想，切实转变城市发展方式，完善城市治理体系，提高城市治理能力，着力解决城市病等突出问题。

特色田园乡村建设。近年来，江苏省采取协调联动，全力推动工作开展；典型示范，试点村庄选择类型多样；聚焦乡村，引导优秀规划师下乡；汇集众智，发动社会广泛参与。组织开展镇村布局规划编制，将现状自然村庄分为"重点村""特色村""一般村"。同时，有序推进小城镇规划建设，22个镇被住房城乡建设部、国家发改委、财政部联合命名为全国特色小镇。

法规建设

江苏省住房和城乡建设厅提请省政府印发《江

苏省传统村落保护办法》；对《江苏省工程建设管理条例》、《江苏省城乡规划条例》、《江苏省物业管理条例》、《江苏省城市绿化管理条例》、《江苏省城市房地产交易管理条例》、《江苏省燃气管理条例》、《江苏省工程建设勘察设计管理办法》7项地方性法规和地方政府规章修订意见；对江苏省住房和城乡建设厅制发的现行有效的278件规范性文件进行了清理和修订，废止81件、修改59件、保留107件，转变为内部管理文件31件。

房地产业

【概况】 2017年，江苏全省住房与房地产工作紧紧围绕"房子是用来住的、不是用来炒的"的定位，严格贯彻落实国家调控目标要求，继续坚持分类调控，因城因地施策，督促地方政府落实主体责任，着力保持房地产市场平稳发展。2017年，全省商品住宅销售面积同比下降15.2%，成交均价同比下降1.9%。

【房地产开发投资】 2017年，全省房地产开发投资共完成9629.11亿元，同比增长7.5%，占全省固定资产投资的18.2%；投资增幅与全省固定资产投资增幅持平。其中商品住宅投资7315.28亿元，同比增长10.4%；投资增幅较全省固定资产投资增幅高2.9个百分点。

【商品房新开工、施工和竣工面积】 2017年，全省商品房新开工面积为13739.1万平方米，其中商品住宅为10263.87万平方米，同比分别增长0.5%和下降2.6%。商品房施工面积为59464.23万平方米，其中商品住宅为43554.54万平方米，同比分别增长1.2%和1.3%。全省商品房竣工面积为9581.73万平方米，其中商品住宅7089.8万平方米，同比分别下降4.9%和6.8%。

【商品房供应】 2017年，全省商品房和商品住宅累计批准预售面积分别为12408万平方米和10182万平方米，同比分别下降1.3%和增长2.1%。

【商品房销售】 2017年，全省商品房和商品住宅累计登记销售面积分别为14661万平方米和12291万平方米，同比分别下降12.2%和15.2%。

【商品房成交均价】 2017年，全省商品房和商品住宅成交均价分别为8923元/平方米和8672元/平方米，同比分别下降0.4%和1.9%。

【商品住宅去化周期】 截至年底，全省商品住宅累计可售面积8027万平方米，较上年底净减少1005万平方米，按滚动十二个月的月均销售速度计算，库存去化周期缩短了7.8月，较上年底延长0.3月。

【房地产贷款】 12月末，全省房地产贷款余额为3.27万亿元，同比增长20%，占人民币各项贷款余额比重为32%；房地产贷款余额比年初增加5500亿元，其中：地产开发贷款余额为1164亿元，比年初减少449亿元，余额同比下降28%；房产开发贷款余额为5943亿元，较年初增加1443亿元，余额同比增长32%；个人住房贷款余额为2.4万亿元，比年初增加4318亿元，余额同比增长22%。2017年，全省向215731户职工家庭发放住房公积金贷款747.89亿元，同比分别下降20.7%、24.3%。12月末个贷比率为97.41%。全省住房公积金资金结余为97.33亿元。

【房地产业税收】 2017年，全省房地产业地税收入完成12298.88亿元，同比下降20.8%，占地税收入总量的比重为33.5%。

【房屋征收】 2017年，全省共决定征收项目527个，同比增长126%；决定征收房屋面积1899.73万平方米、86978户，分别较上年增长63.3%、上升35.2%；其中，涉及住宅房屋面积1389.31万平方米、83831户，分别较上年上升48%、35.1%。实际完成（含往年结转）征收项目414个、征收（拆迁）房屋面积1841.09万平方米、户数87560户，分别较上年增长67.6%、上升41.2%、12.1%。全省共受理征收补偿决定案件187件，较往年下降69.9%。下达补偿决定47份，较上年下降80.7%。全省共下达强制搬迁决定23件，较上年下降28.1%。

住房保障

【超额完成年度目标任务】 2017年，江苏全省新开工棚户区改造28.1万套，基本建成27.6万套，分别完成年度目标任务108.87%、153.35%；公租房基本建成9253套，完成年度目标任务132.19%；新增城镇住房保障家庭租赁补贴4164户，完成年度目标任务231.33%。

【落实资金、土地等支持政策】 2017年，江苏省争取到国家保障性安居工程基础设施配套补助资金22亿元，并获得国家发展改革委员会"真抓实干奖励资金"3亿元。完成对2016年度棚改目标任务完成情况核查工作，争取中央财政35.5亿元专项补助资金，省级财政预算安排棚改补助资金5亿元。

【积极发挥政策性贷款支持作用】 组织市县强化同国家开发银行、农业发展银行的联动协作，争取国家政策性棚改贷款资金。据国开行、农发行统计,全省当年新开工棚改项目共获国家开发银行授信1120.4亿元,发放棚改贷款618.4亿元;获农发行评审贷款281亿元,实际发放贷款313.9亿元,授信、评审额度和发放贷款额度在全国均位居前列。

【因地制宜推进棚改货币化】 认真贯彻住房城乡建设部棚改工作座谈会和公租房工作座谈会精神,对商品住宅消化周期在15个月以内和以外的城市区别对待,因城施策推进棚改货币化安置。全省棚改货币化安置比例达到52.83%,其中南京、苏州、无锡3个全国热点城市货币化安置比例合计为19.83%,其他城市货币化安置比例为62.24%。

【进一步扩大住房保障覆盖面】 贯彻落实住房城乡建设部和财政部《关于做好城镇住房保障家庭租赁补贴工作的指导意见》(苏建房保〔2016〕703号),印发《关于进一步加强农民工住房工作的意见》(苏建房保〔2017〕242号),布置各地根据推进新型城镇化、城乡一体化进程以及户籍制度改革的精神,结合居住证制度的实施,加快将农业转移人口和外来务工人员统一纳入城镇住房保障体系。

【加强安置住房建设的运营管理】 优化安置住房设计方案,提升安置住房设计建造品质,认真落实工程质量安全责任制。健全安置住房分配管理,建立完善住房保障信息监管系统,落实信息公开各项要求,对安置住房的建设、目标任务进度、分配等全程公开,积极探索创新物业管理模式,提高管理服务水平。

住房公积金管理

【缴存情况】 2017年,江苏全省实际缴存住房公积金的职工人数为1232.35万人。全省当年缴存住房公积金1562.51亿元,比上年增长14.67%,缴存余额为3850.16亿元,比上年增长11.95%,累计缴存10013.24亿元。

【提取情况】 2017年,全省住房公积金提取额为1151.64亿元,占当年缴存额的73.70%,比上年增加1.19个百分点。

【贷款情况】 2017年,全省共向21.57万户职工家庭发放住房公积金贷款金额747.88亿元,住房公积金贷款余额为3750.63亿元。

【增值收益分配情况】 2017年,全省住房公积金实现增值收益47.98亿元,提取个人贷款风险准备金22.93亿元;提取管理费用5.48亿元;提取廉租住房(公共租赁住房)建设补充资金17.76亿元。

城乡规划

【区域规划】 落实《江苏省城镇体系规划(2015—2030)》确立"紧凑城镇、开敞区域"的空间发展战略,以"大疏大密"的空间结构支撑城乡发展和经济建设。紧密衔接省委省政府"1+3"重点功能区战略,开展《沿海城镇体系规划》、《沿江两岸地区城镇体系规划深化研究》、《宁镇扬一体化空间协调规划》、《苏北苏中水乡地区城镇体系规划》、《沿江风景路规划》等次区域规划编制和研究工作,促进扬子江城市群、沿海经济带、江淮生态经济区、宁镇扬等区域协调发展。开展《江苏临沪地区跨界衔接规划研究》,促进江苏临沪地区与上海城市总体规划对接,积极参与长三角世界级城市群建设。

【城市总体规划】 重视城市规划的战略引领和刚性管控作用,指导有关城市推进规划期为2030年的城市总体规划修编。由国务院批准的9个城市总体规划均已编制完成规划期至2020年的城市总体规划,由江苏省政府批准城市总体规划的25个城市中18个编制完成规划期至2030年的城市总体规划。江苏省被住房城乡建设部确定为两个城市总体规划编制试点省份之一,南京、苏州、南通被列入全国15个试点城市,淮安、宜兴被列为省级试点城市。

【空间特色塑造】 落实特色发展要求,完成《江苏省城乡空间特色战略规划》,提出全省8个空间特色风貌分区、8条重点特色廊道、12片重点特色风貌区、塑造"江苏新48景",从省域尺度明确特色风貌塑造指引,构建重点特色空间体系。指导13个设区市制定城市空间和地域建筑特色规划设计指引,组织编制《江苏省城市空间特色和建筑风貌塑造指引》,13个设区市均已完成特色空间规划,南京、苏州、徐州、南通、镇江、宿迁6个城市已被住房城乡建设部列入城市设计试点城市,南京、徐州、苏州、南通、镇江、扬州6市被列为"城市双修"试点城市。

【历史文化保护】 推进江苏省第八批和全国第七批历史文化名镇名村的申报和评选工作,新公布江苏省第八批历史文化名镇6个、历史文化名村5个。至2017年,全省保有国家级和省级历史文化名城16座,历史文化名镇39个,历史文化名村18个,历史文化街区100多处(其中国家级历史文化名城13座、中国历史文化名镇27个、中国历史文化街区5处),所有历史文化名城、名镇、名村均已完成保护规划。推进历史建筑普查工作,共公布历史建筑808处,其中2017年新确定的历史建筑156处。开展《江苏省地域建筑特色传承研究》,推进历史文化名城传统建筑修缮试点工作,指导苏州、扬州开展历史建筑保护利用试点工作，促进保护规划与修缮实施工作的衔接。

【城乡规划信息系统建设】 持续推进省级城乡规划信息系统的研发和建设，已完成51个市县城市总体规划成果入库工作。推进全省规划管理信息系统全覆盖，已有50个市县开通用户并按季填报"一书两证"信息。

【规划行业发展】 全省共有规划编制单位121家（其中甲级22家，乙级38家，丙级58家，外资3家），规划设计人员约1.2万人，注册规划师1247人。组织省建设系统优秀勘察设计城市规划项目专业评选，共评出96项，其中一等奖13项、二等奖29项、三等奖54项。开展注册规划师继续教育培训，共培训3批次约600人。

城市建设

【概况】 2017年，江苏省新增城乡统筹区域供水通水乡镇5个，全省通水乡镇覆盖率达99%。全省新增自来水深度处理能力260.5万立方米/日，较上年增长21%，深度处理总能力达1496万立方米/日，占全省总供水能力的51%。全省新增供水能力93.5万立方米/日，城镇公共供水总能力达到2925万立方米/日。全省新增城镇污水处理能力30万立方米/日，新增污水收集管网2698.55公里，累计建成城镇污水收集主干管网52298.55公里，新增建制镇污水处理设施27座，建制镇污水处理设施覆盖率达93.3%，全省城镇污水处理能力达1650万立方米/日，稳居全国前列。全省完成黑臭水体整治104条，完成易淹易涝片区整治102个。全省新建（扩建）城市道路长度2255.3千米、面积约2690.41万平方米，新建桥梁约88座，新增道路照明灯约4.5万盏。新建成轨道交通6条线、187公里；新建燃气管道8652公里、改建625公里，天然气供应总量114.7亿立方米，液化石油气供应总量约68万吨，用气人口达3757万人，燃气普及率99.67%。

【城市道路】 加强道路及其附属设施建设指导，组织编制《江苏省城市道路附属设施建设指南》《城市家具建设指南》，规范道路挖掘修复工程收费管理。2017年，全省城市（含县城）道路设施水平稳步提升，新增城市道路长度2255.3千米，新增面积约2690.41万平方米，新建桥梁88座，新增道路照明灯4.5万盏。截至年底，全省拥有城市道路总长度52550.61千米、面积93413.55万平方米，人均城市道路面积达27.59平方米；各类桥梁16038座；拥有道路照明灯3874690盏，安装路灯的道路长度41750.96千米。

【城市轨道交通建设】 2017年，江苏全省城市轨道交通建设持续推进。南京市新建成轨道交通线路4条，长134千米，其中包括有轨电车1条，长10千米。在建线路6条，长200千米。苏州新建成轨道交通线路2条，长53千米。在建线路4条，长118千米，其中包括有轨电车2条，长28千米。无锡在建轨道交通线路3条，长58.2千米。徐州在建轨道交通线路3条，长64.4千米。常州在建轨道交通线路2条，长54千米。南通在建轨道交通线路1条，长40千米。2017年，全省轨道交通建设投资共计510.3亿元，其中有轨电车投资10.2亿元。

【城市地下综合管廊】 2017年，城市地下综合管廊进入稳步实施阶段。加强试点示范建设，苏州市完成国家地下综合管廊试点城市建设任务；省级试点城市加快推进，所有试点项目均开工建设，各设区市全面完成专项规划编制工作。2017年全省新建地下综合管廊长度60多公里。截至2017年底，除了宿迁市外，各设区市均已开工建设综合管廊，全省在建164.04公里。加强技术支撑，修订了《江苏省城市地下综合管廊建设指南》（苏建城〔2018〕52号），成立省级地下综合管廊专家库。

【城市供水】 持续推进饮用水源地保护和应急水源运行维护工作，加快推进供水基础设施建设和改造、保护太湖流域城镇饮用水安全，加强城市供水安全保障工作的督查指导。2017年，新增自来水深度处理能力260.5万立方米/日，新增供水能力93.5万立方米/日，新增城乡统筹区域供水通水乡镇5个，新增75毫米以上城乡供水管道3165公里，其中城乡统筹区域供水管道2226千米。截至年底，江苏全省城市公共供水总能力达2925万立方米/日，城乡供水管道总长度达93248千米。

【城市燃气】 2017年，全省城市（县城）新增供气管道长度8652千米、改建625千米，天然气供应总量114.7亿立方米，液化石油气供应总量约68万吨，用气人口达3757万人，燃气普及率99.67%。截至2017年底，全省共有天然气门站126座，供应能力442.36亿立方米/年；全省共有LNG加气站109座，供应能力206万立方米/日；CNG加气站226座，供应能力465万立方米/日；CNG/LNG合建站77座，供应能力258万立方米/日；液化石油气储配站598座，总储存容积16.5万立方米；液化石油气供应站2389座，其中Ⅰ级站51座，Ⅱ级站210座，Ⅲ级站2128座。全省共建成内河船用加气站11座，其中3座试运行。

【城镇污水处理】 2017年,全省新增污水处理能力30万立方米/日,新增污水收集管网约2698.55千米。至年底,全省城镇污水处理能力达1650万立方米/日,累计建成城镇污水收集主干管道52298.55千米。全省城市(县城)污水处理率达94.4%,污水处理厂集中处理率达89.91%。全省建制镇污水处理设施覆盖率达到93.3%。全省城镇污水处理厂全年实际处理污水量44.39亿立方米,削减COD97万吨,氨氮9.5万吨。全面推进黑臭水体整治和污水处理工作,下达专项资金2.23亿元,强化了整治工作项目化管理,城市水环境质量得到明显改善。

【海绵城市】 2017年,江苏省加快推进海绵城市建设。各地加快编制海绵城市专项规划,南京、徐州、常州、苏州、宿迁、靖江已通过政府审批,镇江、常熟、新沂、昆山已通过专家评审。继续推进试点示范建设,镇江市基本完成国家试点建设任务,试点区域已建成海绵城市面积15.5平方公里,全省达到海绵城市要求的面积289.84平方公里;完成第二批省级海绵城市建设试点城市的申报评审工作,确定无锡、连云港、宿迁、靖江、新沂等5个试点城市。强化日常监督指导,建立月报告、季通报制度,通过政府购买服务委托第三方技术单位定期对省级试点城市开展调研指导。加大财政支持力度,2017年省财政下达海绵城市试点引导资金约3.33亿元。不断完善海绵城市技术标准体系,制定下发《江苏省海绵城市建设导则》,完成"江苏省雨水花园建设及运行维护规程""江苏省城市强降水时空分布及其与年径流总量控制率定量化关系"等一系列课题研究,为科学推进海绵城市建设提供技术支撑。加强国内外合作,与澳大利亚维多利亚州签署"关于开展生态海绵城市建设合作的协议";成立"江苏省海绵城市建设联盟",组织召开了江苏省海绵城市建设技术交流研讨会。

【人居环境奖概况】 2017年,江苏如皋市被授予中国人居环境奖,常州市住房保障全覆盖工程等3个项目被授予中国人居环境范例奖(建城〔2017〕224号)。同时,完成中国人居环境奖复查工作,并上报复查报告。组织开展江苏人居环境(范例)奖评选工作,省政府授予溧阳市、东台市江苏人居环境奖(苏政办发〔2018〕33号),省住房和城乡建设厅授予"无锡市滨湖区美湖社区建设管理服务创新"等9个项目江苏人居环境范例奖(苏建城〔2018〕62号)。组织编制《江苏人居环境范例奖案例集》;组织修订江苏人居环境奖评价指标体系和江苏人居环境范例奖评选主题。

【城镇生活垃圾处理】 2017年,全省城市(县城)共清运生活垃圾1805.2万吨,较2016年增长1.8%;累计无害化处理生活垃圾1805.2万吨,全省城市(县城)生活垃圾无害化处理率达到100%,较2016年提高0.05个百分点。共新增城市生活垃圾无害化处理设施4座,完成扩建3座,新增生活垃圾无害化处理能力6900吨/日;新增6座餐厨废弃物无害化处理和资源化利用设施,新增处理能力640吨/日;新增2座建筑垃圾资源化利用设施,新增建筑垃圾资源化利用能力145万吨/年。到年底,全省共有投运的生活垃圾处理设施97座(卫生填埋场57座,焚烧厂39座,水泥窑协同处置项目1座),且全部达到无害化处理标准,生活垃圾处理总能力达到7.26万吨/日。

【市容环卫管理】 全省扎实推进城乡生活垃圾分类和治理,省政府办公厅印发《江苏省城乡生活垃圾分类和治理专项行动实施方案》,转发《省发改委省住建厅江苏省生活垃圾分类制度实施办法》。省住房城乡建设厅印发《城乡生活垃圾分类和治理专项规划(2017—2020)编制纲要》《城市生活垃圾分类投放设施覆盖率统计与计算方法(试行)的通知》。2017年全省有4300多个小区、近3800个单位推进实施居民垃圾分类试点,其中300个小区成为省级垃圾分类示范小区;共66个乡镇全域实施垃圾分类试点,其中19个镇开展省级试点工作;公共区域共新增约19.5万个生活垃圾分类投放设施;13个设区市和41个县(市)建成区生活垃圾分类投放设施覆盖率均分别达到20%和15%以上的年度目标任务。全省环卫作业单位市场化运作率达到70%左右,城市道路机械化清扫率达75%。

【数字化城管】 2017年,邳州市、涟水县、滨海县、阜宁县、建湖县、响水县规范数字化城管系统运行并通过省级验收。江苏省住房城乡建设厅开发全省数字化城市管理信息管理平台,印发《关于启用江苏省数字化城市管理信息管理系统的通知》,建立信息系统维护责任体系和联系网络,以及功能维护和业务服务体系,督促指导各地规范数字化城管系统运行,切实发挥数字化城管系统作用。

【城市环境综合整治】 2017年,全省扎实开展城市环境综合整治接续行动,省财政下达省级专项资金4.13亿元。全省列入年度目标任务的2014个"九整治"项目和6342个"三规范",截至12月底,"九整治"项目开工率达100%,完成2014个,完成率为100%;"三规范"项目完成6342个,完成率为100%。同时,各地积极拓展完成公共自行车、公共厕所、城市家具等整治项目24220个。全省整治完成城郊结合部181片，城中村125个，棚户区138个，老旧小区429个，背街小巷424条，城市河道185条，低洼易淹易涝片区138片，建设工地301个，农贸市场93个；建设经营疏导点269处，新建停车设施298处，新增停车泊位36769个，拆除各类违规广告5775块。全省新增"江苏省城市管理示范路"33条、"江苏省城市管理示范社区"22个。省政府命名无锡市、苏州市、泰州市和太仓市、如东县、句容市、沭阳县等7个城市为"江苏省优秀管理城市"。

村镇规划建设

【概况】 2017年，江苏全省有建制镇703个（不包括县城关镇和划入城市统计范围的镇，下同），乡集镇63个，行政村15361个，村庄138149个。村镇户籍人口5045.48万人。建制镇建成区面积2654.41平方千米，平均每个建制镇3.78平方千米；集镇建成区面积98.35平方千米，平均每个集镇建成区面积1.56平方千米。全省村镇市政公用设施建设投资364.72亿元。

【农村房屋建设】 2017年，全省村镇住宅竣工面积4093.79万平方米，实有住宅总建筑面积21.16亿平方米，村镇人均住宅建筑面积41.93平方米。村镇公共建筑竣工面积833.04万平方米，其中混合结构建筑面积745.66万平方米，占新建公共建筑总面积的89.5%。村镇生产性建筑竣工面积达到1930.68万平方米，其中混合结构建筑面积1783.91万平方米，占新建生产建筑总面积的92.40%。

【村镇供水】 乡镇年供水总量14.18亿立方米，用水人口1449.92万人；村庄供水普及率达95.76%；乡镇供水管道长度6.23万千米，本年新增供水管道长度2418.64千米，乡镇排水管道长度2.23万千米，本年新增排水管道长度1112.8千米；建制镇污水处率76.05%，污水处理厂集中处理率68.94%。

【村镇道路】 至年末，全省乡镇实有铺装道路长度3.80万千米、面积2.73亿平方米，小城镇镇区主街道基本达到硬化。

【村镇园林绿化】 全省建制镇绿地面积6.78万公顷，其中公园绿地面积1.06万公顷，人均公园绿地面积7.46平方米（常住人口，下同），建成区绿化覆盖率为30.10%；集镇绿地面积2322.97公顷，其中公园绿地面积302.82公顷，人均公园绿地面积5.84平方米，建成区绿化覆盖率为28.78%。

【村镇建设投资】 2017年，全省村镇建设投资总额为1340.24亿元，其中住宅建设投资589.05亿元，占投资总额的43.95%；公共建筑投资126.00亿元，占投资总额的9.40%；生产性建筑投资260.47亿元，占投资总额的19.43%；市政公用设施投资364.72亿元，占投资总额的27.22%。

【规划设计引领乡村人居环境持续改善】 2017年结合美丽宜居乡村试点示范、特色田园乡村建设、传统村落保护发展，推动237个村庄完成村庄规划设计，并组织专家队伍对规划设计方案进行技术审查，对规划实施情况进行全过程、全方位跟踪技术指导，要求各地在规划中梳理近期实施项目、加强建筑风貌管控，强化规划可操作性，确保规划成果符合农村实际、满足农民需求、体现乡村特色。65县（市、区）结合镇村布局规划、城镇生活污水治理规划等编制村庄生活污水治理专项规划，全省涉农县（市、区）已基本实现村庄生活污水治理专项规划全覆盖。

【特色田园乡村建设】 2017年，确定公布了首批45个特色田园乡村建设试点村庄名单，编印了《特色田园乡村建设工作系列指导手册》《特色田园乡村建设试点工作解读》《特色田园乡村规划建设指南》等文件，汇编《特色田园乡村设计师手册》，组建有3名院士、2名全国勘察设计大师、10名江苏省设计大师和30多个知名设计师参加的特色田园乡村试点建设团队，组织"紫金奖·建筑及环境设计大赛"以"田园乡村"为主题，真题实做，强调实用创新，大赛共收到了来自7个国家和地区1089份报名参赛作品，参赛人员逾5000人次。

【传统村落保护】 积极推荐45个村庄申报第五批中国传统村落，做好中国传统村落调查、推荐和保护发展工作。加大省级传统村落保护与发展力度，开展省级传统村落调查，全面了解掌握全省传统村落的数量、类型、地理分布特征及现状条件等情况。设立省级专项引导资金，继续支持50个传统村落开展保护与发展工作，并指导各地有序推进项目实施。省政府颁布《江苏省传统村落保护办法》，在全国范围内率先完成传统村落保护立法工作。召开《江苏省传统村落保护办法》新闻发布会，加大传统村落保护宣传力度。

【小城镇规划建设】 2017年，江苏省江阴市新桥镇等15个镇被认定为第二批全国特色小镇。2017年选择16个在产业发展、历史文化、自然资源、空间景观等方面具有特色培育潜力的小城镇，组织开展重点及特色镇规划建设试点。组织各地做好开发性金融支持小城镇建设，与国开行江苏分行进行项目对接，推荐79个镇共计432个项目纳入支持范围。组织编制《江苏省小城镇空间特色塑造指引》，该《指引》被提升为全国建设行业的技术指引，向全国推荐推广。

【村庄生活污水治理】 在继续推动首批16个试点县的基础上，确定了15个第二批村庄生活污水治理试点县，下达4.3亿省级奖补资金。各试点县完成村庄生活污水治理专项规划编制并组织专家进行论证；各地积极探索通过项目总承包、PPP合作等形式，由企业负责项目设计、施工、后期运行一体化实施，政府购买服务，强化县域内村庄生活污水治理规模化建设、专业化管护、一体化推进。2017年，31个试点县均完成专项规划编制，有3749个村庄开展村庄生活污水处理设施建设。

【村镇生活垃圾处理】 积极推进南京市高淳区、泰州市高港区、沛县3个国家首批农村生活垃圾分类和资源化利用试点县建设；印发《江苏省城乡生活垃圾分类和治理专项行动实施方案》，按照"减量优先、鼓励分类、城乡统筹、综合治理"的原则，探索建立适合当地的"户分类投放、村分拣收集、有机垃圾就地生态处理"农村生活垃圾分类收集处理体系，有条件的地区以镇为单位开展镇全域农村生活垃圾分类试点工作；确定19个乡镇（街道）开展镇全域农村生活垃圾分类试点工作（每个设区市至少1个），通过试点示范，探索适合江苏省不同区域的农村生活垃圾分类方法、模式和路径；编制《江苏省农村生活垃圾分类和资源化利用技术指引》《江苏省农村生活垃圾分类宣传手册》等材料，加强农村生活垃圾分类技术指导和宣传。

【农村危房改造】 印发《2017年江苏省农村危房改造工作实施方案》，下达全省2.3326万户农村危房改造任务，下达农村危房改造资金3.53亿元。印发《江苏省省级农村危房改造资金补助办法》，提高省级补助标准，举办全省农村危房改造工作培训班，着力推动农村危房改造工作。

【各项创建活动】 经考核验收，苏州市吴中区甪直镇等4个镇被命名为国家园林城镇。南京市江宁区江宁街道牌坊社区等8个村庄创建为全国首批美丽宜居示范村，江阴市璜土镇黄土村等5个村庄创建为全国环境整治示范村；继续开展省级特色旅游名镇名村创建工作，第五批共认定13个省特色景观旅游名镇、9个省特色景观旅游名村，确定3个省特色景观旅游创建示范镇（乡）和4个省特色景观旅游创建示范村。

标准定额

【编制、印发江苏省造价估算指标】 编制印发《江苏省建设工程造价估算指标》建筑安装工程册和市政工程册。本估算指标是选取2013~2016年江苏省建设工程常用典型工程的施工图预算、结算资料，按照不同功能用途和结构类型进行分类汇总，统计分析后综合取定的数值。在使用时可以根据拟建工程的项目用途、结构类型、设计标准等对两册中土建部分、安装部分、装饰部分、市政部分的数据进行组合。

【造价咨询企业信用评价工作】 7月31日，完成《江苏省工程造价咨询企业信用评价办法》的第三次修订和印发工作，12月15日，在江苏工程造价信息网公示咨询企业信用评价结果。此次信用评价全省共有478家造价咨询企业及29家分支机构自愿申请参加，参评率达到79%，其中115家企业和4家分支机构被评为AAAAA级、145家企业和19家分支机构被评为AAAA级，165家企业和5家分支机构被评为AAA级、53家企业和1家分支机构被评为AA级。

【发布人工工资指导价】 根据人工工资动态调整的要求，定期组织对建筑市场劳务用工价格进行测算发布，上半年、下半年各发布一次。2017年全省建筑市场总体用工价格平稳，人工工资指导价调增幅度约为3.07%。

工程质量安全监管

【工程质量监管】 2017年，出台《江苏省工程质量安全提升行动实施方案》，围绕落实工程质量安全主体责任、改革工程建设管理机制和质量安全监管模式、提高工程技术创新能力、提高工程项目管理水平、提高工程质量安全监管实效、构建工程质量安全管理长效机制等一系列工作，全面开展工程质量安全提升行动，2017年，全省共组织监督执法检查60066次，检查工程55752项；大力推进工程质量保险试点工作，联合出台《关于推行江苏省住宅工程质量保险的实施意见（试行）》，积极开展工程质量评价体系制度研究，开展全省钢筋质量排查整治行动和防止海砂进入建筑工地的排查检查，开展2017年度全省城市轨道交通工程质量安全监督检查与状态评估，并形成《2017年江苏省城市轨道交通工程质量安全状态评估报告》。2017年全省新增"鲁班奖"工程7项，国家优质工程奖工程11项，省优质工程奖465项。

【工程安全监管】 制定下发《全省建筑安全专项整治工作方案》《关于实施建筑施工事故企业安全隐患排查治理情况报告制度的通知》，组织编制《预制内外墙板预制楼梯板预制楼板应用工程安全监督要点》，加强"三板"应用项目工程施工安全监督，保障江苏省装配式建筑的推广应用。2017年，全省房屋市政工程共发生事故89起，死亡90人，与上年同期115起、死亡120人对比，事故起数减少26起，同比下降22.6%、死亡人数减少30人，同比下降25%。

建筑市场

【概况】 2017年，江苏全省建筑业发展总体情况良好，继续保持平稳增长，全省建筑业总产值3.13万亿元，同比增长6.4%，工程结算收入2.71万亿元，同比增长6.9%，利税总额达到2334亿元，同比增长2.5%；建筑业增加值4651.8亿元，占全省GDP比重5.41%，支柱产业地位保持稳固；建筑业从业人员年均劳动报酬达到人均5.36万元，同比增长1.7%，是全省农村居民年人均收入的3倍，高于全省人均劳动收入，建筑业对转移农村富余劳动力，推动全省经济发展、社会和谐稳定、扩大城乡就业做出了重大贡献。

【主要经济指标】 建筑业总产值：全省全年实现建筑业总产值31395.9亿元，比上年增长6.36%，增幅较上年提高1.6个百分点。全国建筑业总产值213953.96亿元，江苏占比13.1%（以统计局产值数据同口径测算），产值规模继续保持全国第一。

从行业类别来看，房屋建筑业完成产值16947.7亿元，同比增长14.1%，占总产值比重53.9%；土木工程建筑业完成产值8128.5亿元，同比增长4.77%，其中，铁路工程、公路工程、城市轨道交通工程分别完成产值272.1亿元、1640.8亿元、425.6亿元；建筑安装业完成产值2861.2亿元，同比增长3.75%；建筑装饰、装修和其他建筑业完成产值3458.5亿元，同比下降16.7%。

从资质等级来看，江苏省69家特级资质企业共完成产值9152.9亿元，同比增长27.6%，占建筑业总产值的29.1%，占比提升5个百分点；一级企业共完成产值12851.1亿元，同比增长3.82%，占建筑业总产值的40.9%；二级企业共完成产值6150.3亿元，同比增长3.44%，占建筑业总产值的19.6%；三级企业完成产值2775.9亿元，同比下降26.3%，占建筑业总产值的8.8%。

竣工产值：竣工产值24675.1亿元，增长2.0%；竣工率达78.6%。

建筑业增加值：全年实现建筑业增加值4651.8亿元，比上年增长11.5%，占全省地区生产总值的5.41%，连续12年保持在全省GDP的5%－6%区间。

企业营业额：全年实现建筑业企业营业额33794.6亿元，同比增长7.9%，增幅较上年下降0.3个百分点。

工程结算收入：全年建筑业企业工程结算收入27156.7亿元，同比增长6.9%，增幅较上年提高2.5个百分点。

新签合同额：2017年，建筑业签订合同额49016.7亿元，同比增长18.1%，较上年同期提高3.3个百分点，其中，上年结转合同额19803.8亿元，本年新签合同额29212.9亿元，较上年同期分别增长16.3%和19.3%。

行业利税：全年建筑业利润总额1332.4亿元，同比增长4%，增幅较上年提升2.5个百分点，产值利润率达4.5%。建筑业上缴税金1002亿元，同比下降0.3%。实现利税总额2334.3亿元，同比增长2.5%，产值利税率7.4%。

人均劳动报酬：2017年，建筑业从业人员人均劳动报酬达53616.7亿元，同比增长1.7%。

劳动生产率：2017年，建筑业劳动生产率达351841.8元/人，同比增长1.8%，其中，省内劳动生产率327711.7元/人，同比增长1.2%；省外劳动生产率为387922.6元/人，同比增长1.5%。

从业人员情况：年末全省常住人口8029.3万人，比上年末增加30.7万人，增长0.38%。年末全省就业人口4757.8万人，第一产业就业人口799.3万人，第二产业就业人口2041.1万人，第三产业就业人口1917.4万人。全省从事建筑活动平均人数（计算劳动生产率平均人数）892.3万人，同比增长4.5%。建筑业年末从业人数821.4万人，同比增长4.4%，其中，省内从业人员数524.6万人，同比增长3.4%；出省从业人员数296.8万人，同比增长6.2%。

注册建造师：截至年末，全省注册建造师总数263874人，较上年同期增加8349人，其中一级注册建造师62703人，占注册建造师总数的23.76%，同比增加了5484人；二级注册建造师201171人，占注册建造师总数的76.24%，同比增加了2865人，注册建造师人数较上年同期增加3.27%。

全省临时注册建造师8640人，其中一级临时注册建造师1867人，二级临时注册建造师6773人。

其他注册人员：全省其他专业注册人员共计47977人。其中，注册监理工程师18847人，造价工程师15270人，注册建筑师3513人（一级建筑师2075人，二级建筑师1438人），注册结构工程师4144人（一级结构工程师3358人，二级结构工程师786人），注册工程师3798人（电气工程师1557人、化工工程师525人、公用设备师1716人），注册土木工程师（岩土）1158人，注册城市规划师1247人。注册执业人员总数较上年同期增加1732人，增长3.75%。

【市县建筑业情况】 区域发展情况：苏中地区共完成建筑业总产值14637.6亿元，同比增长7%，占全省建筑业总产值的46.63%，产值规模和增速继续全省领先；苏南地区共完成建筑业总产值9569.6亿元，同比增长5.95%，占全省建筑业总产值的30.48%；苏北地区共完成建筑业总产值7188.7亿元，同比增长5.64%，占建筑业总产值的22.9%。

设区市建筑业情况：苏中地区，南通市完成产值7682.92亿元，同比增长10.23%，占全省建筑业总产值的24.48%；扬州市完成产值3586.14亿元，在省内排名第三；泰州市完成产值3368.56亿元，在省内排名第四；扬州、泰州两市产值合计约占全省建筑业总产值的22.16%。苏南地区，南京市完成产值3719.26亿元，同比增长9.2%，占全省建筑业总产值的11.85%，在省内排名第二；苏州市完成产值2653.86亿元，在省内排名第五；常州、无锡、镇江排名稍后，分别完成产值1587.46亿元、945.79亿元、663.24亿元，位列省内第9、第10和第13位。苏北地区，盐城、徐州、淮安三市产值超过千亿元，分别为1907.23亿元、1873.46亿元、1702.93亿元，位列全省第6、第7和第8位；连云港完成产值853.93亿元，同比增长9.41%；宿迁完成产值851.12亿元，增幅下降明显。

县（市、区）建筑业情况：全省列入统计观察的64个县（市、区），建筑业营业额超100亿元的达到56个，较上年同期减少4个，而超200亿元的县（市、区）达到37个，比上年同期增加5个。海门市、通州市、海安县、江都市、如皋市分别完成产值2009.6亿元、1832.9亿元、1265.7亿元、1232.6亿元、1114亿元，突破千亿元关口，海门成为江苏省首个产值突破2000亿元的县（市、区）。

【建筑企业情况】 产业集中度：全省一级资质以上企业产值达到22004亿元，以一级以上企业完成产值占建筑业总产值比重的方法测算，产业集中度为70.09%；以企业总数前10%的企业完成产值占建筑业总产值比重的方法测算，产业集中度为79.4%。

规模企业：全省建筑业产值超亿元的企业，达到3568家，比上年增加214家，其中，产值1亿~10亿元企业3074家，10亿~50亿元企业393家，50亿~100亿元企业61家，100亿元以上企业40家。全省40家百亿元企业中，超200亿元的有16家，超300亿元的有6家，超400亿元的有5家，超500亿元的有3家。南通三建、南通二建、苏中建设位列前三甲，完成产值分别为547.8亿元、537.9亿元、536.8亿元，较上年均增长10%以上。

企业资质：截至2018年3月，全省建筑业企业总数24266家，同比增加4150家，具有特级资质的建筑业企业69家，新增特级企业资质25家，特级资质数量达到70项，其中，建筑工程66项，矿山工程1项，石油化工工程1项，市政工程2项。从总承包资质等级数量来看，具有总承包一级资质1195项，具有总承包二级资质4046项，具有总承包三级资质12665项。从专业承包资质等级数量来看，具有专业承包一级资质2442项，具有专业承包二级资质14540项，具有专业承包三级资质13344项。具有专业承包不分等级资质的施工企业1826项，具有劳务分包资质1849项。

【建筑市场情况】 省内市场。

固定资产投资。全年完成固定资产投资53000.2亿元，比上年增长7.35%。分类型看，完成项目投资43371.1亿元，比上年增长7.3%；房地产开发投资9629.1亿元，增长7.5%。

工程建设。年末全省公路里程15.8万公里。其中，高速公路里程4692公里，新增35公里。铁路营业里程2770.9公里，铁路正线延展长度4735.9公里。全省200个民生领域补短板重大项目顺利实施，完成投资4100亿元。交通、水利等一批重大基础设施项目相继启动或建成。南京禄口国际机场T1航站楼改扩建工程顺利启动，连徐高铁全线建设陆续开工，全国最大的内河水运工程长江南京以下12.5米深水航道二期基建疏浚工程开工，宁和城际轨道交通一期、宁高城际轨道交通二期工程开通运营，连盐铁路全线铺架及新建站房工程圆满完成。

轨道交通建设：2017年，全省完成城市轨道交通建设投资517.75亿元，建成南京地铁宁和城际线、南京地铁宁高城际二期、苏州市轨道交通4号线及支线，新开工南京地铁7号线、无锡地铁4号线、常州地铁2号线、南通地铁1号线。南京、苏州、无锡、徐州、常州、南通在建轨道交通共15条线，总在建里程约413.88公里。

省外市场。在立足本省建筑市场的基础上，积极向外拓展发展空间。全年，江苏建筑业企业出省施工产值达到13872.5亿元，同比增长13.15%，占完成建筑业总产值的44.19%，省外市场开拓增长明显。

分区域来看，华东地区仍是江苏省企业出省施工最大市场，实现产值4421.6亿元，同比增长13.3%，占出省施工产值的31.88%；西南地区增幅最多，实现产值1173亿元，同比增长29%；东北、华中、华南、西北地区均保持两位数增长，分别实现产值996.6亿元、1216亿元、1504.5亿元、1534.1亿元，分别增长17.4%、19.8%、14.7%、13%。分地区来看，在山东、安徽、河北三省实现产值超过千亿元，分别完成1354亿元、1178.8亿元、1025.7亿元，同比增长1.5%、10.5%、21%；在上海、广东分别实现产值820亿元、985.2亿元；在北京、浙江、河南、山西、新疆实现产值均超500亿元；除北京、天津同比下降以外，其余28个省（自治区、直辖市）均同比保持增长态势。

境外市场：2017年，江苏对外承包工程完成营业额95.3亿美元，位列广东、山东、湖北和上海之后，居全国第5位，同比增长4.6%。

对外承包工程新签合同额108亿美元，首次突破百亿元，位列广东和山东之后，居全国第3位，同比增长48.5%。孟加拉、印尼、菲律宾、越南、印度成为江苏省对外承包工程前5位国家，反映了国家"一带一路"倡议实施以来，江苏建筑业企业深耕"一带一路"建筑市场的能力不断加强。

【市场监管情况】诚信管理：2017年，全省13个市区市建设行政主管部门开展了对在本地区从事建筑工程、市政公用工程施工的企业进行信用综合评价工作，累计评价企业27424家。

招标投标管理：2017年，全省发包登记20498个项目，比上年增长10%，投资总额30494亿元，比上年增长25.1%；其中房建面积37814万平方米，比上年增长13%。发包标段41753个，比上年增长14%，合同总价7305亿元，比上年增长35.4%；其中房建面积21278万平方米，比上年增长16%。招标发包29449个标段，比上年增长20%，中标额4744亿元，比上年增长42.2%；直接发包10497个标段，比上年增长4%，合同价2549亿元，比上年增长32%。招标发包中公开招标27581个标段，比上年增长23%，中标额4117亿元，比上年增长44.8%；邀请招标1868个标段，比上年下降5%，中标额628亿元，比上年增长27.3%。通过招标投标节省投资554.84亿元，平均下浮10.5%。

2017年，江苏省住建厅会同省政务办在全省集中开展政府投资房屋建筑和市政工程项目招标投标工作专项治理。整治工作分为动员部署、自查互查、重点巡查、总结完善四个阶段，历时8个多月。全省各市县共自查26958个项目标段，发现问题1410个；组织互查2489个项目标段，发现问题1449个；突出问题专项检查4480个项目标段，梳理存在问题457个。省巡查组抽查160个重点项目及投诉举报项目，实地查看58个项目施工现场，发现问题项目143个。根据巡查反馈，全省开展"回头看"4319个项目标段，反馈巡查问题整改率达99.6%。专项整治开始时，对2015年以来各地查处的274起招标投标违法违规进行了通报，处罚了494家违规企业，29名违规个人。整治期间各地依法处罚了219家企业。

2017年，全省电子招标投标27131个标段，电子招标投标率93%。其中施工20761个标段，电子招标投标率98%；货物920个标段，电子招标投标率88%；监理4574个标段，电子招标投标率98%；电子资格预审1697个标段，电子预审率71.7%。远程异地评标2788个标段，占77%；施工远程1291个标段，远程率84%；监理远程1338，远程率105%。

资质管理。受理工程设计类、建筑施工类资质8827件。其中：通过电子化推送报部升级申请175件，简单变更申请4557件。受理房地产类资质申请5370件，办结5221件，报部申请60件，简单变更申请303件。受理工程建设类资质727件，办结694件，报部申请220件，简单变更申请930件。受理建筑施工企业安全生产许可证9515件，办结9352件。受理执业资格注册申报材料293665份，办结260436份。办结安管人员（三类人员）申请共计92800人，其中变更71395人，办结51348人，打印证书16098本，发放各类注册证书、变更、延续贴164941本。

清欠管理。2017年，受理拖欠农民工工资投诉1429件，较上年减少203起，同比下降12.5%，涉及金额8.3亿元，同比减少14.4亿元；结案1378件，结案率96.0%，解决拖欠工资7.6亿元。全省共引发农民工群体性讨薪事件26起，同比减少15起，结案26起，未发生一起群体性恶性事件，实现了欠薪案件起数、人数、金额"三下降"。38家建筑施工企业被限制全省市场准入、18家建筑施工企业被全省通报批评、14名施工项目负责人被限制全省建筑市场准入和22名建筑劳务人员被全省通报批评。

建筑节能与科技

【概况】 2017年,强化绿色建筑从设计、施工、建造、运营的全过程闭合监管制度。全年共拨付省级建筑节能专项引导资金2.1亿元,用于扶持各类建筑节能与绿色建筑示范项目。新增建筑节能量187万吨、减少二氧化碳排放490万吨。截至年末,全省节能建筑总量为17.8亿平方米,绿色建筑标识项目累计达1985项,共2.05亿平方米。

【建筑节能】 强化全过程闭合监管,城镇新建民用建筑全面执行节能设计65%标准,深入开展75%节能设计标准和超低能耗建筑工程试点示范,启动《江苏省居住建筑热环境和节能设计75%标准》研究。全年新增节能建筑16645万平方米,其中节能居住建筑11720万平方米,节能公共建筑4925万平方米。同时,进一步强化新建建筑能效测评监管力度,全年新增建筑能效测评项目472项。

【绿色建筑】 全面贯彻落实《江苏省绿色建筑发展条例》要求,城镇新建民用建筑全面按照一星级及以上绿色建筑标准规划、设计、建设,新增绿色建筑评价标识的项目共计590项,总建筑面积5912万平方米,其中:一星级设计标识项目197项,共1760万平方米;二星级设计标识项目359项,共3855万平方米;三星级设计标识项目34项,共297万平方米;运行标识项目25项,共337万平方米。10个项目获国家级绿色建筑创新奖,颁发了12项省级绿色建筑创新奖。同时,创新开展绿色建筑重大课题研究,推进实施"绿色建筑+"工程和绿色智慧建筑(新一代房屋)课题研究,成功召开第十届江苏省绿色建筑发展大会、成立了国际绿色建筑联盟。

【绿色生态城区】 创新开展2个省级绿色建筑小镇创建、支持2个绿色建筑和生态城区区域集成示范创建,共安排专项引导资金3300万元,示范集聚效应不断增强。截至年末,全省66个绿色生态示范城区内共有1391个项目获得绿色建筑评价标识,总建筑面积1.33亿平方米,占全省总量的64.8%,其中:二星级及以上标识项目面积7501万平方米,占全省二星级及以上标识项目面积的63.6%;运行标识项目面积583万㎡,占全省运行标识项目总量的60.5%。同时,规划、建设了一批住宅全装修、绿色施工、绿色照明、水资源和建筑垃圾资源化利用等节约型城乡建设项目亮点工程,促进绿色建筑与装配式建筑、海绵城市建设等节约型城乡建设内容的融合发展。

【可再生能源建筑应用】 新增可再生能源建筑应用面积6384万平方米,其中太阳能光热建筑5922万平方米,浅层地能建筑应用面积462万平方米。全省累计可再生能源建筑应用面积4.74亿平方米,实现可再生能源建筑规模化应用。

【既有建筑节能改造】 全年共实施建筑节能改造面积710万平方米,其中既有居住建筑节能改造227万平方米,既有公共建筑节能改造483万平方米。省级建筑节能引导资金支持既有建筑绿色化改造示范项目和采用合同能源管理模式的节能改造项目共17项,安排补助资金4103万元。南京市获批2017年度全国公共建筑能效提升重点示范城市。

【监管体系建设】 不断建立健全建筑节能监管体系,推进南京、无锡、常州、徐州等十个设区市开展公共建筑能耗限额研究。实现全省设区市能耗监测数据中心全覆盖并有效运行,全省累计有1530栋建筑实现了建筑能耗分项计量和实时监测,覆盖面积达3069万平方米。全面开展国家民用建筑能耗信息统计,全年完成大型公建812栋,5474万平方米;国家机关办公建筑947栋,1384万平方米;中小型公建936栋,647万平方米;居住建筑2370栋,1261万平方米。

【建筑科技概况】 自觉践行创新发展理念,充分发挥科技创新的战略支撑作用,装配式建筑、BIM技术应用、智慧城市建设等重点领域科技支撑作用更加凸显,建设科技成果多次获得国家和省部级奖励,全省住房城乡建设行业创新能力进一步增强。

【建设科技创新】 下达2017年度省建设系统科技项目共计260项,重点开展75%节能标准、被动式超低能耗绿色建筑以及装配式建筑结构体系等关键技术的研究与示范;组织申报并立项住房和城乡建设部科技项目64项;组织对53项科研成果进行科技成果鉴定。组织对2项新技术、新体系进行了技术论证,有效推动了装配式综合管廊和装配式建筑等新技术试点应用。与省科技厅联合设立"江苏省绿色建筑与结构安全重点实验室";科研平台载体建设取得新进展。"土木工程结构区域分布光纤传感与健康监测关键技术"获国家技术发明二等奖,8个项目获得2017年度全国绿色建筑创新奖;32项成果获评2016年度"江苏省建设优秀科技成果";12个项目获得2017年度江苏省绿色建筑创新奖。

【标准化工作】 全省2017年围绕城乡建设重点任务,制定发布地方标准14项、标准设计6项,包括《住宅设计标准》《太阳能热水系统与建筑一体化设计》《江苏省公共体育设施基本标准》等标准。更加注重优化公共基本服务,改善城市形象,启动省标《住宅信报箱建设标准》等修订工作。加大宣传贯彻力度，全年共11次组织对《江苏省住宅设计标准》等重要标准进行宣贯，全省2800多人参加。工程建设地方标准继续保持全国领先地位，工程建设地方标准/标准设计共计240项，其中标准180项，标准设计60项。此外还认证公告企业标准78项，为江苏省住房城乡建设提供了强有力的支撑。

【智慧城市建设】 开展"建筑物健康监测智能化平台"研究与开发，组织编制《建筑物数据库设计标准》等技术标准。制定《江苏省智慧城市试点验收导则》，从规划、设计、建设等方面对江苏省智慧城市建设提出明确要求。组织专家对试点城市建设任务进展情况进行检查，指导试点城市按时序进度要求推进创建工作。

【BIM技术推广应用】 成立BIM技术和政策研究团队，到上海、深圳两地开展BIM推广应用情况调研，完成《关于推进建筑信息模型应用的指导意见（征求意见稿）》。BIM技术协同设计应用平台基本建成，进入平台测试联调及系统完善阶段。设立了BIM技术设计、施工、运营管理等方面的多个研究课题和科技示范工程。启动编制《工程勘察设计数字化交付标准》和《施工图设计文件数字化审查标准》，为设计、施工图审查提供技术支撑。组织BIM设计大赛，共20项作品获得奖励，2个企业获得"BIM应用优秀企业"称号。

【高性能混凝土推广应用】 联合成立推广应用协调组，设立办公室，明确了协调组及其办公室的职责。确定徐州、苏州两市和26家企业、8项工程分别为江苏省高性能混凝土推广应用试点城市、试点企业、试点工程。在省建设科技项目中设立高性能混凝土研究课题，组织专家参与多部相关国家标准的编制，组织编制了《江苏省城市轨道交通建设工程高性能混凝土质量控制技术规程》。大力开展技术标准宣贯活动，提升全省从业人员技术水平。

【装配式建筑】 2017年大力推动装配式建筑、成品住房和绿色建筑三位一体融合联动发展。2017年新开工装配式建筑面积1000万平方米，全省新开工装配式建筑面积累计1941万平方米。在省建设科技项目中确定了《装配式混凝土结构连接节点质量缺陷的影响研究》等18个研究课题，组织开展相关研究。发布《江苏省建筑产业现代化预制装配率计算细则》和《关于在新建建筑中加快推广应用预制内外墙板、预制楼梯板、预制楼板的通知》等一系列政策文件，有力支撑了江苏省装配式发展。启动编制了《装配式混凝土结构现场连接施工与质量验收规程》等8部标准和2部图集，先后两次组织对新发布的装配式建筑有关标准规范进行培训，共600多人参加培训，取得良好效果。

人事教育

【遴选推荐各类人选】 按照江苏省委组织部、统战部要求，推荐江苏省住房和城乡建设厅厅长周岚为全国政协委员、省政协委员人选；江苏省住房和城乡建设厅党组书记顾小平为江苏省人大代表人选；江苏省住房和城乡建设厅副厅长宋如亚为九三中央委员和江苏省政协委员人选；江苏省城乡规划设计研究院院长梅耀林为省政协委员人选；江苏省城乡发展研究中心副主任崔曙平为南京市政协委员人选。

【科学配置机构编制】 顺应事业改革发展需要，做好江苏省住房城乡建设厅机构改革、编制调整优化工作。撤销、合并、划转一批机构。

【组织各类干部专题培训】 2017年，继续承办各类专题培训班，开展干部专题培训，培养各层次人才。参加江苏省省管干部轮训班培训16人次，全年共计75名处级领导干部参加了江苏省委组织部组织的876培训，12人次参加公务员大讲堂活动。在江苏省住房城乡建设系统组织32人次参加共计16期培训。组织行业高端人才参加了共计6期60人次培训。对伊犁州住建系统共计30人进行住房保障专题培训。安排拉萨住建系统共计8人在厅机关或直属单位进行为期15—30天的跟班学习。

【培育技术技能人才】 实施"建筑产业现代化人才实训计划"，加强专业技术人才队伍建设，大力弘扬"工匠精神"，会同相关部门开展江苏省住房城乡建设系统11个工种岗位的技能竞赛，圆满完成古建木工、古建瓦工乡土人才技艺技能大赛。在全国住建系统率先实施"传统建筑营造技艺传承工程"。通过培育高水平工匠队伍、组织开展传统营造工匠的专业培训、技艺技能大赛等工作，提高工匠队伍的社会认可度和职业美誉度，让传统建筑"乡土人才"香起来。

【创新职称评审工作】 优化申报评审系统，创新了评审模式，采取评审前业绩对外公示、违规现象查处、增加公示期、纪检部门参与监督和调查等举措，预防提供虚假材料。并在评审前、评审中、评审后对申报人的评审情况接受全时制监督。对不诚信的申报人员，设定4年不得申报的限制期，营造诚实守信的社会风气。

【全面推进无纸化考核】 按照计划进度，加强考点建设指导，建立定期汇报进展机制、采取通报推进情况、适时召开推进会的方式，全面推进无纸化考核。截至2017年底，江苏省已建设完成无纸化考点16个，评估完成14个，在成功推行住建领域岗位无纸化考核的基础上，实现"安管人员"A类考核全面无纸化，并稳步推进B类和C类考核无纸化。

【先行先试电子化证书】 针对江苏省从业人员多、资格证书多、管理难度大等现状，2017年江苏省住房城乡建设厅率先向住房城乡建设部申请率先开展从业人员资格证书电子化试点。根据住房城乡建设部《关于同意在江苏省内开展从业人员有关证书电子化试点的复函》（建办人函〔2017〕470号）要求，已于2017年9月全面启用江苏省住房和城乡建设领域从业人员电子证书，该系统囊括了住建领域专业人员岗位培训考核合格证书、建筑施工企业主要负责人、项目负责人和专职安全生产管理人员安全生产考核合格证书、建筑施工特种作业操作资格证书等近170万本证书。到2017年底已生成近98万条个人电子证书信息。此外，会同江苏省政务办在全省发文，在行政审批和公共资源交易过程中对证书的有效性进行了确认和验证。

【改革调整继续教育模式】 江苏省对住房城乡建设领域专业人员岗位继续教育有力推进"简减放"，将考核时间和考务组织等权限下放到各设区市，为基层和企业带来了实惠和方便。探索研究建立相关专业、课程、业绩间的学习成果联通互认机制和建立基于统一标准的各类学习成果（包括学术论文、课题研究、专利发明、重大奖项、参加进修班、国内外学术会议、出国境培训考察、接受现代远程教育等）学分转换、互认、使用的行业"学分银行"。

【大力推进技能鉴定和培训】 以提高劳动者素质为出发点，以促进产业转型升级为目标，充分发挥政府引导作用，统筹社会培训资源，进一步健全完善技能人才工作机制。在建筑施工特种作业人员的培训、考核、发证、复审各个环节严格把关，2017年新培98287人次、延期复核46387人次、换证15396人次，组织考评员培训班2次。会同江苏省人社部门，承担江苏省建设行业燃气具安装维修工统一考核的考务组织工作，组织考核1693人次。在认真调研、广泛论证、多方征求意见的基础上，完成了《江苏省建筑施工特种作业人员考核基地管理办法》（征求意见稿），以三方协议形式明确了各级建设行政主管部门职责分工，完善了考核基地申报流程、建立了事前事中事后信用管理机制。在规范基地管理、提高培训质量、推进行业自律上迈出了重要的一步。

【稳妥推进社会团体改革】 根据江苏省委省政府有关要求，稳步推进政社分开，积极做好5个协会在机构、职能、资产财务、人员、党务工作方面的"脱钩"。针对巡视反馈意见和企业呼声，稳妥推进对相关社团进行整合，认真细致做好沟通协调工作，截至2017年底，已对7家社团进行和正在进行整合工作。

【搭建国际交流平台】 不断拓展江苏建筑业与"一带一路"沿线国家的合作领域，积极为企业"走出去"发展搭建平台、架起桥梁，为相关国家和地区的基础设施建设贡献东方智慧和江苏力量。依托"江苏—澳门·葡语国家工商峰会"平台，推动江苏与澳门及葡语国家一批基础设施合作项目的落地生根。在2017年第七届峰会开幕式上，江苏省建筑企业与安哥拉、葡萄牙等国家的业主签约项目的合同金额达到4.93亿美元，成为峰会的重点和亮点。2017年接待协调国外来访5批次、涉及海绵城市建设、旧城更新、绿色建筑等领域，进一步开拓了引智工作的新局面，为江苏城乡建设事业的发展提供了新路径。

（江苏省住房和城乡建设厅）

浙 江 省

概况

2017年是"十三五"规划全面实施的重要一年，浙江省住房城乡建设系统深入贯彻中共浙江省委、省政府各项决策部署，团结一心，奋发有为，圆满完成年度各项任务。治危拆违扎实推进，小城镇环境综合整治全面开展，城市建设管理持续推进，乡村建设转型发展，城乡人居环境品质不断提升。浙江省住房城乡建设系统努力满足人民对美好生活向往，以深入推进新型城市化为主线，以推进城乡建设转型为载体，全力实现城乡面貌、环境、品质、生活、生态全方位进一步高质量发展，为全省经济社会发展做出应有的贡献。

法规建设

【地方性法规】 2017年，制定全国唯一的城市景观风貌管理地方性法规《浙江省城市景观风貌条例》、首个省域层面房屋使用安全管理地方性法规《浙江省房屋使用安全管理条例》，完成《浙江省城镇生活垃圾分类管理办法》《浙江省农村住房建设管理办法》等省政府规章的起草工作。

【规范性文件】 制发《关于贯彻落实"最多跑一次"改革决策部署全面推进施工图联合审查的实施意见》《关于贯彻落实"最多跑一次"改革决策部署全面推进建筑工程"竣工测验合一"改革的实施意见》《浙江省城市设计管理办法》《浙江省建筑市场公共信用信息管理办法》等19件规范性文件。

【行政复议应诉】 全年共办理各类应诉案件54件，认真做好答辩、举证等工作。对收到的行政复议申请均第一时间转送省复议局，并全力配合省复议局做好复议听证和疑难、复杂问题研究等工作。

【"最多跑一次"改革】 按照浙江省跑改办的统一部署，积极推进"最多跑一次"改革各项工作。经过多轮次梳理，全系统群众和企业到政府办事事项（主项）确定为119项，可实现"最多跑一次"的115项，占比96.64%；厅本级办事事项（主项）25项，已实现"最多跑一次"的22项，占比88%；全系统和厅本级事项的"最多跑一次"实现率均已超额完成省政府80%的年度目标。制定全系统群众和企业到政府办事事项指导目录，对119个主项、441个子项逐项制定统一的办事指南，规范和优化业务流程，明确办事条件、材料、期限等。加大重点领域改革力度，牵头开展施工图联合审查、"竣工测验合一"、企业投资项目联合踏勘等改革，全面推进城镇住房保障、公积金、不动产登记等领域"最多跑一次"改革，切实转变管理和服务方式，方便群众和企业办事。

房地产业

【房地产市场运行】 商品房销售再创历史新高。2017年，浙江全省积极贯彻落实中央和省委、省政府系列调控精神，努力促进房地产市场平稳健康发展。全省房地产市场总体平稳，商品房销售活跃但涨幅回落。截至年底，全省商品房销售面积9600万平方米，同比增长11.1%，销售量连续三年创历史新高。商品房销售额12340亿元，同比增长28.5%，其中，住宅销售面积7670万平方米，销售额10300亿元。2017年，全省房地产投资进一步回升。全省房地产开发完成投资8226.7亿元，同比增长10.1%，相比2016年底（5%）有明显增长，其中住宅完成投资5645.9亿元，同比增长17.5%。全省房地产业税收累计入库1206.6亿元，同比增长22.7%，占全省税收收入的12.5%；房地产业增加值3051亿元，同比增长5.3%，占同期地区生产总值比重保持在6%左右。全省住宅价格走势基本保持平稳，热点城市房价得到较好控制。全省新建商品住宅销售价格环比指数波动平稳，从1月份的0.1%上浮到4月份的0.8%，之后下降到12月份的0.2%。全省新建商品住宅销售价格同比指数连续下降，从1月份的最高值18.3%降至12月份的3.4%。

【房地产监管】 2017年，全省继续加强房地产市场秩序整顿，促进房地产市场平稳健康发展。加强全省房地产信息监管。省住建厅印发《浙江省房地产交易及信用监管系统建设方案》，规范全省房屋交易与产权管理流程，优化行业管理与服务。以省级八部门房地产市场分析联系机制为基础，由省住建厅牵头每月互通数据，每季度召开房地产市场形势分析会，定期形成高质量的分析报告供领导决策参考。有效整顿房地产市场秩序。开展整顿规范房地产开发销售中介行为专项行动，查处并通报了房地产企业不规范经营的典型案例。联合开展商品房销售价格行为检查，总体来看，经过前期努力，全省商品房市场整治效果明显，销售行为基本规范，明码标价情况总体良好。省住建厅联合省工商局联合下发《浙江省二手房买卖合同示范文本》和《浙江省住房租赁合同示范文本》，进一步规范房屋交易和租赁行为，保障当事人的合法权益，维护公平健康的房地产市场秩序。

【住房租赁试点】 根据国务院和住房城乡建设部等关于加快培育和发展住房租赁市场的精神和要求，省住建厅积极组织开展住房租赁试点工作。8月29日，杭州市出台《杭州市加快培育和发展住房租赁市场试点工作方案》。9月29日，全国首个智慧住房租赁监管服务平台——杭州市住房租赁监管服务平台正式上线试运行。11月17日，省住建厅联合九个省级部门印发《关于开展省级住房租赁市场培育试点工作的通知》,确定温州市、绍兴市、嘉善县、义乌市作为省级住房租赁试点城市,加快构建租购并举的住房制度,充实房地产平稳健康发展长效机制内涵。

【城镇危旧房治理】 截至6月30日,浙江省累计完成城镇危旧房治理19717幢、1289.5万平方米,为城镇危旧房治理三年行动(2015—2017年)计划总量的100%。至此,全省提前半年完成城镇危旧房治理三年行动计划确定的任务。同时,浙江省在全国率先探索形成了城镇住宅房屋使用安全管理长效机制方案。2017年底,启动全省第二次城镇危旧房大排查工作。

【房屋交易与不动产登记"最多跑一次"改革】 根据浙江省委、省政府"最多跑一次"改革精神和要求,省住建厅与国土、地税等有关部门联合推进房屋交易与不动产登记"最多跑一次"改革。3月8日,省住建厅和省国土厅联合召开全省电视电话会议,全面部署房屋交易与不动产登记"最多跑一次"改革。3月22日,省住建厅、省国土厅和省地税局联合印发《关于协同推进全省不动产登记"最多跑一次"工作的通知》,要求统一窗口受理,优化税费收缴,实行并联办理,互认办理结果,统一公布时限,实现信息共享,明确各方责任,共同遵守承诺,分别进行存档。2017年以来,全省各地相继设立综合窗口。总体上看,全省各地交易、纳税和不动产登记办理时间大幅缩短,其中房屋交易审核环节基本做到即时即办。杭州市通过再造工程流程,全面实施房屋交易与不动产登记"最多跑一次"改革,打造全流程60分钟领证的"杭州速度"。

住房保障

【棚户区改造】 2017年,浙江省新开工城市棚户区改造(含货币化安置)18.99万套,基本建成棚户区改造和公共租赁住房分别为20.83万套和1.96万套,新增城镇住房保障租赁补贴家庭8776户,完成2014年底前开工的政府投资公共租赁住房新增分配57514套,分别完成国家确定浙江省年度目标任务的105.5%、144.9%、162.8%、418.9%和113.9%,连续八年提前超额完成国家下达目标任务。

【要素保障】 积极争取金融机构融资贷款。针对全年棚改量大,资金供需矛盾突出问题,及时召开由各地棚改主管部门、项目实施主体和各类金融机构参加的棚改融资服务对接会,有效推进项目融资。当年全省获得国开行贷款授信892亿元(位居全国第五),续建项目贷款发放315亿元(位居全国第六),新开工项目贷款发放280亿元(位居全国第一)。获得农发行贷款授信224.3亿元(位居全国第十二),贷款发放210.975亿元(位居全国第十),为全年棚改顺利实施提供有力支持。积极争取中央各项补助资金。当年全省争取中央财政专项补助资金22.2亿元,中央预算内投资计划资金15亿元。确保保障性安居工程用地供应,当年全省保障性安居工程用地供应1426.9公顷,完成年度计划任务的103%。经省政府同意,会同省发改委、省财政厅、省国土厅印发了《关于进一步做好公共租赁住房有关工作的实施意见》,要求各地加快在建公租房项目及配套基础设施,加强保障对象资格审核管理,有效利用公租房资源,规范社会公租房管理,并切实加强公租房资产、房源统筹、租金收缴、信用体系建设等后续管理。

【公租房分配】 扩大公租房保障范围。结合户籍制度改革进程,将符合条件的农村转移人口和外来务工人员纳入公租房保障范围。同时,对公交、环卫等市政公用行业及其他特定群体,通过整体配租等保障措施实施定向保障。降低公租房保障准入门槛。各地结合当地实际,通过完善公租房管理办法或实施办法的方式,进一步降低公租房准入门槛,以保障更多的住房困难家庭。浙江省绝大部分地区已经将公租房准入收入条件放宽到上年度人均可支配收入线80%以下,部分地区已经放宽到了上年度人均可支配收入线的100%。

【城镇住房保障"最多跑一次"改革】 全力以赴推进城镇住房保障"最多跑一次"改革。经省政府同意,会同省民政厅、省国土资源厅联合印发《关于全面推进城镇住房保障"最多跑一次"改革的意见》。意见进一步明确城镇住房保障"最多跑一次"事项,简化办事材料,优化申请审核流程,明确责任分工,缩短办理时限,提升工作效率。同时,对"最多跑一次"事项的办理流程、办事指南、信息公开目录等作了进一步的梳理统一,推动"最多跑一次"改革落地。

住房公积金管理

【概况】 2017年,浙江省净增缴存职工44.2万人,归集1191亿元,分别完成目标任务的174.7%、137.8%,支持住房消费1565.2亿元,完成目标任务的156.5%,公积金释放的住房消费占全省住宅销售额的11.1%,贷款余额占全省个人住房贷款余额的15%,个人住房贷款率101.2%,高出全国平均水平14.2个百分点,资金使用率100.5%,同比上升0.4个百分点,个贷逾期率为万分之一点五,继续保持全国最低水平,截至年底,全省住房公积金实缴职工628.5万人,缴存总额近8000亿元,累计向164.5万户家庭发放了5000多亿元住房公积金贷款,有力支持了职工住房消费。

【政策导向】 全省各地坚持"房子是用来住的,不是用来炒的"定位,适时调整完善住房公积金使用政策,积极支持刚需、抑制过度消费,妥善应对资金流动性不足。开展专项整治行动,依法依规查处限制、阻挠、拒绝住房公积金贷款的行为,切实维护缴存职工购房贷款合法权益。积极探索建立个体工商户、自由职业者等新市民自愿缴存住房公积金制度,有序推进住房公积金支持危旧房改造、绿色建筑、装配式建筑、住宅全装修、旧住宅加装电梯等扶持政策。

【信息化建设】 各地切实加快住房公积金异地接续平台建设,按规定时间全部接入全国异地转移接续平台运行,在全国最早完成了这项任务。全力做好基础数据"双贯标"工作,6个中心已通过验收,其他6个中心正待验收,是全国"双贯标"工作进度最快的省份之一。率先在全国启动省级综合服务平台建设,11个中心已初步建成市级综合服务平台。"12329"服务热线和短信服务正常运行,各中心网上服务大厅已全部建成上线。

【管理服务】 全省各地严格执行管委会决策制度,决策体系得到不断完善。风险防控机制和各项规章制度不断健全,资金管理日趋规范,财务收支基本按规定执行。资金竞争性存放管理制度普遍建立,有效杜绝了可能存在的利益冲突和利益输送。同时,各地努力提高服务水平,文明创建再结硕果,省直和湖州中心获得或保持全国文明单位称号,宁波、温州、嘉兴、绍兴中心及下属部分分中心获得或保持省级文明单位称号。丽水、湖州、台州中心和建德分中心等获得"全国巾帼文明岗"荣誉称号。

【住房公积金"最多跑一次"改革】 制订下发关于进一步加快推进住房公积金"最多跑一次"改革的全省指导性意见,研究确定全省统一的住房公积金服务事项指导目录、办事指导指南、办事流程及申请表单格式,住房公积金所有办理事项已全面实现"最多跑一次"全省全覆盖。

城乡规划

【区域规划】 完成省域城镇体系规划实施评估工作。推进四大都市区规划纲要报批工作,对杭州、宁波、温州、金华——义乌都市区规划纲要进行了修改完善,并报省政府审批。参与浙江省空间总体规划编制工作,完成《城镇开发边界划定及管控研究》、《人口及城镇体系及都市区布局研究》两个专题研究工作。

【城市总体规划】 浙江省列入城市总体规划改革试点省,嘉兴、台州列入试点城市。浙江省住建厅研究制定《浙江省城市总体规划编制试点工作方案》,明确试点工作的总体思路和主要任务。研究制定并下发《浙江省城市总体规划成果标准(试行)》,就城市总体规划编制内容、图文格式、信息化标准等提出了明确要求。正式启用省政府城乡规划审批专用章,基本完成全省城乡规划监管信息系统建设,完成台州、丽水、乐清三个城市省级卫星遥感图斑监测试点。

【城市设计】 组织全国城市设计试点申报工作,杭州、宁波、台州、义乌等城市被列入试点。组织开展2016年城市设计试点成果评优工作,已完成试点成果汇编工作。围绕城市修补、生态修复以及城市有机更新,在全省确定21个重点项目,继续开展省级层面城市设计试点。制定下发《浙江省城市设计管理办法》。

【地下空间】 召开全省城市地下空间开发利用领导小组扩大会议,研究制定全省地下空间开发利用试点方案,并明确一批试点项目名单。2017年全年全省新竣工建设地下空间2165.5万平方米,超额完成年度考核目标的116%。

【历史文化资源保护】 继续开展历史文化街区划定和历史建筑确定工作。组织开展历史文化名城名镇名村申报工作,国务院同意将龙泉市列为国家历史文化名城。完成第七批中国历史文化名镇名村申报工作。制定下发《浙江省历史建筑图则编制导则》和《浙江省历史建筑保护利用导则》,规范历史建筑保护利用。开展首个"世界文化和自然遗产日"系列宣传活动,举办世界文化和自然遗产论坛。

【贯彻落实"最多跑一次"改革决策部署】 对省级规划选址项目申报材料、办理流程进行了梳理整合,并将其纳入在线审批平台。制定下发《关于优化企业投资项目规划选址、用地预审办理流程的实施意见》《关于贯彻落实"最多跑一次"改革决策部署、推进企业投资项目行政审批现场踏勘方式改革的指导意见》、《关于全面推进建设项目"联合测绘"改革的实施意见》等文件,推进"最多跑一次"改革。

城市建设

【五水共治】 2017年,治理污水方面,浙江省按计划完成48个城镇污水处理厂一级A提标改造项目建设,一级A提标改造全部完成;新增城镇污水配套管网3000公里。36个城镇污水处理厂计划新扩建项目(25个项目年底建成,11个项目年底开工),25个必须建成的项目均建成,11个必须开工的项目均开工建设。4个污泥处理处置设施建设项目(2个项目年底建成,2个项目年底开工),2个必须建成的项目均建成,2个必须开工的项目均开工建设。

排涝水方面,综合整治城市河道开工118条、完成115条,开工、完工比例分别为148%、144%;新开城市河道开工11条、完成11条,开工、完工比例分别为138%、138%;建设雨水管网1225公里,完成比例204%;提标改造管网815公里,完成比例233%;雨污分流改造管网860公里,完成比例246%。清淤排水管网28592公里,完成比例191%;改造易淹易涝片区273处,完成比例273%;增加应急设备5万立方米/小时,完成比例277%。

保供水方面,新建供水管网1150公里,完成比例221%;改造供水管网1152公里,完成比例245%;新增供水能力开工建设117.5万吨/日,开工比例110%;改造供水能力开工62万吨/日,开工率100%。

抓节水方面,建设大型雨水利用示范工程1个,建设屋顶集雨等雨水收集系统3997处,完成比例148%;改造节水器具7.38万套,完成比例194%;改造"一户一表"7.924万户,完成比例283%。

【垃圾分类】 浙江省委省政府统筹谋划今后一个时期全省城镇生活垃圾分类处理工作,印发《浙江省城镇生活垃圾分类实施方案》,提出到2020年全省垃圾分类工作的指导思想、目标任务和工作举措。省住建厅编制《浙江省城市生活垃圾分类"十三五"规划》,配合浙江省发改委、财政厅印发《浙江省城镇生活垃圾无害化处理设施建设"十三五"规划》《浙江省静脉产业基地建设行动计划》,明确到2020年底全省垃圾处理设施建设项目清单和工作任务。截至2017年底,全省末端设施共123座,焚烧45座,填埋54座,餐厨垃圾处置设施24座,设计日总处置能力达到7万吨(其中焚烧设计处理能力占比67%,填埋27.5%,餐厨5.5%),实际日处理6.8万吨,无害化处理率达到99%以上。

【生活垃圾处理监管】 重点加强对生活垃圾处置设施的无害化监管,会同住房城乡建设部专家组开展全省城市生活垃圾焚烧处理设施评价检查。组织专家对杭州、湖州2座生活垃圾焚烧处理设施进行无害化等级评定,评定结果上报住房城乡建设部。会同省发改委对国家餐厨废弃物资源化利用和无害化处理试点城市开展了终期验收。

【"万里绿道网"建设】 继续按照"统一规划、统筹推进、分步实施"的原则,稳步推进全省绿道建设。全省建设绿道目标1000公里,截至年底,实际完成1300多公里。通过向社会公开征集的方式,制定"浙江绿道LOGO"标志,要求各地今后建设当中予以应用。省住建厅联合省水利厅、交通厅、林业厅、农业厅、旅游局、体育局等六个厅局共同发起首届"浙江最美绿道"评选活动,历时半年多,近10万人参与,评选出20条"浙江最美绿道",并在浙江日报等主流媒体进行广泛宣传,取得了良好的社会效益。倡导各地因地制宜开展"绿道健身周"活动,结合国家首个"文化和自然遗产日",在区域品牌绿道同时开展了绿色骑(毅)行活动。在浦江县召开第五次全省绿道网建设工作现场会,总结先进经验,表彰"浙江最美绿道",正式发布"浙江绿道LOGO"等。

【交通治堵】 全省新建改建城市道路(不含快速路)169公里,完成率158%,建设联网路35条,完成率140,新增停车位149076个,完成率149%。主城区快速路网建设方面,杭州开工30公里,续建7公里,宁波建成1.3公里,开工13.6公里,续建6.5公里,台州建成30公里。全省推进轨道交通建设652公里,完成率130%,其中杭州地铁建成34公里,开工138公里,续建134公里,宁波地铁建成49.8公里,续建110.7公里,温州市域铁路续建63.5公里,绍兴城际铁路开工15公里,金华轨道交通开工107公里。全省各县(市、区)公共自行车系统已全部覆盖,全省运营公共自行车368630辆,其中各市主城区累计运行公共自行车215725辆。

【供水水质安全保障】 积极开展供水规范化管理考核,进一步提升管理水平,组织开展城市供水行业安全生产管理的自查、互查和抽查,并量化评分,对检查中发现的问题及时进行全省通报。通过水质督察及水质公开,进一步保障供水安全,要求各地按国家有关水质监测项目及监测频率的要求,对各水厂出厂水进行水质检测。同时将水质情况及时通过网站、报纸、新闻媒体等途径予以公示,接受全社会的监督。2017年度供水水质督察工作结果总体较好,抽查城市出厂水和管网水水质全部合格。

【城镇燃气专项整治】 省住建厅等7部门联合

制定并下发《关于加强瓶装燃气市场监管的实施意见》，明确提出全省落实瓶装燃气销售实名制登记制度，截至年底，全省瓶装燃气用户数约971.81万户，通过实名登记购买瓶装燃气的有971.81万户，实名登记率为100%。联合省经信委、公安厅、交通运输厅、商务厅、工商局、质监局等部门联合下发《瓶装燃气销售管控工作方案》，要求全省各地通过采用二维码、电子标签等信息化手段和物联网技术，建立完善钢瓶充装、销售经营信息化系统，强化对瓶装燃气充装活动和销售流向的全程监控，截至年底，全省在用钢瓶总数为1561.13万只，其中钢瓶安装了电子标签为1312.80万只，平均信息化监管比例为84%。同时，加大对非法经营行为的打击力度，保持打击瓶装燃气非法经营行为的高压态势。加强对11个设区市的安全生产管理督导，通过11个地市自查自评、城市间互查互评、省级督查考评相结合的方式，进行了检查考评。同时，下发《全省建筑施工和城镇燃气安全生产大检查实施方案》，指导各地组织开展安全生产大检查工作。

【海绵城市建设试点】 组织全国第一批试点城市嘉兴市和第二批试点城市宁波市加快海绵城市建设。联合省财政厅、水利厅组织绍兴、衢州、兰溪、温岭等4个省级海绵城市建设试点加快建设，全省逐步形成"国家级试点城市建设快速推进、省级试点稳步推进、其他城市有序推进"的良好局面，全省建成海绵城市72平方公里。

【地下综合管廊建设】 组织全国第二批试点城市杭州市加快地下综合管廊试点工作，各项目全面推进建设。继续按照住房城乡建设部下达的地下综合管廊建设开开工建设任务，杭州、宁波、金华、台州等4个市18个项目实现开工建设，累计长度80.2公里，顺利完成年度任务。

【城乡人居环境】 省住建厅指导杭州市获得国家生态园林城市，慈溪市获得国家园林城市，其中杭州市为国内副省级城市中唯一获得该称号的城市。组织对杭州市、绍兴市、长兴县和安吉县中国人居环境奖进行全面复查。经综合审查推荐，全省有宁波市垃圾分类公益环保督察等6个项目获得2017年度中国人居环境范例奖。组织专家组对象山县、浦江县、三门县和青田县创建省级园林城市进行了现场指导和考核，并获省政府发文批复。指导各设区市主管部门做好对参加今年评审的宁波市江北区慈城镇等13个省级园林镇的考评工作，综合各地情况共有10个镇获批复。加快黑臭水体整治及效果评估，全省排查的6条黑臭水体河道治理工程均完成，基本消除黑臭现象。其中，杭州市赭山港作为重点城市黑臭水体完成"初见成效"评估，并通过省住建厅、环保厅及省"五水共治"办的联合核实，报住房城乡建设部、环保部审核销号。

【智慧城管建设】 继续拓展智慧城管的服务功能和服务范围，向中心镇延伸，已有180个中心镇建成智慧城管平台，实现90%的中心镇建成运行。逐步实现对全省污水处理、生活垃圾处理、供水、公园绿地、绿道、道路桥梁等市政公用设施在线监管，已基本完成智慧城管省级监管平台二期开发建设，进入调试运行阶段。

村镇规划建设

【村镇规划】 2017年，各地按照浙江省人民政府办公厅《关于进一步加强村庄规划设计和农房设计工作的若干意见》要求，完成了1691个村庄规划的修编和743个村庄设计的编制。实现全省村庄规划编制、中心村设计全覆盖。完成9个县（市、区）的县（市）域乡村建设规划编制省级试点，开展11个省级农房设计落地试点和11个省级村庄规划设计落地试点建设。

【美丽宜居示范工程】 当年启动实施省级美丽宜居示范村158个、国家级美丽宜居示范村10个，累计启动实施省级美丽宜居示范村1094个，国家级示范村35个。超额完成1000个美丽宜居示范村的目标任务。已通过验收的省级美丽宜居示范村达到了707个。15个村列入全国改善农村人居环境示范村，位居全国前列。

【传统村落保护】 积极申报传统村落中央补助资金，当年81个村落获得中央资金支持，49个村提前列入2018年中央资金支持。开展省、市级传统村落认定工作，公布首批636个省级传统村落名录，基本完成"国家—省—地方"三级名录建立的任务。476个上报申报了第五批中国传统村落，申报数量位居全国第三。

【农村危房改造】 全省按照"除隐患、保安全、促转型"治危拆违攻坚战的要求，对全省农村危房进行排查，共排查912.8万户，发现疑似危房31.9万户，鉴定为危房的共计20.3万户（其中C级危房12.3万户，D级危房7.8万户）。通过拆除、修缮加固、腾空防控等措施完成D级危房和涉及公共安全C级危房治理改造81308户。全省完成农村困难家庭危房改造13652户，超额完成年度目标任务。截至年底，累计完成农村困难家庭危房改造30.7万户，惠及农村经济困难群众约88.9万人，争取各级财政补助资金16.87亿元,将农村危房改造救助覆盖面扩大到当地当年低保标准200%以内。出台《关于切实加强农房建设管理的实施意见》《浙江省农村村民自建住宅建造技术指南》《浙江省农村建筑工匠管理办法》和《浙江省村镇居住房屋抗震设计技术导则》等一系列政策文件和技术规范,指导全省各地健全农房建设管理体制,落实农房建设管理责任,实现农房科学安全建设和规范有序管理。

【**农村生活污水治理设施运维管理**】 全省农村生活污水治理设施运维管理实现接收设施治理全运维。截至年底,全省已有20864个治理村完成了接收运维,接收数量占计划总数的102.7%,共计接收49793个处理设施。全省各级用于治理设施运维的资金6.3亿元。现有运维单位70余家。已完成省级农村生活污水治理设施运维监管服务平台招标工作。发布《农村生活污水治理设施运行维护技术导则(试行)》等7个导则。做好涉及劣Ⅴ类小微水体的农村生活污水治理设施的治理工作。

【**小城镇环境综合整治**】 2017年,全省上下围绕"五个必须"要求和"出样板、出标准、出人才、出模式"目标,纵深推进小城镇环境综合整治行动。全年465个小城镇完成整治任务并通过达标验收,以实实在在的获得感践行了新发展理念和高质量要求。小城镇环境综合整治实现"五个全面",整治行动全面破题。省市县乡四级干部协同用力、精准发力,积极破解难题抓推进。坚持全民动员、全域整治,先后出台涵盖实施方案、政策保障、专项行动、服务指导、督查考核等50多个政策文件,推广驻镇规划师、街长制、土木"三十六计"、线乱拉"20字战法"等治理经验,基本形成较为完善的政策意见和工作举措。坚持要素支撑、高效整治,统筹谋划项目、资金、用地、人才等落实方案,以EPC、PPP形式创新推进项目落地。整治蓝图全面绘就,坚持以规划设计为龙头,高起点规划,高标准设计。通过组织编制技术导则、组建专家顾问"百人服务团"、开展"百院千镇"结对、印发评审要点、组织集中评审、"规划设计回头看"等方式,全方位加强整治规划编制。全省1191个小城镇全面完成整治规划编制和项目设计,为各项工作扎实开展打下坚实基础。项目建设全面铺开,引导各地建立清单、倒排计划、优化服务、优化程序,助推整治项目全面开工建设。全省1191个小城镇三年计划实施整治项目24700个,开工23265个,开工率达94.19%,计划总投资1697.51亿元,完成投资1286.23亿元,完成投资进度75.77%。其中,全省列入2017年达标计划的443个小城镇,计划实施整治项目10216个,已全部开工,计划总投资602.63亿元,完成投资602.11亿元,完成投资进度99.91%。专项行动全面推进,卫生乡镇创建,全国率先实现国家卫生城市(县城)满堂红。与这项工作刚起步时相比,省卫乡镇和市卫乡镇比例分别提高了34.17%和23.58%,达到62.66%和97.93%。"道乱占""车乱开"治理,组织开展小城镇穿镇公路"道乱占""车乱开"百日整治、小城镇道路集中整治等攻坚行动,整治道路约4200条6000多公里,整治"道乱占"问题点位约19.08万个,全省80%的小城镇道路得到整治,超额完成年度目标。"车乱开"交通违法行为查处221.2万起,道路交通管理队伍建立1013支,道路视频监控点位建成26193个,数字警务室建成254个。"线乱拉"治理,全省列入2017年达标计划的443个小城镇今年实施"上改下"整治4737公里,梳理架空线路22668公里,整治入户线59.68万户,全部完成年度目标。全省铁塔建设共享率达到92.7%,累计节约成本17亿元,减少土地占用近3000亩。"低小散"块状行业治理,整治提升"低小散"问题企业(作坊)19867家,超额完成年度目标。长效治理全面加强。坚持建管并重,创新推广了一批基层首创的好经验好做法。推广"街长制",全省1191个小城镇已全部设立了街(路)长制,设立街路长12845万名,覆盖率达100%,从根本上防止"脏乱差"问题反复回潮。推广了"驻镇规划师"制度,多方式引导专业技术人才扎根乡镇、服务基层,全省1191个小城镇全部已聘驻镇规划师,覆盖率100%,已聘专职与兼职驻镇规划师1365名,实现小城镇可持续发展。

标准定额

浙江省住建厅启动2018版计价依据编制工作,将人工单价与市场接轨,一类、二类、三类人工单价调整到125元/工日、135元/工日、155元/工日,增设《浙江省城市轨道交通预算定额》。编制发布了全国首个地方性工程总承包计价规则《浙江省工程总承包计价规则(试行)》。编制完成《浙江省建筑信息模型(BIM)技术推广应用费用计价参考依据》。编辑刊发《住宅全装修价格信息专刊》,将全装修工程造价信息纳入日常管理内容。建立浙江省房屋建筑工程综合造价指数测算模型。全年发布各类价格信息160万条。继续健全"三价信息"闭合分析机制,2017年全省共上报招标控制价4300个,金额1260亿元;合同价4502个,金额1410亿元。省市县造价管理机构向建设市场提供人工、材料、机械台班等各类计价要素信息160余万条。优化造价纠纷行政调解程序，较之以往缩短调解时间5—10天。全年全省累计受理调解项目350个，涉及国有投资项目261个，累计项目总金额866.95亿元（其中国有投资项目385.02亿元），涉及到的调解金额10.50亿元。组织开展全省施工合同履约检查工作，对工程款及安全文明费用支付、施工合同条款严密性、民工工资发放、项目管理措施等多方面问题提出了整改意见。组织对造价咨询企业定期检查和咨询企业成果文件质量抽查。截至年底，全省共有造价咨询企业410家，其中甲级257家、乙级145家、乙级暂定期8家。2017年浙江省工程造价咨询业务收入达到50亿元，比上年增长8.7%。组织造价工程师的继续教育培训工作，完成初始注册1103人次，延续注册3408人次。2017年底全省共有注册造价工程师11104人。

工程质量安全监管

【工程质量】 大力实施"质量强省"，积极开展工程质量提升三年行动以及相关试点工作，从监管体系、监管责任、主体责任三个层面，强化责任链条。开展建筑用砂、钢筋等原材料检查，开展工程质量检测、监理到岗履职专项督查。开展工程质量安全监督人员岗位培训、考核，加强工程质量监督队伍建设。总结巩固住宅工程质量通病治理工作成果，逐步完善工程质量投诉申述机制。全年房屋建筑工程质量监督总数18853个，监督工程总面积57436万平方米，市政工程质量监督总数5063个，监督工程总投资额1746.4亿元。全省各级建设主管部门共抽查、督查工程项目60646个次，下发整改通知单33040份，行政处罚单853份，处罚单位826家，处罚人员253人。组织开展2016度"钱江杯"（优质工程）创建活动，共创出"钱江杯"125项。创出中国建设工程"鲁班奖"（国家优质工程）6项，创优数量继续走在全国前列。

【安全生产】 严格落实安全责任，强化安全生产监管。完善省住建厅安委会工作职责，成立厅消防安全委员会，全面落实"党政同责、一岗双责"和"三个必须"的要求。巩固保障G20峰会安全和环境质量工作成果，深入开展全省建筑施工安全大检查、大排查、大整治行动。完善安全文明施工管理机制，将绿色施工、扬尘防治等纳入标准化工地考评内容，出台《建筑施工扬尘控制导则》；积极探索"智慧安监"和"智慧工地"，推进全省建筑施工安全监管工作信息化；加强安全生产全员培训，组织各类人员培训76.4（千校）万人次；全省20.88；全面开展安全生产管理人员机考工作；开展建筑安全文明施工标准化工地创建工作，全省各级共创"标化工地"1300多个。完善应急预案，建立健全省、市、县三级质量安全事故应急联动机制。强化行政执法，全年共暂扣企业《安全生产许可证》45家次，收回注销《安全生产考核合格证书》9人次、暂扣61人次。严格安全生产两项许可，全年共核准1395家企业《安全生产许可证》，核准29606人《三类人员安全生产考核合格证书》。全年建筑施工安全生产亡人事故起数同比持平，死亡人数同比减少5人，死亡人数下降13.2%，安全生产形势总体平稳趋好。

建筑市场

【概况】 2017年，浙江建筑业紧紧围绕"建筑强省"建设，迎难而上，真抓实干，奋力拼搏，各项工作成效显著。全省建筑业完成产值27235.8亿元，同比增长9.0%，占全国建筑业总产值12.7%；实现建筑业增加值2845亿元，占全省GDP的5.5%；实现利税总额1305亿元，同比增长6.5%；全年签订合同额45225亿元，同比增长12.4%，其中，本年新签合同额29036.4亿元，同比增长23.5%；全年房屋建筑施工面积205855万平方米，同比增长3.8%，房屋施工面积占全国总面积15.6%；其中新开工面积84596万平方米，同比增长15.4%；全省建筑业平均从业人数787.3万人，同比提高1.3%，劳动生产率34.6万元/人。建筑业主要经济指标继续保持全国前列，为经济社会发展作出积极贡献。

【设区市建筑业】 全省11个设区市积极推进建筑业发展。绍兴市完成建筑业产值7448.1亿元，同比增长7.4%，规模居全国各设区市第一，超过了全国20个省市区的建筑业产值，宁波、杭州市产值均超4000亿元，分别完成4612.4亿元、4323.7亿元。产值超过2000亿元的有金华市（3472.2亿元）、台州市（2569.7亿元），外向度前三位的分别是绍兴市（73.8%）、金华市（63.6%）、台州市（57.3%）。绍兴、杭州、宁波、金华等4个"建筑强市"共完成建筑业产值19856.4亿元，占全省总产值的72.9%。

【建筑强县和建筑之乡】 全省12个"建筑之乡"（含建筑强县）继续发挥示范带动作用。12个"建筑之乡"共完成建筑业产值13946.9亿元，占全省总产值的51.2%。其中,7个"建筑强县"共完成产值11831亿元,占全省总产值的43.4%。东阳市完成产值2373亿元,居全国县级市第一。绍兴市柯桥区完成产值2360亿元,诸暨市完成产值2127亿元,绍兴市上虞区完成产值1585亿元,象山县完成产值1272亿元,杭州市萧山区完成产值1094亿元,温岭市完成产值820亿元。

【行业改革与发展】 大力推进行业改革,加强政策支持,出台《浙江省人民政府办公厅关于加快建筑业改革与发展的实施意见》,联合省发展改革委等18个部门出台了实施意见分工方案。实施意见重点围绕着建筑业的改革与发展,以推进建筑工业化为主线,坚持问题导向和效果导向,根据浙江省建筑业发展过程中存在的主要问题和短板,从深化建筑业"放管服"改革、加快转变建造方式、加快转变工程建设组织模式、严格质量安全管理、完善建筑市场管理、加快建设现代产业队伍、强化科技设计引领、坚持"走出去"发展战略、营造良好发展环境等方面提出了22条措施,目的是实现浙江省由建筑大省向建筑强省转变,努力打造"中国建造"的标杆省份。

【建筑工业化】 编制绿色建筑专项规划,从源头上落实绿色建筑等级、建筑装配化建造和住宅全装修等控制性指标要求,统筹推进建筑工业化发展。制定建筑工业化工作考核办法,下发1亿元建筑工业化以奖代补专项资金,推进项目落地。制定建筑工业化示范城市、企业、基地和项目认定办法,强化示范建设。杭州、宁波、绍兴市被建设部列为国家装配式建筑示范城市,中天建设、精工钢构等17家企业获批"国家装配式建筑产业基地"称号。全年全省共完成新建装配式建筑面积2230万平方米。

【科技进步】 积极推进科技进步,继续开展建筑业企业技术中心认定工作,全年新增省级企业技术中心13家,全省建筑业企业省级技术中心累计达到105家,国家级技术中心4家。

【走出去发展】 深入实施"走出去"发展战略。全省出省施工完成产值14011.3亿元,同比增长9.0%,占全省总产值的51.4%,产值超百亿元区域市场达到28个,其中,江苏、上海、安徽区域市场产值超过1000亿元,分别完成1815亿元、1510亿元、1310亿元。省外区域市场产值增幅前三位的分别是,贵州(增幅29.7%)、青海(增幅28.0%)、山西(增幅23.6%)。对外承包工程继续保持较快增长,全年完成对外承包营业额71.4亿美元,同比增长7.0%,对外承包产值居全国各省(区、市)第5位。

【建筑业企业】 进一步优化资质结构,积极培育大企业大集团。全年新增特级企业18家,特级企业总数达到67家,其中基础设施类特级企业已增加到11家,居全国各省市前列,特、一级企业数量位居全国前列。全年产值超100亿元企业42家,其中中天建设集团完成建筑业产值744.8亿元,继续位居全省第一。龙元建设集团、省建工集团、中成建工集团、宝业建设集团、海天建设集团等5家企业产值超过200亿元。推进监理企业转型发展,全省监理企业完成营业收入133.83亿元,新增综合资质企业3家,总数达到14家。甲级企业达到210家。

【建筑业人员】 加强从业人员队伍建设。全年新增注册建造师24452人,其中一级3661人,二级20791人。全省注册建造师总数达到20.22万人(含临时),其中一级5.42万人,二级14.80万人。新增注册监理工程师2214人,总数达到10839人,省监理工程师14041人。

【工程总承包】 全年浙江省企业共承接工程总承包项目701个,合同额累计1328.36亿元,其中已经完成269个,完成额达357.31亿元。完成《浙江省工程总承包试点工作评估报告》。浙江省勘察设计行业协会工程总承包分会于3月3日在中国联合工程有限公司召开成立大会,分会组织立项工程总承包六项特色课题,其中五项课题入围省住建厅2017年建设科研项目名单。

【建筑市场】 出台《浙江省建筑市场公共信用信息管理》,加快全省建筑市场监管与诚信信息平台应用。加强建筑市场监管检查,提升"互联网+"监管水平,加快实现与住房城乡建设部、政务服务网实时对接,重点查处违法发包转包、违法分包挂靠等行为,进一步完善工程担保、保险制度,健全工程造价管理体系。做好农民工工资保障工作,印发《全省建筑业开展"浙江无欠薪"行动实施方案》,积极维护农民工合法权益,推进防范处置建筑业企业欠薪机制建设。

建筑节能与科技

【绿色建筑法规制度】 浙江省人大相继出台《浙江省实施〈节约能源法〉办法》、《浙江省可再生能源开发利用促进条例》和《浙江省绿色建筑条例》,在全国率先建立包括绿色建筑专项规划编制、民用建筑节能评估审查、可再生能源建筑强制应用、公共建筑用电能耗分项计量和竣工能效测评等制度在内的一整套完整的绿色建筑发展制度,基本形成具有浙江地方特色的绿色建筑监管体系。

【既有建筑节能改造】 结合全省各地开展的"五水共治"、"三改一拆"和"小城镇环境综合整治"等重点工作，积极采用建筑外墙外保温、活动外遮阳、隔热屋面、太阳能、地源热泵等节能技术，稳妥推进既有建筑节能改造工作。截至年底，全省已累计实施既有公共建筑节能改造建筑面积569万平方米，累计实施既有居住建筑节能改造面积1894万平方米。杭州、宁波和温州被建设部和国家银监会列入2017年公共建筑能效提升重点城市。

【可再生能源建筑一体化应用】 以实施民用建筑节能评估和审查制度为主要抓手，大力推进可再生能源建筑应用，全年全省新增可再生能源建筑应用面积1000万平方米以上。截至年底，全省实施太阳能热水器集热面积1715万平方米，覆盖750多万户城乡居民。

【开展绿色建材评价试点】 截至年底，共有38种建材产品通过三星级绿色建材标识评价，4种建材产品通过二星级绿色建材标识评价。

人事教育

【深化改革】 按照省政府"最多跑一次"改革总体部署，牵头整理规范"最多跑一次"公共服务事项，共梳理省本级公共服务事项41项、全省建设系统公共服务事项参考目录21项。完成省综合行政执法指导局和厅城管办的机构设置。全面启动2家从事生产经营活动事业单位的调研摸底，稳步推进从事生产经营事业单位改革工作。深化建设行业职称评审改革，启动全省建设工程中高级工程师资格评价条件修订，探索建立量化评价体系。

【干部队伍和班子建设】 做好厅机关干部选拔任用、轮岗交流和直属单位领导班子建设工作。2017年，推荐雄安选调干部1名，选派7名剿灭劣Ⅴ类水督导员、2名省委组织部"百人计划"（舟山挂职），提拔任用6人，完成1名公务员招录、4名公务员商调和3名基层公务员公开选调，安置4名军转干部，调整1名援疆干部、2名浙大交流干部和省委组织部选派3名挂职干部，共接收25名基层干部到厅机关锻炼学习。配合开展厅领导班子和领导干部届末考察、建设学院党政班子换届考察。

【日常管理】 配合浙江省委政治巡视及选人用人专项检查，牵头完成上一轮巡视整改报结。认真做好个人有关事项报告、因私出国（境）管理和干部档案数字化建设工作。完成104名厅管处级干部个人事项报告汇总分析，按规定抽查核实了干部的个人报告事项。开展了1024本因私出国（境）证件管理专项核查，办理厅管干部因私出境审批手续41人次。完成厅机关劳动工资和事业单位招聘、绩效考核等。开展厅管社团清理规范，脱钩9家、优化整合5家、依法注销1家，进一步规范干部兼职、会费标准、评比表彰等工作。

【完善制度】 制定出台《省住建厅党组从严加强干部队伍建设，打造勇立潮头建设铁军的实施意见》《省住建厅公务员年度考核实施办法》《省住建厅社会团体管理办法》《省住房城乡建设行业专技人员继续教育学时登记细则》《省住建厅所属企业负责人业绩考核暂行办法》。对《全省建设工程专业工程师和高级工程师资格评价条件》进行了修订。

【人才队伍建设】 积极做好浙江省151人才、万人计划—科技创新领军人才等各类人才推荐选拔工作，选拔4名151人才第三层次专技领域培养人员、2名浙江省万人计划—科技创新领军人才、1名万人计划——青年拔尖人才推荐人选。组织开展2017年度全省建设工程专业高级工程师资格评审和直属单位中初级专业技术资格评审初定工作，全省3424人取得建设工程专业高级工程师资格、215人取得中初级任职资格。

【教育培训管理】 编制印发2017年度各类建设教育培训计划、考试计划。实施省委组织部培训班3个、省人社厅高研班1个、省外专局境外班3个，指导开展建设类考试28.8万人次、建设类岗位人员年度网络继续教育4.3万人。组织公务员参加"学法用法三年轮训"和年度网络学院学习。组织厅机关（含参照机关管理事业单位）干部参加省普法办组织的2017年度省直单位公务员法律知识网络在线考试。

【干部教育培训】 协调选派4名领导干部参加国家行政学院、住房城乡建设部、浙江省委组织部、省委党校各类班次的学习。举办全省住房和城乡建设系统军队转业干部培训班，共计85名干部参训。协助举办新型城市化局长培训班、全省城乡规划局长培训班、农村生活污水治理设施运行维护管理培训班等3个建设系统领导干部专题培训班，来自市、县（市、区）的部门分管局长、乡镇（街道）分管领导等共计440人参训。

【专技人员知识更新】 加大培养高层次、创新型和紧缺型专业技术人才力度，办好相关培训项目，其中包括以"智慧建造（建筑工业化与BIM技术）"为主题的专业技术人员高研班，针对"城市可持续发展和规划建设（德国）"、"特色小镇和小城镇风貌建设（法国）"、"重点课程建设师资培训（英国）"等为主题的境外培训项目，明确办班工作流程、标准及要求,强调外事纪律和财务管理的有关规定,保障各班次顺利开展。

【建设类人员培训教育】 有序开展"三类人员"、现场专业人员常态化机考,全年共开展现场专业人员1352场次、82192人次、164384门次的考试,"三类人员"943场次、75850人次的考试,举办6次共48321人次的特种作业人员统一考试,共42607人次现场专业人员通过年度网络继续教育和考试。拟制全省建设系统培训教育考试安全系统实施方案,启动全省机考网络监控平台建设。完成与省人社厅专业人员继续教育网系统的对接,共录制144课时网络学习视频课件,采集、注册1.02万名省属单位人员信息。

【技能人才培训鉴定】 有序推进建设行业职业技能培训和鉴定工作。全年共完成建筑类职业技能培训中级工46717人、高级工45549人,市政类中级工515人、高级工1050人。完成特有工种职业技能鉴定发证建筑类中级工3570人、高级工1341人,市政类中级工462人、高级工969人。

大事记

1月10日,全省小城镇环境综合整治工作现场会在德清县召开,浙江省委副书记袁家军作重要发言,副省长熊建平主持会议,厅长钱建民参加。

1月20日,浙江省第十二届人民代表大会常务委员会第三十八次会议通过:决定任命项永丹为浙江省住房和城乡住建厅厅长。

2月6日,中共浙江省委召开全省剿灭劣Ⅴ类水工作会议。

2月8日,厅长项永丹赴中国铁塔浙江分公司、中国移动浙江有限公司、中国电信浙江分公司、中国联通浙江分公司等通信运营企业就推进小城镇"线乱拉"治理进行调研,副厅长张奕参加。

2月20日,全省城中村改造和危旧房治理推进会在温州召开,副省长熊建平出席会议,厅长项永丹参加。

3月3日,全省住房城乡建设工作会议在浙江省人民大会堂召开,厅长项永丹作工作报告,副厅长应柏平主持会议。各市、县住房城乡建设主管部门负责人等在分会场参加会议。厅机关在职、在编全体人员参加。

3月6日,住建厅直机关党委在浙江省委党校分两期举办学习贯彻党的十八届六中全会和中纪委七次全会精神集中轮训班。

3月10日,住房城乡建设部在浙江省杭州市召开了全国住房城乡建设系统文明办主任会议暨全国文明单位创建工作会议,厅长项永丹等出席会议。

3月21日,全国地下综合管廊和黑臭水体整治工作推进会在杭州召开,副省长熊建平到会致辞,厅长项永丹出席。

3月29日,全省小城镇环境综合整治规划设计工作现场会在嘉兴市召开,厅长项永丹出席,副厅长张奕主持会议。

4月1日,浙江省综合行政执法指导局正式挂牌成立,副省长熊建平、省政府办公厅副主任傅晓风和省住建厅厅长项永丹、副厅长沈敏出席揭牌仪式。

4月7日,全省落实省政协"四边三化"民主监督问题整治暨工作推进会在杭州召开,厅长项永丹出席会议,副厅长沈敏主持。

4月10日,国务院安委会第三巡查组对省住建厅2013年度以来安全生产工作进行检查指导,厅长项永丹、省安监局局长华宣奎出席座谈会,厅党组成员、省建管局局长朱永斌做工作汇报。

5月5日,省住建厅收听收看住房和城乡建设部召开的全国推进落实中央城市工作会议精神电视电话会议。

5月9日,省住建厅联合省发改、公安、财政、人防、物价、档案和数管中心等7部门在省建科院召开落实"最多跑一次"改革——浙江率先开展施工图联合审查工作新闻发布会,副厅长张清云主持发布会,厅党组成员、省建管局局长朱永斌参加。

6月6日,省住建厅召开首个"文化和自然遗产日"新闻发布会,副厅长张清云主持发布会,厅党组成员、总规划师顾浩参加。

6月15日,浙江省暨杭州市建筑业"安全生产月"活动与轨道交通工程突发事故应急演练现场会在杭州市召开,厅党组成员、省建管局局长朱永斌出席会议。

6月30日,厅组织召开厅直机关学习贯彻省第十四次党代会精神专题党课暨推进"两学一做"学习教育常态化制度化部署会,厅长项永丹同志作专题党课辅导。

7月17日,厅长项永丹应邀参加杭州市第19期城建城管领导干部专题研修班、第三期"城建大讲堂",并做专题讲座。

7月20日,厅组织召开全省海绵城市和地下综合管廊建设现场推进会,副厅长吴雪桦出席会议。

8月4日,全省"三改一拆"和小城镇环境综合整治推进会在杭州召开,省委书记车俊出席会议,省长袁家军主持,厅长项永丹代表省"三改一拆"

办公室做工作报告。会后,省"三改一拆"办公室召开"无违建县(市、区)"创建工作专题会议,副省长熊建平主持,厅长项永丹、副厅长沈敏参加。

8月9日,全省小城镇环境综合整治行动现场会在金华召开,副省长熊建平出席会议,厅长项永丹参加。

9月5日,副省长熊建平带领省住建厅、省民政厅赴平湖市专程调研城镇住房保障工作。

9月7日,全省规范工程建设领域保证金和推进综合保险工作座谈会在杭州召开,厅长项永丹参加。

9月24日,住房城乡建设部第八督查组开始对浙江省工程质量安全提升行动进行督查,省住建厅党组成员、省建管局局长朱永斌出席汇报会

9月25日,根据省委组织部的统一要求,厅党组成员、总规划师顾浩一行赴新疆阿克苏地区慰问援疆干部,并考察浙江省援疆建设项目。

10月10日,省住建厅公布浙江省首届20条"浙江最美绿道"名单。

10月11日,副省长熊建平赴磐安县调研小城镇环境综合整治和城市有机更新工作,副厅长张奕参加调研。

10月18日,厅领导班子及机关全体党员干部在省建科院集中收看党的十九大开幕盛况,认真聆听习近平总书记向大会作的报告。

10月23日,副省长熊建平赴丽水、天台、仙居调研小城镇环境综合整治等工作,厅长项永丹、副厅长张奕参加调研。

10月25日,第二十一个环卫工人节庆祝大会在丽水召开,副省长熊建平参加会议,厅长项永丹主持,副厅长吴雪桦参加。

11月2日,住房城乡建设部推动勘察设计技术进步工作座谈会在衢州市召开,党组成员、省建管局局长朱永斌参加会议。

11月11日,全省小城镇环境综合整治行动现场会在宁波召开,厅长项永丹出席会议,副厅长张奕主持。

11月10日,厅长项永丹在全省新型城市化局长培训班作专题报告,厅党组成员、总规划师顾浩主持。

11月14日,副省长熊建平在宁波调研小城镇环境综合整治、剿灭劣Ⅴ类水、海绵城市等城乡建设工作,副厅长张奕参加调研。

11月15日,厅组织党员干部在嘉兴南湖开展"瞻仰南湖红船,重温入党誓词"主题党日活动,并以支部为单位召开了专题组织生活会。

11月16日,全省住房城乡建设系统"浙江建设工匠"学习推进会在杭州召开,厅长项永丹出席会议,副厅长张清云参加。

11月29日,2017年中国风景园林学会风景名胜专业委员会年会在仙居县召开,厅党组成员、总规划师顾浩出席会议。

12月8日,中共浙江省委、省政府召开全省生活垃圾分类处理工作动员大会,会议以视频形式召开,各市、县(市、区)设分会场,省委书记车俊、省长袁家军出席会议,厅长项永丹参加。

12月14日,住房城乡建设部在成都召开全国住房城乡建设系统法治政府建设暨依法行政工作会议,副厅长吴雪桦做经验介绍。

12月21日,省住建厅召开全省金融支持棚改工作恳谈会议,厅长项永丹主持,副厅长应柏平参加。

12月26日,浙江省政府召开全省综合行政执法工作电视电话议暨全省综合行政执法队伍换装仪式,省政府副秘书长傅晓风主持,副省长孙景淼出席会议,厅长项永丹参加。

12月27日,千岛湖及新安江流域水资源与生态环境保护项目通过世行评估。

(浙江省住房和城乡建设厅)

安　徽　省

概况

2017年,安徽省住房和城乡建设厅深入学习宣传贯彻党的十九大精神,坚持以推进供给侧结构性改革为主线,以实施城市"四创一建"、推进农村"三大革命"为总抓手,统筹做好稳增长、促改革、

调结构、惠民生、防风险各项工作，较好完成了省委省政府交给的各项任务，为建设"现代化五大发展美好安徽"作出积极贡献。

法规建设

【法规制定】 2017年，安徽省人大修订颁布《安徽省物业管理条例》，当选全省十大法治事件。编制2018~2022年立法规划和2018年度立法计划建议项目，《安徽省燃气管理条例（修改）》列入2018年安徽省人大常委会审议类立法计划，《安徽省建设工程质量管理条例（制定）》《安徽省村镇规划建设管理条例（修订）》《安徽省城市房地产交易管理条例（修订）》《安徽省建筑市场管理条例（修订）》等列入论证类立法计划；《安徽省物业专项维修资金管理暂行办法（修改）》《安徽省无障碍环境建设管理办法（制定）》《安徽省工程建设标准管理办法（制定）》列入政府规章论证类立法计划。

加强规范性文件监督管理。严格遵守规范性文件制定程序，加强对规范性文件制定的全过程管理。落实合法性审查、集体讨论决定等制度。在规范性文件制定过程中，通过调研、发文征求、网站公开征求等方式，多方听取意见。认真执行规范性文件备案制度。积极开展法规规章及规范性文件清理。通过清理，对厅发规范性文件保留70件，拟修改8件，失效（废止）16件，并向社会公布。

【行政复议】 通过印发行政复议案件分析报告、开展行政复议案例评析、行政复议工作规范化示范点创建、成立厅行政复议委员会、个案约谈及下发行政复议意见书等方式，全面加强行政复议各项工作。全年共收到行政复议申请121件，不予受理2件，全部依法办结。

【法制建设】 推进重大事项合法性审查全覆盖。贯彻执行《建立省政府重大决策事项合法性审查提前介入机制实施办法》（皖政〔2014〕72号）和省住房城乡建设厅《重大行政决策程序规定》、《重大事项合法性审查程序规定》，建立厅内合法性审查提前介入机制，全面开展合法性审查工作，全年对60多起重大事项进行合法性审查。初步建立公平竞争审查机制，对10多件涉及市场主体经济活动的事项进行公平竞争审查，对2件涉及违反公平竞争原则的规范性文件进行了清理。健全法律顾问和公职律师制度，设立3名公职律师。推进拟任职领导干部参加法律知识测试。加强法治政府建设专项督查，在全系统开展普法责任制落实、依法行政和法治政府建设专项督查。

【执法监督】 加强行政执法人员管理。对执法人员资格认证、教育培训和考核等工作作出明确规定。全年共组织6000余名执法人员参加了执法资格认证考试和法治培训。开展全系统法治能力建设大调研。严格规范行政执法行为。动态调整全省住房城乡建设系统行政处罚裁量权基准。

完成重大执法决定法制审核试点工作任务。制定《安徽省住房城乡建设系统重大行政执法决定法制审核规定》。2017年，对200多起重大行政执法决定进行了法制审核。

加强个案监督与指导。坚决纠正违法执法与行政不作为。全年作出确认行政行为违法或撤销原具体行政行为或责令行政机关履职的行政复议决定共39件。对全省工程质量治理两年行动和建筑节能检查中发现并移交办理的案件进行专项督查，及时发现和纠正问题。积极开展行政执法案卷评查，指导各地业务主管部门规范办案流程，进一步规范执法行为。（法规处　吴晓）

房地产业

【概况】 2017年，安徽省认真贯彻落实党中央、国务院关于房地产调控决策部署，按照"房子是用来住的，不是用来炒的"定位，因城因地施策，统筹做好严控炒房与合理建设工作，加强商品住房供应和需求管理，着力控房价、稳市场、防风险，全省房地产市场总体运行平稳。全年完成房地产开发投资5612.5亿元，同比增长21.9%。新开工面积11398.7万平方米，同比增长32.8%。商品房销售面积9200.7万平方米，同比增长8.2%，其中商品住房销售7949.3万平方米，同比增长5.9%。商业、办公等非住宅商品房去库存面积953.7万平方米，去化周期与2016年相比缩短17.3个月。

【房地产市场政策、协调与指导】 2017年，安徽省按照中央关于省级负总责、市县具体负责的房地产市场调控工作责任制要求，出台《关于进一步落实调控责任切实稳定房地产市场的通知》，明确市、县政府是本行政区域稳定房地产市场的责任主体，结合实际，采取有效措施，确保房地产市场稳定。出台《关于推进非住宅商品房去库存的若干意见》，指导各地加强非住宅商品房供应管理，多渠道化解非住宅商品房库存，防控潜在风险。印发《关于加强近期住房及用地供应管理和调控有关工作的通知》等政策文件，要求各地严格实施住宅用地供应分类调控，做好住宅用地供应规划与住房发展规划的衔接，促进土地供应与商品住房市场需求相协调。

【房地产市场监测】 2017年，为加强房地产市场走势预测研判，提高信息采集、数据分析、分类指导的能力和水平，安徽省进一步完善房地产市场监测工作方案，定期召开省级房地产市场调控联席会议，分析研判市场形势，部署落实国家要求，协调推进政策落地。依托全省房地产市场监测平台及研判数学模型、全省房地产开发项目管理信息系统，落实市场运行日报告、周分析制度，及时发现苗头性、倾向性问题，识别市场出现异常的城市，对商品房销售量、价格波动较大的城市，适时发出预警信号，督促采取有效措施稳定市场。

【房地产开发与征收】 2017年，安徽省加大商品住房有效供给，保证房地产市场供需平衡。房价上涨压力大的市、县督促企业严格按照合同约定及时开竣工，优化审批流程，加快商品住房项目建设和上市节奏，满足市场购房需求，稳定市场预期。印发《关于落实房地产开发项目建设条件意见书制度的通知》，明确国土资源管理部门在房地产开发项目开发建设用地使用权出让、划拨前，应当将房地产开发主管部门出具的关于房地产开发项目的企业资质、预售条件、房屋装修、装备式建筑技术应用等方面书面建设条件意见，作为国有建设用地使用权出让、划拨的依据之一，以提高房源质量，保障房源的有效供给。

结合基层政务公开标准化试点工作，安徽省制定并印发《拆迁安置（国有土地上房屋征收与补偿）基层政务公开事项目录、标准和流程图》，在公开内容、公开依据、公开主体、公开时限、公开格式、公开载体等方面进行详细规定。省、市、县三级政府网站均设置"国有土地上房屋征收与补偿"政务信息公开栏目，及时更新征收政策、工作动态等。坚持阳光征收，促进房屋征收与补偿工作公开、公平、公正。落实征收风险评估机制，征收前先排查不稳定因素，做好稳控工作并制定突发事件处置应急预案，对于稳定风险评估为较高的项目暂停或者不予实施，避免可能出现的征收拆迁群体性事件。

【物业服务与市场监督】 2017年，安徽省出台《关于进一步加强物业管理扎实推进民生工作的通知》，推进建立在社区党组织领导和社区居委会指导监督下的业主自治体系，完善社区党组织、社区居民委员会、业主委员会和物业服务企业"四位一体"的工作联动机制。印发《关于督促物业企业加强物业使用维护落实物业服务的通知》，在物业服务活动中推行监督书面告知"三单制"制度。加快推进物业服务行业信用体系建设，起草《安徽省规范化物业管理项目评价办法（试行）》和《安徽省物业服务企业信用综合评价办法（试行）》，通过建立物业服务企业信用评定制度和规范化项目创建，提升物业服务水平。

加强房地产市场监管，印发《关于持续开展整顿规范房地产开发销售中介服务行为的通知》，开展查处房地产开发企业恶意炒作、哄抬房价、捂盘惜售等"九大类"不正当经营行为和房地产中介机构发布虚假房源、炒卖房号等"十大类"违法违规行为等专项行动，并对查处的企业进行通报和处罚。按照"双随机、一公开"执法检查的要求，每年组织全省开展房地产类企业市场行为检查，并对部分企业进行了重点抽查，发现问题及时督促整改。在全省部署开展规范购房融资和反洗钱工作，严厉打击提供"首付贷"等房地产领域金融违法违规行为，防控房地产市场风险，保护群众财产安全。（房地产市场监管处　许淼）

住房保障

【概况】 2017年，安徽全省各地认真贯彻落实国家及省委省政府决策部署，大力推进棚户区改造，加强公租房分配和管理，保障性安居工程各项目标任务圆满完成。全省棚改共计实现新开工33.91万套，基本建成32.4万套。全省2014年底前开工政府投资公租房总套数64.64万套，全年累计完成分配56.15万套，分配率达86.86%，超额完成国家分配目标任务；其中，新增分配15.85万套，新增分配数位居全国第一。新增城镇住房保障家庭补贴5795户。

【编制棚改三年计划】 组织编制《安徽省2018—2020年棚户区改造三年计划》，计划再改造现有棚户区71.34万套。制定《安徽省2018-2020年棚户区改造实施方案》，明确工作重点和政策措施，全面推行政府购买棚改服务，强化政府与社会资本合作，利用好政策性金融支持，加快推进棚户区改造。

【加大棚改政策支持】 争取中央各类补助资金144亿元，较2016年提高97.8个百分点。加强省级财政支持，及时下达棚改省级以奖代补资金6.64亿元。提前下达全省保障性安居工程目标任务和新增建设用地计划指标7160亩。对接安徽省开发银行和省农发行，组织召开全省棚改专项贷款推进会，优化项目确认模式，加快贷款授信和发放使用。2017年，共争取开行贷款授信311亿元，本年度发放286

亿元；争取农发行贷款审批 365 亿元，本年度发放 324 亿元。

【加快公租房竣工分配】 开展公租房竣工交付和分配专项行动，集中解决公租房建设进度缓慢、配套设施滞后、已竣工未分配以及准入条件未落实到位、分配管理薄弱等问题。开展违规享受住房保障集中专项清理，加大对骗保等行为的清查处理力度，严格保障房审核和使用行为，完善工作机制，堵塞管理漏洞，确保公开公平。2017 年，全省公租房累计竣工 82.67 万套，竣工率 87.3%；累计分配 79.1 万套，分配率 83.54%。

【推进公租房分类处置】 印发《关于进一步做好公共租赁住房有关工作的实施意见》，部署各地按照"科学评估、优先保障、风险可控、合理处置"原则，在保障政策落实到位、保障对象应保尽保、保障水平不降低、国有资产不流失的前提下，对确实不能形成有效供应的政府投资公租房，予以盘活和处置，切实发挥公租房使用效益。

【强化公租房运营管理】 推进管办分开、租补分离，鼓励地方成立国有独资的保障房运营公司，负责公租房投资、运营和管理，转变政府对公租房的管理职能，将政府负债投入转化为政府资产积累，逐步实现可持续运营。公租房的后期日常服务和管理，交由专业化管理服务企业负责，采取政府补助，或公租房项目配套用房经营收益一定比例补贴，使公租房小区服务水平不低于普通商品房物业服务标准。（住房保障处 李康）

住房公积金管理

【概况】 2017 年，安徽省住房公积金实缴单位 56451 家，实缴职工 405.38 万人，新增开户 57.96 万人，净增开户 26.97 万人。全年归集住房公积金突破 546.29 亿元，同比增长 0.78%。提取住房公积金 441.83 亿元，同比增长 0.18%。发放住房公积金个人住房贷款 287.07 亿元，同比下降 34.47%。个人住房贷款率达 101.26%，比当年最高峰值下降 3.33 个百分点。截至 2017 年底，全省累计归集住房公积金 4187.26 亿元，累计提取 2674.14 亿元，住房公积金缴存余额 1513.11 亿元，累计发放住房公积金个人住房贷款 2485.55 亿元，个人住房贷款余额 1532.10 亿元。

【政策制定】 8 月，安徽省人民政府办公厅印发《关于进一步加强住房公积金管理工作的意见》，明确各用人单位要将为职工缴纳住房公积金的事项列入劳动条款，及时足额为职工缴纳住房公积金，支持将稳定就业的进城务工人员和个体工商户等自由职业者纳入缴存范围等。3 月，安徽省住房城乡建设厅印发了《安徽省住房公积金资金流动性风险预警机制实施办法》，通过对个人住房贷款率和资金净流量的监测，实施三级预警，防范住房公积金资金流动性风险，约束资产负债。

【监督管理】 妥善解决利用住房公积金贷款支持保障性住房试点项目逾期贷款的回收。组织开展 2016 年度全省住房公积金业务管理工作年度考核，会同安徽省财政厅通报了考核结果。按照《住房公积金廉政风险防控指引》，开展全省住房公积金廉政风险防控自查，省住房城乡建设厅组织抽查阜阳、宿州、淮北三市 5 个单位廉政风险防控，印发抽查报告，对存在问题提出整改要求及工作建议。

【信息化建设】 推进住房公积金基础数据标准贯彻和验收，2017 年安徽省住房城乡建设厅按照住房城乡建设部部署，组织三批住房公积金基础数据贯标检查验收，截至年底，全省共有 15 个市住房公积金管理中心和 3 个行业分中心通过了检查验收，验收率达 85.7%。16 个市住房公积金管理中心和 5 个分中心全部接入国家住房公积金异地转移接续平台，实现跨城市就业人员住房公积金转移接续业务全部通过平台办理。组织筹建了全省住房公积金 12329 短消息平台，并投入使用。（住房公积金监管处 王春蕾）

城乡规划

【城乡规划政策制定和规章制度建设】 2017 年，围绕健全法制、强化规划管理，安徽省政府公布《安徽省历史文化名城名镇名村保护办法》（275 号令），省政府办公厅出台《关于印发安徽省空间规划工作方案的通知》（皖政办秘〔2017〕105 号），安徽省住房城乡建设厅制定《关于进一步规范规划许可工作的通知》。6 月，住房城乡建设部办公厅以《关于同意将安徽省作为我部城乡规划改革试点省的函》确定安徽省为全国城乡规划改革试点省，省政府成立省城乡规划改革试点工作领导小组，并出台《安徽省城乡规划改革试点方案》（皖政秘〔2017〕187 号）。

【跨区域城镇体系规划编制、审批和实施】 落实《安徽省城镇体系规划（2011—2030）》分区指导要求，2017 年，《合肥都市圈城镇体系规划（2015—2030 年）》《芜马城市组群城镇体系规划（2015—2030 年）》《皖北城镇体系规划（2015—2030 年）》获安徽省政府批复；编制完成《安池铜城市组群城镇体系规划（2016－2030年）》，待省规委会审查。会同各有关市政府组建合肥都市圈、芜马宣、皖北、安池铜城镇体系规划执行协调领导小组，建立跨市域城镇体系规划执行协调机制，推进跨省规划合作交流；启动《蚌淮（南）城市组群城镇体系规划》、《宿淮（北）城市组群城镇体系规划》编制工作。加快重大项目实施进度，会同省电力公司发布《500kV以上电网布局规划》，出台《关于落实"三重一创"、"制造强省"等若干政策加快推进规划选址工作的意见》。2017年，安徽省住房城乡建设厅核发50个重大项目选址意见书，投资额近640亿元，包括安徽省淠史杭灌区续建配套与节水改造项目（2016～2018年）、新建铁路南昌至景德镇至黄山铁路安徽段、安徽楚文化博物馆、芜湖宣城民用机场、安徽省应急救援综合训练基地等重大项目工程。

【"多规合一"】 "安徽省空间规划"列为省部合作内容，编制完成《安徽省空间规划》（报审稿），已报省政府。会同安徽省发改委、省国土资源厅、省环保厅制定安徽省地方标准《市县空间规划编制标准》，推动全省各市、县空间规划编制，指导市、县划定城镇空间、农业空间、生态空间，以及城市开发边界、生态保护红线和基本农田控制线。2017年全省市、县全部编制完成空间规划。

【城市总体规划编制改革与监督实施】 合肥市、马鞍山市总体规划经国务院批准实施；淮北市、淮南市城市总体规划修编请示由省政府上报国务院；铜陵、宣城市城市总体规划获省政府批复。落实住房城乡建设部创新城市总体规划编制审批工作要求，以宣城为试点，在全国较早开展了城市总体规划改革。制定《城市总体规划编制审批监督管理办法》《安徽省城市总体规划编制技术导则》《安徽省城市近期建设规划编制技术导则》《安徽省城市总体规划实施评估技术导则》等总规改革一办法三导则。在全国率先出台《安徽省领导干部城乡规划实施管控责任离任审计办法（试行）》，加强对履行城乡规划实施管控责任监督。

【历史文化名城（村、镇）保护及监督管理】 推进历史文化名城（名镇、名村、街区）保护规划编制报批，启动历史文化街区、历史建筑划定。指导黄山市启动并推进徽派建筑保护数据库建设。黄山市休宁县万安镇等18个历史文化名镇名村保护规划获省政府批复实施。黄山被列为国家第一批历史建筑保护利用试点城市，黟县被列为省级历史建筑挂牌保护试点。全面完成设市城市及国家历史文化名城的历史文化街区、历史建筑普查，推进历史文化街区划定、历史建筑确定工作。

【城市设计】 合肥、马鞍山、宣城、蚌埠、界首被列为城市设计全国试点城市，淮北、黄山市被列为城市"双修"全国试点城市，黄山市获批为全国历史建筑保护利用试点城市。淮北市、怀远县等14个试点市（县）和蚌埠市小南山及周边改制项目城市设计等14个示范项目被确定为城市设计（双修）省级试点示范。与合肥市政府签订合作框架协议，共同推进合肥城市设计全国试点与"双修"工作。

【生态网络规划】 推动全省设区市开展生态网络规划编制工作，出台《安徽省城市生态网络规划导则》，确定淮北市为生态网络规划试点城市，亳州市为永久性城市绿带划定省级试点，通过推广试点经验，构建城市与生态相融的规划管控与引导机制。

（城市规划处　江莹）

城市建设

【概况】 2017年，安徽全省城市超过120平方公里的建成区达到海绵城市要求，约占城市建成区面积的5%。开工建设城市地下综合管廊103.59公里。全省城市排水防涝设施建设完成投资238.32亿元，占年度计划投资的111.68%；完成新建、改造排水管渠2041公里，占年度任务的102.05%；完成136个城市易涝点整治。建成城市绿道813公里，完成率101.6%；新增、改造提升绿地面积8244万平方米，完成率103%。累计消除城市黑臭水体138个。

【城市综合管廊】 完成城市综合管廊"十三五"建设规划编制，建立项目储备库，编印《城市综合管廊案例汇编》。完成《安徽省综合管廊信息模型应用技术规程》的编制，开展《智慧管廊应用示范及技术课题》研究。

【海绵城市】 印发《关于落实规划建设管控制度进一步加快海绵城市建设的通知》，将海绵城市建设要求纳入城市总体规划、控制性详细规划、修建性详细规划以及相关专项规划。池州市作为全国首批海绵城市建设示范城市，确定18.5平方公里的试点面积，示范区覆盖城市主要建成区（老城区10.68平方公里）和典型新城区（天堂湖新区7.82平方公里），以117个具体项目搭建海绵城市建设项目支撑平台，已有17平方公里示范区面积达到海绵城市要求，已完工项目数量、建成面积比率、完成投资比率等指标均位居全国前列，年度绩效考评名列全国第四，试点示范成效明显。按照海绵城市建设标准，合肥、滁州、黄山、铜陵和宣城等市同步建成一批市政基础设施项目。

【水体治理】 全省累计开工建设黑臭水体治理项目163个，已基本完成截污、清淤、检测评估等项目138个。制定《城市黑臭水体整治工作复核办法（试行）》，组建专家库，明确"初见成效"和"长制久清"效果的评估标准，对2016年以来各市黑臭水体完成项目逐一进行复核确认，其中，合肥、马鞍山、宣城、铜陵等市已通过复核验收。拟订《安徽省城市黑臭水体实施方案》。全省70%的黑臭水体治理项目通过PPP方式实施，19个项目已基本完工。

【排水防涝】 新增排水泵站能力527立方米/秒，建成雨水行泄通道294.58千米和雨水调蓄工程855.78万立方米。印发《2017年城市内涝预警发布工作方案》和《关于加强2017年城市排水防涝汛前检查切实做好城市安全度汛工作的通知》，汛期及时向全省住房城乡建设系统发布强降雨预警信息28次。全省城市排水防涝三年行动第一度任务顺利完成。

【两治三改】 印发《城乡违法建设违法用地认定处置指导意见》《关于在"两治三改"中加强历史文化资源保护工作的通知》《关于建立治理违法建设有奖投诉举报机制的通知》和《安徽省治理违法建设信息公开实施方案》等配套政策措施。完成各市、省直管县"两治三改"三年专项行动实施方案审核，对各市上报的调查摸底基础数据进行审核，建立工作台账，明确三年行动任务总量及年度计划。

【供水节水】 2017年，安徽全省一半的县城建成备用水源，18个县城的备用水源正在建设，13个县城的备用水源项目已开展前期。完成对黄山、池州市以及祁门、石台县城镇供水规范化暨二次供水管理情况的考核及合肥、池州、黄山等国家节水型城市复查。命名宿州、宣城、蚌埠等市为省级节水型城市，108个企业（单位）、小区为省级节水型企业（单位）、小区。完成城市公共供水管网漏损管控目标任务的考核。

【污水处理设施】 建成合肥市14座污水处理厂、11座污水处理厂污泥处置工程，新增污水处理能力30.25万吨/日，新建污水管网1300公里。全省共有137座污水处理厂投入运行，日处理污水能力626.74万吨，累计处理生活污水21.46亿吨，与2016年相比，污水处理规模增加7.9%，污水处理量增加6%。

【园林绿化】 建成园林绿化精品示范工程项目217个。六安市荣获"中国人居环境奖"，合肥大蜀山南湖公园、铜陵黑砂河水环境治理、蚌埠龙子湖东公园等5个项目荣获"中国人居环境范例奖"。巢湖市、肥西县、肥东县、金寨县、广德县、濉溪县、五河县进入国家园林城市、园林县城行列，明光市、桐城市为"安徽省园林城市"，长丰、萧县、砀山、怀远、寿县、凤阳、郎溪、枞阳、当涂、含山、和县、青阳县等12个县城为"安徽省园林县城"，肥西县三河镇、金寨县双河镇为"安徽省园林城镇"。龙川、齐山-平天湖风景名胜区成功入选国家级重点风景名胜区名录，全省国家级风景名胜区达到12个。组织开展19个省级风景名胜区执法监督检查工作。召开全省风景名胜区规划建设管理工作座谈会，指导督促采石、花山谜窟—渐江风景名胜区完成了住房城乡建设部执法检查整改工作。

【城市基础设施】 成功举办安徽省城市基础设施项目对接会。全省已实施城市基础设施PPP项目146个，总投资1471.2亿元。合肥市建成并陆续运营地铁1号线和2号线，在建3、4、5号线；芜湖市开工建设地铁1、2号线。

【市政公用行业运营安全】 出台《城镇燃气场站经营企业安全生产标准化评分标准》《加气站安全运行与管理检查规程》《城市桥梁养护技术标准》《城市道路养护技术标准》《城市照明养护技术标准》等5个省级地方标准，印发《安徽省城镇燃气安全检查标准（试行）》，修订安徽省供气、供热、道路桥梁事故应急预案。举办CNG槽车天然气泄漏事故应急处置演练。完成全省227座汽车加气站全面检查并印发通报。开展供水、燃气等市政公用行业安全隐患排查，组织合肥燃气集团、供水集团参加全省"江淮利剑2017"演练。会同省气象局印发2017年城市内涝预警发布工作方案。

【城管执法体制改革】 成立安徽省住房城乡建设厅城市管理监督机构，加强督察督办，严格季度调度，全面推进城管执法体制改革工作。截至年底，16个市、61个县全面完成改革实施方案、机构综合设置、行政处罚权集中行使、执法人员统一着装以及数字化城管平台建设等"五项改革任务"，改革总体进展处于全国领先水平，入选2017年全省政府法制十大事件。亳州、宿州、淮南、滁州、芜湖、黄山市和广德县等6市1县积极开展改革试点，为推动全省改革工作探索了经验。分3期对全省800名城管执法科级干部开展省级培训。芜湖市、宿州市城管局在"强基础、转作风、树形象"专项行动中表现突出，获得住房城乡建设部通报表扬。通过城管执法体制改革,全省城市综合管理和综合执法有序推进,队伍建设得到加强,执法能力全面提升,各地城市管理部门在文明城市创建、抗雪救灾、城市应急等方面充分发挥了主力军作用。

【垃圾治理】 加快生活垃圾焚烧处理设施建设,会同安徽省发改委、省国土厅、省环保厅印发《关于进一步加强城镇生活垃圾焚烧处理工作的实施意见》,配合省发改委编制出台《安徽省城镇生活垃圾无害化处理"十三五"规划》。2017年,新建成运行生活垃圾焚烧厂6座,新增垃圾处理能力3760吨/日。积极推进生活垃圾分类,提请省政府办公厅印发《关于进一步加强生活垃圾分类工作的通知》,在全国率先出台省级《城市生活垃圾分类导则》,合肥、铜陵市被列为全国强制分类试点城市,选择淮北、滁州、宣城、池州市开展省级试点。合肥、淮北、铜陵市已有102个小区、7.1万户居民参与垃圾分类工作。推进餐厨垃圾单独处置,合肥、铜陵、淮北、芜湖等市餐厨垃圾处理厂已建成运行,处理餐厨能力达600吨/日。持续开展建筑垃圾资源化利用试点,推广淮南市建筑垃圾处置和再生利用试点工作经验,指导各地按照"就地处理、就近回用、最大限度降低运输成本"原则,加快推进建筑垃圾资源化利用工作。

【市容环境综合整治】 开展城镇建设管理提升行动,部署各地实施市容市貌整治、城镇沿街经营秩序整治、交通秩序整治、城市垃圾治理以及增绿提质等专项行动。开展京沪高铁沿线环境综合整治,按照属地管理原则,实施路地"双段长制",包保责任到人,编印《京沪高铁沿线安徽段环境综合整治标准》,顺利完成隐患排查、查处违法违规问题、整治高铁沿线环境污染三大战役任务。多方控制道路扬尘,采取市场化运作模式,推行"吸扫、湿扫"作业,城市道路清扫保洁机械化率超过80%,洒水抑尘力度持续加大。严格渣土运输管理,全省16个市注册渣土运输公司478家。指导开展道路扬尘防控和餐饮油烟露天烧烤污染行政处罚工作,阶段性全面取缔露天烧烤。(城市建设处 陶冠军 城市管理监督处 齐悦)

村镇规划建设

【概况】 2017年度,安徽全省完成15.1万户农村危房改造,其中建档立卡贫困户11万户。大力推进农村环境"三大革命",完成农村改厕48.3万户,完成农村陈年垃圾集中清理,整治农村非正规垃圾堆放点149个,建成乡镇污水处理设施221座。完成64个县(市)县域乡村建设规划、534个乡镇政府驻地建成区整治和670个省级中心村规划编制。10个镇被住房城乡建设部列为第二批全国特色小镇,10个村被住房城乡建设部等部门列为2017年改善农村环境示范村。

【村镇规划】 扎实开展美丽乡村规划建设,印发《安徽省美丽乡村建设"十三五"规划》,对"十三五"期间全省美丽乡村建设做出总体安排。加强县域乡村建设规划编制技术指导,64个县(市、区)完成规划编制,基本实现规划编制全覆盖,分区分类制定村庄整治指引。加强美丽乡村规划编制指导,指导534个乡镇政府驻地建成区整治和670个省级中心村完成规划编制。积极申报改善农村人居环境示范村,黄山市歙县熊村镇卖花渔村等10个村被住房城乡建设部等部门列2017年改善农村环境示范村。

【小城镇建设】 组织全国特色小镇申报,安庆市怀宁县石牌镇等10个镇被住房城乡建设部列为第二批全国特色小镇。印发《安徽省小城镇风貌设计导则》,强化对小城镇自然景观和古建筑、古街巷、特色民居等人文景观的保护工作,实施风貌设计和管控。加强规划建设技术指导,按照多规融合的要求,合理布局小城镇居住、就业、基本公共服务设施。积极和省农发行、国开行安徽省行、省建行等金融部门对接,鼓励各地利用财政资金撬动社会资金,支持各地运用PPP模式开展小城镇建设。

【农村住房建设管理】 印发《关于进一步加强农村危房改造工作的指导意见》等,帮助建档立卡贫困户、低保户、农村分散供养特困人员和贫困残疾人家庭等重点对象解决最基本安全住房。印发《关于做好农村危房抗震改造工作的通知》,开展农房安全隐患排查,住房隐患消除结合农村危房改造项目一并实施,提高危房改造安全抗震水平。印发《关于进一步加强农村危房改造管理的通知》,强化资金监管,加大对套取、冒领、挪用农村危房改造补助资金等违规违法行为查处力度。印发《农村危房改造信息公开实施方案》,重点加强政策信息、补助对象认定过程、补助资金分配、改造结果公开,切实保障群众的知情权、参与权和监督权。

【农村污水治理】 2017年,安徽省委办公厅、省政府办公厅印发《一体化推进农村垃圾污水厕所专项整治加快改善农村人居环境实施方案》,大力推进农村环境"三大革命"。开展农村改厕,印发《安徽省农村改厕工程实施办法》《关于进一步加强农村改厕管理工作的通知》《安徽省农村改厕技术导则》等,对全省农村改厕提出更加完整和细化的技术要求。加快推进乡镇污水处理设施建设，全省启动乡镇政府驻地污水处理设施建设627个，建成221个，同步配套建成管网2600余公里。分类实施村庄生活污水治理，在市政污水管网能够覆盖的村庄，优先接入市政污水管网处理农村污水；在人口较多的中心村，规划建设微动力、无动力小型污水处理设施。进一步完善建设运营机制，16个县（市、区）按照"统一规划、统一建设、统一运行、统一管理"的方法，对乡镇污水处理项目进行整体打包，采取PPP模式，由专业化企业负责统一设计、建设、安装和运营。

【农村垃圾治理】 组织农村陈年垃圾集中清理行动，累计清理生活垃圾、废弃秸秆、建筑垃圾等215.6万吨。完成年度149个非正规垃圾堆放点整治工作，每个堆放点都做到了有排查记录、有整治方案、有转运联单、有验收登记，确保整治规范有序。大力完善农村垃圾收运处理设施，全年新增垃圾收集车0.8万辆、垃圾房1.3万座、垃圾池3.2万个、垃圾桶325万个，基本满足了当前农村生活垃圾收集转运要求。全省新建生活垃圾焚烧厂12座，新增垃圾处理能力7960吨/日。指导各地推广农村生活垃圾治理市场化运营模式，通过政府与企业合作的PPP模式及政府购买服务等方式，全省已有30个县（市、区）采取PPP模式、27个县（市、区）正在开展PPP模式前期准备。（村镇规划与建设处　吴胜亮）

标准定额

【建筑设计管理】 2017年，贯彻中央城市工作会议精神和省委省政府《关于进一步加强城市规划建设管理工作的实施意见》，印发《关于提高建筑设计水平的意见》，召开全省勘察设计管理工作座谈会，研究部署具体措施。深入地市主管部门和企业调研，推动行业创新发展。组织开展安徽省优秀工程勘察设计行业奖评选工作，引导、鼓励工程勘察设计单位和勘察设计人员创作精品。选择优秀项目参加全国评选，17家企业28个项目分获国家一等奖1项、二等奖9项、三等奖18项，获奖数量接近前两届之和，其中，公共建筑实现历史性突破，首次获得二等奖。

【勘察设计企业信用评定】 2017年，在全省全面实施勘察设计企业建筑市场信用评定工作，并按季通报全省信用评定工作进展情况，持续督促各地推进行业信用建设，全省主营勘察设计的企业已全部完成基本信用评定，信用评定覆盖面和信用评定质量不断提高，行业信用体系建设取得了阶段性成果。

【建筑信息模型（BIM）技术应用】 2017年，正式实施安徽省工程建设地方标准《民用建筑设计信息模型交付标准》。组织编制《安徽省勘察设计企业BIM建设指南》，指导全省勘察设计企业建立BIM团队、培养技术人才、应用BIM技术。组织编制了《安徽省BIM技术应用指南》，指导和规范全省工程建设项目设计、施工、运营全生命周期BIM技术应用。组织开展15期BIM技术专业人才培训，初步形成了一批BIM技术专业人才队伍。开展BIM技术应用项目观摩交流活动，交流展示BIM技术应用成果，总结经验、示范带动。开展首届安徽省BIM技术应用大赛，激励广大勘察设计单位和勘察设计人员学习应用BIM技术，推动全省BIM技术应用。

【工程建设标准制度建设】 印发规范性文件《安徽省工程建设标准化管理办法》，规范和加强全省工程建设标准化工作。印发《关于进一步规范安徽省工程建设标准设计管理工作有关问题的通知》，健全工程建设标准设计的编制、管理和实施监督机制。

【工程建设标准编制管理】 印发2017年度工程建设标准和标准设计立项计划，共对35项标准7项标准设计予以立项。公告发布13项工程建设地方标准。修订发布了强制性地方标准《公共建筑节能设计标准》，推动公共建筑节能65%标准应用，发布《电动汽车充电站及充电桩技术规范》，推动全省电动汽车基础设施持续健康发展；发布《综合管廊信息模型应用技术规程》，推进综合管廊建设；发布《装配式住宅装修技术规程》、《装配式混凝土结构检测技术规程》，推动装配式建筑发展。

【工程建设标准实施监督】 印发《关于加强工程建设强制性标准实施监督的通知》，对《住宅区物业服务标准》及《村庄规划编制标准》执行情况进行检查。加强工程建设标准宣贯培训，举办安徽省工程建设标准政策理论培训班，在全国尚属首次。开展标准复审工作，对全省现行262项工程建设标准地方标准和未完成的立项计划进行全面梳理和复审，其中：地方标准8项废止，23项修订，5项转为团体标准；标准计划21项撤销，11项转为团体标准。

【工程建设标准信息化建设】 对"安徽省工程建设标准化信息管理系统"进行优化，完善编制管理模块功能，开发完成实施监督模块，并选择部分企业试运行，形成系统验收报告。组织开展全省住房城乡建设主管部门系统应用培训，推广运用"标准通APP"，提升工程建设标准信息化水平。

【安徽省计价依据修编】 完成六千多种定额材料的价格采集、整理工作，修编完成并发布包括"安徽省建设工程消耗量定额"（建筑、装饰装修、安装、市政、园林绿化、仿古建筑工程六个专业）、《安徽省建设工程工程量清单计价规范》在内的新版建设工程计价依据，规范建设工程造价计价行为，合理确定工程造价。（标准定额处　黄峰）

工程质量安全监管

【概况】 2017年，按照"管行业必须管安全、管业务必须管安全、管生产经营必须管安全"的要求，严格落实全省各级住房城乡建设部门属地监管责任，坚持一手抓责任主体履责，一手抓部门监管尽责，狠抓各项工作措施落实，2017年全省工程质量安全平稳可控。省住建厅获得2017年全省"安全生产月"和"安全生产江淮行"活动优秀组织单位；工程质量安全监管处获得2017年全省"安全生产月"和"安全生产江淮行"活动先进单位。

【制度建设】 出台《全省住房城乡建设系统平安建设工作方案》、《关于加强全省建筑工程质量安全工作的若干意见》、《关于加强我省城市轨道交通工程安全质量管理的意见》等工程质量安全监管规范性文件。下发《关于进一步加强建筑施工安全管理预防生产安全事故发生的通知》，从预防事故方面提出了"九条措施"，从严格事故处理方面提出了"十个一律"。

【专项行动】 开展全省工程质量安全提升行动大检查，"百日除患铸安"专项整治行动，合肥、芜湖城市轨道质量安全督查，十九大期间的暗访检查等督查活动；开展节后复工暨"两会"期间建筑安全督查、高温天气及汛期建筑安全生产督查；开展预防建筑起重机械和高处坠落事故专项整治行动；开展安徽省电线电缆专项整治督查。

【质量管控】 实施检测机构和图审机构资质智慧审批。"两书一牌"制度落实情况多次被住房城乡建设部通报表扬。开展施工图审查工作，制定《关于开展施工图审查机构2017年度审查质量调审和信用评价工作的通知》。评选公布2015－2016年度186项"黄山杯"奖获奖项目；组织开展2017－2018年度第一批"黄山杯"评选。加强工程质量检测机构管理，严厉打击出具虚假报告和"瘦身"钢筋等行为。研究开发"安徽省工程质量检测管理信息系统"，实现由系统出具检测报告，杜绝伪造检测数据。组织开展对全省建设工程质量监督机构和监督人员履职情况进行量化考核。

【安全生产风险管控】 构建"六项机制"强化安全生产风险管控，编制《建筑施工安全风险点查找指导手册》，制定印发《建筑施工领域构建"六项机制"强化安全生产风险管控工作实施方案》。

【督促检查】 加大对深基坑、脚手架、起重设备等各类重大危险源管控力度，及时发现和消除安全生产事故隐患。按照"四不两直"和"双随机一公开"的要求，加大建筑施工安全生产监督执法检查频次，认真消除工程质量安全隐患。2017年，全省住建系统开展监督执法检查30000余次，抽查了7000多项工程项目，下发监督执法检查整改单15000余份；暂扣安全生产许可证37家，暂停安全生产执业资格17人，建议外省建设主管部门对事故责任单位进行行政处罚21件。

【夯实监管队伍基础】 制定《关于进一步加强建筑施工企业安管人员和特种作业人员考核管理工作的通知》，选择6个特级国有企业作为安管人员和特种作业人员计算机考试考核试点。开展全省建筑安全监督人员安全教育培训，对全省各市、县（区、开发区、工业园区）300多名建筑安全监督机构从事施工现场安全监督管理的人员进行教育培训。

【抗震防灾】 安徽金寨3.1级地震房屋排查及应对工作，得到省长李国英充分肯定，省长李国英批示"金寨3.1级地震发生后，省住建厅及时关注，对震区房屋及城镇燃气、供水等公用设施安全隐患进行全面排查，工作扎实有效。"

【建筑施工扬尘防治】 重点解决拆除工程、市政工程等扬尘防治薄弱环节问题，加大县区扬尘防治现场督查力度，持续开展混凝土搅拌站环境综合治理，配合省环保厅开展蓝天行动督查、冬季大气污染防治督导检查，组织建筑施工扬尘与餐饮油烟专项督查与暗访巡查，召开全省住建系统建筑施工扬尘污染防治工作会议，落实省政府"打赢蓝天保卫战"工作部署。强化中央环保督察反馈问题整改推进，推动涉尘问题项目全部整改。加强对重污染天气防控，修订《安徽省住建系统重污染天气建筑扬尘防治应急方案》。（工程质量安全监管处　施赤文）

建筑市场

【概况】 2017年，安徽省进一步深化工程建设管理改革，完善工程建设组织模式，加快建筑业转型升级，加强建筑市场监管，优化建筑业发展环境，实施"走出去"战略,全省建筑业持续健康发展。

【经济指标稳步增长】 2017年,全省完成建筑业总产值7677亿元,同比增长14.02%,增速比上年同期提高9.2个百分点。全年建筑业增加值1993.38亿元,同比增长13%,占全省同期GDP的7.2%。上缴税收267.47亿元,占全省税收7.12%。

【高等级资质企业数量持续增加】 2017年,全省成功晋升特级资质的建筑业企业共有9家、12项,晋升一级建筑施工总承包企业73家、76项。截至年底,全省具有一级及以上资质的建筑施工总承包企业共390家,其中具有特级资质的企业共24家、30项,位居全国第6位。

【"走出去"成效凸显】 截至年底,安徽省在境外承揽业务的建筑业企业共54家。对外承包工程完成营业额34.54亿美元,居全国第12位,在东部地区位列第6,在中部地区位列第3。

【深化工程建设管理改革】 安徽省住房城乡建设厅牵头起草并提请省政府办公厅印发《安徽省人民政府办公厅关于推进工程建设管理改革促进建筑业持续健康发展的实施意见》,着力推进建筑业行政许可、工程建设组织模式、工程建造方式、建筑劳务用工制度等改革,打造"安徽建造"品牌,为建设现代化五大发展美好安徽提供有力支撑。

【加大建筑市场监管力度】 开展全省建筑工程施工转包违法分包行为专项检查活动,全省共检查项目8231个;检查建设单位5243家;检查施工企业5893家。对申报特级、一级资质的建筑业企业,组织开展业绩核查工作。完成64家企业,551项工程业绩的核查。引入保函保险机制,开展工程建设领域保证金统计工作。

【维护建筑农民工合法权益】 积极推进施工企业农民工实名制管理,全面实行农民工工资(劳务费)专用账户管理制度。截至2017年底,建设地市建筑劳务实名制监管系统,共有46万建筑工人进行实名制登记。维护农民工合法权益,通过实行农民工实名制管理、清理农民工工资支付及拖欠、开展信用惩戒等,进一步遏制建筑市政工程建设领域拖欠农民工工资问题。(建筑市场监管处 葛祖鹏)

建筑节能与科技

【概况】 安徽省地处暖温带过渡地区,全省为夏热冬冷地区,城镇既有建筑面积13.99亿平方米。2017年,全省城镇新增建筑面积达6521.03万平方米,其中,新增居住建筑4835.08万平方米,新增公共建筑1685.95万平方米。截至年底,安徽省建筑总能耗约3720.62万吨标准煤,约占社会总能耗的24.9%。全省新建建筑节能标准设计执行率达到100%,施工执行率达到100%。共形成节能能力251.55万吨标准煤,其中居住建筑形成节能能力81.42万吨标准煤;公共建筑形成节能能力70.85万吨标准煤;可再生能源建筑应用累计形成节能能力99.28万吨标准煤。

【建筑科研与开发】 积极推动建设领域科技创新,省住房城乡建设厅组织评定"城市生活垃圾协同污水污泥共焚烧技术研究""合肥市大蜀山森林公园南湖水生态修复技术治理试点研究""SBR-生态滤床组合工艺处理农村生活污水应用研究"等32个科学技术计划项目。"安徽省城乡规划许可信息管理系统""老黏土地基及地下工程应用""基于智慧工地安全管理的在线位移监测技术研究"等14个项目列入2017年住房城乡建设部科学技术计划项目,并择优推荐5个项目申报2017年科学技术奖,其中"老黏土地区预应力混凝土管桩基础工程关键技术及应用项目"获二等奖,"地聚物轻质泡沫混凝土关键技术研发与应用"获三等奖。

【建筑节能】 大力发展绿色建筑,扩大实施范围,严格督促各地大型公共建筑、保障性安居工程以及政府投资的公共建筑强制执行绿色建筑标准。会同省发改委、省管局、省财政厅联合印发《关于加快推进绿色建筑发展的通知》,明确自2018年起,全省城镇新建民用建筑全面按绿色建筑标准设计建造。推广评价标识,评定52个绿色建筑星级评价标识。组织开展2012—2015年度省级绿色建筑示范资金项目验收工作。启动《绿色建筑施工质量验收规程》编制工作。印发《关于做好2017年度省级绿色生态城市综合试点建设的通知》。出台《安徽省绿色生态城市建设指标体系》。推进试点示范,继续安排8000万元专项资金开展省级绿色建筑、绿色生态城区和绿色生态示范城市创建,年度新增绿色建筑项目示范20个和绿色生态城区示范2个。会同省财政厅组织评定11个省级综合试点城市。

【可再生能源建筑应用】 落实《安徽省推进浅层地热能在建筑中规模化应用实施方案》,支持合肥市滨湖新区浅层地热能分布式能源站建设试点,组织开展《安徽省地源热泵系统运行管理技术规程》、《安徽省地源热泵系统运行模式及管理方法》等四项重点课题研究。加快全省7市10县4镇国家可再生能源建筑应用示范地区验收评估进程。

【既有建筑节能改造】 结合两治三改等专项行动,在提升基础设施承载能力、公共服务配套能力以及宜居环境水平的基础上，针对夏热冬冷地区气候特点，因地制宜、统筹推进既有居住建筑节能改造。结合屋面平改坡，实施以铺设保温隔热材料为主的屋面节能改造；结合建筑立面整治，实施以粉刷建筑反射隔热涂料为主的外墙保温改造；同时，结合建筑用能系统更新，实施以可再生能源应用、节能照明为主的建筑用能系统节能改造。

【公共建筑节能监管】 联合省财政厅等六部门印发《关于加快推进国家机关办公建筑和大型公共建筑能耗监测工作的通知》。省公共建筑能耗监管平台建成并试运行，已陆续接入运行了国家机关办公、高校、医院、企业等各类建筑并发挥节能效益，同时，积极推行"数据租赁"模式，破解运维难题，不断扩充接入建筑、完善平台功能、丰富建筑类型。以国家机关办公建筑和大型公共建筑为重点，会同省管局、省财政厅等相关部门研究开展能耗监测工作。会同省教育厅对安徽大学、安徽工业大学和安徽工程大学的节约型校园示范建设开展了省级验收。

【装配式建筑】 制定印发《关于落实装配式建筑实施方案和年度实施计划的通知》，督促各地制定年度目标任务并建立项目库，全省确定年度实施计划727万平方米，并实行季度通报制度，纳入省政府对各市政府规划建设管理考核体系和节能目标考核内容。开展装配式建筑专题调研，制定了《装配式混凝土结构适宜技术指南》、《钢结构建筑适宜技术指南》，针对项目监管、设计、生产、运输、施工、使用维护等各环节存在问题和发展对策，完成装配式建筑检测标准等标准图集编制。组建全省装配式建筑产业联盟，整合58家省内龙头企事业单位设计、生产、施工、科研能力。

【绿色建材】 认真落实工业和信息化部、住房城乡建设部《促进绿色建材生产和应用行动方案》《绿色建材评价管理办法》《绿色建材评价管理办法实施细则》要求，会同省经信委印发《关于开展绿色建材评价标识工作的通知》，研究了绿色建材推广和应用协调机制、绿色建材评价管理制度，并完成省级专家委员会和标识评价机构筹建等前期工作。

（建筑节能与科技处　程武剑）

人事教育

【概况】 2017年，安徽省住房城乡建设厅党组加强组织保证和人才支持，推进了各项重点工作任务完成。

【重大事项组织协调】 统筹部署推进安徽省委综合考核党建和发展两个部分考核，圆满完成年度综合考核。根据安徽省委统一部署要求，组织开展推进"两学一做"学习教育常态化制度化、"讲重作"专题教育和专题警示教育。组织厅机关和全省住建系统党员干部开展"践行新发展理念 住建工作怎么干"大讨论，增强了全省住建系统党员干部践行新发展理念的思想自觉、政治自觉和行动自觉，激发了积极向上的正能量。

【干部人事】 加强干部人事工作统筹规划，加强厅机关干部队伍结构分析，引入谈话调研完善干部民主推荐方式，加大年轻干部培养选拔力度，制定厅管领导班子和领导干部"三案"精准管理实施办法。全年完成7名正处级领导干部、4名正处级非领导干部、13名副处级领导干部选拔任用，3名科级干部晋升、4名处级干部和1名科级干部交流轮岗等具体工作，有序高效完成了公开遴选8名公务员（工作人员）、招录1名公务员的各项具体工作。积极沟通衔接，增设厅机关内设处室1个，增加行政编制6名、处级领导和非领导职数5名。围绕打好脱贫攻坚战，根据安徽省委组织部要求，从厅机关与厅直单位选派3名干部成立扶贫工作队，选派了1名正处级领导干部挂任六安市裕安区委常委、副区长，从相关市住建系统选派了3名专业技术人员赴西藏山南地区对口部门挂职。完成75名处级干部报告年度个人有关事项填报工作，完成随机抽查核实9名干部、重点抽查核实20名干部个人有关事项报告情况，并对有关干部报告不实情况进行了认真调查，会同驻厅纪检组研究提出处理意见提请厅党组审定，严明组织纪律，起到了警示教育作用。

【干部教育培训】 2017年，共选调4名厅级干部、9名处级干部、2名科级干部参加省委党校、省行政学院主体班次学习。举办面向县区住房城乡建设部门负责同志城镇化专题培训班，共有110人参加培训。组织实施全省住房城乡建设系统干部赴港城市规划建设培训班，共有36人参加。按照政策规定组织完成了343名破格申报专业技术人员面试、1710名专业技术人员评审工作。组织开展1390名社会化专业技术人员职称评审工作。完成专业技术人员和执业人员继续教育2.15万人次、建筑施工现场专业管理人员培训考核8万人次、建筑工人职业技能培训6.1万人次。适应加快装配式建筑发展需要，促进技工大省建设，印发了《关于加强装配式建筑技工队伍建设大力促进装配式建筑持续健康发展的意见》。（人事教育处　张凡）

大事记

1月10日，厅长侯淅珉主持召开省城乡建设绿色发展联席会议2017年第一次全体会议，省政府副省长张曙光出席会议并讲话，省城乡建设绿色发展联席会议成员单位负责同志参加会议。

1月21日，全省住房城乡建设工作会议在合肥召开，厅党组书记、厅长侯淅珉全面总结2016年全省住房城乡建设工作，对2017年工作作出安排。

同日，住房城乡建设工作座谈会在合肥召开，副省长张曙光出席会议并讲话，厅长侯淅珉主持会议，省政府副秘书长赵振华及厅领导和部分省辖市分管市长参会议，全省住房城乡建设工作会议代表列席会议。

2月15日，印发《安徽省农村垃圾治理工作方案》、《安徽省农村生活污水治理实施方案》。

3月3日，全国人大代表，省住房城乡建设厅厅长侯淅珉赴京参加全国"两会"。

4月7日，省住房城乡建设厅召开干部大会。省政府副省长张曙光出席会议并作重要讲话，省委组织部副部长刘志宏宣布省委决定：张天培同志任省住房城乡建设厅党组书记，提名为省住房城乡建设厅厅长人选。

5月10日，住房城乡建设部副部长易军率领国务院消防工作第三考核组来皖考核，厅党组书记张天培、副厅长曹剑陪同。

5月27日，安徽省第十二届人民代表大会常务委员会第三十八次会议表决通过人事任免案，决定任命张天培为安徽省住房和城乡建设厅厅长。

6月23日，厅党组召开《从中国梦到中国方案——庆祝中国共产党成立96周年》专题讲座，邀请省委党校汪兴福教授主讲，厅领导及厅机关全体党员干部、厅直单位负责同志参加。

6月26日，厅党组召开"践行新发展理念 住建工作怎么干"大讨论动员电视电话会，厅领导及厅机关全体党员干部、厅直单位领导班子成员参加会议。并在合肥召开8场次专题报告会。

7月7日，厅党组组织"讲政治、重规矩、作表率"专题警示教育动员会暨党课报告会。厅领导及厅机关干部参加。

7月8日，厅长张天培赴六安市裕安区独山镇太安村调研，推进脱贫攻坚工作。总工程师宋直刚陪同。

7月29日，厅长张天培在黄山市进行新安江河长制落实情况调研。吴桂和副厅长陪同调研。

8月1～10日，开展全省保障性安居工程二季度督查。

8月14日，厅长张天培、纪检组长张勇参加全省住建人防系统纪检监察干部培训班开班式。

8月15日，厅重点工作推进调度总图启用。

8月25日，副厅长吴桂和参加省政协十一届二十三次常委会并代表2013－2017年度省政协优秀提案、先进承办单位领奖。我厅荣获先进承办单位称号。

8月28日，厅党组"讲重作"专题警示教育专题民主生活会。

9月4日，组织开展美丽乡村建设验收。

9月5日，开展2017年度"蓝天行动"专项督查。

10月16日，厅党组召开脱贫攻坚工作专题会。

10月18日，集中收看十九大开幕式转播。

10月20日，厅党组召开研究贯彻落实中央环保督查专题会议。

11月6日，召开学习贯彻党的十九大精神，研究谋划住建工作新发展专题会议。

11月23日，副省长张曙光到安徽省住建厅开展十九大精神宣讲会。

12月19日，召开全省四季度城市建设重点工作现场调度会。（办公室 葛蒙生）

（安徽省住房和城乡建设厅）

福 建 省

概况

2017年，福建省住房和城乡建设厅（以下简称福建省住建厅）全面完成年初确定的各项目标任务。宜居环境建设完成投资2890亿元，占全省基础设施投资近三分之一。建筑业和房地产业增加值占全省

GDP比重8.4%。厦门鼓浪屿列入世界文化遗产名录，周宁县九龙漈列为国家级风景名胜区，"青年建筑师驻村行动"等9个项目获中国人居环境范例奖，仙游、德化、武平获国家园林县城称号。福建省施工企业承建的福建海峡银行办公大楼等8项工程获中国建设工程鲁班奖，泉州南益广场等35项工程获全国优秀工程勘察设计奖，福建省建筑科学研究院承担的《夏热冬暖气候区绿色建筑技术和产品研究应用》成果获省科技进步一等奖。全国勘察设计行业创新创优大会暨全国优秀建筑设计展示交流会在福州举办，进一步推动福建设计行业创新创优。住房城乡建设部先后在福州、厦门召开全国历史文化街区划定、历史建筑确定工作推进会、城市建成区违法建设治理现场会、城市生活垃圾分类工作现场会、老旧小区改造试点推进会，推广福建经验做法。

【规划管理】 2017年，福建省推进"一图一册一平台"建设，福州、漳州、福鼎等13个省级试点城市完成一张图编制；厦门市通过实施"多规合一"，发挥规划统筹引领作用，使规划生成项目可决策、可落地、可实施；三明等4个城市开展"城市双修"试点，部署开展城市开发边界划定，全省有16个城市基本完成划定工作；首批选择松溪、政和等10个县开展县城规划建设管理帮扶。深化"两违"综合治理，全年治理面积5177万平方米，清腾土地7.9万亩。持续推动历史文化保护利用，全省新增认定11处省级历史文化街区，234处省级传统村落，筹办首届传统村落保护发展国际大会。继续开展城乡历史建筑普查，全省公布历史建筑3650栋。

【基础设施建设】 2017年，福建省委、省政府出台《关于加快城乡民生基础设施建设的实施意见》，各地相继出台贯彻方案，突出中央环保督察反馈问题整改和治堵、治涝、治污等热点难点问题。全年新改扩建城市道路1800千米，新建、改建雨水管网1677千米，污水管网1792千米，供水管网1897千米，绿道1506千米，燃气管网1249千米，建成地下综合管廊33千米，新增城镇公共停车泊位6.4万个，城镇公厕2472座。12个易涝城市基本完成易涝点整治，沿海5个主要易涝城市管理信息接入省级排水防涝应急平台。福州、厦门城市建成区基本消除黑臭水体，漳州、莆田、三明、龙岩等4个城市提前一年完成整治。福清融元、漳州西区等6座污水处理厂，德化高内坑、南平政和等4座垃圾填埋场完成提标改造，平潭实验区、龙岩连城等7座垃圾焚烧厂或填埋场建成运行。

【房地产市场监管】 2017年，福建省政府及时出台《关于进一步加强房地产市场调控的八条措施》，各级各部门配合，市县政府调度，基本实现预期调控目标，福州、厦门新建商品住宅销售均价稳控在2016年10月份水平以下，并推出共有产权住房和租赁住房2万多套，周边市县建立调控联动机制，防控外溢效应，遏制投机性购房，市场保持总体平稳。全年完成一手房销售5854万平方米，房地产开发投资4794亿元。三四线城市房地产库存加快化解，去化周期比2017年初缩短2个月。新开工棚户区改造7.7万套，基本建成10.8万套，政府投资公租房分配率90%，提前超额完成国家下达任务。

【重点领域改革】 福建省政府出台促进建筑业持续健康发展、发展装配式建筑的意见，全年建筑业总产值9994亿元，增幅17.1%。新增特级施工总承包企业7家，总数达13家，并实现水利和公路专业特级企业零的突破。推进工程总承包试点，全过程咨询试点，落实工程总承包试点项目52个，公布全过程咨询试点企业22家，在建装配式建筑230万平方米，新开工绿色建筑项目1200多个，建筑面积5485万平方米，完成公共建筑节能改造146万平方米。新增施工企业省级技术中心12家，获省政府科技奖成果5项，推行BIM技术示范项目106项。重新梳理现行施工招投标制度，运用"制度+科技"手段，实施流程再造，统一评标办法、交易规则和监管办法。城市执法体制改革稳步实施，成立省级城市管理机构，全面梳理住建领域378项行政处罚权。有序集中行使住建领域行政处罚权。"放管服"改革继续深化，省住建厅85%行政许可和公共服务事项实现"一趟不用跑"或"最多跑一趟"，80%行政许可事项实现全流程无纸化网上办理。开通"福建省住建厅行政服务中心"和"福建省建设注册中心"微信公众号。

【农村人居环境整治】 年初，福建省召开全省生活污水垃圾治理工作视频会议，动员部署到村一级。10月召开全省改善农村人居环境泰宁现场会，再动员再部署，全系统深入贯彻落实，建立省市县三级资金补助机制，推动落实垃圾治理农民缴费制度，强化治理资金保障；研究出台一系列鼓励政策措施，推进以县市域为单位捆绑打包PPP项目，吸引大量社会资本参与设施建设运营；制定完善农村污水垃圾治理考核评比办法，基本实现省市县乡镇四级督查考评全覆盖。全省有78个市县推出以县市域为单位打包的PPP项目，投资238亿元。新建成166个乡镇生活污水处理设施，301个乡镇生活垃圾转运系统，新建改造村庄三格化粪池52.1万户，新增垃圾常态治理行政村4546个，超额完成年度目标任务。指导"美丽乡村"建设，编印负面案例，突出生活污水垃圾治理、裸房整治重点，全年新整治完成村庄1030个，树立10个"美丽乡村"带头人和典型示范村庄。加快农村危房改造，强化危房改造资金和成效的监督检查，全年开工2.5万户，竣工1.8万户，超额完成省委、省政府下达的1万户竣工任务。

【行业自身建设】 依法行政深入实施，福建省人大常委会先后颁布历史文化名城名镇名村和传统村落保护条例，城乡供水条例，违法建设处置规定等3部法规，厦门、南平、三明颁布生活垃圾分类管理办法，城乡建设档案管理办法，市容和环境卫生管理办法，建筑工程施工扬尘防治管理办法等4部法规规章。加强人才队伍建设，省委组织部将规划建设行业列入省精准引才三大重点领域之一，省住建厅组织实施各类培训38项11万人次，全行业新增执业资格人员6300多名，高级职称771名。强化行业监管，全面推行"双随机、一公开"监管机制，先后部署开展5轮次拉网式全覆盖安全生产大检查，省住建厅抽查在建工程95个，供水厂31座，燃气经营场所88处，累计发出工程全面停工通知单9份，供水企业整改通知书7份，责令停产整顿燃气经营企业6家，瓶装液化气供应站2处。严惩违规失信企业和个人，39家企业、104名责任人被列入省级质量安全黑名单，资质资格申报弄虚作假的9家企业、64名个人被撤销许可。全系统加大专项执法检查力度，发展整改文书4.4万份，曝光典型案例473件，立案查处2.9万件，处罚金额1.24亿元。全年办结人大建议56件，政协提案79件。全省有7家单位、44名个人被评为全国住建系统先进集体、先进工作者和劳动模范。

【发展存在问题】 2017年度福建省住建行业在发展中还存在一些薄弱点或不足之处。全省规划和建筑设计水平不高，市县规划技术力量薄弱，规划管理人才严重不足；城镇基础设施路网不够完善，污水收集不到位；大型桥梁隧道、地下雨污管网养护技术力量和维护经费严重不足；物业管理水平与群众要求存在较大差距；市容管理比较粗放；农村人居环境与周边省市还有较大差距，乡村生活污水设施建设滞后，农民建房监管服务不到位；房地产市场调控形势仍然严峻，租赁结构不合理，部分城市房价上涨压力较大，有些地方保障性安居工程建设管理还不够规范；工程建设方式粗放，组织化程度和工程品质不高，建筑业竞争力不强。

法规建设

【概况】 2017年，福建省住建厅编制的《福建省历史文化名城名镇名村和传统村落保护条例》《福建省城乡供水条例》《福建省违法建设处置若干规定》等法规规章由福建省人大先后审议通过并颁布实施，《福建省物业管理条例》（修订）通过一审审议；《福建省绿色建筑发展条例》《福建省房屋交易监督管理办法》《福建省城镇生活垃圾分类管理办法》送审稿报省政府，并配合省政府法制办进行修改论证。2017年，审查各类文件材料约500多份；办理住房城乡建设部、福建省人大、省政府及省直有关部门立法、规范性文件征求意见修改工作，办理书面反馈意见100多份；清理涉及"放管服"的规范性文件，及时废止过时规范性文件。受理复议案件89件。其中，维持64件，确认违法5件，下级主管部门自行撤销或者申请人自行撤回而终止复议15件，在办5件。全年作出处罚决定36份，罚没金额198.95万元；行政诉讼案件74件，其中裁判60件，全部胜诉。

【行业依法行政指导】 2017年，福建省住建厅出台《全省住房城乡建设行业2017年度法治建设工作要点》，结合行业特点对全省法制工作进行全面部署和落实；研究答复各级住建行政主管部门行政执法中疑难问题请示。同时，由政策法规处编印《建设法规政策汇编（2016年）》，作为普法工具书，向厅机关和全系统发放；会同有关处室开展《福建省历史文化名城名镇名村和传统村落保护条例》《福建省城乡供水条例》宣贯活动，并邀请福建省人大专家举办专题讲座，有400余人参加培训。

【"放管服"改革深化】 2017年，福建省住建厅做好国务院"放管服"改革督查迎检工作，以及自查自纠及工作汇报，进一步推动简政放权；做好福建省政府每季度"放管服"改革措施信息报送，并向省政府报送"最多跑一趟和一趟不用跑"、"取消和下放审批事项监管"办事清单；按照福建省审改办部署，及时编制并对外公布福建省住建厅权责清单。继续推进行业诚信体系建设和"双随机一公开"工作，出台《关于全面推行随机抽查机制规范事中事后监管的实施意见》，省住建厅涉及市场主体的监督检查事项基本实现"双随机一公开"。

【城市管理执法体制改革指导】 2017年，福建省住建厅依照中央和福建省政府有关城市管理执法体制改革文件要求，牵头对全省城市管理执法体制改革中需要整合的城市管理职能和住建领域行政处罚权进行梳理，形成《福建省住房和城乡建设厅关于城市管理职能整合和住房城乡建设领域行政处罚权集中的指导意见》，并从整合城市管理职能、集中行使行政处罚权和加强部门协作配合等3个方面提出要求，并附梳理形成的住建领域现行行政处罚权事项清单，指导各地加快城管执法体制改革。

房地产业

【概况】 2017年，福建省住建厅贯彻落实中央调控政策和关于住房的定位，即"房子是用来住的，不是用来炒的"，省政府及时出台从严调控市场的"八条措施"，各级各部门紧密配合，市县政府建立调控联动机制，精准调度，防控外溢效应，有效遏制投机性购房，基本实现预期调控目标，促进了房地产市场平稳健康发展。全年商品房销售5171万平方米，房地产开发投资4794亿元，房地产业和建筑业增加值占全省GDP的比重约为13%。

【房地产市场调控】 9月，福建省住建厅即组织起草并以省政府名义出台《关于进一步加强房地产市场调控的八条措施的通知》（闽政〔2017〕43号），坚持因城因地施策，福州、厦门新建商品住宅销售均价稳控在2016年10月份的水平之下，并推出共有产权住房和租赁住房2万多套，福州周边的长乐、闽侯和厦门周边的泉州、漳州房价环比不过快上涨，三四线城市房地产库存加快化解，稳定供求关系。对供而未建的房地产项目逐个梳理，督促开发企业存量土地开发；库存仍然较多的继续做好去库存工作。2017年全年，全省商品房销售5171万平方米，同比增长1.3%，其中商品住房销售3914万平方米，同比下降5.5%。房地产开发投资4794.23亿元，占固定资产投资总额的18.3%，同比增长4.5%。实现房地产业增加值1509.50亿元，占地区GDP的4.7%。截至12月底，全省商品房现实库存4598万平方米，比年初减少819万平方米，去化周期为13个月，比年初减少2个月。全省房地产市场运行总体平稳。

【市场规范监管】 2017年，福建省住建厅通过深入监管，持续整顿规范房地产市场秩序。首先严厉打击房地产市场销售、中介违规违法行为。4月，部署开展全省房地产市场秩序检查，11月，联合物价部门开展房地产价格行为检查，全省共检查约2599家房地产开发企业和房产中介机构，停业整顿103家（暂停网签33家）、限期整改583家、公开曝光54家、立案查处44家。行业立法进程和信用评价管理，起草《福建省房屋交易监督管理办法》，正式报省法制办送审。市场监测分析，落实房地产交易日报制度，对于量价异常的地区，电话提醒或发函预警。每周向省政府报送房地产市场信息，每季度召开房地产市场运行形势分析会。建立全省房地产大数据平台，完善方案设计，升级福建省房地产管理信息系统，搭建全省房地产市场交易和库存监测平台，推进各市、县一手房和二手房交易合同网签系统建设和联网运行，细化房价统计和市场监测预警指标体系。注重防控市场风险，做好厦门会晤和十九大期间维稳工作。制定印发《全省城镇老楼危楼安全和房地产领域矛盾纠纷大排查大整治工作方案》，先后三轮对全省涉及房地产领域重点信访案件进行拉网式排查，排查出150件涉房地产类风险隐患问题，13件房地产领域重点信访案件，并指导案件所在地有关部门研究化解、稳控措施，切实维护重点时期安定稳定。

【住房供应】 2017年，福建省住建厅多渠道加强住房供应。加大热点地区住宅用地供应，对商品住房去化周期在6个月以下的地区下发《预警提示函》，协同国土资源部门加大、加快供地，增加市场有效供应。截至2017年底，全省出让住宅土地27604亩，同比增长37.4%。促进项目开工建设，加大项目巡查力度，督促房地产开发企业加大投资，加快项目开工建设进度，尽快办理预售许可，加大市场供应。加快推进共有产权住房和租赁住房发展。贯彻中央关于加快培育和发展住房租赁市场的决策部署，研究福建省人口净流入城市发展租赁市场有关政策，作为进一步加强房地产市场调控的八条措施的一部分发布实施。与福建省建设银行签署《住房租赁工作战略合作协议》，共同建设福建省住房租赁交易服务平台。督促福州、厦门要加快租赁住房建设，落实新建成的租赁住房占新增住房供应总量比例要分别不低于25%和30%，并将福州、厦门两市今年开工建设和供应租赁住房和共有产权住房列入2018年省委省政府为民办实事项目。

【房屋征收与物业服务】 福建省住建厅在全省开展创建"和谐征收"（国有土地上房屋征收工作）示范项目活动和房屋征收信息公开情况检查。2017年截至年底，全省有31个房屋征收项目按规定基本完成征收任务，实现零强拆、零上访，信息公开情况到位，被认定为"全省和谐征收示范项目"。举办一期房屋征收主管部门及9期房屋征收实施单位工作人员法规政策培训班，全省有2000多人参加培训。靠前服务重点项目，及时审核福厦高铁等重点项目征收补偿安置标准，帮助建瓯等地对棚户区改造项目补偿安置标准及征收程序进行把关。在物业服务方面，继续指导各地提升服务水平。加快《福建省物业管理条例》修订进程，配合省法制办做好立法调研工作，起草修订稿。建立物业专家库，制定出台《福建省物业管理专家库管理办法》，公布福建省物业行业管理专家库专家名单（283人）。推进物业服务企业信用建设，组织实施物业服务企业信用综合评价，建立物业服务企业信用档案，公布1079家物业服务企业信用评价结果。组织创建物业服务示范项目，2017年全省创建省级物业管理示范项目29个，通过示范项目带动作用，以点带面，促进全省物业服务整体水平提升。

住房保障

【概况】 2017年，福建省棚户区改造开工率与基本建成率、公租房分配率两大指标列入国家目标责任考核。一是棚户区改造开工率与基本建成率，国家下达棚改新开工6.9万套、基本建成4万套的任务，2017年全省棚户区改造新开工7.6万套，开工率110%；基本建成9.8万套，基本建成率245%。提前超额完成目标任务。二是公租房分配率，国家下达2013年底前政府投资公租房分配率达90%、2014年达85%。2017年全省两项指标分别达到93%和85%，均完成年度责任目标。

【棚户区改造】 2017年，福建省组织编制2018～2020年棚户区改造三年计划，开展调查摸底，召开全省棚户区改造工作座谈会，并将三年计划落实到具体年度、具体项目，三年计划改造各类棚户区12.3万户。实行目标责任管理，2017年福建省政府与各设区市政府，各设区市政府与所辖市县签订目标责任状，并将目标任务落实到具体项目，编制项目清单，并向社会公布。建立常态化通报制度，每月及时通报投资、开工、基本建成、配租配售进展情况，从7月起对未开工项目实行周报制度，重点跟踪督促。强化督查，结合厅包片挂钩联系制度，每季度开展进度情况督查；开展棚改与公租房专项巡查，督促棚改开工和公租房分配严重滞后的市县及时整改，并对未开工、未分配项目及市县开展约谈，督促加快进度。开展棚改征迁安置房逾期未交付使用项目专项整改。组织专项排查，建立逾期未交付项目清单，经省政府同意，会同国土、信访等部门出台了《关于加快化解棚户区改造征迁安置房信访问题的通知》（闽建房〔2017〕5号）。

【公租房分配】 2017年福建全省新增公租房分配3.42万套，为历年最多的一年。加快推进公租房分配入住。先后多次召开座谈会，研究加快公租房分配，报经省政府同意，会同发改、财政、国土出台了《关于加快推进公共租赁住房分配入住的实施意见》（闽建住〔2017〕18号）。扩大分类保障定向分配范围。定向分配范围从一线环卫工人和公交司机等六类住房困难家庭，扩大到公安协警、地铁职工以及青年教师、青年医生等群体。推进公租房保障货币化。会同财政出台了《关于加快推进城镇住房保障家庭租赁补贴工作的实施意见》（闽建住〔2017〕10号），要求设区市本级2017年底前、县（市）在2018年底前，启动实施公租房租赁补贴工作。有效盘活政府投资公租房。召开市县、省直等一系列座谈会，对拟盘活的项目实地查看。经汇总统计，全省计划盘活公租房9695套。继续推进保障房配置网上公开工作。实行月通报制度，加强对审批超时红灯预警的防范，保障房配置网上公开工作顺利推进，全省累计网上配置保障房6.5万套。同时，开展保障房配置系统二期项目建设。

住房公积金管理

【概况】 福建省住建厅围绕"规范管理，防控风险，提升信息化与服务水平"总体要求，持续推进住房公积金缴存扩面，严防个贷逾期和资金流动性风险，创新运用信息技术，提升工作效率和服务方式，发挥住房公积金在改善职工住房条件和稳定房地产市场方面的作用。2017年全省缴存住房公积金524亿元，同比增长13%；提取住房公积金367亿元，同比增长7.5%；发放住房公积金个人贷款5.8万笔244亿元，实现增值收益19亿元，同比增长8.2%。截至2017年底，全省住房公积金缴存总额3531亿元，提取总额2156亿元；累计为90.7万户职工提供个人住房公积金贷款2304亿元，贷款余额1374亿元，贷款使用率99.9%，贷款逾期率0.02%。

【住房公积金扩面与市场监管】 2017年福建省住建厅深入贯彻落实省政府办公厅《关于扩大住房公积金制度覆盖面的意见》，指导各地以非公企业和新市民为重点，抓好行业龙头企业、改制企业、新办企业、上市公司和上市后备企业等单位及城镇就业农民工住房公积金建缴工作，加快实现各级党政机关、事业单位、社会团体和国有企业住房公积金制度的全员覆盖，并将扩大住房公积金制度覆盖面作为受托银行年度考评的重要内容，进一步调动承办银行积极性。市场监管，联合财政厅、人行福州中心支行印发《关于加强住房公积金资金流动性管理的通知》，进一步调整住房公积金政策，停止向第三次（及以上）使用住房公积金贷款或购买第三套（及以上）住房的职工家庭发放住房公积金贷款，提高职工家庭第二次申请使用住房公积金贷款购房的最低首付比例。印发《关于进一步规范商品房销售中使用住房公积金贷款购房行为的通知》，明确房地产开发企业不得阻挠或拒绝购房人选择使用住房公积金贷款购房，切实保障住房公积金缴存职工合法权益。组织开展全省住房公积金管理和廉政风险防控督查，督促各地完善规章制度，规范业务管理，提高服务效率，建立健全廉政风险防控长效机制。联合财政厅、人行福州中心支行及时完整披露《福建省住房公积金2016年年度报告》。按照《福建省住房公积金金融业务受托银行年度考评试行办法》，组织各地开展受托银行2016年度考评。

【住房公积金服务与信息化建设】 2017年，福建省住建厅落实"放管服"要求，组织开展住房公积金窗口服务专项调研，督促各地严格落实服务承诺，进一步改进工作作风、简化办事流程、减少办事要件，提高广大缴存单位和职工满意度。联合国土厅等部门先后印发《关于住房公积金管理机构与房地产交易机构、不动产登记机构实现信息共享有关事项的通知》和《关于推进住房公积金缴存单位基本信息采集与工商营业执照合并办理工作的通知》，推动与房地产交易登记机构和工商部门信息共享。全省住房公积金系统创建文明单位7个，青年文明号2个，工人先锋号1个，先进集体和个人6个，"三八红旗手"6名，其他荣誉称号5个。其中国家级荣誉称号2个，省部级荣誉称号7个。信息化建设，按照住房城乡建设部《关于印发住房公积金信息化建设导则的通知》和《住房公积金基础数据标准》，基本完成新版福建省住房公积金综合管理信息系统研发建设，全面对接全国住房公积金结算应用系统和转移接续平台，全面开通全省统一的12329短信服务平台，基本开通微信、手机APP、自助终端、网上服务大厅等服务渠道，外联统一、接口统一、管理统一和数据统一的省级住房公积金综合管理服务平台基本建成。

城乡规划

【概况】 2017年，福建省住建厅城市规划工作按照《关于进一步加强城市规划建设管理工作的实施意见》，结合省内实际和行业特点，把重点放在开展"多规合一"试点示范引导，提升规划水平；帮扶部分县城实施规划管理，加强规划服务；健全规划决策机制，强化规划监管等方面，以此发挥规划统筹引领作用，促进全省城乡规划建设水平提升。

【规划编制和"多规合一"】 2017年，福建省住建厅致力于提升规划水平。完成南安市、南平市城市总体规划和武夷山市城市总体规划纲要、三明市城市总体规划修改等技术审查，《南安市城市总体规划（2017－2030年）》于12月14日获省政府批复。联合"多规合一"工作联席会议成员单位，组织专家分别于1月、8月、11月和12月对福州、漳州、福鼎等全省13个省级"多规合一"试点城市"一张图"成果进行技术审查。"多规合一"试点城市突出改革创新，聚焦重点难点问题，在规划体制机制上下功夫，提出改革思路和实现路径，为全省其他市县开展"多规合一"提供示范。在"多规合一"一张图成果基础上，启动省级"多规合一"信息平台建设，制定《福建省"多规合一"规划数据库建库标准》，规范数据库建库标准，为各市县有序对接省级平台和规划审批奠定基础。

【城市开发边界划定和城市"双修"】 2017年，福建省住建厅部署开展城市开发边界划定工作，出台《福建省城市开发边界划定和管理技术要点（试行）》，完成13个省级"多规合一"试点市县和3个省级空间规划试点县（市）的开发边界划定工作。与此同时，全面推广城市"双修"。组织推荐福州、厦门、泉州、三明等城市申报并列入住房城乡建设部"双修"试点城市名单。引导各地根据各自城市的不同特点开展生态修复和城市修补工作。

【历史文化保护】 2017年，福建省人大常委会第二十八次会议通过并颁布施行《福建省历史文化名城名镇名村和传统村落保护条例》，实现街区、历史建筑和传统村落保护立法。为筹备首届传统村落保护发展国际大会，启动福建省传统村落论文征集、传统村落摄影作品征集、传统村落达人暨保护大使评选等预热活动。通过竞争性选拔方式推进15个历史文化名镇名村和传统村落改善提升，打造东山县铜陵镇、屏南县双溪镇、荔城区后黄村、永定区初溪村、霞浦县半月里村等新的示范典型。3月以省政府名义公布第二批11个省级历史文化街区和234个省级传统村落名单。组织324个村庄申报第五批中国传统村落，29个中国传统村落获得中央补助资金8700万元。4月配合住房城乡建设部在福州召开历史文化街区划定、历史建筑确定工作推进会，组织参会人员实地参观三坊七巷历史文化街区和历史建筑保护修复等现场。完成泉州、长汀、邵武等历文化名城保护规划和厦门鼓浪屿历史文化街区保护规划技术审查。2017年，福建省住建厅会同文化厅部署开展第三批省级历史文化街区申报评定工作。开展历史建筑公布、定线落图等专项督察，截至2017年底，公布历史建筑3650栋。

【规划服务】 2017年，福建省住建厅采取政府购买服务方式，对部分规划建设技术力量薄弱的省级扶贫开发重点县，开展县城规划建设管理提升试点，首批选择10个县采取政府购买服务方式，依托省内规划、建筑院组建技术团队，通过技术人员参与规划建设事务研究决策和规划成果初审把关等方式，从专业角度对规划管理人才短缺县从规划提升、人居环境整治、管理机制等方面实施重点帮扶，提高试点县规划管理水平。特别通过对老城区有机更新、沿街立面整治、公共空间品质提升等项目梳理，争取农发行福建省分行30亿元资金支持，以重点项目带动整治示范。推动"一图一册一平台"建设，制定完成总规一张图模版；编制印发《城乡规划基本知识手册》；福建省级城市规划管理信息平台可行性研究通过省发改委专家评审会。修订《福建省城市规划管理技术规定》和《福建省控制性详细规划编制导则（试行）》中的"街道、社区公共服务设施配置指引"章节，进一步优化规划指标，提升公共服务设施配置水平。组织规划管理知识培训班，宣传贯彻《福建省城市规划管理技术规定》和新修订的《福建省城市控制性详细规划编制导则（试行）》中的"街道、社区公共服务设施配置指引"等内容。

【规划监督管理】 3月，福建省住建厅完成城市规划委员会建立和运行情况调查。起草《关于进一步完善城市规划委员会制度的指导意见》，在征求各地和省直相关部门意见后，报送省政府办公厅审定，要求各市、县全面推行城市规划委员会；创新规划督察方式，推行"日常督察＋专项督察"相结合方式开展控规编制实施情况、省级历史文化名城和历史建筑保护等专项督察，城市规划督察影响力增强。推进规划督察全覆盖，福州市向福清、长乐、闽侯派驻规划督察员，泉州市率先实现市域内规划督察全覆盖，莆田市向仙游县派驻规划督察员，三明、龙岩市选择部分县开展派驻规划督察员试点，漳州市完成办法制定和督察员遴选；印发实施《福建省城市控制性详细规划备案管理办法（试行）》，开发并上线运行城市控制性详细规划备案信息系统，规范控规备案管理，强化控规实施监管；印发《福建省城乡规划成果质量检查办法》，推行"双随机"检查办法，加强规划成果质量管理，提升城乡规划编制水平。

城市建设

【概况】 2017年，福建省住建厅重点推进宜居环境建设和中央环保督查移交问题整改，将一批重大项目提请列入省委、省政府为民办实事、投资工程包，加快市政基础设施建设。配合环保督察并加快推进督察发现问题整改；城市地下综合管廊和海绵城市两项国家试点建设，重点推进可示范推广的样板工程建设；以燃气安全和供水保障为抓手，致力市政公用行业安全生产保障，服务党的十九大和厦门金砖会议召开；落实行业监管，发掘典型案例，培育市场主体，提升市政公用事业管理水平。截至年底，全省城市污水处理率、垃圾处理率分别提升至91%、97.5%，省住建厅组织申报的福州市鼓楼区旧城更新等9个项目获2017年中国人居环境范例奖，不仅超过前五年获奖总和，而且创造2000年全国开展此项创建活动以来一个省（区、市）一个年度获奖数量第一。

【宜居环境建设】 2017年，福建省完成宜居环境建设投资2890亿元，全面超过年初计划。在市政线网"六千工程"中，城市道路完成1800千米，雨水管网完成1677千米，供水管网完成1897千米，污水管网完成1792千米，绿道完成1506千米，燃气管网完成1249千米。福州地铁1号线正式运行，厦门地铁1号线试运营，新开工福州地铁5号线、4号线，全省在建地铁线路9条。推动21座污水处理厂新改扩建，完工7座、在建8座；提标改造54座污水处理厂，完工6座、在建16座；19个污泥规范化处理处置项目完工8个。排查设区市建成区86条城市黑臭水体，整治工程完工82项，正在实施3条。漳州、龙岩建成餐厨垃圾处理厂并试运行，福州、莆田、宁德、南平等地餐厨垃圾处理厂开工建设。

【为民办实事工程承办】 2017年，福建省住建厅承办福建省委、省政府3项为民办实事和6项投资工程包工作，并全面超额完成。城市公共停车设施建设投用停车泊位5.07万个，超额完成2万个目标任务。各地推行简化审批和项目扶持政策，福州鼓楼区每车位补助1万元、每个项目封顶60万元，鼓励商务楼宇配建停车场，泉州市实行机械式立体停车场联审、简化审批。城市地下综合管廊全省安排在建100千米、建成30千米。供水管网改造年度任务400千米，实际完成894千米。投资工程包全部超额完成：城乡公共停车场工程包完成投资53.73亿元、占比134.33%，投用车位6.4万个。城市地下综合管廊工程包完成投资27.79亿元、占比131.7%，开工建设108千米（其中新开工51千米、续建57千米），建成33.9千米、占比108%。污水处理和供水工程包（年度计划投资70亿元）申报投资97.3亿元，截至年底完成投资114.1亿元、占比117.3%。生活垃圾处理工程包（年度计划投资25亿元）申报投资25.1亿元，截至年底，完成投资36.8亿元、占比146.6%。城乡公厕工程包（年度计划投资5亿元）申报投资5亿元，截至年底完成投资7.03亿元、占比140.5%，完成公厕2503座。排水防涝工程包（住房城乡建设部分年度计划投资32.5亿元）申报投资55亿元，截至年底完成投资60.8亿元、占比110.6%。

【国家试点城市建设】 2017年，福建省住建厅开展城市地下综合管廊试点。厦门试点建设任务（23千米）基本完成，新建翔安机场管廊和存量南部新城管廊捆绑打包PPP引进央企负责管廊投融资、建设、运营和管理，被评为"国家发展改革委第二批PPP项目典型案例"。组织修订印发《福建省城市综合管廊建设指南（2017年版）》，邀请管廊规划专家专题授课辅导，除南平、宁德外各设区市管廊规划编制工作基本完成。海绵城市试点建设。厦门市海绵城市建设试点项目年计划建设42个项目，完工项目21个，在建21个，计划投资4.57亿，完成4.57亿元，完成投资比例100%。福州市试点区56.95平方千米，安排267个项目，完工23个，在建55个。完工面积9平方千米，在建面积15.3平方千米。完成投资约11.56亿元。

【重大活动安全保障】 2017年，福建省住建厅以保障国家和福建省具体承办重大活动为契机，全面梳理市政公用行业安全生产方面问题，以燃气和供水保障为切入点，提升市政公用行业安全生产水平。部署开展瓶装液化气企业信息系统及视频监控平台建设、瓶装液化石油气销售实名制、打击"黑气"、收缴废旧钢瓶，实施充装枪自控连锁，出台《餐饮场所使用燃气基本安全要求》，组织5次全省燃气安全检查，责令停产整顿6家瓶装液化气企业和2处瓶装液化气供应站，挂牌督办8处重大隐患，督促福州西园液化气瓶组气化站停产转用管道燃气，对7家A级防恐防范目标开展两轮督查，培训考核燃气企业从业人员7521人，组织评审厦门供水、供气等4个市政行业应急事故预案，在厦门组织燃气管道、供水管道事故应急演练，对标发现不足，提升应急处置水平。

【黑臭水体治理和城市环卫】 2017年，福建省住建厅联合省环保厅、水利厅、农业厅、河长办整治城市污水管网建设改造和黑臭水体，组织专家对福州16条黑臭水体整治情况进行暗访督查，邀请住房城乡建设部和省内外专家问诊把脉。联合省河长办、环保厅、水利厅等部门建立黑臭水体省级巡查制度，每月对黑臭水体整治情况进行通报。福州市投入300亿基本完成沿河退距6米的拆迁，采用PPP模式吸纳社会资本100多亿元，按流域对福州市全市范围内的全部7个水系107条内河（含黑臭水体）进行系统整治和维护，得到住房城乡建设部肯定。城市环卫，省住建厅起草《福建省生活垃圾分类制度实施方案》上报省政府，推进生活垃圾分类。厦门市出台《厦门经济特区生活垃圾分类管理办法》，11月底住房城乡建设部在厦门召开全国现场会，推广厦门市经验做法。联合人社厅、财政厅、总工会开展环卫工人福利待遇督查，督促各地落实省政府文件要求，形成督查报告并通报全省。时任省长于伟国对此作出专门批示肯定这种做法。对全省18座垃圾焚烧发电厂、53座填埋场进行全覆盖运行评估考核。开展主管部门、运营单位的全覆盖培训，提升运行管理水平。鼓励各地采用PPP模式推进生活垃圾处理，龙岩市中心城市、经开区、高新区、永定区采用PPP模式，由福建龙马提供生活垃圾运营服务管理。

城市管理

【城市执法体制改革】 福建省城市执法体制改革稳步实施。2017年成立了省级城市管理机构，全面梳理住建领域378项行政处罚权。各市县稳步推进城市管理相关职能整合和机构综合设置，有序集中行使住建领域行政处罚权，基本完成城管队伍统一着装，实现执法队伍培训全覆盖。福建省政府印发关于加快推进城市执法体制改革工作的通知，进一步明确各市县改革重点任务内容和完成时限。10个设区市（实验区）和48个县市建立政府主要领导牵头的城市管理工作协调机制；10个设区市（实验区）和33个县市出台具体改革方案。机构设置，省住建厅新增城市管理处，加挂"城市执法监督局"牌子。福州、厦门、泉州、平潭等4个城管执法机构为政府工作部门，还有34个县市城管执法机构为政府工作部门。城市管理职能整合和住建行政处罚权集中；推行两类行政执法行为全过程记录；全省所有设区市实验区和52个县市公布权责清单，并建立动态调整机制。

【"两违"综合治理】 2017年，福建省"两违"

综合治理建筑面积5167万平方米，清腾土地5294公顷。启动新一轮巩固提升行动。省政府办公厅制定出台关于深化"两违"综合治理专项行动意见，省治违办下达各地治违年度目标任务，省政府在福州如开现场会，总结三年治违经验，全面动员部署新一轮深化"两违"综合治理。根据《福建省城市建成区违法建设专项工作五年行动方案》，深入开展建成区违建专项治理。4月20日，住房城乡建设部在福州召开全国城市违建专项治理五年行动推进会，福建省在会上做了典型经验交流。开展"无违建"示范创建提升活动，各设区市和平潭综合实验区制定创建三年提升总体方案，从村居、乡镇街道创建抓起，福州马尾区等12个县市区为2017年"无违建"创建示范点。完善制度机制，省人大常委会审议通过《福建省违法建设处置若干意见》，将从2018年2月1日开始实行。督促指导各地出台新一轮深化治违行动方案，建立常态长效防控机制。

【执法队伍规范化】 2017年，全省城市管理执法队伍开展"强基础、转作风、树形象"专项行动，完成干部培训，推进城管执法人员统一着装，全省基本完成制式服装和标志标识换装，创建12个全省城管执法队伍示范中队。并出台执法行为规范，省政府明确：城管执法人员配备比例一般不低于常住人口万分之三，已有6个设区市实验区和31个县市明确了执法人员配备比例。

村镇建设

【概况】 2017年，福建省村镇建设工作着力推进农村污水垃圾治理，开展"美丽乡村"建设，强化农村危房改造，深化传统村落保护发展，加强农村住房建设技术指导和服务，提高全省村镇建设管理水平。全省新建成166个乡镇生活污水处理设施，301个乡镇生活垃圾转运系统，新建改造村庄三格化粪池52.1万户，新增4546个垃圾常态治理行政村。"美丽乡村"建设，以负面案例编印、生活污水垃圾治理和裸房整治为三大重点工作，全年新整治完成村庄1030个，树立10个"美丽乡村"建设带头人和典型示范村庄。农村危房改造，强化资金和成效监督检查同，全年开工2.5万户，竣工1.8万房，超额完成省委、省政府下达1万户竣工任务。

【农村污水垃圾治理】 2017年，福建省计划建成100个乡镇生活污水处理设施，实际完工166个；计划新建改造三格化粪池50万户，实际完成52.15万户；计划建成乡镇生活垃圾转运系统247个，实际完工301个；计划新增3000个行政村建立垃圾治理常态机制，实际完成4546个。代拟并由省政府印发《福建省农村生活污水垃圾治理市场主体方案》（闽政办〔2017〕37号），联合财政厅出台《鼓励社会资本投资乡镇和农村生活污水处理PPP工程包实施方案》《鼓励社会资本投资垃圾处理PPP工程包实施方案》，推进农村污水垃圾治理市场化工作；出台《福建省2017年农村生活污水垃圾治理考核评比办法》，推动"镇村自查、市县月查、省级抽查"的监督考评机制全覆盖。组织开展6轮全省督查，其中包括上半年及第三季度督查考评。市、县两级做到督查考评全覆盖，绝大多数乡镇对村庄开展监督检查。召开PPP对接会、建立网上对接平台，持续加以推动。全省推出以县域为单位捆绑打包的PPP项目108个（污水67个、垃圾41个），投资额约238元（污水181.4亿、垃圾56.6亿），落地47个（污水25个、垃圾22个），投资额约69.1亿元（污水50.8亿、垃圾18.3亿）。

【"美丽乡村"建设】 2017年，全省实施新一轮"千村整治、百村示范""美丽乡村"建设工程，整治1030个村庄，102个村庄开展"美丽乡村"示范村创建，重点打造45条"美丽乡村"景观带，完成投资290亿元，整治裸房1.2万栋，整治建筑面积212万平方米，垃圾转运日处理能力3028吨，新建集中污水处理设施849个、污水管网长度593千米，拆除房前屋后猪圈、禽舍、旱厕等临时搭盖建筑面积132万平方米，硬化村道长度727千米，新增绿化面积105万平方米。开展带头人及典型示范村庄评选工作，全省树立10个带头人及典型示范村庄；修订出台并下发《美丽乡村检查验收标准》，整理汇编在"美丽乡村"建设中建设大广场、大亭子、大牌坊等负面案例，引导各地开展整治建设，并通过微信公众号向镇村推送；下发《关于美丽乡村裸房整治示范要求的通知》，结合"美丽乡村"建设裸房整治示范推动，探索推进现代建筑乡土化；组织人员不定期分赴全省30多个市、县（区）宣讲农村人居环境建设政策做法，并派出专家对各地推荐的30个示范村进行规划提升；举办全省村镇建设业务培训班6期，培训860余人，还培训农村建筑工匠700多人。

【农村危房改造】 2017年福建省为民办实事项目农村危房改造年度开工任务25309户，竣工任务10000户，其中建档立卡贫困户7820户、低保户3043户、五保户1301户、贫困残疾人家庭1008户、其他贫困户12137户。截至12月底，实际开工25309户，开工率100%；竣工18225户，年度竣工任务竣工率182%。中央下达四类重点对象任务9400户，开工率和竣工率均达到100%。成立农村危房改造工作领导小组，7月、10月分别组织召开农村危房改造工作视频会和全省改善农村人居环境工作现场会，对危改工作进行动员、部署。印发《关于严格履行职责扎实推进农村危房改造工作的通知》（闽建村函〔2017〕118号），明确市、县、乡镇、村四级监督职责，建立压力传导机制。7月、9月两次组织各地开展农村危房改造对象比对、核实，夯实底数，确保"应改尽改、一户不漏"，建立改造对象台账。11月中下旬组织四个督查组对各设区市开展督查，随机抽查16个县，每个县10户，共入户抽查160户。会同省财政厅印发《福建省农村危房改造补助资金管理办法》（闽财建〔2017〕76号），强化资金监督管理。收集、梳理近年来各级纪委部门通报的57案例，编印成《全省农村危房改造领域违纪问题典型案例》，层层印发到村，进行警示和提醒。

工程质量安全监管

【概况】 2017年，福建省住建厅以安全发展理念推进安全生产领域改革发展，开展工程质量安全提升行动和安全生产大检查，层层传导压力，落实工作，完成各项目标任务。全省房屋建筑和市政基础设施工程安全生产形势平稳，全年发生建筑施工安全事故25起、死亡31人，控制在福建省政府下达指标内，被福建省政府评为完成2017年度安全生产目标责任优秀单位。

【安全生产大检查】 福建省住建厅按照国务院安委会和省政府安委会的部署安排，3月部署开展安全生产大排查大整治，聘请北京、上海、广州等地地铁专家，对福州、厦门地铁在建工程进行安全专项督查指导。6月制定印发大检查实施方案，以保障厦门会议、党的十九大和2018年"两节""两会"安全为核心，明确阶段工作重点，强化企业自查自纠主体责任和监管部门督导检查责任。全省监管部门针对工程质量、安全问题发出责令改正通知书2.91万份，发现并督促整改隐患问题10.89万条。省住建厅组织5轮建筑施工安全专项督查，抽查在建工程95个，发出督促全停通知书9份、督促局停通知书16份，对4家隐患突出的企业开展"体检式"延伸检查。做好金砖国家领导人厦门会晤保障，协调省安全监管组、省临建设施组成员单位、厦门建设局等有关部门，制定监管工作方案、应急预案及会晤场馆工程项目竣工综合验收方案，组织监管小组每两周对会晤场馆工程质量安全和施工进度进行监督检查，及时督促整改，按时完成会晤场馆工程项目竣工综合验收工作。党的十九大、厦门金砖会晤、国庆中秋和元旦期间，全省住建系统均未发生较大以上事故和重大突发事件。省住建厅被省委、省政府评为"厦门会晤筹备和服务保障工作先进集体"。

【安全生产标准化】 2017年，福建省住建厅组织修订建筑施工安全生产标准化考评实施细则，开展施工企业和施工项目安全生产标准化考评，项目因重大安全隐患被全面停工或3次局部停工的，被行政处罚的，被扣分达到100分的，项目安全生产考核不合格；企业10%的项目考核不合格，或扣分累计达到40分的，企业安全生产考核不合格；考核不合格的项目和企业，向社会公布，重新考核企业安全生产许可证及安管人员安全生产考核合格证，省外企业暂停承接业务。2017年全省246个项目、171家企业安全考核不合格，并上网曝光。继续推行每季度由设区市轮流承办全省建筑施工安全生产标准化现场观摩会，组织施工、监理单位以及监管部门现场观摩，并全省通报观摩情况，点评项目亮点。修订《福建省建筑施工安全生产标准化优良项目考评办法》，统一省级标准化优良项目申报条件、考核标准及评选程序，实行事前申报备案、过程动态监督核查、重大问题一票否决。2017年全省有106个项目获省级标准化优良项目称号。福建省在全国率先运用大数据监管开展建筑施工安全生产标准化考评工作，被住房城乡建设部纳入全国工程质量安全提升行动试点地区，向全国推广福建省经验做法。

【专项整治】 2017年，福建省住建厅部署开展住建系统高层建筑消防安全、电气火灾综合治理和以建筑起重机械、深基坑、高支模为重点的建筑施工安全专项整治，印发《关于加强建筑施工主要重大危险源安全管控的通知》，严格模架进场质量管控和搭设监管，不符合要求的予以局部停工整改或拆除重搭。印发《关于全面实施房建和市政工程质量安全远程视频大数据管控的通知》，推进远程视频大数据管控，全省新增759个在建项目安装远程视频监控。升级"重大危险源管理系统"，对筑起重机械、高边坡等12类危险性较大的分部分项工程实施重点监管。部署开展建机一体化企业专项整治，强化设备定期检查和维护保养，推行建筑设备人脸或指纹识别开机，规范限载安全措施，淘汰2吨及以下施工升降机，严禁混用不同厂家标准节，严禁使用报废标准节。开展项目经理、项目技术负责人、安全员、项目总监等项目安全生产关键责任人到岗履职专项治理，对长期不在岗、履职不到位的给予动态违规扣分，情节严重的纳入黑名单。省住建厅针对督查锁定违规事实，将19名责任人纳入黑名单。

【工程质量管理】 2017年，福建省住建厅落实工程质量终身责任书面承诺、永久性标牌、质量信息档案等制度，修订印发《关于房屋建筑和市政基础设施工程永久性标牌设置的通知》，推动各地开展住宅工程质量常见问题专项治理示范工程创建活动，推广学习借鉴福州市开展房屋建筑工程质量专项整治工作措施。在全国住宅工程质量常见问题专项治理现场会上，福建省住建厅做了经验介绍。印发《关于全面深入加强房屋建筑和市政基础设施工程主要建筑材料质量管理的通知》，明确工程参建各方对建材质量管理的责任，规范材料报审、进场检验、平行检验程序，推行主要材料报审及溯源网上公开，建立建材质量失信行为惩戒制度。每月网上公布不合格钢筋、水泥、砌墙砖情况及厂家名单，2017年公布不合格水泥115批、钢筋6批，不合格砌墙砖52批、钢筋接头264批，并向省经贸委、技术监督局、工商局通报，要求各地监督机构跟踪处理。印发《关于进一步加强预拌混凝土管理的通知》，每季度通报预拌混凝土生产等网上监管数据和监管部门实施监管有关情况，推进绿色搅拌站建设，要求2017年3月1日起新设立的预拌混凝土企业应按照《福建省绿色搅拌站建设示范图集》建设。

【监理与检测机构管理】 2017年，福建省住建厅贯彻住房城乡建设部关于工程监理行业转型升级意见，印发《福建省促进工程监理行业转型升级创新发展实施方案》，更好发挥监理作用。印发《福建省房屋建筑和市政基础设施工程施工监理评标办法（试行）》《福建省房屋建筑和市政基础设施工程施工监理招标投标若干规则（试行）》，推行监理招投标网上公开。启用"福建省工程监理企业信用评价系统"，推进工程监理企业信用体系建设，印发《关于工程监理企业信用综合评价分值应用于监理招标投标活动中有关事项的通知》，明确从2018年5月1日起，在福建省行政区域内依法必须招标的房屋建筑和市政基础设施工程监理招标投标活动中，应当使用工程监理企业信用综合评价分值。印发《关于进一步规范桩基检测的通知》，规范桩基检测样本选定、检测方法及数量及不合格（缺陷）桩技术处理。对检测管理系统自动采集的检测报告数据、基桩静载试验数据及评价机构本区基桩静载评价情况实施网上监管，通报监管情况。组织开展检测机构专项检查。

建筑市场

【概况】 2017年是福建省建筑业改革发展年。国务院办公厅印发《关于促进建筑业持续健康发展的意见》（国办发〔2017〕19号），福建省政府办公厅随即提出贯彻意见，印发《关于促进建筑业持续健康发展的实施意见》（闽政办〔2017〕136号），提出深化建筑业"放管服"改革，加快调整产业结构，完善监管体制机制，优化建筑市场环境，提升工程质量安全水平，强化队伍建设，提升企业核心竞争力，促进建筑业持续健康发展的总体要求，以及到2020年全省建筑业总产值突破12000亿元，产值超百亿元的建筑业龙头企业达到10家，形成总承包企业大而强，专业企业专而精的产业结构目标。2017年福建省建筑业有7家企业晋升施工总承包特级资质，全省建筑业产值达9994亿元，排名全国第八位。

【建筑业企业结构】 2017年，福建省建筑业企业结构得到优化。截至年底，全省建筑业企业共9353家，较2016年增幅18.3%。其中，总承包企业5069家（特级13、一级452、二级987、三级3617），增幅32.9%；专业承包企业2067家（一级286、二级1318、三级463、不分等级1139），增幅－26.9%；施工劳务企业1809家，增幅111.3%；设计施工一体化企业408家（一级113、二级546、三级82），数量与上年持平。二级以上（含二级）建筑业资质占全部资质的32.5%。

【建筑业发展】 2017年，福建省完成建筑业总产值9993.65亿元，同比增长17.1%。特级、一级施工总承包资质企业完成产值5206.4亿元，占全省总产值的52.1%；二级及以下施工总承包资质企业完成产值4013亿元，占全省的40.2%，专业承包企业完成产值774.2亿元，占全省的7.7%。

2017年，全省产值10亿元以上的企业252家，产值6432.24亿元，占全省产值64.4%，其中超100亿元的企业5家（企业最高产值220亿元），50亿~100亿元的18家，20亿~50亿元的92家，重点骨干企业拓展省外市场，完成省外产值4190.2亿元，占全省建筑总产值的41.9%。其中省外产值超5亿元的企业203家，完成省外产值3337.74亿元，占全省省外产值的79.7%。省外产值30亿元以上的29家，20亿~30亿元的23家，10亿~20亿元的66家。

2017年，全省房屋建设施工面积65711.8万平方米，比增4.4%，全省新签工程施工合同额11371亿元，同比增长21.0%；新开工面积22064万平方米，同比增长6.4%。

2017年，实现全社会建筑业增加值2707.82亿元，比增3.9%（按不变价计），占全省GDP的8.4%。全省建筑业缴纳税收245.26亿元，其中国税156.6亿元，占全省国税6.4%，地税88.66亿元，占全省地税5.9%。

【建筑产业现代化与工程总承包试点】 2017年，福建省住建厅推动建筑产业现代化试点工作。福建省人民政府办公厅印发《关于大力发展装配式建筑的实施意见》（闽政办〔2017〕59号），提出到2020年，全省实现装配式建筑占新建建筑的建筑面积比例达到20%以上。到2025年，装配式建筑占新建建筑的建筑面积比例达到35%以上。福州市、厦门市争创国家装配式建筑示范城市。成立省发展装配式建筑工作厅际联席会议，形成工作合力。印发《2017年福建省装配式建筑工作要点》，出台福建省装配式建筑产业基地布点规划编制，引导企业发展现代化产业基地。落实装配式建筑投资工程包投资建设，全省完成装配式建筑生产基地（园区）投资建设34.9亿元，超过32.5亿元的年度任务目标。在建装配式建筑试点项目达48个，累计建筑面积超230万平方米。2017年，福建省住建厅加快推行工程总承包试点。经福建省政府领导同意，会同省发展改革委、省财政厅印发《福建省政府投资的房屋建筑和市政基础设施工程开展工程总承包试点工作方案》，健全完善工程总承包政策措施，培育设计施工一体化的工程总承包龙头企业。公布78家全省房屋建筑和市政基础设施工程总承包试点企业名单，为全面推广工程总承包奠定良好基础。在政府投资工程项目开展工程总承包试点，2017年全省安排52个试点项目。

【工程招投标网上公开】 2017年，福建省住建厅组织开展完善施工招投标制度调研，健全房屋建筑和市政基础设施工程评标办法，遏制围标串标、弄虚作假骗取中标等违法行为。出台施工招投标"交易规则"、"监管办法"、"评标办法"等3项基础制度，规范"类似业绩设置"、"信用分应用"等2份文件以及《施工招标文件示范文本》，完成施工招投标网上公开制度重构的目标任务，初步建立"3+2+1"施工招投标制度体系。配合福建省电子行政监督平台和各地交易平台建设，做好系统升级改造工作。完善建设行业信息公开平台，对接工程业绩数据，全面公开企业、人员、项目、信用数据，为招投标查询提供依据。推进建筑业"放管服"改革，取消工程建设项目招标代理机构资格认定，加强事中事后监管。

【工程造价】 2017年，福建省住建厅完善计价依据，创新定额编制模式。颁布实施2017版8套新定额，制定配套计价政策，开展新定额培训交底及计价软件测评。建成数据共享平台，推进大数据智能化。工料机信息平台投入运行，实现全省共享。制定《人工材料设备机械数据标准》，规范工程价格信息发布及使用。运用信用评价，规范市场行为。开展造价咨询企业信用综合评价和施工企业合同履约行为评价及层级指导，完善工程造价咨询成果质量检查办法。创新服务方式，开通定额解答与造价纠纷调解网络平台。

建筑节能与科技

【绿色建筑发展】 福建省住建厅贯彻落实绿色建筑行动要求，从建章立制、示范带动、督查检查、培训宣传等方面发展绿色建筑。2017年度全省竣工绿色建筑面积1880万平方米，竣工绿色建筑占新建建筑面积比例33.07%；获得绿色建筑评价标识项目43个，建筑面积684万平方米。促进绿色建筑法制建设，草拟并报送省政府《福建省绿色建筑发展条例（草案）》，配合省政府法制办开展省内外调研、论证和修改。"发展绿色建筑"相关要求还纳入《生态文明建设促进条例（草案）》《生态文明建设目标评价考核办法》《"十三五"节能减排综合工作方案》《关于进一步加强城市规划建设管理工作的实施意见》等省委、省政府系列文件规定。完善绿色建筑标准，开展绿色建筑标准体系研究，形成涵盖绿色建筑设计、施工、质量验收、运维、改造、评价等较为完善的地方标准体系。2017年新修订《福建省绿色建筑设计标准》，这是福建省绿色建筑领域第一部强制性标准，实现民用建筑全面执行一星级或以上绿色建筑标准，政府投资或以政府投资为主的其他公共建筑全面执行二星级标准。加强项目闭合监管，将绿色建筑标准执行情况纳入全省工程质量"双随机"检查工作内容，按季度通报绿色建筑施工图审查情况，组织全省建筑节能与绿色建筑年度专项检查。推进项目信息化管理，在省施工图审查系统和工程建设监管信息系统中新增"绿色建筑信息统计模块"。应用各种媒介多方位推广宣传绿色建筑，组织举办全省绿色建筑、装配式建筑等专项培训，东南卫视《新闻启示录》专栏以"你住的房子，够绿吗？"为专题介绍福建省绿色建筑。

【建筑节能】 2017年,福建省住建厅执行《民用建筑节能条例》《福建省节能能源条例》有关规定,新建公共建筑和居住建筑在项目立项、设计、图审、施工、监理、验收和竣工备案各环节严格执行建筑节能强制性标准,福州市辖区和厦门市新建居住建筑全面执行60%节能标准(高于现行国家标准)。推进开展建筑能效提升工程,组织编制修订公共建筑和居住建筑节能设计标准。泉州中节能美景家园被动式低能耗建筑试点建设列入住房城乡建设部国际科技合作试点项目,也是夏热冬暖地区首个被动房试点项目,年底前完工。2017年,全省新增节能建筑面积5688万平方米,累计节能建筑面积70063万平方米。与此同时,推进既有建筑节能改造。加大政策支持,贯彻落实省政府《关于推进公共建筑和城市公共照明节能改造七条措施》,配套出台示范项目管理办法、合同能源管理合同示范文本、节能量测评和公共建筑能耗标准,组织修订公共建筑和居住建筑能效提升标准。加快推进示范项目实施,全省累计竣工公共建筑节能改造面积283万平方米,开工实施面积552万平方米。推进国家公共建筑节能改造重点城市建设,福州市任务量210万平方米,启动实施250万平方米,完成53万平方米;厦门市任务量300万平方米,启动实施302万平方米,完成177万平方米。初步建成省级节能监管平台,对接已有监管平台的地市(厦门、福州)和6所节约型示范高校能耗数据。举办第十四届中国(厦门)国际建筑节能博览会,参观人数超过10万人。

【建设科技】 福建省住建厅推广先进适用的建设科技,突出科技示范引领作用。2017年组织完成8项科研项目和科技示范工程验收,完成26项建筑业10项新技术示范验收,公布省级施工工法137项,新增12家省级建筑业企业技术中心,由福建省建科院完成的《夏热冬暖气候区绿色建筑关键技术与产品的研究应用》获得福建省科技进步一等奖。推广先进适用技术,完成《建筑信息模型BIM技术一体化应用》省科技重大专项课题验收,形成《福建省BIM技术应用指南》和14项自主软件著作权等系列成果,在上杭古田会址、"世界妈祖文化论坛"永久性会址等十多个代表性工程中得到应用,联合省教育厅开展大学生BIM技术应用竞赛,公布绿色住宅小区等各类试点示范106个。推进建筑外窗质量提升,出台提升外窗标准和监管措施,落实外窗能效提升、永久性标识、干法安装、工业化生产等强制性要求。加大"毒跑道"防治力度,发布《合成材料运动场地面层应用技术规程》,联合体育局等部门出台加强合成材料运动场地工程建设管理意见,严格执行有害物质限量值指标和检查方法。

【标准化管理】 2017年,福建省住建厅在住房城乡建设部指导下,坚持绿色发展、市场驱动、强化供给、共建共享、先行先试,以规划为引领、以标准抓落实,推进工程建设标准化改革,把标准作为提升城市规划建设管理水平、促进建筑业持续健康发展的重要支撑和抓手。组织撰写《提高工程建设标准水平,提升人民居住品质》文章,在全国住建工作会议上做为经验交流材料。2017年,发布工程建设地方标准26项(其中,制定标准20项,修订6项),福建省现行工程建设地方标准216项。加强顶层设计,做好"加减法":对新立标准,规定编制周期不超过两年;对既有标准,及时开展复审,废止标准23项、修订57项。出台规范标准编制工作意见,进一步完善标准指导委员会,严格执行立项公示和专家审查制度,新增建筑外窗和城市轨道交通2个专项专家库,专家库成员达300余人。开展标准规划体系研究,按源头把控、科学立标、突出重点原则,结合地方特点,开展地方标准体系建设,组织城市轨道交通、绿色建筑建材、海绵城市等14个领域标准体系编制,公布第一批关于城市轨道交通的标准体系。提升标准供给能力建设,推动政府与社会共同治理,加快科研院所标准成果转化,促进标准共建、共谋、共享。推进厦门标准化工作"先行先试"。厦门市充分发挥区位优势,利用"金砖国家领导人厦门会晤"等契机,围绕"多规合一"、海绵城市、综合管廊、公共建筑节能改造、垃圾分类等国家试点建设,安排工作经费组织编制区域性标准化项目,并推动试点成果上升为地方标准。推进重点标准闭合实施。为落实国家和省政府部署的重点任务,按照"标准+配套政策"思路,通过推进重点标准制定和实施、出台配套政策等措施,推进绿色建筑、施工现场扬尘防治、合成材料运动场地面层等重点标准闭合实施。坚持"科研、标准、示范"一体化发展,引导福建省建科院、厦门建研集团等主要科研单位攻关热点难点问题,并将成果向标准转化。引导企业建设标准创新平台,在开展全省30余家省级企业中心创建或复评工作中,将标准化成果列入重点考核指标。引导省级企业技术中心培育专业技术团队,创建标准创新平台,形成福建建工集团、中建海峡公司等骨干标准创新企业。组织省内龙头企业开展装配式建筑重大科技项目研究,发布预制装配式混凝土结构地方标准、设计导则、审查要点和检验标准，在全省100多万平方米项目中推广应用。

大事记

1月10日，福建省住建厅印发《福建省住房城乡建设行业信息化建设三年行动方案》。至2019年建成"五平台一中心"，即五大信息平台和住建行业应急指挥调度中心，实现省市县行业信息化管理全覆盖。

1月12日，福建省住建厅、财政厅等五部门联合印发《福建省公共建筑节能改造示范项目管理办法》，进一步规范项目申报、招标、补助资金申请、节能量核定和验收等工作。

1月25日，福建省住建厅、财政厅印发《关于公布2017年"千村整治、百村示范"美丽乡村建设工程村庄名单的通知》。

2月27日，福建省住建厅、财政厅、文化厅、旅游局联合印发《关于公布2017年重点改善提升的历史文化名镇名村和传统村落名单的通知》。

3月21日，福建省周宁九龙漈列为国家级风景名胜区。

3月28日，福建省住建厅、财政厅、人行福州中心支行联合印发《关于加强住房公积金资金流动性管理的通知》，停止向第三次（及以上）使用公积金贷款或购买第三套（及以上）住房的职工家庭发放公积金贷款，提高第二次申请使用公积金贷款购房的最低首付比例。

4月28日，福建省住建厅印发关于报送《福建省绿色建筑发展条例（送审稿）》的请示（闽建法〔2017〕4号）。

5月2日，福建省列入全过程工程咨询试点地区，福建省建筑设计研究院列入全过程工程咨询试点企业。

5月10日，福建省住建厅印发《2016年美丽乡村建设负面案例》。

6月10日，福建省住建厅印发《2017年农村生活污水垃圾治理考核评比办法》。

6月22日，福建省住建厅印发《福建省村镇住宅示范房评选办法》。

7月8日，福建省厦门鼓浪屿列入世界文化遗产名录。

8月3日，福建省住建厅和文化厅、财政厅公布第二批省级传统村落名录。

同日，福建省住建厅印发《关于城市管理职能整合和住房城乡建设领域行政处罚权集中的指导意见》

8月22日，福建省列入住房城乡建设部大型公共建筑工程后评估和建筑施工安全生产标准化考评试点地区。

9月7日，福建省住建厅、教育厅、机关事务管理局公布全省第三批公共建筑节能改造示范项目，福建医科大学等12个项目列入示范，改造建筑面积134万平方米。

9月29日，福建省住建厅公布全省建设行业获得2016年度省科学技术奖科研项目名单，省建筑科学研究院牵头承担的《夏热冬暖气候区绿色建筑关键技术与产品的研究应用》科研项目获得省科技进步一等奖。

同日，福建省住建厅印发《关于做好建设主管部门所属施工图审查机构转型或转企改制脱钩工作的通知》，部署全省10家住房城乡建设部门所属施工图审查机构脱钩。

9月30日，福建省政府发布《福建省人民政府关于进一步加强房地产市场调控八条措施的通知》（闽政〔2017〕43号），建立健全购租并举住房制度，遏制部分地方房价过快上涨，促进全省房地产市场平稳健康发展。

10月18日，福建省住建厅印发《关于严厉打击住房公积金骗提骗贷行为的通知》，加强申请材料真实性审核，建立异常现象监测分析制度，强化惩治力度。

10月25日，福建省住建厅公布10名"美丽乡村"建设带头人及典型示范村庄。

10月27日，福建"青年建筑师驻村行动"等9个项目获中国人居环境范例奖。

同日，福建省仙游、德化、武平获国家园林县城称号。

11月2日，住房城乡建设部同意福建自由贸易试验区厦门片区开展建筑师负责制试点。

11月3日，福建省施工企业承建的福建海峡银行办公大楼、泉州市东海学园泉州一中教学区、绵绣一方62~64号楼和特房·山水杰座（1~3号楼及地下室）等8项工程，获住房城乡建设部通报2016~2017年度中国建设工程鲁班奖（中国优质工程）。

11月14日，福建省住建厅印发《关于新建民用建筑全面执行绿色建筑标准的通知》，提出强化绿色建筑指标考核，强化建设各方主体责任等8条具体要求。

11月17日，全国精神文明建设表彰大会在京召开，住建系统有24个单位受到表彰，福建省住建厅名列其中，获第五届全国文明单位称号。

11月29日，福建"南益广场"等35项工程获全国优质工程勘察设计奖。

12月25日，福建省"多规合一"联席会议在福州召开。副省长洪捷序主持。成员单位和相关工作分管领导及主要部门负责人参会。会议听取省住建厅厅长林瑞良对全省"多规合一"试点工作的通报，省级相关部门就有关问题进行深入探讨交流。

同日，福建省住建厅公布第二批建筑信息模型（BIM）试点示范项目106个，鼓励省建筑信息模型技术应用联盟通过项目经验交流会、观摩会和技能竞赛等方式扩大示范效应。

（福建省住房和城乡建设厅）

江 西 省

概况

2017年，江西省城乡环境综合整治工作取得阶段性成效，保障性安居工程目标任务完成，省级空间规划试点任务完成，建筑业总产值突破6000亿元，增速保持全国前列。萍乡市连续两年获得全国海绵城市试点建设绩效考评第一名，江西铅山武夷山成功列入世界文化与自然双遗产名录，4个风景名胜区列入国家级风景名胜区。

【抓好房地产市场调控】 坚持房子是用来住的、不是用来炒的定位，坚持分类调控，因城因地施策，在全国率先出台《江西省人民政府办公厅关于进一步做好房地产市场调控工作指导意见》。建立全省房地产市场会商协调机制，全面实行房地产市场稳控目标管理，大力培育和发展住房租赁市场，市场调控取得明显成效，房地产市场保持平稳健康发展。全省房地产开发完成投资2013.98亿元，同比增长13.7%；商品住宅销售面积5841.93万平方米，增长29.3%；商品住宅销售均价5800元/平方米，增长8.80%；房地产业税收476.58亿元，增长29.3%；商品住宅库存去化周期降至6.4个月。与中国建设银行江西省分行签订300亿资金规模支持发展租赁市场的合作协议。南昌市出台住宅未满2年不得转让的"限售"政策，赣州市推行新建商品住房预售申报制度，较好地控制住了商品房销量和价格过快上涨。

【完成住房保障任务】 层层签订目标责任书，分解任务，压实市县责任。获得保障性安居工程各类补助资金90.26亿元，获得国开行、农发行新增授信、评审贷款654亿元和新增发放贷款643亿元。全省完成棚户区改造开工任务24.23万套，开工率100%，规模列全国第十位；保障性安居工程基本建成25.6万套，超额完成目标任务。上饶市改造各类棚户区6.62万套，占全省总任务的27.3%。全省分配公租房69万套，分配率88.9%。全省新增分配公租房超11万套，列全国第五位。全省提前完成国家下达的保障性安居工程目标任务。围绕脱贫攻坚的目标，保障不愁吃、不愁穿，就学、就医、住房得到基本保障，实施农村危房改造，对1.56万特困农户实施"交钥匙"工程。

【推进城乡环境综合整治】 狠抓污水治理，完成省政府重点支持的48个县（市）城镇新建改造污水管网建设任务，14个县污水处理厂提标改造土建工程基本完成。开展消灭劣Ⅴ类水，整治城市黑臭水体。全省排查出黑臭水体26个，治理完成19个，南昌市完成建成区黑臭水体整治任务。基本建成鄱阳湖沿线20个建制镇的生活污水处理设施。推进乐平市、上栗县、分宜县3个全国农村生活污水治理示范工作，全域实施农村生活污水处理设施建设。分宜县在全国农村厕所污水治理电视电话会议上受到表扬。建立全省垃圾治理工作厅际联席会议制度，统筹协调全省垃圾治理工作。全省初步建立"户分类、村收集、乡转运、县处理"的城乡垃圾一体化收运处理体系。启动生活垃圾分类工作，以省政府名义出台《全省生活垃圾分类制度具体实施方案》。开展全省非正规垃圾堆放点排查及信息录入工作。全省所有县（市、区）基本通过农村生活垃圾治理省级考核验收。开展建筑工地扬尘和道路扬尘专项治理工作，"过筛"检查全省建筑工地，下达建筑工地限期整改通知1万余份，行政处罚324个建筑工地。推进城市道路机械化清扫工作，增加道路清扫湿法作业、降尘设施设备、车辆投入。开展城市建成区违法建设专项治理和农村建房超高超大超限专项治理，打击违法违规建设行为。全省城市建成区拆除存量违法建筑100万平方米，查处农村违法违规建房1万余栋，依法拆除7000多栋。

【提升城市规划和设计水平】 2017年，江西省常住人口城镇化率为54.4%，比上年提高1.3个百分点。融入"一带一路"、中部地区崛起、长江经济带等国家重大战略，编制完成《环鄱阳湖生态城市群规划》《南昌大都市区规划》《九江都市区总体规划》。省政府出台《关于支持赣州打造省域副中心城市的若干意见》，支持赣州市打造省域副中心城市。省级空间规划试点工作进展顺利，完成《江西省空间规划》编制工作，形成8个市县"多规合一"试点规划编制成果，鹰潭市、萍乡市试点转为市县空间规划试点。严格城乡规划督察，在全国省级层面率先建立挂牌督办制度，严肃查处违反规划行为。制定《江西省开发区总体规划和控制性详细规划编制审批暂行办法》，提高开发区土地节约集约利用效率。划定县城以上中心城区城镇开发边界总用地面积5027平方公里。赣州市列为国家第二批城市设计试点城市，景德镇市、瑞金市、婺源县列为省级城市设计试点城市。组织开展省级历史文化名城和第三批省级历史文化街区申报认定工作，新摸排历史文化街区40处、历史建筑1516幢。申报省级历史文化名城3座、省级历史文化街区12处。

【补齐市政基础设施短板】 推动开展城市双修，即城市生态修复、城市修补。加大对景德镇市城市"双修"国家试点工作的指导，总结推广景德镇市试点经验。海绵城市建设步伐加快。住房城乡建设部向全国推广萍乡市海绵城市试点经验，南昌市、吉安市、抚州市等3个省级试点及全省面上工作加快推进。全省建成海绵城市面积97.22平方公里。城市地下综合管廊建设有序推进。全省城市地下综合管廊累计形成廊体41.88千米，10个设区市编制完成地下综合管廊专项规划，景德镇市地下综合管廊试点带动作用逐步显现。城市桥梁管理得到加强。组织完成全省城市道路跨铁路立交桥归属、移交情况的实地调研和比对工作，推动城市危桥加固改造工作。贵溪市被命名为国家园林城市，湖口县、靖安县被命名为国家园林县城。

【推进城市管理体制改革】 设立省级城市管理和执法管理机构。召开全省城市管理和综合执法体制改革工作现场推进会，总结推广新余市、樟树市试点经验。推动市县城市管理机构列入政府工作部门，实现城市管理机构名称统一、性质统一、职能统一。上饶市、赣州市出台《城市管理条例》。上饶市成立全国第一所城管党校＋城管行政分院。新余市城管局、上饶市城管局获住房城乡建设部"强基础、转作风、树形象"专项行动表现突出单位。推进数字化城市管理平台建设，全省11个设区市中心城区数字化城管平台全部建成。

【加强村镇规划建设管理】 加强农村规划和建房管理。推进县域乡村规划和实用性乡村规划编制，加强规划审批管理和农房建设管理。南昌县黄马乡罗渡村、新建区栖霞镇店前村列入全国村庄规划试点。在进贤县、武宁县、会昌县、明月山温泉风景名胜区、横峰县、新干县、崇仁县等7个县开展农村建房规划管理试点工作。会昌县、德兴市等市县率先编制完成县域乡村建设规划。强化规划批后监管，开展专项督查，遏制超高超大超限违法违规建房。在全国乡村规划工作检查中综合评价列第十位。村落保护有新突破。50个村落列入第四批中国传统村落名单，推荐上报268个村落为第五批中国传统村落候选对象，审核公布248个村落列为首批省级传统村落，11个村列为全国改善农村人居环境示范村，53个村列为全国第一批绿色村庄。金溪县完成传统村落保护规划编制工作。加快创建特色小镇。全省12个小镇列入国家级培育名单，66个小镇列入省级培育名单。国家园林城镇创建工作成效显著，靖安县宝峰镇、婺源县江湾镇被命名为国家园林城镇。

【推动建筑业加快发展】 全省完成建筑业总产值6166.8亿元，增长19.1%；对外承包工程累计完成营业额44亿美元，增长10%；新增特级资质建筑业企业6家、一级建筑业企业126家；4项（含承建国外项目2个）工程入选鲁班奖。实施"走出去"战略，支持一批有实力的建筑企业"走出去"发展，提高对外承包能力，打出"江西建设"品牌。建立"全省建筑市场监管与诚信信息一体化工作平台"，建设工程施工许可证实行网上办理。加强房屋建筑和市政基础设施工程施工招标投标监督管理，规范招标投标行为。强化工程勘察设计监管，开展工程项目勘察设计执法检查。强化工程造价监管，健全工程计价制度，颁布实施《江西省建设工程定额（2017版）》。开展建筑安全生产标准化、工程质量管理标准化活动和工程质量安全提升行动，开展安全生产月百日行动、安全生产执法年等活动。装配式建筑试点扎实推进。南昌市、抚州市、上饶市、九江市、吉安市、赣州市等6个试点城市加快装配式建筑发展步伐，13个装配式建筑基地开工，中煤建设、朝晖集团、雄宇集团等3企业被列为全国首批装配式建筑示范产业基地。南昌县在全省率先出台装配式建筑发展实施意见。建筑节能和绿色建筑取得成效。印发《江西省建筑节能与绿色建筑发展"十三五"规划》，全年新增绿色建筑项目126个、建筑面积1600万平方米。

法规建设

【法规制度建设】 《江西省建设工程造价管理办法》列入省政府2017年立法计划项目。制定《关于加快推进全省海绵城市建设工作的通知》等一批规范性文件。代拟《江西省人民政府办公厅关于进一步加强房屋建筑拆除工程安全生产管理工作的若干意见》。印发《关于开展地方性法规清理的实施方案》，开展地方性法规清理工作，废止1部、修改2部、保留继续实施9部。开展省政府文件清理工作，对104件省政府文件，建议宣布失效55件、予以修改2件、继续有效47件。

【行政审批制度改革】 取消行政审批事项1项，拟取消行政审批事项1项，报送省审改办审核。梳理填报省住建厅行政权力责任事项清单158项和行政许可中介服务事项清单11项。落实《关于印发〈江西省清理行政许可事项各类证明工作方案〉的通知》，开展行政许可事项各类证明清理工作，保留实施的18项行政许可审批事项中，需提供证明材料的13项，无需提供证明材料的3项，拟取消的1项，住房城乡建设部已下文改为备案的1项。拟精简行政权力10项，报送省审改办审核。

【"双随机一公开"监管工作】 根据《江西省人民政府办公厅关于公布江西省政府部门随机抽查事项清单的通知》，公布省住建厅随机抽查事项清单。向省政府法制办报备2017年行政执法检查计划，组织办理行政执法证，全厅87人办理了执法证件。推进"双随机、一公开"行政执法监督平台应用工作。

【法治建设和行政建设】 出台《江西省住房和城乡建设厅贯彻落实党政主要负责人履行推进法治建设第一责任人职责实施方案》，落实党政主要负责人履行推进法治建设第一责任人职责。落实责任分工。印发《关于印发江西省住房和城乡建设厅2017年全面深化改革工作台账的通知》，明确法治江西建设任务责任。推进住建系统法治文化建设。印发《关于学习贯彻推进法治文化建设两个文件精神的通知》，推动法治文化建设在全省住房城乡建设系统落地见效。出台《江西省住房和城乡建设厅2017年法治政府建设工作计划》，部署2017年法治政府建设工作。制定下发《关于积极支持和配合人民法院解决执行难问题的通知》，推动解决执行难工作在全省住房城乡建设系统落地见效。发挥法律顾问作用，代理行政诉讼案件2件，提供法律服务12次，提出法律审查意见6份。制定出台《关于印发〈江西省传统村落保护条例〉〈江西省民用建筑节能和推进绿色建筑发展办法〉行政处罚裁量权细化标准的通知》，细化《江西省传统村落保护条例》《江西省民用建筑节能和推进绿色建筑发展办法》处罚条款的行政处罚裁量权标准。

【深化改革】 印发《关于印发江西省住房和城乡建设厅2017年全面深化改革工作台账的通知》，明确住建厅的重点改革工作、布置厅系统2017年深化"放管服"改革工作，落实责任分工。向省委改革办、省政府推进职能转变协调小组办公室报送信息18篇，向省委改革办报送提交省委全面深化改革领导小组会议审议事项计划1项。制定出台《省住房和城乡建设厅全面深化改革任务调度督察办法》，迎接改革督查（察）3次。做好全省"放管服"改革专项督查发现的问题及建议整改落实。制定《关于印发落实全省"放管服"改革专项督查发现问题及建议整改工作实施方案的通知》。

【行政复议和行政应诉】 共收行政复议申请22件，其中，不予受理14件，告知向其他机关申请行政复议2件，受理并作出行政复议决定6件。对住房城乡建设部受理转办，以住建厅作为被申请人的行政复议案件4件，严格执行住房城乡建设部的行政复议决定。依法依规进行审理。所有行政复议案件均全部在法定时间内办结，未发生行政复议申请人对复议决定提起诉讼的情况。依法做好行政应诉工作。省住建厅作为被告的行政诉讼案件5件，其中3件法院已裁定驳回起诉，1件原告申请撤诉，1件法院正在审理当中。

【法治宣传】 印发《关于学习宣传和贯彻落实〈城市管理执法办法〉的实施方案》的通知，推动《城市管理执法办法》学习宣传和贯彻落实，提升城市管理执法能力和水平。向省法建办报送法治建设信息18篇。在网络媒体上进行法治宣传，发表信息宣传160余篇。

【法律服务】 做好退办公文的办理工作，完成80余件退办公文办理工作。加强厅制发公文的合法性审查，审查各类公文50余件。做好群众的政策咨询解答工作。全年共接待群众政策咨询60余人次。开展行政执法监督检查，贯彻落实法治江西建设的各项工作任务。参与全省降成本优环境专项行动，深入挂点企业开展帮扶工作,跟踪解决企业困难。

房地产业

【概况】 2017年,江西省房地产市场运行基本平稳。房地产开发投资保持增长。全省房地产开发完成投资2013.98亿元,增长13.7%,房地产开发完成投资占全省固定资产投资(21770.43亿元)9.25%;其中,住宅开发完成投资为1391.79亿元,增长11.6%。全省商品房销售面积5841.93万平方米,增长24.5%;其中,商品住宅4694.97万平方米,增长19.9%。商品房销售价格同比增长。全省商品房综合销售价格6150元/平方米,增长7.72%;其中,商品住宅综合销售价格5800元/平方米,增长8.80%。二手房交易面积同比增长。全省二手房交易面积1920.03万平方米,增长29.17%;其中,二手住宅交易面积1699.79万平方米,增长33.27%。商品房竣工面积同比增长。全省商品房竣工面积1854.40万平方米,增长13.4%;其中,商品住宅竣工面积1365.86万平方米,增长3.8%。商品房新开工面积同比增长。全省商品房新开工面积4954.33万平方米,增长27.9%;其中,商品住宅新开工面积为3712.08万平方米,增长30%。房地产业信贷规模增长。房地产开发企业到位资金中,房地产开发企业银行贷款规模348.40亿元,增长33.8%;商品房个人按揭贷款规模726.44亿元,增长25.1%。土地购置面积同比增长。全省土地购置面积576.17万平方米,增长30%。土地购置价款同比增长。全省土地成交价款186.52亿元,增长53.9%。土地购置平均价格3237元/平方米,增长18.35%。房地产税收同比增长。全省房地产业税收476.58亿元(其中地税307亿元,国税169.58亿元),增长29.3%。

【房地产市场调控】 出台《江西省人民政府办公厅关于进一步做好房地产市场调控工作指导意见》,提出当前主要任务是由去库存转变为防风险、控房价;坚持"分类指导、精准调控、因城施策"的原则,提出有效的房地产调控措施。建立全省房地产市场会商协调机制,成立全省房地产市场会商协调领导小组,研究和分析房地产市场出现的新情况和新问题。开展房地产市场专项检查,强化对房地产市场的引导和监测,建立房地产交易信息日报制度,每月完成房地产市场形势分析报告。

【住房租赁市场】 出台《进一步加快发展住房租赁市场的通知》,通过保障租赁双方权益,大力发展住房租赁企业,增加租赁住房有效供应,加快建设住房租赁信息服务和监管系统,加快建立租购并举的住房制度,全力支持住房租赁消费。与中国建设银行江西省分行签订300亿资金规模支持发展租赁市场的合作协议。

【市场专项整治】 专项督查全省房地产开发、中介、物业企业,并对市、县房管局进行通报。通过自查和督查,全省共下发整改通知358份(开发116份、中介133份、物业109份),暂停网签20个项目,资质降级18家,公告注销222家(开发80家、物业51家、中介91家),并对部分企业进行了停业整顿、经济处罚、网上曝光。

【不动产登记】 转发《国土资源部、住房城乡建设部关于房屋交易与不动产登记衔接有关问题的通知》,下发《关于做好不动产登记资料移交工作的通知》,有效保障市、县房管部门的交易职能。

住房保障

【概况】 2017年,国家下达江西省棚户区改造开工任务为24.23万套。截至12月底,全省已开工24.23万套,开工率达100%。国家下达江西省保障性安居工程基本建成任务为9.37万套。截至12月底,全省基本建成25.57万套,超额完成国家下达的保障性安居工程基本建成目标任务。2017年,国家要求2013年底前开工的政府投资建设公租房分配率达90%以上,2014年度开工的政府投资建设公租房分配率达85%以上。截至12月底,全省公租房已分配69.5万套,分配率为89.5%,居全国第10位。其中2013年底前政府投资建设公租房已分配53.7万套,分配率达95.9%;2014年度政府投资建设公租房已分配9.3万套,分配率达93.5%;全省公租房新增分配12.2万套;提前3个月全面完成国家下达的公租房分配入住目标任务。

【落实目标责任】 江西省政府连续10年与各设区市政府签订住房保障目标责任书,各设区市政府同步与所辖县(市)政府签订目标责任书,明确目标任务,落实地方政府工作责任。印发《关于下达2017年全省保障性安居工程建设工作计划的通知》,将目标任务分解下达到各市、县,对全年棚户区改造、公租房分配各项任务提出具体部署和安排。

【棚户区改造】 6月,省政府在上饶市召开全省棚改现场推进会。每月调度、每月通报棚户区改造进度,召开2次棚户进度督办会,发送1份督办函,对部分棚改进展相对滞后的市县进行了重点督导。9月、11月分别组织专项督查组,对全省棚户区改造、保障性安居工程基本建成情况开展全面督查,督查情况专报省人民政府,并在省内主要媒体进行全省通报。国家下达棚户区改造开工任务为24.23万套。截至年底,全省已开工24.23万套,开工率100%,提前1个月完成国家下达棚改开工目标任务。融资贷款发放额度居全国前列。棚户区改造融资贷款省国开行发放贷款162亿元,省农发行发放361.0亿元。

【加快分配】 江西省首次将公租房分配目标写入住房保障目标责任书,并纳入省政府对市县政府科学发展综合考评重要指标内容。明确公租房分配入住目标,每月通报公租房分配进度,召开全省公租房工作座谈会,2次公租房工作专项督办会,发送23份督办函,对部分分配进度滞后市县开展重点督导。8月、10月,派出5个督查组对全省2014年度以前政府投资建设的65.8万套公租房分配情况开展全面督查,优化服务,加快分配。

【后续管理】 狠抓公租房配套基础设施建设,对列入2017年中央财政专项补助的公租房配套基础设施项目,从6月起,每半个月调度一次进展情况,定期通报,力促年内全面建成。妥善做好公租房分类盘活与处置,出台《江西省公共租赁住房分类处置和盘活的实施办法》,批复九江市依规盘活处置公共租赁住房1.4万套,规范公共租赁住房分类盘活和处置行为。落实公租房审计整改,抓好全省涉及31户跨地市重复享受住房保障待遇问题整改,督导全省公租房分配管理其他审计问题全面整改到位,并上报住房城乡建设部、省政府。完善住房保障方式,转发《关于做好城镇住房保障家庭租赁补贴工作的指导意见》,逐步扩大租赁补贴覆盖范围,提高租赁补贴标准,推行公租房货币补贴。完善公租房分配方式,发挥公租房对特殊困难群众的精准保障作用,对享受国家定期抚恤补助的优抚对象、孤老病残等人员进行优先保障。

【筹措资金】 争取中央财政专项补助,及时下拨省级财政配套资金。全省下达保障性安居工程各类补助资金90.26亿元(其中:中央财政专项补助资金55.71亿元,中央预算内配套基础设施投资计划31.82亿元,省级财政配套资金2.73亿元),比上年增长33.6%。发挥财政资金激励作用,继续安排8000万元用于奖励按期完成目标任务的市县。全年争取国开行、农发行新增授信或评审贷款811亿元,新增发放贷款683亿元,有效地解决棚户区改造资金。

【信息化建设】 督促各市、县推进住房保障管理信息系统平台建设。6月,在南昌召开全省公租房分配及保障性住房信息系统建设工作座谈会,对保障性住房信息系统建设工作提出了新目标和内容。截至年底,南昌、景德镇等9个设区市及所辖市、县(区)已完成了住房保障信息系统的全面覆盖,吉安、九江中心城区及部分所辖市、县(区)实现互联互通。南昌全市3县6区均已使用系统开展住房保障业务。

住房公积金管理

【概况】 2017年,江西省新开户单位3125家,实缴单位44649家,净增单位259家;新开户职工28.4万人,实缴职工258.2万人,净增职工13.72万人;缴存额346.92亿元,同比增长14.53%。2017年末,缴存总额1971.63亿元,同比增长21.35%;缴存余额1038.74亿元,同比增长16.27%。为73.7万名缴存职工提取住房公积金201.57亿元,提取额同比增长12.41%;提取额中,住房消费提取占83.44%,非住房消费提取占16.56%。提取总额932.89亿元,同比增长27.56%。发放个人住房贷款6.17万笔213.37亿元,同比下降27.24%、33.18%,回收个人住房贷款106.16亿元,支持职工购建房910.02万平方米;发放异地贷款2999笔86825.4万元;发放公转商贴息贷款2358笔86067万元,贴息额2145.18万元,支持职工购建房面积24.43万平方米。

住房公积金个贷率97.33%,逾期率0.1‰,个人住房贷款市场占有率为24.56%。

【保障性住房贷款】 九江和上饶2个试点城市共6个试点项目,贷款额度6.79亿元,建筑面积68.18万平方米,解决11652户中低收入职工家庭的住房问题。截至年末,九江3个试点项目贷款已完成,上饶2个试点项目贷款已完成。

【公积金监管】 6月,对景德镇和抚州的住房公积金廉政风险防控情况进行专项检查,11月,围绕目标完成、政策落实、信息化建设、缴存扩面、降缴缓缴、专项稽核、宣传报道7个方面,组成4个督导小组对全省13个管理中心进行了专项督导检查,将检查结果进行通报并限期整改。

【公积金服务】 全省各住房公积金管理及所辖办事处,严格落实首问责任制、服务承诺制、限时办结制等制度,推行上门服务、延时服务、预约服务,打造门户网站、12329住房公积金热线、手机APP等住房公积金信息综合服务平台。截至6月30日,全省13个管理中心全部接入全国住房公积金异地转移接续平台,实现了"账随人走,钱随账走"。

截至12月，全省累计发生转入3166笔，转入金额7412.1万元；转出2330笔，转出金额6394.4万元。

【公积金信息化】 萍乡、新余、南昌等9个管理中心按照《住房公积金基础数据标准》和《住房公积金银行结算数据应用系统公积金中心接口标准》要求，完成了系统升级改造。新余在全省率先实现在房管、不动产、民政等多个部门之间信息查询共享，"让数据多跑路、让群众少跑路"的目标。南昌建成住房公积金综合服务平台，包括网厅、12329热线、微信等综合管理服务系统。

城乡规划

【概况】 截止到年底，江西省城镇化率为54.4%，比上年提高1.3个百分比。南昌、九江、赣州、景德镇、鹰潭、萍乡、上饶、新余、抚州、井冈山、贵溪、乐平、德兴、瑞昌、庐山15个市设立一级规划局。宜春、吉安、九江、丰城、樟树、高安、瑞金7个市设立一级规划建设局，吉安市设了规划管理处，宜春市、高安市设立规划管理办。德安、武宁、修水、都昌、上栗、余江、上饶县、玉山、鄱阳、婺源、万年、铅山、余干、弋阳、横峰15个县设立规划局，南昌县、进贤、安义、湖口、兴国、于都、宁都、石城、会昌、大余、上犹、信丰、崇义、龙南、全南、定南、寻乌、安远、铜鼓、宜丰、奉新、万载、上高、靖安24个县设立规划建设局。11个设区市成立城市规划委员会，由市委书记或市长担任主任，具体研究解决城市规划发展和建设的重大问题。全省各地实行城市规划专家技术审查制度，加强科学决策、民主决策。全省有南昌、景德镇、赣州市、瑞金市4个国家历史文化名城，吉安市、井冈山市、九江市3个省级历史文化名城，32个省级历史文化街区。

【城市空间规划】 江西省级空间规划试点工作列入全国9个试点之一。围绕"一套规划成果、一套技术规程、一套改革建议、一个信息平台"的试点目标开展工作，完成《江西省空间规划（2016—2030）》成果编制和"三区三线"划定工作，推进空间规划信息平台建设。全面完成省级"多规合一"试点市县规划审查工作，鹰潭市、萍乡市由"多规合一"试点转为市县空间规划试点，探索上下联动编制空间规划的路径方法。景德镇市成功申报国家第二批城市"双修"试点，指导景德镇市制定"双修"计划、开展"双修"建设。11月，全省城市"双修"现场会在景德镇召开，向全省推介景德镇城市"双修"工作经验。深入推进城市设计试点。赣州市列为国家试点城市，景德镇、瑞金市、婺源县列为省级试点城市，从总体城市设计、重点地区城市设计、其他地段城市设计三方面切实提升城市设计水平，引领全省各地开展城市设计工作。

【重大项目选址】 全年共核发71件重大建设项目选址意见书。做好工业园区、开发区工作。根据住房城乡建设部《关于开展开发区复核工作的通知》要求，对全省21个开发区开展复核工作。支持工业园区、开发区加快发展，先后核发了樟树、永修、广丰等10份扩区调区规划符合性审查意见。

【新型城镇化发展】 推动试点探索经验。7月28日，组织召开省新型城镇化推进情况暨省级综合试点工作座谈会，指导12个省级新型城镇化试点单位加强城镇化工作协调力度，加快推进新型城镇化发展。开展全省新型城镇化工作督查。印发《加快推进城市地下空间开发利用指导意见》《关于进一步完善城市停车设施规划建设管理工作的指导意见》，发布《江西省开发区总体规划和控制性详细规划编制审批暂行办法》。开展城镇化发展质量评价工作。中期评估、跟踪分析《国家新型城镇化规划（2014—2020年）》实施情况，形成新型城镇化中期评估报告。综合分析评价各市、县上报的城镇化发展数据，形成《2016年江西省新型城镇化发展质量评价报告》。抓好生态文明建设牵头工作。建立生态文明试验区建设工作落实机制，制定国家生态文明试验区（江西）实施方案责任分解落实方案，建立台账，责任到人。开展全省城市新区规划建设情况调研。摸底排查全省城市新区系统，实地调研吉安、赣州、九江等地城市新区规划，形成《关于全省城市新区规划建设情况的报告》。加强名城街区保护工作。全面开展历史文化遗存普查工作，新摸排历史文化街区潜在对象18处，历史建筑潜在对象1516幢。组织开展省级历史文化名城和第三批省级历史文化街区申报认定工作。制定《关于切实加强历史文化名城及历史文化街区保护工作的意见》。

【规划编制水平】 推进跨区域城镇体系规划编制。《环鄱阳湖生态城市群规划》《南昌大都市区规划》两项规划成果经省政府组织专家审查通过。完成《九江都市区总体规划》编制和报批工作。强化城市总体规划编制。加强对市县城市总体规划修编工作的指导，推进现版总规期限至2020年的城市开展城市总体规划修编工作。探索和研究开展2035年规划编制工作，印发《关于加强新时期城市总体规划编制工作的通知》，城市总体规划期限调整为2035年。督促各地完成城市近期建设规划、海绵城市专项规划、停车设施布局专项规划、通信基础设施等专项规划编制工作。加强控制性详细规划编制与管理工作。制定《江西省控制性详细规划编制技术导则》《江西省控制性详细规划修改动态维护办法》。加强开发区规划管理工作。制定《江西省开发区总体规划和控制性详细规划编制审批暂行办法》，规范全省各类开发区总体规划和控规编制和审批工作。

【城乡规划专项治理】 发挥规划督察员的层级监督效力，全年发出城乡规划督察意见书8份，涉及8个地市共16条督察意见。强化督察意见书的跟踪落实，开展督察工作专项检查，推动遥感监测辅助城市规划督察工作，加大对违法违规行为责任人的问责和处分力度，加强规划实施监管。印发《关于全省城乡规划督察意见书整改落实情况专项检查的通报》。推进城市建成区违法建设专项治理工作。2017年度全省设市城市、省直管试点县拆除新增违法建设133.77万平方米，拆除存量违法建设299.49万平方米。大多数设市城市存量违法建设累计查处进度已超过70%，部分省直管县提前完成目标。推进南昌市红谷滩翠苑路和沁园路违法建设治理工作，跟踪督促萍乡市文化路步行街违法建设查处工作。推广赣州市城市建成区违法建设治理工作经验。推进规划严格实施制度建设。严格执行规划评估和修改制度，做到城市总体规划批复不足5年的，原则上不得进行修编，坚决遏制"政府一换届，规划就换届"的情况。制定《关于建立重大城市规划决策合法性审查机制的指导意见》，印发《江西省违反城乡规划重点案件核查和挂牌督办的工作规程》，建立挂牌督查制度。制定《关于建立健全城市规划委员会制度的指导意见》《关于建立城市总规划师制度的指导意见》。从严管控容积率调整等违规行为，印发《江西省建设项目容积率管理办法》、《关于建立城乡规划违法违纪行为查处机制的指导意见》。

【城镇开发边界划定】 制定《江西省城镇空间开发边界技术导则》，按照"省级初划、二上二下"工作节奏，先后两轮与全省87个城市（县城以上）协调沟通，科学划定城镇开发边界。

城市建设

【概况】 2017年，江西省完成城镇污水配套管网建设约900千米，城镇生活污水处理率达到89%，全面完成省政府重点支持的48个县（市）新建改造污水管网建设任务，14个县污水处理厂提标改造土建工程基本完成；城镇生活垃圾无害化处理率达到92%，在全国省（市、区）中第一个出台省级生活垃圾分类实施方案，南昌、宜春和赣江新区启动生活垃圾分类工作。园林绿化三大指标在全国稳居前三；全省城市地下综合管廊2016年任务累计形成廊体41.88千米，2017年新开工建设51.34千米；完成海绵城市建设面积97.22平方公里；萍乡市海绵城市建设试点工作在住房城乡建设部、财政部、水利部组织的2016年度绩效评价中名列第一；黑臭水体整治工作完成73%；贵溪市被命名为国家园林城市，湖口县、靖安县被命名为国家园林县城，婺源县江湾镇、靖安县宝峰镇被命名为国家园林城镇。

【污水处理】 狠抓污水管网建设，全省48个县市建成污水管网1998.81千米，完成总投资额47.84亿元，占计划的109.1%，完成48个县市污水管网建设任务。全省敏感区域内14个县（市、区）城镇污水处理厂一级A提标改造土建工程基本完成。

【生活垃圾治理】 建立省垃圾治理工作厅际联席会议制度，统筹协调全省垃圾治理工作。启动生活垃圾分类工作，省政府召开全省生活垃圾分类电视电话会议，部署和安排全省城市生活垃圾分类工作。在全国第一个以省政府名义出台《全省生活垃圾分类制度具体实施方案》。统筹推进生活垃圾焚烧发电设施建设，2017年建成垃圾焚烧处理设施3座，新增垃圾焚烧日处理能力1600吨，在建垃圾焚烧处理设施7座。提升生活垃圾无害化处理能力，加强对尚未建成无害化生活垃圾处理设施县（市）的督促指导，7个县市已实现生活垃圾无害化处理。

【海绵城市建设】 全省建成海绵城市面积97.22平方公里，住房城乡建设部向全国推广萍乡市海绵城市试点经验。印发《关于加快推进全省海绵城市建设工作的通知》、《萍乡市海绵城市试点建设工作做法和经验的通知》，全面推进全省海绵城市建设和宣传推广海绵城市建设萍乡经验，着力打造萍乡市海绵城市建设产品产业发展。11月1日，在萍乡召开海绵城市建设论坛和现场推进会，发起海绵城市建设《萍乡倡议》。提出树立人与自然和谐共生的理念，全面推进全省海绵城市建设。印发《江西省海绵城市建设技术导则（试行）》提供技术参考，印发《关于加快推进省级海绵城市试点建设工作的通知》，约谈建设滞后的抚州市、宜春市、新余市、赣州市、景德镇市、九江市主管部门负责人。

【地下综合管廊建设】 全省城市地下综合管廊累计形成廊体41.88千米，10个设区市编制完成地下综合管廊专项规划，景德镇市地下综合管廊试点带动作用逐步显现。1月16日，召开城市地下综合管廊建设工作部署会，将建设任务落实分解到各城市。5月18日，召开城市地下综合管廊建设工作调度会，调度各地项目建设和配套政策制度出台情况。派出督察组全面督查11个设区市和赣江新区2017年建设任务开工建设情况，印发《关于全省城市地下综合管廊建设进展情况的通报》。

【黑臭水体整治】 印发《关于认真贯彻落实刘奇省长重要批示加强城市黑臭水体整治工作的通知》，提出黑臭水体整治的具体要求，督促指导各地开展黑臭水体整治工作；每季度下发全省城市黑臭水体整治情况通报。全省黑臭水体整治工作纳入江西省2017年"清河行动"，制定黑臭水体专项整治行动方案。

【创建园林城市】 通过"拆违拆临、建绿透绿、见缝插绿"，结合旧城改造、棚户区改造，加大园林绿化建设和改造提升。贵溪市、靖安县、湖口县、婺源县江湾镇、靖安县宝峰镇分别被命名为国家园林城市（县城、城镇）。

村镇规划与建设

【概况】 2017年，江西全省乡镇域总面积15.93万平方公里，建成区面积17.58万公顷，村庄用地面积48.65万公顷。有建制镇703个，乡567个，农场34个（不含城关镇和纳入城市统计范围的乡镇），行政村16846个，自然村162884个。全省村镇总人口3946万人，其中，小城镇镇区人口862万人，村庄人口3084万人。全省已建立镇（乡）级村镇规划建设管理机构1284个，配备工作人员6874人，其中专职人员2761人。全年全省村镇建设总投资489亿元，年度村镇住宅竣工建筑面积4092万平方米，年末村镇实有住宅建筑面积15.38亿平方米，人均住宅建筑面积40.5平方米。村镇公用设施逐步完善，96.2%的建制镇、89.6%的集镇建有集中供水设施，小城镇自来水普及率68.4%。小城镇建成供水管道、排水管渠、道路分别有16369公里、10585公里、15079公里，有公共厕所5605座，环卫车3658辆，公园绿地面积达1030公顷。

【乡村规划管理】 印发《关于贯彻落实省政府办公厅关于进一步加强农村建房规划管理的意见的通知》，提出14条贯彻落实措施。派出督查组对全省各市县农村建房规划管理工作进行专项督查，并下发通报。开展农村超大超高违法违规建房专项治理和农村建房管理"三合一"督导。启动农村建房规划管理试点工作。在进贤县、武宁县、会昌县、横峰县、明月山风景区、新干县、崇仁县等7个县开展农村建房规划管理试点工作。

【农村危房改造】 完成国家下达的2016年度12.78万户农村危房改造任务，并组织实施省级验收。制定2017年度农村危房改造和百日攻坚行动工作方案，召开全省农村危房改造工作暨审计整改工作会，印发年度工作方案，部署2017年度8.02万户任务实施和审计问题整改工作。制定出台农村危房改造审计问题整改工作方案，围绕脱贫攻坚开展农村危房改造问题整改，开展四类对象危房现状调查和第三方评价，做到精准识别对象、精准实施危房改造、精准建档立卡贫困户的脱贫退出标准。强化工作调度，实施旬报制度，先后印发进度通报7期。截至年底，全省2017年度8.02万户农村危房改造竣工率100%。在龙南和上栗两县开展农村危房改造加固试点工作，编印《江西农村住宅建筑危房鉴定和加固改造技术手册（试行）》，建成一批农房加固维修示范样板。

【传统村落保护】 强化历史文化名镇名村保护。全省共有116个省级历史文化名镇名村，其中33个被列为中国历史文化名镇名村。开展中国历史文化名镇名村保护工作自查，并迎接国家部委的评估检查。开展传统村落保护项目实施情况检查。加强传统村落保护。全省共有175个中国传统村落，其中148个列入中央财政支持范围，获得每村300万元中央补助资金。7月，经省政府批准公布248个首批省级传统村落。11月，向住房城乡建设部推荐268个村落申报第五批中国传统村落。对获得中央财政资金和20个省级财政资金支持的中国传统村落保护项目实施情况进行调度，分别下发通报，对列入省级财政支持范围的传统村落进行了实地交叉检查。启动传统村落数字博物馆建馆工作，4个村落完成建馆成果。组织开展传统村落保护发展国际大会系列活动。组织专家编写《传统建筑解析与传承》江西卷正式出版发行。

【特色镇村建设】 推进重点镇建设发展，重点抓好特色镇创建示范工作。8个镇列入第二批全国特色小镇名单，分两批公布了66个省级特色小镇名单。召开全省特色小镇建设工作会议暨培训会，组织各地开展特色小镇培育工作督导检查。推进鄱阳湖沿线建制镇污水处理设施建设。督促指导20个鄱阳湖沿线建制镇污水处理项目建设情况，至年底，20个建制镇的污水处理设施建设项目已全部完工，部分已投入运行。

【改善人居】 有序推进农村生活垃圾治理工作。开展农村生活垃圾专项治理电话调查和入村暗访，全省所有有治理任务的县（市、区）分3批次通过省级考核验收工作。在瑞昌市、靖安县、崇义县3县（市）推行农村生活垃圾分类和资源化利用示范试点，试点县（市）的部分镇村已完成垃圾分类和资源化利用设施建设并投入运行。印发《关于切实做好农村生活垃圾治理重点工作全力确保我省如期通过国家验收的通知》，督促指导各地攻克重点薄弱环节。召开非正规垃圾堆放点排查工作推进会及督促会。印发《关于加快完成非正规垃圾堆放点排查及信息录入工作的通知》，全省录入率为100%，排查登记非正规堆放点492处。推进全省3个全国农村生活污水治理示范工作。部分县已实现集镇污水处理设施全覆盖，重点村基本完成生活污水治理工作。开展宜居村镇示范创建工作。11个村列入全国改善农村人居环境示范村，53个村被住房城乡建设部公布为第一批绿色村庄。9镇24村列入全国美丽宜居村镇，17镇23村列入省级美丽宜居村镇。

【乡村规划】 推进全省县域乡村规划编制，全省县域乡村建设规划编制率30%。指导各地因地制宜分类编制实用性村庄规划。开展乡村规划工作检查，江西在全国乡村规划工作交叉检查中综合评价列全国第十位。组织开展县（市）域乡村建设规划和村庄规划试点工作，南昌县黄马乡罗渡村、新建区栖霞镇店前村列入全国村庄规划试点。组织专家对历史文化名镇名村、传统村落、特色镇、示范村等村镇规划进行技术审查，指导各地高起点、高标准编制重点村镇规划，不断提升村镇规划编制水平。

勘察设计与标准定额

【概况】 2017年，江西省工程勘察设计单位共513家，其中甲级企业112家；从业人员143543人，其中技术人员28480人（高级职称人员6322人）；注册执业人员9566人，其中注册建筑师719人（一级314人，二级405人），注册结构工程师685人（一级420人，二级265人），注册土木工程师（岩土）207人。全年全省勘察设计营业收入总额790.79亿元，增长49.79%，其中工程勘察收入14.59亿元，增长17.66%。工程设计收入44.21亿元，增长30.69%；工程总承包收入196.91亿元，下降37.11%；营业税金及附加9.31亿元，下降32.68%。全省797人参加全国注册建筑师考试，2062人参加全国勘察设计注册工程师考试。组织全省勘察设计注册工程师和建筑师执业资格考试收费标准的重新核定工作和继续教育工作。

【监督执法检查】 开展全省2017年度工程勘察设计质量监督执法检查，强化个人执业资格管理，落实个人责任制，明确注册建筑师、注册结构工程师和注册岩土工程师的权利与责任，落实注册建筑师项目负责人责任制，强化注册建筑师在工程设计中的主导作用，更好发挥其专业人员的作用，全面落实注册岩土工程师执业制度。依法依规对9家违反相关强制性标准的勘察设计单位和7家施工图审查机构进行处理。

【出台标准及图集】 完成《江西省既有建筑绿色改造评价标准》《江西省高性能混凝土应用技术规程》2个工程建设标准及4个图集《CCB反应粘结型卷材建筑防水构造》、《JC砌块建筑内隔墙构造》、《XTL硅质防水材料建筑防水构造》和《AJ玻化微珠保温板外墙外保温建筑构造》四个图集。

【设计评优】 贯彻《建筑工程设计招投标管理办法》，出台《江西省建筑工程设计评标办法》。完善工程勘察设计评优制度，突出建筑使用功能及节能、节水、节地、节材和环保要求，全省146个项目获奖。认定《中大城7号、8号楼及其商铺、地下室工程（一标段）》《江西出入境检验检疫局综合实验用房》为省优秀设计。

【BIM技术应用】 引导BIM技术在大型勘察设计单位的集成应用，中国瑞林工程技术有限公司、江西省建筑设计研究总院等单位开展BIM技术在工程设计应用试点，取得效果。

【加强监管】 配合住房城乡建设部对注册建筑师、注册勘察设计结构工程师等注册人员挂证行为进行了查处。处理投诉举报信息，对网上、网下实名举报的违法违规行为的主体进行调查核实，依法依规处理违法主体，按照住房城乡建设部要求，对中冶京诚设计有限公司沈阳石油化工设计院在工程设计市场违法行为进行核实，并向住房城乡建设部建筑市场监管司作了报告。

【无障碍设施建设】 抓好无障碍环境建设工作。协助省残联制定《江西省无障碍环境建设"十三五"实施方案》，协助省残工委制定《江西省人民政府贯彻落实〈国家残疾预防行动计划（2016—2020年）〉的实施意见》。印发1000册《江西省无障碍环境建设办法》进行宣传推广。

【推进养老服务】 推进养老服务设施建设，协助省民政厅起草《省委办公厅省政府办公厅印发了〈关于全面提升养老院服务质量的意见〉的通知》，协助省老龄办制定《江西省人民政府办公厅关于做好我省老年人权益保障和照顾服务工作的实施意见》。协助省老龄办制定《江西省老龄事业发展十三五规划》。

【定额编制】 完成2017版《江西省建设工程定额》的编制，自12月1日起在全省范围内执行。

【造价行业】 组织开展注册造价工程师违规"挂证"清理工作，全省各级建设行政主管部门和工程造价监管机构遵循"双随机一公开"的检查原则，对全省3221名注册造价工程师资格和执业情况进行核查，执业资格和行为符合要求的有2505名，发现违规"挂证"人员716名。

【造价信息】 落实各设区市建设行政主管部门和造价管理机构在造价信息发布工作中的自主权，调整和明确发布工作的工作主体、责任主体和监督主体，建立健全事中和事后监督机制；通过划小发布单元，减少审查和过程工作环节，提高发布工作效率，实现信息发布工作的"合理性、及时性、准确性"；实施建立全省统一造价信息库数据标准工作，建立全省工程造价信息管理数据库、信息采集系统和信息网络平台，形成发布和管理"一张网、一条线、一个平台"。

【建筑标准】 全年共设立江西省工程建设标准与建筑标准设计编制项目计划37项，其中工程建设标准20项，建筑标准设计17项；完成工程建设标准12项，建筑标准设计9项。

建设工程质量安全监管

【概况】 2017年，江西省历年未竣工受监工程9871项，面积21323.3万平方米（住宅工程5718项，14094.01万平方米、公建工程2870项，5914.48万平方米、其他工程1003项，1311.59万平方米）。全省新受监工程8945项，面积9921.65万平方米（住宅工程4449项，6402.216万平方米、公建工程3159项，2465.587万平方米、其他工程1366项，1092.2万平方米）。全省竣工验收合格工程5016项，面积6097.167万平方米（住宅工程2885项，4423.89万平方米、公建工程1534项，1212.1913万平方米、其他工程607项，603.5162万平方米）。全省质量投诉受理率100%，受理工程质量投诉共计1134起，办理完结1078起。

【质量安全提升行动】 制定《江西省建设工程质量安全提升行动实施方案》，全面提升工程质量安全水平。印发《关于申报工程质量安全提升行动试点工作的通知》《关于开展工程质量安全提升行动试点工作的通知》，在全省开展工程质量安全提升行动试点工作。印发《转发住房城乡建设部办公厅关于按季度报送工程质量安全提升行动进展情况的通知》《关于成立江西省建设工程质量安全提升行动领导小组的通知》，统筹协调各部门联动工作，及时报送进展情况。印发《转发住房城乡建设部办公厅关于组织开展全国工程质量安全提升行动督查的通知》，开展全面自查，重点检查工程项目质量安全管理情况、地基基础和主体结构实体质量情况、模板支架和起重机械等危险性较大分部分项工程安全管理情况，整改检查中发现的问题。印发《关于参加全国工程质量安全提升行动督查情况反馈会的通知》，150余人现场听取全国工程质量安全提升行动第十督查组对江西省督查情况的反馈。

【质量安全专项整治】 印发《关于开展2017年工程质量常见问题专项整治工作的通知》，对抗震钢筋的使用、后浇带模板的搭设及拆除和屋面防水的施工进行专项整治，要求有抗震设防要求的结构要严格按照施工图结构说明和规范要求使用抗震钢筋（带E钢筋）。屋面防水材料、工序和工艺等应严格按照设计图纸和标准图集要求施工，保障建筑物防水功能。

【质量监督考核】 开展全省建设工程安全、质量监管情况的调查摸底工作，印发《关于报送建设工程安全、质量监管情况的通知》。按照《关于开展全省建设工程质量监督机构和质量监督人员考核工作的通知》，开展全省建设工程质量监督机构考核工作。印发《关于全省建设工程质量监督机构和监督人员考核情况的通报》，指出存在的问题，督促全省各级监督机构改善基本条件、完善规章制度、规范质量监督行为。

【质量督查】 印发《关于开展2017年度全省工程质量安全提升行动督查工作的通知》，组织6个督查组对全省11个设区市进行督查：共抽查了54个在建工程，其中：保障房工程13个，商品住宅19个，公共建筑22个；施工质量方面下发整改意见164条，下发质量安全整改通知书49份，责令停工整改5个。印发《关于2017年全省工程质量安全提升行动督查情况的通报》，对存在较多质量问题的5个工程予以通报，对施工、监理企业和项目经理、总监理工程师予以通报批评。

【安全生产标准化】 印发《关于进一步规范全省建筑施工安全生产标准化考评有关工作的通知》、《关于开展创建江西省建筑安全生产标准化示范工地活动的通知》、《关于江西省建筑安全生产标准化示范工地申报及考评有关事项的通知》和《关于召开全省"安全生产月"活动暨安全、质量标准化示范工地观摩会的通知》。6月6日，全省建筑工程安全、质量标准化示范工地观摩会在南昌召开，各设区市、各县（市、区）相继组织召开建筑工程安全标准化示范工地观摩会，通过样板引路模式，以点带面，不断提高全省建筑安全生产标准化水平。全省建筑施工安全生产标准化考评施工项目1614个，项目考评率98.7%。

【优质工程评选】 组织召开评委会，现场复查申报鲁班奖工程，对存在的不足进行整改，及时上报申报材料。修改完善《江西省优质建设工程奖评选办法（建筑工程和市政公用工程）》，出台新的《江西省优质建设工程奖评选办法》。印发《关于做好2017年度江西省优质建设工程奖评选工作的通知》，组织开展2017年度省优质建设工程奖评选工作。

【"打非治违"专项行动】 印发《关于开展2017年度全省工程质量安全提升行动督查工作的通知》，转发住房城乡建设部《关于定期报送打击建筑工程施工转包违法分包等违法行为情况的通知》，对未办理施工许可、质量安全监督手续，擅自进行建设活动的；无资质、无安全生产许可证从事相关建设活动的；将工程发包给不具有相应资质的单位承揽的；施工、监理单位超越资质范围承揽工程，层层转包、违法发包的，采取从严、从重、从快打击。全省共检查6380个项目，涉及4147家建设单位和4593家施工企业，罚款826.6万元，停业整顿企业2家，限制投标资格企业12家，给予其他处理的企业63家。

【建筑施工专项整治】 下发《关于印发〈江西省建筑工程施工安全专项整治工作实施方案〉的通知》，转发住房城乡建设部安委会《关于开展2017年建筑施工安全专项整治工作的通知》，重点整治深基坑、脚手架、高大模板支撑体系、建筑起重机械等重大危险源。全省共组织检查组2680个，检查项目9833个，排查40017条安全隐患并下达整改意见书，责令2166个项目停工整改，依法处罚476起，处罚金额1755.73万元。

【安全生产检查】 出台《关于印发〈江西省建筑施工及城镇燃气安全生产大检查实施方案〉的通知》《关于印发〈全省住建系统安全生产大检查宣传工作方案〉的通知》《关于印发全省住建系统切实督促企业全面落实主体责任深入推进安全生产大检查实施方案的通知》《关于成立住房城乡建设系统安全生产大检查工作领导小组的通知》和《关于召开全省建设系统安全生产大检查再动员暨工作推进会的通知》等文件，从7月起，集中4个月在全省建设系统开展安全生产大检查工作。截至10月底，全省共组织督查组4104个，共排查安全隐患43509项，已整治40263项，整改率92.5%，责令改正、限期整改、停止违法行为4728起，责令停产、停业、停止建设682家，暂扣或吊销有关许可证、职业资格30个，关闭非法违法项目36个，处罚罚款709.01万元。

建筑业

【概况】 2017年，全省完成建筑业总产值6166.8亿元，同比增长19.1%，增速全国第五，企业在外省完成产值2220亿元，增速19.8%。建筑业总产值在全国排位前移一位，列全国第十五位，建筑业总产值增速在中部六省中位居第一位。江西建工第二建筑有限责任公司、江西宏顺建筑工程有限公司、金光道环境建设集团有限公司、海力控股集团有限公司、航达建设集团有限公司、江西省朝晖城市建设工程有限公司等6家企业获批建筑工程施工总承包特级资质，全省特级资质企业达到17家。新批省级建设工程工法80项，全省建筑业新技术应用示范工程立项工程12项。全省完成建筑业总产值5亿以上的企业253家，比上年增加72家，其中产值超过100亿元的企业2家，为江西建工一建公司、中铁四局集团第五工程有限公司，产值50亿～100亿元以上的企业达22家，减少1家，产值20亿～50亿元的企业61家，增加17家，产值10亿～20亿元以上的企业66家，增加25家。产值在5亿～10亿元的企业有102家，增加30家。全省共有177家监理企业，增加21家。监理企业承揽监理合同额约21.57亿，增长15.7%；工程监理营业收入15.61亿元，增长1.2%。全省装饰行业共29个项目荣获中国建筑工程装饰工程奖，创历史新高。

【装配式建筑发展】 全省12个市县出台装配式建筑发展实施意见，4个设区市编制了装配式建筑产业发展规划，省级财政安排装配式建筑发展专项资金1200万元，全年新开工及落实装配式建筑面积195.8万平方米，全省共有18个装配式建筑生产基地开工，南昌市朝晖建筑、市政远大、赣州建筑工业化有限公司、赣州华强杭萧建设股份有限公司4个装配式建筑基地正式投产，朝晖城建集团有限公司、江西雄宇（集团）有限公司、江西中煤建设集团有限公司等3个装配式建筑基地被住房城乡建设部列为第一批装配式建筑产业基地。

【建筑市场监管】 印发《关于进一步优化建筑市场环境的通知》，要求各级主管部门不得直接或变相设置各种障碍、限制外地建筑企业进入本地区承揽业务，不得设置不合理和歧视性的准入和退出条件，不得以建立"预选承包商库"等方式设置障碍，限制、排斥潜在投标人参加建设项目投标。在全省开展建筑业企业和监理企业双随机核查工作，全省各设区市和直管县共核查建筑业企业1677家，监理企业58家，核查比例分别达到20%和32%，发现有转包、挂靠行为的项目12个，处理企业71家，有效规范建筑市场秩序。

【扬尘治理】 印发《建筑工地及道路扬尘专项治理实施方案》《关于切实加强建筑工地及道路扬尘治理工作的通知》，出台《全省建筑工地扬尘治理实施办法（试行）》；组织开展督查扬尘治理工作，全省各地开展扬尘检查6400余次，下达建筑工地限期整改通知1万余份，对324个建筑工地进行行政处罚，处罚金额1300余万元。

建筑节能与科技

【概况】 2017年，新建建筑设计阶段执行节能强制性标准比例100%，施工阶段执行节能强制性标准比例98.5%。全省累计共有304项工程取得绿色建筑评价标识，建筑面积突破3750万平方米，新增绿色建筑项目126个，建筑面积约1600万平方米。强化平台建设。保障省级建筑能耗监测平台正常运行，推进市级分平台建设，南昌市、九江市分平台实施完毕。省级平台实时监测129栋楼宇，监测点共7263个。

【绿色建筑】 印发《江西省建筑节能与绿色建筑发展"十三五"规划》，下发《关于进一步做好全省建筑节能和绿色建筑发展工作的通知》，制定《2017年全省建筑节能与绿色建筑专十项检查实施方案》，组织9个组分两阶段分别对全省开展建筑节能与绿色建筑专项检查，检查工程项目95项。印发《关于做好可再生能源建筑应用示范市（县、省级推广示范区、镇）验收评估工作的通知》《关于开展可再生能源建筑示范验收及任务核定工作的通知》。

【建筑科技】 验收南昌市九洲大道高架快速路工程等5项"十项新技术示范工程"。全省开展住房城乡建设科技计划项目申报工作，印发《关于公布2017年度江西省住房城乡建设领域科技项目计划的通知》。全省建设领域组织征集第一批限制禁止产品目录，发布《江西省建设领域第一批限制、禁止类技术产品目录》、《关于推进建筑信息模型（BIM）技术应用工作的指导意见》。向住房城乡建设部申报"赣州市房地产信息平台"课题。组织编制《江西省绿色建筑设计标准》《江西省绿色建筑施工图审查要点（试行）》和《江西省既有建筑绿色改造标准》。

【举办论坛】 3月16日，江西省住建厅联合加拿大总领馆、加拿大安大略省驻沪代表处、省商务厅主办，省贸促会、省房地产业协会共同协办的加拿大绿色建筑行业研讨对接会在南昌举行。贝加艾奇建筑设计咨询有限公司等十家加拿大绿色建筑领域企业、单位做了发言，部分中方企业与加方企业进行了一对一交流洽谈。加拿大绿色建筑代表团分别到江西中煤建设集团、江西国际技术合作公司、江西众森实业公司、江西万科益达公司等企业走访考察。11月26日，省住建厅举办江西绿色建筑及装配式建筑发展论坛，各设区市（省管县）建设行政主管部门相关科室负责同志、高等学院、研究院所、建筑与房地产行业专家朋友共计300余人参加。

人事教育

【概况】 全省建设系统共有各类培训机构120余家，其中，建筑与市政施工企业现场专业技术人员（即关键岗位人员，简称"八大员"）培训机构有62个，三类人员、特种作业人员、造价员、招投标代理从业人员、检测员等各类培训、考核机构约60家。全年共培训各类人员30.7万余人次，约24万人次通过考试取得各类岗位培训合格证书。其中：施工现场专业技术人员（即"八大员"）参加考试15万人次，10.5万余人次通过考试取得岗位证书；建筑企业对一线工人自主培训、考试、发证9万余人次；组织三类人员培训4.73万人次，考试53场次，3.76万人次参加考试，通过考试取得合格证书2.6万人次；组织特种作业人员培训1.52万人次，理论考试27场次，1.52万人次参加实操考试，1.3万人次通过考试取得合格证书；组织检测人员培训4500人次，考核23场次，4412人次参加考试，3623人次通过考试取得合格证书。办理"八大员"变更3.5万人次，三类人员延期、变更、注销和遗失补办等8.2万人次，特种作业人员延期、注销等2万人次，检测人员延期4000人次。全省有300余家建筑企业，申报实施除从事特种作业之外，实行企业自主培训、自主考核、自主发证工作，涉及31个工种，共培训技工89000余人次。

【领导干部教育培训】 按照省委组织部《关于2017年换届后领导干部教育培训工作的通知》部署，8月14日、23日，在江西省委党校举办两期"提高城市规划建设管理能力"专题研讨班，全省11个设区市、100个县（市、区）共390名主管及分管领导参加研讨班学习。

【举办专题研究班】 11月22～28日，在北京与全国市长研修学院联合举办一期"深化改革绿色发展"专题研究班,来自全省11个设区市、6个省直管试点县、市的65名县(市、区)委、政府分管领导参加研究班学习。

【社团管理】 按照江西省行业协会商会与行政机关脱钩工作领导小组《关于印发第一次会议纪要的通知》文件精神,对建筑业协会、勘察设计协会、造价协会、规划协会等4个协会进行脱钩试点。根据《关于对厅属社团有关事项进行清理检查的通知》,对厅属7个协会、2个学会进行全面清理检查,形成《关于对社团组织有关事项进行检查的情况报告》。

大事记

1月9日,江西省住房城乡建设工作会议在南昌召开。会议传达学习江西省副省长郑为文对住建工作的重要批示,6个单位做了交流发言。

1月26日,住房城乡建设部印发《2017年住房保障工作目标责任书》,确定江西省2017年开工棚户区改造24.23万套,其中城市棚户区改造20.17万套;基本建成9.37万套。开工24.23万套,基本建成9.37万套.

2月15日,省委书记鹿心社、副省长郑为文分别对上饶市城市棚户区改造工作作出重要批示。省住建厅总结上饶市棚改经验并以通报形式发全省学习借鉴。

2月17日,省政府批复乐安县大华山景区、南丰县车磨湖景区和广昌县青龙湖—龙凤岩景区列为省级风景名胜区。

3月21日,国务院审定公布江西瑞金、小武当、杨岐山、汉仙岩4处风景名胜区荣升"国家号"。至此全省国家级风景名胜区达18处,位列全国第四。

3月27日,省住建厅荣获"2016年度法制江西建设优秀单位"称号。

4月11日,江西省第四届花卉园艺博览交易会在南昌开幕。

4月17日,召开全省污水管网建设工作调度会,省住建厅、省发改委作关于48个县(市)城镇污水管网和25个工业园区污水管网建设进展情况汇报。

4月25日,江西省住房公积金异地转移接续省级层面平台接通。

5月4日,省住建厅与国开行江西分行举行"十三五"全面深化开发性金融合作签约仪式。

5月11日,住房城乡建设部批复《龙虎山风景名胜区正一观景区详细规划》。

6月7日,召开推进江西省空间规划编制工作领导小组第二次全体会议,会议听取省住建厅空间规划试点工作进展情况汇报,研究讨论《江西省空间规划试点工作实施方案》。

6月8日,省政府在上饶市召开全省棚户区改造工作现场推进会。副省长郑为文出席会议并讲话。

6月15日,全省城乡环境综合整治工作会议在南昌召开。省长刘奇出席会议并讲话。

7月10日,第41届世界遗产大会上在波兰克里科夫召开,武夷山世界遗产地边界调整项目经世界遗产大会审议通过,江西省武夷山(江西铅山)成功列入世界文化与自然双遗产名录。

7月31日,召开全省城市生活垃圾分类工作电视电话会议,省住建厅对《江西省生活垃圾分类制度具体实施方案》进行解读。

8月7日,省长刘奇调研抚州市城乡环境整治和生态建设。

8月14日、23日,省住建厅在省委党校先后举办两期"提高城市规划建设管理能力"专题研讨班,近400人参加培训。

8月18日,江西省委书记鹿心社专题调研鹰潭市智慧新城建设。

8月23日~26日,国家农村危房改造督察组对江西省农村危房改造工作进行中期督查。先后到井冈山市、靖安县实地检查40户农村危房改造情况。

8月24日,省长刘奇调研景德镇市地下综合管廊建设。

9月8日,经省政府同意,全省特色小镇建设工作会议在南昌市召开。

9月10日,省住建厅颁布《江西省建设工程定额(2017版)》。

10月19日,江西省委常委、省委统战部部长陈兴超深入挂点联系点婺源县工业园区,调研降成本、优环境专项行动工作。

10月24日,省住建厅印发全省农村危房改造"百日行动"实施方案。

11月1日,省政府在萍乡市召开全省海绵城市建设现场推进会。

11月9日,省住建厅与省建行住房租赁金融战略合作协议签字仪式暨新闻通报会在南昌举行。

同日,省朝晖城建集团有限公司、江西雄宇(集团)有限公司、江西中煤建设集团有限公司被住房城乡建设部列为全国第一批装配式建筑产业基地。

11月11日,省长刘奇赴抚州、鹰潭城乡基层一线暗访城乡环境综合整治情况,同日,《人民日报》第22版以《江西授信300亿元发展住房租赁》为题,报道省住建厅推进住房租赁市场工作。

11月22~28日,省住建厅在北京与全国市长研修学院联合举办一期"深化改革绿色发展"专题研究班。

12月1日,《人民日报》22版以《江西保障房租赁住房租购同权》为题,报道省住建厅工作。

12月5~6日,省长刘奇赴萍乡市调研海绵城市建设。

(江西省住房和城乡建设厅)

山 东 省

概况

2017年,山东省住房城乡建设事业以加快新旧动能转换为统领,以新型城镇化建设为主线,深入实施百姓安居、规划提升、新型城市建设、城市管理规范提升、村镇人居环境改善、住建产业转型升级、工程建设管理改革"七大行动"。房地产业、城市建设、村镇建设完成投资9725亿元,占全省固定资产投资的17.9%。房地产业、建筑业实现增加值7453亿元,占GDP的10.3%,缴纳税收1644亿元,占全省税收收入的20.2%。

【新旧动能转换取得新进展】 将新旧动能转换作为重中之重,完成6项重大课题研究,开展"1+4"综合调研,形成一系列成果。研究提出政策建议,写入山东新旧动能转换综合试验区建设总体方案。积极承担参与省"10+2"重大项目,国家建筑设计创新平台已签订合作意向书,济南新旧动能转换先行区形成规划中期方案。建立住建系统"四新四化"6大类项目库,总投资超过6000亿元。

【扎实推进"三个市民化"】 人口市民化加快推进。印发人口市民化规划,协调制定非户籍人口落户、人地挂钩、集体经济组织成员资格认定等配套文件,推广武城"两证保三权"经验,280万农业转移人口市民待遇得到落实。城镇化布局形态持续优化。省政府批复半岛城市群发展规划,积极构建"两圈四区"空间格局。大力培育中小城市和特色小镇,省政府公布大中小城市试点和重点示范镇、特色小镇创建名单,新增国家特色小镇15个。10个新生小城市、30个重点示范镇平均地方财政收入分别达到6.5亿元、3.7亿元。基本公共服务均等化水平稳步提升。推进随迁子女就近入学,新建、改扩建城镇学校2909所,中小学"大班额"问题得到缓解。推进医疗卫生资源在城乡优化配置,全省人均基本公共卫生服务经费补助标准提高到50元。城镇新增就业128万人。开展14个国家试点和20个省级试点建设,形成了青岛绿色城镇化、威海全域城镇化、德州"两区同建"、郓城投融资机制创新等一批成熟模式。实施城镇化三年综合考核,建立城镇化统计监测平台,完善了年度1‰人口抽样调查制度。

【抓好房地产调控和住房保障】 山东省政府就房地产调控下发通知,出台培育发展住房租赁市场实施意见,多渠道增加住房供应,合理引导住房需求,市场过热势头得到遏制。各市及时出台或升级调控政策,9市实行住房限转措施,稳定了房地产市场。住房公积金新增缴存106万人,缴存额1042亿元,个贷发放659亿元。保障性住房建设成果丰硕。省政府召开现场会,专题研究部署棚改工作,全省棚改开工80.37万套,基本建成64.68万套,连续6年超额完成任务。实施公租房分配常态化,分配率明显提高。对改造后的老旧小区全面推行物业管理,全省物业服务面积超过20亿平方米,覆盖住宅、办公、学校、医院、商业、工业等各种类型。农村危房改造任务圆满完成。改造危房5万户,建档立卡贫困户存量危房改造全面完成。制定黄河滩区迁建"1+6"政策文件,编制了迁建社区设计图集,为社区建设提供了政策技术保障。

【实施规划三年提升行动】 国家批复山东省城镇体系规划。全面启动新一轮总体规划编制,在滕州等4个市县开展"多规合一"试点。青岛完成2050年远景战略规划,建立"五位一体"成果体系,实施风貌"全域管控"。全省94%的乡镇、48%的村庄编制了总体规划、村庄规划。规划决策和实施监督机制不断健全。以两办文件出台《关于进一步加强城市规划工作的意见》。省政府办公厅印发省城乡规划委员会工作规则,省规委会召开第一次全体会议,审议通过莱芜等5个市县总体规划。全省核发建设用地、建设工程规划许可1.6万余件,省级办理重大项目选址意见书121项。强化城乡规划督察,实施规划遥感监测,开展违法图斑处置专项行动,对5368个违法图斑启动行政处罚程序。城镇特色风貌塑造进一步加强。出台城市设计管理办法和技术导则,济南、青岛、东营、烟台、日照入选国家试点,确定了5个省级试点。编制沿海城镇带规划,开展了运河风貌带城市设计和乡村特色风貌研究。

【强化基础设施建设】 大力加强轨道交通建设,在建线路10条、371公里。加快建设快速路,通车里程1923公里,济南形成"六纵四横"快速路网。积极发展公共自行车、共享单车,投入运营47万辆。推进公共停车场建设,公共停车位达到90万个。全面推行绿色建筑标准,创建省级绿色生态示范城区22个、城镇32个,竣工绿色建筑7800万平方米,建成节能建筑1.3亿平方米,完成建筑节能改造1600万平方米。综合管廊开工175公里,建成海绵城市296平方公里。气代煤电代煤任务顺利完成。7个传输通道城市改造57万户,超额完成国家任务。全力保障群众温暖过冬。园林绿化和风景名胜区工作成效显著。新增安丘、曲阜等6个国家园林城市(县城)。26个风景名胜区完成总体规划编制,千佛山景区升级为国家级风景名胜区。

【创新城市管理模式】 山东省住建厅设立城管局,成立执法监察总队,15个设区市、57个县市建立大城管机制,6个设区市、36个县市实现住建领域行政处罚权集中行使。98个市县建成数字城管系统,38个城市完成地下管线普查。城市"双修"全面启动。济南、淄博、济宁、威海入选国家试点,确定了5个省级试点。打好违法建设治理攻坚战,累计查处9872万平方米,拆除8348万平方米。住建环保工作成效显著。加强污水垃圾处理设施建设,污水集中处理、生活垃圾无害化处理率分别达到95.9%、99%。198条黑臭水体整治完成91.9%,1.4万个铁路沿线环境问题治理完成98.5%。深入整治住建领域环保突出问题,全力迎接中央环保督察,督察组交办问题全部办结。

【推动美丽乡村建设】 村镇面貌发生新变化。改厕任务超额完成。全省改造449万户,完成年度任务的150%,淄博、滨州整建制完成改厕,新增24个县市实现农村无害化卫生厕所全覆盖。农村供暖试点圆满完成。17个试点县、镇农村新型社区和公共服务场所实现清洁供暖,新增供暖814万平方米。

村镇环境治理成效明显。7个县市入选全国农村生活垃圾分类和资源化利用示范县。新增建制镇污水处理能力32万吨/日。17个村庄入选全国农村人居环境改善示范村。

【加快实施转型升级】 建筑业发展稳中向好。省政府促进建筑业改革发展的实施意见,明确扶持政策和推进措施,推行工程总承包,完善建设组织方式,改革招标投标和建筑用工模式。建筑业总产值同比增长13.8%。11家企业成功晋升特级资质,5个城市、26个产业基地入选国家装配式建筑试点示范。房地产业转型发展步伐加快。积极推行住宅"全装修"。勘察设计、装修服务、园林绿化服务业规模不断扩大。勘察设计业营业收入1247亿元,3家企业入围全国百强;装饰装修业总产值1500余亿元;园林绿化业年产值550亿元,业态形式加速由单一向多元转变。

【开展工程建设管理改革】 启动工程质量治理提升和建筑施工安全治理行动,房屋建筑一次竣工验收合格率99.9%。房屋市政施工生产安全事故起数、死亡人数实现"双下降"。获全国优秀工程勘察设计行业奖129项。率先实施施工图审查政府购买服务。省人大颁布建设工程抗震设防条例,编制实施半岛城市群及郯庐断裂带抗震防灾综合防御体系规划。省政府颁布工程建设标准管理办法,省厅发布建设工程项目管理规范等18项地方标准和9项标准图集,编制了各专业消耗量定额。

建设法规

【重点领域立法】 《山东省风景名胜区条例》经省第十二届人大会常委会第三十次会议审议通过,明确监管职责、生态补偿和扶持职责、退出和责任追究机制,就风景名胜区设立、规划和风景名胜资源保护、利用等做出具体规定。《山东省建设工程抗震设防条例》经省第十二届人大会常委会第三十二次会议审议通过,明确全省建设工程按照不低于地震烈度七度进行抗震设防,首次把农民个人自建住房建设工程的抗震设防写入地方性法规。省政府颁布《山东省工程建设标准化管理办法》《山东省房屋建筑和市政工程质量监督管理办法》两个政府规章。对16件政府规章进行清理,建议废止2件、保留7件、修改7件,审核、会签各类法规性文件90余件。

【完善立法工作机制】 充实调整《山东省建设法规体系规划方案》,完善建设立法基本框架,科学排定长期、中期立法规划,有计划、按步骤、分阶段组织实施。积极探索立法工作者、实际工作者和专家学者相结合的立法机制，每个立法项目均通过报纸、网站对外公布。

【规范性文件管理】 印发《规范性文件制定程序规定》规范文件起草、审核、备案和制发工作。严格落实规范性文件合法性审查制度，严格落实规范性文件，统一登记、统一编号、统一公布"三统一"制度，制定规范性文件《登记（编号、公布）申请书参考格式》《合法性审查报告参考格式》《论证报告参考格式》等文书。对15件规范性文件实行了"三统一"管理，通过政府门户网站和政府公报向社会公布。严格落实规范性文件备案审查制度，对应备案的15件规范性文件全部及时报省政府法制办备案。

【清理法规规章】 按照全省统一部署，开展地方性法规、规章和规范性文件清理工作。提出了修改14件地方性法规、11件政府规章及废止3件政府规章的建议，其中7件地方性法规、7件政府规章的修改意见已完成部门会签；对省住房城乡建设厅现行有效的规范性文件，建议保留107件，废止21件，其中涉及落实"放管服"改革措施的7件。

【精简下放行政权力】 先后取消6项、下放11项许可，压减率51.5%，提前完成削减省级行政审批事项二分之一的目标任务。全部取消非行政许可审批，取消职业资格考核评定3项、执业资格初审9项、与中介服务有关事项35项，基本做到应放尽放。研究提出向济南、青岛、烟台下放行政审批权力的建议。

【规范行政许可审批】 细化行政许可审批申报指南，明确办理依据、流程等内容，进一步优化环节，并在网上公布。规范资质类审批工作程序，严格落实批前公示、批后公告制度。对各类证明和中介服务事项进行清理，完成中介服务项目和证明材料清单梳理、公布工作，梳理公布中介服务事项16项，其中申请人可自行（委托）完成的技术性中介项目12项；证明类材料288项。

【健全行政决策机制】 落实社会稳定风险评估制度，《重大决策社会稳定风险评估机制建设实施意见》规定，由省住房城乡建设厅作出或者提请省委、省政府或者住房城乡建设部作出的，有关住建方面的重要政策和措施制定、重大规划和计划确定、重点项目和资金安排等重大决策事项，涉及面广、与人民群众切身利益关系密切且可能引发社会稳定问题的，必须进行社会稳定风险评估。出台《深入基层调查研究工作制度》，对事关改革发展稳定全局的问题，坚持做到不调研不决策、先调研后决策。落实重大事项集体研究制度，制定工作规则，明确凡规范性文件制定、重要活动安排、全省性评比表彰等，提交厅长办公会集体审议、集体研究。

【贯彻实施普法规划】 抓好宪法和国家基本法律宣传教育，抓好建设行政法律法规知识。组织《山东省建设工程抗震设防条例》宣贯培训。编制《〈山东省乡村建设工程质量安全管理办法〉释义》，对180个重点镇（新生小城市、重点示范镇）乡村规划建设监督管理人员进行全面培训。

【法规政策宣传解读】 建立完善信息发布、解读、回应及舆论引导机制。政策法规发布前，充分征求各界意见；发布后，及时召开新闻发布会解读，加强正面宣传引导。年内提请省政府新闻办召开新闻发布会7次，厅领导参加阳光政务热线2次。

【行政复议应诉】 复议案件全部在法定期限内受理、审理、依法做出决定，充分做好诉讼应诉准备，提升材料准备、出庭辩论、善后处理等工作质量，努力做到"案结事了"。年内办理诉讼案件19件，涉及房屋征收补偿、城乡规划、政府信息公开等领域，已判决的14件均胜诉。

【政策研究】 研究制定2017年度厅机关调研课题计划及分工，确定由厅领导牵头的综合性调研课题13项、厅机关各处室（单位）调研课题21项。在此基础上，向省政府研究室报送了省厅2017年重大调研课题。

新型城镇化

【推进"三个市民化"】 2017年，山东省城镇化工作领导小组印发《山东省农业转移人口市民化发展规划（2016－2020年）》，对全省"十三五"期间农业转移人口市民化工作进行了全面部署安排。指导各设区市及城镇化综合试点县（市）加快编制人口市民化规划，在全国率先实现设区市及试点县规划全覆盖。

【城镇布局】 坚持以城市群为主体形态，积极培育大中小城市，全省形成8个大城市、10个中等城市、81个小城市、1094个建制镇协调发展的城镇格局。壮大山东半岛城市群。山东省住建厅提请省政府批复《山东半岛城市群发展规划（2016－2030年）》，制定《规划》重点任务分工方案，明确部门责任分工。培育都市区。编制济南都市圈和济枣菏、烟威、东滨、临日都市区发展规划，积极构建"两圈四区"空间格局。

【改善民生，公共服务均等化】 坚持以人的城镇化为核心，聚焦社会民生事业，会同省有关部门，加大工作力度，城乡公共服务均等化水平明显提高。教育方面，坚持入学"两为主"（以流入地政府为主、以公办学校为主），落实随迁子女"同城待遇"，全省累计完成投资1147.85亿元，新建、改扩建中小学2495所，城镇中小学"大班额"问题得到缓解。

【新旧动能转换重大工程研究】 牵头开展住建领域新旧动能转换专题调研，起草全省住建领域新旧动能转换实施意见和《加快推进新型城镇化建设行动实施方案》。开展城镇化重大理论专题研究。围绕推进新旧动能转换、加快培育新生中小城市、提升济南、青岛双核引领作用、提高农民工就业质量和收入水平等内容，开展城镇化课题研究，为省委、省政府决策提供参考。

【"山东省适宜人居环境奖"】 按照全省推进新型城镇化2014～2016年度三年综合考核的现场考核工作部署，印发现场考核通知，成立由省城镇化工作领导小组办公室主任、副主任单位厅级领导带队的8个考核组，每个考核组负责2—3个市，对17市进行现场考核打分。综合2014、2015、2016年度城镇化考核情况和现场考评情况，根据因素法计算三年综合考核得分，按分值对17市进行综合排名，提出"山东省适宜人居环境奖"拟表彰名单，推动全省城镇化政策和目标任务落实。

城乡规划

【确立全省城镇体系新格局】 2017年，《山东省城镇体系规划（2011—2030年）》经国务院同意，住房城乡建设部批复实施。会同省政府新闻办召开发布会，大众日报头版头条进行报道。规划到2030年，全省城镇人口约8000万人，城镇化水平达到75%，确定"双核、四带、六区"的省域城镇空间格局。从区域基础设施、生态环境保护、空间开发管制提出政策指导，对设区城市发展提出导引。

【总体规划审查报批】 下发《关于进一步做好城市总体规划编制和报批工作的通知》，明确总体规划编制要点，优化精简审查报批程序。11个由国务院审批的总体规划全部获批。新一轮总体规划编制全面启动，济南、青岛、淄博、潍坊、泰安、临沂等市已启动到2050年的城市空间战略研究，78个市县完成总体规划实施评估，44个市县完成总体规划纲要审查，17个市县完成总体规划成果，济宁、聊城、寿光三市总体规划获省政府批复。滕州等4县（市）"多规合一"试点编制完成规划成果。

【出台《山东省城市设计管理办法》】 确立城市设计法定地位，构建"三层次一专项"城市设计体系，将城市设计要求纳入各层次规划管控，对各层次城市设计技术要点和内容深度作出规范。确立了5个国家试点和5个省级试点，推进试点先行示范，在城市设计管理体制和技术路径方面进行积极探索。

【城市修补生态修复】 认真落实住房城乡建设部关于实施生态修复城市修补工作的工作部署，学习借鉴三亚、杭州先进经验，结合山东省实际，制订实施方案，提出实施生态修复、功能提升、交通改善、特色塑造等八大行动。部署各市开展双修工作，申请确立4个国家试点和5个省级试点，各试点市县建立了项目库，编制相关规划。

【历史文化遗产保护】 启动《山东省历史文化名城名镇名村保护条例》修订，已形成草案。按照住房城乡建设部部署，会同吉林、湖南省住建厅开展历史文化名城交叉检查。加快推进保护规划编制审批，青岛市历史文化名城保护规划获省政府批复，35处省级历史文化街区保护规划全部通过审查。全面开展历史文化街区划定和历史建筑确定工作，各地积极摸底普查，挖掘历史文化街区潜在对象36处，历史建筑潜在对象1136处。

【城乡规划督察】 全省8个督察组对83个市县开展集体巡察，对越权编制审批规划、破坏生态资源、违规变更容积率、棚户区改造规划滞后等问题进行重点督察，问题突出的由省督察员办公室提出整改要求。

城市建设

【住建领域中央环保督察工作】 2017年，召开山东全省住建领域环保攻坚视频会议，对做好中央环保督察工作提出明确要求。印发《贯彻落实〈2017年环境保护突出问题综合整治攻坚方案〉实施方案》《关于做好城市建设领域环保工作的通知》等9个关于做好住建领域环保工作的文件。组织专家对全省514座污水、垃圾设施（含在建）进行暗访；由厅领导带队，对全省17市住建领域环境保护工作开展督导，逐市下达《住建领域环境保护和安全生产工作督导建议书》，提出整改问题187个。建立住建领域环保问题整改"闭环反馈""跟踪督导""专项监管"三项机制。

【气代煤、电代煤工程】 提请省政府办公厅印发《关于推进济南等7个传输通道城市清洁采暖气代煤电代煤工作的通知》；会同环保厅等部门出台《山东省7个传输通道城市清洁采暖气代煤电代煤工作实施方案》《关于加强冬季燃气安全运行管理和气代煤电代煤安全教育培训工作的通知》，印发《冬季清洁采暖规划编制内容及深度要求》《清洁采暖气代煤电代煤工程建设验收与运行管理指南》等7个配套文件，指导各市科学有序实施气代煤电代煤工程。召开2次工作推进会、全省气代煤电代煤用气用电安全培训视频会议及气代煤电代煤及清洁采暖专项规划编制座谈会。与中燃控股有限公司、中国奥德实业有限公司签订战略合作框架协议，引入社会资本，增强气源保障能力。配合省人大、省政协、省委统战部、省政府参事室对7市气代煤电代煤工作进行明查暗访，参与省委督查室、省政府督查室对7市气代煤电代煤进展情况的跟踪督查，建立日调度、周上报、现场督查制度，实行厅级干部包市督导。会同省环保厅对3200户进行入户核实，组织专家开展气代煤电代煤安全质量技术指导、对7市验收评估工作指导。发放天然气安全使用手册、明白纸，组织燃气安全"进农村、进社区、进家庭"集中宣传活动。

【城市基础设施建设】 2017年，全省综合管廊新增开工长度196千米，全省海绵城市新增建成面积338平方公里，均超额完成年度任务。全省198个黑臭水体中，已整治完成182个，项目完工率91.9%。召开全省城市综合管廊、海绵城市建设和黑臭水体整治工作推进会，交流工作经验，落实存在问题的解决措施。建立三项重点工作月通报制度，强化监督考核，每月按时调度、通报各地三项重点工作进展情况，对工作不力、进展缓慢的城市进行通报批评。全省在建轨道交通线路10条，全长371公里，青岛开通2号线东段，长度21公里。7市编制完成轨道交通线网规划，三市正在编制，轨道交通列入全省新旧动能转换重大项目库。印发《关于进一步加强城市道路交通设施建设缓解交通拥堵的意见》，全省新增快速路133公里，主次干道215条、319公里。全省有路外公共停车位56.6万个，路内停车位约35.2万个，配建停车位约396.4万个；建设投入固定庄租赁自行车数量17万辆，互联网租赁自行车30万辆。全省燃气灰口铸铁管整改完成，改造天然气老旧管网112.89公里，气代煤等新建天然气管道5032.7公里。全省完成供水管网改造长度486公里，其中服役超过50年的管网和管材落后的管网长度109公里，新建供水管网长度985公里。指导胶东地区城市做好抓节水保供水工作。强化城市节水，新增淄博、莱芜、滨州3个城市达到国家节水城市标准。全省供热面积达到11.42亿平方米，除阳信县外，所有城市和县城实现了集中供热，集中供热普及率达70%。会同省经信委等部门印发《关于推进全省城镇清洁采暖和供热计量改革的实施意见》，在青岛召开全省冬季供热工作暨清洁采暖现场会。针对国家审计发现的供热计量问题，部署开展全省整改工作。

【风景名胜区管理】 认真贯彻落实国家和省关于生态文明建设的方针政策，26个风景名胜区完成总体规划批复，千佛山被国务院批准为国家级风景名胜区，国家级风景名胜区增加到6个。省第十二届人大常委会审议通过《山东省风景名胜区条例》，8月1日起正式施行。

【工程技术标准】 组织编制《城市综合管廊工程验收规程》《城市综合管廊运维管理技术标准》《海绵城市建设工程验收规范》《山东省城市雨源型季节性黑臭水体整治技术导则》《立体绿化技术规程》《燃气行业企业安全生产风险分级管控体系细则》《燃气行业企业生产安全事故隐患排查治理体系细则》《山东省城市生活用水量标准》，强化技术指导。编印《山东园林》《山东风景名胜》两本图集，宣传山东省风景园林工作。

城市管理

【城管执法体制改革】 2017年，加强对城管执法体制改革工作的全面统筹、调度督导和协调推进。截至12月底，临沂、东营、滨州、德州、潍坊、枣庄等6市出台城市管理执法体制改革方案。济南、青岛等15个设区市及滕州、沂南等57个县（市）完成城市管理机构综合设置。济南、枣庄、东营、潍坊、临沂、德州等6市及平阴等36个县（市）实现住建领域行政处罚权集中行使。临沂、威海、潍坊、济宁等50个市、县（市）实现制式服装和标志标识统一。

【"强转树"专项行动】 全面落实城管执法人员持证上岗制度，已累计完成持证上岗培训17500余人。在全省部署开展"强基础、转作风、树形象"专项行动，推广"721"工作法，济南、临沂两市城管局被评为全国住建系统"'强转树'专项行动表现突出单位"。严格执行城管执法"十个严禁"，组织开展城管执法全过程记录试点工作，规范执法程序，加强执法监督。

【数字城管建设】 制定发布《山东省数字化城市管理系统建设与运行管理导则》，指导各市抓好数字城管平台建设和运行管理。截至年底，17个设区市、80个县（市）完成数字城管平台建设。全省99个市县中，仅有临清市、莘县未按时限要求完成建设任务。按照住房城乡建设部《城市市政综合监管信息系统模式验收标准》,组织开展数字城管系统省级验收工作。截至2017年底,全省共有66个市、县(市)数字城管平台通过省级或市级验收。

【环境综合整治三大行动】 铁路沿线环境综合整治。根据山东省委办公厅、省政府办公厅印发的《关于开展全省铁路沿线环境综合治理工作的实施意见》要求,对全省铁路沿线环境进行综合治理。省城市违法建设治理行动领导小组及各成员单位认真贯彻上级部署,建立完善会商协调机制,研究解决重大问题,统筹推进各项工作。指导各地科学制定实施方案,明确三年治理规划和年度工作计划,同时,与铁路沿线环境治理、沿河环境治理等协同部署推进。全省各市、县(市)积极谋划,加大投入,多措并举,攻坚克难,存量违法建设得到有效处置,新增违法建设实现有效遏制。截至12月底,全省共查处城市违法建设15963.2万平方米(其中查处存量违法建设15355.3万平方米,查处新增违法建设608.0万平方米),依法拆除13776.7万平方米(其中拆除存量违法建设13190.1万平方米、拆除新增586.6万平方米),整改2126.4万平方米。同时,坚持拆改结合,将治违拆违与棚改、危改、旧改统筹安排,超前做好规划设计,做到拆除、清理、利用、美化同步。全省各级财政累计投入资金20.6亿元,同步开展拆后清理、利用、美化,增加绿地面积607万平方米、停车位5.98万个、市民活动场所1201处。

建筑施工和道路扬尘治理。按照山东省住房城乡建设厅《关于开展全省建设扬尘综合整治专项行动的通知》要求,针对房屋建筑、拆除工程,市政工程,渣土运输,城市道路保洁,裸露土地绿化等重点领域,开展扬尘专项整治行动。通过完善工作台账、加强调度通报、强化包市督导、压实企业主体责任等措施构建长效机制,建设扬尘污染防治取得明显成效。截至年底,城市和县城规划区内单体建筑面积1万平方米以上房屋建筑工地共4018个,其中全面落实扬尘治理"六项措施"的4014个,已安装视频监控设备的3995个,占比分别达到99.9%和96.91%;工期超过3个月的市政工程共828处,全面落实扬尘治理措施的729处,占比88%。

【生活污水处理设施及配套管网建设】 通过施行月调度、季通报和后进约谈制度,敦促各地加快推进污水处理设施、污水管网系统建设。截至年底,全省建成城市污水处理厂306座,形成污水处理能力1470万吨/日,污泥无害化处理处置率达到85%以上,再生水利用率达到25%以上,全省敏感区域内城市污水处理厂出水全部达到一级A排放标准或再生利用要求。

【黑臭水体治理】 建立完善河长制,公布全省198条黑臭水体河长名单,明确工作责任,落实治理措施。指导各地建立"一河一档"台账,完善"一河一策"方案,落实河道警长制,加强巡查治理,确保整治到位。截至年底,全省198条黑臭水体中,已整治完成182条,正在整治15条,治理项目开工率99.5%,完工率91.9%。济南、青岛等28市、县(市)全面完成黑臭水体整治任务,济南、青岛两市已完成黑臭水体初见成效评估验收。

【垃圾无害化处置】 落实国务院办公厅关于转发国家发展改革委住房城乡建设部《生活垃圾分类制度实施方案》的通知要求,指导济南、青岛、泰安三市开展生活垃圾强制分类工作;按照中央环保督察要求及住房城乡建设部工作部署,对全省存量垃圾开展全面深入排查,共排查出147处非正规垃圾堆放点、39处简易堆场和17处生活垃圾旧填埋场,针对存量垃圾治理任务制定了整改攻坚方案,指导各地加大力度分类整治;加强餐厨废弃物处理设施建设,17个设区市餐厨废弃物处理设施全部建成并调试或投入正式运行,新增处理能力2400吨/日;按照住房城乡建设部等4部门《关于进一步加强城市生活垃圾焚烧处理工作的意见》,大力推进焚烧处理设施建设。截至年底,全省共建成运行生活垃圾焚烧(发电)厂35座,另有运行中卫生填埋场64座,全省全年共无害化处理生活垃圾2626.4万吨。

【园林城市创建活动】 将园林绿化作为城市生态环境建设的重点,扎实开展园林城市创建活动,颁布《山东省城市园林绿化评价办法》,组织开展省级园林城市评价;编制《山东省城市园林绿化服务业转型升级实施方案》并提请省政府转发,推进行业转型升级。截至12月底,全省92个市县编制完成城市园林绿地系统规划;建成省级以上园林城市(县城)83个,其中国家级园林城市(县城)57个。2017年底,人均公园绿地面积达17.3平方米。

村镇建设

【小城镇示范建设】 2017年,召开山东省中小城市培育试点和省级特色小镇创建启动电视会议,对新生小城市试点培育和特色小镇创建工作做出部署安排。会同省国土资源厅制定《关于"人地挂钩"奖励性新增建设用地指标安排使用意见》,对小城镇示范试点进行新增建设用地指标点供支持。会同国家开发银行山东分行、农业发展银行山东分行等政策性金融机构出台文件,对小城镇示范试点进行金融信贷支持。评选第二批省级特色小镇创建名单49个。15个镇入选第二批全国特色小镇名单。

【农村危房改造】 2017年,争取中央补助资金1.79亿元,省级财政配套资金5亿元,完成农村危房改造5万户,其中建档立卡贫困户4.85万户。联合省扶贫办召开全省危房改造脱贫攻坚会议,提出"明确一个目标、聚焦三个精准、抓好两个重点",有效保障好农村贫困人口的住房安全。印发《关于进一步做好建档立卡贫困户危房改造工作的通知》,全面摸清建档立卡贫困户住房情况,建立了五级台账,共同核查、确认全省48518户建档立卡贫困户危房信息。组织完成《农村危房改造建筑设计图集》编制工作,为农村危房改造户免费提供3种不同面积7个户型方案参考选用。编制完成《山东省危房改造加固技术导则》。截至9月底,建档立卡贫困户危房改造全面竣工。

【农村改厕】 2017年,全省改造449万户,完成年度任务的150%,淄博、滨州整建制完成改厕,新增24个县市实现农村无害化卫生厕所全覆盖。全国农村厕所污水治理会议在山东省召开,推广山东省农村改厕"四统一"先进经验。6月,在齐河县召开全省农村无害化卫生厕所改造会议,总结两年来全省农村无害化卫生厕所改造工作,鼓励有条件的地区统筹考虑改水改厕,同步推进、一步到位。

【农村供暖试点】 在全省筛选5个试点县、12个试点镇开展农村地区清洁供暖试点工作,争取省财政资金1亿元对农村清洁供暖试点县(镇)进行奖补。17个试点县(镇)在164个村庄、227个农村新型社区、2450个公共服务场所实施了清洁供暖改造,新增供暖面积814万平方米,顺利完成省政府提出的"全部农村中小学、卫生室等公共场所和农村新型社区实现冬季清洁供暖"的试点任务。印发《山东省县域农村地区清洁供暖专项规划编制大纲(试行)》《山东省农村地区清洁供暖技术指南》,指导结合各地能源消费结构、地理位置、用能需求、居民采暖习惯和收入水平等特点,"宜电则电、宜气则气、宜煤则煤",采用集中和分散相结合的方式,因地制宜选择符合农村实际的供暖模式。

【村镇污水治理】 2017年,山东省累计建成建制镇、农村新型社区污水处理设施项目948个、3398个。新增建制镇污水处理能力31.8万吨/日。会同省财政厅、省环保厅、省物价局出台了《关于加快推进全省村镇生活污水治理工作的意见》,从规划、建设、监管以及后期运营管护等方面明确了工作要求和任务目标,全面规范村镇污水治理规划、建设、管理等工作。在10个全国农村生活污水治理示范县(市、区)推广"建设运营一体、区域连片治理"村镇生活污水治理模式,积极争取省级资金2100万元支持示范县编制专项规划、建设监管平台和新增污水处理能力。

【农村垃圾分类试点】 全省有7个县市入选全国第一批农村生活垃圾分类和资源化利用示范县(市、区)名单。组织编制《山东省农村垃圾分类指南》,明确垃圾分类标准,分类收集、运输、处理技术要求。7个示范县内86.4%的乡镇(街道)、53.2%的行政村全部启动了农村生活垃圾分类试点,完成住房城乡建设部要求年底前半数以上乡镇开展全镇试点任务。

【农村道路"户户通"】 会同省委农工办、省交通厅、省财政厅对全省农村道路硬化情况进行调查摸底,掌握山东省农村道路硬化现状,明确2018~2020年份年度建设计划。委托省标准化研究院起草完成《村庄道路建设规范》。配合省委农工办对《山东省农村道路"户户通"建设实施方案》进行充实完善,明确"统一招标、统一设计、统一监理、统一检测、统一验收"的工作流程。

【村镇特色风貌】 山东省17个村庄入选全国改善农村人居环境示范村。评选命名了第四批省级传统村落100个,第四批美丽宜居小镇30个、美丽宜居村庄53个;命名了省级第四批历史文化名镇23个、历史文化名村40个。组织开展第七批中国历史文化名镇名村和第五批中国传统村落的申报工作,共推荐符合要求的24个历史文化名镇名村和149个传统村落上报住房城乡建设部。

【黄河滩区搬迁工作】 制定出台《关于推进黄河滩区居民迁建工作的实施方案》,成立厅黄河滩区居民迁建工作领导小组。制定《关于切实做好黄河滩区迁建社区房屋建设质量安全工作的实施意见》《山东省黄河滩区迁建社区规划勘察设计导则》等"1+6"政策文件,明确规划设计和质量安全相关标准。

房地产业

【概况】 2017年,山东省房地产市场过热、房价过快上涨势头得到有效遏制,总体运行较为平稳。据网签数据,2017年山东省商品住宅成交12228万平方米,同比下降11.4%;成交均价每平方米5926

元，同比上涨4.3%；商品房、商品住宅去化周期分别为14.2个月、10.1个月，均处于合理区间。据统计数据，2017年山东省完成房地产开发投资6637亿元，同比增长5%；销售商品房12813万平方米，实现销售额8097亿元，同比分别增长8.7%、19.5%；商品房销售均价每平方米6319元，同比上涨7.9%，比全国平均水平低1573元。

【市场监测分析】 实行房地产交易日报数据周调度、旬分析制度，及时研判全省每个城市的市场变化和走势。一旦发现异常波动，迅速调度汇总情况，相应提出对策建议。每月向省领导报送一次全省房地产市场运行情况，汇报总体情况、存在问题和相关措施。针对成交量放大、房价上涨偏快，先后30多次向有关城市发出警示函、督办函，到8市现场督导，其中指导济南、青岛6次完善或升级限贷、限价、限购、限转等调控措施。

【及时转变调控基调】 2月底前，调控布局是济南青岛控房价、三四线城市去库存。根据国家部署，特别是针对山东省商品住宅库存迅速去化、已临近合理周期下限、房价上扬态势明显的状况，3月份起将全省调控基调由"促消费、去库存"转为"控房价、稳市场"，增加商品住宅有效供应，取消购房奖补激励，不再考核棚改货币化安置比例，调整公积金贷款政策，提高贷款首付比例和利率，并停止三套房贷款。召集各市住建房管部门4次召开座谈会，统一思想认识，部署市场稳控措施。

【制定出台调控政策】 7月26日，山东省政府办公厅印发《关于进一步加强房地产市场调控工作的通知》，明确落实主体责任、调控住房供应、引导住房需求、规范市场秩序等五方面14条政策措施。指导督促15个三四线城市全部出台调控政策，其中7市明确了住房限转措施。

【完善有关基础制度】 建立房地产市场调控联席会议制度，形成部门联动调控机制；建立警示约谈督导问责制度，促进市县政府落实主体责任；制定实施商品房预售资金监管制度，防止开发企业因挪用预售资金造成楼盘烂尾；修订开发企业资质管理制度，防止不具条件的企业介入房地产市场；完善新建商品房和二手房交易监管制度，规范网签变更管理，防止炒作期房；实行购房资格审核制度，落实差别化的住房信贷和税收政策，支持自住性需求，抑制投资投机性需求；实行商品住房预售价格申报或备案制度，严控乱涨价；规范购房融资行为，严禁和查处"首付贷、消费贷"等违规资金用于购房。同时，组织开展为期半年的打击囤房炒房等违法违规行为专项行动，各地查处和通报一批典型案件。

【制定出台培育发展住房租赁市场政策】 提请山东省政府办公厅在十九大期间印发《关于加快培育和发展住房租赁市场的实施意见》，明确发展住房租赁市场的目标和路径，提出"培育供应主体、鼓励租赁消费、完善公租房、增加供给、政策支持、强化监管"等7方面24条政策措施。及时召开山东省住房租赁工作座谈会，要求各地住建房管部门以党的十九大精神为统领，将培育和发展住房租赁市场作为构建租购并举住房制度的重要内容，抓紧研究制定具体实施办法。同时，对住房租赁工作进行任务分解，印发省有关部门《任务分工》。

【搭建租赁平台】 11月中旬到12月上旬，省住房城乡厅与省建设银行、各市住建房管部门与当地建行全部签订住房租赁工作战略合作协议，共同推动山东省住房租赁综合服务平台建设，为住房租赁市场各方主体提供信息发布、合同签订及备案、业务监管、支付结算等服务。未来5年内，省建设银行为山东住房租赁市场主体提供全面金融服务，给予不少于1500亿元的授信支持。

【培育重点企业】 充分发挥国有企业的引领和带动作用，全省17市共确定32家拟重点培育的住房租赁国有企业。同时，对从事住房租赁业务的民营企业进行调查摸底，初步掌握了初具规模、有发展潜力的企业名单。

【老旧小区整治改造】 制定印发《山东省老旧住宅小区整治改造导则（试行）》，明确改造内容、标准、工作流程和扶持政策。确定并公布了2017年度全省老旧小区整治改造项目名单，根据实施情况做了中期调整。开展2016年度老旧小区改造项目绩效评价，群众满意率达95%以上。到19个市县40多个老旧小区现场调研。到12月底，全省2017年度老旧小区改造项目开工1906个、5387万平方米，涉及居民66.9万户，开工率100%；三年累计竣工项目3381个、1.18亿平方米，惠及居民145万户。另外，会同省发展改革、公安、财政、国土、质监部门，组织开展既有多层住宅加装电梯试点工作，济南、青岛等5个试点城市均制定了政策，60多部电梯已通过规划审批，20多部电梯已开始安装。

住房保障

【城镇棚户区改造】 2017年，国家下达山东省城镇棚户区改造任务为：开工76.36万套，基本建成32.8万套。截至12月底，全省开工80.37万套，开工率105.3%，基本建成64.68万套，建成率197.2%，连续8年提前超额完成国家下达的年度工作任务。1月16日，召开全省棚户区改造电视会议。5月19日，省政府在菏泽召开全省棚户区改造现场会，调度进展，分析问题，研究措施，督促加快项目进度。抓资金保障。争取中央专项资金129.6亿元，国家发改委中央预算内投资补助65亿元，省级财政安排奖补资金12亿元。加强与银行业金融机构的对接协作，充分发挥开发性金融主渠道及商业银行贷款补充支持作用，采取省级统筹运作、市县单独对接等方式加快贷款申请审批，国家开发银行承诺贷款949亿元、发放贷款577亿元，农业发展银行承诺贷款695亿元、发放贷款348亿元，授信额度、贷款发放均居全国前列。抓机制建设。经省政府同意，设立棚户区改造省级部门联席会议，加强省直部门单位沟通对接，及时解决工作推进中的困难问题。抓规划编制。组织市县以卫星遥感影像图片为依据，完成现有城镇棚户区调查摸底，编制形成2018~2020年改造新三年计划，会同省政府督查室对部分城市进行抽查，确认待改造棚户区166.6万户，三年计划改造155万户，占全国总量的10.3%。

【公共租赁住房供应体系建设】 公共租赁住房分配年度目标任务如期完成。2017年，国家要求2013年底前政府投资公租房原则上年底前要完成分配90%，2014年政府投资公租房原则上年底前要完成分配85%。截至12月底，2013年底前政府投资公租房、2014年政府投资公租房分配率分别为95.9%、94.5%。向13个设区市、191个项目下达督办函，对济南、青岛等8个进展较慢的设区市主管部门实施约谈，督促落实工作责任，明确推进措施，确保如期完成年度任务。争取中央财政公租房及配套设施专项补助4822万元，19个项目全部达到交付条件。退役士兵住房保障专项行动顺利收官。

处置盘活工作有序实施。制定关于贯彻落实建保〔2017〕111号文件进一步做好公共租赁住房有关工作的通知，对确属需求不足的已建成公租房，分类进行处置和盘活。会同省有关部门成立核查组，以保障对象需求、项目手续、建设进度、各类补助资金到位情况为重点，采取现场查看和资料审核的方式，对申报项目逐一实地核查。经省政府同意后，对12市55个政府投资项目盘活处置实施方案进行了批复。住房租赁补贴制度扩面加快推进。制定印发关于做好城镇住房保障家庭租赁补贴工作的实施意见，指导各地有序扩大租赁补贴保障范围，合理确定补贴标准、面积标准，采取市场提供房源、政府发放补贴的方式，增强城镇中低收入住房困难家庭和新就业职工、高校毕业生以及外来务工人员等群体在市场上承租住房的能力，逐步建立实物配租和租赁补贴并举的住房保障制度。截至12月底，全省新增租赁补贴1.66户，完成年度任务的294%，临沂、东营等市将住房租赁补贴发放范围扩大至公共租赁住房保障范围。

住房公积金管理

【概况】 2017年，山东省全年缴存住房公积金1042.01亿元，提取住房公积金712.4亿元，发放个人住房公积金贷款658.9亿元，分别比上年增长13.89%、5.77%、-11.7%；住房公积金使用率为131.6%，住房公积金运用率为83.55%。截至年底，住房公积金累计缴存总额5815.74亿元，缴存余额3099.63亿元，分别比上年增长17.92%、11.9%；

【住房公积金归集扩面】 进一步扩大制度受益范围，会同省财政厅、人民银行济南分行研究出台了《关于进一步扩大住房公积金制度受益范围的通知》，重点抓好非公企业缴存扩面，将个体工商户、自由职业者纳入住房公积金缴存范围。实施缴存使用情况通报制度，每月定期通报各市新增缴存人数、新增缴存额、同比增速等指标变动情况，并抄送各市人民政府。2017年，实缴单位12.98万家，实缴职工894.06万人，当年新开户单位2.11万家，新开户职工101.23万人。全年缴存1042.01亿元，同比增长13.89%。城镇私营企业及其他城镇企业占缴存人数比例由去年的17.25%提高到24.77%，新开户职工30.37万人，占全年新开户职工的38.49%。

【住房公积金重点支持职工基本住房消费】 会同省财政厅、人民银行济南分行研究印发了《关于进一步规范和完善全省住房公积金管理的通知》，调整住房公积金个人贷款政策，提高贷款首付款比例，重点支持自住性购房，抑制投资投机性购房。全年共发放个人住房贷款19.09万笔658.9亿元，同比分别下降12.91%、11.70%，贷款期内职工可累计节约购房利息支出141.06亿元，进一步降低了职工贷款成本，提高了职工购房消费能力。支持建立租购并举的住房制度，严格落实提取住房公积金支付房租政策，简化办理手续和要件材料，9.74万人办理租房提取8.94亿元，解决了住房困难问题。积极开展全国范围内的异地个人住房贷款业务，支持缴存职工异地购买普通自住住房，简化贷款手续，放宽贷款条件，保障缴存职工异地购房权益，全年发放异地贷款0.97万笔33.9亿元。

【住房公积金文明行业创建活动】 将全省住房公积金行业纳入省文明行业创建试点范围，编制印发了《山东省住房公积金行业文明创建试点工作规划》，督促各地加快文明行业创建工作。组织召开全省物业服务和住房公积金行业文明行业创建活动试点工作推进会议，通报全省文明行业创建试点工作开展情况。印发文明示范窗口、文明服务标兵的评选标准，制定了评选办法和细则，不断推动文明创建活动向纵深发展。

【住房公积金政策宣传】 4月，在全省范围内组织开展住房公积金政策"宣传月"活动，17市同步宣传住房公积金的惠民政策和服务举措。在全国范围内率先开展年度报告集中会审，对各市数据进一步核实、完善，确保年度报告数据准确、信息完整。

【住房公积金监管】 落实住房公积金决策和管理重要事项备案制度、两书一函制度、列席各市公积金管委会会议制度等。指导各市进一步健全内部风险防控机制，同时探索全省住房公积金行业内审，利用专业人才力量和常态化工作方式建立长效监管机制，全面排查风险隐患，确保资金安全和有效使用。

【住房公积金放管服改革】 按照山东省人民政府办公厅《关于贯彻国办发〔2017〕41号文件推进"多证合一"改革的实施意见》要求，积极将住房公积金缴纳登记纳入第一批"多证合一"事项整合到营业执照上，提升企业缴存便利度，进一步推动非公企业缴存扩面。完成与全国异地转移接续平台的接入工作，实现了"账随人走、钱随账走"，方便缴存职工异地转移使用住房公积金。

工程质量安全监管

【概况】 2017年，山东省工程质量总体水平稳中有升，获鲁班奖11项、国优工程奖22项，住房城乡建设部在济南召开现场会，推广山东住宅工程质量常见问题治理经验；山东省在全国住建工作会议上就工程质量作经验交流。全省住建系统安全生产形势持续平稳，建筑施工生产安全事故起数、死亡人数同比下降13.3%、10%，建筑业百亿元产值死亡率同比下降22.6%。

【工程质量监管】 贯彻落实国家和省关于质量提升、质量强省部署要求，召开全省会议启动三年治理提升行动；先后赴济南、青岛、淄博等市深入调研工程质量突出问题，指导督促各地强化措施、加紧推进，提升行动各项任务加快落地实施。突出建设单位首要责任和施工等参建各方主体责任，健全和完善质量终身责任追溯机制，全省建筑工程"两书一牌"实现全覆盖。转发住房城乡建设部、财政部《关于印发建设工程质量保证金管理办法的通知》，规范质量保证金管理，严格落实工程缺陷责任期维修责任。引入市场化机制完善质量保证体系，工程质量保险试点工作在青岛等地实质性展开。落实工程质量监管责任，提请省质量强省领导小组将工程质量纳入对市级政府质量考核重要内容，细化考核方式，量化考核指标，牵头完成对17市工程质量考核文审和对济南、青岛、潍坊三市实地考核。持续深入治理住宅工程质量常见问题，大力推广实物样板、可视化交底、隐蔽验收影像留存做法，在淄博组织施工质量管理标准化现场观摩，在济南承办全国住宅工程质量常见问题专项治理现场观摩会。联合省质监局启动全省建筑工程检验检测机构能力提升行动，完成对济南、聊城的实地督查。加强施工现场建筑钢材质量监管，严格治理"瘦身"钢筋等违法违规问题，深入开展"地条钢"专项整治，完成对东营的多轮包市督导。部署开展全省工程质量治理提升行动专项督查，各级共检查工程5922个，责令限期整改工程2348个，停工整改工程378个，实施罚款700万元；随机抽检工程35个，下达执法建议书21份，跟踪整改问题157项，公开曝光违法违规行为典型案例17个。鼓励和支持施工技术集成创新，评审公布省级工程建设工法770项，涵盖常见问题治理、BIM技术应用、装配式建筑等多个施工技术领域。组建全省建筑工程质量安全专家库，覆盖11个专业领域。加快质量安全管理信息化建设，山东省住房城乡建设厅一体化平台质量安全监管模块建成并通过验收，模块深化建设项目被列为全国治理提升行动试点。

【安全生产监管】 认真承担厅安委会办公室日常工作，及时提请调整充实厅安委会组成，建立健全会议、应急等6项工作制度，严格落实"三个必须"原则，城建处、城管局、村镇处、执法总队等有关处室单位分工负责，合力形成良好工作机制。与各市各行业领域主管部门签订安全生产承诺责任书，完善包市督导制度。及时部署安排春季开复工、汛期冬期、两会两节等重要时段安全生产工作，牵头做好省人大安全生产询问、"一法一条例"执法检查、国家和省安全生产巡查考核等重点工作。深入开展施工安全专项整治。

建筑市场

【概况】 2017年，山东全省完成建筑业总产值

1.15万亿,同比增长13.8%,特级资质企业达到38家、一级企业1160家,一级以上企业产值占总产值的比重达到66.1%以上;产值过百亿的企业达到11家,外埠市场份额和业务范围不断拓展,全省完成外出施工产值2907亿元,增长33.44%以上。

【建筑业改革】 深入贯彻国务院办公厅《关于促进建筑业持续健康发展的意见》,按照省委、省政府加快推进新旧动能转换的总体部署和确保走在全国前列的要求,在广泛调研、全面对标"10+4"和吸收借鉴先进经验的基础上,提请省政府办公厅出台《关于贯彻国办发〔2017〕19号文件促进建筑业改革发展的实施意见》,从扶持行业做大做强、优化发展环境、完善建设组织模式等6个方面提出了19条政策措施,明确今后一个时期山东省建筑业的发展目标和思路措施。住房城乡建设部批复《山东省建筑业改革发展综合试点方案》,山东省被列为全国首批开展建筑业综合改革试点的三个省份之一,将从资质许可模式、建设组织模式、项目发包模式、建筑用工模式、工程监管模式5个方面推进10项改革试点。开展创建"建筑强市、强县、强企"活动,会同省统计局对2016年度建筑业5强市、10强县、30强企进行了排名通报。积极为企业资质晋升搞好协调服务,支持11家企业成功晋升特级。

【建筑市场监管】 全面梳理建筑市场监管重点领域、重点环节,着力解决突出问题,强化事中事后监管,提升行业管理服务水平,为优化市场环境松绑减负。放宽承揽业务范围,允许符合条件的房屋建筑和市政工程总承包企业在资质类别内承接上一等级的工程项目。放宽招标限制,会同山东省发改委制定《山东省房屋建筑和市政基础设施工程招标投标改革工作方案》,民间投资的房屋建筑和市政工程由建设单位自主决定发包方式。9月份以来,全省累计有1108个项自主决定发包方式,简化工程招标投标程序、缩短办理时间、提高效率。全面放开市场,下发《关于进一步做好建筑业企业进入山东承揽业务"放管服"工作的通知》和《关于落实鲁建建函〔2017〕17号文件进一步做好省外建筑业企业进入山东承揽业务报送信息工作的紧急通知》,企业在一体化平台提交基本信息后即可在全省范围内承揽业务,实现省外企业通过网上提交信息、就近一次验证、全省承揽业务,外省进鲁企业达到4824余家。坚持放管结合,强化市场和现场"两场联动",组织开展全省建筑市场和施工现场综合执法检查,并对经营异常企业和主管部门履职情况进行重点检查。全省共普查企业6417家,抽查企业2263家,提出整改意见1348条,下发限期整改通知1075份;检查施工项目4006个,发现问题3279项,下发限期整改通知2002份,处罚217家。持续开展严厉打击建筑工程施工转包违法分包等行为活动,定期调度并按时上报住房城乡建设部。全省累计检查建设项目14818个、建设单位7983家、施工企业8538家,依法查处有违法行为的建设项目966个、建设单位360家、施工企业541家、违法人员157人。加强监理企业动态核查,对达不到标准要求的山东建大工程建设监理中心等12家监理企业,依法注销资质。同时,积极做好建筑市场各类主体投诉处理工作,维护行业和谐稳定。优化全省建筑市场监管和诚信信息一体化平台功能,及时对有关市平台建设情况组织验收,全省建筑市场招投标、合同备案、图审备案、施工许可、竣工验收备案等关键环节全面上线办理,部、省、市、县四级建筑市场监管初步实现"数据一个库、管理一条线、监管一张网"。全省已有2.05万家企业、97.3万名人员、4.48万个项目在线接受监管服务;在线办理房屋建筑工程和市政工程施工许可7840项,建筑面积1.94亿平方米。基于一体化平台掌握的市场主体大数据资源,实现市场主体各方信用信息的及时采集、公开和共享。

【行政审批】 2017年,审批建筑业企业资质2840家、工程监理企业资质338家、建设工程招标代理机构资格220家,建筑施工企业安全生产许可证11260家。经山东省住房城乡建设厅转报住房城乡建设部批准,2017年新增建筑业企业特级资质11家、一级总承包资质企业42家,工程监理甲级资质16家,建设工程招标代理机构甲级4家。全省共有建筑业企业特级资质38家、一级总承包资质519家、专业承包资质693家,二级总承包资质2476家、专业承包资质3477家,三级总承包资质3305家、专业承包资质1824家,不分等级企业1730家,劳务资质2286家;工程监理企业综合资质15家,甲级资质229家,乙级资质212家,丙级资质86家;安全生产许可证有效期内企业10884家。

企业申报资料全部网上申报。证书通过快递送达,已累计寄出行政许可办结证书近2400件。

建筑节能与建设科技

【新建建筑节能】 2017年,山东省新建建筑全面执行居住建筑节能75%、公共建筑节能65%设计标准,全年建成节能建筑1.4亿平方米。高层太阳能光热建筑一体化应用政策得到进一步推广和落实,新增太阳能光热建筑一体化应用面积4875.68万平方米，济南市获批国家首批北方地区冬季清洁取暖试点城市。

【既有居住建筑节能改造】 2017年，省级财政列支9225万元对2016年完成的既有居住建筑节能改造项目予以奖补。鼓励以供热企业为主体或供热企业与节能服务公司联营实施集中连片节能改造，全年合计完成既有居住建筑节能改造1180.39万平方米，惠及居民约13.1万户。

【公共建筑节能管理】 2017年，新增公共建筑节能改造507.25万平方米，累计改造1674.61万平方米，累计监测公共建筑2531栋，监测面积5270.23万平方米，省、市节能监测数据中心稳定运行，8所省属国家级节约型高校节能监管平台已全部竣工并通过验收。编制完成2016年度《山东省公共建筑节能监测平台能耗监测情况报告》。制定发布《山东省公共建筑节能绿色改造技术指南》。列支省级配套资金690万元，指导济南、青岛两个国家公共建筑节能改造重点城市加快实施改造工作，指导济南、青岛、济宁、聊城成功申报国家公共建筑能效提升重点城市。

【可再生能源建筑应用】 2017年，推进国家可再生能源建筑应用示范工作，会同省财政厅完成潍坊市、诸城市、安丘市、临朐县、阳信县等5个示范市县，青州市、弥河镇省级推广，济南市和潍坊市4个产业化项目验收评估工作。落实闭合式监管体系，在12层及以下住宅建筑强制安装太阳能光热系统的基础上，鼓励有条件的地市全面推行100米以下新建住宅建筑应用太阳能光热系统，全年新增太阳能光热建筑一体化应用项目1246个，建筑面积4875.68万平方米，热泵建筑应用项目42个，建筑面积268.05万平方米。

【绿色建筑】 2017年，新建建筑全面执行新版建筑节能标准与绿色建筑标准，全省建成节能建筑1.4亿平方米，新增绿色建筑5633.78万平方米，获得二星级及以上绿色建筑标识面积2140.33万平方米。组织创建第4批2个省级绿色生态城区、第2批16个示范城镇，示范城区、城镇数量分别达到22个和32个，第三批8个示范城区通过评估验收，发布《山东省绿色建筑评价标准》《山东省绿色生态示范城镇评估验收要点》。

【装配式建筑】 提请省府印发《关于贯彻国办发〔2016〕71号文 大力发展装配式建筑的实施意见》，调整成立装配式建筑工作领导小组。全省17个设区市及部分县（市）以政府名义出台了专门的政策文件，明确了装配式建筑发展目标、技术路径、扶持政策等。印发《山东省装配式建筑示范城市管理办法》《山东省装配式建筑示范工程管理办法》《山东省装配式建筑产业基地管理办法》《关于印发2017年度全省装配式建筑工作考核指标和考核内容的通知》，启动编制《山东省装配式建筑发展规划（2018—2025）》。新开工装配式建筑2389万平方米。新增省级装配式建筑示范城市7个、示范工程48个、产业基地30个，获批国家示范城市5个（济南、青岛、潍坊、济宁、烟台）、产业基地26家。扶持培育各类部件、部品生产企业150家，基本实现了设区市全覆盖，初步形成了开发、设计、施工、生产、集成部品等全产业链条的生产能力。

【全省绿色建筑与装配式建筑工作会议】 12月14—15日，全省绿色建筑与装配式建筑工作会议在烟台召开。会议总结了2017年全省绿色建筑与装配式建筑工作进展情况，通报2017年度专项检查结果，交流各地经验做法。明确了2018年全省绿色建筑与装配式建筑的主要发展目标、重点工作。

【被动式超低能耗建筑】 2017年，省级财政列支5408万元，新增省被动式超低能耗示范工程5个，示范建筑面积7.63平方米，省级示范项目达到37个，示范建筑面积40.81万平方米。10月11日，山东建筑大学教学实验综合楼、威海一战华工纪念馆、威海市海源公园管理房、烟台建城丽都居住区幼儿园4个示范项目获住房城乡建设部颁发的"中德被动式低能耗项目质量标识"证书。印发《山东省被动式超低能耗绿色建筑示范工程专项验收技术要点》。2017年8月4日，在青岛召开全省被动式超低能耗绿色建筑工作座谈会，同期举办第二届山东省被动式超低能耗绿色建筑创新联盟大会。

【科技创新】 印发《山东省住房城乡建设科技创新发展规划（2017~2020）》，提出到2020年，实现全省建设科技自主创新能力增强，培养和引进一批高素质建设科技人才，重点领域和关键技术有新的突破，取得一批国家和省重大科技奖项，建设科技总体实力达到全国先进水平。

【建设信息化】 印发《山东省住房城乡建设信息化发展规划（2017~2020）》。《规划》明确，到2020年，支撑信息化发展的基础设施、网络和信息安全保障体系进一步完善，全省住建大数据平台、面向企业和个人的一体化服务体系基本建设完成。向社会公众开放二级注册建造师、专业定额价目表、建筑业企业资格证书等政务数据26类近35万条数据，利企便民效应凸显。

【智慧住区】 制定《山东省绿色智慧住区建设指南》，召开绿色智慧住区经验交流会，实施绿色智慧住区示范建设。2017年实施省级绿色智慧住区示范项目17个，累计38个，省财政给予每个100万元资金支持，目前共有8个项目通过评估验收，逐步形成各具特色的规划-建设-管理智慧化样本。组织编制《山东省绿色智慧住区建设指南》升级版，推动示范项目快速健康发展。

标准定额

【概况】 2017年，出台《山东省工程建设标准化管理办法》；批准发布17项地方标准。组织编制《装配式混凝土建筑结构现场检测技术标准》等7项装配式地方标准；共举办《山东省工程建设标准化管理办法》以及《装配式混凝土建筑技术标准》等3项国家标准的全省宣贯培训。发布新版建筑、安装、市政、园林绿化等各专业消耗量定额，清理和简化非工作必须或无法规依据的证明材料14项；实现乙级工程造价咨询资质审批全程网办，申请人"零跑腿"完成申请事项；发布2014－2016年度全省工程造价咨询企业信用等级评价结果；在省电子政务平台上完成对山东省定额消耗量信息、山东省地方标准目录等电子数据的上传。

【标准编制管理】 完善山东省工程建设标准体系。鼓励建筑规划、勘察设计、科研高校、施工等单位积极申报现行工程建设标准体系中尚未制订的标准项目。鼓励参照先进的国际工程建设标准和境外工程建设标准制定山东省工程建设标准。积极促进科技成果转化为标准，依规编标、阳光编标。2017年共31项地方标准制修订项目列入编制计划，共召开28项地方标准专家审查会，批准发布17项。重点加强装配式建筑标准编制进程，2017年组织编制《装配式混凝土建筑结构现场检测技术标准》等7项装配式地方标准。

【工程建设标准化管理立法】 4月12日，《山东省工程建设标准化管理办法》经省政府第100次常务会议审议通过。5月21日，《办法》以省政府令第307号发布。6月28日，山东省政府新闻办召开新闻发布会。7月1日，《办法》正式施行。

【标准宣贯培训】 8月15日，组织举办《山东省工程建设标准化管理办法》全省宣贯培训。17市住房城乡建设部门标准化工作负责人及有关科室、单位管理人员及技术人员，省科研机构等单位参与标准化工作的管理人员参加培训。9月9～11日，组织举办全省《装配式混凝土建筑技术标准》《装配式钢结构建筑技术标准》《装配式木结构建筑技术标准》等3项国家标准宣贯培训。

【无障碍环境建设及养老服务设施工作】 会同省经信委等省直部门开展《无障碍环境建设条例》贯彻实施情况检查，迎接国家无障碍检查组对济南和威海的抽查，会同省残联对全省贫困重度残疾家庭无障碍改造进行检查，实地走访潍坊、东营及滨州等三市的12户接受无障碍改造贫困重度残疾人家庭。

【推动光纤到户国家标准贯彻实施】 编制《住宅区和住宅建筑内光纤到户通信设施工程设计规范》和《住宅区和住宅建筑内光纤到户通信设施工程施工与验收规范》；会同省通信管理局联合开展光纤到户国家标准贯彻实施情况监督检查。

【新版消耗量定额出台和发布】 发布新版建筑、安装、市政、园林绿化等各专业消耗量定额以及配套的费用计算规则、机械仪表台班单价计算规则等系列计价依据，于3月1日起正式实施。制定并发布新定额与全国统一工程量清单之间的衔接对照制度，促进新定额在工程量清单报价中的应用实施。

【造价咨询资质审批】 2017年共受理331家企业上报的各类材料，审核批准25家企业为乙级（暂定一年），甲级造价咨询资质延续审核结果通知书17份，行政不许可20家。批准17家甲级、80家乙级企业延续，下发整改通知书1份，注销16家乙级企业资质。梳理省市两级政务服务事项证明材料和中介服务项目，共清理和简化非工作必须或无法规依据的证明材料14项。2017年底前实现乙级工程造价咨询资质审批实现全程网办，提升网办深度为四级，申请人可以"零跑腿"完成申请事项。同时依据《关于清理规范权力事项的通知》调整下放了11项行政处罚权至市级建设行政主管部门。

大事记

1月3～4日，山东省委常委、省长郭树清到滨州调研农村改厕、煤改气工作。

1月6日，山东省政府办公厅印发《关于公布新的中小城市试点名单和特色小镇创建名单的通知》（鲁政办〔2017〕16号）。

1月13日，省政府办公厅印发《关于贯彻国办发〔2016〕71号文件大力发展装配式建筑的实施意见》（鲁政办发〔2017〕28号）。

1月14日，全省住房城乡建设工作会议在济南召开。

1月25日，省住房城乡建设厅印发《山东省建设工程竣工规划核实管理办法（试行）》（鲁建规字〔2017〕1号）。

2月14日，省政府新闻办召开新闻发布会，发布并解读《山东半岛城市群发展规划（2016－2030年）》和《山东省农业转移人口市民化发展规划（2016－2020年）》。

2月24日，省住房城乡建设厅、省机构编制委员会办公室、省政府法制办公室联合印发《2017年城市管理执法体制改革工作要点》。

3月3日，全省城乡环卫一体化联席会议召开，专题研究部署铁路沿线环境综合治理工作。

3月7日，省住房城乡建设厅印发《2017年山东省住房和城乡建设事业发展年度计划》（鲁建发〔2017〕1号）。

3月9日，省政府办公厅印发《关于贯彻国办发〔2016〕72号文件进一步推动非户籍人口在城镇落户的通知》（鲁政办发〔2017〕33号）。

3月13日，省住房城乡建设厅召集省房地产市场调控联席会议第一次全体成员会议，省委宣传部、省发改委、省财政厅等15个省直部门单位参加。

3月23日，《山东省城镇体系规划（2011－2030年）》经国务院同意、住房城乡建设部批复实施。

4月1日，省住房和城乡建设执法监察总队成立大会召开。

4月7日，省政府新闻办召开新闻发布会，解读《山东省城镇体系规划（2011－2030年）》。

4月18日，省住房城乡建设厅调整成立装配式建筑工作领导小组，王玉志厅长任组长，领导小组办公室设在建筑节能科技处

4月22～23日，住房城乡建设部副部长倪虹、国家铁路局副局长于春孝带领住房城乡建设部、国家铁路局、铁路总公司、京沪高铁公司有关部门负责同志，来山东省调研铁路沿线环境治理工作。省住房城乡建设厅厅长王玉志、济南市市长王忠林和副市长张海波等陪同调研。

4月25日，省住房城乡建设厅印发《山东省住建系统安全生产"黑名单"管理办法》（鲁建质安字〔2017〕8号）。

4月27日，省政府办公厅印发《关于开展建筑施工安全治理行动的通知》（鲁政办字〔2017〕72号），部署启动为期三年的建筑施工安全治理行动。

5月5日至9日，国务院消防工作考核组由住房城乡建设部副部长易军带队，对山东省2016年消防工作情况进行考核。

5月10日，国务院"放管服"督查组来省住房城乡厅督查行政审批工作。

5月11日，省住房城乡建设厅、省民政厅联合印发《关于做好住房困难退役士兵住房保障工作的通知》，并在省政府新闻办召开的新闻发布会上作了解读。

5月21日，《山东省工程建设标准化管理办法》《山东省房屋建筑和市政工程质量监督管理办法》分别以省政府令307号、308号颁布。

6月7日，省住房城乡建设厅印发《关于调整厅安全生产委员会的通知》（鲁建办字〔2017〕20号），调整充实厅安全生产委员会成员单位。

6月8日，省住房城乡建设厅印发《全省房屋市政工程施工安全百日攻坚治理行动方案》（鲁建质安字〔2017〕11号），启动房屋市政工程施工安全百日攻坚治理行动。

6月22～23日，住房城乡建设部副部长陆克华带领住房城乡建设部、国土部、人民银行调研组，来山东省调研房地产市场形势。

6月26～30日，省住房城乡建设厅在山东行政学院举办全省加强城市规划和设计专题培训班，各市（县）政府分管负责同志，国家和省新型城镇化和新中小城市试点县（市）政府主要负责同志，共100人参加培训。

7月5日，全国农村厕所污水治理工作电视会议在山东省荣成市召开。

7月12日，山东省济南、淄博、济宁和威海4市被住房城乡建设部列为第三批国家"城市双修"试点城市，济南、烟台、日照三市被住房城乡建设部列为第三批国家城市设计试点城市。

7月16～26日，国务院第4次大督查第九督查组到山东省督查，其中对公租房市场发现问题整改情况进行督查，专门到济南、潍坊现场查看部分项目。

7月20日，省政府常务会议研究加强房地产市场调控的政策措施，省政府办公厅于7月26日印发《关于进一步加强房地产市场调控工作的通知》（鲁政办发〔2017〕59号）。

7月21日，省政府办公厅印发了《关于贯彻国办发〔2017〕19号文件促进建筑业改革发展的实施意见》（鲁政办发〔2017〕57号）。

8月31日，省住房城乡建设厅召开厅安委会全体成员会议，研究部署住建系统安全生产工作。

9月1日，第23届鲁台经贸洽谈会特色小镇建设交流推介会在潍坊市召开，省住房城乡建设厅副厅长、党组副书记李兴军出席会议并讲话。

9月6日,省政府新闻办举行新闻发布会,省住房城乡建设厅副厅长徐启峰对《山东省人民政府办公厅关于贯彻国办发〔2017〕19号文件促进建筑业改革发展的实施意见》作解读。

9月9~13日,住房城乡建设部督导组对山东省整顿规范房地产市场秩序工作进行专项督查。

9月11日,省住房城乡建设厅印发《关于贯彻建办质〔2017〕56号文件严厉打击建筑施工安全生产非法违法行为的通知》(鲁建质安字〔2017〕24号),部署严厉打击建筑领域非法违法行为专项整治工作。

9月12~21日,国务院安全生产委员会第26督察组对山东省开展安全生产大检查综合督查,实地检查了济南、潍坊、青岛等地建筑施工现场和燃气运营情况。

9月27日,省住房城乡建设厅印发《山东省住房城乡建设厅关于深化放管服改革进一步优化政务环境的实施意见》(鲁建发〔2017〕4号)。

9月29日,省政府办公厅印发《关于推进济南等7个传输通道城市清洁采暖气代煤电代煤工作的通知》(鲁政办字〔2017〕155号)。

9月30日,山东省第十二届人大常委会第三十二次会议审议通过《山东省建设工程抗震设防条例》,条例自2017年12月1日开始颁布实施。

10月14日,省政府办公厅印发《关于加快培育和发展住房租赁市场的实施意见》(鲁政办发〔2017〕73号)。

10月15日,省住房城乡建设厅、济南铁路局联合印发《关于深入推进京沪高铁(山东段)沿线环境综合整治工作的通知》(鲁建城管函〔2017〕31号)。

10月27日,山东省人民政府办公厅印发《关于印发山东省城乡规划委员会工作规则的通知》(鲁政办字〔2017〕171号),明确了省城乡规划委员会的机构组成、工作职责和议事规则。

11月7日,在2017年度全国优秀工程勘察设计行业奖提名中,山东省共获得一等奖提名10项,二等奖提名37项,三等奖提名73项。

11月8日,省委副书记、省长龚正主持召开全省"多规合一"和重大交通规划布局调整、高端石化产业发展规划工作专题会议,省住房城乡建设厅厅长王玉志参加会议并发言。

11月9日,山东省5个城市、26个企业分别获首批国家装配式建筑示范城市、产业基地称号,数量均居全国首位。

11月13日,省委书记刘家义主持召开省委常委会第26次会议,听取省住房城乡建设厅党组《关于进一步加强城市规划工作的意见》有关情况的汇报,省住房城乡建设厅厅长王玉志,副厅长、党组副书记李兴军参加会议。

11月15日,《山东省住房和城乡建设厅生产安全事故处置工作规程》(鲁建办字〔2017〕58号)发布。

11月20日,《住房城乡建设部办公厅关于批准山东省建筑业改革发展综合试点方案的函》(建办市函〔2017〕798号)印发,批准山东省建筑业改革发展综合试点方案。

11月29日,全省住房租赁工作座谈会在济南召开,省住房城乡建设厅副厅长、党组成员周善东出席会议并讲话,各市住建(房管)部门分管负责同志参加会议。

12月12日,住房城乡建设部印发《关于将北京等10个城市列为第一批历史建筑保护利用试点城市的通知》,公布了第一批历史建筑保护利用国家试点城市名单,山东省烟台市入选。

12月15日,印发《全省房屋市政施工冬季安全生产集中整治工作方案》(鲁建安字〔2017〕5号),部署开展冬季安全生产集中整治行动。

12月19日,省委常委、常务副省长李群到菏泽市东明县焦园乡甘棠村调研扶贫工作,看望了省住房城乡建设厅驻东明县焦园乡第一书记,厅长王玉志陪同调研。

同日,省住房城乡建设厅印发《山东省建筑业劳务用工制度改革试行方案》(鲁建建管字〔2017〕15号),部署推进山东省建筑业劳务用工制度改革工作。

12月20日,省委常委、常务副省长李群主持召开泰安市生态文明建设暨空间战略规划、多规合一工作座谈会,省住房城乡建设厅副厅长、党组副书记李兴军参加会议并发言。

12月23日,全国住房城乡建设工作会议召开,省住房城乡建设厅在会上作《创新管理机制 健全责任体系 全面提升工程质量水平》典型交流。

12月25~30日,省政府保障群众温暖过冬领导小组办公室成员单位、专家分17个组深入各市抽查冬季取暖用气用电用煤安全情况。

12月30日,山东省委办公厅、省政府办公厅印发《关于进一步加强城市规划工作的意见》(鲁办发〔2017〕60号)。

(山东省住房和城乡建设厅)

河 南 省

概况

2017年，河南省住房城乡建设系统围绕着力打好"四张牌"、推进"三区一群"建设、实施"四大攻坚战"等重大部署，扎实推进各项工作，取得较好成效。全省住房和城乡建设领域完成投资超过1万亿元，对固定资产投资增长贡献率超过20%，房地产业和建筑业税收占全省地税收入的47%，从业人员占全社会从业人员的10%左右。

【推进新型城镇化】 积极探索生态、融合、适度、集约、高效的城镇化路子，推动城乡、区域融合协调发展。深入推进中原城市群建设，科学编制中原城市群发展规划。支持郑州建设国家中心城市，启动郑州大都市区规划建设；支持洛阳建设中原城市群副中心城市。增强重要区域中心城市和主要节点城市辐射带动能力，重点产业带、城际轨道交通、生态走廊等加快建设。截至年底，全省城镇化率达50.16%，比上年提高1.66个百分点，低于全国平均水平8.36个百分点。

【提升城市建设管理水平】 认真落实百城建设提质工程的牵头重任，省政府先后在长垣、商丘、许昌召开推进会。认真落实"以绿荫城、以水润城、以文化城、以业兴城"要求，首批45个市县全部完成新一轮城乡总体规划编制，完成各类城市设计103项、专项规划559项，控规覆盖率达68.93%。聚焦事关群众切身利益的重点民生实事。全年全省新开工棚改安置房58.87万套，基本建成64万套，新增公租房分配12.93万套，改造农村危房8.8万户，新建改造公厕1305座、供热管网991千米、热力站841座，新增供热面积8916万平方米、垃圾焚烧日处理能力1500吨、日收转运能力1280吨、建筑垃圾年资源化利用能力1250万吨。加强扬尘污染防治和黑臭水体整治。坚持标准先行、上下联动、强化督导，坚决落实"封土行动"，全省规模以上建筑工地"三员"实施率达100%，在线监控设备安装率98.8%、联网率95%；推进"以克论净"，省辖市、省直管县（市）城市主要道路、高架道路实现机械化洒水清扫；全省核准的8405台建筑垃圾清运车辆全部实施密闭运输和动态监管；积极采取截污纳管、清淤疏浚、清水补源等措施，省辖市80%的黑臭水体完成整治。

【提升城乡规划建设管理水平】 加快转变城市规划和建设方式，改革规划编制内容，全面推进城市"双修"、海绵城市、综合管廊和生态园林建设，着力提高城市建设品质。全面开展统筹城乡、覆盖全域的城乡总体规划编制，参与完成中央确定的省域空间规划编制试点，完成全部国家级风景名胜区总体规划编制。12月26日，国务院正式批复，支持郑州建设国家中心城市；郑州市开展国家中心城市战略研究，基本完成城市开发边界划定，实现城市设计重要地区全覆盖；开封市以沿黄生态带建设、十湖连通工程和古城保护与更新为抓手扎实推进城市"双修"；漯河市建立完善城市设计四项审查机制；信阳市以市政道路、背街小巷、环卫设施等建设改造为重点推进老城改造提质。18个省辖（管）市全部完成海绵城市专项规划编制，全省建成海绵城市项目546个、建成面积128平方千米。全省开工建设地下综合管廊72千米。成功举办第十一届中国（郑州）国际园林博览会和第35届菊花文化节，许昌市在全省率先创建成为国家生态园林城市，全省新创建国家级园林城市（县城、城镇）18个，总数居全国第一。孟州市莫沟村传统村落建设项目、汝州市海绵城市建设项目获中国人居环境范例奖。

【抓好农村生活垃圾治理】 河南省政府召开全省农村生活垃圾治理现场会，推广"南乐模式"，对省直管县（市）进行省级达标验收，济源等5个市县成为全国首批农村生活垃圾分类和资源化利用示范县市，兰考县董西村等10个村庄成为国家改善人居环境示范村。11个镇入选全国第二批特色小镇，5个传统村落获得国家财政资金支持。四是完成城市执法体制改革年度任务。全省各市县均成立城市管理综合执法机构，全部省辖市和101个县（市）建成数字化城市管理平台，省市县三级城市管理架构基本形成，综合执法体制初步理顺，执法人员服装和标志标识实现统一，1500多名城市管理执法干部得到集中培训。

【房地产业和建筑业平稳发展】 认真贯彻中央经济工作会议精神，努力保持全省房地产市场总体平稳，全省房地产开发投资完成7090.25亿元，居中部第一、全国第四位，比上年增长14.7%，商品住宅去化周期保持在7个月左右，郑州等热点城市完成调控目标。大力发展住房租赁市场，基本建成住房租赁信息服务监管平台，培育各类市场主体200多家，一大批知名房企积极布局河南省住房租赁市场，郑州成为全国10个住房租赁试点城市之一。认真落实扩大住房公积金制度受益范围政策措施，全省新市民新开户32万人、增长23倍，发放个人住房贷款23.45亿元，有力支持了新市民住房消费需求。省政府召开全省建筑业转型发展大会，印发建筑业转型发展行动计划和大力发展装配式建筑的实施意见、发展成品住宅的指导意见等政策。全省建筑业总产值10085.49亿元，增长14.5%；各类施工总承包特级企业增加9家，总数达到27家。扎实开展工程质量安全提升行动，工程质量稳中有升，获"鲁班奖"4项、"中州杯"奖118项；安全生产形势基本平稳。五是勘察设计行业稳步发展，标准技术体系不断完善，出台成品住宅等20项地方标准。装配式建筑加快发展，全省投产和在建构配件生产线98条，新添示范工程项目32个，郑州、新乡获批国家装配式建筑示范城市，中建七局等7家企业生产基地被认定为国家装配式建筑产业基地。成品住宅项目达到70个，建设体量突破1000万平方米。全省新建建筑节能设计标准执行率保持100%、实施率达99%以上，新型墙材在城市规划区应用比例保持在98%以上，发展绿色建筑标识项目117个，3项科技创新成果获省科学技术进步奖。郑州、开封、新乡和鹤壁市开展国家清洁取暖试点，郑州、新乡和鹤壁市获批国家公共建筑能效提升重点城市。

【城市执法体制改革】 河南省委、省政府召开城市执法体制改革领导小组会议、电视电话会议和现场会，会同有关部门压实责任、培育典型、挂牌督办、重点督导，6月30日，省城市管理和执法监督局成立。全省18个省辖（管）市、10个省直管县（市）、95个县（市）正式出台改革实施方案并挂牌成立了城市管理综合执法机构，全省三级城市管理架构基本建立，城市管理综合执法体制基本理顺。

【提升依法行政水平】 认真学习贯彻党的十九大精神，用习近平新时代中国特色社会主义思想引领住房城乡建设工作实践。落实全面从严治党"两个责任"，推进"两学一做"学习教育常态化、制度化，严格规范基层党建工作各项制度。坚持标本兼治、推进以案促改，强化执纪问责，保持正风反腐高压态势。扎实推进依法行政。新修《河南省物业管理条例》通过省人大常委会审议并正式实施，《河南省集中供热管理办法》《河南省无障碍环境建设管理办法》通过省政府常务会议审议。全面开展服务型行政执法"服务指导年"和城管执法系统"强基础、转作风、树形象"专项行动，推进落实行政执法责任制。四是积极推进"放管服"改革，取消园林绿化施工、物业管理等资质审批和16项行政许可中介服务事项，下放管道燃气经营许可等审批事项，88项行政职权事项实现网上办理。

法制建设

2017年，按照全面推进依法治省、加快建设法治政府的决策部署，抓好《法治政府建设实施纲要（2015—2020年）》实施方案的贯彻落实，各项工作取得新突破。

【法规制度建设】 重点领域立法。省住建厅列入省人大常委会、省政府立法计划的项目共11个；印发《关于落实2017年立法计划的通知》，建立立法工作责任制，明确责任分工和时限要求。新修《河南省物业管理条例》通过省人大常委会审议并正式实施，《河南省集中供热管理办法》《河南省无障碍环境建设管理办法》颁布实施。提高立法质量。省住建厅和省政府法制办召开《河南省集中供热管理办法》立法听证会，直面热点问题，增强立法引领作用。规范性文件管理。对50余件规范性文件、协议、合同进行法制审核，提交的合法性审查意见书被评为全省优秀行政规范性文件合法性审查意见书。根据"放管服"改革、公平竞争文件清理要求，对526件规范性文件进行集中清理，废止126件，宣布失效32件、修订64件，清理结果及时向社会公布。完成住房城乡建设部、省人大常委会和省政府法制办等转来的法律法规规章征求意见稿92份。

【推进服务型行政执法】 制定方案。印发全省住房城乡建设服务型行政执法"基层提升年"活动方案，对全系统开展服务型行政执法进行了安排部署。二是培育重点。选取6个单位和50名个人作为全系统服务型行政执法示范点和示范标兵培育对象，进行重点培育指导。

【开展现场观摩活动】 9月，在漯河市召开全省房管系统服务型行政执法观摩交流会，现场观摩漯河市房产管理服务型行政执法建设，研讨交流房产管理服务型行政执法经验。推进行政调解,印发河南省住房城乡建设系统行政调解文书示范文本及其使用说明。梳理并公布行政调解依据,明确调解流程,落实调解责任。督促全系统各级住房城乡建设主管部门建立完善行政调解机制,设立行政调解室,悬挂行政调解室标牌,认真履行行政调解职责。推进行政指导。修订完善行政指导工作规范、文书示范文本及其使用说明,开展优秀行政指导案例评选活动,提升行政执法人员实施行政指导的能力和水平。

【加强行政执法责任制】 规范行政处罚裁量权。组织对原行政处罚裁量标准进行全面修订,共涉及98部法律法规规章的375个行政处罚条款,细化近1500条标准,新修订的裁量标准自10月1日起施行。规范执法案卷和程序。组织编制行政执法指导案例,及时转发河南省行政执法案卷立卷规范和行政许可、行政处罚案卷评查标准;开展优秀行政执法案卷评选活动,提高案卷制作质量。培育执法责任制示范点。安阳市城市管理综合执法局被确定为全省首批行政执法责任制示范点。建立行政执法情况统计报告制度。定期向省政府法制办报送省住建厅行政处罚、行政许可、行政强制等行政执法情况。开展行政执法全过程记录试点。及时转发住房城乡建设部关于印发推行执法全过程记录制度试点实施方案的通知,明确实施步骤、时间节点和保障措施,并对试点开展情况进行督促检查。六是建立健全"双随机、一公开"监管机制。分行业建立检查对象名录库和执法检查人员名录库,按时完成年度抽查任务。

【提升行政复议应诉水平】 全年共办理行政复议案件88件。印发《关于进一步规范全省住房城乡建设系统行政复议被申请人提交答复和证据材料的通知》,不断规范办理程序。注重提高办案质量,对重大疑难案件坚持行政复议委员会集体审理,实行专家论证,及时纠正被申请人违法违规行为,从源头上避免行政争议的发生。注重加强与法院沟通,积极履行应诉职责,尊重并自觉履行人民法院生效裁判,全年办理的50多起行政应诉案件无一败诉。

城市管理执法监督

【深入推进城市管理执法体制改革】 2017年,河南全省所有市、县均出台改革方案并挂牌成立城市管理局,省、市、县三级城市管理架构基本建立,城市管理执法体制基本理顺。城市管理执法体制改革取得新成效。截至年底,全省所有市、县均出台改革方案并挂牌成立城市管理综合执法机构,省、市、县三级城市管理架构基本建立,城市管理综合执法体制基本理顺,全面完成了全省城市执法体制改革年度目标任务。

【加大执法监察力度】 扎实做好投诉举报受理。全省共受理投诉举报案件线索919件,同比增长42.2%。建立全系统执法监察和案件处理情况统计制度。据不完全统计,全省全系统共受理投诉举报5179件,立案4168件,结案3604件,罚没款总额4.5亿元,拆除违法建筑物749万平方米,行政处罚企业763家,行政处罚个人3138人。严厉查处违法违规行为。印发《关于进一步做好查处违法建设执法工作的通知》,按照"放管服"要求,依法将省住建厅行政处罚职能由32项核减为31项。

【城市管理执法队伍建设】 印发《关于进一步规范城市管理制式服装标志标识和着装的通知》,明确配发范围、经费标准、胸号编制规则以及采购日常管理等。做好全系统城管执法培训,组织全省170名城市管理执法处级干部参加住房城乡建设部干部轮训,分5期对全省1300余名科级干部进行培训。推行行政执法全过程记录,不断规范执法行为。积极推广郑州金水区城市管理行政执法局"四室一庭"执法经验,构建管理、服务、执法"三位一体"城管执法模式。积极整合数字化城市管理平台,搭建城市管理官方网站、手机APP、微信微博公众号、12319热线电话等于一体的宣传平台。

城乡规划和建设

2017年,河南省政府于4月召开城乡规划工作暨百城建设提质工程规划推进会,对全省城乡规划工作、特别是做好县城规划编制工作提出了更高要求。截至年底,全省17个省辖市中,除鹤壁和郑州等8个国务院审批的总体规划待住房城乡建设部统一布置外,其他9市均完成新一轮城乡总体规划编制。

【推进总体规划编制内容改革】 在试点的基础上,要求各市县打破过去就城市论城市的做法,全部按照统筹城乡、覆盖全域的原则,以全市县域为整体空间,与土地利用总体规划、生态功能区规划等相关规划有效衔接,统筹布局生产、生活、生态空间,划定三区三线,实现了多规融合。积极参与省域空间规划编制试点和区域规划编制。配合住房城乡建设部、中规院编制全国城镇体系规划;基本完成省域空间规划编制试点中有关城镇化、城镇空间、城镇开发边界划定等相关专题编制。

河南省政府成立省城乡规划委员会、规划专家委员会，调整了省会规划建设委员会。召开河南省城乡规划委员会第一次会议，印发《百城建设提质工程规划审查规则》，明确规定审查程序和要求。积极推进"城市双修"和城市设计试点。开封、洛阳、郑州、漯河、焦作和长垣6个市县被住房城乡建设部确定为国家"城市双修"试点城市，郑州、漯河2市被确定为国家城市设计试点城市。截至年底，6个国家"城市双修"试点均按照要求制定了工作方案和实施方案，正在开展评估调查和专项规划的编制或前期准备。2个国家城市设计试点城市均完成了总体城市设计和重点地段城市设计编制。

【加强历史文化遗产保护】 拟定全省历史文化街区划定和历史建筑确定工作方案，组织各市县开展历史街区、历史建筑普查调查，全省共普查潜在历史文化街区47个、历史建筑1566个。加强重点项目规划手续办理。截至年底，省重点项目共完成规划审批许可1085个。其中，项目选址许可364个，占需批数的98.9%；用地规划许可363个，占需批数的98.6%；工程规划许可358个，占需批数的97.3%。除个别未申办的项目外，全省城乡规划系统已基本完成全年省重点项目联审联批规划手续办理。

市政公用基础设施建设

2017年，河南省以大力实施百城建设提质工程为重点，积极开展基础设施扩容提质八项工程、提升县级城市管理水平，扎实推进海绵城市、黑臭水体整治、城市垃圾处理、地下综合管廊等基础设施建设。

【城市环卫、垃圾处理和"厕所革命"】 大力实施城市道路清扫保洁。省财政安排专项资金2.6亿元，支持各地提高机械化清扫率。各市县投入近12亿元，实施了"机械深度洗扫＋人工即时保洁"的作业模式。县城及县级以上城市主要道路、高架道路已全部实现机械化清扫。加大财政资金投入，不断提高城市公厕建设标准。从2016年开始，申请省财政专项资金6000万元支持县（市）公厕建设，2016年、2017年，全省新建、改造公厕4056座。

【城市道路建设】 加强城市道路专项规划编制，推行"窄马路、密路网"的道路建设新理念，优化城市道路布局，完善路网结构。全省各地新建、改扩建一批城市道路、桥梁、人行天桥、地下通道等道路交通设施项目，完善城市干道与高速公路、国省干线的衔接。积极打通"断头路""卡脖路"，推进支路、街巷等城市交通微循环系统建设，提高路网密度，缓解交通拥堵。全省城市道路新建1213.1千米、续建231.8千米、扩建569.6千米，完成投资280亿元。

【集中供热】 河南省政府要求在全省16个省辖市、4个省直管县（市），新建、改造换热站613座、管网总长度511千米，新增集中供热面积约6100万平方米。全省20个有年度目标任务的城市，共新增集中供热面积7374.6万平方米，新建、改造供热管网636.8千米，新建、改造热力站642座，集中供热普及率提高了10.9个百分点，全面超额完成省定目标。

【海绵城市建设】 河南省住建厅、省农发行和国开行出台关于贯彻落实推进政策性金融支持海绵城市建设的具体意见，为海绵城市建设提供资金保障。组织编写了《河南省海绵绿地建设技术指南》。截至年底，18个省辖（管）市均完成了海绵城市专项规划编制，建立了海绵城市建设项目库，完成五年项目滚动规划和分年度建设计划。全省已建成海绵城市项目546个，建成面积127.86平方千米，完成投资312.65亿元。

【地下综合管廊建设】 截至年底，全省18个省辖（管）市和9个省直管县（市）管廊专项规划通过省住建厅审查。18个省辖（管）市、10个省直管县（市）和8个省百城建设提质工程县（市）管廊专项规划已经组织专家评审；全省开工建设23个项目，共计120千米，形成廊体49千米，完成投资51亿元。

【黑臭水体整治】 召开全省扬尘污染防治攻坚战总结表彰暨扬尘黑臭水体防治攻坚战动员部署电视电话会议，安排部署全省黑臭水体防治攻坚工作。印发全省城市黑臭水体整治情况的通报，对黑臭水体整治进行督促通报。印发《河南省城市黑臭水体整治工程方案编制大纲》，指导各地编制黑臭水体整治工程方案。

【数字城管平台建设】 印发关于加快数字化城管系统建设的通知。要求未完成建设任务的市县明确时间节点，每周上报工作进度。进一步加大督导力度。对各市县数字城管建设情况进行督导，多次下发督办通知，每月对各市县数字化城管平台建设情况进行全省通报。对落后市县进行约谈。进行全省数字城管系统建设管理培训。截至年底，各市县基本建成数字化城管系统，建成比例排名全国前列。

【市政工程质量管理】 2017年，全省市政工程质量管理成效显著，郑州东站、郑州市天然气利用工程荣获中国土木工程詹天佑奖。一是发挥优质工程的示范带动作用，推进质量管理标准化，提升全省市政工程建设质量水平。

【城市维护建设资金及市政公用设施建设投资】 2017年，全省城市市政公用设施建设固定资产投资完成8680683万元，比上年增长66.89%。其中，供水189901万元，燃气149459万元，集中供热1071247万元，轨道交通1229948万元，道路桥梁3502484万元，排水744154万元（污水处理242985万元），园林绿化1257818万元，市容环境卫生170944万元（其中垃圾处理71531万元）。城市市政公用设施建设本年新增生产能力：供水综合生产能力18.09万立方米/日，供水管道长2323.47千米，天然气储气能力94.6万立方米，天然气供气管道长度1474.2千米，蒸汽集中供热能力470吨/小时，热水集中供热能力3200兆瓦，道路长度868.71千米，道路面积2398.66万平方米，排水管道长度1927.84千米，污水处理厂处理能力117.5万立方米/日，绿地面积5734.91公顷，生活垃圾无害化处理能力1300吨/日。全省38个市（含县级市）的市政公用设施建设固定资产投资合计9017029万元。其中，国家预算资金4575162万元（中央预算资金10772万元），国内贷款900881万元，债券12410万元，利用外资30586万元，自筹1635128万元，其他资金1862862万元。

【风景名胜区管理】 9月27日，在登封市组织召开了全省风景名胜区工作会议。4月7～9日，配合住房城乡建设部验收检查组，对嵩山、石人山2个国家级风景名胜区在2013全国执法检查中存在问题的整改情况进行检查验收，2个国家级风景名胜区均通过整改达到要求。截至年底，全省11个国家级风景名胜区的总体规划均已编制完成，石人山、神农山、青天河3个国家级风景名胜区总体规划已经上报国务院。5月26日，《漯河市沙澧河风景名胜区条例》经省人大常委会第二十八次会议审查通过，10月1日起正式实施。6月，省住建厅对各风景名胜区下达关于做好风景名胜区暑期和汛期安全生产的通知，要求全省风景名胜区管理机构高度重视安全生产，全面排查基础设施、服务设施和游乐设施存在的安全和火灾隐患，及时发现薄弱环节并采取有效措施加以整改，落实属地责任，建立安全信息上报制度。同时，督促风景名胜区做好汛期灾害巡查、监测、预警和防范等安全。

【生态园林城市创建】 截至年底，河南省有国家生态园林城市1个、国家园林城市25个、国家园林县城25个、国家园林城镇13个。编制完成《河南省城市绿地养护标准》和《河南省城市绿地养护预算定额》，促进全省园林绿化建设发展。承办第十一届中国（郑州）国际园林博览会。截至年底，全省设市城市建成区绿地率达34.82%，绿化覆盖率达39.44%，人均公园面积达12平方米。

村镇规划和建设

【概况】 截至年底，河南省纳入村镇统计的建制镇951个、乡607个、镇乡级特殊区域16个、行政村43096个、自然村170784个，镇（乡）域建成区及村庄现状用地面积1317112.27公顷，镇（乡）域常住人口6547.07万人，村庄常住人口5521.1万人。全年全省村镇建设投资7324378万元，其中住宅建设投资4085611万元、公共建筑投资690201万元、生产性建筑投资690201万元、市政公用设施投资972275万元。全省镇（乡）域建成区道路长度27816.92千米，道路面积17661.6万平方米，污水处理厂146个，年污水处理总量23718.58万立方米；排水管道长度10106千米；年生活垃圾清运量353.46万吨，年生活垃圾处理量272.45万吨；公共厕所12122座。村庄内道路长度148578.89千米，供水管道长度83200.04千米；年生活用水量106417.27万立方米；集中供热面积738.55万平方米；村庄集中供水行政村28031个，排水管道沟渠长度41205.53千米；对生活污水进行处理的行政村3773个，对生活垃圾进行处理的行政村16866个，有生活垃圾收集点的行政村24969个，年生活垃圾清运量5031854.09吨。

【规划和建设】 2017年，河南省村镇规划和建设成效显著。扎实推进农村垃圾治理。3月，省住建厅、省环保厅、省农业厅出台《河南省农村垃圾治理达标验收办法》，制定全省农村垃圾治理工作验收方案。转发住房城乡建设部等部门《关于做好非正规垃圾堆放点排查工作的通知》，开展全省非正规垃圾堆放点的排查和信息录入，对于体积大于500立方米以上的陈年垃圾定为非正规垃圾堆放点制定分类整治方案。12月，兰考县许河乡董西村等10个村庄被定为国家改善人居环境示范村。

开展农村垃圾分类和资源化利用试点工作。6月，济源、汝州、兰考、新密、禹州5市县被确定为全国首批（100个）农村生活垃圾分类和资源化利用示范县（市）。组织召开全省农村人居环境信息系统培训会。省住建厅、省环保厅、省农业厅等部门组成验收组，对10个省直管县（市）农村垃圾治理情况进行省级达标验收。济源、兰考、巩义、新密被确定为国家级农村生活污水治理示范县，起草了《河南省农村生活污水治理指导意见》。

提升村容村貌。全年共完成农村危房改造任务8.85万户，超额完成国家下达的5.21万户的目标任务。河南省政府出台《关于进一步规范农村村民住宅建设的指导意见》。

截至年底，国家和河南共公布6批历史文化名镇名村，97个镇村（51个镇乡、46个村庄）被命名为河南省历史文化名镇（名村），其中12个镇村被命名为中国历史文化名镇名村。截至年底，全省82个县（市、区）编制了县域乡村建设规划，编制率约为54%；19796个行政村编制了村庄规划，编制率约为43%；建制镇总体规划、乡规划全部编制完成，其中约19%的镇（乡）已完成新一轮修编。按照住房城乡建设部、发改委、财政部印发《关于开展特色小镇培育工作的通知》，年度申报的11个镇全部通过国家评审，年底全省共有15个国家级特色小镇。联合国开行河南省分行、建行河南省分行分别印发了关于支持河南省小城镇建设的通知，建立小城镇贷款项目储备库，已入库项目1311项，项目总投资约1713.6亿元。

住房保障

【住房保障和保障性安居工程】 2017年，河南省住房保障完善机制、强化管理，保障性安居工程取得明显成效，全省完成投资1454亿元。截至年底，全省城镇保障性安居工程新开工58.87万套，开工率140.2%；基本建成64.34万套，基本建成率214.47%。新增公租房分配12.93万套，完成目标任务的247.7%。

【推进公租房管理】 加强对公租房分配的跟踪督导，对进度较慢的市县进行现场对口督察。建立政府投资公租房分配月通报制度，督促各市、县按时上报政府投资公租房分配情况，每月进行通报。建立公租房分配目标完成情况统计表，及时了解各市县全年的分配目标完成进度。

【做好棚改融资服务】 提高融资工作效率。明确拟融资项目直接依据省保障性安居工程领导小组办公室确定的棚改项目年度计划（含台账及项目计划调整批复）向国家开行河南分行、农发行河南分行申请政策性融资，省住建厅不再对申请贷款项目进行审核确认。做好财政资金分配。配合省发改委做好中央预算内保障性住房配套基础设施项目的审核，核定309个项目，金额总计40亿元。

房地产开发

2017年，河南省认真贯彻中央关于房地产市场的调控要求，因城施策、分类指导，调控政策效果明显，房地产市场理性平稳发展。

【房地产开发投资稳步增长】 全省房地产开发投资完成7090.25亿元，比上年增长14.7%。其中，住宅5330.8亿元，增长17%。商品房销售面积13313.89万平方米，增长17.8%，房地产市场总体保持较快增长。从总量看，河南省房地产开发投资居全国第四位、商品房销售面积居第三位。从增速看，全省房地产开发投资增速分别高于全国和中部六省平均水平7.7个和3.1个百分点，居全国第五位、中部六省第三位；商品房销售面积增速分别高于全国和中部六省10.1个和5个百分点，居全国第七位、中部六省第二位。

【房屋施工面积增速回落，新开工面积持续下降】 2017年，河南省房屋施工面积49942.29万平方米，增长5.5%，增速回落10个百分点。房屋施工面积增速比上半年和前三季度分别回落5.8个和1.6个百分点。其中，住宅施工面积37518.01万平方米，增长5.4%，占房屋施工面积的比重75.1%。全省房屋新开工面积13628.78万平方米，下降7.1%，其中住宅新开工面积10439.82万平方米、下降4.7%。全省房屋竣工面积6201.71万平方米，下降1.6%，其中住宅竣工面积4701.53万平方米、下降6.3%。

【房地产市场管理】 2017年，河南省优化房地产市场发展环境，房地产市场健康有序发展。截至年底，全省房地产开发企业总数为8263家，其中一级资质企业66家、二级资质企业749家、三级资质企业1436家、四级资质企业1473家、暂定资质企业4539家，从业人员约30万人，有职称人员约12万人。全年房地产业实现税收收入606亿元，占地方税收收入的39%。全省房地产开发完成投资7090.25亿元，比上年增长14.7%，对全省固定资产投资增长的贡献率达22.25%，拉动全省投资增长2.3个百分点。市场运行总体平稳，价格涨幅有所回落，商品房库存总体处于合理空间，调控取得初步成效。

开展商品房销售检查。在全省范围安排部署商品房销售价格行为联合检查，共查出案件157起，实施经济制裁58.77万元。

【房地产交易和权属管理】 2017年，河南省经房管部门合同备案的商品房成交面积11541万平方米，成交1045414套，与上年同期相比分别下降

4.61%和1.76%，成交金额6373亿元，增长0.77%。商品住宅成交面积10277万平方米，成交884159套，成交金额5284亿元，与上年同期相比分别下降5.05%、4.89%和0.46%。全省二手房成交面积2506万平方米、下降0.98%，成交234385套、增长0.03%，成交金额1201亿元、增长2.3%。二手住宅成交面积2371万平方米、增长0.87%，成交222891套、下降1.04%，成交金额1143亿元、增长4.06%。

【城镇房屋征收管理】 2017年，河南省共作出房屋征收决定项目107个，涉及被征收人29323户，房屋建筑面积5146397.46平方米；完成征收项目53个，涉及被征收人13088户，建筑面积2848119.7平方米。针对国有土地上房屋征收与补偿矛盾问题开展了摸排调研，摸排工作发现问题73个，全部落实稳控化解措施。

【物业管理】 截至年底，河南省从事物业服务的企业达7000余家，从业人员36万余人，其中经营管理人员93605人、各类操作人员272038人。全省物业服务企业盈利水平有所提高。全省成立业主大会的平均比例在9%左右，省会城市、重要的省辖市成立比例已经超过10%。物业服务企业在管13115个服务项目。

【住房公积金监督管理】 截至年底，河南全省缴存住房公积金590.82亿元，提取住房公积金329.64亿元，发放个人住房贷款300.71亿元。全省住房公积金缴存总额3806.04亿元，提取总额1915.63亿元，缴存余额1890.41亿元；累计发放住房公积金个人住房贷款2329.16亿元，个人住房贷款余额1535.49亿元，个贷率为81.23%。全省新开户缴存人员74.98万人，比上年增长274.9%。其中，进城务工人员、个体工商户、自由职业者等群体31.96万人，占比42.6%，增长23.45倍，发放个人住房贷款7332笔、23.45亿元。

工程建设和建筑业

【概况】 2017年，河南省完成建筑业总产值10085.49亿元，首次突破万亿元大关，居全国第七位，比上年增长14.5%。实现建筑业增加值2708亿元，增长18.1%；利税总额881.81亿元，增长24%。完成工程咨询和工程总承包收入1166亿元，建筑业在全省国民经济发展中的支柱作用更加明显。

全省具有建筑业资质的企业达15067家。建筑业从业人员超过700万人，占全省就业人数的比例超过10%，在国民经济各行业中排第三。全省建筑业共有专业技术人员31.65万人，具有各类执业资格人员17.87万人。其中，注册建造师15.5万人，勘察设计大师34人，"中原城乡建设大工匠"49名。全省机械设备净值达330.29亿元、技术装备率达12651.88元/人，动力装备率达8.67千瓦/人。全省100家重点培育的建筑施工企业共完成产值3916亿元，占全省建筑业总产值的38%，建筑业年产值超过100亿元、50亿元、10亿元的企业分别为6家、25家和162家，产业集中度进一步提高。不断开拓外阜市场，足迹遍布全国30个省（市、区）。省外施工产值占全省建筑业总产值的25%。全省新增11家特级企业、16项特级资质，全省特级企业达到29家，特级资质达到36项。新签订施工合同额及在建房屋施工面积不断增长。全省5757家总承包企业及专业承包企业签订合同额达18093.45亿元，比上年增长15.1%。其中，新签合同额达11349.1亿元，增长19.47%；在建房屋施工面积5.57亿平方米，与上年度持平，其中本年新开工面积达2.39亿平方米、增长6.7%。

工程招标代理机构。全省共有工程建设项目招标代理机构227家，其中甲级94家、乙级100家、暂定级33家，从业人员2.7万人。全年实现营业收入60.9亿元，实现利润11.8亿元。不断开拓国外市场，对外承包工程保持平稳增长，全年对外承包工程和劳务合作业务新签合同额37.5亿美元，比上年下降16.1%；营业额47.7亿美元，下降9.4%。

全年亿元及以上固定资产投资在建项目12140个，完成投资27054.02亿元，比上年下降4.6%。郑万、郑阜高铁线下工程基本完工。

【建筑市场管理】 2017年，河南省加大建筑市场监管力度，创新监管方式，提升建筑市场监管效能。加大施工转包违法分包等违法行为查处力度，全省共检查工程项目9161项，对建设单位和施工企业罚款1.38亿元，没收违法所得36.6万元，对15家企业限制投标资格、122家企业给予了其他处理；对个人罚款1142.28万元，对28人给予了其他处理。打击资质申报弄虚作假，组织开展申报业绩全面核查，将139家在资质申报中存在弄虚作假的企业列入黑名单。

【建筑业法规建设与体制改革】 2017年，河南省委、省政府印发《关于打好转型发展攻坚战的实施方案的通知》，加快推进建筑业转型发展。省政府办公厅印发《河南省建筑业转型发展行动计划（2017—2020年）》，明确提出全省建筑业转型发展的目标、重点任务、支持政策。郑州市综合运用政策引导、项目带动、产业支撑、市场培育、人才培养等支持建筑业转型发展。

【工程建设监理】 2017年，河南省共有工程监理企业295家。其中，综合资质10家；甲级152家，占企业总数的51.53%；乙级105家，占企业总数的35.59%；丙级28家，占企业总数的9.49%。工程监理从业人员5.35万人，其中注册监理工程师6804人、省专业监理工程师10459人。工程监理业务覆盖房屋建筑、市政公用、矿山、铁道、公路、化工等14个工程类别。工程监理企业承揽合同额269亿元，与上年相比增长12%。其中，工程监理合同额73亿元，增长6%；工程项目管理与咨询服务、工程招标代理、工程造价咨询及其他业务合同额152亿元，增长40%。工程监理合同额占总业务量的27%。实现营业收入158.28亿元，增长21%；实现利润10.58亿元。其中，工程监理收入45亿元，占总营业收入的28%；工程项目管理与咨询服务、工程招标代理、工程造价咨询及其他收入50亿元，增长56%。工程监理行业集中度进一步提升。全年工程监理企业实现营业收入超亿元的企业23家，超8000万元的30家，超过5000万的47家，超3000万元的64家。

【建设工程质量监督管理】 2017年，在巩固工程质量治理两年行动的基础上，扎实开展质量提升三年行动，全省建设工程质量实现再提升、再发展。全省新注册工程6514项，建筑面积8000多万平方米，在建工程3.6万余项，建筑面积47154万平方米，竣工工程4135项，建筑面积5746万平方米，全省工程质量形势整体平稳。

【建筑施工安全管理】 2017年，河南省持续推进安全生产标准化建设，深入开展安全隐患排查治理，强化安全生产保障能力，着力提升全省建筑安全管理水平。印发《全省建设安全工作要点》《关于进一步加强建筑施工安全生产工作深入开展隐患排查治理的通知》《关于全省住房城乡建设系统组织开展2017年"安全生产月"活动的通知》《关于切实加强安全生产工作的紧急通知》等，强化工作部署。强化建筑施工安全目标管理，严格落实安全监管责任，开展隐患排查治理。

【建筑装饰装修管理】 2017年，河南省装修装饰业完成总产值2420亿元、增长10%以上，从业人员100多万人。修订完善《河南省建筑装修装饰管理办法》并正式上省法制办。规范装饰市场秩序，加强工程质量安全管理。

【勘察设计行业管理】 截至年底，全省各类勘察设计企业2017家（勘察设计企业1464家、设计施工一体化企业553家），其中甲级资质219家、乙级资质824家、丙级以下资质251家。从业人员80313人，其中技术人员56763人、注册工程师18862人。工程勘察新签合同额319818万元，工程设计新签合同额1676707万元，工程总承包新签合同额3160387万元。完善市场监管机制，简政放权。完善市场准入清出制度，对1063家勘察设计企业、273家工程造价企业和37家施工图审查机构实施动态监管考核。建立健全涵盖政务服务"全事项、全过程、各环节"相互配套的申报指南、事项清单、运行流程图。推行企业资质网上申报和审批，专家网上评审，评审意见网上远程推送，政务"上云端"，服务"接地气"。

【勘察设计质量管理】 2017年，河南省共有施工图审查机构共37家，一类审查机构17家、二类审查机构20家。其中，房屋建筑工程审查机构28家，市政基础设施审查机构9家；从业人员700余人。全省施工图审查机构共审查建筑工程和市政基础设施工程114074项，总建筑面积11133.8万平方米。

严格落实质量终身责任。积极推进工程质量管理标准化，继续深入开展房屋建筑工程勘察设计质量专项检查。重点规范全省工程勘察质量管理，鼓励勘察行业制定相应的勘察质量管理自律公约。实行工程勘察信息事先报备制度。建立和逐步完善全省工程勘察质量监管信息系统，及时掌握全省工程勘察作业动态和质量信息，实施工程勘察作业动态和质量信息监管。实行工程勘察信息事先报备制度，勘察单位应在勘察现场作业前48小时，将工程勘察外业钻探信息上传各省辖市、省直管县（市）住房城乡建设行政主管部门。

加大执法检查、处罚力度。加大勘察外业质量检查、监督力度，从严监督作业成果，严防勘察作业弄虚作假。对检查中发现的问题进行公开曝光并计入不良记录，对违法行为依法进行处罚。

【建筑工程抗震管理】 2017年，河南省加强市政基础设施和各类建筑工程的抗震设防监督管理，加强对在建项目的检查及现场抽查，形成了从勘察设计、施工、监理、工程竣工验收的全过程管理，确保抗震设计措施在工程建设中得到落实。全省施工图审查机构共完成新建工程抗震设计审查备案114074项单位工程，建筑面积11133.8万平方米；完成超限高层建筑工程抗震设防专项审查11项，建筑面积119万平方米。强化对新建、改扩建工程抗震设防能力的质量管理，超限高层建筑抗震设防审核率100%，抗震救援机制不断健全，应急处理能力进一步提高。建立健全抗震救援机制，提高地震应急处理能力。

【工程建设标准定额和工程造价管理】 2017年，河南省加快编制标准定额。围绕绿色建筑、装配式建筑、成品房建设、轨道交通、扬尘治理等发布地方标准定额24项，解决了重点工作推进中的突出技术难题，为工作顺利推进提供技术依据，完善全省工程建设标准体系，提高全省标准定额覆盖率。

【装配式建筑】 2017年，河南省政府办公厅印发《关于大力发展装配式建筑的实施意见》，省住建厅印发《组建河南省装配式建筑项目库》《河南省装配式建筑产业基地管理办法》《河南省装配式建筑专家委员会专家名单（第一批）》和《河南省装配式建筑示范城区管理办法》等政策措施，加快装配式建筑发展。截至年底，入库装配式建筑产业基地32家，已建、年产能满足400万立方米预制混凝土构件和2500万平方米的装配式钢结构建筑；入库在建装配式建筑工程项目约330万平方米。全省完成20多个装配式建筑工程项目，示范面积225.6万平方米，涵盖公共建筑、住宅建筑和市政工程。成立河南省建筑产业现代化工程技术研究中心、省绿建科技与产业化发展中心、省装配式建筑产业技术创新战略联盟和装配式建筑产业发展协会，开展关键技术攻关研究、完善适应装配式建筑要求的结构技术保障体系、建筑体系、部品体系、质量控制体系和性能评定体系，并提供技术支持。

【建设科技和建筑节能】 2017年，河南省住房城乡建设部门大力推进建设科技和建筑节能创新。建设科技创新、研发能力进一步加强。全年有260余项新技术新产品纳入全省推广目录，88项科研成果获得本年度河南省建设科技进步（绿色建筑创新）奖。新建建筑节能标准稳步提高。《河南省居住建筑节能设计标准（寒冷地区"65%+"）》《河南省居住建筑节能设计标准（寒冷地区75%）》和《河南省公共建筑节能设计标准》等标准颁布实施。全省新建建筑节能设计标准执行率连续十多年达到100%，实施率达到99%以上。可再生能源建筑应用示范任务完成比例为104%，国家可再生能源建筑应用示范市、县通过整体验收，全省新增可再生能源建筑应用1000多万平方米。既有建筑节能改造不断加强。郑州、新乡、鹤壁获批国家公共建筑能效提升重点城市，河南城建学院、鹤壁职业技术学院和安阳市第六人民医院3个国家公共建筑节能改造示范项目已完成目标任务。

清洁取暖试点有序推进。郑州、开封、新乡、鹤壁4市获批中央财政支持的"冬季清洁取暖试点城市"，在全国率先启动编制《河南省城镇既有居住建筑能效提升实施技术导则》《河南省既有公共建筑能效提升实施技术导则》等7部建筑能效提升和清洁取暖系列技术导则和标准。全省18个省辖（和）市、10个直管县（市）全部出台相应的激励政策，实现了绿色建筑从新建建筑到既有建筑推广，从政府投资、保障房和大型公建项目向区域化发展，从城镇建筑向农村建筑延伸。全省有三分之一省辖市提出全面执行绿色建筑标准，其他城市全部明确了绿色建筑发展比例，全年完成117个项目、面积2236万平方米。进一步规范全省绿色建材评价。截至年底，全省共发布涵盖预拌混凝土、预拌砂浆和砌块等内容的绿色建材评价标识公告5批、34项，其中三星级绿色建材标识7项、二星级27项。组织全省住建系统管理人员赴发达国家培训，交流学习绿色建材应用技术、海绵城市建设技术、生活垃圾处理设施等。

【新型墙体材料革新】 2017年，河南省加快新型墙材在农村的推广应用，扶持了装配式轻钢结构、蒸压加气混凝土砌块自保温承重墙体等4个农房类科研项目。全省新型墙材生产比例达到95.86%，与上年基本持平；新型墙材在城市规划区应用比例保持在98%以上；城市"禁黏"成果巩固，乡镇"禁实"和农村"推新"稳步推进。

【建筑垃圾管理和资源化利用】 2017年，河南省住建厅出台建筑垃圾管理相关政策6项，各市县核准清运公司176家、清运车辆8405辆，新增资源化处置能力1250万吨。全省已投入使用并规范管理的消纳场（点）42个，资源化利用企业35家，资源化处置能力超过6000万吨，省辖市建筑垃圾资源化利用率达50%、省直管县（市）达40%。（李新怀 马炳杰 王放）

大事记

1月12日，郑州城效铁路一期工程和1号线二期工程同时开通试运营。

1月14日，河南省首个县级地下综合管廊工程在新安县城开工建设。

2月21日，河南省长陈润儿到省住建厅专题调研百城建设提质工程进展情况。副省长徐光参加调研。

2月23日，郑州市惠济区政府与省国土资源开发投资管理中心战略合作暨郑州惠济新区管理委员会与天津大学城市规划设计研究院合作签约仪式举行。

3月17日,中铁工程装备集团创客平台在郑州正式上线,这是国内盾构行业首个创客平台。

3月25日,由河南省住建厅、省建设工会主办,省物业管理协会承办的2017年"华启金管家杯"河南省物业服务行业职业技能竞赛全省总决赛落幕。

4月5日,住房城乡建设部发布公告,正式核准中国建筑第七工程局有限公司公路工程施工总承包特级(暨公路行业设计甲级)、市政公用工程施工总承包(暨市政行业设计甲级)资质。

4月6日,河南周口中心港一期工程开港运营,年货物吞吐量达到350万吨。

4月27日,郑州航空港经济综合实验区地标性建筑——绿地双塔开工建设。

5月3日,郑州市政府办公厅印发《关于进一步强化调控措施稳定全市房地产市场的通知》,郑州市房地产市场调控政策再次升级。

5月15日,河南省推进城市执法体制改革、改进城市管理工作电视电话会议在郑州召开,副省长徐光出席会议并讲话。

5月19~23日,由河南省委组织部、省住房城乡建设厅举办的全省百城建设提质工程暨小城镇建设与发展专题研讨班在省委党校开班。副省长徐光作开班动员暨专题辅导。

5月26日,河南省第十二届人大常委会第二十八次会议批准《安阳市城市管理综合执法条例》。

同日,河南省第十二届人大常委会第二十八次会议批准《漯河市沙澧河风景名胜区条例》。

6月5日,中共河南省委、河南省政府印发《河南省建设中原城市群实施方案》

6月13日,开封市城市综合执法局举行挂牌仪式,这是河南省首家挂牌成立的省辖市城市综合执法局。

6月14日,河南省住建厅印发《关于进一步加强全省建筑业工伤保险工作的意见》。

6月30日,河南城市管理和执法监督局在郑州正式挂牌成立。

7月21日,河南省政府报请审批的《焦作市城市总体规划(2011~2020年)》,获得国务院原则同意并批准。

7月28日,河南省住建厅印发《河南省房地产开发企业动态监管"两承机一公开"管理办法》。

7月29日,郑州南站枢纽工程正式开工建设,标志着郑州正式迈入一城五站新时代。

8月1日,河南省住建厅、省工商局印发《住房租赁合同示范文本(试行)》。

同日,由中铁工程装备集团有限公司制造的中国自主研制的国内最大直径硬岩掘进机"彩云号"在郑州下线,该掘进机将用于目前亚洲第一长度的铁路山岭隧道——大瑞铁路高黎贡山隧道。

8月22日,河南省住建厅、省财政厅、省国土资源厅等7部门印发《关于加快发展成品住宅的指导意见》,明确成品住宅建设的目标。

9月6日,由河南二建集团公司承担的"十三五"国家重点研发计划课题"外墙保温装饰一体化施工工艺示范项目"方案论证会成功举行。

9月8日,河南省城乡规划委员会和省城乡规划专家委员会召开第一次全体会议。省长、省城乡规划委员会主任陈润儿出席会议并讲话。

9月27日,郑州市城市管理委员会(郑州市城市综合执法局)正式挂牌。

9月29日,由住房城乡建设部和河南省人民政府共同主办的第十一届中国(郑州)国际园林博览会在郑州航空港经济综合实验区开幕。

同日,河南省第十二届人大常委会第三十一次会议审议通过《河南省物业管理条例》,自2018年1月1日起施行。

10月13日,河南省住建厅印发《河南省装配式建筑示范城区管理办法》。

10月19日,济源市河口村水库顺利通过竣工验收,进入正式运行期。

10月27日,河南省住建厅印发《河南省市政基础设施工程施工质量标准化实施办法》,自2017年10月27日起执行。

10月30日,河南省住建厅发布由河南省建筑科学研究院有限公司、郑州市工程质量监督站主编的《河南省建筑节能工程施工质量验收规程》(DBJ 41/T183—2017)通过评审,批准为河南省工程建设地方标准,自2018年1月1日起在全省施行。

11月21日,郑州市政府公布《郑州市城市雕塑管理办法》(郑州市政府令第224号),自2018年1月1日起施行。

11月23日,国务院办公厅印发《关于批准新乡市城市总体规划的通知》,原则同意《新乡市城市总体规划(2011~2020年)(2017年修订)》。

12月11~17日,河南省住建厅组成两个督查组对全省易地扶贫搬迁工程质量安全进行专项督查。

12月20日,河南省住建厅印发《河南省建设工程定额管理实施细则》。

12月29日，安阳机场在汤阴县瓦岗乡瓦岗村瓦岗村正式开工建设。

12月30日，郑州市"四环大高架"及大河路快速化工程开工建设。（李新怀 马炳杰 王放）

（河南省住房和城乡建设厅）

湖 北 省

概况

2017年，湖北省住建系统在湖北省委、省政府的正确领导下，把喜迎十九大、学习贯彻十九大精神作为首要政治任务，紧扣发展和民生两大主题，以推进供给侧结构性改革为主线，坚持稳中求进工作总基调，着力念好"房、水、服"三字经，各项工作全面加强、全面进步、全面提升。

【"头号工程"开局良好】 根据省政府统一部署，举全系统之力推进乡镇生活污水处理设施建设，647个没有污水处理设施的建制乡镇全面开工。各地统筹考虑人口较多乡镇需求及已建项目提标升级要求，另行谋划的285个项目也一并动工，乡村环境面貌进一步改善。

【住房保障稳中有进】 年内，棚改工程开工41.25万套，农村危房改造开工82954户，分配政府投资建设公租房37万套，归集住房公积金650亿元，发放贷款350亿元，顺利完成年度目标任务。武汉等热点城市房价过快上涨势头得到遏制，三四线城市去库存取得明显成效，房地产市场整体平稳。

【城市规建管联动并进】 着力强化规划和标准两个权威，大力开展"多规合一"试点，启动《湖北省城镇体系规划（2016—2030年）》编制，发布实施地方标准10项。完成市政基础设施投资2090亿元，开工建设地下综合管廊136.2公里、海绵城市117平方公里。城市管理向精细化迈进，市州一级全部建成数字化城管平台。国家级特色小镇达到16个，首批20个省级特色小镇出炉。

【推进第一要务力度加大】 全面深化"放管服"改革，企业获得感普遍提高。全省建筑业总产值增长率超过12%，产业规模继续保持全国第三、中部第一。建成装配式建筑现代化生产基地12个，获批国家"装配式建筑产业基地"7个，发展绿色建筑2450万平方米。

【城管改革取得突破】 湖北省编委批准成立湖北省城市管理执法监督局。城管考评纳入地方党政领导班子政绩考评体系。市州一级城管体制改革方案全部出台，机构设置、队伍建设、职能划分等工作有序推进。武汉、襄阳、宜昌、荆门、黄冈、咸宁、随州、天门、潜江、仙桃、神农架11市（区）完成城管执法换装。

【队伍建设进一步加强】 掀起学习贯彻党的十九大精神热潮，自觉用习近平新时代中国特色社会主义思想武装头脑。切实加强党的政治建设和思想建设，推动"两学一做"常态化制度化。坚持问题导向，在全系统开展贴近群众"面对面·听期盼"大走访活动。

法规建设

【行业立法】 2017年，两个重点立法项目有序推进。《湖北省风景名胜区条例》和《湖北省住房保障办法》将于2018年省人大通过颁布实施。认真谋划未来五年立法规划。向省人大申报历史文化名城名镇名村保护、城市管理执法、公积金管理、城镇房屋使用安全管理等地方性法规项目4个，向省政府申报城镇二次供水、餐厨废弃物管理、城乡生活垃圾管理、城市地下综合管廊管理、住房租赁管理、城市房屋安全管理、住房销售管理、工程建设标准化管理等政府规章8个。主动配合各地开展城市管理、城市山体保护、工业遗产保护等方面立法，组织审查修改相关条例30多部，征求相关法律法规意见50余件。

【法治宣传教育】 湖北省住建厅党组理论学习中心组开展了宪法和党内法规专题学习，落实国家工作人员学法用法制度，督促全厅机关干部认真开展在线学法考法。

【行政执法监督】 全年共收到行政复议申请43件，因申请资格、利害关系等原因作出不予受理决定的7件，受理36件基本办结。确认违法及责令履责的15件，纠错率为45%，达到了历史新高。办理行政诉讼应诉案件10起，胜诉率为100%。

【法治制度】 认真开展法规、规章和规范性文件清理。围绕生态环境保护、放管服改革等重点，共清理地方性法规9部，提出部分修改意见；清理由省人民政府和省政府办公厅历年制发，以及冠经省政府同意，以省住建厅名义印发现行有效规范性文件62件，其中建议宣布废止6件、失效3件；共清理厅机关实施的规范性文件共257件。

房地产业

【房地产市场运行】 2017年，湖北省房地产市场运行总体平稳，呈现"一增一稳两降"的发展态势。全省完成房地产开发投资4575亿元，同比增长6.5%，比上年提高5.4个百分点，房地产开发投资占固定资产投资的14.3%。全省房地产地税收入505.4亿元，占地税总收入的32%。全省商品住房销售面积7382万平方米，同比基本持平。其中：武汉市受住房限购限贷等政策影响，商品住房销售量下滑，为2089万平方米，同比下降31%；除武汉以外的35个城市和44个县城在去库存政策引导下销售量上升，分别销售3841万平方米和1452万平方米，同比增长14.5%和18.4%。全省商品住房销售均价5703元/平方米，同比下降3.8%。其中：武汉市商品住房销售均价9336元/平方米，每月均价未超过2016年10月份水平（9342元/平方米），完成国家调控目标。12月，黄冈、仙桃等41个市县商品住房销售均价环比下降，比11月份增加10个。截至12月底，全省商品住房库存面积4232万平方米，同比减少21.3%；平均消化周期6.9个月，同比下降1.6个月。商品住房库存消化周期小于18个月的市县有77个，较上年增加14个。

【房地产市场分类调控】 8月24日，湖北省政府在武汉召开全省房地产工作座谈会。10月25日，省住建厅再次召开武汉"1+8"城市圈房地产工作会商会，对控房价、稳市场工作进行安排部署。11月21日，住房城乡建设部在武汉召开全国有关城市房地产工作座谈会，对湖北省控房价、稳市场工作给予了充分肯定。及时出台调控政策措施。针对市场面临的主要问题，11月，省住建厅印发《关于因城制宜实施房地产市场调控的通知》，明确了6条房地产市场调控具体举措，要求各地合理制定房价控制目标。开展风险提示和约谈。

【住房租赁市场】 出台配套支持政策。贯彻落实国务院办公厅《关于加快培育和发展住房租赁市场的若干意见》（国办发〔2016〕39号）要求，3月，出台《关于加快培育和发展住房租赁市场的实施意见》（鄂政办发〔2017〕18号），明确了发展目标和支持措施，加快推进湖北省住房租赁市场发展。组织开展市场调研。8月，组织武汉、襄阳、宜昌等城市赴广东、浙江、上海开展住房租赁市场调研，充分学习借鉴外省市先进经验和做法。10至11月，在全省开展住房租赁市场调研，摸清各地住房租赁市场发展状况，分别形成了培育和发展住房租赁市场调研报告。召开住房租赁市场工作座谈会，督促各地做实基础工作，摸清住房租赁市场底数，搭建租赁信息服务平台，落实好、完善好相关政策措施。

【房地产市场监管】 开展房地产开发和中介市场整治。5月，湖北省住建厅会同工商、公安、物价等9个部门联合下发《关于进一步开展房地产开发和中介市场整治的通知》（鄂建〔2017〕5号），全面开展房地产开发和中介市场整治。将房地产行业非法集资和互联网金融风险排查与房地产开发中介市场整治工作紧密结合，督促各地围绕房地产行业易发生非法集资和互联网金融风险的关键环节和重点部位开展排查。全省共开展市场巡查3242次，检查在建在售开发项目2647个，检查房地产中介机构门店2610家，发现涉嫌非法集资案件8件，涉及金额8069万元，并已向当地金融管理部门通报。

【房产信息化建设】 完善全省城镇个人住房信息系统功能，建成全省房地产市场辅助决策平台，实现全省房地产市场动态分析。进一步加强市、县房产数据收集采集工作，拟定《湖北省城镇住房信息系统数据中心管理暂行规定》。推动房产交易、物业、估价等业务平台建设和系统社会服务功能开发利用工作，拓展了系统功能。进一步完善房地产交易合同网签备案系统，落实房地产（含新建商品房和二手房）交易合同网签备案管理制度，实现交易数据县—市—省—部四级自动传输。

【规范物业和房屋征收工作】 制定物业条例配套制度。研究制定了《管理规约》《业主大会议事规则》《业主委员会工作规则》等5个规范性文件及合同示范文本。规范房屋征收管理。督促全省各地严格落实《湖北省国有土地上房屋征收与补偿实施办法》，完善房屋征收配套政策，加强信息公开力度，全面规范征收行为，推进依法征收。全省共作出征收决定项目126个，涉及征收房屋5.43万户，总面积503万平方米。

住房保障

【概况】 2017年，湖北省新开工棚户区改造住房41.1711万套（户），基本建成20.3071万套（户），其中：棚户区改造住房18.2395万套（户）、公共租赁住房2.0676万套，新增租赁补贴0.3333万户。2013年底前政府投资建设的公租房，2017年底前要完成分配90%；2014年政府投资建设的公租房，2017年底前要完成分配85%。截至年底，全省棚户区改造新开工41.254万套（户），占年度目标任务的100.2%。基本建成32.7499万套（户），其中：棚户区改造住房基本建成29.942万套（户）、公共租赁住房基本建成2.7646万套，分别占年度目标任务的161.27%、164.1%、133.7%。新增租赁补贴发放0.4418万户，占年度目标任务的132.55%。2013年底前政府投资建设公租房已分配31.481万套，分配比例为94.31%。2014年政府投资建设公租房已分配4.3911万套，分配比例为92.5%。

【棚改目标责任管理】 根据湖北省住房保障目标责任书要求，及时分解目标任务，层层签订目标责任书，继续将住房保障目标任务纳入对市州党政班子考核的重要内容之一，强化地方政府主体责任。根据各地的目标责任情况，狠抓项目落地。2017年4月底，召开全省住房保障工作座谈会上要求各地汇报项目落地情况。督促各地建立了项目台账，将41.17万套棚改目标任务分解到全省799个项目当中，对项目进展情况实施动态管理，并督促各地及时公布项目清单，接受公众监督。

【棚改融资】 2017年，争取棚改中央财政补助资金142.60亿元（其中中央财政专项资金81.08亿元，中央预算内补助资金61.52亿元）。制定《省住保局关于出具棚户区改造项目融资确认函的工作规程（试行）》，对各地上报需复函文件，实行局长办公会集体决策，限时办结。主动争取金融机构支持，积极协调国开行、农发行等政策性金融机构和其他商业银行，开辟棚改融资绿色通道，加大与地方政府工作对接力度。

【督办检查】 将住房保障目标任务纳入对市州党政班子考核的重要内容之一，强化地方政府主体责任。督促各地将41.17万套棚改目标任务分解到全省799个项目中，建立项目台账，实施动态管理。通过会议督办、通报督办、向政府发函督办、开展驻点巡查督办等多形式督办，实行痕迹管理。

【公共租赁住房分配入住】 2017年，国家保障性安居工程协调小组将公共租赁住房分配入住列入年度考核指标。出台指导意见。年初，湖北省住建厅制定并下发《关于切实加强公共租赁住房分配入住管理的通知》（鄂建〔2017〕1号）。9月，为贯彻落实住房城乡建设部等部委《关于进一步做好公共租赁住房有关工作的意见》（建保〔2017〕111号），省住建厅联合发改、财政、国土等部门出台《关于进一步做好公共租赁住房有关工作的实施意见》（鄂建〔2017〕7号），得到住房城乡建设部通报肯定。

【制定《关于人才住房保障工作的指导意见》】 湖北省住建厅与省委组织部联合出台《关于人才住房保障工作的指导意见》（鄂建〔2017〕7号，以下简称《指导意见》）。该《指导意见》分三章共七条，明确人才住房保障的总体目标和基本原则，建立人才住房保障机制，落实人才保障房源建设和筹集政策，并规范了相关保障措施。

【《公租房实物配租退出机制研究》课题研究】 湖北省住房保障局组织有关专家对武汉市公租房实物配租退出工作的情况进行了调研。针对退出难问题，从制度层面和执行层面进行深入分析研究，提出完善公租房退出机制的政策建议，并形成调研报告。

【试点探索应用"互联网＋住房保障政务服务"】 2017年，湖北省宜昌市试点探索推出"互联网＋住房保障政务服务"系统。该系统由智慧政务云平台提供硬件支撑，布置审批、备案、轮候、计划、房源、合同、租金管理等18项管理功能，设置住房保障管理部门、公共租赁住房产权单位、物业公司、基层政府、社区、网格等1300多个管理用户。业务全过程采用电子档案和电子数据，实现远程无纸化操作，形成完善的网络管理链条。同时，运用人脸识别和电子签名技术，开发电脑网页版和手机客户端，努力完善用户体验。申请人可实时了解申请审核进度，查询审批结果。

住房公积金管理

【概况】 2017年，湖北全省新增归集额667亿元，超计划完成62%，累计住房公积金缴存总额达到4034亿元，缴存余额2025亿元；全年发放贷款352亿元，超计划完成23%，全省累计发放个人住房公积金贷款总额2660亿元，贷款余额1639亿元；2017年实现增值收益30亿元，超计划完成67%，12月31日，全省平均个贷率81%。

【调整规范使用政策】 扩大制度惠及面。根据《国务院办公厅关于印发推动1亿非户籍人口在城市落户方案的通知》要求，扩大非公企业缴交面，推动新市民缴存使用住房公积金。武汉中心创新政策落实"百万大学生留汉就业创业计划"，允许有收入来源的硕士生和博士生在读书期间，自愿缴存住房公积金，宜昌等城市中心也实行了新市民等自愿缴存制度。进一步规范缴存政策。将全省住房公积金缴存比例规范调整到12%以内，有困难的企业可按照规定程序，办理缓缴手续。2017年，申请降低缴存比例单位达135个，涉及职工3.62万人，降低归集缴存额达3705万元；申请缓缴单位达79个，涉及职工6241人，为企业暂缓支出资金约6147万元，减轻企业负担作用明显。调整资金使用方向。积极支持住房首套刚需和三四线城市房地产去库存。全省重点支持职工首套刚需和合理的改善性需求，在公积金资金结余量大的城市，进一步放宽使用条件，减轻职工住房压力，去库存效果显著。

【稳步推进信息化建设】 截至年底，湖北省22个市州中心（分中心），"双贯标"已通过住房城乡建设部验收9个；异地接续平台自2017年7月1日开通以来，整体运行良好，基本实现了"账随人走、钱随账走"，截至12月底，累计办结转移接续业务12000笔。全省初步形成了网上营业大厅、12329服务热线和短信、手机APP、营运网点"四位一体"的综合平台服务体系。

【公积金监管】 7月，对全省115个管理中心、分中心、管理部、县（市）办事处开展了管理工作目标考核、廉政风险防控、加强和改进服务工作等"三检合一"的交叉大检查和抽查，要求各地针对检查发现的问题积极整改落实，通过检查活动使风险得到大排查、问题得到大整改、服务得以大改进。9月，按照住房城乡建设部关于查处住房公积金骗提公积金案件的要求，在各地城市开展公积金骗提专项治理，追回骗提资金，同时要求各地严格业务审批，加快信息化建设步伐，通过信息共享提高审批精度。

城乡规划

【城市规划"编审督一体化"改革】 2017年，湖北省住房和城乡建设厅积极响应中央对城市规划改革的新要求，推动城市总体规划改革探索工作，着眼于多规融合、事权对应、刚性传导、提升效率，基本形成了全省"编审督"一体化改革的具体做法。省住建厅指导随州市编制的"随州总规"成为总体规划改革的"随州样本"，为湖北乃至全国城市总体规划改革提供了实践经验。

【《湖北省城镇体系规划》编制形成规划纲要】 2017年，相继完成《湖北省城镇体系规划》竞争性磋商采购，确定了中国城市规划设计研究院具体承担规划编制工作；成立了由湖北省副省长曹广晶牵头的规划编制工作联席会议并召开第一次联席会议；完成省直部门和各市州的走访调研；开展专题研究，形成规划纲要初步成果。

【城市设计工作】 加大城市设计工作推进力度，印发《湖北省城市设计管理办法（试行）》和《湖北省城市设计技术指引（试行）》《湖北省城市设计重点地区管控工作指引（试行）》等技术规定，初步建立湖北省城市设计工作制度。武汉、荆州、襄阳、远安等四个市县成为全国城市设计试点市县。

【历史文化街区划定和历史建筑认定基础性工作】 根据住房城乡建设部工作要求，推进全省36个设市城市对历史文化街区和历史建筑开展现状调查统计，摸底54条历史文化街区，1423处历史建筑。印发《湖北省历史文化街区划定标准》和《湖北省历史建筑认定标准》，并组织培训。组织完成湖北省历史文化街区划定和历史建筑确定的督导工作。

【"面对面，听期盼"大走访活动】 扎实推进全省城乡规划部门大走访活动。组织各地研究服务地方经济发展、服务民生、服务基层等城乡规划行业热点难点问题，以增强人民群众满意度为目标，从看方向、把脉络、守底线、保民生、促持续、补短板、防风险等七个方面努力，确保城乡规划工作接地气。

城市建设

【概况】 2017年，湖北省城市建设工作秉持绿色发展理念，扎实推进全省城市市政基础设施建设稳步健康发展，完成市政基础设施投资2090亿元。"城市双修"工作有序推进，荆门市、潜江市列入了全国试点名单，确定武汉市青山区、潜江市、大冶市为省级试点。加强供水监管，建立城镇供水水质信息月报制度，支持宜昌市创建国家节水型城市，指导荆州市、鄂州市等地创建省级节水型城市，组织指导武汉市国家节水型城市复查验收。开工建设地下综合管廊136.2公里、海绵城市117平方公里。全省排查地级以上城市黑臭水体148个，已整改竣工或销号99个。全省建成投运县城以上生活污水处理厂144座，设计处理能力达到680万立方米/日，设市城市污水处理率达到93%。进一步加强了城镇燃气安全管理，成立了城镇燃气安全生产专委会并召开第一次会议，开展安全生产隐患排查整治，组织城市供气系统应急预案演练，组织专家组对全省市、州、县管理部门及企业燃气安全管理进行了检查。继续做好园林城市创建工作，指导全省创园城市（县城）做好考核、验收检查工作，11个城市（县城）成功创建国家级园林城市。

【民生和公共服务领域保障安全、供应工作】紧盯供水供气等安全保障工作，开展了安全生产大检查，及时完成安全生产信息汇总报送工作。为保障居民饮水安全，加强水质监管，出台《关于建立城镇供水水质信息月报制度的通知》（鄂建办〔2017〕101号），对2016年全省水质督察结果向各地政府发函通报，公布了4、5、6月供水数据。完成2017年全省燃气联系会议工作讲评任务部署工作，印发《湖北省城镇燃气安全综合治理实施方案》，组织专家对全省17个市、州、直管市、神农架林区，34个县（市、区）管理部门及102家燃气企业燃气安全管理工作进行检查，共检查出隐患和问题159个，现场解决87个，下达限期整改通知单22份。完成2017年长江防汛总指挥长会议联络协助工作。配合有关部门完成了气象灾害应急防范工作等相关工作。组织全省园林系统和水务系统积极参加贴近群众"面对面听期盼"大走访活动。

【城市防汛抗灾】2017年入汛以来，以城市排水防涝等工作为重点，积极部署防汛相关工作，省住建厅先后10多次发出相关工作通知，要求各地和有关部门加强灾害防范，排查各种隐患，并组织工作督查组对全省市州全覆盖督查。督促全省各地城市排水部门未雨绸缪、严阵以待，开展清管渠、畅排水活动。

【综合管廊和海绵城市建设】全面推进综合管廊和海绵城市建设，全年全省实现开工建设综合管廊136.2公里；开工建设海绵城市117平方公里。武汉市推进海绵城市试点建设中，对青山长江堤防江滩实施综合整治。

【"城市双修"工作】争取荆门市、潜江市成为全国试点，确定武汉市青山区、大冶市为省级试点，组织编制《湖北省生态修复城市修补技术指引（试行）》。各试点城市双修工作推进顺利，国家试点荆门市启动32个项目，投资额73.1亿；潜江市谋划了6个专项92个项目，计划总投资17.18亿元。

【污水处理和黑臭水体整治】大力推进城市黑臭水体整治，对部分城市污水处理主管部门负责人约谈的基础上，通报问题并要求提出具体的整改措施和明确的时间节点；结合湖北省河湖长制的全面实施，完善黑臭水体河长制，地级以上城市为每一条黑臭水体核实调整了河长，由同级党委或政府负责人担任，并在新闻媒体上进行了公示。2017年，全省排查地级以上城市黑臭水体148个，已整改竣工或销号94个，提前完成2017年完成60%的目标任务。

【城市排水防涝】为确保2017年安全度汛，敦促设市城市编制排水防涝手册，组织全省城市开展了排水防涝汛前检查，明确排水防涝责任人，易涝点责任人，并报住房城乡建设部，由住房城乡建设部统一公布。

【供水】研究启动全省供水大数据系统、全省城镇供水应急专家库建设工作，印发《关于建立城镇供水水质信息月报制度的通知》，确定在宜昌和荆州开展全国节水宣传周活动，积极支持荆州市创建全国节水型城市工作。

【园林绿化】召开全省园林局长座谈会，组织专家对申报2017年国家园林城市（县城）的负责人进行辅导，向省政府申报确定荆州市为湖北省第二届园博会举办城市，并组织专家赴荆州进行选址评审。

村镇规划建设

【乡镇生活污水治理】2月，湖北省政府召开全省乡镇生活污水治理工作电视电话动员会议，出台《关于全面推进乡镇生活污水治理工作的意见》（鄂政发〔2017〕6号），要求至2019年底，实现全省乡镇生活污水治理全覆盖。经广泛深入的调查研究、征求意见和专家论证，编制《乡镇生活污水治理PPP项目操作指引》《湖北省乡镇生活污水治理工作指南》《乡镇生活污水治理工程质量常见问题防治手册》，成立"湖北省乡镇生活污水治理专家委员会"，选定专业机构全过程提供咨询服务，组织开发"湖北省乡镇生活污水治理信息管理平台"，运用信息技术加强污水处理设施建设和运营的全过程监管。截至年底，全省647个没有污水处理设施的建制乡镇已经全面开工，另行谋划了285个新、改、扩建项目，一并动工，实现全省所有新建、改扩建项目年底前全面开工的目标。所有新、改、扩建项目概算总投资280亿元，日处理总规模155万吨，设计主管网总长度1.3万公里。2017年会同省财政厅转贷地方专项债券100亿元。

【农村生活垃圾治理】开展城乡生活垃圾无害化处理三年攻坚行动，出台《湖北省城乡生活垃圾无害化处理全达标三年行动实施方案》（鄂政办发〔2017〕97号），至2020年底，实现全省形成从生活垃圾产生到终端处理全过程的城乡一体、全域覆盖的管理体系。截至年底，全省农村生活垃圾治理率达到81.3%。全年全省各地财政投入农村生活垃圾治理资金17.2亿元，较上年增长3.9%；全省已建成乡镇垃圾中转站977座，机动收运车辆2.26万辆，配备保洁员13.3万人。

【特色小镇建设】 学习浙江特色小镇创建经验，出台《湖北省特色小镇创建工作实施方案》，公布20个首批省级特色小镇创建名单。同时，经过积极创建，全省共两批16个特色小镇被住房城乡建设部列为全国特色小镇。

【农村危房改造】 2017年，国家共安排湖北省补助资金9.27亿元，用于实施8.01万户农村危房改造。截至12月底，开工8.3万户，开工率104%，竣工8.1万户，竣工率101%，信息录入率105%。制定农村危房鉴定基本办法，编制《湖北省C级危房加固改造导则》。

【美丽宜居村庄建设】 出台《美丽宜居乡村示范项目建设方案》，到2020年，每个县（市、区）打造5个精品型、20个提升型美丽宜居乡村示范项目，所有村庄达到基础型村庄标准。分类开展精品型（产业兴旺、生态宜居、乡风文明、治理有效、生活富裕）、提升型（环境美、风貌特、设施全、支部强）、基础型（干净、整洁、有序）村庄创建活动，逐步形成长效机制。一类地区全面推进美丽宜居乡村建设，精品型村庄比例达到20%，提升型村庄达到70%；二类地区广泛开展环境整治提升工程，精品型村庄比例达到10%，提升型村庄达到80%；三类地区除搬迁型村庄外，全部村庄实现干净整洁有序，精品型村庄比例达到5%，提升型村庄达到50%。

【扶贫工作】 起草《湖北省贫困村村庄规划编制指南》。大力号召住建系统各单位参与精准扶贫工作。印发了《关于号召广大住建系统企事业单位参与精准扶贫的倡议书》和《关于组织动员全省住建系统各企事业单位开展结对精准扶贫工作的通知》，2015~2017年间，湖北省住建、规划、城管、房管、公积金，共232个企事业单位，累计派出驻村干部1742名，赴贫困村考察、调研51424人次。牵头大别山片区扶贫工作工作成效显著，8县市已有598个贫困村脱贫出列，累计脱贫60.77万人，蕲春县易地扶贫搬迁、红安县健康扶贫、黄冈市"五位一体"产业扶贫等模式和经验在全国推广。

标准定额

【计价依据全面更新】 2017年，选取典型工程77个，取定税前、税后材料价格一万多条，征求意见建议1140条，完成2017版房屋建筑与装饰、通用安装工程、公共专业消耗量、市政工程、园林绿化、装配式建筑、施工机具使用费、安装工程等8项共计29册计价定额修编工作，涉及定额子目28898个，于2018年4月1日起执行；试点通过购买服务方式编制绿色建筑、城市地下综合管廊、房屋修缮计价定额3项；为规范全省计价依据解释和造价纠纷调解拟制的《湖北省建设工程计价依据解释和造价争议调解工作管理规定》已公开征求意见。接待处理各项定额技术咨询和合同纠纷调解900多起，解决问题3000余个。

【公共信息发布】 向社会公布各类定额子目数据近十万条，发布人工成本信息960条、材料信息价格及机械租赁价格数据八万多条；发布标准定额法律法规和规范性文件、市场监管信息、人工材料市场价格信息、业内交流等信息104条；测算发布并向住房城乡建设部报送季度全省各地城市住宅造价指标指数136余条。

【地方标准编制项目】 征集地方标准编制申报项目37项，申报项目较上年增长285%，全省已经向省住建厅公告实施并报住房城乡建设部备案地方标准共计63项，其中已实施五年，经复审废止4项，正在修订整合的16项；历年计划延续编（修）订地方标准52项，其中，已评审通过正在报批11项，正在征求意见19项，正在编制22项。地方标准覆盖范围逐步扩大。

【市场监管】 加强工程造价咨询行业事中、事后监管力度，采取"双随机、一公开"监管模式，组织开展全省造价咨询企业资质达标、执业质量情况和分公司备案情况的专项检查，市州住房城乡建设部门共检查企业218家（含62家分公司），检查存档项目资料420个。资质达标合格率90.4%，执业质量合格率95.4%，下达整改通知书24份，约谈企业负责人4人。

工程质量监管

【概况】 2017年，全省受监工程约28971项，建筑面积3.9亿平方米，工程质量竣工验收合格率100%。创中国建筑工程鲁班奖2项、国家优质工程奖8项。发生安全亡人事故31起，死亡32人，百亿元建筑业产值死亡率控制在0.32的年度目标之内。

【强化责任落实】 严格执行工程质量终身责任书面承诺、永久性标牌和质量信息档案等"三项制度"。全省新签署"两书"24311份，签署率100%，竣工工程永久性标牌设置7792块，设置率100%。按照安全生产责任追究的相关规定，从严对不履行安全生产职责的企业和从业人员实施责任追究。

【开展专项整治】 在质量管理方面，采取双随机飞行检查方式，全年开展三轮工程质量检测市场专项巡查，对21家存在问题的检测机构予以全省通报，在《湖北日报》公开曝光，暂停4家检测业务，实施行政处罚9家；对8个市州的13个工程项目建筑电气设计、设备材料进场质量管理、电气工程施工过程质量控制和质量验收等进行检查，开展建筑电气火灾综合治理及电线电缆专项整治；对预拌混凝土生产企业质量管理体系建立、专业技术人员配备、市场行为、绿色生产及质量控制方面开展了专项检查，下发整改通知单78份和执法建议书12份。

【严格监督执法】 以质量提升行动为主题，大力开展监督检查。省住建厅抽查在建工程27项，下达责令限期改正通知书21份，执法建议书1份，责令当地下达责令限期改正通知书11份。严肃查处安全生产违法违规行为。全省全年度共开展安全检查25448次，累计检查项目26089个，排查安全隐患66576处，下达限期整改9950份，下达停工整改1769份，实施处罚507起。省级督查6次，共检查工程130项，回头看抽查10项，下达整改通知书22份，执法建议书2份，对存在安全隐患的79家建筑企业、79个项目进行全省通报。暂扣24家事故企业安全生产许可证，向外省发函通告安全事故12份，公示64家建筑企业和人员不良行为记录。

【创新监管方式】 持续推行"双随机、一公开"检查模式。不断完善省级专家库，坚持省级检查随机抽取专家和受检项目，在省级媒体和公众网络公开通报每次检查结果，进一步强化政府监管效力。按照"放管服"改革要求创新人员考核管理。下放安管人员和特种作业人员考核办证权限到各地市州建设行政主管部门，通过动态巡查、网上实时监控和大数据分析，加强对各地人员考核过程的监督管理，同时，进一步优化人员考核管理信息系统，以技术手段防止人员考试作弊行为，减轻各地管理压力，全面启用防伪电子证书，简化办证程序，提高工作效率，方便企业及办证人员。不断推进监管信息化。上线使用并不断优化工程质量监督信息系统、质量检测信息监管系统、人员考核管理系统、站办公管理信息系统，研究探讨安全监督管理系统和建筑起重机械管理信息系统开发，为质量安全管理提供技术支持，信息化建设稳步推进，监管效能逐步提升。

建筑施工

【概况】 2017年，湖北省实现建筑业总产值13391.23亿元，同比增长12.89%，高于全国平均增长水平2.39个百分点，占比由6.1%提高到6.3%，实现增加值2468.45亿元，同比增长12.56%，占全省GDP的6.8%。连续4年，全省建筑业产业规模位居全国第三、中部第一，保持合理增长。

【建筑业转型升级】 2017年，全省新增特级企业3家，特级企业总数达到25家。全省上报建筑业总产值的企业数为3690家，比上年同期增加322家。入选2016年湖北省百强企业的建筑企业为29家，其中央在鄂企业12家，本省国有企业2家，本省民营企业15家。营业收入过千亿的2家，100亿～600亿元的10家。

【持续推进"三项改革"】 强力推进装配式建筑发展。强化政策支撑，报请省政府出台《关于大力发展装配式建筑的实施意见》，发布《装配整体式混凝土剪力墙结构技术规程》等5项装配式建筑地方标准；坚持分层推进，在"一主两副"和荆门4个城市先行试点；划定实施范围，明确重点实施区域和重点工程项目；推进基地建设，全省投产装配式建筑生产基地15个，另有9个基地正抓紧建设；落实项目建设，全省完成装配式建筑项目35个，总面积为133.43万平方米，完成目标任务120万平方米的111%。

积极推进非国有资金投资项目发包方式的改革。降低制度性交易成本，激发市场活力，推动非国有资金投资项目建设单位自主选择招标发包或直接发包，自主选择工程交易活动场所。加强对各地改革的指导推进工作，全省42个非国有投资项目采用建设单位自主选择招标发包或直接发包。积极推进工程总承包。选择部分市州、企业、项目开展试点，积极培育工程总承包骨干企业，与国际通行做法接轨，探索建立招标投标等环节的管理制度和流程。襄阳在5个棚户区、管网改造、园林绿化、水利建设项目上实施工程总承包。工程总承包的推行，缩短了管理流程，提高了管理效率。

【建筑市场监管】 加强建筑市场诚信体系建设，依托建筑市场监管与诚信信息一体化平台建设，整合建立了四大数据库，并实现17个市、州同步应用，实现与部、省基础数据库互联互通，建设工程管理七大环节业务基本能实现网上办理。组织开展基层工程建设突出问题专项整治，各地自查重点检查项目1919个，发现问题345个，完成整改问题314个，涉及金额14.2亿元；省住建厅重点抽查项目36个，对6个已整改案例和1个正在整改案例予以通报曝光。

大力整治拖欠工程款领域突出问题，全省住建系统共受理投诉133件，清理拖欠工程款196363万元，清理拖欠农民工工资13296万元，涉及农民工8935人次，在元旦春节、省十一次党代会和党的十九大会议期间，全省没有发生重大影响的因拖欠行为导致的群体性事件。

【工程质量和安全生产管理】 深入开展工程质量安全提升行动，研究出台行动方案，固化"两年行动"制度性成果。研究出台装配式建筑质量安全要点、质量安全控制和检验试验要点，组织召开现场观摩会，严格执法督查，落实建设工程五方主体终身责任。加强建筑安全生产目标管理。压实主体责任，认真履行行业监管责任，严格执行安全生产管理制度和工作制度，组建和完善建筑业安全生产管理体系，改革安全生产考核指标，创新提出了百亿元产值死亡率考核方法。通过严格执行规范和严督实查，不断促进建筑安全领域形势好转。2017年，全省共发生房屋市政工程生产安全责任事故31起，死亡32人，未发生较大及以上生产安全责任事故。百亿元建筑业产值死亡率0.24，与"十二五"期间百亿元建筑业产值死亡率0.45相比下降47%。

建筑节能与科技

【标准化改革工作启动】 按照国家和省关于标准化改革的要求，省住建厅以"树立标准的权威"为目标，推动住房城乡建设领域标准化工作顶层设计。印发《湖北省住房城乡建设标准化工作推进方案》，成立标准化工作领导小组，合力推进标准化改革。从制度建设、标准立项编制、标准实施监督等方面不断加大工作力度。2017年成功申报地方标准制修订立项计划35项，批准发布《装配式建筑施工现场安全技术规程》等10项地方标准，超额完成年度目标。

【绿色建筑发展】 2017年，湖北省发展绿色建筑2450万平方米，超额完成年度计划（1100万平方米）122.73%，同比增长11.36%，占年度新建建筑的39.5%。其中，取得绿色建筑设计标识81项、运行标识3项，建筑面积850.21万平方米。监督指导全省县以上城区住宅小区按照绿色建筑要求规划设计，新开工民用建筑按照绿色建筑省级认定标准进行规划、设计、审查、施工、监理、验收和备案。提高绿色建筑质量，组织编制发布《湖北省绿色建筑设计与工程验收标准》，逐步将绿色建筑标准由推广应用转变为强制实施。2017年度绿色生态城区和绿色建筑省级示范创建活动扎实有序。确定第四批示范项目21个（绿色生态城区2项、绿色建筑集中示范区17项、高星级绿色建筑示范项目2项）。督导各地加快推进前三批83个示范项目的建设。加强对绿色建筑标识项目建设的跟踪管理，全省11个市州84个项目取得绿建评价标识。

【新建建筑能效】 按照由中心城区到远城区、由大中城市到城镇"能效提升"分步实施、循序渐进的工作推进思路，城镇新建建筑全面执行节能60%以上的国家标准《公共建筑节能设计标准》和湖北省地方标准《低能耗居住建筑节能设计标准》。武汉、襄阳、宜昌"一主两副"重点城市积极开展"65%+"超低能耗居住建筑建设试点，建筑能效水平进一步提升。2017年，全省新增建筑节能能力87.70万吨标准煤，节能建筑占城镇建筑总量的比例上升到45%，居于中部地区领先水平。

【可再生能源建筑应用】 2017年，全省完成可再生能源建筑应用面积1871万平方米，超额完成年度目标20.7%。

【既有建筑节能改造与能耗管理】 年内，累计完成既有建筑节能改造276万平方米，超年度计划62.4%。落实建筑节能信息统计报表制度，组织开展建筑能耗统计，加强公共建筑能耗监测平台的运行管理与维护。

【行业体制机制改革】 2017年，结合全省住建系统"面对面、进一步优化政策措施"，破解行业发展过程困难和难题。推进全省建筑业供给侧结构性改革，积极推动以设计为龙头的总承包，营造有利于装配式建筑的发展环境。引导中小咨询服务企业做精做专，走特色化、专业化的发展路子，逐步强化建筑师在建筑工程实施中的主导地位，率先在湖北自贸区开展设计师事务所试点。全年全省1021家勘察设计企业总营业收入1386.7亿，比上年增长了41%，继续稳居中部第一，全国前列。中铁四院等5家工程勘察设计企业进入全国勘察设计收入50强名单。11月，武汉获得联合国教科文组织授予的"设计之都"称号，成为继上海、北京、深圳后，全国的设计之都第4城、全球第23城。

【建设科技创新】 2017年，全省确定科技计划项目69项，建筑节能示范工程23项，组织申报住房城乡建设部科技示范项目52项。

【勘察设计与质量安全监管】 贯彻实施"适用、经济、绿色、美观"的新时期建筑方针，提高建筑设计质量和水平。支持和鼓励勘察设计企业加快BIM技术的应用。进一步推广应用"荆楚派"建筑研究成果的应用，在全省美丽乡村、特色小镇、扶贫异地搬迁、国家和省历史文化名镇名村等建设中开展试点示范。启动施工图数字化审查试点工作，武汉、宜昌等地主动作为，积极开展数字化审查前期工作。深化"放管服"改革，优化监督检查程序，采用"双随机"方式，开展建筑节能、勘察设计、工程监理和强制性标准实施综合执法检查，抽查了全省17个市州及所属县市区的122个在建项目，共检查381家企业，下达责令限期整改通知书和执法建议书25份，综合检查结果已向全省通报。2017年，全省通过房屋建筑和市政基础设施工程施工图审查项目9155项，总建筑面积9824.82万平方米，纠正违反强条数14315条，消除安全隐患5863处。

【造价咨询服务】 编制发布2017版房屋建筑与装饰、通用安装工程等8项29册计价定额；委托武汉市城建委编制城市轨道交通计价定额，探索通过购买服务方式编制绿色建筑、城市地下综合管廊、房屋修缮计价定额3项，形成全面系统的计价定额体系。2017年，接待处理各项定额技术咨询和合同纠纷调解900多起，解决问题3000余个。公共信息发布效率显著提升，向社会公布各类定额子目数据近十万条，发布人工成本信息960条、材料信息价格及机械租赁价格数据八万多条。

全省造价咨询行业规模和执业质量稳中有升，全年全省完成工程造价咨询工程量8321.06亿元，较上年增长24.63%；工程造价咨询企业实现营业收入62.26亿元，其中工程造价咨询业务收入21.79亿元，较上年增长17.21%。

【抗震与防灾减灾工作】 建立健全机制体制，贯彻落实《中共中央、国务院关于推进安全生产领域改革发展的意见》，成立省住建厅消防安全生产、地质灾害防治工作两个领导小组，履行省住建厅消防安全工作领导小组办公室、地质灾害防治工作领导小组办公室的职责，专题研究消防安全和地质灾害防治工作，明确责任分工，压实主体责任，推进工作落实。依据抗震设计规范，对超限项目实施抗震设防专项审查。2017年，共审查50个项目，总建筑面积710万平方米；从4月25日开始，将超限高层建筑工程抗震设防专项纳入省投资审批平台，进一步简化流程、网上办事、缩短办理时间。

人事教育

【"面对面、听期盼"大走访活动】 根据湖北省住建厅党组部署，成立工作专班，制订《专班工作手册》和《考核评价办法》，9次召开会议研究和推进大走访活动，印发了12期活动简报。

【干部教育培养锻炼】 制订印发了《省住建厅2017年干部教育培训计划》。全年共组织13场次专题讲座；会同省委组织部组织了全省"推进宜居城乡建设"专题研讨班，各市、州、县分管领导和市、州住建系统各部门负责人共108人参加了研讨培训；选派厅机关11名35岁以下干部到武汉市区级住房城乡建设部门或项目工地短期锻炼，积极帮助驻村扶贫工作队、援藏援疆干部解决问题，支持他们开展工作，履行职责；安排11名厅领导参加全省十九大精神轮训班学习；2名厅级、13名处级干部参加了省委党校培训班学习。

【干部选拔、管理和监督工作】 贯彻落实《干部选拔任用工作条例》和省委组织部关于选人用人的"8个文件"，坚持正确的用人导向，加大干部选拔和公务员职级并行试点工作力度。2017年厅机关提拔干部19人，晋升职级13人，调整岗位4人；提拔、调整、晋升职级干部占机关总人数38.7%。厅直单位提拔干部3人，晋升职级27人，进一步调动了干部队伍干事创业的激情。招考公务员2人，事业单位干部9人。组织全厅112名处以上干部填报个人有关事项，完成了11名随机抽查对象，27名重点抽查对象的核查比对。开展"不担当、不作为"和受处理处分干部后续教育管理专项治理工作，督促干部认真履职尽责。

【调整优化厅机关和厅直单位机构设置】 根据省住建厅党组决定，积极协调省编委，调整厅机关内设机构，整合组建研究室和法规处，完善职能分工、优化机构设置，加强了政策研究工作；积极推进城管执法体制改革，省厅城管局设置方案得到省编办批复，筹建工作按计划推进；研究制订了省厅信访中心实体化设置方案，积极推进机构审批设置等工作；完成"湖北省建筑节能科技中心"更名为"湖北省建设科技与建筑节能办公室"的工作。

大事记

1月7日，湖北省住房城乡建设工作会议暨党风廉政建设工作会议在武汉召开。

1月9日，湖北省住建厅召开述职述廉暨民主测评大会。厅长李昌海代表厅党组作了述职述廉报告。

1月20日，湖北省副省长曹广晶赴武汉市检查在建工程项目安全生产工作，看望慰问坚守在一线的环卫工人、建筑工人，向他们送上新春祝福。

1月23日，《关于全面启用新的安管人员考核系统的通知》印发，自2月1日起在全省范围内启用新的"安管人员考核系统"。

2月4日，省住建厅召开誓师动员大会，传达贯彻全省深化供给侧结构性改革、加强纪律作风建设动员会精神，对全面完成2017年住建工作任务进行再动员，再部署。

同日，全省住建系统贴近群众"面对面听期盼"大走访活动电视电话会议召开。

2月16日，全省城市供水重点工作推进会在武汉召开。

2月20日，湖北省住建厅印发《关于部署开展2017年度建设工程质量安全监督执法检查工作的通知》。

2月23日，湖北省住建厅《关于印发湖北省园林博览会管理暂行办法的通知》印发。

同日，全省乡镇生活污水治理工作电视电话会议在武汉召开。湖北省委常委、常务副省长黄楚平出席会议。

3月7日，省住建厅印发《关于调整施工图审查机构审查资格和审查人员资格认定办理工作的通知》。

3月15日，省住建厅制定出台《湖北省城市设计管理办法（试行）》。

3月17日，省住建厅制定出台《2017年建筑施工扬尘防治工作方案》，为生态文明建设和环境保护工作提供指导。

同日，省住建厅印发《关于启用湖北省建筑市场监督与诚信一体化平台建筑施工企业统计报表功能的通知》，自4月1日起正式启用湖北省建筑市场监督与诚信一体化平台建筑施工企业统计报表功能。

3月20日，省住建厅《关于开展2017年建筑施工安全专项整治工作的通知》印发，自3月20日起在全省开展2017年度建筑施工安全专项整治工作。

3月24日全省推进城市管理执法体制改革电视电话会议召开，副省长曹广晶出席会议并讲话，省政府副秘书长王润涛主持会议。

4月6日，《随州市城乡总体规划（2016－2030)》专家评审会在武汉召开。

4月12日，省住建厅厅长李昌海，总规划师童纯跃一行赴武汉市调研城乡规划工作，考察了武汉市规划服务中心，并召开座谈会。

4月13日，省住建厅在武汉市组织召开全国城市设计试点专家审议会。

4月19日，省住建厅印发《湖北省城市设计技术指引（试行）》《湖北省城市设计重点地区管控工作指引（试行）》的通知，为推动全省城市设计工作提供技术指导。

4月20日，省政府新闻办召开"湖北深化供给侧结构性改革"第一场新闻发布会，省住建厅、省国土厅分别介绍了全省实施一城一策去库存的情况。

4月28日，全省住建系统作风建设突出问题专项治理电视电话会议召开。省住建厅厅长李昌海出席会议并讲话，副厅长黄祥国主持会议。

5月3日，全省勘察设计与建设科技工作座谈会在武汉召开。

5月5日，全省乡镇生活污水治理工作座谈会在武汉召开。

5月18日，大别山片区区域发展与扶贫攻坚座谈会在武汉召开。

5月19日，2017中国智慧家庭及社区（新一代物联网）高峰论坛暨湖北省智慧社区智慧家庭地方标准发布与智慧湖北标准化智慧社区建设启动会在湖北武汉举行。

同日，湖北省特色小（城）镇建设对接活动在武汉举行，省副省长曹广晶出席会议并讲话。

5月26日，全省装配式建筑政策与管理培训班在武汉举办。

6月2日，全省建筑施工2017年"安全生产月"启动仪式暨武汉市建设工程质量安全现场观摩会举办。

6月5日，省住建厅印发《关于开展全省住建领域大督查的通知》，自6月5日起开展全省住建领域大督查。

6月6日，全省城市总体规划编制研讨会在省住建厅召开。

6月12日，国务院安委会第三巡查组一行到省住建厅巡查住建领域安全生产工作。住房城乡建设部原副部长郭允冲担任巡查组组长。

6月26日，2017年度湖北建筑施工现场安全应急救援演练在湖北省科技馆新馆项目施工现场举办。

6月27日，省住建厅印发《关于进一步加强建设领域拖欠工程款问题治理工作的通知》，为进一步规范建筑市场秩序提供指导。

7月4～6日，由湖北省委组织部和省住建厅共同举办的全省"推进宜居城乡建设"专题研讨班在武汉举办。

7月10日省住建厅召开"大走访"活动和作风建设突出问题专项整治工作推进会。

7月20日，全省建设工程质量安全观摩会暨2017年上半年安全生产形势通报会在武汉召开。

7月26日，全省住建系统贴近群众"面对面、听期盼"大走访活动推进工作电视电话会议在武汉召开。

7月27日，省住建厅印发《关于简化施工许可网上办理流程的通知》，自8月1日起对一体化平台中的施工许可网上办理流程进行简化。

8月8日，省住建厅召开建筑产业现代化领导小组会议。厅长李昌海出席会议并讲话。

同日，省住建厅安委会召开成员单位会议。

8月10日，省住建厅召开第二季度工作情况和上半年支部建设工作汇报会。厅长李昌海出席会议并讲话。

8月15日，副省长曹广晶赴武汉市调研督办建筑工程和城镇燃气行业安全生产工作情况，并召开座谈会。

8月17日，推进武汉长江新城建设第一次厅际联席会议在省住建厅召开。厅长李昌海主持会议。

同日，省住建厅印发《关于加强生态修复和城市修补工作的通知》提出推进"城市双修"工作的领导机制、重点工作、工程项目和保证措施。

8月22日，全省农村危房加固改造现场会在远安县召开。

8月24日，省住建厅召开2017年城市建设重点工作调度督办会议。

同日，全省房地产工作座谈会在武汉召开。副省长曹广晶出席会议，并对下一步全省房地产工作进行了安排部署。

8月25日，全省保障性安居工程和农村危房改造电视电话会议召开。副省长曹广晶出席会议并讲话，省住建厅厅长李昌海主持会议。

9月7日，省住建厅制定出台《2017年度建设工程安全生产责任目标考核细则》。

9月9～12日，住房城乡建设部第五督查组对湖北省整顿规范房地产市场秩序情况进行实地督查。

9月11日，省住建厅、发改委、财政厅组织编制《湖北省乡镇生活污水治理PPP项目操作指引（试行）》，为各地进一步加强政府和社会资本合作，创新乡镇生活污水治理工作机制提供指导。

9月12日，省住建厅召开《湖北省城乡生活垃圾分类实施方案（讨论稿）》研讨会。厅长李昌海出席会议并讲话。

9月18日，省住建厅印发《关于启用湖北省建筑市场监督与诚信一体化平台诚信信息采集发布功能的通知》。

9月19～23日，住房城乡建设部专家组对湖北省城镇供水规范化及二次供水工作开展专项检查。

9月20～21日，全省城镇棚户区改造与公租房管理培训班在宜昌举办。

9月26日，省住建厅在武汉组织召开湖北省地方标准《绿色建筑设计与工程验收标准（送审稿）》专家评审会。

同日，省住建厅召开2017厅安委会全体成员会议，传达了全省安全生产"一无两降"誓师大会会议精神，研究了全省燃气、建筑施工近期安全生产情况。

9月27日，全省建设领域工程款清欠工作座谈会在荆州市召开。

9月28日，省住建厅举行首次宪法宣誓仪式。厅长李昌海监誓。

10月18日，全省住建系统安全生产视频会商会召开。

10月27日，省住建厅印发《关于开展全省住房租赁市场调研的通知》，自10月27日起开展湖北省住房租赁市场调研。

11月3日，省住建厅组织编制《湖北省新型墙材推广应用实施方案》。

11月3～4日，全省城市总体规划改革和信息平台建设推进会在随州召开。

11月16日，省住建厅召开全省住建系统"面对面、听期盼"大走访活动制度化、常态化建设专题座谈会。

11月17日，省住建厅与中国建设银行湖北省分行举行住房租赁战略合作签约仪式。副省长曹广晶、建行副行长庞秀生出席签约仪式并讲话，省住建厅厅长李昌海与建行湖北省分行党委书记、行长林顺辉签署《战略合作协议》。

11月17～18日，省住建厅厅长李昌海深入天门市、江陵县，就住建系统学习贯彻十九大精神，实施乡村振兴战略开展调研。

11月21～23日，住房城乡建设部会同国土资源部、人民银行在武汉召开全国部分省市房地产工作座谈会、武汉部分房地产开发企业和中介机构座谈会，并赴黄石、鄂州开展房地产市场调研。

11月27日，全省建设工程安全生产电视电话会议召开。副省长曹广晶出席，省政府副秘书长朱慧主持会议。

12月4日，省住建厅制定《湖北省农村危房加固改造实施方案》，明确农村危房加固改造工作的指导思想、基本原则、目标任务和工作要求。

同日，省住建厅召开学习贯彻党的十九大精神专题研学交流会。厅长李昌海出席会议并讲话，副厅长黄祥国主持会议。

12月21日，省住建厅举办2017年党务干部培训班。

12月27日，全省乡镇生活污水治理工作电视电话会议召开。

12月28日，全省住房城乡建设工作会议暨党风廉政建设工作会议召开。

（湖北省住房和城乡建设厅）

湖 南 省

概况

2017年，湖南省住房和城乡建设系统坚持以人民为中心，紧扣"创新、协调、绿色、开放、共享"五大发展理念，积极推进城市"双修"、农村"双改"，倾力打造"人文住建""绿色住建""智慧住建"，圆满完成年初确定的各项目标任务。

【新型城镇化建设】 2017年，湖南省城镇化水平持续高速增长，全省常住人口城镇化率达54.6%，同比提高1.85个百分点。完成国家和省级新型城镇化第一阶段试点工作评估。规划体系更为完善。组织开展长株潭都市区一体化、长株潭湘江两岸（城区段）整体风貌等重大规划研究，审查娄底城镇带、郴州大十字城镇群等城镇体系规划。完成30个城市（县城）总体规划修改工作，镇域村镇布局规划覆盖率达85%；全面启动全省村庄规划"全覆盖"工作。城镇建设更有品质。长沙市被列为全国第二批城市设计试点城市，湘潭市等3个城市被列为全国第三批城市双修试点城市。地下综合管廊建设开工33个项目、90.39千米，开工率102%，累计建成89.45千米。海绵城市试点累计建成项目154个，在建96个，常德市穿紫河治理项目纳入中央党的十八大生态文明建设成果展。新增国家园林城市（县城）5个、国家级风景名胜区2处、全国特色小镇11个、省级美丽乡镇28个。管理执法更加规范。在全国率先颁布《湖南省城市综合管理条例》，推动处级城管执法干部轮训和持证上岗，城市综合管理和执法逐步规范。长沙、株洲、邵阳等地出台城管改革方案，娄底等13个市州建成市级城管平台，衡阳、永州等11个市州统一城管执法队伍制式服装。

【住房保障】 2017年，湖南省住房保障水平大幅提升。棚改工作超额完成。全省各类棚户区改造开工建设41.19万套，为国家计划数的102.98%，完成投资2111亿元。持续加快推进公租房分配，新增公租房分配入住19.06万套，为国家计划数的309.92%。下达中央和省级专项补助资金173.52亿元。湖南省被国务院评为2016年棚户区改造工作真抓实干、成效明显的5个省份之一；长沙市住房保障局被住房和城乡建设部表彰为"住房城乡建设系统全国先进集体"。农村危房改造提标提质。全年实际完成18.64万户，完成率144%；争取国家危房改造补助资金17.64亿元，位列全国第四。全省危房改造补助标准提高到24480元/户，同比增加12200元/户。全面推进C级危房加固改造，在全国率先制定加固改造专项方案和技术导则，得到住房和城乡建设部肯定。开展"雁过拔毛"腐败问题专项治理和农村危房改造大普查、交叉检查，建立易地扶贫搬迁督查长效机制，有效保障贫困户住房质量。湘西自治州、长沙市完成率超过300%，桂东县、茶陵县、宁远县等地县级投入超1亿元。

【房地产市场调控】 2017年，湖南省房地产市场调控成效明显。以"稳房价、去库存、建机制、防风险"为工作重点，分类调控，因城因地施策，房地产市场总体保持平稳运行。全年完成房地产开发投资3426.13亿元，同比增长15.9%；商品房销售面积8532.25万平方米，同比增长5.5%，商品房库存去化周期10.1个月，较上年底缩短4.7个月。全省住房公积金归集530.45亿元，同比增长15.75%；提取314.49亿元，同比增长18.39%；"非体制内"新增126.75万人。长沙市连续出台"限购、限贷、限售、限价"调控政策，遏制房价过快上涨态势。湘潭、株洲、张家界、岳阳、常德等地分别采取停止购房奖励、收紧房贷政策、加大住房供应、严审网签价格等调控政策，确保当地房地产市场基本平稳。三四线城市房地产库存明显下降。深化"住房＋金融＋互联网"探索，初步建成全省住房租赁监管服务平台。

【城市"双修"与农村"双改"】 2017年，湖南省全面启动城市"双修"、农村"双改"计划，城乡人居环境持续改善。出台《湖南省城市"双修"三年行动计划（2018—2020年）》和《湖南省农村"双改"三年行动计划（2018—2020年）》，为解决城乡建设"不平衡不充分"问题明确主攻方向，城乡基础设施建设的系统性全局性不断增强，城市配套设施更加完善。黑臭水体整治效果显著，135个整治项目竣工，130个整治项目达标，超额完成任务。启动10个生活垃圾焚烧处理设施建设，建成2个。全年新增污水处理能力28万吨/日，13座污水处理厂完成提标改造，县以上城镇污水处理率达到95.35%。"气化湖南工程"加速推进，建成9条管道，新开工建设7条管道。农村人居环境有效改善。全面完成中央环保督查反馈问题整改；建成乡镇污水处理厂52座，新增处理能力9.16万吨；开展行政村垃圾治理，新增垃圾处理建制村7003个，全省进行垃圾处理的行政村比例达85.6%，同比增长23.6%；完成洞庭湖沿岸垃圾清理专项行动，清理河湖岸线4463千米，湖区农村实现垃圾治理全覆盖；长沙、常德、岳阳、郴州农村污水垃圾处理成效显著；全省新增全国农村生活垃圾分类和资源化利用示范县5个、全国改善农村人居环境示范村12个。争取中国传统村落166个，获中央专项资金4.35亿。

【建筑业转型发展】 2017年，湖南省建筑业转型发展效果突出。全年建筑业总产值达8422.86亿元，同比增长15.3%；特级企业同比增长23.1%，增长数量创历年之最。"一带一路"地区成为全省建筑业"走出去"对外承包工程主战场，仅湖南交水建集团即在16个国家承接施工项目31个。装配式建筑产业地位加强。圆满承办全国装配式建筑工作会议，装配式建筑综合实力位居全国前列；全年实施装配式建筑项目721万平方米，9家企业获批"国家装配式建筑产业基地"，长沙市获评"国家装配式建筑示范城市"，吉首市"装配式建筑＋精准扶贫"在全国首开先河。举办2017湖南"筑博会"，吸引32个国家和港澳台地区、20个外省市区参展参会，签约金额600亿。建筑业信息化进度加快。构建建筑信息模型应用推广政策体系，建立BIM技术创新战略联盟、公共信息平台，联盟成员达98家，BIM技术加速应用到规划、设计、施工、运维等环节。株洲、娄底城建档案馆推行电子档案归集，形成较好示范带动。绿色建筑和建筑节能推广加速。发布绿色建筑设计等技术标准20项，为建筑业转型提供有力支撑；民用建筑节能率提升到65%。湘江新区绿色建筑成片发展，实现可再生能源集中供能。株洲市超低能耗建筑示范位居全国前列。建筑业"放管服"改革不断推进。新下放省级行政审批事项1项、取消3项，取消资质审批初审环节。建立全省施工图管理信息系统，实行"互联网＋图审"，推进施工图审查政府购买服务。建筑市场信用体系建设加速，率先全国建立招投标活动"打招呼"登记报告和招投标失信"黑名单"制度。大力推进工程总承包和全过程工程咨询。建筑工程造价管理水平不断提升。质量安全管理力度加大。开展全省工程质量安全提升行动，全面组织安全生产标准化考评、重点领域和薄弱环节专项整治，推动"双随机、一公开"监管执法，严厉打击"三包一挂"，规范建筑市场和施工现场行为。全省建筑施工安全生产形势平稳，湘西自治州连续8年未发生质量安全事故。湖南省连续两年摘取9项鲁班奖，创历史纪录。

政策法规

【法治建设】 2017年，湖南省住房和城乡建设厅积极推进住房和城乡建设领域法治建设。印发《湖南省住房和城乡建设厅〈法治政府建设实施纲要（2015—2020年）〉实施方案》。围绕到2020年基本建成法治政府目标，结合工作实际，部署7个方面32项工作。召开厅务会，深入研究任务分解，确定全省住房和城乡建设领域法治政府建设的框架、路径和主要任务。

【民生立法】 2017年，湖南省住房和城乡建设厅积极推进住房和城乡建设领域民生立法工作。出台《湖南省城市综合管理条例》。《条例》共8章60条，5月27日湖南省十二届人大常委会第三十次会议表决通过，8月1日起施行。这是全国首部省级层面规范城市管理和综合执法工作的地方性法规。出台《湖南省物业管理条例》。《条例》共8章74条，7月19日湖南省十三届人大常委会第五次会议表决通过，2019年1月1日起施行。《条例》对备受居民关注的物业服务费调整、共用部位经营收益分配、车位租售等进行进一步规范和修改完善。开展《绿色建筑发展条例》立法工作，《条例》纳入2018年省人大重点立法调研计划。

【行政复议与应诉】 2017年，湖南省住房和城乡建设厅依法办理行政复议和应诉案件。全年受理行政复议案件66件，审结52件。作为被申请人的涉案主体，涉及规划部门34件，占51.5%；建设部门23件，占34.8%；房产部门6件，占9.1%；城管部门1件；住房公积金管理部门1件。申请事项主要涉及信息公开、建筑市场管理、规划许可及其他具体行政行为违法。全年承办行政应诉案件33件，审结26件。从事由看，住房和城乡建设厅行政复议后当事人提起诉讼的17件，占51.5%；不服人民法院一审判决提起上诉的12件，占36.4%；认为住房和城乡建设厅对其举报未履行查出职责的2件，不服住房和城乡建设厅未对其举报事项书面告知处理结果的1件，不服工商注销行为由住房和城乡建设厅作为第三人应诉案件1件。

【案卷评查】 湖南省住房和城乡建设厅认真组织开展案卷评查。采取抽查单位、抽取案卷、集中评查的方式，对全省住房和城乡建设系统2016年度行政执法案卷开展评查。分别抽查湘潭市、衡阳市、岳阳市、益阳市及湘潭县、衡东县、湘阴县、沅江市的住房和城乡建设局、规划局、房地产管理局、城市管理行政执法局等部门2016年度按一般程序办结的行政许可、行政处罚等111宗案卷，评查情况及时总结，并在全省住建系统进行通报，进一步提升全省住建系统办案质量和依法行政效能。

【文件审查】 年内，共审阅信访答复和复查等47件、规范性文件37件、请示报告66件、通知与函件116件、行政许可和处罚138件、通报9件、信息公开8件、投诉处理3件。对涉及群众切身利益的信访答复认真提出修改意见，对带有试点创新和工作改进性质的文件，在法律和政策允许的最大范围内给与支持。按省政府法制办要求，先后4次对省政府及办公厅有关建设领域的规范性文件进行清理，按时报送清理建议。经和省政府法制办衔接，启动厅规范性文件集中登记、重新公布工作（约20个规范性文件内容不作修改重新公布），计划2018年1月底前完成。

【普法教育】 2017年，湖南省住房和城乡建设厅切实做好普法教育工作。结合案件办理和文件合法性审查，增强法律意识。组织开展普法学习，推进法治宣传教育。8月2日，邀请长沙市雨花区行政庭庭长刘昕为全厅干部职工、直属单位班子成员及执法人员进行行政执法专题讲座。12月4日，开展国家宪法日宣传，弘扬宪法精神。12月12日，邀请省政府参事郑昌华教授专题宣讲习近平总书记关于全面依法治国的重要论述。积极开展学法考法工作，向省委法治办报送住建行业2017年国家工作人员学法考法重点内容及普法学习习题，提高学法考法内容的针对性。开辟法制园地，购买法律书籍，供广大职工学习。组织相关人员参加行政执法资格考试，落实行政执法人员持证上岗制度。开展"湖南省十佳普法先进集体"候选对象推荐工作，弘扬社会主义法治精神。

政务服务

【概况】 2017年，湖南省住房和城乡建设厅政务中心以"关心群众、方便群众"为工作出发点和落脚点，建立"一站式受理，一条龙服务"机制，不断改善办事环境，改进服务态度、提高服务水平，全面完成各项政务服务工作。政务中心连续第10年被省文明办评定为"湖南省文明窗口单位"。年内，共受理行政审批事项68361件，办结62904件，办结率92%；受理政务服务事项46806件，办结46806件，办结率100%；共打印企业资质证书约6210本，个人资格证约33737本；抽取各类资质、资格评审专家136次；行政许可类文件核稿编号172个，转报类文件112个。累计收到群众评价1296次，非常满意率达99%；累计回访企业480家，满意率评价达100%。

【严格人员管理】 湖南省住房和城乡建设厅政务中心严抓人员管理，强化履职尽责。加强思想教育，树立全心全意服务群众的意识。坚持周二例会制度，学习相关文件精神，组织法制教育和警示教育，交待注意事项，调度日常工作。强化业务学习，提高专业素养。组织窗口人员认真学习建设系统法律、部门规章，积极参加与工作相关的各类培训、调研，派员参加住房和城乡建设部组织的资质审查工作，开展"红旗窗口"和"服务明星"评比活动，不断提升业务素养。开展文明礼仪教育，热情服务群众。坚持"微笑服务"，规范文明用语，坚决杜绝用语不文明或态度生硬发生争执行为。

【规范办事程序】 湖南省住房和城乡建设厅政务中心完善制度建设，规范办事程序。建章立制，规范办事程序。先后制定和完善《湖南省住房和城乡建设厅行政许可和服务事项办理程序规定》《湖南省住房和城乡建设厅行政许可一次性告知制度》《行政审批时限"倒逼"和超时责任倒查制度》等12项制度。公开政务服务事项办理流程，实行全过程电子监察。按照省政府的要求，省住房和城乡建设厅18项行政许可及服务事项共66项内容全部纳入《湖南省政务服务和电子监察系统》，申请事项的受理依据、办理环节、办理结果和办理时限在省政府及厅门户网站均可查询，同时在政务大厅电子屏幕上随时更新发布，方便群众办理业务、了解业务办理进度。

【优化服务质量】 2017年，湖南省住房和城乡建设厅政务中心采取多种举措，方便群众办事。印制《政务中心办事指南》，并在厅门户网站上发布。申请人可预先在网上查询或在大厅随时取阅《指南》，详细获取申请事项的许可条件、许可程序、咨询监督电话以及交通路线等内容。搭建多样沟通平台。除电话咨询外，政务中心各窗口通过建立QQ工作群，即时发布办理信息，方便群众及时掌握工作情况。企业也可以通过厅门户网站的厅长信箱栏目，以及大厅设立的意见箱和服务评价器，对办件过程中窗口工作人员的服务做出评价，提出意见和建议。此外，坚持回访制度，对窗口办事情况进行每周不少于10人次的回访，听取企业和群众对窗口工作的意见和建议，不断改进工作方式，提高服务水平。即时办理、受理各类事项。

【加强沟通协调】 2017年，湖南省住房和城乡建设厅政务中心加强沟通协调，促进工作开展。定期向处室报送即办事项月报表，转送审批资料，并就具体情况进行交流。

【简政放权】 湖南省住房和城乡建设厅政务中心积极协助配合"放管服"改革，推动简政放权。认真组织落实简政放权、权力清单和责任清单汇总整理报批，扎实开展厅本级行政审批流程清理及中介服务事项清理。经省政府确认，住房和城乡建设厅行政权力清单共330项（厅本级行政权力94项，市县属地管理的行政权力211项，转报部审批事项25项）、责任清单50项、中介服务事项9项；赋予省直管县试点县（市）市级经济社会管理权限54项。

新型城镇化与城乡规划

【推进新型城镇化】 2017年，湖南省住房和城乡建设厅充分发挥规划对新型城镇化的引领作用。全省城镇化率达54.62%，较上年末提高1.87%，持续保持中高速增长态势，发展质量稳步提升。引导提升省级决策。组织开展2015～2017年度全省试点地区绩效检查，完成湖南省实施《国家新型城镇化规划（2014～2020）》中期评估和全省新型城镇化试点第一阶段绩效评估，编印动态13期，召开各类专题会议12次。引导深化省级试点改革。各试点地区在农业转移人口市民化、城镇综合承载能力、城乡人居环境、规划改革、历史文化保护、城镇管理等方面积极探索，创造和总结出一大批可复制可推广的经验，7个试点市（城市群）城镇化率较全省高出4.68%，试点地区建成区常住人口占全省增长总量的65%，增长速度较全省平均水平高出1.6%。引导城市高质量发展。报请省政府办公厅印发《湖南省城市双修三年行动计划（2018～2020年）》，坚持规划引导和统筹城市双修"十大工程"，全面实施政策清单、项目清单和规划清单制度，益阳、岳阳等地出台山体水体保护等一批"城市双修"地方性法规。

【城乡规划编制】 湖南省住房和城乡建设厅贯彻落实省第十一次党代会提出的"四大体系""五大基地"建设要求，完成《加快构建湖南新型城镇体系调研报告》和《加快构建湖南新型城镇体系实施方案》并上报省委省政府。组织开展长株潭都市区规划一体化、长株潭城市群湘江两岸（城区段）风貌整体规划、省级规划信息平台建设等一大批省级重点领域课题研究，实现总体规划全覆盖。各市县均完成总体规划编制，其中76个市县总体规划2020年到期，24个市县总体规划2030年到期。规划期末全省城市、县城中心城区人口规模为4106.3万人，建设用地规模为4231.65平方公里。专项规划和控制性详细规划编制率稳步提升。各市州完成221个专项规划编制，审批率为45.7%；县市完成551个专项规划编制，审批率为53.17%。教育、医疗、养老、防灾等涉及人民切实利益的专项规划技术指南编制快速推进。13个地级市建设用地、县级市和县城中心城区基本实现控制性详细规划全覆盖；全省129个省级以上产业园区中，92个园区已完成控制性详细规划编制，37个园区正在编制控制性详细规划。全省1536个乡镇有768个制定镇区、集镇规划，752个完成镇（乡）域村镇布局规划。"村庄规划全覆盖"有序开展，全省24153个村中，需新编制规划的村17341个，年内完成1100多个。

【城乡规划管理】 2017年，湖南省住房和城乡建设厅核发建设项目选址意见书168份，市县核发建设项目选址意见书3518份、建设用地规划许可证13044份、建设工程规划许可证27590份、乡村建设规划许可证37397份。开展设市城市和县城违法建设专项治理，设市城市共查处存量违法建设1190.74万平方米，查处率66.26%，查处新增违法建设200万平方米，基本做到新增违法建设"零容忍"；完成县城存量违法建设摸底工作，全省县城存量违法建设共计338.26万平方米。加强信息化建设，50个市州、县市建立规划信息服务中心，负责城市规划方面相关信息的收集、分类、加工、整理和综合利用工作，为规划管理部门提供信息技术服务，36个市县上线运行规划管理信息系统，湘江新区将城市设计和动态三维仿真引入规划控制单元。办结涉及城乡规划的行政复议、信访上访、省长信箱等130余件。

【配合打造"三个住建"】 完成《人文住建发展规划（2018～2020）》起草工作；强化历史文化资源保护，组织编制全省历史文化保护规划、名城名镇名村和历史建筑名录，完成历史文化名村保护规划编制导则、历史街区划定和历史建筑确定技术指南，评定道县、宁远县、桂阳县为"省级历史文化名城"；完成《湖南省实施〈城市设计管理办法〉细则》和城市设计编制导则等。"智慧住建"方面，完成《湖南省城乡规划管理信息化建设方案》并纳入全厅信息化建设总体方案，制定城市总体规划、控制性详细规划和村庄规划成果标准和数据建库标准等。"绿色住建"方面，重点加强绿心地区规划管理，会同省两型委开展中央环保督察问题整改，全面梳理绿心地区各类规划矛盾与冲突，提出初步工作意见。

【制度改革创新】 2017年，湖南省住房和城乡建设厅大力推进"放管服"改革。积极推动工程建设项目审批制度改革。开展产业用地控制性详细规划机制创新大调研，将省级以上产业园区控制性详细规划的一般修改审查权下放市州，制定并印发《产业用地控制性详细规划编制指南》，大幅精简编制内容。积极探索规划改革。7月2日，省长许达哲组织召开省规划委全体委员会（扩大）会议，审议通过《湖南省新一版城市总体规划编制工作方案》，并于8月21日印发。并同步印发《城市总体规划实施评估技术指南》等6个技术指南，有力支持全省加快推进规划改革，构建国土空间规划体系。长沙市作为全国15个城市总体规划编制改革试点城市，完成总体规划改革阶段性成果，于3月31日正式运行"多规合一"信息平台，为全省树立标杆。进一步健全制度体系。重点强化技术文件制定，共完成总体规划实施评估、城市设计等11个编制技术指南，完成9个专项规划编制导则。

【规划能力建设】 年内，湖南省14个市州，除永州和湘西州规划和住建局合并外，其余12个设区城市均单设城乡规划局；86个县市规划部门有46个与同级住房和城乡建设部门合设。47个市县成立规划委员会，制定议事规则和相关制度。全省市州、县市规划管理机构从业人员7000余人，直属单位从业人员近8000人。全省1536个乡镇，有971个乡镇设立城镇办、规划所、规划建设环保站等管理机构。全省共有城乡规划编制单位173家，其中甲级20家、乙级41家、丙级112家；规划编制单位作业人员8369人，其中注册城乡规划师674人（全省共有注册城乡规划师861人）、高级职称人员1259人。全省有湖南大学、中南大学等16所高校设置城市规划或城乡规划专业，在校学生4000余人。湖南省城乡规划学会设秘书处和9个专业委员会，涵盖政策研究、规划编制、实施管理等专业门类，为全省规划行业学术交流提供了良好平台。

城市建设管理

【城市黑臭水体整治】 2017年，湖南省住房和城乡建设厅全面整治城市黑臭水体。坚持高位推动，抓住省委省政府主要领导亲自研究部署城市黑臭水体整治工作契机，提请省政府召开全省城市黑臭水体整治现场会，由分管副省长布置各项工作。推进工作开展，印发《关于加快推进我省城市黑臭水体整治的通知》《城市黑臭水体整治管理考核办法》等系列文件。加强考核督办，印发督办函，对多个城市开展现场督查。加强资金保障，组织"全省城市黑臭水体整治工作座谈及PPP项目对接会"，促进政府、企业、银行合作，鼓励社会资本参与水体整治，并积极与省发改、财政部门对接。成功将全省黑臭水体整治行业列入国家PPP创新工作支持范围（全国仅有2个省份入选），并在湘江保护和治理第二个"三年行动计划"中为各地城市黑臭水体整治工作争取到奖补资金。年内，全省黑臭水体治理工作取得实质进展。截至年底，地级市170个黑臭水体整治项目累计完成投资190亿元，竣工135个，占总数79.4%（其中长沙市项目24个，全部达到不黑不臭标准），超过年度考核目标（2017年消除60%的黑臭水体，省会城市黑臭水体消除比例应在2017年达到并保持不低于90%）。

【综合管廊和海绵城市建设】 加强顶层设计，联合省发改委出台《湖南省城市地下综合管廊有偿使用收费管理办法》。截至年底，全省在建管廊项目66个，规模177.7千米，累计建成廊体89.45千米，累计完成投资40.7亿元。1个国家试点和4个省级试点海绵城市计划总投资182.7亿元，已完成项目154个，在建项目96个，累计完成投资额87.78亿元。

【"气化湖南工程"建设】 2017年，湖南省住房和城乡建设厅大力推进"气化湖南工程"建设。认真落实指挥部交办的各项任务，加强调度，实施月报制度和月度调度会制度，坚持每两周召开1次调度会，"气化湖南工程"建设进度明显加快。截至年底，完成投资13亿元，占年投资计划97.7%（年计划投资13.3亿元）；建成9条，在建1条，建成率90%（年计划建成10条），另新开工在建7条。

【垃圾焚烧发电厂建设】 加快推进垃圾焚烧发电厂建设。充分调动地方积极性，培育统筹建设意识，召开生活垃圾焚烧处理工作现场会及运营管理培训班，推进项目加快建设。5月，省领导现场考察益阳项目，要求创新推进生活垃圾焚烧发电设施建设。根据指示，省厅城市建设管理处立即组织14个市州上报生活垃圾焚烧发电项目实施方案，结合全省实际，起草《湖南省城镇生活垃圾焚烧发电设施建设实施意见》，经反复征求相关省直部门意见，形成送审稿报省政府常务会议审定。至年底，全省拥有垃圾焚烧发电厂7座，总设计处理能力9900吨/日。计划2018年到2020年启动新建和扩建一批垃圾焚烧发电厂，进一步提高生活垃圾焚烧处理能力。

【城市排水防涝项目建设】 湖南省住房和城乡建设厅启动城市排水防涝补短板项目建设。根据国家统一部署，结合全省城市实际情况，梳理和明确地下排水管渠、雨水源头减排、排险除涝设施、数字化综合管理平台等四大工程建设任务，逐步建立全省城市排水防涝工程建设项目库。年内，全省有9个城市开展排水防涝补短板项目建设，计划总投资110亿元，完成投资22亿元。

【湘江流域垃圾综合治理项目进展】 2017年，湖南省住房和城乡建设厅推进湘江流域存量垃圾综合治理亚行贷款项目。湘江流域存量垃圾治理亚行贷款项目涉及10个市县，共25个子项目，从亚洲银行贷款1.5亿美元。年内项目进入实质性操作阶段，工作取得实质性进展，前期工作处于收尾阶段，贷款实地考察及协议签订即将进行。

【突出环境问题整治】 湖南省住房和城乡建设厅积极落实环保督查意见，强化城市突出环境问题清理整治。2月，落实省环保督查工作部署，布置突出环境问题排查清理整改工作，组织开展全面清理整顿。4月，组织人员赴长沙、湘潭等7市，对污水垃圾处理、餐饮油烟治理、黑臭水体整治等突出问题整改落实情况进行调研督办。中央第六环保督察组进驻湖南后，先后6次配合督察组工作，提交相关文本资料。8月，落实中央第六环保督察组反馈意见，形成整改方案，逐一对相关市州主管部门下发整改督办函，按方案有序推进整改。

【城镇生活污染治理】 年内，湖南省住房和城乡建设厅大力推进城镇生活污染治理。污水、垃圾处理坚持"填平补齐、转型升级"理念，结合中央环保督察整改、湘江保护与治理"三年行动计划"、洞庭湖专项整治等专项工作，统筹推进设施建设。全省县以上城镇共有污水处理厂148座、生活垃圾无害化处理场112座，实现县县全覆盖。年内，完成13座污水处理厂提标改造，新增污水处理能力6.5万吨/日，水质达到一级A标准；县以上城镇污水处理率达到95.35%，较2016年提高1.55%。生活垃圾处理方面，确立"区域统筹、焚烧为主、城乡一体"路线，全省7座垃圾焚烧发电厂日处理垃圾9900吨。

【城管执法体制改革】 2017年，湖南省住房和城乡建设厅积极推进城管执法体制改革。《湖南省城市综合管理条例》8月1日正式施行。建立全省城市管理工作联席会议制度，由分管副省长召集会议并研究部署相关工作。会同省财政厅、省人力资源和社会保障厅、省政府法制办联合下发《全省城市管理执法体制改革2017年下半年工作要点》，进一步推进城管执法体制改革工作。抓好干部培训，配合住房和城乡建设部完成全省处级以上城管执法干部轮训和持证上岗工作。

【园林绿化建设】 湖南省住房和城乡建设厅以园林城市创建为抓手，促进园林绿化增量提质。全省县以上城镇园林绿化三大指标逐步提升，建成区人均公园面积10.5平方米，较上年提高0.3平方米，绿化覆盖率和绿地率分别达到39.8%和35%，较上年分别提高0.5个百分点。全省2市3县顺利荣获"国家园林城市（县城）"命名，上报省政府命名2市5县"省级园林城市（县城）"。

【市政公用行业管理】 湖南省住房和城乡建设厅进一步规范市政公用行业管理。进一步规范特许经营市场，出台《关于进一步加强城镇燃气特许经营管理的通知》，修订《湖南省燃气经营许可管理办法》，提请省政府办公厅出台《关于加强城镇污水垃圾处理特许经营管理工作的意见》及两个通用文本。加强行业指导，印发《供水管网漏损控制手册》《雨污分流建设导引》，为各地加强供水管网提质改造、雨污分流改造提供技术支撑。优化管理措施，出台《湖南省城镇污水处理工作考核细则》，依托污水处理在线监控系统，推行污水处理厂运行情况简报制度。提升城市道路桥梁、照明及慢行系统建设管理水平，出台《湖南省城市桥隧养护维修消耗量标准》，填补城市桥隧管养计价标准空白；组织编制《湖南省城市照明专项规划编制指引》，提升城市照明专项规划的科学性，引导构建城市绿色低碳照明体系；组织编制《湖南省城市（县城）步行和自行车交通系统规划设计导则及建设标准》，指导地方推进城市步行和自行车交通系统设施建设。与此同时，全面强化市政公用行业安全监管，以供水、供气、城市桥梁及内涝防治为重点，多措并举，保障全省市政公用行业安全稳定运行。完善安全生产制度，提高管理水平。先后印发《关于切实加强城市供水安全保障工作的通知》《关于加强城市二次供水安全保障工作的通知》，指导地方切实加强供水和二次供水安全。组织燃气经营企业相关人员培训考试，系统学习燃气行业安全管理的法律法规和政策、安全运行与应急救援知识等内容，全年累计培训考试1300人次。摸清全省14个市州城市道路（桥梁、隧道）设施管理机构责任主体及职责分工情况，明确责任，加强监督。开展安全生产督查。先后就燃气、城市桥梁、供水水质、排水防涝、垃圾焚烧发电等领域组织开展8次专项督查，排查燃气安全隐患106余处、桥梁安全隐患53起、易涝点736处，及时将发现的问题反馈地方，复杂问题组织专家现场指导，重大问题报告省政府或省安委会，督促整改落实。加强应急抢险和灾后重建。抓好重大节假日、重大政治活动、暑期、汛期、强降雨极端恶劣天气等重要特殊时段市政公用行业应急工作，积极应对湘江干流、资水中下游、沅江干流及洞庭湖区夏汛，及时指导汛期应急抢险和灾后重建工作。

住房保障

【概况】 2017年，湖南省住房和城乡建设厅以改善群众住房条件为出发点和落脚点，围绕持续大力推进棚户区改造和加快公租房分配入住两个主要目标任务，立足职能职责，统筹协调计划、资金、建设、管理等工作，强化监督指导，全面推进工作有序实施，切实发挥保障性安居工程稳增长、惠民生的积极作用。年内，国家下达全省各类棚户区改造任务40万套住房（省下达各市州改造任务411896套住房，其中城市棚户区改造393996套，国有工矿棚户区改造3998套，国有垦区危房改造13902套），新增发放租赁补贴任务16424户；下达全省公共租赁住房基本建成任务41370套（省下达各市州分配入住任务151438套）。截至年底，全省各类棚户区改造开工建设411896套，为年度开工建设计划的100%、国家下达任务的102.97%；新增发放租赁补贴户数19360户，完成比例为117.88%；公共租赁住房基本建成套数53376套，为年度目标任务的129.02%；公共租赁住房分配入住190626套，为年度目标任务的125.88%、为国家计划任务的309.92%。中央和省级专项补助资金共173.52亿元（中央161.18亿元，省级12.34亿元），政策性银行发放贷款557.05亿元，支持棚改。5月，国务院对2016年棚户区改造工作成效明显的5个省份进行表扬激励，湖南省排名第三，获中央财政激励资金3000万元和中央预算内投资奖励资金7.69亿元，用于配套基础设施建设。

【科学计划】 湖南省住房和城乡建设厅积极调研，科学制订棚户区改造计划。认真贯彻落实国务院常务会议确定的2018~2020年棚改攻坚计划，摸底截至2017年底全省待改造棚户区数量，并对各市州数据汇总分析，同时按照棚改标准、全省历年来已改造量和后三年全国改造总量、筹融资实际、考核追责因素、信访和审计发现问题等因素，对各市州上报数据进行综合考评核定，向省政府提出棚改建议，获批2018~2020年全省计划改造棚户区任务92.66万套（其中2018年改造28.6万套）。印发通知，要求各地编制2018~2020年棚改项目库，确保棚改"三年攻坚计划"顺利推进。11月底，下达2018年棚户区改造第一批计划，推进2018年棚改项目早开工、早见效。

【政策指导】 湖南省住房和城乡建设厅针对历年棚改工作中出现的问题（尤其是信访问题），派员赴上海考察学习旧区改造"二次征询"经验，经省政府同意，出台《关于进一步规范和推进棚户区改造工作的通知》；为推进公租房分配入住和部分闲置公租房盘活处置工作，借鉴兄弟省份先进经验，在充分征求14个市州意见的基础上，报省政府同意，会同发改、财政、国土等部门出台《关于进一步做好公共租赁住房有关工作的通知》。

【资金支持】 2017年，湖南省住房和城乡建设厅多措并举，破解融资难问题。积极争取中央和省级财政资金补助，继续加大保障性安居工程资金配套力度。年内中央和省级财政部门下达专项补助资金173.52亿元，其中中央资金161.18亿元，省级资金12.34亿元。积极争取国开行、农发行等政策性银行授信额度，争取贷款557.05亿元，支持棚户区改造。此外，2016年棚户区改造工作受到国务院表彰，获中央财政激励资金3000万和中央预算内投资奖励资金7.69亿元，用于配套基础设施建设。

【督办问责】 安排专人对口联系1至2个市州，加强日常调度和业务指导；会同省发改委和财政厅，对项目建设进度、基础设施配套和资金使用情况进行专项督查；组织14个市州抽调业务骨干开展交叉检查，加强工作交流；建立保障性安居工程项目质量安全监管快报制度，各地棚户区改造的开工情况和质量安全实行月快报。落实约谈通报制度。11月，厅纪检组长胡知荣、总工程师易继红对7个保障性安居工程建设滞后地区的分管负责人、住房和城乡建设局局长和房产管理局局长进行了约谈。

【奖优罚劣】 2017年,湖南省住房和城乡建设厅充分发挥激励机制作用,奖优罚劣。会同省发改委和财政厅对2016年全省保障性安居工程进行综合评价,对审计问题多、资金使用效率低、工作不重视的地区扣减补助资金,对工作完成较好的长沙市、湘潭市、益阳市给予各500万元城镇保障性安居工程专项奖励资金。

房地产监管

【概况】 2017年,湖南省住房和城乡建设厅坚决贯彻落实中央和省委、省政府决策部署,以"稳房价、去库存、建机制、防风险"为工作重点,加强房地产市场、房地产行业和房屋征收与安全监管,圆满完成各项工作任务。全省完成房地产开发投资3426.13亿元,同比增长15.9%,总量、增速在全国排名第14位、第3位;商品房销售面积8532.25万平方米,同比增长5.5%,总量、增速在全国排名第8位、第21位;商品房销售额4460.66亿元,同比增长18.9%;商品房新开工面积8235.91万平方米,同比增长10.2%,总量、增速在全国均排名第9位;商品房竣工面积4084.05万平方米,同比减少9.9%;商品房去化周期10.1个月,较2016年底缩短4.7个月。全省房地产行业规范有序,房屋征收与安全监管成效明显,房地产市场呈现平稳发展态势。

【房地产市场调控】 2017年,湖南省以稳房价、去库存为重点,采取系列措施,促进房地产市场整体平稳健康发展。坚持分类调控。在省级层面,加强政策指导。印发《关于切实稳定房地产市场的通知》,实施分类调控等稳定房地产市场的措施,要求新建商品住宅库存去化周期小于6个月的市县防止房价和交易量过快增长,坚决遏制房价过快上涨势头。年内,房地产开发投资平稳增长,全省完成房地产开发投资3426.13亿元,同比增长15.9%,增速较上年同期提高2.8个百分点。商品房销售面积增速回落。全省完成商品房销售面积8532.25万平方米,同比增长5.5%,增速较上年同期回落21.6个百分点。全省完成商品房销售额4460.66亿元,同比增长18.9%。新开工面积增速企稳回升,竣工面积同比下降。全省商品房新开工面积8235.91万平方米,同比增长10.2%,增速较上年同期回落6.7个百分点。商品房竣工面积4084.05万平方米,同比减少9.9%。商品住宅去化周期明显缩短,非住宅库存高位逐月下降。按最近12个月月均销售速度测算,截至12月底,全省待售商品房(指累计已办理预售许可或现房销售备案但尚未销售的商品房)库存去化周期10.1个月,较2016年底缩短4.7个月。其中,住宅去化周期5.9个月,较2016年底缩短3.9个月;非住宅库存去化周期34.9个月,较2016年底缩短15.2个月。全省房价总体平稳。12月,全省新建商品住宅均价5269元/平方米,在全国排名第22位。国家统计局数据显示,12月份长沙市、岳阳市、常德市新建商品住宅均价同比分别上涨6.1%、7%、9.1%,其中长沙市同比涨幅较上年同期大幅收窄12.1个百分点。

【房地产行业监管】 湖南省积极推进房地产行业日常监管,各项工作取得新突破。加强房地产企业监管。建立房地产开发项目电子手册制度,基本实现全省房地产行业企业资质审批"一张网"。公布房地产企业提示信用信息43条,警示信用信息8条。开展整顿房地产开发销售中介行为及排查房地产行业影响社会稳定问题等专项行动。加强房屋交易管理。坚持做好房地产市场交易日报、月度形势分析、季度联席会议工作。推动全省住房租赁监管服务平台建立。贯彻落实党的十九大关于建立租购并举住房制度的要求,积极推动建立全省住房租赁监管服务平台,后续增设物业服务、开发监管等功能模块,最终建成集监管、服务、市场、交易为一体的覆盖房地产行业全产业链的监管服务大平台。

推进物业管理立法。年初,《湖南省物业管理条例》立法审议工作列入省人大常委会全年工作要点。起草《湖南省人民政府关于建立促进房地产市场平稳健康发展长效机制的若干意见(征求意见稿)》,征求省直相关部门和市州人民政府意见。

【房屋征收与安全监管】 湖南省加强房屋征收与安全监管,服务民生发展。督促、指导市州出台国有土地上房屋征收配套政策,完善征收制度,规范征收补偿行为,平稳有序推进全省国有土地上房屋征收工作。全年完成征收项目186个,征收房屋面积523.4万平方米。切实抓好汛期防汛救灾工作,全省共排查各类房屋99460套(间)9.09万户699.1万平方米,排查出有安全隐患房屋35590套(间)33615户270.64万平方米。

建筑业管理

【概况】 2017年,湖南省完成建筑业总产值8422.86亿元,同比增长15.3%,实现增加值2282.68亿元,同比增长13.2%,占全省GDP比重达6.6%；全省建筑施工企业总量同比增长28.6%，特级企业同比增长23.1%，增长数量为历史最多年份。全省对外承包工程完成营业额31.34亿美元，同比增长11.7%，新签合同额40.57亿美元，同比增长15.2%；建筑业外向度33.3%，完成跨省产值2808.17亿元，同比增长12.55%。全省工程质量一次竣工验收合格率98.8%，9项工程获鲁班奖，84项工程获省芙蓉奖，235项工程获省优质工程。

【建筑市场管理】 湖南省住房和城乡建设厅查处"三包一挂"违法行为建筑企业401家（违法发包行为单位40家，转包行为企业8家，违法分包行为企业26家，挂靠行为企业6家，出借资质行为企业2家，其他违法行为企业319家），查处未报先建违法行为企业2家，严办农民工工资拖欠陈案39件，公开曝光一批典型案例，预防预控问题苗头，有效震慑建筑市场违法违规行为。

【质量安全管理】 年内，湖南省建筑行业质量安全形势平稳向好，省住房和城乡建设厅连续第九年被省委省政府评为"安全生产工作优秀单位"。部署开展全省工程质量安全提升行动，突出抓好"落实主体责任"等四项重点任务，推动建筑管理"三化"水平进一步提升。建立年度目标管理考核体系，动态分析全省质量安全形势，深入开展覆盖全省所有市县的层级督查考核和驻点督导，专函督办、集中约谈薄弱地区，督促属地和部门监管责任落实。出台重大事故隐患治理"一单四制"细则，在国内率先出台建筑施工重大事故隐患判定标准，实现隐患排查整治闭环管理。力抓企业主体责任落实，深入开展安全质量标准化考评、重点领域和薄弱环节专项整治，公布"红黑榜"和不良行为记录。加强扬尘治理，出台建筑施工扬尘防治实施方案，发布建筑施工扬尘防治管理示例图集，制定长株潭特护期扬尘防治实施细则，从技术措施和监管执法两方面狠抓系统部署和重点治理。年内，全省共发生建筑施工生产安全事故27起，死亡30人，未发生较大及以上建筑施工生产安全事故。

【建筑行业发展】 2017年，湖南省建筑施工企业总量同比增长28.6%，特级企业同比增长23.1%。联合省商务厅出台承揽海外工程项目的激励措施，助力建筑业"走出去"。探索"先建后验"管理模式，浏阳经开区率先试点，优化企业投资项目审批管理环节11个，精简91项办事资料，压缩审批时限36个工作日，助力产业投资项目落地投产。开展建筑劳务市场供需平台建设和劳务实名制管理，降低劳务纠纷风险，提升劳务市场多元化、劳务管理专业化水平。筹办"互联网＋智慧工地"为主题的鲁班讲坛和"推进全过程咨询"为主题的楚湘监理论坛，组织编写建筑施工BIM应用指南，组织开发"智慧工地"技术创新应用，着力提升全省建筑业企业适应行业技术发展变革的能力。引导建筑业协会开展建筑企业安全认证工作，督促建筑企业完善质量安全标准化管控体系。

勘察设计

【概况】 2017年，湖南省勘察设计行业持续快速发展。全省勘察设计企业新增50家，同比增长6.5%，总数达到820家；营业总收入455亿元，同比增长29.4%；完成合同总额387亿元，同比增长32.9%。

【施工图审查制度改革】 建立全省统一施工图管理信息系统，在全省推行"互联网＋图审"，施工图平均报审时间从30个工作日缩短至20个工作日，效率大幅提升。系统1月1日启用，至年底，用户数达到1.04万个，项目数达到4500个。取消施工图审查服务收费政策，推行政府购买施工图审查服务，减轻投资者负担。年内省管工程全面实行，为建设单位节省施工图审查服务费约1400万元。长沙市、张家界市、汨罗市、宜章县等27个市州县也完成政府购买施工图审查服务各项准备工作，为2018年全省全面推行政府购买施工图审查服务奠定重要基础。争取省政府出台《关于推进房屋建筑和市政基础设施工程施工图审查制度改革的意见》（湘政办发〔2017〕67号），统筹开展住房和城乡建设部门、消防部门、人防部门施工图审查制度改革，推进施工图审查"零跑路、零接触、零付费"，进一步优化投资环境。

【工程总承包试点】 出台《湖南省政府办公厅关于推进工程总承包发展的指导意见》，在全省大力推进工程总承包发展。制定全过程工程咨询试点工作方案，编制全过程工程咨询招标示范文本、合同示范文本和服务清单，发布省级第一批试点名单，在全省稳步开展全过程工程咨询试点。

【推广应用建筑信息模型（BIM）技术】 年内，完成湖南省BIM公共数据平台"天河微云"建设，开启BIM云教育模式。举办湖南省第一届BIM高峰论坛，在全省掀起学BIM、用BIM热潮。编制发布《湖南省建筑工程信息模型设计应用指南》《湖南省建筑工程信息模型施工应用指南》《湖南省城乡建设领域BIM技术应用"十三五"发展规划》《采用BIM技术方案设计招标文件示范文本》，推进BIM技术在设计和施工环节的应用。BIM技术创新战略联盟持续壮大，成员单位发展到98家。

【工程技术推广】 新编《钢结构住宅》《农村污水治理》《电动汽车充电设施设计与安装》等10部图集，通过网上免费发行和举行宣贯培训班，在相关工程建设中得到及时应用。启动《排水污水处理》《道路工程》《综合管廊工程》《垃圾处理》4本指南分册相关编制工作，为全省市政工程建设成本控制提供技术支撑。

【勘察设计行业监管】 全年办理各类行政审批事项2621项，为申请人提供报部审批资料转报1477项，服务及时周到，全年没有投诉和举报。强化事中事后监管，严肃查处建筑市场和勘察设计质量违法违规行为。年内全省共查处资质申报弄虚作假和勘察设计单位违反工程建设标准强制性条文问题51起，查处在全国名列前茅。同时，对违法违规行为较轻微的202家勘察设计单位开展约谈提醒，引起业界强烈反响。全省勘察设计质量问题得到有效遏制，市场秩序日趋规范。

建筑节能与科技及标准化

【概况】 2017年，湖南省市州中心城区完成新建装配式建筑面积721.8万平方米，占新建建筑比例达到11.6%，全面实现省委省政府年度绩效考核目标任务；民用建筑节能率由50%提升到65%，建筑节能强制性标准执行率达到100%；新增绿色建筑评价标识项目115个，建筑面积1100万平方米；发布建筑节能新材料推广目录143项，绿色建材评价标识14个；发布绿色建筑设计、装配式建筑技术应用、BIM技术应用、中低速磁悬浮建设等重点领域技术标准20项。

【装配式建筑产业发展】 全省9家企业获批国家装配式建筑产业基地，16家企业获批省级装配式建筑产业基地，14个市州已有13个建成装配式建筑生产基地。全省装配式建筑年生产能力达到2500万平米，累计实施装配式建筑面积达到2516万平方米。年内，全省市州中心城区完成新建装配式建筑面积721.8万平方米，占新建建筑比例达到11.6%。

【建设领域科技创新】 发布实施《湖南省居住建筑节能设计标准》《湖南省公共建筑节能设计标准》，民用建筑节能率由50%提升到65%，建筑节能强制性标准执行率达到100%，民用建筑节能步入全国夏热冬冷地区前列水平；全省7市16县可再生能源建筑应用示范省级验收基本完成。全省新增绿色建筑评价标识项目115个，建筑面积1100万平方米，绿色建筑评价标识项目累计365个，建筑面积累计4000万平方米。发布建筑节能新材料推广目录143项，绿色建材评价标识14个。发布建设科研项目计划8项，评出建筑节能新材料推广目录143项、建筑业新技术应用示范工程20项、省级工程建设工法165项，建筑业企业技术中心4个。围绕住房和城乡建设重点工作新立项工程建设地方标准编制计划14项，发布绿色建筑设计、装配式建筑技术应用、BIM技术应用、中低速磁悬浮建设等重点领域技术标准20项，为建筑业转型和战略性新兴产业发展提供有力支撑。

工程造价管理

【计价依据编制和工程造价监督】 2017年，湖南省住房和城乡建设厅集中力量编制4套定额，出版《湖南省政府投资建设工程项目估算指标》《湖南省装配式建设工程消耗量标准（试行）》；编制《城市综合管廊计价依据解释》和《海绵城市计价依据解释》。完成454项急需子目补充工作。其中，《湖南省政府投资建设工程项目估算指标》历时两年编制完成，全书48.4万字，涵盖房建、市政、园林项目，填补湖南省建设工程估算指标依据空白，实现政府投资估算有据可依。发布《湖南省易地扶贫搬迁工程造价管理指导意见》、《2017年湖南省建设工程人工工资单价标准》、社会保险费计费标准等计价政策信息。累计发布各类建筑材料市场价格信息11366条，装配式材料价格信息40余种。完成《2016湖南省建设工程造价经济参考指标》编写。拟定和出台《湖南省建设工程一次性消耗量标准编制暂行办法》《湖南省工程造价咨询企业信息报送管理办法》《湖南省建设工程造价咨询成果文件检查办法》等规范性文件，成立建设工程造价计价依据编制审查委员会，两次对相关咨询企业和工程项目开展成果文件检查。指导协会制定行业公约，完善违约惩戒制度，出台造价咨询招投标指引文件，对企业反响强烈的收费不诚信行为进行重点规范，推荐4家造价咨询企业开展全过程工程咨询试点。开展造价师网络教育和有针对性地培训工作，全年参训人员4700余人。

【造价市场监管】 2017年，湖南省建设工程造价管理总站强化市场监管，成效明显。出台《湖南省建设工程一次性消耗量标准编制暂行办法》《湖南省工程造价咨询企业信息管理办法》等文件，成立建设工程造价计价依据编制审查委员会，规范造价管理流程，促进行业发展。按照行政审批改革"放管服"总体要求,简化造价咨询企业资质资格审批程序,充分运用信用评价手段,强化事中事后监管。6月,开展全省造价咨询企业信用评价,226家企业参评。经初评、终评、公示及异议复核,34家企业获得AAA信用等级,79家企业获得AAA⁻信用等级。信用评价结果由中国建设工程造价管理协会统一向社会公布,在造价咨询业引起强烈反响。年内完成全省285家造价咨询企业年度统计报表的收集、汇总、上报工作。先后于6月、10月两次对相关咨询企业和工程项目开展成果文件检查,处理和通报一批违法违规的造价咨询企业和造价从业人员,有力规范造价计价行为和执业行为。严格审查建设工程招标控制价编制行为,对部分市县区存在贯彻落实《建设工程工程量清单计价规范》和《湖南省建设工程计价办法》不力的情况进行通报,促进造价管理制度实施。

村镇建设

【概况】 2017年,全省争取危房改造国家补助资金17.64亿元、任务12.97万户,排名全国第4位;中央和省级户均补助标准达到24480元,较上年增加12200元。全省乡镇建成污水处理设施231座,设施覆盖率15%,日处理能力72.7万吨,污水处理率36%。新增垃圾处理建制村7003个,全省垃圾处理建制村达到85.6%,较上年提高23.6%。全省建成乡镇生活垃圾收转运设施1287座,覆盖1244个乡镇,乡镇覆盖率达81%。

【农村危房改造】 年内,湖南省住房和城乡建设厅大力推进农村危房改造。全省争取国家农村危房改造补助资金17.64亿元、任务12.97万户;中央和省级户均补助标准达到24480元,较上年增加12200元。年底,全省农村危房改造开工率、竣工率、入住率分别达到167%、156%、94%。在精准核实改造对象上,会同省相关部门两次开展存量危房核查,最终核实四类对象34.06万户,比第一次核查量减少13.57万户。选取10个县,从中选出1000户开展第三方评估,力求核查精准。全省12个脱贫摘帽县优先安排危房改造指标和资金,建立定期督查和月通报工作机制,压实地方责任,做到应改尽改。12个脱贫摘帽县4类重点对象开工3.76万户,竣工3.7万户,开脱贫、竣工率分别达到107%和105%。

【易地扶贫搬迁工程】 湖南省住房和城乡建设厅积极配合省发改委开展易地扶贫搬迁工作,制定易地扶贫搬迁项目建设技术导引、农村住宅保留利用技术导引等近10个政策和技术指导文件,并将其纳入季度检查范围,建立督促检查长效机制。此外,切实加强易地扶贫搬迁项目质量安全监管和招投标管理。

【农村生活垃圾治理】 2017年,湖南省住房和城乡建设厅积极开展农村生活垃圾治理。将进行垃圾治理的建制村个数、船舶垃圾收集点建设纳入河长制考核,全年18个船舶垃圾收集点全面建成;进行垃圾治理的行政村超目标任务2003个,全省对垃圾进行处理的建制村达到85.6%。全省建成乡镇生活垃圾收转运设施1287座,覆盖1244个乡镇,乡镇覆盖率达81%。认真开展农村垃圾5年专项治理、洞庭湖生态经济区河湖沿岸垃圾清理专项行动和非正规垃圾堆放点排查工作。联合9部门印发农村垃圾专项治理实施方案和考核验收办法,并报请省政府建立湖南省垃圾治理工作联席会议制度。年内下达全省农村垃圾治理任务5000个村,实际完成7003个村,对垃圾处理的行政村比例较2016年提高23.6%。牵头实施洞庭湖河湖沿岸垃圾清理专项行动,包括"一湖四水"岸边垃圾清理和村镇垃圾收运体系建设,累计清理河湖岸线4613千米,清理陈年垃圾38万吨。

【农村生活污水和黑臭水体治理】 2017年,湖南省乡镇建成污水处理设施231座,设施覆盖率达15%,日处理能力72.7万吨,污水处理率36%。长沙县、株洲县、韶山市和郴州苏仙区被列入"全国农村污水治理百县示范"。加强农村污水、垃圾治理技术指导,组织编制《湖南省镇(乡)村供排水工程规划设计技术导引》和化粪池、人工湿地施工参考图集,推广采用化粪池和人工湿地等适宜实用技术。同时,在宁乡和华容开展农村分散式污水处理试点。全省新建农村住房基本上全部配套建设化粪池。截至12月,全省完成277个镇401个供排水专项规划审查。根据省委省政府五级干部大会精神,积极做好洞庭湖区域村镇黑臭水体治理的前期调查摸底工作。调查对象主要是各乡镇建成区、建制村超过30户的聚居点及造成恶劣环境和社会影响的黑臭水体。全省各市州共上报黑臭水体2057处,其中85%是沟渠和池塘,沟渠(河流)1796.2千米,池塘(湖泊)面积209.4万平方米,30%为重度黑臭。

【中央环保督察问题整改】 2017年,湖南省住房和城乡建设厅根据中央环保督察反馈的整改清单,牵头督办整改城镇生活污水、垃圾问题7个,涉及污水直排、垃圾填埋场渗滤液处置、农村垃圾整治等方面。污水直排方面,娄底市城乡结合部和岳阳市城区污水直排问题完成整改，东风湖黑臭水体整治工作稳步推进，预计2019年完成；长沙市岳麓污水处理厂尾水排口移至湘江综合枢纽坝址以下和湘潭市饮用水水源地3个排污口截污工程进展顺利；华容县县城和注滋口镇共3个污水处理厂正加紧施工，预计2018年2月全部完工；常德市整改33处泵站，年底竣工；常德经开区东区污水截污治理完成整改。垃圾填埋场渗滤液处置方面，益阳市采取措施实现排放达标，小淹镇垃圾场完成清运和生态恢复。农村垃圾整治方面，常德市和岳阳市通过摸排分别查出239个和55个非正规垃圾堆放点，全部完成无害化整治。

【小城镇建设试点示范】 2017年，湖南省住房和城乡建设厅积极开展小城镇建设试点示范工作。指导166个第四批"中国传统村落"完成村落规划、档案编制，建立"中国传统村落数字博物馆"17个，争取中央财政专项资金4.35亿元。向住房和城乡建设部推荐第五批"中国传统村落"564个。推进村镇建设规范化管理，制定《村镇建设试点示范管理办法》，新建一系列专家库，对试点示范申报、评选、动态管理等环节进行规范。提请省政府办公厅下发文件，加强传统村落保护后续管理；通过协调，传统村落保护资金由财政、住建、环保等3部门联合行文下达，明确县级住房和城乡建设部门牵头项目实施。积极与金融部门衔接，争取省开行支持热水温泉小镇、廉桥中药小镇等特色小镇贷款9.06亿元，推进一批试点项目建设。年内，全省新增"湖南美丽乡镇"28个，"全国改善农村人居环境示范村"12个，"国家级特色小镇"11个、"全国农村生活垃圾分类和资源化利用示范县"5个。

住房公积金管理

【概况】 2017年，湖南省全年住房公积金新开户单位6651家，新开户职工53.04万人；新增缴存530.46亿元，同比增长15.72%；提取314.49亿元，同比增长18.39%，贷款377.1亿元，同比增长6.52%；实现增值收益26.21亿元，同比增长7.94%。截至年底，累计实缴单位60581家，实缴职工405.81万人，累计缴存突破3000亿元，达到3194.45亿元，累计发放贷款突破2000亿元，达到2211.99亿元。

【住房公积金建制扩面】 2017年，湖南省以促进非"体制内"人员建制为重点，扩大住房公积金制度受益面。围绕促进新型城镇化，落实国务院《1亿农业转移人口进城实施方案》，将促进非"体制内"人员（除国家机关、事业单位、国有企业、城镇集体企业以外人员）建制作为工作重点，并首次将非"体制内"人员建制比例情况列入主要经济指标，督促各地加大此类人员建制工作力度，稳步提升全省开户缴存人数。全省非"体制内"人员新开户数突破28万人，占新增开户人数53%以上。

【服务宏观经济调控】 湖南省以支持缴存职工基本住房需求为目标，服务宏观经济调控大局。助力房地产市场健康发展，各市州根据房地产市场形势变化，因地制宜，及时调整住房公积金贷款、提取政策，保持住房公积金提取和贷款发放相对平稳，个贷率始终保持在85%左右。全省年内住房公积金提取和贷款金额总计达到691.59亿元。

【行业制度建设】 湖南省以推进住房公积金政策规范为基础，严实制度建设。根据住房和城乡建设部统一安排，在全省范围内开展住房公积金"政策规范年"活动。经过清理规范、督查整改，共排查出不符合规定的"土政策"120多个，取消67个，修订55个；审查出不合规的"土政策"条款40多条，责成相关市州进行规范和调整。召开专门会议，部署《工作手册》编制工作，要求各市州住房公积金管理部门从"内容、标准、依据、流程"四个方面编制《工作手册》，统一行业规范，推进住房公积金管理标准化、精细化、制度化、服务规范化。年内，全省15个市州公积金管理中心（分中心）完成《工作手册》编制工作。

【行业信息化建设】 召开全省住房公积金"双贯标"（住房公积金基础数据标准和信息系统技术规范）工作推进会，加强住房公积金信息化建设。年内，有12个住房公积金管理中心顺利通过"双贯标"工作验收，3个住房公积金管理中心基本达到"双贯标"条件。全面启动住房公积金综合服务平台建设，各市州住房公积金管理中心网上服务大厅、微信、微博陆续接入全省住房公积金综合服务平台。长沙、株洲、湘潭、衡阳、常德、怀化等地先后实现综合服务平台上线，湘潭住房公积金管理中心自主研制的信息系统荣获两项国家专利。全省所有住房公积金管理中心均已开通住房公积金异地转移接续平台，实现"账随人走"。部分住房公积金管理中心如株洲、湘潭，实现与人行、民政、公安等部门信息共享，达到"让信息多跑路、职工少跑路"目标，进一步提升缴存职工的便利度和满意度，提高住房公积金管理中心审查核实的准确性，保障资金安全。

【行业监管机制建设】 2017年，湖南省以完善监管机制为手段,强化监管效能。联合省财政厅、人民银行长沙中心支行修订市州住房公积金管理中心工作考核办法,通过改变考核内容,完善考核方式,加强行业监管。进一步落实政策合规性审查制度,对各市州拟出台的新政进行合规性审查,共提出意见40余条,确保出台制度的合规性。着力建立中层干部定期轮岗制度,要求各市州出台制度,明确定期轮岗人员范围和时间,防范廉政风险。年内,有13个市州公积金管理中心出台并执行轮岗制度。

【资金安全风险防控】 2017年,湖南省以加强审计整改和廉政风险防控工作为抓手,确保住房公积金资金安全。落实审计整改建议。

世界遗产与风景名胜管理

【概况】 2017年,湖南省着力加强风景名胜资源管理,强化风景名胜区规划,严格风景名胜区重大项目建设核准,加强风景名胜区执法监督、对外宣传和安全管理,积极推进国家公园试点建设,取得较好成绩。年内,新增国家级风景名胜区2处,累计达到22处。

【风景名胜资源管理】 积极构建湖南省风景名胜资源生态保护动态遥感监测一张图(大数据平台),力争实现风景名胜区全面精细化管理,基本完成平台初步框架建设,并通过初步成果验收审查会。九嶷山－舜帝陵、里耶－乌龙山2处省级风景名胜区成功晋升国家级。至年底,全省共有世界自然遗产2处、国家级风景名胜区22处、省级风景名胜区49处,规划面积约6745.07平方千米,占全省国土面积3.18%。

【风景名胜区规划】 年内,湖南省加强风景名胜区规划管理,突出规划引领作用。全年共进行规划技术审查50余次,涉及总体规划19个,详细规划12个,批复省级风景名胜区详细规划4个。年内,3个国家级风景名胜区总体规划获国务院批复,2个国家级风景名胜区详细规划获住房和城乡建设部批复。国家级风景名胜区总体规划通过率达90%,居全国前列。落实中央和省政府关于生态红线划定的相关要求,指导和协调各景区与环保、规划部门搞好衔接,确保风景名胜区范围内生态红线划定科学合理。

【风景名胜区项目建设核准】 按照住房和城乡建设部的要求,严格审查风景名胜区重大建设项目选址核准,严格执行专家审查制度。全年受理各类项目选址核准55个,同比增长48%,涉及投资总额36.2亿元;叫停违规、超标建设项目4个,否决风电、玻璃桥项目2个,有效遏制违规建设对风景资源的破坏。

【风景名胜区执法监督】 全年下发"督察整改告知书"20份,对3处执法检查不达标景区通报批评,并在媒体上公开曝光,对17处存在问题需整改的景区限期整改。组织4个督查组对责令整改的单位整改情况进行"回头看",确保监管有力。

【国家公园创建】 2017年,湖南省全力推动国家公园试点创建工作。按照《湖南省建立国家公园体制试点领导小组第一次会议纪要》要求,省住房和城乡建设厅持续推进国家公园试点区域总体规划的编制和审查,以及"多规合一"体制创新工作。年内,南山总体规划修改十易其稿,总体规划成果在专家组和领导小组审查会上通过。年底,"多规合一"体制机制研究报告形成初步成果。

【安全管理】 加强指导督促,确保风景名胜区安全稳定。指导景区严格落实"党政同责、一岗双岗"安全生产责任制,强化安全管理和风险防范。组织开展全方位的安全生产自查自纠、隐患排查和督促考核,筑牢保安全、保稳定的坚固防线。先后3次下发通知,指导各景区做好汛期安全防范和抢险救灾工作。指导沩山、崀山等受灾严重的景区开展抢险救灾和灾后重建工作。

建设教育

【按需施教】 2017年,湖南省住房和城乡建设厅认真贯彻落实《干部教育培训工作条例》和干部教育培训规划,把组织需求、岗位需求和本人需求有机结合起来,做到重要干部重点培训、优秀干部加强培训、年轻干部经常培训、紧缺人才抓紧培训。根据干部调训计划,省住房和城乡建设厅有13人参加省委党校、省直机关党校学习,79人参加省委组织部网络干部学院组织的专题培训,2人参加省委组织部、住房和城乡建设部组织的国(境)外培训。省建设干部学校组织全省住房和城乡建设系统各级干部培训项目10项,培训人数1961人。着力开展继续教育,不断提升人才素质,促进建筑企业升级转型,通过远程继续教育系统,全省各市州及相关大型施工企业18个培训点完成14.38万人继续教育工作。

【培训考核】 湖南省住房和城乡建设厅根据年初制订的《2017年建筑与市政工程施工现场专业人员考核评价题库修编方案》,依托高校和行业组织,成立由5所高校30多位教授组成的12个"八大员"岗位考核评价题库考题修改小组,修订原有题库,形成总题量2.37万题的新题库,经过多次审核及模拟考核后于5月29日启用,编写12种岗位配套的辅助教材,免费发放给各考点以便培训考核。根据企业外拓和施工需要,组织两次考核,共4.65万人参考。

【职称考试】 2017年,湖南省住房和城乡建设厅严格组织土建专业职称考试。全省参加土建专业初中高级职称考试人员2.43万人,考试合格1.31万人。全省16个考区18个考点995个考场未发生任何突发事件,考试全过程各环节均未出现任何问题。

【技能培训】 年内,组织省建筑高级技校参与承担全国建筑工人职业技能培训钢筋工、油漆工教材编写,积极筹建"建筑工匠专家库",主办湖南省职业院校土建类专业中青年教师技能竞赛,联合省教育厅主办职业院校土木水利类学生技能竞赛,组织全省153家工人培训机构培训建筑工人27.74万人。

【创新型人才培养】 湖南省住房和城乡建设厅继续加强创新型人才培养。推进行业继续教育开展。充分利用行业组织现有组织机构、师资力量、行业优势、管理服务能力和配套软、硬件设施等有利条件,为全省建设专业技术人员继续教育提供服务;协调省人社厅支持,设立"湖南省省级专业技术人员继续教育基地",为省级专业技术人员继续教育提供优质良好服务。有针对性地培养装配式建筑人才。

信息化建设

【概况】 2017年,湖南省住房和城乡建设厅深入推进"互联网＋政务服务"和"放管服"改革,围绕"便民利民、促进管理、提高效率"目标,提出打造"智慧住建"主题,积极探索"智慧住建"推进思路,制定《湖南省住房和城乡建设厅"智慧住建"发展规划(2018～2020年)》和《"智慧房产"数据标准》等一系列信息化标准,奠定全省住建系统信息化建设的基石。同时,积极推动信息化项目建设,以信息化项目作为全省住建系统政务服务和行业监管能力提升的重要抓手和助推器。年内,完成全省城镇个人住房信息系统等3个项目的收尾和验收工作,全力启动全省城市地下管线综合管理信息平台建设,开启动态项目监管平台、一体化协同办公平台、住建一张图基础平台的前期建设,全省"智慧住建"基础逐渐夯实,政务服务和行业监管能力得到显著提升,住房和城乡建设事业迈向信息化智能化的进程不断推进。

【机构制度保障】 湖南省住房和城乡建设厅加强机构制度保障,推动信息化建设顺利开展。领导高位推动,确保工作顺利开展。9月,在原信息化工作领导小组的基础上,成立湖南省住房和城乡建设厅信息化建设及"智慧住建"领导小组。厅长任组长,分管厅领导任常务副组长,办公室设在信息中心,各处室(单位)分工负责。编制《湖南省住房城乡建设厅"智慧住建"发展规划(2018～2020)》,制定《湖南省住房和城乡建设厅"智慧住建"行动第一阶段主要任务分工方案》,明确"智慧住建"发展思路和重点任务。印发《湖南省住房和城乡建设厅信息化工程项目建设管理办法》,明确信息化工程项目建设遵循"统一领导、统筹规划、资源整合、信息共享、安全可靠"的工作原则。启动《智慧房产数据标准》《建筑施工现场监管信息系统技术规范》《地下管线信息系统数据标准》编制工作,规范信息系统建设。三个标准均纳入省工程建设地方标准体系2018年重点项目。规划制度标准的出台,为推动"智慧住建"提供了强有力的支撑保障。

【一体化省级平台建设】 湖南省住房和城乡建设厅积极推进一体化省级平台建设。完成全省城镇个人住房信息系统、全省视频会议系统、保密机房等3个项目验收工作。

【"互联网＋政务服务"平台建设】 湖南省住房和城乡建设厅根据省政府统一要求,加快省级电子政务外网统一云平台建设,提高电子政务基础设施利用效率,推动信息资源开放共享。以厅门户网站、内网办公系统为基础平台,逐步将厅所属重要政务信息系统与基础平台对接,整合行业信息资源,建立厅统一标准的一体化信息平台。同时,积极与省政府电子政务外网统一云平台对接,认真梳理厅政务服务资源、信息系统、政务服务事项等信息。

【网站建设管理】 湖南省住房和城乡建设厅根据省委省政府关于网站建设的要求和《湖南省住房和城乡建设厅网站管理办法》,创新网站管理方式,完善网站服务功能,提升网站影响力。

【信息化网络安全防护】 2017年,湖南省住房和城乡建设厅进一步加强信息化建设硬件和软件设施的安全防护。厅外网配置1台防火墙及1台入侵检测设备,网站服务器安装防病毒等安全软件,安排专人负责安全保障和应急措施。

【信息化运维服务】 印发《关于进一步做好会议技术保障和办公电脑维护的通知》和《信息系统运行维护管理制度》《信息化维保服务绩效考核办法》,通过制度规范,提升信息系统运行维护能力和服务水平。

城建档案管理

【**地下管线档案管理**】 2017年,湖南省各城建档案馆进一步加强城市地下管线档案管理。按照《关于加强城市地下管线建设管理的指导意见》,全省年底前地下管线普查和建库任务分别提前了3年和5年。

【**数字城建档案馆建设**】 2017年,湖南省各城建档案馆大力推进数字城建档案馆建设。依托地下管线信息化建设,全省各地市城建档案馆全面启动数字城建档案馆建设,至年底,完成馆藏城建档案数字化100万卷。

【**档案异地备份**】 年内,湖南省各城建档案馆完成城建档案异地备份工作。6月,湖南省和辽宁省联合下发《关于加强城建档案异地备份工作的通知》,实行城建档案相互异地备份。

(湖南省住房和城乡建设厅)

广 东 省

概况

2017年,广东省住房和城乡建设系统全面贯彻党的十九大精神,以习近平新时代中国特色社会主义思想为指导,深入贯彻习近平总书记对广东重要指示批示精神,深入落实全国住房城乡建设工作会议以及省委十二届二次、三次全会和省"两会"精神,有力推动党的建设不断加强,房地产市场平稳健康发展,新型城镇化建设、城乡规划管理体制改革有效推进,城乡建设水平和城市管理服务水平有效提升,农村人居环境持续改善。(杨津)

法规建设

【**概况**】 2017年,广东省各级住房城乡建设主管部门围绕广东省在"十三五"时期率先基本建成法治政府的目标,推进法治建设和依法行政,在依法全面履行职能、完善依法行政制度体系、推进行政决策科学化民主化法治化、坚持严格规范公正文明执法等方面取得成效,法治建设工作呈现"三高"特点。高水平做好立法起草、规范性文件制定工作,进一步完善全省住房城乡建设领域的政策法规和依法行政制度体系。高质量做好行政复议、行政应诉工作,依法有效化解全省住房城乡建设领域大量社会矛盾纠纷。高标准推进法治宣传教育工作,指导全省住房城乡建设系统有序开展法治宣传教育活动。

【**《广东省建设工程质量管理条例》修改**】 7月27日,广东省第十二届人民代表大会常务委员会第三十四次会议通过《关于修改〈广东省建设工程质量管理条例〉和〈广东省港口管理条例〉的决定》,《广东省建设工程质量管理条例》修改后重新公布施行。该次修改主要内容是落实国务院关于取消"采用不符合工程建设强制性标准的新技术、新材料核准""水利工程质量与安全监督员"行政审批项目改革,对应修改有关条款,实现与国家相关法律法规和管理制度相衔接。

【**污水处理费征收使用管理的实施细则施行**】 6月13日,《广东省住房和城乡建设厅 广东省财政厅 广东省发展和改革委员会关于污水处理费征收使用管理的实施细则》(简称《细则》)印发,自8月31日起施行,有效期5年。《细则》共五章三十七条,明确"污染者付费"原则,实行政府定价,对制定或调整城镇生活污水处理费标准以及污水处理费的征收使用和管理作了具体规定。

【**房屋建筑和市政基础设施工程施工质量安全动态管理办法实施**】 12月11日,《广东省住房和城乡建设厅关于房屋建筑和市政基础设施工程施工质量安全动态管理办法》(简称《办法》)印发,自2月1日起施行,有效期5年。《办法》共七章二十四条,明确规定实施工程质量安全动态管理,由县级以上建设行政主管部门及其委托的建设工程质量安全监督机构对建设、勘察、设计、施工、监理、检测单位及其质量安全管理人员未履行质量安全责任情况进行量化计分,并根据计分情况,采取约谈、公示、对企业资质和安全生产条件进行核查等措施。

【**法治政府建设落实情况专项督查**】 2017年,广东省住房和城乡建设厅对各地法治政府建设进展情况进行专项督查。督查结果显示,全省住房城乡建设系统都能围绕全面推进依法治国的总目标,以贯彻落实《法治政府建设实施纲要（2015－2020年）》为主线，扎实推进各项依法行政工作，重点领域和关键环节改革攻坚取得新突破，完成阶段性目标任务。但是存在薄弱环节和共性问题，各地须加强"放管服"改革措施、法治政府建设均衡发展、法治政府建设实效以及行政执法力量和法制队伍力量等。11月8日，住房城乡建设部法规司到广东省调研督导法治政府建设和依法行政工作。广东省住房和城乡建设厅和广州、东莞市有关主管部门分别汇报工作情况。调研组对广东省有关工作给予充分肯定，认为全省各级住房城乡建设主管部门在法治政府建设和依法行政方面开展大量卓有成效的工作，特别是在重点领域立法、行政复议和诉讼、法律顾问制度建设等方面走在全国前列。

【行政复议和行政应诉】 2017年，广东省住房和城乡建设厅继续贯彻落实中共中央、国务院《法治政府建设实施纲要（2015－2020年）》，探索实施行政复议决定会商和案后回访制度，开发应用行政复议诉讼管理系统，出台行政应诉工作办法，全面完善行政复议、行政应诉机制。全年办理行政复议申请143宗，比2016年大幅减少44宗。全年共办理行政应诉案件53宗，同比增长20.45%，群众通过法律途径维权的意识进一步提高，行政机关应诉压力依然巨大。

【法治宣传教育】 5月17日，广东省住房和城乡建设厅印发《2017年广东省住房城乡建设系统普法依法治理工作要点》，具体布置全省住房城乡建设系统普法依法治理的年度任务，明确工作步骤和要求，指导全省住房城乡建设系统有序开展法治宣传教育活动。举办"政府法律顾问和公职律师制度""行政应诉的内容与把握"等专题法治讲座，编印《行政复议行政诉讼典型案例选编》普法读本，通过以案释法、以案学法，提高领导干部的法治思维和依法行政能力。全省住房城乡建设系统坚持以从业主体以及人民群众最为关注的热点、难点问题出发，开展形式多样的专题法治宣传活动。据不完全统计，各地开展安全生产月观摩活动150余次，安全流动讲堂1600余次，将"谁执法 谁普法"责任落实到位，有效普及法律知识，取得显著成效。（黎志成）

房地产业

【概况】 2017年，广东省认真贯彻落实中央和省委的决策部署，坚持房子是用来住的，不是用来炒的定位，全力抓好房地产调控，大力发展住房租赁市场，积极推动物业管理行业诚信体系建设，深入开展房地产市场秩序专项整治，重拳整治违法违规行为，着力促进全省房地产市场平稳健康发展，取得明显成效。全省房地产开发投资12076亿元，占全国房地产开发投资的11%，居全国第一位。商品房销售面积13880万平方米，商品住房销售均价9563元/平方米。全省各地创建省级宜居社区563个。截至年底，全省商品房可售面积13226万平方米，提前完成广东省供给侧结构性改革去库存行动计划提出的目标任务。

【房地产市场运行】 2017年，广东省房地产市场总体运行平稳。房地产开发投资增长较快，增速高于全国平均水平。全省新建商品房销售面积和销售均价略有下降，珠三角地区商品房销售规模减小，但粤东西北地区销售面积和价格均出现较大幅度增长。全省商品房库存结构逐步优化，库存消化周期总体处于合理区间，提前完成三年去库存工作任务。2017年，广东省房地产开发投资12076亿元，比上年增长31.6%，增速高于全国平均水平。房地产开发投资占全社会固定资产投资的32.2%。为全省经济增长作出较大贡献。

根据全国房地产市场交易日报数据，2017年，广东省商品房销售面积13880万平方米，同比下降8.1%，其中商品住房销售面积11311万平方米，同比下降13.6%。全省商品房销售均价10363元/平方米，同比下降1.4%；商品住房销售均价9563元/平方米，同比下降5.2%。

【房地产市场调控】 2017年，广东省认真贯彻落实国家房地产市场调控工作部署，坚持日报、月报制度，密切监测房地产市场发展动态，并及时向房价上涨较快的城市发出提示警示。2017年累计向15个地级市发出28份稳定房地产市场提示（警示）函。实施房地产市场联动调控，积极推进广佛山、清远、肇庆城市群区域房地产市场联动发展改革探索。4月24日，广东省住房和城乡建设厅会同广东省国土资源厅转发《住房城乡建设部 国土资源部关于加强近期住房及用地供应管理和调控有关工作的通知》，加快土地供应节奏，优化土地供应方式，严防高价地扰乱市场预期。广州、深圳、珠海、佛山、惠州、东莞、中山等七个重点监测城市连续制定出台多项或收紧房地产市场调控政策，坚决抑制投资投机性购房需求。全省累计出台70多件有关调控政策措施，着力促进房价涨幅逐步回落，全省实现房价基本稳定的目标。

【住房租赁管理】 2017年，广东省在国有住房租赁机构和政府住房租赁交易服务平台建设、利用集体建设用地建设住房租赁试点等方面，都取得较大进展。广州、深圳、佛山、肇庆等四个全国住房租赁试点城市在完善租赁管理体制、发挥政府主导作用、增加租赁住房供应、扶持培育租赁企业和强化租赁服务监管、保障承租人权益等方面采取了一系列措施，有力有序推进试点工作，取得了阶段性成效。（柯云燕）

住房保障

【概况】 截至年底，广东省新开工棚户区改造住房38367套、新增发放租赁补贴6701户、基本建成各类保障性安居工程住房75116套，完成目标任务的104.4%、192.1%和143.4%，实现投资242亿元，全省保障性安居工程建设任务提前超额完成，棚户区改造进度全国排第七名，且为历年最快。

【保障性安居工程建设】 2017年，广东省住房保障制度进一步完善，住房保障工作机制进一步优化，城市中低收入住房困难家庭、新就业无房职工、异地务工人员及青年医生、青年教师等群体住房条件得到巨大改善，城市危旧房小区、城中村居民住房条件得到显著改善，全省新型城镇化建设稳步推进。2017年，全省新开工棚户区改造住房38367套、新增发放租赁补贴6701户、基本建成各类保障性安居工程住房75116套，完成目标任务的104.4%、192.1%和143.4%。在政府投资公共租赁住房分配方面，全省2013年底前和2014年政府投资公共租赁住房分别新增分配74555套和15346套，累计分配分别达到238021套和19974套，分配比例分别达83.01%和78.09%，完成目标任务的118.58%和120.14%，圆满完成国家下达广东省5项住房保障目标任务。

【住房保障支持政策及机制】 2017年，广东省创新工作机制，建立定期报告机制，定期向省政府报告工作进展情况，提请省领导协调、解决遇到的困难和问题，推进棚户区改造工作。联合省府督查室、国资委等部门对国务院大督查、跟踪审计里中发现问题的地区及任务完成难度较大的国有工矿项目，开展了实地督查督办，大力推动了汕头乌桥岛棚改、阳春石菉铜矿国有工矿、韶关乐昌仁化公租房等项目的实际困难和历史遗留问题得到有效解决。

【住房保障滞后城市建设督办】 2017年，广东省住房和城乡建设厅进一步强化工作机制，分析当前形势，采取有效的创新工作机制，主动按照广东省副省长许瑞生的批示，关口前移，早督查督办。根据工作需要，组织建立全省2017年棚户区改造项目台账和全省棚户区改造项目进度倒排时间表，及时掌握各地棚改项目进展情况，为住房保障工作的顺利开展，赴全省各地扎实推进督查督办工作。

【公租房分配入住管理】 作为2017年新增的两项年度任务指标，国家下达广东省政府投资公租房分配目标任务为2013年底前和2014年政府投资公共租赁住房应分配数不低于200706套和17943套，分配比例分别不低于70%和65%。2017年全年，全省2013年底前和2014年政府投资公共租赁住房分别新增分配74555套和15346套，累计分配分别达到238021套和19974套，分配比例分别达83.01%和78.09%，完成目标任务比例为118.59%和120.14%。

【棚户区改造货币化安置】 根据国家和省棚改有关政策规定，各地库存较多、房源充足的地方，要采用货币化安置。广东省住房和城乡建设厅按照因地制宜、因城施策的原则，结合居民意愿来推进货币化安置。商品住宅消化周期在15个月以下的市县，控制货币化安置比例，更多采取新建棚改安置房的方式；商品住房库存量大、市场房源充足的三四线城市和县城，则尽量提高货币化安置比例。2017年，全省新开工棚户区改造住房为38367套，其中，棚改货币化安置户数为7707户，占新开工棚户区改造住房套数比例为20.1%；三、四线城市棚改货币化安置比例为35.6%。

【棚户区改造投融资】 2017年，广东省继续深化棚户区改造投融资模式改革，加强和国开行、农发行等部门对接沟通，多次与各地棚改主管部门和项目融资主体座谈。截至12月22日，全省2017年新开工棚户区改造项目中，共有11个项目通过审批，合计获得贷款授信额度达到了171.17亿元，发放棚户区改造贷款89.4亿元；有1个项目通过PPP融资审批，获得融资额5.6亿元，较好的缓解了相关地区的棚改融资压力。

【高层次人才安居工程】 为贯彻落实《关于广东省深化人才发展体制机制改革的实施意见》（粤发〔2017〕1号）要求，省人才办会同省住房城乡建设厅起草《实施办法》。《实施办法》的起草紧密结合广东省实际，借鉴10多个省市先进经验做法，充分吸收住房城乡建设部专家的政策建议。

【棚户区改造新模式】 2017年，为完善住房保障制度，广东省构建棚户区改造新模式，实现住房保障形式多样化。鼓励引导各地采用"先建后拆、先安后拆"模式，建设棚户区改造安置住房，缩短居民安置周期，降低过渡安置费用，减少安置矛盾。出台《关于推进住房保障货币化改革的指导意见》，引导各地结合本市商品房库存、棚改居民意愿等实际情况，通过提高补偿标准、奖励等方式，推进棚改货币化安置。2013年以来，全省共通过货币化安置方式，实施棚户区改造39666户。综合采取政府购买、组织团购楼盘、鼓励开发商让利、成立"棚改安置住房超市"等多种形式的房源对接和服务活动，多渠道保障棚户区改造对象安置房源。（黄咏怡）

住房公积金管理

【概况】 2017年，广东省各地配合国家和省宏观调控，以促改革为重心；加强信息化建设、加强调查研究为手段；扩展信息互通互联为重点；控制资金管理运行风险为目标，认真落实"降成本"各项政策措施。截至年末，广东省实际缴存公积金职工人数1478.33万人，比上年增加137.77万人；全省缴存总额12971.1亿元，比上年增加2035.27亿元，增幅18.61％，同比增长15.25％。全省缴存余额4665.83亿元，比上年增加577.03亿元，增幅14.11％。全省住房公积金提取总额8304.58亿元，占住房公积金缴存总额的64.02％；全年提取额1457.55亿元，增幅21.29％，同比增长10.25％，占当年缴存额的71.61％。全省个人住房公积金贷款发放总额5291.56亿元，累计发放161.81万笔，比上年同期略有下降。但是，全省仍存在资金使用不平衡的情况，部分地区存在流动性风险偏高的情况。韶关、汕头、佛山、湛江、茂名、江门和清远资金使用率在90％以上，肇庆市资金使用率超过100％。（张文语）

城乡规划

【概况】 2017年，广东省被住房城乡建设部确定为全国首个城乡规划管理体制改革试点省。省住房城乡建设厅全面落实各项改革任务，推进城市总体规划编制审批实施监管等一揽子改革。牵头编制并提请省委、省政府印发《广深科技创新走廊规划》，会同发展改革委印发实施《广东省新型城镇化规划（2016—2020年）》，组织编制《珠江三角洲全域空间规划》，推进新型城镇化"2511"试点建设。大力推动南粤古驿道保护利用工作，出台《广东省南粤古驿道线路保护与利用总体规划》以及一系列保护利用技术指引，重点推进8个示范段保护修复，成功举办南粤古驿道系列活动。加快推进历史文化街区划定和历史建筑确定工作。创新编制专项规划保障民生关键小事，在加强足球场设施规划建设、完善自行车道建设、推进社区体育公园建设等方面编制一系列专项规划。

【城乡规划改革】 广东省住房城乡建设厅全面落实全国城乡规划管理体制改革试点省试点各项任务，重点推动广州、深圳2个住房城乡建设部城市总体规划编制试点为全国新一版总规编制作出示范，开展清远、肇庆、潮州、四会4个省级城市总体规划修编审批改革首批试点，汕头、湛江、韶关、梅州、开平、阳春、廉江等7个城市总体规划获得批复。联合省国土资源厅印发《关于协调推进城市总体规划（2030年）编制和土地利用总体规划调整完善工作的通知》，协调推进城市总体规划编制和土地利用总体规划调整完善工作，建立"两图合一"保障机制。出台《广东省法定城乡规划成果报审报备技术规范暨数据标准》，形成规范城市总体规划、近期建设规划、控制性详细规划入库成果的"一套标准"，完成全省空间类规划数据归集入库工作，形成全省空间信息"一张管理网"，被确定为首批部省互联互通试点省。深度参与国家"多规合一"信息平台数据标准制定。推动广州、深圳、珠海被列为全国城市设计试点，惠州市被列为"城市双修"试点，探索形成可复制推广的经验做法，召开省城市设计、"城市双修"工作座谈会，系统总结试点城市经验，推进工作开展。

【创新驱动发展战略】 广东省委、省政府印发实施《广深科技创新走廊规划》，围绕创新驱动发展统筹部署穗莞深轴线重点创新战略平台和创新节点，形成高度发达的创新经济带，建设成为珠三角国家自主创新示范区核心区，辐射带动全省创新发展，为将广深科技创新走廊打造成"中国硅谷"，成为全国创新发展重要一极和国际一流的科技产业创新中心提供支撑。

【新型城镇化】 广东省坚持以城市群为主体继续推动构建大中小城市和小城镇协调发展的城镇格局，全省逐步形成珠三角世界级城市群、粤东粤西沿海城市带和粤北生态保护区"一核一带一区"的区域发展格局。8月，广东省住房城乡建设厅联合发展改革委印发《广东省新型城镇化规划（2016—2020年）》，组织编制《珠江三角洲全域空间规划》，为广东省"十三五"期间城镇化发展提供指引。推进新型城镇化"2511"试点建设，粤东西北地区地级市中心城区扩容提质工作稳步推进，中心城区常住人口稳步增长，人口承载力明显增强。2017年，全省城镇常住人口达7801.55万，全年新增190.24万农业转移人口落户城镇，常住人口城镇化率达69.85％，比上年增长0.65个百分点，珠三角常住人口城镇化率达85.29%。

【南粤古驿道保护利用再创佳绩】 广东省累计发现古驿道遗存233段，总长近710.44公里；省住房城乡建设厅出台《广东省南粤古驿道线路保护与利用总体规划》以及一系列保护利用技术指引，完成8处示范段详细规划编制，修复完成300多公里古驿道，安装完成630多个古驿道标识牌，沿线环境得到极大改善，"两年试点"阶段性目标圆满完成。

【历史文化遗产保护】 2017年，广东省住房城乡建设厅指导各地全面开展历史文化街区和历史建筑确定工作，会同省文化厅梳理了一批历史建筑建议名单（6600多条），供各地参考。截至年底，共有17个地级以上市公布2598处历史建筑，9个地级以上市对1477处已公布的历史建筑进行了挂牌，超额完成住房城乡建设部确定的历史文化街区划定和历史建筑确定工作年度任务。广州市被住房城乡建设部确定为历史建筑保护利用试点城市。10月，住房城乡建设部会同国家文物局对广东省历史文化名城名镇名村保护情况的评估检查，检查组对广东省历史文化名城名镇名村保护工作总体上给予高度肯定。

【为民生关键小事提供规划支撑】 广东省住房城乡建设厅出台支持足球场地设施规划建设的若干政策，编制《广东省足球场地设施建设空间布局总体方案》，制订《广东省足球场地规划标准》《广东省足球场地设施建设指引》等技术文件；印发《关于完善自行车道建设 提升品质生活的意见》，指导推进各地市在中心城区范围内打造特色自行车示范区和特色骑行路线。（陆维达）

城市建设

【概况】 2017年，广东省以规划为引领，推动全省城市基础设施建设改革发展。印发《广东省城市基础设施建设"十三五"规划（2016—2020年）》，联合省发展和改革委员会印发《广东省城乡生活垃圾处理"十三五"规划》，联合省发展和改革委员会、环境保护厅印发《广东省城乡生活污水处理设施建设"十三五"规划》。截至年底，全省建成区绿化覆盖率43.47%，共建成城市（县城）污水处理设施339座，日处理能力2249.58万吨，累计建成污水管网总长度50788.09千米，城市污水处理率94.48%；全省城市生活垃圾无害化处理率97.98%，建成并在运营生活垃圾处理设施115座，处理能力8.3万吨/日，其中填埋场86座、焚烧发电厂29座。年内，广东省住房和城乡建设系统新增"国家园林城市"2个、"广东省园林城市"1个；获"中国人居环境范例奖"4项、"广东省宜居环境范例奖"26项。

【城市黑臭水体整治】 截至年底，广东省243个黑臭水体中有191个完成阶段整治、达到住房城乡建设部"初见成效"目标要求，消除比例为78.6%，其中广州市35个、深圳市45个黑臭水体全部实现"初见成效"。对标国家下达2017年关于"全省黑臭水体平均消除比例达到60%、广州及深圳市达到90%"的目标，广东省超额完成年度任务。

【海绵城市建设】 2017年，广东省大力推进海绵城市建设，全省海绵城市专项规划编制稳步推进，深圳、珠海市试点建设取得成效。年内，省住房和城乡建设厅召开海绵城市专项规划编制专题辅导会；印发《广东省海绵城市建设管理与评价细则》《广东省海绵城市建设实施指引（2016—2020年）》。截至年底，全省41个设市城市全部开展海绵城市专项规划编制。

【城市园林绿化建设】 2017年，广东省住房和城乡建设厅组织编制印发《城市湿地公园建设指引》《城市绿地低影响开发技术指引》，组织对《广东省园林城市系列标准及申报评选办法》进行了修订。河源、云浮市被住房和城乡建设部命名为"国家园林城市"，东莞市茶山镇被省住房和城乡建设厅命名为"广东省园林城镇"。截至年底，广东省设市城市人均公园绿地面积18.24平方米，建成区绿地率38.94%，建成区绿化覆盖率43.47%。全省有"国家生态园林城市"1个、"国家园林城市"20个、"国家园林城镇"3个、"广东省园林城市"8个、"广东省园林城镇"8个。

【自然遗产日与风景名胜管理】 6月10日是中国首个"文化与自然遗产日"。根据住房和城乡建设部、文化部和国家文物局要求，广东省住房和城乡建设厅联合省文化厅举办2017年广东省文化与自然遗产日系列活动，主会场设在江门开平碉楼文化景观遗产地，分会场设在韶关市丹霞山自然遗产地。年内，省住房和城乡建设厅举办广东省风景名胜区业务培训班；提请省人民政府印发《广东省人民政府办公厅关于省级风景名胜区规划编制工作情况的通报》。截至年底，广东省有国家级风景名胜区8个、省级风景名胜区18个。

【城市轨道交通规划建设】 截至年底，全省建成运营城市轨道交通线路24条，总里程714.9千米；开工、在建线路24条，总里程609.8千米；广州、深圳、汕头、佛山、东莞、中山6市城市轨道交通线网规划通过当地人民政府批复。其中广州、深圳、佛山、东莞4市已建成并运营地铁。

【城市供水】 2017年，广东省加强供水管理，保障供水安全。广东省住房和城乡建设厅以各地市交叉检查的方式，开展全省城镇供水规范化管理考核，第一次实现地级以上市、县（市）全覆盖检查。联合省发展和改革委员会明确升级城市节水工作评审流程，组织节水型企业和社区评定。全省城市供水综合生产能力4071.26万立方米/日，城市用水普及率97.8%，人均生活用水量256.48升/日。

【城市污水处理】 2017年，广东省住房和城乡建设厅以落实中央环保督察反馈意见整改为契机，狠抓污水管网建设。年内，全省城市污水管网建设和提升污水处理效能等工作取得阶段性成效，全年新建污水管网5949.9千米。截至年底，累计建成污水管网总长度50788.09千米。

【城市燃气】 2017年，广东省紧抓城镇燃气安全管理，持续加大重大风险隐患问题跟办力度，基本形成常态化隐患排查整改工作模式。6月，广东省住房和城乡建设厅组织召开了全省城镇燃气安全管理现场会。年内，印发《广东省住房城乡建设系统安全生产大检查工作实施方案》《关于建立城镇燃气风险点危险源隐患排查台账的通知》《关于做好城镇燃气行业安全风险管控有关工作的通知》。

【城市地下管网建设与管理】 2017年，广东省加大力度推进城市地下综合管廊规划建设和地下管线普查工作。印发了《关于督促加快完成地下管线普查工作的通知》。年内，东莞、汕尾、揭阳、阳江、汕头、佛山、肇庆、云浮、清远、湛江、江门、惠州12市完成地下综合管廊专项规划编制工作。截至年底，全省21个地级以上市中心城区和20个县级市地下管线普查工作全面完成，并建立城市地下管线信息系统；广东省新增开工建设城市地下综合管廊100千米任务超额完成，新增开工建设城市地下综合管廊共103千米。

【城市生活垃圾处理】 2017年，广东省城市生活垃圾处理取得显著成效。出台《关于居民生活垃圾集中处理设施选址工作的决定》《关于建立预防与打击违法处理垃圾行为长效机制的意见》《广东省省直机关生活垃圾分类工作实施方案》《广东省省直机关单位垃圾分类指南》《广东省农村生活垃圾分类处理指引》等文件。年内，广州、深圳被列为46个重点实施生活垃圾强制分类试点城市。截至年底，全省城市生活垃圾无害化处理率97.98%，建成并在运营生活垃圾处理设施115座，处理能力8.3万吨/日，其中填埋场86座、焚烧发电厂29座。

【中国人居环境范例项目】 2017年，广东省珠海市香炉湾沙滩修复项目、韶关市南雄梅关古驿道保护与利用项目、汕头市西堤公园建设项目、佛山市禅城区社会综合治理项目4个项目获2017年"中国人居环境范例奖"。截至年底，全省有33个项目获"中国人居环境范例奖"。

【广东省宜居环境范例项目】 2017年，广州市人行天桥立交桥绿化建设、深圳市罗湖体育休闲公园项目、珠海市绿色超低能耗建筑项目、汕头市沟南文化创意旅游村项目、佛山市三水区大旗头古村活化项目、韶关市南雄梅关古驿道保护与利用项目、河源市和平县林寨古村宜居村庄项目、东莞市传承爱莲文化建设爱莲湖景区项目、中山市"放心水"工程项目、江门市台山市端芬镇海口埠有机更新项目、湛江市保护与利用相结合 打造绿色城市客厅项目、肇庆市独水河肇庆高新区河段生态修复工程、清远市元江村宜居村庄项目、潮州市"文化古城．天下名街——牌坊街"等项目26个项目获2017年"广东省宜居环境范例奖"。截至年底，广东省有120个项目获"广东省宜居环境范例奖"。（梁季红）

村镇规划建设

【概况】 2017年，全省纳入村镇建设统计报表范围的建制镇1006个，建成区面积3311.72平方千米，建成区户籍人口1146.28万人，建成区常住人口1330.13万人，总体规划覆盖率85.09%，行政村18179个，村庄规划覆盖率61.39%；村镇住宅建筑总面积16.13亿平方米，其中建制镇4.09亿平方米，人均住宅面积35.67平方米，村庄12.03亿平方米，人均住宅面积26.74平方米；建制镇公共建筑面积8588.94万平方米，生产性建筑1.4亿平方米；村庄公共建筑面积6282.58万平方米，生产性建筑1.3亿平方米。（杨丽）

【农村人居生态环境建设】 2017年，广东省住房城乡建设厅以2277个省定贫困村创建社会主义新农村示范村为抓手，全力推进乡村规划、农村生活垃圾及污水处理、农村危房改造、乡村历史文化保护和传承等重点工作，持续改善农村人居环境。是年，广东省住房城乡建设厅党组书记杨细平先后带队赴广州、韶关、梅州、河源、汕尾、云浮、惠州、东莞、揭阳、汕头等市检查督导农村生活垃圾和污水治理工作。厅长张少康先后带队赴江门、汕头、揭阳、清远、珠海、汕尾、东莞检查督导社会主义新农村建设和农村人居环境改善工作，推动社会主义新农村创建工作顺利进行。3月,广东省政府副秘书长赵坤带队,省委农办、省财政厅、省环保厅、省住房城乡建设厅分管厅领导和韶关、茂名、揭阳、云浮4市分管市领导一行共15人组成学习考察组,于3月6~8日赴广西壮族自治区开展农村人居环境改善和"美丽广西"乡村建设工作专题调研。省住房城乡建设厅牵头起草《广西农村人居环境改善工作调研报告》获得省领导认可,并专门作出批示。全省顺利完成农村人居环境信息调查和录入工作。(谷峰)

【乡村规划】 2017年,广东省住房城乡建设厅编制印发《2277个省定贫困村创建社会主义新农村示范村整治创建规划工作方案》《广东省2277个省定贫困村创建社会主义新农村示范村规划编制指引》,建立省、市级乡村规划技术指导服务"千人专家库",包括14个专家服务团队共153个规划设计单位的1048名专家,实现1个团队指导1个县,1名专家对应1个乡镇或行政村。7月,省委农办、省住房城乡建设厅、团省委、省教育厅、省精神文明办、省扶贫办、南方报业、省志愿者联合会联合印发《关于开展"我为美丽乡村绘蓝图"——2017年南粤村庄(整治)规划志愿行动的通知》。截至年底,全省规划设计团队积极参与志愿行动,结对帮扶186个省定贫困村开展村庄(整治)规划编制工作。截至年底,除纳入省级新农村连片示范建设工程的省定贫困村,其余2190个省定贫困村(覆盖20户以上自然村)全部完成整治创建规划编制。开展乡村规划试点示范建设,选取韶关仁化县等20个县(市、区)作为县域乡村建设规划编制试点,并下拨每个试点50万元省级规划编制补助经费。(杨丽)

【农村危房改造】 截至年底,全省开工农村危房改造79607户(含国家下达21800户),其中分散供养特困人员34334户、建档立卡贫困户(不含分散供养特困人员)44525户、低保户、贫困残疾人家庭748户。全年省级以上财政补助资金为22.51亿元(含中央财政补助资金3.1374亿元)。(黄汉飞)

【农村生活垃圾治理】 截至年底,全省基本构建"村收集、镇转运、县处理"的农村生活垃圾收运处理模式,全省农村生活垃圾有效处理率95.52%,分类减量率51.81%。505个镇级填埋场中,68个初步完成整治、284个正在开展整治,其他正在制定具体整改方案。开展粤东西北地区和惠州、江门、肇庆市乡镇生活垃圾转运站等级评价,评价的39个县(市、区)578个生活垃圾转运站中,A级转运站4个、B级转运站370个、C级转运站119个、28个转运站直接采用后装式压缩车转运、57个无法评级。(熊键)

【村镇污水处理设施建设】 2017年,广东省住房城乡建设厅通过推广示范创建经验,推动粤东西北地区12个地级市和惠州、江门、肇庆市35个县(市、区)PPP模式整县推进村镇污水处理设施建设。截至年底,全省建成374座镇级污水处理设施,其中粤东西北地区12个地级市187座,惠州、江门、肇庆三市106座,珠江三角洲6市81座。(莫惠婷)

【特色小镇建设】 2017年,佛山南海区西樵镇、广州番禺区沙湾镇、珠海斗门区斗门镇等14个镇被住房城乡建设部评为第二批全国特色小镇。截至年底,全省共有20个镇被评为全国特色小镇。(邓莅佳)

标准定额

【概况】 2017年,广东省工程造价咨询营业收入41.86亿元,较上年增长14.59%;工程造价咨询项目所涉及的工程造价总额28103.72亿元,增长12.83%。年内对建筑企业(造价咨询)资质、咨询项目质量动态核查,抽查101家甲级工程造价咨询企业,其中资质条件合格100家,合格率为99.0%;核查咨询项目质量208项,其中合格195项,合格率为93.7%。抽查48家乙级及以下资信等级工程造价咨询企业的100项咨询项目质量,其中合格80项,合格率为80%。是年,省造价总站承担行政职能事业单位改革,更名为广东省建设工程标准定额站,职能变为工程建设技术标准和定额、建设工程造价市场信息以及建设工程造价行业诚信管理体系建设三项内容,将立足新职能凝聚新力量迎接新挑战共创新发展。

【造价监测试点】 8月,广东省被住房城乡建设部标准定额司确定为全国第二批建设工程造价监测试点省之一。9月,广东在省内选定9市1区试点城市首批开展广东省工程造价监测工作。省级、市级监测系统正在不断完善和调试各项功能,与部级系统对接形成全国工程造价数据监测网,各计价软件的同步功能升级也在进行中。

【建设工程结算管理】 2017年,广东省为解决工程结算难时有发生的问题,明确在完善工程计价体系、完善造价信息发布机制、推行全过程造价管理规范工程价款结算、强化队伍建设、衔接中外标准等五个方面的19项重点工作任务,印发《广东省工程造价领域贯彻落实〈国务院办公厅关于促进建筑业持续健康发展的意见〉重点工作方案(2017—2020)》,制定《广东省建设工程结算管理办法》,进一步加强和改善广东省工程造价监管。

【工程定额及标准体系构建】 2017年，广东省为完善工程定额及标准体系构建，出台1个省内定额、开展编制5个省内定额和标准、参编1个、完成立项1个。年内，参编国家共享定额，主编完成4个定额（含3个分册），申请2018年度工程造价管理研究项目6个。

【粤港建设工程造价交流与合作】 为落实部省合作协议，推动粤港两地建筑市场一体化建设，促进造价咨询领域的交流合作，2017年广东省建设工程标准定额站牵头开展形式多样、内容丰富的粤港合作交流活动。4月，粤港工程造价（工料测量）论坛在深圳举办。5~6月，组织内地造价专业人员开展第二批赴香港造价咨询企业脱产挂职锻炼交流活动。9月，粤港澳大湾区大型基建项目管理创新高峰会在佛山举办。（罗炽发）

工程质量安全监管

【工程质量监管】 2017年，广东省房屋市政工程竣工验收合格工程10935项，其中一次验收不合格、重新组织验收合格工程项数仅3项，一次通过验收合格率为99.97%。是年，全省纳入监督的在建房屋市政工程未发生工程质量事故，各地涉及住宅工程渗、漏、裂等常见问题的社会投诉事件数量逐年持续下降。

【施工安全监管】 2017年，广东省发生房屋市政工程生产安全事故77起，共死亡97人，包括发生4起较大事故死亡23人，事故数量和死亡人数比2016年分别上升4.05%和29.33%。全省住房城乡建设系统全年没有发生重大及以上安全事故，特别是在十九大召开期间，全省房屋市政工程没有发生安全事故，确保全省房屋市政工程在特殊防护期决胜时期的和谐稳定。

【工程质量安全应急救援专家库建立】 2017年，广东省住房和城乡建设厅进一步加强工程质量安全应急救援体系建设。经过各级推荐、反复筛选、培训考核，11月28日，广东省住房和城乡建设厅发布公告，正式建立广东省工程质量安全应急救援专家库，首批入库专家213人。

【建筑工地扬尘污染防治】 2017年，广东省住房和城乡建设厅印发《广东省住房和城乡建设厅转发住房城乡建设部办公厅关于印发建筑工地施工扬尘专项治理工作方案的通知》，部署全省住房城乡建设系统开展建筑工地施工扬尘专项治理，施工扬尘专项治理期间，全省（含区、县级市）共制定工作方案201个，建立监督管理机制148个，建立信息报送制度149个，建立执法联动机制146个数，建立台账工程23340，检查次数72454次，检查工程60300项次，责令整改13149起，行政处罚560起，处罚金额5119247元。（林清华）

建筑市场

【概况】 2017年，广东全省建筑业生产经营平稳向好，建筑业总产值首次突破1万亿元大关，达到11372.52亿元，同比增长17.8%；占全国建筑业总产值的5.3%；建筑业从业人员达260.4万人，占全社会从业人员的比重达3.4%。年末，全省建筑业企业共5313家，同比增长9.7%；其中特级资质企业增至23家，施工总承包一级企业663家。全省建筑企业签订合同额同比增长22.7%，增幅同比提高1.9个百分点。年内全省新签合同额同比增长24.6%。（陈思明）

【建筑业发展改革】 2017年，广东省住房和城乡建设厅印发《广东省建筑产业"十三五"发展规划纲要》，出台《广东省全过程工程咨询试点工作实施方案》，公布了全省第一批全过程工程咨询试点单位26家和第一批试点项目77个。印发《关于房屋建筑和市政基础设施工程总承包实施试行办法》《关于进一步加强超限高层建筑工程抗震设防审查管理工作的通知》《关于进一步做好施工图设计文件审查机构名录管理工作的通知》。开展了传统建筑名匠后续工作、广东省第一届勘察设计大师认定工作。对全省2017年符合竣工的39个建筑业十项新技术应用示范工程进行评审验收；对全省建筑业企业申报的687项工法进行评审，审定"临时预应力钢管支撑加固建筑结构施工工法"等531项工法为2017年度省级工法。（陈思明）

【勘察设计咨询业】 2017年全省工程勘察设计企业有2900多家，其中甲级企业600多家；全省土木建筑领域的中国工程院院士7位，全国工程勘察设计大师19位，省级工程勘察设计大师19位。全省施工图设计文件审查机构57家，一类54家。施工图审查人员1500多人。注册建筑师3600多人，注册勘察设计工程师7300多人，一级结构工程师2200多人。全行业从业人员42.32万人，占全国13.2%；注册执业人员2.89万人，占全国8.3%。全行业营业收入3599.8亿元，占全国10.8%；人均营业收入为85万元，明显高于全国平均水平（60多万）。（何志坚）

【勘察设计大师认定】 10月，印发《关于开展

"广东省工程勘察设计大师"认定工作的通知》，首届大师共认定20名。至11月底申报截止共69名申报人报送材料。12月26日，按总候选人数不超过最终认定名额150%的比例，省勘察设计行业协会公示了30名候选人名单及申报材料，共公示15天。（陈思明）

建筑节能与科技

【**散装水泥发展应用成果**】 2017年，广东省完成散装水泥供应量为9204.98万吨，比上年增长9.15%，完成目标量126%；预拌混凝土使用量为18512.86万立方米，比上年增长4.0%，完成目标量112%；预拌砂浆使用量为1121.05万吨，比上年下降3.0%，完成目标量102%。按测算，2017年发展散装水泥共节约优质木材303.76万立方米、标准煤71.8万吨，减少粉尘排放92.51万吨、二氧化碳排放549.89万吨、二氧化硫排放1.8万吨，综合利用工业固体废弃物0.34亿吨，折合经济效益55亿元以上。

【**高性能混凝土发展应用**】 3月，广东省住房和城乡建设厅与省经信委联合印发《关于开展高性能混凝土推广应用试点工作的通知》（以下简称《通知》），首次开展广东省高性能混凝土试点工作。《通知》确定广东省2个试点城市、16家试点企业、8个试点工程。深圳市C35及以上强度等级混凝土要占全市预拌混凝土生产总量50%以上，在超高层建筑和大跨度结构中C60及以上强度等级的混凝土得到广泛应用，大掺量掺合料混凝土已在基础底板等大体积混凝土中得到使用；珠海市C35及以上强度等级占全市预拌混凝土生产总量54%以上，在超高层建筑和大跨度结构、钢管混凝土中已推广应用C60及以上强度等级的混凝土超过13万立方米，在基础底板等采用大体积混凝土的部位中，推广了大掺量掺合料混凝土。

【**装配式建筑实施**】 4月12日，广东省人民政府办公厅印发《关于大力发展装配式建筑的实施意见》，将珠三角城市群列为重点推进地区、常住人口超过300万的粤东西北地区地级市中心城区列为积极推进地区、其他地区为鼓励推进地区，明确发展装配式建筑的任务目标和工作要求。省住房城乡建设厅完成《广东省建筑产业现代化标准体系框架》《广东省建筑产业现代化技术路线图》《广东省建筑产业项目认定评价体系》研究，发布实施《广东省住房和城乡建设厅关于开展广东省工程质量提升行动的实施意见》《广东省装配式建筑工程综合定额（试行）》，制订《广东省装配式建筑标准设计图集（混凝土结构保障性住房）》《广东省装配式建筑工程质量安全管理办法（暂行）》，指导各地开工建设深圳裕璟幸福家园、华润城三期和广州恒盛大厦等一批装配率较高、示范效果好的项目，培育深圳市1个国家装配式建筑示范城市和碧桂园控股有限公司等15个国家装配式建筑产业基地。（江泽涛）

【**BIM产业技术创新联盟成立**】 广东省建筑科学研究院集团股份有限公司联合多家企事业单位、高校、行业协会、中介机构和金融机构，于4月发起成立广东省BIM产业技术创新联盟（简称"联盟"）。联盟旨在以行业需求为导向，建设产学研相结合的创新平台，从而整合行业资源，组织重大技术、难点技术创新公关，加快研究成果共享与转化，推进广东省BIM应用技术、标准和软件协调配套发展，实现技术成果产业化和标准化，提高产业核心竞争力。联盟经省科技厅组织专家评审和网上公示，被认定为2017年度广东省产业技术创新联盟之一。（黎锋）

【**工程建设标准化**】 2017年，广东省住房和城乡建设厅健全工程建设标准体系，推进工程建设标准制修订，将《广东省既有建筑绿色改造技术规程》等25部标准列入年度制修订计划，发布《广东省绿色建筑评价标准》等9部地方标准。深化工程建设标准化改革，完成了22本现行地方标准强制性条文的整合精简工作，其中废止2本，废止全部强制性条文转化为推荐性标准4本，废止部分强制性条文仍保留为强制性标准16本。启动广东省工程建设标准化管理信息系统建设，出台《广东省工程建设地方标准编制（修订）工作指南》。（江泽涛）

【**绿色建筑发展**】 2017年，广东省住房和城乡建设厅印发实施《广东省"十三五"建筑节能与绿色建筑发展规划》，发布《广东省绿色建筑评价标准》（修订）。全省有深圳证券交易所营运中心等4个项目获得2017年度全国绿色建筑创新奖一等奖，占2017年度全国绿色建筑创新奖一等奖项目数量的44%。广州市将南沙开发区明珠湾起步区列为"绿色建筑试验区"和"绿色施工示范区"双示范，区内用地面积2万平方米及以上的住宅项目（保障房、安置房除外）执行二星级及以上绿色建筑等级标准的建筑设计面积不低于50%，执行三星级标准的建筑设计面积不低于10%，推动绿色建筑集中连片建设。2017年，广东省新增绿色建筑评价标识项目面积5907万平方米，其中绿色建筑运行标识面积160万平方米。

【既有建筑节能改造】 2017年,广东省住房和城乡建设厅发布了广东省标准《公共建筑能耗标准》。2017年,广东省城镇新增节能建筑面积17817万平方米,可形成约160万吨标准煤的节能能力。完成既有建筑节能改造422万平方米(其中既有居住建筑节能改造57万平方米,既有公共建筑节能改造365万平方米);完成建筑能耗统计4461栋、能源审计92栋、能耗公示1927栋,对111栋建筑进行了能耗动态监测。

【可再生能源建筑应用】 2017年,广东省住房和城乡建设厅建立广东金莱特电器股份有限公司光伏发电节能改造项目等7个省级可再生能源建筑应用示范项目,组织开展《广东省太阳能光伏系统与建筑一体化设计施工及验收导则》的制订工作。2017年广东省新增太阳能光热应用面积(集热面积)65万平方米,新增太阳能光电建筑应用装机容量172兆瓦,新增浅层地能应用面积0.9万平方米。

(周政)

人事教育

【概况】 2017年,广东省住房和城乡建设厅统筹兼顾、突出重点,克服困难、开拓创新,始终坚持加强建设行业人才队伍的教育培训,致力于不断提高建设系统从业人员的整体素质,使教育培训、职称评审等基本工作得到全面推进。重视对建筑产业工人技能培训工作,积极探索人才培养创新模式,健全建设教育培训管理体制和管理办法,推动开展各类专业技术人员继续教育培训。年内,联合省委组织部、国土资源厅、环境保护厅在东莞举办了第十九期市长(书记)城建专题研究班,50人参加学习,提高了各地级市和部分区(县)长(书记)的城乡建设理论水平和管理水平。

【第十九期市长(书记)城建专题研究班】 11月19~23日,广东省住房和城乡建设厅联合省委组织部、国土资源厅和环境保护厅在东莞举办第十九期市长(书记)城建专题研究班。

【承担行政职能事业单位改革】 2017年,根据广东省委办公厅、广东省人民政府办公厅印发的《广东省承担行政职能事业单位改革试点方案》和广东省编办的相关文件,广东省住房和城乡建设厅人事管理部门制定并组织实施《广东省住房和城乡建设厅承担行政职能事业单位改革实施方案》,广东省散装水泥管理办公室和广东省建设工程质量安全监督检测总站撤销,广东省建设工程造价管理总站更名为广东省建设工程标准定额站,保留相关服务职能。3个单位的行政职能划归厅机关,厅机关增设建筑节能处与科技信息处合署。增加行政编制34个。

【住房和城乡建设领域现场专业人员统一考核评价】 2017年,广东省建设教育协会继续推进省住房和城乡建设领域现场专业人员统一考核评价工作。全省报名参加考试人数27353人,19011人通过考试获《住房和城乡建设领域专业人员岗位培训考核合格证书》。2017年参加省住房和城乡建设领域现场专业人员岗位统一考核评价人数约为2016年的2.6倍。

(杨金陶)

大事记

1月8日,广东省副省长许瑞生赴汕头市实地察看原瑞平市场改造及节日供应、西堤公园、西堤路试点工程及小公园亭修复、原安平小学拆迁现场、正大体育馆设施改造、蔡楚生先生当学徒的店铺旧址保护等情况。

1月12日,按照《国务院关于第三批取消中央指定地方实施行政许可事项的决定》的要求,取消物业服务企业二级及以下资质。

1月16日,《广东省建筑产业"十三五"发展规划纲要》印发。

1月22日,广东省副省长许瑞生代表省政府与国家保障性安居工程协调小组签订广东省2017年住房保障工作目标责任书。

1月24日,广东省住房和城乡建设厅和国家开发银行广东省分行签署《广东省住房和城乡建设厅 国家开发银行广东省分行全面深化"十三五"开发性金融合作备忘录》。

2月13日,住房和城乡建设部副部长倪虹到广东调研,充分肯定南粤古驿道的保护和利用工作。

2月20日,《国家发展改革委 住房城乡建设部关于进一步做好重大市政工程领域政府和社会资本合作(PPP)创新工作的通知》确定梅州市为重大市政工程领域PPP创新工作重点城市。

2月27日,广东省副省长许瑞生代表省政府与各地级以上市人民政府及顺德区人民政府签订2017年住房保障工作目标责任书。

3月1日,是日至15日,广东省住房和城乡建设厅会同省直有关部门组成考核组,对全省各地完成2016年度住房保障目标责任情况进行考核。

3月14日,住房和城乡建设部正式同意广东省作为部的城乡规划管理体制改革试点省。

3月15日,南粤古驿道定向大赛组委会工作会议在广州召开,研究2017年南粤古驿道定向大赛8

站赛事筹备工作。广东省副省长许瑞生作工作部署。

3月16日，确定深圳市、珠海市为广东省高性能混凝土推广应用试点城市，深圳市安托山混凝土有限公司等16家企业为广东省高性能混凝土推广应用试点企业，安托山总部大厦等8个项目为广东省高性能混凝土推广应用试点工程。

3月20日，广东省副省长许瑞生赴湛江市徐闻县，前往有关馆院、村落、古道、田间实地调研南粤古驿道挖掘、高标准农田建设、农村危房改造等工作情况。

3月22日，广东省副省长许瑞生与中山大学党委书记陈春声、省府办公厅以及省环境保护厅、住房和城乡建设厅、水利厅、体育局、文物局等部门负责人和专家学者到汕头市，深入古港、村落、民居实地调研。

3月23日，中共广东省委组织部粤组干〔2017〕432号文通知，省委批准：杨细平同志任省住房城乡建设厅党组书记；免去王芃同志的省住房城乡建设厅党组书记职务。

同日，广东省"广东人民城管"微信公众号正式建立运营，成为全国首个省级城管微信公众号。

3月27日，住房城乡建设部陈政高部长主持召开部分城市二手房市场工作会商会议，对房地产市场调控工作作出重要部署。

3月31日，广东省常务副省长林少春、副省长许瑞生组织召开研究建立符合广东省省情、适应市场规律的房地产市场调控基础性制度和长效机制会议。

4月13日，按照《住房城乡建设部办公厅关于做好取消城市园林绿化企业资质核准行政许可事项相关工作的通知》的要求，取消城市园林绿化企业资质。

4月14日，由广东省旅游局、住房和城乡建设厅等主办的中国南粤古驿道文化之旅启动仪式在云浮郁南连滩镇兰寨村举行。

同日，中共广东省委组织部粤组干〔2017〕562号文通知：省委批准刘玮同志任省住房城乡建设厅副厅长，试用1年；洪冰同志任省住房城乡建设厅副巡视员。

同日，中共广东省委组织部粤组干〔2017〕563号文通知：省委批准刘玮同志任省住房城乡建设厅党组成员。

4月24日，《广东省住房和城乡建设厅关于启动2017年PPP模式整县推进村镇污水处理设施建设的函》印发，明确2017年35个PPP模式整县推进村镇污水处理设施建设县（市、区）名单。

4月26日，广东省副省长许瑞生率省府办公厅、省科技厅、省住房和城乡建设厅、省代建局等单位有关负责同志到广州市番禺区调研装配式建筑发展工作。

4月29日，广东省人力资源和社会保障厅粤人社发〔2017〕104号文通知：省人民政府批准任命杨细平同志为广东省住房和城乡建设厅副厅长。

5月9日，广东省住房和城乡建设厅、教育厅、文化厅、体育局、旅游局联合举办"中国南粤古驿道首届文化创意大赛"活动。

同日，广东省住房和城乡建设厅举行法律顾问聘任仪式暨法治专题讲座。

5月31日，根据中共广东省委组织部《关于陈雄、李巍同志任职的通知》，陈雄、李巍同志任广东省建筑设计研究院院副院长。

6月14日，广东省人力资源和社会保障厅粤人社发〔2017〕153号文通知，广东省第十二届人民代表大会常务委员会第三十三次会议于2017年6月2日表决通过（粤常〔2017〕23号）：免去王芃的广东省住房和城乡建设厅厅长职务；任命张少康为广东省住房和城乡建设厅厅长。

6月23日，张少康当选九三学社广东省第八届委员会主委。

7月3日，茂名市城市管理执法队伍统一换装，成为广东省第一个统一城市管理执法人员制式服装和标志标识的地市。

7月12日　公布粤剧艺术博物馆等10项通过专项验收的"广东省建筑业新技术应用示范工程"。

是日至9月22日，中共广东省委第二巡视组对中共广东住房和城乡建设厅党组进行巡视。

7月17日，印发《广东省住房和城乡建设厅关于做好房地产估价师和房地产经纪专业人员证书挂靠集中治理工作的通知》，部、省、市、县纵向联合，全省查处存在违法违规挂靠行为的共25人次。

同日，住房城乡建设部正式复函同意全国12个城市开展住房租赁试点工作，广东省广州、深圳、佛山、肇庆等4个城市被纳入首批试点城市，占全国的1/3。

7月20日，住房城乡建设部在北京召开近期房价上涨压力较大城市房地产工作会商会和16个热点城市房地产工作会商会，广东省省住房城乡建设厅厅长张少康、广州市副市长马文田、中山市副市长高瑞生、深圳市规划国土委副主任王东参会。

7月21日，新版广东省建设行业信息技术和应

7月27日，广东省住房和城乡建设厅在广州召开服务平台上线运行。

同日，广东省第十二届人民代表大会常务委员会第三十四次会议通过《关于修改〈广东省建设工程质量管理条例〉和〈广东省建筑市场管理条例〉的决定》，保证建设工程质量，规范工程质量监督。

7月28日，广东省住房和城乡建设厅签订《行政权委托协议书》，将房地产估价分支机构备案委托广州、深圳市实施。

同日，广东省人民政府关于将一批省级行政职权委托广州、深圳市实施的决定，将港口管理等事项委托广州、深圳市实施。

7月31日，广东省副省长许瑞生带队到南粤古驿道网运营中心调研。

8月1日，广东省住房和城乡建设厅将工程勘察设计企业乙级资质、专项乙级资质、建设工程设计企业资质（涉及铁路、交通、水利、信息产业、民航、海洋等方面除外）核准、建筑业企业二级资质（涉及公路、水运、水利、通信方面除外）、建设工程质量检测机构资质核准、房地产开发企业二级资质核准（建筑业一级资质承包一级资质承托、工程类资质、工程监理企业乙级资质核准、房地产估价机构分支机构备案等工程审批事项下放至县级建设主管部门实施。

同日，广东省建造师等专业变更注销的业务委托深圳市实施。

8月2日，省委员会联合印发《广东省新型城镇化规划（2016—2020年）》。

8月9日，广东省举行城市管理执法队伍换装仪式，成立全省第一所挂牌暨城市管理执法城市治理分校。

8月22日，广东省佛山南海区、广州番禺区、珠海斗门区等14个镇列入第二批全国特色小镇名单。

8月26日，广东省从化区吕田镇莲麻村、韶关市翁源县江尾镇连溪村、江门市鹤山市址山镇宅南村、揭阳市榕城区仙桥街道篮兜村、云浮市罗定市附城街道丰盛村等5村被评为全国环境整治

示范村：广州市番禺区石楼镇大岭村、汕头市成田镇简朴村、清远市英德市九龙镇塘院村、中山市南区曹边村、揭阳市空港经济区砲塘村、云浮市云城区思劳镇城村等6村被评为全国美丽宜居村示范村。

8月30日，广东省住房和城乡建设厅印发《2277个省定贫困村创建社会主义新农村示范村创建规划工作方案》。

8月31日，广东省住房和城乡建设厅在云浮市云城区思劳镇城村等6村开展为期6天的房地产市场秩序实地督查工作。

9月5日，住房和城乡建设部第二督查组到广州、中山两市开展为期6天的房地产市场秩序实地督查工作。

9月8日，广东省住房和城乡建设厅在梅州市蕉岭县组织召开全省2277个省定贫困村创建社会主义新农村示范村创建工作会议。

9月11日至15日，是日至15日，广州分片区召开棚户区改造项目融资对接会议。

9月15日，中共广东省委组织部组（2017）1140号文通知，省委批准刘智民同志任省住房和城乡建设厅党组成员；免去廖锦添同志的省住房和城乡建设厅党组成员职务。

9月22日，按照《国务院关于取消一批行政许可事项的决定》的要求，取消物业服务企业一级资质。

9月25日，广东省副省长许瑞生赴深圳、东莞检查违法图纸查处与违法建设治理情况。

9月29日，广东省住房和城乡建设厅撤销广东省住房和城乡建设厅建筑节能处。

9月30日，湛江市举行城市管理和综合执法机构设置仪式，成立湛江市城市管理和综合执法局，成为全省第一个完成城市管理领域改革机构设置的城市。

10月11日，广东省住房和城乡建设厅组织召开全省房地产工作座谈会。

10月17日，"中国南粤古驿道网"举办网站升级仪式。10月18日至19日，全省城市设计工作座谈会在珠海召开。

10月20日，广东省建筑设计研究院与韶关市政

府共同举行战略合作框架协议签约仪式。

20日，全省"城市双修"工作座谈会在惠州召开。

10月24日，是日至25日，广东省副省长许瑞生率省住房和城乡建设厅、省委农办、省体育局等省直部门赴茂名市调研社会主义新农村建设、古建筑古驿道保护、精准扶贫工作。

10月25日，确定深圳市建筑设计研究总院有限公司等26家企业为"广东省工程咨询有限试点单位"。

10月27日，"广东省肇庆房地产联动发展工作座谈会召开"；广东省规划设计研究院荣膺"全国文明单位"。

同日，"广东省规划设计研究院荣膺'全国文明单位'"规划设计管理体制改革工作领导小组。

10月30日，"广东省规划设计执法遥感监测系统建设及应用"在国家科技成果平台上完成科技成果登记。

10月31日，住房和城乡建设部副部长黄艳参观位于广州市越秀区应元路与吉祥路交汇处的南粤古驿道展厅，并欣然为南粤古驿道写下寄语——"古驿道串起乡村文明"。

同日，广东省住房和城乡建设厅在广东警官学院举行2017年全省城市管理和综合执法体制改革专题培训开班式暨广东省城市管理和综合执法专题培训班。

11月2日，广东省住房和城乡建设厅与中国建设银行广东省分行签订《广东省住房租赁发展战略合作意向书》。

11月2～3日，广东省散装水泥办公室召开广东省散装水泥评价现场观摩会。这是广东省散装水泥评价的首例。

11月3日，广东省住房和城乡建设厅赴韶关带队调研民带队调研关乐昌市保障性住房。

同日，广东省住房和城乡建设厅党组书记杨细平赴韶关调研南粤古驿道的保护利用情况。

11月6日，经广东省人民政府同意，省住房和城乡建设厅、省文化厅、省体育局、省旅游局联合印发《广东省南粤古驿道线路保护与利用总体规划》。

11月8日，由广东省住房有限公司主办的2017"技艺成就建筑之美高峰论坛"在广东大厦国际会议厅举行。

是日至9日，广东省副省长许瑞生率省政府秘书长赵坤、省住房和城乡建设厅党组书记杨细平、省住房和城乡建设厅副厅长郑贤操等赴河源市和平县调研南粤古驿道保护利用工作。

11月9日，广东省建筑设计研究院被认定为全国第一批装配式建筑产业示范基地。

同日，广东省深圳市人选为首批装配式建筑示范城市，碧桂园控股有限公司等15家广东企业入选首批装配式建筑产业基地。

11月16日，广东省住房和城乡建设厅成立直属单位规划设计管理体制改革工作小组。

11月17日，广东省规划设计研究院荣膺"全国文明单位"荣誉称号。

11月18～20日，以"持续发展、理性规划"主题的2017年中国城市规划年会在东莞市召开。

11月19～23日，广东省住房和城乡建设厅联合省委组织部、省国土资源厅和省环境保护厅在东莞举办第十九期市长（书记）城建专题研究班。

11月23日，住房和城乡建设部组织召开全区域地产市场联动工作会商会。部长王蒙徽主持会议。副部长陆克华、倪虹、黄艳及部党组成员办公厅主任常青等领导出席。广东省政府副省长许瑞生、江苏省政府副省长蓝绍敏，广东、江苏两省住房城乡建设厅长及广州、佛山、肇庆、清远和南京、镇江、扬州等7个试点城市政府的有关负责人出席了会议。

11月26日，由住房和城乡建设部、国家文物局组成的国家历史文化名城评估检查组对广州市历史文化名城名镇名村保护工作进行抽查。

11月27日，广东省住房和城乡建设厅分别与中国银行广东省分行、中国工商银行广东省分行举行座谈会，就相关金融机构进一步参与和支持住房租赁行业发展交换意见。

是日至12月15日，广东省住房和城乡建设厅广州市召开全省新型墙材革新暨"三禁"和新型墙材备案事项监督管理专项会议。

11月29日，广东省建设工程造价管理总站正式更名为广东省建设工程标准定额站。

12月11日，《广东省住房和城乡建设厅关于房屋建筑和市政基础设施施工质量安全动态管理办法》印发。

同日，《广东省住房施工企业托管广州、深圳实施办法》印发。

12月11日，广东省人民政府副秘书长赵坤、广东省住房和城乡建设厅副厅长张小康带队赴日本开展农村住房和城乡建设厅日本开展农村污水处理技术访问调研。

12月12日，广东省建设执业资格注册中心推进"阳光政务"建设，开展一级注册建造师等专业变更注册和注销注册业务办理"零跑动"。

12月14日，广东省住房和城乡建设厅直属单位广东省城乡规划设计研究院荣获"全国住房城乡建设系统先进集体"荣誉称号。

12月15日，广东省住房和城乡建设厅在广州组织召开全省"2511"新型城镇化试点工作座谈会。

12月16日，广东省住房和城乡建设厅联合广东南方期刊有限公司联合推出中共广东省委主管主办的《南方》杂志增刊《以道兴粤》。

12月17日，南粤古驿道首届文化创意大赛于广州市黄埔古港圆满收官。

12月20日，广东省住房和城乡建设厅在佛山召开全省住房租赁工作经验交流和现场观摩会。

12月24～27日，住房城乡建设部、财政部组成的国家农村危房改造绩效评价检查组赴广东省开展2017年度农村危房改造绩效评价。

12月25日，广东省住房和城乡建设厅与中国农业发展银行广东省分行签署《"十三五"政策性金融支持住房城乡建设合作协议》，拟支持广东省住房和城乡建设领域3500亿元。

12月26日，广东省省长马兴瑞前往南雄梅关古驿道、珠玑古巷及古驿道周边的全安镇凌华村、珠玑镇灵潭村、下汾村开展调研。广东省委常委曾志权等人陪同调研。

12月27日，《广东省地方税务局 广东省住房和城乡建设厅关于加强信息共享深化业务协作的通知》印发。

同日，广东省住房和城乡建设厅与省建筑工程集团有限公司在广州举行协议签署仪式和公告签署仪式。省建设工程质量安全监督检测总站的工程质量检测鉴定业务、业绩、资质自2017年12月27日起正式由省建筑科学研究院集团股份有限公司承继，并承担相关法律责任。

12月28日，按照《住房城乡建设部办公厅关于取消工程建设项目招标代理机构资格认定加强事中事后监管的通知》的要求，取消工程项目招标代理机构资格。

同日，广州、深圳、佛山、肇庆等4个城市获批成为全国首批住房租赁工作试点城市，占全国试点城市总数的三分之一。

同日，广东省住房和城乡建设厅初步建设并试运行省级数字化城市管理平台，推动省、市、县三级数字化城市管理平台互联互通，整合形成全省数字化城市管理"一张网"。

2017年底，广州、深圳、佛山、肇庆等四个试点城市政府住房租赁管理服务平台已全部上线试运行。佛山市与建设银行联合搭建的具有佛山特色的住房租赁监管及交易平台——阳光·美好家园正式上线。（杨津）

（广东省住房和城乡建设厅）

广西壮族自治区

概况

2017年，广西住房城乡建设系统认真学习贯彻党的十九大精神和习近平新时代中国特色社会主义思想，紧扣发展和民生两大主题，强化城乡规划建设管理，加强住房保障和改善民生，积极推进改革创新，全区住房城乡建设工作取得显著成效。

【住房保障工作】 2017年，广西住房保障工作成效显著。截至12月25日，广西棚户区改造项目开工8.17万套（其中城市棚户区改造8.05万套，国有工矿棚户区改造0.12万套），完成国家下达广西年度目标任务的101.56%；全区棚户区改造基本建成6.52万套，完成年度任务3万套的217.21%。公共租赁住房基本建成6.81万套，完成年度建成任务4万套的170.32%，年度新增分配入住8.31万套（户）；经济适用住房基本建成0.18万套，年度新增分配入住2236套（户）。首创公共租赁住房"一账两库"管理模式，即建立健全全区公共租赁住房项目台账、公共租赁住房重点推进项目库和住房保障对象轮候库。推行重点项目监管机制，聘请31名自治区人大代表、政协委员参与全区保障性住房巡查督查。全面将农民工、外来务工人员等新市民纳入住房保障范围，环卫工人、公交司机等特殊行业群体实行定向分配公共租赁住房。

【农村危房改造】 广西农村危房改造工作获得国务院表扬激励。截至年底，广西农村危房改造共开工15.26万户、竣工13.80万户，其中建档立卡贫困户危房改造完成95531户，累计完成投资56.8亿元（其中，农村4类重点对象贫困户危房改造开工11.34万户、竣工10.70万户），提前并超额完成国家下达的年度农村危房改造任务，提前完成年度自治区为民办实事任务和脱贫攻坚贫困户危房改造任务，解决了50多万农村贫困群众的安全住房问题。

【房地产市场】 2017年，广西房地产投资、商品房销售面积同比较快增长，商品房价格稳中有升，商品房库存稳中趋降，施工面积和新开工面积同比增长。2017年，广西房地产业完成投资2934.8亿元，同比增长9.3%，完成全年房地产业投资目标任务2590亿元的113.3%。2017年，全区商品房销售面积为5170.99万平方米，同比增长22.7%，增速在全国排名第3位。全区商品房销售额为3016.64亿元，同比增长36.7%，商品房销售额增速在全国排名第3位。全区商品房平均售价为5834元/平方米，同比增长11.4%；商品住房平均售价为5623元/平方米，同比增长11.5%。截至年底，全区商品房库存面积共计4721.56万平方米，同比下降7.6%，消化周期约10.8个月。全区商品房施工面积为22689.62万平方米，新开工面积为4912.21万平方米，商品房竣工面积为1856.24万平方米。

【特色小镇建设】 2017年，广西小镇建设因地制宜培育自身特色，全面启动自治区级、市级特色小镇培育工作。组织第三方评估并完成第一批百镇、少数民族乡和特色名镇名村验收工作。完善广西特色小镇培育体系，印发《关于培育广西特色小镇实施意见》等6个文件，建立广西特色小镇培育厅际联席会议制度。公布第一批广西特色小镇名录，有10镇入选第二批全国特色小镇，全区已有14个镇入选国家特色小镇，总量排全国第11位。

【污水垃圾和黑臭水体整治】 2017年，广西持续推进城镇污水垃圾处理设施建设和黑臭水体整治。全区城镇污水生活垃圾无害化处理率分别达94%、99%。新增污水处理处理能力60万吨，新增污水管网约2050千米，桂林等19个市县实施污水处理厂提标改造工程。全区13个设区市、7个县级市具备污泥无害化处置能力。318座乡镇污水处理设施建成试水，超额完成"十三五"第一批建设任务。全区消除城市黑臭水体53段约133千米，南宁、柳州、桂林三市建成区黑臭水体基本消除。

【海绵城市建设】 2017年，广西海绵城市建成面积约80平方公里，12个设区市实现5%以上建成区面积达到海绵城市建设要求。南宁市海绵城市建设创新模式获得习近平总书记和住房城乡建设部的肯定，那考河海绵城市建设项目获得2017年中国人居环境范例奖，那考河片区、石门森林公园、五象湖综合配套工程等3个海绵项目建设作为国家典型案例向全国推广。

【推广装配式建筑】 2017年，广西加快装配式建筑发展，成立装配式建筑推广工作领导小组及办公室，制定出台装配式建筑的技术标准、政策和发展规划，举办广西装配式建筑展览会、项目现场示范会。玉林市成为第一批国家装配式建筑示范城市，广西建工集团、玉林福泰建设公司成为第一批全国装配式建筑产业基地。全区10个装配式建筑生产基地、7个装配式建筑项目开工建设。

【城建投融资】 自治区住房城乡建设厅加强固定资产投资管理和经济运行分析，2017年广西住房城乡建设超额完成全年投资目标任务，比全区固定资产投资增幅高出10.6个百分点，有效促进全区经济保持平稳发展。与中国建设银行、北部湾银行签订战略合作协议，深化与国家开发银行、中国农业发展银行合作，强化和规范PPP模式合作机制，多渠道筹措项目资金。城建统计创新采用了"三次"分级及"一对一"汇审方法，并得到住房城乡建设部计财司的肯定和推广。

法规建设

【概况】 扎实开展法治政府建设各项工作，广西住房城乡建设系统依法行政意识水平显著提高。2017年度自治区住房城乡建设厅作为先进单位代表，在全国住房城乡建设系统法治政府建设暨依法行政工作会议及自治区行政执法资格培训考试会议上作典型发言。全年在立法、执法、复议、诉讼、普法等法治政府建设方面取得良好的成绩。

【住房城乡建设重点领域立法】 完善依法行政制度体系，加强住房城乡建设重点领域立法。2017年，《广西建筑工程安全生产管理办法》正式颁布，《广西乡村规划建设管理条例》已通过自治区人大一审；组织修订《广西建设工程造价管理办法》；协调立法机关重新启动《广西违法建设查处条例》立法进程；推动《广西传统村落保护发展条例》和《广西城市管理执法条例》纳入自治区2018年重点立法计划。

【法规规章文件清理工作】 加大住房城乡建设领域地方性法规、规章、规范性文件清理力度。2017年，广西对近10年来制定的规范性文件进行清理，废止了107件规范性文件并依法公布；全面开展广西住房城乡建设领域现行地方性法规、规章和规范性文件中与推进城市管理执法体制改革不相适应内容的清理工作，对涉及广西住房城乡建设领域的10部地方性法规及7部政府规章提出清理意见、建议和解决方案，并将清理成果上报自治区立法机关。

【城市管理执法改革】 全面落实城市管理执法体制改革各项任务。2017年，自治区住房城乡建设厅牵头制定并以自治区党委、自治区人民政府名义出台《关于深入推进城市管理执法体制改革的实施意见》；启动自治区层面和设区市的城市管理执法地方性法规立法工作，自治区层面设立城市管理监督局。推进市县两级政府城市管理领域大部门制改革，落实城市管理执法部门持证上岗要求。印发《城市管理执法制式服装和标志标识供应管理办法》，指导城市管理执法制式服装换装工作。南宁、北流等15个市县整合形成数字化城市管理平台，推动智慧城市建设和城市管理执法一体化工作。

【行政执法规范化管理】 2017年，广西建立行政执法自由裁量权基准制度，实现行政执法精细化管理。正式印发全区住房城乡建设系统行政执法事项自由裁量权基准。印发《关于在城市管理领域执法工作中开展推行执法全过程记录制度试点的通知》，全面实现执法全过程留痕和可回溯管理。出台《广西住房城乡建设系统重大执法决定法制审核制度》《广西住房城乡建设系统行政执法调查取证和告知制度》《广西住房城乡建设系统异地行政执法协助制度》等3项制度。组织对柳州、桂林、梧州、北海、钦州、贵港、玉林、河池、来宾等市开展常态性行政执法案卷评查工作，对住房城乡建设、规划、城市管理、市政管理等数十个部门共计400多件行政许可、行政处罚、行政强制等执法案卷进行现场抽查。实现全区住房城乡建设系统行政执法前端、中端、末端精细化管理。

【民用建筑节能条例实施】 1月1日起，《广西壮族自治区民用建筑节能条例》正式实施，为规范广西民用建筑节能工作、提高民用建筑节能水平提供了有力的法律依据和技术保障，是广西民用建筑节能发展和应用立法上的重大进展。

房地产业

【概况】 2017年，广西开展房地产市场风险排查工作，全面梳理房地产领域矛盾风险隐患，规范房地产开发、销售、中介等行为，强化房地产市场监管，工作得到住房城乡建设部肯定。广西坚持分类调控，因城因地施策，加强现房转让管理、价格监管、住房和土地供应管理。开展房地产市场风险排查，严肃查处房地产企业和中介机构违法违规行为。全区房地产市场交易信息统计分析监控体系扩展为自治区、市、县三级。

【房地产市场调控】 广西成立房地产市场调控工作协调小组，初步建立多部门信息共享和联合查处机制。2017年，针对部分城市商品房销售面积及均价过快上涨的情况，自治区住房城乡建设厅督促指导南宁、桂林、北海、贺州等热点城市密切关注市场新情况新问题，及时出台政策措施，防止商品住房价格过快上涨。对非本市居民购房进行管控；加强商品住房销售价格监管；指导热点城市加强对商品住房和车库车位价格的监管；指导房地产开发企业合理定价。加强住房和土地供应管理，规范住宅装修标准及定价。南宁市商业性个人住房贷款政策实行"认房又认贷"标准，明确购买二套房首付比例不低于40%，购买三套房及以上暂停贷款。

【培育和发展住房租赁市场】 2017年，自治区政府办公厅印发《关于加快培育和发展住房租赁市场的实施意见》，从6个方面提出18条政策措施培育和发展住房租赁市场。自治区住房城乡建设厅与中国建设银行广西分行签署了《培育发展住房租赁市场合作协议》，主动探索住房租赁市场发展合作新模式。

【物业管理】 截至年底，广西有物业企业2200多家，其中一级资质企业62家（含外省驻桂企业36家），二级企业132家（含外省驻桂企业20家），三级（含暂定）企业2006多家，服务项目约4000个，物业服务面积5亿平方米，从业人员20多万。2017年，全区申报自治区物业管理优秀住宅小区（大厦、工业园）评比的项目54个，项目覆盖全区12个设区市。

住房保障

【概况】 2017年广西住房保障工作全面推进，全区保障性安居工程完成投资221.07亿元，占全年计划投资190亿元的116.35%。全年共争取专项补助资金71.88亿元，新增发放棚户区改造贷款182.50亿元，实现棚户区改造和保障性安居工程补助资金基本持平。盘活建设滞缓项目4.3万套，盘活信贷资金110亿元。全区新增发放城镇住房保障家庭租赁补贴8810户，超额完成年度目标任务。

【棚户区改造】 9月，广西提前并超额完成了国家下达的棚户区改造开工任务。截至12月25日，全区棚户区改造项目开工8.17万套，完成国家下达广西年度目标任务8.05万套的101.56%；全区棚户区改造基本建成6.52万套，完成年度任务3万套的217.21%。其中，城市棚户区改造新开工8.05万套，基本建成6.20万套，本年度新增分配入住2.02万套；国有工矿棚户区改造新开工1227套，基本建成3135套，本年度新增分配入住805套（户）；2017年全区林区、垦区棚户区改造无开工目标任务，基本建成1220套，本年度新增分配入住84套（户）。

【新市民住房保障专项行动】 2017年，广西全面将农民工、外来务工人员等新市民全面纳入住房保障范围，并在全区范围内开展农民工等新市民住房保障专项行动。截至12月底，全区已向农民工分配公共租赁住房3.02万套、环卫工人0.49万套、公交司机932套、青年教师3.78万套、青年医生1.76万套，残疾人、优抚对象、计划生育特殊困难家庭、60岁以上老年人、各类先进模范人物等其他人群3.16万套。全区公共租赁住房累计开工48.07万套，已分配入住39.61万套，解决了近125万城镇中低收入新市民的阶段性居住困难。

【"租购并举"住房改革】 2017年，广西建立购房与租房并举、市场配置与政府保障相结合的住房制度为主要发展和改革方向，推动公共租赁住房货币化试点。自治区住房城乡建设厅在柳州和钦州两市开展"租房券"试点，鼓励住房保障对象根据自身就业、子女教育等实际需求，通过市场租房、政府发放租房补贴的形式实现住房保障。2个试点市累计有4781户新市民提交申请材料，已通过审核1278户，通过"租房券"形式发放公共租赁住房租赁补贴1278户。

住房公积金管理

【概况】 2017年，广西支持合理的住房消费，通过住房公积金调控政策抑制投机性购房。南宁、桂林、北海、贺州等热点城市及时出台调控政策，通过收紧金融信贷政策、调整住房公积金政策、加强住房和土地供应管理等方式，防止商品住房价格过快上涨。全区15个住房公积金管理中心、分中心全部接入全国住房公积金异地转移接续平台并上线运行，实现了"账随人走、钱随账走"。5月，自治区住房城乡建设厅会同自治区财政厅联合印发《广西住房公积金内部控制规范（试行）》，并于7月1日起实施。8月，自治区住房城乡建设厅会同自治区财政厅、人民银行南宁中心支行联合出台《广西个人自愿缴存住房公积金管理办法》。

【住房公积金归集】 2017年，全区住房公积金归集稳增。共归集住房公积金377.65亿元，同比增加40.16亿元，同比增长11.90%，增速同比下降5.43个百分点。截至年底，全区住房公积金累计缴存2503.18亿元，缴存余额995.93亿元，同比分别增长17.77%和13.38%。

【住房公积金使用】 2017年全区住房公积金提取260.12亿元，同比增加14.46亿元，增长5.89%。其中，住房消费提取206.23亿元，离休、退休人员全年共提取39.45亿元。2017年全区共发放个人住房贷款6.7万户、224.85亿元，同比分别增长0.44%和6.3%。其中，桂林、梧州、百色、崇左市个贷发放额同比分别增长66.85%、39.46%、38.62%和32.86%。回收个人住房贷款72.14亿元，同比增长16.84%。

【住房公积金资金运作】 2017年全区住房公积金业务收入30.31亿元，同比增长10.27%；业务支出14.80亿元，同比增长10.75%；实现增值收益15.52亿元，同比增长9.83%。

城乡规划

【概况】 2017年，广西各市县开展城市总体规划编制或修改工作，柳州市被住房城乡建设部列为城市总体规划编制试点城市，南宁市、百色市、贺州市、河池市、凭祥市、藤县等城市和县城开展总体规划编制或修改工作。建立城市规划编制实施管理考评体系，自治区级规划信息管理平台初步建立。各地开展海绵城市、智慧城市、燃气专项规划编制。《广西乡村规划建设管理条例》立法工作已通过自治区人大常委会一审。

【试点城市】 2017年，广西多个城市入选城乡规划试点城市。南宁市、北海市被住房城乡建设部列为第二批城市设计试点城市，桂林市、柳州市分别被住房城乡建设部列为第二、第三批"城市双修"试点城市。南宁市作为全区"街区制"试点城市，印发试点工作方案，开展街区制试点工作。

【编制《广西沿边城镇带规划》】 2017年，为指导广西沿边各城镇总体规划编制和实施工作，为重点开发开放试验区、沿边口岸、边境城市、边境和跨境经济合作区等建设提供城乡规划支撑，构建特色鲜明的沿边经济带，广西于2017年开展《广西沿边城镇带规划》编制工作并已批复实施，规划形成了城镇规模等级上层级有序、职能结构上口岸与城镇协同发展、空间布局结构上开放科学的沿边城镇体系。

【风景名胜区规划编制】 2017年自治区住房城乡建设厅组织推动2个国家级风景名胜区总体规划及德天景区详细规划和4个自治区级风景名胜区的规划编制工作。组织编制《自治区级风景名胜区核心景区划定规划》，完成第一批共计24个自治区级风景名胜区的范围和核心景区范围的界定。

城市建设

【概况】 2017年，自治区及各市印发出台"城市双修"工作方案，全面推进"城市双修"。新增违法建设"零容忍"，提前完成查处存量违法建设的年度目标任务。开展"美丽广西·宜居城市"建设活动，设立宜居城市奖，建立宜居城市建设厅际联席会议制度，制定"美丽广西·宜居城市"建设评价考核实施办法，推进城市市政基础设施建设。柳州、梧州、北流三市荣获全国无障碍环境示范城市。《广西城镇环卫保洁质量与评价标准》发布，桂林等6市开展城市市容环境卫生条例的相关立法工作，河池市开展建筑垃圾管理条例的相关立法是广西第一部有关建筑垃圾管理的地方性法规。持续推进第十二届中国（南宁）国际园博园建设，成功举办第十届广西（贺州）和第十一届广西（贵港）园林园艺博览会。

【生活垃圾处理】 2017年，广西各市依据地方情况，因地制宜开展生活垃圾处理工作。其中，南宁市列为全国46个生活垃圾分类重点城市之一，全面开展生活垃圾分类工作；桂林市新增20个试点小区，重点建设垃圾分类智能管理平台和云平台智能指挥中心。全区完成城镇生活垃圾填埋场渗滤液处理设施提标改造项目、旧垃圾场治理项目16个。

【城镇化建设】 2017年广西实施大县城战略，推进自治区新型城镇化示范县建设。分别完成新型城镇化示范县、百镇建设示范项目投资48亿元、21.4亿元；完成乡改镇投资4186万元；23个新型城镇化示范县项目完成投资21.58亿元，完成年度投资计划的99.5%；59个少数民族乡建设累计完成投资5.94亿元，完成计划投资100%；百镇建设示范项目完成投资20.6亿元，完成计划的100.7%；乡改镇项目完成投资4186.02万元，完成计划的100%。

【城市园林绿化建设】 2017年，广西完成各类立体绿化建设33万平方米。广西城市（县城）建成区绿化覆盖率达到38.02%，建成区绿地率达到32.79%，建成区人均公园绿地面积达到11.96平方米。灵山、浦北、南丹、德保4个县荣获"国家园林县城"称号。柳州市全面推进"花园城市"2.0版升级，重点打造"紫荆花都"品牌；钦州市继续深入开展"园林生活十年计划"；贵港市着力打造中国"荷城"地标性城市品牌；来宾市打造具有地方特色的"红河红——木棉花城"和"清水清——桂中水城"双城品牌。

村镇建设

【概况】 2017年广西加强传统村落保护，传统村落共654个，推荐25个镇村、326个村落参选中国历史文化名镇名村和中国传统村落。"美丽广西"乡村建设为平台和抓手，统筹推进农村垃圾两年攻坚，全面完成515个片区处理中心项目和1268个村级处理设施项目建设，县市周边"村收镇运县处理"、边远乡镇"村收镇运片区处理"及边远村屯"村庄就近就地"处理体系基本建成。

【农村人居环境改善】 2017年，广西有12个村列为全国改善农村人居环境示范村，数量排在全国第五位。开展村屯公共照明试点，全区1500个农村公共照明试点项目已竣工1522个，竣工率为101.5%。农村垃圾治理通过国家十部门组织的综合验收，成为全国通过国家验收的8个省区之一。

【农村改厨改厕工作】 2017年，广西为全国首个全面推进农村改厨和第二个全面推进农村改厕的省区。明确了各市、县改造任务量及农村改厕改厨补助标准，制定了"美丽广西·宜居乡村"活动指导意见及3个配套文件，召开现场培训会，编制"基础便民"专项活动技术手册及专题片。积极引进改厕PE材料的一体化设备生产厂商，推进全区水选塑料生产三格化粪池建设。

【乡土特色示范建设】 2017年，广西乡土特色示范建设落地见实效。广西第一至第三批中国传统村落保护发展项目累计完成投资2.85亿元。第四批26个中国传统村落启动建设前期工作。完成13个村落数字博物馆建设。推进550个乡土特色示范村建设和30条乡土特色示范带建设。上林、三江、灵川、富川及凌云等5个乡土特色示范县按计划完成投资建设。

【环广西公路自行车世界巡回赛沿线风貌整治】 2017年，广西全面完成环广西公路自行车世界巡回赛沿线925千米、368个村屯的5万户房屋外立面改造、3.17万户屋顶整治、40个村屯景观节点及6条风光带建设等环境综合整治工作，包括桂林漓江沿线、钦州3D艺术稻田景观、马山县乡土特色风貌等景观节点及沿线村屯整治。

标准定额

【概况】 2017年，广西加快完善工程建设标准定额编制步伐，进一步完善工程定额管理体系。批准立项48项地方标准及6项标准设计图集，发布实施18项地方标准和4项工程定额，逐步形成工程建设现代化标准体系。下发《关于营改增后价格信息发布除税计算调整的通知》，完成6项信息价格审核工作。邀请行业专家成立无障碍环境建设专家指导组，有针对性地不定期赴相关市县开展创建内容咨询、指导施工验收等工作。

【工程建设标准】 2017年根据国家新出台的《标准化法》，广西研究修订了《广西工程建设地方标准化工作管理办法》。在装配式建筑、BIM技术应用、城市地下综合管廊建设等方面，分两批立项37项地方标准及14项标准设计图集，批准发布《装配整体式混凝土建筑结构设计规程》《建筑工程建筑信息模型施工应用标准》《装配式混凝土结构施工质量验收规程标准》《装配式混凝土结构工程施工技术规程》等17项地方标准，编制发布《建筑工程建筑信息模型（BIM）施工应用标准》《城市轨道交通建筑信息模型建模与交付标准》等4项BIM技术标准。

【定额标准】 2017年，广西继续完善建设工程定额标准。编制完成《广西建筑装饰装修工程概算定额》《广西装配式建筑工程消耗量定额》《广西绿色建筑工程消耗量定额（建筑装饰工程部分）》和《广西市政设施养护维修工程消耗量及费用定额》，共4项定额标准。出台了《关于"营改增"后建设工程结算有关计价计税问题的指导意见》。开展了南宁市邕大北路、南宁壮锦大道、南宁龙岗大道3个不同地质条件下污水管顶进一次性补充定额的编制工作。

【无障碍环境建设】 2017年，广西各市县按照《无障碍环境建设条例》要求，将无障碍环境建设规划纳入各市县国民经济发展规划，并按照《无障碍设计规范》《无障碍设施施工验收及维护规范》等标准规范开展无障碍环境建设与改造。2017年，广西先后共投入资金1100万元，对3200多户贫困残疾人家庭进行无障碍改造。全区新建的51条主要市政道路、132座公共建筑、271个居住小区、27个公共交通设施、21个公园广场、6个医院、11个福利及特殊服务建筑等均按照国家无障碍设施建设相关标准规范设计、施工，无障碍设施建设率达100%。

工程质量安全监管

【概况】 2017年，广西起草首部建筑施工领域政府规章《广西壮族自治区建筑施工安全生产管理办法》，于2018年颁布实施。部署开展住宅工程质量满意度四年提升专项行动，建筑施工事故起数和死亡人数双下降。鼓励建筑业企业采用建设工程保证保险，减轻建筑业企业的资金压力，防范和化解工程风险，得到住房城乡建设部的充分肯定，有关广西做法的报道登载在国务院网站上。

【在建工程质量安全检查】 2017年，自治区住房城乡建设厅共组织开展4次大检查，完成对全区14个市及105个县区的全覆盖督查，累计检查在建工程项目390个，责令停工整改182个，占比46.67%，对施工、监理企业予以暂停承揽业务149家（次），对注册执业人员予以暂停执业141名（次）。

【在建轨道交通工程质量安全专项检查】 2017年，自治区住房城乡建设厅开展南宁市轨道交通工程质量安全检查4次，主要检查工程建设各方责任主体质量安全行为、工程质量安全控制资料、实体工程质量与现场施工安全等。共抽查南宁市轨道交通2号、3号和4号线的21个工程，发出21份质量安全隐患整改建议书，对3家施工企业、2家监理企业及2家第三方监测单位予以全区点名通报批评。

【住宅工程质量监督抽查】 2017年，广西将原保障性安居工程质量监督抽查台账拓展为住宅工程质量监督抽查台账。全区监督机构前四季度共报送了对2762项住宅工程开展监督抽查，在监督过程中共发出899份整改通知书，其中隐患整改通知书774份，局部停工整改通知书115份。

建筑市场

【概况】 2017年广西建筑业总产值完成4210亿元，同比增长22.1%，比全国平均增速快11.6个百分点，增速在全国排第4位。建筑业增加值实现1636亿元，同比增长12.2%，比广西地区生产总值增速快4.9个百分点，占比达到8.02%。实现建筑业税收176亿元，占广西税收的8.3%；从业人员达到126万人。2017年，广西1个工程获得国家"鲁班奖"、1个工程获得土木工程"詹天佑奖"、18个工程获国家优质工程奖、20个工程获全国建设工程项目施工安全生产标准化工地、17个工程获全国建筑工程装饰奖、49个QC小组荣获"全国工程建设优秀QC小组"称号。在香港举行的第三届国际BIM大奖赛中,广西有4个项目获奖。

【勘察设计】 2017年,全区共有63个项目获全国优秀工程勘察设计行业奖,开展第一批广西勘察设计大师评选,启动广西优秀工程勘察设计奖评选活动。大力推进CEPA协议落实,桂港在建设领域的交流合作进一步加强。

【开展试点工作】 2017年,广西多个项目和城市都入列全国建筑业试点。工程勘察设计行业先后获批大型公共建筑工程后评估、勘察质量管理信息化和建筑师负责制等3项全国试点。广西继上海后成为全国第二个建筑师负责制试点省份。南宁、桂林、柳州、北海市等为广西第一批公共建筑工程后评估、勘察质量管理信息化试点城市。南宁市、中国——马来西亚钦州产业园区为广西第一批建筑师负责试点地区。2017年,广西印发《广西全过程工程咨询试点工作方案》,正式启动全过程工程咨询试点工作,明确了23家试点企业。共承担住房城乡建设部确定的9项建筑市场改革试点,工程总承包模式试点项目近300个。全过程工程咨询试点工作正式启动,明确了23家试点企业。

【招标投标工作】 2017年,广西开展工程招标投标行为专项检查,全区14个设区市已全部具备电子化招投标条件,已有10个市实现电子招投标常态化。出台广西首个房建市政工程设计招标文件范本,形成了由8个范本组成的标准化招标文件系列。

建筑节能与建设科技

【概况】 2017年,广西新增新建节能建筑面积5960.16万平方米,折合节约标准煤约100.74万吨,相当于节电量30.2亿千瓦时,减少二氧化碳排放量251万吨,超额完成年度工作目标。"十三五"时期全区第一批41个县城"限黏"和537个乡镇"禁实"任务全部完成。广西获得绿色建筑设计评价标识项目38个。列入国家公共建筑节能改造试点的有百色市等"1市2校3院"试点项目及5个自治区级公共建筑节能改造示范县(区),5个自治区级可再生能源建筑应用示范县(区、镇),建设进展顺利。广西妇女儿童医院荣获2017年度全国绿色建筑创新奖三等奖。12个设区市建立了市级大型公共建筑能耗监测平台,178栋建筑纳入省级能耗监测平台的监测范围进行动态监测,实现了自治区和城市能耗监测数据联网共享。编制实施广西建筑节能工程建设地方标准4项,新增自治区建设行业企业技术中心6家。

【智慧城市建设】 2017年,为适应新型智慧城市建设工作新形势、新需求,广西绝大部分国家智慧城市试点建设工作的责任单位已作调整。南宁、柳州、贵港、钦州市等4个试点的建设责任单位已调整为当地发展改革委,桂林、玉林市等2个试点的责任单位已调整为当地工业和信息化委员会,柳州市鱼峰区的智慧城市试点建设责任单位调整为鱼峰区人民政府设立的网格化办公室,仅鹿寨县的智慧城市试点建设责任单位继续保留在当地住房城乡建设主管部门。

【建设科技】 2017年,广西实施节能技术产业化工程,建设科技创新成效显著。确定软科学研究、高性能绿色建筑、信息化工程、市政公用、绿色施工类等广西建设科技示范工程项目立项39个,5个项目获批列入广西科学研究与技术开发计划项目;报送8个项目获批列入住房城乡建设部2017年度科学技术项目计划;组织完成9个建设行业自治区级企业技术中心认定,完成10个建设行业自治区级企业技术中心复评;完成4个科研类课题验收工作。

【新型墙体材料】 2017年,广西新型墙体材料产业发展势头良好。全区取得新型墙材认定企业987家,新型墙材生产能力突破500亿块标准砖,新型墙材产量达到246亿块标准砖,新型墙材占墙体材料总量的比重达74%,城镇房屋建筑使用新型墙材的比例超过90%;开展16家清水墙砖示范生产线建设,产能规模达到7.8亿块标准砖。

人事教育

【概况】 2017年自治区住房城乡建设厅深入学习宣传贯彻党的十九大精神,广泛开展"学习贯彻十九大 砥砺推进城镇化""为你朗读十九大"等系列活动。全面落实从严治党责任,牢固树立"四个意识",扎实推进"两学一做"学习教育常态化制度化,坚持党管意识形态原则,筑牢党员干部思想防线。大力加强行业系统内精神文明建设,创新"道德讲堂"走进自治区住房城乡建设厅6个定点帮扶贫困村,推动移风易俗和社会主义核心价值观的宣传。加大对专业技术人才引进和现有干部队伍的培养力度。

【廉政建设】 2017年,自治区住房城乡建设厅召开党的工作暨党风廉政建设工作会议,与厅机关各处室及厅属各单位主要负责人签订《党风廉政建设责任状》。开展党内法规学习,组织全体党员干部职工、厅属单位领导班子成员参加《中国共产党问责条例》《中国共产党党内监督条例》《关于新形势下党内政治生活的若干准则》等的讲座学习，观看《巡视利剑》等相关专题片。开展警示教育，在百色干部学院、浙江大学、武汉大学、华中科技大学举办的培训班，均将党内法规纳入重要培训内容。

【人才培训】 2017年，自治区住房城乡建设厅加大人才队伍培养。举办领导干部专题培训、业务知识培训和专题讲座，累计培训本系统干部4000多人次。组织开展岗位资格培训、专门业务培训和继续教育等工作，全年组织开展专业技术人员培训及考核16.98万人次，组织各项考试18.79万人次，共完成10.68万人次的现场专业人员岗位证书办理工作。组织开展建设职业技能培训2.3万人次，村镇建筑工匠1万人，农村党员干部建筑技术技能示范培训2800名。

大事记

1月1日，《广西壮族自治区民用建筑节能条例》正式施行。

1月10日，自治区政府办公厅印发《广西城镇保障性安居工程"十三五"规划》。

1月13日，广西有2镇8村入选全国第四批美丽宜居小镇、美丽宜居村庄示范名单。

1月19日，2017年全区建设工作会议在南宁召开，会议贯彻落实了全国住房城乡建设工作会议、中央和全区城市工作会议、全区经济工作会议精神，总结回顾2016年全区住房城乡建设工作，研究部署2017年全区住房城乡建设工作任务。

1月26日，自治区政府办公厅印发实施《关于加快培育和发展住房租赁市场的实施意见》。

2月13日，第十二届中国（南宁）国际园林博览会招商招展推介会（华南地区专场）在南宁召开，面向广东、广西、福建、四川、云南等华南省区的大型企业和园林行业进行招商招展宣传推介，并与首批4家意向单位签订意向合作协议。

2月14日，2017年全区建筑市场监管工作会议暨第一季度建筑施工安全生产形势分析会在南宁召开，县域工程、深基坑、高大模板、起重机械、轨道交通施工等重大危险源将纳入当年建筑施工安全生产监管重点。

2月22日至3月7日，开展2017年第一次全区建设工程质量安全督查，基层监督机构监督员和施工、监理企业项目部的质量安全管理人员首次参与检查。

2月28日，自治区墙改办在南宁召开全区墙材革新工作会议，要求年底前广西全面关停淘汰不符合国家产业政策的小规模，高排放、高消耗、高污染的砖厂。

3月1日，全国农村危房改造质量安全管理电视电话会议在甘肃兰州召开，会议介绍推广了农房低成本加固改造经验，自治区住房城乡建设厅副巡视员叶云在广西主会场出席会议。

3月7～8日，自治区住房城乡建设厅厅长严世明率领厅相关处室，赴湖南省学习考察装配式建筑工作，学习先进省市经验做法。

3月10日，第九届广西园林园艺博览会总结大会暨会旗交接仪式在钦州市举行，贺州市将承办第十届广西园林园艺博览会。

3月14日，住房城乡建设部法规司巡视员王志宏率队到自治区住房城乡建设厅调研"七五"普法工作，并召开"七五"普法调研广西座谈会。

同日，2017年全区住房城乡建设系统工会工作会议在南宁召开。

3月16日，2017年全区住房城乡建设系统精神文明建设工作座谈会在柳州市召开。

3月22日，自治区住房城乡建设厅印发了《关于在工程勘察设计行业监督检查双随机、一公开的通知》，明确了在广西工程勘察设计行业监督检查中实行"双随机、一公开"的工作机制。

同日，住房城乡建设部将桂林市列为生态修复城市修补试点城市。

3月24日，广西园林园艺博览会组委会召开第十一次全体成员会议，会议审议通过了第十届广西园林园艺博览会总体工作方案及园博园总体规划方案。

4月1日，广西在全区范围内开展打击非法违法建筑施工安全生产行为专项行动。

4月14日，广西建筑企业广西建工一建承建的"敦煌莫高窟保护利用工程—游客服务设施建安工程"获第十四届中国土木工程詹天佑奖，是广西建筑工程领域首个詹天佑奖。

4月20日，住房城乡建设部全国部分地区公共租赁住房工作座谈会在广西南宁召开，来自13个省（自治区、直辖市）的住房城乡建设部门负责人共同交流公共租赁住房工作经验。

4月20～23日，中国建筑节能协会到广西开展建筑节能、绿色建筑与装配式建筑实施情况专项检查。

4月23～24日，国家无障碍环境建设第五检查组到柳州市、鹿寨县，就《无障碍环境建设条例》贯彻实施情况进行检查。

4月25日,在桂林市召开生态修复城市修补工作动员大会。桂林入选国家19个第二批生态修复、城市修补试点城市名单,是广西唯一入选城市。

5月3日,自治区住房城乡建设厅出台《广西住房城乡建设事业发展"十三五"规划》。

5月9日,2017年全区市政公用行业建设与管理工作会议在桂林召开。

同日,召开全区保障性安居工程巡查专员座谈会,引入监督机制,聘请31名自治区人大代表和政协委员作为巡查专员,参加全区保障性安居工程巡查工作。

同日,住房城乡建设部等7部门公布2017年列入中央财政支持范围的中国传统村落名单,广西有26个村落上榜。

5月12日,自治区政府办公厅印发《关于加强2017年全区城镇保障性安居工程建设工作的通知》。

5月20~23日 住房城乡建设部检查组对广西勘察设计质量情况和超限高层建筑工程抗震设防总体水平进行专项检查。

5月31日,自治区住房城乡建设厅、广西壮族自治区政管办、广西保监局联合印发《关于鼓励建筑业企业采用建设工程保证保险的通知》。

6月1~30日,自治区住房城乡建设厅在全区启动主题为"全面落实企业安全生产主体责任"的"安全生产月"活动。

6月1日,2017年全区住房城乡建设系统政务信息工作培训会暨信息化建设工作会在南宁召开。

6月2日,自治区召开全区"清洁乡村"再提升活动暨农村生活垃圾专项治理验收工作动员部署电视电话会议。

6月22日,第十二届中国(南宁)国际园林博览会协调领导小组第一次会议在南宁召开,会议听取了南宁市关于第十二届园博会筹办工作进展情况的汇报,并研究审议了园博园广西园、园博园植物主题园以及第十二届园博会吉祥物设计方案。

6月29日,在南宁召开全区违法建设专项治理工作电视电话会议,要求7月底前广西各市县要健全违法建设举报制度,公布举报电话和邮箱,鼓励公民、法人和其他组织采用电话、书信、电子邮件等形式反映问题,举报违法建设行为。

7月1日,第十二届中国(南宁)国际园林博览会筹办工作指挥部举行广西园、设计师园设计竞赛获奖作品颁奖仪式。

7月10~17日,"十三五"首批313个乡镇污水处理设施建设项目提前竣工,13个首期竣工的乡镇污水处理设施项目举行集中竣工仪式。

7月12日,住房城乡建设部印发《关于将上海等37个城市列为第二批城市设计试点城市的通知》,南宁市、北海市被列入第二批城市设计试点城市。

同日,广西柳州市被列为全国"城市双修"试点城市,是广西第二个成功入选的城市。

7月15日,自治区政府办公厅出台《关于培育广西特色小镇的实施意见》,提出到2020年,广西将培育30个左右全国特色小镇,同时建设100个左右自治区级特色小镇以及200个左右市级特色小镇。

7月20日,第十二届中国(南宁)国际园林博览会邀请的境外19个国家城市全部确认参展。

7月27日,2017年全区勘察设计会议暨第一批广西工程勘察设计大师颁证大会在南宁召开,13位勘察设计大师入选。

8月3日,在百色举行全区推进公共建筑节能改造工作会议,全面启动公共建筑节能改造工作。

8月8日,"全国工程建设行业吊装职业技能竞赛"广西赛区选拔赛在南宁举办,中建三局集团有限公司1队在选拔赛中获得第一名,组成广西代表队参加全国比赛。

8月14日,自治区住房城乡建设厅印发新版《广西壮族自治区住房城乡建设系统地震应急预案》。

8月22日,住房城乡建设部网站正式公布第二批全国特色小镇名单,广西10个小镇入选。

8月24日,广西首家民营企业广西景典装配式建筑科技股份有限公司在南宁签约成立,标志着广西首家民营企业装配式建筑生产基地落户南宁。

8月24~26日,广西装配式建筑技术交流大会、广西装配式建筑专家委员会成立大会暨高峰论坛、广西住房城乡建设系统装配式建筑培训班、广西装配式建筑发展促进会第一次会员大会、广西装配式建筑展览会在南宁举办。

8月28日,广西被住房城乡建设部列为大型公共建筑后评估、勘察质量管理信息化、建筑师负责制试点省份。

同日,自治区住房城乡建设厅、财政厅、中国人民银行南宁中心支行联合印发了《广西个人自愿缴存住房公积金管理办法》。

8月29日,第十届广西园林园艺博览会在贺州开幕,以"山水贺寿 诗意乡愁"为设计理念。

9月7日,广西本土企业首个装配式装修项目观摩会在南宁市怡程酒店项目举办。

9月8日,住房城乡建设部城建司组织专家赴广西开展地下综合管廊规划辅导及建设进展督查,并召开专题会议。

同日，住房城乡建设部将柳州市列为城市总体规划编制15个全国试点城市之一。

9月8～10日，2017年中国—东盟市长论坛在南宁举行。

9月19日，"一带一路"桂港合作论坛在南宁举行，并召开桂港专业服务合作交流座谈会。

同日，柳州举行城管执法服装换装暨上汽通用五菱赠车仪式，柳州市城市管理执法人员率先在全区换上了全国统一的深蓝色城管制式服装。

9月21日，自治区住房城乡建设厅正式移交10个行业协会商会外事工作管理权限。

9月23日，第九届广西建设工程质量论坛暨住宅工程质量常见问题专项治理样板工程观摩会在钦州市召开，并进行"广西建筑工程质量投诉微信公众号"和"质量安全提升入百企"服务活动的启动仪式以及《房屋建筑工程质量治理教育系列片》发布和赠予仪式。

9月26日，住房城乡建设部质量安全监管司完善工程勘察质量监管制度座谈会在南宁召开。

10月11日，广西柳州建筑现代化产业园项目开工典礼暨奠基仪式在柳州市白露工业园举行，标志着广西第一批装配式建筑产业基地已全部开工。

10月16日，自治区住房城乡建设厅智能审批和监管一体化信息系统正式上线。

10月26日，自治区住房城乡建设厅与广西北部湾银行举行战略合作签约仪式。

10月27日，第十二届中国（南宁）国际园林博览会 筹办工作指挥部分别赴玉林市、崇左市举办专场招商招展推介会。

10月30日，第十二届中国（南宁）国际园博会筹办工作指挥部组织召开展园建设开工现场会，标志着第十二届中国（南宁）国际园博会展园正式开工建设。

11月8日，经自治区党委决定，周家斌任自治区住房城乡建设厅党组书记，免去严世明的自治区住房城乡建设厅党组书记职务。

11月9日，自治区住房城乡建设厅组建的城市管理监督局正式揭牌成立，弥补了自治区层面无统一城市监督管理机构的空白。

同日，玉林市入选国家级装配式建筑示范城市，广西建工集团有限责任公司和玉林市福泰建设投资发展有限责任公司入选国家级装配式建筑示范产业基地。

11月13日，自治区住房城乡建设厅与中国建设银行广西分行签订《培育和发展住房租赁市场合作协议》。

11月14日，自治区住房城乡建设厅开展县域乡村建设规划及村庄规划编制培训。

11月17日，广西农村生活垃圾治理通过住房城乡建设部等10部门验收。

11月20日，自治区住房城乡建设厅成为智能审批首批实施单位。

同日，广西首届"八桂杯"BIM技术应用大赛评选结果出炉，评出56项获奖成果。

12月1日，广西壮族自治区人大决定，任命周家斌为自治区住房城乡建设厅厅长。

12月7日，住房城乡建设部市场司调研组到广西调研工程监理行业发展情况并召开座谈会。

12月12日，全区首个烧结多孔砖清水墙农村示范项目——防城港市扶隆镇桂坝村老人儿童活动中心建成并通过验收。

12月14日，经自治区住房城乡建设厅与自治区人力资源社会保障厅组织评选和推荐，有5个单位、18名个人分别被人力资源社会保障部、住房城乡建设部授予全国住房城乡建设系统先进集体、先进工作者和劳动模范荣誉称号。

12月23日，贵港市建立广西首家行政审批"中介超市"。

12月25日，广西4家住房公积金管理机构贯彻落实《住房公积金基础数据标准》及接入全国住房公积金银行结算数据应用系统工作情况通过住房城乡建设部、自治区住房城乡建设厅联合检查验收。

12月27日，第十二届中国（南宁）国际园林博览会（以下简称"第十二届园博会"）LOGO、吉祥物、宣传口号新闻发布会在南宁国际会展中心新闻中心召开，正式对外发布第十二届园博会LOGO、吉祥物"友仔""友女"和宣传口号"生态宜居 园林圆梦"。

同日，自治区住房城乡建设厅出台《广西壮族自治区装配式建筑发展"十三五"专项规划》。

12月28日，自治区住房城乡建设厅等自治区六部门公布第三批广西传统村落名录，14个设区市的231个传统村落入选该名录。

（广西壮族自治区住房和城乡建设厅）

海南省

住房和城乡建设

概况

2017年是实施"十三五"规划和全面建成小康社会的重要一年。海南省住建系统以党的十九大及海南省委七届二次、三次全会等重要会议精神为指引，紧紧围绕省委、省政府部署的任务精准发力，圆满完成各项目标任务。

法规建设

【普法工作】 2017年，海南省住房城乡建设系统为切实提高系统内领导干部运用法治思维和法治方式的履职能力，提高社会公众对住房城乡建设领域法律法规的知晓度，按照"谁执法谁普法"的原则，强化部门普法工作责任，取得了较好的政治、经济和社会效果。

【行政复议和应诉】 2017年，海南省住房和城乡建设系统充分发挥行政复议在化解行政争议、保护公民权利中的作用，把矛盾化解在基层，降低行政诉讼风险。同时，主动加强行政应诉能力建设，切实提高行政应诉人员的职业素养和专业水平，积极发挥政府法律顾问单位和公职律师作用，认真研究案情，模拟法庭辩论，精心承办行政诉讼案件。全年共受理行政复议案件14件，办结14件，结案率100%，其中，案件受理后经调解撤回行政复议申请终止审理的4件，占复议案件总数的近30%；维持原具体行政行为的1件；驳回行政复议申请9件。复议案件申请人均未提起行政诉讼。

【法律审核工作】 2017年，海南省住房和城乡建设厅明确合法性审查的范围。凡是省住房和城乡建设厅依照法定权限和规定程序，制定的涉及公民、法人和其他组织权利义务，并具有普遍约束力的各类文件，以及作出的涉及群众切身利益的行政许可、行政处罚、行政强制等行政活动，都属于合法性审查的范围。规范合法性审查的程序，实行"开门审查"，严格审查行政处罚案件是否按照立案、调查、告知及听证、作出处罚决定、执行处罚决定的程序进行，视情况提出针对性建议，提高行政处罚的准确性，树立行政管理权威，减少处罚失误。全年共出台《海南省商品住房全装修管理办法（试行）》等19份规范性文件，并全部按照省政府规定的程序进行备案登记，备案登记率达到100%。

【立法工作】 2017年，海南省住房和城乡建设厅全面推进科学立法、民主立法，努力提高立法质量，根据省人大常委会和省政府的决策部署，充分发挥立法的引领、推动、协调作用，大力抓好住建系统立法工作。《海南省生活垃圾分类管理条例》于8月1日报送省法制办，《海南经济特区建筑工程管理条例》完成初稿，争取列入2018年立法审议项目。

【行政执法体制改革】 2017年，出台《海南省推进城市执法体制改革工作方案》，明确市县、省直有关单位的工作责任和推进时间表、路线图。设立省级城市管理执法监督机构。省机构编制委员会办公室下发《关于省住房和城乡建设厅建设执法稽查处加挂"省城市管理执法监督局"牌子的通知》，同意海南省住房和城乡建设厅建设执法稽查处加挂"海南省城市管理执法监督局"牌子，履行全省城市管理执法监督职能。基本完成城市管理执法领域机构综合设置工作。统一城市管理执法人员制式服装和标志标识。海南省住房和城乡建设厅下发《关于加快推进城市管理执法制式服装和标志标识配备工作的函》，明确全省城市管理执法人员制式服装和标志标识配备范围、供应标准、技术规范、工作完成时限。组织召开全省数字化城市管理平台建设工作座谈会，出台《关于全面加快数字化城市管理平台建设的实施意见》，明确全省数字化城市管理平台建设推广模式。截至年底，海口、三亚、陵水已建成数字化城市管理平台并投入使用，其他各市县也在陆续启动数字化城市管理平台建设。

【信访工作】 2017年，海南省住房和城乡建设厅积极依法分类处理信访诉求，有效化解社会矛盾纠纷，促进社会和谐稳定。扎实做好十九大维稳工作。受理的信访事项主要涉及物业管理、工程招投标、商品房销售、拆迁补偿、建筑市场管理及工程质量等问题。制定《通过法定途径分类处理信访投诉请求清单（试行）》。一年来，共接受群众来信来访共计114件次，其中转市县相关部门办理87件，厅机关和直属单位办理19件，直接回复8件。厅机关及时受理率、按期办结率均达到了100%，基本上做到了信访事项件件有落实，事事有回音。

【建设行业稽查与督察】 2017年，海南省住房和城乡建设厅大力推进稽查执法工作，严肃查处违法违规行为。抓好遥感督察问题图斑处置工作，落实遥感督察属地管理责任。紧紧围绕年度稽查执法工作重点，开展全省整治农村违法建筑专项检查、存量国有建设用地专项清理处置行动、生态保护红线区专项督查、博鳌片区规划专项督查、2017年固定资产投资专项督查、农村垃圾整治专项督查等10余项专项检查执法活动，有力推动了相关工作落实。

积极开展城乡规划督察。根据《海南省城乡规划督察员试行办法》规定，组织海南省规划督察组采取调阅资料、列席相关会议、召开座谈会、现场踏勘等方式，对屯昌、白沙、洋浦三县（区）开展规划督察工作，及时发现和督促解决城乡规划实施中发现的突出问题，维护城乡规划的严肃性。

【违法建筑整治】 2017年，海南省坚持把整治违法建筑工作作为加强生态环境保护、优化城乡发展空间的一项基础性工作，组织协调各市县政府、省整违领导小组各成员单位合力攻坚，推动整治违法建筑三年攻坚行动取得了新进展。全年全省累计拆除违法建筑498.78万平方米，有效控违121.42万平方米，完成全年拆违目标任务的142.50%。

【行政执法人员培训】 2017年，组织全省住房城乡建设系统开展城市管理执法干部轮训工作。按住房城乡建设部要求完成全省城管执法系统处级以上干部培训全覆盖工作，培训26人次；组织举办2017年度全省城市管理执法人员培训班，邀请省内外专家为各市县城市管理执法部门130多名领导、科级干部、业务骨干进行集中授课，切实提高了各地城市管理执法人员的法律法规知识水平和业务能力。

房地产业

【商品房建设】 2017年，海南省房地产市场总体运行平稳。房地产开发投资增速略有提升。全省完成房地产开发投资2053.11亿元，同比增长14.9%，比2016年提升10.0个百分点，比全国平均水平高7.9个百分点。其中，1~12月海口完成房地产开发投资603.25亿元，同比增长9.5%，；三亚完成房地开产发投资549.76亿元，同比增长34.1%。全省房地产开发投资占固定资产投资的比重基本保持在50%左右。1~12月全省房地产开发投资占固定资产投资的49.8%，比重比1~11月提升0.7个百分点，比2016年提升2.1个百分点。分地区看，1~12月东部地区房地产开发投资1566.86亿元，同比增长13.2%，占全省房地产开发投资总额的76.3%；中部地区投资74.45亿元，增长6.9%，占3.6%；西部地区投资411.80亿元，增长23.6%，占20.1%。分市县看，1~12月房地产开发投资增速高于全省平均增速的市县有7个，投资下降的市县有5个。

分投资用途看，1~12月全省住宅投资1477.53亿元，同比增长12.1%，占房地产开发投资的72.0%。从资金到位情况看，1~12月房地产企业本年到位资金3244.23亿元，同比增长36.3%。其中，国内贷款439.26亿元，增长8.9%，占13.5%；利用外资2.24亿元，占0.1%，2016年没有外资资金；自筹资金1017.68亿元，下降1.6%，占31.4%；其他资金（含定金、预付款和个人按揭贷款）1785.06亿元，增长89.6%，占55.0%。

商品房新开工面积增速有所回落。1~12月全省商品房施工面积9567.39万平方米，同比增长7.1%，比2016年回落0.4个百分点。其中，住宅施工面积6981.94万平方米，同比增长4.4%；办公楼施工面积247.98万平方米，增长21.7%；商业营业用房施工面积1165.82万平方米，增长20.4%；其他房屋施工面积1171.64万平方米，增长8.6%；住宅施工面积占商品房施工面积的73.0%。1~12月商品房本年新开工面积2109.74万平方米，同比增长6.8%，比2016年回落13.4个百分点，比全国平均水平低0.2个百分点。其中，住宅新开工面积1649.76万平方米，增长19.3%；办公楼新开工面积15.60万平方米，下降70.6%；商业营业用房新开工面积236.29万平方米，下降1.0%；其他房屋新开工面积208.10万平方米，下降31.1%；住宅新开工面积占商品房新开工面积的78.2%。

【商品房销售】 2017年，海南省房地产市场量价上涨较快。商品房销售面积增速较快。1~12月全省商品房销售面积2292.61万平方米，同比增长52.0%，比2016年提升8.6个百分点，比全国平均水平高44.3个百分点。其中，住宅销售面积2173.12万平方米，增长53.4%；办公楼销售面积18.10万平方米，增长91.1%；商业营业用房销售面积 68.42 万平方米，增长 22.2%；其他房屋销售面积 32.96 万平方米，增长 26.9%。1~12 月销售金额 2713.72 亿元，同比增长 82.1%，比 2016 年提升 30.5 个百分点。其中，住宅销售金额 2473.18 亿元，增长 78.5%；办公楼销售金额 31.38 亿元，增长 147.8%；商业营业用房销售金额 129.44 亿元，增长 95.2%；其他房屋销售金额 79.73 亿元，增长 207.0%。分地区看，1~12 月东部地区销售面积 1362.00 万平方米，同比增长 33.8%，占 59.4%；中部地区销售面积 154.45 万平方米，增长 66.1%，占 6.7%；西部地区销售面积 776.16 万平方米，增长 95.2%，占 33.9%。分市县看，1~12 月全省商品房销售面积增速高于全省平均水平的市县有 8 个。

商品房销售均价增速略有提升。1~12 月全省商品房销售均价 11837 元/平方米，同比增长 19.8%，均价比 2016 年高 1959 元/平方米。其中，住宅销售均价 11381 元/平方米，增长 16.4%；办公楼销售均价 17334 元/平方米，增长 29.6%；商业营业用房销售均价 18918 元/平方米，增长 59.7%；其他房屋销售均价 24187 元/平方米，增长 141.9%。其中，1~12 月海口商品房销售均价 11990 元/平方米，同比增长 32.6%；三亚销售均价 25794 元/平方米，增长 39.5%。12 月全省商品房销售均价 12677 元/平方米，同比增长 26.7%，环比增长 6.2%。房地产贷款保持较快增长。截至 12 月末，房地产贷款余额 2792.04 亿元，同比增长 22.03%，增速比全省各类贷款增速高 12 个百分点，占全省各类贷款余额的 33%。其中，房地产开发贷款余额 1383.8 亿元，同比下降 3.94%，占房地产贷款余额的 49.6%；个人购房贷款余额 1262.94 亿元，同比增长 61.82%，占房地产贷款余额的 45.2%。房地产贷款不良余额 10.25 亿元，比年初减少 6.8 亿元；房地产贷款不良率 0.37%，比年初下降 0.37 个百分点。2017 年全省房地产业地方级税收收入 274.5 亿元，同比增长 41.1%，占全省地方级税收收入的 50.5%；建筑业地方级税收收入 46.4 亿元，同比下降 2.9%，占全省地方级税收收入的 8.5%。

【房地产市场管理】 2017 年，海南省加强房地产市场调控，稳定房地产市场。年初以来，海南省房地产市场量价上涨较快，4 月 14 日，经海南省政府同意，海南省住房和城乡建设厅联合海南省国土资源厅、中国人民银行海口中心支行印发了《关于限制购买多套住房的通知》，在全省范围内实施了限购、限贷、限售、价格备案、交易资格审核等措施。同时，根据省政府部署，琼海、海口、三亚以及五指山、保亭、琼中、白沙 4 个中部生态核心区市县先后出台了更为严格的限购等政策。9 月，海南省住房和城乡建设厅下发了《关于延长住房限制转让年限的通知》，要求海口、三亚、陵水、万宁 4 个市县将居民家庭或企事业单位、社会组织新购买的住房限制转让年限统一提高到 5 年，上述 4 个市县已按要求执行。此外，多次召开房地产市场调控工作会议，研究部署调控工作，保持房地产市场平稳健康发展。按住房城乡建设部和省政府要求，海南省住房和城乡建设厅将 10~12 月份调控目标分解下达到各市县，要求各市县政府切实担负起房地产市场调控的主体责任，落实调控工作目标不动摇、不松懈。同时，建立了房地产市场调控约谈制度，对商品住宅销售量价波动较大的市县将分别由省厅分管负责人、主要负责人、省政府分管副省长进行约谈。

深化"两个暂停"政策，推动房地产优布局、调结构、提品质、去库存。2017 年以来，海南省房地产去库存工作成效明显，商品住宅库存去化期已下降到合理区间。全省房地产市场调控工作的重点，已从去库存为主转向调整优化结构，保持平稳健康发展，防止大起大落。9 月 28 日，海南省人民政府印发《关于进一步深化"两个暂停"政策促进房地产业平稳健康发展的意见》（以下简称《意见》）。该《意见》提出实行商品住宅年度建设指导性计划和用地计划管理，科学安排房地产开发规模和节奏，调整优化房地产区域结构、产品结构和租售结构，完善配套设施，提升开发品质，促进房地产业提质增效、转型发展。同时，根据该《意见》要求，9 月 29 日，海南省住房和城乡建设厅会同海南省规划委员会印发《关于严格控制小户型商品住宅审批有关问题的通知》，停止批准套型建筑面积 100 平方米以下商品住宅项目建设，严控低端供应，提升产品品质。

印发《继续深入开展房地产市场专项整治的工作方案》，组织各市县开展房地产市场专项整治。做好国家发改委和住房城乡建设部组织开展的商品房销售价格行为联合交叉检查工作。印发《关于加强商品住宅销售价格备案管理工作的通知》，要求全省各市县价格、房管部门加强部门联动，因地因城施策，指导房地产企业合理确定销售备案价格并实行明码标价，对未按规定备案或擅自提价的，将依照有关规定采取停发预售许可、责令限期整改、暂停网签等行政管理措施。同时，加快推进房地产中介机构备案工作，累计向社会公布 5 批已备案的 3092 家房地产中介机构，引导购房者选择正规的中介结构进行交易，保障交易安全。

实行商品住宅全装修。7月1日后在全省实施全装修，并及时通过主流媒体进行权威解读。组织开展全装修观摩培训；出台《海南省全装修住宅装修工程质量验收规范》等4项地方标准，推动全装修政策加快落地实施。制定配套政策，完善公共服务配套设施。12月15日，印发《关于加强新建住宅小区配套公共服务设施建设管理的意见》，将加强新建住宅小区配套的教育、医疗卫生、文化体育、市政公用、社区服务、商业服务等配套公共服务设施的建设管理，改善居住环境，提升居住质量，促进社会和谐。

【物业管理】 2017年，海南省加强物业管理，不断完善配套措施。按省政府有关工作部署，印发《住宅小区用电安全检查整改专项工作方案》，全面开展全省住宅小区用电安全检查整治三年行动，提高海南省电网本质安全水平，增强供电保障和抗灾能力，保障人民生产、生活的用电安全，并配合电网公司开展海南省提升电网供电保障和抗灾能力三年行动计划工作领导小组办公室开展督查工作。

为做好住宅小区用电安全检查整改和高层建筑消防安全及既有建筑安全管理工作，印发《关于进一步抓好全省住宅小区用电安全检查整改和高层建筑消防安全及既有建筑安全管理等相关工作的通知》，要求市县深入开展老楼危楼安全排查，及时治理安全隐患，堵塞安全监管漏洞，强化住宅小区及已投入使用的高层建筑的消防安全及配套设施设备管理。组织海口、儋州有关物业企业完成消防安全演练培训，共培训270余人。

住房保障

2017年，海南省认真贯彻落实十九大精神和全国棚改工作电视电话会议精神，按照国家2017年住房保障工作目标责任书和海南省委省政府要求，积极组织实施棚户区改造。

【大力推进全省城镇保障性安居工程建设】 及时下达计划任务，确保项目顺利实施。中央下达海南省棚户区改造计划25108套，其中城市棚户区22418套、国有工矿棚户区447套、垦区危房改造2243套。3月海南省住房城乡建设厅会同省发展改革委、省财政厅下达分解海南省2017年城镇保障性安居工程建设计划，明确目标任务、实施项目、建设进度、配套设施、质量安全等方面的要求，建立棚改项目台账和通报督查制度，加强动态监管，指导各市县加快办理棚改项目立项、用地、规划、施工等前期审批手续，制定工作方案和倒排工期，明确责任主体和责任人，确保项目如期开工。

【强化资金分配管理，为项目建设提供资金保障】 制定资金分配方案，及时下达保障性安居工程中央补助、中央预算内投资和省级配套等各项资金。指导市县加强资金管理，提高财政资金使用效益，确保资金安全、规范、有效使用。2017年中央财政下达我省各类保障性安居工程建设补助资金13.6亿元，省级财政资金5.39亿元。2017年棚改完成投资261.97亿元。

【加快推进公租房分配及配套基础设施建设】 开展公租房分配入住督查工作，督促各市县加快历年已开工公租房以及配套基础设施建设，努力做到配套设施与主体工程同步规划、同步报批、同步建设、同步交付使用。积极争取中央专项补助资金3527万元用于支持6个公租房项目配套基础设施建设，截至年底，6个项目4472套公租房全部达到交付使用条件；出台《进一步加强公共租赁住房分配入住工作的实施办法》，指导公租房分配。四是加强沟通协调，积极争取金融政策支持。指导全省各市县依法依规推进棚改征收拆迁，进一步完善棚改征收补偿安置政策，因地制宜推进棚改货币化安置。加强与国家开发银行、农业发展银行等金融机构的沟通协调，落实金融支持政策。12月，联合国家开发银行海南分行举办海南省棚户区改造融资专题培训班，有效推动海南省棚户区改造融资工作，进一步加强棚户区改造项目和资金管理。截至年底，国开行、农发行共发放棚改贷款123.14亿元。

【开展城镇保障性安居工程督查与审计整改工作】 根据全省各市县报送项目进展情况，对开工进度慢的市县和有关单位进行重点督办，下发督办函，定期对棚户区改造项目进展情况进行通报。深入三亚、琼海、万宁、儋州、定安、临高、乐东、陵水等市县开展保障性安居工程督查检查工作，重点督查棚改开工、棚改安置住房、公租房分配、工程质量等问题，同时对历年审计发现的项目前期手续不全、配套设施不完善、保障性住房闲置、逾期未交付使用、违规分配等问题，加强督促指导市县加大整改落实。六是加强信息公开和社会监督。指导全省各市县采取有效措施做好住房保障信息公开工作，完善信息公开目录和信息公开指南，及时、准确地在当地政府网站（专栏）或者住房保障网等公开住房保障信息，让群众了解保障性住房建设、分配和管理的情况，并接受群众、社会和媒体监督。截至12月底，全年棚户区改造共开工36170套，占计划的144％；货币化安置32139套，占开工的88.9％。

住房公积金管理

2017年，海南省深入贯彻党的十八大、十九大精神和省第七次党代会精神，认真落实省委省政府的决策部署，配合住房政策实施，创新实干，提质增效，服务民生，全省住房公积金持续保持高效运行，各项业务指标大幅提升，为建设美好新海南和服务海南经济发展作出了积极贡献。全省缴存人数99.58万人，减少1.31万人；缴存住房公积金110.83亿元，增加7.74亿元，增长7.50％；提取住房公积金121.4万笔83.65亿元，增加19.3亿元，增长29.99％；发放个人贷款1.9万笔79.53亿元，同比下降3.60％、增长6.57％；住房公积金实现增值收益5.14亿元，同比减少0.34亿元，下降6.23％；个贷逾期率为0.065‰，同比下降0.003个千分点，低于国家要求的1.5‰的控制标准。截至年底，全省住房公积金累计缴存额704.91亿元，提取总额365.52亿元，缴存余额339.40亿元；个人贷款累计发放15.13万笔403.29亿元，个人贷款余额304.85亿元；住房公积金使用率95.1％、个贷率89.82％，分别提高5.36个和9.34个百分点。保障性住房试点项目贷款累计发放3.74亿元，项目贷款已全部回收结清。

城市建设

【城市道路及公共停车场建设】 2017年，海南省继续按照"窄马路、密路网"的城市道路布局理念，推进城市道路建设及改造。并将路网建设各项指标纳入省政府办公厅印发的《海南省市县发展综合考核评价暂行办法实施细则》和省城乡环境卫生综合整治办制定的评价考核体系中，作为一项重要指标对市县政府进行考核。2017年全省共投入约180亿元用于城市路网建设和改造，截至年底，全省城市道路总长6432.93公里，其中快速路26.3公里。城市建成区平均路网密度7.27公里/平方公里，建成区道路面积率13.47％。各市县根据本地车辆停放需求编制了公共停车场专项规划和近期实施方案，切实解决城市停车难题。截止2017年底，全省公共停车场停车位221013个，配建停车场停车位342275个，路内停车位123952个。

【垃圾处理设施建设】 2017年，海南省大力推进生活垃圾处理设施建设。继续推进生活垃圾收运设施建设。全省建成转运站228座，比2016年多建成60座；转运能力11000吨/日以上，比2016年增加2100吨/日。全省生活垃圾转运站转运能力覆盖乡镇率达90％以上，建成覆盖城乡"村收集、镇转运、市县处理"的垃圾处理一体化体系，走在全国前列。

截至年底，全省累计建成生活垃圾处理设施20座（其中焚烧发电厂4座、生活垃圾填埋场16座），组织专家对生活垃圾处理设施进行评价考核，全部达到达标以上。9月配合住房城乡建设部专家对4座焚烧发电厂进行检查考核，均达标通过。垃圾无害化处理设施设计处理能力5373吨/日（其中焚烧设施能力3900吨/日，填埋设施能力1473吨/日）。实际处理9200吨/日，其中焚烧资源化利用处理4700吨/日、填埋卫生处理4500吨/日，焚烧资源化利用51％；处理城市生活垃圾5100吨/日，城市生活垃圾无害化处理率达98％以上，设施处理负荷1.71。农村生活垃圾治理覆盖全省95％以上村庄；全省46个乡镇（农场）、124个行政村，建设66个阳光堆肥房，开展农村生活垃圾分类和资源化利用试点，坚持"五个一"动态监督机制，全省城乡生活垃圾无害化处理率达85％以上。根据环境保护部和住房城乡建设部《关于推进环保设施和城市污水垃圾处理设施向公众开放的指导意见》的要求，海南确定了海口、三亚、儋州的垃圾设施向公众开放。

加快推进生活垃圾配套处理设施建设。已建成19座生活垃圾渗滤液处理设施，设施设计处理能力2950吨/日。组织专家对三亚餐厨垃圾厂项目进行终期评估，积极推进海口、三亚餐厨垃圾收、运、资源化处理等相关工作。特别是利用推进省直机关开展垃圾分类工作之机，强力推行省直机关食堂餐厨垃圾资源化利用，海口地区的餐厨垃圾资源化利用上新台阶。至2017年底，海口、三亚餐厨垃圾资源化处理厂设计规模为400吨/日。其中海口餐厨垃圾处理厂为200吨/日，实际平均处理97吨/日；三亚餐厨垃圾处理厂为200吨/日（现经过技术升级改造，日处理能力为餐厨垃圾150吨，油脂50吨，共计200吨），实际处理未达到70吨/日。加快建筑等固废垃圾处理设施建设，三亚建成建筑垃圾资源化处理厂1座、设计处理能力300万吨/年；海口在建建筑等固废垃圾资源化处理厂1座、设计处理能力500万吨/年，预计明年中旬建成；其他市县基本合理规划了建筑等固废垃圾消纳场。完成《海南省生活垃圾分类管理条例》并报省人大。

【公共照明建设】 2017年，海南省继续完善城市路灯设施建设，编制印发《海南省城市道路照明方式设计导则（修编）》，指导和规范全省城市公共照明设施建设。截至年底,全省城市市政路灯共有41.08万盏,全省城市公共照明亮灯率达到95%、节电率达到20%。

【园林绿化建设】 2017年,海南省继续推进园林绿化建设。在国家级园林城市创建方面,10月,儋州市被命名为国家园林城市;在省级园林城市创建方面,7月11日,下发《关于印发〈海南省级园林城市(县城)评选办法〉和〈海南省园林城市(县城)标准〉的通知》,全省开始实施新的省级园林城市评选办法和标准,新的省级园林城市评选办法和标准修订后,文昌市人民政府于9月27日致函书面提出申报省级园林城市,按照工作流程,文昌市积极开展创建省级园林城市工作。继2016年海南省时隔14年重新成功申报中国人居环境范例奖之后,全省加大了对中国人居环境范例奖的申报组织工作,推荐了海口、三亚、澄迈共6个项目,10月27日,住房城乡建设部印发《关于2017年中国人居环境奖获奖名单的通报》,正式授予海南省三亚市月川生态绿道项目"中国人居环境范例奖"。此外,新修订的《海南省城镇园林绿化条例》由海南省第五届人民代表大会常务委员会第三十三次会议于2017年11月30日通过,新修订条例自2018年1月1日起施行。截至年底,全省人均公园绿地面积11.35平方米,建成区绿化覆盖率39.20%,建成区绿地率34.52%。

【燃气工程建设】 2017年,全省城镇液化石油气供气量约17.2万吨,车用天然气供气量约1.51亿立方米。城镇天然气供气量约3.91亿立方米,其中管道天然气供气量约2.4亿立方米(居民用户用气量占26%,工商用户用气量74%),全省天然气用户约78.8万户,其中居民用户约78.18万户、工商用户约0.615万户。新建城市燃气管道175.3公里,其中,市政管道50.59公里、庭院管道124.71公里;累计建成天然气管道4206.48公里,其中,市政管道1829.57公里、庭院管道2376.91公里。目前在建燃气汽车加气站2座,累计建成投产加气站46座。全年新建天然气管道和燃气汽车加气站项目共投资3.1亿元。

【城市地下综合管廊和海绵城市建设】 2017年,海南省加快推进地下综合管廊建设。根据《海南省人民政府办公厅关于推进城市综合管廊建设的实施意见》,计划到2020年,全省累计完成地下综合管廊建设100公里。2017年,全省有海口、三亚、儋州三个地级市开展城市地下综合管廊建设工作,2017年计划开工建设管廊25.18公里。截至12月底,全省已累计开工69.23公里,累计形成廊体47.92公里,完成投资51.39亿元。

全力推进海绵城市建设,组织编制《海南省海绵城市规划设计技术导则》,海口市、三亚市等城市建设海绵城市取得了阶段性的成效。

村镇规划建设

【农村危房改造】 2017年,海南省围绕"两不愁、三保障"的目标要求开展工作,主要集中在建档立卡贫困户、低保户、农村分散供养特困人员和贫困残疾人家庭4类重点对象。下发《关于加快推进建档立卡贫困户等重点对象危房改造工作的实施意见》《2017年海南省农村危房改造实施方案》,并及时将中央财政到位资金和省级全部配套资金下拨各市县。指导市县精准识别。严格执行审批确认程序,确保精准核定危险房屋等级。掌握危房数量、农户信息、住房结构和建房意向,确保应改尽改。合理确定补助标准。国家、省级财政补助资金分别按照户均0.75万元,市县财政补助资金按照户均不少于0.6万元安排。各市县整合农村危房改造资金、扶贫资金等各类资金,根据相关要求和标准,分类、分级合理制定补助标准。加强技术指导,确保工程质量。下发《加强农村危房改造工程质量安全监督管理工作通知》,组织编发《农村建房施工质量安全基本知识宣传手册》。

2017年全省计划危房改造2.5万户,截至12月底,全省危房改造实际开工3.59万户,开工率143.8%;竣工3.39万户,竣工率135.3%,所有市县全部完成省级下达任务指标。

【美丽乡村建设】 2017年,海南省加快推进美丽乡村建设工作。加强规划引领,组织编制《海南省美丽乡村建设总体规划(2016—2025)》《海南省改善农村人居环境建设规划(2016—2030)》《海南省美丽乡村建设标准》等规划、技术和管理文件。海南2016年乡村规划工作被评为全国第四名。出台《海南省美丽乡村建设三年行动计划(2017—2019)》,起草完成《海南省人民政府关于支持美丽乡村建设的若干意见》,印发美丽乡村正面、负面案例各10个。推进村镇建筑设计、布局、体量、尺度和色彩等方面管控,完成全省95%村镇规划编制、75%村镇规划批准实施。推进民宿业发展。召开全省加快发展乡村民宿业推进会,开展民宿设计方案竞赛;组织起草《海南省人民政府关于促进乡村民宿发展的指导意见》等。大力开展农村生活垃圾治理,并通过国家农村生活垃圾治理考核验收,在陵水召开全国现场会，推广海南省经验。大力开展招商引资。先后策划并组织美丽乡村建设项目参加北京、厦门、香港等地招商推介活动，签约美丽乡村建设招商项目60个。七是在2016年评出40个星级美丽乡村的基础上，2017年再次评选出第二批171个省级星级美丽乡村。截至年底，全省已建成406个美丽乡村，其中204个省级星级美丽乡村。

【特色产业风情小镇建设】 2017年，深入贯彻落实海南省政府《关于印发全省百个特色产业小镇建设工作方案的通知》要求，加快推进全省特色风情小镇和产业小镇建设。根据《住房城乡建设部办公厅关于做好第二批全国特色小镇推荐工作的通知》要求，组织部署开展了2017年全国特色小镇推荐上报工作，经专家组现场考核和审核，于7月初，推荐琼海市博鳌镇、澄迈县福山镇等十个乡镇参加全国特色小镇评选。经住房城乡建设部组织现场答辩、专家审查等环节，海南省琼海市博鳌镇、澄迈县福山镇、文昌市会文镇、海口市石山镇、琼海市中原镇等五个乡镇被列入第二批全国特色小镇。

【农村生活垃圾治理】 2017年，全省继续开展城乡环境卫生整治，组织开展全年四个季度城乡环境卫生交叉检查，通过国家农村生活垃圾治理考核验收，全面开展乡村存量垃圾清理活动。建立健全"户分类、村收集、镇转运、县处理"的模式，切实改善乡村环境"脏乱差"面貌；建立完善村、镇、农场环卫清扫保洁体系，部分市县配备垃圾清扫保洁人员，建立稳定的农村保洁队伍，建立村民认可遵从的农村卫生保洁制度；加快乡镇生活垃圾转运站建设，全省城乡垃圾收运体系基本建成；推行垃圾源头分类处理，努力实现"分类投放、分类收集、分类运输、分类处理"。全省农村生活垃圾无害化处理率75%以上。

【传统村落保护】 2017年，大力加强传统村落保护力度。起草《海南省传统村落保护发展规划（2016—2030年）》，加快传统村落保护资金拨付工作。海南省入选2017年中央财政支持范围的5个传统村落，中央下拨补助资金1500万元，每个村落300万元；提前下达2018年中央财政支持范围的13个传统村落，共3900万元，每个村落300万元，并要求文昌、定安、澄迈报送13个传统村落建设实施方案。根据国家有关要求，指导全省各市县按《城乡规划法》《传统村落保护发展规划编制基本要求》抓紧编制传统村落保护发展规划，尽快实施保护项目。积极申报中国传统村落，全省共有47个中国传统村落。

标准定额

【完善工程建设地方标准体系】 2017年，结合海南省地域特色，新编《海南省全装修住宅室内装修设计标准》《海南省全装修住宅装修工程质量验收规范》、《海南省全装修住宅室内装修污染控制技术规程》《海南省建筑塔式起重机防台风安全技术标准》和《海南省既有建筑绿色改造技术标准》等5项地方标准，同时修订了《海南省太阳能热水系统与建筑一体化设计施工及验收规程》《海南省公共建筑节能设计标准》和《海南省建筑施工优质结构工程评定标准》等3项地方标准。

【制定全装修技术标准】 为响应海南省7月1日起全面实行商品住宅全装修，保证《海南省商品住宅全装修管理办法（试行）》稳步实施，在6月底完成《海南省全装修住宅室内装修设计标准》《海南省全装修住宅装修施工图设计文件图审要点》《海南省全装修住宅装修工程质量验收规范》《海南省全装修住宅室内装修污染控制技术规程》四项技术标准的编制、评审工作，并于7月1日起正式实施全装修住宅系列技术标准。

【制定和完善装配式建筑、市政工程综合定额】 为跟进我国建筑业产业化发展的步伐，助力装配式建筑在海南省推广，完成《海南省装配式建筑工程综合定额》编制。同时，修编《海南省市政工程综合定额》，完善了全省建设工程计价体系。

工程质量安全监管

【质量管理】 2017年，海南省编制印发《海南省工程质量安全提升行动方案》，组织全省各市县开展工程质量安全提升三年行动，进一步落实工程建设参建各方主体责任、项目负责人和从业人员责任，遏制违反基本建设程序和建筑施工违法发包、转包等违法行为，完善建筑市场诚信体系，有效整治工程质量常见问题，提升全省房屋建筑和市政基础设施工程质量总体水平。2017年共组织开展2次全省工程质量安全提升行动督查（含全省勘察设计质量检查）、1次建筑材料专项检查及1次全省保障房专项督查，抽查全省在建项目131个，发出整改通知书86份，发出执法建议书22份，有效规范了建筑市场质量安全管理。2017年，海南省"三亚财经国际论坛中心项目（四期）""三亚海棠湾君悦酒店"两个项目荣获建筑行业最高质量奖"鲁班奖"；"海南国际广场工程"等31项工程荣获2017年度省建设工程"绿岛杯"和"海口塔"，25项工程被授予"2016

年度海南省建筑业新技术应用示范工程"。

【施工安全】 2017年，海南省住房和城乡建设厅按照国务院安全生产委员会、住房城乡建设部及海南省委省政府、省安全生产委员会关于安全生产工作部署，狠抓施工安全管理。1月，召开全省住房城乡建设工作会议，部署年度安全生产工作，并分别于6月、11月组织召开全省建筑工程质量安全生产工作会议，通报安全生产形势，部署下半年、岁末年初安全生产工作。制定《海南省2017年建筑施工安全（消防安全）专项整治工作实施方案》《关于开展工程质量安全提升行动的通知》《海南省住房城乡建设系统2017年"安全生产月"活动方案》《关于切实加强岁末年初安全生产工作的通知》等系列文件，部署开展安全生产大检查和专项整治、安全生产月活动，以及重大节假日、台风高温等极端天气、党的十九大和"两会"、博鳌亚洲论坛等重大活动期间安全生产工作，督促各市县住房城乡建设主管部门在辖区内开展拉网式安全生产大检查。

积极推进建筑施工质量安全标准化工作。7月在海口天街华府S1地块项目举办省级建筑工程质量安全标准化现场观摩会，并指导海口、儋州、东方等市县召开市县级建筑施工质量安全标准化工地现场观摩会。通过树立质量安全生产标准化标杆，实地观摩，广泛交流学习，激发建设企业创优争先的积极性，提高了全省建筑施工现场质量安全管理水平。2017年，全省建筑工地没有发生较大及以上安全事故，发生一般安全生产责任事故10起，死亡12人。

【商品住宅全装修】 7月1日起，全省商品住宅全部实行全装修。海南省为加快房地产转型升级，推动绿色发展，提升住宅品质，保障房屋质量安全，减少建筑垃圾、噪声、粉尘等对居民生活带来的困扰，积极开展实地调研，广泛征求社会意见。5月编制印发《海南省商品住宅全装修管理办法》。该办法将装修工程纳入单位工程进行管理，强调土建与装修一体化设计、一体化图审及一体化施工，强化室内污染物控制。7月组织编制《海南省全装修住宅室内装修设计标准》《海南省全装修住宅装修施工图设计文件图审要点》《海南省全装修住宅装修工程质量验收规范》《海南省全装修住宅室内装修污染控制技术规程》等4个相关配套技术标准。12月分别在海口、三亚各举办一场全省全装修政策标准培训，并在海口中海锦城、三亚万科湖心岛项目举办全装修标准化观摩，全省约800多人参加学习。

建筑市场

【概况】 2017年，海南省建筑业继续保持总体平稳、稳中向好的发展趋势。全省建筑业共完成总产值322.76亿元，同比增长4.9%，实现增加值470.01亿元，同比增长5.2%，增加值占全省GDP10.53%。本省资质内建筑企业全年房屋建筑施工面积2060.41万平方米，下降1.2%；房屋建筑竣工面积562.51万平方米，下降13.8%。

【建筑市场监管】 2017年，海南省继续加强建筑市场监管，规范建筑市场秩序，持续保持打击转包违法分包等违法违规行为的高压态势。结合工程质量安全提升行动，开展了全省建筑工程项目执法监督检查。全年各市县共检查项目3206个/次，已处罚存在建筑市场违法行为的建设单位84家，施工单位142家，监理单位3家，从业人员15人，共罚款1274.17万元，其中个人罚款14.11万元。

【推进建筑市场诚信体系建设】 2017年，海南省启动工程造价咨询企业、预拌混凝土企业诚信档案手册登记工作。诚信档案手册覆盖的市场主体已增加到了施工、监理、勘察、设计、检测机构、招投标代理、工程造价咨询、预拌混凝土共8类企业。截至年底，已建立诚信档案手册的省内企业共742家，外省企业共2384家。1月，印发《海南省建筑市场诚信评价管理办法（试行）》和第一批信用主体诚信评分标准。从7月1日起，各级住房城乡建设部门对在日常监管中发现认定的施工、监理、造价咨询、工程质量检测、预拌混凝土5类企业，注册建造师、注册造价工程师2类人员的良好行为、不良行为通过信息平台记录到其诚信档案，形成诚信评分，并对社会公布。全年共记录良好行为168条，不良行为208条，黑名单3条，建筑企业对诚信分值反响强烈，建筑市场诚信体系建设取得阶段性成效。

【建筑市场监管信息化水平稳步提高】 2017年，海南省全面加强建筑市场和施工现场"两场联动"，创新监管模式、提升监管水平。自9月1日起，在符合条件的新开工项目实施工地现场远程视频监控，视频监控覆盖工地出入口、材料加工区、塔吊制高点等，各级住房城乡建设部门通过视频监控可实时查看项目现场施工情况，强化施工现场质量安全管理。2017年，全省实现施工许可"一个平台"审批。所有市县均通过"海南省建筑市场监管公共服务平台"办理施工许可，全年共审批发放施工许可证1568个。通过施工许可信息化管理，自动采集企业、项目、人员信息，为全省建筑业宏观管理提供基础数据。

【推进建筑业改革发展】 2017年，为进一步减少企业流动资金占用，降低企业负担，与中国保险监督管理委员会海南监管局联合印发《关于推行建设工程保证保险的通知》，在建筑工程领域推行以购买保险形式替代现金缴纳保证金。选取海口、陵水4个在建项目开展施工现场人员实名制系统试点，实名制信息化管理进入落地实施阶段。

建筑节能与科技

【建筑节能】 2017年，海南省全面推进建筑节能工作。将建筑节能作为一项重要指标纳入各市县节能减排目标考核责任评价体系。强化设计和施工验收阶段的全省建筑节能专项监督检查。发布实施《海南省既有建筑绿色改造技术规程》，自10月1日起实施。逐步推动公共建筑节能改造。修订《海南省公共建筑节能设计标准》，提高能源利用效率；会同省工信厅和省机关事务管理局联合印发了《海南省机关办公建筑和大型公共建筑能耗监测系统管理办法》，进一步加强公共建筑能耗监测系统的建设和运行管理；联合省机关事务管理局举办全省国家机关办公楼和大型公共建筑能耗监测分项计量装置使用培训班，指导三亚市开展公共机构节约型示范单位创建工作，主要进行配电照明系统和节水改造，2017年共完成30家公共机构的节能改造。试点实施太阳能建筑多元化利用。针对太阳能热水系统强制应用带来的部分资源浪费等现象，鼓励企业开展太阳能光电等其他形式太阳能建筑应用，提高太阳能应用效率。

【绿色建筑】 2017年，海南省继续深入推进绿色建筑行动。出台印发《海南省建筑节能与建设科技"十三五"发展规划》，明确全省建筑节能与建设科技"十三五"发展规划目标、重点工作任务和保障措施。有序推动绿色生态小区建设。出台《海南省住房和城乡建设厅关于商品住宅项目执行绿色生态小区标准有关工作的通知》，明确要求所有商品住宅执行绿色生态小区系列标准；并编制完成《海南省绿色生态小区系列技术规程》。印发《海南省海绵型建筑与小区设计导则（试行）》，推进海绵城市、海绵型建筑与小区建设。四是印发《海南省绿色建筑施工图设计专篇》，规范绿色建筑设计。2017年全省当年新增执行绿色建筑标准项目244个、建筑面积1291.62万平方米，占当年新增建筑面积的61%；新增10个二星级、26个一星级绿色建筑设计标识项目，建筑面积520.98万平方米。

【施工图审查】 2017年，海南省继续加强施工图审查。组织开展2016年全省建筑节能、绿色建筑和装配式建筑实施情况专项检查，并印发《关于2016年全省建筑节能、绿色建筑与装配式建筑实施情况专项检查的通报》。出台《海南省房屋建筑和市政基础设施工程施工图设计文件审查管理办法（暂行）》，对全省施工图审查机构的设立和认定、送审业务管理、施工图的审查内容和要求、监督管理首次进行了明确，规范全省房屋建筑和市政基础设施工程施工图设计文件审查管理。指导图审机构将气象防雷工程纳入建筑工程施工图审查范围。根据省领导有关批示精神，在广泛调研的基础上，先后完成《关于优化施工图审查工作流程的调研报告》和《关于优化施工图审查的意见》，最终形成《海南省建设工程施工图审查设计文件审查优化方案》，待审核后印发实施。

【建筑产业现代化】 2017年，海南省加快建筑产业现代化发展。按照《国务院办公厅关于大力发展装配式建筑的指导意见》要求，出台《海南省人民政府关于大力发展装配式建筑的实施意见》及其他装配式建筑发展系列配套政策。通过成立海南省装配式建筑技术工作组、举办技术研讨会、开展专业培训等方式，全省装配式建筑有序推进。2017年，全省新开工装配式建筑面积43.91万平方米。

【建设科技工作】 2017年，海南省住房城乡建设系统继续抓好建设科技工作。印发《海南省建筑节能与建设科技"十三五"发展规划》及关于商品住宅项目执行绿色生态小区标准的过渡性办法、海绵型建筑与小区设计导则（试行）、绿色建筑施工图设计专篇、机关办公建筑和大型公共建筑能耗监测系统管理办法、施工图设计文件审查管理办法（暂行）等政策性文件或技术规则。启动编制《海南建筑产业化（装配式建筑）发展规划》、《海南省装配式建筑技术标准（含定额）体系框架》和《海南省装配式混凝土结构施工质量验收规程》、《海南省公共建筑节能设计标准》（修订）等专项技术工作。积极组织企业申报国家装配式建筑产业基地，海南省建设集团有限公司已被住房城乡建设部认定为第一批装配式建筑产业基地。

勘察设计、抗震、防雷

【勘察设计质量检查】 2017年，海南省组织开展全省建筑工程勘察设计质量检查，以住宅工程和学校、医院等公共建筑工程为检查重点。共抽查41个在建项目，发出整改意见38分，对8个项目下发执法建议书，对整改不到位的3个项目予以全省通报批评，并由项目所在地的建设行政主管部门实施行政处罚。

【建筑抗震设防】 2017年，海南省加强工程抗震管理工作，严格工程超限评审，共组织开展33个项目超限评审会，26个项目通过评审，7个项目未予以通过，通过评审进一步强化了工程抗震设防能力。同时积极在大型公共建筑和商业建筑建设中推广应用隔震减震新技术。正在建设中的海口美兰国际机场新航站楼（456米长，195米宽）是国内抗震设防烈度最高、世界少见的大体量、全隔震单体建筑，海南省住房和城乡建设厅联合省地震局在该项目举办了全省隔震技术应用工地观摩活动，全省建筑行业设计、施工、监理单位约1000人到场观摩。

【建设工程防雷】 2017年，海南省住房和城乡建设厅为贯彻落实《国务院关于优化建设工程防雷许可的决定》和《海南省人民政府关于优化建设工程防雷许可的实施意见》精神，积极调研，结合海南省实际，联合省气象局印发《关于贯彻落实省政府优化建设工程防雷许可实施意见的通知》，并督促市县完成了建设工程防雷安全监管工作交接，明确各自的监管范围，优化防雷许可程序，强化防雷安全监管。

建设行业行政审批

【建设行业行政审批】 2017年，海南省住房和城乡建设厅共受理行政许可审批1626件，办结1591件，平均承诺天数16.1天，实际平均办结天数4.8天，办结提速70.5%，提前办结率100%。在海南省政府政务服务中心2017年度考核中名列前茅。

【推进行政审批改革，加大简政放权力度】 2017年，海南省住房和城乡建设厅围绕行政审批制度改革重点工作，将"放管服"改革向纵深推进。一是制定《海南省住房和城乡建设厅2017年深化简政放权放管结合优化服务改革工作方案》，部署2017年"放管服"改革具体工作；制定《海南省住房和城乡建设厅落实国务院"放管服"改革专项督查工作方案》，并起草《"放管服"改革工作自查报告》上报省政府。二是加大简政放权力度，为权力清单"瘦身"。根据住房城乡建设部要求，结合海南省实际，停止实施城市园林绿化企业资质和工程建设项目招标代理机构资格核准，将房地产估价机构资质核准调整为备案，将省重点项目选址意见书核发、城乡规划编制单位资质核准等两项行政审批事项移交海南省规划委员会。涉及取消行政许可事项4大项8子项，调整行政许可事项1大项2子项，至此，海南省住房和城乡建设厅行政许可事项由2017年初的14大项29子项精简为9大项19子项，大项精减了35.7%，小项精减了34.5%。三是根据住房城乡建设部要求，及时简化工程造价咨询企业资质、建筑业企业资质标准部分指标。四是印发《海南省住房和城乡建设厅关于全面清理简政放权事项的通知》，清理简政放权事项，确保政令畅通。五是按照住房城乡建设部和工业和信息化部关于通信工程施工总承包资质审批改革工作要求，海南省住房和城乡建设厅与海南省通信管理局对通信工程施工总承包二级、三级资质核准开展联合审批。

【全面推行网上审批】 2017年，海南省住房和城乡建设厅继续深入推进"互联网＋政务服务"。以海南省行政审批系统为载体，进一步完善网上办事指南，构建标准化、模板化的网上申报程序，提供全流程在线审批服务。实现了海南省住房和城乡建设厅全部行政审批事项网上申报审批，真正做到让信息多跑路，让企业和群众少跑腿。同时还通过"承诺审批"等方式，进一步缩短审批时限，提高行政审批效率，实现最大限度便民服务。根据海南省政府政务服务中心分批开展"不见面"审批工作要求，确定部分"不见面审批"事项，编制办事指南，对涉及"不见面审批"事项的申报材料、法律依据等进行修改完善，2017年海南省住房和城乡建设厅"不见面"审批事项比例达到了60%以上，做到以服务人民为中心，优化审批服务。

【加大行政审批业务培训】 2017年，海南省住房和城乡建设厅为解决"放管服"改革中遇到的市县衔接落实问题，开展西部、北部、南部片区调研座谈会，加强对市县行政审批业务指导和提升承接能力，先后举办2期行政审批业务培训班，共计培训近130人次。并邀请市县负责施工许可的工作人员26人进行跟班学习，全面提高市县行政审批工作人员的业务水平。

人事教育

【智力扶持中西部市县】 2017年，海南省住房和城乡建设厅继续实施《海南省建设规划人才智力扶持中西部市县实施方案》，从厅机关和海口、三亚选派28名建设行政管理干部和专业技术骨干到中西部市县建设行政主管部门服务锻炼，其中11名挂职任副局长，11名进行定点服务指导；相应从中西部市县选派6名建设行政管理干部和专业技术骨干到厅机关和海口、三亚建设行政主管部门跟班学习锻炼。

【干部培训】 2017年，海南省住房和城乡建设厅严格落实公务员在线学习任务，组织机关公务员和直属单位参公人员170余人参加在线学习。组织全体厅机关党员干部学习党的十八届六中全会精神、海南省委第七次党代会精神、"两学一做"常态化制度化、党的十九大会议精神等。协调有关业务处室开展厅机关及住建系统干部关于简政放权、城市管理执法等重点改革事项的业务培训和参加住房城乡建设部组织的业务培训。对缺少两年基层经历的干部，积极协调海口及部分市县委组织部安排挂职锻炼岗位。

【学历教育】 2017年，海南省住房和城乡建设厅积极支持哈尔滨工程大学海南函授站对海南省在职人员进行学历教育，截至年底共有3527人毕业获得本科、专科毕业证书，共有901人在读。

【专业技术人才培养】 2017年，海南省住房和城乡建设厅继续抓好行业培训机构改革及培训工作。抓好行业教育培训工作。积极为专业技术人员搭建继续教育平台，主动协调各培训单位、行业协会和企业抓好专业技术人员的继续教育。截至年底，全年共培训人员3万余人次。

抓好执业资格、施工现场专业人员和技能工人的考试考核工作。组织开展以二级建造师为主的执业资格考试报名审查、考试实施、阅卷等工作，全年共有8106人参加二级建造师考试，通过1333人。积极做好施工现场专业人员培训考试工作，年度内共有13400余人报名参加施工现场专业人员考试，全年考试通过7994人，进一步提高了施工现场从业人员专业化程度。实行职业技能鉴定理论考核与实操考核并重的考核方式，全年共为考核通过的3829人发放《职业技能岗位证书》，有效提高了技能工人的业务理论水平和安全生产意识。率先在全省省直部门制定职称外语、计算机条件改革政策，取消外语、计算机考试成绩作为建设系列职称申报的前置条件。全年共受理504人专业技术资格评审材料，组织64名专家开展材料审查和现场答辩工作，共有406人获得了专业技术职务晋升。为建筑市场和企业发展需要提供了必要的智力支持和人才保障。

大事记

1月4日，印发《海南省海绵型建筑与小区设计导则（试行）》

1月13日，印发《海南省建筑市场诚信评价管理办法（试行）》和第一批信用主体诚信评分标准。

1月18日，海南省住房和城乡建设厅与中国燃气控股有限公司签订乡镇智能燃气战略合作框架协议。

1月20日，召开海南省住房城乡建设暨党风廉政建设工作会议。

1月29日，海南省住房和城乡建设厅通过海南省委、省政府2016年度安全生产责任目标考核，获得"2016年度安全生产工作责任目标考核先进单位"。

2月16日，海南省整治违法建筑办公室在海口召开"无违建"创建工作考核验收动员部署会议。

2月25日，省政府办公厅印发《海南省整治违法建筑三年攻坚行动2017年工作方案》。

2月27日，海南省召开进一步推进生态环境六大专项整治和美丽海南百镇千村工作电视电话会议。

3月17日，海南省住房和城乡建设厅通过了海南省委、省政府2016年度消防工作考核，考核结果为"优秀"。

3月31日，海南省住房和城乡建设厅编制印发《关于开展工程质量安全提升行动的通知》，组织各市县开展工程质量安全提升三年行动。

4月14日，下发《关于限制购买多套商品住宅的通知》，支持合理住房需求和限制投机性购房，禁止期房转让和限制现房转让，合理安排商品住宅用地供应，实行商品住宅价格备案管理，加强交易资格审核。

4月27日，海南省住房和城乡建设厅联合省气象局印发《关于贯彻落实省政府优化建设工程防雷许可实施意见的通知》，要求5月31日前完成建设工程防雷安全监管工作交接，明确各自的监管范围。

4月28日，海南省整治违法建筑办公室印发《关于开展农村违法建筑存量摸底排查工作的通知》，组织全省各市县开展农村违法建筑存量摸底排查。

5月22日，印发《海南省商品住宅全装修管理办法（试行）》，从7月1日全面实行。

同日，印发《海南省推进城市执法体制改革工作方案》，明确市县、省直有关单位推进城市执法体制改革的工作责任和时间表、路线图。

5月25日，海南省机构编制委员会办公室下发《关于省住房和城乡建设厅建设执法稽查处加挂"省城市管理执法监督局"牌子的通知》。

6月1日，海南省第五届人民代表大会常务委员会决定任命霍巨燃为海南省住房与城乡建设厅厅长。

同日，海南省规划委员会成立，海南省住房和城乡建设厅城乡规划职责移交海南省规划委员会。

6月2日，海南省住房和城乡建设厅举办《海南省建筑市场诚信评价管理办法（试行）》及第一批信用主体诚信评分标准宣贯培训会。

6月5～7日，海南省住房城乡建设厅召开全省建筑工程质量安全工作暨建筑工程质量安全监管行业党风政风行风建设社会评价工作会议，并组织举办建筑工程质量安全生产监督管理人员培训班，各市县住建局和工程质量安全监督站和各施工、监理单位200多人参加培训。

6月12～27日，海南省住房和城乡建设厅组织开展2017年上半年工程质量安全提升行动和建筑市场行为检查。

6月23日，海南省住房和城乡建设厅向各市县政府下发《关于加快推进城市管理执法制式服装和标志标识配备工作的函》。

7月6日，海南省整治违法建筑办公室印发《关于开展农村违法建筑专项整治的通知》，组织全省各市县开展农村违法建筑专项整治工作。

7月10日，海南省住房和城乡建设厅在海口天街华府S1地块项目举办省级建筑工程质量安全标准化现场观摩会，各市县住建局和监督站，以及建设、施工、监理单位的代表近1000人参加。

7月26日，印发《关于推行建设工程保证保险的通知》。

8月2日，海南省人民代表大会常务委员会发布关于修改《海南省劳动保障监察若干规定》的决定。

8月11日，海南省机构编制委员会下发批复，同意海口等5个市县城市管理执法部门统一更名为综合行政执法局，同意万宁等11个市县设立综合行政执法局。

同日，海南省整治违法建筑办公室印发《关于加强住宅小区违建整治工作的通知》。

8月28日，印发《海南省房屋建筑和市政基础设施工程施工图设计文件审查管理办法（暂行）》。

8月30日，印发《海南省建筑节能与建设科技"十三五"发展规划》。

9月28日，出台《海南省人民政府关于进一步深化"两个暂停"政策 促进房地产业平稳健康发展的意见》。

同日，海南省住房和城乡建设厅向各市县城市管理执法部门下发《关于全面加快数字化城市管理平台建设的实施意见》。

9月29日，印发《关于严格控制小户型商品住宅审批有关问题的通知》，要求自本通知印发之日起，停止批准套型面积在100平方米以下（含100平方米）的商品住宅建设。

10月27日，海南省儋州市被住房城乡建设部评为2017年国家园林城市。

同日，海南省住房和城乡建设厅组织召开全体干部职工大会，学习贯彻党的十九大会议精神，厅机关和直属单位全体干部职工共100多人参加学习。

10月31日，海南省住房和城乡建设厅召开全体干部职工会议，传达学习贯彻省委七届三次全会精神。

11月4日，印发《海南省落实房地产市场调控市县主体责任约谈制度》。

11月10日，举办全省国家机关办公楼和大型公共建筑能耗监测分项计量装置使用培训班。

11月16日，海南省住房和城乡建设厅组织召开全省建筑工程质量安全工作会议。

11月17日，组织在海口美兰国际机场二期扩建工程航站楼一标段举办全省隔震技术应用工地观摩活动。

11月30日，海南省住房和城乡建设厅组织编制并印发《海南省建设工程施工现场围挡标准化实施指南》。

11～12月，海南省住房和城乡建设厅组织对全省各市县（不含三沙市）在建房屋建筑和市政基础设施工程项目开展建筑市场和质量安全大检查。

12月1日，海南省住房和城乡建设厅组织举办2017年度全省城市管理执法人员培训班。

12月8日，海南省住房和城乡建设厅与国家开发银行海南省分行联合在海口举办海南省棚户区改造融资专题培训班，并签署《支持海南城镇化建设服务美好新海南战略开发性金融合作备忘录》。

12月14日，海南省住房和城乡建设厅与中国建筑科学研究院签署合作协议。

12月18日，印发《海南省人民政府关于加强新建住宅小区配套公共服务设施管理的意见》。

12月18～19日，组织在海口举办2017年全装修标准宣贯培训班，全省约800多人参加学习。

12月22日，印发《海南省人民政府关于大力发展装配式建筑的实施意见》。

12月27～29日，海南省整治违法建筑办公室组织工作组，对农村违法建筑存量较大的三亚、陵水等两市县开展专项督查。

12月30日，海南召开装配式建筑实施意见和小区配套公共服务设施新闻发布会。

（海南省住房和城乡建设厅）

城 乡 规 划

【**海南省规划委员会概况**】 2017年，根据海南省域"多规合一"改革试点部署，海南省创新规划管理体制机制，构建高效统一的规划管理体系。6月2日，海南省规划委员会成立大会暨挂牌仪式在海口召开，沈晓明省长到场并做重要讲话。6月11日，中共海南省委书记刘赐贵到海南省规划委员会调研，强调指出，省域"多规合一"改革是中央赋予海南的重要使命，海南省规划委员会的核心职能就是要紧紧围绕省域"多规合一"改革这一中心任务，提高站位、履职尽责、创新实干，确保改革措施落地，真正实现一张蓝图干到底。按照6月1日海南省人民政府办公厅印发的《海南省规划委员会主要职责内设机构和人员编制规定》，海南省规划委员会为主管全省空间规划编审和督察工作的省政府组成部门，统筹协调推进全省"多规合一"改革，人员编制从省住房城乡建设厅、省发展改革委员会、省国土资源厅、省生态环境保护厅、省林业厅、省海洋渔业厅等部门调剂，并相应取消上述部门的相关规划职能。

海南省规划委员会核定行政编制35名，内设综合管理处、政策法规处、规划管理处、规划督察室4个处级职能机构，下属单位有海南省规划展览馆。主要职责包括：（一）贯彻执行党和国家空间规划体系建设方针政策和法律、法规；统筹推进全省"多规合一"改革，提出"多规合一"体制改革意见，拟定并组织实施相关政策、法规、规章和规范性文件。（二）衔接全省经济社会中长期战略发展规划，评估全省空间布局现状和发展趋势，统筹全省空间战略布局，组织开展空间规划相关专题研究和基础评价，研究提出优化全省空间资源保护和利用的政策意见。（三）拟订省、市县总体规划编制技术标准体系和审查工作规则；组织编制、修订省总体规划及其主体功能区、生态保护红线、城镇体系、土地利用、林地保护利用、海洋功能区划和海岛保护等六个专篇，划定生态保护红线、永久基本农田和开发边界，提出相关控制性、约束性指标。指导市县政府编制、修订总体规划，对市县总体规划提出审查意见，综合协调省、市县总体规划审查、报批等工作。（四）负责省总体规划与市县总体规划的平衡衔接，推动军地规划融合，协调处理空间规划矛盾冲突。审查省级综合规划、专项规划、发展规划相关空间布局内容，开展重大项目合规性审查。参与编制全省经济社会发展中长期规划、海南国际旅游岛总体规划等省域综合发展规划，以及重要产业发展、基础设施建设等专项规划，提出优化空间资源配置的政策意见。根据执行和管控省总体规划的要求，提出有关综合规划、专项规划的调整、清理意见。（五）研究制定落实省总体规划的长效机制，协调相关职能部门制定落实省总体规划的中长期工作计划或方案并监督实施，解决省总体规划执行过程中的问题。参与制定财政、投融资、产业、土地等政策，推动空间资源配置与区域发展政策融合。（六）指导和管理全省城乡规划工作；负责研究提出城乡规划编制、实施规定，组织开展城市设计工作；按权限开展城乡规划审查；会同有关部门负责历史文化名城、名镇、名村保护和监督管理工作；开展城乡规划监督检查工作。（七）督促检查省总体规划及其六个专篇的执行情况。提出省总体规划督察管理、协作和问责制度，拟订省总体规划管控措施并监督实施。监测评估全省各级政府及其职能部门执行总体规划情况，监管涉规审批业务和相关行政行为，调查违反总体规划的行为和决定，提出纠正和问责意见。综合协调、监督空间规划领域重大执法活动，及时向省政府报告规划管控重大风险和问题，拟订处置方案、预案。指导、监督市县根据"多规合一"改革要求开展综合行政执法工作。（八）管理全省"多规合一"大数据平台，推动空间规划信息交换、数据共享。参与全省行政审批制度改革，推动审批联动，参与管理"多规合一"审批平台，监督建设项目策划和生成管理工作。（九）完成省政府、省加快推进"多规合一"工作领导小组交办的其他工作。相应取消有关部门的相关职责：省发展改革委承担的组织编制主体功能区规划职责；省生态环境保护厅划定生态保护红线职责；省住房城乡建设厅承担的城乡规划管理职责；省国土资源厅承担的组织编制全省国土规划、土地利用总体规划，指导和审核市县土地利用总体规划职责；省林业厅承担的组织编制林地保护利用规划职责；省海洋与渔业厅承担的组织编制省海洋功能区划、海洋生态保护红线、海岛保护与利用规划职责。8月，海南省编制委员会批复同意各市县成立规划委员会。8月28日，海南省规划委员会、海南省机构编制委员会办公室联合印发《关于市县规划委员会主要职责的指导意见》，对市县规划委员会的主要职责提出指导意见。9月25日，万宁市规划委员会率先挂牌成立。

到年底，全省18个市县规划委员会均已挂牌成立并正常开展工作，建立了省市县联动的空间规划管理体系。9月6日，海南省规划委员会召开全委党员大会，选举产生第一届中共海南省规划委员会机关委员会和中共海南省规划委员会机关纪律检查委员会委员。同日，中共海南省规划委员会机关纪委检查委员会第一次全体委员会议选举产生机关纪律检查委员会书记。9月14日，中共海南省规划委员会第一次全体委员会议选举丁式江为机关党委书记。

【规划编制】 11月18日，《国务院办公厅关于海南省总体规划的函》（国办函〔2017〕121号）函告海南省人民政府，经国务院同意海南省组织实施《海南省总体规划（空间类2015—2030）》。明确海南省编制的《海南省总体规划（空间类2015—2030）》总体符合海南省情特点和发展需要，在推动形成全省统一空间规划体系上迈出了步子、探索了经验，为海南省经济社会与生态环境协调发展奠定了良好基础。要求海南省要切实加强对《海南省总体规划（空间类2015—2030）》实施的组织领导，加大统筹协调力度，深化体制机制改革，分解细化工作职责，明确时间表和路线图，坚持一张蓝图干到底，切实将《海南省总体规划（空间类2015—2030）》确定的目标、任务和政策措施落实到位。

7月13日，海南省规划委员会印发《关于抓紧实施市县总体规划加快推进项目建设的通知》，要求各市县抓紧组织实施已经海南省政府常务会议审议通过的本市县总体规划，按照各市县总体规划审批建设项目。要按照省和市县总体规划成果确定的城镇、旅游度假区及省级产业园区开发边界，抓紧组织推进新一轮开发边界内总体规划、控制性详细规划修编，经批准后抓紧纳入"多规合一"一张蓝图，作为项目建设的重要依据。

9月22日，印发《海南省规划委员会关于规范开展市县总体规划局部调整工作的通知》，指导市县做好市县总体规划局部调整工作。加强重点区域规划编制，按照中央领导批示精神和海南省委、省政府部署，修编完成博鳌亚洲论坛特别规划区总体规划；编制三亚崖州湾区域整体规划，将崖州区域打造成为以深海科技、南繁科技为重心的高科技板块。

11月27日，海南省规划委员会、海南省国土资源厅、海南省林业厅、海南省生态环境保护厅联合印发《关于加快推进电网等"五网"基础设施建设的函》，要求"五网"基础设施有关职能部门依据"全省一张蓝图"，抓紧编制路网、光网、电网、气网、水网等基础设施专项规划，同时组织开展环岛滨海旅游公路配套服务设施规划设计。

开展城市设计工作，2月19日，海南省人民政府印发《海南省人民政府关于加强城市设计和建筑风貌管理的通知》（琼府〔2017〕15号），要求各市县要抓好重要景观地段的风貌管控，优化建筑布局，加强建筑体量尺度和建筑风格的管控，统筹协调建筑色彩运用，提高建设项目园林绿化水平，加强建设项目设施配套，以及健全规划报建审查机制和建立建筑使用后评估制度等，进一步加强海南特色的城镇景观风貌管控。各市县在中心城区、特色产业小镇和其他乡镇、旅游度假区以及产业园区总体规划和控制性详细规划修编工作中，必须强化城市设计内容，增加城市设计篇章。城市设计要贯彻《海南省总体规划（空间类2015—2030）》和本市县总体规划确定的空间管控原则和要求，按照"一城一特色，一城（镇）一风貌"的原则，结合本市县历史文脉及人文环境特点，统筹协调建筑布局、风格、体量、尺度、色彩等，处理好山、水、林、田、城之间的关系，完善基础设施和公共服务设施配套，促进建筑与环境、人与自然和谐共处。7月，海口市、三亚市入选住房城乡建设部第二批城市设计试点城市。9月30日，印发《海南省规划委员会关于加快推进城镇开发边界内规划修编和城市设计工作的函》，要求各市县用两年左右完成辖区内城镇、旅游度假区及省级产业园区开发边界内城镇规划修编，每年应至少完成2~3处重要景观风貌控制区的城市设计导则编制工作，力争到2019年底实现城市设计导则对重要景观风貌控制区全覆盖。注重历史文化保护，组织编制完成《海南省各历史文化名城名镇名村评估自查报告》《海南省历史文化街区和历史建筑普查工作报告》。

【规划管理】 2017年，海南省继续深化省域"多规合一"改革工作，9月22日，中国共产党海南省第七届委员会第二次全体会议审议通过并出台《中共海南省委关于进一步加强生态文明建设谱写美丽中国海南篇章的决定》（琼发〔2017〕25号），明确提出"坚持'多规合一'一张蓝图干到底。把海南作为一个大城市、大景区来统一规划、建设和管理，严格实施《海南省总体规划（空间类2015—2030）》和各市县总体规划，组建市县规划委员会，构建高效统一的规划管理体系。

加强国土空间用途管制，统筹陆海、区域、城乡发展和各类产业，优化生产空间、生活空间、生态空间。强化对海岸带、生态敏感区以及历史文化保护区域的省级规划管控。明确空间规划的法律地位，修订完善空间规划法规体系，建立规划调整硬性约束机制。严守生态保护红线、环境质量底线、资源利用上线，严格控制城镇开发和产业园区边界，严禁生产、生活空间挤占生态空间。建立完善统一的规划管理信息平台和监测预警机制，加强对生态保护红线区、农林业生产空间、城镇和产业园区开发边界的监管"。结合"多规合一"改革需要,海南省积极推进相关法规制定和修订工作。

组织开展《海南省城乡规划条例》的修订工作,贯彻落实中央、国务院和省委省政府对城乡规划建设提出的新思想、新要求、新决策、新部署,对城乡规划编制及审批实施进行相应的修改,确定开发边界的法律地位,强化对重要资源的保护,建立城市设计体系,实施农村建房高度的法律管控,搭建符合"多规合一"改革要求的城乡规划体系,实现了生态绿心保护的硬约束。该《条例》(修正案)于10月10日通过六届省政府第93次常务会议审议,11月28日通过五届人大常委会第33次会议审议,待人大二次审议。组织起草《关于加强重要规划控制区规划管理的决定》,上收了重要规划控制区规划管理权,确定管控对象和方式,完善规划管控要求,加强了海岸带和生态环境敏感区的城镇、旅游度假区、产业园区、海南岛近岸可利用海岛和围填海区域、历史文化保护区域的规划管理。该《决定》于10月10日通过六届省政府第93次常务会议审议,11月28日通过五届人大常委会第33次会议审议,待人大二次审议。

组织起草《关于实施海南省总体规划的决定》,明确省总体规划的法律地位,规定省和市、县、自治县总体规划的编制、审批、修改和督察,在确立体制机制、突出总体规划严肃性、强化实施保障方面做出了新的探索。12月14日已上报省政府待审议。同步推动修订土地管理、林地管理、海域使用等相关法规,为省域"多规合一"改革提供有力的法律支撑。推动海南省"多规合一"信息综合管理平台建设,初步构建了全省统一的"多规合一"信息综合管理平台,并接入相关省直部门和各市县规划委进行试运行。截至2017年年底,海南省"多规合一"信息综合管理平台已实现了在平台上查询地形要素、现状建设建成情况、土地规划情况、建设用地容积率等控制性指标,并具备开展总体规划合规性审查、项目选址审查、辅助生态红线督察等功能,海南省规划展览馆开通了"全省一张蓝图"查询系统,面向社会提供规划查询服务。全省规划管理的信息化、数字化水平得到了快速提升。

7月3日至11日,为贯彻落实中共海南省委第七次党代会精神,组织开展好"深入学习贯彻习近平总书记视察海南时的重要讲话精神建设美好新海南"大研讨大行动活动,切实做好海南省规划委员会牵头的相关课题研究工作,海南省规划委员会派出5个调研组,前往全省18个市县和中国(海南)改革研究院、海南省政府政务服务中心进行调研,紧紧围绕"按照全岛一个大城市的思路,深化省域'多规合一'改革,统一规划管理体制、统一产业布局、统一基础设施建设、统一环境保护"认真研讨,形成了《探索建立区域协调、城乡一体发展的体制机制》的课题研究成果。8月3日至8月9日,海南省委组织部、海南省规划委员会和海南省委党校联合举办2期海南省域"多规合一"改革专题研讨班,培训对象为各有关省直单位和中央驻琼单位的主要领导、分管领导、有关业务处室负责人,各市县党政主要领导、分管领导、有关部门领导,各有关驻琼军警单位的相关领导,共610人。5月,《三亚热带海滨风景名胜区总体规划(2017—2030)》获国务院同意批准实施。是年,审查审批了陵水清水湾等一批重点项目修建性详细规划,积极服务市县重点项目建设。

【规划督察】 2017年,海南省加大总体规划督察力度,7月19日,海南省政府办公厅印发《海南省2017年度生态保护红线区专项督察工作方案》(琼府办函〔2017〕251号),在全省范围内开展2017年度生态保护红线区专项督察,对全省生态保护红线区内的探矿采矿、小水电建设、规模化养殖、工业及房地产开发、基础设施建设、围填海等情况进行摸底调查,对违法违规行为进行督察问责。

7月22日,召开海南省2017年度生态保护红线区专项督察动员大会暨培训班,对全省18个市县和洋浦经济开发区的分管领导、职能部门主要领导以及各督察组成员等约220人开展培训。8月21日,印发《海南省2017年度生态保护红线区专项督察工作规范(琼规督函〔2017〕81号)》,指导督察组各项工作开展。8月31日,印发《海南省人民政府办公厅关于建立海南省2017年生态保护红线区专项督察工作联席会议制度的通知》(琼府办〔2017〕137号),海南省2017年度生态保护红线区专项督察联席会议制度正式建立。联席会议办公室设在海南省规划委员会,负责联席会议的日常工作。本次督察,通过采用卫星影像对比等技术手段,对全省18个市县、洋浦经济开发区,约2万平方公里陆域和海域生态保护红线区内疑似开发建设项目进行筛查,确定4828个重点疑似违法图斑。

9月5日,海南省生态保护红线区专项督察台账管理系统在海南省"多规合一"信息数字化管理平台成功上线运行,对全省生态保护红线区内4828个重点疑似图斑实施信息化管理,整改完成一个,销号一个,实现滚动督察的目标。9月11日,举办海南省2017年度生态保护红线区专项督察市县台账档案报送工作培训班，指导和规范市县专项督察台账档案建设，全省共有100人参加培训。11月17日，印发《海南省2017年度生态保护红线区专项督察工作联席会议办公室关于加快推进整改工作的通知》（琼规督〔2017〕363号），要求建立生态保护红线区规范管理长效机制。12月12日，印发了《海南省2017年度生态保护红线区专项督察工作联席会议办公室关于开展生态保护红线区专项督察整改"回头看"工作的通知》（琼规督〔2017〕459号）和《海南省2017年度生态保护红线区专项督察工作联席会议办公室关于印发海南省生态保护红线区整改责任分工方案的通知》，将开展为期2个月的全省生态保护红线区专项督察整改"回头看"工作，推动市县加大力度完成整改任务。按照《中共海南省委关于进一步加强生态文明建设谱写美丽中国海南篇章的决定》和《海南省人民政府办公厅关于加强农房建设规划报建管理工作的通知》要求，12月14日，海南省规划委员会、海南省国土资源厅、海南省住房城乡建设厅联合印发《关于开展农村新建住房高度管控督察工作的通知》，对1月1日以后，特别是9月22日《中共海南省委关于进一步加强生态文明建设谱写美丽中国海南篇章的决定》出台后，各市县落实农房建筑高度管控和规划建设管理工作情况开展督察，督察范围为各市县辖区内所有行政村、自然村，特别是高铁、高速公路、国道、省道沿线可视范围内村庄的农房规划建设管理情况。起草的《海南省总体规划督察办法》报送海南省政府待审批。

大事记

6月2日，海南省规划委员会成立大会暨挂牌仪式在会展楼侧楼举行，海南省省域"多规合一"改革试点工作迈进全新阶段。

6月11日，省委书记刘赐贵到海南省规划委调研。

7月13日，经海南省政府同意，下发《海南省规划委员会关于抓紧实施市县总体规划加快推进项目建设的通知》。

7月19日，省政府办公厅印发《海南省2017年度生态保护红线区专项督察工作方案（琼府办函〔2017〕251号）》，海南省2017年度生态保护红线区专项督察工作正式展开。

8月3~9日，经海南省委同意，省委组织部、省规划委员会、省委党校联合举办2期省域"多规合一"改革专题研讨班。

9月5日，海南省生态保护红线区专项督察台账管理系统在海南省"多规合一"信息数字化管理平台成功上线运行。

9月22日，印发《海南省规划委员会关于规范开展市县总体规划局部调整工作的通知》。

9月25日，万宁市规划委员会率先挂牌成立。

9月30日，印发《海南省规划委员会关于加快推进城镇开发边界内规划修编和城市设计工作的函》。

11月18日，国务院办公厅印发《国务院办公厅关于海南省总体规划的函》。经国务院同意，批准海南省组织实施海南省总体规划。

11月28日，起草的《海南省城乡规划条例》（修正案）和《关于加强重要规划控制区规划管理的决定》，通过五届人大常委会第33次会议审议，待人大二次审议。

12月14日，印发《海南省规划委员会 海南省国土资源厅 海南省住房城乡建设厅关于开展农村新建住房高度管控督察工作的通知》，启动海南省农村新建住房高度管控督察工作。

12月28日，昌江县规划委挂牌成立。海南省各市县规划委全部挂牌成立。

（海南省规划委员会）

重 庆 市

城乡建设

概况

2017年,重庆市城乡建设工作紧扣新型城镇化战略,统筹稳增长、促改革、调结构、惠民生,担当重任、砥砺奋进,推进各项工作顺利开展。新型城镇化统筹建设、建设行业提质增量、基础设施加快完善,民生实事顺利完成,重点工程强力支撑,改革创新全面启动。

建筑业

2017年,重庆市建筑业增加值突破2000亿大关,实现建筑业持续稳定健康发展。

【建筑业产值增加值稳步增长,产业规模不断扩大】 2017年,重庆市完成建筑业总产值7608亿元,同比增长8.1%(增速较上年回落4.3个百分点),实现建筑业增加值2009.53亿元,同比增长9.6%(增速较上年回落5.6个百分点)。建筑业增加值对地区生产总值(GDP)的贡献率为10.2%(较上年降低3.3个百分点),拉动经济增长0.9个百分点(较上年降低0.5个百分点),建筑业支柱产业地位依然突出。建筑业总产值、增加值自2012年以来首次由两位数增长进入个位数增长,增速放缓。

从全国及西部地区看:2017年全国建筑业总产值213953.96亿元、同比增长10.5%,西部地区(12个省市)建筑业总产值43584.78亿元、同比增长13.3%;重庆市建筑业总产值占全国的3.6%、占比与上年持平,占西部地区的17.5%、下降0.8个百分点。重庆市建筑业总产值排名位居全国第11位、西部第2位,名次未变;重庆市建筑业总产值增速低于全国增速2.4个百分点、低于西部地区增速5.2个百分点,这是自2007年以来首次低于全国增速。全国实现建筑业增加值55689亿元、同比增长4.3%,增加值占国内生产总值的比重为6.7%,重庆市建筑业增加值2009.53亿元,增速高于全国5.3个百分点,占重庆市地区生产总值的比重为10.3%,比重高于全国3.6个百分点。

从区县情况看:重庆市建筑业总产值同比增长8.1%,仍有21个区县继续保持两位数增长,其中8个区县增速超过20%以上。2017年产值前十名区县共完成产值4157.18亿元,占比54.6%,对全市建筑业贡献超过五成以上。

从市外完成产值看:2017年重庆市企业在外省完成产值1245.96亿元、同比增长18%、占建筑业总产值的16.4%。其中,全市特级、一级企业在外省完成产值占比超过七成。5家特级资质企业在外省完成产值207.85亿元、同比增长26.1%,占全市在外省完成产值的16.7%;355家一级资质企业在外省完成产值748.87亿元、同比增长15.1%,占全市在外省完成产值的60.1%。高资质建筑企业成为外出承接业务主力军。重庆市建筑企业承接项目遍布全国31个省市自治区,"云、贵、川"成为主要集聚地,其中,在贵州省完成产值285.63亿元、占重庆市企业在外省完成产值的22.9%,在四川省完成产值206.10亿元、占比16.5%,在云南省完成产值93.37亿元、占比7.5%。

从产值构成看:全年完成建筑工程产值6860.69亿元、占建筑业总产值的90.2%、同比增长6.2%(增速较上年回落7.5个百分点);完成安装工程产值452.20亿元、占建筑业总产值的5.9%、同比增长33.6%(增速较上年提高46.1个百分点);完成其他产值295.11亿元、占建筑业总产值的3.9%、同比增长23.9%(增速较上年回落3个百分点)。

从专业类别看:全年房屋建筑类企业完成产值5748.45亿元、占建筑业总产值的75.6%、同比增长6.6%(增速较上年回落7.6个百分点);公路、铁路、水利等土木工程类企业完成产值1403亿元、占建筑业总产值的18.4%、同比增长14.3%(增速较上年提高4.9个百分点);建筑安装类企业完成产值201.35亿元、占建筑业总产值的2.6%、同比增长2.9%(增速较上年提高1.9个百分点);建筑装饰及其他类企业完成产值255.21亿元、占建筑业总产值的3.4%、同比增长16.4%(增速较上年提高16.5个百分点)。

2017年，重庆市完成固定资产总投资17440.57亿元、同比增长9.5%，较上年降低2.6个百分点。其中完成建筑安装工程投资13399.85亿元，占固定资产总投资的76.8%、较上年提高0.2个百分点，同比增长10%、较上年降低5.8个百分点。投资结构的调整以及投资放缓影响了建筑业的高速增长。另外，房地产开发完成投资3980.08亿元、同比增长6.8%，商品房施工面积25960.99万平方米、较上年减少1402.4万平方米、同比下降5.1%，其中住宅施工面积16747.92万平方米，较上年减少1184.77万平方米、同比下降6.6%。房地产商品房施工面积下降，在一定程度上加剧了个别区县建筑业产值的负增长。但基础设施建设完成投资5659.12亿元、同比增长15.8%，市级重点项目建设完成投资4715亿元、同比增长4.3%，在一定程度上冲抵了房地产开发施工面积下降的影响，成为支撑重庆市建筑业平稳增长的重要动力。

2017年，全市建筑企业新签合同金额7400.93亿元、同比增长19.8%、较上年提高0.5个百分点，结转上年合同金额4936.99亿元、同比增长6.8%、较上年提高8.1个百分点，累计签订和执行合同金额12337.92亿元、同比增长14.2%、较上年提高4.7个百分点。企业承接业务量不断增加，表明企业竞争力增强，下一步企业发展潜力增大。2017年全市新开工房屋建筑面积13932.78万平方米，较上年增加142.57万平方米、同比增加1%；全市在建施工面积33210.82万平方米、较上年增加1133.68万平方米、同比增长3.5%；全年竣工房屋建筑面积13448.18万平方米，较上年下降303.41万平方米、同比下降2.2%。新开工量、在建面积增加，建设进度加快，这表明重庆市建筑市场活力仍很大，企业发展空间得到不断拓宽。

据国家统计局数据，2017年前三季度重庆市建筑业企业总收入为3926.69亿元、同比增长10.6%，其中主营业务收入3912.06亿元、同比增长10.7%。其中一季度实现营业利润52.15亿元、同比增长7.3%，产值利润率为3.0%。行业发展稳中趋缓，但整体维持薄利。按总产值计算的劳动生产率为31.79万元/人，同比下降1.76%；人均竣工产值15.69万元/人，同比下降5.65%；人均施工面积139平方米/人，同比下降6.1%。

2017年全市从事建筑业活动的平均人数239.32万人，净增加21.91万人、同比增长10.1%；期末从业人员224.64万人，净增加15.56万人、同比增长7.4%。建筑业吸纳农村转移劳动力、稳定社会就业能力增强。随着重庆市撤县改区步伐加快，城镇化建设全面提速，全市城镇人口不断增加，农村人口逐渐减少。非农业人口从事建筑业明显增多，但农业人口从事建筑业却在逐渐下降。2017年四季度本市非农业人口在本市从事建筑业的人员达27.4万人、较上年增加9.64万人，而建筑业中的本市农民工则只有80万人左右、较上年减少25万人。

【行业结构不断优化，人员素质进一步提升】截至年底，重庆市共有特级资质施工企业5家、一级资质企业444家，一级及以上资质施工企业同比增加16家，资质类别涵盖建筑、市政、公路、冶金多个领域。本地综合及专业甲级监理企业67家、同比增加4家，本地甲级造价咨询企业132家、同比增加9家。2017年占全市施工企业总数5.4%的一级及以上企业完成建筑产值3418.26亿元、占比44.9%，新签合同金额3582.60亿元、占比48.41%。

2017年重庆市企业中产值过亿元的企业数量显著增加，新增21家、同比增长2.1%，达到1088家、占企业数量的13.3%。其中产值过30亿元的企业30家，较上年增加5家。亿元以上企业完成建筑业产值7195.87亿元，同比增长8.2%，占全市建筑业产值比重达到94.6%，占比较上年提高0.1个百分点。

人员素质进一步提升。全市建筑业大力弘扬工匠精神，强化人员技能培训。2017年建筑业从业人员期末人数中，工程技术人员22.33万人，较上年增加2.89万人，同比增长14.9%。全年完成工人培训鉴定100409人，其中：初级工215人，中级工99936人，高级工223人，技师29人，高级技师6人。全市共有注册建造师59069人、注册监理工程师3982人、注册造价工程师4184人，同比分别增长0.21%、0.82%、2.9%。执业资格人员不断增加，整个行业从业人员综合素质得到明显提升。

【市场更加活跃，竞争更加激烈】截至年底，共有3640家外地建筑施工企业、265家外地监理企业、297家外地造价咨询企业、236家外地招标代理机构入渝承揽业务或生产经营，外地企业入渝数量同比增长58.3%。至此，重庆市建筑市场共有施工企业11809家、监理企业375家、造价咨询企业546家、招标代理机构406家。市外高资质企业入渝，带来了先进技术和管理经验，拓宽了融资渠道、优化了融资模式，有效带动重庆市建筑业整体水平的提升。

建材价格上涨明显。截至12月底，重庆市主要建筑材料价格涨幅明显，与2016年12月相比平均涨幅约20%。价格上涨材料中，钢筋、水泥、混凝土、砖、砂、碎石涨幅突出，与2016年12月相比分别上涨了39.45%、24.32%、27.14%、5.88%、31.25%、8.00%。建筑材料上涨直接导致施工成本增加12%左右，市场风险加大。

【市场监管不断完善，市场秩序不断规范】 服务行业发展成效明显，简化审批程序，施工许可办理时限大幅缩减，由原来15个工作日压减至4个工作日；2017年全市办理施工许可项目3541个、同比增长2.25%，建筑面积9529.84万平方米、同比增长4.41%。减轻企业负担，持续清理规范保证金。明确农民工工资保证金差异化缴存办法，减免69.71亿元；质量保证金预留比例上限由5%降为3%，推行保证金保函制度。

建筑业信用建设稳步推进。建筑施工企业诚信综合评价体系将诚信综合评价得分以10%的比例纳入招投标评分，实现了"市场和现场"两场联动。全年评价企业3915家，评价项目5900个，采集诚信信息60754条。为更好发挥失信惩戒作用，对不良信息的应用实施分级管理，在市场准入、资质资格审批等行政管理实务中完善联合惩戒机制。

招标投标市场秩序不断规范。出台《重庆市房屋建筑和市政工程领域限额以下项目随机抽取承包商暂行办法》，不断规范招投标活动，提高招标投标效率。2017年全市发包房建市政工程5640个，同比增加0.73%。其中：公开招标工程3590个、邀请招标工程271个、直接发包工程1779个；发包工程造价2013.43亿元，同比增加11.99%。全市国有资金发包工程3968个、占发包工程个数的70.35%，工程造价1076.56亿元、占发包工程造价的53.46%。

工程计价体系不断完善。完成《2018年重庆市建设工程计价定额》共10个专业工程及《2018年重庆市建设工程费用定额》的编制任务，包括：房屋建筑与装饰工程、仿古建筑工程、通用安装工程、市政工程、园林绿化工程、爆破工程、构筑物工程、城市轨道交通工程、房屋修缮工程，同时贯彻"创新、协调、绿色、开放、共享"新发展理念，将节能与绿色技术子目纳入绿色定额单独编制成册。持续提升工程造价信息政府公益服务水平，免费提供重庆工程造价信息电子版期刊查询和下载；制定了《重庆市建设工程人工材料设备机械数据标准》，建立建筑人工及主要材料市场价格成本指标，开展建设工程造价监测试点，并参与国家工程造价相关标准制定。

清欠维稳不断深入。出台《关于建筑领域实施农民工工资专用账户管理及银行代发制度（试行）的通知》，建立工资专用账户管理机制，搭建配套的网络系统平台，通过信息化手段，实现农民工工资支付的网络动态监管，从源头上防范农民工工资拖欠。全年清欠维稳形势总体平稳，排查出拖欠项目425个、拖欠工程款13.13亿元（涉及民工工资7.69亿元、3.65万人），妥善解决拖欠项目414个，处置率97%，解决拖欠工程款11.82亿元（涉及民工工资6.93亿元、3.39万人）。

【工程质量水平稳步提升，行业管理不断加强】 2017年，重庆市获得中国建设工程鲁班奖4项，国家优质工程金质奖1项，国家优质工程奖11项，工程质量稳中向好。全年办理竣工验收备案项目3025个、同比增长0.6%，建筑面积9274万平方米、同比增长17.97%。截至2017年底，全市在监房屋市政项目8886个、建筑面积24296.71万平方米，其中市管项目576个、建筑面积572.43万平方米。

【安全生产形势总体受控，基础工作不断夯实】 2017年，重庆市建筑领域生产安全事故实现"双降"，全市共发生建筑生产安全事故93起，同比少7起，下降7.0%；死亡100人，同比少7人，下降6.5%；百亿元产值死亡率1.31，同比下降54.8%。其中，较大事故2起，同比少1起，下降33.3%；死亡6人，同比少3人，下降33.3%，但安全生产形势依然严峻。

【创新驱动发展稳步推进，成效明显】 2017年全市打造完成291个"智慧工地"示范项目，完成工程项目数据库的建设，完成危大工程管理子系统的建设，基本建成了工资专用账户管理子系统，并在北碚、江北、巴南、两江新区的8个项目进行了试运行。

节能建筑向绿色建筑转型升级。全市推动城镇新建民用建筑节能强制性标准执行率，按照国家要求继续保持100%，2017年新增绿色建筑5706万平方米，新建城镇建筑执行绿色建筑标准的比例达到67.16%，提前3年超额完成国家要求的到2020年底执行比例达到50%的考核目标，逐步实现节能建筑向绿色建筑转型升级。

装配式建筑深入推进。出台《大力发展装配式建筑的实施意见》《重庆市装配式建筑装配率计算细则（试行）》，2017年实施建设的27个共306万平方米装配式建筑示范项目，示范面积同比增长15%，装配式建筑建设总量达到572万平方米。中科大厦采用"钢管约束混凝土＋预制外挂墙板＋预制楼梯＋叠合楼板"的装配式技术体系，项目装配率达82%。

施工技术创新取得新突破。2017年累计评审市级工法598项，推荐并通过国家级工法41项，获得发明专利、实用新型专利约1000余项。编制完成了《重庆市工程建设工法管理办法》、《重庆市工程建设工法推广应用管理办法》。

房地产业

【投资完成情况】 2017年，重庆市房地产开发完成投资3980.1亿元，同比增长6.8%，占年度目标任务3300亿元的120.6%，占全市固定资产投资17440.6亿元的22.8%。全市房地产业实现增加值1048.3亿元，同比增长4.1%，占地区生产总值（GDP）的5.4%。按区域分：主城区2611.4亿元，同比增长10.7%，主城区以外区县1368.7亿元，同比增长0.1%；按用途分：住宅2632.9亿元，同比增长13.5%，商业商务用房829.1亿元，同比下降4.7%，其他用房518.1亿元，同比下降3.3%。

【商品房开发建设情况】 全市商品房施工面积25960.99万平方米，同比下降5.1%；商品房竣工面积5055.73万平方米，同比增长14.3%。商品房新开工面积5680.04万平方米，同比增长16.5%。按区域分：主城区3189.69万平方米，同比增长34.1%，主城区以外区县2490.35万平方米，同比下降0.3%；按用途分：住宅3759.63万平方米，同比增长25.4%；商业商务用房862.96万平方米，同比下降18.6%，其他用房1057.45万平方米，同比增长29.7%。

【资质管理情况】 全市房地产企业总计2689家。一级51家，二级757家，三级607家，四级42家，暂定1232家。

勘察设计业

2017年，重庆市勘察设计行业着力提升行业发展质量和技术水平，甲级企业、注册师比例等行业核心发展指标实现较快增长，年度目标考核任务全面完成（行业营业收入382亿元，占年度目标350亿元的109.1%）。

【勘察设计项目获奖】 在2017年度全国优秀工程勘察设计"行业奖"评选中，重庆市推荐的6类28个工程项目获奖，其中一等奖7项。重庆博建建筑设计有限公司的"重庆房子"项目获得公建一等奖，这是重庆市民营企业首次在该等级奖项中获奖。

【行业发展水平不断提升】 把新时期建筑方针贯穿于初步设计、施工图设计全过程，组织编制并发布了重庆市初步设计和施工图设计文件编制技术规定以及对应的技术审查要点等11个技术文件，组织完成了近5000人的专项培训，为全行业落实新时期建筑方针、提升设计水平提供了有力的技术保障。（首次实现了从初步设计到施工图设计和对应审查审批的技术管理全覆盖）

人才队伍建设不断加强。精心组织开展第五届"重庆市工程勘察设计大师"评选工作，本届评选体现三个特点：评选专家规格高，4名院士、4名国家大师担纲组建成评选委员会；参评人数多，达53人，为历届最多；行业影响大，汤桦等10名大师入选。邀请全国工程勘察设计大师张宇、沈迪等行业知名专家组织近20场专题讲座和技术交流活动，参加人数超过1300人，为历年最高。

标准设计工作有效推进。出台《重庆市工程建设标准设计管理办法》《重庆市工程建设标准设计体系表（2017年版）》，作为指导全市开展标准设计工作的管理文件和技术依据。组织开展标准设计编制24个，资金补助15个，发布19个。

【行业管理和服务】 勘察设计市场全面开放。出台《重庆市市外勘察设计企业入渝信息报送和动态管理办法》，对市外企业取消了入渝限制条件，实现了网上无纸化申报，精简了信息报送资料，缩短了工作时限。截至年底，市外入渝勘察设计企业达到616家，同比增长51%；全国百强中有51家，十强中有8家已入渝承接业务。

审批服务质量不断提升。严格落实重庆市企业投资项目审批服务通用流程要求，在初步设计审批项目同比增长的同时，把初步设计项目审批时限压缩了5个工作日（目前为15个工作时限），提高了初步设计审批效率。对主城区解决交通拥堵三年行动和轨道交通、污水处理厂提标改造等一批重点项目开通"绿色通道"，加快办理流程，有效保障了项目建设。实施行政审批事项内部督办、限时办结等制度，对开具诚信证明等六个服务事项实行"即来即办"方便服务对象。

事中事后动态监管切实强化。强化企业和人员的动态管理，组织开展180家勘察设计企业和20家施工图审查机构的动态核查（抽查比例超过35%），共下发整改通知212份，有效防止行业出现"空壳公司"和"僵尸企业"。加强项目的动态监管，持续开展工程勘察外业核查、施工图审查质量动态抽查和勘察设计质量执法监督检查工作，全年共检查项目811个，下发整改通知129份、执法建议14份。加强行业的执法管理，共约谈了违规勘察设计企业和建设单位共132家、477人次，通报批评了41家企业、69人；调查处理5个项目的违法违规行为，处罚金额85万元。

通过加强事中事后动态监管，2017年全市20家施工图审查机构一次审查合格率达到46.33%，比2016年提高了约4个百分点。

【行业创新】 住房城乡建设部试点工作有序实施。积极推进以设计为龙头的工程总承包试点工作，目前全市已推动开展工程总承包项目94个，合同金额约228亿元。推荐林同棪国际工程咨询（中国）有限公司和重庆赛迪工程咨询有限公司2家企业成功入选全国全过程工程咨询试点企业名单（全国仅40家），已实施试点项目15个。

设计新模式探索启动实施。积极推动重庆八戒工程网络有限公司和重庆中设工程设计股份有限公司，组建成立了全国首家网络设计院探索管理、生产新模式，在全国引起了巨大反响。

BIM技术发展迅速。启动了45个建筑信息模型（BIM）技术应用示范项目建设；指导开展全市第二届BIM技术应用竞赛，引入微信公众投票新模式，评选期间投票网页访问次数达861.5万次，收到有效投票约94万票，达到很好地宣传推广效果；完成11个BIM标准和技术文件的编制工作，为全面推进BIM技术应用提供有力地技术保障；大力开展BIM技术应用培训，培训专业技术人员1900余人。

新型城镇化建设

【城镇体系不断健全】 2017年，按照国务院最新发布城市规模划分标准，重庆超大城市加快建设。多级联动的城镇体系顺畅。按照"中心加密、两槽加速、两翼联通、外围辐射"的总体思路，推动铁路、高速公路、机场、航运、电力、通信、物流加快建设。城市轨道交通通车里程增至262.56公里，新建改造城市道路703.27公里。

主城区公共服务设施提档升级，远郊区县城基础设施要件日臻完善。在8个试点区县投资7.5亿元，建设综合管廊45.21公里，形成廊体20.66公里。编制全市1684公里城市排水管网建设计划，完成投资35.34亿元，建成912公里，主城建成区基本实现污水全收集。全市补建市政消火栓9045个，超额完成年度计划。城镇人居环境不断改善。积极履行牵头职责，以垃圾污水治理、厕所革命、镇容镇貌提升为重点，统筹推进镇乡基础设施建设工作。人口转移稳妥有序。2017年全市常住人口达到3075.16万人。其中，城镇常住人口比上年增加62.23万人，达到1970.68万人，城镇化率比上年提高4.48个百分点，达64.08%。

重点工程建设

【年度计划目标】 2017年，重庆市级重点建设项目总计723个，总投资2.8万亿元，年度计划投资4700亿元。其中，政府主导类项目316个，年度计划投资2474亿元；市场主导类项目407个，年度计划投资2226亿元。

【投资完成情况】 2017年，市级重点建设实际完成投资4715亿元，同比增长4.3%，占年度投资计划100.3%，总体进展顺利。其中，政府主导类项目完成投资2503亿元，占年度投资计划的101.2%；市场主导类项目完成投资2212亿元，占年度投资计划的99.4%。

【项目开工竣工情况】 江北国际机场东航站区及第三跑道工程、华岩隧道、中梁山隧道扩容工程等42个项目完工或基本完工；快速路一纵线狮子口立交至农马大道段、四横线二郎立交至陈家坪立交改造工程、蔡家嘉陵江大桥、宽威电子信息产业园等102个项目新开工。

2017年，由市城乡建委、市重点办重点协调推进的"主城三年缓堵行动计划"、社会民生和特色产城融合等项目计划完成投资1628亿元，完成投资1631亿元，占年度计划投资的100.1%；按照《重庆市人民政府办公厅关于印发重庆市2017年市级重点项目名单的通知》由市城乡建委负责牵头推进的项目共72个，计划完成投资867亿元，完成投资875亿元，占年度计划投资的101%。

住房建设

2017年，国家下达重庆市的棚改年度任务为5.3万户，全市共完成改造5.34万户，完成投资307亿元；纳入全市重点民生实事的棚户区改造年度任务为301万平方米，全市完成改造390.74万平方米，顺利完成了国家和市级下达的棚改任务。

2017年，国家下达重庆市的公租房基本建成（含竣工）任务为1.56万套，全年实现基本建成（含竣工）1.56万套，圆满完成年度目标任务。

村镇建设

【农房建设管理明显加强】 按照"最贫困群众、最危险房屋"的原则，结合全市脱贫攻坚工作，全年累计下达补助资金5.73亿元，完成建卡贫困户农村D级危房改造2.56万户，受益贫困群众9.2万余人。

【农村人居环境持续改善】 建立改善农村人居环境信贷项目库,全市农村人居环境项目授信125亿元,惠及15个区县。农村基本生活条件进一步改善,行政村通畅率达100%,自然村道路通畅率51%;85%以上的农户实现集中式供水;改造农网线路3万余公里,用电可靠率达98%以上;行政村光纤、4G实现全覆盖,水电路讯房等基础设施逐步改善。农村环境综合整治成效明显,以垃圾污水治理、厕所革命、提升村容村貌为重点,治理陈量垃圾51.1万余吨,行政村生活垃圾治理比例达89.9%;完成12.2万余户卫生改厕,卫生厕所比例达69%;实施400个村的环境连片整治,农村污水处理率达到61%以上,农村的面貌进一步改善。美丽宜居村庄建设持续推进,以"一院四村一片"等示范项目为抓手,创建了2万个整洁庭院,建成4个中国传统村落保护发展市级示范点。

【特色小城镇培育积极推进】 明确36个市级特色小城镇名单,出台连续5年每年补助3.5亿元的支持政策。申报的铜梁区安居镇、合川区涞滩镇等9个镇全部列入第二批全国特色小镇,重庆市的全国特色小镇数量达到13个。推进35个市级特色小城镇的44个建设项目。加强委行协作,国开行重庆分行核准开发性金融支持特色小城镇建设项目20个,贷款金额57.35亿元。

【脱贫攻坚工作精准发力】 编制彭水县大垭乡脱贫攻坚总体规划,完成211个具体项目任务分解,落实了部分项目建设资金,启动29个扶贫项目建设,完成投资1900余万元,11个项目已全面完工。继续开展秀山县对口帮扶工作,全年共安排10个类别36个项目,下达秀山县扶贫项目资金1526万元。

轨道交通建设

2017年,重庆市轨道交通建设计划完成投资300亿元,实际完成投资301.6亿元,日均客运量230万乘次,日最高客运量逾262万乘次。圆满完成轨道交通五号线一期北段和十号线一期工程共51公里线路建设任务,12月28日正式开通试运营,全市轨道交通运营里程从213公里增至264公里,继续居于中西部领先地位。加快推进187公里在建线路建设。

建筑产业现代化

【建立政策体系】 贯彻国办发〔2016〕71号文件要求,起草《关于大力发展装配式建筑的实施意见》,通过重庆市政府常务会议审议后于12月15日以市政府办公厅名义发布实施,明确推进建筑产业现代化的重点区域、项目类型、重点任务和政策措施。

【完善标准体系】 发布《重庆市装配式建筑装配率计算细则(试行)》,明确实施装配式建筑的基本要求;编制完成《装配式混凝土抗震墙》《装配式混凝土楼板、阳台板》《装配式外围护墙板》《装配式内隔墙板》《装配式空调板、女儿墙、遮阳板》等项个地方标准图集,《重庆市装配式建筑工程计价定额》和《重庆市装配式建筑技术应用实施指南》通过专家审查。

【推进工程示范】 坚持示范引路,样板先行,实施建设27个共306万平方米装配式建筑示范项目,示范面积同比增长15%,装配式建筑建设总量达到572万平方米。

【强化产业支撑】 按照引进与培育并重的思路,培育装配式建筑支撑产业。成功引进安徽鸿路、长沙远大住工等市外知名装配式建筑部品构件企业来渝投资建厂,新增钢结构产能10万吨、混凝土构件产能30万立方米。

建筑节能

【绿色建筑】 2017年,重庆市完成初步设计建筑节能审查1554个,建筑面积7771万平方米,审查通过能效测评6994栋,建筑面积5936万平方米,推动城镇新建民用建筑节能强制性标准执行率按照国家要求继续保持100%;全市新增绿色建筑5706万平方米,新建城镇建筑执行绿色建筑标准的比例达到67.16%,提前3年超额完成国家要求的到2020年底执行比例达到50%的考核目标,逐步实现节能建筑向绿色建筑转型升级。不断强化绿色节能建筑全过程监管。按照"放管服"要求,结合现行标准修订完善《建筑效能(绿色建筑)测评与标识技术导则》,精简申报资料95项,减轻了企业负担,强化了绿色建筑强制性标准实施质量。积极引导高星级绿色建筑和绿色生态住宅小区发展。建立健全建设单位自查、区县建委定期检查、市建委随机抽查的绿色建筑动态管理机制,组织实施绿色建筑评价标识项目动态检查,发布了动态检查情况通报,对4家未按评价标准要求实施建设的项目进行了处置,确保绿色建筑评价标识质量和水平。

2017年,全市新增二星级及以上绿色建筑项目361万平方米,同比增长84%,新增绿色生态住宅小区评价项目972万平方米,同比增长127%。四是积极推进绿色生态城区和超低能耗建筑示范。加强对两江新区推动悦来生态城建设的指导,进一步落实生态城建设的要求。积极推进悦来展示中心超低能耗建筑示范,经组织专家初步评审该项目总体节能率、碳减排率达到90%以上,绿色建筑得分93分。

【绿色能源应用】 通过健全标准制度引导行业健康发展。会同重庆市财政局修订发布《重庆市可再生能源建筑应用示范项目和资金管理办法》。根据强制发展可再生能源建筑应用的需要,编制了《可再生能源建筑应用不利条件专项论证审查要点(试行)》,促进5万平方米以上的大型公共建筑因地制宜采用可再生能源。发布《燃气分布式能源设建筑应用技术标准》,完成《重庆市空气源热泵应用技术规程》编制工作,为推进重庆市可再生能源建筑应用多技术类型发展提供技术支持。

通过政策激励、示范带动、强制执行,多措并举,2017年全市新增可再生能源建筑应用面积145万平方米,超额完成"十三五"期间每年度新增100万平方米的分解任务。不断夯实重庆市以区域集中供冷供热为主要方向的可再生能源建筑应用发展路子。

【既有建筑能效提升】 以第二批国家公共建筑节能改造重点城市建设任务为牵引,全年完成公共建筑节能改造项目33个148万平方米,超额完成年度120万平方米的目标任务。累计完成改造项目85个371万平方米,整体节能率达到20%以上,在全国率先完成第二批国家公共建筑节能改造重点城市建设任务。

大力推动公共建筑节能改造向绿色化改造方向发展,在公共建筑节能改造项目中广泛推广应用节水器具、节能门窗、太阳能光伏发电系统和空气源热泵热水系统,培育打造了三峡中心医院、西南医院、新世纪百货等一批亮点突出和效益显著的公共建筑绿色化改造示范项目。全面启动公共建筑能效提升重点城市建设工作,按照住房城乡建设部和银监会要求,会同市财政局制定完善了《关于完善公共建筑节能改造项目资金补助政策的通知》。制定完成了《重庆市机关办公建筑能耗限额标准》,协调市机关事务管理局推动机关办公建筑能耗限额管理。强化公共建筑能耗监测平台维护管理,实现监测楼栋能耗数据稳定上传率达到了90%以上。

【建材产业转型升级】 有序推进智慧建材工作。按照《城乡智慧建设工作方案》的工作要求,制定《智慧建材专项实施工作方案》,做好智慧建材顶层设计,形成"一个数据库、两类建材、三个系统"的智慧建材总体架构,并已启动建筑节能材料管理服务系统、绿色建材评价系统的开发。

大力推进绿色建材评价标识工作。发布了预拌混凝土、建筑砌块的绿色建材分类评价技术导则和技术细则,完成27家预拌混凝土的绿色建材评价,并启动建筑砌块、无机板材的绿色建材试评价工作。积极开展行业发展情况调查。对墙体材料、节能门窗、保温材料行业504家企业和805项节能备案技术产品进行了信息统计,对行业企业分布、产品类型、产能产值、经济效益等行业现状进行了系统梳理,摸清了行业发展状况2016年重庆市墙体材料、节能门窗、保温板材三大主要建筑节能材料行业总产值227.6亿元,税金10.74亿元。发布《重庆市建筑节能材料发展报告(2017)》。

(重庆市城乡建设委员会)

城 乡 规 划

【完善规划编制体系】 2017年,重庆市编制完成市级68项(类)规划、各区县1073项规划,"规划全覆盖"编制工作全面完成,覆盖市域、主城、区县、镇乡、村五个层级,涵盖法定规划、专项规划、专业规划三大类型的"五级三类"空间规划体系基本建立。全市首次实现主城区城镇建设用地控制性详细规划、远郊区县城乡总体规划、城市总体规划、城区城镇建设用地控制性详细规划、全市总体规划建设用地范围外的所有镇规划、乡规划100%全覆盖,7113个需编规划行政村中,也完成2422个村规划或村建设规划、4691个村域现状分析及规划指引,市域及主城、各区县还编制完成系列专业专项规划。同时建立规划全覆盖数据库,做好各级各类规划统筹协调和综合平衡,主城区规划基本完成法定化,各区县规划法定化落地和数字化入库按计划推进。

【完善规划管理体系】 管理全覆盖稳步推进。各区县落实市编办关于加强区县规划管理职能、完善规划管理机构的指导意见,全市专职规划管理人员达到710人,乡镇兼职规划工作人员626人,专业技术人员达到1700余人。推进规划"放管服"改革。制定《建设项目规划行政审批改革方案》,出台进一步规范市级重点工程及公益性建筑工程、市政工程规划管理制度,优化首问部门"一窗受理"制度,推进"双随机一公开"工作,完善"一单、两库、一方案",建立行政许可、行政处罚"双公示"

制度，完善规划测绘信用机制，规划审批总流程压缩到35个工作日以内。同时制定完善总体规划、镇乡规划、村规划等编制审批办法，"编、审、督"改革深入推进。

【完善刚性约束体系】 持续完善规划法规标准体系。新版《重庆市城乡规划条例》正式施行，开展适用性和操作性释义，具体指导规划管理工作。完成重庆市城乡规划法规体系研究，有计划地指导历史文化、城市更新、地下空间、社区中心等重点领域立法。完成《重庆市城市规划管理技术规定》《重庆市传统风貌区规划设计导则》等重点法规文件和标准导则制定。完善规划考核监督体系。完善日常巡查、遥感督察、专项督察等机制，完善阳光督察及评价系统，加强规划督察。细化规划考核细则及差异化指标。制定《城乡规划修改记录和终身责任追究办法》，修订《重庆市城乡规划违法违纪行为处分规定》。启动开展规划审计试点，制定配套办法。

【完善基础支撑体系】 推进规划大数据平台建设。综合市情系统整合26个大类、207个子类、1055个综合市情图层，集成全市基础地理、地表信息、各类规划、经济社会与城市运行等大数据信息，初步解决政府部门之间的信息"孤岛"问题。综合数据库集成4大类、500余个空间专题图层、800TB的信息数据，为城乡规划编制、规划实施管理、规划研究、规划政策制定和政府决策，提供了全过程的信息化支撑。城市交通运行监测评估平台集成与交通、市民出行关联的各类数据信息，全面掌握交通供给、需求及运行情况，全过程支撑各项交通决策制定、规划编制、项目建设、管理实施。

【推进多规合一工作】 完成主城区"多规合一"成果法定化，形成控规深度的主城区城市开发建设控制线、城市建设用地增长边界控制线、生态控制线"三线合一"的"空间管控一张图"。同时搭建"多规合一"信息共享管理平台，实现多部门数据共享。推进主城以外区县开展"多规合一"工作，基本完成29个远郊区县"多规合一"工作和数据库建设工作。经过不懈努力，全市已初步构建起"统一衔接、功能互补、相互协调"的空间规划体系，"建设规划一张图"基本成型，同时通过主城区"多规合一"试点及各区县"多规合一"工作，"全市空间管控一张图"基本形成。

【城乡品质提升规划管理】 市域开展完成"十三五"综合交通规划、高速公路和铁路预研预控规划、大都市区轨道一体化和道路网一体化规划等编制。主城全力做好"解决交通拥堵三年行动计划"规划支撑服务，完成保通保畅、道路红线、货运系统、停车专项、微循环等系列规划。积极推进主城区街道社区中心规划落地，为构建10分钟生活圈、20分钟服务圈提供遵循。完成城市更新、功能疏解、城市修补等专项规划及办法方案制定，为城市品质提升提供支撑。出台主城区城市空间形态管理办法和城市设计管理办法、工作规程、编制技术导则等一整套制度文件，完成主城区总体城市风貌设计，开展特别管控区、重点管控区地块城市设计，完成主城区"两江四岸"消落区综合治理规划统筹方案。完成一批历史文化街区、传统风貌区、历史文化名镇、名村保护规划，推进5个街区的保护修缮利用，建设历史文化资源信息库和覆盖全市的历史文化信息服务平台。经过我们的不断争取、不断改革，全市"一体化、一盘棋、一张网"规划管理体制渐趋完善，规划管理各环节的职责优化、流程再造、效能提升稳步推进，规划实施落地机制初步探索，规划服务土地出让和城市开发建设的能力水平进一步提升，城市品质提升也稳步推进实施。

【开展违法建筑整治】 修订《查处在建违法建筑工作规程》，提高在建违法建筑有奖举报标准，增加半年卫星遥感督查工作，全市共消除新增违法建筑5398件，面积47.77万平方米。制定违法建筑整治"三图三表"，整治存量违法建筑1013.93万平方米。全市启动"无违法建筑单位、小区""无违法建筑社区（村）""无违法建筑街道（镇）""无违法建筑城区"四联创工作，成功创建19个高校无违校区。经过我们的努力，全市规划法规标准体系进一步完善，确保规划编制、决策、审批、管理、实施、修改、监督全过程规范化运行。初步建成规划督察、规划考核、规划审计、终身记录、违规处分"五位一体"的规划监督体系，保障"一张蓝图干到底"。违法建筑整治体系也进一步完善，"新增快速处置、存量逐步消化"目标初步实现。

【夯实测绘地理信息基础】 大力推进《重庆市测绘地理信息发展"十三五"规划》落地，出台实施《地下管线数据动态更新管理办法》和《地理国情数据动态更新管理办法》，开展全覆盖排查整治"问题地图"专项行动，国家高分卫星中心重庆分中心获批挂牌。全市域1：5000比例尺数字地形图测绘项目全面完成，1：10000地形图数据完成更新并实现3263幅2000国家大地坐标系转换；采集完成全市域航天影像采集8.24万平方公里，无人机低空航摄影像采集2300平方公里。得益于我们始终对规划大数据的高度重视，规划大数据平台建设积极推进，规划实施及城市运行跟踪监测体系初具雏形，规划测绘事业长远健康发展基础也更加牢固。

（重庆市规划局）

房地产业、住房保障与公积金管理

房地产业

【概况】 2017年，重庆市房地产市场健康运行。房地产开发投资基本稳定。全市共完成房地产开发投资3980亿元，同比增长6.8%。全市商品房施工面积25961万平方米，新开工面积5680万平方米，竣工面积5056万平方米。商品房销售回升。全市共成交商品房6711万平方米，同比增长7.3%，其中商品住房成交5453万平方米，同比增长6.8%。二手房交易活跃。全市共成交二手房2939万平方米，同比增长32.4%，其中二手住房成交2819万平方米，同比增长35.3%。

【房地产调控】 2017年，重庆市坚守"房子是用来住的，不是用来炒的"定位，把准调控关键，选准调控时点，打赢了遏制炒房的遭遇战，市国土房管局市场处荣获住房城乡建设部、人社部先进集体表彰。联动多部门从增加市场有效供给、遏制投机炒房行为、培育发展住房租赁市场、强化市场监管四个方面实施调控政策。

增加市场有效供给。增加热点区域供地，实施综合评标、竞自持租赁面积、资金来源审查等土地出让新举措，建立以土地出让合同为核心的房地产开发监管机制，联动统计、规划、建设等部门清理排查存量开发用地，稳妥处置一批土地市场遗留问题。全年主城区共新发预售许可1483件，同比增加40.2%。

遏制投机炒房行为。对"三无人员"新购首套普通住房征收房产税，暂停向主城区购买第2套及以上住房发放公积金贷款，提高主城区多套房首付款比例和按揭贷款利率，实施主城区新购住房两年限售政策。市外人员在重庆市主城区购房占比从2017年初的最高点44.7%降到15%左右。12月主城区新建商品住宅价格同比上涨10%，环比指数在70个大中城市的排名从1月份第2位回落到12月的第31位。

培育发展住房租赁市场。开展主城区住房租赁情况调查，联合教育、税务等市级部门研究培育和发展住房租赁市场的支持政策，加大住房租赁市场的培育和支持力度。与建设银行重庆分行签署《住房租赁战略合作协议》，搭建"互联网＋住房租赁"信息化综合服务平台，设立1000亿元规模的住房租赁综合融资授信。住房租赁信息化综合服务平台上线试运行，同步推进线下管理规范。

强化市场监管。加强企业运营监管和诚信经营机制，支持企业兼并重组和问题化解，全年依法稳妥出清僵尸、空壳企业及不符合资质条件的企业316家，有效防范了市场风险。严格房地产行业及市场准入机制，完善抵押预售管理，开展商品房开发销售、中介行为专项整治，严查处哄抬房价、捂盘惜售、发布虚假房源信息、"炒房卖号"等违法违规行为90件，有力维护了市场秩序。

【房地产中介】 截至年底，全市房地产经纪机构及门店3873家，其中已在房管部门备案的法人机构563家、分支机构1235家。全市房地产经纪从业人员38967人，其中取得房地产经纪人职业资格人数1651名，取得房地产经纪人协理职业资格人数10632名。

【房地产交易会】 2017年重庆市春季房交会于4月20～23日在南坪国际会展中心举办。累计成交各类房屋11588套，建筑面积99.2万平方米，成交金额77.3亿元，比2016年秋季房交会分别增加43%、44.2%和60%。商品房共成交8486套，72.1万平方米，成交金额63.7亿元。

【国有土地上房屋征收与补偿】 2017年，全市下达房屋征收决定102个、1.56万户、162万平方米；完成征收1.84万户、201万平方米，货币化安置率98.6%。

全面推行阳光征收，完善征收与补偿政策公开、过程透明、结果公平的工作机制，全面推进房屋征收货币化安置和购买商品房安置。切实保障重庆西站、郑万高铁等重点项目及时落地。进一步规范城镇房屋拆除工程扬尘控制监管工作，建立健全开工建档、事中巡查和事后督查的工作机制。组织市级现场巡查131个项目、1350人次，指导各区县房管部门监管巡查共计12653人次，发现并及时督促整改尘污染隐患问题174处，处理群众扬尘污染投诉56件。

【物业管理】 截至年底，全市共有物业服务企业2589家，其中一级98家、二级382家、三级2109家。全市16家物业企业跻身全国百强，同比增加23%。其中，金科、龙湖2家物业企业跻身全国十强。

加强物业管理制度建设。按立法程序形成《重庆市物业管理条例（修订草案）》，出台《关于全面贯彻执行〈重庆市物业服务收费管理办法〉的通知》《关于进一步做好物业管理区域安全监管工作的通知》《物业服务企业协助查处小区违法建筑实施细则》等制度文件。物业服务交易市场试点工作启动。形成物管"双随机一公开"检查长效机制。各区县房管部门继续协同其他行政主管部门、镇街将物业小区矛盾纠纷排查、化解纳入基层属地常态化工作，矛盾纠纷总体在属地及时化解。

强化物业安全管理。物业企业积极参与智慧小区建设，已采用第三方软件（APP等）启动智慧物业的企业389家，实现智能门禁与车管的物业小区（项目）1189个，运用传感器等技术监控共有设备（含电梯等）覆盖231个小区，助推了小区智能安防能力建设；实施《主城区居住区停车综合治理工作方案》，主城已对100余个小区实施停车综合治理，建立道闸系统228个，完善停车指引标志309处，促进了居住区内停车、行车秩序正常有序；在部分小区启动了"共享互助停"试点工作，提高停车资源利用效率。

加强物业管理队伍建设。市、区宣传培训有序展开，促进基层物管工作法治化、专业化能力的提升；开展"最美物业人""技能大比拼"等树典型活动。

【城镇房屋使用安全】 印发《重庆市城镇危房动态监测技术指南（试行）》和《关于进一步做好城镇危房搬离整治和动态监测工作的通知》，实施危房全覆盖动态监测。修订城镇房屋安全隐患排查技术要点，指导各区县在汛期等重要时期全面排查，全市共排查房屋47907栋、9714.69万平方米，重点指导武隆、綦江、巫溪、巫山、城口等区县83栋、4.78万平方米城镇C、D级危房开展震后应急排查。印发实施《重庆市城镇房屋安全鉴定管理办法》，更新城镇房屋安全检测鉴定技术服务单位名录库至27家。切实做好应急处置工作，强化汛期等重要时期应急值守。统筹用好征收、棚改等政策，采取搬离人员、修缮加固、整栋拆除等方式，全面完成主城区5140户直管公房D级危房搬离任务，各区县搬离整治危房6407户。

住房保障

【保障性安居工程】 截至12月底，国家累计下达重庆市公租房建设目标任务92.3万套，其中根据城镇化、产业化进程和人口聚集程度暂缓建设18.53万套，在建11.0万套，竣工备案62.77万套。建立健全公廉租房并轨运行、公租房和安置房统筹使用、公租房集体租赁、将D级危房搬迁住户纳入公租房保障等分配制度。全市新增分配和使用公租房12.58万套，累计分配和使用公租房54.74万套，其中面向保障对象分配44.14万套、统筹用作永久性安置住房10.60万套。新增发放廉租房租赁补贴2086.59万元，新增补贴4213户，全市住房保障对象累计发放租赁补贴资金47043.51万元，累计保障租赁补贴家庭16.58万户，在发租赁补贴1.40万户。

【住房保障改革】 根据《重庆市人民政府办公厅关于印发重庆市国有企业职工家属区水电气分离移交实施方案等四个方案的通知》、市国资委等6部门《关于进一步加快推进国有企业"三供一业"等社会职能分离移交工作的通知》要求，2017年底前要基本完成全市市属国有企业职工住房分离移交，并纳入对区县政府的年度目标考核范畴。截至年底，全市39个区县共21.94万套市属国有企业职工住房已全部签订移交协议，签约率100%。

住房公积金监管

【公积金缴存】 2017年，全市公积金归集337.68亿元。截至年底，全市公积金缴存单位32095家，缴存职工246.40万人，累计缴存额2103.34亿元，首次突破2000亿元，缴存余额893.12亿元。

【公积金使用】 2017年，全年72.82万人次提取231.75亿元，提取率68.63%。其中，购建房、偿还住房贷款等住房消费性提取182.20亿元，占78.62%。截至2017年底，全市累计提取额1210.22亿元。全年向7.95万户职工发放贷款283.54亿元（含贴息贷款79.59亿元）；贷款余额1047.84亿元（含贴息贷款余额176.14亿元），个贷率97.60%（若含贴息贷款个贷率117.32%）；截至2017年底，全市累计发放贷款1432.72亿元（含贴息贷款192.33亿元），全市个贷逾期额共计2189.43万元，个贷逾期率0.25‰，同比下降40.48%。截至2017年底，住房公积金贷款风险准备金余额29.69亿元。

大事记

3月22日，重庆新大正物业集团股份有限公司在新三板市场挂牌上市，成为重庆市第二家上市的物业企业。

4月16日，"重庆公共租赁房"官方APP和微信公众号开通在线报修功能。

4月19日，全国政协副主席马培华率队来渝调研新型城镇化建设和房地产市场调控机制。

4月20~23日，2017年重庆春季房地产展示交易会在南坪国际会展中心举办，累计成交各类房屋11588套，建筑面积99.2万平方米，成交金额77.3亿元。

6月16日 中国指数研究院发布2017中国物业企业研究报告，重庆市16家物业服务企业进入全国百强，其中，金科、龙湖两家物业企业跻身全国十强。

6月29日 重庆市市长张国清到市国土房管局调研。

（重庆市国土资源和房屋管理局）

城市园林绿化

加强组织领导，确保园林绿化工作顺利推进

【落实责任，建立考核机制】 2017年，重庆市城市管理局结合城市综合管理提升，成立相关工作领导小组，推进各项工作落实。坚持"统一领导、以区为主、街镇为基础"原则，通过建立工作领导小组的定期协调机制，进一步明确、细化相关部门具体工作任务，落实工作责任，消除盲区。健全完善城市综合管理考核奖惩机制，将相关目标任务纳入市政府对市级部门年度目标管理绩效考核专项内容。强化考核结果运用，把考评结果与干部任用、年度考核、评先评优结合起来。健全完善责任落实和责任倒查机制，对工作推进不力、不作为、慢作为的单位及个人进行追责问责。

【加强管理，完善制度建设】 重点加强城市绿线管理、城市园林绿化工程建设管理、养护管理、信息公开及城市树木保护管理、防止外来物种入侵和城市生物多样性保护等管理制度建设，强化市政基础设施、生态环境等管理制度，确保城市管理职能行使到位。启动编制《园林绿化建设及管护标准》《城乡市容环境卫生管理作业质量标准》等一系列地方标准。

【加大投入，保障项目建设】 2017年，重庆市新增城市绿地2193万平方米，改建250万平方米，完成全年目标任务新增城市绿地1500万平方米的146%（其中主城区906万平方米，完成目标任务新增城市绿地700万平方米的129%；渝西片区、渝东北片区和渝东南片区1287万平方米，完成目标任务新增城市绿地800万平方米的161%）。重庆市全市道路成荫率达到81.42%。建成道路降噪绿化带建设512.3万平方米。

截至年底，重庆市主城建成区绿地面积达到28221公顷，公园绿地面积达到14120公顷，绿化覆盖面积达到30123公顷，建成区绿地率达到37.09%，绿化覆盖率达到39.59%，人均公园绿地达到17.8平方米。

加强绿化建设，突出山水园林景观特色

城市园林绿化按照突出自然生态和园林艺术的发展思路，重庆市在山水上做文章，在园艺上下功夫，科学规划，科学实施。按照"一年让市民有明显感受"的总体要求，积极谋划项目，从改善城市人居生态环境，提升城市整体风貌，解决市民最直接、最关心、最现实的居住环境需求等方面入手，抓重点，实施老旧公园提升改造，优化公园结构布局，完善公园游憩功能。重庆市委、市政府将"增绿添园"列为全市15件民生实事，完善城市生态系统结构，增强城市生态及游憩功能。

【强化公园绿地建设】 重庆市公园建设以构建国家重点公园、市级公园、区级公园和社区公园的四级公园体系，提高完善公园绿地服务半径为目标，达到市民"300米见绿，500米进园"的要求。主城区布局建设了历史人文内涵丰富，园林植物搭配合理，功能设施完善，融入园林美学的城市公园64个。如建设蔡家五彩滨江公园、龙滩子水库公园、金海湾公园、九曲河湿地公园、美茵运动公园等。两江新区金海湾公园通过构建城市水岸的生态"软"边界、创造公共活动的休闲"慢"空间、打造都市发展的宜居"新"典范，成为生态文明建设的样板佳作，相继获得国际风景园林学会"应对自然灾害与极端天气类卓越奖""文化与传统类荣誉奖""雨洪管理类荣誉奖""生物多样性与生境保护类荣誉奖"等多项荣誉。同时，逐步完善公园绿地防灾避险功能，增设救灾指挥、应急医疗救护、应急物资储备、应急棚宿区、应急厕所、应急供电供水消防和应急垃圾与污水处理等主要应急避险功能及配套设施。万人拥有综合公园指数达到0.26。建设有南山植物园1个大于40公顷的植物园。

坚持民生关怀，在老旧城区结合城中村改造、旧城改造，弃置地生态修护，加大社区公园、街头游园建设力度，增加了市民休闲活动空间。主城区新建社区公园305个，公园绿地服务半径覆盖率达到86.85%。

【重视城市生态修护】 重庆作为老工业基地，

因工业文明和城市化进程留下了众多环境和生态问题，在工作过程中，大力开展城市组团之间区域性生态规划、两江四岸消落带生态修护、城市内河湖环境治理、工业废弃地生态修复、四山采矿区生态修复、城市老旧工业区或工业型城区的复兴等生态修护工作，大量运用现代的生态技术，从实体上使一些区域生态环境得到明显改善。具体规划实施了四大类生态修护项目。

建设城市组团生态绿地隔离带项目。组团隔离带就是在城市大组团之间规划建设生态绿地，以种植不同种类的乔木，形成城区与城区之间用大面积的景观林地来隔离，缓解城市热岛效应，2015～2017年城市热岛效应强度分别为0.73℃、0.9℃、0.8℃。如建成北碚区蔡家森林公园生态隔离带，北部新区照母山生态组团隔离带，江北区何家梁立交生态林、渝北区新塘溪河生态林、萧家河湿地生态林、九龙坡红狮路生态林、沙坪坝区凤天路立交生态林、巴南区内环立交出口生态林等城市生态林。

实施两江四岸消落带生态修护项目。对长江、嘉陵江175米水位以上的滨江建设滨江带状公园，对175米水位以下的消落带按照湿地建设的模式，种植水生植物，保持水土不流失。如长江江北嘴消落带、嘉陵江石门消落带、长江铜元局消落带，经过连续三年过境洪水和库区蓄水的考验，形成了13万平方米的滨水湿地绿化，为解决三峡库区消落带问题提供了技术支持，为两江四岸生态修复提供了样板。水体岸线自然化率达到91.62%。

实施"四山"生态屏障生态修护项目。组织开展重庆市矿山地质环境调查，对重庆市矿山地质环境现状进行摸底和评估，截至2017年底，重庆市历史遗留和关闭矿山共2156个。指导、督促区县（自治县）按照"宜农则农、宜林则林、宜园则园、宜水则水"原则，坚持以"自然修复为主、工程治理为辅"，优先实施位于自然保护区、"四山"管制区及生态保护红线范围内的历史遗留矿山。同时，制定《重庆市历史遗留和关闭矿山地质环境治理恢复与土地复垦项目管理办法》，加强项目管理。以主城"两江四山"为重点，申报国家第三批山水林田湖草生态保护修复工程试点，争取国家资金支持。

实施城市破坏性修护项目。对城中村进行改造，充分利用拆迁空间进行绿地建设，增加城市绿地。如渝北区利用城中村拆迁和垃圾填埋场关停，建成了面积约650亩的龙头寺公园。对旧城改造中破硬拆迁后留下的城市裸露地进行绿化修护，增加城市内的绿斑。沙坪坝区投入1.5亿元在旧城改造中建成3.6公顷集绿地、休闲、健身为一体的凤凰广场。对城市中的高架桥、护坡、堡坎、高切坡实施立体绿化修护。建设华村区域高架桥墩立体绿化、李子坝轻轨下护坡立体绿化、瑞安边坡立体绿化等。

【积极推动城市绿道建设】 重庆充分利用城市内的山水资源、城市公园、绿地、湿地、历史文化保护区等公共空间构建绿色慢行网络体系，形成了重庆城市人文资源、地域文化和园林景观为一体的"山城步道"，让人在城市中回归主体地位，为居民提供更多户外活动空间，改善市民的出行环境。

"山城步道"分为三个部分：第一部分为观江步道。依托滨江路建设，培育林荫观江步道，同时延升串联起滨江公园、滨江广场和滨江观景平台，形成市民休闲感受滨江风情的观江步道。如南岸区南滨路观江步道全长18公里，步道串联了融侨滨江公园、宏声滨江广场、海棠烟雨公园等城市著名景点；渝中区建成了环长江嘉陵江两江滨江步道全长50.7公里，把长江上的珊瑚坝湿地公园、珊瑚滨江公园、长滨路健身公园、湖广会馆、朝天门广场和嘉陵江上的洪崖洞滨江城市阳台、嘉滨路带状公园、李子坝抗战遗址公园、化龙湖滨江公园一直到沙坪坝区磁器口老街进行连接，建成了重庆都市旅游最经典的观江步道；江北区北滨路观江步道全长32.6公里，主要连接中央公园、金源时代广场、方特科幻公园、石门公园、战斗公园、马鞍石滨江湿地公园。第二部分为健身登山步道。依托城市独特的依山资源，利用好原有的森林植被，修建登山步道，开辟休闲平台，完善配套设施，主城区登山步道大致包括了南山登山步道、歌乐山登山步道、缙云山健身步道、鹅岭步道、铁山坪登山步道和江北照母山登山步道共142条，步道共计568公里。第三部分为城市休闲步道。将城市中各组团内的城市公园、社区公园、居住小区、商圈等重要活力源，形成较完整、连续的公共开放空间，为社区居民进行散步、休闲等社区生活提供方便。

【实施园林绿化品质提升专项工程】 实施桥头绿化。重点对主城区鹅公岩大桥、菜园坝长江大桥、石板坡长江大桥、朝天门大桥、大佛寺大桥、嘉华大桥、嘉陵江渝澳大桥、黄花园大桥等8座跨江特大型桥桥头园林绿化景观进行提升。营造桥头车行迎面绿化景观视野效果，因地制宜，增加成片九重葛，在原有植物基础上增加迎春等垂吊植物和蔷薇、扶桑等开花植物。

实施轨道交通美化。重点对1号、2号、3号、6号轨道线全线及轨道5号、10号轨道线建成路段交通沿线墩柱、地面及两侧人行道路园林绿化进行提升。因地制宜，宜绿尽绿，对光线条件好的区域采用立体绿化，采取1.5～1.8米种植网，种植九重葛、月季等开花植物。

实施城市道路及射线高速绿化。重点对210机场路、渝航大道、渝中区解放碑至渝州宾馆路段、中山四路至两路口路段；大渡口区迎宾大道；江北区建新南路、建新北路；沙坪坝区滨江路、汉渝路；九龙坡区龙腾大道、华福路；南岸区江南大道、南滨路；北碚区碚峡路、双元路、碚青路；巴南区巴滨路、渝南大道等18条城市重要道路以及内环快速控制线范围内两侧园林绿化景观、中分带园林绿化景观和沿途立交节点和沪渝高速等9条射线高速园林绿化景观提升。城市道路绿化普及率95%，城市道路绿地达标率80.76%，林荫路推广率82%。

实施城市立交节点绿化。在现有基础上提升园林绿化的层次感和景观效果，采取模纹花带、植物组景等方式，增加成片成丛九重葛组合，立交桥下遮荫处栽植耐阴植物。

城区空地绿化。重点对各辖区内征而未用土地，大片空地、荒地按照业主负责的原则进行绿化品质提升。

【大力推进节约型园林绿化、立体绿化建设】配合生态园林城市创建工作，依托重庆山城地形特点，利用雨水收集系统、渗水井等方式收集雨水，用于绿地灌溉和景观用水。强化了透水透气环保材料和乡土植物运用。改变传统建园模式，充分利用规划中预留用地的自然条件，坚持少铺装、多种树、种大苗，最大限度增加绿量，营造良好的生态环境，减少城市热岛效应。依托主城区"四山"自然资源以及历史文化名城遗址，在建设公园绿地的过程中保护并合理利用了具有较高景观、生态、历史、文化价值的建构筑物、地形、水体、植被以及其他自然、历史文化遗址等基址资源。如红岩革命历史纪念馆、鹅岭公园、李子坝抗战遗址公园、歌乐山森林公园、缙云山公园等。

以打造立体绿化为窗口，展示空中花园形象。在人口稠密、建筑拥挤的城市中心区域趋利避害、因地制宜，大力发展城市立体绿化和屋顶绿化。充分利用山地资源特征优势，在城市护坡、堡坎、道路沿线、桥体、围墙、栏杆等处栽植攀缘植物，形成绿色幕墙，增加绿视率。在有条件的建筑物顶层实施屋顶绿化，建设空中花园，选用多种藤本植物、垂吊植物，通过墙面绿化和屋顶绿化来突破绿化用地的限制，增加立体空间的绿量，努力形成"连线、连片、成景、多样化"的城市立体绿化景观格局。

加强建设管控，确保城市园林绿化健康发展

【强化城市绿地系统规划实施、修编及城市绿线管理】 科学合理修编规划。按照国家生态园林城市的标准要求以及重庆主城区城市建设需要，根据最新修订的城市总体规划，启动了新一轮《城市绿地系统规划》修编工作，将更加合理地在城市规划中布局绿地，增加公园绿地比例，增强公园绿地辐射面积。规划围绕城市生态环境建设和城市基础设施建设总体目标，坚持"以人为本"、"可持续发展"和"效率、效用、效益"的原则，充分体现重庆特色风貌；科学合理地布局绿化和落实绿化用地，标明边界，严格控制；着力加强山体、水系的保护和历史文化名城的保护，注重城市景观和城市特色的塑造。此次修编成果现状数据更加详实，融合多个专题研究成果，公园绿地布局更符合民生，强调绿地的多功能融合，并和生态园林城市创建有效结合（现状通过与生态园林城市各项指标对比分析，提出相关规划指标和实施要点）。同时启动了《主城区绿道规划》《主城区郊野公园实施与利用规划》《主城区组团隔离绿带实施与利用规划》等专业专项规划。

继续划定绿线，强化绿线管理。在原来注重对公园绿地进行划定绿线保护的基础上，继续加强规划绿地和生态绿地的管理，完成了生态红线划定工作，将重庆市的两江、四山、生态防护林、城市组团隔离带的绿地作为划定主体，同时也加强对城市林荫道、景观大道进行划定保护。规划调整后将对新增地块也纳入规划绿线划禁保护，确保未来城市建设与园林绿化同步拓展实施。同时，建立了城市绿线信息化管理平台，并向社会公示，接受社会和公众的监督。

【坚持园林绿化的公益性发展方向】 重庆市坚持城市园林绿化的公益性属性，坚持以政府投入为主。主城各区财政将城市园林绿化资金作为城市公共财政支出的重要组成部分，安排资金保证城市园林绿化工作的需要。同时，政府引导、鼓励社会资金参与城市园林绿化建设和管理，建立了稳定的多元化投资体系，增加城市园林绿化工作经费，特别是增加了管护资金。同时加强城市公园规范化管理，强化公园安全监管，排除安全事故隐患，杜绝违规建设经营等问题。继续规范各公园群众自发性文化活动的开展，大力推行公园便民服务设施建设，公园免费开放率达到99%。

【完善法律法规，建立长效监管机制】 严格执行《城市园林绿化条例》等国家法律法规。结合重庆市实际情况,修订《重庆市城市园林绿化条例》《公园管理条例》,加强园林绿化保护、加大毁绿占绿行为的处罚力度。严格把好城市绿地设计方案审查、论证关。将节约型、生态型、功能完善型城市园林绿化的具体要求落实到设计方案审查要求中。完善城市园林绿化制度建设。在借鉴和学习其他省市先进管理经验的基础上,制定重庆市城市园林绿化管理办法,精细化管理管护制度和城市园林绿化行业标准和技术规范,完成重庆市城市园林绿化制度汇编,逐步形成良性管理体系。

【加强古树名木保护】 为保护好古树名木,重庆市出台了《重庆市古树名木保护管理办法》,进行了4次古树名木清理,建立了古树名木档案,由市政府命名,并进行挂牌保护,对其生存环境、生长情况、保护状况实行动态监测和跟踪管理。

【强化园林绿化日常管护】 强化专业化、精细化管护。制订完善城市园林绿化养护管理技术规范。切实按照《重庆市园林绿化养护质量标准》的要求来提升绿化养护质量。严格落实《重庆市城市园林绿地管理养护办法》,各区按照市政府制定的定额养护标准落实养护资金,使城市园林绿化管养护达到定期化、标准化和专业化。建立城市园林绿化管养护体系。进一步完善城市园林绿化管护企业资质等级评定工作,培养专业技术人员,改变"重建轻管、只建不管"的现象。

【推动园林科研成果的应用和推广】 加强城市园林绿化科技研究。培训科技人才、落实科研经费,加大新成果、新技术的推广力度,促进科研成果的转化和应用,发挥园林科技对园林行业的促进作用。二是完成大量科研课题研究。如《城市热岛效应强度控制研究》《城市生态绿地现状调查研究》《城市规划区绿地系统生物多样性保护规划研究》等科研课题。建立植物种质资源库。开展相应的引种驯化和快速繁殖试验研究。

【推进海绵城市规划建设】 重庆市成立海绵城市建设工程技术研究中心,并组建了以中国工程院侯立安院士为首的海绵城市建设专家委员会。结合海绵城市试点,开展了海绵城市控制指标、初期雨水水质、暴雨强度公式修订、大坡度道路收水系统优化等23项山地特色海绵城市基础课题研究,已结题10项,形成专利16项,研究成果在《低影响开发雨水系统设计标准》等地方标准中得到了广泛应用。

(重庆市城市管理局)

四 川 省

概况

2017年,四川省住房和城乡建设工作深入贯彻落实中央和四川省委城市工作会议精神,坚持稳中求进工作总基调,以推进新型城镇化为主线,以补短板、抓改革、促转型为重点,不断提高城市和乡村综合承载能力,为全省经济社会发展做出了新贡献。

【新型城镇化推进成效显著】 2017年,完成《四川省新型城镇化规划(2014—2020)》《四川省城镇体系规划(2014—2030年)》和成都平原、川南、川东北、攀西等四大城市群规划。构建"一轴三带、四群一区"的城镇空间发展新格局。新增绵阳、南充、泸州、宜宾4个百万人口大城市。新增城市新区625平方公里,620余万农业转移人口成为城镇居民。

【城市基础设施建设步伐加快】 全省城市(县城)市政公用设施建设完成固定资产投资5809亿元。新增供排水、燃气管网4.96万公里;建成地下综合管廊50.6公里,在建333.8公里;成都市轨道交通加速成网,开通运营6条线路、179公里,在建项目12个、388公里,绵阳等6个城市完成城市轨道交通线网规划;新增城市(县城)污水处理厂34座、排水管网9145公里;新增城市(县城)生活垃圾无害化处理厂(场)45座。

【"百万安居工程建设行动"】 全省改造危旧房棚户区135.4万套,为2017年之前五年的3倍。建设保障性住房24.4万套,新增公租房分配25万套,保障性安居工程惠及全省510万城镇居民。推进棚改货币化安置近46万户,实现即时"出棚入楼"。在全国率先实施"农民工住房保障行动",新、改、扩建农房约175万户(其中,农村危房改造137.9万户）。全省城镇人均住房建筑面积增长8.65平方米，达40.9平方米，高于全国平均水平4.3平方米。

【房地产市场总体平稳健康】 2017年，全省完成房地产开发投资2.35万亿元，增长108%，占全社会固定资产投资的17.8%，商品房销售面积4.22亿平方米，增长46.3%，房地产业税收3301.28亿元，占总地税收入的33.3%。

【建筑业转型升级步伐加快】 2017年，四川省建筑业累计完成总产值4.5万亿元，年均递增10.8%，总产值在全国排名跃升到第五位；实现建筑业增加值1.2万亿元，增加值占全省GDP的比重持续保持在7%以上；完成省外产值9435亿元，年均增长9.2%，出省施工产值占总产值比例达20.5%，完成境外产值260亿美元。

【"百镇建设行动"深化拓展】 300个试点镇累计完成基础设施建设投资616亿元，就地就近吸纳农业转移人口117万人，镇镇区平均常住人口达1.62万，是建制镇平均水平的2.7倍。通过示范引领，辐射带动全省小城镇建设完成投资4671亿元，新建铺装道路6.4万公里，新建镇乡污水处理厂（站）388座、增长107%。277个小城镇被列为全国重点镇，20个镇入选"中国特色小镇"。

法制建设

【政策法规文件】 坚持每5年制定一轮立法项目规划，每年报送立法项目计划。《四川省散装水泥管理条例》经省人大审议颁布实施，《四川省风景名胜区条例》列入立法调研计划，在全面清理地方性法规规章的基础上提出《四川省城市园林绿化条例》等4部法规规章修正草案，做好《四川省燃气管理条例》、《四川省农村住房建设管理办法》等新出台法规宣传贯彻。

【放管服改革】 启动一体化政务服务平台录入规范及上线管理工作。对省、市（州）、区（市、县）住房城乡建设领域行政权力事项进行动态调整，取消因法律法规或政策调整的行政权力事项24项，调整实施层级2项，增加行政权力1项。

【三个清单制定】 制定行政权力清单。完成省市县三级共756项行政权力事项目录清单、省市县三级共76项公共服务事项目录清单，认领省级行政权力事项281项、省级公共服务事项11项。

【规范行政处罚裁量权】 修订出台省住房城乡建设厅行政处罚裁量权规定和行政处罚事项裁量标准。

【依法行政方式创新】 开展全省各市（州）、县（区）住建系统法治普法培训；组织全省各市、州执法案卷评查；用行政许可、行政强制、行政处罚的典型案例来指导依法行政。

【行政复议和行政应诉】 全年共收到行政复议申请84件，受理案件69件，行政应诉一二审案件44件，立案32件。

房地产市场监管

【市场运行】 2017年，四川省房地产开发投资小幅下降，商品房销售面积和房屋新开工面积保持增长，商品住宅库存总量继续下降。

【供应市场】 全省房地产开发完成投资5149.89亿元，同比下降2.5%，其中住宅完成投资3182.34亿元，同比下降0.1%，占房地产开发投资的比重为61.8%；非住宅完成投资1967.55亿元，同比下降6.2%，占房地产开发投资的比重为38.2%。房屋新开工面积11521.59万平方米，同比增长6.4%，其中住宅新开工面积7604万平方米，同比增长9.5%；非住宅新开工面积3917.59万平方米，同比增长0.9%。

【销售市场】 全省商品房销售面积10869.07万平方米，同比增长16.9%，其中商品住宅销售面积8786.61万平方米，同比增长11.4%；非住宅销售面积2082.46万平方米，同比增长47.0%。二手房销售面积5073·82万平方米，同比增长19.5%，其中二手住宅销售面积4497.16万平方米，同比增长24.9%；二手非住宅销售面积576.66万平方米，同比下降10.7%。

【"去库存"】 为落实《四川省"去库存"专项实施方案》，促进800万农业转移人口市民化，会同省农行全面推广"农民安家贷"，农行省分行共发放"农民安家贷"36481笔，发放金额92.48亿元。5月，省住建厅联合省农信下发《关于搭建信贷平台推进支持农民进城购房贷款有关事项的通知》，推出"农民安居乐"信贷产品。省农信共计办理"农民安居乐"购房贷款31560笔，累计投放82.33亿元。

【政策效应】 全省住房公积金个贷率由年初87.04%降低到年底85.55%，下降1.49个百分点。资金使用率93.54%，同比降低0.44个百分点。结余资金由年初273.14亿元增长至年底350.09亿元。全年150.13万余名职工提取14.20万户职工贷款解决住房问题或改善住房条件。

【风险防控】 四川省房地产市场调控工作协调小组共召开5次会议，研究部署金融、土地、资金管控、舆论引导等控房价工作措施，全面升级住房限购限贷政策。约谈南充、泸州等出现潜在风险的城市。

【租购并举】 出台《成都市开展住房租赁试点工作的实施方案》，指导绵阳、南充、泸州、宜宾等城市开展省级住房租赁试点工作。

【行业诚信】 按照《四川省房地产开发企业信用信息管理暂行办法》，强化信用对市场主体的约束。在全省7289家房地产开发企业建立信用档案，形成不良行为记录共79条，其中生效67条；良好行为记录共1633条，其中生效500条。

【推进既有住宅增设电梯】 全省申请财政奖补的电梯共454部（不含达州、自贡已支付资金的10部），共申请奖补资金7121.5万元，为改善老旧小区居住条件起到积极作用。

【领导干部个人信息房产核查】 年度内共计查询570批次41641人，其中住房城乡建设部290批次16966人，省委组织部277批次24667人，省纪委1批次2人。河北三河市公安局1批次6人，协助四川省扶贫攻坚领导小组核实全省贫困人口1批次。

住房保障建设

【牢牢把握目标定位】 年内，继续实施'百万安居工程建设行动'。高度重视保障性安居工程建设。围绕省政府和厅党组"棚改工作要重回全国前列"的目标定位，打好棚改攻坚战。

【抢抓时间节点】 储备项目时，早谋划、早摸底，做实基础工作。协调省政府分管领导及早召开全省电视电话会议，将棚改纳入十项民生工程和20件民生实事，与各市州签订目标责任书。

【探索融资新模式】 推进落实棚改"政策性金融+省级统筹+县区政府购买服务"和"市带县"融资新模式，协调国开行将县级条件由A-调低至BBB+，着力解决财政困难地区融资难。与政策性银行及时对接，全年国开行和农发行已实现授信1072亿元，已发放683.8亿元。

【灾后重建】 创新实施地震灾后重建"五总机制"，出色完成芦山地震和康定地震灾后恢复重建。组织编制了《"8.8"九寨沟地震灾后恢复重建城乡住房重建专项实施方案》、《九寨沟世界遗产地灾后修复与保护规划》和《九寨沟景区修复与保护实施方案》，景区生态修复和保护工作加快推进。

【棚改货币化安置】 因地制宜实施货币化安置18.96万户，近60万群众实现出棚即入楼，早圆"安居梦"。自贡、攀枝花等地将棚改与周边工业遗存整体塑造，延续文脉、留住记忆。乐山等地拆除危房恢复城市"绿心"。

住房公积金监管

【缴存总额再创新高】 2017年，四川省新增缴存公积金878.01亿元，同比增长19.34%，占年度目标任务104.53%。缴存总额再创新高，突破5000亿大关，达到5417.74亿元。新增提取564.91亿元，同比增长17.44%，占当年新增归集额64.34%。

【资金使用持续向好】 新增提取564.91亿元，同比增长17.44%，占当年新增归集额64.34%。发放贷款464.62亿元，同比降低15.61%。个贷率由年初87.04%降低到年底85.55%，下降1.49个百分点。资金使用率93.54%，同比降低0.44个百分点。结余资金由年初273.14亿元增长至年底350.09亿元，增加76.95亿元，同比提高28.17%。全年150.13万余名职工提取14.20万户职工贷款解决住房问题或改善住房条件。

【风险防控成效显著】 逾期贷款额由年初2084.24万元下降至年末1553.34万元，减少530.9万元，个贷逾期率0.007%，同比略降。7个公积金中心下降较大，6个公积金中心无逾期贷款。试点城市共回收项目贷款4.93亿元，无一笔逾期。全年兑付回收0.2亿元国债，期末无国债余额。

【服务能力提质增效】 在全省完成"双贯标"基础上，各公积金接入全国异地转移接续平台和省政府一体化政务服务平台，建成综合服务平台，形成类型多样、互为补充的一体化服务体系。

城乡规划

【法制建设】 2017年，制定《四川省宜居县城建设试点评价指标体系》《四川省城乡规划督察办法》和《四川省住房和城乡建设厅城乡规划约谈暂行办法》等规范性文件。

【新型城镇化】 编制完成《四川省新型城镇化规划（2014—2020）》《四川省城镇体系规划（2014—2030年）》和成都平原、川南、川东北、攀西等四大城市群规划，确立以四大城市群为主体形态，构建"一轴三带、四群一区"的城镇空间发展新格局。新增城市新区625平方公里，620余万农业转移人口成为城镇居民。

【科学规划】 坚持科学规划理念，严格依据资源环境承载能力合理确定城市终极规模科学构建区域空间格局。专题培训市县领导干部100余人。

【历史文化名城保护】 制定《关于编制历史文

化名城保护规划以及开展历史文化街区划定和历史建筑确定工作的通知》，会同省文化厅印发《关于开展国家和省级历史文化名城保护工作检查的通知》。全年新划定历史文化街区37条，新确定历史建筑446处。

【综合试点】 印发《关于进一步加快推进宜居县城建设试点工作的通知》《关于开展宜居县城建设试点问卷调查的通知》，制定《四川省宜居县城建设试点评价指标体系》。从定性和定量两方面明确了8个类别、36项评价指标和52项细分指标的考核内容，补助每个试点县2000万元专项资金用于试点建设。新型城镇化建设试点工作取得阶段性成效。

【规划管理】 强化规划督查，建立违反城乡规划重点案件核查和挂牌督办制度。开展规划审计，查处违法建设。召开项目选址专家评审会26次，发放选址意见书86份。

城市建设和市政公用事业

【概况】 2017年，按照四川省政府"城市基础设施建设行动"方案，继续开展城市基础设施建设年行动。全省完成城市（县城）市政公用设施投资1541.5亿元，同比增长12%，完成省政府下达目标的114%。出台《四川省城镇污水处理设施建设三年推进方案》和《四川省城乡垃圾处理设施建设三年推进方案》。

【地下综合管廊建设】 会同省财政厅制定《地下综合管廊试点工作省级绩效评价与绩效奖补办法》。安排1500多万元专项资金用于支持32个县城地下管线综合规划和47个城市（县城）地下综合管廊规划项目。四川省政府安排10亿元省财政贴息专项债券用于支持各地地下综合管廊建设。全省建成管廊项目25个、50.6公里，在建项目105个、333.8公里，其中2017年新开工项目55个、166.5公里，为年度计划开工量的111%。

【海绵城市建设】 安排1900多万元，用于支持67个市县海绵城市专项规划编制工作。省政府安排10亿元省财政贴息专项债券用于支持各地海绵城市建设。全省16个海绵城市试点市（县）完工项目475个，完成投资598.31亿元，建成海绵城市面积133.3平方公里，总体上完成约37%的试点任务。财政部、住房城乡建设部和水利部在我省召开了全国地下综合管廊和海绵城市建设试点工作现场会，推广了国家试点城市遂宁市的经验。

【城市市政公用设施建设】 年内，完成固定资产投资5809亿元，全省城市（县城）道路总面积达4.3亿平方米、人均道路面积达12.64平方米。市政道路桥梁完成投资842亿元，公共停车场和充电桩等设施建设完成投资12.7亿元，分别较2012年增加30.83%、8.5%；新增供排水、燃气管网4.96万公里；建成地下综合管廊50.6公里，在建333.8公里；成都市轨道交通加速成网，开通运营6条线路、179公里，在建项目12个、388公里，绵阳等6个城市完成了城市轨道交通线网规划。

【污水垃圾处理设施】 实施两个《三年推进方案》的项目投资建设。安排30亿元省级财政全额贴息专项债券用于支持三年推进方案项目。2017年，全省城镇污水和城乡垃圾"三年推进方案"建设项目已开工1101个，完工394个，累计完成投资165.08亿元，其中污水项目已开工851个、、完工313个，累计完成投资111.54亿元，垃圾项目已开工250个、完工81个，累计完成投资53.54亿元。

【推进大渡河河长制】 成立厅河长制工作领导小组及办公室，印发14个主要文件．召开省大渡河一河一策管理保护方案的审查工作；同时加强对乐山、雅安和阿坝等地大渡河河长制工作的督查。

【体制改革】 抓好四川省委5号文件精神落实，建立健全城管协调机制和做好市（州）、区（市、县）机构设置，积极开展7个城市城管执法体制改革重大问题试点。

【关键领域"补短板"】 抓好排水防涝等补短板工作，两批上报的8个城市均被住房城乡建设部纳入了国家排水防涝补短板计划的重点城市，8个重点城市的工作正有序推进。

村镇建设

【概况】 2017年，四川省共完成农房建设35万户，占年度目标任务175%，完成投资约310亿元，占年度目标任务124%；完成建档立卡贫困户危房改造17万户（含彝家新寨1.74万户、藏区新居1.73万户），占年度目标任务130.8%；完成易地扶贫搬迁住房建设13.57万户，占年度目标任务140.3%；完成3700个扶贫新村基础设施建设，完成投资48.2亿元，均超额完成全年目标任务。

《四川省农村住房建设管理办法》，制定《四川省农村建筑工匠管理办法》，规范农村建筑工匠培训考核、业务承揽及质量安全行为。研制《农村住房建设管理信息系统》。

【精准扶持】 对各类农房建设对象进行交叉重复比对，剔除2017年多头申报对象7927户，避免重复安排补助资金1.1亿元。完成农村危房改造"4类重点对象"精准识别工作。

【强化服务指导】 积极开展基层骨干和农村建筑工匠培训，组织技术下乡、购买第三方技术服务、发放农房抗震设防图册，提高各级质量安全意识和技术水平。继续从在川央企和省内知名建筑企业中抽调45名工程技术骨干，对口凉山州12个县开展质量安全技术帮扶；全省各地住建系统也先后派出1万余名技术人员，赴一线开展技术服务。同时在南充市高坪区实施农村危房改造加固试点，研究探索低成本改造技术。

【农村土坯房改造】 下发《四川省"农村土坯房改造行动"实施方案》。在遂宁召开全省土坯房改造现场会，交流经验、强化指导，高位推进改造工作有序有力展开，为土坯房改造行动打下了坚实基础。

【"百镇建设行动"】 出台《关于深化拓展"百镇建设行动"、培育创建特色镇的意见》，印发《关于做好特色小镇规划编制工作的通知》，编制《四川省特色小镇培育规划（2016—2020）》和《四川省特色小镇规划前期研究工作指南》，成立全省小城镇建设领导小组和办公室。评选认定首批42个省级特色小镇，其中13个镇被国家认定为第二批"中国特色小镇"。至此，全省国家级特色小镇数量已达20个，居西部省份第一。在成都市洛带镇成功举办首届中国（西部）特色小镇创新发展论坛。

【乡村规划编制】 按照住房城乡建设部《关于改革创新、全面有效推进乡村规划工作的指导意见》，加快村庄规划编制步伐。按照"多规合一"要求，对新村聚居点、旧村落和传统村落进行整体规划和统筹布局。省级财政专项补助518万元用于88个贫困县乡村规划编制。西充县县域乡村建设总体规划等列入住房城乡建设部县域乡村规划和村庄规划试点。组织开展第四批141个中国传统村落规划编制和技术审查工作。109个传统村落拟列入中央财政支持。动员开展第五批国家级和省级传统村落的调查申报工作，拟向国家推荐420个传统村落列入第五批中国传统村落名录。

【生活垃圾及污水治理】 落实省级专项资金1.1亿、省级专项债券资金2.1亿用于农村的生活垃圾治理，省政府20件民生大事中"4000个行政村生活垃圾治理目标任务"全面完成，全省90%以上行政村生活垃圾得到无害化处理。落实省级专项资金1.1亿元，支持建制镇污水管网建设。安排2.1亿省级专项资金支持"百镇建设行动"试点镇基础设施建设，完善污水垃圾处理设施建设。落实省级专项债券资金支持民生工程300个镇污水垃圾处理设施建设。开展厕所革命，全年乡村公厕新建1088座、改建377座。督促整改省级环保督查中涉及镇乡污水处理厂（站）的问题258个。

标准定额

【标准编制】 2017年批准发布22项，其中修订8项，开展了20项图集的编制工作。

【标准化管理】 制定《四川省工程建设标准设计管理办法》。组建标准化专家库，加强对标准立项、论证、审查的等环节管理；启动"标准化工作信息管理系统"，拟对标准（图集）的立项、编制单位、编制进度、征求意见、审查意见及发布情况、意见反馈等进行平台式全方位管理。

【监督检查】 积极开展课题研究，承担"双随机"检查系统研制任务，并将编制的"双随机"系统在德阳市进行了试点运用。到成都建工、中建科技等企业进行现场考察和指导。

工程质量安全监管

【概况】 2017年，四川省在建工程15653个，工程总面积39563万平方米，其中市政工程2479个，工程金额约2844亿元；报监工程项目监督到位率100%，工程质量合格率100%，重大工程一次验收合格率100%；共获得"鲁班奖"9个，"国家优质工程"5个，评选"天府杯"103个。全省建设系统共发生建筑施工安全事故184起，死亡172人，同比分别下降18.94%和20.20%，未发生较大及以上生产安全事故，完成双下降10%的目标任务。

【督促检查】 全年三次组织了28个由厅领导带队的检查组，对21个市州住建领域进行全覆盖、多轮次大检查。严肃查处违规违法项目1466个，行政处罚474起，罚款总额1196万元，责令停工673起，记录不良行为476次，通告214家未办理安全生产许可证和安全生产许可证已失效的建筑施工企业不得从事建筑施工活动。对28家审查机构、59名具有注册执业资格的审查人员进行了通报批评。

【质量安全提升行动】 编制《四川省工程质量安全提升行动方案》，完成对攀枝花、凉山州的提升行动督查。全省新竣工备案工程设立永久性标牌覆盖率为100%；建立质量信用档案覆盖率为92.3%，乐山、自贡、内江等10个市州覆盖率达100%；责令整改项目4895个、处罚304起，信用惩戒152起，曝光违法违规典型案例56起。

【质量检测鉴定】 完成《四川省建设工程检测

行业调查报告》，抽查9个市州49家检测机构，加强对"地条钢"等不合格建材质量检验。对14家违规机构通报批评并责令整改。

【创优建优】 成都市建立重大危险点源的管理机制和多方协作的共建共管体系，城市轨道交通工程风险管控成效显著；内江市大力推行"工法样板"展示制度，修建"内江市建筑工程工法集中展示样板"，通过样板引路的方式提高工程质量。南充市着力建立健全投诉工程质量投诉处理机制，工程质量问题和质量投诉逐年减少。

【法制建设】 出台《安全生产层级监督管理巡查工作制度》，《2017年度安全生产工作考核办法》，制定《关于进一步做好汛期城市既有房屋安全管理工作的通知》，《四川省工程质量安全提升行动方案》。行成共同履责的大安全监管格局。

【专项整治】 开展防高坠事故，深基坑、脚手架、支模架、起重机械等危大工程施工安全专项整治。全省在建项目开展自查自纠，发现整改隐患3.7万余项。责令整改2375项，责令停工737项。

【隐患排查治理】 重点检查安全责任落实、隐患排查、应急管理、消防设施、避雷措施、电梯等安全措施落实情况。查处风景名胜区各类违规违法行为1001起。燃气安全隐患排查2260次，发放燃气宣传资料27万余份，处罚违规燃气企业61起，查处涉嫌非法销售液化石油气企业12家，取缔非法经营窝点8个。高度重视汛期地安全排查治理："6·24"茂县山体高位垮塌事故作出迅速反应，立即组织应急抢险。汛期累计派出检查组2462个，检查项目10966个，排查整治地质灾害和汛期安全生产隐患5148项。

建筑市场监管

【概况】 2017年，四川省建筑业完成总产值11899亿元，同比增长19.5%，增速较上年同期提高5.9个百分点。实现建筑业增加值2863.08亿元，现价同比增长15.8%，占GDP比重为7.7%，对全省的经济贡献率为3.6%；完成省外产值2355亿元，同比增长15.1%，较上年同期上升3个百分点，全省建筑业缴纳地税127.53亿元，占全省地税总收入7.8%。建筑业产值总量占全国5.3%，较上年同期提高0.2个百分点，产值增速居全国第九。建筑业从业人员550万人，其中80%左右是农村转移劳动力。

【安排部署】 印发《四川省建筑业发展"十三五"规划》和《四川省2017年加快建筑业发展重点工作实施方案》，出台《关于促进建筑业持续健康发展的实施意见》。制定建筑业中长期发展目标。新开工面积增速由年初的1.4%逐步上升至全年的13.5%，建筑业新签合同额全年增长30.9%，远高于2016年。

【资质升级】 推进建筑业"放管服"改革，建筑企业数量大幅增长，由2016年底的19838家快速增加至2017年底30523家。新增特级施工总承包企业5家，总数达21家；新增一级施工总承包企业138家，总数达686家。

【建筑产业现代化】 出台《关于大力发展装配式建筑的实施意见》，制定《四川省2017年促进装配式建筑发展工作方案》，明确了装配式建筑发展目标任务和推进措施。建立全省装配式建筑专家库，完成《四川省推进装配式建筑发展行动方案》课题研究。全省已建成装配式混凝土部品部件生产基地11家，年生产能力175万立方米；钢结构生产基地14家，年生产能力80.5万吨。在成都等5个城市开展装配式建筑试点工作，全年装配式建筑新开工面积810万平方米。成都、广安被评为全国第一批装配式建筑示范城市，8家单位评为全国装配式建筑产业基地。

【优化市场环境】 与四川省保监局联合下发了《建设工程保证保险试点方案》，开展为期两年的工程保险保证试点。下发《关于进一步做好清理规范工程建设领域保证金工作的通知》，清理出未按时返还或超额收取的保证金9404万元。

【诚信体系建设】 按照《四川省房地产开发企业信用信息管理暂行办法》，进一步规范信用监督管理。深化全省建筑市场监管与诚信一体化，完成建筑企业业绩补录等相关工作。对拖欠工程款和农民工工资进行全覆盖整治。

【市场治理】 修订《四川省建筑市场不良行为记录管理办法》，持续开展建筑工程施工转包、违法分包专项治理，对存在违法行为的59家建设单位、373家建筑企业进行了查处。完成1270家重点监督企业复查工作。对217家未办理《安全生产许可证》和《安全生产许可证》失效的建筑企业作出暂停执业资格。

【科技进步】 创建建设工程项目施工安全生产标准化工地（原国家级AAA工地）12个，省级标化工地191个，20个工程项目通过四川省建筑业新技术应用示范成果验收，评审通过省级工法323项。推广BIM技术在施工和运营维护全过程的集成应用，提升工程建设智慧化水平。做好《建筑业10项新技术（2017版）》推广应用，下发，《关于加强建筑垃圾综合治理工作的通知》，推广建筑垃圾现场无害化处理技术。

【创建精品工程】 积极创建精品工程。中国华西企业股份有限公司承建的四川省图书馆新馆和成都建筑工程集团总公司承建的成都市公安局新建业务技术用房等9项工程荣获"鲁班奖"，14项工程获得"国家优质工程奖"，103项工程获得"天府杯"。

【工程质量安全保障】 编制《四川省工程质量安全提升行动方案》，出台《四川省全过程工程咨询试点工作方案》和《四川省工程质量监理报告制度试点方案》。全年累计排查在建工程项目12000余个，排查出安全隐患22347项，各地责令整改项目4895个、处罚304个，信用惩戒152起，曝光违法违规典型案例56起，隐患整改率到达100%。

【行政执法】 对存在违法行为的59家建设单位、373家建筑企业进行查处。完成1270家建筑业重点监督企业复查工作，对217家未办理《安全生产许可证》和《安全生产许可证》失效的建筑业企业作出暂停执业资格处理。核查565家造价咨询机构、479家招标代理机构资质资格条件，抽查涉及120个招标代理机构的296个项目，对存在问题的企业和项目依法处理并责令限期整改。

【队伍建设】 编制《四川省住房城乡建设领域专业人员无纸化考试考务工作细则》，全省开展了315个批次的培训考核工作，完成职业技能培训61815人，核发职业培训合格证书60562本，受理建造师、城乡规划师各项注册申请237421件，增长47.9%；办理注册证书220303本，增长45.5%；发放注册证书209294本。全省一级注册建造师30397人，二级注册建造师210660人。

【对外劳务管理】 不断强化驻外办事处职能，从项目推介、纠纷协调、法律援助和人员培训等方面进一步提高对出川建筑业企业的服务能力。在省外培训川企"三类人员"1409人，初次通过厅驻外建管处进入外省开展建筑业务的四川企业共937家，在设有驻外建管处地区的四川建筑企业共3447家。

【对外交流合作】 继续大力实施"走出去"发展战略，与云南、贵州省住建厅签订《建筑领域交流和合作框架协议书》，与重庆市建委召开"川企在渝建筑施工安全文明生产标准化现场观摩会"。30家央企与92家四川民营建筑企业签订《合作框架协议书》。贵州、重庆、云南、广东和西藏仍是主要省外市场，产值均超过100亿元。完成海外产值39.3亿美元，在海外新签合同额79.2亿美元，同比增长13.1%。

【建设工程招标投标管理】 出台《四川省房屋建筑和市政工程工程量清单招标投标报价评审办法》，编制完成《四川省工程建设项目招标代理监督管理办法》初稿。完成电子招标文件范本的修订，实现施工类项目招投标全过程电子化。对358家招标代理机构的专职技术人员数量进行了核查，对296余个招标代理项目进行市场行为核查。对14家不符合资质条件的招标代理机构责令整改。

【招标投标市场监管】 全年办理招标文件备案340件，现场监督开标、评标170余次；办理招标投标情况书面报告13件；约谈招标代理机构1次5家，发出《招标监督意见书》5份，移交省发改委处理1件。

【建设工程造价管理】 完成《四川省建设工程造价咨询规范》，制定《四川省建设工程造价技术经济指标采集与发布标准》和《四川省房屋建筑和市政工程工程量清单招标投标报价评审办法》，修订《四川省建设工程安全文明施工费计价管理办法》。受住房城乡建设部委托，承担了全国《抗震加固工程消耗量定额》的编制，已完成专家审查稿。《〈四川省建设工程工程量清单计价定额〉绿色建筑工程》和《城市地下综合管廊工程工程量清单计价定额》已完成编制，完成机械喷涂砂浆、喷涂防水等新定额项目的编制。

【队伍建设】 2017年，新增甲级造价咨询企业18家，总家数达到240家，新增造价工程师1164人，达到9194人，其他各项数据预计较2016年均有一定幅度上升，咨询收入居全国第四位。

【动态核查】 按照"双随机"核查机制，对在四川省执业的565家造价咨询机构进行了检查，省内企业甲级234家、乙级206家，省外入川企业125家。在市场行为及执业质量情况检查中，对399家造价咨询机构的市场行为及执业质量进行了检查，其中省内企业315家，省外入川企业84家。

【省政府投资项目代建管理】 2017年，接收四川省政府投资项目25个，其中包括已完工项目16个、在建项目8个、暂时停工项目1个。其中8个在建项目总建设规模374835.59平方米，计划总投资22.89亿元，累计完成工程建设投资5.156亿元。

勘察设计与科技

【法制建设】 出台《关于进一步加强房屋建筑和市政基础设施施工图审查管理的通知》，《四川省住房城乡建设厅关于进一步加快推进绿色建筑发展的实施意见》等规范性文件。

【勘察设计】 开展四川省优秀工程勘察设计奖评选工作，对申报的374个项目进行了评审。评出一等奖98个，二等奖109个，三等奖108个，表扬奖1个，缓评19个，淘汰39个。申报由中国勘察设计协会负责的2017年度全国优秀工程勘察设计行业奖。143个项目参加2017年度全国优秀工程勘察设计行业奖评选活动，有110个项目获奖，一等奖24个、二等奖47个、三等奖39个。举办建筑信息模型（BIM）设计大赛，不断深入应用BIM，推动政府、行业共识，促进建筑业发展。

【质量市场监管】 通过总承包模式、BIM技术应用、全过程咨询、人才培养、一带一路表彰等方式，进一步深化改革和技术创新，努力加快行业转型升级，通过施工图审查质量和企业现场动态核查，加强勘察设计质量和市场监管。加强企业注册人员动态核查，检查出一批注册人员数量不满足资质条件的企业。

【建筑节能】 推动绿色建筑和建筑节能工作；抓好智慧城市试点建设和智慧社区试点创建和验收，做好可再生能源、"限黏禁实"督导工作。推进集约、智能的新型城镇化建设。

【建设工程抗震设防管理】 加强《四川省建设工程抗御地震灾害管理办法》的贯彻落实，把抗震设防管理贯穿于工程选址、规划、勘察设计、施工、监理、竣工验收全过程。强化和巩固施工图阶段的抗震设防报审及抗震设防审查专项制度。大力推广抗震性能优、绿色节能和实用性强的"四新"技术。

【抢险救灾与恢复重建】 九寨沟地震、芦山地震和康定地震灾应急抢险救灾工作和恢复重建，依法加强新建工程抗震设防的监管力度和超限高层建筑工程抗震设防专项审查；加强农村房屋抗震设防的指导和服务，确保新建房全面落实抗震设防措施要求。

【科学技术】 依托举办BIM设技大赛、BIM技术交流和BIM技术应用等活动，进一步推动了BIM技术在全省勘察设计行业的推广应用。开办培训班次9个，共计2367人完成继续教育培训。

人事教育

【干部管理】 认真组织基层党支部和干部职工自学等三个层面的政治理论和业务学习，多层次的督促督导，保证时间、人员、内容和效果的落实，充分发挥中心组的示范引领作用。

【社团管理】 加强厅属房地产业、法制等协会监督管理，充分发挥它们职能作用，按时完成它们的年检工作。

【职业制度】 完成《四川省建筑和市政工程现场施工和监理从业人员配备标准》，印发《四川省住房城乡建设领域专业人员无纸化考试考务工作细则》。完成全省统一考核评价工作，考试合格人员达87243人，补换发《住房和城乡建设领域专业人员岗位培训考核合格证书》64292本。全省一级注册建造师达到30397人，二级注册建造师达到210660人，城乡规划师达到891人。

【政风行风建设】 落实《关于进一步加强和改进省直部门（单位）党组（党委）中心组学习的实施意见》和《关于在全省住房城乡建设系统开展学习型机关创建活动的通知》，通过推进学习型机关建设，开展'走基层、正风纪'等活动，进一步形成了风清气正的良好氛围。

城乡建设档案工作

【城建档案管理】 年内，组织各市城建档案馆馆长在绵阳召开城建档案安全保管保护培训会，研究如何加强档案安全保管保护意识、宣传消防知识、深入探讨城建档案异地备份对接信息安全的保管保护和保密要求。完成山西省各市州城建档案馆与四川省各市州对口的城建档案馆进一步推进城建档案异地备份工作。并组织召开了山西、四川两省城建档案异地备份工作座谈会。

【从业人员技能培训】 委托城建档案学会共举办4期建设工程档案资料信息人员培训班。

监察执法

2017年，全年共受理投诉举报207件，立案13件，处罚金额共计104.4362万元，对11家企业行政处罚，所办案件未发行政复议、诉讼败诉情形。全省执法机构共受理投诉举报5666件，立案查处1784件，对673家企业和869名个人作出行政处罚，罚款金额6133万余元。

风景名胜和园林绿化

【法制建设】 启动《四川省风景名胜区条例》修订工作。编制完成《四川省省级风景名胜区设立审查办法》。制定《四川省生态园林城市系列标准及申报评审管理办法》。

【保护管理】 完成剑门蜀道等3处国家级风景名胜区整改验收工作。会同省规划督察办组织开展了风景名胜区规划编制与实施情况专项督察。

【编制规划】 完成青城山－都江堰等5处国家级风景名胜区总体规划，现处于国务院待批阶段。新编制完成九狮、黄荆十节瀑布等2处省级风景名胜区总体规划编制，以及西岭雪山、黄龙红星岩景区等10处的详细规划编制。

【项目建设】 组织专家开展风景名胜区申报指导工作，完成30处风景名胜区重大基础设施、服务设施规划选址论证或设计方案审查以及兴文石海风景名胜区石海镇总体规划技术审查。四川米仓山大峡谷风景名胜区获得国家级风景名胜区称号。

【环保督察】 开展自然保护区交叉重叠的风景名胜区旅游开发问题联合审查。建立了省级厅（委）的联席工作机制。对环保厅反馈的68个问题进行了整改。

【园林城镇建设】 攀枝花市、米易县、宜宾市高店镇通过住房城乡建设部考核，获得国家园林城市（县城、城镇）称号。至此，全省国家、省级园林城市（县城、城镇）数量达到70个。

【规范标准】 研究制定《四川省生态园林城市系列标准及申报评审管理办法》，已形成送审稿。

【生态修复】 积极推进四川省城市生态修复"双百工程"行动，研究制定"双百工程"实施方案，组织专家遴选出110个河湖湿地公园和104个山体森林公园建设项目进入"双百工程"项目库。

世界遗产保护管理

【自然遗产地保护】 强化世界遗产管理职责。做好向世界自然遗产研究中心、联合国教科文组织等国际国内机构衔接，协调地方经济发展与世界遗产地保护管理的矛盾。积极参加全国首个"文化和自然遗产日"活动，顺利筹办都江堰分会场活动，明确了九寨沟世界自然遗产。

【蜀道申遗】 3月27日，报请四川省政府召开2017年蜀道申遗领导小组第一次工作会议，申遗工作进入申报阶段。6月6～9日，报请省政府同意，邀请国际权威专家召开蜀道申遗第一次国际咨询会，8月，在北京组织国际国内专家进一步深入论证申遗技术路线。蜀道遗产构成明确，遗产标准精准。蜀道申遗工作整体协调推进。

【灾后保护与修复】 "8·8"九寨沟地震发生后，组织省规划院等技术单位开展规划会战，完成了"8·8"九寨沟地震九寨沟世界自然遗产专项评估，明确了九寨沟世界自然遗产依然美丽的正面结论；客观扎实编制世界自然遗产地灾损报告；以"三评估一评价（灾害范围评估、灾损评估、世界自然遗产专项评估、资源环境承载力评价）"为基础，以重大问题为导向，科学完成世界自然遗产地保护与修复专项规划及专项实施方案。

【监督管理】 组织九寨沟世界遗产管理局和各技术单位完成灾害风险监测、保护恢复技术研究、重建工程评价技术导则、构建完善世界遗产地保护修复技术体系，科学指导开展遗产价值管理、灾害治理、设施建设、社区协调发展等工作，积极探索九寨沟世界自然遗产抢救修复、保护恢复、发展提升新模式。

城乡环境综合治理

【法制建设】 印发《2017年全省城乡环境综合治理工作要点》，《关于建立全省城镇污水和城乡垃圾三年推进方案工作进度和信息报送制度的通知》，《2017年沱江流域城镇污水和城乡垃圾三年推进方案落实情况督查方案》，《四川省农村厕所污水治理工作实施方案》等规范性文件。

【综合治理】 研究和制定城乡垃圾和城镇污水三年推进方案，督促各市州对应出台污水和垃圾三年推进方案；开展全省推进城镇污水和城乡垃圾处理设施建设专题培训，组织专家对资阳市开展了"发点球"式培训；开展了沱江流域污水和垃圾处理设施建设专项调研，形成了课题调研报告。

【督促落实】 建立项目进展情况月报制度和工作情况季报制度；协调省政府督查室、省发改委、财政厅、水利厅等部门和7市牵头部门共26人，组成3个交叉检查组，对贯彻落实污水和垃圾三年推进方案情况进行交叉检查，督促污水和垃圾处理设施项目建设进度。填写调查表，建好工作台账，并将排查情况录入非正规垃圾堆放点排查整治信息系统。

【民生工程建设】 全年4000个村的农村生活垃圾治理列入了省委省政府20件民生大事。4000个行政村生活垃圾实现有效治理，达到"五有"标准，完成目标任务100%，1.1亿元城乡环境综合治理专项资金和4.2亿元地方政府债券资金已全部下达到各地，全省资金使用率达到79.51%。

【示范效应】 眉山市丹棱县农村生活污水治理PPP模式项目实施，成效明显，在全国农村厕所污水治理工作电视电话会议全国主会场作经验交流发言。加快了其他示范县项目建设的推进。

大事记

1月11日，全省住房城乡建设工作会议在成都召开，省政府副省长杨洪波讲话，住房城乡建设厅厅长何健作工作报告。

1月12日，全省住房城乡建设工作专题会议召开。住房城乡建设厅厅长何健出席并讲话。

1月24日，《广元市历史文化名城保护规划》评审会在成都召开。

2月15日，住房城乡建设部副部长倪虹一行到四川省调研生活垃圾分类工作。

3月1日，全省危旧房棚户区改造工作电视电话会议召开。

3月7日，四川省住房城乡建设厅在成都召开全省建筑管理工作视频会议。

3月10日，2017年全省城市建设和管理工作专题会议在成都举行。

同日，副省长杨洪波率队赴广元市、南充市专题调研蜀道申遗工作。

3月14日，全省城乡污水垃圾治理工作现场会在广安召开，副省长杨洪波出席并讲话。

3月21日，四川省农村住房建设统筹管理联席会议第一次全体会议召开。

同日，四川省住房城乡建设厅在成都市组织召开《成都市城市总体规划（2016－2030年）》专家审查会议。

3月27～28日，住房城乡建设部住房公积金监管司首次住房公积金统计数据审核会在成都市召开。

3月29日，建筑、市政行业工程总承包试点情况及工程设计资质标准修订意见座谈会在中国建筑西南设计研究院有限公司召开。

4月13日，四川省城市园林绿化工作会议在攀枝花米易县召开。

同日，首次全省建筑施工行业安全监管工作厅际联席会议召开。

4月20日，央企与四川民营建筑企业合作洽谈会暨"走出去"发展专题报告会在成都举行。

4月25日，住房城乡建设厅厅长何健主持召开深入推进城市执法体制改革改进城市管理工作座谈会。

4月28日，中央财政支持地下综合管廊、海绵城市建设试点工作现场会在成都、遂宁召开，财政部副部长刘伟、住房城乡建设部副部长倪虹和水利部副部长叶建春出席会议并讲话，副省长杨洪波出席会议并致辞。

5月11日，住房城乡建设厅在成都召开全省工程质量安全提升行动暨建筑施工安全专项整治工作部署视频会议。

5月16日，2017年四川住房城乡建设博览会在成都世纪城新会展中心开幕。同日，四川省第三届绿色建筑与建筑节能大会论坛与四川住房城乡建设博览会同期在在成都新会展中心举办。

5月26日，由四川省住房和城乡建设厅和四川省总工会主办的四川省"践行绿色新理念，助推建筑业强省"劳动竞赛在中建五局成都市龙泉驿区新兴工业园服务中心项目现场启动。

6月7日，住房城乡建设厅在西昌市组织召开凉山州脱贫攻坚住房建设质量安全技术帮扶指导工作动员会。

6月10日，住房城乡建设部、中国联合国教科文组织全国委员会在湖北设立"首个'文化和自然遗产日'活动启动暨中国世界自然遗产推进会"主会场，四川分会场活动同日在世界文化遗产地、世界自然遗产地都江堰市举行。

6月20日，四川省住房城乡建设厅召开建筑业改革发展座谈会。

6月21日，四川省在全国率先组成住房公积金综合服务平台建设检查验收组，先后对成都、自贡、眉山、省级住房公积金管理中心进行检查验收。

6月22～23日，沱江流域污水垃圾处理设施建设现场推进会在内江举行，四川省副省长杨洪波出席并讲话。

6月26日，省住房城乡建设厅党组书记、厅长何健主持召开"6·24"茂县特大山体滑坡灾害抢险救灾专题会暨第四次厅安委会全体会议。

6月30日，四川省人大常委会副主任、党组副书记黄彦蓉率队到省重点工程、重大民生工程四川大学华西第二医院锦江院区工程项目现场调研，深入了解项目建设情况。

7月3日，省住房城乡建设厅厅长何健主持召开迎接中央环保督察工作专题会议。

7月20日，全省城市建成区违法建设专项治理工作推进会在巴中市召开。

8月8日21时19分，四川省阿坝州九寨沟县发生7.0级地震。省住房城乡建设厅按照《四川省住房城乡建设系统地震应急预案》立即启动Ⅰ级应急响应。

8月25～27日，首届中国（西部）特色小镇创新发展论坛在成都举行。

9月7日，副省长杨洪波赴巴中市专项督导脱贫攻坚和环境保护等工作。

9月18日，住房和城乡建设厅副厅长樊晟主持召开《"8.8"九寨沟地震世界自然遗产保护和修复规划（景区恢复专项实施方案）》评审会。

9月24~26日，清华大学中国新型城镇化研究院执行副院长、教授尹稚一行5名专家，对四川省第一批国家新型城镇化综合试点城市泸州、阆中进行综合调研评估。

9月28日，四川省装配式建筑发展推进现场会在成都举行。

10月23日，四川省加快推进新型城镇化工作领导小组办公室召开户籍厅际联席会议，专题研究2017年度四川省户籍城镇化工作。

11月9日，四川省农村土坯房改造行动现场会在遂宁市召开。

11月10日，全省新型城镇化工作领导小组联席会议在成都召开。

11月15日，四川省住房城乡建设厅组织召开全省城市执法体制改革工作推进会。会议宣布四川省住房和城乡建设厅城市管理处、四川省城市管理执法监督局成立，介绍了城市管理处和城管执法监督局职能职责和负责同志。

11月23日，2017第八届C21论坛在成都举行，四川省住房和城乡建设厅厅长何健出席并作"坚持绿色发展，引领四川新型城镇化建设"主题演讲。

11月25日，住房城乡建设部和省住房城乡建设厅联合检查验收组，检查验收攀枝花、凉山、甘孜、雅安、乐山、中物院、广元、巴中、达州、遂宁、内江、资阳12个住房公积金管理中心综合服务平台建设工作。

12月8日，全省城乡规划工作会议在成都召开。

12月11日，住房城乡建设厅副厅长邱建主持召开2017年省政府民生目标（4000个村生活垃圾治理）工作进度约谈会。

12月15日，四川省危旧房棚户区改造开行专项贷款项目办公室（简称项目办）召开第十一次会议。

同日，住房城乡建设部在成都召开全国住房城乡建设系统法治政府建设暨依法行政工作会议。住房城乡建设部副部长黄艳出席并讲话，四川省住房和城乡建设厅厅长何健致辞。

12月18日，省住房城乡建设厅与建设银行四川省分行共同签署《住房租赁金融战略合作协议》，住房城乡建设厅厅长何健出席签约仪式。

12月19日，四川省小城镇建设领导小组办公室召开2017年第一次工作会议，领导小组副组长、住房城乡建设厅厅长何健出席并讲话。

（四川省住房和城乡建设厅）

贵 州 省

概况

2017年，贵州省住房城乡建设系统紧紧抓住脱贫攻坚和山地特色新型城镇化这个"牛鼻子"，全面完成省委、省政府和住房城乡建设部下达的各项目标任务。

【推进新型城镇化建设】 研究制定《贵州省加快推进新型城镇化建设实施方案》以省政府办公厅名义印发实施。安顺等第一批综合试点通过国家中期评估，第二批试点加快推进，第三批试点完成实施方案编制，16个省级试点有序开展。开展户籍人口城镇化、城镇化与大扶贫协同推进、田园综合体等课题研究。100个示范小城镇完成项目投资550亿元，新增"8+X"项目850个，者相镇等10个小城镇入选全国第二批特色小镇，指导20个极贫乡镇按照示范小城镇标准提升总规，编制"8+X"项目库、布局图和时序表。100个城市综合体完成投资257亿元，建成主导功能建筑160个、投入运营225个。

【提升城乡规划管理水平提升】 《贵州省城乡规划修改审查报批工作规则》《贵州省省域城镇体系规划实施办法》分别以"黔府办发〔2017〕74号、77号"文件印发。兴义、惠水等城市（县城）总规和织金等历史文化保护规划经省政府批准实施。建立"多规合一"改革协作机制，研究起草《贵州省市县空间规划编制办法（送审稿）》。贵阳市列为全国城市设计试点，安顺市、遵义市列为全国"城市双修"试点，遴选贵安新区、兴义等省级试点同步推进。全面推进城市总体规划环境影响评价整改工作，督促指导威宁开展总规修改工作。

【提升城市建设管理水平】 以贵州省政府名义印发《关于进一步推进贵州省城镇市政公用领域政府和社会资本合作的指导意见》等文件，完成城建投资2046亿元，开工城市地下综合管廊77.23公里；开工海绵城市海绵型项目214个，累计建成30.08平方公里。新增燃气管道676公里、城镇污水处理规模49.7万吨/日、城镇垃圾处理规模7819吨/日；新增社会公共停车位5.38万个。深入推进城管执法体制改革，市县公布城市管理责权清单，完成城市管理领域机构综合设置和城市管理制式服装及标志标识配备。深入开展全省城市管理系统"强基础、转作风、树形象"专项行动，组织培训城市管理执法人员1.4万余人次。六枝特区"醉美布依人家"等4个项目列入中国人居环境范例奖，安顺市获国家园林城市，六盘水市获贵州省园林城市。

【推进城镇住房供应体系建设】 开展房地产市场分类调控，商品房销售面积比上年增长13%，增速高于全国水平5.3个百分点；商品住房库存去化周期10.88个月，低于18个月警戒线。大力推进住房公积金信息化建设，成为全国第二个全部通过住房城乡建设部基础数据"双贯标"达标验收的省份。住房公积金归集总额1695.15亿元，个贷率达97.1%。研究代拟以省政府办公厅名义印发培育发展住房租赁市场的若干政策措施，积极推进租购并举。国家下达贵州省棚户区改造任务量居全国第二、西部第一。新开工棚户区43.23万户，货币化安置33.12万户，基本建成52.69万套，基本建成数超计划76.18%。

【提升村庄规划建设管理水平】 《贵州省人民政府关于做好村庄规划加强农民建房和宅基地管理促进新农村建设的意见》出台，配套制定村庄规划农房设计大会战实施方案、加强农村住房规划建设管理实施意见和乡村建设规划许可实施办法，完善乡村规划建设顶层设计，启动村庄规划和村土地利用规划"两规合一"试点。以"一图一表一书"为范式，68%的行政村正在开展或已完成村庄规划编制，覆盖30户以上农村居民点。《贵州省传统村落保护和发展条例》颁布实施，成为全国第一部传统村落保护发展省级条例，完成100个传统村落消防基础设施建设，成功召开第三届"中国传统村落·黔东南峰会"。打好农村住房安全保障硬仗。聚焦政策设计，出台"危改""三改"工程质量安全技术导则、质量检查验收统一标准、施工图简易设计范本等技术文件。圆满打赢20万户农村危房"危改""三改"的硬仗，建成小康房3万户。

【推动农村人居环境整治】 编制印发《贵州省整体改善农村人居环境县域乡村建设规划编制导则（试行）》《贵州省整体改善农村人居环境村庄规划编制导则（试行）》。1148个村庄生活垃圾收运体系基本建成、生活污水治理项目开工建设。湄潭县、西秀区、麻江县列入全国第一批农村生活垃圾分类和资源化利用示范，麻江县翁保村等11个村获批全国改善农村人居环境示范村，遴选出盘州市等10个县市整县推进农村生活垃圾治理。

【推动新型建筑业蓬勃发展】 城镇新建建筑设计阶段节能标准执行率达100%，工程竣工验收阶段标准执行率达98%以上。新增80个绿色建筑项目和10个绿色生态小区，新增绿色建筑面积2353.57万平方米。印发推进装配式建筑发展的实施意见、促进建筑业持续健康发展实施意见等政策文件，获批3个国家级装配式建筑示范产业基地。成功引进中建科技等国家装配式建筑龙头企业入住贵州，明确36个省级装配式建筑示范项目。启动绿色建材评价，获国家科技计划项目35个，组织编制和发布工程建设地方标准12部。发布建筑与装饰等5部工程造价定额，出台"营改增"计价依据调整意见、计价定额简易计税方法计算规则，住建行业营改增平稳过渡。

2017年，贵州省完成建筑业总产值2932.96亿元，同比增长24.1%。按照国家要求，4月1日起全省全面停征新型墙体材料专项基金，出台《贵州省新型墙材革新行动方案》，9个示范小城镇"8+X"建筑工程项目列为贵州省农村新型墙体材料应用试点示范项目，完成节能技术产品备案52个，68个项目通过绿色建筑设计评价标识，建筑面积1304.48万平方米，41个产品通过新型墙体材料认定。

【推动风景名胜世界自然遗产资源保护利用】 印发《贵州省风景名胜区综合整治提质升级三年行动方案》。九洞天等4个国家级风景名胜区总规获国务院批复实施，万山汞都——夜郎谷省级风景名胜区总规获省政府批复实施。印发《贵州省风景名胜区内建设项目选址办理指南》，完成涉及风景名胜区40项专题研究报告技术审查、30余项选址（选线）批复。印发《贵州省省级风景名胜区徽志及界桩设置参考标准》，启动编制风景名胜区基础设施建设和服务设施建设指南。梵净山申报世界自然遗产项目作为我国2018年唯一的世界自然遗产申报项目。

新型城镇化建设

【城镇化率快速提升】 2017年，贵州全省常住人口城镇化率达到46.02%，较2016年提高了1.87个百分点，高于全国0.6个百分点，与全国平均水平差距由2010年的16.14个百分点缩小到2017年的

12.5个百分点。2010年以来,全省城镇化率提高了12.21个百分点,提升幅度位居西部地区前列。2017年全省城镇人口累计增长至1647.52万人,较2010年增加471.28万人,年均增加67.33万人。

政策统筹稳步实施。强化顶层设计,突出山地"特色"内涵和"新型"发展方向,进一步明晰目标任务,印发《贵州山地特色新型城镇化示范区建设2017—2018年工作要点》,研究制定《贵州省加快推进新型城镇化建设实施方案》并经省人民政府印发实施。

试点示范效应凸显。指导各地根据示范区建设工作要点,制定年度实施计划,将示范区建设纳入对市(州)人民政府和贵安新区管委会的年度考核内容。指导安顺市、都匀市、贵安新区、播州区、玉屏县、湄潭县第一、二批试点制定完成年度工作要点或年度工作计划,按照国家评估要求开展自评报告,总结积累出一批成熟成功经验,试点工作得到国家肯定。督导第三批试点完成试点实施方案编制并全部获批实施。召开全省山地特色新型城镇化建设工作现场交流暨培训会,促进试点经验交流。召开2017年新型城镇化工作考核、常住人口城镇化率监测核算暨村庄规划大会战工作推进会,总结各地2017年新型城镇化推进工作情况,持续推进工作。

乡村振兴协调推进。在全省范围开展村庄规划设计大会战,成立贵州省村庄规划农房设计大会战工作领导小组和工作专班,建立四级台账,举办全省农房设计竞赛并将获奖作品汇编成参考图集,开展村庄与农房风貌指引研究工作,推进县(区)全域村庄规划与村土地利用规划"两规合一",先后组织三轮培训提高地方业务水平,2017年底全省村庄规划编制覆盖率达68%。

法规建设

【《贵州省传统村落保护和发展条例》出台】《贵州省传统村落保护和发展条例》8月3日经贵州省第十二届人民代表大会常务委员会第二十九次会议通过,自10月1日起施行。

【规范性文件清理】 2017年,扎实开展"三项清理",对贵州省住房城乡建设厅"放管服"改革涉及的、《法治政府建设实施纲要(2015—2020年)》要求的,以及不符合生态文明建设和环境保护要求的现行12件地方性法规、7件政府规章、67件省政府规范性文件和142件厅规范性文件进行了全面清理。

房地产业

【房地产开发】 2017年,贵州省房地产开发完成投资2201亿元,比上年增长2.4%,其中住宅开发投资1365.33亿元,比上年增长9.8%;办公楼开发投资104.35亿元,比上年增长-31.3%;商业营业用房开发投资492.54亿元,比上年增长-12.4%。房屋施工面积20385.43万平方米,比上年增长0.2%。房屋竣工面积1171.7万平方米,比上年增长-38.4%。商品房销售面积4696.9万平方米,比上年增长13%。商品房销售额2240.77亿元,比上年增长25.1%。

【化解房地产库存】 贵州省住建厅与省国土资源厅联合转发了《住房城乡建设部 国土资源部关于加强近期住房及用地供应管理和调控有关工作的通知》(建房〔2017〕80号),提出强化"五类"调控目标管理;编制完成住宅用地供应中期(2017—2021年)规划和三年(2017—2019年)滚动计划;根据商品住房库存消化周期,适时调整住宅用地供应规模、结构和时序;加大棚改项目融资工作的协调力度,严格控制成本,实现资金平衡;转变公租房保障方式,实行实物保障与租赁补贴并举,推进公租房货币化;加强商品房预售资金管理,完善监管制度等五项具体要求。各地国土部门对消化周期在36个月以上的,停止供地;消化周期在36个月至18个月的,减少供地;18个月至12个月的,正常供地,12个月至6个月的,增加供地;6个月以下的,不仅要显著增加供地,还要加快供地节奏。

开展去库存、棚改货币化安置暨房地产类矛盾纠纷摸底排查调研工作,对各地进行督查指导,对凯里经济开发区等商品住房去化周期超24个月的5个区县进专项督查。召开全省房地产市场形势分析工作会,分析研究当前房地产市场形势,对下一步各地房地产市场调控及房地产市场去库存工作进行安排部署。对贵阳市加强指导,与贵阳市住建局召开了房地产市场形势研究会和重点房地产开发企业引导通气会,对贵阳市近期房地产市场进行了认真分析,对下一阶段房地产市场监管工作进行部署。引导房地产企业转型升级,支持房地产企业适应市场需求,调整产品结构,将库存商品房转为企业总部、软件产业、电子商务、众创空间和旅游、养老、文化、教育、体育地产,家居式短租宾舍等持有型物业,将符合条件的非住宅库存改造为中小学和幼儿园、电商用房、都市型工业地产等,开展多元化经营。作为旅游设施的产权式(公寓式)酒店和整体商业性开发项目在不改变规划用途和统一经营管理的情况下，可以分割出售。

住房保障

【城镇保障性安居工程建设】 2017年，国家下达贵州棚户区改造计划任务量居全国第二，仅低于山东省。2017年底已开工43.23万套，开工率100.59%；已基本建成52.69万套，完成率176.16%。2017年，全省共争取国家各类中央补助资金181.43亿元，资金额度位居全国前列。4月，国务院办公厅《关于对2016年落实有关重大政策措施真抓实干成效明显地方予以表扬激励的通报》（国办发〔2017〕34号），对落实重大政策措施真抓实干成效明显地方予以表扬激励，对包括贵州省在内的五个省区作为棚户区改造工作积极主动、成效明显的省进行通报表彰。国家发改委印发《关于下达保障性安居工程奖励项目2017年中央预算内投资计划的通知》（发改投资〔2017〕650号），从中央预算内投资中专项安排35亿元，对包括贵州省在内的10个省市进行奖励，贵州省获奖励资金10.35亿元，约占总奖励资金的30%，位列全国第一。财政部在分配2017年中央专项资金时，将国务院表彰作为分配因素之一，对贵州省给予倾斜。2017年2月22日，印发《关于做好2017年住房保障工作的通知》（黔安居办通〔2017〕1号），明确2017年住房保障工作目标任务、时间节点和工作要求。3月29日，会同省民政厅印发《贵州省社会救助家庭住房公积金、住房保障、住房买卖等信息核对实施方案》，全面开展社会救助家庭住房公积金、住房保障、住房买卖等信息的核对工作。7月10日，会同省财政厅印发《贵州省城镇保障性安居工程专项资金管理办法》，规范全省城镇保障性安居工程专项资金的使用和管理，提高资金使用效益。8月21日，会同省发改委等七部门印发《关于申报2018年棚户区改造计划任务的通知》（黔建保通〔2017〕312号），明确申报2018年棚户区改造计划任务的时间节点和有关要求。10月18日，会同省发改委等四部门印发《关于进一步做好公共租赁住房有关工作的实施意见》（黔建保发〔2017〕1号），加快解决贵州省公租房分配和后续管理问题，完善住房保障体系。12月5日，会同省财政厅印发《关于做好城镇住房保障家庭租赁补贴工作的实施意见》（黔建保发〔2017〕2号），进一步做好城镇住房保障工作，加强公共租赁住房保障家庭租赁补贴发放，完善贵州省住房保障制度。12月5日，会同省体育局印发《关于申报2017、2018年中央专项彩票公益金支持体育公益项目的通知》（黔体办发〔2017〕45号），对落实土地、建设规划300户以上的城镇保障性安居工程项目配套建设多功能健身场地体育设施，并给予以奖代补资金支持。

农村危房"危改""三改"和小康房建设。2017年中央下达贵州省农村危房改造任务11.93万户，贵州省下达各市（州）农村危房改造任务20万元（其中：4类重点对象15万户，其他危房改造对象5万户），并同步实施三改（改厨、改厕、改圈），截至12月底，全省累计完成农村危房"危改""三改"任务20万户；下达"四在农家·美丽乡村"小康房建设任务2.5万户，截至12月底，全省累计完成小康房建设任务3.04万户。5月启动全省农村危房改造对象核实工作，对存量危房逐一排查、逐一确认，按照"两条线、双签字"要求，自下而上建立农村危房改造对象台账，形成了51.38万户存量危房台账（其中4类重点对象24.9万户），制定农村危房改造三年行动计划（2017—2019年），决定2018年率先完成4类重点对象和深度贫困地区农村危房改造，2019年底完成全部存量危房改造。

针对农房建设质量安全监管缺位等问题，建立质量安全长效机制，全面实行"五主体、四到场"制度，印发《贵州省农村危房"危改""三改"工程质量安全技术导则》《贵州省农村危房改造工程质量检查验收统一标准》《贵州省农村危房改造工程质量安全监督检查工作方案》《贵州省农村危房"危改""三改"施工图简易设计范本》《贵州省农村危房"三改"基本验收标准》等5个技术文件，将农村危房改造质量安全纳入全省建筑工程质量安全大检查，推动城镇质量安全等成熟的监管体系向农村延伸。从2017年起，在农村危房"危改"的基础上，同步实施"三改"，由财政全额按深度贫困地区6000元/户，其他贫困县5000元/户，其余县3000元/户的标准进行补助，全面消除就地脱贫群众住房安全隐患的同时，实现农房居、厨、厕、圈合理分离，保障农户基本卫生健康条件。建立由规划设计院、质量安全管理、大专院校、建筑业企业等单位161名专家组成的技术服务专家库，帮扶全省各地开展脱贫攻坚相关工作。组织全省各级住房城乡建设部门负责人分别到桐梓县、赤水市、义龙新区等县（区）现场观摩农村危房加固改造成效，积极推广各地加固改造经验。

住房公积金管理

【公积金缴存】 2017年，贵州省全年实缴单位

38721家，新开户单位5330家，净增单位3441家；实缴职工238.04万人，新开户职工33.57万人，净增职工21.48万人；当年缴存额315.99亿元，同比增长15.63%。截至2017年底，缴存总额1695.15亿元，同比增长22.91%；缴存余额865.91亿元。公积金提取。全年提取额174.60亿元，同比增长13.08%，占当年缴存额的55.26%，比上年同期减少1.24个百分点。截至年底，提取总额829.24亿元，同比增长26.67%。住房公积金贷款。全年发放个人住房贷款6.42万笔，同比降低15.19%；发放金额198.87亿元，同比降低8.00%。截至年底，累计发放个人住房贷款59.31万笔1233.34亿元，同比分别增长12.14%、19.22%，贷款余额840.78亿元；个人住房贷款率为97.10%，比上年同期降低2.93个百分点。

【公积金监管】 召开全省住房公积金统计暨年度报告汇审工作会、全省住房公积金统计业务工作会、全省住房公积金信息化工作推进会；举办全省住房公积金异地转移接续培训班、全省住房公积金综合服务平台和信息化建设培训班。出台《贵州省进城落户农民建立住房公积金制度指导意见》（黔建房资监通〔2017〕372号），要求各地针对进城落户农民的不同需求和不同用工方式，采取灵活有效的政策措施，适当放宽进城落户农民住房公积金缴存、使用条件，优化管理和服务等。督促全省各地完成贯彻落实《住房公积金基础数据标准》和接入银行结算系统工作，并整体通过住房城乡建设部验收。

城乡规划

【规划编制审查审批实施】 2017年，贵州省印发实施《贵州省域城镇体系规划实施办法》《贵州省城乡规划修改审查报批工作规则》，完成省城规委换届和城规委专家委员会委员换届工作。贵阳市总体规划经国务院批复实施，惠水、兴义、兴仁等县城总体规划经省人民政府批复实施；黔西南州城镇体系规划和赤水、都匀、毕节—大方等城市（县城）总体规划经省城规委专题会议审查通过，指导遵义、仁怀、六枝特区等城市完成总体规划修改认定工作。配合完成安顺国家级高新技术产业开发区、贵州双龙航空港国家级经济示范区、遵义综合保税区申报工作，并成功获国家批复。帮助遵义市申报设立遵义国家级高新技术产业开发区。核发重大建设项目和跨区域建设项目规划选址意见书16件。历史文化保护。完成《贵州省历史文化街区保护管理办法》初稿；织金、红花岗沙滩、荔波懂蒙等3个历史文化名城、名村保护规划经省人民政府批复实施；遵义、镇远国家历史文化名城保护规划通过住房城乡建设部专家组审查；组织完成安顺、赤水大同、凤冈玛瑙等3个历史文化名城名镇名村保护规划专家审查工作。

【组织完成历史建筑和历史文化街区潜在对象普查及交叉检查工作】 形成普查报告上报住房城乡建设部。按住房城乡建设部和国家文物局要求，组织开展全省国家级历史文化名城名镇名村保护评估自查工作，并汇总完成全省自查报告上报住房城乡建设部；顺利完成甘肃省检查组来黔对贵州省国家级历史文化名城名镇名村保护工作开展交叉检查的迎检工作；赴冀对河北省国家级历史文化名城名镇名村保护工作进行交叉检查，形成检查报告上报住房城乡建设部。"多规合一"改革。

【形成协作机制】 明确以发改部门的主体功能区规划和城乡规划为基础分头推进的省、市县两级空间规划改革机制；制定形成市县空间规划编制办法；配合省编委办选取息烽、盘州等县（市）开展城市规划管理和国土资源管理部门合一改革试点工作。城市设计。开展《贵州省城市设计管理实施细则》和《贵州省城市设计技术导则》制定工作；开展试点申报，贵阳市被住房城乡建设部列为全国第二批城市设计试点城市，确定将贵安新区和雷山县列为贵州省第一批城市设计试点城市。城市双修。积极推进试点申报，安顺、遵义被列为住房城乡建设部全国城市"双修"试点城市，确定将兴义、福泉、威宁列为贵州省第一批城市"双修"试点城市。

城市建设管理

【城市建设】 2017年，贵州省完成城建投资2045亿元。新建公共停车位5.59万个，开工城市地下综合管廊77.23公里，海绵城市建设逐步推进。市政设施。全省城市（县城）建成区面积1579.91平方公里，人均日生活用水量217.69升，用水普及率93%，燃气普及率76.1%，污水处理率90.76%，垃圾无害化处理率90.06%，人均城市道路面积12.81平方米，人均公园绿地面积11.86平方米，建成区绿地率29.46%。

【推进城管执法体制改革】 按照贵州省委、省政府《关于深入推进执法体制改革改进城市管理工作的指导意见》（黔党发〔2016〕12号）要求，稳步推进城市执法体制改革，基本完成市、县城市管理领域的机构综合设置，实现住房城乡建设领域行政处罚权集中行使，统一了城管执法制式服装和标志标识。印发《贵州省数字化城市管理平台建设方案》，指导各市（州）科学、规范、有序推进数字化城市平台建设和管理工作。加强城管执法队伍建设。围绕打造"政治坚定、作风优良、纪律严明、廉洁务实"城管执法队伍目标，组织开展"强基础、转作风、树形象"专项行动。

【"两个100工程"建设】 2017年，贵州省"100个示范小城镇"完成项目投资550亿元，新增城镇人口12万人，新增"8+X"项目850个，新增城镇就业人口11万，分别占年度目标的115%、150%、170%、183%。委托第三方对《中共贵州省委办公厅省人民政府办公厅关于加快100个示范小城镇改革发展的十条意见》贯彻落实情况进行评估，评估结果显示，各项改革政策落地，释放政策红利成效明显，有力提升了示范小城镇建设发展水平。促进环保设施建设。完成中央、省级交办的小城镇污水垃圾处理设施环保督察整改工作。启动《贵州省城镇污水处理设施建设三年行动计划》《贵州省城镇生活垃圾无害化处理设施建设三年行动计划》编制工作。指导20个极贫乡镇按照示范小城镇标准优化提升总体规划，编制"8+X"项目库、建设布局图和近期建设项目时序表。截至12月底，省级层面组织对19个极贫乡镇总体规划进行审查工作。

"100个城市综合体建设"。2017年，全省100个城市综合体完成投资220亿元、完成建筑面积420万平方米、建成主导功能建筑175个、投入运营主导功能建筑160个，分别占年度目标任务的110%、105%、116.7%、106.7%。组织召开促进100个城市综合体健康发展工作调度会，按照对标对表的要求对116个项目逐一评估，到2017年底基本建成城市综合体项目104个，确保全面完成目标任务。印发《关于开展100个城市综合体授牌及十佳城市综合体遴选等有关事宜的通知》，组织开展"十佳城市综合体"项目评选及100个城市综合体第三批授牌工作，从项目建设运营情况、建设品质、周边基础设施配套、连续三年绩效考评排名等方面，择优遴选出"十佳城市综合体"项目10个，第三批城市综合体授牌项目87个，全省三批授牌项目达104个。开展《贵州省100个城市综合体健康发展报告（2013～2017年）》编撰工作。旨在将贵州省100个城市综合体发展理念，运用到城市建设发展当中，引领城市发展新方向。

改善农村人居环境和传统村落保护

【改善农村人居环境】 2017年，贵州省组织起草《关于整体改善农村人居环境全面加快"四在农家·美丽乡村"建设的实施意见》。组织编制《贵州省改善农村人居环境规划》《贵州省改善农村人居环境建设指导要点》《贵州省县域乡村规划建设规划导则》《贵州省改善农村人居环境村庄规划编制导则》。以"东西南北"四条示范带为引领，在27个试点县119个试点村开展试点，建成农村人居环境整治项目798个，建立"投、融、规、建、管、养"六位一体长效机制村庄62个。完成100个传统村落消防安全改造，新增传统村落119个。建立20个极贫乡帮扶台账，定点包干河镇乡建档立卡贫困人口脱贫等"五大战役"有力推进。

【传统村落保护】 贵州省人民政府十大民生实事之100个传统村落消防安全改造全部完成。组织申报第四批中国传统村落，共有119个村落列入中国传统村落保护名录。190个中国传统村落保护发展规划通过住房城乡建设部技术审查，并列入中央财政资金支持范围。编制出版《贵州传统村落（第一册）》，指导中国传统村落·黔东南峰会筹备工作，并于10月13～14日成功召开第三届中国传统村落·黔东南峰会。

标准定额

2017年，贵州省立项工程建设地方标准10个，共发布实施工程建设地方标准8个，其中新编标准4个，修订标准4个。会同省发改委、省财政厅、省审计厅发布《贵州省建筑与装饰工程计价定额》（2016版）等五部计价定额。组织完成全省造价从业人员2016版定额宣贯培训约5000人次。指导六盘水市住房和城乡建设局完成《贵州省城市地下综合管廊工程计价定额》编制工作，并通过专家审查，拟于2018年执行。受住房城乡建设部委托，完成全国《园林绿化工程消耗量定额》编制工作，通过住房城乡建设部标准定额司审查。指导贵阳市住房和城乡建设局完成《贵州省城市轨道交通工程计价定额（初稿）》编制工作。完成《贵州省建设工程造价管理条例》课题研究。发布《贵州省建设工程造价信息》12期，《贵州省建材信息》4期。进一步加强贵州省计价软件监管，开展工程造价数据监测工作，共有省内外工程造价咨询企业186家报送1038个单项工程项目。累计接待工程造价咨询和纠纷调解1790余人次，解答问题约1880条。大力提倡工匠精神，将定额人工单价提高到80、120、135元/工日，切实缓解定额人工单价与市场人工费差距较大的矛盾。

工程质量安全监管

2017年,贵州省认真贯彻落实住房城乡建设部《工程质量安全提升行动方案》(建质〔2017〕57号)要求,在工程质量治理两年行动的基础上,积极组织开展质量提升行动,严格落实工程质量终身责任制,大力排查治理工程质量隐患,工程质量意识整体上得到提高,工程质量总体处于可控状态。全省新办工程质量监督手续2158个,已签署承诺书2142个,在建项目承诺书签订率99.3%,新办工程竣工备案手续1867个,设立永久标牌1863个,永久性标牌设定率99.8%,建立质量信用档案1831个,信用档案归档率99.1%。全省检查项目58859次,共检查出质量隐患66177条,已整改62194条,整改率93.9%,限期整改项目9951个,停工整改935项目个。对全省91家(88人)企业进行通报批评,处罚企业及个人138起,罚款金额221.68万元,曝光违法违规典型案例206个。全省共接受和处理质量安全信访投诉件632起,已处理632起,处理率达100%。

制定《贵州省工程质量安全提升行动实施方案》(黔建建通〔2017〕108号),召开6次专题会议,学习和传达有关工程质量工作精神,通报各地工程质量工作情况和部署相关工作。下发《关于建立质量安全提升行动信息上报制度的通知》(黔建建字〔2017〕116号),建立月统计和通报制度,在厅门户网站设立《工程质量安全提升行动专栏》,每月统计和通报各地工程质量开展情况。下发《关于加强住宅工程质量常见问题防治工作的通知》(黔建建字〔2017〕354号),开展全省住宅工程质量专项整治。下发《省住房城乡建设厅关于开展工程质量检测机构专项监督检查的通知》(黔建建字〔2017〕379号),开展全省工程质量检测机构专项整治。出台《贵州省工程监理单位向政府报告质量安全监理情况试点工作方案》(黔建建通〔2017〕370号),积极开展全省监理单位向政府报告质量监理情况试点。

风景名胜和世界自然遗产资源保护利用

【风景名胜区规划编制】 2017年,贵州省九洞天、织金洞、马岭河峡谷、石阡温泉群4处风景名胜区总体规划获国务院批复实施。沿河乌江山峡、平塘、瓮安江界河、榕江苗山侗水等4处风景名胜区总体规划通过部际联席会议审查。都匀斗篷山、黎平侗乡、舞阳河等3处风景名胜区总体规划通过住房城乡建设部专家审查会审查。红枫湖、赤水、黄果树、龙宫、荔波樟江5处风景名胜区总体规划到期修编。指导编制沿河乌江山峡风景名胜区黎芝峡景区佛指山——烽火台片区修建性详细规划。启动织金洞、龙宫、瓮安江界河、黎平侗乡、榕江苗山侗水等5处风景名胜区详细规划编制工作。万山汞都——夜郎谷风景名胜区总体规划获省人民政府批复实施。指导编制务川洪渡河、梵净山——太平河、仁怀茅台、花溪等风景名胜区详细规划。完成40余项专题研究报告技术审查,批复核准20余项选址(选线)。

【风景名胜区制度建设】 制定印发《贵州省风景名胜区内建设项目选址办理指南》,规范全省风景名胜区建设项目选址办理程序。制定印发《省级风景名胜区徽志及界桩设置参考标准》,规范全省风景名胜区徽志及标识系统设置。

【实施风景名胜区综合整治提质升级三年行动】 以贵州省人民政府办公厅名义印发《贵州省风景名胜区综合整治提质升级三年行动方案(2017—2019年)》。该项工作作为大事记纳入住房城乡建设部《风景名胜区的2017》。

【世界自然遗产申报】 2017年,梵净山申报世界自然遗产工作取得重大进展,该项目于1月26日经国务院李克强总理正式签字同意报联合国教科文组织,作为我国2018年唯一的世界自然遗产申报项目。启动《贵州省世界自然遗产保护管理条例》立法工作,做好世界自然遗产地重大建设项目选址工作,并按程序上报审批。探索研究贵州省世界自然遗产地保护管理监测指标体系。

建筑市场

【行业发展】 2017年,贵州省完成建筑业总产值2932.96亿元,同比增长24.1%。全省建筑施工总承包特级企业新增11家达13家,建筑业企业竞争力进一步增强。创建精品工程,11个项目获"鲁班奖"、142个项目获"黄果树杯"优质工程奖。建筑施工安全生产责任体系不断完善,安全基础进一步夯实,安全生产形势平稳向好。

【市场管理】 以贵州省人民政府办公厅名义《关于促进贵州省建筑业持续健康发展的实施意见》,进一步深化建筑业"放管服"改革,加快产业转型升级,促进全省建筑业持续健康发展。加强信息化建设,推进贵州省建筑市场监管与诚信信息公共服务平台应用,实现平台与省公共资源交易平台信息互联互通,落实市场与项目现场的联动。下发《关于做好贵州省住房城乡建设领域工程款和农民工工资拖欠情况排查及时化解纠纷工作的通知》《贵州省住房和城乡建设厅关于进一步加强治理工程建设领域拖欠工程款遏制拖欠农民工工资问题的通知》，坚持系统治理、依法治理、综合治理、源头治理，坚持标本兼治、重在治本，健全预防和解决拖欠工程款问题的长效机制。积极推进建筑劳务实名制管理，充分发挥试点示范的引领作用，带动全省工程项目建筑劳务实名制管理。

建筑节能与科技

【绿色建筑】 2017年，贵州省编制完成《贵州省绿色建筑评价标准》，101个项目获得标识，建筑面积1625.5万平方米；1个省级绿色生态城区获得标识，建筑面积780万平方米。编制完成《贵州省绿色生态小区评价标准》，启动省级绿色生态小区示范工作，5批共10个小区项目获得省级生态小区评价标识，小区内绿色建筑面积约1057万平方米。举办2017年贵阳国际生态文明论坛研讨会之——"发现城市之美"专题研讨会。

【装配式建筑】 以贵州省人民政府办公厅名义印发《关于大力发展装配式建筑的实施意见》，推进装配式建筑发展，在贵阳市、安顺市、黔东南州等地开展装配式建筑试点，三家企业被住房城乡建设部认定为我国第一批装配式建筑示范产业基地。组建装配式建筑推进专班，逐步完成《实施意见》责任分解、筹备召开贵州省装配式建筑工作培训会、搭建装配式建筑申报管理服务信息平台、编制《贵州省装配式建筑招投标指导意见》《贵州省装配式建筑三年（2018—2020）行动方案》《贵州省装配式建筑技术导则》《贵州省装配式建筑十三五规划》《贵州省装配式建筑实施细则》。

【新型墙体材料革新】 完成第一批农村新型墙体材料示范房建设及试点工程项目申报、评审工作，并给予新型墙体材料专项基金补贴450万元。会同贵州省发改、经信、环保、国土、质监、国税等8个部门印发《贵州省新型墙体材料推广应用行动方案》。会同省财政厅《关于停征新型墙体材料专项基金有关事宜的通知》，明确停征新型墙体材料专项基金后的基金清算、使用以及工作经费、支持事业发展经费等事宜，并于4月1日全面停止征收新型墙体材料专项基金，指导市（州）清理往年专项基金预缴款，上缴省级国库2954.03万元。41个产品通过新型墙体材料认定，并颁发认定证书。

人事教育

【人才和教育培训工作】 大力推进农村危房改造和住房保障战役大轮训，组织省、市、县三级住建规划部门完成"6万6千6百"人大轮训培训任务，培训对象涉及全省住建系统，主要培训"农村危房改造和村庄规划宅基地管理""农危房危改三改大攻坚、质量安全大提升"和"农村建房、村庄规划设计大会战"等内容。

组织参加第五届中国贵州人才博览会，完成特装展位组织设计、搭建、展示。下发《贵州省住房和城乡建设厅2017年度教育培训计划》并组织实施。下发《贵州省住房和城乡建设领域现场专业人员培训考核工作实施方案（修订）》（黔建人通〔2017〕150号）和《贵州省建筑工人职业培训考订工作方案的补充通知》（黔建人通〔2017〕14号）。机构变化。划转原省纪委派驻省住房城乡建设厅纪检组、省监察厅派驻省住房城乡建设厅行政编制5名；划转省住房城乡建设厅行政编制1名，由省纪委统一管理使用；编制划转后，省住房城乡建设厅行政编制由94名核减至93名。核定省住房城乡建设厅工勤编制为11名。

大事记

1月3日，组织开展全省城镇供水突发事故应急演练。

1月6日，带队赴安徽省、江苏省调研省级规划管理信息平台建设工作。

1月11日，组织召开《毕节—大方城市总体规划（2010—2030）》实施评估报告和修改强制性内容论证报告审查会。

1月12日，组成工作组赴六枝特区慰问贫困户并开展工作调研。

1月20日，赴湄潭县开展新型城镇化综合试点工作调研。

2月7日，与贵州省财政厅联合印发《关于转发〈住房城乡建设部 财政部关于印发建设工程质量保证金管理办法〉的通知》（黔建建通〔2017〕33号）。

2月8日，印发《关于分解2017年城市地下综合管廊建设任务的通知》（黔建城通〔2017〕45号）。

2月15日，印发《贵州省住房和城乡建设厅开展全省住房城乡建设领域火灾安全隐患排查整治专项行动工作方案》（黔建设通〔2017〕55号）。

2月21日，召开2017年贵州省住房城乡建设工作会议，副省长钟勉出席并讲话。

2月28日，会同省经济和信息化委、省发展改革委印发《贵州省"十三五"新型建筑建材发展规划的通知》（黔建建通〔2017〕64号）。

3月2日，召开全省建筑工程质量安全专题会议暨2016年度建筑施工质量安全表彰现场观摩会议。

3月3日，与黔南州人民政府共同组织召开《罗甸县空间战略发展规划（2016—2030）》论证会。

3月6日，率队到安顺市调研新型城镇化综合试点、城市"双修"、历史文化名城保护等工作。

3月7日，印发《贵州省建筑施工安全生产"打非治违"专项行动工作方案》（黔建建通〔2017〕75号）。

3月17日，组织召开全省住房公积金统计暨《住房公积金2016年年度报告》汇审会。

3月29日，召开2017年度全省住房城乡建设系统工会工作会议。

3月30日，印发《贵州省工程质量安全提升行动实施方案》。

4月10日，展开汛期施工安全生产督导工作，对贵阳市云岩区恒大帝景（一标段）、观山湖区贵阳市轨道交通2号线一期土建8标项目进行汛期安全生产工作督导检查。

4月14日，召开全省建筑工程质量安全提升行动部署会议暨贯彻落实4月13日贵州省安委会重点行业安全生产会议和全省安全生产电视电话会议精神会议。

4月18日，会同贵州省财政厅、省扶贫办、省民政厅印发《关于2017年度全省农村危房改造精准服务脱贫攻坚工作实施方案》。

4月25日，发布《贵州省绿色生态评价标准》等6项贵州省工程建设地方标准。

5月4日，开展规范性文件合法性审查、备案及清理工作培训。

5月7～20日，与南京大学联合举办贵州省2017年山地特色新型城镇化和城乡规划建设管理培训班。

5月18日，组织召开2017年贵州住房城乡建设领域招商推介洽谈会。

5月19日，会同贵州省发展改革委、省财政厅、省审计厅发布《贵州省建筑与装饰工程计价定额》（2016版）等五部计价定额的通知。

5月23日，组织召开全省城市规划工作座谈会。

6月7～8日，召开第六届全省小城镇建设发展大会，省委副书记、省长孙志刚作重要批示，副省长钟勉出席会议并讲话。

6月8～15日，组织全省住建系统相关人员赴浙江大学参加"互联网＋"与大数据专题研修培训学习。

6月17日，举办2017年贵阳国际生态文明论坛研讨会之——"发现城市之美"专题研讨会。

6月24日，参与承办的"保护母亲河，河长大巡河"清水江"6·18"生态日主题活动在清水江畔剑河县城启动。

7月10日，省财政厅、省住房城乡建设厅联合印发《贵州省城镇保障性安居工程专项资金管理办法》的通知。

7月17～18日，组织召开住房公积金统计业务工作会。

7月20日，组织召开全省住房城乡建设系统"双随机、一公开"监管工作督察会议。

7月21日，印发《贵州省2016版计价定额简易计税方法计算规则》。

7月25日，与贵州省质量技术监督局联合举办全省新型墙体材料生产企业综合治理培训会。

7月26日，组织召开贯彻落实全国、全省安全生产电视电话会议精神专题会议。

7月30～31日，举办"互联网＋建设行业大数据"研讨会。

8月3日，组织召开城市设计工作推进会。

8月11日，转发《城镇污水处理工作考核暂行办法》的通知。

8月25日，组织召开全省农村危房改造和村庄规划宅基地管理推进会。

8月28日，公布第一批"城市双修"试点城市，兴义、福泉、威宁等3个城市入选贵州省第一批"城市双修"试点城市；公布第一批城市设计试点城市，贵安新区、雷山县入选贵州省第一批城市设计试点城市。

8月31日，组织召开全省住房公积金信息化工作推进会。

9月4日，组织召开全省建筑工程质量安全专题会；印发《贵州省农村危房"危改"和"三改"工程质量安全技术导则（试行）的通知》。

9月5日，联合印发《贵州省新型墙体材料推广应用行动方案的通知》。

9月6日，组织召开《毕节—大方城市总体规划（2010—2030年）》（2017年修订）审查会、《兴义市城市总体规划（2017—2030年）》环境影响篇章审查会；印发《贵州省住房和城乡建设厅加快推进农村危房改造和住房保障战役集中轮训工作方案》。

9月13日，参加住房城乡建设部在贵阳召开的城市管理执法体制改革工作片区座谈会。

9月15日，第三次全国改善农村人居环境工作会议在贵州遵义召开，国务院副总理汪洋出席会议并讲话。

9月18日，召开全省农村危房改造第二批集中轮训暨现场培训会。

9月26日，召开贵州省城乡一体化发展情况新闻发布会，发布贵州省城乡一体化发展情况。

9月29日，举办全省农村危房改造第三批集中轮训暨农民建房村庄规划设计大会战专题培训。

10月11日，印发《贵州省工程监理单位向政府报告质量安全监理情况试点工作方案》。

10月19日，召开中央环保督察问题整改工作提醒谈话会，对贵阳市、毕节市、铜仁市、黔东南州水务局和六盘水市住建局、黔南州城乡建设和规划委员会、红枫湖风景名胜区管理局党政主要负责人，以及赤水市、绥阳县、道真县、普定县、七星关区、玉屏县、思南县、黄平县、六枝特区人民政府分管负责人进行了提醒谈话。

10月26日，参加贵州省第二十届"环卫工人节"表彰大会并向全省广大环卫职工致以节日的问候。

10月30日，在黔西南州义龙新区举行全省农村危房"危改""三改"调度会暨现场培训会。

11月1日，组织召开《遵义市城市总体规划（2008—2030年）》《仁怀市城市总体规划（2008—2030年）》《铜仁市城市总体规划（2013—2030年）》《福泉市城市总体规划（2012—2030年）》环境影响篇章评审会；发布《闪光对焊箍筋施工技术规程》贵州省工程建设地方标准。

11月2日，转发《贵州省易地扶贫搬迁项目验收管理暂行办法》。

11月5~10日，在上海交通大学举办全省住房公积金信息化和综合服务平台建设培训班。

11月9~10日，组织召开全省城乡规划实施监管经验交流会。

11月10日，在玉屏县召开全省山地特色新型城镇化建设工作现场交流暨培训会；与六盘水市人民政府在共同组织召开《六枝特区城市总体规划（2010—2030年）》实施评估报告和修改强制性内容专题论证报告审查会。

11月16日，组织召开城市公园保护管理情况普查验收暨城市公园建设推进会。

11月19~30日，与同济大学城建干部培训中心在上海联合举办贵州省2017年城乡规划业务知识培训班。

11月21日，会同省人力资源社会保障厅印发《促进建筑业吸纳贫困劳动力就业助推贫困县摘帽、贫困人口实现脱贫攻坚行动方案》。

11月22~23日，会同省发展改革委、省水利厅组织对凯里市创建省级节水型城市进行现场考核和综合评审；印发贵州省《城市轨道交通工程双重预防机制试点工作等实施方案的通知》。

11月23日，与中国建设银行贵州省分行举行住房租赁战略合作协议签约仪式；转发《住房城乡建设部 工商总局关于印发建设工程施工合同（示范文本）的通知》。

11月25日，2017第三届"中国传统村落·黔东南峰会"在雷山西江营上村开幕。

12月1日，组织召开全省农村危房改造和住房保障工作推进会。

12月6日，组织召开十九大精神宣讲报告会，厅党组书记、副厅长张集智作宣讲报告。

12月7日，组织召开建筑业吸纳贫困劳动力就业助推脱贫攻坚工作座谈会。

12月11日，与贵州省公安厅联合印发《全省建筑施工现场消防安全专项整治工作方案》。

12月11~12日，举办2017年全省市政公用行业人员培训。

12月11~13日，组织召开园林城市创建培训。

12月15日，组织召开2017年新型城镇化工作考核、常住人口城镇化率监测核算暨村庄规划大会战工作推进会。

12月18日，组织召开全省建设工程造价数据监测系统推进工作会。

12月20日，发布《硅质刚性防水建筑构造图集》。

12月26日，印发《贵州省房屋和市政工程建筑施工安全生产风险管控分级管理标准（暂行）》。

（贵州省住房和城乡建设厅）

云 南 省

概况

2017年，云南省建筑业和房地产业增加值占全省GDP的14.98%，实现税收193.96亿元，占全省地税总收入的23.3%。城镇棚户区改造、农村危房改造、公共租赁住房分配、海绵城市建设等均超额完成国家下达的目标任务。鲁甸、景谷等6个地震灾区灾后恢复重建任务圆满完成。争取到的中央农村危房改造任务和补助资金连续3年排名全国第一，城市公厕新建改建达标量和国家园林县城命名数量排名全国第一，乡村规划工作在住房城乡建设部检查评比中位居全国第二，玉溪市海绵城市建设在国家绩效考核中排名全国第五。

2017年，共争取国家各类补助资金126.63亿元，会同有关部门落实省级补助资金41.31亿元，争取各类商业性、政策性贷款778.37亿元，应用PPP等模式拉动社会资本90亿元，实现住房城乡建设重点领域投资4267亿元。

法规建设

【依法行政制度建设】 2017年，云南省加强制度建设，印发《云南省住房和城乡建设厅贯彻法治政府建设实施纲要（2015—2020年）的实施方案》，明确法治政府建设工作目标任务、责任单位和时间安排；印发《云南省住房和城乡建设厅关于贯彻落实云南省重大行政决策程序规定的通知》，明确省住房城乡建设厅重大行政决策范围及五大必经程序；印发《云南省住房和城乡建设厅关于贯彻落实云南省重大行政执法决定法制审核办法的通知》，推行重大行政执法决定法制审核，加强行政执法监督。

【立法工作】 完成《云南省违法建筑处置规定》立法工作，法规自4月7日起施行；对涉及住房城乡建设工作的41件法律、法规、规章、规范性文件征求意见稿提出了修改意见；完成了关于省人大常委会道路交通安全法和云南省道路交通安全条例实施情况审议意见办理情况的报告。

【普法工作】 组织厅机关开展《网络安全法》《云南省重大行政决策程序规定》《云南省违法建筑处置规定》等法治专题教育。推广应用网络在线学法考试系统，组织厅机关136人参加网络在线学法和考试，参考率及合格率均达到100%。

【依法治省日常工作】 牵头完成依法治省的考核工作。完成省住房城乡建设厅2016年度法治政府建设工作情况、贯彻落实省委依法治省领导小组全体会议情况等5个工作报告。

【规范性文件】 制定出台《云南省工程建设领域农民工实名制管理办法》《云南省城乡规划方案征集管理规定》《云南省城乡规划编制机构及人员质量信用评价办法》《云南省阳光规划管理实施办法》《云南省住房城乡建设领域科学技术计划项目管理实施细则》等5件规范性文件；组织开展省住房城乡建设厅代拟或起草的省政府文件及本部门规范性文件全面清理工作，对涉及住房城乡建设领域的59件文件提出初步清理意见，废止了13件与"放管服"改革和"减证便民"政策不相符的规范性文件。

【合法性审查】 建立重大决策合法性审查机制，对《云南省人民政府办公厅关于大力发展装配式建筑的实施意见》等7件重大行政决策文件、《云南省阳光规划管理实施办法》等5件规范性文件进行了合法性审查。

【行政复议和应诉】 受理8件行政复议案件，7件案件已结案，其中2件维持，1件终止，3件责令行政机关重新作出行政决定，1件驳回，另有1件仍在审理中。收到行政应诉案件6件，其中4件已被昆明市中级人民法院和西山区人民法院驳回，2件还在审理中。

【法律顾问工作】 积极推行法律顾问制度，选聘3名专业水平高、公信力强、社会形象好的法律工作者为法律顾问；推行公职律师制度，省住房城乡建设厅1名公职人员经云南省司法厅批准担任本单位公职律师

【建议提案办理】 2017年云南省住房城乡建设厅承办人大建议、政协提案共100件。其中，人大建议61件，政协提案39件。

房地产业

【**概况**】 2017年，云南省房地产市场健康发展，各项主要指标基本保持平稳运行。截至年底，全省房地产开发企业达到3041家，其中一级22家，二级262家，三级265家，四级1430家，暂定1078家；从业人员近10万人。物业管理企业2638家，从业人员近30万余人。房地产估价机构181家，其中一级2家，二级57家，三级112家，一级分支机构10家，从业人员近5000人。房地产经纪机构500余家，从业人员近4万人。

【**房地产市场政策、协调与指导**】 出台《云南省住房城乡建设厅关于进一步促进房地产市场平稳健康发展的通知》《云南省住房城乡建设厅 云南省国土资源厅关于加强近期住房及用地供应管理和调控有关工作的通知》《云南省城镇保障性住房建设工作领导小组办公室关于进一步推进城镇保障性住房工作的通知》等文件。对商品房有效供应不足、房价上涨过快、商品住宅消化周期低于12个月的城市，增加住房及用地供给，调整棚户区改造安置方式，适当增加实物安置，加大公租房分配力度，缓解供求矛盾。

【**房地产市场监测**】 2017年，重点城市商品住房价格基本保持稳定，且房价水平基本与城市发展情况相适应。昆明市、大理市房价继续保持小幅上涨，昆明市环比上涨2.6%，连续18个月环比上涨，大理市环比上涨1.5%，连续9个月环比上涨；昆明市同比上涨10.2%，大理市同比上涨5.7%。

【**房地产开发与征收**】 2017年，云南省房地产完成开发投资2786.25亿元，同比增长3.6%；增速低于全国3.4、高于西部0.1个百分点；在全国和西部地区分别排在第19位和第6位。房地产开发投资占规模以上固定资产投资（18474.89亿元）的15.1%。确定国有土地上房屋征收决定项目198个，房屋建筑面积892万平方米，涉及72100户；完成征收项目117个，房屋建筑面积578.85万平方米，涉及50279户；确定补偿决定项目165个，房屋建筑面积10.06万平方米，涉及425户；申请法院强制执行项目2个，房屋建筑面积0.21万平方米，涉及5户；法院裁定准予执行项目1个，房屋建筑面积0.06万平方米，涉及2户。

【**物业服务与市场监督**】 出台《云南省住房和城乡建设厅关于进一步加强物业管理的通知》。开展物业管理示范住宅小区、生态小区评选和全省"平安小区"创建活动，联合云南省消防总队对全省2.5万名物业管理人员分三期进行培训。下发《云南省规范房地产开发企业经营行为实施方案》《云南省住房和城乡建设厅转发住房城乡建设部开展房地产中介专项整治工作文件的通知》《云南省进一步深入开展房地产中介专项整治工作方案》等文件，会同物价等部门持续开展整顿规范房地产开发销售中介行为工作，促进行业健康有序发展。

【**年度房地产信息分析**】 2017年，全省商品房销售面积4327.18万平方米，同比增长18.9%；增速分别高于全国和西部11.2、8.2个百分点；在全国和西部地区分别排第6位和第3位。全省商品房销售额2561.19亿元，同比增长33.6%，比11月底回升1.8个百分点；增速分别高于全国和西部19.9、7.7个百分点；在全国和西部地区排第5位和第3位。已竣工全省商品房待售面积1505.73万平方米，同比下降22.6%，较2016年底减少438.58万平方米。商品住宅待售面积796.93万平方米，同比下降30.2%，较2016年底减少345.49万平方米。从全省情况看，商品房存量总体可控，去化周期处于合理期间。房地产贷款余额5236.82亿元，同比增长19.5%，增速较上年同期提高6.6个百分点；比年初增加853.97亿元，同比增加354.52亿元，占新增贷款总额的35%。其中：房产开发贷款余额1666.78亿元，同比增长19%；地产开发贷款余额248.52亿元，同比增长30.4%；购房贷款余额3302.52亿元，同比增长18.8%；其中，个人住房贷款余额2912.81亿元，同比增长22.3%。累计发放个人住房贷款17.29万笔、867.62亿元，比上年多放2.03万笔、237.7亿元。首套房贷款占个人住房贷款的88.32%，占比与上年基本持平。

住房保障

【**概况**】 2017年，云南省城镇棚户区改造项目开工16万套，城镇保障性安居工程基本建成19.1万套、完成投资562亿元，分配政府投资公共租赁住房14.08万套，新增发放租赁补贴0.38万户。城镇棚户区改造工作获得国务院通报表扬，成为全国落实有关重大政策措施真抓实干成效明显的5个受激励支持省份之一。全省共建设（筹集）城镇保障性安居工程200.7万套（其中2008年以来改造各类棚户区96.55万套），获得中央补助资金571.82亿元、省级配套资金109.06亿元，建立起较为全面的住房保障体系，累计解决了约700万住房困难群众的住房问题。

【**住房保障工作卓有成效**】 2017年，云南省棚户区改造项目开工16万套，完成国家下达任务15万套（城镇棚户区148540套、垦区棚户区1460套）的目标；城镇保障性安居工程基本建成19.1万套，超额完成国家下达任务12.35万套的目标；城镇保障性安居工程完成投资562亿元（其中棚改完成投资530亿元）。

【融资工作成效显著】 省住房城乡建设厅健全与国家开发银行云南省分行、农业发展银行云南省分行的银政合作机制；对接邮储银行省分行，签订战略合作协议。截至2017年底，国开行累计发放1064.67亿元（2017年发放356.3亿元）；农发行累计发放117.44亿元（2017年发放88.11亿元）；获得邮储银行放款3.33亿元；2017年银行放款量比2016年多近百亿元。

【完善公租房配套设施】 加强与国家有关部委的汇报衔接，争取到数额居全国第5位的中央财政补助公租房配套设施资金7.15亿元。截至2017年底，全省按要求完成10万套以上享受配套设施建设资金补助的公租房项目达到交付使用条件。

【公共租赁住房分配管理】 制定下发《云南省住房和城乡建设厅 云南省财政厅关于政府投资公共租赁住房分配管理运营纳入政府购买服务的通知》（云建保〔2017〕119号）、《云南省住房和城乡建设厅关于进一步做好特殊人群住房保障工作的通知》（云建保〔2017〕285号）、《云南省住房和城乡建设厅关于进一步做好进城落户农民住房保障工作的通知》（云建保〔2017〕426号）、《云南省城镇保障性住房建设工作领导小组办公室关于2017年4月全省城镇保障性安居工程推进情况的通报》。截至12月底，云南省共建设公共租赁住房91.7万套，已分配入住公共租赁住房77.68万套。其中2017年新增分配入住公共租赁住房14.46万套，发放租赁补贴7.38万户。累计解决291.78万住房困难群众的住房问题，其中28.16万人为进城务工农民。

住房公积金管理

【机构概况】 云南省共设16个设区城市住房公积金管理中心，1个独立设置的分中心。从业人员1407人，其中，在编1024人，非在编383人。

【为企业减负】 2017年，有762家企业降低住房公积金缴存比例，人数达83864人，为企业节约成本12554.68万元；有293家企业申请办理住房公积金缓缴，缓缴人数42909人，为企业节约成本9144.13万元；累计为企业节约成本21698.81万元，完成年初目标任务2亿元的108.49%。

【信息化工作】 6月底各中心全部完成住房公积金异地转移接续平台连接工作。职工异地就业可以通过信息网络办理公积金账户变更和资金划转，实现了"信息多跑路、老百姓少跑腿"的工作目标。各中心均开通手机APP、12329电话和短信、门户网站、网上营业大厅、自助终端、微信、微博等服务渠道，可通过互联网办理查询、提取、缴存等公积金业务。昆明、保山、省直中心已全面建成综合服务平台。

【服务指导】 印发《关于进一步落实住房公积金便民服务有关工作的通知》（云建金〔2017〕369号），督促指导昆明中心印发了《关于进一步改进服务优化流程加强住房公积金提取管理工作有关事项的通知》（昆公积金〔2017〕213号），昆明市住房公积金管理服务水平处于全国先进水平。

【主要统计数据及分析】 缴存情况：2017年，新开户单位5137家，实缴单位47607家，净增单位4716家；新开户职工21.56万人，实缴职工257.2万人，净增职工16.08万人；缴存额465.45亿元，同比增长28.82%。2017年末，缴存总额2947.37亿元，同比增长18.75%；缴存余额1297.34亿元，同比增长15.01%。

提取情况：2017年，提取额296.18亿元，同比增长15.88%；占当年缴存额的63.65%，比上年减少4.91个百分点。2017年末，提取总额1650.03亿元，同比增长21.88%。

个人住房贷款：2017年，发放个人住房贷款9.02万笔，同比下降7.12%，发放个人住房贷款328.38亿元，同比增长1.48%。回收个人住房贷款155.6亿元。2017年末，累计发放个人住房贷款110.82万笔、2010.38亿元，贷款余额1105.96亿元，同比分别增长8.34%、19.52%、18.52%。个人住房贷款余额占缴存余额的85.24%，比上年增加2.53个百分点。

增值收益：2017年，实现增值收益198228.44万元。提取贷款风险准备金20584.82万元，提取管理费47295.13万元，提取城市公租房建设补充资金130459.83万元。

城乡规划

【概况】 云南省城镇化率45.03%（据2016年统计数据），已经形成由1个大城市（昆明）、1个中等城市（曲靖）、21个小城市（15个县级市）、99个县城、668个镇和562个乡集镇构成的城镇体系格局。

【推进规划改革制度建设】 推进省级规划编研"六个一"目标任务,建立健全城市"一张图集成城市空间规划,面向管理、面向实施,区域规划、特色规划、专项规划、控制性详细规划和城市设计五个技术层级"构成的"1-2-5"云南省城市规划编制新体系。2017年,编制出台30项省级规划管理制度文件,包括《云南省阳光规划管理实施办法》等3个规范性文件,《云南省公共服务设施规划标准》等3个省级地方标准,《云南省城乡规划委员会城市规划审查总则》及《云南省城市规划编制指导目录及技术指引》等12项导则,6项《城市建设项目规划审批管理指南》和5项《云南省城市特色要素规划编制导则与审查要点》)。

【狠抓规划信息化管理】 开发运行"云南省城乡规划委员会门户网站""云南省城乡规划辅助决策系统""云南省城乡规划'一书三证及规划验收'管理信息平台""云南省城市规划报审报批综合服务平台""云南省历史建筑综合管理信息平台""云南省违法建筑综合管理信息平台"等,打通"省—州市—县"纵向管理层级的规划管理大数据平台,运用信息化手段强化全省规划管理与监督。

【组织开展违法建筑治理】 出台《云南省违法建筑处置规定》,指导督促各地制定违法建筑认定标准及相关政策文件。开发运行"云南省违法建筑综合管理信息平台",实现存量统计、查处治理、信息报送等信息化管理。开展违法建筑查处拆除工作,截至12月,全省摸底普查违法建筑面积共4825.13万平方米,查处面积3020.97万平方米,拆除面积2526.28万平方米。

【开展城市勘测、城市雕塑行业管理】 推进全省城市基础地理信息框架和大数据平台建设,会同云南省地理测绘信息局联合下发《关于统一使用2000国家大地坐标系的通知》。出台《城市建设项目审批管理指南——城市雕塑工程类》。

【重大基础设施建设项目选址】 2017年核发选址意见书62件,组织选址论证会议8场,论证26个重大基础设施,参与现场踏勘60个工作日,参加通用机场、民用机场(含改扩建工程)现场考察调研6项。

【开展新一轮总体规划编制】 采用"多规合一"的方法在各地全面启动新一轮总体规划修改工作。2017年,昆明市列为住房城乡建设部城市总体规划编制试点城市,全面启动规划期至2035年的新一轮昆明市总体规划编制。文山州城镇体系规划、德宏州城镇体系规划、保山市城市总体规划、文山市城市总体规划、大理市城市总体规划、瑞丽市城市总体规划成果上报省人民政府;昆明市、昭通市、普洱市、临沧市启动新一轮总体规划编制工作;曲靖市、玉溪市、楚雄州、红河州、大理州、西双版纳州初步完成新一轮总体规划阶段成果编制;丽江市、怒江州、迪庆州进入州府所在地城市总规修改前期工作。

【推进规划展览馆建设布展】 有序推进各地区展览馆建设,全省已建成使用规划馆11个,布展面积29858平方米;在建12个,布展面积66418平方米;拟建5个,布展面积22400平方米。

【保护传承云南历史文化】 完善配套法律法规建设,形成完整的历史文化名城名镇名村街区(名街)管理法规体系,严格依法依规开展保护工作。截至2017年底,全省历史文化名城、名镇、名村、街区(名街)共计83个,其中国家级历史文化名城、名镇、名村、街区23个,省级名城、名镇、名村、名街60个,基本实现保护规划全覆盖。报省政府省级列级待批8项,报住房城乡建设部国家级列级待批15项。

【完成系列省级规划编研】 《云南省沿边城镇布局规划(2016—2030年)》和《滇中城市群规划(2017—2050年)》(修编)获省人民政府批复实施。编制《云南省城乡发展规划》《云南省城镇定位研究》《新时代云南新型城镇化发展调研报告》。

城市建设

【概况】 2017年,云南省完成城市基础设施建设投资673.85亿元。全省县城以上城市建成区面积达1853平方公里,人均道路面积达15平方米,供水普及率91%,燃气普及率69%,城镇污水、生活垃圾处理率85.6%,建成区绿地率31.8%,绿化覆盖率35.2%,人均公园绿地面积10平方米。玉溪市被住房城乡建设部和国家发改委命名为国家节水型城市;昆明市水源开发及供水设施建设项目、保山市中心城区地下综合管廊建设项目获得国家人居环境范例奖;富民县、宜良县、马龙县、新平县、元江县、昌宁县、景谷县、镇沅县、镇康县、大姚县等10县被住房城乡建设部命名为国家园林县城,成为入选国家园林县城名录最多的省份,占命名总数的12.66%;全省累计创建国家园林城市10个、园林县城19个、园林城镇3个、省级园林城市和县城66个、省级园林城镇2个。

【探索创新投融资模式】 联合省财政厅、省水利厅在玉溪市召开全省城市地下综合管廊、海绵城市建设推进会，组织16个州（市）政府和19家中央、省属企业及4家银行召开政府、企业、银行三方地下综合管廊和海绵城市建设对接洽谈会，签订10项意向性协议，投资额约48.8亿元，并与中国铁建、中国中建、中国中冶、中国建科、中铁隧道、云南建投、昆钢集团等中央、省属企业达成了投资意向；联合省财政厅、省水利厅组织2名国家级专家和5名省级专家，对22个地下综合管廊、11个海绵城市建设项目进行审查，分别给予地下综合管廊项目评审分值靠前、体量较大的玉溪市、昆明市、大理市和海绵城市项目评审分值靠前、体量较大的昆明市、丽江市、大理市省级补助2000万元。

【海绵城市建设】 深入推进海绵城市建设，全省23个城市完成海绵城市专项规划编制工作，18个城市编制完成城市排水防涝专项规划。4月19日，财政部、住房城乡建设部、水利部绩效评价专家组对玉溪海绵城市建设进行现场绩效考核，获得国家第二批试点海绵城市第五名。2017年新开工建设海绵城市61.75平方公里，建成39.58平方公里，开工率为158.10%，形成了玉溪聂耳广场、东风广场、瀑布公园、昆明湖滨生态湿地、大理九溪湿地、荷月洲雨水花园等一批可示范、可推广的海绵城市示范项目。

【城市地下综合管廊建设】 2017年，全省新开工地下综合管廊181公里，同比2016年157公里增加24公里，开工率为100.6%，完成投资92.5亿元。3月21日，在杭州召开的全国城市地下综合管廊、黑臭水体整治工作推进会议上，云南省做了经验交流；5月5日，在全国推进落实中央城市工作会议精神电视电话会议上，住房城乡建设部副部长倪虹对云南地下综合管廊推进情况给予了高度肯定。

【城市公厕建设】 2016～2017年，全省新建城市公厕2214座，改建提升二类以上公厕3295座；城市建成区范围内达到了3～59个/平方公里的标准，昆明市达7个/平方公里；在滇池沿岸建有智能环保公厕、泡沫生态公厕、其他生态环保公厕等95座，均采用硝化与反硝化降解、微生物处理技术等先进工艺处理粪便，满足了低用水、低能耗、零排放、零污染的低碳环保要求；在人流量聚集的滇池环湖路主要路段和湿地公园50米范围内均建有1座公厕，部分公厕还设置有家庭卫生间，广大市民和游客可以通过下载"城市公厕APP"云平台提供准确的公厕定位服务。12月1日，中央电视台新闻频道对云南省城市"厕所革命"经验做法给予了报道；12月19日，在住房城乡建设部召开的贯彻落实习近平总书记重要指示，部署"厕所革命"工作会上，云南省做了经验交流。

【城市黑臭水体整治】 采取控源截污、清淤疏浚、生态净化、清水补给、长效管理等措施，建立落实河长制度、整治工作进展季度通报制度、公众监督举报制度、遥感监测制度，定期开展专项督查检查，住房城乡建设部于8月8日批准将昆明市海河列入全国首例销号。玉溪市玉溪大河下段、玉带河，昭通市利济河，临沧市南北河，保山市红花河、大小桥河整治工程完工，达到不黑不臭；昭通市秃尾河、东门小河，玉溪市东风大沟、中心沟，保山市西大沟等加快推进，完成了项目实施进度的58%。

【城市排水防涝补短板建设】 根据《住房城乡建设部办公厅关于对做好城市排水防洪工作手册编制工作的通知》要求，指导各州市编制《排水防涝工作手册》，云南省23个设市城市均完成《排水防涝工作手册》。昆明市列入国务院城市排水防涝补短板的60个城市之一，现已完成排水防涝补短板实施方案，梳理出170个易涝点。采用信息化手段建立雨情分析与内涝防治数字模型，建立城市内涝风险评估制度，在3月11日、3月13日滇西北部、滇西出现中到大雨局部暴雨极端天气和昆明市"7·20"暴雨内涝处置中，与公安、交通、水利、气象等部门联动协调、信息共享，启动应急预案，将极端天气和暴雨内涝可能造成的影响降至最小。

【污水处理配套管网建设及管理】 全年新建成污水配套管网1000公里，完成投资15亿元。城镇污水处理率达85.6%，滇池等九大高原湖泊水质得到提升改善。建成污水处理厂154座，进入住房和城乡建设部信息系统和环境保护部在线监测系统的144座，投入运行污水处理厂143座，设备调试安装1座，运行负荷率平均达86.87%，污水总处理能力336.77万吨/日，实现所有县城具备污水处理能力；全省城镇污水处理率为85.6%，云南省再生水利用率达到26%。

【城市供水节水】 截至年底，全省建成再生水利用设施处理能力达97.7万吨/日，再生水利用率达到26%；全省累计建成供水管网建设长度21709.78公里（75毫米以上），设市城市公共供水普及率达94.23%，县城公共供水普及率达89%，城市公共供水管网漏损率逐年降低。新建供水设施任务完成14.88万立方米/日，新建管网任务完成717.66公里；昆明市、丽江市、玉溪市、安宁市四个国家级节水型城市申报供水管网分区计量管理控制漏损试点城市。全省成功创建昆明市、丽江市、玉溪市、安宁市4个国家节水型城市，60个节水型企业（单位）、20个节水型小区。1099个乡镇（镇区）实现自来水设施供水，设施覆盖率为90.75%。

【城市园林绿化】 2017年，昆明市水源开发及供水设施建设项目、保山市中心城区地下综合管廊建设项目获得"中国人居环境范例奖"命名。富民县、宜良县、马龙县、新平县、元江县、昌宁县、景谷县、镇沅县、镇康县、大姚县等10县被命名为国家园林县城，成为当年入选国家园林县城名录最多的省份。

【生活垃圾无害化处理、垃圾分类】 牵头起草《云南省关于推进生活垃圾分类制度的实施意见》。截至年底，生活垃圾处理设施128座（宜良县和石林县共建1座），其中：卫生填埋场112座、焚烧厂11座、焚烧发电7座、焚烧厂4座、低温碳化1座、综合利用处理厂4座，实现全省129个县（市、区）生活垃圾处理设施全覆盖的目标，生活垃圾无害化处理能力由规划实施前5993吨/日增加到19436吨/日，提高226%；加快推进生活垃圾填埋场渗滤液处理设施建设，建成生活垃圾渗滤液处理设施75座，城镇生活垃圾无害化处理率达到85.6%。

【城镇天然气利用】 积极推进城镇天然气管网、液化气站等设施建设。中缅天然气干支管道沿线8个州市中昆明市、曲靖市、玉溪市、保山市、德宏州、大理州、楚雄州等7个州市实现城市用气。截至年底，全省城市燃气管网完成投资2.85亿元，城镇燃气普及率69%。

村镇规划建设

【4类重点对象农村危房改造】 2017年，云南省紧盯建档立卡贫困户、农村低保户、农村分散供养特困人员和贫困残疾人户等4类重点对象，组织扶贫、民政、残联等部门精准识别对象并建立台账，指导各地落实"一户一方案"改造要求并加大资金投入和统筹使用力度。2017年，共计实施建档立卡等4类重点对象危房改造32.34万户，安排中央和省级补助资金74.03亿元，其中中央补助资金49.35亿元，省级配套24.68亿元。

【农村人居环境治理】 完成129个县（市、区）实施方案审查，制定印发《关于进一步加快农村人居环境治理项目建设有关工作的通知》《云南省农村燃气工程四年行动计划（2017—2020年）》。对各地乡镇村庄农村燃气工作建设提出了要求。澄江、大理、石屏和腾冲被住房城乡建设部列为农村生活污水治理示范县；澄江、大姚、宾川和弥勒被住房城乡建设部列为全国农村生活垃圾分类和资源化利用示范县；陇川县勐约乡广瓦村等10个行政村被住房城乡建设部列为2017年改善农村人居环境示范村。会同省财政厅明确了2016～2020年省级改善农村人居环境治理资金的分县额度，下达了2016～2017年省级资金20亿元。截至年底，全省共计1150个乡镇生活垃圾进行了处理，设施覆盖率为94.96%；119165个自然村实现垃圾有效治理，有效治理率为90.72%；130586和126929个自然村建立了生活垃圾保洁和收费制度，覆盖率分别为99.41%和96.63%；753个乡镇生活污水进行了处理，设施覆盖率为62.18%；1099个乡镇（镇区）实现自来水设施供水，设施覆盖率为90.75%；1202个乡镇镇区建成2座以上公厕，13195个建制村村委会建成1座以上公厕，覆盖率分别达到99.26%和99.21%。

【省级村庄规划建设示范村】 整合美丽乡村、特色旅游村、民族团结示范村、边境村和传统村落等重点村项目资金，开展以农村危房改造整村推进村庄为示范村建设。在2015年和2016年开展1000个示范村建设、下达998个村共计20.1034亿元基础之上，2017年开展698个示范村建设，下达68个村共计1.36亿元。

【传统村落和传统建筑保护发展】 云南省共向国家登记上报传统村落2614个，共有615个传统村落列入国家传统村落名录，占全国国家级传统村落总数的14.81%，全省国家级传统村落县（市、区）覆盖率达80%以上。截至2017年底，全省共完成614个村落的传统村落保护发展规划编制工作，其中611个获得中央财政资金支持18.33亿元。按照《云南省传统建筑认定办法》《云南省传统建筑认定标准》，对4000余栋建筑进行了传统建筑认定和挂牌保护工作。

【特色小镇创建】 2017年，楚雄州姚安县光禄镇、大理州剑川县沙溪镇、玉溪市新平县戛洒镇、西双版纳州勐腊县勐仑镇、保山市隆阳区潞江镇、临沧市双江县勐库镇、昭通市彝良县小草坝镇、保山市腾冲市和顺镇、昆明市嵩明县杨林镇和普洱市孟连县勐马镇被认定为第二批全国特色小镇。

【加强村镇规划编制】 制定印发《云南省县（市）域乡村建设规划编制导则与审查要点》，完成65个县（市）域乡村建设规划编制与审查工作；完成1700个省级规划建设示范村、2033个易地扶贫集中安置新村及615个中国传统村落的规划编制审查。指导督促1809个兴边富民工程沿边村庄完成规划编制提升。开展完成102个特色小镇修建性详细规划省级技术审查工作。修订下发《云南省省级规划建设示范村规划编制技术要求》《云南省易地扶贫搬迁新村规划编制技术要求》；印发《云南省民居建筑特色设计导则》，组织完成《云南省新型农村社区规划纲要研究》《特色小镇、传统村落体系规划研究》等研究工作。

【强化村镇规划监管】 督促指导乡镇政府加强村镇规划管理机构建设，积极推广村庄土地规划建设专管员制度，开展重点区域村镇违法建筑整治。截至年底，全省共聘请专管员40546人，基本实现专管员建制村全覆盖；全省集镇规划区及重点区域村庄两违建设普查建筑面积1469.04万平方米，累计查处建筑面积1022.31万平方米，累计查处进度达69.59%；全省112个县（市区）实施乡村建设规划许可制度，覆盖率达86.8%。

标准定额

【稳步推进工程建设地方标准的编制、审查和发布工作】 2017年，云南省编制、审查并发布了《城镇燃气室内不锈钢波纹软管技术规程》（DBJ53/T—82—2016）、《云南省建设工程造价数据交换技术导则》。完成《住宅厨房卫生间集中排烟气系统技术规程》《云南省城市公园体系规划标准》《云南省城市规划用地分类标准及信息化技术体系》《云南省公共服务设施规划标准》《云南省水利水电工程工地试验室标准化管理标准》《桩身自反力平衡静载试验技术规程》《云南省建筑节能检测技术标准》《云南省绿色建筑检测技术标准》《云南省预应力混凝土实心方桩应用技术规程》《云南省膨胀土地区建筑技术规程》10部工程建设地方标准送审稿的审查工作。完成《云南省广告设施安全性检测与鉴定技术标准》《云南省既有建筑幕墙可靠性检测鉴定评估标准》《预应力混凝土实心方桩应用技术规程》3部工程建设地方标准的征求意见工作。

参加住房和城乡建设部相关课题和政策的编制工作，完成《关于加强工程建设地方标准化工作的指导意见》《关于加强工程建设企业标准化工作的指导意见》《关于新旧标准交替及标准实施日期的意见》三个课题编制工作。

【开展世界标准日宣传活动】 以"标准化助力建设工程质量提升"为主题，开展2017年世界标准日活动，全省住房城乡建设系统和近200家建筑企业参与，助推云南省工程建设标准化工作。

【工程造价行业稳步发展】 截至年底，云南省共有工程造价行业执（从）业人员4.5万余人，其中注册造价工程师3947人，其他从业人员4.1万余人；工程造价咨询企业249家，其中国家甲级资质80家（上年晋升6家），乙级资质169家；工程造价咨询行业产值近11亿元。

【信息化建设工作】 启动建立涵盖标准申报管理，查询系统，标准员考试报名、动态监管系统，标准员继续教育及标准实施监督的管理信息平台。向住房城乡建设部上报昆明地区建筑工程实物工程量人工成本信息和昆明住宅建安工程平米造价综合经济指标。

工程质量安全监管

【概况】 2017年，云南省共有4个工程获得鲁班奖，11个工程获国家优质工程奖，8个项目获国家3A级安全文明标准化工地称号，78个工程获省级优质工程奖，106个项目创建并获得省级安全生产标准化工地称号。

【工作部署】 召开云南省建设工程质量安全监管专题工作会议，总结2016年云南省建筑工程质量和安全生产工作，对2017年建筑工程质量和安全生产工作进行了部署；与16个州（市）和滇中新区住房城乡建设主管部门、省级管理的4家建筑施工企业签订了2017年建筑行业安全生产目标责任书。2次组织召开全省建筑工程安全生产电视电话会议，压实质量安全工作责任。

【质量安全提升行动】 成立工程质量专项治理领导小组，编制《云南省住宅工程质量常见问题专项治理方案》和《云南省建筑工程常见质量问题及防治措施》，制定印发《云南省住宅工程质量常见问题专项治理工作考核办法（暂行）的通知》等文件。2017年，共受理工程质量投诉429起，办结425起，办结率为99.06%。出台《云南省房屋建筑和市政基础设施工程质量监督机构及人员管理和考核办法》和《云南省房屋建筑和市政基础设施工程安全监督机构及人员管理和考核办法》，进一步规范监督机构和人员的管理。为全面提高全省质量安全监管队伍能力和水平，研究制定下发了《云南省工程质量安全监管提升行动（2017—2010年）工作方案》，并在昆明、红河和曲靖开展试行工作。

【隐患排查】 强化监管责任落实，全面推行"双随机、一公开"检查方式加大质量安全督查抽查力度。先后下发《关于立即开展房屋建筑和市政工程安全隐患排查整治工作的紧急通知》《关于开展2017年房屋建筑和市政工程施工安全专项整治工作的通知》《2017年云南省房屋建筑和市政工程安全生产大检查工作方案》和《云南省住房和城乡建设厅关于切实做好屋建筑和市政工程安全生产专项政治行动的通知》等20份文件,对建筑工程质量安全相关工作进行周密部署。加强对省外入滇、民营和发生生产安全事故的建筑施工企业的监管力度,组织开展房屋建筑施工和城市轨道交通安全隐患全覆盖检查,对重点地区、重点企业、重点施工环节安全隐患排查整治。2017年,省级随机抽查在建项目354个,发现各类安全隐患和问题2593项,下发了执法建议书41份,隐患整改通知书139份。

【标准化建设】 组织全省监管部门、企业开展在建工程项目质量示范样板、安全标准化工地现场观摩会。组织开展高大模板坍塌事故应急救援演练活动,提升应对突发性事故的处置能力和工程质量安全管理工作忧患意识。

【培训教育】 贯彻执行《云南省房屋建筑和市政基础设施工程安全监督机构及人员管理和考核办法》《云南省房屋建筑和市政基础设施工程质量监督机构及人员管理和考核办法》《云南省建筑起重机械安全监督管理实施细则》《云南省建筑施工企业及监理企业安全生产动态管理办法》《云南省建筑行业安全生产工作年度目标责任考核办法》等5个工程质量安全监管规范性文件精神,组织全省各级住房城乡建设主管部门有关监管人员和6000多家施工企业、监理企业、机械租赁公司有关人员进行学习培训,举办42期培训班,培训人员20000余人。贯彻落实《建筑施工企业主要负责人、项目负责人和专职安全生产管理人员安全生产管理规定实施意见》要求,将专职安全员分为机械、土建、综合三类进行管理,完成3.8万专职安全人员(C证)的新考试取证及换证工作。

【应急管理】 组建了涵盖工程质量、建筑安全、轨道交通工程、市政桥梁、城市工程(建设、运营)、排水防涝等领域的云南省房屋建筑施工程质量安全应急专家库。修订和完善《云南省房屋建筑和市政工程质量安全事故应急预案》。

建筑市场

【概况】 2017年,云南省住房和城乡建设厅不断深化建筑业"放管服"改革,加大扶持建筑企业提升核心竞争力、减轻建筑企业负担、规范建筑市场监管和加大人才培养力度,充分发挥了建筑业在全省经济发展中的重要支柱作用。

【出台建筑业政策文件】 出台《云南省人民政府办公厅关于促进建筑业持续健康发展的实施意见》,从7个方面制定22条措施,力促全省建筑业持续健康发展。牵头出台《云南省工程建设领域农民工实名制管理办法》,配合省人力资源社会保障厅制发《云南省工程建设项目农民工工资支付日常监管暂行办法》和《云南省工程建设项目农民工工资(劳务费)专用账户管理暂行办法》,有力地了保障全省建筑农民工的合法权益。

【建筑业产值持续快速增长】 全年完成建筑业产值4726.36亿元,同比增长22.2%;完成建筑业增加值2130.91亿元,现价增速18%,不变价增速11.5%,占全省GDP的12.9%。

【提升建筑企业资质水平】 全省新增施工总承包特级资质4家、一级资质17家。截止2017底,全省建筑施工企业达到5509家,包括特级8家、一级365家;监理企业达到181家,包括综合2家、专业甲级43家;检测企业263家。

【扶持建筑企业"走出去"发展】 2017年,全省建筑企业"走出去"步伐不断加快,完成省外产值366.79亿元,同比增长33.2%。

【清理拖欠工程款和治理拖欠农民工工资】 根据《国务院办公厅关于全面治理拖欠农民工工资问题的意见》和省政府的要求,按照"属地管理、分级负责、谁主管、谁负责"的原则推进清理拖欠工程款和治理拖欠农民工工资工作。2017年,全省共检查施工企业2633家次,涉及拖欠农民工工资企业334家次,为13942名农民工补发1.33亿元工资。

【调整二级建造师执业资格管理模式】 2017年,共组织69679人参加了二级建造师考试,主项合格12951人。探索推进二级建造师报考条件试点改革,允许达到一定条件的在校学生参加考试,进一步提高从业人员整体素质和层次。

【建设工程非注册类人员证书管理电子化】 推行"互联网+证书业务",改革建设工程非注册类人员培训考核模式。启用住房城乡建设部统一的新版证书,逐步实现新老证书替换。启动并完成近7万人次网络继续教育和证书审核延期。

建筑节能与科技

【新建建筑节能】 截至12月,云南省城乡既有建筑面积255306.53万平方米,其中城镇既有建筑面积104170.80万平方米。2017年云南省城镇新增建筑面积4912万平方米,设计阶段执行节能强制性标准比例100%,施工阶段执行节能强制性标准比例99%。

【科技计划项目】 组织申报2017年住房城乡建

设部科学技术项目计划,经住房城乡建设部审定,"中西部地区智慧城市顶层设计研究——以普洱市为例"等16个项目列入2017年科学技术计划项目,4个科技计划项目通过住房城乡建设部验收。

【绿色建筑技术与产品推广目录】 开展绿色建筑技术与产品推广工作,有2个项目入编云南省绿色建筑技术与产品推广目录。截至年底,共有16项技术与产品列入云南省绿色建筑技术与产品推广目录。

【可再生能源建筑应用】 组织国家可再生能源建筑应用示范城市验收,省级示范项目验收全部完成。出台《云南省民用建筑可再生能源应用实施办法(试行)》等5个可再生能源建筑应用配套文件。

【节能监管体系建设】 安排部署云南省建筑能耗统计工作,完成数据上报。曲靖师范学院节约型校园节能监管平台建设验收合格。争取省级配套资金800万元,用于推进昆明市、曲靖市节能监管体系建设和验收。出台《云南省国家机关办公建筑和大型公共建筑能源审计及能效公示实施细则(试行)》等配套文件。

【绿色建筑】 2017年,云南省通过施工图审查的绿色建筑3308个,建筑面积为2988.04万平方米,设计阶段绿色建筑占新建建筑面积比例为35.8%,绿色建筑竣工面积1807.30万平方米,竣工阶段绿色建筑占城镇新建建筑面积比例为36.8%;共有8个项目获得绿色建筑评价标识,申报建筑面积100.33万平方米。

【绿色建材】 召开"云南省绿色建材评价标识宣贯培训会"。云南中建西部建设有限公司大渔分公司预拌混凝土(C15-C60)和云南建投绿色高性能混凝土有限公司昆明分公司(经开搅拌站)预拌混凝土(C30-C60)获得三星级绿色建材评价标识。

【装配式建筑】 出台《云南省人民政府办公厅关于大力发展装配式建筑的实施意见》。云南震安减震科技股份有限公司等5家企业列入第一批省级装配式建筑产业基地,并被住房城乡建设部认定为全国第一批装配式建筑产业基地;批准安宁市为省级装配式建筑示范城市,批准安宁市工业园区为省级装配式建筑产业示范园区。8个项目列入省级装配式建筑科研开发项目,5个项目列入省级装配式建筑示范工程。启动编制《云南省装配式建筑及产业发展规划(2017-2025年)》和《云南省装配式建筑评价标准》。

人事教育

【干部任用】 落实选人用人制度,严格干部选拔任用原则、标准和程序,严把动议、民主推荐、考察、讨论决定、任职"五个关口",树立了正确的选人用人导向,营造了风清气正的良好氛围;落实"一报告,两评议"制度,党组定期向全体干部职工报告干部选拔任用工作情况并接受监督和评议,不断提高选人用人质量和水平。

【干部管理】 2017年共选拔任用处级干部16名,对11名试用期满干部进行考核并按期转正;交流轮岗干部8名;采取上派和下派挂职、选派挂包帮扶贫工作队员等方式,安排2名干部到住房城乡建设部、1人到上海、1人到昆明市富民县、10人到挂包帮扶贫点进行锻炼,着力提高干部的素质能力。完成全厅137名处级领导干部2016年《领导干部个人有关事项报告表》的填报工作,并按10%的比例对报告情况进行了抽查核实;批准因私出国(境)90人次;外出报备350人次;组织16名新任职同志向宪法进行庄严宣誓。

【干部考核】 根据《云南省住房和城乡建设厅公务员考核实施细则》,全年共考核公务员和参照公务员法管理人员164名,其中:考核为优秀等次39名,称职等次125名;共考核事业单位工作人员440名,其中:考核为优秀等次66名,合格等次374名。

【劳动保障管理】 为130名职务变动、调动、退休、死亡人员办理了工资和抚恤;为厅机关及厅属企事业单位共计2222名退休人员,调整基本养老金;为企事业单位的11名同志核拨了政府特殊津贴;为16名企业军队转业干部发放"春节"慰问金;完成了厅机关及企事业单位在职和离退休人员共计3012人,改革性补贴和奖励政策实施工作。

【军转干部安置】 落实云南省军队转业干部工作领导小组2017年军队转业干部安置计划,接收安置11名军队转业干部。

【职称评审】 2017年,受理完成3批次共计7498人的职称评审工作。其中:高级职称2021人,通过1321人;中级职称3678人,通过2642人;初级职称1799人,通过1797人。

【教育培训】 全厅副厅级及以上领导干部参加云南省政府管理与深化改革专题培训班、云南省干部学习贯彻党的十八届六中全会精神专题研讨班、学习贯彻省第十次党代会精神专题研讨班、2016年新提拔厅级领导干部任职(党风廉政建设及履职能力)培训班、2017年度住房城乡建设系统领导干部规划建设管理系统培训班、生态文明建设专题培训班等班次培训共16人次。选派7名干部参加全省正处级公务员任职培训班、全省副处级公务员任职培训班等班次学习。组织干部参加2017年度县处级以上领导干部出省培训重点班次，选派20名同志参加干部研修，181名干部参加了干部在线学习。

大事记

1月22日，全省住房城乡建设工作会议在昆明召开。会议传达学习了全国住房城乡建设工作会议精神，总结了2016年全省住房城乡建设工作，对2017年全省住房城乡建设工作进行了部署。

3月，省委常委、副省长刘慧晏在省政府办公大楼主持召开会议，听取特色小镇发展相关文件起草情况的汇报。

5月22～23日，住房城乡建设部副部长黄艳，省政府顾问、新加坡规划大师刘太格分别在省委组织部举办的学习贯彻省第十次党代会精神领导干部综合能力提升专题培训班上讲课。

6月4～10日，省规委上海顾问组毛佳樑一行8人到大理、保山等地实地考察、调研。

8月，省委书记、省人大常委会党组书记陈豪赴楚雄州调研城乡建设等工作。

（云南省住房和城乡建设厅）

西藏自治区

概况

2017年，在西藏自治区党委、政府的正确领导下，西藏自治区住建厅以习近平新时代中国特色社会主义思想为指导，全面贯彻落实党的十九大和中央第六次西藏工作座谈会、中央城镇化工作会议、中央城市工作会议精神，按照自治区第九次党代会、区党委九届三次全委会和全区经济工作会议、全区城市工作会议部署，坚持稳中求进工作总基调，以处理好"十三对关系"为根本方法，进一步理清发展思路，以新理念适应经济发展新常态、引领住建领域新发展，凝心聚力加油干、抓落实，城乡规划建设力补短板、住房建筑市场规范发展、质量安全环保得到加强、改革创新体制增强活力、重点工作任务扎实推进、助力脱贫攻坚就业创业、加强党建提供坚强保障，各项工作取得了新成效。

住房建设

【加强住房保障】 2017年，西藏自治区开工建设保障性住房41228套（户）、开工率98.21%，完成投资60.37亿元。协调落实政策性银行棚改PSL贷款资金30.81亿元，棚户区改造项目开工率100%、当年基本建成率52%；区直周转房三期B区8栋18层及地下车库主体工程完成建设、进入装饰装修及机电安装阶段；新建项目完成EPC总承包及监理招标。加快公租房基础设施配套建设，加强分配入住管理，全区公租房分配率位居全国前列。

【扎实推进农村危房改造】 完成全区建档立卡贫困户等4类重点对象危房存量数据核对报送，落实中央补助5542万元改造危房3800户，实现100%开工、当年竣工率31%。及时给城镇11205户16231人发放租赁补贴4966.69万元，人均255元/月。

【完善配套制度】 机关事业单位干部职工按月住房补贴标准进一步提高，达到840元/人；完善住房公积金政策，规范归集管理，全区现有26万人参缴，年度归集56.24亿元，累计归集总额396.4亿元，年底余额212亿元；全年发放个人住房公积金贷款52.6亿元，累计发放贷款222.2亿元，贷款余额136亿元；办理提取39.8亿元；公积金使用率80.89%，个人贷款率64%。

【平稳发展商品住房市场】 积极落实宏观调控措施，鼓励房地产企业调整产品结构、提高住房品质、提供多样化选择。2017年全区房地产开发计划总投资150.4亿元，房屋施工面积463.3万平方米（其中：住宅类285万平方米），1～11月份销售商品房156万平方米（其中：住宅销售9700套、110万平方米）。现有可售商品房面积239万平方米（其中：住宅9800套105万平方米），去库存周期为10.5个月，处于合理区间。全区商品房销售均价同比呈上涨态势，拉萨市普通住宅、商业办公楼盘均价分别上涨约800元/平方米、500元/平方米。

城镇规划建设

【健全机制，加强城乡规划管理】 2017年，西藏自治区成立自治区城乡规划委员会，推进《章程》《议事规则》《工作程序》等制度建设。抓紧开展西藏城市规划研究院组建筹备工作。协调开展西藏总体（空间）规划编制，督促各地（市）、县（区）推进城市总体规划第二轮修改，已有54个县完成。拉萨、林芝、那曲、阿里四市（地）城市总体规划已批准实施，山南、昌都、日喀则三市城市总体规划已通过自治区城乡规划委员会审查。编印《西藏自治区特色小城镇规划设计编制技术导则（试行）》，完成比如县夏曲镇、察雅县吉塘镇、桑日县桑耶镇、定日县陈塘镇4个特镇规划评审。完成乡村规划自查，全区543个乡（镇）、423个村编制了规划，分别占总量的78%、8%。

【加强城镇建设努力补齐短板】 创新投融资机制推进城镇重点基础设施建设，全年完成项目投资103.56亿元（其中中央投资14.47亿元、争取贷款融资67.58亿元），压实管理责任强力推进，超额完成投资近20亿元。按照"查漏补缺、完善功能、整体推进"的建设思路，坚持以县城总体规划为引领，采取EPC模式建设，统筹规划，统一设计，落实投资28.49亿元（国家4.75亿元、自治区3.4亿元，撬动项目融资20.34亿元），建设阿里地区六县供水、排水、供暖、地下综合管廊、市政道路等城镇基础设施。

【努力推进全区厕所革命】 编制《技术导则》《规划建设标准》《项目设计方案》，完成可研、初设和咨询论证，采用"生态移动式""免水可冲型""泡沫封堵型"等技术工艺，开工建设厕所344座、建成235座，完成投资2.1亿元。

【提高城镇建设水平】 印发《关于推进城市地下综合管廊建设的实施意见》，组织编制专项规划，拉萨市中心城区、日喀则市、那曲地区、阿里地区措勤等六个县城、山南市11个县城市地下综合管廊规划通过审查，开工建设综合管廊23.9公里。拉萨、林芝和昌都市完成海绵城市专项规划编制。高寒高海拔县城供暖工程建设有序推进，全区4地市所在地、4个县城、68个乡镇已建成供暖工程，8个县城、54个乡镇正在建设，供暖总面积达3222.56万平方米。截止2017年底，全区城镇化率达30.09%。

边境小康村规划建设

【督促规划编制单位及时编制《山南隆子县玉麦边境小康示范乡规划》】 组织相关专家和自治区城乡规划委员会审查完善，指导山南市加快前期工作，促进玉麦边境小康乡建设尽早开工。

【举办全区边境地区小康村村庄规划培训班】 深入分析规划建设存在问题，系统解读建设原则、基本要求和规划编制、技术审查等政策和措施，明确组织实施模式，收到较好效果。加强技术指导，制定印发《关于加强边境地区小康村村庄规划工作的意见》《关于加强边境地区小康村农房建设质量安全管理的意见》和边境地区小康村村庄规划技术审查办法、规划执行情况督导检查办法、农房建设质量安全和竣工验收管理办法；组织编制《边境地区农房设计指引》《边境地区村级活动组织场所设计指引》。完成边境小康村村庄规划专家技术审查。制定《边境地区小康村抓点工作方案》，对沿边村庄建设进行实地调研，积极开展抓点建设工作。

乡村建设

积极开展《实施乡村振兴战略、推进城乡区域协调发展、共建美丽西藏》规划研究。强化特镇建设管理，巴嘎乡（塔尔钦）、羊八井镇、杰德秀镇、曲孜卡镇、吉隆镇等5个镇列入全国第二批特镇培育名单；完成《阿里地区普兰县巴嘎乡（塔尔钦）国际旅游小镇建设实施方案》，通过专家咨询论证和规划审查；积极协调将全区首批20个特镇示范点建设项目列入PSL贷款支持范围，督促6个新增特镇加快规划编制，全区26个特镇开工项目124个，完成投资17.34亿元。

住房城乡建设部审批7个传统村落规划，完成尼木县吞达村和鲁朗镇扎西岗村数据建馆，已有5个村获得2017年中央财政补助资金1500万元，另2个列入2018年中央财政补助范围；向住房城乡建设部推荐建筑工匠24人、申报第五排中国传统村落38个。

落实中央预算内投资1.8亿元，实施6地市35个乡镇生活垃圾无害化处理项目；积极推进非正规垃圾堆放点的排查；推荐申报7个人居环境示范村创建，落实中央补助资金700万元。完成纳木错—念青唐古拉山、土林—古格两处濒危风景名胜区整改任务，已移除濒危名单，纳入常态化管理。积极推进土林—古格风景名胜区申遗工作。

建设市场监管服务

【严格市场准入和资质管理】 受理行政许可和服务事项申报4978件。严格执行资质标准，加强准入源头管控，出清空壳、"僵尸"企业。制定出台激励措施，鼓励央企和区外大型建设类企业与本地企业联合发展。

【加强市场环境整治】 认真贯彻落实《西藏自治区工程建设领域市场环境整治工作实施方案》（藏政办发〔2017〕64号），自5月起，以整治违反规划、垄断建材强买强卖、违法围标串标和暗箱操作、转包和违法分包、出借资质和挂靠、工程质量低劣等为重点，加大监管执法。行政执法检查施工现场1799个（次），督查整改问题9155项，下发整改、督办、停工通知和执法建议书458份，冻结违法企业参与招投标18家，处罚金1032.7万元。推进市场主体信息和不良行为共享，进一步树立守信激励、失信惩戒、违法必究的良好风气。开展全区房地产市场秩序专项整治，着力规范房地产市场各方主体经营行为，努力保障全区房地产市场平稳健康发展。

【进一步完善市场体系】 印发《关于促进建筑业持续健康发展的实施意见》，从推进建筑业改革、完善工程建设组织模式、加强工程质量安全监管、优化建筑市场环境、提高从业人员素质、推进建筑产业现代化等方面促进西藏自治区建筑业健康发展。印发《关于推进高原装配式建筑发展的实施意见》，在边境小康村、地震多发地区推进钢结构装配式建筑应用。加大信息网络技术在市场监管、促进建筑业和房地产业发展中的应用，西藏自治区建筑市场服务监管与诚信一体化工作平台应用投入使用，推进全区房地产监管信息系统建设，不断完善建设工程电子招投标系统，基本实现网上招投标，全年房屋市政建设招标项目2311个、中标金额397.44亿元，同比增长35.49%，公开招标率达97.7%。整合建筑工程交易市场，按照属地原则纳入当地公共资源交易中心。2017年度完成建筑业增加值411.49亿元，按可比价计算比2016年增长12.2%，继续保持两位数增长势头。

【强化长效机制建设】 出台房屋建筑市政设施小额工程招标投标随机抽取中标人管理暂行办法、建筑工程交易各方主体从事招标投标活动管理暂行规定、房屋建筑市政基础设施施工图设计文件审查管理办法、建设工程质量检测管理细则、施工图审查机构考核管理办法（试行）等系列规范性文件，健全应对地震、灾害性天气、燃气安全事故、施工安全事故等的应急预案。

工程质量安全监管

【全力推进安全生产改革发展】 建立"党政同责、一岗双责、齐抓共管"的安全生产责任体系，以强化企业安全生产主体责任、堵塞监督管理漏洞、解决执法不严等问题为重点，推进安全生产改革工作。会同发改、交通、水利、电力等部门印发《关于进一步规范西藏自治区建设工程项目安全生产管理的通知》，强化行业监管责任，督促落实参建各方主体责任、重点加强施工现场安全管理、完善安全生产基础保障，健全统筹协调、行业负责、协同推进的建设工程安全生产监管机制。

【推进工程质量安全提升行动】 大力推广新技术，已有1个工程项目在设计、施工阶段集成应用BIM技术。深入开展全区老旧房屋抗震加固的排查和统计工作。

【强化监督检查】 年内，全区1575个房屋建筑市政工程接受质量监督，建设总面积2150.53万平方米、投资444.76亿元。各级住房城乡建设部门累计开展监督执法检查556次，检查工程1014项，下发监督执法检查整改单255份，下发行政处罚决定书91份，实施信用惩戒2起，曝光违法违规典型案例1起。

【安全生产形势继续向好】 以迎接国务院安委会安全生产巡查和落实整改要求为契机，整改落实安全生产问题29项，加大隐患排查和专项整治，突出重点加强敏感节点和重大建筑安全生产工作，全区房屋建筑市政工程事故起数和死亡人数实现"双下降"，重特大安全生产事故有效遏制，总体形势稳定向好。

深入服务脱贫攻坚

【积极发挥行业职能】 出台《关于住房城乡建设助力全区脱贫攻坚的实施意见》，指导行业深入服务和推动脱贫攻坚。印发《关于进一步完善易地扶贫搬迁安置点规划工作的通知》，指导易地扶贫搬迁定居点建设选址、规划、农房设计、公共服务和生产设施建设；组织各级住房城乡建设部门强化对易地搬迁民房建设的施工指导、技术把关。积极培育和发展以农牧民工为主体的施工组织，鼓励引导农牧民建筑施工队和建筑企业在工程建设中优先使用当地建档立卡贫困群众，引导环卫保洁、物业服务、厕所革命等领域吸纳贫困群众就业增收。认真落实强基惠民部署要求，深入组织开展结对认亲交朋友、在职党员进社区活动，147名科级以上党员干部（含援藏干部14名）结对帮扶5个村、143户，投入资金11.8万元，开展精准扶贫。

【支持就业创业】 深入贯彻区党委支持就业创业的决策部署，会同人社厅、财政厅印发《关于落实高校毕业生就业创业住房保障政策的实施办法》，对就业创业高校毕业生按规定给予住房补贴、住房公积金补贴等支持；制定出台《建设类企业吸纳高校毕业生就业招投标环节激励办法（试行）》，鼓励引导建设类企业积极吸纳高校毕业生就业。

推进生态文明建设

【加强水、土壤、大气污染防治】 借势借力中央环保督察，认真落实环保和生态文明建设要求。全面开展县城市政基础设施存量调查及需求摸底工作，重点对城镇供暖、供水、垃圾污水处理设施存量和运行管理中存在问题进行了深入的调查，摸清底数，找准短板。加快垃圾污水环境基础设施建设，新建续建生活垃圾无害化处理设施35个，新建续建污水处理及收集系统6个，建成配套管网56.65公里。

【强化行业管理】 对21个已建、在建污水处理设施和20个垃圾填埋场运行情况进行实地督导检查，强化责任落实、加快制度建设、规范作业、加强运行管理，并跟踪督促整改；举办城镇污水处理设施建设管理培训，进一步提高西藏自治区垃圾、污水等基础设施建设运行管理水平；县城及以上城镇生活垃圾无害化处理率达84.35%；县城及以上城镇污水集中处理率达52.1%。

【提升城市环境质量】 加强城市园林绿化，加大道路清扫、洒水降尘力度，开展以施工工地扬尘为重点的专项整治，严肃查处施工噪音扰民、渣土运输抛洒、施工扬尘污染、城市烧烤油烟污染，提升城市环境质量。

【加快长效管理机制建设】 《西藏自治区城镇生活垃圾处理设施建设与运营管理办法》（藏政办发〔2015〕42号）出台实施，制定印发《西藏自治区城镇生活垃圾处理设施建设与运行监督考核办法（试行）》《西藏自治区城镇污水处理规范化管理考核办法（试行）》（藏建城〔2017〕184号），进一步加强了对城镇污水垃圾设施建设管理运行的监督考核。

完善规程标准体系

【科学调整工程造价定额】 2017年，在住房城乡建设部和相关省市大力支持下，完成西藏"2016版预算定额"编制、专家论证、技术审查、修改完善，经自治区人民政府常务会审议通过实施，为西藏自治区建设工程项目提供科学计价依据。

【扎实推进关键技术工艺研究】 结合西藏特殊的地理条件和气候特征，组织专家深入开展调研，推进高寒高海拔地区供暖、供水、垃圾污水处理工艺研究，积极探索研究符合西藏自治区实际的垃圾污水处理模式和工艺。认真落实"去煤化"政策，加强协调衔接和技术指导，加紧推进狮泉河镇、那曲镇、丁青县等城镇热源改造工程，加快推进太阳能、电、地热、生物质等清洁能源替代燃煤工程；组织专家对嘉黎县等15个县城供暖热源方式选择进行了论证评审；对西藏自治区供暖热源方式提出切实可行意见。

深化改革

【创新城镇建设投融资机制】 2017年，西藏自治区坚持继续争取国家资金和引入社会资本"两条腿走路"思路，积极实施金融撬动，落实政策性银行贷款98.39亿元；积极推进政府与社会资本合作模式，经自治区批准组建成立西藏建设投资有限公司，引入社会资本参与厕所革命等项目建设，进一步拓宽城镇基础设施投融资渠道。

【推进城管执法体制改革】 认真贯彻落实区党委常委会关于深入推进西藏自治区城市执法体制改革改进城市管理工作的部署，加强与编办、法制办和区直有关部门沟通，积极稳妥推进拉萨市、日喀则市、山南市城市管理综合执法试点改革，努力理顺城市管理职责，积极做好自治区城管执法机构组建基础工作。

【积极探索租售并举制度】 稳步推进周转房出售试点工作，正深入分析论证，完善出售试点方案。建立了房地产经纪机构备案制度、房地产开发项目手册制度、房产测绘报告审核制度。

【积极推进考培分离制度改革】 印发《关于施行建筑业企业现场管理人员考培分离有关事宜的通知》，大力推进建筑施工现场管理人员培训与考核分离改革，改进培训和考核模式。

【推进行业人才注册及深化职称评审改革】 下放初、中级职称评审权，组建建设工程系列正高级职称评审委员会，建立执业资格与职称对应机制，不断壮大建设行业人才队伍。六是推进放管服改革。将建筑业企业三级资质4项许可权限下放各地市，实行安全生产许可同级审批；制定出台建设领域"双随机一公开"方案，大力推行市场监管随机抽查；动态调整行政权力责任清单，优化缩减行政权力事项；积极推行电子政务，整合规范行政服务大厅，切实提升服务效能。

维稳和城市宗教工作

健全住建行业维稳工作机制，加大维稳工作力度，全区住建系统持续和谐稳定；切实加大行业维稳反恐指导，扎实做好行业应急管理工作，积极应对林芝市米林县"11·18"6.9级地震，做好40个乡镇223个受灾乡村房屋和市政基础设施安全排查和应急评估。理顺建设领域拖欠工程款和拖欠民工工作调处机制，进一步落实和压实属地管理、行业监管责任，扎实做好拖欠纠纷调处工作。配合统战部门加强寺庙僧舍改造、基本住房保障工作，指导各级城市管理部门强化宗教活动场所周边管理，促进和谐共荣。

大事记

1月18日，西藏自治区政府印发通知，任命李进忠为自治区住房和城乡建设厅副厅长。

2月5日，自治区住房城乡建设厅党组副书记、厅长斯朗尼玛带队赴纳木措，就推进厕所革命试点工作进行现场督导检查，并召开现场会，研究解决试点建设中存在的突出问题，部署进一步加快推进试点工作。

2月7日，自治区住房城乡建设厅第2次厅务会审议通过《西藏自治区房屋建筑和市政基础设施小额工程施工招标投标随机抽取中标人管理办法》、《西藏自治区建筑工程交易场所及各方交易主体从事招标投标交易活动管理暂行规定》。

2月12日，区党委常委、自治区常务副主席姜杰赴山南达古景区调研，要求推进达古景区建设，由自治区住房城乡建设厅牵头，自治区建筑勘察设计院具体负责达古景区的规划、设计、基础设施建设和景区项目施工总承包，建设资金由自治区建筑勘察设计院先行垫付。

2月13日，全区住房城乡建设工作会议在拉萨召开，总结2016年度全区住房城乡建设工作，研究部署2017年度工作。

2月14日，全区工程建设领域市场环境整治工作电视电话会议召开。区党委常委、自治区常务副主席姜杰出席自治区主会场会议并作重要讲话。

2月21日，区住房城乡建设厅会同区财政厅、人行拉萨支行联合印发通知要求，各地市住房城乡建设局和资金管理中心进一步加强住房公积金财务管理，完善财务制度，健全内控机制，严格内部审核，加强外部监督，强化防控措施，提高资金效益，确保资金安全和有效使用，维护缴存职工合法权益。

2月28日，自治区住房城乡建设厅党组副书记、厅长斯朗尼玛对拉萨市柳梧新区欧源公司生物质能供暖技术进行考察。

3月2日，自治区住房城乡建设厅党组副书记、厅长斯朗尼玛，自治区住房城乡建设厅党组成员、总工程师李新昌总工分别带队赴羊卓雍措、纳木措就推进厕所革命试点项目建设进行现场督导检查。

3月5日，自治区住房城乡建设厅党组副书记、厅长斯朗尼玛主持召开协调会，与国开行西藏分行协调争取开发性金融支持西藏自治区城乡基础设施建设相关事宜。

3月6日，自治区发展装配式建筑工作领导小组成立，区党委常委、自治区常务副主席、交通运输厅厅长姜杰任组长。

3月6日，自治区住房城乡建设厅党组副书记、厅长斯朗尼玛赴阿里地区开展城镇基础设施建设管理调研。

3月14日，自治区住房城乡建设厅党组副书记、厅长斯朗尼玛与城建院派出的工作组，就阿里地区整体推进基础设施建设可研设计进行座谈。

3月15日，自治区住房城乡建设厅党组副书记、厅长斯朗尼玛主持召开协调会，与农发行西藏分行协调争取开发性金融支持西藏自治区城乡基础设施建设相关事宜。

4月5～9日，自治区住房城乡建设厅党组书记、副厅长卓嘎会同区交通厅有关领导，赴格尔木对原西藏格尔木运输总公司和工业总公司遗属遗孀住房问题进行调研。

4月7日，自治区党委党风廉政建设第七考核组对区住房城乡建设厅落实党风廉政建设责任制情况进行考核。

4月11日，十届自治区人民政府第70次常务会，审议并原则通过《西藏自治区工程建设领域市场环境整治工作实施方案》。

4月14日，自十届自治区人民政府第71次常务会，原则同意成立自治区城乡规划委员会。

4月17日，自治区人民政府印发通知，撤销自治区工程建设领域拖欠工程款和拖欠民工工资清查领导小组办公室（简称"双清办"），按照行业管理职责将解决拖欠工程款问题职能移交各工程建设行业主管部门，将解决拖欠农民工工资问题职能移交人力资源和社会保障厅。

4月23日，自治区主席齐扎拉赴住房城乡建设部协调衔接有关工作，争取住房城乡建设部对西藏自治区住房城乡建设的支持。

4月26日，自治区城乡规划委员会正式成立，区党委副书记、自治区主席齐扎拉任自治区城乡规划委员会主任。

5月1日,为期一年(从2017年5月1日至2018年5月1日)的工程建设领域环境综合整治工作在全区展开。

同日,区党委常委、自治区常务副主席姜杰主持召开专题会议,研究周转房出售试点、组建西藏建设投资公司、垃圾污水工艺研究和推进厕所革命相关事宜。

5月15日,十届自治区人民政府第73次常务会审议通过《阿里城市总体规划(2008—2020)调整方案》。

5月16日,十届自治区人民政府第74次常务会审议同意组建西藏建设投资有限公司。

5月16日,召开自治区住房城乡建设厅干部职工大会,区党委组织部宣布区党委对卓嘎、余和平两位领导的任免决定。卓嘎任区国资委党组书记、副主任职务,免去其区住房城乡建设厅党组书记、副厅长职务;余和平任区住房城乡建设厅党组书记、副厅长,免去其区国资委党组副书记、主任职务。

5月31日至6月8日期间,自治区住房城乡建设厅党组副书记、厅长斯朗尼玛赴京,与北京控股集团有限公司协调落实北控集团参与西藏城镇基础设施领域投资建设合作事宜,并赴住房城乡建设部衔接落实4月26日自治区政府与住房城乡建设部座谈会精神。

5月25日,自治区住房城乡建设厅第3次党组会议,审议通过《中共西藏自治区住房和城乡建设厅党组工作规则》等8项制度。

5月31日,自治区人民政府批准实施墨脱县城市总体规划(2014—2030年),明确墨脱县是西藏生态保护、能源开发重点地区,是西藏稳边固边的重要组成部分。

6月17日,国务院安委会第八巡查组巡查听取自治区住房城乡建设厅履行安全生产职责、加强建筑施工安全监管工作情况汇报,查阅了有关台账资料,指出存在的问题。

6月20日,自治区人民政府与广东省人民政府在林芝召开专题会,研究加快推进西藏青少年宫建设有关事宜,双方同意西藏青少年宫建设投资控制在1.7亿元以内,广东省人民政府积极支援西藏青少年宫建设。

6月28日,自治区住房城乡建设厅第4次党组会议,审议通过《区住房城乡建设厅党组关于贯彻落实〈西藏自治区党委党的建设工作领导小组2017年工作要点〉的实施意见》《西藏自治区住房和城乡建设厅党组关于进一步加强党风廉政建设的意见》《关于住房城乡建设厅党组2016年落实党风廉政建设责任检查考核情况的整改方案》。

6月30日,自治区人民政府批复成立西藏建设投资有限公司,明确西藏加上内涵投资有限公司为自治区人民政府直属国有独资企业,注册资本5亿元,由自治区财政厅注资。

同日,区党委常委、自治区常务副主席主持召开自治区厕所革命工作领导小组会议,研究推进厕所革命建设有关事宜,明确厕所建设要坚持最高标准、选择可靠技术,突出建设重点,把景区、交通沿线、加油站和群众密集的社区等公共场所的厕所建设作为重点。

8月4日,自治区住房城乡建设厅第5次党组会议审议通过《关于进一步加强干部人才队伍建设的意见》《自治区住房和城乡建设厅借调选调干部管理办法(试行)》《自治区住房和城乡建设厅因公临时出国(境)管理工作的规定》《自治区住房和城乡建设厅领导班子专题民主生活会整改方案》。

8月17日,自治区人民政府批复实施亚东县城市总体规划(2015—2030年),明确亚东县是建设南亚陆路大通道的重要节点、重要口岸、稳边固边的重要支撑点。

8月17日,自治区人民政府批复实施亚东县帕里镇总体规划(2015—2030年),明确帕里镇是西藏自治区重点生态功能区、边境重镇,在580平方公里规划区范围内,形成"纵横双轴六片区"空间布局,规划至2020年镇区人口3500人,至2030年总人口10000人。

8月22日,自治区人民政府批复实施那曲城市总体规划(2014—2030年),明确那曲是西藏自治区面积最大的行政区域。

8月28日,自治区住房城乡建设厅党组副书记、厅长斯朗尼玛赴山南浪卡子县就集中供暖建设及推进厕所革命进行调研。

9月8日,自治区人民政府批准实施《扎囊县桑耶镇特色小城镇规划设计》。

9月10日,自治区人民政府批准实施阿里城市总体规划(2008—2020),明确阿里是国家重点生态功能区、西藏稳边固边的重要组成部分。

9月18日,自治区十届人民政府第84次常务会议审议通过《关于推进城市地下综合管廊建设的实施意见》。

10月13日,自治区住房城乡建设厅第18次厅务会审议通过《西藏自治区住房和城乡建设厅地震应急预案》《西藏自治区施工图审查机构考核管理办法（试行）》《西藏自治区人民政府办公厅关于促进建筑业持续健康发展的实施意见（代拟稿）》《西藏自治区建筑业增加值指标绩效考核办法（试行）》。

10月24日，自治区住房城乡建设厅党组副书记、厅长斯朗尼玛赴自治区青少年宫项目工地现场，督促推进项目建设。

11月9日，自治区住房城乡建设厅党组副书记、厅长斯朗尼玛厅长主持召开厅务会，部署玉麦边境幸福美丽小康示范乡建设有关事宜，审议通过《西藏自治区建筑工程安全生产规划》《西藏自治区房屋建筑和市政工程生产安全和质量事故应急预案》，研究同意西藏建设投资有限公司组建西藏建投古建研究保护有限公司。

11月13~17日，自治区住房城乡建设厅党组副书记、厅长斯朗尼玛赴山南就城镇基础设施建设和玉麦乡边境小康村建设进行调研。

11月27日，区党委常委、自治区常务副主席姜杰主持召开自治区玉麦幸福美丽小康示范乡领导小组会议。

12月5日，自治区人民政府办公厅印发《关于促进建筑业持续健康发展的实施意见》。

12月6日，自治区副主席多吉次珠调研拉萨市厕所革命项目建设情况。

12月15日，自治区主席齐扎拉赴拉鲁湿地进行调研，督促推进环保督察反馈问题整改落实。

12月22日，自治区人民政府批复实施吉塘镇特色小城镇规划（2016—2030年）。

同日，自治区人民政府批复实施夏曲镇特色小城镇规划（2016—2025年）。明确夏曲镇2810平方公里镇域规划区范围内，实行城乡规划统一管理。

截至12月31日，全区城镇化率达30.09%。2017年度完成建筑业增加值411.49亿元，按可比价计算比2016年增长12.2%；全区房地产开发投资40.36亿元，房地产开发施工房屋面积229.85万平方米，商品房销售面积53.25万平方米，销售额35.28亿元。年末城镇居民人居自有住房面积28.6平方米，农牧民人均自有住房面积33.9平方米。

（西藏自治区住房和城乡建设厅）

陕 西 省

概况

2017年，陕西省住房和城乡建设系统认真贯彻落实党的十九大精神，以习近平新时代中国特色社会主义思想为指导，紧盯"追赶超越"目标，深入践行"五个扎实"要求，推进"五新"战略任务，全省住房和城乡建设工作取得新进展，圆满完成年度各项目标任务。

政策规章

【概况】 2017年，陕西省住建系统围绕优化营商环境和信用体系建设任务，深入推进"放管服"改革，巩固综合便民中心成果，继续加大简政放权力度，行政许可事项取消下放比例由50%提高至60%，认真落实"双随机、一公开"制度，持续加强事中事后监管，方便办事企业和群众。

【"放管服"改革】 取消省级行政审批事项3项（物业服务企业二级资质核定，城市园林绿化二、三级资质核准，房地产估价机构一、二、三级资质核准），对省级2项、市县各8项行政审批事项目录、办事指南及材料清单进行规范。报送涉企登记备案事项13项，对省市县三级行政许可目录、"多证合一、一照一码"改革工作实施方案和整合证照清单提出修改意见。按照"谁设定、谁清理，谁主管、谁负责"的原则，集中开展了"减证便民"专项行动，全面梳理、论证了各类证明和盖章环节，梳理保留省级部门行政审批必要条件的中介服务事项和市场准入负面清单。督导"放管服"改革重点工作落实，起草《陕西省住房和城乡建设厅深化简政放权放管结合优化服务改革重点任务分解落实方案》，指导地市"双随机、一公开"监管系统工作，省级"一单"数量为18项，"两库"中执法人员为157名，市场主体企业名录库23338家，人员235873名。

【优化营商环境】 出台《陕西省住房和城乡建设厅关于深化"放管服"改革全面优化提升营商环境的实施方案》，制定《简化施工许可办理程序行动方案》，办理周期缩短到60个工作日。对标《全球营商环境报告》，以营商环境排名靠前的省市为目标，采取赴外省学习调研、召开座谈讨论会、深入企业论证、书面征求意见等措施，在全面分析、摸清掌握营商环境底数的前提下，围绕减环节、优流程、压时限、提效率的目标，制定《简化施工许可办理工作方案》，与省发改委、省国土厅共同牵头制定了《方便企业获得水电气暖工作方案》和《方便企业办理不动产登记工作方案》。

【依法行政】 下发《关于开展全省住建系统依法行政工作检查调研的通知》，指导各设区市开展依法行政自查工作，赴咸阳市、铜川市开展依法行政工作调研落实。贯彻落实《住房城乡建设部关于印发推行执法全过程记录制度试点实施方案的通知》和《陕西省行政执法全过程记录工作实施方案》要求，赴西安市公安局临潼分局、西安市莲湖区城市管理局实地调研，下发《关于推行行政执法全过程记录制度的通知》，指导市县两级城管单位落实执法全过程记录工作。

【行政复议和诉讼】 针对案件的疑难问题，采取实地调研、座谈讨论等办法，研究案情行政复议案件，进一步提高行政复议应诉人员的办案能力。转发住房城乡建设部《行政复议建议书》，指导全省住建系统行政复议工作。全年已办结19起、正在办理3起行政复议案件。继续推行诉讼案件长效常态化应诉机制，积极应对人民法院2起诉讼案件。

【行业立法】 争取陕西省人大和省政府将《陕西省城市管理综合执法条例》列入了2017年立法计划。向省法制办报送草稿和立法说明，完成立法资料汇编印刷，并两次配合省政府法制办对《条例》进行修改和网上征求意见。向省人大常务会办公厅和财经委上报了《2018年立法计划和2018～2022年立法规划项目建议》，把修订《陕西省物业管理条例》作为2018年的立法项目。拟制《开展释义编写工作方案》，采取政府购买服务的方式，开展了《陕西省民用建筑节能条例》释义编写工作。制定《地方性法规政府规章和文件清理工作实施方案》，开展地方性法规政府规章清理，全省住建系统正在施用的地方性法规24部、省政府规章9部。对《陕西省气候资源开发利用和保护条例》等69部法律法规草案提出了修改意见。

【自贸区和西咸委托下放事宜】 按照陕西省政府令199号要求，制定下放工作方案，与中国（陕西）自由贸易试验区所属6个管委会（杨凌、西咸、高新、经开、国际港务区、浐灞）签订了委托下放省级行政管理事项10项（委托8项，下放2项）。对各自贸区负责行政审批的工作人员进行了集中培训。先后两次向省发改委报送支持西咸一体化和大西安建设的建议，在行政审批改革方面支持大西安建设。

房地产业

【概况】 2017年，陕西省因地制宜，出台房地产市场调控政策，规范住房租赁市场，印发住房租赁合同示范文本和去库存考核办法，持续整顿房地产市场秩序。全省累计完成房地产投资3101.97亿元，同比增长13.3%；房地产开发企业房屋施工面积23630.10万平方米，同比增长6.0%；商品房销售面积3890.40万平方米，同比增长19.2%；商品房待售面积936.86万平方米，增长5.0%。全省房地产去化周期处于合理范围内。

【政策措施】 4月17日，陕西省下发《关于整顿规范房地产开发销售中介行为保持房地产市场平稳健康发展的通知》，继续加大棚改货币化安置力度、发挥公积金支持基本住房需求的作用、积极支持农民工进城购房、加快推行成品住房开发建设。5月18日，会同省国土厅联合下发《转发住房城乡建设部 国土资源部关于加强近期住房及用地供应管理和调控有关工作的通知》。8月30日，起草《关于省十二届人大常委会第三十四次会议对〈省政府关于全省房地产市场去库存及市场调控工作情况的报告〉审议意见整改落实情况的报告》，提出进一步推进全省房地产市场去库存和市场调控工作的整改措施。9月14日，召开全省房地产市场形势分析座谈会，督促各地落实好省政府去库存优结构的11条措施及化解房地产库存工作方案。

【住房租赁市场】 4月17日，下发《关于整顿规范房地产开发销售中介行为保持房地产市场平稳健康发展的通知》要求各设区市认真落实省政府办公厅《关于加快培育和发展住房租赁市场的实施意见》，建立健全租购并举的住房制度，制定科学有效的监管措施，逐步建立住房租赁市场运行监测体系数据统计和分析体系，及时掌握和分析租赁市场运行情况。9月6日，联合省工商局下发《关于印发〈住房租赁合同示范文本〉（试行）的通知》，培育和发展全省住房租赁市场，倡导住房租赁当事人使用本合同示范文本，持续整顿房地产市场秩序，规范住房租赁市场行为，保障住房租赁当事人的合法权益。

【物业管理】 5月16日，联合省国资委下发《关于加强国有企业家属区"三供一业"分离移交工作的通知》，加快推进国有企业职工家属区供水、供电、供热（供气）及物业管理分离移交工作。6月8

日，会同省通信管理局下发《关于加强住宅小区宽带网络建设管理的通知》，全面落实"光纤到户"国家标准，与物业服务企业、开发企业签订排他性协议、阻碍电信业务接入和阻止移动通信基站建设等行为进行查处，解决老旧小区光纤入户难的问题。7月28日，下发《关于做好全省物业服务管理区域高层建筑消防安全排查整治工作的通知》，要求各设区市采取有力措施督促物业服务企业加强高层住宅建筑的消防安全检查工作，开展高层建筑消防安全整治行动，强化高层建筑火灾防控，严防发生重特大火灾事故。

【市场监管】 5月26日，下发《关于落实陕西省涉嫌非法集资风险专项排查活动实施方案的通知》，排查房地产中介机构是否以销售房产，或者假借小产权房、保障房建设从事非法集资活动或向不特定群众吸收资金等行为，堵塞风险漏洞，分类处置化解案件。7月14日，下发《关于开展房地产估价师和房地产经纪专业人员证书挂靠集中治理工作的通知》，开展房地产估价机构、房地产经纪机构及从业人员集中整治，查处从业人员证书挂靠，规范房地产市场中介行为。8月9日，全省开展整顿规范房地产市场秩序情况督查工作，进一步强化全省住房市场监管和整顿，规范房地产开发、销售、中介等行为。11月2日，联合省物价局开展商品房销售价格行为联合检查，查处未明码标价、未按规定"一套一标"等价格违法行为。11月23日，联合人民银行西安分行、省银监局下发《转发住房城乡建设部 人民银行 银监会关于规范购房融资和加强反洗钱工作的通知》，规范购房融资行为，加强房地产领域反洗钱工作，促进房地产市场平稳健康发展。

住房保障

【概况】 2017年，陕西省棚户区改造新开工22.79万套，占年度任务的100.5%；棚改货币安置17.47万套，安置率76.7%；公租房分配新增8.67万套，分配率达到82.89%；新增发放租赁补贴1.49万户，占目标任务的109.8%，全年完成投资873.66亿元，超额完成任务。

【政策措施】 年初，省政府召开保障性安居工程协调领导小组会议和全省保障性安居工程建设工作电视电话会议，与各设区市签订年度目标责任书。修订《陕西省住房保障工作评价考核办法》，经省政府同意印发各设区市。省委考核办将棚改开工和公租房分配纳入各市（区）目标责任考核指标。按季度召开点评会（推进会），各设区市住房保障和棚户区改造部门负责人、省发改、省财政、国开行、农发行等部门负责人参会。制定《2016年全省保障性安居工程跟踪审计发现问题整改方案》和《关于做好2016年省本级保障性安居工程跟踪审计发现问题整改落实工作的函》，明确整改范围、整改时限、整改要求。下发《关于开展全省公租房分配入住专项督查工作的通知》，对政府投资公租房空置问题，由厅领导带队跟踪指导，逐市督查，对问题较多的县（区）政府，实施专项约谈。

【土地资金保障】 年内，会同省国土资源厅一次性下达用地指标1.8057万亩，其中新增建设用地指标0.97万亩，存量建设用地指标0.8357万亩。会同省财政厅、省发改委争取中央资金89.29亿元，其中，中央预算内投资40.02亿元，中央财政专项资金49.27亿元。继续加大省级配套资金，会同省财政厅安排公租房配套设施省级专项补助10亿元。

【棚户区改造】 截至年底，全省两行新增棚改授信773.25亿元（开行636.75亿元、农发行136.5亿元），新增签订合同额587.5亿元（开行451亿元、农发行136.5亿元），新增发放620.1亿元（开行492.7亿元、农发行127.4亿元）。开展了全省棚户区调查摸底，制定了2018～2020年改造规划，上报国家2018年棚改任务计划20.2万套。

【公租房分配】 认真落实省政府办公厅《关于进一步做好公租房有关工作的实施意见》，有效盘活政府投资公租房。每月跟踪统计各设区市公租房分配任务落实到具体项目的进展情况，实行挂牌督办，逐市对接形成清单，下发挂牌督办函，逐项目对账销号。会同省财政厅对全省公租房小区配套基础设施情况进行了再摸底、再调查。经商省财政厅，对红线以内的缺口，拟由省级承担一半，在2018～2019年完成补助。

【和谐社区·幸福家园创建】 下发《关于加快2017年度"和谐社区·幸福家园"创建工作的通知》《关于验收2017年度"和谐社区·幸福家园"创建项目的通知》，进一步明确验收时间、验收步骤、验收内容。全省各设区市对申报省级"和谐社区·幸福家园"创建项目进行了验收。2017年全省新创建"和谐社区·幸福家园"小区335个。

住房公积金管理

【概况】 2017年，陕西省住房公积金新开户单位6027家，实缴单位52705家，净增单位3800家；新开户职工37.59万人，实缴职工367.74万人，净减职工35.93万人；缴存额400.13亿元，同比增长

12.90%。缴存总额2777.21亿元，同比增长17.14%；缴存余额1148.40亿元，同比增长19.15%。提取额220.52亿元，同比下降21.25%；占当年缴存额的5.11%，比上年减少23.93个百分点。提取总额1628.80亿元，同比增长15.77%。发放个人住房贷款7.58万笔240.78亿元，同比下降3.93%、2.06%。累计发放个人住房贷款62.84万笔1280亿元，贷款余额872.94亿元，同比分别增长13.61%、23.15%、22.38%。个人住房贷款余额占缴存余额的76.01%，比上年增加2个百分点。累计发放支持保障性住房建设项目贷款83.10亿元，项目贷款余额12.80亿元。

【政策措施】 3月31日，召开全省住房公积金管理中心主任座谈会，讲评2016年全省住房公积金管理工作情况，对2017年目标任务进行动员部署，签订2017年度住房公积金目标责任书。6月，印发《陕西省住建厅关于进一步扩大住房公积金制度覆盖面工作的指导意见》，引入自主缴存机制，将非公单位和新市民纳入覆盖范围，鼓励扶持非全日制工作的进城务工人员、个体工商户、自由职业者、新进城农业转移人口以及已获得《外国人永久居留证》的外国人，按照自愿原则申请建立住房公积金账户，自主缴存住房公积金。8月，下发《关于进一步规范住房公积金个人住房贷款业务的通知》，规范住房公积金个人住房贷款业务，满足缴存职工贷款需求，保障贷款职工的权益。

【信息化建设】 9月，举办全省住房公积金双贯标工作推进暨信息化建设培训班，以实施"双贯标"（住房公积金基础数据标准贯彻、全国住房公积金结算应用系统上线）和异地转移接续平台建设工作为重点，以现场指导、发函督办等形式，督促各设区市加快推进各地业务系统升级改造工作。截至年底，各设区市住房公积金异地转移接续平台已全部建成上线运行，2个地市中心已开通综合服务平台，10个地市中心"双贯标"工作已通过住房城乡建设部检查验收。

【公积金督察】 以问题为导向，以督导整改、加强风险防控为目标，制定《2017年度公积金督察方案》，印发《关于开展2017全省住房公积金督查的通知》，对全省公积金2016年度问题整改情况、个贷政策落实情况、缴存扩面情况以及会计核算情况等四个方面进行督察，对督察中发现的主要问题下发14份督察员意见书，督导各设区市公积金中心进行整改。

城乡规划

【概况】 2017年，陕西省城乡规划引领作用有效发挥，省政府印发《陕西省沿黄生态城镇规划（2015~2030）》，出台《陕西省城市控制性详细规划备案工作办法》《城市规划管理技术规定》。全省行政村规划编制覆盖率78.44%，丹凤县龙驹街道办何家店村村庄规划编入全国优秀案例集；完成28个重大建设项目规划选址，全省市、县规划区范围内卫星遥控监测实现全覆盖。

【规划编制】 8月17日，省政府印发《陕西省沿黄生态城镇带规划（2015~2030年）》，该规划是陕西首次对沿黄地区发展进行系统性的梳理和规划，也是首次对该区域城镇带进行规划，对进一步推进沿黄地区城镇建设意义重大。开展新一轮《陕西省城镇体系规划》编制工作，完成《陕西省城镇体系规划纲要》，确定了定位、战略、空间布局、交通与支撑体系等核心内容，与省发展改革委配合国家发改委、住房城乡建设部完成《关中平原城市群发展规划》编制，指导西安市完成城市总体规划修改工作，延安市城市总体规划经省政府批准，指导宝鸡市等9个设市城市和靖边县等24个县城按照"多规合一"的思路，做好新一轮城市总体规划编制工作。

【规划管控】 省政府印发《陕西省城乡规划委员会工作章程》。省住建厅配套制定了《陕西省城市控制性详细规划备案工作办法》和《陕西省控制性详细规划备案材料要求》，修订《陕西省城市总体规划审查办法》《陕西省城市规划管理技术规定》，进一步规范城乡规划管理工作。赴河北省住建厅，调研了解河北省控制性详细规划备案、"数字规划"建设、城乡规划信息化规范标准制定、省市县三级信息平台管理共享等信息化建设方面先进经验，举办了全省领导干部规划建设管理培训班。全年办理28个重大项目选址意见书。

【城市双修试点】 争取住房城乡建设部城市设计和"城市双修"工作试点，西安、延安分别被列为第一批、第二批全国城市设计试点城市，西安市、延安市和宝鸡市被列为第二批、第三批"城市双修"试点城市。试点城市以改善生态环境质量、补足城市基础设施短板、提高公共服务水平、塑造城市特色风貌为重点，转变城市发展方式，治理"城市病"，提升城市治理能力，打造和谐宜居、富有活力、各具特色的现代化城市。延安市制定《延安市中心城区双修实施方案》，用4年时间开展"城市双修"工作，把延安建成名副其实的"望得见山、看得见水、记得住乡愁"的宜居宜业宜游生态城市。

【村镇规划】 开展县（市）域乡村建设规划和村庄规划试点工作，安康市汉阴县、丹凤县龙驹街道办何家店村、丹凤县庾岭镇两岔河村和澄城县王庄镇良周村被住房城乡建设部列入示范名单，其中丹凤县龙驹街道办何家店村村庄规划被编入全国村庄规划优秀案例集。全省行政村规划编制覆盖率达到78.44%。

【历史文化街区】 印发《关于进一步加强历史文化街区划定和历史建筑确定的通知》《关于做好历史文化街区划定和历史建筑普查情况的通知》《陕西省重点保护建筑保护类别评定办法》和《重点保护建筑铭牌制作要求》等，推进全省历史文化街区划定和历史建筑划定工作。开展历史文化街区和历史建筑潜在对象的普查和摸底工作，全省有潜在历史文化街区52处，潜在历史建筑583处。会同省文物局开展首批陕西省历史文化名镇、名村、历史文化街区的申报认定工作，制定《陕西省历史文化名镇名村评选办法（试行）》《陕西省历史文化名街认定办法（试行）》，做好住房城乡建设部国家历史文化名城名村专项检查各项工作。

【规划督察】 完成全省13个市区及77个县规划区遥感监测任务。全年监测范围13986.03平方公里，监测变化图斑2310个，提取疑似违建图斑共计2106个，图斑总面积为7638.6公顷。督导有关市政府对3名违规调整规划、违反法定程序规划许可责任人，实施责任追究，予以行政处分。对秦岭辖区县城遥感督察发现的问题及核定的44个问题斑图，下发5份意见书，督促市、县进行整改。

城市建设与市政公用事业

【概况】 2017年，全省设西安、铜川、宝鸡、咸阳、渭南、延安、汉中、榆林、安康、商洛10个省辖市和西咸新区、杨凌农业高新技术产业示范区以及兴平、华阴、韩城3个县级市。城区面积2590.92平方公里，城区人口982.76万人，城区暂住人口70.57万人，建成区面积1258.05平方公里；用水普及率93.71%，燃气普及率93.60%；建成区供水管道9284.45公里，人均城市道路面积17.31平方米；建成区排水管道9589.68公里；人均公园绿地面积12.66平方米，建成区绿化覆盖率39.88%，建成区绿地率35.74%。全省常住人口城镇化率56.79%。

全省城镇污水处理率达到85.3%，垃圾无害化处理率88.6%；西咸新区国家海绵城市建设试点和西安、延安、铜川、宝鸡4个省级试点城市进展良好，全省开工建设海绵城市项目174个、地下综合管廊142.9公里。关中城市车行道机械化清扫率达92%以上，其他城市达75%以上。稳步推进城市执法体制改革；创建国家园林城市2个，国家园林县城5个；省级生态园林城市2个，省级生态园林县城2个，省级园林县城1个。

【城市管理执法体制改革】 开展为期一年的"强基础、转作风、树形象"专项行动，全省各市县出台行动方案122个，推广执法全过程记录制度。全省10个设区市及杨凌示范区、韩城市均出台了城管执法体制改革实施方案，设置市级城市管理综合执法机构，城管执法制式服装换装结束。

【县城建设】 3月，起草《关于县域城镇建设的调研报告》，上报省政府。会同省发改委代拟《关于加快县域经济发展和城镇建设的若干意见》，8月，省委、省政府印发全省实施。做好《关于加快县域经济发展和城镇建设的若干意见》的贯彻落实工作。制定《县域城镇建设行动计划》，依据资源禀赋、特色优势、区位特点、发展潜力对全省76个县城进行分类，明确发展定位、目标和路径。与省财政厅联合下发《关于组织申报县城建设专项资金的通知》，18个县入选2017年省级县城建设专项资金支持县，下达2017年度专项资金。开展县城基础设施建设省级试点的评选考察，6个县入选试点县城。省政府授予周至县、岐山县、三原县、宜君县、蒲城县、洛川县、洋县、平利县、丹凤县、榆林市横山区10个县（区）为"2017年度全省县城建设先进县"称号。

【综合管廊和海绵城市建设】 下达各设区市2017年地下综合管廊开工建设任务111.3公里，实际开工建设长度142.9公里。各设区市编制完善海绵城市建设专项规划，加快落实建设项目，全省开工建设海绵城市项目174个，其中竣工项目79个，在建项目95个，完成投资116.56亿元。分别在西安、铜川召开全省地下综合管廊建设、海绵城市建设工作现场会，对宝鸡、延安、杨凌等部分城市进行了现场督查。会同省财政厅下达2017年地下综合管廊和海绵城市建设省级试点专项资金，支持试点城市建设。转发住房城乡建设部《关于通报2016年度海绵城市试点绩效评价情况的函》，配合住房城乡建设部对西咸新区海绵城市建设试点工作进行检查，确保国家试点建设任务完成。

【园林城市创建】 印发《2017年全省园林城市（县城）创建工作方案》举办园林城市（县城）创建工作专业技术培训办。按照新的国家园林城市创建系列标准，对省级园林城市创建相关标准进行修订，印发《陕西省园林城市系列标准》《陕西省园林城市系列申报评审管理办法》和《陕西省园林式单位和居住区标准》《陕西省园林式单位和居住区评选办法》。对10个申报创建省级（生态）园林城市（县城）的市县进行了技术调研。

【城镇污水垃圾监管】 下发《省住房和城乡建设厅关于贯彻落实〈陕西省水污染防治2017年度工作方案〉的通知》和《关于贯彻落实河长制实施方案的通知》，确定各设区市污水和生活垃圾处理率年度考核指标并按月通报。指导西安、宝鸡加快污泥处置试点建设，西安市试点项目已点火试运行；宝鸡市试点项目已开工建设。指导各设区市开展黑臭水体排查，向社会公布结果。铜川、渭南市黑臭水体完成整治、评估，上报住房城乡建设部销号；榆林市榆阳河、沙河已完成整治工程。下发《陕西省城镇非正规生活垃圾填埋场专项整治方案》，配合省发改委下发《陕西省生活垃圾分类制度实施方案》，开展环卫作业管理培训，全省各设区市、县环卫主管有关负责同志、垃圾处理场业务骨干300余人参加。

【城市道路清扫】 下发《关于加强全省城镇环卫精细化管理工作的通知》《关于进一步加强城市道路机械化清扫工作的通知》，贯彻落实《陕西省铁腕治霾2017年扬尘治理专项行动方案》，各设区市不断提升城市道理机械化清扫率，减少城市道路扬尘，着力破解生态环境质量不优的难题。

【风景名胜区】 下发《关于开展全省风景名胜区资源保护和规划建设管理工作执法检查的通知》，8~10月，对全省9个风景名胜区进行执法检查，检查结果进行通报；按照住房城乡建设部要求，对华山、洽川、骊山、天台山等4个国家级风景名胜区疑似违建图斑进行核查；提请省规委会对《临潼骊山风景区总体规划（修编）2017~2030年》进行审议，组织专家对《宝鸡天台山风景名胜区总体规划》进行技术评审。

【节水供水】 4月17日，印发《关于进一步加强城乡饮用水水质保障工作的通知》，强化全省城乡饮用水水质保障工作。印发《关于开展2017年度全省城市供水和城镇污水处理规范化管理考核的通知》，组织专家开展对全省城市供水和城镇污水规范化管理考核工作。6月，与省发改委下发《关于开展陕西省节水型城市创建工作的通知》和《关于开展陕西省节水型企业（单位）、小区创建工作的通知》，对宝鸡市创建节水型城市工作进行复检，对延安市创建省级节水型城市工作进行考核验收，12月20日正式命名。

【燃气热力】 全年燃气工程设计技术评议70个，通过70家，其中21个项目因初步设计不符合要求，进行了复审。对1482个燃气器具产品从生产企业资格，产品质量，售后服务等方面进行了审查和注册登记，评选出30个老百姓喜爱的燃气灶具系列，强化了对燃气器具的管理，提高了燃气器具的使用安全。在西安、延安等地举办了12期燃气行业从业人员培训班，通过广播、电视、报纸等媒体加大城镇供热体制改革宣传力度，使老百姓充分认识改革的重要性和必要性以及改革后所能得到的实惠。采用EMC的方式，进行采暖系统节能改造试点工作。两次下发文件，对冬季供暖工作做出安排部署。11月，省政府办公厅印发《关于加快推进关中地区"煤改气"有关工作的通知》，落实省委、省政府铁腕治霾工作部署，加快建设完善长输管网、城镇配网和储气调峰设备，推行对"煤改气"采暖锅炉的直供、点供等供气方式，保障气源生产供应，降低用气成本。

【西安地铁】 加快地铁5号线、6号线、9号线和1号线二期工程建设。4月28日，地铁5号线一期工程首座车站封顶；5月15日，地铁1号线二期工程首座车站封顶；9月19日，地铁6号线首台盾构机顺利始发；12月20日，地铁4号线实现"长轨通"。

村镇规划建设

【概况】 2017年，陕西省共有乡镇1004个，其中建制镇981个、乡23个，行政村17962个；镇域户籍人口2386.33万人，乡域户籍人口25.38万人，村庄户籍人口2127.92万人。全省35个重点示范镇完成投资116.78亿元，同比增长1.12%，占年度任务的145.98%；31个文化旅游名镇（街区）完成投资42.23亿元，同比增长8.93%，占年度任务的140.77%。两镇新增镇区人口9.7万人，镇区面积扩大10.1平方公里，吸纳2.6万贫困人口进镇就业，实现旅游人数2372.75万人次，旅游综合收入113.97亿元。4A级景区和3A级景区分别达到12个和15个；9个镇进入全国特色小镇名单；20个跟踪指导考核的市级重点镇完成投资47.5亿元，镇均投资2.38亿元。全省已形成以全国特色小镇、全国重点镇、省级重点示范镇、文化旅游名镇、市级重点镇为主的多层次小城镇发展格局。完成国家下达的4.31万户危房改造任务，1.57万户年度脱贫对象全部达标入住。全省农村危房改造工作被列入国务院办公厅2017年落实有关重大政策措施真抓实干成效明显地方予以督查激励通报。

【两镇建设】 省政府召开"两镇"建设工作领导小组会议和小城镇建设电视电话会议，安排部署2017年工作，下拨"两镇"建设财政补助资金及2016年度小城镇建设先进镇奖励资金5.53亿元。与国开行、建行联合发文，探索开发性金融、商业金融支持小城镇建设，71个镇获得国开行支持53.55亿元。对沿黄3市13县（市）的18个镇进行实地调研，加快沿黄5个跟踪指导考核市级重点镇建设。分季度召开"两镇"观摩讲评推进会，采取无人机航拍等新技术掌握各镇项目建设进度。3月24日，全国特色小城镇培训会议上陕西作交流发言。6月2日，省政府和清华大学主办的新型城镇化建设高峰论坛上，省住建厅承办了特色小镇分论坛，并作了专题发言。

【农村危房改造】 2017年，是陕西省农村危房改造与脱贫攻坚相结合的起步之年。全省各地积极探索农村危房改造助力脱贫攻坚的有效做法，农村危房改造工作全国排名第三，受到国务院通报表彰，被列为全国五个督查激励省份之一。

省住建厅按照中省脱贫攻坚决策部署，紧紧围绕建档立卡贫困户"住房安全有保障"目标和年度减贫任务，成立了全省农村危房改造脱贫办公室，建立省市县三级住房城乡建设部门领导包抓机制，实行"省包市、市包县、县包镇村户"。会同省发改、省财政、省扶贫、省国土、省民政、省残联等部门，印发《关于加强建档立卡贫困户农村危房改造工作的实施意见》等一系列政策，规范农村危房改造对象认定、资金管理、质量管理、档案管理、信息系统等工作。精准认定四类农村危房改造重点对象14.3万户（其中，建档立卡贫困户12.3万户，低保户、分散供养特困人员、贫困残疾人家庭1.9万户）。建立《全省农村危房改造台账（2017～2019）》。省财政投入2.2亿元，将省级补助标准由户均2500元提高到户均5000元，制订分类补助标准，明确不同地区、不同类型、不同档次补助标准。

编印《口袋书》《明白卡》以及危房鉴定、加固改造技术指南和图集，因地制宜，树立"低成本改造与保留传统风貌相结合、危房改造与改善农村人居环境相结合、农村危房改造与产业扶贫相结合"的一批典型，抓点示范，引领带动，既减轻贫困群众建房负担，又保留农房传统风貌；既改善农村人居环境，又解决贫困群众收入问题。推广大荔加固改造技术，通过统建农村集体公租房、修缮加固现有闲置公房，置换或长期租赁村内闲置农房等方式，兜底解决自筹资金和投工投料能力极弱贫困户住房安全问题。全省精选138名危房改造专家，组建陕西省农村危房改造专家组，分片区开展技术指导、农村工匠培训和质量安全检查，全年累计培训农村工匠297场次、30186人次。

全年累计开工77423户，竣工73716户，超额完成了国家下达的4.31万户农村危房改造任务，实现1.57万户年度脱贫对象全部达标入住。

【农村人居环境】 全省82.56%的行政村农村生活垃圾、27.8%的行政村生活污水处理得到有效治理，行政村改厕率达到69.99%、绿化覆盖率达到33.63%、自来水普及率达到93.15%、电网改造率达到95.37%、村庄道路硬化率达到93.43%。开展为期2个月的农村垃圾治理专项行动，集中整治了农村生活垃圾乱堆乱放乱倒问题，22个县（区）农村生活垃圾治理抽查验收，其中18县（区）通过省级验收。宝鸡市眉县等4个全国农村污水治理示范县污水治理初见成效。20个省级农村生活污水治理示范县工作开始启动。

【传统村落保护】 41个村落列入第四批中国传统村落名录，获得中央支持资金1.23亿元，列入中国传统村落名录已达71个。152个村落列入第二批陕西省传统村落名录，列入省级传统村落名录已达323个。住房城乡建设部等七部门公布"2017年列入中央财政支持范围中国传统村落名单"中，陕西西安市蓝田县葛牌镇石船沟村等14个村落名列其中；"2018年列入中央财政支持范围的中国传统村落名单"中，陕西省西安市周至县厚畛子乡老县城村等27个村落名列其中。

【表彰奖励】 省政府表彰奖励"2017年度小城镇建设先进镇"。眉县汤峪镇、杨陵区五泉镇、宝塔区河庄坪镇、蓝田县汤峪镇、黄陵县店头镇、延川县永坪镇、南郑区大河坎镇、凤翔县柳林镇、阎良区关山镇、长武县亭口镇等10个镇为"2017年度省级重点示范镇建设先进镇"；宁强县青木川镇、山阳县漫川关镇、绥德县名州街区、丹凤县棣花镇、勉县武侯镇、延川县文安驿镇、旬阳县蜀河镇、石泉县城关街区、镇安县云盖寺镇、洋县华阳镇等10个镇为"2017年度文化旅游名镇（街区）建设先进镇（街区）"，每镇奖励100万元。平利县长安镇、陈仓区周原镇、韩城市西庄镇、蓝田县华胥镇、神木市大保当镇、洛南县四皓街办、延川县乾坤湾镇、临渭区下邽镇、城固县桔园镇、泾河新城泾干镇（茯茶小镇）等10个镇为"2017年度市级重点镇建设先进镇"，奖励采取"以奖代补"方式一次性奖励每镇600万元专项资金和600亩城乡建设增减挂钩用地指标、新增建设用地指标。

勘察设计和标准定额

【概况】 2017年，陕西省勘察设计行业稳步发展，勘察设计行业企业总产值570.7亿元，超额完成全年目标任务。拥有工程院士2人，国家级勘察设计大师24人，省级勘察设计大师30人。

【政策措施】 1月20日，出台《陕西省建设工程勘察设计企业监督管理办法》，进一步规范各类勘察设计市场活动，强化事中事后监管。4月，召开全省工程勘察设计工作座谈会，对《陕西省建设工程勘察设计企业监管办法》进行解读，通报全省勘察设计行业情况，对陕西省勘察设计行业管理信息系统运行情况进行了培训，安排部署全省勘察设计重点工作。5月，下发《关于开展全省工程勘察设计企业动态监督检查的通知》，全省各设区市开展动态检查。7月下旬，省住建厅对全省28家企业进行监督检查，抽检30个工程勘察设计项目，发现问题75条，对16家勘察设计企业进行通报。其中，清除出陕西市场的4家，限期整改的10家。印发的《陕西省优秀工程勘察设计奖评选办法》，增加了岩土工程、人防工程、建筑结构、建筑环境与设备、建筑智能化、园林景观、建筑电气、抗震防灾、传统建筑、绿色建筑、工程项目管理等优秀工程勘察设计专项奖，按其专业类别分设一、二、三等奖。逢单年评选优秀工程设计奖（建筑、市政类）、优秀工程勘察奖、优秀工程建设标准设计奖和优秀工程勘察设计专项奖；逢双年评选优秀工程设计奖（工业类）和优秀工程勘察设计计算机软件奖。

【勘察设计大师评选】 修订《陕西省工程勘察设计大师评选办法（试行）》。年底，开展了第二届陕西省勘察设计大师评选工作，成立了勘察设计大师评选领导小组和以张锦秋院士任主任委员的评选专家委员会。通过全省勘察设计单位从业人员个人申请、单位推荐、专家委员会集中评审提名和网上公示等环节，评选出第二届陕西省勘察设计大师10名。

【工程建设地方标准】 编制工程建设地方标准（含标准设计）15项。修订全省工程建设标准体系，编制城镇综合管廊施工与质量验收、海绵城市规划设计、移民（脱贫）搬迁建设规划、绿道规划设计等方面的标准。完成《住宅厨房、卫生间装配式排气道系统技术规范》《黄土地基病害勘察与治理技术规程》《停车场（库）设置及交通设计技术规范》等工程建设标准。编制完成《泡沫陶瓷保温板外墙外保温系统图集》《装配式混凝土结构构造节点图集（剪力墙结构）》《YT无机墙体隔热保温系统》等6项标准设计。开展《陕西省城镇综合管廊管线入廊标准》《村镇装配式承重复合墙结构居住建筑设计规程》《热处理带肋高强钢筋混凝土结构技术规程》等新技术标准的立项工作。10月26日，举办全省《陕西省海绵城市规划设计导则》和《陕西省城镇综合管廊设计标准》两项工程建设标准宣贯培训班，就标准的编制背景、适用范围以及主要内容进行解读，各市县建设行政主管部门、相关勘察设计企业技术负责人等240多人参加了此次宣贯培训会。

【全过程工程咨询试点】 全过程工程咨询试点工作是住房城乡建设部推动完善工程建设组织模式，培养有国际竞争能力企业的重要举措。经积极争取，陕西的中建西北院成为住房城乡建设部支持的全过程工程咨询试点企业。该院制定有关试点方案，并组织实施。通过试点以点带面积累全过程工程咨询服务经验，推动全省勘察设计企业创新运行机制提升企业竞争能力。

工程质量安全监管

【概况】 2017年，陕西省工程质量安全监管水平进一步提升，7个项目获得中国建设工程（国家优质工程）"鲁班奖"，10个项目获国家"优质工程奖"，46项工程获陕西省建设工程"长安杯奖"，87个项目为2017年省级文明工地。全省住房城乡建设部门监管的房屋和市政工程共发生建筑施工安全生产事故5起，死亡10人，安全生产形势总体比较稳定。

【工程质量安全提升】 4月1日，印发《陕西省工程质量安全提升行动方案》，贯彻落实《国务院办公厅关于促进建筑业持续健康发展的意见》精神，巩固工程质量治理两年行动成果，坚持企业管理与项目管理并重、企业责任与个人责任并重、质量安全行为与工程实体质量安全并重、深化建筑业改革与完善质量安全管理制度并重，构建质量安全提升长效机制，全面提升全省工程质量安全水平。6月份，对全省工程质量安全提升行动开展情况进行了督导检查，抽查工程项目60个，累计面积372.9万平方米，下发执法建议书12份，对检查发现的问题隐患和典型案例进行了通报。截至年底，全省采用"四不两直"和明察暗访等形式共开展监督执法检查2747次，检查工程10392项，下发监督执法检查整改单6031份，下发行政处罚书315份，实施信用惩戒226起，曝光违法违规典型案例65起。

【建立专家库】 印发《关于建立陕西省建设工程质量、安全、检测及建筑市场专家库的通知》，在全省建设工程质量、安全、检测及建筑市场等方面建立专家库，431名专家入库，其中质量类专家232名，安全类专家129名，建筑市场类专家33名，检测类专家31名。充分发挥行业专家对建筑市场管理和建设工程质量安全工作的技术支撑作用。

【专项整治】 持续开展建筑施工安全生产专项整治、"企业安全生产主体责任执法年"、轨道交通质量安全监督检查、工程质量检测机构专项检查、消防安全排查整治、"安全生产月""防灾减灾日"等各项活动，强化隐患排查整治，及时消除施工现场存在的安全隐患。重点组织对深基坑工程、模板支撑系统、起重机械、市政基础设施工程安全管理情况、安全生产主体责任落实情况和安全专项施工方案管理情况进行全面排查，督促企业及项目认真开展自查自纠，对存在的问题隐患进行全面整改。截至年底，全省开展安全执法行动1548起，查处非法违法行为1292起，下发停工通知单247份，下发整改通知单2434份，共处罚款37.3万元，排查施工企业3099家，排查出一般隐患6110项，其中已整改5946项，整改率98%。

【安全生产月】 下发《关于开展2017年住房城乡建设系统"安全生产月"活动的通知》，对全省住房建设系统开展"安全生产月"活动进行全面部署。6月16日，全省各设区市均开展"安全生产宣传日"活动。省住建厅印制发放《安全生产法》《工程项目施工人员安全指导手册》等10余种宣传宣传资料12000余册（份）。各设区市建设行政主管部门结合本地实际，细化活动方案，精心组织实施，领导和机关带头参与具体活动，围绕"全面落实企业安全生产主体责任"这一主题，分别开展安全承诺、签名、演讲等宣传教育活动，组织企业宣传安全生产法律法规和应急救援等科普知识，营造了浓厚的安全生产氛围。

【安全生产大检查】 7~10月，全省住建行业开展了建筑施工安全生产大检查活动，成立了由厅主要领导任组长的全省建筑施工安全生产大检查工作领导小组，强化大检查工作的组织领导，确保各项工作落实。9月份，对全省建筑施工安全生产大检查活动开展情况进行督查，抽查在建房屋建筑工程项目68个，建筑面积464.39万平方米，下发执法建议书16份，督查情况通报全省。

【扬尘污染防治】 持续抓好《陕西省建筑施工扬尘治理措施16条》的贯彻落实。3月，下发《陕西省扬尘污染专项整治行动方案》和《陕西省建筑施工扬尘污染专项整治工作市级单位考核办法（暂行）》，认真落实《陕西省"铁腕治霾·保卫蓝天"2017年工作方案》要求。建立月报制度，印发《关于增加建设工程扬尘治理专项措施费及综合人工单价调整的通知》，将施工扬尘治理费用列入工程造价，确保施工企业做好施工扬尘资金保证。9月，抽查在建工程项目68个，对扬尘防治工作较差的工地一律要求停工整改，在全省进行通报批评。针对秋冬季节雾霾多发的特点，印发《2017秋冬季大气污染防治攻坚行动方案》，督促各级住房城乡建设部门主动作为，加大检查频次，不定期进行明查暗访，对扬尘治理措施落实不到位企业加大处罚力度，有效治理建筑工地和道路扬尘污染。

【文明工地】 11月9日，召开第21次全省文明工地暨施工扬尘防治现场观摩会，对2017年文明施工现场观摩工地进行表彰，西安市城乡建设委员会、西咸新区规划建设局、宝鸡市城乡建设规划局、汉中市城乡建设规划局等4个住房城乡建设主管部门和被评为2017年全省文明工地暨施工扬尘防治现场会14个观摩工地项目、6个表扬工地项目在全省通报表彰，对获奖的20个参与项目建设的企业记良好行为一次。1000多名全省住房城乡建设行政主管部门、工程质量安全监督机构负责人和企业代表到受表彰的工地进行现场观摩，有效促进全省建筑施工安全生产水平整体提升。2017年命名省级文明工地87个。

建筑市场

【概况】 2017年，陕西省建筑业完成总产值6227.47亿元，同比增长16.9%，位列全国第14位；实现增加值2228亿元，同比增长14.7%，占全省GDP的10.17%；省外完成建筑业产值1924.21亿元，外向度达33%左右。新增特级企业6家、一级总承包和专业承包75项，建筑企业市场竞争实力明显提升。

【政策措施】 省政府出台《关于促进建筑业持续健康发展的实施意见》，省住建厅下发《关于扶持建筑业龙头企业加快发展的通知》《陕西省装配式（混凝土结构）项目招标投标活动的暂行意见》《关于加大扶持贫困县建筑业发展的通知》等配套措施。坚持对本省优势企业重点扶持与"筑巢引凤"两轮驱动，鼓励企业"走出去"发展的同时，确定64家重点扶持优势企业，采取"一企一策"帮扶举措，邀请专家上门把脉，指导陕建第六集团、中建七局四公司等大型骨干企业成功晋升特级资质。吸引中建三局西北公司、中建八局西北公司等优势企业成功在陕落户，带动全省建筑业发展。

【劳务用工改革】 6月6日，召开全省劳务用工制度改革试点工作现场观摩推进会，结合住房城乡建设部赋予陕西省推进建筑业专业作业企业发展调研课题任务，探索建筑专业作业企业管理、职业技能培训与鉴定、加强班组建设等重点难点问题。西安市率先在全省启用建筑劳务用工平台、全面实行建筑工人实名制管理，并在全国建筑工人实名制管理平台建设课题研讨会上作经验交流，建筑劳务用工制度试点工作取得了阶段成效。

【信用体系建设】 研发启用工程项目中标备案系统和劳保统筹管理系统，不断优化完善施工许可管理系统、竣工验收备案系统等子系统功能。下发《关于加强建筑业企业入库工程业绩管理的通知》，加强工程业绩入库管理和信息采集，充实完善企业、人员、项目、信用"四库"数据信息。11月，对各设区市通过一体化平台办理施工许可证、竣工验收备案及关键岗位实名制实施情况进行通报。截至年底，全省入库建筑业企业12658家、项目37037个、注册执业人员127.94万人，良好行为记录1851条，不良行为记录718条。

【市场监管】 充分运用信用化手段，延长市场管理触角，实现"市场"与"现场"有机联动，加大施工现场关键岗位实名制管理推行力度。进入实名制管理系统的项目2876个，组织实名考勤的项目946个。先后开展了建筑企业资质动态考核和拖欠农民工工资专项检查、中介机构专项治理、严厉打击围标串标专项行动。

【对外承包】 全年对外承包工程新签合同额37.07亿美元，增长5.0%；完成营业额39.09亿美元，同比增长60.9%。

【工程监理和造价】 下发《陕西省关于工程监理造价咨询和招标代理企业执业行为进行专项检查的通知》，编制《关于对造价咨询企业和招标代理企业执业行为进行专项检查（省级抽查）方案》，8月29日至9月15日，分4个检查组分别对陕北、陕南、关中、西安进行为期18天的专项检查工作。印发《关于对全省工程监理造价咨询和招标代理企业执业行为专项检查情况的通报》和《关于对陕西恒德建设工程有限公司等134家单位涉嫌串通投标行为的通报》。将原《陕西工程造价管理信息》和《陕西工程造价管理信息材料信息价》两本刊物合并为一本刊物《陕西工程造价信息》，季刊和双月刊变成为月刊。全年完成新增工程造价专业从业人员的初始登记注册200人，完成造价员省内变更注册的504人，增项专业40人，遗失印章补办40人，发放印章402人。

【劳保统筹】 开展《陕西省建筑业劳保费用行业统筹管理实施细则》，政策宣传活动，全省8个市（区）的103个县级统筹机构、700多家建筑企业、860多人次参加了宣贯培训。省住建厅、省财政厅印发《关于进一步加强建筑业劳保费用收缴管理的通知》，明确收缴任务和要求。按照"谁分管、谁主抓、谁负责"的原则，建立完善省、市、县三级收缴管理体系，逐级下达收缴任务指标，层层分解目标任务，落实收缴工作主体责任。全省全年收缴劳保费37.01亿元，较上年同期增长26.7%。

建筑节能与科技

【概况】 2017年，陕西省建筑节能与科技系统认真贯彻实施《陕西省民用建筑节能条例》，制定完善绿色建筑、装配式建筑的管理办法及细则，建立完善发展机制，装配式建筑新建项目113.38万平方米，入选国家装配式建筑产业基地2个，认定省级产业基地2个；新增绿色建筑项目156个、1495.88万平方米。

【绿色建筑】 与省财政厅联合印发《关于加强和规范绿色建筑管理工作的通知》，明确绿色建筑施工图审查等要求，将绿色建筑纳入建设工程管理程序，严格实施四类建筑强制性执行绿色建筑标准的要求，提升绿色建筑市场化发展水平。推荐住房城乡建设部2017年度建设科技计划项目20项，其中，绿色施工科技示范工程项目13个，绿色园区示范工程1个，软科学及科研开发项目6个。截至年底，全省年度新增绿色建筑一星级项目138个、二星级项目16个、三星级项目2个；取得绿色建筑评价标识项目152个、通过施工图审查的项目4个，占新建建筑比例为34.73%，超额完成年度目标任务4.73个百分点。

【装配式建筑】 3月17日，省政府办公厅印发《关于大力发展装配式建筑的实施意见》。之后，西安、铜川、韩城市政府相继出台大力发展装配式建筑的实施文件，省住建厅健全完善装配式建筑建设政策体系、完善工作机制，制定《装配式建筑工作方案》，召开装配式建筑工作交流推进会议、项目观摩等活动，宣讲《关于大力发展装配式建筑的实施意见》，开展装配式建筑的技术及案例展示，组织装配式建筑试点示范，引导培育产业基地等形式，积极推进装配式建筑项目建设。截至年底，全省建成投产混凝土结构建筑预制构部件生产企业4家、钢结构建筑预制构部件生产企业1家，完成厂房及生产线建成的混凝土预制构件生产企业2家；陕西省建工集团、西安建工集团入选国家装配式建筑产业基地。争取省级财政支持，年度新增并下达地市装配式建筑专项资金1500万元。全年开展规划设计的项目31个177.31万平方米，新开工项目14个130.39万平方米。

【科技创新与推广应用】 围绕中深层地热能、海绵城市建设等技术领域，组织实施科技攻关。按照公开征集、专家资料盲审、会议评审、厅务会的程序研究确定25个建设科技计划项目。开展被动式超低能耗建筑关键技术研发及集成示范、钢结构绿色建筑及工业化研究与示范、全装修成品住宅关键技术及集成示范等行业发展需求梳理、凝练工作，组织省住建系统企业及科研院所申报省科技计划项目23个，立项8个。会同省国土厅、省发改委、省水利厅、省环保厅、省财政厅5部门制定《关于地热能供热的实施意见》。7月27日，召开全省地热能采暖交流观摩会，宣讲中深层地热能采暖技术的发展、应用情况，观摩了项目，省发改委、省国土厅、省环保厅相关负责人分别就中省地热能供暖政策进行解读。指导西咸新区沣西新城能源发展有限公司、陕西省四季春清洁能源公司对无干扰地热能供热技术进行梳理，向住房城乡建设部报送了技术推广提案。地热能供热年度在建项目135万平方米。

【建筑能耗监测管理平台】 从省、市（县）建筑节能管理的需求出发，以通用性、专业性、友好性和可靠性为原则，对全省建筑能耗动态监测管理平台系统进行优化升级。西安市、沣西新城、各级机关事务管理部门组织实施在线监测系统建设的建筑205栋。

人事教育

【队伍建设】 制定《省住建厅选拔任用干部实施细则》。对4名试用期满的厅机关处长、4名招录公务员和5名军转干部进行考察和正式任职；落实1名援藏同志的专业技术待遇；赴西藏阿里地区慰问援藏干部。对接安排10名地市挂职干部到厅机关挂职锻炼。开展专项检查，规范退（离）休领导干部在社团兼职。

【干部管理】 严格落实领导干部个人事项报告工作，省住建厅系统128名处以上干部填报个人信息并及时录入系统。对13名随机抽查对象填报内容全面核实；完善干部档案专项审核，将结果及时报省委组织部；与省编办协调沟通，制定事业单位整合精简方案报省编办审批同意。57名干部参加省委组织部、省人社厅等部门组织的专题培训；承办全省领导干部提高城市规划建设管理培训班；40名干部参加"三秦大讲堂"和"公务员大讲堂"讲座；举办三期干部履职专题讲座；安排5名阿里住建系统干部到省质监站、厅机关跟班学习；组织干部积极参加网络培训。到年底厅机关干部培训覆盖率达到100%。

【人才培养】 推荐8名同志为国家百千万人才工程候选人，规范开展专业技术人员职称评审工作。规范现场专业人员岗位培训考核，顺利完成3月份全省统一考试。指导各地认真做好建筑工人职业培训，依托全省建筑工人职业培训考核机构，年度培训建筑工人5.23万人。完成全省建筑工人培训信息与住房城乡建设部系统数据对接。

【落实三项机制】 完善《全省住房城乡建设行业追赶超越工作方案》，"十三五"期间，保障性安居工程建设管理等7项工作继续保持处于全国前列，建筑业发展等5项工作加快追赶速度、指标排名力争进入全国前列，重点示范镇和文化旅游名镇建设等5项工作发展创新模式在全国具有示范作用或有一定影响。将"三项机制"与目标责任考核以及干部选拔任用工作紧密对接，让能干事、干成事的干部得到褒奖、获重用；让敢担当、敢创新的干部没顾虑、有舞台；让不适应、不作为的干部受警示、让位子。每季度向省考核办、省委组织部报送追赶超越任务完成情况总结，以及落实"三项机制"工作总结。

【精准扶贫】 认真履行扶贫团牵头单位作用，先后4次召开扶贫团成员联席会议，传达中央和省上相关政策，制定年度计划和推进措施，夯实帮扶责任。驻村工作队履行驻村职能，对4户贫困户实施养殖产业帮扶，对8户实施危房改造，对6户实施移民搬迁，为3户家畜饮水困难打井取水；坚持分类施策，加大产业扶持和技术服务，联系靖边畜牧局选派1名专家具体负责帮扶村的养殖技术指导、产业扶持户的技术培训和疾病预防工作。联系有关单位及院校赴包扶村、镇开展教育助学活动，向包扶村小学捐赠图书600余册、文体用品478件，帮助32名贫困家庭学生入学深造。14名厅级领导、22名处级干部及驻村工作队与贫困户结对帮扶。

大事记

1月4日，陕西省政府召开全省建档立卡贫困户农村危房改造工作电视电话会议，副省长庄长兴出席会议并讲话。省住建厅党组书记、厅长杨冠军安排布置2017年农村危房改造工作。

1月5日，陕西省住建厅转发陕西省重污染天气应急指挥办公室《关于发布关中地区重污染天气区域Ⅱ级预警的通知》，要求各地按照《关于印发全省重污染天气扬尘控制方案的通知》精神，及时启动预警响应。

1月6日，省住建厅印发《陕西省城镇住房发展"十三五"规划》等18个专项规划，要求各设区市住房和城乡建设系统认真贯彻执行，确保各项规划任务落实。

1月11日，陕西首批22项有关海绵城市、综合管廊和装配式建筑设计、建设、管理以及施工的工程建设地方标准，正式发布实施。

1月12日，省住建厅调整厅安全生产委员会组成人员和职责分工。

1月13日，省住建厅召开厅安委会全体会议，传达贯彻全国安全生产电视电话会议精神，安排部署国务院安委会安全生产巡查反馈意见整改工作。

1月20日，省住建厅下发《陕西省建设工程勘察设计企业监督管理办法》，3月1日起施行。

1月23日，全省住房城乡建设工作会议在西安召开。

1月25日，省住建厅下发通知，要求全省建设行业认真贯彻落实1月11日全国安全生产电视电话会议和1月22日省安委会全体会议精神。

2月8日，省住建厅印发《关于停止受理物业服务企业资质认定的通知》，从国务院发布之日起，停止受理物业服务企业二级及以下资质认定工作，二级升一级资质申报资料不再受理。

2月10日，省住建厅发布新的《陕西省园林式单位和居住区标准》。

3月3日，省政府新闻办举行《陕西省2017年铁腕治霾"1+9行动方案"》新闻发布会。

3月14日，省住建厅印发《陕西省扬尘污染专项整治行动方案》，贯彻落实《陕西省"铁腕治霾·保卫蓝天"2017年工作方案》。

3月16日，"陕西省建筑行业劳动保障费用统筹综合管理平台项目建设"验收会召开。

3月22日，省住建厅召开"扶持建筑企业做大做强走出去"座谈会。

3月29日，省政府办公厅印发《关于大力发展装配式建筑的实施意见》。

4月1日，省政府召开沿黄城镇带建设工作座谈会，省委常委、副省长、省委宣传部部长庄长兴出席并讲话。

同日，经省政府同意，省住建厅制定印发《陕西省住房保障工作评价考核暂行办法》，进一步完善住房保障考核机制。

同日，省住建厅印发《陕西省工程质量安全提升行动方案》，进一步提升工程质量安全水平，促进建筑业持续健康发展。

4月26日，全国住房城乡建设系统计财工作座谈会在西安召开，住房城乡建设部计划财务外事司司长张兴野出席会议并讲话，省住建厅副厅长任勇致辞。

4月27日，中华全国总工会"关于表彰2017年全国五一劳动奖和全国工人先锋号的决定"中，陕西有3个班组被授予"全国工人先锋号"。

同日，省住建厅召开全省工程勘察设计工作座谈会，学习《陕西省建设工程勘察设计企业监督管理办法》。

4月28日，省住建厅召开全省脱贫攻坚农村危房改造工作会议。

5月3日，省住建厅印发《陕西省园林城市系列标准》和《陕西省园林城市系列申报评审管理办法》。

5月8日，省住建厅印发《陕西省建筑施工扬尘污染专项整治工作市级单位考核办法》（暂行）。

5月9日，住房城乡建设部等七部门公布2017年列入中央财政支持范围中国传统村落名单，陕西西安市蓝田县葛牌镇石船沟村等14个村落入选。

5月11日，省住建厅在全省设立建设工程质量、安全、检测及建筑市场专家库。

5月20~21日，2017年度陕西省二级建造师执业资格考试在西安举行。

5月25日，省住建厅印发《陕西省建筑施工安全生产标准化考评实施细则》，要求各地认真组织实施，抓好落实。

6月9日，经省政府同意，省住建厅、省文物局下发通知，在全省开展首批陕西省历史文化名镇、名村、历史文化街区的申报认定工作。

6月21日，国务院办公厅发布《关于西安地铁"问题电缆"事件调查处理情况及其教训的通报》，责成质检总局会同有关部门和单位组成西安地铁"问题电缆"部门联合调查组，赴陕西省开展了深入调查，并组织对"问题电缆"进行排查更换。通报指出，陕西省按照干部管理权限，对有关政府部门及下属单位问责追责共计122人，涉及厅级16人、处级58人、科级及以下48人。对其中17人涉嫌违法犯罪问题移送检察机关立案侦查。

6月22日，省住建厅机关党委举办的基层党支部书记和党务干部培训班开班。厅党组成员、副厅长兼直属机关党委书记韩一兵同志作动员讲话，厅机关、直属单位党支部书记，各支部组织委员等80多名同志参训。

6月23日，全省城市地下综合管廊建设现场会在西安举行，会议通报全省城市地下综合管廊建设情况，对下一步工作进行部署安排。

7月3日，省住建厅公布2017年陕西省建设工程长安杯（省优质工程）评选结果，授予延安大剧院等46项工程为2017年度陕西省建设工程长安杯奖（省优质工程）称号。

7月26日，省住建厅、省财政厅制定并印发《陕西省农村危房改造脱贫考核办法（试行）》。

7月28日，全省重点示范镇半年观摩讲评推进会在延安市黄陵县店头镇召开。

7月31日，省住建厅召开工程监理、造价咨询、招标代理企业和质量检测机构执业行为省级专项检查动员会。

8月2日，省住建厅印发《陕西省建筑施工安全生产大检查方案》，从即日起至10月底对全省房屋建筑和市政基础设施工程开展建筑施工安全生产大检查。

同日，省住建厅下发《关于成立省住房城乡建设专家委员会的通知》，全省住房城乡建设成立10个不同专业领域专家委员会。

8月3日，省委副书记、省脱贫攻坚领导小组副组长毛万春到省住建厅调研，听取农村危房改造脱贫工作情况汇报，研究部署下一阶段的工作。

同日，省住建厅印发《关于废止陕西省建筑节能设计导则的通知》。

8月16日，省住建厅党组书记、厅长杨冠军赴咸阳市调研保障性安居工程建设工作。

8月22日，住房城乡建设部公布第二批全国特色小镇名单，陕西有9个镇入选。

8月23日，省住建厅厅长杨冠军主持召开专题会议，传达省委省政府主要领导在榆林调研灾后重建时的讲话精神，研究部署下一阶段支持榆林灾后重建工作。

8月25日，省住建厅厅长杨冠军主持召开专题会，听取了沿黄生态城镇带规划和沿黄特色镇建设有关情况的汇报，就沿黄生态城镇带规划的实施工作进行了安排部署。

8月26日，住房城乡建设部等五部门公布2017年农村人居环境示范村名单，陕西有10个村庄入选。

9月6日，省住建厅发布《陕西省重点保护建筑保护类别评定办法》，规范全省重点保护建筑保护类别的评定和管理。该《办法》从发布之日起实施。

9月11日，省住建厅公布陕西省第十九次优秀工程设计奖（建筑、市政类）、第十七次优秀工程勘察奖、第十三次优秀工程建设标准设计奖和2017年陕西省优秀工程设计专项奖评选结果。

9月22日，全省海绵城市建设工作现场会在铜川举行。

9月25日，驻省住建厅纪检组在全厅系统范围内组织开展"陕西铸建廉政"征文活动，并在省住建厅官网"陕西铸建廉政"专栏进行刊载。

9月27日，全国农村危房改造工作培训暨加固改造现场会在大荔召开。

10月9日，省住建厅对2015年1月1日以来，国有投资房建市政工程及部分专业工程为主的建设工程项目中串通投标行为进行认定。

10月11日，省住建厅党组书记、厅长杨冠军带队，组织厅系统260多名党员干部分批前往省历史博物馆参观了《砥砺奋进的五年——喜迎党的十九大，追赶超越在陕西》大型主题展览。

10月19日，省住建厅公布2017年度省级工程建设工法145项。

10月20日，省住建厅下发通知取消物业服务企业一级资质核定，从国务院公布之日起一律取消相应审批环节，不再实施审批或变相审批。

10月27日，省住建厅授予合能·长安城一期A标段等87个工地为"2017年度第一批省级文明工地"称号。

10月30日，省住建厅通报全省工程监理、造价咨询和招标代理企业执业行为专项检查情况。

10月31日至11月2日，省住建厅党组书记、厅长杨冠军到榆林市定边县、横山区和延安市延长县督导检查农村危房改造脱贫工作。

11月6日，省住建厅表彰全省文明工地暨施工扬尘防治先进单位。

11月7日，省住建厅党组书记、厅长杨冠军到西北综合勘察设计研究院，向基层党员干部宣讲党的十九大精神。

11月9日，全省文明工地暨施工扬尘防治现场观摩会在西安召开。

11月15日，第三次全省改善农村人居环境工作会议在西安召开，省委常委、常务副省长梁桂出席并讲话。

11月16日，省住建厅与建行陕西省分行签订住房租赁市场发展战略合作协议。

同日，省住建厅召开农村危房改造脱贫专题会，贯彻落实全省追赶超越第三季度点评暨脱贫攻坚工作会议和省政府农村危房改造脱贫专题会议精神，进一步安排部署全省农村危房改造脱贫工作。

11月23日，省住建厅对全省获得2016~2017年度中国建设工程鲁班奖（国家优质工程）18个项目单位通报表彰。

12月11日，陕西省城乡规划委员会办公室公布修订后的《陕西省城市总体规划审查办法》（修订），要求各设区市遵照执行。

12月11~14日，陕西省第二届工程勘察设计大师评选会议在西安召开。经专家委员会成员投票，评选产生了10位大师提名名单。

12月14日，人力资源社会保障部、住房城乡建设部关于表彰全国住房城乡建设系统先进集体先进工作者和劳动模范的决定中，陕西省有6个单位被评为"全国住房城乡建设系统先进集体"，10名职工被评为"全国住房城乡建设系统先进工作者"，12名职工被评为"全国住房城乡建设系统劳动模范"。

12月26日，《人民日报》以《陕西推进农村危房改造夏天补贴到位，冬天新房盖起》为题，报道了全省农村危房改造推进情况。

（陕西省住房和城乡建设厅）

甘 肃 省

概况

2017年，甘肃省住房城乡建设工作紧紧围绕甘肃省委、省政府重大决策部署，坚持稳中求进的总基调，牢牢把握"稳增长、调结构、促改革、惠民生、防风险"的总体要求，以推进供给侧结构性改革为重点，狠抓各项工作落实，圆满完成了省委、省政府交办的各项工作任务。

法规建设

【立法工作】《甘肃省建设工程质量和建设工程安全生产管理条例》于9月28日通过，自11月1日起施行。完成2018年立法项目征集工作。对《甘肃省风景名胜区条例》和《甘肃省城乡规划条例》部分涉及生态环境保护的内容进行专项清理。清理各类规范性文件共197件。组织完成各类立法草案征求意见共51件。完成了第十五期《甘肃省建设法规文件汇编》。

【普法工作】 制定下发《关于印发甘肃省住房和城乡建设厅普法依法行政领导小组及其办公室组成人员的通知》。制作发放了各类普法书籍和宣传资料共计1700余册。提供法律法规咨询服务90余次。根据《甘肃省人民政府法制办公室关于开展行政执法案卷评查工作的通知》要求，组织开展了案卷评查工作。

【依法行政工作】 根据省依法行政工作领导小组办公室印发的《关于开展全省行政执法主体资格审查和执法人员清理工作的通知》要求，对厅属各单位行政执法主体资格和执法人员进行审查清理。"双公示"工作通过了国家发改委组织的第三方评估，进一步健全了"双公示"工作机制，规范了公示内容，扩大了公示范围。

【"放管服"改革工作】 按照甘肃省深化"放管服"改革领导小组和"放管服"改革重点任务有关要求，成立厅深化"放管服"改革领导小组，印发《甘肃省住房和城乡建设厅深入推进"放管服"改革重点任务实施方案》。按照"能放就放，重心下移"的原则，根据国务院和住房城乡建设部要求，取消了园林绿化企业资质核准、物业服务企业资质认定，房地产估价机构资质由核准调整为备案。印发《关于对国务院第四次大督查"放管服"存在问题进行自查整改的通知》，进一步压缩审批时限，精简办事环节，提高办事效率。印发《甘肃省住房和城乡建设厅关于进一步加强"放管服"改革和督察工作的通知》，制定了年度监管督查计划，对各市县"放管服"工作进行了抽查和监督。

落实权责清单动态管理要求,清理各种中介服务事项。将房地产经纪机构及其分支机构的备案、房地产开发企业备案、房地产估价机构设立分支机构备案、工程造价咨询企业设立分支机构备案、住房公积金缴存登记纳入全省"多证合一"改革,认真落实"双告知一承诺"和涉企信息归集工作制度。推进电子政务平台整合,将行政审批事项统一整合到甘肃省建筑市场监管与诚信信息系统。

【行政复议】 2017年,共收到行政复议申请63件,受理54件,办结18件。

【双随机一公开】 3月28日,发布《甘肃省住房和城乡建设厅随机抽查工作细则》。完成了省工商局牵头的"双随机一公开"平台对接和管理账号分配。开始建立"四库一细则"(市场主体名录库、执法检查人员名录库、抽查事项清单库、抽查工作计划任务库和抽查工作细则)。

房地产业

【概况】 2017年,甘肃省房地产开发投资944.52亿元,同比增长11.1%;开发施工面积9153.46万平方米,同比增长2.5%;新开工面积2374.63万平方米,同比增长1.8%;竣工面积847.91万平方米,同比下降14.5%;商品房销售面积1559.51万平方米,同比下降7.14%。

【去库存和市场监管】 认真贯彻执行《甘肃省人民政府关于促进房地产业持续稳定健康发展的意见》《甘肃省去房地产库存实施方案》,充分发挥房地产业稳增长、调结构、惠民生的带动作用,进一步靠实地方政府主体责任,加强土地管控,加大棚改货币化安置力度,坚持去库存与防过热两者并重,有效控制新建商品房增量,逐步消化商品房存量,对不同地区分类指导,重点城市一城一策,精准施策,在促进市场消费的同时防范市场风险,全面促进全省房地产市场持续稳定健康发展。

年初组织召开了全省房地产市场调控和保障性安居工程领导小组主要成员单位会议,下发《甘肃省房地产市场调控和保障性安居工程领导小组关于加强房地产市场调控工作的通知》。先后召开企业座谈会、金融机构座谈会和部分市州会商会,进一步研究部署安排,细化工作任务。5月份,省政府办公厅成立了"甘肃省房地产市场调控工作协调小组",定期召开房地产市场形势分析会。认真贯彻落实中央"三去一降一补"的重大决策部署,3月30日,省去房地产库存工作协调推进领导小组办公室分别向酒泉、临夏、张掖下发了《关于房地产去库存工作有关要求的通知》,8月18日制定了《2017年房地产去库存工作方案》。全省严格落实房地产行业金融税收政策,坚决抑制投资投机需求,减少诱发房地产泡沫的风险因素;坚决堵塞售房过程中"阴阳合同"产生的税收漏洞,严格执行个人转让房地产所得税征收政策;积极推进"农民安家贷",支持农民进城购房,在政策允许的范围内,扩大贷款范围,在助推去库存的同时,解决新型城镇化进程中农民住房问题。加快培育和发展住房租赁市场,起草了《进一步贯彻省政府办公厅关于加快培育和发展住房租赁市场的实施意见的通知》。

加大房地产中介机构管理力度,按照住房城乡建设部3月29日召开的整顿房地产开发销售中介行为电视电话会议精神,对全省中介机构经营中的主体资格、服务行为、信息公示、登记统计等四个方面进行了全面检查;对无证售房、捂盘惜售、哄抬房价、发布虚假信息和广告、违法返本销售和售后包租,以及不按规定明码标价、价外乱收费、价格欺诈的行为及时予以整治;对未取得《房地产经纪机构备案证书》或逾期擅自从事房地产经纪业务、提供或者代办虚假证明材料、协助当事人签订"阴阳合同"等行为及时进行了治理。严厉打击非法集资活动,按照省打击和处置非法集资工作领导小组下发的《关于进一步做好非法集资案件信息统计报送工作的通知》要求,每季度上报全省房地产行业非法集资报表;下发《省建设厅关于进一步做好房地产领域金融风险维稳工作的通知》,要求每周上报《房地产领域金融风险监测表》,切实做到对房地产领域突发事件早发现、早预警、依法、快速、高效处置,最大程度减少对社会造成的危害和损失,保障全省经济、金融安全;要求各市州房地产中介主管部门开展房地产市场非法集资排查和房地产中介专项整治工作,进一步保持房地产市场的稳定和发展。加强房地产市场分析,为全省房地产市场运行监管和政策研究提供有力支撑。根据《省政府关于中央第三巡视组开展巡视"回头看"情况有关反馈意见的整改方案》有关要求,结合全省房地产市场发展实际,印发了《关于调整房地产统计工作有关问题的通知》。制定下发了《甘肃省住房和城乡建设厅关于印发〈全省房地产业"明查暗访督查年"活动实施方案〉的通知》和《补充规定》,以房地产去库存、培育和发展住房租赁市场、开发销售中介行为整治规范、物业服务行业监管等11项工作为主线,对258个项目进行了"明查暗访"。

【国有土地上房屋征收与补偿】 为进一步明确

征收主体责任,指导各地成立房屋征收部门和房屋征收实施单位,要求严格执行《国有土地上房屋征收与补偿条例》、《甘肃省实施〈国有土地上房屋征收与补偿条例〉若干规定》。

【物业管理】 按照国家和省政府关于物业监管方式改革的要求,在国家取消物业资质管理后,指导各市州通过建立黑名单制度、信息公开、推进行业自律等方式,加强事中事后监管,进一步促进物业行业的健康发展。兰州市制定了《兰州市普通住宅物业服务星级标准》和《兰州市物业企业信用等级评定暂行规定》,成立了测评工作领导小组,负责物业企业信用等级评定和小区星级服务的测评考核。按照住房城乡建设部要求,完成了对全省维修资金制度建立情况的调查。转发《甘肃省消防安全委员会关于印发高层建筑消防安全综合治理工作方案的通知》,对物业行业消防安全工作提出了具体要求。

住房保障

【保障性安居工程建设】 2017年,国家下达甘肃省住房保障工作主要任务是:实施城镇棚户区改造166198套;棚户区改造基本建成66912套,公共租赁住房基本建成7522套;2013年底前政府投资公租房,原则上2017年底前要完成分配90%;2014年政府投资公租房,原则上2017年底前要完成分配85%。截至年底,全省保障性安居工程共争取中央资金70.22亿元(其中中央专项资金43.05亿元、发改委基础设施配套资金24.82亿元、中央财政公租房配套设施专项补助资金2.35亿元),落实省级财政配套资金7.7亿元;全省新开工棚户区改造166198套,开工率为100%(其中棚改货币化安置72189套,货币化安置率为43.4%);棚户区改造基本建成128232套,完成率为191.6%;公租房基本建成9029套,完成率为120%;棚户区改造和保障性住房项目年度完成投资346.31亿元;发放低收入家庭住房租赁补贴5.67万户、14.59万人、1.07亿元。

截至年底,全省累计获得国开行棚改贷款授信1658.4亿元、签订贷款合同1263.15亿元、累计发放贷款资金914.63亿元,其中政府购买棚改服务模式累计授信1013.03亿元、签订合同633.78亿元、发放贷款360.97亿元;农发行累计审批棚改贷款143.25亿元、发放贷款资金97.71亿元。根据《住房城乡建设部办公厅关于2017年1~10月开发银行棚改贷款进度的通报》,甘肃省2017年棚改项目共获得国开行贷款授信604亿元,发放贷款110亿元,授信额度排名全国第7位。

【保障性安居工程组织实施】 3月30日,甘肃省政府召开全省棚户区改造工作电视电话会议,对2017年重点工作做了安排部署。省政府向各市州政府分解下达了2017年住房保障工作目标任务,签订《2017年住房保障工作目标责任书》,市县政府层层签订责任书。8月9日,省委省政府在张掖市召开全省棚户区和农村危房改造现场推进会,对推进棚改工作再次进行安排部署。从3月份开始,严格落实月通报制度。省政府办公厅逐月对14个市州棚改进度、基本建成任务、公租房分配入住以及政府购买棚改贷款等情况进行通报。省保障性安居工程领导小组办公室结合省政府为民办实事确定的棚改任务,从5月份开始,定期组织开展专项督查巡查,于10月底前实现了对全省14个市州2017年659个棚改项目的全覆盖式检查。7月下旬组织各市州开展了半年交叉考核。结合各地棚改工作进展不平衡的问题,先后两次对工作进度滞后的7个市州进行了约谈,确保住房保障各项工作任务有序推进。12月下旬,对14个市州2017年住房保障工作目标责任书完成情况进行了年终考核。先后在兰州和天水组织召开了棚户区改造项目洽谈会,邀请部分央企和国有大中型企业参会,对棚改项目进行对接,搭建政府与企业合作平台,构建多元化实施主体,充分发挥央企和省属国有大中型企业的技术、人员、设备和资金优势,以先进理念规划设计,大力推进装配式、钢结构和绿色建筑等先进建筑模式,提升改造建筑品质和工程质量,着力打造具有示范性、地标性和代表性的棚改精品工程,推动棚户区改造工作再上新台阶。

住房公积金管理

【概况】 2017年,甘肃省新增住房公积金缴存额249.88亿元,同比增加21.42亿元,同比增长9.37%,完成年计划的116.22%;新增提取额151.37亿元,同比增加0.51亿元,同比增长0.34%;提取率60.58%(当年提取额占当年缴存额的比率),同比回落5.42个百分点;发放个人贷款182.83亿元,同比减少40.66亿元,同比下降18.19%,完成年计划的114.27%;业务收入30.12亿元,同比增加6.1亿元;业务支出16.55亿元,同比增加3.17亿元;实现增值收益13.57亿元,同比增加2.82亿元,全省增值收益率1.64%,比2016年同期提高0.18个百分点。

截至年底,全省住房公积金缴存余额882.17亿元，同比增加98.51亿元，同比增长12.57%；新增缴存职工8.03万人，完成年计划的140.87%；个贷余额661.53亿元，同比增加95.84亿元，同比增长16.94%；个贷率75%，同比提高2.82个百分点；结余资金220.64亿元，同比增加3.97亿元，同比增长1.83%；个人贷款逾期额1901.4万元，逾期率0.29‰，逾期额同比增加70.69万元。

【公积金管理】 制定并组织签订《2017年住房公积金目标责任书》。指导各地以落实目标任务为契机，进一步深化管理、落实责任，逐级分解细化目标任务，形成了纵向到底、横向到边的目标责任管理体系。全年住房公积金新增缴存人数、缴存额、贷款发放额、个贷率等目标任务均超额完成，各项指标任务完成情况良好。按照省委省政府《关于分解落实2017年全省经济社会发展主要指标和重点工作任务的通知》精神，坚持"用好用足住房公积金"的总体要求，加强政策分类指导，强化措施保障。一是按照国务院办公厅《关于印发推动1亿非户籍人口在城市落户方案的通知》要求，指导各地制定进城务工人员、个体工商户、自由职业者缴存公积金政策措施，全省特定群体人员建立公积金个人账户近6000个。

贯彻落实房地产市场调控政策，实施差别化贷款措施，优先支持中低收入家庭首套房、城镇居民自住和进城人员购房需求，支持职工改善性住房消费，推动房地产去库存。为5.63万户家庭发放住房贷款182.83亿元，支持职工购建住房743.8万平方米。指导各地梳理规范公积金提取政策，进一步简化提取要件、优化业务流程、支持租房提取。落实"三去一降一补"政策，对生产困难企业降低缴存比例或暂缓缴存住房公积金。2017年全省申请缓缴、降比单位92家，涉及缴存职工3.3万人，减轻企业负担1.13亿元。始终将抓行业廉政风险放在首位，要求各地严格落实"一岗双责"，加强廉政风险防控体系建立，推动双贯标和信息化建设，加强监督检查，以查促改，确保资金安全和规范运作。

推动服务便捷化，进一步提高服务质量水平。不断优化业务流程，推行标准化服务，实行综合柜员制，加大网点基础设施建设，提升行业服务形象和环境。在全省12329热线的基础上又建成了省级12329短信平台。以信息化建设和"双贯标"为契机，推动各地建设集门户网站、网上业务大厅、自助终端等多种方式为一体的综合服务平台。全国住房公积金异地转移接续平台全部完成接入，实现全国范围内"账随人走，钱随账走"。截至年底，兰州、天水、白银、金昌四个城市的21个住房公积金贷款支持保障性住房试点项目提前结清贷款本息，实现了贷款资金的有效运用和安全收回，累计发放项目贷款14.78亿元，支持保障性住房18966套，建筑面积264.8万平方米。

城市规划

【规划编制】 2017年，组织对《甘肃省城镇体系规划》进行优化完善，嘉峪关、酒泉、武威、定西、白银、临夏、敦煌、玉门等8个城市新一版总体规划由甘肃省政府批复实施；天水、陇南、庆阳、张掖、合作、金昌市正在开展新一轮总体规划修编工作。武威、天水历史文化名城保护规划已由省政府批复实施。按照住房城乡建设部意见指导兰州市做好新一版（2035年）城市总规编制工作，确保在2019年底前编制完成并按法定程序上报。在全省17个县（市）"多规合一"试点工作收官基础上，下发《关于进一步总结推广全省县（市）"多规合一"试点经验的通知》，确定庆阳市、陇南市、金昌市等3个城市，充分借鉴"多规合一"试点的工作模式和经验，完成新一轮城市总体规划编制报批工作。要求各市州选取2至3个县继续深入推广"多规合一"试点工作。

【规划管理】 按照中央城市工作会议精神及住房城乡建设部等六部委开展开发区目录修订工作要求，重点规范开发区用地纳入法定城乡规划，由市、县人民政府城乡规划主管部门实施统一规划管理。截至年底，全省73个开发区的规划管理权限已按国家要求由城乡规划主管部门统一集中实施。印发《关于进一步加强建设项目选址规划管理工作的通知》。进一步加强省级重大建设项目选址管理工作，严格落实中央和省委省政府"放管服"有关要求，全年依法按时办结重大建设项目选址37项。完成住房城乡建设部、国家文物局组织的历史文化名城名镇名村交叉检查和抽查工作。两次召开全省城市规划工作会暨历史文化街区划定、历史建筑确定工作推进会，全省划定历史文化街区17处、确定历史建筑80处。根据住房城乡建设部工作部署，下发《关于加强生态修复城市修补工作的指导意见》，组织全省所有设市城市开展"城市双修"，并将张掖、平凉、敦煌、合作作为全省"城市双修"和城市设计试点城市。对兰州、武威、金昌三市城乡规划编制、实施、修改和监督工作履职情况以及历史文化名城、风景名胜区相关工作进行了督察。

城市建设

【基础设施建设】 2017年，甘肃省完成市政公用设施建设固定资产投资400亿元；16个设市城市污水处理率、生活垃圾无害化处理率、供水普及率、燃气普及率分别达到93%、90%、98%、88%以上；65个县城污水处理率、生活垃圾无害化处理率、供水普及率、燃气普及率分别达到85%、80%、92%、57%以上；已开工建设污水管网1339.69公里，污水处理厂平均负荷率达到70%以上；20个生活垃圾无害化处理设施通过了省级无害化评定。

【市政公用行业管理】 印发《甘肃省实施污水处理厂运营达标和生活垃圾无害化处理设施建设突破行动实施方案》，通过逐项落实任务指标、细化分解实施方案、建立"月调度、月报告、月通报、季督查"工作机制、对垃圾处理设施分批次进行无害化评定、加强督导督查，全省污水处理厂运营达标和生活垃圾无害化处理设施建设突破行动各项任务全面完成，全省污水处理设施保障能力跃升至全国第6名。继续推进城市地下综合管廊建设，在白银市地下综合管廊建设试点全面建设的基础上，2017年开工建设地下综合管廊19.8公里，分别位于白银市、庆阳市、兰州市。指导各地贯彻落实《甘肃省人民政府办公厅关于加快推进海绵城市建设的实施意见》，督促各设市城市编制海绵城市专项规划，并对各地编制完成情况进行通报。庆阳市海绵城市试点涉及单体建设项目256个，概算总投资47.35亿元，已全面开工建设，累计完成投资3.9亿元。进一步强化城市建成区黑臭水体整治工作，每季度下发全省黑臭水体整治情况通报并抄送各城市人民政府；指导兰州市、平凉市、天水市、张掖市在完成黑臭水体整治工程后，加强整治后效果评估工作；为确保城市水环境功能处于可控状态，要求未排查出黑臭水体的地区也进行专项督查，建立健全了严格的防控机制。截至2017年底，全省17条黑臭水体已有14条完成整治工作，进入整治后效果评估阶段。

积极组织开展国家园林城市申报工作，兰州市获得了国家园林城市称号；根据住房城乡建设部要求做好取消城市园林绿化企业资质核准行政许可事项相关工作；关山莲花台风景名胜区被列入第九批国家级风景名胜区名单后，指导平凉市、华亭县抓紧完成关山莲花台风景名胜区的总规编制与报批工作；组织对三个国家级风景名胜区的卫星遥感监测变化图斑进行了摸底核查。根据《甘肃省水污染防治工作方案》要求，下发了《关于分解〈甘肃省水污染防治2017年度工作方案〉工作任务的通知》，并于每季度下发《关于全省城镇污水处理设施建设和运行情况的通报》，推进全省建设系统水污染防治工作。为贯彻落实省政府办公厅《甘肃省2017年大气污染防治工作方案》，下发了《关于分解〈甘肃省2017年大气污染防治工作方案〉工作任务的通知》，督促各地加快供热基础设施建设改造，切实提高集中供热覆盖率，提升城市道路机械化清扫率，加大城市道路扬尘防治，推进全省建设系统大气污染防治工作。

高度重视市政安全生产工作，1月份组织各地做好2017年元旦春节期间市政公用行业和重要基础设施安全运行与防范安保工作；4月份督促指导各地做好市政公用行业安全生产回头看工作；6月下发《关于开展2017年城市市政公用行业隐患排查确保城市运行安全的通知》、《关于印发城市燃气等重点领域市政公用行业安全生产大检查方案的通知》等文件，安排布置了三批全省市政公用行业安全大检查；10月下发了《关于做好十九大期间市政公用行业和重要基础设施安全运行与防范工作的通知》；11月开展安全生产大检查。全年全省市政公用行业未发生较大及以上事故。

先后下发了《关于扎实开展2017年城市排水防涝汛前检查确保安全度汛的通知》、《关于切实加强城市排水防涝能力确保安全度汛的通知》、《进一步加强城市洪涝灾害防范工作的通知》、《关于认真贯彻中央领导精神切实做好城市排水防涝工作的紧急通知》等文件，督导各地认真开展城市排水防涝设施检查排查，抓好隐患整改，防止城市严重内涝，确保城市安全度汛；加大设施建设力度，着力提升城市排水防涝能力，在城建工作中贯彻海绵城市建设理念，构建城市排水防涝长效机制；9月，对全省城市排水防涝工作开展了检查督查，并在2017年城市维护费中下达排水防涝设施补助经费370万元；10月，对有关地方排水防涝专项规划编制情况进行了督办，对各地级城市排水防涝责任人及易涝点进行了核实。全年全省各城市未发生较大内涝。加强对城市供水水源地水质、城市供水水质和水压等相关指标的日常监督检查；委托国家水质检测中心兰州站对全省设市城市供水水质进行督查；上半年组织各地开展城镇供水规范化管理考核实施情况自查工作；6月底组织对全省供水水质进行了督查；9月接受了住房城乡建设部对甘肃省县城供水规范化管理考核。认真做好国务院安委会对甘肃省的安全生产巡查迎检工作，要求各地建设主管部门切实做好自查并上报了全省市政公用行业安全生产自查报告，制定并报送了甘肃省城市燃气风险源名录。进入采暖期后多次进行动员部署，加大对冬季供暖工作的指导与监管力度。

村镇规划建设

【村镇规划】 2017年，完成省内11个县的县域乡村建设规划编制，21个建制镇、19个乡完成总体规划修编工作，镇乡总体规划达到全覆盖；15个建制镇编制完成控制性详细规划，全省控制性详细规划覆盖率达到73%；编制行政村规划173个，全省行政村规划覆盖率达到87.5%。明确了村镇规划工作年度目标任务，要求各地树立建设决策先行的乡村规划理念，全面推行以县域乡村建设规划为依据和指导的镇、乡和村庄规划编制体系，进一步完善乡村建设规划许可管理，建立有序的乡村建设管理秩序。

按照《建设部关于改革创新、全面有效推进乡村规划工作的指导意见》，组织制定了全省县域乡村建设规划编制年度计划，27个县列入年度县域乡村建设规划编制计划。按照住房城乡建设部的安排，组织开展了全省乡村建设规划督查。指导督促3个全国特色小镇和15个省重点特色小镇完成了规划编制，组织审查了3个全国特色小镇规划。完成了11个县域乡村建设规划、5个建制镇控制性详细规划、14个美丽示范村规划的审查备案工作。通过推进县域乡村和村庄建设规划编制、进一步完善镇乡规划体系、提高村庄规划实用性、推行乡村建设规划许可管理，改变当前"乡村无规划、乡村建设无序，乡村规划照搬城市规划理念和方法、脱离农村实际、实用性差"的问题。

【村镇建设】 按照《甘肃省人民政府关于推进特色小镇建设的指导意见》，积极推进3个全国特色小镇和15个省重点特色小镇的培育创建工作。下发《特色小镇规划编制导则》，首批18个特色小镇已全部完成规划编制。组织推荐12个特色小镇申报全国特色小镇，其中陇西首阳镇、华池南梁镇、永登苦水镇、嘉峪关峪泉镇、天水甘泉镇被列入第二批全国特色小镇。组织申报了甘肃省第二批特色小镇。开展了特色小镇创建培育工作督察。4月27日、7月5日分别在兰州、定西市渭源县召开了特色小镇培育创建工作推进会议。6月，组织省内外知名企业赴特色小镇开展了项目对接考察。6月，征集梳理14个市州重点建设项目226个，估算总投资达238亿元，形成全省特色小镇创建重点项目储备库。

申报的第四批传统村落中有21个被列入中国传统村落名录，甘肃省中国传统村落数量由15个增加到36个。

【农村危房改造】 按照甘肃省委、省政府决策部署，年初研究制定了年度农村D级危房改造工作方案。省政府与各市州政府签订年度危房改造目标责任书。分解下达2017年D级危房改造计划及补助资金。联合扶贫、民政、残联部门，组织各地在全面排查鉴定并动态调整的基础上，建立了省、市、县三级农村危房信息数据库。召开了全国农村危房改造电视电话会议暨临洮现场会。两次对全省农村危房改造工作进行了专项督查，同时通过加强管理、绩效评价、专项检查、约谈通报等方式，指导督促各地加快工作进度。为深入贯彻落实中央和省委关于支持深度贫困地区脱贫攻坚的安排部署，制定了支持深度贫困地区危房改造工作方案、细化完善措施、强化检查督促、狠抓任务落实，确保了2017年全省及深度贫困地区农村D级危房改造工作顺利进行。截至年底，全面完成省委省政府确定的10.8万户D级危房改造任务，全年共下达补助资金13.49亿元，其中中央补助资金7.51亿元、省级财政补助资金5.98亿元。

【农村垃圾治理】 2017年，按期完成住房城乡建设部、环保部、农业部、水利部联合组织的农村非正规垃圾堆放点的排查工作，共排查出500立方米以上的农村非正规垃圾堆放点522处、水面漂浮垃圾14处，按照要求建立了台账并全部录入了系统。完成了全省农村垃圾卫星遥感排查，共排查出农村非正规垃圾堆放点14706个，已全部下发各地进行清理。按照《甘肃省农村垃圾治理工作方案》，印发《关于做好2017年农村垃圾治理工作的通知》，组织全省各地开展农村垃圾治理工作。在甘南州组织召开了全省全域无垃圾现场推进会议，交流学习了甘南州开展全域无垃圾治理的工作经验，启动了全省全域无垃圾三年专项治理行动。报省政府印发了《全省全域无垃圾三年专项治理行动方案》，提出了全省全域无垃圾专项治理的工作目标、主要任务、保障措施，指导督促各地积极开展全域无垃圾专项治理。11月16日，在嘉峪关市、酒泉市召开了全省全域无垃圾工作现场推进会。

标准定额

【工程建设标准管理】 对《装配式住宅钢结构加工工艺规程》《装配式钢结构住宅工程施工质量验

收规程》《黄土窑洞设计与施工规程》（修订）《采暖居住建筑节能（75%）设计标准》《建筑信息模型（BIM）应用执行标准》《无干扰地岩热供热系统技术规范》《建筑抗震设计规程》（修订）《水泥基复合夹芯内隔墙板技术规程》《水泥基复合夹芯内隔墙板构造》等37项新编与修编标准及标准设计进行立项。组织《既有建筑结构安全性检测鉴定技术标准》《建筑施工安全资料管理规程》等21个项目召开了编制启动会。完成《公路沥青路面碎石封层设计与施工技术规范》等32项标准和8项标准设计的审定。完成《钢结构检测与鉴定技术规程》等15项地方标准的备案工作。完成《城市消防站建设标准（修订）》等9项国家标准的意见征求工作。启动地方标准《黄土窑洞设计与施工规程》的修订工作。组织开展《农房选址与选型》《农房施工基本知识》两本农村住宅知识读本的编制。完成《住宅设计标准》（修编）的征求意见稿和《建筑抗震设计规程》（修订）的内部讨论稿。着手制定《村镇市容环境卫生技术导则》。5月，配合住房城乡建设部对兰州、金昌两市贯彻落实《国务院无障碍环境建设条例》、《甘肃省无障碍建设条例》和《无障碍设计规范》情况进行了检查。为做好《住宅区和住宅建筑内光纤到户通信设施工程设计规范》（GB 50846—2012）和《住宅区和住宅建筑内光纤到户通信设施工程施工验收规范》（GB 50847—2012）的贯彻实施，对兰州、武威、金昌、张掖、酒泉、嘉峪关等5个市10个县区进行专项检查，对25个工程项目进行了现场检查。为落实《国家标准体系建设发展规划（2016—2020年）》和《甘肃省标准化发展战略纲要》，按照国家标准委《关于印发推荐性标准集中复审工作方案的通知》（国标委综合〔2016〕28号）的部署和要求，对现行的甘肃省推荐性地方标准及制修订计划项目开展了集中复审。

【工程造价监管】 根据住房城乡建设部标准定额研究所《关于印发研究落实"营改增"具体措施研讨会会议纪要的通知》要求，对全省14个市（州）"营改增"后工程造价和企业税收变化情况进行了调研，制订印发《甘肃省住房和城乡建设厅关于对〈关于对建筑业营业税改征增值税调整甘肃省建设工程计价依据的实施意见〉的补充通知》。根据住房城乡建设部《建设工程施工机械台班费用编制规则》，修编现行《甘肃省施工机械台班费用定额》，并根据《甘肃省车船税实施办法》等有关规定和资料，计算出机械台班费用中其他费用（年保险费、年车船费、年检测费）并进行录入，为下一步《甘肃省施工机械台班费用定额》《甘肃省施工机械台班地区基价》的计算打好基础。全省绝大部分地区发布了2017年人工指导价。根据甘肃省招标控制价管理办法有关规定，对省属项目进行招标控制价的备查，共备查183项。落实《住房城乡建设部办公厅关于简化工程造价咨询企业资质申报材料的通知》，与工商等部门联动，多证合一，简化审批，提高了工作效率。完成咨询企业资质审批共55家，完成2017年度全省工程造价咨询企业统计报表审核报送工作共计171家。完成2017年度甘肃省造价咨询企业执业诚信评价活动。

工程建设

【工程建设管理】 2017年，按照"放管服"的要求，在"甘肃省建筑市场监管与诚信信息系统"中建立了全省统一的施工许可、竣工验收备案管理、监理资质审批子系统，对全省房屋建筑和市政基础设施建筑工程施工许可、竣工验收备案、监理资质工作实行网上一站式服务。全年共办理监理企业升级及增项17家、施工许可申请9项、竣工验收备案2项。参加甘肃省政府组织的全省重大项目督查，指导交通基础设施重大项目沿线拆迁工作，指导各地做好项目建设前期的监督、检查、协调服务工作，全力配合推进重大项目尽早开工，顺利建设。会同省财政厅完成了保证金清理工作。

截至年底，全省工程建设领域清理出应取消的保证金14项、共计14354.62万元，已全额退还；国家要求保留的4项保证金中未按时返还和超额收取（预留）的1836.16万元已全额返还。联合省财政厅下发了《关于对清理规范工程建设领域保证金审计发现问题进行整改的通知》，开展全省工程建设领域保证金清理规范工作"回头看"，切实减轻施工企业负担，规范生产经营秩序，净化投资环境，确保中央政策措施落到实处。按照住房城乡建设部、财政部要求，每季度将各市州工程建设领域保证金缴纳情况及时统计汇总上报。

【工程质量安全监督】 2017年，全省累计监督房屋建筑和市政基础设施工程11543项，同比增长27.4%；总建筑面积14165.85万平米，同比增长30.7%；市政工程总长度2428.95千米，同比增长1.38%；总造价4020.79亿元，同比增长25.3%；大中型项目监督覆盖率100%；竣工验收2973项，竣工验收合格率100%。全省房屋建筑和市政基础设施工程共发生施工生产安全事故21起、死亡26人，未发生一般及以上工程质量事故和重大及以上建筑施工安全生产事故，全省工程质量安全总体受控。

每个季度组织召开专题安全生产工作会议，通报安全事故情况，安排部署安全生产工作。3月30日召开了全省工程质量安全监管工作会议，印发了2017年全省建筑工程质量安全监管工作要点。与各市州建设主管部门签订了建筑施工安全生产监督管理目标责任书。《甘肃省建设工程质量和建设工程安全生产管理条例》于11月1日正式施行。印发《关于强化危险性较大的分部分项工程安全管理的通知》《关于加强住房城乡建设领域安全管理的通知》，突出重特大事故防范，加强建筑施工安全管理。印发《关于对2016年房屋建筑和市政基础设施工程施工安全事故的通报》《关于对天水市秦州大道污水管网建设工程"2·20"坍塌事故的通报》《关于近期建筑施工生产安全事故的通报》。对2016年12起和2017年2起建筑施工生产安全事故的责任单位进行行政处罚。

着力推进14项省列重大项目质量监督工作，落实参建各方责任主体的质量安全责任。结合全省工程质量安全实际情况，围绕"落实主体责任"和"强化政府监管"两个重点，提出了阶段和节点开展质量安全提升行动的措施办法，写入《甘肃省工程质量安全提升方案》。按照住房城乡建设部安排部署，在全省开展了质量安全三年提升行动，全省新办理质量监督手续的工程3044项，开展监督执法检查2335次，检查工程9434项，下发监督执法检查整改单5043份，下发行政处罚书140份，处罚单位136个，处罚人员74名，实施信用惩戒5起，曝光违法违规典型案例140起。安排部署了2017年全省工程质量安全提升行动督查暨房屋建筑和市政基础设施施工大检查，检查在建工程项目99项。下发《安全质量隐患和问题整改通知书》50份、《建设行政执法建议书》19份。协调指导兰州市于5月11日在兰州大学第一医院门诊综合大楼项目现场举办了施工安全应急救援演练和质量标准化观摩会。

制定建筑施工领域遏制重特大事故工作方案。对建筑施工领域持证上岗制度开展全面专项整治。为掌握砂石等原材料质量情况，对全省砂石等原材料质量进行调查并将调查情况报送省政府。针对陕西奥凯问题电缆事件，印发《关于进一步加强房屋市政工程使用电线电缆质量管理工作的通知》。督促全省监督机构及相关单位通过质量安全监管系统开展工作。

【工程招标投标管理】 2017年，由甘肃省招标办监管进入省公共资源交易平台的招标工程项目243项，工程中标总价32.8亿元。组织完成了对嘉峪关市房屋建筑和市政基础设施工程评标专家及行业监管人员300余人的培训和发证工作。审核办理了100家招标代理机构资格申报、升级、延续、变更的核查发证工作。截至年底，全省招标代理机构共计216家，其中甲级21家、乙级91家、暂定级104家。组织完成了海联公共资源交易平台实地考察工作，安装了评标专家库，并按规定开展招投标监管工作。按照住房城乡建设部通知要求，完成了2016年度全省招标代理机构统计报表上报工作。

建筑市场

2017年，共受理企业资质申请496家次，审批257家次；审核上报住房城乡建设部审批资质32家次，其中取得一级总承包资质企业8家、取得特级资质企业4家；共受理登记进甘的省外总承包一级以上企业276家，新增省外人员5498人（截至年底，外省进入甘肃省建筑市场的建筑业企业达1665家，其中一级及以上企业1150家，登记人员共102661人）。

截至年底，甘肃省共有建筑业企业3368家（按资质等级划分，特级资质6家、一级资质221家、二级资质1416家、三级资质1725家），其中具有施工总承包资质的1931家、单独和同时拥有专业承包资质的1934家、劳务企业347家，从业人员87万（占全省从业人员的5.62%）。截至年底，全省监督的房屋建筑和市政基础设施项目累计达11543个，同比增加27.4%；工程总造价4020.79亿元，同比增加25.31%。其中，建筑工程9361项、总建筑面积14165.85万平方米、工程总造价3247.64（同比增加21.09%）；市政工程1746项、工程总造价633.36亿元（同比增加32.73%）；其他工程436项、工程总造价109.78亿元（环比增加121.59%），全省建筑业整体发展平稳增长。

为落实"放管服"要求，进一步简化办事程序，提升服务效能，减轻企业成本和人员负担，印发了《甘肃省住房和城乡建设厅关于简化建筑业企业资质办理行政许可有关事项的通知》，从1月1日起将资质申报调整为网上申报、电子化审批，资质申报中不再考核企业的建造师、工程技术等人员数量，不再要求企业提供经会计事务所审计的财务报表；简化临时建造师相关业务办理流程。

结合国家实施营改增和落实建设各方主体责任的要求，推进企业技术人员培训工作，改变个人职业技能由单一的培训为考试考核，引导企业自身开展技术培训。为有效解决三级建造师执业证书失效后人员的执业问题，对取得原三级建造师执业证书人员换发了现场专业管理人员岗位证书，共换发8266人。建立全省建筑业企业产值月度统计上报制度，并采取系统从信息平台上自动屏蔽投标、约谈法人等方式，督促企业上报产值，提升经济数据质量。加强对建筑市场的两场联动，加大对省外队伍的监督管理，从项目招标开始对省内省外企业相关人员进行锁定，有效防止了围标、串标行为，对相关管理人员实行实名制监管，有效促进了建筑市场规范运行。

加快监管平台的工程信息补录工作，在确保实现全国建筑市场"数据一个库、监管一张网、管理一条线"的信息化工作目标，保证数据的真实性和准确性的前提下，共补录工程项目5104条。为落实《国务院办公厅关于促进建筑业持续健康发展的意见》精神，加快甘肃省产业升级，进一步发展壮大全省建筑业，促进行业持续健康发展，草拟了《甘肃省人民政府办公厅关于推进建筑业持续健康发展的实施意见》。为解决建筑企业资金需求，会同省政府金融办组织23家金融机构和22家建筑企业召开了全省建筑业企业银证企对接座谈会。制定印发《甘肃省人民政府办公厅关于大力发展装配式建筑的实施意见》，要求重点在公共建筑、旧城改造、棚户区改造、城市综合管廊项目中，以及超高层建筑、市政桥梁和单体建筑面积超过2万平方米的公共建筑积极推广应用钢结构。8月26日至9月18日，对全省工程质量安全提升行动开展情况及房屋建筑和市政基础设施施工情况进行了全覆盖检查，共检查在建工程项目99项，下发《建设行政执法建议书》19份。

建筑节能与科技

【绿色建筑与建筑节能】 在国家对甘肃省2016年度节能考核中，建筑节能和绿色建筑的考核结果为总体合格。全省新建建筑执行建筑节能强制性标准比例达到100%。"联合国工发组织国际太阳能中心科研教学综合楼"、"嘉峪关市2015年德惠西小区公共租赁住房建设项目"分别获2017年度全国绿色建筑创新奖二、三等奖。兰州市获批住房城乡建设部、银监会2017年度公共建筑能效提升重点城市。白银市、庆阳市（西峰区）获批国家发改委、住房城乡建设部气候适应型试点城市。完成天水市可再生能源建筑应用城市示范项目验收工作。完成全省2016年度民用建筑能耗统计工作。

印发《关于进一步推进建筑节能与绿色建筑发展的通知》，明确了"十三五"建筑节能和绿色建筑主要目标任务。会同省财政厅修订印发了《甘肃省建设科技建筑节能绿色建筑专项资金管理办法》，完善了财政支持政策。居住建筑节能75%技术标准开始编制。组织修订的地方标准《绿色建筑施工与验收规范》、《绿色建筑评价标准》通过专家评审。7月13日，组织召开全省建筑节能与绿色建筑工作推进会。印发《关于开展建筑节能和绿色建筑统计分析工作的通知》，开发并在线运行了"甘肃省建筑节能和绿色建筑统计系统"。8月，对各市州建筑节能和绿色建筑工作情况进行了专项检查。及时转发了住房城乡建设部《关于加快中央财政资金支持建筑节能项目实施及验收工作的通知》。配合完成《甘肃省"十三五"节能减排综合工作方案》（征求意见稿）的修订。分解下达2014－2015年国家既有居住建筑节能改造任务中央财政清算资金12612万元。组织各市州建设局于6月11～17日"节能宣传周"开展建设领域节能宣传。积极研究探索清洁取暖，完成清洁取暖数据统计工作。

【建设科技】 组织完成2017年度建设科研项目立项工作，共53项列入年度科研项目计划，涉及装配式建筑、绿色建筑、清洁取暖等重点方向。组织年度省科技进步奖项目推荐工作，"PC箱梁的剪力滞效应与时变机理及应用"、"TFT高原型高效低阻预热预分解装备开发与应用"2个项目获得甘肃省科学技术奖二等奖。组织安排了清洁取暖和垃圾分类处理两个重点课题研究，由省建筑设计研究院、西北市政院具体承担。组织装配式建筑企业在5月20日全省科技活动周启动仪式上参展，活动周期间组织网上发布了绿色建筑、装配式建筑等系列科普文章。组织推荐了建设系统18名专家进入省科学技术奖评审专家库。上报政府办公厅批准发布了《甘肃省人民政府办公厅关于大力发展装配式建筑的实施意见》。着力推进项目建设，兰州新区建投10万平方米的装配式钢结构住宅项目、嘉峪关市2.8万平方米的酒钢医院装配式钢结构正在建设。甘肃省建设投资（控股）集团总公司获批住房城乡建设部第一批国家装配式建筑产业基地。为大力推进装配式建筑工作，印发《大力推进装配式建筑试点实施方案》、《甘肃省装配式建筑专家委员会管理办法》等文件，并在全省范围征集装配式建筑专家；赴省级试点城市兰州、天水、嘉峪关进行督查。

教育培训

施工现场专业管理人员考试和换证工作，自

2016年以来，全省共有137084人参加施工现场专业管理人员考试，合格74345人；印发《关于建筑与市政工程施工现场专业人员换证工作的通知》，完成9个批次的人员换证审核工作，共换发全国统一的《住房和城乡建设领域专业人员岗位培训考核合格证书》83627人；截至年底，共发放全国统一的证书157972人次。2017年，完成全省建设行业特种作业人员7914人次的发证工作。完成了甘肃省建设行业从业人员信息系统与住房城乡建设部"住房城乡建设行业从业人员培训管理信息系统"的对接联网。2017年，共完成18万余人次的执业资格考试报名审查工作，其中一、二级注册建造师159567人次，一、二级注册建筑师1559人次，勘察设计类注册工程师8252人次，注册城乡规划师851人次，注册造价工程师6722人次，注册监理工程师3490人次，房地产估价师656人次；共审核各类执业资格考试报名合格人员84927人；全省报考二级建造师执业资格考试人数接近6.4万人，比2016年净增12000人；共受理各类执业资格注册人员24998人；共核发各类证书共计27430人次；组织了3个批次现场专业人员（即八大员）的计算机考试。全面开放继续教育，发布了《关于我省建设类执业注册人员继续教育单位登记有关问题的通知》，指导全省各市州25家培训机构或建筑企业自主完成各类注册人员继续教育培训76期20670人次，其中二级建造师19450人次、监理工程师621人次、估价师140、建筑师458人次。

勘察设计

牵头开展全省完善城市抗震、排涝、消防等应急设施和综合防灾系统工作。印发了《关于贯彻落实〈甘肃省人民政府关于优化建设工程防雷许可的实施意见〉〈中国气象局等11部委关于贯彻落实〈国务院关于优化建设工程防雷许可的决定〉的通知》。1月1日起，原气象部门承担的房屋建筑工程和市政基础设施工程防雷装置设计审核、竣工验收许可，整合纳入建筑工程施工图审查、竣工验收备案，统一由住房城乡建设部门监管。

落实《中共甘肃省委甘肃省人民政府关于进一步加强城市规划建设管理工作的实施意见》，会同省人社厅联合印发了《甘肃省工程勘察设计大师评选办法（试行）》和《关于开展甘肃省优秀工程勘察设计奖暨甘肃省工程勘察设计大师评选表彰活动的通知》，开展甘肃省首届工程勘察设计大师的评选，产生12名提名人选。印发《甘肃省住房和城乡建设厅关于勘察设计行业贯彻落实安全生产责任的通知》。在《关于转发〈住房城乡建设部关于印发工程勘察设计行业发展"十三五"规划的通知〉的通知》中，对全省勘察设计行业主管部门和勘察设计单位在加强建筑设计管理、强化市场质量监管、推动科技创新、BIM技术应用、装配式建筑发展、推行工程总承包等方面提出了要求。

2017年，全省共完成施工图审查备案项目5345项，其中建筑工程4243项，总建筑面积6020.2万平方米，总投资2254.2亿元；市政工程972项，总投资454.6亿元。5月，组织召开了全省施工图审查工作座谈会。组织完成5个政府投资项目初步设计审批，批复工程概算3.79亿元。印发《关于进一步规范全省房屋建筑及市政基础设施工程初步设计审批工作的通知》。指导各市州建设行政主管部门履行好非政府投资大型房屋建筑和市政基础设施初步设计审批，做好"放、管、服"工作。

建设稽查执法

【城市执法体制改革】 9月4日，甘肃省委、省政府印发《深入推进城市执法体制改革改进城市管理工作的实施意见》。9月，设立甘肃省城市管理执法监督局，在原甘肃省建设稽查执法局职责基础上增加城市管理执法监督工作职责。11月，甘肃省城市管理执法监督局正式揭牌成立。截至年底，全省基本实现了市县（区）城市管理执法机构综合设置。召开全省推进城市执法体制改革改进城市管理工作电视电话会议；下发《关于加快落实〈中共甘肃省委甘肃省人民政府关于深入推进城市执法体制改革改进城市管理工作的实施意见〉确定改革任务的通知》；建立省级城市执法体制改革联席会议制度，会同省编办、省政府法制办等12家部门和单位召开第一次联席会议，协调联动推进改革；联合省编办、省政府法制办对14个市（州）并各延伸1个县贯彻落实《实施意见》情况进行了专项督查。

制定印发《甘肃省城市管理执法队伍"强基础、转作风、树形象"专项行动实施意见》、《关于加快完成城市管理执法人员统一着装的通知》。组织全省城市管理执法科级干部培训，共培训770余人。印发《关于推行执法全过程记录制度的通知》，全省有57个市县（区）做到执法公示，60个市县（区）推行了执法全过程记录，56个市县（区）建立重大执法决定法制性审核制度。

制定印发《关于数字化城市管理平台建设的实施意见》，兰州市、嘉峪关市等25个市县（区）已经整合形成数字化城市管理平台。开展《甘肃省城市管理执法条例》立法调研，着手起草条例有关内容。6月，迎接全国城市管理工作部际联席会议督察组对甘肃省城市管理执法体制改革进展情况的专项督察。

【违法建设治理】 3月2日，住房城乡建设部下发《重大违法案件挂牌督办通知书》，对兰州港联购物中心违法建设项目予以挂牌督办；整改工作取得成效，住房城乡建设部于10月25日解除挂牌督办。督促协调相关部门完成蓝天公寓校园及周边环境整治工作和重建规划设计方案。深入贯彻落实《甘肃省城市建成区违法建设专项治理工作五年行动方案》，结合兰州港联购物中心违法建设治理，下发《关于坚决查处遏制重大违法建设项目的函》、《关于对违反城市总体规划强制性内容的重大违法建设项目依法进行整改的函》；截至年底，全省查处存量违法建设建筑面积236.91万平方米，占总量的53.4%，完成年度目标任务，治理新增违法建设建筑面积40.84万平方米；编印《甘肃省城市建成区违法建设治理典型案例汇编》。根据住房城乡建设部《集中行使部机关行政处罚权工作规程的通知》，制定印发《甘肃省住房和城乡建设厅集中行使行政处罚权工作规程》。

【城乡规划督察】 印发《关于2016年全省城乡规划督察情况的通报》，对各地2016年度重点图斑整改情况进行通报，组织对整改不力的天水、张掖、金昌等市进行约谈督办。继续采用卫星遥感监测辅助城乡规划督察手段，对兰州市及省政府批准城市总体规划的16个城市进行全覆盖、全方位精准监控，及时将图斑监测分析报告下发各市进行核查。对白银、定西、甘南、临夏4个市（州）开展规划督察，发现和指出了一批规划管理方面存在的问题并提出了处理意见和工作建议。

大事记

1月9日，住房城乡建设部组织召开了现代生土农房建设与示范工作座谈会议，会上，甘肃省住房和城乡建设厅获得了联合国教科文组织2017年度亚太地区文化遗产保护"创新设计奖"。

1月18日，全省住房城乡建设工作电视电话会议在兰州召开。

2月16日，甘肃省住房和城乡建设厅召开党建暨党风廉政建设工作会议。

3月1日，全国农村危房改造质量安全管理电视电话会议暨农村危房加固改造（甘肃）现场会在兰州召开。

3月30日，全省建设工程质量安全监管工作会议在兰州召开。

4月18日，全省农村非正规垃圾堆放点卫星遥感技术排查方案论证会召开。

5月9日，全省城市规划工作会暨历史街区划定历史建筑确定工作推进会在兰州召开。

5月24~26日，省住房和城乡建设厅开展了农村D级危房改造、污水处理厂达标运营和生活垃圾无害化处理设施建设突破行动督查工作。

5月26日，甘肃省"钢筋工"省级一类决赛在兰州拉开帷幕。

6月12日，全省城市规划工作推进会在嘉峪关市召开。

14日，国务院安委会安全生产第五巡查组第二小组对甘肃省住房和城乡建设厅安全生产工作开展巡查。

6月19~23日，省政府对危房改造任务较重的平凉市、庆阳市、陇南市、定西市、临夏州、天水市、白银市等7市州农村D级危房改造工作进行专项督查。

6月27~28日，全省全域无垃圾现场推进会在甘南召开。

7月5日，全省特色小镇培育创建工作现场推进会在定西市渭源县召开。

7月13日，全省建筑节能与绿色建筑工作推进会在兰州召开。

8月9日，全省棚户区和农村危房改造现场推进会在张掖市召开。

9月7日，全省棚户区改造和公租房工作会议在天水市召开。

9月20日，《丝绸之路经济带甘肃河西走廊新型城镇化战略研究》课题正式结题。

10月24日，省住房资金管理中心顺利通过了住房城乡建设部住房公积金"双贯标"工作验收检查，完成了贯彻落实住房公积金基础数据标准和接入全国住房公积金银行结算应用系统的两个工作目标。

11月1日起，《甘肃省建设工程质量和建设工程安全生产管理条例》正式实施。

11月9日，全省推进城市执法体制改革改进城市管理工作电视电话会议召开。

12月29日，省住房和城乡建设厅召集7个市（州）和12个县（区）建设局负责人，就农村危房改造工作领域的腐败和作风问题进行集体约谈。

（甘肃省住房和城乡建设厅）

青　海　省

概况

2017年，青海省住房城乡建设行业完成年度重点项目及房地产开发投资任务628.59亿元，较2016年增长2.5%。共争取国家部委专项资金22.69亿元，完成年度目标任务的151%。顺利完成招商引资任务，完成总签约投资金额8亿元，项目履约率100%，开工率100%，落实到位资金3.02亿元。青海住房城乡建设厅分别被评为青海省党委、政府系统信息工作先进单位、脱贫攻坚先进单位、安全生产先进单位、十二届人大建议承办先进单位、十一届政协三次四次五次提案承办先进单位、行政服务优秀窗口，"十二五"节能管理先进部门、爱国卫生工作先进集体、民族团结进步先进区创建工作优秀单位、精神文明先进单位，并连续五年被评为财务决算优秀单位。青海省住房资金管理中心被评为2015—2016年度全国"青年文明号"、全国住房城乡建设系统先进集体、第五届全国文明单位。

政策法规

【年度立法计划制定】 2017年，青海省住房城乡建设厅认真修改完善和细化法规规章，确保立法质量。积极推进立法进程，配合人大环资委、省政府法制办开展《青海省城镇燃气管理条例》《青海省国有土地上房屋征收与补偿条例》立法调研，完成条例初稿。制定印发《青海省住房和城乡建设厅2017年深入推进依法行政加快建设法治政府工作要点》，分别从加强组织领导和机制保障、全面提高依法行政能力、依法全面履行政府职能、完善依法决策机制、提高制度建设质量、严格规范公正文明执法等十一个方面推进青海省住房和城乡建设厅法治政府建设工作。完成《青海省房地产开发企业信用评价管理办法》等8件规范性文件的合法性审查及报送备案工作。

【规范性文件定期清理】 在2016年全面清理的基础上，进一步清理与"放、管、服"政策相违背、与生态文明保护政策不相符的行政规范性文件，废止3件，修改2件。完成行政复议申请1件，依法作出撤销被申请人西宁市住房保障和房产管理局作出的政府信息公开答复的具体行政行为，并责令被申请人自收到行政复议决定书之日起5个工作日内向申请人公开相关信息的行政复议决定。

【制度规章制定】 制定《青海省住房和城乡建设厅重大行政处罚案件回访制度》，完成回访案件6件，向执法机构提出整改意见建议10条。印发《青海省住房和城乡建设厅关于印发"双随机、一公开"工作实施细则（试行）》，根据部门职能和权责清单，梳理形成青海省住房和城乡建设厅随机抽查事项清单、市场主体名录库、执法人员名录库。梳理完成《青海省住房和城乡建设厅公共服务事项》，优化部门服务职能，方便群众办事创业。梳理完成《青海省住房和城乡建设厅涉企证照事项》，按照省商事制度改革办的意见，将房地产经纪机构备案列为首批"多证合一"改革实施项目，逐步落实"让信息多跑路，让群众少跑腿"的改革目标。制定《青海省住房和城乡建设厅关于建立市场主体公平竞争审查制度的通知》，规定涉及市场准入、产业发展、招商引资、招标投标、政府采购、经营行为规范、资质标准等涉及市场主体经济活动的规范性文件和其他政策措施，均应进行公平竞争审查。

【严格实行行政处罚、行政许可"双公示"制度】 青海省住房和城乡建设厅行政许可决定和行政处罚决定信息自决定之日起7个工作日内全部上网公开，截至12月底，已公示行政许可决定170件，行政处罚决定11件。制定《青海省住房和城乡建设厅关于推行行政执法全过程记录制度的通知》，在西宁、海东两市试点推行行政执法全过程记录制度。通过规范行政执法全过程记录的主体资格、建立健全执法全过程记录制度、规范文字记录、推行音像记录等一系列措施，推进行政执法公开、公平、公正，不断提高行政执法透明度。

城乡规划

2017年，青海省城镇化率达到53.1%，继续保持增长态势，较2016年增加1.47个百分点。进一步做好青海省城乡规划建设工作，报请省政府批准成立了青海省城乡规划建设领导小组，组织召开了领导小组及办公室第一次会议，制定印发《青海省城乡规划建设工作方案》《青海省城乡规划建设领导小组议事规则》《领导小组办公室议事规则》。积极开展融入兰西城市群建设相关前期研究，启动《青海省省域空间规划》编制工作，委托清华同衡设计院开展编制《东部城市群空间发展战略规划》。赴兰西城市群青海部分开展实地调研座谈，编制完成《兰西城市群青海部分空间格局和城市功能分工前期研究报告》《融入兰西城市群建设战略研究报告》《兰西城市群建设青海部分重大诉求》。

先后组织审查完成海东市、曲麻莱县、门源县、尖扎县、刚察县城市总体规划，积极开展海晏县、循化县、化隆县群科新区等城市总体规划修编，刚察县、尖扎县城市总体规划获省政府批复。2017年，共完成35平方公里控制性详细规划编制，城市建设用地控制性详细规划覆盖率达到85%，州府和县城所在地达到65%。制定印发《青海省生态修复城市修补实施方案》，积极开展"城市双修"国家级、省级试点工作，成功申报西宁市为国家"城市双修"第二批试点城市，格尔木市为国家"城市双修"第三批试点城市，并在门源县、祁连县、天峻县开展省级试点工作。制定印发《加强青海省城市（县）建成区违法建设专项治理工作实施方案》，加大违法违规案件查处力度，2017年设市城市共查处违法建筑面积199.71万平方米，拆除违法建筑面积136.94万平方米，依法惩处违法干预和随意修改规划的行为，切实保障规划的严肃性。

城镇基础设施建设

【青海省基础设施运营水平逐步提升，城市基础设施功能不断完善】 2017年末，青海省设市城市、县城（行委）建成城市生活污水处理厂51座，污水处理能力64.14万立方米/日，污水处理率77.04%，再生利用水厂4座，再生利用能力9.8万立方米/日，地级以上城市建成污泥无害化处置厂1座，处理能力300吨/日，5个设市城市（本级）建成污水处理厂12座，污水处理能力44.6万立方米/日。37个县城（行委）建成污水处理厂39座，污水处理能力17.04万立方米/日。青海省城镇污水处理厂累计处理污水17224.89万立方米、累计削减化学需氧量（COD）总量52895.21吨，分别较2016年末提高21.1%、18.1%。青海省设市城市、县城（行委）建成生活垃圾无害化处理场49座，处理能力达4256吨/日，其中无害化达标38座，设计日处理能力3964.79吨。2017年青海省设市城市、县城（行委）生活垃圾清运量达151.1万吨，生活垃圾无害化处理量133.24万吨，生活垃圾无害化处理率达88.18%，比2016年提高4.54个百分点。青海省累计开工建设城市地下综合管廊108.03公里，形成廊体51.1公里。同步推动海绵城市试点建设，与公园绿地、建筑小区、道路、水务工程相结合，启动项目130余项，建设规模13.02平方公里，完工50余项，建成海绵体3.8平方公里。

【人居环境改善】 2017年，青海省率先完成设市城市和州府所在地县城黑臭水体排查整治工作，公众评议综合满意度达97%，实现了"初见成效"工作目标。积极推动人居环境奖项申报工作，2017年中国人居环境奖获奖名单中，青海省玉树市城市特色风貌提升项目荣获中国人居环境范例奖。加强美丽城镇建设，建立青海省美丽城镇建设领导小组，层层夯实工作责任，明确责任人，强化工作措施，推进美丽城镇建设工作。制定印发《青海省美丽城镇建设2017年工作方案》《青海省美丽城镇建设考核办法（试行）》《2017年度青海省美丽城镇建设实施方案》《2017年度青海省美丽城镇建设奖补资金实施方案》，下达美丽城镇建设省级补助资金7.5亿元，建立专项补助资金5000万元，启动了16个美丽城镇建设项目。依据《青海省美丽城镇建设考核办法（试行）》，开展中期绩效考核，确定青海省西宁市大通县城关镇、黄南州尖扎县康杨镇等10个镇为优秀和良好等次，分别给予700万元和300万元奖励资金。

城镇保障性安居工程

【城镇棚户区改造】 2017年，青海省实施城镇棚户区改造任务56315户，基本建成任务57041套（户），入住任务56969户。棚户区改造实际开工56323户，基本建成75803套（户），入住74811户，分别完成年度目标任务的100.01%、132.89%和131.32%，棚户区改造完成投资155.8亿元，比2016年同期增长了30.8亿元。青海省2013年底前政府投资公租房分配191392套，完成分配95.46%；2014年政府投资公租房分配7713套，完成分配95.81%；基本建成11646套，完成目标任务的120.34%，均超额完成目标任务，住房保障覆盖面高于全国平均水平。

【国家项目资金支持】 落实配套基础设施和棚

改建设资金共27.39亿元,争取2017年中央财政公租房配套基础设施专项补助资金1.69亿元。积极打通棚改与商品房通道,青海省棚改货币化安置40357套,消化商品房库存11881套,货币化安置比例71.65%,棚户区改造在化解房地产去库存方面成效明显。通过推进政府购买服务缓解资金不足问题,积极适应棚改融资模式变化,与国开行、农发行以"政府购买服务"的方式签订棚户区改造贷款协议,有效缓解棚改项目资金缺口的问题,全年共落实棚改贷款115.52亿元,其中:国开行93亿元、农发行22.52亿元,确保了棚户区改造项目顺利实施。

住房公积金管理

【概况】 2017年,青海省住房公积金缴存总额656.32亿元,提取总额367.59亿元,缴存余额288.73亿元,贷款总额374.94亿元,贷款余额167.23亿元,个贷率57.92%。其中青海省住房公积金年缴存额94.82亿元,提取额69亿元,发放个人贷款66.8亿元,同比分别增长16.33%、16.14%、19.46%。

【住房公积金管理服务水平不断提升,信息化程度显著增强,资金安全风险可控,整体运行平稳】 各中心均通过接续平台实现了住房公积金异地转移接续。青海省住房资金管理中心、海南州、海北州住房公积金管理中心通过住房城乡建设部"双贯标"验收,除果洛中心外其他中心均已完成"双贯标"工作并提出验收申请。西宁市住房公积金管理中心开通"互联网+公积金"业务,真正实现让信息多跑路,群众少跑路。

村镇建设

【概况】 2017年,青海省结对共建单位结合各自优势,通过智力帮扶、产业搭桥、文化下乡、金融进村、旅游富民等活动,助力高原美丽乡村建设,共实施高原美丽乡村建设300个,落实各类建设项目1375个,其中:西宁市77个、海东市120个、海南州30个、海北州16个、海西州10个、黄南州20个、果洛州12个、玉树州13个、青海省三江集团1个、青海省监狱局1个;2017年通过省级专项补助资金、各级财政预算安排、项目整合、结对共建、群众自筹等方式完成高原美丽乡村投资27.11亿元,村均投入903.7万元。其中:省财政专项补助4亿元、市(州)配套资金1.47亿元、县级配套2.42亿元,整合各类项目资金12.33亿元,结对帮扶资金1.22亿元,群众自筹资金5.67亿元。

【加大农村危旧房改造】 2017年完成农村危旧房改造任务6万户。其中,根据精准扶贫、精准脱贫的要求,优先安排建档立卡贫困户、低保户、农村分散供养特困人员和贫困残疾人家庭等4类重点对象农村危旧房改造任务2.7万户。截至12月底,全省农牧民危旧房改造开工60020户,开工率100.03%,开工面积371.33万平方米;竣工4.88万户,竣工率81.39%。其中,4类重点对象危旧房改造开工27018户,开工率100.06%;竣工24058户,竣工率81.4%。落实中央补助资金4.387亿元,省级补助资金8.813亿元,地方配套资金1.955亿元,群众自筹资金24.707亿元,共完成投资39.862亿元。

【农牧区垃圾、生活污水治理】 在青海省湟水沿岸、黄河干流、市(州)府所在地和县城周边部分村庄安排39个试点村开展农牧区生活污水治理试点工作。持续推进农牧区垃圾专项治理五年行动,完成青海省农牧区非正规垃圾堆放点排查,青海省6州2市共排查出非正规垃圾堆放点222处,水面漂浮垃圾9处。同时,将农牧区垃圾治理行动与村庄环境连片整治工作相结合,全面有效治理农牧区垃圾,改善农牧区人居环境。积极推广浙江金华农村生活垃圾分类和资源化利用经验。

【示范村创建】 海西州德令哈市柯鲁柯农垦风情小镇、西宁市湟源县日月阳光科创小镇、海东市民和县官亭东方庞贝小镇、海南州共和县龙羊峡宁静小镇共4个镇评为第二批国家级特色小镇。会同中国民间文艺家协会、民族文化宫(北京)、青海省文学艺术界联合会分别在西宁、北京举办"守望家园、传承文明——中国传统村落青海图片展",全面展示青海省传统村落保护成就,对提高全社会保护优秀传统文化起到了积极的作用。

房地产业

【概况】 2017年,青海省房地产开发完成投资408.59亿元,同比增长2.94%,增幅较2016年同期(18.13%)下降15.19个百分点。其中,商品住房投资213.66亿元,同比下降6.2%,占房地产总投资的52.29%。房地产开发完成投资占全社会固定资产投资(3897.14亿元)的比重为10.5%,同比下降0.73个百分点。房地产开发投资对全社会固定资产投资比重贡献率为3.21%,较2016年同期(22.85%)下降19.64个百分点。全国房地产开发投资109799亿元,同比增长7.0%,增幅较2016年加快0.1个百分点。西部地区投资23877亿元,同比增长3.5%，增速较2016年回落2.7个百分点。全省商品房施工面积2936.71万平方米，同比增长3.13%，增幅下降7.01个百分点。其中，商品住房施工面积1735.76万平方米，同比下降1.01%；商业营业用房施工面积640.18万平方米，同比增长13.18%；办公用房施工面积167.68万平方米，同比增长2.17%；其他房屋施工面积393.09万平方米，同比增长7.84%。全国商品房施工面积781484万平方米，同比增长3.0%。全省商品房新开工面积714.37万平方米（占同期商品房施工面积的24.33%），同比下降17.9%，增幅下降28.67个百分点。其中，商品住房新开工面积381.29万平方米，同比下降27.35%；商业营业用房新开工面积174.24万平方米，同比下降8.78%；办公用房新开工面积45.31万平方米，同比下降5.55%；其他房屋新开工面积113.53万平方米，同比增长6.81%。全国商品房新开工面积178654万平方米，同比增长7.0%。全省商品房竣工面积440.9万平方米，同比增长14.03%，增幅增长28.94个百分点。其中，商品住房竣工面积229.45万平方米，同比下降0.76%；商业营业用房竣工面积87.78万平方米，同比增长33.12%；办公用房竣工面积51.42万平方米，同比增长49.53%；其他房屋竣工面积72.26万平方米，同比增长31.08%。全国商品房竣工面积101486万平方米，同比下降4.4%。青海省房地产开发企业土地购置面积44.86万平方米，同比增长142.26%。待开发土地面积60.56万平方米，同比增长108.54%。持续推进房地产去库存任务，截至2017年12月，青海省商品住房库存面积331.12万平方米，按照近12个月月均41.34万平方米销售量计算，商品住房去化周期为8个月，较2016年末（503.83万平方米、去化周期11.8个月）减少3.8个月。

【城乡房屋状况调查评估】 形成了《青海省城乡房屋状况调查评估报告》，多举措规范房地产市场秩序，对西宁市、海东市100家房地产开发企业和房地产中介机构开展商品房销售明码标价专项检查，严厉查处价格违法行为。完成了青海省613家房地产开发企业、567家物业服务企业2016年度信用评价，依法注销67家信用B级房地产开发企业资质；

【物业服务】 修订《青海省住宅物业服务收费管理办法》和《青海省物业服务企业信用评价管理办法》，印发《关于进一步加强物业服务企业管理的通知》，明确物业服务企业收费标准与信用状况直接挂钩。公开出版发行《青海省物业管理条例释义》。

建筑业

【概况】 2017年，青海省建筑业增加值达到390.08亿元，占地区生产总值的14.76%。新办理房屋建筑及市政基础设施工程监督手续共1480项，同比增长4.67%，总建筑面积1660.39万平方米，同比增长28.11%；备案工程459项，同比减少49.89%，总建筑面积428.98万平方米，同比减少29.52%。竣工验收工程992项，质量一次交验合格率98.08%，同比增长1.29%。

【项目检查与督查】 青海省住房城乡建设系统共检查项目3472次，下达执法建议书30份，整改通知单1413份，停工通知书835份，对41起违法违规典型案例，进行了曝光，行政处罚88起，处罚金额157.23万元。青海省住房和城乡建设厅开展督查4次，抽查建设项目101项，总面积395.7万平方米，现场下发执法建议书13份，停工整改通知单60份，质量安全整改通知单17份，对典型案例进行了7次通报，并对89家企业和58名个人进行信用扣分，对发生安全生产事故的6家企业给予扣信用分10分的处理。2017年，青海省施工现场安全生产事故14起死亡人数14人，控制在青海省安委会下达的指标范围内，未发生较大及以上生产安全事故，安全生产形势平稳可控。青海省监督工程项目质量一次交验合格率98.08%，同比增长1.29%。

【省内建筑业企业】 截至12月底，青海省内建筑业企业共计966家，其中总承包企业675家（特级1家、一级31家、二级262家、三级381家），有专业承包和劳务分包资质的企业772家，其中施工总承包企业较2016年增长69%，有资质的建筑业企业数量呈现出快速增长势头。9项工程获国家级"AAA安全文明标准化工地"，1项工程被评为国家优质工程鲁班奖，71项工程获得"省级建筑施工安全质量标准化示范工地"称号。

勘察设计

2017年，青海省工程勘察设计企业共167家，其中甲级企业16家，乙级企业59家，丙级企业85家。截至2017年12月，青海省勘察设计从业人数6765人，其中，专业技术人员4787人；青海省共完成政府投资项目初步设计审查676项，工程总概算347亿元。共完成施工图审查项目5418项，累计投资额约为631.76亿元，其中：房屋建筑工程4763项，累计建筑面积约1915.78万平方米，投资额约507.99亿元；市政基础设施工程655项，累计投资额约123.77亿元。

建筑节能与科技

2017年，报请青海省政府出台《青海省促进绿色建筑发展办法》（省政府令第116号），4月1日起正式施行。加快实施既有建筑节能改造，下达年度既有居住建筑节能改造补助资金8244万元，实施了120万平方米既有居住建筑节能改造任务。

稳步推进工程建设标准化工作，将居住建筑节能率从65%提升至75%，公共建筑节能率从65%提升至65%+，突显节能、绿色、可再生能源应用措施条款，实现标准提档。继续推动建设科技创新，组织开展《青海省建筑垃圾综合利用研究报告》《青海省公共建筑节能监管体系建设和节能改造模式研究》等8个课题研究。编制发布《青海省海绵城市建设先进适用技术与产品目录（第一批）》为行业新技术、新工艺、新材料、新设备推广应用提供指引。不断夯实行业人员绿色建筑政策法规和技术基础，组织开展了7期培训、观摩及研讨工作，并邀请省内外行业知名专家、学者进行现场教学，同时观摩建筑领域部分新技术、新材料、新产品展示，进一步打牢了行业人员政策法规和技术基础。

可可西里申遗工作

组织编制了可可西里世界自然遗产提名地生态保护管理情况答复材料。组团赴法国联合国教科文组织世界遗产中心、瑞士世界自然保护联盟（IUCN）总部协调、沟通、汇报、解答可可西里申报世界自然遗产相关工作情况。印发《关于持续推进可可西里自然遗产提名地环境综合整治和保护管理设施建设工作的通知》，投入资金4000万元，开展了环境综合整治。编制完成参加联合国教科文组织第41届世界遗产委员会大会可可西里申遗表决现场答疑、第三方声音应对措施、领导致辞、现场采访、新闻报道、宣传图册、座谈交流等关键性工作，为可可西里顺利通过表决夯实了基础。7月7日，可可西里作为中国唯一的世界自然遗产提名地提交大会审议，成功列入《世界遗产名录》，成为中国第51项世界遗产。指导玉树州开展了不冻泉、五道梁服务区及玉珠峰服务设施详细规划编制的前期性工作。完成了青海可可西里世界自然遗产保护利用调研工作，形成《青海可可西里世界自然遗产保护管理和利用》调研报告。完成德令哈柏树山、乌兰金子海、天峻山省级风景名胜区总体规划报批工作，2018年1月5日经青海省人民政府批准实施。完成了天境祁连、海晏金银滩、贵南直亥省级风景名胜区总体规划省级评审工作。下达资金170万开展海西哈拉湖、乐都药草台、互助佑宁寺省级风景名胜区总体规划编制工作。指导青海湖景区保护利用管理局开展青海湖国家级风景名胜区详细规划编制工作。

建设人事教育

【规章规定制定】 2017年，青海省住房城乡建设厅制定了《省住房城乡建设厅干部选拔任用工作办法》《省住房城乡建设厅防止干部"带病提拔"办法》《省住房城乡建设厅干部轮岗交流规定》《省住房城乡建设厅干部双向挂职锻炼管理办法》。

【干部选拔任用】 2017年完成8名正处级、4名副处级、9名科级干部的选拔任用工作，对6名正处级和2名副处级干部进行试用期满考核，并配合省委组织部完成1名副厅级领导干部的选拔任用工作。

【教育培训管理】 年内，选派56人参加全国城市管理执法处级以上干部轮训、领导干部安全生产专题培训、县处级公务员任职培训、干部专题研修等。首次举办厅系统新进人员岗前培训班，切实增强了新进人员积极转变角色、适应岗位需求的主动性和自觉性。2017年派遣2名干部出国培训，组织青海省住房城乡建设系统进行了城乡规划、城镇市政公用基础设施建设、棚户区改造、农牧民危旧房改造、房地产业、建筑业、建设科技、公文写作、行政执法等46期培训任务。同时，针对青海省建设行业人才队伍状况，加强行业专业技术人员培训，培训人员累计达到12000余人次，为行业队伍能力提升发挥积极作用。

大事记

1月9日，经青海省人民政府第72次常务会议审议，《青海省促进绿色建筑发展办法》正式通过，该办法自4月1日起执行。

1月12日，青海省住房和城乡建设厅组织召开青海省住房城乡建设工作会议。

1月17日，青海省住房和城乡建设厅制定《青海省建筑市场信用管理办法》。

1月18日，经青海省绿色建筑评价标识专家委员会审定，新华联西宁海湖城市综合体项目2号地住宅项目获得绿色建筑二星级运行标识。

1月23日，青海省人民政府印发《循化县清水大庄村国家历史文化名村保护规划（2015—2030）的批复》（青政函〔2017〕5号）和《循化县街子镇国家历史文化名村保护规划（2015—2030）的批复》（青政函〔2017〕6号），批准实施中国历史文化名镇街子镇和中国历史文化名村清水大庄村的保护规划。

1月25日，制定印发《2017年全省城镇住房保障工作要点》。

2月14日，青海省住房和城乡建设厅下发《关于注销67家信用B级房地产开发企业资质证书的通告》。

2月19日，青海省住房和城乡建设厅党组书记、厅长，省申报世界遗产工作领导小组办公室主任姚宽一率团赴法国联合国教科文组织世界遗产中心、瑞士世界自然保护联盟（IUCN）总部，报送青海可可西里遗产提名地补充材料。

2月20日，青海省住房和城乡建设厅制定印发《青海省城镇燃气安全管理规定》。

2月21日，青海省住房和城乡建设厅对存在"一房两卖"、延期交房以及拖欠农民工工资等行为的13家房地产开发企业进行通报，进一步规范房地产市场。

2月27日，青海省住房和城乡建设厅配合省政府应急办采取查阅档案资料、询问了解、实地查看等方式对海北州及刚察县，海西州天峻县及海西州，海南州及兴海县地震应急准备工作进行督导检查，着力解决地震应急预案制定不够完善、城乡建筑抗震能力仍然薄弱等突出问题。

3月1日，青海省人民政府印发《关于成立青海省城乡规划建设领导小组的通知》，正式成立由副省长韩建华任组长的青海省城乡规划建设领导小组。

3月7日，青海省住房和城乡建设厅印发《在全省集中连片拆迁场地和大型建筑施工现场安装视频监控设施的通知》。

3月8日，青海省申报世界遗产工作领导小组办公室向省人民政府报送《关于赴世界自然保护联盟（IUCN）、世界遗产中心沟通协调青海可可西里申遗工作情况的报告》。

3月9日，青海省住房和城乡建设厅制定印发《关于开展住房公积金专项检查的通知》。

同日，印发《青海省城镇燃气安全综合治理实施方案》。

3月16日，青海省住房和城乡建设厅委托设计单位正式编制完成《兰西城市群青海部分空间格局和城市功能分工前期研究报告》《融入兰西城市群建设战略研究报告》《兰西城市群建设青海部分重大诉求》。

3月22日，住房城乡建设部印发《关于将福州等19个城市列为生态修复城市修补试点城市的通知》，西宁市列入全国生态修复城市修补试点城市。

3月25日，报请省政府办公厅印发《关于加快培育和发展住房租赁市场的实施意见》。

3月28日，青海省高原美丽乡村领导小组办公室召开全省高原美丽乡村及农牧区人居环境专题会议。

3月30日，青海省住房和城乡建设厅、青海省发展和改革委、青海省财政厅、青海省人力资源和社会保障厅、青海省国土资源厅、青海省工商局、青海省统计局、青海省地税局、青海省国税局、人民银行西宁中心支行联合印发《青海省2017年房地产去库存方案》。

4月10日，青海省住房和城乡建设厅、青海省财政厅联合转发《关于做好城镇住房保障家庭租赁补贴工作的指导意见》。

4月14日，青海省玉树市玉树结古生活垃圾填埋场和德令哈市德令哈东山生活垃圾填埋场正式通过国家级无害化生活垃圾填埋场评定。

4月17日，青海省住房和城乡建设厅发布《青海省海绵城市建设先进适用技术与产品目录（第一批）》《青海省新能源利用先进使用技术与产品目录（第一批）》。

4月25日，根据住房和城乡建设部《工程质量安全提升行动方案》要求，制定印发《青海省工程质量安全提升行动实施方案》。

4月26日，青海省住房和城乡建设厅在青海省建筑职业技术学院举办绿色建筑政策及标准培训会。

5月2日，青海省住房和城乡建设厅印发《进一步加强历史文化街区划定和历史建筑确定工作的通知》。

5月22日，青海省住房和城乡建设厅联合青海省环保厅、青海省发展改革委、青海省财政厅、青海省水利厅联合印发《青海省城镇生活污水处理厂运行监督管理办法（试行）》。

5月23日，青海省住房和城乡建设厅公布《青海省房屋建筑和市政工程量清单数据交换标准》，用于青海省房屋建筑和市政工程项目计价、招标、投标、评标等软件共同遵循采用。

5月25日，青海省住房城乡建设厅、青海省发展改革委、青海省公安厅、青海省人力资源社会保障厅、青海省国土资源厅、青海省信访局、人民银行西宁中心支行联合印发《青海省房地产中介机构及从业人员信用评价管理办法（试行）》。

5月26日，青海省住房和城乡建设厅会同青海省财政厅印发《关于下达2017年全省农牧民危旧房改造计划任务的通知》。

5月28日，青海省住房和城乡建设厅印发《青海省住房城乡建设系统标本兼治遏制重特大事故工作实施方案》，进一步加强风险管控和隐患排查治理。

5月30日，青海省住房和城乡建设厅对2016年全省建筑领域拖欠农民工工资、信誉较差且社会反映强烈的42家企业处理情况进行通报，有21家企业信用评价等级直接降为D级，并列入信用黑名单，21家企业信用分值予以扣分。

6月1日，青海省住房和城乡建设厅制定《关于在工程建设领域推行工程担保和工程保险的意见》。

同日，"青海省建筑市场监管和信用管理平台"升级，并于6月1日起启用，同时，青海省外进青建筑企业登记备案正式启用《省外进青建筑业企业报告登记册》。

6月5日，青海省住房和城乡建设厅会同青海省国土资源厅组织召开不动产统一登记与房屋交易管理工作衔接协调会议，形成《关于进一步规范不动产统一登记与房屋交易管理工作衔接会议纪要》。

6月6日，青海省所有新考取安全考核合格证书的人员和参加继续教育的施工现场安全管理人员自8月起，均需参加青海省住房和城乡建设厅统一组织的计算机考试。

6月9日，青海省住房和城乡建设厅组织召开全省农牧区垃圾污水治理工作座谈会，专题研究部署农牧区垃圾污水治理工作。

6月10日，青海省住房和城乡建设厅参加文化部、住房城乡建设部在湖北神农架举办的首个"文化和自然遗产日"活动，并在青海湖开展"文化和自然遗产日"宣传活动。

6月15日，青海省住房和城乡建设厅印发《青海省住房和城乡建设厅关于成立青海省建设工程造价编审委员会的通知》，批准成立青海省建设工程造价编审委员会。

6月27日，青海省住房和城乡建设厅组织召开特色小镇专家评审推荐会，择优确定海西州德令哈市柯鲁柯农垦风情小镇等5个镇为省第二批全国特色小镇候选对象。

7月1日，青海省10家住房公积金中心全面连通全国住房公积金异地转移接续平台，实现线上办理住房公积金转移接续业务。

7月7日，青海可可西里申遗项目在联合国教科文组织第41届世界遗产委员会大会上通过审议，成功列入《世界遗产名录》，成为我国面积最大、平均海拔最高、保存青藏高原典型高寒生态系统和代表性物种最为完整、湖泊数量、种类及密度最为丰富的世界自然遗产地。

7月12日，青海省住房和城乡建设厅在省建筑职业技术学院组织召开省、市机关建筑和大型公共建能耗数据监测平台对接会。

8月1日，青海省住房和城乡建设厅印发《关于进一步贯彻落实《〈无障碍环境建设条例〉的通知》。

8月2日，青海省住房和城乡建设厅印发《关于同意筹备成立青海省物业管理协会的批复》，青海省物业管理协会正式组建。

8月3日，青海省城乡住房建设领导小组在西宁市建银宾馆组织召开青海省城镇棚户区改造工作推进会。

8月7日，印发《关于推进装配式建筑发展的实施意见》。

8月8日，青海省住房和城乡建设厅在西宁市湟中县组织召开全省高原美丽乡村建设暨农牧民危旧房改造现场观摩会。

同日，中央环境保护督察第七督察组进驻青海省。青海省住房和城乡建设厅在青海省委省政府的领导下，积极迎接为期三个月的国家环境保护督察工作，全力以赴开展全省城乡建设领域环境保护督察整改工作。

8月16日，青海省住房和城乡建设厅、青海省发展和改革委、青海省财政厅、青海省民政厅、青海省国土资源厅、青海省公安厅、青海省环境保护厅、青海省质量技术监督局、青海省电力公司联合印发《青海省开展既有居住建筑加装电梯试点工作的指导意见》。

8月29日，青海省住房和城乡建设厅会同能源局编制完成《青海省冬季清洁取暖规划》及《北方地区可再生能源清洁取暖实施方案（青海省）》。

8月30日，青海省住房和城乡建设厅在青海会议中心召开青海省房地产企业信用等级通报大会，对613家房地产开发企业和567家物业服务企业信用等级结果予以通报，对宁夏中房集团西宁房地产开发有限责任公司等13家4A级房地产开发企业、西宁金座物业有限公司等16家4A级物业服务企业予以授牌。

9月4～16日，青海省人大常委会副主任曹文虎带领青海省人大环资委、青海省住房和城乡建设厅、西宁市住房保障和房产管理局相关人员赴山东省、广东省开展青海省国有土地上房屋征收于补偿立法调研。

9月8日，印发《青海省人民政府办公厅关于进一步做好公共租赁住房有关工作的通知》。

9月19日，青海省住房和城乡建设厅公布2017年上半年省级建筑施工安全标准化示范工地名单。

10月11日，青海省住房和城乡建设厅印发《关于提供果洛州年保玉则、阿尼玛卿雪山、扎陵湖和鄂陵湖相关资料的函》，积极开展申报世界遗产基础资料收集等前期基础性工作。

10月13日，青海省城市县城生活垃圾处理设施运行维护培训暨现场观摩会在海东市乐都区举行。

同日，青海省住房和城乡建设厅围绕国际减灾日的主题"建设安全家园，远离灾害，减少损失"，突出工作重点，开展督导检查。

10月20日，中华人民共和国住房和城乡建设部通报2017年中国人居环境奖获奖名单，青海省玉树市城市特色风貌提升项目获中国人居环境范例奖。

10月31日，青海省住房和城乡建设厅会同青海省文物局、青海省级城乡规划督察员对历史文化名城同仁县、历史文化名镇街子镇、历史文化名村郭麻日村和清水大庄村开展历史文化保护工作情况的检查。

11月7日，青海省住房和城乡建设厅制定印发《青海省生态修复城市修补工作实施意见》。

11月13日，青海省住房和城乡建设厅印发《进一步明确建筑施工企业安全生产许可证有关审核标准》，明确建筑施工企业安全生产许可证审核标准。

11月21日，青海省住房和城乡建设厅印发《关于2017年全省城镇住房保障和农牧民危旧房改造工作目标责任考核方案的通知》，组织对青海省城镇住房保障及农牧民危旧房改造实施年度目标责任考核。

12月1日，青海省人民政府印发《关于引进高端创新人才住房保障的意见（试行）》（青政〔2017〕80号）及《青海省省级引进高端创新人才保障住房管理暂行办法》。

12月6日，青海省住房和城乡建设厅与中国建设银行股份有限公司青海省分行在西宁签署《住房租赁战略合作协议》。

12月8日，青海省城乡房屋状况调查评估工作领导小组召开第二次领导小组会议暨全省城乡房屋状况调查评估工作汇报会，正式研究通过《青海省城乡房屋状况调查评估报告》及城镇房屋、城镇保障性安居工程、农牧区住房三个分报告。

12月11日，青海省建立覆盖全省的预拌混凝土企业数字化质量管理平台，对青海省预拌混凝土实行数字化质量管理。

12月17日，青海省住房和城乡建设厅专题研究部署住房城乡建设部农村危房改造检查小组对海东市平安区、海南州共和县、黄南州同仁县2017年度农村危房改造工作进展建设绩效考评工作。

12月18日，青海省住房和城乡建设厅对《青海省房屋建筑和市政基础设施工程项目工程量清单招标投标管理办法》进行修订，办法从2018年3月1日起正式执行。

12月22日，《2019年中国（北京）世界园艺博览会——青海展园》设计方案通过2019年中国北京世界园艺博览会执行委员会审核。

（青海省住房和城乡建设厅）

宁夏回族自治区

概况

2017年，宁夏回族自治区住房城乡建设厅认真贯彻中央、自治区各项决策部署，继续按照"1346"总体思路，即围绕推进新型城镇化"一条主线"，狠抓房地产、建筑业和市政公用事业"三个业态"，全面履行规划、建设、管理、运营"四项职能"，持续实施规划引领、提质扩容、城乡安居、美丽乡村、绿色建筑、质量安全"六大工程"，各项工作取得积极进展。

【规划引领纵深推进】加快推进"多规合一"进程，制定《关于加强城市混合用地规划利用的通知》，指导试点市县积极推进城市总体规划与空间规划衔接融合，出台宁夏实施城市设计管理办法细则，制定全面推行城市设计工作的指导意见和编制导则，编制《宁夏特色风貌规划》和管控图则。组织开展城乡规划专项督查，对全区22个开发区用地规模进行审核，划定历史街区5处、历史建筑45处，查处违法建设21.83万平方米。

【城镇建设提质增效】 组织编制《自治区"十三五"新型城镇化规划》，实施城镇化重点项目335个，完成投资360亿元，全区城镇化率提高1.69个百分点。科学推进城市地下综合管廊建设，提请自治区人大出台《宁夏回族自治区城镇地下管线管理条例》，指导银川市制定《银川市地下综合管廊管理条例》，开工建设综合管廊项目5个12.14公里。积极推进固原市海绵城市试点建设，开工海绵城市建设项目150个、完成投资12.4亿元。

【城乡环境得到改善】 积极推进城市"双修"工作，银川市、中卫市被住房城乡建设部列为国家城市"双修"工作试点，固原市、永宁县成功创建国家园林城市（县城），同心县通过自治区园林县城考评。开工建设美丽小城镇25个、美丽村庄125个，确定首批10个自治区级特色小镇，镇北堡镇、泾河源镇等7个小镇进入国家特色小镇行列。高标准完成10个特色产业示范村庄规划编制，牵头起草印发《宁夏推进以"两处理、两改造"为重点的新一轮农村环境综合整治实施方案》，完成全区农村生活污水处理及改厕3.1万户。

【城市管理全面升级】 在全国领先完成自治区级城管综合执法机构设置，指导全区28个市县（区）（含宁东）全部完成城市综合执法机构设置。制定《推进宁夏住房城乡建设领域智慧化暨"住建云"建设实施意见（2017—2020）》，建成银川、灵武、平罗等8个市县数字化城管系统，城管指挥中心和12319城市服务热线水平进一步提升。在全区推广具有绿色出行、休闲健身、人文景观功能的城市慢行系统825公里。进一步完善居民自治、社区代管和专业物业服务三位一体的物业服务机制，全区住宅小区物业服务覆盖率达到68%以上。

【住房保障水平提升】 2017年，改造城镇棚户区住房5.34万套、农村危窑危房3.66万户，新增公租房实物配租3.44万套，实施老旧小区改造580万平方米。完成房地产开发投资652.8亿元，新建商品房销售1021.4万平方米，住房公积金缴存总额688.97亿元。

【建筑产业转型升级】 积极推行标准化设计、工厂化生产、装配式施工、一体化装修、信息化管理、智能化应用等新型建造方式，举办全国装配式关键技术和推广培训班。区内建筑企业完成建筑业总产值549亿元，实施绿色建筑198万平方米，装配式建筑项目31.8万平方米，5家企业创建自治区级建筑产业化基地。

法规建设

【法制建设】 2017年，提请自治区人大出台《自治区城镇地下管线管理条例》，开展《自治区绿色建筑发展条例》《自治区市容环境卫生管理条例》（修订）等立法调研，对《自治区防震减灾条例》等12件立法草案提出修改意见，不断完善住房城乡建设法制体系。制定《住建厅规范性文件制定审查和备案办法》，对规范性文件全流程综合施策，建立规范性文件起草处室单位自审、法规处复审，规范性文件统一编号、统一登记、统一发布"两审三统一"工作制度，全面加强规范性文件监督管理。

制定规范性文件15件，均按时限向社会公布并备案。完成涉及生态文明建设和环境保护、"以审计结果作为政府投资建设项目竣工结算依据"和"放管服"改革涉及的规章、规范性文件清理工作；对我289件规范性文件进行清理，保留272件、废止17件。开展建设法治政府示范创建活动，积极申报法治政府示范创建项目。

深入开展"七五"普法，制定《全面落实"谁执法谁普法"普法责任制实施意见》，明确住建系统普法责任清单，有效强化主体责任。制定《全区住建系统关于全面推行法律顾问制度和公职律师制度实施意见》《住建厅法律咨询顾问工作规则》和《住建厅行政应诉工作规定》，通过购买社会服务，厅机关及9个厅属单位均聘请社会律师担任法律顾问，6家律所16名律师为我厅开展法律咨询顾问服务。开展《自治区城镇地下管线管理条例》《城市管理执法办法》宣贯工作，加大法治典型宣传力度。

【城市执法体制改革】 严格执行中央和自治区城市执法体制改革要求，坚持问题导向，加强顶层设计，强化督查指导，2017年度各项改革任务有效落地。印发《关于规范城市管理综合执法机构设置的意见》《行政处罚全过程记录实施办法》《行政监督检查全过程记录实施办法》和《推行行政执法全过程记录制度实施方案》《全区城市管理执法人员着装管理规定》等文件，完善政策支持体系。截至年底，自治区本级及27个市、县（区）和宁东管委会均设立城市管理执法机构，制定完成权责清单，5个地级市及13个县（市）整合完成数字化平台。培训领导干部和一线执法人员3000余人，执法人员持证上岗率达到80%。执法制式服装基本换发到位，配备各类执法车辆116部，应急车辆8台，无人机5架，执法记录仪3503套。银川市、石嘴山市、吴忠市、中卫市相继成立以市长为主任、相关副市长为副主任，各有关职能部门为成员的城市综合管理委员会，组织领导、统筹协调、监督检查、综合考评全市城市管理和综合执法工作。各市县逐步建立城市管理综合执法（监督）部门与公安、检察、审判等司法机关信息共享、案情通报、案件移交等制度，加强行政执法与司法的衔接，确保依法行政、依法治理共同推进和有效落实。

【城市管理】推行网格化管理，建立居民自治和门前三包相结合的管理机制，规范秩序、改善环境、完善设施，引导群众积极参与环境保护。通过实行"以克论净·深度清洁"模式实现保洁由粗放型向精细化管理转变，创新治理方式，充分发挥现代信息技术的优势，建设智慧城管，切实提高城市管理服务水平。

【行政执法】2017年，全区各级住房城乡建设主管部门对违法违规行为共立案879件，结案782件，结案率为89%。共处罚金2063.3494万元，拆除违法建筑5.60万平方米，行政处罚当事人自行履行663件，移交司法机关2件。有力地打击了各类违法违规行为，进一步规范了建设市场秩序。

房地产业

【概况】2017年，全区房地产开发投资652.8亿元，同比下降10.3%，房地产投资占固定资产投资比重由2016年的19%下降到17.1%；其中，住宅投资387.8亿元，同比下降10.9%；住宅投资占房地产开发投资的比重为59.4%。商品房屋施工面积6836.71万平方米，同比下降3.8%；其中住宅施工面积4346.91万平方米，同比下降4.6%。全区房地产开发新开工面积1187.61万平方米，同比下降14.6%，其中住宅815.15万平方米，同比下降6.9%。全区新建商品房销售面积1021.36万平方米，同比增长5.7%，其中住宅销售870.28万平方米，同比增长4.8%；待售面积1036.68万平方米，同比下降16.9%。

【房地产市场调控】2017年，围绕严控住房建设规模和土地供应总量、推动"两房"深度融合、扶持住房租赁市场发展、支持企业转型升级、构建多元化住房供应体系、切实履行政府主体责任等内容，切实加大房地产市场调控，合理引导市场预期，自治区政府出台关于化解房地产市场去库存的实施意见等相关政策，确保全区房地产市场平稳健康发展。

【房地产去库存】根据中央经济工作会议精神和住房城乡建设部要求。2017年，认真贯彻自治区出台的《关于化解全区房地产库存的若干意见》，从供需两端共同发力，多措并举化解库存。全区各市、县（区）积极落实自治区人民政府《关于加快培育和发展住房租赁市场的实施意见》（宁政办〔2016〕184号）和化解房地产库存的若干意见，坚持以推进房地产业供给侧结构性改革为重点，多措并举，分类施策。截至12月底，全区商品房去库存周期为12.2个月，住宅去库存周期6.6个月，保持在合理区间。

【房地产市场风险防控】根据住房城乡建设部和自治区党委、政府统一安排，结合全区房地产实际，先后组织开展国有土地房屋征收、房地产领域非法集资、房地产中介违法经营、规范房地产企业行为维护房地产市场秩序等专项整治活动，分别印发了整治工作方案，认真进行督导检查，通过专项整治，及时发现、解决了一指批房地产领域存在的相关突出问题和矛盾，进一步建立和完善了矛盾纠纷和风险隐患的防范、化解、处置长效机制，切实维护广大人民群众的合法权益，促进了社会和谐稳定。

【老旧住宅小区整治改造】按照宁夏回族自治区2014～2017年实施2600万平方米老旧小区改造任务要求，认真落实2017年全区500万平方米改造任务，年初印发《关于下达2017年全区老旧住宅小区整治改造计划的通知》，各市县积极落实地方主体责任，加大财政投入，创新工作思路，提升综合改造效果，全年全区完成老旧住宅小区整治改造580万平方米。同时，按照《关于做好2016－2017年年度老旧住宅小区整治改造相关工作的通知》要求，会同自治区财政厅对2016年度全区改造的500万平方米老旧住宅小区进行验收，于6月底前将奖补资金3325万元拨付至各有关市县，有效调动了市县积极性，保证全年目标任务顺利完成。

【物业服务管理】2017年，为贯彻落实好自治区"全面推行标准化物业服务，推动物业服务提标扩面，2020年全区物业服务覆盖率提高到70%以上"的决策部署，按照《推进全区物业服务标准化建设实施方案》要求，全面推行标准化物业服务，积极开展物业服务企业管理标准化、合同文本标准化等6项标准化工作，全面推行居民自治、社区代管和专业物业服务三位一体的物业服务机制，努力提高居民群众的满意度和幸福指数，其中银川市住建局在全区率先开展了全市物业企业信用体系建设试点工作，建设开通了物业管理作用监管系统，制定了物业服务企业信用评价标准，建立了企业信用档案，初步形成了以信用体系建设为重点的物业服务市场监管新机制。

住房保障

【概况】 2017年,宁夏回族自治区共开工建设城镇棚户区改造住房503432套,开工率为100%;新增低收入住房保障家庭租赁补贴0.2324万户,占年度计划的113.9%;完成投资74.1亿元,占年度计划的154.4%;基本建成6.052万套,占年度计划的137.5%;公共租赁住房累计分配入住17.4943万套。对18.87万多户城市中低收入住房困难家庭实施了住房保障。

【棚户区改造】 按照国家加大棚户区改造的决策部署和推进棚改货币化安置工作的工作要求,宁夏回族自治区抢抓机遇,明确责任,在全力推进棚户区改造开工的基础上,认真贯彻落实国家和自治区房地产去库存政策,因城、因地分类施策推行棚改货币化安置力度,力争年度棚改货币化安置达到70%以上,鼓励有条件地区100%货币化安置。截至年底,全区有棚改计划的17个市、县(区)和宁东,有15个100%实行了棚改货币化安置,比上年扩大了4个;全区棚改货币化安置率达到80.6%,比2016年同期提高32.9个百分点,超额完成了年初确定的70%货币化安置计划目标;通过推行棚改货币化安置,棚改居民共购买商品住房1.89万套,比2016年同期增加5200套,对房地产去库存发挥了积极作用。

会同自治区财政厅、发改委进一步加大资金协调争取力度。年内全区共争取到中央保障性安居工程专项补助资金27.93亿元,自治区财政安排棚改补助资金3.1515亿元,按照已到位补助资金测算,全区城镇棚户区改造住房套均补助5.2万元,为历年来最高。召开全区住房保障工作现场观摩推动会,邀请国开行宁夏分行和农发行宁夏分行解读棚改贷款政策,进一步提高市、县工作人员政策水平和业务能力。截至12月底,国开行宁夏分行已审批授信棚改贷款75.84亿元,发放贷款39.28亿元;农发行已审批授信棚改贷款114.31亿元,发放贷款57.8651亿元,为推动年度棚改计划完成提供了强有力的资金支持。

【公共租赁住房分配入住】 制定印发《关于进一步做好保障性安居工程分配入住有关工作的通知》,要求公租房存量大、申请人员少或现有保障对象不能满足分配需求的市、县(区),要结合当地公租房存量和待保障人群增量,按需逐步放宽准入条件,将在城镇稳定就业的外来务工人员、机关和企事业单位新就业无房职工、青年医生、青年教师等人群纳入公共租赁住房保障范围,重点审核住房条件。对在城镇、新区、园区建设并已达到交付使用条件,因保障对象达不到预期、申请人员少的公共租赁住房,可将公共租赁住房闲置房源调整为劳务移民、生态移民、棚户区改造、农村危房改造安置住房等,将原已安排的中央、自治区补助资金,报请自治区发展改革委或财政厅同意后,统筹用于当地公共租赁住房建设或租赁补贴发放。会同自治区财政厅组织开展公租房建设状况调查摸底,将全区因配套基础设施不全尚未分配入住公租房3.5万套报送住房城乡建设部、财政部,共争取国家专项补助资金3.2亿元,联合财政厅及时将补助资金分解下达各地,并在9月中旬开展联合督查,督促加快公租房配套基础设施建设和补助资金支付,对达到入住条件的加快分配入住。

截至年底,全区公共租赁住房累计分配17.4943万套,年内新增分配4.0289万套,超额完成自治区政府工作报告中确定的新增分配2万套目标和住建厅工作要点中要求的累计分配入住17万套任务。

【住房保障档案管理】 年内,自治区住房和城乡建设厅会同自治区档案局深入开展住房保障档案规范化管理活动,以试点引路,加强工作指导,召开全区住房保障暨档案规范化管理观摩推进,银川市、青铜峡市、平罗县和同心县被授予全区住房保障档案规范化管理示范单位,圆满实现年初既定的改革工作目标。宁夏回族自治区推行的住房保障档案规范化管理工作经验被住房城乡建设部办公厅推广全国学习借鉴。

住房公积金管理

【概况】 2017年,宁夏回族自治区归集住房公积金95.25亿元,同比增长11.72%;提取住房公积金74.54亿元,同比增长10.46%;发放住房公积金个人贷款66.92亿元,同比增长3.56%。截至年底,全区住房公积金实缴人数53.73万人,累计归集住房公积金688.97亿元,累计提取住房公积金424.41亿元,累计发放住房公积金个人贷款24.67万笔、450.67亿元,住房公积金个贷率达81.94%,使用率达93.07%。

【公积金信息化建设】 组织全区各设区城市接入全国住房公积金异地转移接续平台,实现"账随人走、钱随账走",达到"让信息多跑路、群众少跑腿"的目标。组织召开全区"双贯标"(贯彻基础数据标准、接入全国住房公积金结算平台)工作推进会,强化全过程指导,并通过流程优化再造,管理服务水平得到有效提升，全区6个住房公积金管理中心年内全部完成"双贯标"并通过住房城乡建设部验收，宁夏回族自治区成为全国第二家全部通过验收的省区。不断优化全区住房公积金综合服务平台系统功能，坚持季度业务考核，推动热线、短信、微信公众号、网站、手机APP、网上业务大厅等服务渠道平稳运行，用户量、使用率和群众满意度均大幅提升，同时积极开展跨部门、跨领域信息共享和业务协同，网上大厅全面开展缴存、提取、贷款线上业务办理，并逐步向全程办结迈进。牵头全国省级住房公积金综合服务平台课题课题研究，承接课题研究启动会和全国手机公积金建设工作座谈会，全区住房公积金行业信息化建设得到各界认可。

【支持住房消费】坚持目标牵引，加大监管力度，提升服务质量，扩大媒体宣传，推动国家和自治区有关住房公积金支持住房消费政策的全面落实，进一步释放结余资金，提高资金使用效率，截至12月底，结余资金47.78亿元，同比下降24.41%，使用率93.07%，同比增长3.72个百分点，住房公积金贷款支持购房244.5万平方米，约占当年商品住宅销售总面积28%。

【廉政风险防控】围绕12个风险类型、34个风险点，组织开展全区住房公积金廉政风险防控专项检查，督导各住房公积金管理中心针对存在问题限期整改，举一反三修订完善内控机制。组织全区涉嫌骗提行为核查，对经核实已发生骗提行为的人员相应采取列入黑名单、限期退回骗提资金、通报工作单位等措施，维护了资金安全。

【公积金信息公开】4月底，全区各城市全部完成2016年住房公积金年度报告信息披露，通过报纸、电视、网站等媒体全面公开，接受社会监督。建立长效机制，及时公开住房公积金信息，按月公示全区住房公积金运行动态，并以"3·15消费者权益日""12·4法制宣传日"、主题活动日、志愿服务活动日等活动为契机，与群众面对面，大力宣传住房公积金政策，维护职工合法权益，不断提升住房公积金行业透明度与公信力。

城乡规划

【概况】2017年，宁夏回族自治区坚持"以人为本"理念，不断完善空间战略规划编制体系，简化规划审批程序、提高行政审批效率，加强规划实施监督管理，维护了规划的严肃性、权威性。全面推行城市设计制度，印发《宁夏回族自治区实施〈城市设计管理办法〉细则》《宁夏回族自治区特色风貌规划》。注重历史文化保护与传承，组织开展历史文化街区划定和历史建筑确定工作，完成历史建筑公布公开任务，指导各市编制历史建筑保护专项规划。

【空间规划改革试点】出台空间规划编制指引、用地分类标准、资源环境承载能力评价方法、国土空间开发适宜性评价方法、用地差异处理意见、三区三线划定技术规程、空间管控指标体系、开发强度测算方法、自治区市县协同编制规划指南等9个技术规程及审查审批暂行办法，形成一套成体系的空间规划编制技术规程。5月，基本完成自治区空间规划编制，形成了"1+6+1"（1个数据中心、6个应用系统、1个门户网站）的信息平台总体建设框架等一批试点成果。5月25日，自治区十一届人大常委会第三十一次会议表决通过新修订的《宁夏回族自治区空间规划条例》，并决定于7月1日起正式实施，为开展空间规划（多规合一）试点工作提供了法律保障。8月29日，中央全面深化改革领导小组第38次会议审议通过《宁夏回族自治区关于空间规划（多规合一）试点工作情况的报告》，会议指出党中央授权宁夏开展"多规合一"试点以来，在编制空间规划、明确保护开发格局、建设规划管理信息平台、探索空间规划管控体系、推进空间规划管理体制改革等方面，探索一批可复制可推广的经验做法。

【城乡规划编制】制定全区统一的空间规划编制技术标准，编制《宁夏回族自治区空间规划》；试点市、县完成自治区空间规划改革试点各项任务，编制空间规划，划定城镇空间和城镇开发边界线。优化完善《宁夏城镇体系规划》，构建以区域中心城市为核心载体，以地区中心城市、县域中心城市和镇为支撑的级配合理、优势互补、功能完善、特色鲜明、空间优化的新型城镇体系。

【城乡规划实施管理】开展利用卫星遥感监测系统辅助城乡规划监察工作，借助自治区规委办空间规划信息平台建设，将城乡规划管理作为单项纳入空间规划信息平台建设中，实现城乡规划信息平台与空间规划（多规合一）信息平台的共建共享。全面开展现场普查和田野调查，完成住房城乡建设部确定的历史文化街区划定和历史建筑确定及公布公开工作。制定《加强清真寺建筑建设管理的意见》，编制下发《宁夏中式清真寺建筑设计方案推广图集》1000册。

完成全区信用评定管理细则修订工作，对90家勘察设计企业、6家施工图审查机构及其从业人员信用记录进行录入审核，将勘察设计企业诚信记录与市场准入、项目招标投标资质管理相结合，严格实施市场准入和清出。及时公开公示城乡规划、勘察设计行业管理政策法规制度、技术标准规范、行业阶段性监督检查通报、重点工作进展等，营造政务公开良好环境。

加大规划管控，维护规划的权威性和严肃性。按照住房城乡建设部要求，制定《宁夏回族自治区城市建成区违法建设专项治理工作五年行动实施方案》，7个设市城市完成存量违法建设摸底调查，建立5年分期查处台账和"存量违法建设递减、新增违法建设'零容忍'"的工作机制，专项治理取得良好成效。截至12月，全区共查处新增违法用地14.09万平方米，查处新增违法建设建筑面积25.63万平方米；查处存量违法建设建筑约22.57万平方米，完成查处总量的63.6%，超额完成住房城乡建设部规定的50%目标任务。

【城市设计】依据《城市设计管理办法》（住房城乡建设部第35号令），制定下发《宁夏回族自治区实施〈城市设计管理办法〉细则》和《〈细则〉解读》，明确城市设计的审批主体、审批程序、公示公开、监督管理、设计成果运用等，指导全区各城市开展城市设计管理工作。编制完成《宁夏特色风貌规划》，将《宁夏特色风貌规划》作为编制城市设计的技术依据，明确《宁夏特色风貌规划》指导地位，构建"自治区特色风貌规划—市县总体城市式设计—区段城市设计—地块城市设计"的编制管理体系。通过《宁夏特色风貌规划》，进一步明确全区风貌建设目标，保护与传承优秀历史文化，保护与彰显区域景观资源与山水格局。指导各城市依托不同的环境条件形成各具特色的城市风貌，引领提升全区文化建设和环境建设水平，促进旅游产业和其他产业发展，实现经济社会可持续发展。指导银川市积极开展城市设计试点，编制《银川市全国城市设计试点城市实施方案》，启动老城复兴、城市修补、历史遗存保护利用、重要交通枢纽规划建设等城市设计项目，深入推进实现"大气山水，精致空间"的城市设计目标。

【城市双修】印发《关于落实〈住房和城乡建设部关于加强生态修复城市修补工作的指导意见〉的通知》。积极推动银川市、中卫市申报并成功入选全国第二批、第三批城市"双修"试点。制定实施生态修复、城市修补行动计划，扎实推进银川市、中卫市"城市双修"试点工作。召开全区城市"双修"现场推进会，观摩学习中卫市水生态修复、特色风貌街区改造、沙漠湿地生态环境治理、工业废弃厂房利用等项目，交流总结试点城市先进经验和主要做法，提高各市县对开展城市"双修"工作的认识。银川市启动《银川市生态修复城市修补总体规划》编制工作，开展兴庆区东部带状休闲公园1、2号地块的规划设计和建设工作；推进银川"东热西送"项目建设，完成10个小微公园的规划与建设工作。推动全区实施城市"双修"项目210个，总投资450亿元，切实改善了城市生态环境，提升了城市服务功能。中卫市积极开展评估，组织编制《中卫市生态修复城市修补总体规划》，在全区"城市双修"工作现场推进会的基础上，召开辖区"两县两区"工作动员会，利用新闻媒体广泛宣传动员。截至12月下旬，按照《中卫市城市双修工作实施方案》确定的109项重点中，建设项目已开工98项，开工率90%，已竣工61项，完工率56%，完成总投资53.85亿元。通过实施城市"双修"，切实改善了城市生态环境面貌，提升了城市服务功能。

城市建设

【概况】2017年，不断提升城市功能品质，改善城市人居环境，推进城市建设管理事业健康持续发展。全区人均城市道路面积达到23.26平方米；城市污水处理率达到94.81%，用水普及率达到95.75%；城市生活垃圾无害化处理率达到98.35%，燃气普及率达到86.63%，城市建成区绿地率达到36.7%。

【地下综合管廊建设】贯彻落实《自治区人民政府办公厅关于推进城市地下综合管廊建设的实施意见》，持续推进城市地下综合管廊建设。《宁夏回族自治区城镇地下管线管理条例》经自治区政府、自治区人大分别审议通过，正式发布实施。五个地级市和宁东管委会全部编制完成城市地下综合管廊建设专项规划。2016年的项目全部复工，形成廊体36.08公里，完成投资42.89亿元；2017年开工综合管廊项目共12.14公里，完成投资11.096亿元。

【海绵城市建设】印发《自治区人民政府办公厅关于加快推进海绵城市建设的实施意见》，全面推进海绵城市建设。固原市、银川市、中卫市、泾源县、西吉县、红寺堡区等地编制完成海绵城市建设专项规划。委托自治区气象局气候中心编制完成银川市、固原市暴雨强度公式，通过专家技术审查。固原市完成海绵城市建设试点项目57个，完成投资20.78亿元，顺利通过住房城乡建设部绩效评价。

【城市供热领域突出问题专项治理】制定《宁夏回族自治区供热质量综合评价办法》，组织开展全区供热领域突出问题专项整治行动，2016～2017年度供暖期工作顺利进行。自治区住房城乡建设厅会同发展改革委组织开展全区清洁供热调查工作，召开全区推进城市供热燃煤锅炉治理实施清洁供暖技术现场观摩会，引导各地合理采用清洁能源热源，实施供热系统节能技术改造，银川西夏热电厂二期、"东热西送"等重点集中供热工程有序推进。全面治理城市燃煤小锅炉，全区淘汰每小时10蒸吨以下燃煤锅炉247台。

【水、大气污染防治】持续推进城市污水处理厂提标改造，对污水处理厂提标改造进展缓慢的市县进行会议督办，完成提标改造污水处理厂33座。建立黑臭水体整治进度信息每季度上报和每半年向社会公布制度，对列入住房城乡建设部、环保部重点挂牌督办项目实行整治进度月报制，对列入国家36个重点城市的银川市整治情况实行周上报、月分析、季通报制度，对进展缓慢的城市约谈主管领导、现场督查、挂牌督办。全区排查上报的13个黑臭水体整治项目已完成12个，固原市1个计划2018年完工。加大城市道路扬尘治理，制定《宁夏回族自治区道路清洗保洁机械化作业规程（试行）》《宁夏回族自治区城市道路清扫保洁标准（试行）》，自治区先后投入1.02亿元环保专项资金支持各地采购一批环卫机械化清扫保洁车辆，全区城市道路适宜机扫面积机械化清扫率达到64%。

【市容环卫规范化管理】制定《自治区城市环卫保洁和垃圾处理规范化管理考核办法》，组织开展全区城市环卫保洁和垃圾处理规范化管理考核。自治区住房城乡建设厅、发改委、环保厅、国土资源厅联合印发《关于进一步加强城市生活垃圾分类促进焚烧处理工作的实施意见》，明确推进垃圾分类工作的任务和时间表，组织开展了建成运行的生活垃圾填埋场和焚烧厂评价整改工作。加大城市道路扬尘治理，制定《宁夏回族自治区道路清洗保洁机械化作业规程（试行）》《宁夏回族自治区城市道路清扫保洁标准（试行）》，自治区先后投入1.02亿元环保专项资金支持各地采购一批环卫机械化清扫保洁车辆，全区城市道路适宜机扫面积机械化清扫率达到64%。开展全区"关爱环卫工人"活动。

【城市创建活动】修订印发《自治区节水型城市申报与考核办法》及标准，制定创建国家节水型城市工作方案，明确提出宁夏回族自治区创建节水型城市工作目标。吴忠市、固原市、中卫市、石嘴山市编制完成创建自治区节水型城市工作方案，启动创建自治区节水型城市工作。组织专家完成对固原市、永宁县创园工作的现场核查以及同心县的综合评审工作，固原市、永宁县被住房城乡建设部命名为国家园林城市（县城），同心县通过自治区园林县城创建考核，被自治区政府命名表彰自治区园林城市。

【园林绿化】贯彻落实住房城乡建设部《全国城镇园林绿化"十三五"发展规划》和《宁夏城市基础设施建设"十三五"规划》要求，督促、指导各市县编制修编《城市绿地系统规划》，按照"300米见绿、500米成园"要求，加快建设街头绿地、小微游园等绿地，推进老旧公园提质改造，提升存量绿地品质和功能。组织开展公园日常管理及安全监管专项检查，促进公园规范管理。组织各地学习新修订的《国家园林城市（县城、镇）申报评审办法》及系列标准，修订《自治区园林城市（县城、镇）申报与评审办法》。印发《关于做好城市园林绿化企业资质取消有关工作的通知》，明确了资质取消后园林绿化工程招投标的衔接工作，提出促进现有园林绿化企业健康发展的优惠政策及强化城市园林绿化市场监管的工作措施。会同自治区林业厅组织开展市民休闲森林公园观摩交流活动，召开工作推进会，全区26个市民休闲森林公园全部建成，建设总规模13.84万亩。

村镇规划建设

【概况】2017年，按照《宁夏美丽乡村建设实施方案》要求，编制完成5个县域乡村建设规划和20个村庄规划试点；建成20个美丽小城镇、100个美丽村庄；启动10个特色小镇、10个特色产业示范村庄规划建设；实施农村生活污水处理及改厕3万户；完成农村危窑危房改造2.2084万户。

【村庄布局规划（2015—2030年）】深入贯彻落实住房城乡建设部《关于改革创新、全面有效推进乡村规划工作的指导意见》，推进县域乡村建设规划和村庄分类建设规划编制试点，编制完成《宁夏村庄布局规划（2015—2030年）》和《宁夏村庄布局规划总报告·调整名录·图册》，建立完善乡村规划逐级评审和实施评估制度，提升美丽乡村、特色小镇、特色产业示范村庄规划编制质量，引领带动乡村建设。

【美丽小城镇及美丽乡村建设】贯彻落实国务院第二次改善农村人居环境工作会议精神，以打造定位准确、功能完善、特色鲜明、辐射带动强的美丽宜居示范镇为目标，继续抓好规划引领、农房改造、收入倍增、基础配套、环境整治、生态建设、服务提升、文明创建八大工程。2017年提前组织各县（市、区）申报项目，开展规划编制等前期工作。共收集美丽小城镇建设项目43个，美丽村庄建设项目223个。经现场核查和筛选，确定26个小城镇、126个村庄列入2017年全区美丽乡村建设计划。全年高标准高质量建设美丽小城镇25个，完成投资10.29亿元，建设美丽村庄127个，完成投资13.03亿元。按照《住房城乡建设部关于开展绿色村庄创建工作的指导意见》要求，制定宁夏回族自治区本地绿色村庄建设标准，推荐并认定一批绿色村庄，宁夏回族自治区共认定89个村庄为第一批绿色村庄。

【特色村镇】制定并报请自治区"两办"印发《关于加快特色小镇建设的若干意见》，高标准高质量搞好特色小镇的顶层设计。以首批确定的10个自治区级特色小镇培育建设为抓手，指导各市、县（区）建立了覆盖全域、分级培育的特色小镇创建体系。委托全国市长研修学院在浙江举办宁夏特色小镇规划建设专题培训班，指导自治区级特色小镇引进国内外高层次设计单位开展规划编制，科学准确定位发展方向，实施或储备产业等发展项目。指导推荐7个小镇申报第二批全国特色小镇，5个小城镇入选第二批全国特色小镇。与帮建部门密切协作，加快10个特色产业示范村庄规划建设。完成特色小镇年中督查和年底绩效评价10个自治区级特色小镇和2个特色产业示范村已完成自治区下达投资计划，特色小镇完成投资29.35亿元，住建厅负责帮扶的2个特色产业示范村总投资2380万。

【农村危窑危房改造】2017年，国家下达宁夏回族自治区农村危房改造任务1.19万户，补助资金1.8013亿元。自治区下达改造任务2.2084万户，拨付补助资金4.1594亿元元（含中央资金），年末，全区农村危窑危房改造开工31192户，完成投资24.95亿元。继续从住房城乡建设厅、国土资源厅、交通运输厅、扶贫办等部门抽调16名干部和工程技术人员组成督导组，派驻各县（区）专门督导美丽乡村建设和农村危窑危房改造工作，开展政策宣传，负责技术指导，把控工程质量。加强对村镇规划建设管理员业务培训，聘请专家和技术人员送政策、技术下基层，抓好农村工匠技术培训。

【农村人居环境整治】深入贯彻全国开展改善农村人居环境工作会议精神，提请自治区政府办公厅印发《宁夏新一轮农村人居环境综合整治行动方案》，进一步推进全国农村生活污水治理试点省（区）建设工作，深入开展以"两处理、两改造"（污水处理、垃圾处理、改厨改厕）为重点的新一轮农村环境综合整治。通过建立项目库的方式，对农村垃圾、污水处理和村容村貌整治等重点工作内容进行科学设计策划，合理安排建设整治时序，确定年度建设计划，通过专家规划评审后实施建设。召开全区农村环境综合整治现场推进会，总结经验，做好示范，部署统筹开展垃圾处理、污水治理、改厕、改厨等9项重点工程，有效带动全区农村人居环境改善。申报农村生活污水处理及改厕3.7万户，下达计划任务3万户，实施水冲式厕所改造32542户。

建筑业与质量安全

【概况】2017年，全区共有监管建筑工程项目3910个、在建单体项目6351个，总面积5112万平方米。新开工建设项目1130个，单体工程2820项、建筑面积1920万平方米。完成建筑业总产值549.21亿元，同比增加7.42%。宁夏回族自治区共有在册建筑施工企业1875家，其中施工总承包企业1253家，专业承包企业622家。宁夏回族自治区施工企业中，特级资质企业1家，一级企业45家，二级企业753家。外省进宁建筑施工企业1820家，其中特级161家，一级1050家。监理企业59家，其中甲级资质22家，乙级27家，丙级资质10家。区外进宁监理企业211家；工程招标代理机构299家，其中，区内机构82家，区外进宁机构217家；工程质量检测机构76家，工程造价咨询企业233家，园林绿化企业341家。完成建筑业产值1780.7亿元，其中区内施工企业完成549.21亿元，同比增加7.4%。全区建筑业实现增加值484.41亿元，同比增加11.6%，占自治区国民生产总值的14.03%，再创历史新高。

【建筑行业诚信体系建设】积极推进宁夏建筑市场监管服务系统建设，不断完善全区建筑工程项目管理、质量安全监督、建筑业诚信体系等信息化平台建设，2015年5月，以建筑企业数据库、从业人员数据库、工程项目数据库"三库一平台"为核心的"宁夏建筑市场监管平台"，一次性通过了国家住房城乡建设部的第二批验收，将企业管理、人员管理、诚信管理、工程项目管理纳入统一的业务平台中，实现了宁夏数据与住房城乡建设部系统和区内公共信用信息系统间的互通互联，对工程项目报建、招投标、图纸审查、合同备案、质量报监、安全报监、施工许可、竣工备案等工程项目全生命周期各环节的业务办理和闭合管理，动态记录市场主体市场行为和现场行为，实现市场与现场的两场联动。修订印发了宁夏建筑业信用体系管理办法和建筑施工企业良好业绩认定标准,进一步提升了监管效益。

【工程建设项目审批管理】修订《宁夏建筑工程施工许可管理办法》,进一步简化施工许可必要程序,对房屋建筑和市政工程建设项目施工许可前置条件除工程规划、施工图设计、图纸审查、招标投标、合同备案、建设资金到位率、质量安全报监外不许其他环节搭车,实施施工许可与工程招投标并联审批减少审批环节;严格落实属地管理和谁发证谁监管的原则,使工程建设项目处于合法开工和监控状态。同时建立绿色审批通道,对政府重点工程特事快办。清理法律法规之外的施工许可搭车收费,减少建设工程施工许可证发放的前置条件。

【全区建筑企业骨干龙头企业评选】年初,首次在全区组织开展全区建筑企业骨干龙头企业评选,评选出宁夏建工集团等宁夏建筑业20强施工企业,按照良好业绩给予企业一次性加500分、优先列入自治区工程总承包企业名录等奖励,在社会造成良好的反响。

【建筑业改革】制定宁夏回族自治区《关于促进建筑业持续健康发展的实施意见》,通过自治区政府常务会议审议。宁夏回族自治区的改革实施意见从扶持行业做大做强、优化发展环境、完善工程建设组织模式、强化工程质量安全管理、加强人才队伍建设等6个部分21条内容方面,提出全面深化建筑业供给侧结构性改革和"放管服"改革,进一步优化建筑市场发展环境,解决全区建筑业改革发展方面瓶颈问题的政策措施,全面提升工程建设管理和质量安全水平,不断发展壮大建筑行业。到2020年,培育建筑总产值30亿元以上企业5家,10亿元以上企业20家,新增一级资质企业10家以上,全区建筑业增加值占GDP比重保持在12%左右。

【安全生产】深入贯彻中央、自治区安全生产各项法律法规和决策部署,按照"管行业必须管安全、管业务必须管安全、管生产经营必须管安全"的要求,把建筑领域质量安全监管贯穿于城乡规划、设计、建设、管理和生产经营活动全过程。梳理明确了住房城乡建设领域城乡规划、工程建设、市政设施、房产开发、老旧房屋、物业管理、农村建筑等安全生产监管内容,并通过建立分部门、分单位安全生产责任落实清单的方式,厘清边界、明确要求,把住建系统安全生产具体任务落实到具体处室和各地住房城乡建设部门,在自治区、各市县全部成立质量安全监管机构。狠抓房屋建筑、市政工程安全生产,确保建设领域安全生产形势总体稳定受控。2017年全区发生建筑安全生产事故7起,死亡8人,控制在自治区安委会下达的指标范围内,全年未发生较大及以上安全生产事故,也没有发生工程质量事故,质量安全总体形势稳定受控。

【招标投标管理】完善政策,出台《关于进一步加强全区房屋建筑与市政基础设施工程招投标监管的意见》,修订完善《招标投标活动投诉处理办法》和《招标文件示范文本》,推进招投标监管制度化;改革创新,修订完善《宁夏房建和市政工程招标投标评标办法》,取消"合理造价区间随机抽取中标人"的评标办法,加大诚信在招投标活动权重,将企业综合信用得分由原来的6分提高到10分,根据自治区"一网三平台"建设要求,积极推进电子招投标系统和电子监管系统建设,推进招投标监管科学化;专项治理,重点对未招先建、违反招投标基本建设程序等问题进行专项检查,对存在问题当场反馈本地监管部门查处,并进行跟踪问效,推进招投标监管规范化;诚信建设,出台《宁夏建筑市场招标代理机构信用评定管理细则》,进一步健全完善企业诚信评价体系,加强诚信评价结果在招投标过程的应用,促进建筑业市场良性发展,推进招投标监管常态化。

【突出问题专项整治】全区工程建设领域突出问题专项整治行动在巩固2016年成果,持续抓好严格履行基本建设程序、打击恶意欠薪讨薪等突出问题整治的基础上,持续发力,纵深推进,进一步提升建设项目履行基本建设程序、交付使用项目竣工验收备案率和按时结算率、政府投资项目工程款按合同约定支付率、农民工工资保证金收缴率和工资支付率六项主要指标率,全面整顿规范工程项目建设活动和市场秩序,着力构建长效监管机制。同时,整治行动向矛盾纠纷集中的违法建设治理、规划容积率管控、住宅限高、延期交房、质量投诉、物业纠纷、房屋征收补偿、供暖供气等方面延伸,着力解决群众关心关注的突出问题,推进宁夏回族自治区建设行业健康发展。

全年共排查在建工程项目1563项,排查存在各类问题的工程项目1001项,查出各类问题823处,已整改问题443处;检查企业27家,对192家企业和66名人员扣分进行诚信扣分,下发整改通知书788份、停工通知书427份,实施行政处罚26起,清理办结各类信访案件256起。对问题涉事企业等责任主体分别给予责令停工整顿、限期整改、通报曝光、扣减信用分值等处理。在《宁夏日报》和政府相关网站曝光4个批次27个典型案例。

【安全文明标准化工地和鲁班奖】2017年,全区共有 7 个工程项目获得国家 "AAA 级安全文明标准化工地" 称号。24 项工法荣获自治区级工法。组织开展自治区 "建安杯" 安全文明标准化示范工地工程评审，项工程被评为自治区 "建安杯" 安全文明标准化示范工程。组织开展建筑施工安全文明标准化工地创建工作，全区 148 个工地获得自治区级安全文明标准化工地称号。23 项工程荣获 "西夏杯" 优质工程奖，3 家检测机构获建设工程质量检测 AAA 级信用机构。银川河东机场 T3 航站楼项目工程获得 2017 年度中国建设工程鲁班奖。

建筑节能与科技

【概况】 2017 年，宁夏回族自治区继续巩固建筑节能成果，节能标准执行率达到 100%。积极转变建造方式，出台《宁夏关于大力发展装配式建筑的实施意见》《宁夏绿色建筑示范项目资金管理暂行办法》，新建绿色建筑 198 万平方米，新增节能建筑 1881 万平方米，全年新建续建装配式建筑 31.8 万平方米，培育建筑产业现代化基地 5 家，首家装配式混凝土构件（PC）项目顺利投产。全区新型墙材应用比例达到 88% 以上。

制定《宁夏加快新型智慧城市建设的实施意见》，建立省级公共建筑能耗监测平台和宁夏建筑市场监管与服务系统。制定《关于加快建设领域科技创新的实施方案》，银川绿地中心等 4 个项目入选住房城乡建设部 2017 年科学技术项目计划，在平罗等 5 个县市推广太阳能与空气源热泵综合采暖技术，取得良好示范效果。

【建筑节能】 严格落实国家节能环保、低碳发展的产业政策，以 "四节一环保" 技术研发与推广为目标，加强建筑节能工作日常督查指导，组织开展全区建筑节能、绿色建筑、装配式建筑实施情况专项检查，督促指导各地严格执行建筑节能标准，对历年既有居住建筑节能改造任务完成情况进行核查验收和整改落实，全区新建建筑节能整体水平进一步提高，节能标准执行率达到 100%。

【装配式建筑】 从完善顶层设计入手，出台《宁夏关于大力发展装配式建筑的实施意见》《宁夏绿色建筑示范项目资金管理暂行办法》，明确发展目标、重点任务和激励政策，为装配式建筑发展提供政策指引。针对宁夏回族自治区装配式建筑发展短板，加大产业基地建设的引导和培育，宁夏建筑工业装配产业化有限公司等 5 家企业获得自治区建筑产业化基地，首家装配式混凝土构件（PC）项目顺利投产。紧紧围绕年度目标督促各地落实示范项目，全年新建续建装配式建筑 31.8 万平方米。协调自治区财政落实扶持资金，认真组织开展项目认定审查，向 3 个产业化基地和 8 个已建成示范项目兑现奖补资金。为更好地学习借鉴国内外成功经验，指导宁夏回族自治区装配式建筑发展，认真开展调查研究，完成《宁夏装配式建筑发展研究报告》。组织召开全区装配式建筑地方标准体系研讨会，成功举办全国装配式建筑培训班，引导有关部门和从业人员转变观念、提高业务能力，共同推进宁夏回族自治区装配式建筑发展。

【绿色建筑】 针对宁夏回族自治区绿色建筑发展中缺乏法规和技术依据等问题，组织完成《绿色建筑设计标准》制订，向自治区人大提出立法申请，起草完成《宁夏绿色建筑发展条例》初稿，协调自治区人大和政府法制办完成区内外立法调研。严格落实在政府投资工程和大型公建、上规模居住区开发项目全面推行绿色建筑标准的要求，开发宁夏建筑节能与绿色建筑信息统计系统软件，实行月报制度，利用信息化手段全面掌握发展动态，及时督促指导各地工作，确保目标任务的圆满完成。全年共实施绿色建筑 198 万平方米，超额完成目标任务；银川恒大御景半岛住宅小区等 3 个项目 60.6 万平方米建筑获得绿色建筑评价标识；向中房东城人家等 8 个获得绿色建筑评价标识项目兑现了奖补资金。

【建筑科技】 深入实施创新驱动发展战略，制定出台《关于加快建设领域科技创新的实施方案》，推动 "十三五" 规划目标和任务落实。结合宁夏回族自治区实际，组织开展建设科技示范项目申报，12 个项目确定为 2017 年自治区建设科技计划项目，银川绿地中心等 4 个项目入选住房城乡建设部 2017 年科学技术项目计划。联合住房城乡建设部科技产业化中心完成 6 个住宅小区 2A 级住宅性能认定初审、终审工作。在可再生能源应用试点示范基础上，组织开展农村地区太阳能与空气源热泵综合采暖技术课题研究，推动试点示范经验形成科研成果，探索建立宁夏回族自治区建筑科技成果转化的成功途径和创新模式。

【新技术试点示范和推广应用】 审定批准可再生能源应用示范项目 15 项，核拨项目补助资金，对历年下达的示范任务进行核查验收。在平罗等 5 个县市的乡镇政府、村部推广太阳能与空气源热泵综合采暖技术，取得良好示范效果。大力推广应用安全耐久、节能环保的绿色建材产品，印发《关于推广应用高性能混凝土的通知》《关于推进高强成型钢筋加工配送工作的通知》《关于大力推广 EPS 模块建筑节能体系的通知》等文件，全年组织新产品鉴定验收6项，新技术推广31项。

【智慧城市】协调配合自治区信建办联合起草并印发《宁夏加快新型智慧城市建设的实施意见》，将智慧住建纳入自治区信息化重点建设内容。制定出台《推进宁夏住房和城乡建设领域智慧化暨"住建云"建设实施意见（2017~2020）》，为科学有序推进宁夏回族自治区住建领域信息化建设和智慧化发展提供顶层设计。编制完成《"住建云"二期建设方案》《宁夏住建厅大数据平台建设建议书》，积极协调自治区经信委、发改委争取信息化项目和资金，推动智慧住建项目落地。配合自治区电信管理局开展全区光纤到户国家标准执行情况联合检查以及国家督查组对宁夏回族自治区的督查。与中国电信宁夏分公司签订框架合作协议，启动基于自治区政务外网的厅OA系统提升工作。完成"公共建筑能耗监测系统"测评和验收，对厅信息系统进行安全测评和摸查审计，提出调整方案，确保各系统运行的连续性和准确性。

【新型墙体材料】制定印发《宁夏绿色建材评价标识管理办法（暂行）》，完成宁夏建筑科学研究院有限公司等6家绿色建材评价机构备案核查，受理预拌混凝土、预拌砂浆、砌体材料等3类建材7家企业申报绿色建材，为第一批绿色建材目录的发布奠定基础。完成两批共37家新型墙体材料生产企业认定及复审工作，新增新型墙材产能5.9亿标准砖，淘汰落后产能2.6亿标准砖，新型墙体材料的应用比例达到88%。

【工程标准】以重点工作需求为导向，围绕住建领域重点任务，开展《2017年度宁夏工程建设地方标准的制修订项目计划》的征集、论证、下达工作，涉及绿色建筑设计、海绵城市建设、城市综合管廊建设、装配式建筑施工技术等13项地方标准列入当年制修订计划。积极开展地方标准制修订工作，及时发布工程建设地方标准，全年审定发布《建筑节能门窗工程技术规程》《SMC改性沥青路面施工技术规程》《外墙外保温系统及专用材料检验标准》《住宅区通信配套设施设计标准》《EPS模块节能建筑应用技术标准》《农村污水处理工程技术规程》6项地方标准。组织完成《建筑工程安全管理规程》《建筑工程资料管理规程》《绿色建筑设计标准》《复合保温板系统应用技术规程》4项地方标准的审定工作。

【工程定额】随着非国有资金项目招投标方式的放开以及"放管服"改革的推进，为适应新形势的要求，修订完成《自治区建设工程施工合同备案管理办法》（宁建价管〔2018〕7号）。为贯彻落实《住房城乡建设部关于加强和改善工程造价监管的意见》（建标〔2017〕209号）及《建设工程定额管理办法》，制定《关于进一步加强宁夏回族自治区建设工程定额管理的意见》（宁建价管〔2017〕26号）。为满足城市地下综合管廊工程计价需要，及时测算发布相关工程补充定额。结合宁夏回族自治区宁夏回族自治区实际测算发布了《关于调整增加2013宁夏〈建设工程费用定额〉工伤保险等费用的通知》，及时调整工伤保险费、安全文明施工费，增加扬尘污染防治费和现场监控费，为切实维护农民工权益、推动安全文明施工提供计价政策依据。

大事记

1月16日，住房城乡建设部、国家发展改革委等7部委召开全国棚户区改造工作电视电话会议。宁夏设立分会场，自治区住建、发改等部门和各市、县（区）政府有关负责人参加会议。

1月17日，2017年全区住房城乡建设工作会议在银川召开。自治区副主席刘可为出席会议并讲话，住房城乡建设厅党组书记、厅长杨玉经作工作报告。

1月20日，全区"关爱环卫工人共建美丽宁夏"活动在银川正式启动。

2月10日，全区住房保障工作现场观摩推动会在固原市召开。

2月16日，自治区住房城乡建设厅系统2017年度党风廉政建设工作会议召开。

3月1日，自治区住房城乡建设厅、经济与信息化委联合发布《宁夏绿色建材评价标识管理办法（试行）》。

3月15日，贵州宁夏特色小镇建设座谈会在银川召开。

3月30日，全区建筑管理工作暨建设领域突出问题专项整治推进会在银川召开，总结专项整治工作，表彰先进典型，安排部署下一步工作。

4月1日，全区乡村建设专题讲座在银川举办。

4月14日，全区十大特色产业示范村建设开工仪式在贺兰县常信乡四十里店村举行，自治区副主席王和山出席开工仪式。

4月16~18日，住房城乡建设部、财政部专家一行4人，对银川市城市地下综合管廊试点工作进行绩效评价考核。

4月19日，自治区政府办公厅印发《关于大力发展装配式建筑的实施意见》。

4月23日，自治区住房城乡建设厅、发展改革委、财政厅联合下发《宁夏棚户区改造工作激励措施暂行实施办法》。

4月25日，自治区党委办公厅、政府办公厅印发《关于加快特色小镇建设的若干意见》。

4月28日，全区住房城乡建设系统群众评议机关作风推进会在吴忠市召开署。

5月8~9日，住房城乡建设部城市管理监督局督办宁夏城市执法体制改革工作情况。

6月15日，全国第二期"生态修复、城市修补"培训班在银川开班，各省区市300余名代表参加培训。

6月20日，全国装配式建筑关键技术和推广培训班在银川开班，各省区市300余名代表参加培训。

7月1日，宁夏回族自治区主席咸辉主持召开全区扶贫开发领导小组会议。会议对农村危窑危房工作作了安排部署。

7月12日，咸辉主持召开自治区政府第97次常务会议，决定调整全区农村危窑危房改造补助对象分类和提高补助标准。

7月18日，中卫市被列入全国第三批"城市双修"试点城市。

7月19日，宁夏回族自治区党委书记石泰峰主持召开自治区全面深化改革领导小组召开第二十一次会议，审议通过《宁夏回族自治区空间规划（多规合一）试点工作总结报告》。

7月20~21日，住房城乡建设部、工业和信息化部联合督查组督查宁夏光纤到户国家建设标准执行情况。

7月26日，自治区十一届人大常委会第三十二次会议表决通过《宁夏回族自治区城镇地下管线管理条例（草案）》《关于批准〈银川市停车场规划建设和车辆停放管理条例〉的决定（草案）》等。

7月28日，自治区住房城乡建设厅举办全区住建系统规范政务服务事项培训会，对规划政务服务工作进行安排部署。

8月4日，自治区住房城乡建设厅组织召开全区住房保障暨档案规范化管理观摩推进会。

8月9~11日，全国装配式住宅设计及建造培训班在银川举办，全国各省区市代表160余人参加培训。

8月11日，咸辉主持召开自治区政府第99次常务会议，审议通过《宁夏自治区新型城镇化"十三五"规划（送审稿）》。

8月14日，全区"城市双修"工作现场推进会在中卫召开，对进一步推动全区"城市双修"工作进行安排部署。

8月24日，全国绿色生态城市规划与特色村镇规划培训班在银川开班，各省区市200余名代表参加培训。

同日，宁夏统筹城乡建设专题培训班在南京财经大学开班，各市、县（区）和有关部门100余人参加培训。

8月28日，银川市兴庆区掌政镇、银川市永宁县闽宁镇、吴忠市利通区金银滩镇、石嘴山市惠农区红果子镇、吴忠市同心县韦州镇5镇入选全国第二批特色小镇名单。

9月12~13日，全国省级住房公积金综合服务平台课题研究启动会在银川召开，全国14个省市住房公积金系统管理人员和有关技术专家参加会议。

9月21日，全国住建行业从业人员培训管理信息化建设培训班在银川开班。

9月25~26日，自治区住房城乡建设厅组织召开全区住房城乡建设系统2017年度互学互帮互检互评活动，实地观摩全区住房城乡建设重点项目和特色工作。

9月27日，全区农村人居环境综合整治现场推进会在灵武市召开。

10月12~13日，国家发改委委托清华大学中国城镇化研究院对固原市第一批国家新型城镇化综合试点开展阶段性成果第三方评估调研。

10月18日，全国城市管理执法体制改革专题培训班在银川举办，各省市区300余名代表参加培训。

10月26日，在第十二个"环卫工人节"来临之际，全区各市县区开展了丰富多彩的关爱和慰问活动，让环卫工人们感受到社会各界的理解和尊重。

11月1日，住房城乡建设部决定命名浙江省杭州市等4个城市为国家生态园林城市、宁夏回族自治区固原市等35个城市为国家园林城市、宁夏回族自治区永宁县等79个县城为国家园林县城、江苏省苏州市甪直镇等19个城镇为国家园林城镇。

11月3日，自治区直属机关工委组织各厅局团组织负责人参观学习住房城乡建设厅"万人千企"青年攻关团队创新"不见面"审批模式的实践探索。

11月21日，自治区人民政府发布《宁夏回族自治区加快推进新型城镇化建设行动方案》。

11月23日，自治区住房城乡建设厅、建设银行宁夏分行签署住房租赁金融战略合作协议。

11月27日，自治区住房城乡建设厅发布《关于进一步加强建筑领域农民工工资管控的通知》。

12月7日，自治区副主席刘可为主持召开自治区推进新型城镇化工作领导小组会议，研究部署了全区城市执法体制改革、改善农村人居环境、城市慢行系统规划建设等工作。

12月27日，自治区住房城乡建设厅举行干部大会，宣布自治区党委关于住房城乡建设厅主要负责人的调整决定：马汉文任自治区住房城乡建设厅党组书记，提名为厅长人选；杨玉经不再担任自治区住房城乡建设厅厅长、党组书记。

（宁夏回族自治区住房和城乡建设厅）

新疆维吾尔自治区

法规建设

【概况】 2017年，新疆维吾尔自治区住房城乡建设系统深化依法治国实践，推进科学立法、民主立法、依法立法，建设法治政府，全面推进依法行政，严格规范公正文明执法。深入推进"放管服"改革，开展减证便民专项活动，便民服务水平进一步提高。继续开展普法依法治理，加大全民普法力度，建设社会主义法治文化。自治区城市管理执法监督局正式设立，实现了自治区层面住房城乡建设领域行政处罚权集中行使。

【行政执法】 制定住房城乡建设领域执法检查计划，归并执法项目，组织建筑市场综合执法检查，开展房地产开发、风景名胜区管理、工程造价专项执法检查。厅本级立案查处4件违法案件，下达8件行政处罚决定，收缴罚没款60.05万元。办理行政复议案件8件，行政应诉案件5件，胜诉率100%。

【执法体制改革】 2017年4月6日自治区人民政府召开电视电话会议，对自治区城市管理执法体制改革改进城市管理工作任务进行了安排部署。7月18日，召开城市管理工作厅际联席会，自治区编办、法制办等23个联席会议成员单位和相关部门的领导参加会议，研究部署联席会议事规则、部分执法权划转方案、重点目标任务分解方案、考核细则、城市管理立法等改革事项。10月19日，自治区党委编办印发《关于设立新疆维吾尔自治区城市管理执法监督局的批复》，自治区城市管理执法监督局挂牌成立，全区5个地州市、31个县市整合成立了城市管理执法机构。

【"放管服"改革】 2017年，开展"减证便民"专项行动，制定自治区住房城乡建设厅推进"放管服"改革工作措施。完成行政许可公示书的修订，建设系统行政许可和行政信息资源目录的整理、修改工作。结合权责清单，制定行政许可和行政处罚事项公示目录。取消了物业企业资质、园林绿化施工企业资质和房地产评估资质三项行政许可。取消了企业注册资本金要求。取消一级（甲级）以上资质和注册执业资格初审。全面推行数字化审图，学校、幼儿园等重点项目实现即到即审。2017年，取消调整下放审批事项13项，实现13项资质资格审批网上办理，部分证照网上核验，投资项目报建审批等事项由16项整合为9项，全区统一的工程招投标服务平台建设有序推进。清理规范工程建设领域保证金14.96亿元，清理拖欠工程款4.5亿元。调低建筑工程社会保险费缴纳标准，调剂补助困难企业1.16亿元。

【政策法规制定】 配合自治区人大常委会完成《新疆维吾尔自治区物业管理条例》起草、考察调研、审核修改，2017年5月27日经自治区第十二届人大常委会第29次会议审议通过并颁布实施。起草完成《新疆维吾尔自治区城市管理行政执法条例（送审稿）》。制定完成《自治区住房城乡建设系统贯彻落实法治政府建设实施纲要的实施方案》《自治区住房城乡建设系统开展法治宣传教育第七个五年规划》《自治区风景名胜区建设项目规划建设管理办法》《自治区工程建设标准化工作管理办法》。

住房保障与棚户区改造

【概况】 截至年底，全区实施各类棚户区改造38.29万户，完成年度28.43万套改造任务的135%，完成投资939.59亿元，其中实施货币化安置30.97万户，货币化安置比例81%。全区城镇保障性安居工程基本建成9.8万套，新增分配入住公租房7.59万套。累计分配公租房87万套，分配率达85.9%，新增发放住房租赁补贴2.4万户，城镇中低收入家庭住房条件明显改善。

【城镇棚户区改造投资及建设情况】2017年全区计划实施各类棚户区改造28.43万套。其中,城市棚户区改造27.16万套;国有工矿棚户区改造34套;国有林场危旧房改造0.09万套;国有农场危旧房改造0.44万套;国有牧场危旧房改造0.73万套。计划基本建成9.8万套。其中,公共租赁住房2.5万套,城市棚户区改造6.7万套,国有工矿棚户区改造0.01万套,国有农场危旧房改造0.31万套,国有牧场危旧房改造0.28万套。

截至年底,全区共实施各类棚户区改造38.29万套,开工率为年度计划(28.43万套)的135%。其中,城市棚户区改造开工37.14万套,国有工矿棚户区改造开工34套;国有林场危旧房改造653套;国有农场危旧房改造开工0.48万套;国有牧场危旧房改造开工0.6万套。基本建成9.8万套。其中,公共租赁住房基本建成2.2万套;城市棚户区改造基本建成6.76万套;国有农场危旧房改造基本建成0.37万套;国有牧场危旧房改造基本建成0.47万套。

2017年,全区城镇保障性安居工程共完成投资956.64亿元。其中,城市棚户区改造完成投资932.78亿元;公共租赁住房完成投资17.05亿元;国有工矿棚户区改造完成投资0.06亿元;国有林场危旧房改造完成投资0.03亿元;国有农场危旧房改造完成投资2.64亿元;国有牧场危旧房改造完成投资4.08亿元。

【信息化建设】按照"三网、三库、五平台、五功能"的框架,完成自治区住房保障信息系统(二期)建设。指导和协调各地按照"一房一档、一户一档"的要求,及时将历年保障性安居工程项目信息、房源信息、保障对象、配租配售合同、棚户区改造协议等信息的录入系统,截至2017年底,全区累计录入棚改协议信息39.5万条,公租房配租合同信息20.5万条,租赁补贴协议信息32.4万条。通过报刊、网络等媒介的宣传,使保障性住房分配政策、分配程序、分配房源、分配对象、分配过程、分配结果、投诉处理等信息公开透明,有效地保障了群众的知情权、参与权和监督权。

【监督考核】聚焦具体实施住房保障工作的县市、任务指标、住房保障质量效益等,开展住房保障调研和巡查,及时对各地工作进展、执行政策、遇到的问题等进行跟进和督导。建立了棚改月报制度,对各地开工情况、分配情况、资金筹措等情况按月进行通报。

【住房保障融资措施】截至年末,国家开发银行新疆分行已累计授信1099亿元,发放贷款602亿元。中国农业发展新疆分行累计授信556.54亿元,发放贷款278.06亿元(其中抵押补充贷款资金发放低息贷款135.97亿元)。2017年,国家开发银行新疆分行、中国农业发展银行新疆分行积极配合自治区棚户区改造工作,加强与地方政府对接,因地制宜提供融资(含抵押补充贷款资金)支持,协同各地共同加强项目贷后管理,确保信贷资金及时到位,合规使用。

【住房保障工作措施】以责任制为抓手,全面落实国家保障性安居工程协调小组与自治区人民政府签订的《2017年住房保障工作目标责任书》。以信息公开为前提,接受社会监督。2017年,对公共租赁住房保障对象和保障方式、申请和审核流程、轮候和分配程序、调整和退出方式、住房使用和物业服务内容、监督管理职责分工、相关责任追究等方面予以明确规定。指导各地完善公共租赁住房管理相关管理政策,建立健全符合县(市、区)实际的公共租赁住房准入标准,降低准入门槛,合理扩大保障范围。拓宽受理渠道,建立常态化受理机制,提高审核效率。加快配套基础设施建设,形成公租房有效供应。以服务基层为根本,开展调研巡查,协调解决存在的困难和问题。

年内,全区累计分配入住2016年底前开工建设公租房88.5万套,解决了220余万城镇中低收入人员、新就业无房人员、外来务工人员的住房问题。

【专项督查】会同自治区发改、财政、审计等部门组成专项督查组,对喀什地区、阿克苏地区、和田地区、克州城镇保障性安居工程侵害群众利益问题专项督查。结合年度考核检查,于12月完成对全区13个地州市、41个县市(区)住房保障工作目标责任制建立、新建项目手续办理及开工、结转项目复工、工程质量安全、列入国家配套基础设施建设、棚改征收补偿协议签订、租赁补贴发放、住房保障档案电子化、工作信息公开等内容的专项检查和考核验收。

城乡规划

【概况】深化实施新疆城镇体系规划,加快编制重点城镇组群协调发展规划,稳步推进城市总体规划改革,开展"城市双修"和城市设计工作,制订《乌鲁木齐都市圈规划编制工作方案》,指导协调乌鲁木齐市积极推进全国城市总体规划编制试点和阿勒泰市全国城市设计试点工作的落实,积极指导塔什库尔干县做好灾后重建的规划工作。吉木萨尔县

"多规合一"试点成果通过自治区验收。积极参与空间规划改革,加强历史文化名城、名镇、名村、街区和历史建筑保护工作,卫星遥感监测范围扩大到所有地级市和地、州政府(行署)所在城市,城乡规划督察员巡查范围覆盖所有设市城市。完成了自治区人民政府城乡规划工作顾问组赴南疆实地考察调研的协调落实工作。

【深化实施城镇体系规划】2017年,对接丝绸之路经济带核心区建设,组织和指导各地州开展重点城镇组群的协调发展规划编制。制订并向自治区人民政府提交了《关于开展乌鲁木齐都市圈项目规划编制工作的请示》和《乌鲁木齐都市圈规划编制工作方案》。编制完成《喀什——阿图什城镇群协调发展规划》初步成果,指导各地州开展重点城镇组群的协调发展规划编制。

在城市、开发区(园区)总体规划和重大项目选址审查中,严格落实《新疆城镇体系规划(2014~2030年)》关于城镇空间结构、资源环境保护、空间管制等方面的要求,推动以城市群为主体构建大中小城市和小城镇协调发展的城镇格局。乌鲁木齐市被选定为全国城市总体规划编制试点城市。指导乌鲁木齐市扎实开展全国城市总体规划编制试点工作,把握好战略定位、空间格局和要素配置,推进"多规合一"空间规划信息平台建设,乌鲁木齐规划期至2035年的新一版城市总体规划和信息平台初步成果已经形成。吉木萨尔县"多规合一"试点成果通过自治区验收。

组织开展"城市双修"和城市设计工作,在全国率先颁布实施城市设计地方标准,乌鲁木齐市被确定为全国"城市双修"试点城市,阿勒泰市被确定为全国城市设计试点城市。制定下发《自治区推进生态修复城市修补工作方案》,进一步明确生态修复、城市修补的目标、任务、措施和时间表,将乌鲁木齐市、克拉玛依市、吐鲁番市、哈密市列为自治区第一批"城市双修"试点城市。其中乌鲁木齐市被列为全国第三批"城市双修"试点城市。确定了自治区第二批7个"城市双修"试点城市名单。启动自治区"城市双修"技术导则编制工作。指导阿勒泰市编制城市设计成果。

【历史文化保护】2017年,组织开展历史文化街区划定和历史建筑确定工作,转发《住房城乡建设部办公厅关于进一步加强历史文化街区划定和历史建筑确定工作的通知》(建办规函〔2017〕270号),进一步明确新疆维吾尔自治区历史文化街区划定、历史建筑的确定标准和保护要求。

截至年底,全区共有历史文化名城11座(含国家级5座)、名镇4个(含国家级3个),名村4个(均为国家级),历史文化街区17个(含国家级2个)、历史建筑265个。完成自治区历史文化街区、历史建筑保护信息系统建设工作。会同自治区文物局完成全区国家历史文化名城、中国历史文化名镇名村保护工作的自查工作,配合住房和城乡建设部、国家文物局完成对新疆维吾尔自治区的检查评估工作,组织落实了对云南省交叉检查工作。组织对自治区历史文化名城、名镇、名村、街区和历史建筑保护工作进行了监督检查。

【规划实施管理】2017年,起草了《自治区城乡规划重大违法案件处理办法》。自治区城乡规划管理系统(一期)正式上线运行,并被住房城乡建设部列为城乡规划信息化管理试点省区。完成自治区城乡规划信息系统(二期)建设方案编制。启动卫星遥感监测全覆盖工作,完成克拉玛依、吐鲁番、哈密3个地级市(乌鲁木齐由住房城乡建设部督察)和各地、州人民政府(行署)所在城市的卫星遥感监测工作,督促各地对涉及的违法建设进行查处;完成了住房城乡建设部L-30、Q-24等重点图斑核查上报和乌鲁木齐市规划区内51个疑似图斑的核查工作。指导各地全面完成开发区的复核工作。建立和完善自治区派驻城乡规划督察员制度,完成2017年度自治区城乡规划督察员的派驻工作,聘任12位城乡规划督察员,分三组对27个设市城市和部分工业园区、历史文化名城、风景名胜区进行了巡查,重点对13个设市城市的卫星遥感图斑涉及的建设项目进行了核查。

【环境保护督察】在全区城乡规划领域开展环护检查。牵头制订了《自治区住房城乡建设行业贯彻落实〈土壤污染防治工作方案〉的实施意见》,对在住房城乡建设行业推进土壤污染防治工作进行规划和安排。制订《关于进一步加强城乡规划工作保护土壤环境的通知》,提出在城乡规划工作中保护土壤环境的工作机制和具体措施。印发《关于在城市建成区违法建设专项治理五年行动中开展城市蓝线范围内违法建设专项治理工作的通知》,部署城市蓝线范围内违法建设专项治理工作并进行实地监督检查,全区完成蓝线范围内违法建设摸排工作,基本完成年度专项治理目标。积极配合环保部门做好土壤信息化管理和对已关闭重点行业企业用地再开发利用情况的专项检查工作。

标准定额管理

【概况】2017年,组织开展建筑住宅产业化、建筑节能、装配式建筑、村镇垃圾处理、生态文明等领域工程建设标准编制。颁布实施《自治区工程建设标准化工作管理办法》，批准发布建筑节能、绿色建筑等13项地方标准，技术支撑作用更加明显。发布钢结构工程消耗量定额和农村安居、住房保障等民生工程造价指标，工程建设标准体系不断完善，计价依据结构更趋合理。加强工程建设标准执行情况监督，纠正和处理违反强制性标准行为近6000条次，标准的权威性得到增强。

【改革工作】建立健全自治区工程建设标准定额工作"123"管理体系，标准供给渠道多样化探索取得实质性进展。吐鲁番市率先实行将承发包方约定的团体标准作为工程建设和验收依据。推荐性应用标准设计采取委托管理新模式，变企业标准备案为企业自主声明的研究探索稳步推进。"放管服"改革取得明显成效，截至年底，所承办造价咨询企业和注册造价工程师各项业务限时办结率均在90%以上。

【制度体系建设】制定颁布实施了《自治区工程建设标准化工作管理办法》，填补了标准化工作无体系化工作制度的空白。完成《新疆维吾尔自治区建设工程竣工结算备案管理办法》《新疆维吾尔自治区建设工程工程量清单计价管理办法》《新疆维吾尔自治区建设工程计价依据解释及合同价款争议调解管理办法》等规范性文件。

【地方标准及工程造价计价】截止到年底，共下达1批5项标准编制计划，调整废止《城市照明技术规程》等5项标准编制计划，合并《装配式混凝土建筑设计规程》1项，发布《绿色建筑设计标准》《装配式混凝土建筑设计规程》《农村生活垃圾分类、收运和处理项目建设标准》等13项地方工程建设标准，复审《TTC型住宅卫生间同层排水系统》《住宅排气道系统》两项标准设计。

根据国家、自治区绿色建筑相关规范标准和消耗量定额，编制印发《新疆维吾尔自治区绿色建筑工程消耗量定额》及《新疆维吾尔自治区绿色建筑工程消耗量定额乌鲁木齐地区单位估价表》《新疆维吾尔自治区城市综合管廊工程投资估算指标》《新疆维吾尔自治区钢结构工程消耗量定额》及配套《乌鲁木齐地区单位估价表》等定额及估算指标，工作走在全国同行业前列。依据住房城乡建设部编制发布的《全国装配式混凝土建筑工程消耗量定额》，在广泛调研和论证的基础上，启动《新疆维吾尔自治区装配式混凝土建筑工程消耗量定额》的编制工作；做好"营改增"后续政策等衔接，制定发布《关于简并增值税税率政策调整新疆建设工程计价依据的通知》，完成部分材料税率调整工作。

房地产市场

【概况】2017年，新疆维吾尔自治区完成房地产开发投资1037.86亿元，商品房销售面积1598.11万平方米，商品房库存面积降至4064.93万平方米，较2016年减少522.03万平方米，降幅11.4%；提请自治区人民政府印发《自治区化解房地产库存工作方案》，住宅去化周期稳定在15个月，控制在合理区间；非住宅去化周期80个月，同比减少3个月，实现了化解库存与促进经济发展的双重效果。

【开发经营】2017年，全区房地产开发建设项目共1065个，累计完成投资1037.86亿元，同比上涨12.4%。其中，住宅投资588.25亿元，同比上涨13.4%，增速回落1个百分点。房地产开发建设规模同比上涨，增速有所回落，1—12月，全区房屋施工面积为11597.26万平方米，同比上涨0.6%；新开工面积为2578.54万平方米，同比上涨16.9%；房屋竣工面积为1680.48万平方米，同比下降0.9%。住房施工面积6937.35万平方米，同比下降2.2%，降幅扩大1.5个百分点；住房新开工面积为1514.81万平方米，同比上涨13.2%，增幅上涨2个百分点；住房竣工面积为1151.25万平方米，同比下降0.2%，降幅收窄5.4个百分点。

【房地产调控】2017年，报请自治区人民政府同意，联合有关部门印发《自治区化解房地产库存工作方案》、《关于加快培育和发展自治区住房租赁市场的实施意见》，商品房库存数量逐年减少，化解房地产库存工作方案实施效果显著。截至年底，全区商品房库存面积4064.93万平方米，较2016年底减少522.03万平方米，下降11.4%。其中，住宅库存面积1801.06万平方米，减少441.63万平方米，下降19.7%；非住宅（含商业营业用房、办公楼、学校教学用房、图书馆、体育馆、工业厂房等）库存面积2263.87万平方米，减少80.4万平方米，下降3.4%。商品房去库存周期为27个月，其中，住宅去库存周期为15个月，非住宅去库存周期为80个月。

【信息系统建设】指导督促各地落实《关于加快推进自治区房屋交易与产权管理信息系统和交易网签系统建设的通知》要求，明确各地系统建设任务时限。截至年底，地、州人民政府（行政公署）所在城市及所辖县城有98%完成房屋交易与产权管理纸质档案数字化信息系统，96%城市和县城完成房地产交易网签系统建设任务，所有县（市）实现了领导干部个人房产信息查核报送系统联网。

【市场监管】依法持续规范整顿房地产市场。制定印发《关于开展自治区房地产市场执法检查的通知》，在各地、州（市）自查的基础上，安排2个检查组对全疆房地产市场开展执法检查，抽查7个地州11个县市，25家房地产开发企业，15家评估机构，12家中介机构。对检查中发现的问题，现场反馈当地房地产管理部门并限期整改。依法规范国有土地上房屋征收补偿工作。截至2017年底，共受理各地申请鉴定的房地产评估报告10宗，通过房地产估价报告的鉴定，有效地规范了各地征收补偿工作程序。组织专家对全区89家房地产评估机构、24家异地备案房地产评估机构上报的评估报告进行了检查，对估价报告不合格、伪造、未提交估价报告的，依法予以调查处理，并计入估价机构不良信用。

【物业管理】2017年，根据国务院要求，制定印发《关于进一步加强自治区物业服务市场监管工作的通知》，取消物业企业二级及以下资质；印发《关于进一步加强自治区物业服务管理工作的通知》，进一步明确资质取消后行业监管的衔接问题。做好《新疆维吾尔自治区物业管理条例》颁布实施后宣传贯彻工作。

建筑市场

【概况】2017年，全疆完成建筑业总产值2990.4亿元，同比增长9.1%。新签合同额4525.3亿元，同比增长47.5%。实现利税146亿元，同比增长22%。重点推广应用装配式建筑及BIM技术，组织开展自治区建筑业统计调查分析工作，为完善政策措施提供依据。鼓励、引导自治区建筑业企业优化产权结构和资本结构，完善内部管理，创新经营模式。建筑业拉动经济、促进就业作用进一步增强。自治区工程建设监管和信用一体化平台不断完善，企业备案和执业人员注册申报（二级建造师等）实现网上报备，网上审核。国家级鲁班奖、优质工程奖、安全生产标准化工地三项荣誉数量创历年之最。

【建筑业发展】2017年，制定印发《关于推进自治区建筑业发展和改革意见》，建筑业生产总值突破2800亿元，同比增长22.8%；实现全社会建筑业增加值1080亿元，同比增长12%；实现税收146亿元，同比增长22%；吸纳就业100万人，建筑业拉动经济、促进就业作用进一步增强。工程质量安全管理水平明显提高，4项工程获国家"鲁班奖"，2项工程获国家优质工程奖，新增国家级安全生产标准化工地14个。

【建筑市场监管】开展全区范围建筑市场工程质量大检查，配合完成了对乌鲁木齐市、昌吉州贯彻落实自治区党委、政府决策部署、落实安全生产工作责任、安全监管执法、强化问题隐患整改、深入开展专项整治、事故查处和追责问责落实等5个方面重点内容的督查。建立"双随机一公开"监管制度，建立完善市场主体数据库，并在2017年执法检查中对随机抽取市场检查主体和执法检查人员、公示执法情况予以核查落实。

【建筑企业管理】2017年，全区新申请施工企业137家，资质升级施工企业273家，新增特级资质企业3家（涉及电力、市政行业）、新增总承包一级企业5家，增项施工企业218家，企业资质变更501家。全区共有建筑业企业3185家。其中，特级资质8家；一级资质196家；二级资质1279家；三级资质2081家。实现年产值100亿以上建筑业企业5家，100亿以下50亿以上建筑业企业10家。注册建造师人57304人。其中，一级建造师5949人；二级建造师51355人。完成二级建造师继续教育培训10期，共8081人次。深入建筑工地开展向"三股势力""两面人"发声亮剑活动，为落实自治区就业惠民政策、维护稳定贡献了力量。

【勘察设计】2017年，全区勘察企业共111家。其中，甲级资质41家；乙级资质96家；丙级资质58家。设计企业共410家。其中，甲级资质87家；乙级资质211家；丙级资质125家；丁级资质5家。专业类执业注册人员2080人。其中，一级注册建筑师315人；二级注册建筑师405人；一级注册结构工程师427人；二级注册结构工程师172人；注册土木工程师（岩土）227人；注册公用设备工程师263人；注册电气工程师271人。全区工程勘察设计企业新签工程勘察合同额157317.83万元，同比增长54.84%；新签工程设计合同额271944.38万元，同比下降24.4%；完成境外工程勘察设计合同额46343.51万元，同比下降20.15%。

【工程监理】2017年，全区监理企业共116家。其中，综合资质3家；甲级资质49家；乙级资质49家；丙级资质18家。工程监理从业人员12641人，注册监理工程师2814人。工程监理业务覆盖6个工程类别，全年工程监理企业共计承揽合同额47.1亿元，其中工程监理合同额29.9亿元，工程项目管理与咨询服务、工程招标代理、工程造价咨询及其他业务合同额17.2亿元。制定印发《关于贯彻落实促进工程监理行业转型升级创新发展意见进展情况的函》，举办了西北地区监理行业转型升级创新发展免费宣讲活动。

【建设工程招标投标】 2017年，全区共有招标代理机构185家。其中，甲级资质51家；乙级资质72家；暂定级资质62家。自治区本级共完成招标工程180项，中标总造价484593.63万元。其中，建筑施工招标104项，中标总造价473181.26万元；监理招标65项，中标总造价6251.42万元；设备采购11项，中标总造价5160.94万元。完成招标代理从业人员培训9期、1800余人；完成建设工程招标投标及新业务知识培训1期、170余人。启用"新疆建设工程信息网系统平台"，印发《关于公开选聘自治区房屋建筑和市政工程评标专家的通知》，新增392名符合条件的专家入库。

【南疆四地州富余劳动力转移就业情况】 按照自治区党委、政府关于南疆四地州城乡富余劳动力有组织转移就业工作部署，分配给住房和城乡建设厅的任务为5000人。各级建设行政主管部门高度重视，深入基层、企业开展调研，精心组织安排，督促任务落实。2017年，共计转移安置喀什、和田地区城乡富余劳动力5049名到146家建筑企业310个工程项目就业，完成转移安置占自治区分解下达任务的100.98%。相关用工企业依托自有培训力量或委托培训机构等方式，积极开展冬季培训，落实安置2680人。

【"放管服"改革】 2017年，对涉及住房城乡建设领域的行政审批事项进行清理规范，明确不再向个人收取注册建筑师、注册结构工程师等7类人员执业费和印章费；规范、精简了5项行政审批事项的办理权限、办理时限以及需要提交的申请材料；对整合的11项行政审批事项，按照整合后的行政审批事项名称，重新明确了各级住房城乡建设部门的办理权限、办理时限和办理程序以及需要提交的申请材料。简化二级建造师注册申报材料要求，将三级以下施工企业资质和房地产开发企业暂定资质下放至地州建设行政主管部门实施，并将霍尔果斯和喀什两个经济开发区的建设项目招投标审批事项、规划许可事项等下放至两地建设行政主管部门实施。

【信息化建设】 按照《住房城乡建设部办公厅关于扎实推进建筑市场监管一体化工作平台建设的通知》（建办市函〔2017〕435号）要求，建立完善自治区工程建设监管和信用一体化平台，企业备案和执业人员注册申报（二级建造师等）实现网上报备、网上审核。充实企业、人员、项目、信用基础数据，平台数据库已录入建筑企业11086家，各类执业从业人员471244人。自治区工程建设监管和信用管理一体化平台的运行，为强化行业和市场监管，优化办事流程，提高工作效率，方便群众办事提供了便捷顺畅的公共服务平台。

【清理拖欠工程款和农民工工资】 按照国务院、自治区人民政府关于双清工作部署和要求，制定印发《关于全面清查自治区工程建设领域工程款和农民工工资拖欠问题的通知》《关于进一步做好自治区工程建设领域清理拖欠工程款和农民工工资工作的紧急通知》，转发《关于做好2018年春节前保障农民工工资支付工作和进一步加大清理解决工程欠款、农民工工资拖欠问题的通知》，及时分析研判建筑工程领域拖欠工程款和农民工工资情况，开展"双清"工作专项检查。会同自治区人社、财政、发改等部门组成联合督察组对各地州"双清"工作开展督查，督导检查工程项目353项，清理拖欠农民工工资211790.04万元，涉及农民工人数49619人。

【建筑行业社会保险统筹】 2017年，全区共收取建筑行业建筑工程社保统筹费26.41亿元，拨付12.79亿元，调剂补贴1.16亿元。"双节"慰问困难职工171.55万元，发放20世纪60年代精简下放人员生活补助费146.45万元。目前，区内建筑施工企业已经开设社保专户1422家，外省进疆企业开设社保专户445家。

【工程获奖情况】 2017年，北京建工四建工程建设有限公司和田市北京医院建设工程、江苏南通二建集团有限公司新疆高端人才服务大厦、江苏省苏中建设集团股份有限公司新纪元广场（新疆财富中心）C座工程、中建三局集团有限公司新疆国际会展中心二期场馆建设及配套服务区项目4项工程获中国建设工程"鲁班奖"；新疆生产建设兵团建设工程集团第一建筑安装工程有限责任公司新疆移动红光山通信生产基地、新疆维泰开发建设（集团）股份有限公司新疆软件园创业智能大厦2项工程获国家优质工程奖。完成自治区级工法评审137项，推荐申报国家级工法19项。

城市建设

【概况】 2017年，全区城市（县城）供水普及率97.81%，污水处理率90.27%，生活垃圾处理率95.71%，燃气普及率95.66%，绿化覆盖率达36.75%。开工建设地下综合管廊66公里，博乐市、乌苏市、伊宁市海绵城市建设取得积极进展，稳步推进城市建成区违法建设治理五年行动，累计查处违建153万平方米。乌鲁木齐市燃煤小锅炉拆并工作顺利完成，热电联产或集中供热工作稳步推进，大气污染防治和道路扬尘治理工作成效明显，垃圾分类处理工作向前推进。

【固定资产投资】 2017年，完成行业固定资产投资3728亿元，开工建设城镇供水、排水、污水垃圾处理、供气、供热、道路、园林等市政基础设施项目2680项。巴音郭楞蒙古自治州、阿勒泰地区、吐鲁番市、昌吉州、塔城地区、克拉玛依市、哈密市、乌鲁木齐市均超额完成目标任务。

【城市垃圾无害化处理】 截至2017年底，全区城镇生活垃圾处理率为95.71%，无害化处理率达到76.21%，新增生活垃圾无害化处理能力600吨/日。配合自治区发展改革委起草《新疆维吾尔自治区生活垃圾分类制度实施方案》，明确全自治区生活垃圾分类的目标任务和职责分工，建立了自治区生活垃圾分类联席会议制度，并将生活垃圾分类工作列入自治区有关评价考核指标体系。确定乌鲁木齐市、克拉玛依市、吐鲁番市、博乐市和阜康市5个城市为生活垃圾分类收集试点城市。乌鲁木齐市、克拉玛依市和库尔勒市为餐厨废弃物再利用及垃圾分类试点城市。

【城乡环境整治】 稳步推进城市建成区违法建设治理五年行动，累计查处违建153万平方米。乌鲁木齐市顺利完成2处黑臭水体整治。全区新增国家园林城市（县城）10个，国家特色小镇7个，国家宜居小镇（村庄）15个，国家级风景名胜区1个，全国人居环境范例奖2个，国家改善农村人居环境示范村7个。加强天山世界自然遗产地保护管理，开展申遗预备项目前期工作。乌鲁木齐市大力实施城市道路靓化工程，街区景观、群众出行环境大幅改善。农村生活垃圾专项治理取得新进展，农村厕所污水治理摸底调查顺利完成，乌鲁木齐县被列为全国第一批农村生活垃圾分类处理和资源化利用示范县。

【城市环境综合治理】 制定印发《自治区城市"洁净工程"实施方案的通知》，以"清洁城镇，美化家园，创建文明环境，共建和谐新疆"为主题，在全区组织开展城镇市容环境卫生综合整治活动。为进一步做好自治区"洁净工程"和"城市环卫保洁"工作，完善城市环境卫生综合整治工作的标准体系，制定印发《进一步加强城市环境卫生集中整治活动的指导意见》、《自治区城镇容貌标准》、《新疆维吾尔自治区城市洁净工程考核办法》及《新疆维吾尔自治区城镇洁净工程考核指标和评分标准》等标准和文件。为进一步提高建筑垃圾资源化利用率和处置率，提高建筑垃圾资源化利用水平，乌鲁木齐市率先开展建筑垃圾资源化处置利用项目建设，建成后年处理建筑垃圾约200万吨。

【城建行业大气污染防治】 为进一步做好乌鲁木齐区域大气污染防治工作，加大道路扬尘治理，制定印发了《乌鲁木齐市区域大气污染防治实施方案》，积极推进建筑节能，改善供热结构。督促乌鲁木齐市加快实施热电联产或集中供热，优先完成临近乌鲁木齐市区域的燃煤小锅炉拆并工作。

【城市供水】 截至2017年底，全区共有城镇（城市、县城）公共供水厂168座，综合生产能力555.18万立方米/日，用水户288.6万户，城市（县城）供水普及率97.81%。

【城市供热】 2017年，城市（县城）累计供热能力蒸汽680吨/小时、热水42751兆瓦，集中供热管道14726千米，年供热蒸汽总量277万吉焦，热水23636万吉焦。集中供热面积4.56亿平方米（其中，住宅3.05亿平方米）。先后印发《关于做好2017－2018年自治区城镇供热保障工作的通知》《关于开展城镇供热行业"访民问暖"活动加快解决当前供暖突出问题的紧急通知》《关于进一步加强自治区城镇供暖保障确保群众温暖过冬的紧急通知》，督促指导各地供热主管部门，切实解决城镇供热采暖工作中存在的突出问题，确保百姓温暖过冬。

【城市燃气】 截至年底，全疆城市（县城）燃气普及率达到95.66%。其中，全疆城市（县城）天然气储气能力1217万立方米；供气管道长度16137公里；供气总量合计583277万立方米；用气户数3979335户；居民家庭3804254户；用气人口905万人；天然气汽车加气站463座。为加强城镇燃气安全管理，制定印发了《关于开展自治区市政公用行业综合检查的通知》《关于印发〈自治区市政公用行业安全生产大检查方案〉的通知》，构建安全生产长效机制，加强安全生产管理，加大隐患排查整治力度，健全完善城镇燃气行业安全生产各项规章制度。累计排查各类燃气隐患461条（项），完成整改461条（项），整改率达到100%，有效保障了自治区城镇燃气行业安全平稳运行。

【城市排水与污水处理】 截至年底，新疆维吾尔自治区建成运营的污水处理厂共计99座，较2015年末新增21座；城市（县城）污水处理率90.27%，全区所有县市均具备污水处理能力。结合中央环境保护第八督察组环境保护督察工作，认真贯彻落实《自治区水污染防治工作方案》，成立了自治区住房城乡建设行业生态环境保护工作领导小组，制定印发了《自治区住房城乡建设行业水污染防治工作方案》,明确了住房城乡建设领域水污染防治目标任务,细化了各级住房城乡建设主管部门的责任。按照《全国城市市政基础设施建设"十三五"规划》《自治区污水及再生水设施十三五规划》目标任务,督促各地加快排水与污水处理设施建设,落实国家和自治区城市排水防治等相关要求。根据住房城乡建设部《城镇污水处理工作考核办法(暂行)》要求,督促各地州市住房城乡建设主管部门、城镇排水运营单位,及时准确完成填报《全国城镇污水处理管理信息系统》在建项目月报信息和运营项目季报信息,全区污水处理规范化运营管理水平在全国31个省(市、自治区)中的排名持续提升。

【城建档案】2017年,组织完成《建设工程文件归档技术规程》宣贯培训,51个市、县、建筑企业城建档案馆(室)档案管理人员共88人参加培训。根据城建档案管理要求,确定克拉玛依市、哈密市、吐鲁番市、喀什市、伊宁市、石河子市为首批新疆城建档案异地备份城市。完成城建电子档案数据介质备份到江苏省住房和城乡建设厅城市建设档案馆的备份工作;接收落实江苏省苏州市、张家港市、东海县等44个市、县城建电子档案数据介质在新疆维吾尔自治区的备份。完成自治区住房和城乡建设厅2015文书档案的收集、整理、装订、编目工作。完成全疆城建行业2016年度城建档案的统计并上报自治区档案局。开展了对乌鲁木齐市、哈密市、昌吉市、克拉玛依市城建档案工作调研,指导哈密市城市建设档案馆开展"哈密市'互联网+'建设工程文件跟踪管理服务平台"课题研究。

世界自然遗产与风景名胜区

【塔克拉玛干沙漠—胡杨林申遗工作】塔克拉玛干沙漠是全球最具世界遗产价值潜力的6个沙漠之一,具有世界自然遗产价值禀赋。2017年,深入考察,科学确定遗产价值、标准和范围,先后4次邀请10余名国内外世界自然遗产权威专家开展塔克拉玛干沙漠申遗综合科学考察和前期技术研究工作。完成对申遗提名地范围的科学划定,即塔克拉玛干沙漠遗产地面积约5500平方公里、缓冲区面积约3372平方公里。

【天山世界遗产保护管理】6月,结合住房和城乡建设部中国首个"文化和自然遗产日"的举办,自治区以博格达(天山天池)遗产地为分会场,同步举办"文化和自然遗产"启动仪式。印发《关于2016年天山自然遗产地和风景名胜区执法检查结果的通报》,督促五个遗产地片区编制自然遗产地保护管理规划,《巴音布鲁克世界自然遗产地保护管理规划》已经自治区政府批准实施。

【风景名胜区规划建设保护管理】以申报世界自然遗产为契机,规范和提升风景名胜区管理和综合水平,颁布实施《自治区风景名胜区规划建设管理办法》,规范风景名胜区建设活动。组织专家完成《博斯腾湖国家级风景名胜区总体规划》的修改,于5月经国务院批准实施。完成库木塔格沙漠、赛里木湖总体规划实施情况评估报告,督导罗布人村寨、克拉玛依魔鬼城等7处编制完成总体规划及上报工作。规范项目选址和资产投资管理。2017年累计完成投资约66.5亿元,占计划投资任务的83.7%。开展对天山大池、赛里木湖、博斯腾湖等国家级风景名胜区重大建设项目选址工作,组织住房城乡建设部和自治区专家进行实地勘察论证,已完成项目选址19项,保证了各地项目建设的顺利实施。积极推动风景名胜区申报工作。托木尔大峡谷已列入第九批国家级风景名胜区,新疆维吾尔自治区国家级风景名胜区数量达6处。

村镇建设

【概况】截至2017年底,全疆县城(区)以外的建制镇261个,乡(乡政府所在地)496个,行政村8833个。全区累计编制建制镇总体规划246个,占建制镇总数的94.25%;乡467个,占乡总数的94.15%,编制完成村庄规划的行政村7634个,占行政村总数的86.43%。

【农村安居工程建设】2017年全区累计开工建设农村安居房30万户、开工率100%、竣工30万户、竣工率100%。其中,农村4类重点对象累计开工20.39万户、开工率100%;竣工20.39万户、竣工率100%;2017年全区累计投入资金231.80亿元。其中,中央补助32.71亿元、自治区补助34亿元、援疆省市援助24.4亿元、地县配套7.53亿元、农民自筹133.16亿元。各地培训各类人员30.58万人次。其中,管理人员1.86万人次,建筑工匠8.33万人次,建房户20.39万人次。

【村镇公用设施】截至年底,全疆村镇有污水处理厂15个,环卫专用车辆1423辆,公共厕所1861座,有生活垃圾收集点的行政村5414个,占全部行政村的61.29%,能进行生活垃圾处理的行政村2969个,占全部行政村的33.61%。

【名镇名村创建】2017年,克拉玛依市乌尔禾区乌尔禾镇等7个镇被列入国家第二批特色小镇名录,自治区列入中国特色小镇名录的建制镇达10个；吐鲁番市高昌区葡萄沟街道办事处拜西买里村等2个村庄被录入第四批命名的中国传统村落名录，吐鲁番市高昌区葡萄沟街道办事处拜西买里村列入2017年中央财政支持范围的中国传统村落名单，自治区列入中国传统村落名录达17个；特克斯县喀拉达拉乡琼库什台村等15个村落争取到中央补助资金（每个村庄300万元）；推荐吐鲁番市鄯善县吐峪沟乡麻扎村、伊犁州特克斯县喀拉达拉镇琼库什台村、阿勒泰地区哈纳斯景区铁热克提乡巴哈巴一村等3个村庄作为中国传统村落数字博物馆建馆村落。

【农村环境整治】贯彻落实国家部署，将农村生活垃圾专项治理工作作为改善农村人居环境的重要任务。积极探索创新城乡环卫一体化等农村生活垃圾治理模式，因地制宜，创新发展，先试先行，结合美丽乡村建设在农村人居环境改善上取得一定成效，部分村庄生活垃圾得到了处理，农村"脏、乱、差"面貌有所改善。推荐昌吉市作为全国农村生活污水治理示范县市，采取"投资企业＋示范县市"合作模式引进北京首创股份有限公司推进农村生活污水治理示范县市工作；推荐乌鲁木齐市乌鲁木齐县全国第一批农村生活垃圾分类和资源化利用示范县市，乌鲁木齐县确定符合本地实际的农村生活垃圾分类方法，并在半数以上的乡镇进行试点。

工程建设质量管理

【房屋建筑工程监督】2017年，新疆维吾尔自治区各级建设工程质量监督机构累计监督房屋建筑工程16385个，建筑面积合计8427.85万平方米，监督工程造价15080934万元，未竣工受监工程数8303个，未竣工受监工程面积5312.67万平方米，新受监工程数8611个，新受监工程面积4036.21万平方米，新受监工程造价7689647.39万元。

竣工验收合格工程5321个，竣工验收合格工程面积191518.21万平方米，一次性验收合格工程数4373个，一次性验收合格工程面积228102.73万平方米，竣工验收备案工程5095个，竣工验收备案工程面积262835.20万平方米。

2017年度新疆维吾尔自治区各级建设工程质量监督机构累计监督房屋建筑工程项目数量相比2016年上升30.3%，合计建筑面积数下降22.6%。

【市政工程监督】累计监督市政工程个数2176个，累计监督市政工程造价7455941.1万元，未竣工受监个数1246个，未竣工受监工程造价4897347.38万元，新受监工程个数1313个，新受监工程造价3466037.6万元。

竣工工程情况：竣工验收合格市政工程个数667个，竣工验收合格市政工程造价557201.8万元，一次性验收合格工程个数559个，一次验收合格工程造价477075.47万元，竣工验收备案工程个数336个，竣工验收备案工程造价317723.56万元。2017年较2016年相比，市政基础设施项目有小幅度上升趋势，但从工程造价数据来看，2017年市政基础设施工程投资规模较2016年有所下降。

【安全风险管理】建立工程项目质量安全风险巡查制度，及时发现和消除工程质量安全隐患；完善重大工程质量安全事件应急处置体系，提高处理和应对突发事件的能力；落实施工关键节点风险控制制度，强化工程重要部位和关键环节施工质量安全条件审查；构建风险分级管控和隐患排查治理双重预防工作机制，落实企业质量安全风险自辨自控、隐患自查自治责任。乌鲁木齐市针对轨道交通建设编制了《乌鲁木齐轨道交通工程安全风险管理体系》，并通过"质量安全风险隐患排查治理系统"，排查、发现隐患6478条，消除隐患6444条。

【检测机构管理】制定印发《自治区工程质量安全提升行动实施方案》，组织召开自治区建设工程质量安全工作座谈会，及时分析形势，查找存在问题，开展工作研讨，落实工作部署。结合工程质量安全提升行动要求，制定下发《关于进一步规范自治区建设工程质量检测机构资质延期、增项许可办理工作的通知》等文件，各级监督机构共检查检测机构321次，下发整改通知书225份，行政处罚2起，对执法建议书所涉及的4家检测机构，计入企业不良行为记录并在新疆工程建设云平台面向社会公开曝光。

【行政处罚】根据投诉举报和执法检查，及时受理并查处有关工程质量的违法违规行为。以9月"全国质量月"活动为契机，通过媒体、网络、通报等方式向社会公开曝光违法违规案件，营造遵规守信的良好氛围。

工程安全管理

【概况】2017年，深入开展建筑施工安全专项整治活动，全区各地共开展专项行动施工项目5242个，查处危大工程安全隐患2152项，核验自治区建设工程项目施工安全生产标准化工地208项，14项工程获得全国建设工程项目施工安全生产标准化工地。

【安全生产标准化管理】2017年共核验自治区建

设工程项目施工安全生产标准化工地 208 项，14 项工程获得全国建设工程项目施工安全生产标准化工地。指导协调乌鲁木齐高新区（新市区）住建局召开建筑系统安全文明施工、应急演练暨扬尘治理现场观摩会，在乌鲁木齐市天山牧歌二期工地成功组织开展了全区建筑工程质量安全现场观摩会，取得很好效果，进一步推进了安全生产标准化管理工作。

【安全生产事故管理】认真贯彻落实《房屋市政工程生产安全和质量事故查处督办暂行办法》，进一步加强安全生产事故管理工作。根据安全生产许可证动态管理规定，按照"四不放过"的原则，组织人员深入施工现场对事故情况进行分析调查，核实事故责任和性质，对 18 家发生安全生产责任事故的疆内建筑施工企业和 15 家降低安全生产条件的施工企业依法暂扣安全生产许可证，对 5 家发生安全生产责任事故的外省进疆建筑施工企业依法限制招投标，并通报企业注册地所在的住房城乡建设行政主管部门。组织召开安全生产事故警示约谈会，及时进行约谈提醒，告诫警示，对核查评价结果合格的 22 家企业按规定程序解除了安全生产许可证的暂扣和招投标的限制。

【信息化建设】结合建筑施工企业安全生产许可证申报、审批，进一步完善"三类人员"安全考核证书和继续教育培训考核、特种作业人员新取证和延期考核等各项信息数据库的建设，完成网上入库建筑施工企业 18413 家（疆内企业 8318 家，外省进疆 10095 家）；网上注册"三类人员"共 62308 人；建筑施工特种作业人员初始注册 17156 人；安全许可证技术性审查 25 批 1503 家。组织人员完成了与原水利厅管理的"三类人员"安全考核证书的对口交接管理工作。

【专项整治活动】落实"四个突出"，即突出元旦、春节、五一、两会期间等重要时间节点的安全检查，排查安全隐患，确保重点时段建筑施工安全生产。突出重点地区安全巡查，督促落实各方主体安全生产责任。突出春季建筑施工复工初期安全生产教育警示和安全督查，确保安全生产良好开局。突出建筑施工安全专项整治，强化查处震慑作用。制定印发了《2017 年自治区建筑施工安全专项整治工作方案》《关于开展 2017 年自治区建筑施工安全专项整治督查工作的通知》。

抗震防灾与应急管理

【抗震防灾】2017 年，指导完成《库车县城市抗震防灾专项规划（2015—2020）》《阿克苏市城市抗震防灾规划（2015—2030）》。组织专家进行专业技术研究，对新疆地理研究所加固与改造提出基础托换方案。塔什库尔干县里氏 5.5 级、精河县里氏 6.6 级破坏性地震发生后，快速启动《自治区住房城乡建设行业系统地震应急预案》，组织专家力量赴地震灾区，指导灾区开展房屋建筑安全应急评估，协助配合自治区相关部门开展灾后恢复重建工作。

【数字化审图】2017 年，全疆 19 家施工图审查机构全面实现数字化审图，通过审查项目 14714 个，图纸 1492087 张，并在 11 月份住房城乡建设部召开的推动勘察设计技术进步工作会上介绍交流了经验做法。组织召开自治区施工图审查管理工作座谈会，收集改进和完善施工图信息管理系统、数字化审查系统及监督管理方面的建议 39 条，起到交流、借鉴和促进作用。

【应急管理】2017 年，结合国家第九个"5·12"防灾减灾日，以《突发事件应对法》《新疆维吾尔自治区实施〈突发事件应对法〉办法》等为主要内容，指导各地、州、市大力开展抗震防灾科普知识，积极配合自治区减灾委开展"减轻社区灾情风险，提升基层减灾能力"为主题的宣传活动，发放抗震防灾科普常识、燃气使用常识、家庭安全使用天然气等宣传册 400 余份，提高群众应急避险意识，增强防灾自救能力。

建筑节能与科技

【概况】2017 年，新疆维吾尔自治区新增节能建筑 2500 万平方米，节能建筑面积累计达到 3.15 万平方米；新增绿色建筑 532 万平方米，绿色建筑累计达 2103 万平方米；新增太阳能、地热能等可再生能源建筑应用项目 570 万平方米，可再生能源建筑应用累计达 2570 万平方米；完成既有建筑节能改造任务 500 万平方米，累计完成 8334.77 万平方米；积极推广电供暖技术，新增电供暖面积 620 万平方米，总规模达到 1084 万平方米；新增装配式建筑 120 万平方米。推广新型墙体材料，应用比例达 67%。推动散装水泥及下游产业发展，散装水泥利用率达 61%，乌鲁木齐市、克拉玛依市、昌吉州、巴州、阿克苏地区新建居住建筑全面执行 75% 节能标准。

【新建节能建筑】自治区县级以上城市公共建筑和居住建筑全面执行节能 65% 的强制性标准，在乌鲁木齐市和克拉玛依市新建居住建筑实施节能 75% 强制性标准基础上，阿克苏地区、昌吉州和库尔勒市从 2017 年起，新建居住建筑相继开始执行节能 75% 的标准。全区新增节能建筑面积 2500 万平方米，节能建筑面积累计达到3.15万平方米，节能标准设计阶段和施工阶段执行率均达到100%。

【绿色建筑】按照《建筑节能与绿色建筑发展"十三五"规划》提出的"到2020年城镇新建建筑中绿色建筑面积比重超过50%"要求，制定印发了《关于全面推进自治区一星级绿色建筑工作的通知》，明确自6月1日起，县城以上城市（含县级市）新建民用建筑全面执行一星级绿色建筑标准。2017年，新建绿色建筑532万平方米，占新建建筑比例的21.28%，新获标识项目12个、建筑面积142.99万平方米。全区绿色建筑累计达2103万平方米，累计获得绿色建筑标识项目39个、面积达713.52万平方米。

【装配式建筑】2017年，新增装配式建筑120万平方米，新疆德坤实业集团有限公司被住房城乡建设部批准为全国第一批装配式建筑产业基地。提请自治区人民政府出台《关于大力发展自治区装配式建筑的实施意见》，明确了发展目标、任务及财政奖励、税费优惠、金融、用地等方面的支持政策。先后印发《自治区装配式混凝土建筑工程质量监管要点（试行）》《自治区装配式混凝土建筑施工图设计文件审查要点（试行）》等文件。编制完成《装配式混凝土结构体系技术规程》《高性能混凝土应用技术规程》等技术标准。启动《自治区装配式建筑工程消耗量定额》编制工作，为新疆维吾尔自治区装配式建筑发展提供了有力的技术保障。成立装配式建筑工作领导小组和自治区装配式建筑专家委员会，新疆德坤实业集团有限公司于11月被住房城乡建设部批准为全国第一批装配式建筑产业基地。

【既有居住建筑节能改造和可再生能源建筑应用】2017年，完成既有建筑节能改造任务500万平方米，占"十三五"总任务的10.26%，新增可再生能源建筑应用570万平方米。截至年底，全区建立太阳能、地热能等可再生能源建筑应用项目2570万平方米。

【建设科技成果推广及新产品鉴定】2017年，经自治区建设科学技术专家委员会优选论证，完成35项建设行业2017年科技成果推广项目的评选和发布。推广项目涉及建筑节能、节水、可再生能源、清洁能源应用、绿色建材、新型墙材、信息化等方面。

【清洁能源电供暖】依据自治区《加快推进电气化新疆工作方案》，制定印发《关于加快推进自治区电供暖工作的通知》。提请自治区人民政府召开清洁能源电供暖电视电话会议，组织与会人员实地参观乌鲁木齐市电供暖项目，邀请专家详细讲解电采暖最新发展技术。截至年底，新增电供暖面积约620万平方米，全区电供暖面积累计达1084万平方米。

【节能试点示范】根据国家发展改革委、住房和城乡建设部《关于印发气候适应型城市建设试点工作的通知》的要求，库尔勒市、拜城县批准成为开展气候适应型城市建设试点城市，随着试点工作稳步推进，立足为气候适应型城市建设形成可借鉴可复制可推广好经验好做法。

【建设领域大气污染防治】根据自治区《关于印发新疆维吾尔自治区大气污染防治行动计划实施方案的通知》和《乌鲁木齐、昌吉、石河子、五家渠区域环境同防同治大气污染防治主要任务及部门分工方案》要求，印发《自治区住房城乡建设行业大气污染防治工作方案》和《自治区住房城乡建设领域贯彻落实乌鲁木齐、昌吉、石河子、五家渠区域环境同防同治大气污染防治工作方案》，从加快城市集中供热设施建设、强化建筑工地和城市道路扬尘治理、优化城市空间布局、提升建筑节能水平等方面提出了具体目标、任务分工和措施。

【建设职工教育培训】学习内地先进经验，探索推行符合新疆实际的"考培分离"制度，理顺行业培训机制，不断提高培训质量和效果。全年完成建设行业各类培训考核约54445人。

住房公积金管理

【概况】截至年底，全区住房公积金实缴职工177.65万人，累计缴存总额2352.43亿元，同比增长16.63%；累计办理提取1381.56亿元，占累计缴存总额的58.73%；累计为80.61万家庭发放个人住房贷款1298.82亿元，同比增长13.27%；累计发放支持保障性住房建设项目贷款44.05亿元。基于云平台、全区统一的业务、服务、监管信息系统建设取得新的成效，得到住房城乡建设部充分肯定。

【机构及人员情况】自治区住房公积金行政监管部门有自治区住房城乡建设厅、自治区财政厅、人民银行乌鲁木齐中心支行3个部门。截至年底，全区14个地州市设有住房公积金管理中心、6个行业分中心和94个县级管理部，除石油系统（哈密吐哈油田分中心、巴州塔指分中心）外，全区机构调整工作基本到位，实现了"四统一"的管理模式。全区住房公积金从业人员共计1082人。其中，在编人员772人，聘用人员310人，聘用人员占到28.65%；具有高级及以上职称37人，具有中级职称147人。

【信息化建设】 9月20日,组织召开全区住房公积金管理座谈会暨住房公积金信息化建设推进会,要求各地要以服务缴存单位和缴存职工为导向,充分利用"互联网+"技术,建设功能齐全、便捷、安全高效的住房公积金信息化平台。

【异地转移接续和异地贷款工作】 按照属地管理的原则,全区各地结合实际制定了异地转移接续工作实施方案和业务操作细则,组织人员参加住房城乡建设部、自治区住房城乡建设厅举办的业务培训。7月1日,自治区与全国其他省区市同步启用全国异地转移接续平台。截至年末,累计办理异地转移接续业务1660笔。部分地州市进一步修订了异地贷款操作细则,制定贷前审核和贷后管理办法,办理异地贷款业务规范有序。

【行业统计和信息披露工作】 完善新版统计系统填报维护制度,加强住房公积金统计工作,组织完成对14个中心统计人员的业务培训,保证了全区住房公积金机构、人员、业务、政策、资产等统计信息及时更新、完整准确。组织开展全区年度报告披露会审,2017年各地按期完成上一年度报告信息披露,自治区年度报告按规定时限完成。

【廉政风险防控】 依据住房城乡建设部《关于对新疆自治区住房公积金廉政风险防控重点抽查情况反馈意见的函》,监督指导乌鲁木齐市、巴州抓好问题整改。整改工作基本完成。组织开展骗提骗贷核查工作。推行重大事项备案制度,规范业务管理运行;督促指导乌鲁木齐住房公积金管理中心取消担保公司向贷款职工个人收取费用。

【加强社会舆情引导】 部分中心设立宣传部门和专兼职宣传员,建立了宣传奖惩机制,利用网站、微信、手机APP等媒体,多形式多渠道进行宣传引导,扩大住房公积金政策群众知晓度。

【住房资金监管】 2017年,纳入住房建设和住房维修资金管理使用的自治区区级机关事业单位339家,住房基金专户账面余额5.02亿元、住房维修基金专户账面余额1.50亿元。审批政策性住房资金业务255笔,审批住房资金累计1.19亿元。其中,新建住房资金1.15亿元,住房维修资金173.1万元,退房改房款及其它用款200.64万元。规范和清理集资建房专户的账面余额2.17亿元。共办理29家自治区级行政事业单位公有住房的住房资金认定工作,认定出售公有住房148套,认定售房款3127.59万元,认定维修基金162.93万元。

"访惠聚"及民族团结一家亲活动

【"访惠聚"驻村工作】 2017年,按照自治区党委的统一部署,积极参加"访惠聚"驻村活动(2014年新疆维吾尔自治区启动"访民情、惠民生、聚民心"驻村工作,简称"访惠聚"),全系统有180多支驻村工作队,980多名干部职工驻扎在天山南北乡村社区,履行着维护稳定、服务群众、脱贫攻坚、建强基层组织等光荣使命。

【"民族团结一家亲"活动】 2017年,按照自治区党委、人民政府开展"民族团结一家亲"活动决策部署,坚持把开展"民族团结一家亲"活动作为一项系统工程、社会工程、民生工程、民心工程,认真落实结对子、勤走访、相互学、多活动、真帮扶的任务,全系统干部职工积极响应自治区党委号召,踊跃下沉基层抓稳定,共开展"民族团结一家亲"活动7轮、14批次。

【南疆学前双语支教】 4月,根据自治区支教办《关于调整自治区第一批南疆学前双语教育干部支教时间的通知》要求,区住房城乡建设厅9月份面向社会公开招聘的10名公务员赴喀什地区伽什县开展为期一年的支教工作。

【职称评审】 认真做好职称评审工作,2017年,参加建筑工程专业高职职称评审495人,通过评审300人,通过率60.6%。

大事记

1月6日,区住房城乡建设厅向自治区人民政府报送《关于全国城市修补生态修复现场会有关情况的报告》。

1月9日,发布实施《再生骨料混凝土技术规程》(XJJ076-2017)工程建设地方标准。

1月11日,自治区人民政府办公厅印发《转发自治区住房城乡建设厅关于推进自治区建筑业发展和改革的意见》。

1月17日,印发《自治区城市管理执法队伍"强基础、转作风、树形象"专项行动计划》。

1月20日,国家保障性安居工程协调小组与自治区人民政府签订《2017年住房保障工作目标责任书》,明确了自治区2017年城镇棚户区改造任务为28.43万套。

1月23日,印发《自治区住房和城乡建设厅、自治区气象局关于贯彻执行〈自治区人民政府关于贯彻落实国务院优化建设工程防雷许可决定的意见〉的通知》;印发《关于开展绿色建材评价标识工作的通知》。

2月9日,工程建设地方标准《公共建筑节能设计标准》发布实施。

2月15日,党组副书记、厅长李学东和人事部门负责同志、驻村工作队员代表参加自治区"访惠聚"驻村工作总结表彰暨动员送行会议。

2月28日,厅领导和相关处室、事业单位负责同志前往机场为2017年度第三批驻伽师县"访惠聚"工作队员送行。

3月1日,印发《关于进一步加强工程建设标准实施监督管理工作的通知》。

3月8日,下发《关于开展2017年乡村规划工作检查的通知》。

3月15日,召开2016年"访惠聚"和集中整治工作经验交流会,会议由党组副书记、厅长李学东主持。

同日,自治区召开住房保障专题培训班。

3月16日,中国农业发展银行与新疆维吾尔自治区人民政府在京签订《"十三五"棚户区改造战略合作协议》,协议融资500亿元。

3月17日,发布实施《高性能混凝土应用技术规程》《填土地基强夯处理技术规程》工程建设地方标准。

3月31日至4月2日,新疆维吾尔自治区住房城乡建设厅党组副书记、厅长李学东等前往伽师县克孜勒苏乡开展"民族团结一家亲"活动。

4月5日,向住房和城乡建设部城市管理监督局报送《关于报送新疆维吾尔自治区城市规划区遥感监测工作总结的函》。

同日,联合自治区发改委、国土厅向各地州市下发《关于切实做好开发区复核工作的通知》。

4月6日,自治区人民政府召开推进城市管理执法体制改革改进城市管理工作电视电话会议。

4月9日,联合自治区发改委、国土资源厅向国家发改委、国土资源部、住房和城乡建设部上报《新疆开发区复核工作开展情况的请示》。

4月12日,印发《自治区城市管理执法体制改革试点工作方案》。

4月13日,印发《自治区住房和城乡建设厅开展法治宣传教育第七个"五年规划"(2016—2020年)》。

4月17日,向各地州市行业主管部门印发《2017年自治区城乡规划工作要点》。

4月24日,发布实施《回弹法检测砌筑砂浆抗压强度技术规程》工程建设地方标准。

4月26日,印发《2017年新疆住房公积金监管工作要点》。

4月28日,印发《关于全面推进自治区一星级绿色建筑工作的通知》。

5月4日,印发《自治区住房和城乡建设厅关于贯彻落实〈法治政府建设实施纲要(2016—2020年)〉的意见》。

5月6日,接收《自治区党委办公厅自治区人民政府办公厅关于成立自治区推进喀什和田地区城乡富余劳动力有组织转移就业工作领导小组的通知》,全面启动南疆富余劳动力转移工作,共计将5049名喀什和田地区城乡富余劳动力转移安置到146家建筑企业310个工程项目就业,占自治区分解下达任务的100.98%。

5月8日,发布实施《建设工程资料管理规程》工程建设地方标准。

同日,发布实施《农村生活垃圾分类、收运和处理项目建设标准》工程建设地方标准。

5月9日,印发《自治区住房城乡建设系统推进执法全过程记录制度试点实施方案》。

5月10日,制定印发《自治区风景名胜区规划建设管理办法》。

5月12日,印发《2017年住房和城乡建设厅城市管理执法体制改革重点目标任务实施方案》。

5月10~13日,厅长李学东带队一行6人赴和田地区进行固定资产投资工作督导调研,对建设系统固定资产投资项目动态监管系统进行了培训。

5月19日,自治区召开推进棚改工作电视电话会议。

5月22日,自治区人民政府办公厅下发《关于进一步做好自治区城镇棚户区改造工作的通知》。

5月24日,住房城乡建设部办公厅、发展改革委办公厅、财政部办公厅下发《关于支持新疆维吾尔自治区2017年新建公租房的函》,同意自治区2017年新建3万套公租房,并在安排2018年保障性安居工程配套基础设施建设中央预算内投资和中央财政城镇保障性安居工程专项资金时,给予补助支持。

同日,印发《关于加快配备自治区城市管理执法制式服装和标志标识的通知》。

5月27日,自治区第十二届人大常委会第29次会议审议通过《新疆维吾尔自治区物业管理条例》。

5月31日,向各地州市住房城乡建设行政主管部门转发《住房城乡建设部办公厅关于进一步加强历史文化街区划定和历史建筑确定工作的通知》。

6月1日,自治区县以上城市(含县级市)自6月1日起,全面执行新建民用建筑一星级绿色建筑标准。

6月2日，制定完成《新疆维吾尔自治区城乡规划重大违法案件处理办法》（征求意见稿），向各地州市住房城乡建设行政主管部门征求意见。

6月5日，发布实施《绿色建筑设计标准》《钢管混凝土结构施工技术规程》工程建设地方标准。

同日，向住房城乡建设部城市管理监督局、城乡规划司报送乌鲁木齐市Q-24号、L-30号重点图斑核查处理情况。

6月10日，以博格达（天山天池）遗产地为主会场，组织"文化和自然遗产日"新疆天山世界自然遗产系列宣传活动。

6月20日，印发《关于做好住房城乡建设行业固定资产投资项目促进农村劳动力培训就业工作的通知》。

6月30日，自治区住房和城乡建设厅、自治区人大常委会法工委、自治区人民政府法制办联合召开《新疆维吾尔自治区物业管理条例》新闻发布会。

同日，发布实施《电力行业冷却水使用再生水设计规程》《钢结构住宅施工质量安全规程》工程建设地方标准。

7月3日，向自治区人民政府提交《关于开展乌鲁木齐都市圈项目规划编制工作的请示》和《乌鲁木齐都市圈规划编制工作方案》。

7月8～10日，住房城乡建设部副部长易军到新疆参加全国对口援疆工作会议。

7月10日，印发《关于开展自治区住房城乡建设系统行政执法案卷评查工作的通知》，发布行政执法案卷评查标准。

同日自治区住房和城乡建设厅、自治区国有资产监督管理委员会印发《自治区国有企业职工家属区"三供一业"分离移交改造维修技术及费用测算标准指导意见》。

7月10～19日自治区住房和城乡建设厅会同自治区党委编办组成督查组，对克拉玛依市、伊宁市2个自治区试点城市，伊犁州、塔城地区、巴州3个地州本级及其确定的4个试点城市进行城市执法管理情况现场督查。

7月12日，印发《关于进一步加强住房城乡建设行业固定资产投资项目促进农村劳动力培训就业工作的通知》《关于加快推进自治区施工图数字化审查工作的通知》。

7月14日，印发《自治区推进生态修复城市修补工作方案》。

7月17日，印发《自治区装配式混凝土建筑施工图设计文件技术审查要点（试行）》。

7月18日，组织召开自治区城市管理执法体制改革厅际联席会。

同日，聘任12位自治区城乡规划督察员，负责对全疆27个设市城市（乌鲁木齐由住房城乡建设部派驻城乡规划督察员）、所有经济技术开发区（工业园区）、历史文化名城、风景名胜区进行规划督察。

7月26日，印发《关于加快推进自治区电供暖工作的通知》。

7月31日，迎接第九批援疆干部（住房城乡建设厅任职）赴岗到任，组织落实援疆干部培训、住宿等事宜。

8月1日，阿勒泰市被列为住房城乡建设部第二批城市设计试点城市。自治区住房和城乡建设厅下发《关于做好住房城乡建设部第二批城市设计试点城市有关工作的函》。

同日，乌鲁木齐市已被住房城乡建设部列为第三批生态修复城市修补试点城市。自治区住房和城乡建设厅下发《关于做好住房城乡建设部第三批生态修复城市修补试点城市有关工作的函》。

同日，印发《自治区工程建设标准化工作管理办法》。

8月2日，向各地下发《关于核查城市规划遥感监测图斑的通知》。

8月15日，发布实施《自治区工程建设标准化工作管理办法》。

8月17～28日，组成5个培训组，赴各地开展住房保障信息系统（二期）业务培训。

8月22日，印发《自治区装配式混凝土建筑工程质量监管要点（试行）》。

8月23日，出台《关于印发〈自治区进一步贯彻落实住房公积金基础数据标准实施方案〉等四个文件的通知》。

8月25日，提请自治区人民政府同意，在乌鲁木齐市召开清洁能源电供暖电视电话会议。

8月28日，印发《关于进一步做好自治区住房城乡建设行业固定资产投资项目促进农村劳动力转移就业工作的通知》。

8月30日，印发《关于进一步做好自治区城镇住房保障工作的通知》。

8月31日，制定印发《关于在城市建成区违法建设专项治理五年行动中开展城市蓝线范围内违法建设专项治理工作的通知》。

9月3日，住房城乡建设厅、财政厅、人民银行印发《关于加快全区住房公积金信息化建设工作的通知》，明确了信息化建设组织、资金保障、时间节点等内容。

9月8日，住房城乡建设部印发《住房城乡建设部关于城市总体规划编制试点的指导意见》，并将乌鲁木齐市选定为全国城市总体规划编制试点城市。

同日，印发《关于正式开通自治区12329住房公积金热线的通知》。

9月11日，印发《自治区住房和城乡建设厅推进工程质量安全强区工作实施方案》。

9月15日，印发《自治区房屋建筑和市政公用工程电线电缆产品专项整治工作实施方案》。

9月17～23日，自治区住房城乡建设厅会同自治区发改、财政、审计等部门组成三个专项督查组，赴喀什地区、阿克苏地区、和田地区、克州开展城镇保障性安居工程侵害群众利益问题专项督查。

9月19日，区住房城乡建设厅在克拉玛依市独山子区组织召开全区城市管理执法体制改革试点经验总结现场会。

9月20日，在克拉玛依市召开全区住房公积金主任座谈会暨信息化建设培训会。

9月29日，印发《自治区建筑工地施工扬尘治理工作实施方案》。

9月30日，自治区人民政府印发《关于大力发展自治区装配式建筑的实施意见》。

10月10日，印发《自治区建设工程勘察质量管理信息化试点工作方案》《自治区住房城乡建设领域贯彻落实乌鲁木齐、昌吉、石河子、五家渠区域环境同防同治大气污染防治工作方案》。

同日，召开第二次自治区住房公积金信息化建设指导小组会议，研究讨论工作实施方案。

10月13日，印发《自治区住房城乡建设行业大气污染防治工作方案》。

10月23日，印发《自治区住房城乡建设行业贯彻落实〈土壤污染防治工作方案〉的实施意见》。

10月25日，联合自治区文物局向各地州市行业主管部门印发《关于做好国家历史文化名城和中国历史文化名镇名村保护工作评估检查有关事宜的通知》，就做好自查评估和迎检工作提出要求。

10月26日，召开自治区住房公积金信息化建设指导小组第三次（扩大）会议，研究技术方案、招标模式等内容。

10月27日，印发《自治区住房城乡建设行业水污染防治工作方案》。

10月31日，向自治区人民政府督查室报送贯彻落实《国务院关于修改〈建设项目环境保护管理条例〉的决定》的情况。

11月1日，根据自治区党委安排，召开厅干部大会，对自治区住房和城乡建设厅领导班子调整进行宣布。自治区党委组织部常务副部长蒲仕裕宣读自治区党委关于张鸿、刘会军任免职决定，自治区人民政府副主席赵冲久作重要讲话。

同日，发布实施《装配式混凝土建筑设计规程》工程建设地方标准。

11月6～11日，由宁夏回族自治区住房城乡建设厅、文物局组成的住房城乡建设部、国家文物局评估检查组到新疆维吾尔自治区开展历史文化名城和中国历史文化名镇名村保护工作评估检查。

11月7日，厅党组召开第二十次党组（扩大）会议，决定成立自治区住房公积金信息化建设领导小组，由住房城乡建设厅牵头，统招分签确定全区云平台、短信资费标准、网络运营商；统一建设综合服务平台和监管系统。

11月9日，新疆德坤实业集团有限公司被住房城乡建设部批准为全国第一批装配式建筑产业基地。

11月15日，自治区城镇保障性安居工程领导小组办公室印发《自治区城镇住房保障"十三五"规划》。

11月17日，向住房城乡建设部、国家文物局报送全区《国家历史文化名城和中国历史文化名镇名村保护工作评估自查情况的报告》。

11月20日，印发《关于自治区应用减隔震技术建筑工程设计方案及施工图设计文件审查有关事项的通知》。

11月20～30日，会同人社、财政、发改等部门组成联合督察组，对各地州市工程建设领域工程款和农民工工资清欠工作情况进行督查。

11月23日，印发《关于进一步加强城乡规划工作保护土壤环境的通知》。

11月28日，住房和城乡建设部第九期援疆培训（工程建设标准实施执法）在乌鲁木齐市开班。

12月3～6日，党组书记、副厅长刘会军带领人事处负责人前往驻伽师县克孜勒苏乡7个驻村工作队调研。

12月4～19日，自治区住房和城乡建设厅组成三个考核调研组，赴各地开展住房保障年度考核工作。

12月5日，发布实施《绿色建筑施工标准》工程建设地方标准。印发《关于做好自治区住房公积金信息化建设项目政府采购工作的通知》，全面启动信息化建设招标采购程序。

12月11日，印发《关于全面清查自治区工程建设领域工程款和农民工工资拖欠问题的通知》。

12月19日,向自治区人民政府报送《全国城市总体规划编制试点工作中期座谈会有关情况的报告》。

12月27日,向自治区人民政府报送《关于报请审定〈自治区党委自治区人民政府关于进一步加强城市规划建设管理工作的实施意见(代拟稿)〉的请示》。

12月28日,印发《关于暂时停止收取自治区建筑工程社会保险费的通知》。

12月29日,印发《转发关于做好2018年春节前保障农民工工资支付工作和进一步加大清理解决工程欠款、农民工工资拖欠问题的通知》。

(新疆维吾尔自治区住房和城乡建设厅)

新疆生产建设兵团

城镇保障性安居工程

2017年,新疆生产建设兵团建设局按照兵团党委推进新型城镇化要求,以改善职工群众居住环境为出发点和落脚点,明确工作责任,创新体制机制,强化政策落实,把加大城镇棚户区改造力度、加快配套基础设施建设作为提升城镇化发展的重要抓手,紧紧围绕与国家签订的目标任务,通过及时下达工作计划、提前做好项目准备、积极筹集棚改资金、建立购租并举住房制度等一系列措施,顺利完成年初与国家签订的城镇保障性安居工程目标任务。

2017年实施城镇棚户区改造4万户,发放租赁补贴3万户。2017年城镇保障性安居工程完成投资52亿元。通过实施棚户区改造,职工住房条件和城镇面貌不断改善,职工群众的幸福指数不断提升,兵团的凝聚力、向心力不断增强。

城镇规划

2017年,认真做好城镇规划编制修编。根据城镇发展的实际,将人居环境、交通出行、公共服务、产城融合等作为重要规划指标,在城镇规划编制或修编中予以落实,城镇规划水平进一步提升。启动兵团南疆城镇体系规划研究,为兵团决策提供参考。开展兵团乌昌新区规划编制,拓展兵团乌鲁木齐区域发展空间。开展了37个城镇产城融合规划试点,制定实施方案,开展规划修编,促进了产城融合发展。推进城市设计、城镇特色风貌塑造,5个城镇参加全国遴选。

城镇建设

2017年,以城市和团场城镇道路、污水、垃圾、园林绿化、地下管网等建设改造为重点,全年城镇基础设施新增投资210亿元,城镇基础设施和功能加快完善,综合承载能力宜居性不断提高,职工群众生产生活条件进一步改善。其中建设改造城镇道路面积910万平方米;新增污水处理能力10.8万立方米/日,污水集中处理率提高1.5个百分点达到82%;石河子新建城市地下综合管廊13.9公里;新增城镇生活垃圾无害化收运处理能力1130吨/日,无害化处理率提高5个百分点达到55%;城镇新增绿地面积385公顷,建成区绿化覆盖率提高2.8个百分点达到32%,阿拉尔市、图木舒克市成功创建国家园林城市,兵团国家级园林城市增加到4个。

强化城镇市政公用事业监管,对兵团城镇瓶装燃气市场进行整顿规范,严格准入条件,督导企业建立钢瓶流转监控机制,保障使用安全,维护社会稳定。按国家要求在城镇供水、燃气、供热等企业(单位)建立健全反恐怖工作体制机制,加强防范和演练,提高执政公用行业应急处突和防范恐怖袭击能力。对市政设施有毒气体中毒事故隐患进行排查整治,敏感时期加强安全生产和反恐怖专项巡查检查,确保城镇安全正常运行。

村镇建设

2017年,聚焦脱贫攻坚总目标,实施农村危房改造1500户,下达中央财政补助资金4500万元,全部用于南疆团场连队建档立卡贫困户、分散供养特困户、低保户、贫困残疾户,通过改造、新建、空置房转移安置等方式,保障了贫困人口的住房安全。

加强典型培育,推动特色镇建设,41团草湖镇、5团沙河镇、28团博古其镇通过科学规划、加强特色产业培育扶持、完善配套设施等措施,促进了产城融合发展，产业特色初显，成功创建了第二批全国特色小镇，为兵团特色镇培育做出典型示范。

加快改善连队居住区（农村）人居环境，通过采取改厕、污水垃圾治理、硬化绿化、环境综合整治等措施，50团夏河连队居住区、105团2连居住区、137团阿吾斯奇牧场、181团克木齐中心连队居住区、西山农牧场烽火台小镇人居环境显著改善，被住房城乡建设部等五部委命名为全国改善农村人居环境示范村。继续开展特色旅游景观名镇（团）培育创建工作，25团、72团、165团2017年被命名为兵团特色旅游景观名团（镇），截至2017年底，兵团建设和旅游两部门共命名并培育40个兵团特色旅游景观名团（镇），有力地促进了团场城镇规划建设和旅游产业培育发展。

建筑业

【建筑业主要经济指标】 2017年度，兵团等级以上建筑业法人企业共签订合同额1868.1亿元，比上年同期增长1.2%。其中上年结转552.3亿元，本期新签1315.9亿元。兵团外部工程合同额808亿元，占总合同额的43.3%。等级以上建筑业法人企业共完成建筑业总产值1246.7亿元，较上年同期基本持平。等级以上建筑施工企业房屋建筑施工面积4840万平方米，同比减少6.5%；本年新开工面积2153万平方米，同比减少15.5%；房屋建筑竣工面积1590万平方米，同比减少24.6%。等级建筑企业自有设备净值28.5亿元，自有施工机械总功率96.4万千瓦，同比增加13.4%。

【建筑企业主要财务指标】 2017年末，兵团等级以上建筑施工企业资产合计1821.7亿元，负债合计1568.2亿元，资产负债率86.1%。全社会建筑业增加值301亿元，同比增长0.5%，等级以上建筑施工企业实现利润36.4亿元，同比增长154.5%，产值利润率2.9%，同比增长1.8%。

【建筑企业综合排名】 2017年，兵团各师建筑业产值排名前三的是：第十一师（建工师）300.7亿元、第一师180.3亿元、第七师131.2亿元。兵团各施工企业建筑业产值排名前三名的是新疆北方建设集团有限公司90.3亿元、新疆塔里木建筑安装工程（集团）有限责任公司68.9亿元、天筑建设（集团）有限责任公司48.6亿元。

【文明工地创建】 2017年，兵团施工项目荣获国家"AAA级安全文明标准化诚信工地"称号7项；荣获兵团"安全文明工地"称号100项。

【优质工程创建】 2017年，兵团施工项目荣获国家土木工程詹天佑奖1项，国家优质工程奖1项，自治区"天山杯"优质工程奖4项，兵团"昆仑杯"优质工程奖27项。

【工程质量安全提升行动】 按照住房城乡建设部开展工程质量安全提升行动部署要求，进一步强化落实工程质量安全主体责任，加强工程质量安全监管。一是落实工程质量终身责任制。全年所有新建工程"两书一牌"制度执行率100%；二是加强检验检测机构的监管力度，有效遏制出具虚假检测报告的违规行为；三是持续开展住宅工程质量通病治理活动，渗漏、裂缝、给排水、电气、节能等影响使用功能的质量常见问题得到了有效遏制。

【安全生产标准化工作】 积极探索新的管理模式和新方法。将兵团建筑施工安全生产标准化手册制作成动漫演示，更便于工人理解和操作；积极推动建筑施工生产安全体验馆建设，提高了工人的安全意识和安全防护能力；大力推行"洁净工地"，进一步优化管理模式，收效明显。

【开展"质量月"、"安全生产月"活动】 开展标准化示范工地观摩、咨询日活动、质量安全知识演讲竞赛、质量安全技术讲座与培训、应急演练和质量安全检查等活动，把质量月、安全月宣传活动深入到施工作业一线的基层班组，收到了良好的效果。兵团辖区内共计举办知识竞赛、职业技能比武、现场观摩等大型活动20余次，群众参与5000余人次，发表报纸专题文章100余篇，制作、张贴宣传标语1万余条，制作、发放宣传材料2万余份，制作展板1000余张，发送宣传短（微）信3000余条，发放安全知识手册1000册。

【监督工作概况】 截至12月31日，兵团共计办理监督工程总数5473项，面积3362.17万平方米。竣工验收工程1416项，竣工验收合格率100%。

【事故情况】 2017年兵团等级以上施工企业房屋市政工程共发生一般生产安全事故6起，死亡6人。未发生较大及以上生产安全事故。

【地震管理】 2017年，兵团地震局深入贯彻落实习近平总书记关于防灾减灾救灾"两个坚持"、"三个转变"重要论述、国务院防震减灾工作联席会议精神以及中国地震局和自治区防震减灾工作领导小组各项工作部署，始终坚持以防为主，防抗救相结合的防灾减灾救灾工作方针，进一步强化地震应急准备，健全与自治区地震局强震预警和震情信息共享机制，加强地震现场应急处置和灾情调查、损失评估工作，加大防震减灾宣传教育工作力度，着力提升建设工程抗震设防要求管理和震灾预防水平。

按照兵团减灾委统一部署，与发展改革、民政、财政、交通、水利、农业等部门通力协作，完成"5.11"塔什库尔干5.5级地震、"8.9"精河6.6级地震、"9.16"库车5.7级地震和"12.7"叶城5.2级地震的应急处置工作。组织开展第九个全国"5.12"防灾减灾日和第五届"平安中国"防灾宣导系列公益活动等防震减灾宣传教育活动。积极推进学校、医院和高地震烈度地区人员密集场所公共建筑减隔震技术的推广应用，提高房屋建筑和市政公用设施等建设工程的抗震设防能力。

【建设项目管理】 2017年，兵团建设局进一步强化使用政府和国有资金的建设项目初步设计审查、审批，严格按照国家关于工程设计新规范、新标准优化初步设计方案，保证建设项目设计质量。同时，进一步完善建筑市场和工程招投标监管制度，强化对各师房屋建筑和市政工程招投标行业监管，不断建立健全与兵团建筑市场相适应的市场监管和约束机制，完善建筑市场运行机制，为强化建筑市场和工程招投标监督管理工作提供制度保障。

认真组织开展建筑市场和工程招投标突出问题专项治理，加强对工程建设领域重点部位和重点环节的监管力度。结合住房城乡建设系统"扫黑除恶"专项斗争，严厉打击工程招投标和建筑市场中存在的各类违法违规行为。进一步强化建筑市场和公共资源交易市场"两场联动"机制，配合兵团公共资源交易中心完善房屋建筑和市政工程招投标在线备案、监督程序和制定完善电子评标办法、评标规则，加快推行电子招投标和计算机辅助评标系统建设和运行。

（新疆生产建设兵团建设局）

大　连　市

概况

2017年，大连市住房和城乡建设工作紧密结合部门职责及住房城乡建设工作实际，深入学习领会习近平新时代中国特色社会主义思想和党的十九大精神，全面贯彻落实新发展理念、"四个着力""三个推进"要求及中央城市工作会议精神，按照市委市政府决策部署深入开展"学习讲话，对标上海，解放思想，真抓实干"大学习大讨论活动，围绕城建投资及城乡重大基础设施建设、住房保障、城乡规划、村镇规划建设、建筑业转型发展、建设行政审批及市场监管等重点工作领域砥砺奋进、改革创新、真抓实干，有力推动了大连市城乡建设事业蓬勃发展，为"两先区"建设做出了积极贡献。

房地产业

【概况】 2017年，大连市认真贯彻落实国家和省政府关于稳定房地产市场，化解商品房库存的决策部署，重点围绕"促销售、研市场、出新政、抓落实、强监管"等方面多措并举，综合施策，去库存工作取得阶段性成效，房地产市场整体保持平稳健康发展态势。全市出让房地产用地247.4公顷，比上年下降0.3%，占土地成交总量的26.2%，比上年降低7.2个百分点；出让金额122亿元，同比下降1.1%，占土地总成交额的82.5%。房地产开发投资566.6亿元，比上年增长5.9%；房屋施工面积4477.9万平方米，比上年下降3.8%；新开工面积512.2万平方米，比上年下降13.8%；竣工面积294.1万平方米，比上年增长53.2%。房屋销售增幅较大，商品房销售面积839.8万平方米，销售额866.3亿元，分别比上年增长18.7%和30.9%。二手房销售面积744万平方米，销售额606亿元，分别比上年增长25.9%和30.2%。去库存效果明显。截至年末，商品房待售面积797万平方米，比上年下降23.2%，较2016年底下降了241万平方米，待售商品房消化周期约11个月。

【房地产市场调控】 2017年，大连市深入贯彻落实党的十九大会议精神和住房城乡建设部有关房地产市场调控的决策部署，实施差别化调控，因城施策，一方面加快推进北部区县房地产去库存；另一方面要控制好主城区等热点区域的房价，加大住宅用地和房屋供给，加快建立租购并举住房制度，促进房地产市场持续平稳健康发展。8月11日，大连市人民政府办公厅印发《大连市商品房预售资金监督管理办法》，进一步规范开发销售行为，更好地保障百姓合法权益，同时在市场较为活跃的情况下，促进房屋销售，支撑经济稳定增长。12月19日，大连市人民政府办公厅印发《关于加快培育和发展住房租赁市场的实施意见》，在金融、税收、土地、财政奖励等方面给予政策支持，力争用3年时间，初步建立起租购并举的住房制度，基本形成渠道多元、总量平衡、结构合理、服务规范、制度健全的住房租赁市场。

全年全市举办春季、夏季、秋季房屋交易大会3次，在金普新区、旅顺口区等地同步举办区域性特色房交会。房交会期间，政府给予每平方米50元或100元的购房奖励补贴，其他区市县也出台相应奖励政策。房交会期间接待观展群众57万余人次，房屋成交及意向成交面积约268万平方米、297亿元，成交情况均好于去年。房交会作为促进房屋销售的重要举措，已日益成为百姓选房、看房、购房的高效平台，宣传政策、落实政策的重要载体，活跃市场、化解库存的有效渠道。

【秋季房屋交易大会】10月13~16日，大连秋季房屋交易大会在大连世界博览广场举办。本次房交会由大连房屋交易大会组委会主办，大连北方国际展览股份有限公司承办。2017年金普新区秋季房交会、2017年大连秋季房交会旅顺分会场同期闭幕。据组委会统计，本次展会共有81家房企89个楼盘参展，展会4天成交及意向成交房屋10020套、92.4万平方米、102.2亿元，其中商品房当场成交总计2998套、27.7万平方米、31.7亿元。

【夏季房屋交易大会】7月14~17日，2017年大连夏季房屋交易大会在大连世界博览广场举办。本次房交会由大连房屋交易大会组委会主办，大连北方国际展览股份有限公司承办。据组委会统计，本次展会共有70家企业75个楼盘参展，展会4天累计接待观展群众18.6万人次，展会成交及意向成交房屋9467套，建筑面积87.9万平方米。

【春季房屋交易大会】4月14~17日，2017年大连春季房屋交易大会在大连世界博览广场举办。本次房交会由大连房屋交易大会组委会主办，大连北方国际展览股份有限公司承办。据组委会统计，本次展会共有79个楼盘参展，展会4天累计接待观展群众23.3万人次，成交及意向成交房屋9363套，建筑面积87.66万平，其中旅顺分会场接待1.42万人次观展，成交及意向成交房屋747套，建筑面积7.45万平方米。

住房保障

【概况】 2017年，大连市围绕棚户区改造、人才住房保障、经适房上市交易、保障性住房管理、住房制度改革方面展开住房保障工作并取得明显成效。2017年，全市实施棚户区改造4000套（户），全部为货币化安置。全市6个棚改项目通过政府购买服务方式获得国开行、农发行棚改贷款授信22.17亿元，全年发放贷款资金4.1184亿元。2017年，全市实施住房保障9729户（套），其中棚户区改造4000套（全部为棚改货币化安置套数），公共租赁住房货币补贴5729户。为符合条件的3.5万户公租保障家庭发放补贴1.2亿元，为4468户廉租保障家庭（含租金核补家庭）发放补贴2432万元。在5个新建商品住房项目中配建租赁住房，配建面积14600平方米，约200套。至年末，全市累计为26.2万户城镇居民困难家庭解决住房问题，保障性住房覆盖率达到21.8%。

【人才住房保障标准提高】2017年，大连市人民政府办公厅印发《大连市人民政府关于加快培育和发展住房租赁市场的实施意见》，将引进的产业发展急需紧缺人才的租房货币补贴面积标准提高到100平，加快推进大连市人才住房保障工作体系建设和创新发展。积极实施"引进人才3345安家工程"，大连市住房保障中心实行集中办公，一站式服务，提高行政效能，优化政务环境。至年末，全市共有3775名引进人才领取住房补贴1710万元，其中：高层次人才7名，发放安家费504万元；产业发展急需紧缺人才124名，发放住房补贴157万元；为3644名高校毕业生发放住房补贴1049万元，实现人才住房保障应保尽保。

【经济适用住房上市交易问题妥善解决】2017年，大连市住房保障中心进一步加大对经济适用住房上市交易问题的研究力度，出台《关于经济适用住房取得完全产权和上市交易等有关问题的通知》。理顺经适房取得完全产权办理流程，在市不动产登记中心设立联合窗口，与不动产登记中心、税务局联合办公，实现网上预约排号，做到"一窗办理，当日办结"，极大方便了群众，让群众少跑腿。至年末，41户经济适用住房保障家庭办理完善产权。

【保障性住房管理】2017年，大连市加强公租房盘活力度，进一步提高公租房分配率。对确实没有需求的7463套政府投资公租房进行盘活处置，全市政府投资公租房总数调整为22510套，盘活后，分配率达到88.74%。多渠道加大公租房租金收缴力度，修订《大连市公共租赁住房实施细则》，差额收取房租，减少行政环节，进一步方便群众，全年追缴审计问题整改租金1100余万元，完成整改租金

90％。至年末，大连市住房保障中心与 190 户保障对象签订公租房租赁合同；办理退房及腾退 250 余户（套）；腾退廉租房 10 余户；对取消廉租保障资格家庭申办转公租房保障 40 余户；对欠缴公共租赁住房租金、违规经适房家庭启动诉讼程序；处理群众举报违规出租的公租房 2 户，对违规行为进行纠正。

【房改审批备案】2017 年，大连市住房保障中心为大连医科大学附属第二医院、大连周水子边防检查站、大连金宇物业管理有限公司等 7 家企事业单位办理公房出售答复意见，累计批复可出售公有住房 4717 套，建筑面积 228744.49 平方米；为船舶重工集团、金船实业总公司等 4 家单位的 314 名职工按照住房补贴的政策履行备案手续，补贴资金总额 804.17 万元。

住房公积金管理

【概况】12 月，大连市住房公积金与住房货币补贴实行"分账、分户、分缴"管理，自此开始，对住房公积金、住房货币补贴资金分别统计。2017 年，大连市住房公积金管理中心归集住房公积金 218.87 亿元，比上年增长 7.4％，归集按月住房货币补贴资金 2.82 亿元；归集售房资金 7048.69 万元，归集一次性住房货币补贴资金 4835.78 万元。运用住房公积金 292.01 亿元，比上年增长 10.05％。其中，发放个人住房公积金贷款 3.29 万户、116.66 亿元，户数、金额分别比上年增长 3.8％和 4％，分别占全市个人住房贷款（含商业银行贷款）总量的 27.8％和 17.6％；支取使用住房公积金 175.35 亿元。提前回收保障性住房建设项目贷款 2.3 亿元。当年，大连市住房公积金累计提取额、个人住房公积金贷款累计发放额双双突破千亿元大关，住房公积金余额突破 600 亿元大关。

至年末，全市累计归集住房公积金 1701.99 亿元，余额 616.24 亿元。累计运用住房公积金 2195.85 亿元，余额 622.8 亿元。其中，累计提取使用住房公积金 1085.75 亿元；累计发放个人住房公积金贷款 44.51 万户、1078.4 亿元，户数、金额分别占全省 31.6％和 31.3％，贷款余额 611.28 亿元；累计发放保障性住房建设项目贷款 31.7 亿元，余额 11.6 亿元。

【住房公积金缴存管理更加规范】2 月，大连市住房公积金管理中心深化归集拓面，把农业转移人口和个体工商户所转企业作为归集拓面新增长点，支持和鼓励灵活就业人员缴交住房公积金；加强政策宣传，让企业树立依法缴交住房公积金意识；加大清欠力度，通过实地走访、约谈、行政执法等手段对长期欠缴住房公积金单位加强催缴清收。7 月，将住房公积金缴存基数调整为职工 2016 年月平均工资额，月缴存基数上限调整至 30，735 元（城镇非私营单位在岗职工 2016 年平均工资 5 倍），下限仍为市政府公布的最低工资标准（中山区、西岗区、沙河口区、旅顺口区、长海县和开放先导区为 1，620 元，瓦房店市、普兰店区、庄河市为 1，520 元）。全市有 2.74 万家单位、89.42 万人次调整住房公积金缴存基数，增加住房公积金归集额 9.43 亿元。

12 月，大连市住房公积金与住房货币补贴资金实行"分账、分户、分缴"管理，单位和职工均设两个账户，分别用于存储住房公积金和住房货币补贴资金。当年，大连市住房公积金管理中心加强单位开立住房公积金账户审核，控制缴存基数过低现象，对医院开展检查，协调财政拨款单位将补贴、绩效纳入住房公积金缴存基数，督促单位依法、规范、足额缴存住房公积金。12 月，大连市归集住房公积金 21.61 亿元，创单月住房公积金归集额历史新高。至年末，全市住房公积金实缴单位 3.28 万家，实缴职工 128.27 万人。

【个人住房公积金贷款更加惠民】2017 年，大连市住房公积金管理中心深化异地贷款业务创新，将住房公积金异地个人住房贷款业务拓展到全国范围，支持异地职工来大连购房，促进大连市房地产去库存。在国内其他任何城市缴存住房公积金的职工，在大连市购买自住普通商品住房或上市交易的存量住房，经缴存地住房公积金管理中心核实缴存、贷款信息并提供《缴存使用证明》后，即可向大连市住房公积金管理中心申请个人住房公积金贷款。

当年，大连市发放个人住房公积金异地贷款 629 户、26908.7 万元。进一步完善商业贷款转公积金贷款业务，增加阶段性担保办理模式，借款人通过有资质的担保公司提供阶段性担保，大连市住房公积金管理中心发放住房公积金贷款用于还清原商业贷款并解除原商业银行抵押，再将大连市住房公积金管理中心登记为房屋抵押权人，这一方式省去了借款人先行筹集资金偿还原商业贷款、再办理住房公积金贷款的麻烦，为职工办理商业贷款转住房公积金贷款增加了更便捷的方式。当年，大连市住房公积金管理中心发放转公积金贷款 1219 户、39147.7 万元。

【住房公积金服务更加便企便民】2017 年，大连市住房公积金管理中心进一步完善业务政策，优化业务流程，提升住房公积金服务水平。3月，作为全国首批、辽宁首家单位接入全国住房公积金异地转移接续平台，职工在大连和其他城市间办理住房公积金转移接续业务，只需在转入地住房公积金管理中心建立住房公积金账户，其余的账户转移接续操作全部由两地公积金中心通过异地转移接续平台完成，不用像以前一样需在两个城市间奔波办理。4月，大连市住房公积金管理中心全面免除单位应用网上办公系统数字证书费用，相关费用均改由公积金中心承担，全市近3万家应用单位今后通过网上办理住房公积金业务再不需承担任何费用，降低了企业成本，方便了企业办事，进一步提高了大连市住房公积金服务水平。

12月，大连市住房公积金管理中心接入住房城乡建设部住房公积金结算平台，并应用该结算平台代替人民银行集中代收付系统进行住房公积金网上跨行归集业务，较好解决了网上归集资金划转问题。加大政务公开力度，认真做好政府信息公开平台整合及新平台数据导入、政务服务事项目录及办事指南编制，向政府信息公开新平台导入信息341条，整合目录5类、24项。积极参与全市政务信息整合共享系统建设，认真梳理编制住房公积金政务信息资源目录9个、信息项74项、结构化信息315.32万条，根据住房公积金业务需要提出外部政务信息资源需求33目、信息项373项。

【试点推出住房公积金网络信用消费贷款业务】11月20日，大连市住房公积金管理中心与中信银行大连分行、浦发银行大连分行合作，利用住房公积金大数据和"互联网+"技术，试点开展住房公积金网络信用消费贷款业务。该消费贷款具有申请流程方便快捷、还款方式灵活迅速、无需抵押担保等优点，有利于促进市民提高购买力、实现消费愿望，有利于拉动消费增长、促进消费升级、助力经济发展，并进一步提升了住房公积金数据信息功能，让住房公积金更好地为广大市民和城市经济服务。

【住房公积金内部控制更加完善】2017年，大连市住房公积金管理中心进一步加强内部控制管理，开展业务层面内部控制审计评价，对业务管理、制度设计、业务运行和执行监督进行审计评价，深入查找存在的问题和不足，认真予以整改，排除风险隐患。加强住房公积金流动性管理，制定《大连市住房公积金流动性管理暂行办法》，建立流动性管理组织架构，有效控制资金流入、流出规模；建立风险监测指标体系，持续监控、及时化解流动性风险，确保各项业务安全稳定运行。修订印发《房改资金运作管理办法》，确定资金调出、调入价格，完善资金收益分配机制，进一步提高资金运作效率和收益水平。大力完善制度规范，深入理顺政策体系，对131项管理规章制度、政策业务规定进行梳理分析、调整完善，理顺1个政府规章、15个规范性文件、38个管理文件，增强了规章制度的系统性、协调性，进一步提高行政效能、管理层次。加强印章管理，修订印发《印章管理办法》及配套管理细则，全面规范印章刻制、使用、保管等工作，明确印章使用范围，规范印章使用审批流程，深入防范印章风险。

【加强智慧公积金建设】印发《信息化建设与管理细则》，进一步加强信息化建设中的项目管理、软件管理、设备管理、运维管理及安全管理，完善防护措施，确保信息系统安全稳定运行。大力深化"智慧公积金"建设，开发16个项目、1130支交易，深入拓展非柜面业务，发展更多线上业务，为单位和职工群众咨询、办事提供更多便利，进一步提升住房公积金服务效率和服务层次。

【住房公积金行政执法更加规范】2017年，大连市住房公积金管理中心进一步规范行政执法工作，印发《大连市住房公积金行政执法坚持"双随机"工作实施细则》，建立缴存单位名录库和执法人员名录库。修订印发《大连市住房公积金行政处罚裁量管理办法》和《行使行政处罚自由裁量权指导性标准》，对未按规定办理住房公积金缴存登记的违法单位，进一步细化行政处罚裁量标准。开展"主动宣传政策细化缴存管理"住房公积金专项服务工作，重点对人事代理和劳务派遣公司进行政策宣传，共为259家单位提供专项服务，督促企业规范缴交住房公积金。开展损害营商环境问题专项整治活动，重点排查法规体系有无漏洞，查找、整治执法随意性大等问题。与大连市中级人民法院建立协作联动机制，规范双方在审理和执行涉及住房公积金案件中的协作义务，对查询、冻结、扣划住房公积金及个人住房公积金贷款案件审理和执行、住房公积金行政案件执行等加以完善，更好地维护司法秩序和缴存职工及债权人的合法权益。

当年，全市受理住房公积金投诉举报1080起，对1146家单位的住房公积金缴存情况进行检查，对1305起违法案件进行立案处理；对89家违法单位申请法院强制执行，执行回款335万元。当年，全市新增住房公积金缴存单位5257户、缴存职工11.65万人，清收欠缴住房公积金1.64亿元。

【住房公积金风险管控加强】2017年，大连市住房公积金管理中心进一步加强风险防控，严格业务管理,确保资产质量。印发《关于进一步加强个人信用信息查询合规管理的通知》,加强征信查询管理,严格考核监督,严防个人信用信息外泄。开展会计业务风险排查,重点检查资金结算、会计核算、资金清算等风险管理情况,确保会计业务风险防控落到实处。完善《个人住房公积金贷款催收工作实施方案》《不良贷款诉讼前工作规范》,细化各办事处、代办银行催收考核指标,加强个贷催收监督考核,组织各办事处、代办银行加大催收力度,严格规范不良贷款诉讼前管理,强化诉讼手段清收,确保个贷资产安全。全年申请不良贷款诉讼90笔、1961万元,回收33笔、118万元。

加强代理业务监管,加大个人住房公积金贷款权证清理工作力度,对代收费用、档案管理、权证清理等工作加强监督检查,加强出证率考核,严格开发商合作管理,完善开发商合作协议,明确开发商协助办证义务,落实有效抵押担保。密切跟踪恒元大酒店抵债资产执行工作,9月成功拍卖,收回4775万元,圆满解决了拖欠11年的最后一笔风险资产。加大骗提住房公积金违法行为打击力度,全年处理骗提住房公积金案件41起,实施行政处罚25起,罚款2.1万元。

【大连市公共租赁住房投资管理有限公司移交大连市城市建设投资集团有限公司】 8月1日,在大连市国有资产监督管理委员会监督下,大连市住房公积金管理中心与大连市城市建设投资集团有限公司签署协议,将大连市公共租赁住房投资管理有限公司全面移交大连市城市建设投资集团有限公司,实现了与大连市公共租赁住房投资管理有限公司资产、人员及经营管理的彻底脱钩。大连市公共租赁住房投资管理有限公司成立于2011年4月,负责公租房项目投资、建设和运营管理等工作,截至7月末,该公司完成投资28.9亿元,建设公租房11788套、62万平,解决了大连市2万多名低收入者居住问题。

【住房公积金经济、社会效益不断提高】 2017年,大连市住房公积金管理中心与工商银行、建设银行、交通银行三家代办银行积极协调争取,将住房公积金协定存款利率上浮30%,资金收益率进一步提高。当年,实现住房公积金业务收入19.86亿元,发生业务支出10.01亿元,实现增值收益9.85亿元,上缴市财政廉租住房建设补充资金7.04亿元,从住房公积金增值收益中提取廉租住房建设补充资金7.76亿元。至年末,大连市住房公积金管理中心累计实现住房公积金增值收益81.41亿元,累计提取廉租住房建设补充资金49.43亿元,为解决大连市最低收入家庭住房保障问题提供了强有力的资金支撑。

城乡规划

【城市总体规划】《大连市城市总体规划(2001—2020年)(2017年修订)》于2017年4月获国务院批复

【专项规划】 编制完成《大连市重点区域城市规划、建筑导则》。《大连市城市绿线专项规划》《大连市慢行交通系统规划》《大连中心城区静态交通(停车)设施专项规划》《营城子分区规划》通过市规划委员会的审查。《中心城区轨道交通沿线土地开发策略及重要站点周边城市形态设计》《大连城市黄线控制规划》《国内外城市中心区相关规划对比研究》通过市规划专家委员会的审查。

【控制性详细规划】 城市总体规划批复后,大连市启动新一轮控规审查批复工作。《南关岭片区2、3单元控制性详细规划》《革镇堡南片区1、2单元控制性详细规划》《中华路片区1单元控制性详细规划》《中华路片区2单元控制性详细规划》等控规于11月底由市政府批复,计划2018年完成全部控规的编审和批复工作。

本轮控规编审的工作重点包括:(1)完善信息化平台建设,强化控规精细化管理。将控规成果统一纳入"一张图"管理,实现动态更新,支撑多规合一。(2)严格落实城市总体规划强制性内容。实现控规有效传导空间布局、用地规模、用地平衡、四线、公共服务设施用地等城市总体规划强制性内容。(3)优化控规人口规模。落实总体规划确定的人口规模,以规划手段,疏解老城区人口。(4)落实15分钟生活圈。将对中小学、幼儿园、社区卫生、体育、养老、菜市场等社区级服务设施在控规中落地,实现15分钟生活圈法定化。(5)衔接城市设计要求。对控规提出总体风貌、空间形态布局、建筑风格色彩等方面的城市设计要求,逐步建立起城市空间风貌指标控制体系。(6)协同轨道交通建设。结合轨道交通线网和站点规划,引导控规用地布局,使城市用地与轨道交通相互匹配、协调发展。

城市建设

【概况】 2017年,大连市列入投资计划项目清单的城市建设项目411个,总投资2006亿元,其中市政府投资164亿元。至年末,开复工项目130个,完成投资76.7亿元,其中市政府投资62亿元;完工项目25个,完成投资15亿元,其中市政府投资12

亿元。

【市政建设】2017年，大连市内四区有城市道路1989条，长度984千米，面积1908万平方米。其中快速路3条，长度28.3千米，面积60万平方米；主干道43条，长度181千米，面积598万平方米；次干路62条，长度106.7千米，面积213.7万平方米；支路1860条，长度668千米，面积1011.3万平方米；广场21座，面积25万平方米。城市桥梁、隧道和地下通道167座，长度61.3千米，面积82.9万平方米。其中，立交桥51座，长度43.6公里，面积60.7万平方米；桥梁63座，长度3.9公里，面积7.4万平方米；隧道9座，长度11.2公里，面积13.3万平方米；人行天桥27座，长度1.4公里，面积0.7万平方米；地下通道12座，长度1公里，面积0.6万平方米；跨河桥5座，长度0.2公里，面积0.2万平方米。市内四区有市政排水管道1373条，长度1177公里；暗渠127条，长度77.8公里；涵管175处，长度2.8公里；明沟78条，长度66公里；海堤6.7公里；检查井2.1万座；雨水井3.9万座。路灯处管区路灯线路总长3961公里，管辖路灯28.99万盏，总功率24440千瓦；拥有箱（台）式变器574台，无线控制终端574台，总容量80313千伏安。

【园林绿化】2017年，大连市建成区、金普新区（原金州区和开发区）建成区部分有公园97个、广场50个，绿化覆盖面积1.88亿平方米，绿化覆盖率44.9%，公园绿地面积3818公顷，人均公园绿地面积11.3平方米。年内，大连市城市建设管理局实施精品绿化工程，在机场、火车站等城市主要地点摆放立体花卉造型13个，在中山路、胜利路等沿线摆放花箱700余组，总投资3597万元。实施耐荫植被及宿根花卉栽植工程，面积11万平方米，总投资1600元。实施西部通道北段道路改建工程－绿化工程、疏港路拓宽改造工程——绿化工程，总面积19万平方米，投资3715万元。指导协调市内五区完成南山山体公园、白云山山体公园、大顶山生态公园、椒金山山体公园、磨盘山山体公园，辐射山体面积259万平方米，市区两级财政共投资约1亿元。巩固城市绿化建设成果，提升城市绿化养护管理水平。一是高标准完成城市森林工作，先后在风景园林处、森林动物园开展3次防火演练，城市森林防火过火受灾面积控制万分之四的工作目标内，实现重大节日无火情。二是完成松材线虫疫情的除治工作，除治疫木138433株，完成飞机防治松墨天牛工作。三是全面做好城市绿化抗旱护绿工作，面对多年不遇的干旱，通过现场指导、聘请专家等措施，指导抗旱工作，顺利度过旱情，城市绿地未发生大面积枯死现象。

【环境卫生】2017年，大连市内四区道路清扫保洁面积3224万平方米，楼院清扫面积858万平方米。市内四区有果皮箱、地埋式垃圾桶等垃圾容器2.54万个，小型垃圾压缩转运站34座。环卫部门管理公厕共190座，其中固定式公厕111座，活动式公厕55座，钢结构式公厕10座，车载式移动公厕14个。环卫系统有职工8000人；有环卫专用车辆653辆，其中密封压缩车97辆，"一拖二"式大型牵引车30辆，小型区间集运车280辆，清扫车（扫路车、洗扫车）131辆，其他车辆115辆。中心城区内（中山区、西岗区、沙河口区、甘井子区、高新园区）生活垃圾处理量156.3万吨。征收非居民生活垃圾处理费3097万元。中心城区生活垃圾无害化处理率100%、资源化利用率38%。

【城市供气】2017年，大连市有人工煤气用户（含非家庭用户）85.82万户；地下煤气管网总长度2637公里，其中年内新增427公里；大连燃气集团有限公司人工煤气供应总量2.8亿立方米，比上年减少400万立方米；日最高供气量133.5万立方米，比上年增加5.3万立方米；日均供气量77.2万立方米，比上年减少0.4万立方米；处理煤气管网漏点332件，入户安全检查42.9万户。全市有（天然气、液化石油气）燃气经营企业202家；天然气、液化石油气管线总长3812公里。天然气、液化石油气用户102万户，其中管道天然气用户64万户、管道液化石油气用户8万户、瓶装液化石油气用户30万户。全市天然气年供气量4.28亿立方米，日均供气量117万立方米；液化石油气年供气量6.8万吨，日均供气量186吨。2017年9月22日，大连华润燃气有限公司于成立，主要担负大连市主城区管道燃气供应。公司由大连燃气集团有限公司和华润燃气投资（中国）有限公司共同投资组建，注册资本6.4亿元。其中，大连燃气集团以经营性资产出资，占公司注册资本60%；华润燃气以现金出资，占公司注册资本40%。

【城市供热】2017年，大连市市内四区及高新技术产业园区有供热单位86家；供热总建筑面积14748万平方米，其中住宅供热面积10547万平方米、非住宅供热面积4201万平方米。城市集中供热面积14632万平方米，其中热电联产供热面积6503万平方米、区域锅炉房供热面积8129万平方米。全市有供热厂（站）847座，其中热电厂8座（企业自备热电厂 2 座）、区域锅炉房 89 座、二次换热站 750 座；供热主次管网总长度 4772 公里。城市集中供热普及率 96.9%，城市住宅供热普及率 99.89%。

市委、市政府主要领导高度重视供热保障工作，提出"要从广大市民关心的事情做起，以百姓满意为标准，扎实做好冬季城市供热工作"和"城市要有温度，先从市民家中的室温抓起"的指示要求。先后多次召开供热工作调度会议，坚持问题导向，走访供热站点、住户和投诉服务中心，实地察看供回水温度、到住户家中测温。各区市县行业管理创新管理机制，紧紧围绕供热投诉"一下降两提高"（即：投诉量下降、办结率提高、满意度提高）要求，提高群众满意度。

年内，投入城市供热设施维修改造资金 4.6 亿元，改造供热管网 100 千米。督导供热企业 10 月 25 日前完成供热设施维修改造工作，做好供热准备，进行冷、热态系统调试。各区供热管理部门按照供热属地化管理职责，加强了日常监督管理，对辖区供热企业供热准备工作进行了专项督查，市供热办成立督查组对各区供热管理工作及供热企业准备工作进展情况进行专项督导检查，确保全市供热企业 11 月 1 日开始进行热态调试运行，保证 11 月 5 日全市按时供热率达到 100%，切实达到稳定运行标准。

2017 年，大连市督查绩效考核办公室和大连市城乡建设委员会组成联合督查组，建立"双督查"机制，开展城市供热专项检查。根据天气情况进驻市内热电厂和锅炉房，监督、指导，发布预警令 11 次。利用供热在线监测平台实时查看供热运行参数，提高管理效率。强化属地化管理，沙河口区推行"三级联访、三方联动"管理机制，并在全市推广；西岗区推出四级监管，成立"六大员"队伍，降低投诉率，提高满意度。做好民心网投诉回复办理工作，24 小时办结率由 20% 提高到 100%，满意率从 70% 上升 98.6%，供热末期投诉量为零，市政府"一下降两提高"（投诉量下降、提高办结率、提高满意度）目标要求全面实现。

2017 年，大连市完成低保家庭和其他困难居民家庭的采暖费补贴审核、登记工作。低保家庭采暖费补贴资金由市、区财政按比例承担（市区比例为 65：35），由大连市集中供热办公室拨付相关供热单位；其他困难居民家庭采暖费补贴资金由各区财政承担，由街道办事处直接发放至用户。2016~2017 年度，市内四区（中山区、西岗区、沙河口区、甘井子区）和高新技术产业园区符合采暖费补贴条件家庭 7504 户，补贴资金 978.69 万元，10 月末拨付到位。

【城市管理】2017 年，组织对大连各区、市、县政府（管委会）的城市管理综合考核，有效促进各地区城市管理工作。以"三个干净，三个漂亮"为主要内容，牵头组织了市容环境综合整治和春季、秋冬季专项整治和亮化提升行动，城市卫生死角大幅减少，各类工地容貌管理显著提升，地面、立面做到了干干净净、清清爽爽、秩序井然，城市夜景观品质大幅提升。组织开展了"两街两区"创建活动，一体化整治、全方位提升的效果已经显现，典型示范、辐射全城的基础初步具备。

村镇规划建设

【村镇规划】2017 年，对"英歌石中科小镇"等 6 个"大连市第一批产业特色小镇"进行规划研究；对瓦房店市许屯镇东马屯村等 7 个"大连市第一批最美村庄建设试点项目"进行评审。

【特色乡镇建设】2017 年，大连市庄河市王家镇依托海洋牧场、贝类资源、产业规模和海岛旅游资源，入选第 2 批中国特色小镇名单。由此，大连市有国家级特色小镇 2 个。庄河市石城乡、瓦房店西杨乡和复州城镇 3 个乡镇被辽宁省政府列入 2017 省级特色乡镇培育名单。由此，大连市有 5 个乡镇被省政府列入省级特色乡镇培育名单，另 2 个是普兰店区安波镇、庄河市大郑镇，2016 年列入。

【农村危房改造】2017 年，大连市普兰店区、瓦房店市、庄河市、花园口经济区改造农村危房 1850 户，其中 C 级危房 1176 户、D 级危房 674 户。使用中央财政农村危房补助资金 2273 万元、市级财政配套补助资金 2123.75 万元、县级财政配套补助资金 674 万元。

标准定额

2017 年，大连市有工程造价咨询企业 57 家，其中甲级 33 家、乙级 23 家、暂定乙级 1 家；营业收入 3.26 亿元。全市的 37 家工程造价咨询企业（甲级 26 家、乙级 11 家）参加辽宁省 2017 年度工程造价咨询企业信用评价，23 家企业（甲级 23 家）获评 AAA 级企业，12 家企业（甲级 3 家、乙级 9 家）获评 AA 级企业，2 家企业（乙级）获评 A 级企业。年内，大连市城乡建设委员会加强建设工程合同备案管理，完成建设工程合同备案 666 份，涉及工程造价额 208.52 亿元；完成工程担保合同备案 884 份，担保价款 352 亿元。加强工程造价信息管理，向辽宁省造价管理总站上报工程造价信息2.6万余条。

工程质量安全监管

【建设工程质量监督管理】 2017年，大连市城乡建设委员会监督在建房屋建筑单位工程6653项，建筑面积5257.3万平方米。监督地铁工程单位工程123项，车站建筑面积20.4万平方米，区间长度21.7公里；附属配套单位工程13项，面积11.7万平方米，长度2.8公里。监督大连市天然气高压管道（东北线）工程一标段同沟敷设次高压压力管道2条，长度均为8公里。

组织全市质量安全提升行动督导检查，检查单位工程522项，建筑面积682.2万平方米，下发责令改正通知书78份。全市质量安全提升行动中，排查在建地铁及房屋建筑工程电缆等设备材料隐患，检查地铁工程14站15区间，长度21.8公里；排查房屋建筑工程41项，建筑面积188.33万平方米。查出存在问题工程1项，责令不合格电线全部退场。落实建设方、施工方等5方责任主体项目负责人质量终身责任制，新开工工程2233项单位工程全部签署5方责任主体法定代表人授权书和项目负责人工程质量终身责任承诺书。加强建设工程质量日常监管，重点监督责任主体工程质量行为、涉及结构安全关键工序和关键部位、易产生渗漏和透寒影响使用功能部位等，抽查工程362项次，下发责令改正通知书126份；重点控制建筑用钢筋、混凝土等进场材料质量，抽检混凝土拌合物氯离子含量30次、混凝土标准养护试件37组，抽查钢筋418批，清退不合格钢筋7.2吨。

开展冬期施工工程质量、结构（含钢结构）工程质量、幕墙工程质量、住宅工程质量常见问题防治、地铁工程质量专项检查，检查在建单位工程1270项，建筑面积1540.7万平方米，下发责令改正通知书187份，抽查区市县（开放先导区）单位工程47项，就19项工程向所在地建设行政主管部门下发督办整改通知单。加强工程质量投诉管理，受理建设工程质量信访544件，办结534件，处理完结率98%；下发质量问题整改督办通知35件，合理诉求处理满意率100%。

【建设工程监理行业管理】 2017年，大连市建设工程监理企业55家。监理工程师、监理员2310名。网站查询监理企业注册人员数量资质标准，发现不满足资质要求监理企业4家，下发督办整改通知书4份，暂停办理相关监理业务。开展大连市监理企业资质动态核查，核查监理企业57家，初步核查不合格企业7家，下发责令改正通知单3份、督办整改通知书4份，暂停办理相关监理业务，整改后3家核查合格。开展全市工程监理企业资质动态监督检查，监督抽查监理企业53家，下发责令改正通知书4份，并2家不满足资质要求的企业作暂停办理相关监理业务处理。

【建设工程检测管理】 2017年，大连市有建设工程质量对外检测机构47家，检测资质162个；有对内检测试验室106家，检测资质136个。全市检测机构（实验室）有建设工程质量检测人员2192人。开展全市检测机构（试验室）专项检查，检查检测机构（实验室）135家，下达责令整改通知书47份，下发督办整改通知书12份。开展冬季混凝土生产企业实验室检查，检查实验室32家，下发整改通知书11份。全市有质检员5624人，其中土建专业3108人、给排水与暖通专业1102人、电气专业1283人、其他专业131人。年度审验合格质检员4460人，单位变更和升级414人。

【房屋建筑工程竣工验收备案管理】 2017年，大连市城乡建设委员会完成房屋建筑单位工程竣工验收备案1347项，建筑面积1717.6万平方米。年内，根据环保竣工验收由建设单位组织的要求调整验收程序和方式，及时告知工程竣工验收备案部门，指导各地区工程竣工验收备案管理部门开展业务。在大连建设网设置已备案工程信息公布专栏，便于社会各界了解地区已备案工程信息。通过大连市竣工验收备案管理QQ群交流日常管理中遇到的新情况、新问题，全年交流信息522条。

【建筑施工安全监督】 2017年，大连市城乡建设委员会召开全市建筑安全生产联络员会议6次，分析建筑安全生产形势，总结阶段性工作，研究梳理安全生产工作任。下发安全管理通知31份、安全生产通报9份。制定年度建筑安全生产工作要点及开（复）工安全生产大检查、扬尘防控大检查等实施方案，针对防火、防台防汛等特殊时期制定高层建筑消防综合治理、防台防汛安全生产检查、起重机械和高处作业吊篮专项整治方案。其中，开（复）工安全生产大检查抽查房屋建筑工程施工现场30个，查出安全隐患296项，下达安全隐患责令整改通知书29份；重点抽查地铁工程5个标段，发现安全隐患22项，下达停工整改通知书5份；扬尘防控专项整治抽查房屋建筑工程施工现场42个，查出问题307条，下达安全隐患责令整改通知书41份。在国家、省环保督查、安全生产检查中，未发生工地扬尘问题，未发现严重安全隐患。

开展安全质量标准化"示范工地"评比创建工作，在大连市东港区C05地块（鲁能四季酒店）项目现场召开全市工程质量安全管理标准化暨新技术应用观摩会。全市有7项工程被中国建筑业协会评定为AAA级安全质量标准化示范工地，18项工程被省住房和城乡建设厅评定为省安全质量标准化示范工地。开展为建筑工人"送健康、送温暖、送文化"活动，发放安全生产教育读本5000余本、安全生产教育动漫光盘2000份。

联合市慈善总会开展"五一大节日"慰问农民工活动，丰富建筑工人物质文化生活，投入50余万元。经省住房和城乡建设厅考核，大连市城乡建设委员会所属大连市建筑安全监督管理站获2017年度全省建筑行业安全生产工作目标管理考核优秀单位。

建筑市场

【建筑业】2017年末，大连市有资质建筑业企业2796家，取得各级别资质5336项。建筑资质按级别分，特级资质6项，一级资质301项，二级资质1607项，三级及不分等级资质（含施工劳务资质）3422项；按类别分，施工总承包资质1596项，专业承包资质3193项，施工劳务资质547项。建筑业总产值872.5亿元，比上年下降12.8%。建筑业总产值中，资质以上公有制建筑企业产值209.1亿元资质以上非公有制建筑企业产值663.4亿元。资质以上建筑企业纳税18.2亿元，占全市地税收入的5.2%，按可比口径计算上年下降33.2%（2016年建筑行业实行"营改增"）。全市有注册建造师18814人，其中一级3904人、二级14910人。全市有资质房地产企业601家，其中一级2家、二级30家、三级217家、四级9家、暂定资质343家。房屋建筑施工面积3746.6万平方米，房屋建筑新开工面积1458.3万平方米。建筑业就业人员26万人。

大连市城乡建设委员会受理行政审批1.2万件，其中建设工程项目备案和审批1035件、建筑行业证照审核和审批1111件、建筑行业人员审核9180件、建筑机械和产品等备案722件。

【建设工程招标投标管理】2017年，大连市建筑工程领域完成建设工程招标项目2719个，比上年下降4.8%；招标总额274.53亿元，比上年下降34.6%。全市完成电子化招投标项目1347项，其中市内四区完成电子化招投标项目511项。全市网上招标项目备案818项，发布招标公告2200条；招标文件备案2519项，发布中标公示2517条；网上锁定项目负责人1839人次；中标结果备案834项，核发中标通知书834项。全市有资质建设工程招标代理机构66家（招标代理机构资格认定2017年年底取消）。大连市建设工程交易中心受理入场交易项目1235项，比上年增长33%；完成入场交易额约145亿元，比上年增长24%。

【工程许可管理】2017年，大连市建设行政主管部门办理施工许可证500个，建筑面积1260.9万平方米，合同造价213.7亿元。其中，市内四区120个，建筑面积442.2万平方米，合同造价78.7亿元；区市县（开放先导区）380个，建筑面积818.7万平方米，合同造价135亿元。

【建设工程勘察设计行业管理】2017年，大连市有工程勘察设计单位150家。按类别分，勘察单位20家、设计单位（含专项设计、设计施工一体化）134家、勘察设计双资质单位6家；按级别分，综合资质单位1家、甲级资质单位77家、乙级资质单位65家、丙级资质单位6家、劳务资质单位1家。全市有施工图审查机构8家，全部为一类审查机构。全市勘察设计行业营业额90.04亿元。至年末，全市审批建设工程初步设计方案21项，审查建筑边坡工程设计方案8项，审查备案建设工程施工图185项，审查备案建筑面积173.3439万平方米，审查备案建设工程勘察文件100项。年内，大连市城乡建设委员会配合辽宁省住房和城乡建设厅完成2017年度勘察设计企业资质动态核查工作。

【城建档案管理】2017年，大连市城市建设档案馆接待查档及电话咨询5000人次，调卷5530卷。现场指导建设项目档案工作190人次，涉及工程项目92个，签订责任书36份。接收126个工程项目的竣工档案进馆，发放建设工程竣工档案初验合格证126个。整理城市建设档案3.52万卷。完成142个建设工程项目电子档案制作。至年末，市城市建设档案馆有城市勘测、规划、建设管理、市政公用等馆藏档案47万卷。

【建设工程劳保费用管理】2017年，大连市城乡建设委员会健全劳保费拨付及农民工工资保证金返还政策体系，印发《关于取消建设工程劳动保险费统一管理后相关工作的通知》文件，完善劳保费拨付和农民工工资保证金返还的政策依据。建立劳保办内部管控机制，落实业务部、财务部核对企业上报材料，副主任、主任审核等制度，严格劳保费拨付、农民工工资保证金返还审批流程，防止违规操作现象发生。提高服务水平，优化营商环境，通过采取登报告知起始时间、办理程序等方式，减少企业盖章次数和多跑路现象。全年拨付劳保费4.85亿元，返还农民工工资保证金8.94亿元。

【建设行业执法检查】2017年，大连市城乡建设委员会建设执法监察支队检查市内四区（中山区、西岗区、沙河口区、甘井子区）建设工程156项，重点检查开发建设单位、施工企业、监理企业、勘察设计企业的资格证书、中标通知书、施工图设计文件审查报告、建筑工程施工许可证、施工起重机械检测合格报告、施工技术档案、监理合同、工程监理管理文件等27个要件，以及施工现场建筑工程安全防护设施、脚手架、起重机械设备和落实临时用电验收制度、安全达标、安全防护用品用具使用管理、文明施工等情况。其间，立案188件，下达行政处罚决定书162份，收缴罚款2618.2万元。

【建设市场监管机制改革】2017年，大连市城乡建设委员会继续推进建设市场综合管理平台建设，以实现建设行政审批、建设市场综合监管和信用评价3个系统数据连通、资源共享、程序衔接、手续印证、管理联动。至年末，该平台上线运行，全市建设项目审批和监管全部通过平台实施。全年通过该平台办结业务5352项（次）；691家建设单位通过平台申领数字证书（CA锁），申报建设项目555个。年内，印发《大连市建设市场各方主体信用信息管理暂行办法》《大连市房屋建筑工程施工企业信用信息管理实施细则》，推动建设市场监管从注重资质等级向注重诚信行为转变，营造诚实光荣和守信受益的良好环境。

【建筑行业依法行政】2017年，大连市城乡建设委员会制定《学习〈法治政府建设实施纲要（2015—2020年）〉方案》。印发《全面推进依法行政（法治政府建设）规划（2016—2020年）》，明确"十三五"规划时期依法行政工作的指导思想、工作目标、主要内容和保障措施。印发《2017年法治政府建设工作要点》《全面推进依法行政（法治政府建设）规划（2016～2020年）》《关于在全市建设系统开展法治宣传增长率的第七个五年规划（2016～2020年）》和《2017年市建委尊法学法守法用法主题法治宣传实践活动方案》，全面部署年度依法行政工作。推进行政职权下放，制定《关于向市内四区政府下放部分行政职权实施方案》，下放施工许可证核发、工程招投标监督管理等12项职权至市内四区，确定事权划分、机构编制经费调整、具体操作方法、具体监管办法等事项。推进优化营商环境和"放管服"工作，印发《优化营商环境建设年实施方案》《营商环境专项整治工作实施方案》《优化营商环境建设年活动重点工作分解表》和《营商环境专项整治重点工作分解表》，制定《优化营商环境工作规则》。清理规章和规范性文件，印发《关于开展2017年市政府规章规范性文件清理工作的通知》，开展政府规章和规范性文件清理工作。加强事中事后监管，制定《关于深化行政审批制度改革加强事中事后监管办法》，就建委保留的13项审批事项分别制定事中事后监管规定。动态调整行政权力清单，增加行政职权8项，取消60项，调整合并141项，权责清单总数由208项调整为73项。推进"双随机一公开"（随机抽取检查对象，随机选派执法检查人员，抽查情况及查处结果及时向社会公开）工作，编制随机抽查清单，制定《"双随机一公开"监管工作实施细则》《涉企行政执法检查计划管理规定》，建立《执法检查人员名录库》和《市场主体名录库》。印发《关于开展市建委2017年第一次"双随机"执法检查的通知》，并展执法检查活动。应诉行政诉讼案件6件、行政复议案件1件，处理行政复议案件3件、行政投诉5件。

建筑节能与科技

【建设科技】2017年，大连市城乡建设委员会编制完成《大连市绿色建筑施工图审查实施指南（试行）》设计和审图专篇，帮助设计师、审图人员全面理解绿色建筑新标准，明确设计及审图要点。印发《大连市2017年度绿色建筑工作绩效考评办法》，确定全市2017年绿色建筑发展的任务指标，即全市新建民用建筑全面执行《辽宁省绿色建筑施工图审查要点》中的要求。继续开展全市绿色建筑专项检查，推进绿色建筑建设相关工作。当年，甘井子区体育新城东侧、岚岭路北侧部分宗地改造项目D区1～13号楼等3个项目获绿色建筑二星级设计评价标识，建筑面积20.8万平方米。南山村铝材厂周边地块改造项目B区等3个项目获绿色建筑一星级设计评价标识，建筑面积37.8万平方米。全市获绿色建筑评价标识的建设项目达到31个，总建筑面积329.1万平方米。全年全市126个项目通过《辽宁省绿色建筑施工图审查要点》相关内容审查，达到绿色建筑一星级评价标准要求，建筑面积634万平方米。

【建筑节能管理】2017年，大连市居住建筑和公共建筑节能设计执行辽宁省《居住建筑节能设计标准》《公共建筑节能设计标准》中规定的节能65%的标准。继续实施既有居住建筑节能改造工程（暖房子工程），包括既有居住建筑保温系统改造、供热系统改造和小区环境整治，总投资8.25亿元。全年改造建筑688栋，建筑面积232万平方米，惠及居民3.6万户居民。5年累计改造既有居住建筑3842栋，建筑面积1223万平方米，惠及居民19.3万户。全年全市新型墙体材料年产量10.9亿标准块，占墙体材料总量的83.8%。推进粉煤灰综合利用，粉煤灰综合利用194.8万吨，综合利用率90%。生产散装水泥435万吨，散装率71%。推动建设工程禁止现场搅拌砂浆工作，全市使用干混砂浆5.95万吨，湿拌砂浆3.15万立。落实建筑产业现代化项目，市内四区明确采用装配式建筑技术新出让土地12块，建筑面积58万平方米，占总面积30%以上。

人事教育

配合省厅开展了建设领域施工现场专业人员培训工作，大连市有1897人参加了培训和网上考试工作；开展建筑工人技能培训工作，大连市共组织2410人参加了培训和考试。

大事记

1月6日，大连市2017年建设交通系统项目启动工作部署会议召开。

1月18日，全市城乡建设工作会议召开。

2月19日，大连市市长肖盛峰赴水务、城建、地铁集团现场办公。

2月28日，肖盛峰听取2017年项目开工建设推进工作情况汇报。

3月14日，全市建设工程质量安全管理工作会议召开。

3月27日，肖盛峰调研建设交通项目。

5月9日，市人大常委会法制工作委员会组织召开《大连市燃气管理条例》新闻发布会。

6月9日，大连市建设工程质量安全提升行动暨"安全生产月"活动动员部署会议召开。

7月4日，大连市人大环资委开展城乡基础设施实地调研活动。

7月6日，全市城市工作会议召开，市长肖盛峰、书记谭作钧讲话。

7月22日，《中共大连市委大连市人民政府关于加强城市规划建设管理工作的实施意见》印发。

8月29日，肖盛峰调研城建项目（民生方面）建设情况。

10月13日，大连市政协副主席郝方林调研暖房子工程。

10月14日，市委召开大连城市未来发展规划编制工作第一次会议。

10月18日，大连华润燃气有限公司成立。

10月19日，大连市城市供热、除雪和森林防火工作会议召开。

10月26日，肖盛峰调研供热准备情况。

10月28日，肖盛峰等领导现场调研重大基础设施项目建设情况。

10月31日，谭作钧调研城区供暖及暖房子工程。

12月6日，肖盛峰视察城市公园建设。

12月22日，肖盛峰听取天然气气源保障供应情况汇报。

（大连市城乡建设委员会）

青 岛 市

概况

2017年，青岛市全年完成城乡建设投资1783.4亿元，完成房地产投资1330.5亿元；实现建筑业增加值602.2亿元，按现价计算同比增长16.8%；建设行业实现地税收入242.2亿元，占全市地税总收入的38.9%。全年争取上级补助资金15亿元，获得省级以上各类奖项240项。

城市基础设施建设

【道路交通基础设施建设】青岛市深圳路打通工程崂山段于4月主线通车，深圳路实现全线通车，极大缓解了周边交通压力，有效带动区域经济发展；太原路环湾路立交桥建成通车，火车北客站增添新出入口，周边交通情况大大改善。全年共完成续建、新建、改建城市道路37条，打通劲松八路等未贯通道路16条，完成95条重点道路及胶宁高架等24座重点桥梁整治提升，新建、改建港湾式车站12处。

打通海底隧道接线和新疆路剩余的电力管廊工程"最后一公里"，为海底隧道"双回路"供电提供安全保障。全市建成公共停车泊车位10800个，完成市级智能停车一体化平台开发，"宜行青岛"停车APP上线运行，接入车位约8.3万个，接入新能源汽车充电桩2100处。

【海绵城市和地下管廊国家"双试点"建设】2017年，是青岛市海绵城市和地下管廊建设国家级"双试点"工作的第二年，也是事关试点工作成败的关键一年。青岛市城乡建设委深入探索研究"市场化运作＋政府行政定价"的管廊收费标准，力求破解管廊收费的全国共性难题，着力打造管廊入廊收费、海绵按效付费的"青岛标准"，探索管廊运维、海绵监测的"青岛模式"，形成可复制、可推广的"青岛经验"。21个地下综合管廊试点项目全部开工，建成廊体31.8公里。试点区累计完成海绵城市建成3.7平方公里，全市累计完成海绵城市建设约75平方公里。2017年，完成青岛市14处黑臭水体治理，消除水体黑臭长度近20千米，顺利通过第三方组织开展的成效评估，城市建成区基本消除黑臭水体，提前实现国家既定的工作目标。

【园林绿化建设】提升道路景观品质，实施绿篱建设工程，实现人车分离，2017年全市新建绿篱11.2万延长米。按照生态性和园艺性相结合的要求，打造街头节点精品绿化景观，完成新建改建绿地面积458.1公顷，完成海绵型绿地建设54.6万平方米。全面提升山头绿化整治，启动山头绿化整治13个，完成绿化面积32.2公顷。持续开展植树增绿活动，栽植乔灌木235.7万株，地被240.9万平方米，全年整治裸露土地面积298.9公顷。完成立体绿化173处，绿化面积6.2万平方米。完成庭院绿化83处，建设面积83.8万平方米。实施植物景观工程158处，建设景观工程面积26.5万平方米。榉林山绿化提升整治工程等37个项目获省级示范称号。

圆满完成第十一届中国（郑州）国际园林博览会"青岛园"建设项目，获得室外展园综合金奖、展园设计优秀奖、展园优质工程优秀奖、植物配置优秀奖、建筑小品优秀奖共5个奖项。青岛市城乡建设委获得建设部表彰的优秀展园建设奖。

编制印发《青岛市屋顶绿化建设导则》《青岛市城市节点园林景观建设导则》。首次建立了园林绿化行业监管与诚信信息一体化平台，并制定印发《园林绿化工程市场主体信用考核运行管理办法》。完成合肥路北山公园规划方案设计编制；完成小麦岛生态修复工程规划方案设计编制；完成新建植物园、野生动物园项目规划选址；完成郊野（山头）公园规划方案设计编制。

【市级重点公共服务项目建设】2017年，33个市级重点公共服务项目加速推进，总建筑面积240万平方米，其中山东大学青岛校区图书馆、青岛市儿童福利院、青岛市民健身中心等13个项目建设完工，建成面积80多万平方米，已投入使用的国家深海基地项目获得山东省建筑工程质量"泰山杯"奖。

城市基础设施配套工程建设完成投资4.5亿元，开工建设配套中小学和幼儿园3所、竣工4所，其中海尔玫瑰兰亭和阀门厂改造配套幼儿园及河西中学开工建设；欢乐滨海城九年一贯制配套学校、万科紫台配套幼儿园、徐家东山改造配套中学和幼儿园竣工并交付使用。

加大对新机场、海天中心等市级重点项目的监督管理与跟进服务，开辟绿色通道，加快推进项目建设；调集专家骨干对重点项目加大技术指导，保证工程质量安全，确保重点项目建成"精品工程"。大力推进城市轨道交通工程质量安全"五个标准化管理体系"建设，重点对地铁2号线、11号线等6条在建轨道交通项目实施全方位、全过程监管，其中地铁3号线获得国家土木工程最高荣誉詹天佑奖。

新型城镇化建设

2017年，农业转移人口市民化进程加快，以青岛市委、市政府办公厅名义出台《关于加快推进农业转移人口市民化的意见》，加快平度市、黄岛区泊里镇等各类新生中小城市试点建设。围绕编制完善各类规划、强化特色产业支撑、完善城镇基础设施、健全公共服务设施、加快推进人口市民化、提升城镇管理水平等6项试点任务，推进小城镇建设工作。国家新型城镇化试点成效显著，在全省新型城镇化考核中位列前茅。

特色小镇建设开局良好。截至年底，胶州市李哥庄镇、平度市南村镇2个镇获评国家特色小镇，城阳区棘洪滩动车小镇、即墨市蓝村跨境电商小镇、胶州市胶莱高端制造业小镇、平度市大泽山葡萄旅游古镇、莱西市店埠航空文化小镇等11个镇进入省级特色小镇创建行列。崂山智谷小镇、西海岸海清茶园小镇、王台纺机小镇等10个镇进入市级特色小镇创建行列。

出台加强农村基础设施建设意见，统筹推进燃气供热向区市延伸，"四区三市"共49个街道办事处已全部实现通气。城乡环卫一体化收运处理体系更加完备，开展了"千村洁净"农村环境卫生综合整治行动，垃圾无害化处理率达95%以上。实施精准扶贫，完成1050户农村危房改造任务，对178户建档立卡贫困户全部纳入改造范围并提前完成改造。

建筑节能工作

"实施节能保暖工程200万平方米"列入青岛市今年市办实事。2017年出台加强既有居住建筑节能保暖工程项目管理政策文件，完成既有居住建筑节能保暖改造339万平方米、惠及居民4.3万户，完成公共建筑节能改造414.11万平方米。

获批全国首批"装配式建筑示范城市"，开工建设装配式建筑310万平方米，建筑产业化水平显著提升。试点推广被动式超低能耗建筑，开工建设被动式超低能耗建筑8.69万平方米。新增绿色建筑865万平方米，其中23个项目136万平方米获得星级标识。推进可再生能源建筑应用，全年完成159.64万平方米太阳能光热建筑一体化推广。

美丽青岛整治提升

围绕建设"让本地人自豪、让外地人向往"的幸福宜居创新型国际城市目标，深入开展市政道路、绿化美化、城区河道、铁路两侧、建设工地等整治提升行动，各项整治初见成效。

市政道路整治提升方面，完成95条市政道路和24座市管重点桥梁整治提升。累计完成车行道整修约150万平方米，人行道整修近20万平方米；市管桥梁设施整治完成铣刨盖被及微罩面6.9万平方米，桥梁粉刷32.8万平方米，栏杆粉刷4600米等。

绿化美化整治提升，按照创建文明城市和旅游城市形象要求，开展包括窗口区域、道路绿化、公园广场、山头整治、裸露土地、沿街单位小区、河道绿化和街头绿化景观营造等8大整治提升任务。

城区河道整治提升，启动8条城区河道整治工程，总共整治长度约7300米，累计完成整治长度3300米。其中，李村河整治完工；楼山河完成清淤工作；海泊河中下游正在组织清淤；水清沟河等5条河流整治工程已完成整治前期准备工作。

铁路两侧环境整治提升，通过拆除铁路沿线整治范围内的违法建设、清理整治环境卫生、清洗粉刷建筑外立面、市政设施整治、增加绿地面积等多项措施，全面美化进出市区铁路交通要道及周边环境。

建设工地整治提升，在全市建筑工地、市政（地铁）工地、拆除工地组织开展整治提升行动，对施工现场围挡、大门及场容场貌进行全面整治提升，全市1572个建设工地完成全面化整治和精细化提升，累计完成围挡精细化整治112.07万平方米。

建筑业

【概况】2017年，青岛市完成建筑业产值1879亿元，同比增长24.5%。全市在监工程面积9294万平方米，同比增长1.75%；竣工面积3457.82万平方米，同比增长28.37%；许可新开工面积3397.79万平方米，同比增长1.09%；建筑业增加值602.22亿元，按现价计算增长16.8%。截止到年底，全市有建筑业施工企业1446家，其中总承包、专业承包企业1168家、劳务企业278家。

【建筑业改革发展】加强政策扶持。连续出台《关于扶持建筑业企业发展进一步加强财源建设工作的意见》、《关于全面加强我委建筑业统计工作的通知》以及《关于加强建筑业统计调度加快建筑业行业发展的通知》等文件，持续强化实施"大雁领路""枝干相持""筑巢引凤""鹏程万里"四项工程；针对青岛市建筑市场受外地企业冲击的情况开展专题调查，召开全市建筑业大企业经济发展和行业统计调度会，宣贯扶持企业发展的激励政策。推进"一带一路"战略。推动"青岛国际工程发展联盟"指导企业"走出去"发展，青岛市备案在册参与境外工程建设的企业已经由去年的55家提升至66家；青建集团股份公司、山东电力建设第三工程公司入选了"2016年中国对外承包完成营业额和新签合同额双百强"；实施"青建+"战略，在30多个国家和地区带动150多家中小企业"走出去"发展。

加强工程建设造价管理。出台《青岛市建设工程招标控制价编制质量检查管理规定（试行）》，组织编写《山东省建设工程造价咨询服务规范》，组织青岛市工程造价咨询企业参加"山东省工程造价行业暨职业技能竞赛"并荣获"最佳组织奖"等5项大奖，组织新版《山东省建设工程消耗量定额》宣贯，改版《青岛材价》，为青岛市政府投资项目立项决策、投资估算、确定设计概算和施工过程中的造价控制提供重要参考。

加强工程建设标准管理。落实市委市政府"标准化+"战略部署，强化建设标准监管，与质量、安全主管部门建立联动机制，开展房屋建筑工程施工现场标准执行情况随机检查；参与《山东省建筑施工现场管理标准》修编，协助编制《青岛市装配式混凝土、钢结构导则》，开展《无障碍环境建设条例》贯彻实施情况自查，全面提升建设水平。

【建筑市场管理】2017年，青岛市转报建筑业企业资质申请287家，截至年底，全市有施工总承包特级资质企业10家，施工总承包一级资质企业78家，专业承包一级资质1358家。

扶持建筑业企业做大做强。2017年，青岛市被评为全省建筑业5强市。中青建安建设集团有限公司等7家企业成功晋升施工总承包特级资质，青岛宝利建设有限公司等5家企业成功晋升施工总承包一级资质，青岛信友消防工程有限公司等26家企业成功晋升专业承包一级资质。青岛建安建设集团有限公司等9家企业获评2016年全国优秀施工企业，青建集团股份有限公司等5家企业进入中国建筑企业500强，荣华建设集团有限公司等5家企业获评"十二五"期间全国建筑业先进企业，中启胶建集团有限公司等6家企业获评全省建筑企业综合实力30强，青建国际集团有限公司等10家企业获评青岛市推进"一带一路"建设（境外发展）优秀企业，中建八局第四建设有限公司等40家企业获评青岛市优秀建筑业企业，青岛金楷装饰工程有限公司等11家企业通过2017年中装协AAA信用评价。

建立完善工资预防拖欠网络，实现农民工工资工作重心由解决拖欠向预防拖欠转变，全面推行工资保证金差异化缴存办法，研究设立农民工工资支付保证保险，完善"黑名单"制度，引导农民工依法维权。加大欠薪违法违规行为查处力度，下发处理通报4批，涉及通报企业总数77家，其中清出青岛建筑市场3家，对8家企业进行了行政处罚，共计扣除市场主体信用考核分736分。

加强对全市房屋建筑市场监督检查，加大对违法违规行为的查处力度。全年查处违法工程177个，行政处罚308起，罚款497.9125万元，对相关责任单位、责任人扣分1192分，进一步规范全市建筑市场秩序。

【建筑业人才队伍建设】截至年底，青岛市共有注册建造师2万余名，其中，一级注册建造师5800余人，同比增长7.3%，二级注册建造师15800余人同比增长3.2%。充分利用"互联网+政务服务"，通过管理信息系统网上核验，完成建设领域1.2万名现场专业人员证书延续工作。到工地一线考核鉴定技术工人1万余名，组织培训高级工70名。加快建筑业农民工技能提升，采取送教上门、送教到工地、送教下乡等方式，开展职业技能岗位培训、晋级考核等服务，施工现场农民工技能水平得到明显提升。

工程质量安全管理

【深入开展工程质量安全治理提升三年行动】2017年，加强日常监督管理，全面落实法定代表人授权书、质量终身责任承诺书、永久性标牌和质量终身责任信息档案"两书一牌一档案"制度，进一步规范参建各方质量行为，加强对工程实体质量、工程建设标准实施情况及从业人员在岗履职情况监督检查，对违法违规行为依法依规严肃处理，全面巩固提升工程质量安全治理行动成果，确保工程质量安全。

【建立日常监督、科级督查、站级稽察的三级管理模式】建立验前联检制度，在建筑工程主体验收前、竣工验收前集中站上优秀技术力量进行质量把关，实现全方位、全过程质量管控机制。编制完成《青岛市住宅工程常见质量问题防治技术导则》、《装配式混凝土建筑质量管理导则（试行）》和《装配式钢结构建筑质量管理导则（试行）》等地方导则，为建筑工程质量监管和服务提供技术支持和保障。组织全市建筑工程质量提升行动（精品创建暨科技创新）示范工程现场观摩会，集中展示了质量标准化、实体样板、精品亮点做法、BIM技术应用、3D动漫施工工艺等，有关领导及专业技术人员4000余人参加了观摩和交流。

【新技术应用示范工程】组织开展2017年青岛市建筑业新技术应用示范工程立项申报工作，216项工程申报了新技术应用示范工程立项；组织开展青岛市建设工程优秀工法评选活动，共受理45家单位申报的工法631项，评选出一等奖27项、二等奖57项、三等奖80项及优秀奖145项；379项新技术获省级工法，占全省总量的49.2%，数量创历史新高，居全省首位。

建立企业评奖创优激励机制，实施"精品工程"战略，2017年全市有4个工程获评国家建设工程"鲁班奖"、12个工程获评国家优质工程奖、6个工程获评华东地区优质工程奖，26个工程获评山东省建设工程质量"泰山杯"奖、60个工程获评山东省建筑工程优质结构工程奖、98个工程获得青岛市建设工程质量"青岛杯"奖，获国家级工程奖数量位居全国省会城市及副省级城市首位。

【安全生产管理】坚守底线、红线思维，坚持"把隐患当事故处理"原则，持续深入开展安全隐患排查整治。严格落实重大隐患源评审验收制度，加强对深基坑、起重机械、脚手架及高大模板支撑体系、临建板房及高大围挡等重大隐患源的控制与管理。加强对建筑起重机械设备本身以及设备的租赁、安装、拆卸、使用等过程监管，下大力气抓好建筑起重机械设备监管。2017年，共检查市内三区工地594个次，督查区市工地57个次，向区市主管部门下发执法建议书9份，责令停工工地16个，约谈企业64家，罚款56.4万元。对应急队伍和应急物资进行了补充和调整，全市共有应急救援队伍17个，人员800余名，各类救援机械设备50余台。

【树立"标准清单"式样板工程】 以标杆工地为引领，以绿色施工、BIM技术应用、推广应用装配式建筑、信息化应用、技术创新为突破口，全面提升项目质量安全管理水平，打造精品工程。2017年度，共134个工程被评为市级"标准清单"式样板工程，应用新设备、新技术、新工艺、新材料技术1560项次，BIM技术应用率达到45%，应用绿色施工技术441项次，累计节约用电192万度，节约用水12.05万吨，减少垃圾排放11.8万吨。

勘察设计

【概况】 2017年，青岛市拥有各类资质勘察设计企业254家，其中甲级资质企业94家，乙级资质企业121家，丙级资质企业30家，设计施工一体化资质企业9家；勘察设计行业从业人员共计21467人。2017年，全市工程勘察设计行业共完成合同额129.13亿元，同比增长0.9%，缴税额8.87亿元，同比增长2.3%。

【勘察设计市场管理和质量管理】 2017年，组织开展全市勘察设计市场执法检查，通过企业自查、区（市）主管部门检查、市主管部门抽查等方式，对勘察设计单位的资信、市场行为和质量进行了集中检查，对检查发现的问题，分别给予了限期整改、约谈企业领导和诚信考核扣分等处理。

注重发挥施工图审查质量抓手作用，通过严格执行审查信息上报制度、质量问题反馈等制度，有力地维护了建设工程的质量与安全，推动了青岛市施工图设计审查质量的不断提升。以政府购买施工图审查服务为契机，全面实行施工图审查绩效考核管理，将审查机构的服务水平、审查质量与经济挂钩，倒逼施工图审查机构改进工作作风、提升服务能力。

【建筑设计技术交流创新】 组织开展行业学术交流活动。指导主办了"走进大师"（第五届）高端学术讲座，在行业内引起强烈反响。举办了"医疗建筑的绿色体系学术论坛""教育设施规划设计高峰论坛""装配式建筑设计技术研讨会"等学术交流活动，引导勘察设计单位树立科学理念，提升自身勘察设计水平。积极开展新技术推广活动。组织开展"机电设计BIM技术应用会""白图替代蓝图技术研讨会""新型外墙保温体系交流会"等专业技术研讨活动。组织参与"山东省勘察设计管理创新与转型升级研讨会""中国威海国际建筑设计展览和论坛"等技术创新与研讨活动。

2017年有4人被评为第三届山东省杰出青年勘察设计师；获省优秀工程勘察设计一等奖19项、二等奖40项、三等奖79项；获全国优秀工程勘察设计一等奖5项、二等奖7项、三等奖15项，为历年来最好成绩。

【抗震设防专项工作】 扎实开展学校、幼儿园、医院、养老院抗震设防专项审查工作，消除了人员密集场所的结构安全隐患，优化了抗震设计。编制《青岛市既有房屋建筑与市政桥梁抗震性能普查技术导则》，组织实施全市既有建筑和市政桥梁抗震普查工作。主导组建了青岛市市级震后房屋建筑安全应急评估专家队，以切实加强震后房屋建筑应急评估工作，提高震后应急响应效率。

【既有住宅加装电梯】 2017年，在全省率先出台老楼加装电梯奖补资金管理办法，为加装电梯试点工作提供了行政、技术依据，并明确了财政奖补政策，7个项目进入实质操作阶段。

房地产业

【概况】 2017年，青岛市房地产完成投资1330.5亿元，占全市固定资产投资的四分之一。房地产实现地税收入207.2亿元，占全市地税收入三分之一。按照国家、山东省要求，牵头开展房地产市场联合执法检查工作，共检查开发企业500余家，项目900余个，发现各类不正当经营行为为线索114起，已约谈警示87家，房地产市场环境明显净化。

根据国统计局发布的70个大中城市住宅销售价格统计数据，12月青岛市新建商品住宅价格指数同比上升4.2%，环比上升0.2%，同比增幅较年初下降近10个百分点，指数同比环比分别在全国70个大中城市排名50位和48位。积极开展"千企招商大走访"，走访了中粮集团等地产总部；协助市北区、即墨市分别与中粮置地、华润置地签约，协议签约额突破600亿元，年内新增十余家全国百强企业进入青岛。

【棚户区改造工作】 7月，《青岛市国有土地上房屋征收与补偿条例》修改经市人大审议通过，为全国副省级城市中的首部国有土地上房屋征收法规，为青岛市依法开展征收工作奠定了基础。通过完善房屋征收中未登记建筑认定机制，创新房屋征收补偿机制，优化被征收房屋权属注销办理程序，调整补助标准，化解了征收工作中的制约因素，保障了被征收居民的合法权益。同时做好征收收尾跟踪管理工作，主城区超期未回迁的1.7万户居民中有7702户于年内完成回迁。

2017年，青岛市计划启动棚户区改造4.8万套（户），全年启动棚户区改造50677套（户），提前完成目标任务。争取中央补助资金7.4亿元，新增贷款承诺225亿元，发放贷款166亿元，位居全省首位。同时，应对房地产市场变化，通过异地建设、政府代筹安置房源等方式，筹措房源6000余套，满足棚改居民需求。

【老旧小区整治】 2017年，青岛市完成改造老旧住宅小区项目285个，惠及居民12.3万户。改造中坚持"以人民为中心"的改造思想，将居民建议列为工程施工优先考虑的问题，涉及小区居住功能提升及美化的整治与改造均纳入整治范围，同时融入海绵城市理念，推广道路透水铺装改造、绿化补植改造，通过节能保暖改造、提升物业管理等措施，使老旧物业改造更新。

【解决"已入住未办证"历史遗留问题】 为妥善解决历史遗留已入住居民未办证问题，青岛市城乡建设委会同有关部门及区政府按照"依法依规、创新模式、先急后缓、先易后难、一事一议、先行试点"的工作原则积极推进，通过创新机制、政府补位、流程再造，为1.4万户居民办理了不动产权证，盘活固定资产200多亿元，维护了群众利益，促进了社会和谐稳定。

市政公用事业

【市政公用建设行业管理】 2017年，青岛市制定《市政公用建设资质行政处罚自由裁量基准》，出台市政资质行政处罚自由裁量基准19项，填补了市政公用行业资质管理行政处罚的空白。对全市200余家市政公用施工总承包和道路照明专业承包资质三级、二级和一级企业进行动态资质核查。建立青岛市市政企业统计制度和统计平台，平台新增规模以上企业数量56家。2017年青岛市有3家市政公用总承包企业和2家城市道路照明专业承包企业晋升一级资质，7家市政公用总承包资质企业晋升二级资质升级。

【市政公用设施建设】 2017年，完成麦岛污水厂、胶南中科成污水净化有限公司污水处理厂、青岛银河水务（胶南）有限公司污水处理厂升级改造工作，使青岛市已投入运营的污水处理厂尾水排放全部达到一级A国家标准；完成即墨污水处理厂扩建工程，进一步提升即墨区污水处理能力。改造合流制管网17.56公里，新建改造污水管网142.22公里，合计159.78公里，有力保障青岛市中心城区污水全收集全处理目标。城市建成区共完成新建环卫公厕85座，改建45座，共计130座。

【"气化山东""热化城市"工作】 2017年，青岛市完成新建燃气管道201公里，发展燃气用户8.8万户，新增集中供热面积429万平方米，惠及用户4.5万户。解决了陵县路59号、广东路48号等6个老旧小区137户居民供热难问题，供热面积7000平方米。改建供热管线近200米，解决了台柳路254号72681部队经适房及周边居民100万平方米的供热问题，惠及用户11万户。

（青岛市城乡建设委员会）

宁 波 市

概况

2017年，宁波市住房城乡建设系统认真贯彻中央和浙江省、宁波市决策部署，撸起袖子加油干，砥砺奋进谋新篇，解决了一批难题，办成了一批大事，谋定了一批具有方向性、引领性和长远性的新思路，较好完成了全年目标任务。

【城乡建设品质提升】 全力冲刺"提升城乡品质、建设美丽宁波"三年行动计划，累计完成投资1737亿元，占计划投资的112%；研究起草"创新城建模式""城市有机更新""城市主干道综合整治"等事关城市功能培育和品质提升的重要政策文件，取得扎实成效。

中心城区品质提升，持续推进六大提升工程，完成年度投资909亿元。全力以赴推进中山路综合整治，"浙东第一街"旧貌换新颜，宁镇路、中山西路等主干道整治工程进展顺利，环城北路改建、雅戈尔大道整治等项目开工建设。建成市区绿道建设80公里，"三江六岸"滨江休闲带工程加快推进，沿江15公里总面积101公顷的高端休闲滨水空间基本形成。

美丽县城品质提升，深入推进五大提升行动，完成投资828亿元。宁海首条地下商业街正式营业，慈溪国家园林城市成功创建，余姚高铁新城、象山大目湾新城等功能提升项目持续推进。

小城镇环境综合整治，启动整治项目1805个，完工1158个，完成投资167.13亿元。整治乱停车等各类乱象问题1.4万余个，新建改造农贸市场69个，改造破损道路414条总长360公里，新增停车位近2万个。全省小城镇整治现场会在宁波召开，首创的智慧停车APP系统和"线乱拉"治理模式得到省里充分肯定。江北慈城镇、宁海西店镇和余姚梁弄镇成功入选第二批全国特色小镇。

农村"三居"专项行动，探索建立农村建筑工匠保险制度，首批惠及176名农村工匠。江北裘市村等三个试点项目率先运用装配式建筑模式建造，农村建造方式变革迈出坚实步伐。新增11个省级美丽宜居示范村，镇海光明村、奉化青云村和余姚天华村获评国家级美丽宜居示范村。

【城市基础设施建设】着力畅通城市交通路网。紧扣"打造基本畅通省（市）"总体目标，扎实提升治堵科学化水平，新增公交专用道10千米、主城区停车位2.4万个，改造老小区停车位1680个；世纪大道一期高架主线通车，机场路南延南段、北外环机场限高段开工建设，北外环东段、环城南路东段、中兴大桥、三官堂大桥等一批重点项目扎实推进，治堵成效及城市交通总体满意度持续保持在80%以上。

大力推进海绵城市建设。宁波市江北试点区域已建和在建项目达93个，占试点区面积73.4%，完成投资8.4亿元。

全力实施综合管廊工程。制定地下空间开发利用管理实施细则，研究探索综合管廊有偿使用收费政策，开工建设综合管廊项目10.1公里。通途路（世纪大道－东外环）综合管廊工程前期工作有序推进，杭州湾新区滨海六路工程成为全省首个获得PSL资金支持的综合管廊项目。建成340公里城镇污水配套管网，农村生活污水治理设施运维移交1480个行政村，建成投用10个运维信息化平台，均超额完成省定目标任务。

【安居惠民工程】实施住房保障城乡一体化、整体配租、市场化出租等一系列措施，持续加大保障性房源去化力度。全年交付使用保障性安居住房（含货币化安置）31461套，新增分配使用政府投资公共租赁住房7225套，累计保障中低收入住房困难家庭12万余户，城镇中等收入以下住房困难家庭基本实现应保尽保。

棚改工作三年目标任务全面完成。累计获得授信1673.67亿元，截至12月底，全市完成棚改投资308.37亿元，完成棚改面积（征收签约生效）336.17万平方米、3.4万户，其中危旧房完成155.59万平方米，城中村完成征收签约180.58万平方米，货币化安置及新开工安置房36434户（套），宁海县开创了县域地方国企以持有安置房资产进行证券化融资的新模式。

危旧房治理工作，于5月份提前完成城镇危旧房屋三年治理改造任务，共治理改造2126幢、303.3万平方米；于8月份提前完成省定农村C级危房112户、D级危房1663户的年度治理任务。

【行业发展争先创优】房地产市场管理成效显著。适时出台适度政策，多措并举调控房价，实现房价基本稳定与房地产业发展再创新高的"双丰收"。创新"互联网+房管"模式，上线运行覆盖全大市的房产监管服务平台，交易办理全面提速。坚持专项整治与制度完善相结合，出台一批房地产管理制度，查处一批违法违规房地产企业，保持了房地产市场平稳健康发展态势。全年预计完成房地产投资1360亿元，同比增长7%以上；销售商品房1538万平方米，同比增长15%以上。全市共发放住房公积金贷款204.84亿元，同比增长33.7%；净增缴存职工87723人，完成年度指标的175.45%。

建筑强市地位持续巩固。预计全年建筑业完成总产值4600亿元，同比增长9%左右，5家企业晋升建筑业特级资质（总数12家），新开工装配式建筑面积529.77万平方米，宁波市被评为省建筑工业化创新试点地区，并成功入选全国首批装配式建筑示范城市、全国公共建筑能效提升重点城市，4家企业被认定为国家装配式建筑产业基地。

质量安全监管稳步夯实。开展"迎接十九大、平安夺金鼎"专项行动，实现工程竣工验收合格率、规模以上工程安全文明标准化工地创建率两个100%，完成扬尘治理面积累计2121万平方米，133个工程获国家、省、市标化工地，232个工程获国家、省、市质量奖，其中鲁班奖1个、国家优质工程奖5个，江北区建筑工程"污水零直排"专项整治成效显著。预拌砂浆应用、混凝土企业清洁化生产改造取得突破性进展，房屋建筑工程安全实现"一防一制三下降"，全年未发生重大质量安全事故。

物业管理能力有效强化。制定出台"阳光物业"工作指导意见、住宅小区星级物业服务导则，建立物业服务行业和项目负责人信用体系，努力营造公平有序的物业服务市场环境。研究出台既有多层住宅加装电梯实施意见，全市首部电梯加装工程在鄞州孔雀小区开工建设，宁波市成功入选全国老旧小区改造试点城市。

基础设施建设

【概况】2017年度，宁波市住房和城乡建设委员会牵头的27个重大城建项目纳入宁波市投资项目综合管理平台系统，其中19个项目列入2017年重点工程建设计划，8个项目列入2017年重大项目前期计划。

【重点工程建设进展】19个项目列入2017年重点工程建设计划，计划投资36.8亿元。扣除不列入考核的2个项目，并综合考虑环城北路、姚江新区综合管廊建设调整等因素，17个项目2017年重点工程建设投资33.5亿元，截至11月已累计完成投资28.3亿元，完成率为102％。

快速路连网工程。宁波市世纪大道快速路（东苑立交－百丈东路），9月底完成高架建设并通车，12月份完成地面道路的沥青摊铺与附属设施工。福明路立交快速化改造，北侧、南侧匝道已建成通车，10月底地面道路工程建成投用；环城南路西延启动段（机场路－薛家南路）完成部分桩基、承台、立柱、主线高架桥箱梁和匝道箱梁等，环城南路西延（薛家南路－高桥环镇北路）完成施工监理招标，年内具备开工条件，环城南路西延共完成年度投资3.2亿元；机场快速路南延工程（鄞州大道－奉化岳林东路），全面推进高架桩基工程施工和保通道路建设等。东钱湖快速路（云龙互通－邱隘立交）完成工可编制、设计招标和初步设计等；北环东路（世纪大道－东外环），继续推进项目高架桥的下部结构、上部结构建设，完成总工程量的15％。东外环路快速化改造（北外环－南外环），继续推进项目高架桥的下部结构、上部结构和道路整治建设，完成总工程量的25％。环城南路东段快速化改造（河清路－东外环路），继续推进项目高架桥的下部结构、上部结构建设，完成总工程量的30％。北外环机场限高段连通工程，9月份开工建设，完成用地政策处理、保通道路建设和部分桩基工程施工。广德湖路（环城南路－董山西路）匝道及地面辅道工程，继续推进项目建设，完成总工程量的30％。

组团连接通道工程。三官堂大桥及接线工程（江南路－中官西路），继续推进项目主桥工程、南接线工程和北接线工程建设，完成总工程量的55％。中兴大桥及接线工程（江南路－青云路），继续推进主桥下部结构、主桥上部结构、引桥下部结构和引桥上部结构建设，完成总工程量的40％。西洪大桥及接线（环镇北路－北环快速路），力争年内开工建设。宁镇路改造工程一期（常洪隧道－金河路）江北段，北侧道路建成通车，南侧道路在施工，完成总工程量的70％。环城北路改建工程（姚江大桥－常洪隧道），完成人民路以西段的施工、监理招标，开展人民路以西段的政策处理，力争年内开工建设。大庆北路（人民路－环城北路），拆迁工作进展顺利，工程施工招标在进展中，力争年内开工建设；城庄路北延（即康桥南路，北外环－宁慈公路），完成项目立项等前期工作。

区域内联网道路。中山西路（机场路－长兴路），部分路段双向通车，完成总工程量的80％；薛家路（中山西路－环城南路），完成拆迁委托启动拆迁、施工招标并争取开工；望童北路（中山西路－后孙学校北侧道路）基本建成；蓝天路西延（机场路－前塘河），具备开工建设条件；云飞路三期（康庄南路－长岛花园东侧路），10月份开工建设；洪发路（世行垃圾中转站配套道路），具备开工建设条件；福明路延伸段（江南路－曙光北路）进场开工；曙光北路（中兴北路－凌波路）主体贯通；桑田北路（曙光北路－甬江大道），施工图设计已完成；余隘安置房1#地块北侧路（惊驾名庭－徐戎路）建成投用；首南东路（金达南路－福庆路）开工建设；泰安西路（广德湖路－滨江路）开工建设。

"三江六岸"滨江休闲带工程。三江口公园江北侧和海曙时代广场恢复工程，年内基本建成；三江六岸槐树路周边区域整治，建成投用；滨江大道一期景观提升工程（中兴北路－常洪隧道），年内建成投用；滨江大道及景观二期工程（7815工厂地块改造），完成办公、研发用房购置协议签订。

主干道及街区整治工程。中山路综合整治工程，主街及后退空间施工全面完成，沿线160余幢建筑的夜景灯光提升基本完成，环城西路公园、太阳广场和阳光广场年内建成开放，西塘河公园继续推进建设；解放南路（长春路－解放桥）与大庆南路（解放桥－通途路）完成了道路综合整治，湖东路年内建成；江东北路整治（民安路—惊驾名庭），继续推进施工。

公共交通与管廊项目建设。潘火立交桥公交专用道完成立项；马园路停车场完成综合验收、投入使用；老年体育活动中心完成综合验收、投入使用；小球中心完成地下停车库主体施工；中医院北公交枢纽完成地下室主体；日新街、泽民人行天桥完成验收、投入使用；30多个片区停车完成综合整治。

【重大项目前期进展】2017年的重大城建项目前期工作，总体进展较为顺利。世纪大道快速路北延（永乐路—沙河互通）工程完成项目的开工许可批复、规划设计方案审批、概算批复、初步设计申报并完成施工图设计；完成土地预审、建设用地规划许可，城市用地批次报批、用地指标落实等工作。世纪大道南延（东苑立交—姜山北互通）工程开展高速公路"置换＋共用"、"置换"和"置换＋共建"等方案专题研讨与深化研究。环城南路西延（薛家南路—高桥环镇北路）工程完成了项目工可批复、初设评审、土地预审、建设用地规划许可、规划方案审批、施工图设计及施工监理招标，完成环境影响评价、地址灾害评估、水土保持方案等一系列技术前期审批工作。

住房保障和棚户区改造

【概况】2017年，宁波市全面完成浙江省政府下达的住房保障目标任务。全年实际开工棚户区改造安置住房（含货币化安置）32643套；基本建成棚户区改造安置住房（含货币化安置）39153套；已建成保障性安居工程46324套；交付使用保障性安居工程31690套；新增分配使用政府投资公共租赁住房7225套，累计分配使用率达到99.3%；新增发放低收入家庭租赁补贴1252户。

【制定政策促进保障性房源分配使用】8月1日，宁波市住建委、发改委、财政局、国土局、国资委《关于进一步加强公共租赁住房分配使用的指导意见》出台，提出推行在建项目预分配、提高房源配租频率、推进城乡一体化住房保障、降低准入门槛、整体配租、调整使用、市场化出租等一系列去化房源措施，指导各地多措并举加快公租房有效分配。

【优化住房保障流程缩短办结时限】根据浙江省相关部门要求，宁波市住建委会同市民政局和国土资源局制定下发《关于做好贯彻落实城镇住房保障"最多跑一次"改革意见的通知》，积极指导各区县（市）科学合理设置工作环节、时间节点，优化申请审核程序，尽快实现流程再优化、时限再缩短、职责再明确，做到住房保障申请30个工作日内（不需要进行经济状况审核）或40个工作日内（需要进行经济状况审核）的工作目标。

【年度住房保障工作先进单位】经综合考评，江北区政府、北仑区政府、奉化区政府、慈溪市政府、宁海县政府、宁波东钱湖旅游度假区管委会、市住建委、市国土局、市民政局被评为2017年度住房保障工作先进单位，由市政府予以通报表彰。

【棚户区改造全力推进】2017年，宁波市共完成棚改投资308.37亿元，危旧房实施改造232.99万平方米，完成签约155.59万平方米，城中村实施改造212.99万平方米，完成签约180.58万平方米。截至12月底，全市累计获得国开行授信1367.12亿元、放款807.26亿元；获得农发行贷款132.55亿元，放款53.87亿元；获得商业银行等其他融资渠道贷款174亿元，放款106亿元；获得各类棚改政策性资金48.27亿元。上述合计全市累计获得棚改资金额度1721.94亿元，实际到位1015.42亿元。

【完善住房保障协调联络机制】为健全住房保障工作联系网络，市住建委印发《关于加强全市住房保障协调联络工作的通知》，在全市建立畅通的信息传递渠道。

【和塘雅苑公租房小区创省优】2017年市级公租房小区"和塘雅苑"从规范物业管理、优化租赁服务、搭建平台提供亲民便民服务、积极探索小区自治管理模式等方面，多措并举探索优化保障性住房后续管理工作，于12月16日被浙江省住建厅评为省级物业管理示范小区，成为全省第一家被评为示范小区的公租房项目。

【房改工作稳步推进】全年共审批市本级老职工一次性住房补贴636人，金额约1273万元；审批新职工按月住房公积金补贴2423人，金额约4497万元；审批单位住房基金使用47笔，金额约689万元；审批单位直管公房出售151户；全年出具职工住房情况核查证明1256份。

【贯彻落实房地产调控政策】根据《宁波市人民政府办公厅关于保持和促进宁波市房地产市场平稳运行的通知》精神，印发《关于落实〈宁波市人民政府办公厅关于保持和促进宁波市房地产市场平稳运行的通知〉有关事项的说明》，明确自4月24日起，通过调整公积金贷款首付比例（商品房贷款最低首付比例由20%调整为30%，二手房贷款最低首付比例由30%调整为40%）、降低贷款额度（连续缴存满2年、首次申请住房公积金贷款购买家庭首套自住住房的职工，最高贷款额度由100万元/户调整为80万元/户,其他情况的职工最高贷款额度统一调整为60万元/户)等方式,发挥住房公积金在保持和促进房地产市场平稳运行方面的作用。8月1日,市住房公积金管委会印发《关于调整宁波市住房公积金最高贷款额度的通知》,明确首次申请住房公积金贷款购买家庭首套自住住房、连续缴存满2年的职工,最高贷款额度由80万元/户调整到60万元/户;其他情况的职工,最高贷款额度由60万元/户调整为40万元/户。

【开展住房公积金年度基数调整工作】6月12日,宁波市公积金管委办印发《关于调整宁波市市区2017年度住房公积金缴存基数的通知》和《关于做好2017年度住房公积金缴存基数调整工作的通知》,统一市区住房公积金缴存基数上限(33995元)、下限(1860元)和缴存比例为5%~12%,严格执行"限高保底"的缴存政策。

【住房公积金缴存、提取、贷款有关政策调整】为贯彻落实省政府"最多跑一次"改革部署要求,进一步加强住房公积金管理,提高服务水平,方便群众办事,宁波市住房公积金管委会分别于8月1日和11月29日出台了《关于调整宁波市住房公积金贷款有关政策的通知》和《关于调整宁波市住房公积金缴存有关政策的通知》《关于调整宁波市住房公积金提取有关政策的通知》,对公积金缴存、提取、贷款相关政策进行调整。

【住房公积金主要业务指标】2017年,全市住房公积金缴存、归集、提取、贷款各项业务快速发展,增值收益稳步提升。全市住房公积金归集额为204.84亿元,同比增长14.31%;全市住房公积金历年累计归集1396.66亿元,归集余额为458.13亿元。全市住房公积金提取额为163.99亿元,同比增长13.57%;全市住房公积金累计提取额为938.53亿元。全市发放住房公积金贷款160.03亿元,同比减少21.77%(其中,普通住房公积金贷款发放93.02亿元,公转商贴息贷款发放67.01亿元);全市住房公积金贷款累计发放1014.05亿元;贷款逾期率为0.02%。全市住房公积金增值收益为5.59亿元,历年累计增值56.84亿元。

建筑业

【概况】2017年,宁波市建筑业积极践行"创新、协调、绿色、开放、共享"五大发展理念,紧盯"建筑业总产值同比增长9%"目标,坚持以推进建筑业供给侧结构性改革为主线,大力推进装配式建筑、工程总承包、全过程工程咨询和建筑业信息化建设,不断完善建筑市场信用体系,优化市场环境,促进宁波市建筑业持续健康发展。2017年全市建筑业完成总产值4612亿元,同比增长9%,高于全省平均水平。建筑业产值规模位居全省第二位。

【积极推进建筑业转型升级】推进建筑业供给侧改革。贯彻落实《国务院办公厅关于促进建筑业持续健康发展的意见》和全国、全省建筑业工作会议精神,组织拟草《关于进一步促进建筑业改革与发展的实施意见》及配套措施,加大建筑业转型升级的政策引导和扶持力度,同时引导企业向交通、水利、城市轨道交通等重点投资领域转型,向基础设施领域、地下空间领域延伸,推进宁波市建筑业转型发展。

推进工程总承包发展。组织起草了关于推进宁波市房屋建筑和市政基础设施工程总承包发展的若干意见及配套措施,公布宁波市第二批50家工程总承包试点企业名单,推进工程总承包试点工作,重点在政府投资工程和公共建筑中大力推行工程总承包模式,强化示范引领作用。

加快推进全过程工程咨询服务。制定印发《宁波市推进全过程工程咨询试点工作实施方案》,公布43家全过程工程咨询试点企业名单,引导宁波市大型设计、监理、招标代理和造价咨询等企业向全过程工程咨询服务方向拓展,服务宁波市"大脚板走一线,小分队破难题"攻坚项目和其他工程项目建设。

推进建筑信息模型技术应用。联合市发改委、市科技局、市财政局、市水利局和市审管办制定出台《关于推进建筑信息模型技术应用的若干意见》,并在市重点工程项目中确定30个项目开展应用试点,带动全行业BIM技术应用。同时组织开展了两期BIM技术应用培训,全市各区县(市)住房城乡建设主管部门和市级相关部门、委机关相关处室和单位300余人参加培训,提升行业BIM应用能力,推进建筑业信息化建设,促进建筑业提质增效。

推进"走出去"发展。组织起草《关于加快推进建筑业"走出去"发展的若干意见》,研究建立"走出去"激励机制,加大"走出去"政策扶持力度;支持企业通过兼并收购、投资控股、与大型房产公司结成战略联盟等方式开拓省外市场。组织开展建筑行业"走出去"发展先进企业和个人评选活动,对2016年度83家"走出去"先进企业(其中建筑企业71家、监理企业7家、勘察设计企业5家)和51名先进个人进行通报表彰。

深化建筑业人才培养工程。修改完善关于进一步加强建筑业人才队伍建设的意见,构建人才培养体系。会同市委组织部组织开展宁波市建筑业精英人才队伍建设培训,打造一批具有战略眼光和创新意识的企业家群体和一支具备综合素质和实践能力的项目骨干队伍,提高企业核心决策者战略规划与掌控全局的分析和判断能力,为企业培养具有现代化经营水平的项目管理人才。组织开展建筑业人才培育经费补贴申报工作,对2016年188家企业培育引进的高级工程师、注册执业人员和研究生等高级人才给予经费补贴130多万元。

加快提升企业综合竞争力。鼓励企业通过特许经营、政府购买服务、股权合作等多种方式参与项目建设及运营,拓展PPP、BOT等新兴市场,实现投资、建设、运营一体化,从单一的施工承包商向投资商、工程总承包商、运维服务商等角色转变。指导服务建筑业企业上市,开展资本运作,拓宽融资渠道。联合市发改委、市财政局、市金融办和市审管办等部门制定出台了《关于鼓励建筑业类企业加快参与资本运作的意见》,鼓励企业挂牌上市,培育壮大宁波市建筑业上市企业群体,激励引导宁波市建筑业类优秀企业加快进入境内外资本市场,开展并购重组、直接融资等资本运作,进一步拓展业务、做强做大。

【进一步推进装配式建筑发展】 强化政策保障,协助市政府制定出台了《关于进一步加快装配式建筑发展的通知》,明确发展目标及重点工作,要求政府(国有)投资为主的项目100%实施装配式建筑,中心城区(绕城高速)以内新建项目100%实施装配式建筑,其他区域分阶段逐步推进。组织编制《宁波市绿色建筑专项规划(2016~2025年)》,科学划定装配式建筑、绿色建筑、住宅全装修重点实施区域,落实政策指标,形成送审稿,待上报市政府审批。指导和推动各区县(市)、管委会制定装配式建筑发展实施细则(目前江北区、鄞州区、奉化区、象山县、杭州湾新区、国家高新区已出台,海曙区、镇海区、北仑区、余姚市、宁海县、慈溪市、东钱湖旅游度假区等地已完成初稿)。

分解落实目标任务,制定2017年建筑工业化目标任务分解和考核标准,上报市政府下达给各区县(市)政府、管委会和市级有关部门,同时加强督查工作,组织召开区县(市)住房城乡建设部门协调会,及时了解项目进展情况,并每季度对建筑业和装配式建筑发展情况进行通报,督促进展缓慢地区加大力度,确保年度目标任务圆满完成。2017年,全市新开工装配式建筑项目(包括工业建筑和民用建筑)535万平方米,其中新开工装配式住宅和公共建筑(不含场馆)382万平方米,新开工装配式住宅336万平方米,分别完成目标任务的133.9%、127.3%、224.3%。同时成功列入首批全国装配式建筑示范城市。

健全技术标准,编制印发《宁波市装配式建筑施工图审图要点》和《宁波市装配式建筑预制率计算细则》等技术标准和农村装配式标准图集。健全装配式建筑配套计价体系,会同发改委造价处通过调研、座谈等形式,深入了解装配式建筑的构件生产、施工装配等各个环节的实际成本,研究制定合理的预制构件信息价,第一期于7月发布。联合高校及相关企业开展科技攻关,推动成立建筑工业化市级研究中心,加大关键技术研究力度。

加快企业能力提升,组织企业参加装配式建筑PKPM设计技术交流会、装配式混凝土结构工程监理培训等,提高企业参与装配式建筑建设的能力,并在鄞州区和余姚市组织召开装配式建筑项目现场会,推广装配式建筑先进技术。组织科研、设计、施工、生产等优秀企业申报国家级装配式建筑产业基地。

强化质量监管,开展在建装配式建筑项目质量调研,结合宁波市预制构件生产企业发展现状及其他先进城市经验,筹建装配式建筑混凝土预制构件质量监管平台,研究制定实施方案,加强预制构件生产企业及预制构件的质量管控。

营造良好发展氛围,在鄞州区和余姚市选取具有代表性的项目召开装配式建筑项目现场会。同时以第22届宁波国际住宅产品博览会为载体,设立装配式建筑构件与技术应用展示厅,展示宁波市装配式建筑发展历程及成果、装配式建筑施工工艺等,并利用VR技术向参观人员形象展示预制构件生产流程。

【进一步优化建筑市场环境】 加强建筑市场监管。制定印发《关于进一步规范建筑市场强化工程质量安全管理的若干意见》,进一步转变建筑市场监管理念,推进事中事后和动态监管,构建统一开放、竞争有序、诚信守法、监管有力的建筑市场体系和公平竞争的市场环境。同时按照《宁波市建筑工程施工现场项目管理人员配备管理办法》等文件要求,加大对建筑工程施工现场巡查、检查和督查力度,严肃查处违法发包、转包、违法分包、挂靠等违法违规行为,进一步规范建筑市场秩序。

切实减轻企业负担。印发《关于进一步优化建筑业发展环境减轻建筑业企业负担的通知》,进一步规范建设工程各类保证金、企业跨区域承揽工程等；同时加大建设工程综合保险的推广力度和覆盖面，实现全市各区县（市）险种全覆盖。截至12月底，全市共签出保险单6094单，累计为898家企业释放了48.82亿元的担保资金，为企业减负约2.3亿元；其中2017年1~12月签出保险单5615单，为886家企业释放了39.19亿元，是2016年全年的3倍多，有效盘活了企业沉淀资金，减轻建筑企业资金负担，提升工程建设风险防范水平，促进了建筑行业健康有序发展。

推进信用体系建设。进一步完善建筑市场运行机制，积极构建社会化和跨部门联动的行业信用体系；强化信用评价结果应用，推进企业信用等级与工程招投标、市场动态监管挂钩。推进建筑市场信用信息系统升级，并组织开展建筑业智慧监管系统建设，推进建筑市场信用信息公开与省市信用平台的互联互通，进一步营造公开、公平、公正的建筑市场环境。

推进企业服务管理。组织开展走进企业、走进矛盾、走出困境、主动服务（"三走一服务"）活动，积极解决企业面临的突出矛盾和问题，帮扶企业走出困境。组织开展建筑业企业特级资质晋升辅导培训，指导帮助有实力的企业晋升特级资质，提升企业综合竞争能力。2017年共有9家企业申报特级资质，6家获住房城乡建设部核准。

维护务工人员合法权益。健全完善建筑业工资支付保障制度，落实企业工资支付责任，加大对拖欠工资等违法违规行为的查处力度，维护务工人员合法权益。

房地产业

【概况】2017年，宁波市住建委按照国家、省、市关于房地产市场调控的决策部署，以"促进房地产市场平稳健康发展"为目标，落实"稳房价、去库存"和"完善制度、规范市场"两大任务，切实做好房地产市场监管各项工作。

【加强市场调控】2017年以来，受外围市场影响和居民购房需求释放，宁波市住房成交稳步回升，住房成交价格也出现上扬。为进一步贯彻落实国家有关房地产市场的调控政策，坚持"房子是用来住的，不是用来炒的"定位，市住建委先后牵头起草《关于保持和促进宁波市房地产市场平稳运行的通知》《关于保持和促进宁波市房地产市场平稳运行的补充通知》，经市政府同意后分别于4月24日和10月1日起予以实施。

调控政策出台后，积极会同市级相关部门及各区县（市）认真做好政策的贯彻落实，进一步加强房地产市场监管，房地产市场总体运行平稳。加强市场监测分析，及时掌握市场变化。按日关注每个区县（市）的成交量和成交均价的变化，定期对购房人群特别是非常住人群的购房比例实施监测，配合城调队对住宅价格指数开展监测评估。组织各地对年底前全市可预售商品住宅项目和存量土地开展了调查，摸清市场后续供应情况。建立全市房地产调控联席会议制度，加强部门间协调配合，形成工作合力。加强住宅价格管控。与市发改委联合下发《关于进一步规范商品住房销售价格行为的通知》，在全市范围建立住宅销售价格备案制度。合理调节楼盘网签节奏。指导各地通过调节楼盘开盘计划、网签进度、高价盘与低价盘有序穿插等方式，加强对楼盘网签节奏的管控，尽量确保不推高均价和指数。召开全市稳房价工作会议，建立对区县（市）稳房价工作考核制度，并赴部分区县（市）开展市场调研。

2017年，全市完成房地产开发投资1374.5亿元，同比增长8.2%；商品房销售1543.6万平方米，同比增长15.5%；二手房成交1521.9万平方米，同比增长11.8%。根据国家统计局公布的70个大中城市住宅价格指数，12月份宁波市市区新建商品住宅价格环比上涨0.3%，涨幅排名居第38位，同比上涨5.1%，涨幅排名居第47位。二手住宅价格环比上涨0.3%，涨幅排名居第26位，同比上涨6.7%，涨幅排名居第22位，住房价格整体稳定。

【规范市场秩序】根据住房城乡建设部和省建设厅的要求，下发房地产开发销售中介行为专项整治方案，要求各地组织企业自查和开展检查，严肃查处房地产开发企业和中介机构的违法违规行为，切实整顿市场秩序。会同市发改委、市场监督局对各地整治工作进行督查检查。按照"开盘一个检查一个"的思路，加大对新预售楼盘销售行为的检查力度。已有风澜熹园、中交君玺等项目因捂盘惜售、虚假宣传被约谈、停止网签或通报。此外，会同市发改委起草了关于加强商品房及其地下车位（库）租售管理的通知，进一步规范商品房销售行为，维护房地产市场秩序。

【提升基础工作】加快全市房产市场监管服务平台建设。平台的房地产经纪机构备案子系统、存量房网签子系统已成功上线。截至11月6日，已有约931家经纪机构、3131名经纪人员获得平台网签权限、累计挂牌22176套、累计成交15884套。健全完善房产管理制度。结合平台建设，按照"1＋X"模式，出台了房地产经纪管理的实施意见、商品房和存量房交易合同网签及备案办法、房地产交易操作规程等政策和规定。加强房地产经纪人员培训。会同市房协先后30次对全市6000余名房地产经纪人员进行业务培训，对参加培训并经考试合格的人员发放宁波市房地产中介从业人员服务卡，提高了经纪人员素质和服务水平。推动房地产估价市场管理。建立房地产估价及人员库和专家库，积极做好估价机构备案工作。全年共备案房地产估价机构6家，备案延续7家、备案变更2家，新设立分支机构3家，注销1家。加强房屋租赁管理，出台房屋租赁合同备案管理办法，规范租赁合同备案。

【项目管理】做好遗留房地产开发项目的各项管理工作，维护正常的房地产开发经营秩序。2017年完成地块建设条件论证7幅，完成初步设计会审项目9个，完成竣工交付前联合检查项目12个，核准商品房预售项目9个，完成商品房现售备案项目10个。做好开发企业资质管理工作。全年共对205家房地产开发企业进行了资质年检，其中：193家保留原资质等级，12家因主动提出资质注销申请或未上报资质重新核准材料注销房地产开发资质。新申报核准房地产开发企业41家，完成8家企业申报一、二级资质的初审工作并上报省厅。根据省厅要求指导全市各地住建局做好省厅房地产开发经营管理系统相关信息录入工作。继续做好全市房地产开发项目停工（或烂尾）楼盘排查，指导各地加强对停工（或烂尾）楼盘的处置。截至10月底，全市停工或烂尾楼盘共计20个，比上年底减少了4个。

【推进住宅全装修】为进一步提高住宅品质性能，发展绿色建筑，牵头起草了推进新建住宅全装修的政策。初稿形成后多次组织召开座谈会，听取区县（市）住房城乡建设部门、房地产开发企业、装修装饰企业的意见建议，并书面征求市级相关部门、各区县（市）住建局意见。6月，陪同市人大城建环资工委进行了实地调研并做了专题汇报。7月市人大常委会主任会议听取了情况汇报。政策方案已基本形成，并向市政府分管领导进行了汇报。

大事记

1月1日，宁波市中山路按计划实现全线贯通，圆满实现"保畅通"的建设目标。

1月5日，市住建委主任郑世海、总工沈浩一行在鄞州区督查建筑工程领域岁末年初安全生产工作及民工工资发放落实情况。

1月6日，市住建委主任郑世海、副主任夏海明一行6人赴梁弄镇横路村走访调研农指工作。

1月13日，宁波市举行工作推进会，全面部署"线乱拉"综合治理行动。

1月16日，郑世海参加全国棚改工作电视电话会议。

1月22日，郑世海参加全省审计电视电话会议。

2月8日，市住建委召开全市住房和城乡建设工作会议。

2月9日，宁波市夜景灯光的主题化设计运行在三江六岸灯光秀中成功尝试。

2月10日，郑世海一行赴北仑区实地调研农村危旧房排查治理和小城镇环境综合整治工作。

2月13日，郑世海参加全市剿灭劣五类水体暨污水零直排区建设工作会议。

2月16日，市住建委召开党风廉政建设工作会议。

2月22日，市住建委召开2017年度宁波市建筑工程质量安全工作会议，市住建委主任郑世海出席会议并作重要讲话，市住建委总工沈浩主持会议。

3月8日，慈溪市召开小城镇环境综合整治规划方案评审会。

3月10日，市住建委召开全市住房保障工作座谈会。

3月23日，2017年宁波市房改和住房公积金工作座谈会在市住建委召开。

3月27日，郑世海参加全市安全生产工作会议。

3月29日，浙江省政协调研组一行赴慈溪市周巷、天元等镇（集镇）实地开展"小城镇环境综合整治行动情况"专项民主监督调研。

4月6日，宁波市召开小城镇环境综合整治暨治危拆违工作推进会。

4月20日，宁波市住建委、发改委及市场监管局联合发布《关于开展房地产开发销售中介行为专项整治工作的通知》。

4月23日，宁波市政府办公厅下发《保持和促进房地产市场平稳运行的通知》。同日，市住建委、市国土资源局、市地税局、市人社局联合下发《关于落实住房限购政策有关事项的通知》。根据两份通知，宁波从4月24日起正式施行住房限购、限贷政策，并同步调整公积金贷款政策。

4月24日，市住建委主任、书记郑世海因年龄原因退二线，改任市委督查专员；东部新城总指挥、市住建委副主任（兼）陈寿旦任宁波市住建委主任、书记。

4月26日，市政府常务会议审议通过《宁波市城市房屋建筑幕墙安全管理办法》，并于7月1日起施行。

4月28日，中央财政支持地下综合管廊、海绵城市建设试点工作现场会在成都召开。宁波作为全国第二批海绵城市建设试点城市的惟一代表，在大会上作典型经验交流。

5月2日，"宁波房产市场监管服务平台"正式上线试运行。

5月16日，随着世纪大道快速路一期工程上跨铁路段最后一片小箱梁顺利架设完成，整个世纪大道快速路一期工程主体结构全线贯通。

同日，市住建委主任陈寿旦在住建大厦18楼会议室听取宁波市海绵城市建设、地下综合管廊建设、城乡品质提升等相关工作汇报。

5月17日，宁波市副市长褚银良到市住建委，听取基础设施PPP项目推进情况汇报以及市住建委近期主要工作和"大脚板走一线、小分队破难题"攻坚行动的工作情况汇报。

5月18日，宁波市委常委、市纪委书记陈章永带队到市住建委，听取市住建委关于环城南路西延工程推进的情况汇报，并实地视察环城南路西延工程现场。

5月23日，市住建委主任陈寿旦带队对机场物流园区管委会安全生产文明施工工作进行督查。

5月24日，浙江省住建厅发布新版《浙江省住宅设计标准》，12月1日起强制执行，宁波同步实施，新标准对4层及以上住宅强制安装电梯、阳台设置废水管等作了要求。

6月6日，宁波市政协主席杨戌标与宁波市副市长褚银良一行调研城市主干道提升工程，实地考察了国际金融中心中央商务区景观提升工程、大庆南路综合整治及周边情况。

6月14日，宁波"阳光征收"模式向全国中西部地区推广。在2017年全国中西部地区住房保障政策第一期培训班上，宁波市征管办副主任陈鸿波从宁波棚改的基本情况、房屋征收的基本概念、"阳光征收"促棚改经验、"阳光征收"面临的困难、配合做好棚改征收的建议五个方面深度剖析了实行"阳光征收"的可行性、必要性、迫切性。

6月16日，28个市本级网点承诺住房公积金贷款业务"最多跑一次"，方便缴存职工申请住房公积金贷款。

6月19日，宁波市住建委会同市发改委、市科技局、市财政局、市水利局、市审管办等部门组织起草并印发《关于推进建筑信息模型技术应用的若干意见》，自7月1日起施行。

6月24日，宁波市委副书记、市长裘东耀到市住建委调研。

7月11日，宁波市副市长卞吉安赴镇海区蛟川街道迎周村和九龙湖镇汶溪村就农村"三居"专项行动实地考察。

7月22日，《人民日报》在7月22日第10版刊发《让丰雨城市别再喊渴》《绿色家园·"海绵城市"怎么建系列报道之三》，向全国推介宁波海绵城市建设的实践经验。

7月24日，《宁波市建（构）筑物立体绿化实施导则（试行）》正式出台，从9月1日起实施。宁波市新建公共建筑、工业建筑，新建高架道路及天桥等建（构）筑物，都将按照要求配置立体绿化。

7月26日，《宁波市存量房屋转让合同网签及备案管理办法（试行）》发布。

7月27日，第二批中国特色小镇名单公示。浙江省共有15个小镇入选，其中宁波的江北慈城镇、宁海西店镇和余姚梁弄镇三个小镇入选。

7月28日，宁波市副市长褚银良一行慰问奋战在高温下的环卫、公交、地铁、建筑、拆迁行业一线的工人，并在公交国际会展中心站与十九大党代表陈霞娜进行了亲切交流。

8月1日，宁波市住建委发布《关于进一步优化建筑业发展环境减轻建筑企业负担的通知》。

8月3日，央视《新闻联播》头条大赞宁波海绵城市建设经验。

8月5日，宁波市住建委召开半年度住房城乡建设工作会议。

8月9日，由宁波市政前期办等单位建设管理的18项工程获评浙江省建设工程"钱江杯"奖。

8月10日，"大脚板"项目市民慰问团首发三官堂大桥，一行20人前往慰问三官堂大桥及接线工程项目的一线工人，并听取项目整体情况介绍。

8月16、17日，宁波市政协举行十五届一次会议全会提案主席会议成员集体视察暨"城市主干道综合整治工程"协调推进会。

8月18日，市住建委以"资料最简、速度最快、服务最优"为审批目标，创新审批服务举措，推进基本建设项目"最多跑一次"改革，取得扎实成效。审批流程改革惠及900多个基建项目。

8月21日，由宁波治堵办牵头，城管市政部门负责摸排的中心城区非机动车停车点位。

8月22日，慈城——姚江片区引进国外先进理念并融合传统城市范式，率先建成2.84平方公里的海绵城市示范区。

8月23日，宁波新建商品住房成交最高价、最低价即日起实时公布。

8月28日，第二批全国特色小镇名单公布，浙江15个小镇入选，其中宁波江北慈城镇、宁海西店镇和余姚梁弄镇三个小镇进入名单。

8月31日，宁波市住建委、市发改委、市财政局等7部门联合发布《关于贯彻落实"最多跑一次"改革决策部署全面推进施工图联合审查的实施意见》。

9月6日，2017年改善农村人居环境示范村名单公布，宁波奉化区萧王庙街道青云村入选。

9月7日，市住建委主任陈寿旦组织召开争创全国文明城市"五连冠"动员部署会。

9月12日，陈寿旦一行督查宁波中心城区建筑工地文明创建工作。

9月15日，施工图联合审查正式启动实施，实施当天受理施工图审查项目4个，20个施工图审查项目完成网上初登记，并通过系统智能方式选定了图审机构。按照规定，5月1日以后新立项的建设项目的施工图审查费由政府承担，减轻企业负担。

9月20日，"宁波治堵"微信公众号上线，为市民提供宁波市关于交通拥堵治理的各类要闻、通知、公告，同时接收市民治堵建言。

9月21日，"宁波小城镇环境综合整治年中考核验收点评会"在宁海胡陈乡召开。

9月22日，象山大目湾新城建成海绵城市区域2.4平方公里，完成投资1.49亿元。

9月26日，市住建委开展物业清理、物业清洁、物业清点、物业清障和物业修补的"四清一修"行动。

9月28日，中山路建筑景观照明提升工程步入收官阶段。

9月29日，世纪大道快速路一期工程正式竣工验收通车。

9月30日，市住建委主任陈寿旦率相关职能处室及单位负责人一行，对奥体中心施工情况、姚江花园海绵化综合整治情况及丹顶鹤小区进行节前安全生产现场检查。

10月11日，省委副书记、市委书记唐一军和市政协主席杨戌标专题调研城市主干道综合整治工作。

10月27日，第22届中国宁波国际住宅产品博览会在宁波国际会展中心隆重开幕。

同日，由宁波市人民政府、住房和城乡建设部主办、市住建委承办的2017中国宁波房地产高峰论坛举行。

10月30日，宁波市住建委召开全市住房城乡建设工作座谈会。

11月1日，全省小城镇环境综合整治行动现场会在宁波举行。

11月3日，宁波市建筑业精英人才队伍培育工程启动。

11月6日，宁波首推农村建筑工匠保险。由市财政出资购买，为全市首批176名农村工匠投保农村建筑工匠责任险，每人最高可获赔60万元。

11月8日，全国住建系统先进集体、先进工作者、劳动模范拟表彰对象名单公示，宁波市住房保障管理中心荣获先进集体表彰。

11月9日，住房城乡建设部办公厅印发《住房城乡建设办公厅关于认定第一批装配式建筑示范城市和产业基地的函》，认定宁波等30个城市为第一批装配式建筑示范城市。

同日，作为宁波市首个老小区加装电梯工程，鄞州孔雀小区电梯加装奠基仪式举行。

11月13日，市住建委主任陈寿旦主持召开全市小城镇整治办主任会议，决定在全市开展小城镇环境综合整治集中会战攻坚行动。

11月17日，陈寿旦组织召开"最多跑一次"改革工作进展情况专题会议。

11月28日，副市长褚银良一行对鄞州区中建三局一公司承建的宁波国华金融大厦项目进行安全生产工作督查，市住建委主任陈寿旦等领导陪同检查。

11月30日，市住建委主任陈寿旦、副主任吴耀明一行赴鄞州区调研住建系统各项工作开展情况。

12月8日，市住建委主任陈寿旦、副主任张国平一行到余姚、慈溪调研住房和城乡建设工作。

12月14日，市住建委主任陈寿旦、副主任夏海明一行到奉化调研住房和城乡建设工作。

12月18~19日，浙江省建设厅党组书记、厅长项永丹一行到宁波调研城乡规划、城中村改造、城乡危旧房治理、小城镇环境综合整治和垃圾处理等工作。

12月20日，市住建委主任陈寿旦赴北京出席宁波（北京）投资合作洽谈会。

12月29日，陈寿旦参加全市城建联席会议。

（宁波市住房和城乡建设委员会）

厦 门 市

概况

2017年，厦门市建设局在中共厦门市委、市政府的坚强领导下，在福建省住房城乡建设厅的指导下，深入贯彻学习党的十九大精神，认真落实厦门市委十二届五次、六次全会及厦门市经济工作会议等要求，围绕"专项工作、行业管理、自身建设"等方面，出实招、务实效，按时、高质、超额完成相关经济指标和任务，局机关实现全国文明单位"三连冠"，成为全省建设系统唯一获此殊荣的单位。

积极响应"文明创建再提升、灾后重建再发力"号召，将金砖国家领导人第九次会晤服务保障工作与"莫兰蒂"台风灾后恢复重建、深化全国文明城市创建等有机结合起来，积极做好城市补短板工作，高质量、高标准地完成了城市景观整治提升项目，改善了人居环境，提升了城市的美誉度，增强了群众的获得感和幸福感。局系统中28个单位128人次因厦门会晤服务保障工作突出受到省、市表彰。

2017年，厦门市302个市重点项目计划投资1126.2亿元，实际完成投资1466.5亿元，超340.3亿元，完成年度计划130.2％。

全市建筑业企业完成总产值1852.6亿元，同比增长27.2％，增幅排名全省第一，产值总量排名全省第二。

全市房地产开发投资879.9亿元，同比增长14.9％，完成年度计划103.5％。

全市保障性安居工程开工及在建4.12万套，基本建成5400套，在建总量接近前十年建成总和，累计完成投资64.66亿元，完成年度投资计划的118％。

全市实际投用路外泊位10470个，完成投资12.07亿元，完成年度投资计划的197％。

全市开展52个美丽乡村建设，建成144个自然村分散式污水处理项目，持续开展农村生活垃圾治理3年专项行动，市区投入专项资金5.3亿元。

全市成功改造老旧小区75个，三年累计改造152个，累计投资2.28亿元，居民满意率达95％以上。

全市八大提升项目526个，完成投资104.9亿，完成计划的123.12％。（张婷婷　李小平）

政策法规

【**概况**】2017年，厦门市建设局全面推进法治政府建设工作，政府职能依法全面履行，依法行政制度体系基本完备，行政权力规范透明运行，依法行政能力得到进一步提高。

【**立法工作**】2017年，厦门市建设局完成四个立法项目申报工作。规章正式项目《厦门市城乡建设档案管理办法》的立法工作。该办法已经11月13日厦门市人民政府第23次常务会议通过，自2018年1月1日起施行。

法规备选项目《厦门经济特区建筑条例（修订）》的立法调研工作，在立法后评估的基础上，研究具体法律对策，着手修改《建筑条例》，并形成该课题调研报告经专家评审，于11月报厦门市法制局。

规章调研项目《厦门市装配式建筑管理办法》立法调研工作，在对厦门市装配式建筑管理实践中存在问题进行分析基础上，提出解决对策，广泛征求社会各界立法建议，完成了该立法课题的调研报告经专家评审，于11月报厦门市法制局。

完成《厦门市专项维修资金管理办法》的立法调研工作，完成该立法课题的调研报告和草案并经专家评审后，于11月报厦门市法制局。

【**规范性文件合法性审查和清理**】2017年，厦门市建设局前置审查《厦门市建设局关于优化调整房屋建筑和市政基础设施工程防雷许可工作的通知》等21份局规范性文件的内部审查和报审工作，清理局规范性文件90件，保留68件，废止22件。对厦门市建设局为责任单位和相关单位的23份市政府规范性文件进行清理，提出废止5件的意见。承办60件次法律、法规、规章及相关文件的征求意见反馈工作。

【**行政诉讼、复议和执法监督**】2017年，厦门市建设局办理行政诉讼案件65起、行政复议案件1起、民事诉讼案件127项。65起诉中64件，一审驳回原告起诉或维持厦门市建设局的具体行政行为；1起复议案件，维持厦门市建设局的具体行政行为。编制《建设与管理政策法规汇编》《厦门市建设局为主实施市政府规范性文件汇编（截至2017年10月17日）》《厦门市建设局规范性文件汇编（截至2017年10月1日）》。

【依申请信息公开合法性审查】厦门市建设局从诉讼案件及时发现问题，对依申请信息公开制度中存在的缺漏进行反思改正，在全市率先建立信息公开合法性审查制度予以规范，由法制机构统一对信息公开申请进行指导和合法性审查。

【规范行政权力运行】2017年，厦门市建设局完成权力清单和责任清单融合，采取"一个源头"管理模式，对权责清单事项和办事指南实行电子化管理。清理规范中介服务事项，规范行业中介服务办法指南及服务合同，加强信用管理，规范中介服务收费行为，严格执行中介机构服务承诺制、执业公示制、一次性告知制。严格监管执法，综合运用约谈、告诫、通报批评、违规记分、不良行为记录、增加监督检查频率、责令停工、行政处罚等处理措施，加大查处力度，规范行业治理秩序。

【法制宣传教育培训】2017年，厦门市建设局开展普法宣讲、培训37场次，发放宣传材料25150份，编印建设法律法规宣传手册2000余册，受众80多万人次，并充分运用门户网站、微信公众号等联网传播平台，以群众法治需求为导向推送法治内容，及时解答群众关切的法律问题。局内两位同志受聘为厦门市"七五"普法讲师团成员。

【建立完善法律顾问制度】2017年，制定《厦门市建设局兼职政府法律顾问和法律专家库成员工作规程》。经公开选聘和评审，聘请4名同志担任政府法律顾问，聘请12名同志为第一届法律专家库成员。截至2017年，与法律服务和具体政策业务的咨询和论证30余人次。（撰稿：孙宇航 李励。核稿：吴美娜）

房地产开发与物业管理

【概况】2017年，厦门市房地产开发完成总投资879.86亿元，同比增长14.89%。全市商品房新开工面积605.41万平方米，同比增长10.38%；商品房竣工面积426.36万平方米，同比增长-5.99%；商品房施工面积4287.70万平方米，同比增长-0.57%。截至年底，厦门市物业服务企业共463家，实施物业管理小区2437个，物业管理总建筑面积1.9亿平方米。

【房产地企业资质检查】2017年，厦门市建设局开展全市252家应检房地产开发企业的资质检查工作。其中，一级资质企业11家，二级资质企业37家，三级资质企业26家，四级资质企业177家，暂定二级资质企业1家。

【房地产开发项目推动】2017年，厦门市建设局主动对接服务企业，协调开工手续办理，跟踪在建项目，推动项目投资，重点梳理项目资金利息、税费及安置房的征拆费和过渡费的入统，做到应统尽统，并在全市范围内复制推广对二级及二级以下房地产开发企业资质核准事项试行告知承诺制。

【房地产开发企业"双随机"检查】4月、9月，厦门市建设局分别开展2次房地产开发企业"双随机"抽查，检查60家房地产开发企业。其中，47家企业检查合格，13家企业在期限内完成整改。

【物业行业管理】2017年，厦门市建设局开展2016年度物业企业信用评价，8家企业评定为AAA级，43家评定为AA级。多形式督促全市物业服务企业配合开展群防群治、火灾、电梯及危险化学品隐患排查、除四害消杀等工作，做好厦门会晤期间物业管理区域各项安全保障。出台《2017年厦门市物业管理区域垃圾分类管理工作方案》，进一步明确物业服务企业工作范围和内容，提出加强宣教、政府购买服务等措施，督促物业企业配合开展生活垃圾分类。根据国务院《关于第三批取消中央指定地方实施行政许可事项的决定》，自2月21日起，厦门市建设局停止受理物业服务企业二级及以下资质认定申请，并通过信用综合评价加强事中事后监管，进一步规范和简化物业服务合同备案工作。12月，厦门市物业管理信息系统通过终验，具备物业企业和项目信息登记、项目合同备案、企业综合信用评价等功能。

【老旧小区改造】厦门市自2015年开展试点，2016年全面铺开老旧小区改造工作，至2017年12月，全市累计完成162个老旧小区改造，涉及建筑面积约134.1万平方米，房屋608栋，惠及20501户居民。改造后的老旧小区基础设施基本完善、建筑本体得以修缮、景观环境明显改观、自治管理步入正轨，居民满意度显著提升。12月1日，住房和城乡建设部在厦门市召开老旧小区改造工作座谈会，推介厦门实践模式。（熊永荣、郭晓敏、吴育平、王琳、陈冰池 核稿：蔡加和）

保障性安居工程

【概况】2017年，厦门市新开工及在建保障性住房4.12万套，4个保障房地铁社区项目全面动工建设。洋唐居住区保障性安居工程A09、B05项目获得"鲁班奖"、中国安装工程优质奖；洋唐居住区保障性安居工程B13项目、滨海公寓项目获得"闽江杯"省优质工程奖；高林居住区A1-3地块第Ⅳ标段获得厦门市建设工程鼓浪杯金奖；高林居住区1-16号楼A1-1地块商业中心工程获得厦门市结构优质工程称号。

2017年，厦门市启动3个批次保障性租赁房申请，累计受理3026户，1个批次保障性商品房申请，受理1734户；完成保障性住房审核、公示5056户；完成2016年度的4个批次保障性租赁房选房，累计选房4983户；完成办理保障性租赁房交房入住2334户、入住后退房250户、入住前撤销资格退房121户；办理租赁房申请家庭信息变更（家庭人口、住房、资产情况变动）182户、租金补助调整办理244户；开具合同顺延证明30户；办理因维修停租108户。

【项目建设】2017年，福建省住房和城乡建设厅下达厦门市城市棚户区住房改造开工任务4634套，公共租赁住房基本建成任务2426套。截至12月，全市城市棚户区住房改造开工4654套，公共租赁住房基本建成2426套，圆满完成年度任务。2017年，开工建设4个地铁社区一期项目，分别为：新店保障房地铁社区一期工程、祥平保障房地铁社区一期工程、马銮湾保障房地铁社区一期工程及轨道交通1号线岩内综合维修基地上盖保障性住房项目，共1.42万套，成为全市保障性住房建设一大亮点。

【重启保障性商品房分配】2月23日，厦门市印发《厦门市社会保障性商品房管理办法》。3月30日，启动保障性商品房2017年第一批配售工作，安排2002套二房型房源，每套建筑面积均为60平方米左右。4月14日，厦门市住房保障办、厦门市住房保障管理中心组织公开摇号，产生2002户纳入受理范围的申请家庭，本次摇号程序软件源代码经司法鉴定，从专业角度避免软件遭受黑客攻击的可能，确保摇号系统和摇号环境公平性。经多级审核公示后，1734户取得轮候分配资格。12月26日，市住房保障管理中心启动该批次选房分配工作。

2017年，厦门市研究制订保障性商品房配套文件《厦门市保障性商品房销售价格测算办法的通知》《进一步完善保障性住房管理工作的说明》《保障性住房上市交易指导价评定工作规程》，确定并公布10个小区保障性住房的上市交易指导价。

【销售类保障房产权办理】2017年，厦门市住房保障办、住房保障管理中心启动高林居住区、滨水小区（1-5号地块）、湖边花园B区、源泉山庄A地块等项目分配销售类保障房产权办理，至2017年底累计受理2948件、出件2124件。受理上市交易、转商品房、指导价收购14件，办结11件。

【保障性租赁房申请标准调整】10月13日，厦门市公布申请社会保障性租赁房和公共租赁住房涉及的本市户籍家庭住房困难标准住房保障面积标准和家庭收入（资产）标准。其中，本市户籍家庭住房困难标准为人均住房建筑面积不高于12平方米，较2015年公布的标准没有发生变化；家庭收入（资产）有所放宽，具体调整为：2~3人户，家庭年收入不高于10万元，家庭资产不高于40万元；4人及以上户，家庭年收入不高于13万元，家庭资产不高于52万元；1人户家庭收入（资产）标准没有调整。此次标准调整还增加了申请市级公共租赁住房的本市户籍家庭收入标准，具体为：1人户，家庭年收入不高于8万元；2~3人户，家庭年收入不高于20万元；4人及以上户，家庭年收入不高于25万元。

【公共租赁住房分配】2017年，厦门市开展17个批次市级公共租赁住房和两个批次专家周转房的申请分配工作，配租1801套5249床，其中交房入住1290套3783床。（撰稿：吴雪琳、张雪琳、黄基础、蔡晓健、李慧敏。核稿：吴育农、林贻育、白晓东、钟兴弘）

城市建设

【概况】2017年，厦门市围绕"城市双修"和"文明创建再提升，灾后重建再发力"工作要求，开展灾后重建、市容提升与环境整治等工作，完成以"三线四片""四桥一隧"周边、机场航线下等重要区域的立面综合整治提升，以"一线三片四带"和"四桥一隧"为重点片区的夜景照明提升改造、在建工程景观整治等工作。同时，持续开展重点项目建设、代建管理与城乡基础设施建设协调等工作。

【道路立面综合整治】2017年，厦门市建设局开展第一轮街区建筑立面整治提升，分27个市级标段，整治提升58条主次干道、5783栋建筑立面、2059栋坡屋顶，整治面积975万平方米，拆除或整改硅窗5629个，整治店招6414块、约4.5万平方米，缆化或规整管线124.8千米。

完成方案策划。形成《街区立面整治提升策划方案》《街区立面整治提升策划汇报》，为后续深化设计奠定基础。

制定"一标准二导则"。完成《厦门市街区立面整治及提升标准》《厦门市街区立面整治导则》《厦门市街区建筑立面提升设计导则》。"一标准二导则"综合考虑既有建筑外立面景观要素，明晰了整治及提升的工作内容，根据项目的重要性、目标要求、工作力度，按层级、等级、强度科学细分并归类，具有较强的系统性、综合性、指导性，适合各类别、各层级的相关人员应用。

制定政策措施。制定《关于城市景观提升整治的工作方案》《厦门市街区立面综合整治提升实施方案》《厦门市提升城市建设相关工程项目参建单位选择办法》。会同发改、财政等部门制定《关于街区立面综合整治工程投资控制指导性指标的通知》《关于街区立面综合整治工程投资控制指导性指标的补充通知》《关于2017年春节期间市容提升与环境整治工程施工增加费用记取相关规定的通知》。

合力推动整治工作。建立各层级、各类别的实施协调推动机制，建立每周例会制度和不定期会议制度，及时协调解决推动工作中的问题。

严控质量安全。制定下发《加强2017年度街区立面综合整治提升工程质量安全管理的指导意见》《景观综合改造工程沿街外脚手架防护搭设图集》。联合环保部门出台《关于在市容提升工程中限制使用高挥发性涂料的通知》，提倡使用不含有机溶剂的水性涂料。倡导推广软磁、仿石漆、真石漆等性价比高的材料，保障提升效果。

开展评比表彰。对17个项目34家单位进行通报表扬，并记入建筑企业信用评价系统，鼓励企业总结形成可学习、可复制、可推广的经验做法，鼓励企业争创精品。

【夜景照明提升工程】2017年，厦门市建设局根据"市级统筹、区级实施"机制，按照"六个统一"（统一方案引领、统一建设标准、统一专业队伍、统一灯具质量标准、统一安全质量监管、统一亮灯控制）模式，圆满完成"一线三片四带"（环岛路一线、五缘湾片区、会展片区、筼筜湖片区、鼓浪屿海岸带、海沧湾海岸带、集美学村海岸带、翔安南部海岸带）和"四桥一隧"等重点片区的夜景照明提升工作。

完成载体2038处，涉及道路长度约120千米，覆盖面积约45平方公里，形成主题鲜明、温馨雅致具有厦门特色的城市夜景。

建成以白鹭女神雕塑为载体的音画视界演绎秀，通过音乐、视频，讲述厦门故事，展示闽南文化特色，展现厦门建设发展成就。

建成国内首个覆盖全市的夜景照明集中控制平台，对重点片区夜景照明实行集中亮灯控制，并采取不同亮灯模式，实现节能环保和精细化管理目标。厦门城市夜景照明的提升，为厦门金砖会晤增添光彩，提高厦门城市的颜值和美誉度，丰富厦门市的休闲和旅游资源，也大大提升市民的获得感和自豪感。

【公共停车场建设管理】2017年，公共停车设施建设列入福建省、厦门市为民办实事工作任务，福建省下达给厦门市公共停车设施建设任务为新增路外公共停车泊位5800个以上，计划完成投资6.1亿元。厦门市建设局充分挖掘公共停车设施建设潜力，从建设方案、保障政策、管理工作等方面推出新举措。截至年底，新增路外公共停车泊位10470个，完成投资12.07亿元，完成年度投资计划197%。

制定《2017年公共停车设施建设工作方案》《机械式停车库管理技术导则》《智慧停车系统技术规范》，联合六部门出台《关于做好社会主体申请建设停车设施项目相关工作的通知》，规范社会主体申请建设停车设施项目。

结合"莫兰蒂"台风灾后重建、文明城市再创建，探索适合城市特点的公共停车设施建设举措，充分利用公园绿地、道路、边角地等建设地面停车设施，提高土地复合利用，增加车位有效供给。

创新采用"预制装配＋沉井法"施工，建成省内首个高效集成的沉井式停车库，起到推广示范作用。

公开出让双十中学枋湖校区、天安小学地下公共停车场用地，成为厦门市率先之举。

停车场建设工作纳入厦门市2017年度绩效管理工作，制定专项考核办法，一月一报，加强跟踪和督查督办，狠抓落实。

建设开发厦门市停车信息共享平台，完成全市静态停车信息数据库。

【重点项目建设】2017年，厦门市安排重点在建项目302个，总投资9989.6亿元，年度计划投资1126.2亿元，实际完成投资1466.5亿元，超额340.3亿元，完成年度计划130.2%。全年计划开工78个重点项目，实际开工80个，开工率103%；计划建成项目77个，实际基本建成77个，建成率100%。全年共101个市重点项目涉及土地房屋征收，计划征收土地2189.7公顷、房屋132.0万平方米，实际交地2501.3公顷，完成年度计划114.2%；实际拆除房屋230.2万平方米，完成年度计划174.4%。

研究出台《省重大重点、市重点项目正向激励具体实施办法》《市重点项目用地移交工作管理暂行办法》《市级财政投融资市重点项目既有电力设施迁改实施意见》，修订《厦门市重点建设项目管理办法》并制定重点项目督查和考核两个配套办法，进一步规范和加强市重点项目建设管理。

【代建管理】 2017年，厦门市实行代建的161个市级代建项目完成投资926.58亿元，完成序时计划的135%，同比增长12%。强化机制，出台《关于促进代建工作责任落实提升代建管理水平的若干措施》及名录库管理办法、考评奖惩办法、考勤管理等规定，加强规范监管措施。

首创规程，制定厦门市统一的指导性规范文件《代建工作规程》（近7万字），涵盖房建、路桥、市政、港工、水利、海洋、园林绿化等七个专业，规范企业管理体系以及项目的前期、实施、验收、交付、协调、风险、信息、采购、合同等管理，尚属全国首创。

严格准入，实行名录库管理，根据代建企业人员、业绩、资信等条件分为房建等七个专业，每个专业分为甲、乙两类，严格规范业务承接范围。现已审核通过33家代建单位名录，为厦门市项目建设提供有力支撑。动态考勤。规范代建项目部人员配备标准，推行人脸识别等考勤方式，强化人员到岗履责。

联合监管，组织开展联合检查考评，检查36家代建单位110个项目（优秀17个、良好54个、合格31个、不合格8个），考评结果与企业信用和业务承接挂钩，实行差异化管理，考评不合格的企业采取"黑名单"管理等措施，形成有效威慑。

【牵头城乡民生基础设施建设】 2017年，厦门市建设局牵头起草《关于加快城乡民生基础设施建设的实施意见》，牵头制定工作方案、建立工作机制，开展专项督查，协调推进城乡民生基础设施建设。全市城乡民生基础设施建设八大提升项目526个，全年完成投资104.9亿，完成计划123.12%。（撰稿：吴志秋、吴界牧、李艺娟、黄剑翔、林思颖、孙华斌、孙枝发、林国滨、赖礼澎、陈秋佳。核稿：徐瑾、范道进、黄山、林联泉、张进金）

村镇建设

【宜居环境建设】 2017年，厦门市建设局重点围绕美丽乡村建设、三边三节点、轨道交通、五千工程（城市道路、污水管网、雨水管网、供水管网、燃气管网）等项目，协调推进宜居环境建设，不断提升城市承载力和宜居度，助力打造"五大发展示范市"。2017年，福建省宜居办下达厦门市计划投资任务274亿元，全年完成投资317.9亿元，占省下达计划投资116%。

【美丽乡村建设】 2017年，厦门市建设局根据福建省住房和城乡建设厅工作要求，下达52个村庄的美丽乡村建设任务。制定印发《关于做好美丽乡村建设有关工作的通知》，就进一步完善申报流程、项目组织实施、整治提升内容、资金使用管理、项目监督考核等作出明确要求。厦门市明确"以奖代补"资金补助机制，按照美丽乡村示范村5000元/人、重点整治村3000元/人、一般整治村1000/人的标准进行补助，各区按不低于1∶1进行配套。抓紧抓好项目推进的巡查督促，对2017年美丽乡村建设项目进展情况进行全覆盖检查，确保按序时完成年度任务。全市美丽乡村建设年度计划投资8210.3万元，实际完成投资10012.3万元，完成比例121.95%，打造出同安宫边、集美湖内、海沧湖头、翔安马池内等一批美丽乡村示范村。

【农村生活污水分散式治理】 2017年，厦门市对无法接入市政管网的边远村庄的生活污水进行分散式治理。根据2015年编制的《厦门市九大流域污水截流建设规划》，在2012～2014年实施试点项目的基础上，全力推进流域范围内的农村生活污水分散式治理。全年新建成144个村庄的农村生活污水分散式处理设施，完成投资1.2亿元。厦门市集美区生活污水长效机制获得福建省效能办通报表扬。

【农村生活垃圾治理】 2017年，厦门市在家园清洁行动基础上，根据2015年制定的《厦门市农村生活垃圾治理三年提升专项行动实施方案》，在福建省率先开展全市范围的农村生活垃圾治理，按照"四有"目标（有完备的处理设施、有稳定的保洁队伍、有长效的资金保障、有完善的责任监管机制），逐步补齐农村生活垃圾设施、设备和人员短板，进一步改善村容村貌。市、区两级投入3.13亿元农村生活垃圾治理专项经费，主要用于农村环卫保洁以及设施设备建设。全年市级共考评292个村（居），考评优良率（80分以上）达到87.3%。（撰稿：林钢坚。核稿：何汉峰）

技术综合管理

【技术创新管理】 2017年，厦门市建设局将新技术创新应用和建筑业企业信用评价体系融合，初步建立正向激励制度，全年新增2家省级和3家市级建筑业企业技术中心，总数达到6家和4家，为厦门市企业晋升特级资质提供重要帮助。全市新申报各类省级新技术项目近180项，其中近50项被福建省住房和城乡建设厅采纳，2项指标均超过前2年总和，大幅提升新技术应用创新水平和管理能力。

【装配式建筑】 2017年，厦门市完成工程投资包4.71亿元，新开工装配式建筑试点项目面积达81.23万平方米。包括：福建省首个由房地产开发企业自主实施的装配式整体剪力墙混凝土结构商品房项目——首开"龙湖·春江彼岸"二期1号楼、首个对标国家《装配式建筑评价标准》建设的装配式钢结构项目——软件园三期东片区D09地块办公楼等以及厦航总部大楼、夏商大厦、厦门新景地大厦等一批钢结构项目。11月，经住房和城乡建设部评审，厦门合立道设计集团、厦门建研股份等企业被认定为国家第一批装配式建筑产业基地，装配式建筑产业链条逐步形成。

【建筑信息模型（BIM）技术】 2017年，厦门市建设局引导行业组建厦门市智慧建筑产业技术联盟，共同推动建筑信息模型技术；开展厦门市第二批建筑信息模型（BIM）试点示范项目征集活动，共征集到项目41个；组织厦门市第一批建筑信息模型技术应用试点示范项目验收评审，共验收项目21个，总体应用情况较好，达到预期目标，为BIM技术的深入应用提供借鉴；启动《厦门市建筑信息模型（BIM）技术应用指南》编制工作，为扩大BIM应用提供支持。

【标准体系建设】 2017年，厦门市建设局发布省、市建设工程地方标准（含技术指导性文件）计划项目12部。其中，建筑工业化厨卫标准图集的立项编制，对推动福建省建筑工业化发展具有重要意义；海绵城市建设、城市综合管廊、公共建筑节能改造等标准的颁布执行，有效推动厦门市试点示范城市建设工作，获住房和城乡建设部、福建省住房和城乡建设厅认可，相关经验在福建省推广；组织编制代建工作规程、停车场、保障性住房建设等标准化技术指导性文件及地铁质量验收标准体系等，有力保障厦门市中心工作顺利开展。（撰稿：张杰、姚龙泓、吴懿。核稿：王华琪）

工程质量安全监管

【概况】 2017年，厦门市2项工程获评"鲁班奖"，2项工程获评"国家优质工程奖"，2项工程获得"2017年度华东片区工程质量监督工作年会"示范样板工程表彰；15项40个单位工程获评"闽江杯奖"，233个单位工程获评"厦门市建设工程结构优质工程"，94项工程获评"厦门市建设工程鼓浪杯奖（优质工程）"，6个工程项目获评全国"建设工程项目施工安全生产标准化工地"，23个工程项目获评"省级建筑施工安全文明标准化优良项目"，331个工程项目获评"市级建筑施工安全文明标准化优良项目"。

【质量安全生产专项整治】 2017年，厦门市建设局巡查工程项目1070个，发出责令整改通知书1635份，排查一般质量安全隐患6686个，完成隐患整改6686个，通报批评参建企业141家（次），记录不良行为记录企业272家（次），集体约谈巡查中被记录不良行为的企业负责人283人（次），提高参建企业对工程质量安全管理主体责任的履职意识。

对混凝土生产质量和施工现场建筑材料实施常态化、制度化的监督抽查抽测。2017年，累计监督检查55家次预拌商品混凝土企业，计分460分；累计对168个在建单位工程抽检钢筋及接头、钢结构焊缝等；累计对108个在建单位工程进行混凝土回弹、路基路面质量检测。

【抑制建筑工地扬尘】 2017年，厦门市房屋建筑和市政基础设施工程全面推行喷淋降尘措施，试行PM2.5自动监测喷淋系统，以科技手段实现降尘除雾。建立工地检查周点评、月点评机制，对造成渣土污染、扬尘污染及各种违规行为记录不良行为信用等级。

【渣土车管理】 2017年，厦门市实施建筑废土运输核准招标工作，完成全市建筑废土运输企业的招标，完成招标核准20家运输企业，841辆智能型渣土车入市运营。

【临建设施（场馆）改建】 2017年，厦门市建设局牵头厦门会晤临建设施（场馆）改建工作。制定《临建设施（场馆）安全监管工作方案》和《临建设施（场馆）综合验收工作方案》，首创临建设施（场馆）综合验收工作方案及验收表，在规定时间内顺利完成会展中心B1B2馆、大唐中心、筼筜书院、闽南大戏院、夏商冷库和国际会议中心、新闻中心（会展中心A7、A8馆）等7个临建设施（场馆）综合验收工作，保障重大会议顺利圆满召开。

【在建工程景观整治】 2017年，厦门市建设局制定《厦门岛内在建工程景整治提升方案》，组织编制《厦门市建设工程施工现场围挡图集》（2017版），全面摸清在建工程施工进度情况，编制37个代表项目的具体整治内容、标准和计划。启动国际会展中心、高崎机场、海悦山庄等三大片区17个项目的整治提升工作；在取得成效的基础上，全面开展厦门岛内及全市在建工程景观整治提升工作，按照"一个项目一个方案"及"整洁、美观、安全"的原则，做好工地围挡、工地大门、主体立面及工地现场四个方面景观整治提升工作。（撰稿：吴素平、王蕾、林镝。核稿：张清辉、蔡森林、郭万艺）

建筑市场

【概况】2017年，注册地在厦门的企业完成建筑业总产值1852.58亿元，比2016年增长27.23%。其中，省外完成产值603.47亿元，同比增长44.3%。总产值增幅连续三年保持全省排名第一，产值总量排名全省第二。全年新增建筑业企业216家，注册地在厦建筑业企业累计达1313家。

【建筑施工企业信用体系建设】2017年，厦门市建设局启用新版建筑施工企业信用综合评价平台。4月，完成建筑施工企业2017年信用综合评价工作，625家施工总承包企业参评。其中，122家企业评价结果为A，213家企业评价结果为BB+，新旧信用评价体系完成平稳过渡。

完善信用评价体系。厦门市建设局印发《关于进一步规范建筑施工企业信用综合评价相关程序的通知》，修订良好行为、不良行为的档次操作标准，从程序、制度、标准等方面进一步完善建筑施工企业信用综合评价体系。

实施差别化监管。在日常监管、招标投标、工资保证金等活动中根据信用评价结果实施差别化监管，落实"黑名单"管理工作。2017年，4家建筑业企业被列入厦门市建筑市场"黑名单"，相关监管部门依规对责任主体实施相应监管措施，及时在厦门市建筑市场"黑名单"信息平台发布，对建筑市场起到了较大震慑作用。

【建筑市场管理】2017年，抽取检查44家建筑业企业资质，核查率达10.68%；检查在建项目合同履约情况等250个，发出整改通知书203份，在福建省省动态系统对176家企业扣2246分，集体约谈2次，召开大型政策宣贯会议7场。

开展围标串标专项整治。12月，厦门市建设局召开整治围标串标等违法违规行为动员部署大会，印发《关于开展围标串标等违法违规行为专项整治工作的通知》，结合厦门市建筑行业实际，开展专项整治工作，打击并遏制围标串标、买标卖标等违法违规行为，规范建筑市场秩序，净化建筑市场环境。

【建筑市场服务】2017，厦门市建设局审核在"福建省建筑业管理信息系统"信息登记的建筑业企业累计334家，办理中级职称和现场管理人员证件信息变更等1674人；完善《厦门市工程建设项目招标投标活动监督检查实施办法》及《厦门市建设工程造价计价行为监督检查实施办法》，并根据自贸区试点工作部署复制推广到全市；发布《厦门市建设局关于简化建筑业企业资质核准等部分审批事项相关申报材料的通知》，简化建筑业企业资质核准、工程建设项目招标代理机构乙级和暂定级资格认定、工程造价咨询企业乙级资质核准共3个审批事项的部分申报材料；发布《厦门市建设局关于取消相关建筑业企业资质许可初审的通知》，自5月25日起，取消由厦门市建设局许可的建筑业企业资质许可的初审环节，建筑业企业直接向厦门市建设局提出申请。

【建筑劳务管理】2017年，厦门市建设局配合厦门市信访局、110联动、厦门市劳动监察支队及区劳动监察大队等部门，处理各项工程欠薪纠纷63次，涉案1664人；接听电话咨询661次、接待来访咨询1688人次；配合人社部门受理投诉80件，协助办结投诉案件72件，清欠工程款（含人工工资）金额6438.152万元。（撰稿：潘鸿程、王瑞勉、吴思妮、陈艳、陆忠娣、廖伟刚。核稿：彭延敏、许荔、刘海天）

建材节能与科技

【建筑材料管理】2017年，厦门市公布建设工程材料备案名录70件。完成建筑幕墙工程竣工信息登记45项，总面积42613平方米。公布全市既有玻璃幕墙服务期满10年及以上需要进行鉴定的项目名单，并发函督促其进行安全鉴定。组织四批建筑节能产品和新型墙体材料认定。全市27个预拌商品混凝土搅拌站全部通过质量管理体系化和职业健康安全管理体系认证，全市绿色混凝土星级达标率100%，成为福建省唯一实现混凝土绿色生产管理全覆盖的城市，位居全国前列。开展绿色建材评价标识，至2017年完成27项绿色建材评价标识，其中一星级1项、二星级1项、三星级25项。

【推广绿色建筑】厦门市加大绿色建筑强制推广力度，率先在福建省将强制实施绿色建筑范围扩大到所有民用建筑，率先在福建省实现全市新建住宅精装修的全覆盖。实施绿色建筑财政奖励，对主动执行绿色建筑标准并取得运行标识的存量土地的民用建筑，实施财政奖励奖励，2017年累计发放绿色建筑财政奖励约2165万元。加快绿色建筑规模化推进步伐，2017年厦门市1201.03万平方米民用建筑项目通过绿色建筑施工图审查，绿色建筑占比为96%。开展绿色建筑评价标识，逐步推行绿色建向第三方评价方式转变，批准厦门市建筑节能管理中心等3个单位为市级绿色建筑第三方评价机构。

【节能改造】 2017年，厦门市实施公共建筑节能改造示范项目291.72万平方米，覆盖学校、医院、酒店、商场、写字楼、政府办公楼等类型，发放补助金额3325万元。

【推进建设科技进步】 2017年，厦门市完成建设科技计划项目验收12项；发布厦门市建设科技计划项目25项，涉及地铁、建筑产业化、抗震、可再生能源等热点领域。

【落实砂场专项整治】 2017年12月31日，厦门市95家非法砂场于全部取缔，万翔同砂业公司正式投产。（撰稿：王莹莹。核稿：邱永聪）

勘察设计

【概况】 2017年，厦门市强化勘察设计监管，开展勘察设计企业信用评价前期工作，启动建设勘察设计全过程信息监管系统，优化市场环境，质量水平稳中有升。年内，共有58家勘察单位完成厦门市434个勘察项目，175家设计单位完成厦门市675个设计项目，11家审图机构完成厦门市312个房建工程类项目的施工图审查，6家审图机构完成185个市政工程类项目的施工图审查。

【获奖情况】 2017年，厦门世贸海峡大厦获得全国优秀设计一等奖，厦门建发国际大厦等9个项目获得全国优秀设计二、三等奖。厦门合立道工程设计集团股份有限公司、福建绿城建筑设计有限公司、厦门海峡两岸设计文化艺术传播有限公司获得厦门文化企业贴息贷款。其中，福建绿城建筑设计有限公司首次获得"厦门市重点文化企业"荣誉。（撰稿：胡建勤、佘哲青。核稿：黄勇）

行政审批

【概况】 2017年，厦门市建设局机关驻市行政服务中心审批服务事项办结22130件，实现权力清单和责任清单融合；取消2项行政审批事项、6项公共服务事项；制定25个事项的审查细则和办理规程。驻厦门市行政服务中心窗口连续第六年荣获"厦门市行政服务中心红旗窗口"。

【审批事项标准化】 10月，厦门市建设局发布《厦门市建设局关于印发建筑工程施工许可证核发等6个审批事项审查工作细则和办理规程的通知》等8份文件，对25个审批事项的名称、申报材料、办理环节等进行标准化管理，打造了更加规范的行政审批环境。

【互联网+政务服务】 2017年，厦门市建设局开发建设厦门市建设工程综合业务管理平台，主动与厦门市智慧审批综合平台、福建省网上办事大厅等多个审批系统以及厦门市经信局电子证照库对接，实现厦门市建设局审批过程数据和结果实时推送。11月13日起，建筑业企业资质核准等12个事项实现全流程网上审批。2017年，完成存量证照电子化88188件，并录入到厦门市经信局电子证照库。

【推进自贸区行政审批制度改革】 2017年，厦门市建设局积极推进自贸区行政审批制度改革。建设项目审批制度改革方面，试行施工许可部分告知承诺制，简化建筑施工企业安全生产许可证核发，出台施工图同级互审办法，建设工程竣工备案时限由原来的5天压缩至3天。市场准入领域审批制度改革方面，房地产资质实行告知承诺制，建筑业企业（含预拌混凝土）、工程造价咨询企业、工程勘察设计单位、工程监理企业共4项资质核准实行简化优化审批流程和材料。

【提升行政服务效能】 2017年，厦门市建设局全面推进并公布"一趟不用跑"和"最多跑一趟"的事项。其中，一趟不用跑事项比例达15项，最多跑一趟事项35项，两项占总事项的94.3%。取消物业服务企业二级及以下资质认定等2项行政许可事项，取消房地产主要开发事项备案等6项公共服务事项。所有事项承诺时限统一控制在法定时限的35%以内。

人事管理与教育

【职称及注册执业资格管理】 2017年，厦门市建设局组织发放第十九届全市土木建筑企业中级职称合格人员证书1961本，组织第二十届全市土木建筑企业中级职称评审工作，1842人参加评审，共1366通过，通过率为74%。

全市各类建设行业执业资格（不含二级建造师）考试报名8128人，代发放各项执业资格合格证书、注册证书10518本。

组织开展各类岗位人员（含三类人员、特种作业人员、八大员、园林绿化四大员、物业管理人员）证书延期17210人次；办理注销、补证、换证、校正等业务642人次，办理三类人员取证培训3193人、各类考核取证8349人，完成电子证照三类人员和特种作业人员26409人、八大员39260人、农村工匠859人。（撰稿：陈熙。核稿：戴福明）

大事记

1月10日，中办国办督察组到厦门市督查调研地铁吕厝站施工现场和自来水管线改造工程现场。

1月10～13日，福建省政府安全生产委员会到厦门考评督查厦门市2016年安全生产目标责任落实情况。

1月11～13日，福建省解决企业工资拖欠问题厅际联席会议办公室在厦开展保障农民工工资支付督查工作。

1月11～17日，厦门市建设局、厦门市重点建设项目办公室开展2016年市级政府投资重点建设项目代建单位年度考核抽查（第一批）工作。

1月12日，厦门市建设局发布保障性租赁房2017年第一批轮候分配方案。

1月20日，厦门云顶路自行车快速道示范段工程完成初验收。

2月9日，厦门市建设局印发《厦门市重点片区夜景照明提升工程灯具产品品牌库建立实施方案》。

2月13日，厦门市住房保障管理中心启动厦门市2016年第一批保障性租赁房选房工作。

2月20日，厦门市重点建设项目办公室制定印发《厦门市重点项目用地移交工作管理暂行办法》。

2月21～24日，厦门市建设局开展2016年市级政府投资重点建设项目代建单位年度考核抽查（第二批）工作。

2月23日，厦门市印发《厦门市社会保障性商品房管理办法》。

2月27日，厦门市装配式住宅技术方案研究课题在北京通过验收。

3月2日，厦门市2017年第一批保障性租赁房公开摇号。

3月12日，厦门市建设局完成夜景照明灯具产品品牌征集工作，建立《厦门市重点片区夜景照明提升工作本市（非本市）灯具产品品牌库入选企业及品牌名单》。

3月17日，厦门市人民政府公布2017年度厦门市重点项目名单。

3月18日，翔安区新店地铁社区启动场平工作。

3月21～23日，厦门市住房保障管理中心完成2016年第一批保障性租赁房已选现房536户申请户合同签订。

3月22～24日，福建省解决企业工资拖欠问题厅际联席会议办公室在厦开展解决农民工工资问题实地督查工作。

3月29日，厦门市建设局发布保障性商品房2017年第一批轮候分配方案。

3月30日，厦门市建设局发布《厦门市建筑节能和绿色建筑专项规划》（2016－2020年）。

3月31日，厦门市建设局发布正式通知，自4月1日起，停止计取厦门市建筑安装工程新型墙体材料专项基金。

4月14日，厦门市2017年第一批保障性商品意向登记公开摇号。

4月19日，厦门市建设局发布《厦门市保障性商品房销售价格测算办法》。

4月23日，中国科学院专家组到厦门调研省级空间规划编制工作。

5月2日，厦门市政府办公厅公布《关于促进代建工作责任落实提升代建管理水平的若干措施》。

5月5日，国家发改委调研组到厦门调研住房租赁市场和房地产市场相关内容。

5月16日，厦门市建设局发布保障性租赁房2017年第二批轮候分配方案。

5月16～31日，厦门市建设局、厦门市重点建设项目办公室开展2017年市级财政投融资项目代建单位第二季度抽查考评工作。

5月26日，厦门市第一个开工的保障性住房地铁社区——翔安新店保障房地铁社区一期工程开工。

6月8日，厦门市2017年第二批保障性租赁房公开摇号活动在建设大厦3楼举行。

6月9日，高林居住区销售类保障房产权办理工作正式启动。

6月12日，厦门市建设工程招投标交易平台（非电子标）正式上线。

6月21日，厦门市交易中心对进场交易项目交易服务费的收取执行"纳入财政预算管理的公共资源交易平台交易服务费按规定收费标准50%收取"要求。

6月21～23日，全国市长研究班在厦开班，现场教学考察厦门市老旧小区改造、保障房建设等情况。

6月23日，厦门市建设局会同海沧区政府组织召开《住房城乡建设部2017年科学技术计划》（福建省项目）专题研讨会。

7月18日，厦门市建筑从业人员实名制信息管理系统试运行。

7月24日，厦门市建设局会同厦门市质监局编制印发《智慧停车系统技术规范》。

7月25日，厦门市住房保障管理中心启动2016年第二批保障性租赁房（一房型及二房型）1946户的选房工作。

同日，厦门市重点项目建设办公室、市建设局、市国土房产局、市土地房屋征收事务管理中心联合下达2017年度下半年第二批市重点项目土地房屋征收计划。

7月26日，保障性住房马銮湾地铁社区一期项目开工。

8月1日，厦门市启动为期一个月的农村生活垃圾集中整治行动。

8月2日，厦门市建设局、厦门市发改委、厦门市财政局联合印发《厦门市市级财政投融资市重点项目既有电力设施迁改实施意见》。

8月16日，厦门市建设局启动"越夜越精彩 全民随手拍"活动暨"我心目中的十佳夜景"征集和命名活动。

8月29日，厦门市人民政府办公厅公布《关于调整2017年市重点项目的通知》。

9月1日，投标人在厦门市建设工程电子招投标交易管理平台上投递施工类投标文件，即日起，所需支付给平台运营机构的软件技术服务费在原有基础上降低50%。

9月3～5日，金砖国家领导人第九次会晤在厦门市举行。

9月8日，厦门市重点项目建设办公室、厦门市建设局牵头组织开展2017年第三季度市重点项目专项督查活动。

9月11～15日，厦门市住房保障管理中心完成已选现房的539户2016年第二批保障性租赁房申请户的合同签订、交房入住手续办理工作。

9月20～21日，国务院安委会安全生产大检查综合督查工作组到厦门开展专项督导检查。

9月28日，厦门市住房保障管理中心完成2016年第三批保障性租赁房167户申请户的选房工作。

10月9日，厦门市九溪小区保障性安居工程的主体结构全部封顶。

10月11日，厦门市市委、市政府正式印发《关于加快城乡民生基础设施建设的实施意见》。

10月11～27日，厦门市建设局、厦门市重点建设项目办公室开展2017年市级财政投融资项目代建单位第三季度抽查考评工作。

10月13日，厦门市建设局公布新调整后的申请社会保障性租赁房和公共租赁住房涉及的本市户籍家庭住房困难标准住房保障面积标准和家庭收入（资产）标准。

10月17日，厦门市住房保障管理中心办理2016年第三批保障性租赁房已选现房146户申请家庭租赁合同签订工作。

10月20日起，在厦执业工程监理企业资质备案从厦门市建设局权力清单中删除，不再受理及审核监理企业资质备案事宜。

10月22～25日，国务院安委会安全生产大检查"回头看"检查组到厦门检查。

10月24日，厦门市建设局发布保障性租赁房2017年第二批轮候分配方案。

10月31日，"特房·山水杰座"（1～3号楼及地下室）、洋唐居住区保障性安居工程A09、B05地块地下室及上部主体工程获得中国建筑业协会颁发的"2016～2017年度中国建设工程鲁班奖"。

同日，厦门市住房保障管理中心启动2016年第四批保障性租赁房（一房及二房型）的选房工作。

11月10日，厦门市2017年第三批保障性租赁房公开摇号。

11月15日，包头市政府考察团到厦门考察多规合一、老旧小区改造等方面工作。

11月21日，厦门市政府发布《厦门市城乡建设档案管理办法》，2018年1月1日起实施。

11月24日，厦门华润中心华润大厦C座、酒店配套用房（D、E座）及地下室建筑安装总承包工程、厦门轨道交通1号线文灶站公交地块配套项目单位工程Ⅰ获得福建省建设工程质量安全监督总站表彰的"2017年度华东片区工程质量监督工作年会"示范样板工程。

11月30日，厦门市被列入住房城乡建设部、银监会共同批复的"公共建筑能效提升重点城市"。

同日，厦门市建设局会同厦门市质量技术监督局发布《代建工作规程（试行）》。

12月1日，住房城乡建设部在厦门市召开老旧小区改造试点工作座谈会推介厦门模式，部长王蒙徽出席会议并做重要讲话。

12月18日，厦门市建设局召开2018年"两节"期间房屋市政建设工程资金拨付和建筑农民工工资支付工作会议。

12月22日，厦门市重点项目建设办公室、市建设局牵头组织开展第四季度市重点项目专项督查活动。

12月26日，厦门市住房保障管理中心启动2017年第一批保障性商品房选房工作。

12月27日，厦门市建设局会同厦门市质量技术监督局印发《机械式停车库管理技术导则》。

同日，厦门市建设局召开全市装配式建筑项目观摩会，2000多名建筑行业技术人员参加现场观摩学习。

12月28日,厦门市建设局召开整治围标串标等违法违规行为动员部署大会。

12月29~31日,第14届中国厦门人居环境展示会暨中国(厦门)国际建筑节能博览会在厦门国际会展中心举办。

12月31日,厦门市地铁1号线开通试运行首发列车。

(厦门市建设局)

深圳市

住房和城乡建设

【概况】深圳市2017年全市年末常住人口1252.83万人。2017年全年建筑业增加值596.50亿元,增长5.1%。房地产业由于受全国房地产调控政策影响,商品房屋销售面积671.03万平方米,下降8.9%,但房地产业从业人员增速与房地产业从业人员劳动报酬增速两大核算指标继续保持较快增长,增速分别为12.0%、21.0%,有利地保证了房地产业增加值1.7%的正向增长速度。积极加大基础设施投入,开工建设轨道交通四期12、13、14号线等5条线路,开通龙华有轨电车、坪山至福田高铁快捷线、深圳至中山水上巴士,建成抽水蓄能电站和公明供水调蓄工程。加大城市治理攻坚,拆除消化违法建筑2380万平方米,全面开工罗湖"二线插花地"棚户区改造项目。出台建设工程安全监管"铁10条",全年安全生产事故死亡人数下降15.9%。出台提升建设工程质量提升24条,3个项目获鲁班奖,5个项目获国家优质工程奖。深圳住房和城市建设存在问题主要有住房保障和供应体系还不够完善,人才住房和保障性住房缺口较大,中低收入、"夹心层"等群体住房问题有待系统性解决。部分区域基础设施、公建配套设施欠账较多。

【法规建设】2017年深圳市住房和建设局共有12项法规、规章列入市政府年度立法计划,其中修订《深圳经济特区物业管理条例》等列入市人大常委会立法计划。全面推进"1+N"住房制度改革,加快建立多主体供给、多渠道保障、租购并举住房制度,《深圳市保障性住房条例》《深圳市人才安居办法》列入市政府重点立法工作,已通过市法制办审查并上报市政府审定。另外发布了《深圳市住房和建设局关于加快推进装配式建筑的通知》等13部规范性文件(含技术规范2件)。

【住房保障】全年新开工及筹集人才住房和保障性住房10.2万套、竣工(含基本建成)4.1万套、供应4.6万套,分别是年度计划的128%、217%和103%,建设供应数量均创历年新高。供应的住房包括公共租赁住房3.4万套、安居型商品房2599套、拆迁安置房4119套、其他5368套。新开工棚改安置住房8062套。制定《深圳市人才住房和保障性住房配建管理办法》,发布人才住房户型面积和户内装饰装修设计指引,开展户型研究设计竞赛,提升了住房规划建设品质。深圳市住房保障署租售服务部荣获"全国住房城乡建设系统先进集体"称号。

【公积金管理】截至年底,深圳市当年新增公积金开户单位2.45万户、新增开户个人125.40万人、新增归集资金566.85亿元、提取资金296.17亿元、新增发放公积金贷款181.73亿元。全市实缴职工达605.97万人,累计缴存额2475.44亿元,累计提取额1108.58亿元,累计共为15.86万户家庭提供住房公积金低息贷款915.94亿元。同时将住房公积金租房提取额度由月缴存额的50%提高到65%、将其他住房消费提取额度由月缴存额的30%提高到40%,并将港澳台及外籍人士纳入自愿缴存范围,扩大了制度覆盖面。

【城市建设】地下综合管廊建设。出台《深圳市综合管廊建设"十三五"实施方案》,组建市基础设施投资平台及综合管廊建设运营公司,创建国内综合管廊建设权威专家库;与具有管廊建设综合经验的单位开展技术咨询合作,增强技术储备;完成全市管廊专项规划编制,并通过广东省住建厅技术审查;完成新开工低碳城、前海、大空港、阿波罗等4项管廊建设工程总长16.16公里。

城市燃气管道建设。新建市政中压燃气管道130公里,超额完成110公里年度任务,燃气管网覆盖率由73.7%提高至76.8%。完成老旧钢质燃气管道更新改造250公里。推进老旧住宅、城中村燃气管道改造工作，新增管道气居民用户14.1万户，总量达187万户。启动《深圳市燃气条例》修订工作。开展燃气突发事故应急演练，查处19起第三方破坏燃气管道事故，事故数量下降30%。

勘察设计标准体系建设。发布《深圳市住房和建设局关于进一步加强超限高层建筑工程抗震设防审批的通知》，对审查专家、设计单位以及施工图审查单位的行为进行规范，提高深圳市超限高层建筑抗震设计质量和水平，共审查项目超限项目70个，建筑总面积超过1000万平方米。完成编制《深圳市房屋建筑工程海绵设施设计规程》等，加强顶层设计和项目示范。建立BIM应用专家库，共收录BIM专家72人。举办"一带一路城市设计高峰论坛"、"深圳建筑师负责制高峰论坛"和"2017粤港澳大湾区工程设计论坛暨第五届建筑设计国际论坛"，弘扬深圳建筑文化特色，彰示"设计之都"魅力。开展勘察设计行业十佳青年建筑师、景园师和第五届深圳市勘察设计行业优秀论文评审，激励争优创先，推动建筑设计行业持续健康发展。

【标准定额】编制完成《深圳市装配式建筑工程消耗量定额（2017）》，成为国内首部对外发布实施的装配式计价定额。编制发布《深圳市建设工程计价规程（2017）》，新增优质优价奖励费，确保工程质量提升的费用保障。修编完成《深圳市建设工程施工工期定额》《深圳市建设工程勘察设计工期定额》，提供勘察设计、施工阶段的工期参考依据。根据建筑市场实际和定额使用年限，编制完成《深圳市园林建筑绿化工程消耗量定额（2017）》《深圳市市政工程消耗量定额（2017）》《深圳市城市轨道交通工程消耗量定额补充修订子目》，共计发布8039条子目，完善深圳市定额体系。制定《定额编制规程、规则及标准》系列成果12篇，共计9万余字，形成系统化、理论兼具实操性的定额编制理论。

【工程质量安全监管】加强深圳市建设科技委员会建设，组建建筑、结构等11个专业委员会，两院院士达16名，为工程建设提供了质量安全的决策咨询。完善标准规范体系，新发布技术标准规范19部，创历年之最。出台《关于提升建设工程质量水平打造城市建设精品的若干措施》，推进高标准设计、高质量施工、高效能管理。3个项目获鲁班奖，5个项目获国家优质工程奖，2个项目获国家技术发明奖，3个项目获全国绿色建筑创新奖一等奖（占全国总数1/3）。中建钢构陆建新获评"南粤工匠"称号。组织开展建筑施工安全、老旧房屋安全和违法建筑质量安全等三大专项整治行动，建筑施工领域安全事故数量和死亡人数同比下降23%和19%。

开展建筑施工安全生产大排查大整治行动等20个专项行动，全力遏制事故多发势头。实行领导分片包干，对各区安全生产进行挂牌督办。全年出动检查人数6.1万余人次，排查整治隐患4万余项，发出红色警示138份、责令停工文书936份、责令整改文书7058份、省动态扣分文书4602份，作出行政处罚739宗，罚款金额1959万元，处罚数量和罚款金额均居全省首位。同时以国际一流城市为标杆，制定《深圳市建设工程施工围挡改造提升工作方案》《深圳市建设工程施工围挡图集（试行）》，对全市971个项目、380公里的施工围挡进行改造提升。

发布《全密闭式智能重型自卸车技术规范》，完善新型全密闭式智能泥头车推广方案，积极推广新型泥头车。另外全面加大泥头车安全管理专项整治力度，联合开展19次"全市统一执法日"行动，查处泥头车和罐式车违法行为1.6万宗、运输企业554家，查处施工企业、搅拌站、受纳场203个。

【建筑市场】推进劳务工实名制和分账制管理工作在全市落地，研发"两制"信息管理平台，1310个项目工地与信息平台对接，部分项目可实现从业人员实时动态监管。出台《建设工程招标投标中项目负责人有关事项的通知》，解决外地企业项目负责人任职无法核实造成的不公平问题和部分项目经理只投标不履职的问题。加强安全生产与施工招标联动，出台《关于加强安全生产与建设工程施工招标联动的通知》（深建市场〔2017〕13号），要求招标人建立安全生产记录应用机制、将投标人的安全生产管理水平纳入淘汰要素和定标要素、优先选择诚信等级高的投标人。出台《深圳市建设工程招标投标情况后评估工作规则》（深建市场〔2017〕16号），重点评估评定分离项目的招标结果是否实现"择优和竞价"的招标目的。

积极打造规范化、专业化、信息化、智能化交易服务平台，深圳市电子招标投标创新试点工作顺利通过了国家发改委电子招标投标试点工作验收。开发了"网上资格预审"功能模块，实现了资格预审全流程电子化，在深圳市工程交易服务网站和微信公众号植入"智能机器人在线客服"，为招标人和投标人提供全天候智能聊天式咨询服务。

针对招投标监管过程中发现的违法行为，共立案31宗，其中商报大厦、701设计施工一体化项目涉嫌投标人相互串通投标案、宝安沙井污水处理厂工程涉嫌招标人与投标人串通投标案，移送公安部门立案调查。

【建筑节能和科技】 顺利通过国家公共建筑节能改造重点城市和可再生能源建筑应用示范市验收，被住房城乡建设部认定为首批公共建筑能效提升重点城市；新增装配式建筑600万平方米，累计突破1000万平方米，被住房城乡建设部认定为首批装配式建筑示范城市，8家深圳企业入选装配式建筑产业基地名单；新增绿色建筑标识项目212个、建筑面积1976万平方米，累计达7320万平方米，规模稳居全国前列；建成节能建筑面积1272万平方米，实现节能15.89万吨标准煤。加快公共建筑节能改造重点城市建设，顺利通过住房和城乡建设部验收，并被列为全国公共建筑能效提升重点城市。持续开展500栋国家机关办公建筑和大型公共建筑能耗监测设备以及数据中心的运维管理。

全面应用预拌砂浆、预拌混凝土，大力推广新型墙体材料，制定发布《深圳市建筑废弃物再生骨料建材产品应用工程技术规程》等技术标准，多种途径推广绿色建材。积极参与国家、省级绿色建材评价活动。加强建筑节能科技财政资金管理，全面完成建筑节能发展资金和散装水泥专项资金支出项目45个，总补助金额1318万元。

【人事教育】 深入学习贯彻十九大精神，组织收看十九大开幕盛况，认真聆听习近平总书记的报告。以"迎接发展新时代，开启住建新征程"为主题，通过召开理论学习中心组扩大会议、举行住建系统主题知识竞赛等系列活动，在学懂、弄通、做实上下功夫，让习近平新时代中国特色社会主义思想和十九大精神在住建领域落地生根、开花结果。严格贯彻落实中央八项规定精神，持之以恒纠正"四风"。优化全局人事及机构职能设置，整合设置房屋安全管理处、勘察设计与建筑业发展处，在建设科技促进中心加挂住房和城市建设发展研究中心的牌子。认真做好对口援疆和对口帮扶河源、汕尾工作，与广西百色、河池住房城乡建设部门签订结对帮扶框架协议。

大事记

1月10日，深圳顺利通过国家公共建筑节能改造重点城市和可再生能源建筑应用示范市验收，被住房城乡建设部认定为首批公共建筑能效提升重点城市。

2月25日上午，宝安区38区新乐花园、39区海乐花园棚户区改造项目签约仪式举行，市委常委、市政府党组成员杨洪、市住建局局长张学凡、市人才安居集团董事长贾保安、宝安区委书记黄敏等出席仪式。

2月28日下午，在深圳万科云城项目现场举办深圳市建设工程质量提升年启动仪式暨工程质量现场交流会。

3月1日，深圳住房公积金单位缴存登记正式纳入商事登记"多证合一"，由商事登记部门统一受理、审核，实现单位注册登记与住房公积金单位开户的一门受理、一站完成，大大简化了企业办理住房公积金缴存登记业务手续。

4月19日，深圳市住房和建设局在中建三局华侨城大厦项目召开动员会，正式推行全市工程建设领域加快推进劳务工实名制与分账制管理，并要求于今年5月30日前全市各建筑工地（新建、在建）必须全部完成"两制"工作。

4月24~25日，深圳市住房和建设局组织残疾人参加公共租赁住房选房活动。龙悦居、天颂雅苑、和悦居等保障房小区共200套住房全部被选定并办理了签约手续。

5月12日，深圳市住房和建设局关于发布《深圳市建设工程安全文明施工十项标准（试行）》、《深圳市建设工程安全文明施工十项禁令》，为安全生产提供有力的技术支撑。

9月1日，深圳率先在全国推行建设工程"网上开标、网上入围"，招标人足不出户，即可通过CA数字证书登入交易服务网，自行安排开标会议，完成网上开标和网上入围会议，实现多个项目同时在线开标和入围。

9月19日，深圳市住房和建设局印发《关于严厉惩处建设工程安全生产违法违规行为若干措施（试行）》（"铁十条"），综合运用法律、行政、经济等多种手段，着力提升安全生产水平，维护群众生命财产安全。

9月底至年底，深圳市住房和建设局以出台"铁十条"为契机，开展"百日亮剑行动"。

12月3日上午，200名业主参与鹿丹村片区综合改造工程抽签活动，盐田区公证处现场进行公证，确保抽签公正公平。

12月中旬，深圳"基于大数据技术的建设工程招标投标数据研究与应用"和"基于BIM的电子招标投标系统建设与应用"两个项目顺利通过住房和城乡建设部"科研开发项目"和"科技示范工程"项目验收，被广东省住房和城乡建设厅选为2017年全省十大建设科技工作典型案例予以推广。

12月18日，深圳住房租赁交易服务平台上线试运行。

12月26日，"2017粤港澳大湾区工程设计论坛暨第五届建筑设计国际论坛（中国深圳）"在深圳举办。

12月27日，深圳市住房和建设局组织制定深圳市标准化指导性技术文件《全密闭式智能重型自卸车技术规范》，进一步完善新型全密闭式智能泥头车推广方案，积极推广新型泥头车。

（深圳市住房和城乡建设局）

城市规划管理

【城市规划】 2017年，深圳市继续加强城市规划管理工作，以列入全国新一版城市总体规划编制改革试点城市为契机，全力加快相关工作，以国际一流城市为标杆，明确城市未来发展目标和战略定位，优化城市空间布局结构，提升城市发展质量。

宏观规划与计划。城市总体规划方面，修改完善《深圳市城市总体规划（2010～2020年）实施评估报告》，获广东省政府审批通过。继续深入推进《深圳市城市总体规划（2016～2035年）》编制相关工作。9月，住房城乡建设部将深圳列入总规编制改革试点城市；10月31日，深圳市召开新闻发布会宣布全面启动新一版总规编制试点工作；11月，面向全市市民举办八场公众参与主题工作坊，结合新一版总规编制的几大主题和市民关注的多项民生需求，对城市定位、城市空间结构、海洋、产业和科技创新、城中村、综合交通等主题进行了深度讨论，约400名市民来到工作坊现场参与讨论，上万名市民在线参与并表达观点。

土地利用总体规划方面，深圳市完成《深圳市土地利用总体规划（2006～2020年）》调整完善工作；对《深圳市土地利用总体规划实施操作指引》进行了修订，将片区土地利用总体规划有条件建设区使用的审批程序，由市规划国土委审批调整为辖区管理局审批，提升审批效率。稳步推进土地利用总体规划实施管理，全年完成片区土地规划个案调整审查6项，面积30.66公顷；核发规划个案调整批复14项，面积29.89公顷；执行建设项目土地规划等例行核查103项。近期建设规划方面，11月13日，《深圳市城市建设与土地利用"十三五"规划》印发实施。该规划是指导深圳市"十三五"期间城市建设和土地利用的重要依据，是实施城市总体规划和土地利用总体规划的重要步骤，也是落实《深圳市国民经济和社会发展第十三个五年规划纲要》的空间保障。年度计划方面，7月启动了《2018年度城市建设与土地利用实施计划》编制工作。

法定图则。2017年，深圳市扎实推进法定图则编制和局部调整工作，共开展编制23项法定图则，其中3项法定图则已完成审批，共完成法定图则局部调整事项100余项。进一步推进法定图则制度改革，在新编的法定图则中积极推行通则管理的编制方法，通过划定通则片区的控制方式增强规划弹性，同时开展《深圳市城市规划标准与准则》密度分区章节修订工作，大力推广容积率通则管理。

交通规划。深圳市积极推进各层次轨道交通规划的编制与报批工作。7月7日，《深圳市城市轨道交通第四期建设规划（2017～2022）》获国家发改委正式批复；完成轨道8号线东延段（32号线）、15、16、17号线交通详细规划编制工作；完成国际会展中心片区轨道交通规划及中低运量公交系统接驳规划研究；启动《珠三角城际轨道深圳地区布局规划（修编）》及西丽站、光明城站、大运站、龙城北站交通枢纽规划编制工作；推进重大铁路基础设施项目建设，积极协调赣深客专、深茂铁路、平南铁路改造、平湖南铁路货场、穗莞深城际线、深惠城际线等国家铁路、城际轨道在深圳境内的规划设计方案；出台《深圳市加强停车设施建设工作实施意见》。

市政规划。3月17日，深圳市在成功申报全国海绵城市试点城市基础上，发布《深圳市海绵城市规划要点和审查细则》等配套政策。完成海绵城市相关指标纳入"一书两证"及其他相关工作；编制完成《深圳市正本清源工作技术指南》；编制并发布《深圳市给水系统整合研究与规划》；推进东部环保电厂、老虎坑垃圾焚烧厂（三期）、南山垃圾焚烧厂（二期）等垃圾焚烧处理项目的规划建设；完成深圳市地下综合管廊工程规划的编制，印发《深圳市地下综合管廊工程规划》；开展《深圳市地下管线综合规划》《深圳市电力设施及高压走廊专项规划》及《深圳市轨道交通三期续建地铁站点周边管线改造工程规划》等相关规划编制工作。

城市与建筑设计。城市设计方面，组织开展深圳市城市设计试点城市申报工作，成功列入第一批城市设计试点城市。按照试点工作要求制定《深圳市城市设计近期行动工作方案》报市政府审定。修订《深圳市城市规划条例》中城市设计专章内容，优化城市设计制度机制。开展《深圳总体城市设计和特色风貌保护策略研究》《深圳市城市设计编制技术规定》《深圳湾未来城市城市设计》等研究制定工作。建筑设计方面，聚焦重要区域建筑设计及标志性建筑。积极落实房地产调控政策，研究制定《关于进一步加强商业办公研发用房建筑设计管理工作的通知》。

开展2017第七届深港城市\建筑双城双年展（以下简称"深双"）筹备工作，并于12月15日在深圳南头古城主展场正式开幕。深圳市委常委杨洪、市政府副秘书长徐松明、香港特别行政区商务及经济发展局林惠冰、市政协党组成员王芃、澳门文化遗产厅长梁惠敏等出席开幕式。本届深双主题为"城市共生"，以城中村为舞台，汇集来自全球超过25个国家的两百多位参展人，通过融合建筑、艺术和设计的作品以及多场主题活动，探讨和反思中国在全球化背景下的城市发展模式，引起相关专业领域、社会大众、国内外媒体的广泛关注。

开展第四届深圳公共雕塑展展览筹备工作，并于12月8日在深圳市中心公园正式开幕。此届深圳公共雕塑展以"共享之域"为主题，展出多件结合公共空间属性的雕塑艺术作品，吸引了大批市民前往参观。

地名管理及历史文化保护。地名管理方面，深入开展全市原有地名核实、新增地名补充、地名信息普查等各项地名补查工作，高效完成了全市3541条道路标志牌补设工作。全部普查成果经省普查办验收通过，并上报国家普查办。完成并发布《深圳市轨道三期及三期调整相关线路站名规划》。推进编制《历史风貌区和历史建筑保护办法》和《历史风貌区和历史建筑评估标准》，完成了深圳市历史建筑摸底调查报告。

【土地二次开发】城市更新方面，12月11日，印发规范性文件《关于城市更新实施工作若干问题的处理意见（二）》，对城市更新相关政策理解适用进行解释，对审查标准进行细化。2017年，全市各区审批通过城市更新计划38项，涉及拆除用地面积约178公顷。审批通过拆除重建类城市更新单元规划42项，涉及拆除用地面积221.64公顷，规划批准开发建设用地140.52公顷，落实中小学12所、幼儿园22所、社康中心24家、公交首末站26个。土地整备方面，2017年土地整备盘活12.2平方公里用地，有力保障了外环高速、龙澜大道、深圳市急救血液信息中心、吉华医院、深港国际中心等一批公共基础设施和产业项目用地需求。土地整备（利益统筹）专项行动方面，实际完成审定试点项目实施方案任务460.9公顷，完成验收入库用地107.55公顷。

房地产

【房地产调控】2017年，深圳市继续落实房地产宏观调控。1月19日，出台《商品住房和商务公寓预现售价格管理操作细则》，防止市场过热及投机炒作行为。6月6日，印发了《联合开展房地产市场专项整治工作方案》，强化联合执法，加大查处力度，严厉打击房地产市场违法违规行为。针对住房租赁市场，于9月出台了《深圳市关于加快培育和发展住房租赁市场的实施意见》和《深圳市住房租赁试点工作方案》，明确了深圳市开展住房租赁试点5大方面、20项重点任务和政策措施。

【房地产市场】2017年，在房地产一级市场方面，新建商品房成交低位运行，价格连续下降。全市全年新建商品房成交面积为413.49万平方米，同比下降25%；其中，新建商品住宅成交面积为259.43万平方米，同比下降38.6%。在房地产二级市场方面，二手房成交量价齐跌。全市全年二手房成交面积为635.7万平方米，同比下降33%；其中，二手住宅成交面积为532.01万平方米，同比下降33.7%。

【房屋产权管理】2017年，深圳市继续深化不动产登记管理制度改革。推动不动产登记立法研究，起草《深圳经济特区不动产登记条例》，加快修订《深圳经济特区房地产登记条例》；推动不动产登记精细化、标准化转变，修编《不动产登记标准化操作手册（2017版）》；完善不动产登记服务体系，实现不动产登记系统和在线申办系统与深圳市统一受理平台对接。2017全年颁发不动产权证书56.4万本、不动产登记证明66.2万份。

【查处违章建筑】坚持违建"零容忍"，继续巩固查违压倒性态势，严密巡查防控体系，严厉考核问责，确保违建零增长。2017年拆除消化各类违法建筑2378万平方米，彻底扭转了全市违法建筑连续30多年的增长势头，查违形势实现根本性好转。

加快推进历史违建处置。推动出台历史遗留违建处理的实施办法，对历史违建实施安全纳管，开展分类分步处置，稳妥有序推动解决历史违建问题。对住房和城乡建设部下发我市的366个变化图斑、31个疑似违反总规强制性内容图斑进行了资料审查和实地核查，报市政府同意并印发《城市总体规划督察分类处理意见》，梳理全市近三年涉强项目，综合研究后提出分类分期上报住房城乡建设部备案方案。

全年开展重点案件督导检查、拆除消化检查、水源保护区督拆检查、卫片督导检查等60余次，下发监察建议书、监察意见书33份，转办督办各类信访件376件，督促查违工作落到实处。全市共排查建档违建44万宗2.55亿平方米，整治安全隐患11.54万宗0.58亿平方米，对暂未整治到位的张贴安全标示8.4万处。

（深圳市规划和国土资源委员会）

政策法规文件

国务院办公厅关于促进建筑业持续健康发展的意见

国办发〔2017〕19 号

各省、自治区、直辖市人民政府，国务院各部委、各直属机构：

建筑业是国民经济的支柱产业。改革开放以来，我国建筑业快速发展，建造能力不断增强，产业规模不断扩大，吸纳了大量农村转移劳动力，带动了大量关联产业，对经济社会发展、城乡建设和民生改善作出了重要贡献。但也要看到，建筑业仍然大而不强，监管体制机制不健全、工程建设组织方式落后、建筑设计水平有待提高、质量安全事故时有发生、市场违法违规行为较多、企业核心竞争力不强、工人技能素质偏低等问题较为突出。为贯彻落实《中共中央 国务院关于进一步加强城市规划建设管理工作的若干意见》，进一步深化建筑业"放管服"改革，加快产业升级，促进建筑业持续健康发展，为新型城镇化提供支撑，经国务院同意，现提出以下意见：

一、总体要求

全面贯彻党的十八大和十八届二中、三中、四中、五中、六中全会以及中央经济工作会议、中央城镇化工作会议、中央城市工作会议精神，深入贯彻习近平总书记系列重要讲话精神和治国理政新理念新思想新战略，认真落实党中央、国务院决策部署，统筹推进"五位一体"总体布局和协调推进"四个全面"战略布局，牢固树立和贯彻落实创新、协调、绿色、开放、共享的发展理念，坚持以推进供给侧结构性改革为主线，按照适用、经济、安全、绿色、美观的要求，深化建筑业"放管服"改革，完善监管体制机制，优化市场环境，提升工程质量安全水平，强化队伍建设，增强企业核心竞争力，促进建筑业持续健康发展，打造"中国建造"品牌。

二、深化建筑业简政放权改革

（一）优化资质资格管理。进一步简化工程建设企业资质类别和等级设置，减少不必要的资质认定。选择部分地区开展试点，对信用良好、具有相关专业技术能力、能够提供足额担保的企业，在其资质类别内放宽承揽业务范围限制，同时，加快完善信用体系、工程担保及个人执业资格等相关配套制度，加强事中事后监管。强化个人执业资格管理，明晰注册执业人员的权利、义务和责任，加大执业责任追究力度。有序发展个人执业事务所，推动建立个人执业保险制度。大力推行"互联网＋政务服务"，实行"一站式"网上审批，进一步提高建筑领域行政审批效率。

（二）完善招标投标制度。加快修订《工程建设项目招标范围和规模标准规定》，缩小并严格界定必须进行招标的工程建设项目范围，放宽有关规模标准，防止工程建设项目实行招标"一刀切"。在民间投资的房屋建筑工程中，探索由建设单位自主决定发包方式。将依法必须招标的工程建设项目纳入统一的公共资源交易平台，遵循公平、公正、公开和诚信的原则，规范招标投标行为。进一步简化招标投标程序，尽快实现招标投标交易全过程电子化，推行网上异地评标。对依法通过竞争性谈判或单一来源方式确定供应商的政府采购工程建设项目，符合相应条件的应当颁发施工许可证。

三、完善工程建设组织模式

（三）加快推行工程总承包。装配式建筑原则上应采用工程总承包模式。政府投资工程应完善建设管理模式，带头推行工程总承包。加快完善工程总承包相关的招标投标、施工许可、竣工验收等制度规定。按照总承包负总责的原则，落实工程总承包单位在工程质量安全、进度控制、成本管理等方面的责任。除以暂估价形式包括在工程总承包范围内且依法必须进行招标的项目外，工程总承包单位可以直接发包总承包合同中涵盖的其他专业业务。

（四）培育全过程工程咨询。鼓励投资咨询、勘察、设计、监理、招标代理、造价等企业采取联合经营、并购重组等方式发展全过程工程咨询,培育一批具有国际水平的全过程工程咨询企业。制定全过程工程咨询服务技术标准和合同范本。政府投资工程应带头推行全过程工程咨询,鼓励非政府投资工程委托全过程工程咨询服务。在民用建筑项目中,充分发挥建筑师的主导作用,鼓励提供全过程工程咨询服务。

四、加强工程质量安全管理

(五)严格落实工程质量责任。全面落实各方主体的工程质量责任,特别要强化建设单位的首要责任和勘察、设计、施工单位的主体责任。严格执行工程质量终身责任制,在建筑物明显部位设置永久性标牌,公示质量责任主体和主要责任人。对违反有关规定、造成工程质量事故的,依法给予责任单位停业整顿、降低资质等级、吊销资质证书等行政处罚并通过国家企业信用信息公示系统予以公示,给予注册执业人员暂停执业、吊销资格证书、一定时间直至终身不得进入行业等处罚。对发生工程质量事故造成损失的,要依法追究经济赔偿责任,情节严重的要追究有关单位和人员的法律责任。参与房地产开发的建筑业企业应依法合规经营,提高住宅品质。

(六)加强安全生产管理。全面落实安全生产责任,加强施工现场安全防护,特别要强化对深基坑、高支模、起重机械等危险性较大的分部分项工程的管理,以及对不良地质地区重大工程项目的风险评估或论证。推进信息技术与安全生产深度融合,加快建设建筑施工安全监管信息系统,通过信息化手段加强安全生产管理。建立健全全覆盖、多层次、经常性的安全生产培训制度,提升从业人员安全素质以及各方主体的本质安全水平。

(七)全面提高监管水平。完善工程质量安全法律法规和管理制度,健全企业负责、政府监管、社会监督的工程质量安全保障体系。强化政府对工程质量的监管,明确监管范围,落实监管责任,加大抽查抽测力度,重点加强对涉及公共安全的工程地基基础、主体结构等部位和竣工验收等环节的监督检查。加强工程质量监督队伍建设,监督机构履行职能所需经费由同级财政预算全额保障。政府可采取购买服务的方式,委托具备条件的社会力量进行工程质量监督检查。推进工程质量安全标准化管理,督促各方主体健全质量安全管控机制。强化对工程监理的监管,选择部分地区开展监理单位向政府报告质量监理情况的试点。加强工程质量检测机构管理,严厉打击出具虚假报告等行为。推动发展工程质量保险。

五、优化建筑市场环境

(八)建立统一开放市场。打破区域市场准入壁垒,取消各地区、各行业在法律、行政法规和国务院规定外对建筑业企业设置的不合理准入条件;严禁擅自设立或变相设立审批、备案事项,为建筑业企业提供公平市场环境。完善全国建筑市场监管公共服务平台,加快实现与全国信用信息共享平台和国家企业信用信息公示系统的数据共享交换。建立建筑市场主体黑名单制度,依法依规全面公开企业和个人信用记录,接受社会监督。

(九)加强承包履约管理。引导承包企业以银行保函或担保公司保函的形式,向建设单位提供履约担保。对采用常规通用技术标准的政府投资工程,在原则上实行最低价中标的同时,有效发挥履约担保的作用,防止恶意低价中标,确保工程投资不超预算。严厉查处转包和违法分包等行为。完善工程量清单计价体系和工程造价信息发布机制,形成统一的工程造价计价规则,合理确定和有效控制工程造价。

(十)规范工程价款结算。审计机关应依法加强对以政府投资为主的公共工程建设项目的审计监督,建设单位不得将未完成审计作为延期工程结算、拖欠工程款的理由。未完成竣工结算的项目,有关部门不予办理产权登记。对长期拖欠工程款的单位不得批准新项目开工。严格执行工程预付款制度,及时按合同约定足额向承包单位支付预付款。通过工程款支付担保等经济、法律手段约束建设单位履约行为,预防拖欠工程款。

六、提高从业人员素质

(十一)加快培养建筑人才。积极培育既有国际视野又有民族自信的建筑师队伍。加快培养熟悉国际规则的建筑业高级管理人才。大力推进校企合作,培养建筑业专业人才。加强工程现场管理人员和建筑工人的教育培训。健全建筑业职业技能标准体系,全面实施建筑业技术工人职业技能鉴定制度。发展一批建筑工人技能鉴定机构,开展建筑工人技能评价工作。通过制定施工现场技能工人基本配备标准、发布各个技能等级和工种的人工成本信息等方式,引导企业将工资分配向关键技术技能岗位倾斜。大力弘扬工匠精神,培养高素质建筑工人,到2020年建筑业中级工技能水平以上的建筑工人数量达到300

万,2025年达到1000万。

(十二)改革建筑用工制度。推动建筑业劳务企业转型,大力发展木工、电工、砌筑、钢筋制作等以作业为主的专业企业。以专业企业为建筑工人的主要载体,逐步实现建筑工人公司化、专业化管理。鼓励现有专业企业进一步做专做精,增强竞争力,推动形成一批以作业为主的建筑业专业企业。促进建筑业农民工向技术工人转型,着力稳定和扩大建筑业农民工就业创业。建立全国建筑工人管理服务信息平台,开展建筑工人实名制管理,记录建筑工人的身份信息、培训情况、职业技能、从业记录等信息,逐步实现全覆盖。

(十三)保护工人合法权益。全面落实劳动合同制度,加大监察力度,督促施工单位与招用的建筑工人依法签订劳动合同,到2020年基本实现劳动合同全覆盖。健全工资支付保障制度,按照谁用工谁负责和总承包负总责的原则,落实企业工资支付责任,依法按月足额发放工人工资。将存在拖欠工资行为的企业列入黑名单,对其采取限制市场准入等惩戒措施,情节严重的降低资质等级。建立健全与建筑业相适应的社会保险参保缴费方式,大力推进建筑施工单位参加工伤保险。施工单位应履行社会责任,不断改善建筑工人的工作环境,提升职业健康水平,促进建筑工人稳定就业。

七、推进建筑产业现代化

(十四)推广智能和装配式建筑。坚持标准化设计、工厂化生产、装配化施工、一体化装修、信息化管理、智能化应用,推动建造方式创新,大力发展装配式混凝土和钢结构建筑,在具备条件的地方倡导发展现代木结构建筑,不断提高装配式建筑在新建建筑中的比例。力争用10年左右的时间,使装配式建筑占新建建筑面积的比例达到30%。在新建建筑和既有建筑改造中推广普及智能化应用,完善智能化系统运行维护机制,实现建筑舒适安全、节能高效。

(十五)提升建筑设计水平。建筑设计应体现地域特征、民族特点和时代风貌,突出建筑使用功能及节能、节水、节地、节材和环保等要求,提供功能适用、经济合理、安全可靠、技术先进、环境协调的建筑设计产品。健全适应建筑设计特点的招标投标制度,推行设计团队招标、设计方案招标等方式。促进国内外建筑设计企业公平竞争,培育有国际竞争力的建筑设计队伍。倡导开展建筑评论,促进建筑设计理念的融合和升华。

(十六)加强技术研发应用。加快先进建造设备、智能设备的研发、制造和推广应用,提升各类施工机具的性能和效率,提高机械化施工程度。限制和淘汰落后、危险工艺工法,保障生产施工安全。积极支持建筑业科研工作,大幅提高技术创新对产业发展的贡献率。加快推进建筑信息模型(BIM)技术在规划、勘察、设计、施工和运营维护全过程的集成应用,实现工程建设项目全生命周期数据共享和信息化管理,为项目方案优化和科学决策提供依据,促进建筑业提质增效。

(十七)完善工程建设标准。整合精简强制性标准,适度提高安全、质量、性能、健康、节能等强制性指标要求,逐步提高标准水平。积极培育团体标准,鼓励具备相应能力的行业协会、产业联盟等主体共同制定满足市场和创新需要的标准,建立强制性标准与团体标准相结合的标准供给体制,增加标准有效供给。及时开展标准复审,加快标准修订,提高标准的时效性。加强科技研发与标准制定的信息沟通,建立全国工程建设标准专家委员会,为工程建设标准化工作提供技术支撑,提高标准的质量和水平。

八、加快建筑业企业"走出去"

(十八)加强中外标准衔接。积极开展中外标准对比研究,适应国际通行的标准内容结构、要素指标和相关术语,缩小中国标准与国外先进标准的技术差距。加大中国标准外文版翻译和宣传推广力度,以"一带一路"战略为引领,优先在对外投资、技术输出和援建工程项目中推广应用。积极参加国际标准认证、交流等活动,开展工程技术标准的双边合作。到2025年,实现工程建设国家标准全部有外文版。

(十九)提高对外承包能力。统筹协调建筑业"走出去",充分发挥我国建筑业企业在高铁、公路、电力、港口、机场、油气长输管道、高层建筑等工程建设方面的比较优势,有目标、有重点、有组织地对外承包工程,参与"一带一路"建设。建筑业企业要加大对国际标准的研究力度,积极适应国际标准,加强对外承包工程质量、履约等方面管理,在援外住房等民生项目中发挥积极作用。鼓励大企业带动中小企业、沿海沿边地区企业合作"出海",积极有序开拓国际市场,避免恶性竞争。引导对外承包工程企业向项目融资、设计咨询、后续运营维护管理等高附加值的领域有序拓展。推动企业提高属地化经营水平,实现与所在国家和地区互利共赢。

（二十）加大政策扶持力度。加强建筑业"走出去"相关主管部门间的沟通协调和信息共享。到2025年，与大部分"一带一路"沿线国家和地区签订双边工程建设合作备忘录，同时争取在双边自贸协定中纳入相关内容，推进建设领域执业资格国际互认。综合发挥各类金融工具的作用，重点支持对外经济合作中建筑领域的重大战略项目。借鉴国际通行的项目融资模式，按照风险可控、商业可持续原则，加大对建筑业"走出去"的金融支持力度。

各地区、各部门要高度重视深化建筑业改革工作，健全工作机制，明确任务分工，及时研究解决建筑业改革发展中的重大问题，完善相关政策，确保按期完成各项改革任务。加快推动修订建筑法、招标投标法等法律，完善相关法律法规。充分发挥协会商会熟悉行业、贴近企业的优势，及时反映企业诉求，反馈政策落实情况，发挥好规范行业秩序、建立从业人员行为准则、促进企业诚信经营等方面的自律作用。

国务院办公厅
2017年2月21日

建筑工程设计招标投标管理办法

中华人民共和国住房和城乡建设部令第33号

《建筑工程设计招标投标管理办法》已经第32次部常务会议审议通过，现予发布，自2017年5月1日起施行。

住房城乡建设部部长　陈政高
2017年1月24日

建筑工程设计招标投标管理办法

第一条　为规范建筑工程设计市场，提高建筑工程设计水平，促进公平竞争，繁荣建筑创作，根据《中华人民共和国建筑法》、《中华人民共和国招标投标法》、《建设工程勘察设计管理条例》和《中华人民共和国招标投标法实施条例》等法律法规，制定本办法。

第二条　依法必须进行招标的各类房屋建筑工程，其设计招标投标活动，适用本办法。

第三条　国务院住房城乡建设主管部门依法对全国建筑工程设计招标投标活动实施监督。

县级以上地方人民政府住房城乡建设主管部门依法对本行政区域内建筑工程设计招标投标活动实施监督，依法查处招标投标活动中的违法违规行为。

第四条　建筑工程设计招标范围和规模标准按照国家有关规定执行，有下列情形之一的，可以不进行招标：

（一）采用不可替代的专利或者专有技术的；

（二）对建筑艺术造型有特殊要求，并经有关主管部门批准的；

（三）建设单位依法能够自行设计的；

（四）建筑工程项目的改建、扩建或者技术改造，需要由原设计单位设计，否则将影响功能配套要求的；

（五）国家规定的其他特殊情形。

第五条　建筑工程设计招标应当依法进行公开招标或者邀请招标。

第六条　建筑工程设计招标可以采用设计方案招标或者设计团队招标，招标人可以根据项目特点和实际需要选择。

设计方案招标，是指主要通过对投标人提交的设计方案进行评审确定中标人。

设计团队招标，是指主要通过对投标人拟派设计团队的综合能力进行评审确定中标人。

第七条　公开招标的，招标人应当发布招标公告。邀请招标的，招标人应当向3个以上潜在投标人发出投标邀请书。

招标公告或者投标邀请书应当载明招标人名称和地址、招标项目的基本要求、投标人的资质要求以及获取招标文件的办法等事项。

第八条 招标人一般应当将建筑工程的方案设计、初步设计和施工图设计一并招标。确需另行选择设计单位承担初步设计、施工图设计的，应当在招标公告或者投标邀请书中明确。

第九条 鼓励建筑工程实行设计总包。实行设计总包的，按照合同约定或者经招标人同意，设计单位可以不通过招标方式将建筑工程非主体部分的设计进行分包。

第十条 招标文件应当满足设计方案招标或者设计团队招标的不同需求，主要包括以下内容：

（一）项目基本情况；

（二）城乡规划和城市设计对项目的基本要求；

（三）项目工程经济技术要求；

（四）项目有关基础资料；

（五）招标内容；

（六）招标文件答疑、现场踏勘安排；

（七）投标文件编制要求；

（八）评标标准和方法；

（九）投标文件送达地点和截止时间；

（十）开标时间和地点；

（十一）拟签订合同的主要条款；

（十二）设计费或者计费方法；

（十三）未中标方案补偿办法。

第十一条 招标人应当在资格预审公告、招标公告或者投标邀请书中载明是否接受联合体投标。采用联合体形式投标的，联合体各方应当签订共同投标协议，明确约定各方承担的工作和责任，就中标项目向招标人承担连带责任。

第十二条 招标人可以对已发出的招标文件进行必要的澄清或者修改。澄清或者修改的内容可能影响投标文件编制的，招标人应当在投标截止时间至少15日前，以书面形式通知所有获取招标文件的潜在投标人，不足15日的，招标人应当顺延提交投标文件的截止时间。

潜在投标人或者其他利害关系人对招标文件有异议的，应当在投标截止时间10日前提出。招标人应当自收到异议之日起3日内作出答复；作出答复前，应当暂停招标投标活动。

第十三条 招标人应当确定投标人编制投标文件所需要的合理时间，自招标文件开始发出之日起至投标人提交投标文件截止之日止，时限最短不少于20日。

第十四条 投标人应当具有与招标项目相适应的工程设计资质。境外设计单位参加国内建筑工程设计投标的，按照国家有关规定执行。

第十五条 投标人应当按照招标文件的要求编制投标文件。投标文件应当对招标文件提出的实质性要求和条件作出响应。

第十六条 评标由评标委员会负责。

评标委员会由招标人代表和有关专家组成。评标委员会人数为5人以上单数，其中技术和经济方面的专家不得少于成员总数的2/3。建筑工程设计方案评标时，建筑专业专家不得少于技术和经济方面专家总数的2/3。

评标专家一般从专家库随机抽取，对于技术复杂、专业性强或者国家有特殊要求的项目，招标人也可以直接邀请相应专业的中国科学院院士、中国工程院院士、全国工程勘察设计大师以及境外具有相应资历的专家参加评标。

投标人或者与投标人有利害关系的人员不得参加评标委员会。

第十七条 有下列情形之一的，评标委员会应当否决其投标：

（一）投标文件未按招标文件要求经投标人盖章和单位负责人签字；

（二）投标联合体没有提交共同投标协议；

（三）投标人不符合国家或者招标文件规定的资格条件；

（四）同一投标人提交两个以上不同的投标文件或者投标报价，但招标文件要求提交备选投标的除外；

（五）投标文件没有对招标文件的实质性要求和条件作出响应；

（六）投标人有串通投标、弄虚作假、行贿等违法行为；

（七）法律法规规定的其他应当否决投标的情形。

第十八条 评标委员会应当按照招标文件确定的评标标准和方法，对投标文件进行评审。

采用设计方案招标的，评标委员会应当在符合城乡规划、城市设计以及安全、绿色、节能、环保要求的前提下，重点对功能、技术、经济和美观等进行评审。

采用设计团队招标的，评标委员会应当对投标人拟从事项目设计的人员构成、人员业绩、人员从业经历、项目解读、设计构思、投标人信用情况和业绩等进行评审。

第十九条 评标委员会应当在评标完成后,向招标人提出书面评标报告,推荐不超过3个中标候选人,并标明顺序。

第二十条 招标人应当公示中标候选人。采用设计团队招标的,招标人应当公示中标候选人投标文件中所列主要人员、业绩等内容。

第二十一条 招标人根据评标委员会的书面评标报告和推荐的中标候选人确定中标人。招标人也可以授权评标委员会直接确定中标人。

采用设计方案招标的,招标人认为评标委员会推荐的候选方案不能最大限度满足招标文件规定的要求的,应当依法重新招标。

第二十二条 招标人应当在确定中标人后及时向中标人发出中标通知书,并同时将中标结果通知所有未中标人。

第二十三条 招标人应当自确定中标人之日起15日内,向县级以上地方人民政府住房城乡建设主管部门提交招标投标情况的书面报告。

第二十四条 县级以上地方人民政府住房城乡建设主管部门应当自收到招标投标情况的书面报告之日起5个工作日内,公开专家评审意见等信息,涉及国家秘密、商业秘密的除外。

第二十五条 招标人和中标人应当自中标通知书发出之日起30日内,按照招标文件和中标人的投标文件订立书面合同。

第二十六条 招标人、中标人使用未中标方案的,应当征得提交方案的投标人同意并付给使用费。

第二十七条 国务院住房城乡建设主管部门,省、自治区、直辖市人民政府住房城乡建设主管部门应当加强建筑工程设计评标专家和专家库的管理。

建筑专业专家库应当按建筑工程类别细化分类。

第二十八条 住房城乡建设主管部门应当加快推进电子招标投标,完善招标投标信息平台建设,促进建筑工程设计招标投标信息化监管。

第二十九条 招标人以不合理的条件限制或者排斥潜在投标人的,对潜在投标人实行歧视待遇的,强制要求投标人组成联合体共同投标的,或者限制投标人之间竞争的,由县级以上地方人民政府住房城乡建设主管部门责令改正,可以处1万元以上5万元以下的罚款。

第三十条 招标人澄清、修改招标文件的时限,或者确定的提交投标文件的时限不符合本办法规定的,由县级以上地方人民政府住房城乡建设主管部门责令改正,可以处10万元以下的罚款。

第三十一条 招标人不按照规定组建评标委员会,或者评标委员会成员的确定违反本办法规定的,由县级以上地方人民政府住房城乡建设主管部门责令改正,可以处10万元以下的罚款,相应评审结论无效,依法重新进行评审。

第三十二条 招标人有下列情形之一的,由县级以上地方人民政府住房城乡建设主管部门责令改正,可以处中标项目金额10‰以下的罚款;给他人造成损失的,依法承担赔偿责任;对单位直接负责的主管人员和其他直接责任人员依法给予处分:

(一)无正当理由未按本办法规定发出中标通知书;

(二)不按照规定确定中标人;

(三)中标通知书发出后无正当理由改变中标结果;

(四)无正当理由未按本办法规定与中标人订立合同;

(五)在订立合同时向中标人提出附加条件。

第三十三条 投标人以他人名义投标或者以其他方式弄虚作假,骗取中标的,中标无效,给招标人造成损失的,依法承担赔偿责任;构成犯罪的,依法追究刑事责任。

投标人有前款所列行为尚未构成犯罪的,由县级以上地方人民政府住房城乡建设主管部门处中标项目金额5‰以上10‰以下的罚款,对单位直接负责的主管人员和其他直接责任人员处单位罚款数额5%以上10%以下的罚款;有违法所得的,并处没收违法所得;情节严重的,取消其1年至3年内参加依法必须进行招标的建筑工程设计招标的投标资格,并予以公告,直至由工商行政管理机关吊销营业执照。

第三十四条 评标委员会成员收受投标人的财物或者其他好处的,评标委员会成员或者参加评标的有关工作人员向他人透露对投标文件的评审和比较、中标候选人的推荐以及与评标有关的其他情况的,由县级以上地方人民政府住房城乡建设主管部门给予警告,没收收受的财物,可以并处3000元以上5万元以下的罚款。

评标委员会成员有前款所列行为的,由有关主管部门通报批评并取消担任评标委员会成员的资格,不得再参加任何依法必须进行招标的建筑工程设计招标投标的评标;构成犯罪的,依法追究刑事责任。

第三十五条 评标委员会成员违反本办法规定,对应当否决的投标不提出否决意见的,由县级以上地方人民政府住房城乡建设主管部门责令改正;情节严重的,禁止其在一定期限内参加依法必须进行招标的建筑工程设计招标投标的评标；情节特别严重的，由有关主管部门取消其担任评标委员会成员的资格。

第三十六条 住房城乡建设主管部门或者有关职能部门的工作人员徇私舞弊、滥用职权或者玩忽职守，构成犯罪的，依法追究刑事责任；不构成犯罪的，依法给予行政处分。

第三十七条 市政公用工程及园林工程设计招标投标参照本办法执行。

第三十八条 本办法自2017年5月1日起施行。2000年10月18日建设部颁布的《建筑工程设计招标投标管理办法》（建设部令第82号）同时废止。

城市管理执法办法

中华人民共和国住房和城乡建设部令第34号

《城市管理执法办法》已经第32次部常务会议审议通过，现予发布，自2017年5月1日起施行。

住房城乡建设部部长　陈政高
2017年1月24日

城市管理执法办法

第一章 总　则

第一条 为了规范城市管理执法工作，提高执法和服务水平，维护城市管理秩序，保护公民、法人和其他组织的合法权益，根据行政处罚法、行政强制法等法律法规的规定，制定本办法。

第二条 城市、县人民政府所在地镇建成区内的城市管理执法活动以及执法监督活动，适用本办法。

本办法所称城市管理执法，是指城市管理执法主管部门在城市管理领域根据法律法规规章规定履行行政处罚、行政强制等行政执法职责的行为。

第三条 城市管理执法应当遵循以人为本、依法治理、源头治理、权责一致、协调创新的原则，坚持严格规范公正文明执法。

第四条 国务院住房城乡建设主管部门负责全国城市管理执法的指导监督协调工作。

各省、自治区人民政府住房城乡建设主管部门负责本行政区域内城市管理执法的指导监督考核协调工作。

城市、县人民政府城市管理执法主管部门负责本行政区域内的城市管理执法工作。

第五条 城市管理执法主管部门应当推动建立城市管理协调机制，协调有关部门做好城市管理执法工作。

第六条 城市管理执法主管部门应当加强城市管理法律法规规章的宣传普及工作，增强全民守法意识，共同维护城市管理秩序。

第七条 城市管理执法主管部门应当积极为公众监督城市管理执法活动提供条件。

第二章 执法范围

第八条 城市管理执法的行政处罚权范围依照法律法规和国务院有关规定确定，包括住房城乡建设领域法律法规规章规定的行政处罚权，以及环境保护管理、工商管理、交通管理、水务管理、食品药品监管方面与城市管理相关部分的行政处罚权。

第九条 需要集中行使的城市管理执法事项，应当同时具备下列条件：

（一）与城市管理密切相关；

（二）与群众生产生活密切相关、多头执法扰民问题突出；

（三）执法频率高、专业技术要求适宜；

（四）确实需要集中行使的。

第十条 城市管理执法主管部门依法相对集中行使行政处罚权的，可以实施法律法规规定的与行政处罚权相关的行政强制措施。

第十一条 城市管理执法事项范围确定后，应当向社会公开。

第十二条 城市管理执法主管部门集中行使原由其他部门行使的行政处罚权的，应当与其他部门明确职责权限和工作机制。

第三章 执法主体

第十三条 城市管理执法主管部门按照权责清晰、事权统一、精简效能的原则设置执法队伍。

第十四条 直辖市、设区的市城市管理执法推行市级执法或者区级执法。

直辖市、设区的市的城市管理执法事项，市辖区人民政府城市管理执法主管部门能够承担的，可以实行区级执法。

直辖市、设区的市人民政府城市管理执法主管部门可以承担跨区域和重大复杂违法案件的查处。

第十五条 市辖区人民政府城市管理执法主管部门可以向街道派出执法机构。直辖市、设区的市人民政府城市管理执法主管部门可以向市辖区或者街道派出执法机构。

派出机构以设立该派出机构的城市管理执法主管部门的名义，在所辖区域范围内履行城市管理执法职责。

第十六条 城市管理执法主管部门应当依据国家相关标准，提出确定城市管理执法人员数量的合理意见，并按程序报同级编制主管部门审批。

第十七条 城市管理执法人员应当持证上岗。

城市管理执法主管部门应当定期开展执法人员的培训和考核。

第十八条 城市管理执法主管部门可以配置城市管理执法协管人员，配合执法人员从事执法辅助事务。

协管人员从事执法辅助事务产生的法律后果，由本级城市管理执法主管部门承担。

城市管理执法主管部门应当严格协管人员的招录程序、资格条件，规范执法辅助行为，建立退出机制。

第十九条 城市管理执法人员依法开展执法活动和协管人员依法开展执法辅助事务，受法律保护。

第四章 执法保障

第二十条 城市管理执法主管部门应当按照规定配置执法执勤用车以及调查取证设施、通讯设施等装备配备，并规范管理。

第二十一条 城市管理执法制式服装、标志标识应当全国统一，由国务院住房城乡建设主管部门制定式样和标准。

第二十二条 城市管理执法应当保障必要的工作经费。

工作经费按规定已列入同级财政预算，城市管理执法主管部门不得以罚没收入作为经费来源。

第二十三条 城市管理领域应当建立数字化城市管理平台，实现城市管理的信息采集、指挥调度、督察督办、公众参与等功能，并逐步实现与有关部门信息平台的共享。

城市管理领域应当整合城市管理相关电话服务平台，建立统一的城市管理服务热线。

第二十四条 城市管理执法需要实施鉴定、检验、检测的，城市管理执法主管部门可以开展鉴定、检验、检测，或者按照有关规定委托第三方实施。

第五章 执法规范

第二十五条 城市管理执法主管部门依照法定程序开展执法活动，应当保障当事人依法享有的陈述、申辩、听证等权利。

第二十六条 城市管理执法主管部门开展执法活动，应当根据违法行为的性质和危害后果依法给予相应的行政处罚。

对违法行为轻微的，可以采取教育、劝诫、疏导等方式予以纠正。

第二十七条 城市管理执法人员开展执法活动，可以依法采取以下措施：

（一）以勘验、拍照、录音、摄像等方式进行现场取证；

（二）在现场设置警示标志；

（三）询问案件当事人、证人等；

（四）查阅、调取、复制有关文件资料等；

（五）法律、法规规定的其他措施。

第二十八条 城市管理执法主管部门应当依法、全面、客观收集相关证据，规范建立城市管理执法档案并完整保存。

城市管理执法主管部门应当运用执法记录仪、视频监控等技术，实现执法活动全过程记录。

第二十九条 城市管理执法主管部门对查封、扣押的物品，应当妥善保管，不得使用、截留、损毁或者擅自处置。查封、扣押的物品属非法物品的，移送有关部门处理。

第三十条 城市管理执法主管部门不得对罚款、没收违法所得设定任务和目标。

罚款、没收违法所得的款项，应当按照规定全额上缴。

第三十一条 城市管理执法主管部门应当确定法制审核机构，配备一定比例符合条件的法制审核人员，对重大执法决定在执法主体、管辖权限、执法程序、事实认定、法律适用等方面进行法制审核。

第三十二条 城市管理执法主管部门开展执法活动，应当使用统一格式的行政执法文书。

第三十三条 行政执法文书的送达，依照民事诉讼法等法律规定执行。

当事人提供送达地址或者同意电子送达的，可以按照其提供的地址或者传真、电子邮件送达。

采取直接、留置、邮寄、委托、转交等方式无法送达的，可以通过报纸、门户网站等方式公告送达。

第三十四条 城市管理执法主管部门应当通过门户网站、办事窗口等渠道或者场所，公开行政执法职责、权限、依据、监督方式等行政执法信息。

第六章 协作与配合

第三十五条 城市管理执法主管部门应当与有关部门建立行政执法信息互通共享机制，及时通报行政执法信息和相关行政管理信息。

第三十六条 城市管理执法主管部门可以对城市管理执法事项实行网格化管理。

第三十七条 城市管理执法主管部门在执法活动中发现依法应当由其他部门查处的违法行为，应当及时告知或者移送有关部门。

第七章 执法监督

第三十八条 城市管理执法主管部门应当向社会公布投诉、举报电话及其他监督方式。

城市管理执法主管部门应当为投诉人、举报人保密。

第三十九条 城市管理执法主管部门违反本办法规定，有下列行为之一的，由上级城市管理执法主管部门或者有关部门责令改正，通报批评；情节严重的，对直接负责的主管人员和其他直接责任人员依法给予处分。

（一）没有法定依据实施行政处罚的；

（二）违反法定程序实施行政处罚的；

（三）以罚款、没收违法所得作为经费来源的；

（四）使用、截留、损毁或者擅自处置查封、扣押物品的；

（五）其他违反法律法规和本办法规定的。

第四十条 非城市管理执法人员着城市管理执法制式服装的，城市管理执法主管部门应当予以纠正，依法追究法律责任。

第八章 附　则

第四十一条 本办法第二条第一款规定范围以外的城市管理执法工作，参照本办法执行。

第四十二条 本办法自2017年5月1日起施行。1992年6月3日发布的《城建监察规定》（建设部令第20号）同时废止。

城市设计管理办法

中华人民共和国住房和城乡建设部令第35号

《城市设计管理办法》已经第33次部常务会议审议通过，现予发布，自2017年6月1日起施行。

住房城乡建设部部长　陈政高
2017年3月14日

城市设计管理办法

第一条 为提高城市建设水平，塑造城市风貌特色，推进城市设计工作，完善城市规划建设管理，依据《中华人民共和国城乡规划法》等法律法规，制定本办法。

第二条 城市、县人民政府所在地建制镇开展城市设计管理工作，适用本办法。

第三条 城市设计是落实城市规划、指导建筑设计、塑造城市特色风貌的有效手段，贯穿于城市规划建设管理全过程。通过城市设计，从整体平面和立体空间上统筹城市建筑布局、协调城市景观风貌，体现地域特征、民族特色和时代风貌。

第四条 开展城市设计，应当符合城市（县人民政府所在地建制镇）总体规划和相关标准；尊重城市发展规律，坚持以人为本，保护自然环境，传承历史文化，塑造城市特色，优化城市形态，节约集约用地，创造宜居公共空间；根据经济社会发展水平、资源条件和管理需要，因地制宜，逐步推进。

第五条 国务院城乡规划主管部门负责指导和监督全国城市设计工作。

省、自治区城乡规划主管部门负责指导和监督本行政区域内城市设计工作。

城市、县人民政府城乡规划主管部门负责本行政区域内城市设计的监督管理。

第六条 城市、县人民政府城乡规划主管部门，应当充分利用新技术开展城市设计工作。有条件的地方可以建立城市设计管理辅助决策系统，并将城市设计要求纳入城市规划管理信息平台。

第七条 城市设计分为总体城市设计和重点地区城市设计。

第八条 总体城市设计应当确定城市风貌特色，保护自然山水格局，优化城市形态格局，明确公共空间体系，并可与城市（县人民政府所在地建制镇）总体规划一并报批。

第九条 下列区域应当编制重点地区城市设计：

（一）城市核心区和中心地区；

（二）体现城市历史风貌的地区；

（三）新城新区；

（四）重要街道，包括商业街；

（五）滨水地区，包括沿河、沿海、沿湖地带；

（六）山前地区；

（七）其他能够集中体现和塑造城市文化、风貌特色，具有特殊价值的地区。

第十条 重点地区城市设计应当塑造城市风貌特色，注重与山水自然的共生关系，协调市政工程，组织城市公共空间功能，注重建筑空间尺度，提出建筑高度、体量、风格、色彩等控制要求。

第十一条 历史文化街区和历史风貌保护相关控制地区开展城市设计，应当根据相关保护规划和要求，整体安排空间格局，保护延续历史文化，明确新建建筑和改扩建建筑的控制要求。

重要街道、街区开展城市设计，应当根据居民生活和城市公共活动需要，统筹交通组织，合理布置交通设施、市政设施、街道家具，拓展步行活动和绿化空间，提升街道特色和活力。

第十二条 城市设计重点地区范围以外地区，可以根据当地实际条件，依据总体城市设计，单独或者结合控制性详细规划等开展城市设计，明确建筑特色、公共空间和景观风貌等方面的要求。

第十三条 编制城市设计时，组织编制机关应当通过座谈、论证、网络等多种形式及渠道，广泛征求专家和公众意见。审批前应依法进行公示，公示时间不少于30日。

城市设计成果应当自批准之日起20个工作日内，通过政府信息网站以及当地主要新闻媒体予以公布。

第十四条 重点地区城市设计的内容和要求应当纳入控制性详细规划，并落实到控制性详细规划的相关指标中。

重点地区的控制性详细规划未体现城市设计内容和要求的，应当及时修改完善。

第十五条 单体建筑设计和景观、市政工程方案设计应当符合城市设计要求。

第十六条 以出让方式提供国有土地使用权，以及在城市、县人民政府所在地建制镇规划区内的大型公共建筑项目，应当将城市设计要求纳入规划条件。

第十七条 城市、县人民政府城乡规划主管部门负责组织编制本行政区域内总体城市设计、重点地区的城市设计，并报本级人民政府审批。

第十八条 城市、县人民政府城乡规划主管部门组织编制城市设计所需的经费，应列入城乡规划的编制经费预算。

第十九条 城市、县人民政府城乡规划主管部门开展城乡规划监督检查时，应当加强监督检查城市设计工作情况。

国务院和省、自治区人民政府城乡规划主管部门应当定期对各地的城市设计工作和风貌管理情况进行检查。

第二十条 城市、县人民政府城乡规划主管部门进行建筑设计方案审查和规划核实时，应当审核城市设计要求落实情况。

第二十一条 城市、县人民政府城乡规划主管部门开展城市规划实施评估时，应当同时评估城市设计工作实施情况。

第二十二条　城市设计的技术管理规定由国务院城乡规划主管部门另行制定。

第二十三条　各地可根据本办法，按照实际情况，制定实施细则和技术导则。

第二十四条　县人民政府所在地以外的镇可以参照本办法开展城市设计工作。

第二十五条　本办法自2017年6月1日起施行。

住房城乡建设部关于废止《城市公共汽电车客运管理办法》的决定

中华人民共和国住房和城乡建设部令第36号

《住房城乡建设部关于废止〈城市公共汽电车客运管理办法〉的决定》已经第34次部常务会议审议通过，现予发布，自发布之日起施行。

住房城乡建设部部长　陈政高

2017年5月31日

住房城乡建设部关于废止《城市公共汽电车客运管理办法》的决定

经住房城乡建设部常务会议审议，决定废止《城市公共汽电车客运管理办法》（建设部令第138号）。现予发布，自发布之日起施行。

住房城乡建设部关于支持北京市、上海市开展共有产权住房试点的意见

建保〔2017〕210号

北京市住房城乡建设委、上海市住房城乡建设管理委：

习近平总书记指出，加快推进住房保障和供应体系建设，是满足群众基本住房需求、实现全体人民住有所居目标的重要任务，是促进社会公平正义、保证人民群众共享改革发展成果的必然要求。发展共有产权住房，是加快推进住房保障和供应体系建设的重要内容。目前，北京市、上海市积极发展共有产权住房，取得了阶段性成效。北京市制定《共有产权住房管理暂行办法》，明确了未来五年供应25万套共有产权住房的目标，着力满足城镇户籍无房家庭及符合条件新市民的基本住房需求。上海市截至2016年底已供应共有产权保障住房8.9万套，并明确了下一步发展目标，着力改善城镇中低收入住房困难家庭居住条件。经研究，决定在北京市、上海市开展共有产权住房试点。为支持两市开展共有产权住房试点工作，现提出以下意见：

一、总体要求。认真贯彻落实党中央、国务院决策部署，坚持"房子是用来住的、不是用来炒的"的定位，以满足新市民住房需求为主要出发点，以建立购租并举的住房制度为主要方向，以市场为主满足多层次需求，以政府为主提供基本保障，通过推进住房供给侧结构性改革，加快解决住房困难家庭的基本住房问题。

二、基本原则。坚持政府引导、政策支持，充分发挥市场机制的推动作用；坚持因地制宜、分类

施策，满足基本住房需求。

三、供应对象。面向符合规定条件的住房困难群体供应，优先供应无房家庭，具体供应对象范围由两市人民政府确定。

四、管理制度。要制定共有产权住房具体管理办法，核心是建立完善的共有产权住房管理机制，包括配售定价、产权划分、使用管理、产权转让等规则，确保共有产权住房是用来住的，不是用来炒的。同时，要明确相关主体在共有产权住房使用、维护等方面的权利和义务。

五、运营管理主体。要明确由国有机构代表政府持有共有产权住房政府份额，并承担与承购人签订配售合同、日常使用管理、回购及再上市交易等事项。

六、政策支持。要确保共有产权住房用地供应，并落实好现有的财政、金融、税费等优惠政策。

七、规划建设。共有产权住房应以中小套型为主，要优化规划布局、设施配套和户型设计，抓好工程质量。

八、组织实施。要高度重视开展共有产权住房试点工作，在市委、市政府的统一部署和领导下，按照已经确定的工作目标和重点任务，扎实有序推进发展共有产权住房工作。同时，要以制度创新为核心，在建设模式、产权划分、使用管理、产权转让等方面进行大胆探索，力争形成可复制、可推广的试点经验。对共有产权住房试点工作中遇到的问题，请及时总结并报我部。

中华人民共和国住房和城乡建设部
2017 年 9 月 14 日

住房城乡建设部关于加强生态修复城市修补工作的指导意见

建规〔2017〕59 号

各省、自治区住房城乡建设厅，直辖市住房城乡建设、城乡规划、园林绿化主管部门，新疆生产建设兵团建设局：

改革开放以来，我国城镇化和城市建设取得巨大成就，但同时也面临着资源约束趋紧、环境污染严重、生态系统遭受破坏的严峻形势，基础设施短缺、公共服务不足等问题突出，"城市病"普遍存在，严重制约城市发展模式和治理方式的转型。开展生态修复、城市修补（以下统称"城市双修"）是治理"城市病"、改善人居环境的重要行动，是推动供给侧结构性改革、补足城市短板的客观需要，是城市转变发展方式的重要标志。为贯彻落实《中共中央国务院关于加快推进生态文明建设的意见》《中共中央国务院关于进一步加强城市规划建设管理工作的若干意见》，全面推进"城市双修"工作，现提出如下意见。

一、总体要求

（一）指导思想。全面贯彻党的十八大和十八届三中、四中、五中、六中全会及中央城市工作会议精神，深入贯彻习近平总书记系列重要讲话精神，牢固树立创新、协调、绿色、开放、共享的发展理念，坚持以人民为中心的发展思想，进一步加强城市规划建设管理工作，将"城市双修"作为推动供给侧结构性改革的重要任务，以改善生态环境质量、补足城市基础设施短板、提高公共服务水平为重点，转变城市发展方式，治理"城市病"，提升城市治理能力，打造和谐宜居、富有活力、各具特色的现代化城市。

（二）基本原则

——政府主导，协同推进。将"城市双修"作为各城市住房城乡建设、规划等部门的重要职责，加强与相关部门分工合作，建立长效机制，完善政策，整合资源、资金、项目，协同推进。

——统筹规划，系统推进。尊重自然生态环境和城市发展规律，综合分析，统筹规划，加强"城市双修"各项工作的协调衔接，增强工作的系统性、整体性。

——因地制宜，分类推进。坚持问题导向，根据城市生态状况、发展阶段和经济条件差异，有针对性地制定实施方案，近远结合，分类推进。

——保护优先，科学推进。坚持保护优先原则，保护历史文化遗产和自然资源，修复受损生态，妥善处理保护与发展关系，科学推进"城市双修"。

（三）主要任务目标。2017年，各城市制定"城市双修"实施计划，开展生态环境和城市建设调查评估，完成"城市双修"重要地区的城市设计，推进一批有实效、有影响、可示范的"城市双修"项目。2020年，"城市双修"工作初见成效，被破坏的生态环境得到有效修复，"城市病"得到有效治理，城市基础设施和公共服务设施条件明显改善，环境质量明显提升，城市特色风貌初显。

二、完善基础工作，统筹谋划"城市双修"

（一）开展调查评估。开展城市生态环境评估，对城市山体、水系、湿地、绿地等自然资源和生态空间开展摸底调查，找出生态问题突出、亟需修复的区域。开展城市建设调查评估和规划实施评估，梳理城市基础设施、公共服务、历史文化保护以及城市风貌方面存在的问题和不足，明确城市修补的重点。

（二）编制专项规划。根据城市总体规划、相关规划和评估结果，确定开展"城市双修"的地区和范围。编制城市生态修复专项规划，统筹协调城市绿地系统、水系统、海绵城市等专项规划。编制城市修补专项规划，完善城市道路交通和基础设施、公共服务设施规划，明确城市环境整治、老建筑维修加固、旧厂房改造利用、历史文化遗产保护等要求。开展"城市双修"重要地区的城市设计，延续城市文脉，协调景观风貌，促进城市建筑、街道立面、天际线、色彩与环境更加协调、优美。

（三）制定实施计划。各地要制定"城市双修"实施计划，明确工作目标和任务，将"城市双修"工作细化为具体的工程项目，建立工程项目清单，明确项目的位置、类型、数量、规模、完成时间和阶段性目标，合理安排建设时序和资金，落实实施主体。要加强实施计划的论证和评估，增强实施计划的科学性、针对性和可操作性。

三、修复城市生态，改善生态功能

（四）加快山体修复。加强对城市山体自然风貌的保护，严禁在生态敏感区域开山采石、破山修路、劈山造城。根据城市山体受损情况，因地制宜采取科学的工程措施，消除安全隐患，恢复自然形态。保护山体原有植被，种植乡土适生植物，重建植被群落。在保障安全和生态功能的基础上，探索多种山体修复利用模式。

（五）开展水体治理和修复。全面落实海绵城市建设理念，系统开展江河、湖泊、湿地等水体生态修复。加强对城市水系自然形态的保护，避免盲目截弯取直，禁止明河改暗渠、填湖造地、违法取砂等破坏行为。综合整治城市黑臭水体，全面实施控源截污，强化排水口、管道和检查井的系统治理，科学开展水体清淤，恢复和保持河湖水系的自然连通和流动性。因地制宜改造渠化河道，恢复自然岸线、滩涂和滨水植被群落，增强水体自净能力。

（六）修复利用废弃地。科学分析废弃地和污染土地的成因、受损程度、场地现状及其周边环境，综合运用多种适宜技术改良土壤，消除场地安全隐患。选择种植具有吸收降解功能、适应性强的植物，恢复植被群落，重建自然生态。对经评估达到相关标准要求的已修复土地和废弃设施用地，根据城市规划和城市设计，合理安排利用。

（七）完善绿地系统。推进绿廊、绿环、绿楔、绿心等绿地建设，构建完整连贯的城乡绿地系统。按照居民出行"300米见绿、500米入园"的要求，优化城市绿地布局，均衡布局公园绿地。通过拆迁建绿、破硬复绿、见缝插绿等，拓展绿色空间，提高城市绿化效果。因地制宜建设湿地公园、雨水花园等海绵绿地，推广老旧公园提质改造，提升存量绿地品质和功能。乔灌草合理配植，广种乡土植物，推行生态绿化方式。

四、修补城市功能，提升环境品质

（八）填补基础设施欠账。大力完善城市给水、排水、燃气、供热、通信、电力等基础设施，加快老旧管网改造，有序推进各类架空线入廊。加强污水处理设施、垃圾处理设施、公共厕所、应急避难场所建设，提高基础设施承载能力。统筹规划建设基本商业网点、医疗卫生、教育、科技、文化、体育、养老、物流配送等城市公共服务设施，不断提高服务水平。

（九）增加公共空间。加大违法建设查处拆除力度，积极拓展公园绿地、城市广场等公共空间，完善公共空间体系。控制城市改造开发强度和建筑密度，根据人口规模和分布，合理布局城市广场，满足居民健身休闲和公共活动需要。加强对山边、水边、路边的环境整治，加大对沿街、沿路和公园绿地周边地区的建设管控，禁止擅自占用公共空间。

（十）改善出行条件。加强街区的规划和建设，推行"窄马路、密路网"的城市道路布局理念，打通断头路，形成完整路网，提高道路通达性。优化道路断面和交叉口，适当拓宽城市中心、交通枢纽地区的人行道宽度，完善过街通道、无障碍设施，推广林荫路，加快绿道建设，鼓励城市居民步行和使用自行车出行。改善各类交通方式的换乘衔接，方便城市居民乘坐公共交通出行。鼓励结合老旧城区更新改造、建筑新建和改扩建，规划建设地下停车场、立体停车楼，增加停车位供给。加快充电设施建设，促进电动汽车的使用推广。

（十一）改造老旧小区。统筹利用节能改造、抗震加固、房屋维修等多方面资金，加快老旧住宅改造。支持符合条件的老旧建筑加装电梯，提升建筑使用功能和宜居水平。开展老旧小区综合整治，完善照明、停车、电动汽车充电、二次供水等基础设施，实施小区海绵化改造，配套建设菜市场、便利店、文化站、健身休闲、日间照料中心等社区服务设施，加强小区绿化，改善小区居住环境，方便居民生活。

（十二）保护历史文化。加强历史文化名城名镇保护，做好城市历史风貌协调地区的城市设计，保护城市历史文化，更好地延续历史文脉，展现城市风貌。鼓励采取小规模、渐进式更新改造老旧城区，保护城市传统格局和肌理。加快推动老旧工业区的产业调整和功能置换，鼓励老建筑改造再利用，优先将旧厂房用于公共文化、公共体育、养老和创意产业。确定公布历史建筑，改进历史建筑保护方法，加强城市历史文化挖掘整理，传承优秀传统建筑文化。

（十三）塑造城市时代风貌。加强总体城市设计，确定城市风貌特色，保护山水、自然格局，优化城市形态格局，建立城市景观框架，塑造现代城市形象。加强新城新区、重要街道、城市广场、滨水岸线等重要地区、节点的城市设计，完善夜景照明、街道家具和标识指引，加强广告牌匾设置和城市雕塑建设管理，满足现代城市生活需要。加强新建、改扩建建筑设计管理，贯彻"适用、经济、绿色、美观"的建筑方针，鼓励出精品佳作，促进现代建筑文化发展。

五、健全保障制度，完善政策措施

（十四）强化组织领导。各城市要按照《中共中央国务院关于进一步加强城市规划建设管理工作的若干意见》要求，确定"城市双修"工作的目标和任务，明确实施步骤和保障措施。住房城乡建设、规划部门要争取城市主要领导的支持，将"城市双修"工作列入城市人民政府的重要议事议程。研究建立长效机制，持续推进"城市双修"工作。

（十五）创新管理制度。积极开展"城市双修"试点工作，创新城市规划建设管理方式，探索形成有利于"城市双修"的管理制度。研究城市公共空间拓展的激励机制，鼓励增加公共空间。抓紧建立公共建筑拆除管理程序和评估机制，制止城市大拆大建。完善园林绿化管理制度，研究建立生态修复补偿机制，切实保护和增加绿色空间。

（十六）积极筹措资金。要争取发展改革、财政等部门的支持，多渠道增加对"城市双修"工程项目的投入。推动将重要的"城市双修"工程纳入国民经济和社会发展年度计划，保持每年安排一定比例的资金用于"城市双修"项目，发挥好政府资金的引导作用。鼓励采用政府和社会资本合作（PPP）模式，发动社会力量推进"城市双修"工作。

（十七）加强监督考核。各省级住房城乡建设主管部门要加强对本地区"城市双修"工作跟踪指导，督促各城市建立考核制度，严格目标管理、绩效考核和工作问责。我部将研究制订"城市双修"工作评价考核办法，定期组织开展全国"城市双修"实施成效评价，并把评价结果纳入国家园林城市、生态园林城市、中国人居环境奖评审考核范围。

（十八）鼓励公众参与。加强宣传工作，充分利用电视、报纸、网络等新闻媒体，普及生态环保知识，提高社会公众对"城市双修"工作的认识。要创造条件，鼓励社会公众积极参与，及时听取社会各界和有关专家的意见，形成良好的工作氛围。深入细致做好群众工作，认真听取群众诉求，维护群众利益，着力解决群众反映强烈的突出问题，让群众在"城市双修"中有更多获得感。

中华人民共和国住房和城乡建设部
2017年3月6日

住房城乡建设部关于将北京等 20个城市列为第一批城市设计试点城市的通知

建规〔2017〕68号

各省、自治区住房城乡建设厅,北京市规划国土委,天津市规划局,上海市规划和国土资源局,重庆市规划局,新疆生产建设兵团建设局:

为进一步贯彻落实中央城市工作会议精神和《中共中央国务院关于进一步加强城市规划建设管理工作的若干意见》,积极推动城市设计工作,在各地推荐和已开展的工作基础上,经组织专家评审,我部决定将北京等20个城市列为第一批城市设计试点城市(名单见附件),并就有关事项通知如下:

一、试点目的和意义

《中共中央国务院关于进一步加强城市规划建设管理工作的若干意见》明确,"城市设计是落实城市规划、指导建筑设计、塑造城市特色风貌的有效手段。鼓励开展城市设计工作,通过城市设计,从整体平面和立体空间上统筹城市建筑布局,协调城市景观风貌,体现城市地域特征、民族特色和时代风貌"。我国城市数量多,差异大,很多地方对城市设计工作缺乏经验,通过选择有条件的城市开展试点,因地制宜开展城市设计,对避免城市"千城一面"、延续城市文脉、塑造城市特色、提升城市环境品质具有重要意义。同时,通过开展城市设计试点,为全面开展城市设计工作积累经验,推动提高各地城市设计水平。

二、试点工作内容

城市设计试点工作自2017年2月开始,时间为2年。重点围绕以下内容开展工作:

(一)创新管理制度。研究创新城市设计管理制度,因地制宜开展城市设计,从制度上保障落实城市规划、指导建筑设计、塑造城市特色的目标。

(二)探索技术方法。坚持问题导向和目标导向,探索适用的城市设计技术路径,鼓励使用新技术和信息化手段,保证城市设计科学合理、好用、适用。

(三)传承历史文化。探索通过城市设计,精细化管理城市各类空间,保护城市历史格局,延续城市文脉。

(四)提高城市质量。结合城市生态修复、城市修补工作,通过城市设计工作,提高城市规划建设管理的精细化水平,促进城市转型发展,提高城市的人居环境质量。

三、试点工作要求

(一)强化组织领导。各试点城市要加强组织领导,制定试点工作方案,明确任务目标,扎实推进工作,通过城市设计,提升城市品质和特色。各省级住房城乡建设(规划管理)部门要加强对本省(区、市)试点工作的支持力度,督促试点工作方案落实。我部每年将组织对各试点城市的工作进行评估。

(二)突出工作重点。要将城市设计作为落实城市规划、指导建筑设计的有效抓手,从城市实际出发,建立城市设计管理制度,保持与城市规划、建筑设计管理工作的有效衔接。要创新开展城市设计,坚持以问题为导向,针对不同城市和问题,采取不同的设计方法和理念,突出做好城市核心区和中心地区、历史风貌地区、新城新区、重要街道以及滨水地区和山前地区等重点地区的城市设计。各试点城市每年要编制一批具有影响力、高水平、有实效的城市设计成果。

(三)完善保障措施。要培育建立熟悉本地情况的城市设计队伍,加强相关培训,增强城市设计专业水平和管理能力。增加经费投入,保障城市设计编制工作。强化城市设计的实施,通过有效的制度设计,在规划建设管理过程中加以落实,将城市设计要求纳入城市控制性详细规划和土地出让条件,发挥城市设计精细化的管理作用。

(四)总结推广经验。各试点城市要及时研究解决试点工作中的新情况、新问题,不断总结经验和不足，提高试点工作成效。各试点城市规划主管部门要及时报送好经验、好做法、好案例，每季度向我部报送一次工作进展情况。我部将搭建试点工作宣传平台，推动试点城市之间的交流，向全国推广试点工作经验。

附件：住房城乡建设部第一批城市设计试点城市名单（略）

中华人民共和国住房和城乡建设部

2017年3月14日

住房城乡建设部关于将保定等38个城市列为第三批生态修复城市修补试点城市的通知

建规〔2017〕147号

各省、自治区住房城乡建设厅，直辖市城乡规划、住房城乡建设、园林绿化主管部门，新疆生产建设兵团建设局：

为贯彻落实中央城市工作会议精神和《中共中央国务院关于进一步加强城市规划建设管理工作的若干意见》，探索总结生态修复、城市修补经验，推动城市转型发展，在各地推荐基础上，经组织专家评审，我部决定将保定市等38个城市列为第三批"城市双修"试点城市（名单见附件），并就有关事项通知如下：

一、试点目的和意义

《中共中央国务院关于进一步加强城市规划建设管理工作的若干意见》提出，要有序实施城市修补和有机更新，有计划有步骤地修复被破坏的山体、河流、湿地、植被。三亚"城市双修"试点经验证明，"城市双修"是治理"城市病"、改善人居环境、转变城市发展方式的有效手段。我国城市数量多，自然条件、发展阶段、经济发展水平等情况差异较大，"城市双修"的工作目标、组织方式、理念方法、项目规模、政策措施等有较大不同，要认真按照绿色发展理念和要求，继续选择不同性质、规模、类型的城市作为试点，进一步探索总结更多可复制、可推广的"城市双修"经验，引导各地在学习借鉴基础上，因地制宜推进"城市双修"工作，促进绿色发展。

二、试点工作主要任务

第三批"城市双修"试点工作自2017年7月开始，时间为2年。重点围绕以下内容开展工作：

（一）践行规划设计的新理念新方法。贯彻落实新发展理念，坚持以人民为中心的发展思想，根据"城市双修"需要，改进规划设计方法，增强对"城市双修"工作的指导性，建设绿色城市、人文城市。

（二）探索推动"城市双修"的组织模式。结合实际，建立健全"城市双修"的推进方式、工作机制、管理模式，加强部门协调衔接，鼓励公众参与，确保高效、有序推进工作。

（三）先行先试"城市双修"的适宜技术。坚持问题导向，从城市发展阶段、经济条件出发，采取适当的工程措施、适宜的技术手段开展"城市双修"。

（四）探索"城市双修"的资金筹措和使用方式。要积极安排财政资金，发挥政府资金的引导作用，也要大力推广政府和社会资本合作（PPP）模式，吸引民间资本助推"城市双修"。鼓励"城市双修"项目打包，整合各类资金，提高使用效益。

（五）研究建立推动"城市双修"的长效机制。尊重自然生态和城市发展规律，充分认识"城市双修"的复杂性和长期性，研究建立长效机制，持续推进"城市双修"工作。

（六）研究建立"城市双修"成效的评价标准。将"城市双修"工作的系统性、城市基础设施改善程度、老旧城区的更新成果、城市生态修复效果以及人民群众的满意度和获得感作为"城市双修"成效的基本标准。

三、试点工作要求

（一）强化组织领导。各试点城市要认真贯彻落实新发展理念，高度认识"城市双修"的重大意义和开展试点工作的必要性，将"城市双修"工作作为促进绿色发展的重要任务，加强组织领导，完善工作机制，健全保障制度，统筹推动"城市双修"工作。

（二）落实工程项目。各试点城市要将"城市双修"细化为可量化、可操作和可考核的工程项目，通过制定试点工作实施方案，建立项目清单，细化项目安排，明确建设时序和完成时间，落实实施主体，每年推动实施一批"城市双修"工程。

（三）加强考核评估。省、自治区住房城乡建设厅要加大对本省（区）试点工作的支持力度，督促试点工作实施方案落实。各试点城市要建立考核督促制度，明确目标管理和任务要求，强化工作落实。同时，我部每年将组织专家对各试点城市的工作进行考核评估。

（四）总结推广经验。各试点城市要加强交流，相互学习，及时总结经验和不足。要加强宣传，及时总结好经验、好做法、好案例，每季度向我部报送一次工作进展情况。我部将搭建试点工作宣传平台，向全国推广试点工作经验。

附件　住房城乡建设部第三批生态修复城市修补试点城市名单（略）

中华人民共和国住房和城乡建设部
2017 年 7 月 12 日

住房城乡建设部关于将上海等37 个城市列为第二批城市设计试点城市的通知

建规〔2017〕148 号

各省、自治区住房城乡建设厅，北京市规划国土委，天津市规划局，上海市规划和国土资源局，重庆市规划局，新疆生产建设兵团建设局：

为贯彻落实中央城市工作会议精神和《中共中央国务院关于进一步加强城市规划建设管理工作的若干意见》，积极推动城市设计工作，在各地推荐和已开展的工作基础上，经组织专家评审，我部决定将上海市等 37 个城市列为第二批城市设计试点城市（名单见附件），并就有关事项通知如下：

一、试点目的和意义

《中共中央国务院关于进一步加强城市规划建设管理工作的若干意见》明确，"城市设计是落实城市规划、指导建筑设计、塑造城市特色风貌的有效手段。鼓励开展城市设计工作，通过城市设计，从整体平面和立体空间上统筹城市建筑布局，协调城市景观风貌，体现城市地域特征、民族特色和时代风貌"。我国城市数量多，差异大，很多地方对城市设计工作缺乏经验，通过选择有条件的城市开展试点，落实绿色发展理念和要求，因地制宜开展城市设计，对避免城市"千城一面"、延续城市文脉、塑造城市特色、提升城市环境品质具有重要意义。同时，通过开展城市设计试点，建立和完善体现绿色发展要求的城市设计规范和标准，为全面开展城市设计工作积累经验，推动提高各地城市设计水平。

二、试点工作内容

城市设计试点工作自 2017 年 7 月开始，时间为 2 年。重点围绕以下内容开展工作：

（一）创新管理制度。贯彻落实新发展理念，研究创新城市设计管理制度，因地制宜开展城市设计，从制度上保障落实城市规划、指导建筑设计、塑造城市特色的目标。

（二）探索技术方法。坚持问题导向和目标导向，探索适用的城市设计技术方法，鼓励使用新技术和信息化手段，保证城市设计科学合理、好用适用。

（三）传承历史文化。探索通过城市设计划定城市成长坐标，保护城市历史格局，延续城市文脉。

（四）推动城市转型。紧密结合生态修复城市修补工作，开展城市设计，提高城市规划建设管理的精细化水平，促进城市转型发展，提高人居环境质量。

三、试点工作要求

（一）强化组织领导。各试点城市要加强组织领导，完善和落实试点实施方案，扎实推进工作，确保试点取得成效。各省级住房城乡建设（规划管理）部门要加强对本地区城市试点工作的支持力度，督促和指导试点工作方案落实。我部每年将组织对各试点城市工作进行评估。

（二）突出工作重点。要切实将城市设计作为落实城市规划、指导建筑设计的有效抓手，从城市实际出发，建立城市设计管理制度，保持与城市规划、建筑设计管理工作的有效衔接。创新开展城市设计，坚持以问题为导向，针对不同城市问题，采取不同的设计方法和理念，突出做好城市核心区和中心地区、历史风貌地区、新城新区、重要街道以及滨水地区和山前地区等重点地区的城市设计。各试点城市每年要编制一批有全国影响力、高水平、有实效的城市设计成果。

（三）完善保障措施。要培育建立熟悉本地情况的城市设计队伍，加强相关培训，增强城市设计专业水平和管理能力。增加经费投入，保障城市设计编制工作。强化城市设计的实施，通过有效的制度设计，在规划建设管理过程中加以落实，将城市设计要求纳入城市控制性详细规划和土地出让条件，发挥城市设计精细化的管理作用。

（四）总结推广经验。各试点城市要及时研究解决试点工作中的新情况、新问题，不断总结经验和不足，提高试点工作成效。各试点城市规划主管部门要及时总结好经验、好做法、好案例，每季度向我部报送一次工作进展情况。我部将搭建试点工作宣传平台，推动试点城市之间的交流，及时向全国推广试点工作经验。

附件：住房城乡建设部第二批城市设计试点城市名单（略）

中华人民共和国住房和城乡建设部
2017年7月12日

住房城乡建设部
关于加强历史建筑保护与利用工作的通知

建规〔2017〕212号

各省、自治区住房城乡建设厅，海南省规划委员会，直辖市规划局（规划国土委、规划国土局），新疆建设兵团建设局：

党中央、国务院历来重视历史建筑保护工作。习近平总书记指出，要保护弘扬中华优秀传统文化，延续城市历史文脉，保留中华文化基因。要保护好前人留下的文化遗产，包括文物古迹、历史文化名城名镇名村、历史文化街区、历史建筑、工业遗产以及非物质文化遗产，既要保护古代建筑，也要保护近代建筑，既要保护单体建筑，也要保护街巷街区、城镇格局。为贯彻落实习近平总书记系列重要讲话精神，进一步做好历史建筑的保护和利用工作，现通知如下：

一、充分认识保护历史建筑的重要意义

历史建筑是指经城市、县人民政府确定公布的具有一定保护价值，能够反映历史风貌和地方特色，未公布为文物保护单位，也未登记为不可移动文物的建筑物、构筑物，是城市发展演变历程中留存下来的重要历史载体。加强历史建筑的保护和合理利用，有利于展示城市历史风貌，留住城市的建筑风格和文化特色，是践行新发展理念、树立文化自信的一项重要工作。

二、加强历史建筑的保护与利用

（一）做好历史建筑的确定、挂牌和建档。各地要加快推进历史建筑的普查确定工作，摸清家底，多保多留不同时期和不同类型的历史建筑。要注重改革开放前城市近现代建筑遗产的保护，做到应保尽保。建立历史建筑保护清单和历史建筑档案，对历史建筑予以挂牌保护。

（二）最大限度发挥历史建筑使用价值。支持和鼓励历史建筑的合理利用。要采取区别于文物建筑的保护方式，在保持历史建筑的外观、风貌等特征基础上，合理利用，丰富业态，活化功能，实现保护与利用的统一，充分发挥历史建筑的文化展示和文化传承价值。积极引导社会力量参与历史建筑的保护和利用。鼓励各地开展历史建筑保护利用试点工作，形成可复制可推广的经验。同时探索建立历史建筑保护和利用的规划标准规范和管理体制机制。

（三）不拆除和破坏历史建筑。各地应加强对历史建筑的严格保护，严禁随意拆除和破坏已确定为历史建筑的老房子、近现代建筑和工业遗产，不拆真遗存，不建假古董。

（四）不在历史建筑集中成片地区建高层建筑。在历史文化街区以及其他历史建筑集中成片地区，禁止在对其历史风貌产生影响的范围内建设高层建筑和大洋怪的建筑。新建建筑应与历史建筑及其历史环境相协调，保护好历史建筑周边地区的历史肌理、历史风貌，严格按照保护规划要求控制建筑高度。

各省（区、市）住房城乡建设规划主管部门要加强指导和监督检查，2017年底前将本通知落实情况报我部，我部将适时组织督查。

中华人民共和国住房和城乡建设部
2017年9月20日

住房城乡建设部　国家文物局关于开展国家历史文化名城和中国历史文化名镇名村保护工作评估检查的通知

建规〔2017〕221号

各省、自治区住房城乡建设厅、文物局（文化厅），海南省规划委员会，直辖市规划局（规划国土委、规划国土局）、文物局，北京市农委：

党中央、国务院高度重视历史文化遗产保护工作，自1982年国务院设立历史文化名城制度以来，至今已经走过35年的实践历程。为进一步做好国家历史文化名城（以下简称名城）和中国历史文化名镇名村（以下简称名镇名村）保护工作，住房城乡建设部、国家文物局决定开展名城和名镇名村保护工作评估检查。现就有关事项通知如下：

一、总体要求

贯彻落实习近平总书记系列重要讲话精神和党中央国务院关于历史文化遗产保护的相关文件精神，以高度政治责任感组织做好本次名城名镇名村评估检查工作，按时、按质、按量完成各阶段评估检查任务，认真总结取得的成就，梳理存在的问题，结合实际提出新形势下继续做好名城和名镇名村保护工作的思路。

二、评估检查范围和重点内容

本次评估检查范围涵盖132座国家历史文化名城、252个中国历史文化名镇和276个中国历史文化名村。按照《历史文化名城名镇名村保护条例》和《历史文化街区划定和历史建筑确定工作方案》（建办规函〔2016〕681号），重点评估检查以下内容：

（一）保护范围及数量变化。检查名城和名镇名村保护范围、不可移动文物、历史文化街区和历史建筑数量；评估保护范围的变化情况和变化原因。

（二）历史城区。检查传统格局、历史风貌和空间尺度的保护情况；历史城区范围内居住人口数量变化情况；历史文化遗存保护情况；评估是否存在拆真建假、大肆修建仿古街区等行为及发生原因。

（三）历史文化街区划定和历史建筑确定工作情况。对照《中共中央　国务院关于进一步加强城市规划建设管理工作的若干意见》要求，2017年是否完成历史文化街区划定和历史建筑确定总量任务的60%。检查新划定的历史文化街区和新确定的历史建筑数量，评估普查工作开展的总体情况。

（四）历史文化街区。检查是否依法公布历史文化街区名单；历史文化街区核心保护范围主要出入口设置标志牌情况；历史文化街区人口数量变化情况；评估是否出现大规模突击式整治改造或过度商业开发等行为。

（五）历史建筑。检查是否建立历史建筑档案并设置保护标志；历史建筑修缮保护情况；近现代建筑和工业遗产保护利用情况；历史建筑与不可移动文物双重身份情况；评估历史建筑活化利用的方式和资金支持是否具有可持续性。

（六）保护规划。检查名城、历史文化街区、名镇名村保护规划是否依法编制；名城、名镇保护规划中的保护内容、保护范围、建设控制要求是否纳入城市、镇总体规划；评估各项建设活动是否符合保护规划确定的建筑高度等控制要求；评估保护规划实施情况。

（七）地方法规及相关政策制定。检查各省、自治区、直辖市和有立法权的名城制定相关保护法规和政策情况，名镇名村所在地县级以上人民政府制定相应保护管理办法和政策的情况；评估相关法规和政策的执行情况。

（八）基础设施改善与国家专项补助资金使用。历史城区和历史文化街区基础设施改善、环境整治情况；"十二五"期间，国家发展改革委下拨的专项补助资金使用、地方资金配套以及地方日常性维护资金的投入和使用情况；评估专项资金使用的效果。

三、评估检查时间安排

评估检查采取自评自查、互评互查和抽查3种方式：

（一）自本通知印发之日起至10月31日，各省、自治区、直辖市住房城乡建设（规划）、文物部门对本地区的名城和名镇名村组织开展自评自查。

（二）11月1日至11月15日，各省、自治区、直辖市住房城乡建设（规划）、文物部门组织成立评估检查组（见附件1），开展跨地区交叉评估检查。

（三）自本通知印发之日起至11月30日，我部会同国家文物局赴各地抽查，重点评估检查保护工作成绩显著和存在问题较多的名城和名镇名村。

四、组织领导

为加强评估检查工作的组织和领导，住房城乡建设部会同国家文物局成立国家历史文化名城和中国历史文化名镇名村保护评估检查工作领导小组，组成人员如下：

组　长：黄　艳　住房城乡建设部副部长
　　　　宋新潮　国家文物局副局长
副组长：冯忠华　住房城乡建设部城乡规划司司长
　　　　闫亚林　国家文物局文物保护与考古司副司长
成　员：张　兵　住房城乡建设部城乡规划司副司长
　　　　唐　炜　国家文物局文物保护与考古司副司长
　　　　傅　爽　住房城乡建设部城乡规划司历史名城保护处调研员
　　　　詹德华　国家文物局文物保护与考古司资源管理处调研员

领导小组办公室设在住房城乡建设部城乡规划司，主任为冯忠华（兼），副主任为闫亚林（兼）。

五、评估检查工作要求

（一）各名城、名镇名村应认真撰写评估自查报告，填写《国家历史文化名城保护评估基础数据表》（附件2）和《中国历史文化名镇名村基础数据表》（附件3）。各省、自治区、直辖市住房城乡建设（规划）、文物部门对本地区名城、名镇名村保护工作进行评估自查，总结保护基本情况、存在的主要问题，研究拟采取的对策措施，并形成评估自查报告，于2017年11月10日前与各名城、名镇名村评估自查报告一并报住房城乡建设部和国家文物局。

（二）各省、自治区、直辖市住房城乡建设（规划）、文物部门按要求组织成立评估检查组，分别指定1名厅局级领导带队，开展跨地区交叉评估检查，并形成专题评估检查报告，于2017年11月30日之前报住房城乡建设部和国家文物局。各评估检查组在每个省、自治区至少检查2座名城（不包含只有1座名城的省、自治区），名镇名村检查数量由评估检查组自行确定。各评估检查组要确定1名联络员，负责联络协调，于2017年10月23日前将联络员名单和联系方式报我部城乡规划司。

（三）评估检查工作要严格执行中央八项规定精神，轻车简从，简化接待，不安排宴请。

评估检查工作结束后，住房城乡建设部会同国家文物局将召开总结大会，对评估检查工作进行总结，并形成总报告报国务院。对保护工作成效显著、群众普遍反映良好的名城名镇名村，予以通报表扬并推广典型经验；对保护工作开展不到位、地方政府监管不力、历史文化遗产价值受到破坏的，要通报批评，限期整改；对评估检查发现问题逾期不改或被认定为已不具备条件的名镇名村，将其列入濒危名单或撤销称号；对评估检查发现问题逾期不改或被认定为已不具备条件的国家历史文化名城，将建议国务院列入濒危名单或者撤销称号。

六、联系人及联系电话（略）

附件：1. 全国评估检查组分工安排表（略）
　　　2. 国家历史文化名城保护评估基础数据表（略）

3. 中国历史文化名镇名村基础数据表（略）
中华人民共和国住房和城乡建设部
国家文物局
2017年10月9日

住房城乡建设部关于将北京等10个城市列为第一批历史建筑保护利用试点城市的通知

建规〔2017〕245号

各省、自治区住房城乡建设厅，海南省规划委员会，直辖市规划局（规划国土委、规划国土局），新疆生产建设兵团建设局：

为全面贯彻落实党的十九大精神，加强文化遗产保护传承，推动中华优秀传统文化创造性转化、创造性发展，落实《住房城乡建设部关于加强历史建筑保护与利用工作的通知》（建规〔2017〕212号）要求，探索历史建筑保护利用新路径，充分发挥历史建筑的使用价值，决定将北京等10个城市列为第一批历史建筑保护利用试点城市（名单附后）。现就有关事项通知如下：

一、试点意义

历史建筑是中华优秀文化的重要载体。我国历史建筑数量多、分布广，保护和利用好历史建筑，对延续城市历史文脉和传统风貌、提升城市品质具有十分重要的意义。当前，不少历史建筑的保护利用存在责任主体不明确、部门联动不顺畅、利用方式不合理、修缮技术不完善、管理制度不配套、资金投入可持续性差等问题，亟待加以解决。通过开展历史建筑保护利用试点，研究提出破解当前历史建筑保护利用问题的政策措施，探索建立历史建筑保护利用新路径、新模式和新机制，形成一批可复制可推广的经验，最大限度发挥历史建筑使用功能，延续城市历史文脉，保留中华文化基因。

二、试点工作任务

历史建筑保护利用试点工作自2017年12月开始，为期1年。主要围绕以下内容开展试点工作：

（一）建立政府主导、部门联动的工作机制。试点城市要坚持政府主导，形成规划行政管理部门为主，房管、土地、文物、建设和公安消防等主管部门参与的联动工作机制，扎实推进试点工作。

（二）开展历史建筑普查，完成建档挂牌工作。试点城市应全面完成历史建筑普查、确定、建档、挂牌工作，最大限度多保多留不同时期、不同类型的历史建筑，为保护利用奠定基础。

（三）创新合理利用路径，发挥历史建筑使用价值。在保护历史价值和保证安全的前提下，发挥市场在资源配置中的决定性作用，选取一定数量的历史建筑开展试点工作，通过开设创意空间、咖啡馆、特色餐饮和民宿等利用方式，探索历史建筑功能合理与可持续利用模式及路径。

（四）完善技术标准，科学保护利用历史建筑。围绕价值保护与传承，明确外观风貌等保护重点，建立区别于文物建筑保护的历史建筑修缮技术、标准和方法，植入现代文明，提高使用功能，科学保护利用历史建筑。

（五）创新相关审批机制，形成保护利用合力。探索审批机制创新，对用地性质调整、建筑功能转变、消防审核、经营许可和工商注册等难点问题，因地制宜，在保证安全的前提下，运用设计、建设、管理综合方式，创造条件破解政策、标准瓶颈，加大政策支持力度。逐步形成部门协同、公众参与、法制保障的历史建筑保护利用机制，形成共享共管共建的良好格局。

（六）拓宽资金渠道，保持资金良性循环。破解政府单一投入的资金模式，鼓励多元投资主体、社会力量和居民参与历史建筑保护投入和经营，形成风险共担、利益共享的投资机制；对于符合历史建筑保护利用要求开展经营活动的，鼓励有关部门对使用者给予优惠政策支持。

三、试点工作要求

（一）强化政府责任，制定工作方案。试点城市要强化组织领导，加强部门协作，制定试点工作方案。对本市历史建筑保护利用现状做出评估，找出问题，抓住重点，明确目标，精准发力，扎实推进试点工作。请各试点城市于2018年1月31日前将试点工作方案经省级住房城乡建设（规划）主管部门审核后报我部备案。

（二）突出工作重点，勇于创新实践。试点城市应围绕破解历史建筑保护与利用脱节、利用方式简单、资金来源单一等难题，创新政策机制，探索新时期全面发挥历史建筑价值的办法和保障措施。

（三）及时总结经验，加强交流学习。试点城市要及时总结试点工作经验，按季度向我部报送试点工作进展情况。我部将搭建"历史建筑保护利用"试点工作宣传平台，总结交流试点工作经验，并适时向全国推广。

（四）加大宣传引导，形成社会共识。试点城市要加强对历史建筑试点工作的宣传，普及历史建筑保护知识，提高全社会历史建筑保护意识，为顺利推进试点工作营造良好社会氛围。

省级住房城乡建设（规划）主管部门要加强对试点城市的工作指导。试点工作中的有关情况，请及时反馈我部城乡规划司。

附件：住房城乡建设部第一批历史建筑保护利用试点城市名单

中华人民共和国住房和城乡建设部
2017年12月12日

抄送：有关城市人民政府。

附件

住房城乡建设部第一批历史建筑保护利用试点城市名单

1. 北京市
2. 广东省广州市
3. 江苏省苏州市
4. 江苏省扬州市
5. 山东省烟台市
6. 浙江省杭州市
7. 浙江省宁波市
8. 福建省福州市
9. 福建省厦门市
10. 安徽省黄山市

住房城乡建设部办公厅关于进一步加强历史文化街区划定和历史建筑确定工作的通知

建办规函〔2017〕270号

各省、自治区住房城乡建设厅、直辖市规划委（规划国土委、规划局），新疆生产建设兵团建设局：

为了贯彻落实中央城市工作会议部署和《住房城乡建设部办公厅关于印发〈历史文化街区划定和历史建筑确定工作方案〉的通知》（建办规函〔2016〕681号）有关要求，保障按时完成历史文化街区划定和历史建筑确定任务，现就进一步做好相关工作通知如下。

一、全面完成普查工作

各地要在前段工作基础上，全面开展现场普查和田野调查，对历史文化街区、历史建筑的潜在对象进行摸底。各省（区、市）住房城乡建设（规划）主管部门应于2017年8月底前完成普查工作，并将普查报告于2017年9月20日前报我部城乡规划司。普查报告内容应包括总体普查情况、分市县的详细普查情况、分市县的历史文化街区和历史建筑潜在对象摸底名单。

二、规范划定和确定工作

在普查工作的基础上，参照《历史文化街区划定标准（参考）》（附件）、《历史建筑确定标准（参考)》(详见建办规函〔2016〕681号文件附件5),及时划定符合标准的历史文化街区、确定符合标准的历史建筑。历史文化街区须经省(区、市)人民政府核定公布,历史建筑须经城市(县)人民政府确定公布。今年确保完成工作比例不低于60%。

三、规范上报工作

对2017年3月按照《住房城乡建设部办公厅关于请报送违法建设治理及历史文化街区划定和历史建筑确定工作情况的通知》(建办规函〔2017〕129号)要求上报的截至2016年底的历史文化街区和历史建筑,各省(区、市)住房城乡建设(规划)主管部门要分别填写设市城市历史文化街区和历史建筑现状统计表(见建办规函〔2016〕681号文件附件1和附件3),并于2017年5月底前报我部城乡规划司;在每月15日前,按照建办规函〔2017〕129号文件要求报送历史文化街区划定和历史建筑确定工作进展情况时,要按照建办规函〔2016〕681号文件要求填报新划定的历史文化街区、新确定的历史建筑情况,同时上报历史文化街区和历史建筑潜在对象普查进展情况。

四、工作要求

(一)各省(区、市)住房城乡建设(规划)主管部门要成立专人专职的专项工作组,具体负责本地区历史文化街区划定和历史建筑确定工作。

(二)我部委托中国城市规划设计研究院负责全国历史文化街区划定和历史建筑确定的技术保障等工作。各地要加强技术力量组织,充分发挥对本地区历史文化街区和历史建筑有研究积累的大专院校和科研院所等机构的作用,加快工作进度,提高工作质量。

(三)各省(区、市)住房城乡建设(规划)主管部门要对本地区各市县历史文化街区划定和历史建筑确定工作的进度与质量进行监督考核,每年年中及年末将本省(区、市)历史文化街区划定和历史建筑确定工作总结报我部城乡规划司。

我部将组织对重点地区历史文化街区划定和历史建筑确定工作的进展情况进行检查。对各地工作进展情况进行排名公布,对检查结果进行通报。

五、联系人及联系方式(略)

附件:历史文化街区划定标准(参考)

中华人民共和国住房和城乡建设部办公厅

2017年4月17日

附件

历史文化街区划定标准(参考)

一、规模及真实性

历史文化街区核心保护范围面积不小于1公顷,传统格局基本完整,且构成街区格局和风貌的历史街巷和历史环境要素是历史存留的原物。

历史文化街区核心保护范围内的文物保护单位、登记不可移动文物、历史建筑、传统风貌建筑的总用地面积占核心保护范围内建筑总用地面积的比例不小于60%。

二、价值及特色

应具备以下条件之一:

1. 街区在其所在城市的形成和发展过程中起到重要作用。

2. 街区与重要历史名人和重大历史事件密切相关。

3. 街区的空间格局、肌理、风貌等体现了传统文化思想(礼制、风水、宗教等)、民族特色、地域特征或时代风格。

4. 街区保留丰富的非物质文化遗产和优秀传统文化及其场所。

5. 街区保持传统生活延续性,记录了一定时期社区居民的记忆和情感。

住房城乡建设部办公厅等
关于做好足球场地设施布局规划建设的指导意见

建办规〔2017〕37号

各省、自治区、直辖市住房城乡建设厅（规划局、规划委）、发展改革委、教育厅（教委）、国土资源主管部门、体育局，新疆生产建设兵团建设局、发展改革委、教育局、国土资源局、体育局，中国足球协会会员协会：

足球是深受群众喜爱的运动项目之一。振兴和发展足球是人民群众的热切期盼，是建设健康中国和体育强国的重要内容。党中央、国务院高度重视发展足球等体育事业，2015年国务院印发了《中国足球改革发展总体方案》，2016年国家发展改革委等相关部门制定了《中国足球中长期发展规划（2016—2050年）》《全国足球场地设施建设规划（2016—2020年）》。为切实做好足球场地设施布局规划建设各项工作，现提出如下意见：

一、提高认识，提供规划保障

足球场地设施是发展足球运动的基础，是全民健身活动场地的重要组成部分。《全国足球场地设施建设规划（2016—2020年）》提出在现有1万余块基础上，修缮改造校园足球场地4万块，改造新建社会足球场地2万块，到2020年全国足球场地数量超过7万块，平均每万人拥有足球场地达到0.5块以上，有条件的地区达到0.7块以上；要求各地制定"十三五"时期足球场地设施建设规划，明确建设目标、建设类型和年度实施计划，分解落实相关目标。各级住房城乡建设（城乡规划）、发展改革、教育、国土资源、体育等部门要进一步增强责任感和使命感，密切配合，在城乡规划建设管理相关工作中将足球场地设施建设抓好抓实，确保数量上达标、空间上落实、建设上有序。

二、抓住重点，保证实现"十三五"目标

（一）全面摸清足球场地设施用地情况。对全国城市的体育用地及足球场地进行全面摸底调查，掌握全国足球场地、体育场馆设施用地基本情况，为科学编制实施足球场地设施规划提供基础和支撑。

（二）加快体育场地设施规划的实施。根据城市总体规划、控制性详细规划等，抓紧梳理规划确定的体育用地的实施情况，加快已规划未建设的体育场地设施建设，根据"十三五"时期足球场地设施建设目标，优先安排足球场地设施的选址和建设。

（三）新城区要落实规划设计标准。城市新区、新建学校要按照标准配套建设足球场地设施。新建居住区要结合建设15分钟社区生活圈和健身圈，加强包括足球场地设施在内的社区公共服务设施建设，配建的足球场地设施应与新建居住（小）区同步设计、同步施工、同步投入使用。

（四）旧城区要补齐体育设施短板。旧城区要结合生态修复城市修补、老旧小区整治等工作，利用各类空闲用地、废弃厂房、街角广场等改造建设小型多样的场地设施。既有学校改扩建时要创造条件建设适宜的足球场地。

（五）充分挖潜利用现有空间资源。合理利用具备条件的公园绿地、河滩地、荒地、闲置地、废弃工矿地等建设或修缮一批足球场地设施。有条件的体育公园、郊野公园可建设标准足球场地设施，其他的应以建设非标准足球场地设施为主。

三、提前谋划，做好远期规划

（一）修订相关标准。《城市公共设施规划标准》《城市居住区规划设计规范》等国家标准正在修订。各地也要根据本地经济社会发展和公共设施需求，组织修订公共设施规划建设的地方标准，研究提高包括体育设施在内的各级公共服务设施规划标准，进一步提高人均体育设施用地水平。

（二）开展体育设施专项规划。各地要按照体育设施建设的相关要求，依据城市总体规划，编制公共体育设施布局专项规划，分层分级做好公共体育

设施的规划布局和用地安排，重点提出包括足球场地设施在内的公共体育设施建设要求。

（三）加强对规划的实施监管。要严格落实城市总体规划、控制性详细规划安排的体育用地，不得随意改变用途。定期评估体育用地实施情况，重要指标完成情况要向社会公布。同时做好足球场地设施与其他体育设施的平衡，满足群众开展多样化体育活动要求。

四、部门协调，抓好任务落实

（一）各级住房城乡建设（城乡规划）部门要主动作为，与相关部门共同做好足球场地设施建设规划，将足球场地设施纳入各层次城乡规划，规范规划审批、建设和验收流程，加快建设项目实施，及时总结经验做法。

（二）各级国土资源部门要进一步加大用地政策支持力度。在土地利用总体规划和年度用地计划安排中，统筹考虑体育设施特别是足球场地设施的用地结构和布局，优先安排用地，积极做好用地保障和服务。鼓励社会资本和民营企业参与足球场地设施建设，符合《划拨用地目录》的，以划拨方式供地。对营利性足球场项目，出让底价可按不低于土地取得成本、开发成本以及按照国家规定应当缴纳的有关税费之和确定。鼓励盘活存量土地资源建设临时、非标准足球场。

（三）各地体育、教育部门要与相关部门共同研究制定具体措施，推动政府投资兴建的足球场地免费或低收费向社会开放，推动有条件的学校足球场对外开放，更好实现公共服务设施资源共享，提高足球场地设施使用效率。

（四）各省级住房城乡建设（城乡规划）、发展改革、教育、国土资源、体育等部门要指导本地区有关部门做好足球场地设施布局规划建设工作，各省（区、市）"十三五"时期足球场地设施建设目标完成情况和公共体育设施布局专项规划编制情况要依职责向有关部门报告。国务院相关部门将组织开展足球场地设施建设专项督查，了解各地进展情况，督促各地按时完成目标任务。

中华人民共和国住房和城乡建设部办公厅
国家发展和改革委员会办公厅
教育部办公厅
国土资源部办公厅
国家体育总局办公厅
国务院足球改革发展部际联席会议办公室
2017年5月9日

住房城乡建设部 民航局
关于进一步开放民航工程设计市场的通知

建市〔2017〕66号

各省、自治区住房城乡建设厅，北京市规划国土委，天津、上海、重庆市建委，民航各地区管理局：

为贯彻落实《国务院办公厅关于促进通用航空业发展的指导意见》（国办发〔2016〕38号），根据推进简政放权、放管结合、优化服务改革要求，进一步开放民航工程设计市场，增加有效供给，提升设计服务能力，现将有关事项通知如下：

一、简化《工程设计资质标准》（建市〔2007〕86号）中民航行业工程设计资质标准。

1. 取消原民航行业"机场总体规划工程""场道、目视助航工程""通信、导航、航管及航站楼弱电工程""供油工程"4项专业资质，调整后的民航行业工程设计资质只保留行业甲级、乙级资质，不再设专业资质。

2. 下调原民航行业工程设计主要专业技术人员配备标准，行业甲级资质人员总数由61人下调至38人，行业乙级资质人员总数由38人下调至20人，调整后的民航行业工程设计主要专业技术人员配备表详见附件1。

3. 调整原民航行业建设项目设计规模划分，乙级设计企业在申请甲级设计资质时，企业业绩由2项4D机场调整为2项新建4C运输机场，调整后的民航行业建设项目设计规模划分表详见附件2。

二、民航行业乙级设计企业在申请甲级设计资质时，主导专业非注册人员的个人业绩，考核其作为专业技术负责人主持过中型以上项目不少于3项，不考核其大型项目不少于1项的要求。

三、现有民航行业工程设计的行业、专业资质在资质证书有效期内继续有效，其承接业务范围以原资质许可范围为准。企业应当在资质证书有效期届满60日前提出申请，直接换发有效期5年的相应级别资质证书，供油工程专业资质可以申请换发化工石化医药行业石油及化工产品储运专业资质。具有化工石化医药行业石油及化工产品储运专业资质的企业，可以承接民航供油工程设计业务。

四、具有工程设计综合甲级资质的企业，可以按照规定承担相应的民航行业工程设计业务。

五、除本通知规定外，申请民航行业工程设计资质的其它事项，仍执行《工程设计资质标准》《建设工程勘察设计资质管理规定》《建设工程勘察设计资质管理规定实施意见》等相关规定。

六、住房城乡建设主管部门、民航主管部门应当依据职责，加强对民航行业工程设计资质的管理，强化事中事后监督。企业取得资质后不再符合民航行业资质条件的，县级以上人民政府住房城乡建设主管部门、民航主管部门应当责令其限期改正，整改期限最长不超过3个月，逾期仍未达到相应资质条件的，应当将相关情况和处理建议及时报送资质许可机关，资质许可机关可以撤回其资质。

七、民航主管部门应当加强对民航工程设计活动的监督管理，规范民航工程设计市场秩序。

本通知自印发之日起施行，《工程设计资质标准》（建市〔2007〕86号）中的原民航行业工程设计资质标准（附件2-16、附件3-16、附件4-16）同时废止。

附件：1. 民航行业工程设计主要专业技术人员配备表（略）

2. 民航行业建设项目设计规模划分表（略）

中华人民共和国住房和城乡建设部
中国民用航空局
2017年3月10日

住房城乡建设部
关于印发建筑业发展"十三五"规划的通知

建市〔2017〕98号

各省、自治区住房城乡建设厅，直辖市建委，北京市规划国土委，新疆生产建设兵团建设局，国务院有关部门建设司（局），有关中央企业，有关行业协会：

为指导和促进"十三五"时期建筑业持续健康发展，根据《中华人民共和国国民经济和社会发展第十三个五年规划纲要》《国务院办公厅关于促进建筑业持续健康发展的意见》（国办发〔2017〕19号）和《住房城乡建设事业"十三五"规划纲要》，我部组织编制了《建筑业发展"十三五"规划》，现印发给你们。请结合实际，认真贯彻落实。

附件：建筑业发展"十三五"规划（略）

中华人民共和国住房和城乡建设部
2017年4月26日

住房城乡建设部
关于开展全过程工程咨询试点工作的通知

建市〔2017〕101号

各省、自治区住房城乡建设厅，直辖市建委，北京市规划国土委，新疆生产建设兵团建设局，各试点企业：

为贯彻落实《国务院办公厅关于促进建筑业持续健康发展的意见》（国办发〔2017〕19号），培育全过程工程咨询，经研究，决定选择部分地区和企业开展全过程工程咨询试点，现就有关事项通知如下：

一、试点目的

通过选择有条件的地区和企业开展全过程工程咨询试点，健全全过程工程咨询管理制度，完善工程建设组织模式，培养有国际竞争力的企业，提高全过程工程咨询服务能力和水平，为全面开展全过程工程咨询积累经验。

二、试点地区、企业

选择北京、上海、江苏、浙江、福建、湖南、广东、四川8省（市）以及中国建筑设计院有限公司等40家企业（名单见附件）开展全过程工程咨询试点。

试点工作自本通知印发之日开始，时间为2年。我部将根据试点情况，对试点地区和试点企业进行调整。

三、试点工作要求

（一）制订试点工作方案。试点地区住房城乡建设主管部门、试点企业要加强组织领导，制订试点工作方案，明确任务目标，积极稳妥推进相关工作。试点工作方案于2017年6月底前报我部建筑市场监管司。

（二）创新管理机制。试点地区住房城乡建设主管部门要研究全过程工程咨询管理制度，制定全过程工程咨询服务技术标准和合同范本等文件，创新开展全过程工程咨询试点。

（三）实现重点突破。试点地区住房城乡建设主管部门、试点企业要坚持政府引导与市场选择相结合的原则，因地制宜，探索适用的试点模式，在有条件的房屋建筑和市政工程领域实现重点突破。

（四）确保项目落地。试点地区住房城乡建设主管部门要引导政府投资工程带头参加全过程工程咨询试点，鼓励非政府投资工程积极参与全过程工程咨询试点。同时，切实抓好试点项目的工作推进，落地一批具有影响力、有示范作用的试点项目。

（五）实施分类推进。试点地区住房城乡建设主管部门要引导大型勘察、设计、监理等企业积极发展全过程工程咨询服务，拓展业务范围。在民用建筑项目中充分发挥建筑师的主导作用，鼓励提供全过程工程咨询服务。

（六）提升企业能力。试点企业要积极延伸服务内容，提供高水平全过程技术性和管理性服务项目，提高全过程工程咨询服务能力和水平，积累全过程工程咨询服务经验，增强企业国际竞争力。

（七）总结推广经验。试点地区住房城乡建设主管部门、试点企业要及时研究解决试点工作中的新情况、新问题，不断总结经验和不足，提高试点工作成效，每季度末向我部建筑市场监管司报送试点工作进展情况。我部将及时总结和推广试点工作经验。

附件：全过程工程咨询试点企业名单

中华人民共和国住房和城乡建设部

2017年5月2日

附件

全过程工程咨询试点企业名单

1. 中国建筑设计院有限公司
2. 北京市建筑设计研究院有限公司
3. 中国中元国际工程有限公司
4. 中冶京诚工程技术有限公司
5. 中国寰球工程有限公司
6. 北京市勘察设计研究院有限公司
7. 建设综合勘察研究设计院有限公司
8. 北京方圆工程监理有限公司
9. 北京国金管理咨询有限公司
10. 北京希达建设监理有限责任公司
11. 京兴国际工程管理有限公司
12. 中国市政工程华北设计研究总院有限公司
13. 中国天辰工程有限公司
14. 同济大学建筑设计研究院（集团）有限公司
15. 华东建筑设计研究院有限公司
16. 上海市政工程设计研究总院（集团）有限公司
17. 上海华城工程建设管理有限公司
18. 上海建科工程咨询有限公司
19. 上海市建设工程监理咨询有限公司
20. 上海同济工程咨询有限公司
21. 启迪设计集团股份有限公司
22. 中衡设计集团股份有限公司
23. 江苏建科建设监理有限公司
24. 中国电建集团华东勘测设计研究院有限公司
25. 中国联合工程公司
26. 宁波高专建设监理有限公司
27. 浙江江南工程管理股份有限公司
28. 福建省建筑设计研究院
29. 深圳市建筑设计研究总院有限公司
30. 悉地国际设计顾问（深圳）有限公司
31. 广东省建筑设计研究院
32. 深圳市华阳国际工程设计股份有限公司
33. 广州轨道交通建设监理有限公司
34. 海南新世纪建设项目咨询管理有限公司
35. 林同棪国际工程咨询（中国）有限公司
36. 重庆赛迪工程咨询有限公司
37. 中国建筑西南设计研究院有限公司
38. 成都衡泰工程管理有限责任公司
39. 四川二滩国际工程咨询有限责任公司
40. 中国建筑西北设计研究院有限公司

住房城乡建设部关于印发工程勘察设计行业发展"十三五"规划的通知

建市〔2017〕102号

各省、自治区住房城乡建设厅、北京市规划国土委，天津、上海、重庆市建委，新疆生产建设兵团建设局，国务院有关部门建设司（局），有关行业协会：

现将《工程勘察设计行业发展"十三五"规划》印发给你们，请结合实际，认真贯彻落实。

附件：工程勘察设计行业发展"十三五"规划（略）

中华人民共和国住房和城乡建设部
2017年5月2日

住房城乡建设部等部门关于印发贯彻落实促进建筑业持续健康发展意见重点任务分工方案的通知

建市〔2017〕137号

各省、自治区、直辖市人民政府有关部门，新疆生产建设兵团有关部门：

为贯彻落实《国务院办公厅关于促进建筑业持续健康发展的意见》（国办发〔2017〕19号）要求，住房城乡建设部会同有关部门制定了《贯彻落实〈国务院办公厅关于促进建筑业持续健康发展的意见〉重点任务分工方案》。现印发给你们，请结合实际认真贯彻执行。住房城乡建设部将会同有关部门对工作落实情况进行跟踪和监督指导，重大问题及时向国务院报告。

中华人民共和国住房和城乡建设部
国务院审改办
中华人民共和国国家发展和改革委员会
中华人民共和国工业和信息化部
中华人民共和国财政部
中华人民共和国人力资源和社会保障部
中华人民共和国国土资源部
中华人民共和国交通运输部
中华人民共和国水利部
中华人民共和国商务部
中国人民银行
中华人民共和国审计署
中国银行业监督管理委员会
中国保险监督管理委员会
国家税务总局
中华人民共和国国家工商行政管理总局
国家安全生产监督管理总局
国家铁路局
中国民用航空局

2017年6月13日

附件

贯彻落实《国务院办公厅关于促进建筑业持续健康发展的意见》重点任务分工方案

为贯彻落实《国务院办公厅关于促进建筑业持续健康发展的意见》（国办发〔2017〕19号）有关要求，明确工作职责，统筹推进建筑业改革发展工作，制定如下分工方案：

一、深化建筑业简政放权改革

（一）优化资质资格管理。进一步简化工程建设企业资质类别和等级设置，减少不必要的资质认定。选择部分地区开展试点，对信用良好、具有相关专业技术能力、能够提供足额担保的企业，在其资质类别内放宽承揽业务范围限制，同时，加快完善信用体系、工程担保及个人执业资格等相关配套制度，加强事中事后监管。强化个人执业资格管理，明晰注册执业人员的权利、义务和责任，加大执业责任追究力度。有序发展个人执业事务所，推动建立个人执业保险制度。大力推行"互联网+"政务服务，实行"一站式"网上审批，进一步提高建筑领域行政审批效率。（住房城乡建设部、国务院审改办、工业和信息化部、人力资源社会保障部、交通运输部、水利部、保监会、铁路局、民航局。列第一位者为牵头部门或单位，其他有关部门按职责分工负责，下同）

（二）完善招标投标制度。加快修订《工程建设项目招标范围和规模标准规定》，缩小并严格界定必须进行招标的工程建设项目范围，放宽有关规模标准，防止工程建设项目实行招标"一刀切"。在民间投资的房屋建筑工程中，探索由建设单位自主决定发包方式。将依法必须招标的工程建设项目纳入统一的公共资源交易平台，遵循公平、公正、公开和诚信的原则，规范招标投标行为。进一步简化招标投标程序，尽快实现招标投标交易全过程电子化，推行网上异地评标。对依法通过竞争性谈判或单一来源方式确定供应商的政府采购工程建设项目，符合相应条件的应当颁发施工许可证。（发展改革委、住房城乡建设部、工业和信息化部、财政部、交通运输部、水利部、法制办、铁路局、民航局）

二、完善工程建设组织模式

（三）加快推行工程总承包。装配式建筑原则上应采用工程总承包模式。政府投资工程应完善建设管理模式，带头推行工程总承包。加快完善工程总承包相关的招标投标、施工许可、竣工验收等制度规定。按照总承包负总责的原则，落实工程总承包单位在工程质量安全、进度控制、成本管理等方面的责任。除以暂估价形式包含在工程总承包范围内且依法必须进行招标的项目外，工程总承包单位可以直接发包总承包合同中涵盖的其他专业业务。（住房城乡建设部、发展改革委、工业和信息化部、财政部、交通运输部、水利部、铁路局、民航局）

（四）培育全过程工程咨询。鼓励投资咨询、勘察、设计、监理、招标代理、造价等企业采取联合经营、并购重组等方式发展全过程工程咨询，培育一批具有国际水平的全过程工程咨询企业。制定全过程工程咨询服务技术标准和合同范本。政府投资工程应带头推行全过程工程咨询，鼓励非政府投资工程委托全过程工程咨询服务。在民用建筑项目中，充分发挥建筑师的主导作用，鼓励提供全过程工程咨询服务。（发展改革委、住房城乡建设部共同牵头，工业和信息化部、财政部、交通运输部、水利部、工商总局、铁路局、民航局）

三、加强工程质量安全管理

（五）严格落实工程质量责任。全面落实各方主体工程质量责任，特别要强化建设单位的首要责任和勘察、设计、施工单位的主体责任。严格执行工程质量终身责任制，在建筑物明显部位设置永久性标牌，公示质量责任主体和主要责任人。对违反有关规定、造成工程质量事故的，依法给予责任单位停业整顿、降低资质等级、吊销资质证书等行政处罚并通过国家企业信用信息公示系统予以公示，给予注册执业人员暂停执业、吊销资格证书、一定时间直至终身不得进入行业等处罚。对发生工程质量事故造成损失的，要依法追究经济赔偿责任，情节严重的要追究有关单位和人员的法律责任。参与房地产开发的建筑业企业应依法合规经营，提高住宅品质。（住房城乡建设部、发展改革委、工业和信息化部、财政部、交通运输部、水利部、工商总局、铁路局、民航局）

（六）加强安全生产管理。全面落实安全生产责任，加强施工现场安全防护，特别要强化对深基坑、高支模、起重机械等危险性较大的分部分项工程管理，以及不良地质地区重大工程项目的风险评估或论证。推进信息技术与安全生产的深度融合，加快建设建筑施工安全监管信息系统，通过信息化手段加强安全生产管理。建立健全全覆盖、多层次、经常性的安全生产培训制度，提升从业人员安全素质以及各方主体的本质安全水平。（住房城乡建设部、工业和信息化部、交通运输部、水利部、安全监管总局、铁路局、民航局）

（七）全面提高监管水平。完善工程质量安全法律法规和管理制度，健全企业负责、政府监管、社会监督的质量安全保障体系。强化政府对工程质量的监管，明确监管范围，落实监管责任，加大抽查抽测力度，重点加强对涉及公共安全的工程地基基础、主体结构等部位和竣工验收等环节的监督检查。加强工程质量监督队伍建设，监督机构履行职能所需经费由同级财政预算全额保障。政府可采取购买服务的方式，委托具备条件的社会力量进行工程质量监督检查。推进工程质量安全标准化管理，督促各方主体健全质量安全管控机制。强化对工程监理的监管，选择部分地区开展监理单位向政府报告质量监理情况的试点。加强工程质量检测机构管理，严厉打击出具虚假报告等行为。推动发展工程质量保险。（住房城乡建设部、工业和信息化部、财政部、交通运输部、水利部、安全监管总局、保监会、铁路局、民航局）

四、优化建筑市场环境

（八）建立统一开放市场。打破区域市场准入壁垒，取消各地区、各行业在法律、行政法规或国务院规定外对建筑业企业设置的不合理准入条件；严禁擅自设立或变相设立审批、备案事项，为建筑业企业提供公平市场环境。完善全国建筑市场监管公共服务平台，加快实现与全国信用信息共享平台和国家企业信用信息公示系统的数据共享交换。建立建筑市场主体黑名单制度，依法依规全面公开企业和个人优良信用记录和不良信用记录,接受社会监督。(住房城乡建设部、发展改革委、工业和信息化部、交通运输部、水利部、税务总局、工商总局、法制办、铁路局、民航局)

(九)加强承包履约管理。引导承包企业以银行保函或担保公司保函的形式,向建设单位提供履约担保。对采用常规通用技术标准的政府投资工程,在原则实行最低价中标的同时,有效发挥履约担保的作用,防止恶意低价中标,确保工程投资不超预算。严厉查处转包和违法分包等行为。完善工程量清单计价体系和工程造价信息发布机制,形成统一的工程造价计价规则,合理确定和有效控制工程造价。(住房城乡建设部、发展改革委、工业和信息化部、财政部、交通运输部、水利部、银监会、保监会、铁路局、民航局)

(十)规范工程价款结算。审计机关应依法加强对以政府投资为主的公共工程建设项目的审计监督,建设单位不得将未完成审计作为延期工程结算、拖欠工程款的理由。未完成竣工结算的项目,有关部门不予办理产权登记。对长期拖欠工程款的单位不得批准新项目开工。严格执行工程预付款制度,及时按合同约定足额向承包单位支付预付款。通过工程款支付担保等经济、法律等手段约束建设单位履约行为,预防拖欠工程款。(住房城乡建设部、发展改革委、工业和信息化部、财政部、国土资源部、交通运输部、水利部、审计署、银监会、保监会、铁路局、民航局)

五、提高从业人员素质

(十一)加快培养建筑人才。积极培育既有国际视野又有民族自信的建筑师队伍。加快培养熟悉国际规则的建筑业高级管理人才。大力推进校企合作,培养建筑业专业人才。加强工程现场管理人员和建筑工人的教育培训。(住房城乡建设部、人力资源社会保障部、交通运输部、水利部、铁路局、民航局)健全建筑业职业技能标准体系,全面实施建筑业技术工人职业技能鉴定制度。发展一批建筑工人技能鉴定机构,开展建筑工人技能评价工作。通过制定施工现场技能工人基本配备标准、发布各个技能等级和工种的人工成本信息等手段,引导企业将工资分配向关键技术技能岗位倾斜。大力弘扬工匠精神,培养高素质建筑工人,到2020年,建筑业中级工技能水平以上的建筑工人达到300万人,2025年达到1000万人。(人力资源社会保障部、住房城乡建设部、交通运输部、水利部、铁路局、民航局)

(十二)改革建筑用工制度。推动建筑业劳务企业转型,大力发展木工、电工、砌筑、钢筋制作等以作业为主的专业企业。以专业企业为建筑工人的主要载体,逐步实现建筑工人公司化、专业化管理。鼓励现有专业企业进一步做专做精,增强竞争力,推动形成一批以作业为主的建筑业专业企业。促进建筑业农民工向技术工人转型,着力稳定和扩大建筑业农民工就业创业。建立全国建筑工人管理服务信息平台,开展建筑工人实名制管理,记录建筑工人的身份信息、培训情况、职业技能、从业记录等信息,逐步实现全覆盖。(住房城乡建设部、人力资源社会保障部、交通运输部、水利部、工商总局、铁路局、民航局)

(十三)保护工人合法权益。全面落实劳动合同制度,加大监察力度,督促施工单位与招用的建筑工人依法签订劳动合同,到2020年基本实现劳动合同全覆盖。健全工资支付保障制度,按照谁用工谁负责和总承包负总责的原则,落实企业工资支付责任,依法按月足额发放工人工资。对存在拖欠工资的企业列入"黑名单",采取限制市场准入等惩戒措施,情节严重的降低资质等级。建立健全与建筑业相适应的社会保险参保缴费方式,大力推进建筑施工单位参加工伤保险。施工单位应履行社会责任,不断改善建筑工人的工作环境,提升职业健康水平,促进建筑工人稳定就业。(人力资源社会保障部、住房城乡建设部、交通运输部、水利部、铁路局、民航局)

六、推进建筑产业现代化

(十四)推广智能和装配式建筑。坚持标准化设计、工厂化生产、装配化施工、一体化装修、信息化管理、智能化应用,推动建造方式创新,大力发展装配式混凝土和钢结构建筑,在具备条件的地方倡导发展现代木结构建筑,不断提高装配式建筑在新建建筑中的比例。力争用10年左右的时间,使装配式建筑占新建建筑面积的比例达到30%。在新建建筑和既有建筑改造中推广普及智能化应用,完善智能化系统运行维护机制,实现建筑舒适安全、节能高效。(住房城乡建设部、发展改革委、工业和信息化部)

(十五)提升建筑设计水平。建筑设计应体现地域特征、民族特点和时代风貌,突出建筑使用功能及节能、节水、节地、节材和环保等要求,提供功能适用、经济合理、安全可靠、技术先进、环境协调的建筑设计产品。健全适应建筑设计特点的招投标制度，推行设计团队招标、设计方案招标等方式。促进国内外建筑设计企业公平竞争，培育有国际竞争力的建筑设计队伍。倡导开展建筑评论，促进建筑设计理念的融合和升华。（住房城乡建设部）

（十六）加强技术研发应用。加快先进建造设备、智能设备的研发、制造和推广应用，提升各类施工机具的性能和效率，提高机械化施工程度。限制和淘汰落后、危险工艺工法，保障生产施工安全。积极支持建筑业科研工作，大幅提高技术创新对产业发展的贡献率。加快推进建筑信息模型（BIM）技术在规划、勘察、设计、施工和运营维护全过程的集成应用，实现工程建设项目全生命周期数据共享和信息化管理，为项目方案优化和科学决策提供依据，促进建筑业提质增效。（住房城乡建设部、发展改革委、工业和信息化部、交通运输部、水利部、铁路局、民航局）

（十七）完善工程建设标准。整合精简强制性标准，适度提高对安全、质量、性能、健康、节能等强制性指标要求，逐步提高标准水平。积极培育团体标准，鼓励具备相应能力的行业协会、产业联盟等主体共同制定满足市场和创新需要的标准，建立强制性标准与团体标准相结合的标准供给体制，增强标准有效供给。及时开展标准复审，加快标准修订，提高标准的时效性。加强科技研发与标准制定的信息沟通，建立全国工程建设标准专家委员会，为工程建设标准化工作提供技术支撑，提高标准的质量和水平。（住房城乡建设部、工业和信息化部、交通运输部、水利部、铁路局、民航局）

七、加快建筑业企业"走出去"

（十八）加强中外标准衔接。积极开展中外标准对比研究，适应国际通行的标准内容结构、要素指标和相关术语，缩小中国标准与国外先进标准的技术差距。加大中国标准外文版翻译和宣传推广力度，以"一带一路"战略为引领，优先在对外投资、技术输出和援建工程项目中推广应用。积极参加国际标准认证、交流等活动，开展工程技术标准的双边合作。到 2025 年，工程建设国家标准全部有外文版。（住房城乡建设部、发展改革委、工业和信息化部、交通运输部、水利部、商务部、铁路局、民航局）

（十九）提高对外承包能力。统筹协调建筑业"走出去"，充分发挥我国建筑业企业在高铁、公路、电力、港口、机场、油气长输管道、高层建筑等工程建设方面的比较优势，有目标、有重点、有组织地开展对外承包工程，参与"一带一路"建设。建筑业企业要加大对国际标准研究力度，积极适应国际标准，加强对外承包工程质量、履约等方面管理，在援外住房等民生项目中发挥积极作用。鼓励大企业带动中小企业、沿海沿边地区企业合作出海，积极有序开拓国际市场，避免恶性竞争。引导对外承包工程企业向项目融资、设计咨询、后续运营维护管理等高附加值的领域有序拓展。推动企业提高属地化经营水平，实现与所在国家和地区互利共赢。（商务部、住房城乡建设部、发展改革委、交通运输部、水利部、铁路局、民航局）

（二十）加大政策扶持力度。加强建筑业"走出去"主管部门间的沟通协调和信息共享。到 2025 年，与大部分"一带一路"沿线国家签订双边工程建设合作备忘录，同时争取在双边自贸协定中纳入相关内容，推进建设领域执业资格国际互认。综合发挥各类金融工具的作用，重点支持对外经济合作中建筑领域的重大战略项目。借鉴国际通行的项目融资模式，按照风险可控、商业可持续原则，加大对建筑业"走出去"的金融支持力度。（商务部、住房城乡建设部、发展改革委、财政部、人力资源社会保障部、交通运输部、水利部、人民银行、银监会、保监会、铁路局、民航局）

各地区、各部门要高度重视深化建筑业改革工作，健全工作机制，明确任务分工，及时研究解决建筑业改革发展中的重大问题，完善相关政策。同一项工作涉及多个部门的，牵头部门要加强协调，强化部门间协作，推动工作落实。各省、自治区、直辖市人民政府相关部门要发挥主动性，加强与有关部门沟通衔接，制定本地区实施细则。

住房城乡建设部
关于促进工程监理行业转型升级创新发展的意见

建市〔2017〕145号

各省、自治区住房城乡建设厅，直辖市建委，新疆生产建设兵团建设局，中央军委后勤保障部军事设施建设局：

建设工程监理制度的建立和实施，推动了工程建设组织实施方式的社会化、专业化，为工程质量安全提供了重要保障，是我国工程建设领域重要改革举措和改革成果。为贯彻落实中央城市工作会议精神和《国务院办公厅关于促进建筑业持续健康发展的意见》（国办发〔2017〕19号），完善工程监理制度，更好发挥监理作用，促进工程监理行业转型升级、创新发展，现提出如下意见：

一、主要目标

工程监理服务多元化水平显著提升，服务模式得到有效创新，逐步形成以市场化为基础、国际化为方向、信息化为支撑的工程监理服务市场体系。行业组织结构更趋优化，形成以主要从事施工现场监理服务的企业为主体，以提供全过程工程咨询服务的综合性企业为骨干，各类工程监理企业分工合理、竞争有序、协调发展的行业布局。监理行业核心竞争力显著增强，培育一批智力密集型、技术复合型、管理集约型的大型工程建设咨询服务企业。

二、主要任务

（一）推动监理企业依法履行职责。工程监理企业应当根据建设单位的委托，客观、公正地执行监理任务，依照法律、行政法规及有关技术标准、设计文件和建筑工程承包合同，对承包单位实施监督。建设单位应当严格按照相关法律法规要求，选择合格的监理企业，依照委托合同约定，按时足额支付监理费用，授权并支持监理企业开展监理工作，充分发挥监理的作用。施工单位应当积极配合监理企业的工作，服从监理企业的监督和管理。

（二）引导监理企业服务主体多元化。鼓励支持监理企业为建设单位做好委托服务的同时，进一步拓展服务主体范围，积极为市场各方主体提供专业化服务。适应政府加强工程质量安全管理的工作要求，按照政府购买社会服务的方式，接受政府质量安全监督机构的委托，对工程项目关键环节、关键部位进行工程质量安全检查。适应推行工程质量保险制度要求，接受保险机构的委托，开展施工过程中风险分析评估、质量安全检查等工作。

（三）创新工程监理服务模式。鼓励监理企业在立足施工阶段监理的基础上，向"上下游"拓展服务领域，提供项目咨询、招标代理、造价咨询、项目管理、现场监督等多元化的"菜单式"咨询服务。对于选择具有相应工程监理资质的企业开展全过程工程咨询服务的工程，可不再另行委托监理。适应发挥建筑师主导作用的改革要求，结合有条件的建设项目试行建筑师团队对施工质量进行指导和监督的新型管理模式，试点由建筑师委托工程监理实施驻场质量技术监督。鼓励监理企业积极探索政府和社会资本合作（PPP）等新型融资方式下的咨询服务内容、模式。

（四）提高监理企业核心竞争力。引导监理企业加大科技投入，采用先进检测工具和信息化手段，创新工程监理技术、管理、组织和流程，提升工程监理服务能力和水平。鼓励大型监理企业采取跨行业、跨地域的联合经营、并购重组等方式发展全过程工程咨询，培育一批具有国际水平的全过程工程咨询企业。支持中小监理企业、监理事务所进一步提高技术水平和服务水平，为市场提供特色化、专业化的监理服务。推进建筑信息模型（BIM）在工程监理服务中的应用，不断提高工程监理信息化水平。鼓励工程监理企业抓住"一带一路"的国家战略机遇，主动参与国际市场竞争，提升企业的国际竞争力。

（五）优化工程监理市场环境。加快以简化企业资质类别和等级设置、强化个人执业资格为核心的行政审批制度改革，推动企业资质标准与注册执业人员数量要求适度分离，健全完善注册监理工程师签章制度，强化注册监理工程师执业责任落实，推动建立监理工程师个人执业责任保险制度。加快推进监理行业诚信机制建设，完善企业、人员、项目及诚信行为数据库信息的采集和应用，建立黑名单制度，依法依规公开企业和个人信用记录。

（六）强化对工程监理的监管。工程监理企业发现安全事故隐患严重且施工单位拒不整改或者不停止施工的，应及时向政府主管部门报告。开展监理企业向政府报告质量监理情况的试点，建立健全监理报告制度。建立企业资质和人员资格电子化审查及动态核查制度，加大对重点监控企业现场人员到岗履职情况的监督检查，及时清出存在违法违规行为的企业和从业人员。对违反有关规定、造成质量安全事故的，依法给予负有责任的监理企业停业整顿、降低资质等级、吊销资质证书等行政处罚，给予负有责任的注册监理工程师暂停执业、吊销执业资格证书、一定时间内或终生不予注册等处罚。

（七）充分发挥行业协会作用。监理行业协会要加强自身建设，健全行业自律机制，提升为监理企业和从业人员服务能力，切实维护监理企业和人员的合法权益。鼓励各级监理行业协会围绕监理服务成本、服务质量、市场供求状况等进行深入调查研究，开展工程监理服务收费价格信息的收集和发布，促进公平竞争。监理行业协会应及时向政府主管部门反映企业诉求，反馈政策落实情况，为政府有关部门制订法规政策、行业发展规划及标准提出建议。

三、组织实施

（一）加强组织领导。各级住房城乡建设主管部门要充分认识工程监理行业改革发展的重要性，按照改革的总体部署，因地制宜制定本地区改革实施方案，细化政策措施，推进工程监理行业改革不断深化。

（二）积极开展试点。坚持试点先行、样板引路，各地要在调查研究的基础上，结合本地区实际，积极开展培育全过程工程咨询服务、推动监理服务主体多元化等试点工作。要及时跟踪试点进展情况，研究解决试点中发现的问题，总结经验，完善制度，适时加以推广。

（三）营造舆论氛围。全面准确评价工程监理制度，大力宣传工程监理行业改革发展的重要意义，开展行业典型的宣传推广，同时加强舆论监督，加大对违法违规行为的曝光力度，形成有利于工程监理行业改革发展的舆论环境。

中华人民共和国住房和城乡建设部
2017年7月7日

住房城乡建设部　工商总局
关于印发建设工程施工合同（示范文本）的通知

建市〔2017〕214号

各省、自治区住房城乡建设厅、工商行政管理局，直辖市建委、工商行政管理局（市场监督管理部门），新疆生产建设兵团建设局，国务院有关部门建设司，有关中央企业：

为规范建筑市场秩序，维护建设工程施工合同当事人的合法权益，住房城乡建设部、工商总局对《建设工程施工合同（示范文本）》（GF-2013-0201）进行了修订，制定了《建设工程施工合同（示范文本）》（GF-2017-0201），现印发给你们。在执行过程中有何问题，请与住房城乡建设部建筑市场监管司、工商总局市场规范管理司联系。

本合同示范文本自2017年10月1日起执行，原《建设工程施工合同（示范文本）》（GF-2013-0201）同时废止。

中华人民共和国住房和城乡建设部
中华人民共和国国家工商行政管理总局
2017年9月22日

注：建设工程施工合同（示范文本）（略）

住房城乡建设部 文化部 国家文物局 关于组织开展"文化和自然遗产日"活动的通知

建城〔2017〕105号

各省、自治区、直辖市住房城乡建设厅（建委、园林局）、文化厅（文化局）、文物局：

根据《国务院关于同意设立"文化和自然遗产日"的批复》（国函〔2016〕162号），自2017年起，将每年6月第二个星期六的"文化遗产日"，调整设立为"文化和自然遗产日"。为加强文化与自然遗产保护，组织好2017年首个"文化和自然遗产日"活动，现将有关事项通知如下：

一、活动目的

全面贯彻党的十八大和十八届三中、四中、五中、六中全会精神，深入贯彻习近平总书记系列重要讲话精神和治国理政新理念新思想新战略，总结宣传我国文化和自然遗产事业发展成就，充分发挥文物、非物质文化遗产、自然遗产、风景名胜区等在文化和自然资源保护、惠及民生、审美启智等方面功能，提升全社会关心、支持、参与文化和自然遗产保护意识，促进文化繁荣发展和生态文明建设。

二、活动安排

（一）住房城乡建设部会同有关方面于6月10日在湖北神农架召开"首个'文化和自然遗产日'活动启动暨中国世界自然遗产推进会"，在北京中国园林博物馆举办中国世界遗产成就展等。

（二）文化部于6月10日举办中国成都国际非物质文化遗产节，在成都举办"文化和自然遗产日"非物质文化遗产宣传展示主场活动。

（三）国家文物局于6月10日在河南洛阳举办遗产日主场城市活动——文化遗产与"一带一路"论坛及相关活动。

（四）各地将结合实际开展科普讲座、研讨会、公益展览、文化和自然遗产进社区进校园等活动。

三、工作要求

（一）各地要充分认识"文化和自然遗产日"的重要意义，制定本地区活动方案，并认真组织实施，把活动办得有声有色，在全国范围内营造良好的"文化和自然遗产日"氛围。

（二）各地要充分借助媒体的传播力量，通过印发出版物和宣传品、开设网站专栏、利用微信微博新媒体等多种方式，加强宣传，扩大社会影响，提高公众对文化和自然遗产的认知，传播正能量。

（三）各地要严格落实中央八项规定精神，厉行节约，提高活动效率，杜绝铺张浪费。

各省级住房城乡建设、文化、文物主管部门要于2017年7月10日前将本省（区、市）"文化和自然遗产日"活动有关情况分别报送住房城乡建设部、文化部、国家文物局。

联系人及电话（略）

中华人民共和国住房和城乡建设部
中华人民共和国文化部
国家文物局
2017年5月2日

住房城乡建设部　环境保护部关于规范城市生活垃圾跨界清运处理的通知

建城〔2017〕108号

各省、自治区住房城乡建设厅、环境保护厅，直辖市城管委（市容园林委、绿化市容局、市政委）、环境保护局：

为加强城市生活垃圾清运处理管理，规范垃圾跨界转移处置行为，根据《中华人民共和国固体废物污染环境防治法》、《城市市容和环境卫生管理条例》等法律法规和《城市生活垃圾管理办法》（住房城乡建设部令第24号）有关规定，现就有关事项通知如下：

一、严格垃圾清运处理服务准入

（一）依法实施垃圾清运处理服务许可。从事城市生活垃圾清运处理服务的单位，应依法取得由直辖市、市、县人民政府住房城乡建设（环境卫生）行政主管部门颁发的城市生活垃圾经营性清扫、收集、运输、处理服务许可；未经许可，不得从事城市生活垃圾清运处理服务活动。直辖市、市、县人民政府住房城乡建设（环境卫生）行政主管部门可以依法采用特许经营、政府购买服务等形式，通过招标等公平竞争方式选择具备相应条件的单位从事生活垃圾的清扫、收集、运输和处置，根据中标单位申请核发服务许可证。

（二）加强垃圾清运处理服务单位资格核查。承接城市生活垃圾清运处理服务的单位，应具备从事生活垃圾清扫、收集、运输、处理服务的相应能力并满足有关资格条件。直辖市、市、县人民政府住房城乡建设（环境卫生）主管部门要加强对服务承接单位申请材料真实性审查；对服务承接单位办公场所、垃圾清运机械设备、垃圾处理设施场地等情况，要组织专家进行实地核验。

二、规范垃圾跨界清运处置行为

（三）垃圾跨界清运处置条件。城市生活垃圾原则上应就地就近处置。本地不具备垃圾处置设施、条件或者处置成本较高的，在确保垃圾能得到合法妥善处置的条件下，移出方与接收方协商一致并经有关行政主管部门依法批准后，可以在本省域内异地或者跨省域转移处置生活垃圾。跨界转移处置的垃圾，应选择合法运营的填埋场、焚烧厂等生活垃圾处置设施、场所。严禁私自随意丢弃、遗撒、倾倒、堆放、处置生活垃圾。

（四）申请跨界清运处置垃圾程序。跨县级以上行政区域转移、处置本地生活垃圾的，由移出单位向核发服务许可证的原审批机关提出申请，增加或变更服务许可中的有关事项。经商接收地同级人民政府住房城乡建设（环境卫生）行政主管部门同意后，受理申请的人民政府住房城乡建设（环境卫生）主管部门方可批准增加或变更。转移出省级行政区域贮存、处置生活垃圾的，除应依法增加或变更服务许可范围外，移出单位还应向移出地省级人民政府环境保护主管部门提出申请。经商接收地省级人民政府环境保护主管部门同意后，移出地省级人民政府环境保护主管部门方可批准。

（五）申请材料要求。申请跨界清运处置垃圾须提交的材料包括垃圾跨界清运处置服务许可申请书、服务承接单位组织机构代码、营业执照、服务许可证照、异地清运处置服务协议等材料复印件或扫描件。垃圾跨界清运处置服务许可申请书应包括转移垃圾的来源、数量、成分、转移线路、时间、运输方式、污染防治措施、垃圾处理方式和技术工艺等内容。

三、强化垃圾跨界清运处置过程监管

（六）建立联单制度。

跨行政区域转移处置垃圾应全过程建立记录台账，来往票据全部实行多联单，留底备查。垃圾中转站、移出单位、运输单位、接收单位在垃圾交付收运、运输、处理时对其数量予以相互确认；数量不一致的，一律不得予以接收、运输和处置。

移出单位、运输单位、接收单位、处置单位要

按月将垃圾清运量和处置量汇总，分别上报核发其服务许可证的住房城乡建设（环境卫生）行政主管部门。移出地与接收地人民政府住房城乡建设（环境卫生）行政主管部门要定期核对相应垃圾的数量和去向，发现不一致的，要组织开展调查，及时督促整改，并向上级人民政府行政主管部门报告。

县级以上地方人民政府住房城乡建设（环境卫生）行政主管部门应分别于每年6月底、12月底汇总本行政区域跨界转移处置（含接收和移出）生活垃圾的总量和明细，逐级报至省级人民政府住房城乡建设（环境卫生）行政部门。

（七）做好垃圾跨界清运处置信息填报。直辖市、市、县人民政府住房城乡建设（环境卫生）行政主管部门要按照"全国城镇生活垃圾处理管理信息系统"的填报要求，做好本行政区域垃圾跨界清运处置信息填报，同时督促和指导有关单位及时更新系统中规定的生活垃圾处理设施的相应信息，并通过系统与环境保护部门进行信息共享。对不按时填报、不如实填报、不完整填报垃圾跨界清运处置信息的单位督促整改，并予以通报。

四、强化保障措施

（八）加快垃圾处理设施建设。各地要按照《国务院办公厅关于转发国家发展改革委住房城乡建设部生活垃圾分类制度实施方案的通知》（国办发〔2017〕26号）和《住房城乡建设部等部门关于进一步加强城市生活垃圾焚烧处理工作的意见》（建城〔2016〕227号）要求，因地制宜选择生活垃圾处理技术，加快推进分类投放、分类收集、分类运输和分类处理体系建设，构建"邻利型"垃圾处理设施。

对生活垃圾处理设施能力不足、技术落后等问题，住房城乡建设（环境卫生）行政主管部门要及时提出合理解决方案报本级人民政府。

（九）鼓励垃圾处理设施共建共享。生活垃圾处理要与经济社会发展水平相协调，注重城乡统筹、区域协同，采取集中处理和分散处理相结合的方式，加快推进垃圾处理设施一体化建设和网络化运营。做好区域统筹规划，鼓励生活垃圾处理设施共建共享，提高设施利用效率，扩大服务覆盖面。

（十）加强对垃圾清运处理运营监管。直辖市、市、县人民政府住房城乡建设（环境卫生）行政主管部门要加强对生活垃圾清运处理活动的监管，发现服务承接单位有违规行为的，责令限期整改；发现违法行为的，依法予以处罚。省级人民政府住房城乡建设（环境卫生）和环境保护行政主管部门要定期组织对垃圾跨界清运处置的核查或者抽查，发现接收和移出垃圾数量不一致的，及时督促整改；发现违法违规行为的，依法追究相关人员责任。

（十一）强化执法监督。各级地方人民政府住房城乡建设（环境卫生）和环境保护行政主管部门要按职责分工，依法依规强化对生活垃圾处理设施的运行监管，加强对垃圾渗滤液、二噁英、飞灰等重点污染物排放控制情况的检查；对随意丢弃、转移、遗撒、倾倒、堆放、处置生活垃圾等违法违规行为，坚决予以查处；发现涉嫌犯罪的，依法移交司法机关处理。

中华人民共和国住房和城乡建设部
中华人民共和国环境保护部
2017年5月8日

住房城乡建设部关于进一步加强国家级风景名胜区和世界遗产保护管理工作的通知

建城〔2017〕168号

各省、自治区住房城乡建设厅，北京市园林绿化局，天津市城乡建设委员会，重庆市园林事业管理局：

党中央、国务院高度重视生态文明建设，习近平总书记多次对加强生态文明建设作出重要指示批示。近日，中央专门就甘肃祁连山国家级自然保护区生态环境破坏问题及查处情况进行公开通报，督查力度之强，处理力度之大，前所未有，充分表明了党中央、国务院坚定不移推进生态文明建设的坚强决心。国家级风景名胜区和世界自然遗产、自然与文化遗产地（以下简称风景名胜区和世界遗产）

作为依法设立的自然和文化遗产保护区域,是生态文明和美丽中国建设的重要载体。为在风景名胜区和世界遗产工作中全面深入贯彻生态文明建设要求,推进风景名胜区和世界遗产事业持续健康发展,现将有关事项通知如下:

一、深入学习贯彻习近平总书记系列重要讲话精神,进一步提高思想认识

习近平总书记系列重要讲话精神是做好风景名胜区和世界遗产保护管理工作的科学指南和基本遵循。各级风景名胜区和世界遗产管理部门务必要认真学习、深入领会,切实贯彻落实党中央、国务院关于生态文明建设的决策部署。

(一)进一步提高政治站位。要牢固树立"四个意识",深刻学习领会和贯彻习近平总书记生态文明建设重要战略思想,坚决把思想和行动统一到党中央、国务院的决策部署上来,认真汲取祁连山自然保护区生态环境问题的深刻教训,切实引以为鉴、举一反三,扎实做好风景名胜区和世界遗产保护管理工作,共同守护中华民族的宝贵财富。

(二)进一步增强责任感。要充分认识做好风景名胜区和世界遗产保护管理工作的重要意义,努力践行"绿水青山就是金山银山"理念,坚持保护优先、利用服从保护的原则,决不能以牺牲风景名胜和遗产资源为代价换取一时的经济利益。各级风景名胜区和世界遗产管理部门要勇于担当、真抓实干,紧盯工作中的薄弱环节和关键问题,一项一项抓落实、一件一件抓整改,做到守土有责、守土尽责。

二、坚持依法行政,确实把法律法规要求落到实处

各地要认真贯彻落实《城乡规划法》、《风景名胜区条例》(以下简称《条例》)、《世界遗产公约》(以下简称《公约》)等规定,坚持"科学规划、统一管理、严格保护、永续利用"原则,正确处理风景名胜区和世界遗产保护与地方社会经济发展的关系。

(一)积极完善管理机制。要依法强化风景名胜区和世界遗产管理机构的主体责任,严格落实管理职能,切实做到权责对等,保障风景名胜区和世界遗产的统一规划、统一管理。要积极创新管理机制,着力解决风景名胜区和世界遗产保护管理存在的问题和不足,不断提升保护管理能力。

(二)建立健全法规制度。要结合实际,进一步完善《条例》《公约》的配套规章制度,深化细化风景名胜区和世界遗产保护管理的措施和要求,推进风景名胜区和世界遗产保护管理的制度化、规范化。具备条件的,要推动实现"一区一条例"。

(三)全面整治违法违规建设。要全面排查和依法整治《条例》第二十六、二十七条明令禁止的活动和行为,重点查办和公开曝光一批开山、采石、开矿等禁止行为以及违规水电开发等对资源环境破坏较大的典型案件。要组织对2012—2015年国家级风景名胜区执法检查中存在问题的整改落实情况进行"回头看",确保件件有着落、整改见实效。相关地方要切实抓好未通过验收的7处国家级风景名胜区的整改工作,加大督促检查和指导,严格验收标准,确保整改工作不打折扣。我部将于2017年11月底前对整改情况再次进行检查验收,验收不通过的将列入国家级风景名胜区濒危名单。

三、严格规划管控,服务绿色发展

风景名胜区规划是风景名胜区保护、利用和管理工作的基本依据。各级风景名胜区管理部门要进一步加强规划工作,切实把好规划"编、审、用、管"关。

(一)改进规划理念,科学合理分区。编制风景名胜区规划和世界遗产保护管理规划要主动对接和深入落实党中央、国务院重大决策部署,强化战略引领,推动风景名胜区和世界遗产成为践行生态文明理念的示范引领区。要科学划定范围边界和保护分区,合理布局游览服务设施,使该保护的资源严格保护好,该利用的空间合理利用好,妥善处理保护与利用的关系。

(二)严格规划实施,加强建设管控。风景名胜区和世界遗产内的各项建设活动应当分别符合经国务院批准的风景名胜区总体规划和上报联合国教科文组织的世界遗产保护管理规划。涉及建设活动的区域还应当依据总体规划,事先编制报批详细规划,合理控制建设规模,做到建筑风格与景区环境相协调。不得违反规划开展建设活动、核准重大建设工程项目选址;涉及世界遗产的重大建设工程项目,要严格按照《公约》及其操作指南、《世界自然遗产、自然与文化双遗产申报和保护管理办法(试行)》等要求,在项目批准建设前6个月将项目选址方案、环境影响评价等材料经我部按程序报联合国教科文组织世界遗产中心审查。

(三)推进可持续利用,服务绿色发展。要以习近平总书记强调的"绿水青山就是金山银山"理念为指导,以规划为引领,在严格保护的基础上合理利用风景名胜和世界遗产资源,探索符合风景名胜区和世界遗产功能定位和资源环境承载力的利用方式,推动形成绿色发展方式和生活方式,构建风景名胜和世界遗产保护与地方经济社会发展的良性循环机制。

四、强化责任落实,加大监管力度

要加大督查力度,层层落实责任,一级抓一级,层层传导压力,确保风景名胜区和世界遗产得到严格保护和永续利用。

(一)提升主动监管能力。各省风景名胜区和世界遗产主管部门要逐步建立遥感监测体系,强化对风景名胜区和世界遗产的动态监管,掌握风景名胜区和世界遗产的保护与利用状况,及时发现和制止破坏风景名胜和世界遗产资源的问题和行为。我部将加大对风景名胜区和世界遗产的遥感监测力度,并对发现的问题及时开展专项整改督查。

(二)严肃查处违规建设。各级风景名胜区和世界遗产主管部门要强化执法监督,严肃处理违法违规建设行为,依法追究相关责任单位和责任人的法律责任,敢于公开曝光,提高违法成本。对管理责任不落实、监管不到位、审核不把关等"不作为、慢作为、乱作为"问题,做到敢抓敢管、真抓真管。建立部门合作机制,对构成犯罪的,要及时将相关问题材料移送司法机关,追究其刑事责任。

中华人民共和国住房和城乡建设部
2017年8月22日

住房城乡建设部 国家发展改革委 财政部 能源局关于推进北方采暖地区城镇清洁供暖的指导意见

建城〔2017〕196号

河北、山西、内蒙古、辽宁、吉林、黑龙江、山东、河南、陕西、甘肃、宁夏、新疆、青海省(自治区)住房城乡建设厅、发展改革委、财政厅、能源局,北京市城市管理委、发展改革委、财政局,天津市建委、发展改革委、财政局,新疆生产建设兵团建设局、发展改革委、财务局:

推进北方地区冬季清洁取暖是中央提出的一项重要战略部署,对保障人民群众温暖过冬,改善大气环境具有重要现实意义。经过多年发展,我国北方采暖地区城镇已基本形成以集中供暖为主,多种供暖方式为补充的格局,但还存在热源供给不足、清洁热源比重偏低、供暖能耗偏高等问题,不利于保障群众的采暖需求和减少污染物排放。为加快推进北方采暖地区城镇清洁供暖,现提出以下意见:

一、工作要求

(一)指导思想。全面贯彻落实党的十八大和十八届三中、四中、五中、六中全会精神和习近平总书记对推进北方地区冬季清洁取暖工作的重要讲话精神,按照"企业为主、政府推动、居民可承受"的方针,以满足群众取暖需求为导向,推进供暖供给侧改革,大力推进清洁能源利用,加快推进北方采暖地区城镇清洁供暖工作。

(二)基本要求。

规划引领。科学编制北方采暖地区城镇供热专项规划,制定规划目标,明确技术路线,完善保障措施,统筹安排热源、热网、热用户等各环节的规划内容,合理布局设施建设。

重点推进。京津冀及周边地区"2+26"城市重点推进"煤改气""煤改电"及可再生能源供暖工作,减少散煤供暖,加快推进"禁煤区"建设。其他地区要进一步发展清洁燃煤集中供暖等多种清洁供暖方式,加快替代散烧煤供暖,提高清洁供暖水平。

因地制宜。各地区要根据经济发展水平、群众承受能力、资源能源状况等条件,科学选择清洁供暖方式,加快燃煤供暖清洁化,因地制宜推进天然气、电供暖,在可再生能源资源富集的地区,鼓励优先利用可再生能源等清洁能源,满足取暖需求。

企业为主。各地要加强对清洁供暖工作的引导和指导,加强统筹协调,制定完善支持政策。发挥企业主体作用,引入市场机制,鼓励和引导社会资本投资建设运营供暖设施。

二、重点工作

（三）编制专项规划。各地要根据当地能源供给条件、经济发展水平、环境保护、区域气候等特点，组织编制和修订供热专项规划。供热专项规划要包含清洁供暖专项内容，科学制定近远期发展目标和措施，选择适合当地的清洁供暖技术路线，合理规划热源、管网布局，建立供暖设施建设项目库。严格按照专项规划合理安排建设时序，加快建设清洁供暖项目，有序推进项目落地。

（四）加快推进燃煤热源清洁化。有计划、有步骤地实施燃煤热源清洁化改造，逐步提高清洁热源比例。具备改造条件的燃煤热源应当逐步实施超低排放改造，鼓励采取第三方提供改造、运营、维护一体化服务的合同能源管理模式实施改造；不具备改造条件的燃煤热源，应当因地制宜采用工业余热、"煤改气""煤改电"、可再生能源、并入城市集中供暖管网等其他清洁热源进行替代。

（五）因地制宜推进天然气和电供暖。京津冀大气污染传输通道城市和"禁煤区"，应结合当地条件加快发展天然气供暖和电供暖，宜气则气、宜电则电，避免重复建设。在天然气资源落实的条件下，因地制宜选择天然气分布式能源、燃气壁挂炉、燃气热电联产、燃气锅炉等多种方式，推进天然气供暖。在部分地区，宜将燃气锅炉作为集中供暖区域的调峰和应急保障热源。在电力资源充足地区，优先发展用户终端电供暖方式，综合运用各类热泵、高效电锅炉等多种方式推进电供暖，积极发展电供暖与蓄热相结合供暖模式。

（六）大力发展可再生能源供暖。大力推进风能、太阳能、地热能、生物质能等可再生能源供暖项目。将可再生能源供暖作为城乡能源规划的重要内容，重点推进，建立可再生能源与传统能源协同的多源互补和梯级利用的综合能源利用体系。加快推进生物质成型燃料锅炉建设，为城镇社区和农村清洁供暖。

（七）有效利用工业余热资源。立足本地区工业余热资源现状，结合清洁供暖需求，充分利用工业余热资源供暖，建设工业余热高效采集、高效输送、充分利用供暖体系。健全工业余热资源供暖运营体制机制，挖掘工业余热的供暖潜力，大幅降低供暖成本。工业余热热源必须协调配置清洁化备用热源和调峰热源，保障供暖系统安全稳定、运行可靠。

（八）全面取消散煤取暖。城市主城区、城乡结合部及城中村要结合旧城改造、棚户区改造以及老旧小区改造等工作全面取消散煤取暖，采用清洁热源供暖。其他尚未进行改造或暂不具备改造条件的地区，鼓励以"清洁型煤＋环保炉具"替代散煤。

（九）加快供暖老旧管网设施改造。建立老旧管网运行状况检测评估机制，及时摸底排查，制定改造计划，重点加快改造严重漏损或存在安全隐患的管网和热力站设施，降低供暖输配损耗，解决影响供暖安全、节能和节费方面的突出问题。

（十）大力提高热用户端能效。进一步推进供热计量收费，严格执行供热计量相关规定和标准，做好供热计量设施建设、使用、收费等工作，促进热用户端节能降耗。推进建筑节能，新建建筑严格执行建筑节能标准，在有条件的地区推行超低能耗建筑和近零能耗建筑示范，加快推进既有居住建筑节能改造，优先改造采取清洁供暖方式的既有建筑。

三、保障措施

（十一）加强组织领导。各地住房城乡建设部门要加强与发展改革、财政、价格、环境保护、能源等部门协调配合，形成合力，加大监督、指导和协调力度，结合各地实际，出台推进城镇清洁供暖的具体政策措施并抓好落实，探索形成推进清洁供暖的长效工作机制。城市人民政府有关主管部门要切实履行职责，确定目标和任务，制定实施方案，组织落实好各项具体工作。

（十二）加大资金投入。以"2＋26"城市为重点，开展北方地区冬季清洁取暖试点，中央财政通过现有资金渠道，支持试点城市推进清洁方式取暖替代散煤燃烧取暖。各地应结合本地实际，研究出台支持清洁供暖的政策措施，统筹使用相关财政资金，加大对清洁供暖工作的支持力度。鼓励各地创新体制机制、完善政策措施，引导企业和社会加大资金投入。

（十三）完善支持政策。各地要研究制定推动清洁供暖的支持政策，将清洁供暖作为重点支持的民生工程，通过价格、补贴、投融资等政策支持和引导，有效降低清洁供暖项目建设及运营成本。对供暖负荷达到一定规模的超低排放燃煤热电联产项目，在实施电力调度时，在燃煤机组中优先调度保障供热；对工业余热利用项目出台支持政策降低购热成本。

（十四）发挥市场机制作用。进一步放开城镇供暖行业的市场准入，鼓励社会资本进入清洁供暖领域，利用政府和社会资本合作（PPP）模式建设运营清洁供暖项目，保障合理的投资回报，充分调动社会资本参与清洁供暖项目建设的积极性。支持专业化、品牌化供暖企业通过兼并、收购、重组等方式合并小、散、弱供暖企业，提高供暖质量服务水平。优化区域集中供暖，推动建立"一网多源"供暖格局，加强供热区域内不同热源的互联互通和环网联网运行，合理划分基础热源和调峰热源，实现热力系统最优调度，提高供暖保障能力，降低供暖能耗。

（十五）加强监督检查。省级住房城乡建设主管部门要会同有关部门，建立有效的督查制度，加强对本地区城镇清洁供暖工作的监督检查。住房城乡建设部制定城镇清洁供暖评估考核体系，组织第三方机构对各地实施情况和效果进行评估，确保清洁供暖工作顺利推进。

中华人民共和国住房和城乡建设部
中华人民共和国国家发展和改革委员会
中华人民共和国财政部
国家能源局
2017年9月6日

住房城乡建设部关于开展城镇供热行业"访民问暖"活动加快解决当前供暖突出问题的紧急通知

建城〔2017〕240号

河北、山西、内蒙古、辽宁、吉林、黑龙江、山东、河南、陕西、甘肃、宁夏、新疆、青海省（自治区）住房城乡建设厅，北京市城市管理委，天津市建委，新疆生产建设兵团建设局：

北方采暖地区进入供暖期以来，城镇供热采暖工作总体运行平稳。但也有一些地方存在供暖不到位、室温不达标等问题，影响了群众正常采暖。为深入贯彻落实党的十九大精神，坚持以人民为中心的发展思想，坚持把人民群众的小事当作自己的大事，切实解决城镇供热采暖中的突出问题，确保人民群众温暖过冬，现就有关事项通知如下：

一、开展"访民问暖"活动，主动倾听民意

各地城镇供热管理部门要在2018年元旦之前，利用周末时间集中组织开展一次"访民问暖"专项活动，通过供热管理部门、供热企业进社区、入户走访、开展宣传咨询等方式，认真听取意见和建议，主动了解群众诉求，客观掌握供暖情况第一手资料，实地解决供暖存在问题。

二、开展全面排查，查找突出问题

各地城镇供热管理部门要迅速组织对当前城镇供热采暖工作中存在的问题进行全面排查，结合"访民问暖"专项活动和群众来电、来访、网络媒体等渠道反映的供暖问题，列出问题清单，建立工作台账，制定办结销号制度，加强督查督办，督促有关供热企业采取有效措施及时解决。

三、切实解决问题，让群众满意

各地城镇供热管理部门要以让群众满意为工作的出发点和落脚点，对群众反映的问题，认真分析原因，督促供热企业落实整改，重点解决好"供不上"和"供不好"等突出问题。对尚未落实气源或"煤改气"气源未到位的区域，不得禁止烧煤取暖。各供热企业对存在的问题要及时采取有针对性的解决措施，加快问题整改，确保供暖到位、室温达标，确保问题得到解决，切实增强人民群众获得感，努力让群众温暖过冬、满意过冬。

四、加强供暖管理，严肃问责追责

各地城镇供热管理部门要加大巡查、督查和抽查力度，防止供暖工作出现供暖不达标、服务不到位等问题，对造成重大社会影响的突出问题，要及时迅速严肃查处，认真跟踪督办，对违法违规供热企业要依法依规从重处罚，对相关责任人员要严肃追究责任，进行公开通报。

请省级城镇供热管理部门汇总本地今冬以来城镇供热采暖情况和"访民问暖"专项活动开展情况，于2018年1月5日前书面报送我部城市建设司。

中华人民共和国住房和城乡建设部
2017年12月11日

住房城乡建设部印发《园林绿化工程建设管理规定》的通知

建城〔2017〕251号

各省、自治区住房城乡建设厅，北京市园林绿化局，天津市市容和园林管理委员会，上海市绿化和市容管理局，重庆市城市管理委员会，海南省规划委员会，新疆生产建设兵团建设局，中央军委后勤保障部军事设施建设局：

现将《园林绿化工程建设管理规定》印发给你们，请遵照执行。执行中有何问题和建议，请及时反馈我部城市建设司。

附件：园林绿化工程建设管理规定

中华人民共和国住房和城乡建设部
2017年12月20日

园林绿化工程建设管理规定

第一条 贯彻落实国务院推进简政放权、放管结合、优化服务改革要求，做好城市园林绿化企业资质核准取消后市场管理工作，加强园林绿化工程建设事中事后监管，制定本规定。

第二条 园林绿化工程是指新建、改建、扩建公园绿地、防护绿地、广场用地、附属绿地、区域绿地，以及对城市生态和景观影响较大建设项目的配套绿化，主要包括园林绿化植物栽植、地形整理、园林设备安装及建筑面积300平方米以下单层配套建筑、小品、花坛、园路、水系、驳岸、喷泉、假山、雕塑、绿地广场、园林景观桥梁等施工。

第三条 园林绿化工程的施工企业应具备与从事工程建设活动相匹配的专业技术管理人员、技术工人、资金、设备等条件，并遵守工程建设相关法律法规。

第四条 园林绿化工程施工实行项目负责人负责制，项目负责人应具备相应的现场管理工作经历和专业技术能力。

第五条 综合性公园及专类公园建设改造工程、古树名木保护工程、以及含有高堆土（高度5米以上）、假山（高度3米以上）等技术较复杂内容的园林绿化工程招标时，可以要求投标人及其项目负责人具备工程业绩。

第六条 园林绿化工程招标文件中应明确以下内容：

（一）投标人应具有与园林绿化工程项目相匹配的履约能力；

（二）投标人及其项目负责人应具有良好的园林绿化行业从业信用记录；

（三）资格审查委员会、评标委员会中园林专业专家人数不少于委员会专家人数的1/3；

（四）法律法规规定的其他要求。

第七条 各级住房城乡建设（园林绿化）主管部门、招标人不得将具备住房城乡建设部门核发的原城市园林绿化企业资质或市政公用工程施工总承包资质等作为投标人资格条件。

第八条 投标人及其项目负责人应公开信用承诺，接受社会监督，信用承诺履行情况纳入园林绿化市场主体信用记录，作为事中事后监管的重要参考。

鼓励园林绿化工程施工企业以银行或担保公司保函的形式提供履约担保，或购买工程履约保证保险。

第九条 城镇园林绿化主管部门应当加强对本行政区内园林绿化工程质量安全监督管理，重点对以下内容进行监管：

（一）苗木、种植土、置石等园林工程材料的质量情况；

（二）亭、台、廊、榭等园林构筑物主体结构安全和工程质量情况；

（三）地形整理、假山建造、树穴开挖、苗木吊装、高空修剪等施工关键环节质量安全管理情况。

园林绿化工程质量安全监督管理可由城镇园林绿化主管部门委托园林绿化工程质量安全监督机构具体实施。

第十条 园林绿化工程竣工验收应通知项目所在地城镇园林绿化主管部门，城镇园林绿化主管部门或其委托的质量安全监督机构应按照有关规定监督工程竣工验收，出具《工程质量监督报告》，并纳入园林绿化市场主体信用记录。

第十一条 园林绿化工程施工合同中应约定施工保修养护期，一般不少于1年。保修养护期满，城镇园林绿化主管部门应监督做好工程移交，及时进行工程质量综合评价，评价结果应纳入园林绿化市场主体信用记录。

第十二条 住房城乡建设部负责指导和监督全国园林绿化工程建设管理工作，制定园林绿化市场信用信息管理规定，建立园林绿化市场信用信息管理系统。

第十三条 省级住房城乡建设（园林绿化）主管部门负责指导和监督本行政区域内园林绿化工程建设管理工作，制定园林绿化工程建设管理和信用信息管理制度，并组织实施。

第十四条 城镇园林绿化主管部门应加强本行政区域内园林绿化工程建设的事中事后监管，建立工程质量安全和诚信行为动态监管体制，负责园林绿化市场信用信息的归集、认定、公开、评价和使用等相关工作。

园林绿化市场信用信息系统中的市场主体信用记录，应作为投标人资格审查和评标的重要参考。

第十五条 本规定自发布之日起施行。

住房城乡建设部关于加快推进部分重点城市生活垃圾分类工作的通知

建城〔2017〕253号

各省、自治区住房城乡建设厅，直辖市城市管理委（市容园林委、绿化市容局）：

加快推进生活垃圾分类是加强生态文明建设、促进绿色发展的重要举措，有利于增强人民群众获得感、幸福感和安全感，有利于打造共建共治共享的社会治理格局，有利于提高全社会文明程度。《国务院办公厅关于转发国家发展改革委住房城乡建设部生活垃圾分类制度实施方案的通知》（国办发〔2017〕26号）确定北京、天津、上海等46个重点城市先行实施生活垃圾分类。为深入贯彻党的十九大精神，全面落实习近平总书记关于垃圾分类工作的重要指示精神，加快推进46个重点城市生活垃圾分类工作，现将有关事项通知如下：

一、明确生活垃圾分类工作目标和任务

2018年3月底前，46个重点城市要出台生活垃圾分类管理实施方案或行动计划，明确年度工作目标，细化工作内容，量化工作任务。落实《关于推进党政机关等公共机构生活垃圾分类工作的通知》（国管节能〔2017〕180号）、《关于军队单位落实生活垃圾分类制度的意见》（军后建〔2017〕485号）、《关于在医疗机构推进生活垃圾分类管理的通知》（国卫办医发〔2017〕30号）要求，从党政机关、军队单位、医院、学校等率先做起，把生活垃圾分类工作扩大到所有公共机构和相关企业。

2018年，46个重点城市均要形成若干垃圾分类示范片区，探索建立宣传发动、收运配套、设施建设等方面的工作机制。以街道为单位，开展生活垃圾分类示范片区建设，实现"三个全覆盖"，即生活垃圾分类管理主体责任全覆盖，生活垃圾分类类别全覆盖，生活垃圾分类投放、收集、运输、处理系统全覆盖。以分类示范片区为基础，及时总结经验，以点带面，逐步将生活垃圾分类好的做法和模式扩大至全区、全市范围。制定完善示范片区验收标准，加强日常检查考核，确保取得实效。

2020年底前，46个重点城市基本建成生活垃圾分类处理系统，基本形成相应的法律法规和标准体系，形成一批可复制、可推广的模式。在进入焚烧

和填埋设施之前,可回收物和易腐垃圾的回收利用率合计达到35%以上。

2035年前,46个重点城市全面建立城市生活垃圾分类制度,垃圾分类达到国际先进水平。

二、加快推进生活垃圾分类处理系统建设

(一)规范生活垃圾分类投放。设立有害垃圾固定回收点或设置专门容器,独立储存。在单位食堂和餐饮单位设置专门容器用于投放餐厨垃圾。以"干湿分开"为重点,引导居民将滤出水分后的厨余垃圾分类投放。因地制宜设置可回收物投放点,交由再生资源回收利用企业收运和处置。充实基层管理力量,发挥社会监督作用,激励和约束手段相结合,逐步做到生活垃圾精准投放。

(二)规范生活垃圾分类收集。建立健全生活垃圾分类收集责任制,落实属地责任,加强对生活垃圾分类收集责任人的日常监管。规范收集责任人与被服务单位服务合同,明确生活垃圾分类收集要求。对于机关企事业单位,要加强分类收集培训,加大考核力度。对于有物业管理的小区,物业部门要做好与环卫部门的对接。对于没有物业管理的小区,政府相关部门要切实履行责任,尽快开展生活垃圾分类收集工作。配套建设生活垃圾分类收集设施设备,优化完善生活垃圾分类收集和转运站点布局,探索通过对现有生活垃圾收集点、转运站进行升级改造,实现可回收物和各类其他垃圾分类收集、计量、中转等功能。有条件的城市可采用定时分类收集方式,逐步减少固定垃圾桶,推广垃圾不落地模式。

(三)加快配套分类运输系统。要建立与生活垃圾分类相衔接的收运网络,提高有害垃圾运输能力,推广"车载桶装"、直运等密闭、高效的厨余垃圾运输系统。规范生活垃圾分类运输许可,专车专用,明确车辆涂装要求,统一车辆标识,便于社会监督。引导环卫专业运输单位向小区延伸,逐步替代小、散、差的运输队伍。加强生活垃圾运输管理,对生活垃圾分类运输车辆作业信息、行驶轨迹进行实时监控。严格执法检查,避免混合运输。

(四)加快建设分类处理设施。编制实施生活垃圾分类处理设施建设规划,加快以焚烧为主的垃圾处理设施建设。现有处理设施不达标的,要尽快实施提升改造。探索总结厨余垃圾处理模式,统筹填埋、焚烧等处理技术,加快相应设施建设。加快再生资源回收利用体系建设,推动再生资源规范化、专业化处理和利用。加快危险废物处理设施建设,确保分类后的有害垃圾得到安全处置。鼓励生活垃圾处理产业园区建设,统筹各类垃圾处理。

三、进一步加强组织领导

(五)落实责任狠抓落实。各省(自治区)住房城乡建设厅要加强对重点城市生活垃圾分类工作的督导,落实地方主体责任,把生活垃圾分类工作持续推向深入。建立科学有效的考核办法,并做好监督考核,督促重点城市把各项任务落到实处。建立健全工作机制,形成行业主管部门主动担当,相关部门通力协作,齐抓共管的局面。

(六)广泛发动共同缔造。社区是生活垃圾分类的最基础单元。要紧紧依托街道社区居委会,充分发挥其组织动员能力,发动党组织、党员志愿者开展生活垃圾分类主题实践活动,引导单位、团体开展生活垃圾分类知识普及活动,提高公众参与度和配合度。

(七)加快立法完善标准。要结合实际制定生活垃圾分类的法规和标准,向国际先进水平看齐,落实相关责任,实现对生活垃圾分类投放、收集、运输、管理的全过程管控,发动社会力量参与监督。

(八)强化学校教育。全面推进生活垃圾分类进幼儿园、中小学校,开展"小手拉大手"活动,把生活垃圾分类知识纳入教学体系,形成"教育一个孩子、影响一个家庭、带动一个社区"的良性互动局面,促进一代人文明习惯的养成。

(九)营造良好舆论氛围。加大宣传力度,将习近平总书记关于垃圾分类重要指示精神传递到每一个党政军机关、社会团体和基层单位。通过群众喜闻乐见的宣传方式,持续普及生活垃圾分类知识,使之家喻户晓、人人皆知。

(十)结合实际开拓创新。要充分运用互联网技术和信息化手段,结合实际创造性推动工作,提高生活垃圾分类效果和质量。要创新政府和市场合作模式,鼓励社会资本参与生活垃圾分类收集、运输、处理各环节,统筹前后端,实行一体化经营。多渠道筹措资金,在加大对生活垃圾分类体系投入的同时,建立生活垃圾跨界转移补偿机制,完善生活垃圾收费政策,逐步建立差别化的收费制度,实现按量收费。

各省级住房城乡建设(环境卫生)主管部门要严格落实我部关于建立生活垃圾分类进展情况定期

报送工作机制要求，于每月 5 日前报送本地生活垃圾分类工作进展情况。

中华人民共和国住房和城乡建设部
2017 年 12 月 20 日

住房城乡建设部办公厅关于切实做好北方采暖地区今冬明春城镇供热采暖工作的通知

建办城〔2017〕62 号

河北、山西、内蒙古、辽宁、吉林、黑龙江、山东、河南、陕西、甘肃、宁夏、新疆、青海省（自治区）住房城乡建设厅，北京市城市管理委，天津市建委，新疆生产建设兵团建设局：

为贯彻落实习近平总书记在中央财经领导小组第十四次会议上关于"推进北方地区冬季清洁取暖，关系北方地区广大群众温暖过冬，关系雾霾天能不能减少"的重要讲话精神，全力做好今冬明春供热采暖各方面准备，确保北方采暖地区清洁取暖工作开局顺利和供热采暖各项工作正常推进，现就有关事项通知如下：

一、切实提高认识，增强责任感

今冬明春是落实中央有关北方地区清洁取暖工作部署、推进清洁取暖工作的首个采暖季，各地城镇供热管理部门要进一步提高对做好供热采暖和清洁取暖工作重要性的认识，从讲政治、保民生、重环保、促发展的高度切实增强责任感、使命感，认真贯彻落实《住房城乡建设部　国家发展改革委　财政部　能源局关于推进北方采暖地区城镇清洁供暖的指导意见》（建城〔2017〕196 号）关于推进清洁取暖工作的各项要求，指导供热单位扎实做好供热设施建设、运行、服务、应急等各项具体工作，保障供热采暖和清洁取暖各项工作顺利推进，让人民群众有实实在在的获得感，为党的十九大胜利召开营造良好社会环境。

二、强化供热保障，推进清洁取暖

（一）做好开栓准备。各地城镇供热管理部门对今年供热规模、供热总量要有充分的估计，对清洁取暖的能源需求总量提前分析预判，加强与能源、气象、交通、财政等部门的协调与沟通，形成工作协调联动机制，全面、准确、及时掌握能源供应动态，重点关注天然气、电力等清洁能源供应情况，及时解决供热用能供需矛盾。要加强对供热采暖工作的组织和领导，针对清洁取暖系统运行特点，指导供热企业提前调试供热管网设施和配套环保设施，落实供热能源储备，做好供热开栓前的各项准备。

（二）适时启动供热。各地城镇供热管理部门要切实落实以人为本的服务要求，指导供热单位按需供热，与气象、财政等部门建立会商机制，根据天气情况，适时提前供热、延迟停热时间。要根据地区气候和采暖期不同阶段的特点，科学调度，合理调整供热运行模式，保障正常供热，促进清洁取暖。初寒期要在室内温度达标的基础上，优化热源运行工况，减少污染物排放。严寒期要根据天气变化及时调整运行参数，确保输出热量满足采暖需求。特别是要做好 2018 年元旦、春节的供热采暖保障工作。末寒期要高度关注天气突变，防止室温过热或过冷，确保平稳供热。

（三）加强监督管理。各地城镇供热管理部门要会同有关部门加大对供热质量、安全、环保等方面的监管力度，重点督查供热清洁化运行、清洁能源保障等方面情况，对未达到相应要求的供热单位要采取有效措施督促抓紧整改，防范各类弃管弃供和质量、安全、环保问题的发生，确保稳定供热、清洁供热。

三、制定应急预案，应对极端天气

（一）加强应急能力建设。各地城镇供热管理部门要针对清洁取暖对供热设备设施的新要求，提前制定和完善各类应急预案，指导供热单位配齐应急队伍和应急设备，加强应急演练和值班值守，高度关注、积极应对供热突发事件。一旦发生供热设施设备事故、能源供应短缺以及弃管弃供等突发事件，要立即启动应急预案，果断采取有效措施，尽最大可能保障供热，避免或迅速处置大面积停热事件。

（二）做好极端天气应对。各地要妥善安排，提前制定预案，积极应对极端天气。遇到持续低温和雨雪冰冻等极端天气，要加强供热系统调控，采取错时调峰等有效措施优先保障居民供热，可以适当减少机关、商场、超市、餐饮、娱乐、写字楼等公共建筑的供热量，特别要加强夜间不用热公共场所的供热调控，尽最大能力满足居民采暖需求。

四、加强供热管理，提升安全服务

（一）提高安全水平。各地城镇供热管理部门要层层落实安全生产责任，督促供热单位强化安全生产主体意识、主体责任，根据清洁取暖对供热系统的新要求，指导供热单位加强对供热管网等设施的巡检和维修，及时排查和消除安全和环保事故隐患。

（二）提升服务质量。各地城镇供热管理部门要加强对供热服务质量的监督指导，按照国家标准《城镇供热服务》（GB/T 33833—2017）中的评价指标建立完善服务体系，推行供热服务标准化、规范化、信息化，设立监督电话等供热服务平台，及时了解供热保障和清洁取暖等情况，督促供热单位妥善处理群众诉求，对服务不达标企业采取约谈、曝光等方式及时处理，不断提高供热服务质量。

五、加强组织领导，落实主体责任

省级城镇供热管理部门要针对推进清洁取暖工作的新形势、新要求，加强对本地区供热采暖工作的组织和领导，指导本地区各级城镇供热管理部门逐级分解责任目标，制定具体工作方案，明确实施步骤和保障措施，集中力量突破重点难点问题，毫不松懈抓好各项工作，确保供热采暖秩序稳定和节能减排。

请省级城镇供热管理部门在2017年11月20日前向我部城市建设司书面报告本地区供热开栓、供热保障和清洁取暖等工作进展情况，并及时报告相关重大、突发等情况。我部将适时对各地今冬明春供热采暖工作开展情况进行监督检查。

中华人民共和国住房和城乡建设部办公厅

2017年9月30日

住房城乡建设部办公厅关于开展城市停车设施规划建设督查工作的通知

建办城函〔2017〕495号

各省、自治区住房城乡建设厅，北京、天津、上海市建委、交委，重庆市建委、市政管委：

为贯彻落实《中共中央国务院关于进一步加强城市规划建设管理工作的若干意见》（以下简称《若干意见》），加快推进城市停车设施规划建设，逐步缓解停车难问题，切实改善城市交通环境，现就开展城市停车设施规划建设督查工作有关事项通知如下：

一、督查重点

本次督查指导的重点是各地落实《住房城乡建设部 国土资源部关于进一步完善城市停车场规划建设及用地政策的通知》（建城〔2016〕193号）及《住房城乡建设部关于加强城市电动汽车充电设施规划建设工作的通知》（建规〔2015〕199号）情况，包括以下内容：

（一）推进停车设施专项规划编制。城市停车设施专项规划编制并纳入城市控制性详细规划情况；合理测算停车需求，明确阶段目标，制定实施方案及落实情况。

（二）完善建筑物配建停车位标准。按照建筑物的性质、区位等属性，完善停车位配建标准情况；制定配建停车场、路外公共停车场及路内停车位统筹发展方案情况。

（三）加快建设停车设施。以居住区、大型综合交通枢纽、城市轨道交通外围站点、医院、学校、旅游景区等为重点地区，增建公共停车场情况；利用地上地下空间建设停车楼、地下停车场、机械式立体停车库等集约化停车设施情况。

（四）加强停车用地保障。制定建城〔2016〕

193号文件实施细则，加强停车设施用地保障，鼓励新建建筑超过停车配建标准建设停车场和增加建设公共停车场的政策，以及土地综合利用等情况。

（五）开展城市停车设施普查。组织开展城市停车设施基础数据普查工作情况；具体数据分析情况；建立停车设施基础数据库及对外开放共享情况。

（六）相关配套设施建设。城市电动汽车充电基础设施规划建设情况；居住（小）区改造建设停车场及建设充电设施情况；小微型客车租赁停车场地设置、公共停车场等为分时租赁车辆停放提供便利情况；自行车交通网络、互联网租赁自行车停车设施规划建设情况。

（七）建立工作联动机制。各相关部门建立工作联动机制情况；深化行政审批体制改革，简化停车场投资建设审批情况。

二、有关要求

（一）全面开展自查。各省级住房城乡建设主管部门按照督查重点内容组织开展自查，查找存在的问题。

（二）组织开展督查工作。我部将根据各地自查情况，于2017年9月，会同有关部门组织开展实地督查，并对有关工作进行指导。

中华人民共和国住房和城乡建设部办公厅
2017年7月17日

住房城乡建设部办公厅关于印发市政公用行业安全生产大检查方案的通知

建办城函〔2017〕595号

各省、自治区住房城乡建设厅，北京市住房城乡建设委员会、城市管理委员会、园林绿化局，天津市城乡建设委员会、市容和园林管理委员会，上海市住房城乡建设管理委员会、绿化和市容管理局，重庆市城乡建设委员会、市政管理委员会、经济和信息化委员会、园林事业管理局，新疆生产建设兵团建设局：

为贯彻落实党中央、国务院关于安全生产工作部署，7月7日，我部印发了《住房城乡建设部办公厅关于加强市政公用行业安全生产工作的通知》（建办城电〔2017〕61号）。为进一步明确安全生产工作内容和检查要求，确保市政公用行业安全生产工作落到实处，为党的十九大胜利召开创造稳定的安全生产环境，现印发《市政公用行业安全生产大检查方案》，请遵照执行。

中华人民共和国住房和城乡建设部办公厅
2017年8月22日

市政公用行业安全生产大检查方案

一、总体要求

深入贯彻党中央、国务院关于加强安全生产工作部署和习近平总书记、李克强总理重要指示批示精神，落实《住房城乡建设部办公厅关于加强市政公用行业安全生产工作的通知》（建办城电〔2017〕61号）的各项要求，强化市政公用行业安全风险管控，严格落实各项安全防范责任和措施，以坚决遏制重特大安全生产事故为重点，全面深入排除市政公用行业安全生产隐患，防止安全生产事故发生，保障市政公用设施安全运行，保障群众生命财产安全和公共安全，为党的十九大胜利召开创造稳定的市政公用行业安全生产环境。

二、检查内容

检查范围为全国市政公用行业：

（一）城镇燃气安全检查内容。

1. 城镇燃气企业检查内容。

（1）安全生产管理责任落实情况。重点检查主要负责人履职情况，建立和落实安全生产责任制、依法设置安全生产管理机构或配备安全生产管理人员和保障安全生产投入等情况。

（2）安全生产管理制度建立和执行情况。重点检查安全生产管理制度建立情况，对主要负责人和安全管理人员安全生产知识与管理能力考核情况。燃气从业人员专业培训、考核情况。

（3）安全风险管控情况。重点检查安全生产重要设施完好状况和日常管理维护情况。对存在较大危险风险因素的生产环节进行识别和制定落实管控措施情况。城镇燃气应急储备和调峰设施建设情况。

（4）隐患排查治理情况。重点检查建立事故隐患排查治理制度、开展隐患自查自改情况。隐患排查发现问题及落实整改情况。

（5）应急管理情况。重点检查应急组织体系建设和制度建设情况。编制应急预案和现场处置方案、组织应急演练、配备必要装备、加强岗位应急培训情况。

2. 住房城乡建设（城镇燃气）主管部门检查内容。

（1）安全生产责任制落实情况。重点检查各级管理部门建立安全生产责任体系、落实行业监管责任、强化安全生产责任措施情况。落实燃气管理部门管理责任和加强监督责任情况。

（2）严格监管执法情况。重点检查燃气经营许可管理工作情况。在燃气经营许可证核发中对规定的许可条件审查落实情况。燃气经营许可发证部门准予许可决定的公开情况。燃气燃烧器具安装维修企业资质管理情况。

（3）安全防范制度措施落实情况。重点检查严格安全准入、强化源头管控情况，燃气特许经营实施工作中对燃气经营许可制度的贯彻情况。组织开展燃气安全生产隐患排查和对存在问题的整改情况。

（4）深入开展专项治理情况。重点检查燃气老旧管网更新改造情况。对瓶装燃气、居民户内燃气设施等薄弱环节的安全风险防范情况。对瓶装液化石油气掺混二甲醚的监管情况。对《城镇燃气反恐怖防范工作标准》（建城〔2016〕203号）的贯彻落实情况。高层建筑燃气安全管理情况。

（二）环卫设施安全检查内容。

1. 环卫设施运营单位检查内容。

（1）生活垃圾填埋场、垃圾焚烧发电厂安全管理情况。重点检查落实相关技术规程要求情况。加强气体和渗滤液导排、防爆、灭火等安全设施运行管理情况，排除生产安全隐患情况。

（2）道路清扫作业安全情况。重点检查加强安全作业教育和技能培训情况，按照规定配备使用具有警示和反光性能的安全服和安全帽情况，提高环卫工人安全意识和能力情况。

（3）粪便处理设施运行安全管理情况。重点检查落实《住房城乡建设部办公厅关于加强城镇排水、污水处理等设施维护作业安全管理工作的通知》（建办城函〔2017〕443号）情况，保障设施运行安全运营情况。

2. 住房城乡建设（环境卫生）主管部门检查内容。

（1）安全责任制落实情况。重点检查能否从提高认识、规范程序、加强培训入手，强化安全生产责任意识、落实责任制度、严格责任监督情况。

（2）加强建筑垃圾处理设施风险排查处理情况。重点检查对建筑垃圾堆体稳定性和滑坡风险排查情况，对排查发现的隐患是否做到及时停工整改，是否强化风险防范措施。

（3）道路清扫作业安全情况。重点检查各地主管部门履行监管职责情况，完善道路清扫作业人员安全防护措施情况，按照规范设置作业安全标志情况。

（三）城镇园林绿化安全检查内容。

1. 城市公园管理机构检查内容。

（1）公园日常安全管理制度建设情况。重点检查公园管理机构建立完善安全管理相关规章制度情况；制定游乐设施突发故障、动物逃逸、动物伤人、重大动物疫情等突发事件的应急预案、定期组织模拟演练情况；落实日常巡查、隐患排查、人员培训等安全管理措施情况；监督管理公园经营场所、作业活动的承租单位、承包单位安全运营情况。

（2）公园（动物园）设施设备的运营维护情况。重点检查公园管理机构对游览、防护、游乐、通信等设施设备的日常隐患排查、维修维护管理情况；公园（动物园）游览警示标志和引导标牌的建设情况；动物园和设动物展区的公园对展览动物、防护设施的监控管理情况。

（3）重大节庆活动期间安全保障能力建设情况。检查公园按照突发事件应急预案采取应急措施能力情况；安保力量和应急抢险队伍备勤及物资装备保障情况等；加强值班工作，落实值班和领导带班制度情况。

（4）公园防灾避险功能发挥情况。重点检查承担防灾避险功能的公园按照《国务院关于加强城市基础设施建设的意见》（国发〔2013〕36号）合理设置防灾避险设施，确保出现灾情时及时开放、功能完好等情况。

2.住房城乡建设（园林绿化）主管部门检查内容。

（1）安全管理责任制度落实情况。重点检查各级行业主管部门指导完善城市公园安全管理制度、建立安全管理责任体系、落实行业监管责任、强化安全管理责任措施情况。

（2）安全督查机制和安全管理措施落实情况。重点检查贯彻落实《住房城乡建设部关于进一步加强城市动物园管理的通知》（建城〔2010〕172号）和《住房城乡建设部关于进一步加强公园建设管理的意见》（建城〔2013〕73号），组织开展安全管理督查，建立隐患清单及责任管理台账，指导监督公园管理机构排查清除各类安全隐患等日常安全管理工作情况。

（3）重大节庆活动期间安全保障工作指导落实情况。重点检查在公园内举办大型活动或设置游乐项目前，组织公园管理机构制定突发事件应急预案，并开展安全风险评估、预案审查、公示管理、组织论证的情况；突发事件应急机制建设情况。

（四）地下综合管廊安全检查内容。

1.地下综合管廊运营企业检查内容。

（1）管廊运营安全制度建设情况。重点检查巡检、保养、维修等工作计划和人员培训计划制定情况，运营人员安全教育培训管理情况等。

（2）安全风险管控和应急管理情况。重点检查重大危险源辨识和管理、隐患排查治理、验收与评估、信息记录通报、预测预警情况；应急组织体系建设情况，包括应急队伍建设、应急预案制定、应急物资储备、应急演练、应急处置管理、应急评估管理等。

（3）管廊运营信息安全情况。重点检查管廊分布图、竣工图等相关工程资料的信息安全管理机制；监控管理平台供电保障、安全路由器、防火墙、防病毒、防网络入侵措施；监控平台软件系统网络服务器安全配置、安全防护软件升级更新情况；监控平台管理制度、权限设置、信息认证等工作情况。

2.住房城乡建设（综合管廊）主管部门检查内容。

（1）安全生产责任建立情况。重点检查是否制定出台地下综合管廊管理办法，建立地下综合管廊运营管理制度，落实综合管廊属地监管职责；是否厘清综合管廊安全生产综合监管与行业监管的关系，明确各有关部门安全生产工作职责。

（2）安全生产责任措施落实情况。重点检查是否定期开展管廊运营安全检查及发现问题、隐患整改落实情况。

三、工作安排

住房城乡建设部从2017年7月至10月，集中开展为期4个月的市政公用行业管理和安全生产大检查。

（一）部署动员阶段（7月至8月）。

1.住房城乡建设部按照国务院安委会部署安排，结合贯彻建办城电〔2017〕61号文件要求，印发市政公用行业安全生产大检查方案，组织指导开展市政公用行业安全生产大检查工作。

2.各省级住房城乡建设（市政公用行业）主管部门结合本地区安全生产实际，依据本方案研究制定本地区市政公用行业安全生产大检查工作方案（以下简称工作方案），明确工作要求，并做好相应的部署动员及落实工作。

3.各市、县住房城乡建设（市政公用行业）主管部门按照本省（区、市）工作方案关于主管部门的检查内容要求，组织力量开展自查自纠。

4.各市、县住房城乡建设（市政公用行业）主管部门要对照本省（区、市）工作方案有关要求，督促市政公用企事业单位开展安全隐患排查工作，落实安全隐患整改责任、措施，加强安全隐患整改力度。安全隐患排查治理和整改情况应报送本省（区、市）住房城乡建设（市政公用行业）主管部门。

5.各省级住房城乡建设（市政公用行业）主管部门于2017年8月31日前将本省（区、市）工作方案和动员部署情况报送住房城乡建设部城市建设司。

（二）集中整治阶段（8月至9月）。

1.地方各级住房城乡建设（市政公用行业）主管部门应结合实际制定检查表，详细列明检查事项、具体内容和检查标准，在相关企事业单位自查的基础上，深入到企事业单位开展检查。各省级住房城乡建设（市政公用行业）主管部门要加强监督，市、县住房城乡建设（市政公用行业）主管部门要做到本行政区域内相关企事业单位检查全覆盖。

2.地方各级住房城乡建设（市政公用行业）主管部门对检查发现的违法违规行为，要依法严格查处。对发现的安全隐患，要督促相关单位严格落实整改责任，制定整改措施并立即整改，对重大安全隐患实行挂牌督办，确保整改到位。要集中曝光一批重大安全隐患和严重违法违规行为。

3.各省级住房城乡建设主管部门要在2017年8月31日前将本地区开展市政公用行业安全生产大检

查和执法处罚、集中整治等阶段性情况报送住房城乡建设部城市建设司。

(三)实地督查阶段(9月至10月)。

1. 地方各级住房城乡建设(市政公用行业)主管部门要采取突击检查、明查暗访、随机抽查、回头检查等多种方式,深入开展实地督查。尤其要对事故多发环节进行重点检查,对督促整改的企业要进行跟踪复查。

2. 各省级住房城乡建设主管部门要及时分析市政公用行业安全生产大检查中存在的突出问题,制定并落实整改措施,于10月30日前将大检查总结报告报送住房城乡建设部城市建设司。

3. 住房城乡建设部将于9月至10月适时组织督查组对各地区开展市政公用行业安全生产大检查工作进行督促检查。

四、工作要求

(一)加强组织领导。各级住房城乡建设(市政公用行业)主管部门要成立以主要负责同志为组长的市政公用行业安全生产大检查领导小组,精心安排,周密部署,落实责任,认真组织开展本地区市政公用行业安全生产大检查工作。市政公用行业企事业单位负责人要切实履行安全生产第一责任人的职责,认真组织,全面开展自查自纠。

(二)严肃追责问责。对自查自纠不认真、隐患整改不彻底、检查责任不落实、监督执法不严格的,要严肃追究相关人员的责任,因责任和措施落实不到位导致安全生产事故发生的,依法依规严肃追责问责。

(三)加强舆论宣传。各级住房城乡建设(市政公用行业)主管部门要充分发挥各类媒体作用,采取多种形式,对市政公用行业安全生产大检查工作进行广泛宣传,营造浓厚的舆论氛围。

住房城乡建设部关于印发工程质量安全提升行动方案的通知

建质〔2017〕57号

各省、自治区住房城乡建设厅,直辖市建委(规划国土委),新疆生产建设兵团建设局:

为贯彻落实《中共中央国务院关于进一步加强城市规划建设管理工作的若干意见》和《国务院办公厅关于促进建筑业持续健康发展的意见》(国办发〔2017〕19号)精神,进一步提升工程质量安全水平,确保人民群众生命财产安全,促进建筑业持续健康发展,我部决定开展工程质量安全提升行动。现将《工程质量安全提升行动方案》印发给你们,请遵照执行。

中华人民共和国住房和城乡建设部
2017年3月3日

工程质量安全提升行动方案

百年大计,质量第一;安全生产,人命关天。为进一步提升工程质量安全水平,确保人民群众生命财产安全,促进建筑业持续健康发展,特制定本行动方案。

一、指导思想

贯彻落实《中共中央国务院关于进一步加强城市规划建设管理工作的若干意见》和《国务院办公厅关于促进建筑业持续健康发展的意见》(国办发〔2017〕19号)精神,巩固工程质量治理两年行动成果,围绕"落实主体责任"和"强化政府监管"两个重点,坚持企业管理与项目管理并重、企业责任与个人责任并重、质量安全行为与工程实体质量安全并重、深化建筑业改革与完善质量安全管理制度并重,严格监督管理,严格责任落实,严格责任追究,着力构建质量安全提升长效机制,全面提升工程质量安全水平。

二、总体目标

通过开展工程质量安全提升行动（以下简称提升行动），用3年左右时间，进一步完善工程质量安全管理制度，落实工程质量安全主体责任，强化工程质量安全监管，提高工程项目质量安全管理水平，提高工程技术创新能力，使全国工程质量安全总体水平得到明显提升。

三、重点任务

（一）落实主体责任。

1. 严格落实工程建设参建各方主体责任。进一步完善工程质量安全管理制度和责任体系，全面落实各方主体的质量安全责任，特别是要强化建设单位的首要责任和勘察、设计、施工单位的主体责任。

2. 严格落实项目负责人责任。严格执行建设、勘察、设计、施工、监理等五方主体项目负责人质量安全责任规定，强化项目负责人的质量安全责任。

3. 严格落实从业人员责任。强化个人执业管理，落实注册执业人员的质量安全责任，规范从业行为，推动建立个人执业保险制度，加大执业责任追究力度。

4. 严格落实工程质量终身责任。进一步完善工程质量终身责任制，严格执行工程质量终身责任书面承诺、永久性标牌、质量信息档案等制度，加大质量责任追究力度。

（二）提升项目管理水平。

1. 提升建筑设计水平。贯彻落实"适用、经济、绿色、美观"的新时期建筑方针，倡导开展建筑评论，促进建筑设计理念的融合和升华。探索建立大型公共建筑工程后评估制度。完善激励机制，引导激发优秀设计创作和建筑设计人才队伍建设。

2. 推进工程质量管理标准化。完善工程质量管控体系，建立质量管理标准化制度和评价体系，推进质量行为管理标准化和工程实体质量控制标准化。开展工程质量管理标准化示范活动，实施样板引路制度。制定并推广应用简洁、适用、易执行的岗位标准化手册，将质量责任落实到人。

3. 提升建筑施工本质安全水平。深入开展建筑施工企业和项目安全生产标准化考评，推动建筑施工企业实现安全行为规范化和安全管理标准化，提升施工人员的安全生产意识和安全技能。

4. 提升城市轨道交通工程风险管控水平。建立施工关键节点风险控制制度，强化工程重要部位和关键环节施工安全条件审查。构建风险分级管控和隐患排查治理双重预防工作机制，落实企业质量安全风险自辨自控、隐患自查自治责任。

（三）提升技术创新能力。

1. 推进信息化技术应用。加快推进建筑信息模型（BIM）技术在规划、勘察、设计、施工和运营维护全过程的集成应用。推进勘察设计文件数字化交付、审查和存档工作。加强工程质量安全监管信息化建设，推行工程质量安全数字化监管。

2. 推广工程建设新技术。加快先进建造设备、智能设备的推广应用，大力推广建筑业10项新技术和城市轨道交通工程关键技术等先进适用技术，推广应用工程建设专有技术和工法，以技术进步支撑装配式建筑、绿色建造等新型建造方式发展。

3. 提升减隔震技术水平。推进减隔震技术应用，加强工程建设和使用维护管理，建立减隔震装置质量检测制度，提高减隔震工程质量。

（四）健全监督管理机制。

1. 加强政府监管。强化对工程建设全过程的质量安全监管，重点加强对涉及公共安全的工程地基基础、主体结构等部位和竣工验收等环节的监督检查。完善施工图设计文件审查制度，规范设计变更行为。开展监理单位向政府主管部门报告质量监理情况的试点，充分发挥监理单位在质量控制中的作用。加强工程质量检测管理，严厉打击出具虚假报告等行为。推进质量安全诚信体系建设，建立健全信用评价和惩戒机制，强化信用约束。推动发展工程质量保险。

2. 加强监督检查。推行"双随机、一公开"检查方式，加大抽查抽测力度，加强工程质量安全监督执法检查。深入开展以深基坑、高支模、起重机械等危险性较大的分部分项工程为重点的建筑施工安全专项整治。加大对轨道交通工程新开工、风险事故频发以及发生较大事故城市的监督检查力度。组织开展新建工程抗震设防专项检查，重点检查超限高层建筑工程和减隔震工程。

3. 加强队伍建设。加强监督队伍建设，保障监督机构人员和经费。开展对监督机构人员配置和经费保障情况的督查。推进监管体制机制创新，不断提高监管执法的标准化、规范化、信息化水平。鼓励采取政府购买服务的方式，委托具备条件的社会力量进行监督检查。完善监督层级考核机制，落实监管责任。

四、实施步骤

（一）动员部署（2017年3月）。

各地住房城乡建设主管部门要按照本方案，因地制宜制定具体实施方案，全面动员部署提升行动。各省、自治区、直辖市住房城乡建设主管部门要在2017年3月31日前将实施方案报住房城乡建设部工程质量安全监管司。

（二）组织实施（2017年3月—2019年12月）。

各地住房城乡建设主管部门要加强监督检查，强化责任落实。各市、县住房城乡建设主管部门要在加强日常监督检查、抽查抽测的基础上，每半年对本地区在建工程项目全面排查一次；各省、自治区、直辖市住房城乡建设主管部门每半年对本行政区域工程项目进行一次重点抽查和提升行动督导检查。住房城乡建设部每年组织一次全国督查，并定期通报各地开展提升行动的进展情况。

（三）总结推广（2020年1月）。

各地住房城乡建设主管部门要认真总结经验，深入分析问题及原因，研究提出改进工作措施和建议。对提升行动中工作突出、成效显著的单位和个人，予以通报表扬。

住房城乡建设部 财政部
关于印发建设工程质量保证金管理办法的通知

建质〔2017〕138号

党中央有关部门，国务院各部委、各直属机构，高法院，高检院，有关人民团体，各中央管理企业，各省、自治区、直辖市、计划单列市住房城乡建设厅（建委、建设局）、财政厅（局），新疆生产建设兵团建设局、财务局：

为贯彻落实国务院关于进一步清理规范涉企收费、切实减轻建筑业企业负担的精神，规范建设工程质量保证金管理，住房城乡建设部、财政部对《建设工程质量保证金管理办法》（建质〔2016〕295号）进行了修订。现印发给你们，请结合本地区、本部门实际认真贯彻执行。

中华人民共和国住房和城乡建设部
中华人民共和国财政部
2017年6月20日

建设工程质量保证金管理办法

第一条 为规范建设工程质量保证金管理，落实工程在缺陷责任期内的维修责任，根据《中华人民共和国建筑法》《建设工程质量管理条例》《国务院办公厅关于清理规范工程建设领域保证金的通知》和《基本建设财务管理规则》等相关规定，制定本办法。

第二条 本办法所称建设工程质量保证金（以下简称保证金）是指发包人与承包人在建设工程承包合同中约定，从应付的工程款中预留，用以保证承包人在缺陷责任期内对建设工程出现的缺陷进行维修的资金。

缺陷是指建设工程质量不符合工程建设强制性标准、设计文件，以及承包合同的约定。

缺陷责任期一般为1年，最长不超过2年，由发、承包双方在合同中约定。

第三条 发包人应当在招标文件中明确保证金预留、返还等内容，并与承包人在合同条款中对涉及保证金的下列事项进行约定：

（一）保证金预留、返还方式；

（二）保证金预留比例、期限；

（三）保证金是否计付利息，如计付利息，利息的计算方式；

（四）缺陷责任期的期限及计算方式；

（五）保证金预留、返还及工程维修质量、费用等争议的处理程序；

（六）缺陷责任期内出现缺陷的索赔方式；

（七）逾期返还保证金的违约金支付办法及违约责任。

第四条 缺陷责任期内，实行国库集中支付的政府投资项目，保证金的管理应按国库集中支付的有关规定执行。其他政府投资项目,保证金可以预留在财政部门或发包方。缺陷责任期内,如发包方被撤销,保证金随交付使用资产一并移交使用单位管理,由使用单位代行发包人职责。

社会投资项目采用预留保证金方式的,发、承包双方可以约定将保证金交由第三方金融机构托管。

第五条 推行银行保函制度,承包人可以银行保函替代预留保证金。

第六条 在工程项目竣工前,已经缴纳履约保证金的,发包人不得同时预留工程质量保证金。

采用工程质量保证担保、工程质量保险等其他保证方式的,发包人不得再预留保证金。

第七条 发包人应按照合同约定方式预留保证金,保证金总预留比例不得高于工程价款结算总额的3%。合同约定由承包人以银行保函替代预留保证金的,保函金额不得高于工程价款结算总额的3%。

第八条 缺陷责任期从工程通过竣工验收之日起计。由于承包人原因导致工程无法按规定期限进行竣工验收的,缺陷责任期从实际通过竣工验收之日起计。由于发包人原因导致工程无法按规定期限进行竣工验收的,在承包人提交竣工验收报告90天后,工程自动进入缺陷责任期。

第九条 缺陷责任期内,由承包人原因造成的缺陷,承包人应负责维修,并承担鉴定及维修费用。如承包人不维修也不承担费用,发包人可按合同约定从保证金或银行保函中扣除,费用超出保证金额的,发包人可按合同约定向承包人进行索赔。承包人维修并承担相应费用后,不免除对工程的损失赔偿责任。

由他人原因造成的缺陷,发包人负责组织维修,承包人不承担费用,且发包人不得从保证金中扣除费用。

第十条 缺陷责任期内,承包人认真履行合同约定的责任,到期后,承包人向发包人申请返还保证金。

第十一条 发包人在接到承包人返还保证金申请后,应于14天内会同承包人按照合同约定的内容进行核实。如无异议,发包人应当按照约定将保证金返还给承包人。对返还期限没有约定或者约定不明确的,发包人应当在核实后14天内将保证金返还承包人,逾期未返还的,依法承担违约责任。发包人在接到承包人返还保证金申请后14天内不予答复,经催告后14天内仍不予答复,视同认可承包人的返还保证金申请。

第十二条 发包人和承包人对保证金预留、返还以及工程维修质量、费用有争议的,按承包合同约定的争议和纠纷解决程序处理。

第十三条 建设工程实行工程总承包的,总承包单位与分包单位有关保证金的权利与义务的约定,参照本办法关于发包人与承包人相应权利与义务的约定执行。

第十四条 本办法由住房城乡建设部、财政部负责解释。

第十五条 本办法自2017年7月1日起施行,原《建设工程质量保证金管理办法》(建质〔2016〕295号)同时废止。

住房城乡建设部
关于开展工程质量安全提升行动试点工作的通知

建质〔2017〕169号

各省、自治区住房城乡建设厅,直辖市建委(规划国土委),新疆生产建设兵团建设局:

为贯彻落实中央城市工作会议和《国务院办公厅关于促进建筑业持续健康发展的意见》(国办发〔2017〕19号)精神,深入推进工程质量安全提升行动,不断提升工程质量安全管理水平,在各地上报试点方案的基础上,经研究,决定在部分地区开展工程质量安全提升行动试点工作(以下简称提升行动试点)。现将有关事项通知如下:

一、试点目的

通过开展提升行动试点,进一步完善工程质量安全管理制度,落实建设工程五方主体责任,强化工程质量安全监管。通过试点先行、以点带面,充分运用市场化、信息化、标准化等手段，促进全国工程质量安全总体水平不断提升。

二、试点内容及试点地区

（一）监理单位向政府报告质量监理情况试点。

通过监理单位向政府主管部门报告工程质量监理情况，充分发挥监理单位在质量控制中的作用，同时创新质量监管方式，提升政府监管效能。

试点地区：北京、河北、辽宁、上海、浙江、湖南、广东、重庆、四川、贵州、云南、宁夏。

（二）工程质量保险试点。

培育工程质量保险市场，完善工程质量保证机制，逐步建立起符合我国国情的工程质量保险制度，有效落实工程质量责任，防范和化解工程质量风险，切实保证工程质量，保障工程所有权人权益。

试点地区：上海、江苏、浙江、安徽、山东、河南、广东、广西、四川。

（三）建立工程质量评价体系试点。

通过工程建设各方责任主体自评、相关方互评、质量监督机构监督评价及社会评价等，形成对工程项目、企业主体直至区域整体的质量评价，同时可将评价结果与质量诚信体系、考核体系、市场监管体系等挂钩，推动各方提高质量意识，提升工程质量水平。

试点地区：河北、辽宁、江苏、安徽、河南、广东、广西。

（四）建筑施工安全生产监管信息化试点。

加强建筑施工企业、工程项目、"三类人员"、特种作业人员、起重机械、安全监管机构及人员等安全生产信息化建设，切实提高建筑施工安全生产监管水平。

试点地区：上海、江苏、浙江、安徽、山东、河南、广东、广西、贵州、云南、宁夏、新疆。

（五）建筑施工安全生产标准化考评试点。

全面落实建筑施工企业、工程项目安全生产标准化考评工作，切实提高建筑施工企业及工程项目安全生产管理水平。

试点地区：北京、河北、江苏、安徽、福建、湖南、广东、贵州、云南、宁夏。

（六）大型公共建筑工程后评估试点。

落实新时期建筑方针，建立后评估指标体系，完善配套管理制度，提升大型公共建筑设计水平。

试点地区：江苏、福建、广西。

（七）勘察质量管理信息化试点。

通过影像留存、人员设备定位和数据实时上传等信息化监管方式，推动勘察现场、试验室行为和成果的质量管理标准化，切实提升工程勘察质量水平。

试点地区：北京、上海、浙江、山东、广西、云南、新疆。

（八）城市轨道交通工程双重预防机制试点。

构建城市轨道交通工程安全风险分级管控和事故隐患排查治理双重预防机制，完善相关制度体系和技术保障措施，遏制重特大事故和减少一般事故发生。

试点地区：北京、辽宁、浙江、山东、河南、广东、广西、贵州。

三、试点要求

（一）强化组织领导。各试点地区要成立领导小组，建立工作机制，细化试点方案，制定工作计划，积极稳妥推进试点工作。我部将加强指导监督协调，及时研究解决试点工作中遇到的困难和问题。

（二）鼓励探索创新。各试点地区要大胆探索、先行先试，找准着力点和突破口，积极创新试点方式，推动工程质量安全整体水平提升。对在试点中出现的新思路、新方法、新举措，应给予鼓励和支持。

（三）加强沟通协调。各试点地区要开展跟踪调研，及时掌握进展情况，不断总结完善试点经验。对于实践中发现的好的做法和经验，以及实施过程中涉及重大政策调整、出现的重大问题等，要及时报我部。

（四）加大宣传引导。各试点地区要坚持正确舆论导向，及时总结并宣传提升行动试点工作举措和成果，强化示范带动，凝聚社会共识，营造全社会关心、支持、参与提升行动试点工作的良好氛围。

中华人民共和国住房和城乡建设部
2017年8月22日

住房城乡建设部
关于开展工程质量管理标准化工作的通知

建质〔2017〕242号

各省、自治区住房城乡建设厅，直辖市建委，新疆生产建设兵团建设局：

为进一步规范工程参建各方主体的质量行为，加强全面质量管理，强化施工过程质量控制，保证工程实体质量，全面提升工程质量水平，现就开展工程质量管理标准化工作提出如下指导意见：

一、指导思想

深入学习贯彻党的十九大精神和习近平新时代中国特色社会主义思想，全面落实《中共中央　国务院关于进一步加强城市规划建设管理工作的若干意见》《中共中央　国务院关于开展质量提升行动的指导意见》《国务院办公厅关于促进建筑业持续健康发展的意见》要求，坚持"百年大计、质量第一"方针，严格执行工程质量有关法律法规和强制性标准，以施工现场为中心，以质量行为标准化和工程实体质量控制标准化为重点，建立企业和工程项目自我约束、自我完善、持续改进的质量管理工作机制，严格落实工程参建各方主体质量责任，全面提升工程质量水平。

二、工作目标

建立健全企业日常质量管理、施工项目质量管理、工程实体质量控制、工序质量过程控制等管理制度、工作标准和操作规程，建立工程质量管理长效机制，实现质量行为规范化和工程实体质量控制程序化，促进工程质量均衡发展，有效提高工程质量整体水平。力争到2020年底，全面推行工程质量管理标准化。

三、主要内容

工程质量管理标准化，是依据有关法律法规和工程建设标准，从工程开工到竣工验收备案的全过程，对工程参建各方主体的质量行为和工程实体质量控制实行的规范化管理活动。其核心内容是质量行为标准化和工程实体质量控制标准化。

（一）质量行为标准化。依据《中华人民共和国建筑法》《建设工程质量管理条例》和《建设工程施工项目管理规范》（GB 50216）等法律法规和标准规范，按照"体系健全、制度完备、责任明确"的要求，对企业和现场项目管理机构应承担的质量责任和义务等方面做出相应规定，主要包括人员管理、技术管理、材料管理、分包管理、施工管理、资料管理和验收管理等。

（二）工程实体质量控制标准化。按照"施工质量样板化、技术交底可视化、操作过程规范化"的要求，从建筑材料、构配件和设备进场质量控制、施工工序控制及质量验收控制的全过程，对影响结构安全和主要使用功能的分部、分项工程和关键工序做法以及管理要求等做出相应规定。

四、重点任务

（一）建立质量责任追溯制度。明确各分部、分项工程及关键部位、关键环节的质量责任人，严格施工过程质量控制，加强施工记录和验收资料管理，建立施工过程质量责任标识制度，全面落实建设工程质量终身责任承诺和竣工后永久性标牌制度，保证工程质量的可追溯性。

（二）建立质量管理标准化岗位责任制度。将工程质量责任详细分解，落实到每一个质量管理、操作岗位，明确岗位职责，制定简洁、适用、易执行、通俗易懂的质量管理标准化岗位手册，指导工程质量管理和实施操作，提高工作效率，提升质量管理和操作水平。

（三）实施样板示范制度。在分项工程大面积施工前，以现场示范操作、视频影像、图片文字、实物展示、样板间等形式直观展示关键部位、关键工序的做法与要求，使施工人员掌握质量标准和具体工艺，并在施工过程中遵照实施。通过样板引路，将工程质量管理从事后验收提前到施工前的预控和施工过程的控制。按照"标杆引路、以点带面、有序推进、确保实效"的要求，积极培育质量管理标准化示范工程，发挥示范带动作用。

（四）促进质量管理标准化与信息化融合。充分发挥信息化手段在工程质量管理标准化中的作用，大力推广建筑信息模型（BIM）、大数据、智能化、移动通讯、云计算、物联网等信息技术应用，推动各方主体、监管部门等协同管理和共享数据，打造基于信息化技术、覆盖施工全过程的质量管理标准化体系。

（五）建立质量管理标准化评价体系。及时总结具有推广价值的工作方案、管理制度、指导图册、实施细则和工作手册等质量管理标准化成果，建立基于质量行为标准化和工程实体质量控制标准化为核心内容的评价办法和评价标准，对工程质量管理标准化的实施情况及效果开展评价，评价结果作为企业评先、诚信评价和项目创优等重要参考依据。

五、有关要求

（一）提高认识，加强领导。质量管理标准化是一项基础性、长期性工作，对夯实企业质量工作基础、落实企业质量主体责任、促进工程项目和地区质量管理水平提高起着重要作用。各级住房城乡建设主管部门要高度重视，加强组织领导，督促参建各方落实主体责任，扎实推进工程质量管理标准化工作。

（二）强化措施，有序推进。各级住房城乡建设主管部门要结合本地区实际，制定工作方案和实施办法，明确目标任务、工作内容、进度安排、具体措施及检查督办要求等，确保工作有序有效开展。采取指导和激励并重的方式，健全相关管理制度，建立工作激励机制，提高主管部门、相关企业和工程项目管理机构开展质量管理标准化工作的积极性、主动性。

（三）加强指导，营造氛围。各级住房城乡建设主管部门要加强工程质量管理标准化工作的监督检查，促进企业形成制度不断完善、工作不断细化、程序不断优化的持续改进机制。充分利用新闻报道、现场观摩、专题培训等形式，积极宣传质量管理标准化的重要意义，营造推进质量管理标准化工作的浓厚社会氛围。

（四）注重统筹，务求实效。各级住房城乡建设主管部门要将质量管理标准化工作与工程质量常见问题治理结合、与安全生产标准化结合、与诚信体系建设结合，及时总结推广成熟经验做法，培育典型，示范引导，推进质量管理标准化工作广泛深入、扎实有效开展，实现工程质量整体水平不断提升。

中华人民共和国住房和城乡建设部

2017 年 12 月 11 日

住房城乡建设部办公厅关于严厉打击建筑施工安全生产非法违法行为的通知

建办质〔2017〕56 号

各省、自治区住房城乡建设厅，直辖市建委，新疆生产建设兵团建设局：

今年以来，全国建筑施工安全生产形势严峻，一些企业安全生产非法违法行为屡禁不止，安全事故时有发生，给人民群众生命财产造成重大损失。为贯彻落实党中央、国务院关于安全生产工作的决策部署，按照全面推进依法治安的要求，严格执行建筑施工安全生产有关法律法规，坚决遏制建筑施工非法违法行为，切实维护人民群众生命财产安全，现就严厉打击建筑施工安全生产非法违法行为有关要求通知如下：

一、牢固树立"有法必依、违法必究"的法治意识

工程建设各方主体违反有关法律法规、标准规范和操作规程，违章指挥、违规作业，是导致建筑施工生产安全事故的主要原因。各级住房城乡建设主管部门必须牢固树立"有法必依、违法必究"的法治意识，履职尽责，敢于担当，对各类建筑施工安全生产非法违法行为坚持"零容忍"，依法严厉进行查处,坚决纠正监管执法中的"宽松软"问题,坚决消除有法不依、违法不究的现象,切实维护法律的权威,增强监管执法的威慑力和有效性。

二、严肃查处建筑施工生产安全事故

各级住房城乡建设主管部门要高度重视建筑施工生产安全事故查处工作,严格按照"四不放过"的原则,从严追究事故责任企业和责任人的责任。要强化资质资格管理相关处罚措施的适用,对较大事故负有责任的建设、施工、监理等单位,依法责令停业整顿,对重大及以上事故负有责任的,依法降低资质等级或吊销资质证书;对事故负有责任的有关人员,依法责令停止执业或吊销执业资格证书。要严格执行建筑施工企业安全生产许可证动态核查制度,事故发生后,立即组织对相关建筑施工企业安全生产条件进行复核,根据安全生产条件降低情况,依法暂扣或吊销其安全生产许可证。

三、加大危险性较大的分部分项工程安全生产违法行为查处力度

各级住房城乡建设主管部门要把危险性较大的分部分项工程(以下简称危大工程)作为建筑施工安全监管执法工作的重点,严格危大工程安全管控流程,强化危大工程安全管控责任,对危大工程安全生产违法行为重拳出击、严肃查处。特别是对于未编制危大工程专项方案,未按规定审核论证、审查专项方案,未按照专项方案施工等行为,要立即责令整改,依法实施罚款、暂扣施工企业安全生产许可证、责令项目经理和项目总监理工程师停止执业等行政处罚。对涉及危大工程的安全隐患,要挂牌督办、限时整改,对重大典型案例,要向社会公开通报。

四、严厉打击非法违法建筑施工活动

当前,非法违法建筑施工活动时有发生,主管部门监管缺失,施工安全管理薄弱,存在大量安全风险和隐患,极易发生生产安全事故。各级住房城乡建设主管部门要会同有关部门,严格依照建筑施工有关法律法规,采取切实有效措施,严厉打击非法违法建筑施工活动。对于未办理施工许可及安全监督手续擅自施工的项目,一律责令停工整改,并向社会公开通报建设单位及施工单位非法违法行为查处情况。造成安全事故的,建设单位要承担首要责任,构成犯罪的,对有关责任人员依法追究刑事责任。

五、强化建筑施工安全信用惩戒

各级住房城乡建设主管部门要加快建立完善建筑施工安全信用体系,对违法失信责任主体实施信用联合惩戒,充分发挥市场和社会的监督作用。要建立建筑施工安全生产信用档案和信用承诺制度,对于存在安全生产违法行为的失信责任主体,要在依法处罚的同时,将其失信行为记入信用档案,并依法依规向各类信用信息共享平台推送不良信用信息。要将不良信用记录作为安全生产标准化考评、日常监督检查等工作的重要依据,对于存在不良信用记录的企业和个人在申领相关行政许可证时,从严审查把关。

六、建立非法违法行为查处通报机制

各级住房城乡建设主管部门在查处建筑施工安全生产非法违法行为时,处罚权限不在本部门的,要及时向有处罚权的部门通报,并提出处罚建议,切实强化查处工作联动,确保处罚措施落实到位。对于安全事故,属于本省(区、市)企业施工的,省级住房城乡建设主管部门要在事故发生后20日内对其安全生产条件复核,并依法作出暂扣或吊销安全生产许可证的处罚;跨省(区、市)施工的,事故发生地省级住房城乡建设主管部门要在事故发生后15日内向其安全生产许可证颁发管理机关通报,并附具违法事实、相关证据材料及处罚建议,颁发管理机关要在接到通报之日起20日内对企业安全生产条件复核,并依法作出处罚。各省级住房城乡建设主管部门要将事故通报和处罚文件及时上传至全国房屋市政工程生产安全事故信息报送系统,并按季度向我部报送事故企业安全生产许可证处罚情况和非法违法行为处罚情况(见附件),我部自本通知印发之日起将每季度予以通报,对于不按规定时限对事故企业安全生产许可证进行处罚的,予以通报批评。

附件:1.房屋市政工程生产安全事故企业安全生产许可证处罚情况表(一)、(二)(略)

    2.房屋市政工程施工安全生产非法违法行为处罚情况表(略)

中华人民共和国住房和城乡建设部办公厅

2017年8月25日

住房城乡建设部办公厅关于加强城市轨道交通工程关键节点风险管控的通知

建办质〔2017〕68号

有关省、自治区住房城乡建设厅，北京市住房城乡建设委员会，天津市、重庆市城乡建设委员会，上海市住房城乡建设管理委员会、交通委：

近年来，城市轨道交通工程生产安全事故大多与工程关键节点施工前风险预控不到位有关，造成较大生命财产损失。为强化城市轨道交通工程关键节点（以下简称关键节点）施工前风险预控措施，提升关键节点风险管控水平，有效防范和遏制事故发生，现将有关工作通知如下：

一、总体要求

（一）明确关键节点风险管控原则。关键节点是指轨道交通工程开（复）工或施工过程中风险较大、风险集中或工序转换时容易发生事故和险情的关键工序和重要部位。关键节点风险管控要坚持全面识别、重点管控、各负其责、强化落实的原则。要将开展关键节点施工前条件核查作为关键节点风险管控的重要手段。

（二）规范开展关键节点风险管控。应严格依据《城市轨道交通工程安全质量管理暂行办法》（建质〔2010〕5号）、《城市轨道交通地下工程建设风险管理规范》GB 50652—2011和《城市轨道交通建设项目管理规范》GB 50722—2011等制度规定和标准规范，对城市轨道交通工程施工关键工序和重要部位实施风险管控。

（三）强化关键节点风险管控责任落实。各地城市轨道交通工程质量安全监管部门和建设单位等参建各方要高度重视关键节点风险管控工作，全面落实企业主体责任和政府监管责任，不断加强关键节点施工前条件核查，严格控制施工风险。

二、明确关键节点风险管控内容

要按照城市轨道交通工程自身风险和周边环境特点及危险程度确定关键节点风险管控的具体内容。关键节点风险管控内容主要包括：勘察和设计交底的完成情况；专项施工方案编制、审批和专家论证情况；监测方案编制审批及落实情况；施工安全技术交底情况；安全技术措施落实情况；周边环境核查和保护措施落实情况；材料、施工机械准备情况；项目管理、技术人员和劳动力组织情况；应急预案编制审批和救援物资储备情况；相关工程质量检测资料；法规、标准及合同约定的其他情况。

三、严格执行关键节点风险管控程序

关键节点风险管控由建设、监理、施工、勘察、设计、第三方监测等单位相关负责人参加，按以下程序进行：

（一）施工单位根据《关键节点分类清单》（见附件）编制《关键节点识别清单》，报监理单位审批。

（二）施工单位对照经监理单位批准的《关键节点识别清单》，对关键节点施工前条件自检自评，符合要求的报监理单位。

（三）监理单位对关键节点施工前条件进行预核查，通过后报建设单位。

（四）建设单位（或委托监理单位）依据相关制度规定和标准规范组织开展关键节点施工前条件核查。

（五）通过核查的，方可进行关键节点施工；未通过核查的，相关单位按照核查意见进行整改，整改完成后建设单位重新组织核查。

四、强化风险管控保障措施

（一）明确核查人员工作职责。参加关键节点施工前条件核查的人员应具备相应职业资格，按照建质〔2010〕5号文件和相关标准规范对涉及到的施工条件逐项进行核查，形成明确核查意见和书面核查记录（包括影像资料），并对签署的核查意见负责。

（二）加强督促检查。城市轨道交通工程质量安全监管部门要督促参建单位做好关键节点风险管控工作，对因关键节点风险管控不到位而引发事故的责任单位和责任人，要依法进行处理、处罚。

各地可根据本通知要求，建立完善关键节点风险管控相关制度，进一步明确关键节点施工前条件核查标准、程序、内容和组织方式，确保关键节点风险管控落实到位，有效防范城市轨道交通工程生产安全事故发生。

附件：关键节点分类清单（参考）（略）

中华人民共和国住房和城乡建设部办公厅

2017年11月1日

国家发展改革委 住房城乡建设部关于印发气候适应型城市建设试点工作的通知

发改气候〔2017〕343号

各省、自治区、直辖市及计划单列市和新疆生产建设兵团发展改革委、住房城乡建设厅（委）：

为深入贯彻落实生态文明建设总体要求，切实提高城市适应气候变化能力，根据《城市适应气候变化行动方案》和《国家发展改革委、住房城乡建设部关于开展气候适应型城市建设试点工作的通知》，国家发展改革委、住房城乡建设部对各地组织推荐的气候适应型城市建设试点方案进行了认真研究，现就开展气候适应型城市建设试点工作有关事项通知如下：

一、目的意义

城市人口密度大、经济集中度高，易受气候变化不利影响。我国人口众多、气候条件复杂、生态环境整体脆弱，又处在工业化和城镇化快速发展的历史阶段，气候变化对城市的建设和发展已经并将持续产生重大影响，特别是对城市能源、交通、通信等基础设施安全和人民生产生活构成严重威胁。积极适应气候变化，事关城市可持续发展，事关全面建成小康社会全局，事关人民群众安居乐业，是生态文明建设的一项重大课题。

目前适应气候变化问题尚未纳入我国城市建设发展重要议事日程，存在认识不足、基础薄弱、体制机制不健全等问题，适应气候变化意识和能力亟待加强。近年来，各地结合实际开展了海绵城市、生态城市等相关工作，为适应气候变化工作积累了一些有益经验，但我国城市适应气候变化工作总体上还处在起步探索阶段，亟需从国家层面加强顶层设计，开展政策引导，鼓励探索创新。

综合考虑气候类型、地域特征、发展阶段和工作基础，选择一批典型城市，开展气候适应型城市建设试点，针对城市适应气候变化面临的突出问题，分类指导，统筹推进，积极探索符合各地实际的城市适应气候变化建设管理模式，是我国新型城镇化战略的重要组成部分，也将为我国全面推进城市适应气候变化工作提供经验，发挥引领和示范作用。

二、试点名单

考虑各地实际情况，经专家论证，同意将内蒙古自治区呼和浩特市、辽宁省大连市、辽宁省朝阳市、浙江省丽水市、安徽省合肥市、安徽省淮北市、江西省九江市、山东省济南市、河南省安阳市、湖北省武汉市、湖北省十堰市、湖南省常德市、湖南省岳阳市、广西自治区百色市、海南省海口市、重庆市璧山区、重庆市潼南区、四川省广元市、贵州省六盘水市、贵州省毕节市（赫章县）、陕西省商洛市、陕西省西咸新区、甘肃省白银市、甘肃省庆阳市（西峰区）、青海省西宁市（湟中县）、新疆自治区库尔勒市、新疆自治区阿克苏市（拜城县）、新疆建设兵团石河子市等28个地区作为气候适应型城市建设试点。

三、工作目标

以全面提升城市适应气候变化能力为核心，坚持因地制宜、科学适应，吸收借鉴国内外先进经验，完善政策体系，创新管理体制，将适应气候变化理念纳入城市规划建设管理全过程，完善相关规划建设标准，到2020年，试点地区适应气候变化基础设施得到加强，适应能力显著提高，公众意识显著增强，打造一批具有国际先进水平的典型范例城市，形成一系列可复制、可推广的试点经验。

四、主要任务

（一）强化城市适应理念。统筹城市建设、产业发展和适应气候变化工作，创新城市规划建设管理理念，科学分析气候变化主要问题及影响，加强城乡建设气候变化风险评估，将适应气候变化纳入城市发展目标体系，在城市规划中充分考虑气候变化因素，修改完善城市基础设施建设运营标准，健全城市适应气候变化管理体系。

（二）提高监测预警能力。加强气候变化和气象灾害监测预警平台建设和基础信息收集，开展关键部门和领域气候变化风险分析。加强信息化建设和大数据应用，健全应急联动和社会响应体系，实现各类极端气候事件预测预警信息的共享共用和有效传递。加强城市公众预警防护系统建设。

（三）开展重点适应行动。出台城市适应气候变化行动方案，优化城市基础设施规划布局，针对强降水、高温、干旱、台风、冰冻、雾霾等极端天气气候事件，修改完善城市基础设施设计和建设标准。积极应对热岛效应和城市内涝，发展被动式超低能耗绿色建筑，实施城市更新和老旧小区综合改造，加快装配式建筑的产业化推广。增强城市绿地、森林、湖泊、湿地等生态系统在涵养水源、调节气温、保持水土等方面的功能。保留并逐步修复城市河网水系，加强海绵城市建设，构建科学合理的城市防洪排涝体系。加强气候灾害管理，提升城市应急保障服务能力。健全政府、企业、社区和居民等多元主体参与的适应气候变化管理体系。

（四）创建政策试验基地。加大对城市适应气候变化工作政策支持力度，积极协助试点地区申报适应气候变化相关项目，鼓励试点地区出台有针对性的适应气候变化财税、金融、投资等扶持政策，实施适应气候变化示范工程。开展体制机制和管理方式创新。鼓励应用PPP等模式，引导各类社会资本参与城市适应气候变化项目。使试点地区成为安全发展、节水节材、防灾减灾、生态建设等有关政策集成应用和综合示范平台。

（五）打造国际合作平台。加强城市适应气候变化国际交流合作，鼓励试点地区与有关国际机构和国外先进城市加强经验交流和务实合作，优先支持试点地区参加国际合作项目和国际交流活动，把试点地区打造成气候变化国际合作示范窗口。

五、组织实施

（一）各级发展改革、住房城乡建设部门要加强对试点工作的指导，会同有关部门研究出台支持政策，在资金、项目上予以倾斜。组织现场调研，跟踪试点进展，开展效果评估，加强督促检查，积极鼓励企业、民间组织和群众团体参与试点工作，确保试点工作取得成果。

（二）试点地区要成立由本级人民政府主要负责同志担任组长，发展改革、住房城乡建设等相关部门参加的试点工作领导小组，负责试点建设总体统筹推进。试点地区要根据专家论证意见，进一步核实基础数据，修改试点方案，完善试点工作总体思路、建设目标、指标体系、主要任务和保障措施，明确任务分工，落实工作责任，确保实现各项试点任务。修改完善后的试点方案，由省级发展改革、住房城乡建设部门在4月底前报国家发展改革委、住房城乡建设部。

（三）试点地区要在每年12月底前提交试点工作进展报告，经省级发展改革委、住房城乡建设厅（委）报送国家发展改革委（应对气候变化司）和住房城乡建设部（建筑节能与科技司）。国家将根据试点工作进展，定期开展经验交流，树立先进典型，组织人员培训和国际合作活动，加大宣传力度，为试点工作有序开展创造良好条件。

中华人民共和国国家发展和改革委员会
中华人民共和国住房和城乡建设部
2017年2月21日

财政部 住房城乡建设部 环境保护部 国家能源局关于开展中央财政支持北方地区冬季清洁取暖试点工作的通知

财建〔2017〕238号

北京、天津、河北、山西、山东、河南省（市）财政厅（局）、住房城乡建设厅（委）、环境保护厅、发展改革委（能源局）：

为贯彻落实习近平总书记在中央财经领导小组第14次会议上关于"推进北方地区冬季清洁取暖"重要讲话精神和2017年政府工作报告"坚决打好蓝天保卫战"重点工作任务，财政部、住房城乡建设部、环境保护部、国家能源局决定开展中央财政支持北方地区冬季清洁取暖试点工作。现将有关事项通知如下：

一、支持方式

中央财政支持试点城市推进清洁方式取暖替代散煤燃烧取暖，并同步开展既有建筑节能改造，鼓励地方政府创新体制机制、完善政策措施，引导企业和社会加大资金投入，实现试点地区散烧煤供暖全部"销号"和清洁替代，形成示范带动效应。

试点示范期为三年，中央财政奖补资金标准根据城市规模分档确定，直辖市每年安排10亿元，省会城市每年安排7亿元，地级城市每年安排5亿元。

二、试点城市选择

采取地方自愿申报、竞争性评审方式确定试点城市。申报试点的城市按三年滚动预算要求编制实施方案，并由省级财政、住房城乡建设、环保、发展改革（能源）主管部门联合向财政部、住房城乡建设部、环保部、国家能源局（以下简称"四部门"）申报，具体申报指南见附件。四部门对申报城市进行资格审核，对通过资格审核的城市，将组织公开答辩，由专家进行现场评审，现场公布评审结果。

试点工作将重点支持京津冀及周边地区大气污染传输通道"2+26"城市，优先支持工作基础好、资金落实到位、计划目标明确、工作机制创新较为突出的城市。

三、改造范围和内容

试点城市应因地制宜，多措并举，重点针对城区及城郊，积极带动农村地区，从"热源侧"和"用户侧"两方面实施清洁取暖改造，尽快形成"企业为主、政府推动、居民可承受"的清洁取暖模式，为其他地区提供可复制、可推广的范本。一是加快热源端清洁化改造，重点围绕解决散煤燃烧问题，按照"集中为主，分散为辅"、"宜气则气，宜电则电"原则，推进燃煤供暖设施清洁化改造，推广热泵、燃气锅炉、电锅炉、分散式电（燃气）等取暖，因地制宜推广地热能、空气热能、太阳能、生物质能等可再生能源分布式、多能互补应用的新型取暖模式。二是推进用户端建筑能效提升，严格执行建筑节能标准，实施既有建筑节能改造，积极推动超低能耗建筑建设，推进供热计量收费。具体改造内容由试点城市自主确定。

四、组织实施

试点城市是清洁取暖工作任务的责任主体，应加强组织领导，成立试点工作领导小组，统筹负责清洁取暖规划制定、预算安排、政策制定、监督考核以及有关重大事项。要根据需求编制专项规划和年度计划，并与城市总体规划和控制性详细规划相衔接，因地制宜选择切实可行、居民欢迎的清洁取暖技术路线。应积极探索采取政府与社会资本合作（PPP）、特许经营等市场化模式建设运营清洁取暖项目，完善价格和收费政策，调动企业和社会资本参与清洁取暖改造积极性。要加强清洁取暖改造项目质量管理，对项目设计、施工、监理、有关设备材料采购供应、验收等环节实行规范管理，严格工程投入资金全过程审计监督。

财政部、住建部、环保部、国家能源局等有关部门将充分发挥职能作用，完善政策措施，加强对试点城市清洁取暖工作的支持、指导和监督。住房城乡建设部将建立健全城乡建筑节能标准并督促地方严格标准执行，推进既有建筑节能改造；指导地方加快供热供暖体制改革，形成有利于清洁取暖的体制机制。环保部将对相关城市空气质量进行重点监测、强化考核，监督试点城市完成清洁取暖改造任务。国家能源局将抓紧牵头研究制定清洁取暖的总体规划，进一步明确改造方式和路径，并对相关城市加强指导；督促有关地方放开能源生产和使用等方面准入限制。中央财政奖补资金将采取"先预拨、后清算"的方式下达，财政部会同住房城乡建设部、环境保护部、国家能源局等部门对试点城市开展绩效考核并清算奖励资金。具体绩效评价方法另行制定。

北方地区各省级财政、住房城乡建设、环保、发展改革（能源）主管部门要高度重视此项工作，积极谋划，组织有关城市做好实施方案编制工作，并尽快研究制定配套政策，推动相关技术标准编制和研究，加大力度开展相关能力建设。

附件：2017年北方地区冬季清洁取暖试点城市申报指南（略）

中华人民共和国财政部
中华人民共和国住房和城乡建设部
中华人民共和国环境保护部
国家能源局
2017年5月16日

住房城乡建设部关于进一步规范绿色建筑评价管理工作的通知

建科〔2017〕238号

各省、自治区住房城乡建设厅，直辖市、计划单列市建委（建设局），新疆生产建设兵团建设局：

为深入推进我部"放管服"改革工作，更好地贯彻落实《国务院办公厅关于转发发展改革委住房城乡建设部绿色建筑行动方案的通知》（国办发〔2013〕1号），进一步规范绿色建筑评价标识管理，现就有关事项通知如下：

一、建立绿色建筑评价标识属地管理制度。绿色建筑评价标识实行属地管理，各省、自治区、直辖市及计划单列市、新疆生产建设兵团住房城乡建设主管部门负责本行政区域内一星、二星、三星级绿色建筑评价标识工作的组织实施和监督管理。

二、推行第三方评价。由具有评价能力和独立法人资格的第三方机构（以下简称评价机构）依据国家和地方发布的绿色建筑评价标准实施评价，出具技术评价报告，确定绿色建筑性能等级。各省级住房城乡建设主管部门要结合实际，参照《绿色建筑评价机构能力条件指引》（附件1），制定公布本地区评价机构能力条件，供绿色建筑评价标识申请单位参考。

三、规范评价标识管理方式。各地要依法依规组织开展绿色建筑评价标识管理，结合实际确定评价方式。由住房城乡建设主管部门组织开展绿色建筑评价标识工作的，采取政府购买服务等方式委托评价机构对绿色建筑性能等级进行评价，不得向绿色建筑评价标识申请单位收取或转嫁任何费用；由绿色建筑评价标识申请单位自主选择评价机构进行绿色建筑评价的，须遵守市场规则，通过合同约定具体评价内容、要求及费用等事项。

四、严格评价标识公示管理。绿色建筑评价结果应在项目所在城市住房城乡建设主管部门确定的公共信息平台上公示，经公示无异议的，发放相应等级的绿色建筑评价标识证书。绿色建筑评价标识证书的样式、规格及编号规则应符合我部统一规定（详见附件2、附件3）。

五、建立信用管理制度。各省级住房城乡建设主管部门要建立针对评价机构和其他相关市场主体的信用管理制度和信用信息平台，加强信用信息的采集归集和共享使用，完善相关市场主体信用信息记录。建立评价机构信用承诺制度，将信用承诺情况作为实施事中事后监管、信用分类监管、招标投标管理等活动的重要依据，逐步建立"守信激励、失信惩戒"的市场信用环境。

六、强化评价标识质量监管。各地住房城乡建设主管部门要严格绿色建筑评价标识质量管理，强化对绿色建筑评价标识质量和标识项目实施情况的事中事后监管，积极推进构建绿色建筑评价标识市场主体自治、行业自律、社会监督、政府监管等多种手段相结合的绿色建筑评价质量监管体系。

七、加强评价信息统计。评价机构要及时将完成的绿色建筑评价标识项目信息报告项目所在地省级住房城乡建设主管部门。各省级住房城乡建设主管部门要对本行政区域内绿色建筑评价标识项目信息进行汇总，按季度将汇总数据报我部。各地上报的绿色建筑评价标识项目的数量和面积信息，将纳入国家绿色建筑相关数据统计范围。

八、健全完善统一的评价标识管理制度。我部将在总结各地实践经验基础上，进一步落实"放管服"改革要求，研究修订绿色建筑评价标识管理办法，完善绿色建筑评价标准，建立相关市场主体信用评价标准体系；按照《国务院关于建立完善守信联合激励和失信联合惩戒制度加快推进社会诚信建设的指导意见》（国发〔2016〕33号）要求，建立健全全国范围的绿色建筑评价标识信用信息归集共享和使用机制，将有关信息纳入全国住房城乡建设信用信息共享平台，对相关主体实行守信联合激励和失信联合惩戒；加强绿色建筑评价标识质量监督，不定期对各地绿色建筑评价标识管理工作情况进行检查，重点抽查三星级绿色建筑项目评价及实施情况。

本通知自发布之日起实施，此前有关文件和规定与本通知不符的，以本通知为准。本通知执行中有何问题，请与我部建筑节能与科技司联系。

附件：1. 绿色建筑评价机构能力条件指引（略）
      2. 绿色建筑标识证书样式及规格（略）
      3. 绿色建筑标识证书编号规则（略）

中华人民共和国住房和城乡建设部
2017年12月4日

住房城乡建设部办公厅　银监会办公厅关于深化公共建筑能效提升重点城市建设有关工作的通知

建办科函〔2017〕409号

各省、自治区住房城乡建设厅、银监局，直辖市、计划单列市住房城乡建设局（委）、银监局：

为进一步强化公共建筑节能管理，充分挖掘节能潜力，解决当前仍存在的用能管理水平低、节能改造进展缓慢等问题，确保完成国务院印发的《"十三五"节能减排综合工作方案》确定的目标任务，现就深化公共建筑能效提升重点城市建设有关工作通知如下：

一、总体目标

"十三五"时期，各省、自治区、直辖市建设不少于1个公共建筑能效提升重点城市（以下简称重点城市），树立地区公共建筑能效提升引领标杆。直辖市、计划单列市、省会城市直接作为重点城市进行建设。重点城市应完成以下工作目标：新建公共建筑全面执行《公共建筑节能设计标准》GB 50189。规模化实施公共建筑节能改造，直辖市公共建筑节能改造面积不少于500万平方米，副省级城市不少于240万平方米，其他城市不少于150万平方米，改造项目平均节能率不低于15%，通过合同能源管理模式实施节能改造的项目比例不低于40%。完成重点城市公共建筑节能信息服务平台建设，确定各类型公共建筑能耗限额，开展基于限额的公共建筑用能管理。建立健全针对节能改造的多元化融资支持政策及融资模式，形成适宜的节能改造技术及产品应用体系。建立可比对的面向社会的公共建筑用能公示制度。

二、重点任务

（一）提高新建公共建筑节能标准执行质量。新建公共建筑项目应按照"适用、经济、绿色、美观"的建筑方针进行规划设计，严格执行《公共建筑节能设计标准》GB 50189，强化标准在规划、设计、施工、竣工验收等环节的执行监管，落实各方主体责任，确保标准执行到位。对大型公共建筑及超高超大公共建筑项目，研究建立节能及促进可再生能源优先应用的专项论证制度。对政府投资公共建筑项目，探索开展建筑及用能系统设计方案专项评估，约束建筑体型系数、用能系统设计参数及系统配置。

（二）建立节能信息服务及披露机制。重点城市住房城乡建设主管部门应充分整合公共建筑能耗统计、能源审计及能耗动态监测数据信息，构建面向政府、市场、业主、金融机构、社会团体等利益相关方的公共建筑节能信息服务平台。建立公共建筑用能信息面向社会的公示制度和"数据换服务"机制，形成倒逼节能的社会监管机制，对主动向平台上传建筑和能耗信息的公共建筑，提供节能诊断等咨询服务。建立基于公共建筑节能信息服务平台的能耗限额管理、能耗数据报告和节能量第三方核定等工作机制，积极开展公共建筑电力需求侧响应、能效交易等试点。

（三）强化公共建筑用能管理。重点城市住房城乡建设主管部门应分类制定公共建筑能耗限额指标，划分不同类型公共建筑能耗合理区间，将能耗超过限额的公共建筑确定为重点用能建筑。积极探索基于能耗限额的用能管理制度，实行公共建筑能源系统运行调适制度，推行专业化用能管理。引导公共建筑按照《既有建筑绿色改造评价标准》GB/T 51141 要求进行绿色化改造，并积极申报绿色建筑运行标识。

（四）完善节能改造市场机制。重点城市住房城乡建设主管部门应全面推行合同能源管理模式，为公共建筑业主提供节能咨询、诊断、设计、融资、改造、运行托管等全过程服务。大型公共建筑及学校、医院等，应采用购买服务的方式实施节能运行管理与改造，按照合同能源管理合同支付给节能服务公司的支出，视同能源费用支出。对大型商务区、办公区等建筑集聚区及清洁取暖改造重点地区，可采用政府和社会资本合作（PPP）方式实施集中的节能运行管理与改造。研究推动将公共建筑节能改造纳入全国碳排放权交易市场。

（五）完善技术管理服务体系。综合考虑地方气候特点、经济条件、不同类型建筑使用功能要求及用能特点，完善优化公共建筑节能改造技术路线，加大对经济、适用节能改造技术的集成、创新和应用力度，积极推广应用新技术、新产品。采用合同能源管理模式的项目，应对合同中约定的节能效益确定方式、节能量核定方式的合理性进行论证，论证结果可作为金融机构融资的参考。对节能改造后进入运营阶段的项目，应委托第三方机构对项目全年典型工况条件下的实际节能效果进行核定，相关结果向项目利益相关方披露。

三、金融支持措施

（一）建立信息共享与产融合作机制。重点城市住房城乡建设主管部门与银监会派出机构要构建公共建筑节能改造项目共享机制，建立节能改造项目储备库，定期向金融机构等主体公开拟近期实施的公共建筑节能改造项目的建筑信息、改造计划、实施企业信息等。省级住房城乡建设主管部门要推进全省公共建筑节能改造项目库的建立，并逐步形成重点企业和重点项目融资需求清单，切实推动项目相关方与金融机构对接。

（二）积极创新金融产品和金融服务。银监会各级派出机构要积极引导银行业金融机构完善绿色信贷机制，按照风险可控、商业可持续原则加大对公共建筑节能改造的融资支持。重点支持长期从事节能服务行业且有竞争力、有市场、有效益的优质企业的合理融资需求。支持民间资本参与公共建筑节能改造投资。鼓励银行业金融机构依法合规创新相关金融产品和服务，规范合同能源管理未来收益权质押融资服务。

四、保障机制

（一）强化目标责任考核。将公共建筑能效提升重点城市建设工作列为建筑节能与绿色建筑年度检查重点内容，检查结果与国家对省级人民政府能源消耗总量和强度"双控"考核相挂钩。建立重点城市信息通报、绩效评估与日常督导工作机制，住房城乡建设部将对各城市工作进展情况进行定期通报。

（二）完善法规政策体系。推动公共建筑节能相关法规、规章、制度建设。研究建立建筑节能服务公司、节能量第三方审核机构诚信"白名单"和失信"黑名单"制度。鼓励各地在总结现有合同能源管理项目或PPP项目等经验的基础上，出台更具操作性的实施细则。尽快制定建筑节能服务市场监管办法、服务质量评价标准以及公共建筑合同能源管理合同范本等。

（三）加强能力建设。加强公共建筑节能管理能力建设，打造公共建筑节能管理、监督、服务"三位一体"的管理体系。持续推进公共建筑能耗统计、能源审计、用能监测、节能量审核、节能服务等方面能力建设，提高相关机构及人员能力水平。

（四）完善组织管理。重点城市住房城乡建设主管部门要积极建立组织协调机制,加强与财政、金融、电力、供气、供暖、教育、卫生、旅游、商务、国资、机关事务等部门和单位沟通协调,推动落实节能改造项目及相应的支持政策。省级住房城乡建设主管部门应会同有关部门加强监督指导,帮助协调解决重点城市建设中的困难和问题,并及时总结推广建设经验,积极扩大重点城市建设数量,提高本地区公共建筑能效水平。

（五）做好宣传培训工作。充分利用各类媒体宣传公共建筑节能先进典型、经验和做法,曝光用能浪费行为。完善公众参与制度,提高公共建筑业主、物业公司及公众对提升能源利用效率的认识,积极参与节能工作。

五、工作安排

（一）省级住房城乡建设主管部门牵头组织申报公共建筑能效提升重点城市（原则上为地级及以上城市），银监局及其他有关部门做好配合。各省、自治区推荐城市数量不少于1个,之前批复的重点城市已完成示范任务的,可以申请追加任务面积并列为重点城市。鼓励北方地区冬季清洁取暖试点城市积极申报成为公共建筑能效提升重点城市。

（二）申报公共建筑能效提升重点城市的住房城乡建设主管部门应牵头组织编制《公共建筑能效提升重点城市建设方案》（编制提纲见附件1),银监会派出机构及其他有关部门做好配合。鼓励申报城市引入专业支撑机构,并按照风险可控、商业可持续原则提出项目运作方案、融资方案、还款方案。申报城市要在编制建设方案的基础上填写"公共建筑能效提升重点城市基本情况表"（附件2),由省级住房城乡建设主管部门、银监局确认并加盖公章。

（三）各省、自治区、直辖市住房城乡建设主管部门、银监局要于2017年7月7日前将申报材料（包括加盖公章的申报文件、公共建筑能效提升重点城市建设方案、公共建筑能效提升重点城市基本情况表,含电子版）各2份报送住房城乡建设部建筑节能与科技司和银监会政策研究局。

（四）住房城乡建设部、银监会根据上报情况,按照有关要求审核确定并公布公共建筑能效提升重点城市建设名单。

六、联系人和联系方式（略）

附件：1. 公共建筑能效提升重点城市建设方案编写提纲（略）
   2. 公共建筑能效提升重点城市基本情况表（略）

中华人民共和国住房和城乡建设部办公厅
中国银行业监督管理委员会办公厅
2017年6月14日

关于在内地（大陆）就业的港澳台同胞享有住房公积金待遇有关问题的意见

建金〔2017〕237号

各省、自治区、直辖市住房城乡建设厅（建委）、财政厅（局）、人民政府港澳事务（外事、侨务）办公室、台湾事务办公室,新疆生产建设兵团建设局、财务局、外事局、台湾事务办公室,中国人民银行上海总部、各分行、营业管理部、省会（首府）城市中心支行、副省级城市中心支行,直辖市、新疆生产建设兵团住房公积金管理委员会、住房公积金管理中心：

为贯彻落实中央有关要求,推动在内地（大陆）就业的港澳台同胞同等享有住房公积金待遇,为港澳台同胞在内地（大陆）就业、生活提供便利,促进港澳台同胞更好地融入内地（大陆）的经济社会发展,现就在内地（大陆）就业的港澳台同胞缴存使用住房公积金有关问题提出以下意见：

一、支持港澳台同胞缴存。在内地（大陆）就业的港澳台同胞,均可按照《住房公积金管理条例》和相关政策的规定缴存住房公积金。缴存基数、缴存比例、办理流程等实行与内地（大陆）缴存职工一致的政策规定。

二、同等享有使用权利。已缴存住房公积金的港澳台同胞，与内地（大陆）缴存职工同等享有提取个人住房公积金、申请住房公积金个人住房贷款等权利。在内地（大陆）跨城市就业的，可以办理住房公积金异地转移接续。与用人单位解除或终止劳动（聘用）关系并返回港澳台的，可以按照相关规定提取个人住房公积金账户余额。

三、做好管理服务工作。各地住房公积金管理中心要按照本意见要求，结合当地实际，抓紧出台在内地（大陆）就业的港澳台同胞缴存使用住房公积金的实施办法。要简化办理要件，缩短业务流程，完善服务手段，为港澳台同胞提供高效、便捷的住房公积金服务。要采取有效措施，规范业务管理，强化风险防控，保障资金安全。

四、切实抓好政策落实。推动在内地（大陆）就业的港澳台同胞同等享有住房公积金待遇，是落实中央要求的重要举措。各省、自治区、直辖市住房城乡建设部门、财政部门、人民银行分支机构和港澳、台湾事务主管部门要各司其职，密切配合，加强政策指导和督促检查。各地住房公积金管理中心要切实抓好政策落实工作。各部门、各单位要加大政策宣传力度，主动引导社会舆情，使政策深入人心，支持更多在内地（大陆）就业的港澳台同胞通过缴存使用住房公积金实现安居。

以往规定与本意见不一致的，按本意见执行。

中华人民共和国住房和城乡建设部
中华人民共和国财政部
中国人民银行
国务院港澳事务办公室
国务院台湾事务办公室
2017年11月28日

住房城乡建设部 财政部 中国人民银行 国土资源部关于维护住房公积金缴存职工购房贷款权益的通知

建金〔2017〕246号

各省、自治区、直辖市住房城乡建设厅（建委）、财政厅（局）、国土资源厅（局），新疆生产建设兵团建设局、财务局、国土资源局，中国人民银行上海总部、各分行、营业管理部、省会（首府）城市中心支行、副省级城市中心支行，直辖市、新疆生产建设兵团住房公积金管理委员会、住房公积金管理中心：

2014年，住房城乡建设部、财政部、中国人民银行印发《关于发展住房公积金个人住房贷款业务的通知》（建金〔2014〕148号），明确要求房地产开发企业不得拒绝缴存职工使用住房公积金贷款购房，取得了一定成效。但部分房地产开发企业仍然拒绝或变相拒绝购房人使用住房公积金贷款，引发缴存职工不满。为维护住房公积金缴存职工合法权益，有效发挥住房公积金制度作用，规范房地产市场秩序，净化房地产市场环境，现就有关事项通知如下：

一、压缩贷款审批时限。住房公积金管理中心和受托银行要规范贷款业务流程，减少审批环节，压缩审批时限。自受理贷款申请之日起10个工作日内完成审批工作。准予贷款的，通知受托银行办理贷款手续；不准予贷款的，应当说明理由。

二、严格委贷业务考核。住房公积金管理中心和受托银行应在委托贷款协议中明确约定职责分工和办理时限。受托银行要按照协议约定，及时受理职工住房公积金贷款申请和办理相关委托贷款手续。住房公积金管理中心要加强对受托银行的考核，对不履行委贷协议约定事项的，应扣减贷款手续费；情节严重的，可暂停或取消住房公积金业务办理资格。

三、加强销售行为管理。住房城乡建设主管部门要加强市场监管，要求房地产开发企业在销售商品房时，提供不拒绝购房人使用住房公积金贷款的书面承诺，并在楼盘销售现场予以公示。房地产开发企业要认真履行承诺，不得以提高住房销售价格、减少价格折扣等方式限制、阻挠、拒绝购房人使用住房公积金贷款，不得要求或变相要求购房人签署自愿放弃住房公积金贷款权利的书面文件。

四、提高抵押登记效率。不动产登记机构应当严格按照有关规定，及时受理住房公积金贷款抵押登记申请，在10个工作日内完成抵押登记手续，要应用信息化等技术手段进一步提升住房公积金贷款抵押登记效率。

五、公开业务办理流程。各地要通过电视、报刊、广播、网络等新闻媒体，公开住房公积金贷款业务流程、审批要件、办理地点、办理部门和办结时限，并在业务办理网点显著位置设立宣传牌、公告栏予以明示。

六、促进部门信息共享。各地住房城乡建设、不动产登记、人民银行等部门要切实落实国务院"互联网＋政务服务"要求，建立住房公积金贷款业务办理信息共享机制，让数据多跑路，职工不跑路或少跑路。

七、加大联合惩戒力度。各地住房城乡建设部门和住房公积金管理中心要及时查处损害职工住房公积金贷款权益的问题。对限制、阻挠、拒绝职工使用住房公积金贷款购房的房地产开发企业和销售中介机构，要责令整改。对违规情节严重、拒不整改的，要公开曝光，同时纳入企业征信系统，依法严肃处理。

八、畅通投诉举报渠道。住房公积金缴存职工可通过 12345 市民热线、12329 住房公积金服务热线等渠道，投诉举报房地产开发企业和房屋销售中介机构拒绝住房公积金贷款问题。根据投诉举报线索，住房城乡建设部门和住房公积金管理中心要快速响应，及时查处。

九、集中开展专项整治。各地住房城乡建设部门和住房公积金管理中心要联合开展拒绝职工使用住房公积金贷款购房问题专项整治行动，严厉打击房地产开发企业和房屋销售中介机构违规行为。

十、切实加强监督检查。各城市住房城乡建设部门和住房公积金管理中心要根据本通知要求，结合当地实际，制定实施意见，并报省（区）住房城乡建设厅备案，直辖市、新疆生产建设兵团报住房城乡建设部备案。各省、自治区住房城乡建设厅要按照本通知要求，加强监督检查，2018 年 3 月底前，将贯彻落实情况报住房城乡建设部。

中华人民共和国住房和城乡建设部
中华人民共和国财政部
中国人民银行
中华人民共和国国土资源部
2017 年 12 月 13 日

住房城乡建设部　财政部关于印发城市管理执法制式服装和标志标识供应管理办法的通知

建督〔2017〕31 号

各省、自治区、直辖市人民政府，新疆生产建设兵团：

经国务院同意，现将《城市管理执法制式服装和标志标识供应管理办法》印发给你们，请遵照执行。

中华人民共和国住房和城乡建设部
中华人民共和国财政部
2017 年 2 月 7 日

城市管理执法制式服装和标志标识供应管理办法

第一章　总　则

第一条　为深化城市管理领域简政放权、放管结合、优化服务改革，加强城市管理执法队伍建设，统一规范城市管理执法制式服装（以下简称制式服装）和标志标识，推进规范文明执法，营造良好营商环境、提高城市管理水平，提升政府公信力，依据《中华人民共和国预算法》和《中共中央国务院关于深入推进城市执法体制改革改进城市管理工作的指导意见》等规定，制定本办法。

第二条　各级城市管理部门要加强城市管理执法队伍建设，规范穿着制式服装和佩戴标志标识，严肃城市管理执法人员仪容仪表及执法风纪，创新履职方式，规范执法行为，围绕完善事中事后管理，推进管理精细化、执法规范化、服务人性化，更好体现执法的统一性、权威性。

第三条 住房城乡建设部负责对全国城市管理执法制式服装和标志标识工作的指导监督协调，制定制式服装和标志标识的式样与标准。

各省、自治区、直辖市城市管理部门负责监督本办法及式样标准的落实。

各级城市管理部门负责本级制式服装和标志标识的采购、配发以及日常管理等工作。

第四条 制式服装制作所需经费，由个人负担工料费的30%，其余70%由同级财政予以安排；装具制作所需经费由同级财政负担。

第五条 各级城市管理部门要严格限定着装范围，不得擅自扩大着装范围和提高供应标准，严禁改变制式服装和标志标识的式样。

第二章 配发范围

第六条 地方各级城市管理部门从事一线城市管理执法工作的在编在职人员，应当在执行公务时穿着统一制式服装和标志标识。

第七条 直辖市和市、县（含县级市、市辖区）城市管理部门从事一线执法工作的在编在职人员，按照供应标准配发制式服装和标志标识。

第八条 省、自治区城市管理部门从事一线执法工作的在编在职人员，按照供应标准减半配发制式服装。

第三章 制式服装和标志标识供应种类

第九条 帽类，具体包括：

（一）大檐帽（女士为卷檐帽）；

（二）防寒帽（布面、皮面）。

第十条 服装类，具体包括：

（一）常服（春秋、冬常服，含上衣、裤子、衬衣）；

（二）茄克式执勤服（春秋、冬茄克式执勤服，含上衣、裤子）；

（三）夏装制式衬衣（长袖、短袖）；

（四）单裤、裙子；

（五）防寒大衣。

第十一条 鞋类，具体包括：

（一）单皮鞋；

（二）皮凉鞋；

（三）棉皮鞋、毛皮靴。

第十二条 标志标识类，具体包括：

（一）帽徽；

（二）肩章；

（三）领花、臂章、胸徽、胸号；

（四）领带、领带卡；

（五）腰带；

（六）标志扣。

第十三条 装具类，具体包括：

（一）连帽雨衣（含雨靴）；

（二）反光背心。

第四章 气候区域

第十四条 制式服装根据气候区域划分配发不同品种，确定使用年限。气候区域划分为热区、亚热区、南温区、北温区、寒区、高寒区（其包括的行政区域见附件1）。

第十五条 因气候、工作环境特殊等原因，个别配发品种不能满足实际需求的，由省级城市管理部门商同级财政部门确定选配品种，报住房城乡建设部和财政部备案。

第五章 供应标准

第十六条 帽类

（一）大檐帽（女士为卷檐帽）

首次男士发大檐帽2顶、大檐凉帽1顶，女士发卷檐帽2顶、卷檐凉帽1顶，热区、亚热区、南温区使用4年，北温区、寒区、高寒区使用5年，期满换发大檐帽（卷檐帽）1顶，大檐凉帽（卷檐凉帽）1顶。

（二）防寒帽（布面、皮面）

热区、亚热区、南温区首次发布面栽绒防寒帽1顶，热区、亚热区使用7年，南温区使用6年，期满换发1顶。

北温区首次发皮面栽绒防寒帽1顶，使用8年，期满换发1顶。

寒区、高寒区首次发皮面直毛皮防寒帽1顶，使用5年，期满换发1顶。

第十七条 服装类

（一）常服（春秋、冬常服，含上衣、裤子、衬衣）

首次发春秋常服1套（含衬衣2件），使用4年，期满换发1套；发冬常服1套，热区、亚热区使用4年，南北温区、寒区、高寒区使用3年，期满换发1套。

（二）茄克式执勤服（春秋、冬茄克式执勤服，含上衣、裤子）

热区、亚热区、南北温区首次发春秋茄克式执勤服2套，寒区、高寒区首次发春秋茄克式执勤服1套，热区、亚热区使用4年，南北温区、寒区、高寒区使用5年，期满换发1套；热区、亚热区、寒区、高寒区发冬茄克式执勤服2套，南北温区发冬茄克式执勤服1套，热区、亚热区使用4年，南北温区、寒区、高寒区使用3年，期满换发1套。

（三）夏装制式衬衣（长袖、短袖）

首次发长袖制式衬衣2件，使用3年，期满换发2件；发短袖制式衬衣3件，热区、亚热区使用2年，南北温区使用3年，寒区、高寒区使用4年，期满换发3件。

（四）单裤、裙子

首次男士发单裤2条，使用2年，期满换发2条；女士发单裤1条、裙子1条，使用2年，期满各换发1条。

（五）防寒大衣

南北温区、寒区、高寒区首次发防寒大衣1件（南北温区为短款，寒区、高寒区为长款），南北温区使用8年，寒区、高寒区使用6年，期满换发1件。

第十八条 鞋类

（一）单皮鞋

首次发单皮鞋1双，使用2年，期满换发1双。

（二）皮凉鞋

首次发皮凉鞋1双，热区、亚热区、南北温区使用3年，寒区、高寒区使用4年，期满换发1双。

（三）棉皮鞋、毛皮靴

南北温区首次发棉皮鞋1双，使用4年，期满换发1双。

寒区、高寒区首次发毛皮靴1双，使用6年，期满换发1双。

第十九条 标志标识类

（一）帽徽

男士发大帽徽2枚，女士发大帽徽1枚，小帽徽1枚，损坏后，交旧领新。

（二）肩章

首次发硬肩章、软肩章、套式肩章各1付，损坏后，交旧领新。

（三）领花、臂章、胸徽、胸号

首次发领花、臂章各1付，硬、软胸徽各1枚，硬、软胸号各1枚，损坏后，交旧领新。

（四）领带、领带卡

首次发领带1条、领带卡1枚，损坏后，交旧领新。

（五）腰带

首次发腰带2条，使用3年，期满后换发1条。

（六）标志扣

随服装（帽子）配发。

第二十条 装具类

地方各级城市管理部门可根据实际需要，按照一线执法人员数量的一定比例配备连帽雨衣（含雨靴）、反光背心。

第六章 制式服装和标志标识管理

第二十一条 制式服装面料的采购、加工和标志标识制作，根据《中华人民共和国政府采购法》等有关规定办理。

第二十二条 各级城市管理部门在不突破住房城乡建设部、财政部规定的供应标准前提下，可以探索实行按需申领的保障模式。

第二十三条 连帽雨衣、反光背心按公用品管理，各级城市管理部门根据执法工作实际调配、发放、回收，仅限一线执法时穿着，使用完毕后由单位保管，个人不得占用。

第二十四条 废旧制式服装和标志标识由各级城市管理部门统一回收处理。

第二十五条 工作变动时应当：

（一）在城市管理部门内部调动时，由调入单位根据本单位的供应标准以及调离单位出具的制式服装供应证明继续供应制式服装。其中，调离胸号号段范围的，应当交回胸号，由调入单位重新配发。

（二）退休以及调离城市管理部门的人员，应收回所有标志标识。着装后任职不满一年调离城市管理部门的，除收回所有标志标识外，还应加收制式服装工料费的20%，或者交回制式服装。

（三）被开除、辞退及辞职人员，应收回所有制式服装和标志标识。

第二十六条 影视制作单位和文艺团体因拍摄、演出需要，使用制式服装和标志标识的，应当报省级城市管理部门批准，并严格保管，非拍摄、演出时不得使用。各级城市管理部门及城市管理执法人员不得擅自赠送、出借制式服装和标志标识。

第七章 附 则

第二十七条 推行综合行政执法改革的地区，可根据本地区实际情况，做好执法制式服装和标志标识的统筹衔接。

第二十八条 本办法由住房城乡建设部、财政部负责解释。

第二十九条 本办法自发布之日起实施。

附件：1. 气候区域划分表（略）
2. 城市管理执法制式服装和标志标识预算指导价格（略）
3. 城市管理执法制式服装和标志标识预算指导价格明细（略）
4. 城市管理执法制式服装和标志标识式样标准（略）

交通运输部　中央宣传部　中央网信办　国家发展改革委　工业和信息化部　公安部　住房城乡建设部　人民银行　质检总局　国家旅游局关于鼓励和规范互联网租赁自行车发展的指导意见

交运发〔2017〕109号

各省、自治区、直辖市人民政府，国务院各部委、各直属机构：

互联网租赁自行车（俗称"共享单车"）是移动互联网和租赁自行车融合发展的新型服务模式，是分享经济的典型业态。近年来，我国互联网租赁自行车快速发展，在更好地满足公众出行需求、有效解决城市交通出行"最后一公里"问题、缓解城市交通拥堵、构建绿色出行体系等方面发挥了积极作用，有力推动了分享经济发展。但同时也存在车辆乱停乱放、车辆运营维护不到位、企业主体责任不落实、用户资金和信息安全风险等问题。为了鼓励和规范互联网租赁自行车发展，经国务院同意，现提出以下指导意见。

一、总体要求

（一）指导思想。全面贯彻党的十八大和十八届三中、四中、五中、六中全会精神，深入贯彻习近平总书记系列重要讲话精神和治国理政新理念新思想新战略，认真落实党中央、国务院决策部署，统筹推进"五位一体"总体布局和协调推进"四个全面"战略布局，牢固树立和贯彻落实创新、协调、绿色、开放、共享的发展理念，深化供给侧结构性改革，有效推进"互联网＋"行动计划，鼓励和规范互联网租赁自行车发展，提升互联网租赁自行车服务水平，优化交通出行结构，构建绿色、低碳的出行体系，更好地满足人民群众出行需要。

（二）基本原则。

——坚持服务为本。树立以人民为中心的发展思想，维护各方合法权益，为公众提供更安全、更便捷、更绿色、更经济的出行服务。

——坚持改革创新。以"互联网＋"行动为契机，发挥市场在资源配置中的决定性作用和更好地发挥政府作用，探索政府与企业合作新模式，激发企业创新动力和活力，促进行业健康有序发展。

——坚持规范有序。坚持问题导向，实施包容审慎监管，形成鼓励和规范互联网租赁自行车的发展环境，落实企业主体责任，依法规范企业经营，引导用户守诚信、讲文明，维护正常运行和停放秩序。

——坚持属地管理。城市人民政府是互联网租赁自行车管理的责任主体，充分发挥自主权和创造性，因地制宜、因城施策，探索符合本地实际的发展模式。

——坚持多方共治。充分调动各方面积极性，加强行业自律，引导公众积极参与，形成政府、企业、社会组织和公众共同治理的局面。

二、实施鼓励发展政策

（三）科学确定发展定位。互联网租赁自行车是分时租赁营运非机动车，是城市绿色交通系统的组成部分，是方便公众短距离出行和公共交通接驳换乘的交通服务方式。各地要坚持优先发展公共交通，统筹发展互联网租赁自行车，推进公共租赁自行车与互联网租赁自行车融合发展，建立完善多层次、多样化的城市出行服务系统。不鼓励发展互联网租赁电动自行车。

（四）引导有序投放车辆。各城市可根据城市特点、公众出行需求和互联网租赁自行车发展定位，研究建立与城市空间承载能力、停放设施资源、公众出行需求等相适应的车辆投放机制，引导互联网租赁自行车运营企业合理有序投放车辆，保障行业健康有序发展和安全稳定运行。

（五）完善自行车交通网络。合理布局慢行交通网络和自行车停车设施，将其纳入城市综合交通体系规划，并与城市公共交通规划相衔接。积极推进自行车道建设，提高自行车道的网络化和通达性。要优化自行车交通组织，完善道路标志标线，纠正占用非机动车道等违法行为，保障自行车通行条件。

（六）推进自行车停车点位设置和建设。各城市要制定适合本地特点的自行车停放区设置技术导则，规范自行车停车点位设置。对不适宜停放的区域和路段，可制定负面清单实行禁停管理。对城市重要商业区域、公共交通站点、交通枢纽、居住区、旅游景区周边等场所，应当施划配套的自行车停车点位或者通过电子围栏等设定停车位，为自行车停放提供便利。

三、规范运营服务行为

（七）加强互联网租赁自行车标准化建设。鼓励有关社会组织、产业联盟制定团体标准；支持各地结合发展规模、城市管理、地形条件、用户骑行习惯等差异化需求，制定运营、维护、车辆淘汰等地方标准；鼓励企业制定更高水平的产品质量、运营管理、售后服务等企业标准，探索实施全生命周期管理，推进企业产品和服务标准自我声明公开；加快制定基础通用类国家标准。运用认证认可、监督抽查等手段，建立标准实施分类监督机制，促进标准落地，确保产品质量和安全。投放车辆应当符合有关技术标准规定。

（八）规范企业运营服务。互联网租赁自行车运营企业要加强线上线下服务能力建设。充分利用车辆卫星定位、大数据等信息技术加强对所属车辆的经营管理，创新经营服务方式，不断提升用户体验，提高服务水平。合理配备线下服务团队，加强车辆调度、停放和维护管理，确保车辆安全、方便使用、停放有序。互联网租赁自行车实行用户实名制注册和使用。运营企业应当与用户签订服务协议，明确双方权利义务，明确用户骑行、停放等方面的要求。禁止向未满12岁的儿童提供服务。明示计费方式和标准，公开服务质量承诺，建立投诉处理机制，接受社会监督。创新保险机制，为用户购买人身意外伤害险。加强信息报送与共享，及时将车辆投放数量、分布区域等运营信息报送当地主管部门并实现相关部门信息共享。

（九）加强停放管理和监督执法。互联网租赁自行车运营企业要落实对车辆停放管理的责任，推广应用电子围栏等技术，综合采取经济惩罚、记入信用记录等措施，有效规范用户停车行为；及时清理违规停放、存在安全隐患、不能提供服务的车辆，并根据停车点车辆饱和情况及时调度转运车辆，最大限度满足用户用车停车需求。各地要加强对互联网租赁自行车停放的监督，明确相关主管部门的执法职责；对乱停乱放问题严重、线下运营服务不力、经提醒仍不采取有效措施的运营企业，应公开通报相关问题，限制其投放。

（十）引导用户安全文明用车。用户应当自觉遵守道路交通安全、城市管理等相关法律法规及服务协议约定，做到文明用车、安全骑行、规范停放，骑行前应当检查自行车技术状况，确保骑行安全。使用互联网租赁自行车不得违反规定载人，不得擅自加装儿童座椅等设备。加强对互联网租赁自行车使用规范和安全文明骑行的宣传教育，通过互联网租赁自行车平台推送、公益广告、主题教育、志愿者活动等多种方式，引导用户增强诚信和文明意识、遵守交通法规、遵守社会公德。

（十一）加强信用管理。加快互联网租赁自行车服务领域信用记录建设，建立企业和用户信用基础数据库，定期推送给全国信用信息共享平台。对企业和用户不文明行为和违法违规行为记入信用记录。加强企业服务质量和用户信用评价。鼓励企业组成信用信息共享联盟，对用户建立守信激励和失信惩戒机制。支持发展跨企业、跨品牌的租赁平台服务。

四、保障用户资金和网络信息安全

（十二）加强用户资金安全监管。鼓励互联网租赁自行车运营企业采用免押金方式提供租赁服务。企业对用户收取押金、预付资金的，应严格区分企业自有资金和用户押金、预付资金，在企业注册地开立用户押金、预付资金专用账户，实施专款专用，接受交通、金融等主管部门监管，防控用户资金风险。企业应建立完善用户押金退还制度，加快实现"即租即押、即还即退"。互联网租赁自行车业务中涉及的支付结算服务，应通过银行、非银行支付机构提供，并与其签订协议。互联网租赁自行车运营企业实施收购、兼并、重组或者退出市场经营的，必须制定合理方案，确保用户合法权益和资金安全。

（十三）加强网络和信息安全保护。互联网租赁自行车运营企业应当遵守《中华人民共和国网络安全法》等法律法规要求，将服务器设在中国大陆境内，并落实网络安全等级保护、数据安全管理、个人信息保护等制度，建立网络和信息安全管理制度及技术保障手段，完善网络安全防范措施，依法合规采集、使用和保护个人信息，强化系统数据安全保护，防范违法信息传播扩散。运营企业采集信息不得侵害用户合法权益和社会公共利益，不得超越提供互联网租赁自行车服务所必需的范围；在境内运营中采集的信息和生成的相关数据应当在中国大陆境内存储。发生重大网络和信息安全事件，应及时向相关主管部门报告。主管部门不得将运营企业报送的数据超越管理所必需的范围。

五、营造良好发展环境

（十四）明确责任分工。各地区、各有关部门要充分认识鼓励和规范互联网租赁自行车的重要意义，加强组织领导、加快制度建设、强化监管服务。城市人民政府要结合本地实际，明确各部门工作责任，建立联合工作机制，加强统筹协调，加快信息共享，促进互联网租赁自行车健康有序发展。交通运输部门负责互联网租赁自行车与城市公共交通融合发展的政策制定和统筹协调；公安机关负责查处盗窃、损毁互联网租赁自行车等违法行为，查处互联网租赁自行车交通违法行为，维护交通秩序；住房城乡建设部门负责城市自行车交通网络、互联网租赁自行车停车设施规划并指导建设；公安机关交通管理部门和城市管理部门共同指导互联网租赁自行车停放管理；网信部门、电信主管部门、公安机关等根据各自职责，负责加强互联网租赁自行车服务的网络安全监管，保障用户信息安全。发展改革、价格、人民银行、工商、质检等部门按照各自职责，对互联网租赁自行车经营行为实施相关监督检查，并对违法行为依法处理。

（十五）加强社会公众治理。充分发挥行业协会、产业联盟等各方作用，支持制定发布行业公约等自律规则，贯彻实施相关标准，加强行业服务和自律管理，强化服务质量监管、第三方评价等。鼓励公众共同参与治理，形成企业主体、政府监管、多方参与的社会治理体系。加大消费者权益保护力度，防范向消费者转嫁经营风险等行为。

（十六）建立公平竞争市场秩序。互联网租赁自行车运营企业应当依法规范经营，不得妨碍市场公平竞争，不得侵害用户合法权益和公共利益。各地区、各有关部门要加强指导和监督管理，创新监管方式，建立完善"双随机"抽查制度，畅通投诉渠道，维护各方合法权益。充分发挥舆论监督和社会监督作用，加大对违法违规行为的曝光，营造良好发展环境。

交通运输部
中央宣传部
中央网信办
国家发展改革委
工业和信息化部
公安部
住房城乡建设部
人民银行
质检总局
国家旅游局
2017年8月1日

司法部　住房城乡建设部
关于开展律师参与城市管理执法工作的意见

司发通〔2017〕114号

各省、自治区司法厅、住房城乡建设厅，直辖市司法局、城市管理部门，新疆生产建设兵团司法局、建设局：

为贯彻落实《中共中央　国务院关于深入推进城市执法体制改革改进城市管理工作的指导意见》（以下简称《指导意见》），充分发挥律师在促进依法行政、化解矛盾纠纷中的职能作用，根据《律师法》等有关法律法规规定，现就开展律师参与城市管理执法工作提出如下意见。

一、开展律师参与城市管理执法工作的重要意义

律师是社会主义法治工作者，是创新城市管理执法方式、促进城市管理执法工作法治化建设的重要力量。近年来，广东、山东等地创新城市治理方式，引入律师参与城市管理执法工作，在规范文明执法、提高行政处罚执行率、减少暴力抗法和争取人民群众理解支持等方面取得良好效果。实践证明，充分发挥律师的专业优势、实践优势和职业优势，开展律师参与城市管理执法工作，有利于增强相关部门运用法治思维和法治方式解决问题的能力，提高依法行政、依法办事的水平，也有利于引导城市管理相对人依靠法律手段解决纠纷，维护自身合法权益，促进社会和谐稳定。各级司法行政机关和城市管理部门要从全面依法治国和推进城市管理执法工作法治化的高度，充分认识律师参与城市管理执法工作的重要意义，根据各地区城市管理执法工作的实际情况，采取有效措施，加强监督指导，积极推动律师参与城市管理执法工作。

二、总体要求

（一）指导思想

全面贯彻落实党的十九大精神，以习近平新时代中国特色社会主义思想为指引，按照《指导意见》要求，深入开展律师参与城市管理执法工作，通过"律师驻队"的方式，为城市管理执法队伍提供法律服务，促进规范文明执法，引导城市管理相对人依法理性表达诉求，充分发挥律师在预防和化解执法纠纷、维护社会和谐稳定中的重要作用，不断完善城市管理运行机制，提高城市管理工作水平。

（二）基本原则

——依法履职。驻队律师应当以事实为依据，以法律为准绳，依法履行工作职责。坚持以审慎负责的态度，向城市管理部门和行政相对人提供优质高效的法律服务，提升行政执法的合法性和正当性，实现法律效果与社会效果有机统一。

——依约履职。驻队律师应严格遵守合同约定，承办辅助城市管理执法的法律事务。城市管理部门依约向驻队律师交办法律事务，不得将非法律专业的行政事务等交由驻队律师处理。

——公正履职。驻队律师要发挥职业优势和专业优势，坚持第三方立场，向城市管理部门提出法律意见，对不规范的执法行为要及时指出，对涉嫌违法的要建议改正，促进城市管理部门不断提高文明执法的意识和水平。对于行政相对人的违法违规行为要从事实、法律、程序等方面进行释法说理，促使行政相对人理解配合城市管理执法工作。

三、工作模式和任务

律师参与城市管理执法，主要采取聘请"律师驻队"的模式。"律师驻队"是指城市管理部门通过购买服务的方式与律师事务所签订法律服务协议，由律师事务所指派一名以上的专职律师常驻城市管理执法队伍，提供法律服务，协助执法。"驻队律师"不仅要为聘用单位提供法律服务，还要在聘用单位办公，随队赴执法一线提供法律服务。

驻队律师的工作任务、工作方式、双方权利义务等内容由各地结合实际，通过法律服务协议方式约定，并在辖区内公示。驻队律师的工作任务包括但不限于以下内容：

（一）为重大决策、重大行政行为、相关政策文件制定提供法律意见，对规范城市管理执法制度、改进执法方式提出法律意见。

（二）参与处置疑难复杂城市管理执法事项，参与对接受调查处理或者行政处罚的执法相对人进行说服沟通工作，出具律师告知函对相对人履行法律义务进行催告。

（三）发挥第三方监督作用，督促城市管理执法人员履行职责，依法规范执法程序。

（四）为处置涉法涉诉案件和重大突发事件等提供法律服务，代理妨碍城市管理执法和暴力抗法行为的诉讼。

（五）参与处理行政复议、诉讼等法律事务。

（六）开展普法教育，协助做好辖区内城市管理法治宣传和普法活动，协助开展城市管理执法人员法律知识培训。

（七）与所服务城市管理部门约定的其他职责。

在开展"律师驻队"工作的同时，要注重发挥城市管理部门公职律师职能作用。按照《中共中央办公厅　国务院办公厅关于推行法律顾问制度和公职律师公司律师制度的意见》要求，构建一支既熟悉城市管理业务工作，又精通法律专业知识的公职律师队伍，实现驻队律师与本单位公职律师良性互动、优势互补。

四、工作要求

（一）各级司法行政机关和各律师协会要认真做好律师事务所推荐和驻队律师的选派、指导、培训、评估和奖惩工作，不断提高驻队律师工作质量和效

率。参与城市管理执法的律师应当政治坚定、公道正派,具有较强的业务能力和社会责任感,热心公益事业,善于做群众工作。

（二）律师事务所应当严格按照条件选派律师开展驻队工作,并建立驻队律师工作记录制度、重大疑难问题集体讨论制度、定期培训制度等,提升驻队律师的专业化水平。

（三）驻队律师要精通相关行政法律法规,熟悉城市管理执法的特点和要求,注意工作方式方法,明确职责定位。在为城市管理部门提供法律意见时,侧重发挥法律参谋助手作用,提高城市管理部门运用法治思维和法治方式解决问题、化解矛盾的能力;面对执法相对人时,注重体现中立地位,发挥律师职业优势和第三方作用,引导行政相对人依法表达诉求,减少因执法产生的摩擦,促进社会和谐稳定。

（四）城市管理部门要为律师参与城市管理执法工作提供必要的办公场所和设施;对于律师查阅执法记录、咨询了解所参与法律事务相关情况等合理要求提供支持;对于律师提出的处理建议认真研究,及时反馈意见;对于应当听取驻队律师的法律意见而未听取,造成重大损失或者严重不良影响的,应当依法追究相关责任人员的责任。

五、组织保障

（一）加强组织领导。各级司法行政机关要会同城市管理部门制定开展律师驻队工作的实施办法,积极稳妥推进工作。各省（区、市）可以在全省（区、市）或者选择部分地区开展试点工作。

（二）落实经费保障。各级司法行政机关和城市管理部门要积极协调财政部门落实律师参与城市管理执法工作的专项经费,将律师参与城市管理执法事项列入政府购买服务目录,公开政府购买律师服务的信息及综合考评信息,形成长效机制。

（三）健全协调机制。各级司法行政机关和城市管理部门要健全沟通协调机制,及时研究解决律师参与城市管理执法中遇到的问题,形成部门联动、齐抓共管、分工协作的工作格局。要认真做好宣传工作,及时总结推广好的经验做法,推动律师参与城市管理执法工作更好开展。

各地开展律师参与城市管理执法工作的情况,请于12月30日前报司法部办公厅、住房城乡建设部办公厅。

中华人民共和国司法部
中华人民共和国住房和城乡建设部
2017年11月2日

住房城乡建设部关于进一步加强违法建设治理工作的通知

建督〔2017〕252号

各省、自治区住房和城乡建设厅,北京市城市管理委员会,北京市规划国土资源管理委员会,北京市城市管理综合行政执法局,天津市市容园林管理委员会,上海市住房城乡建设管理委员会,重庆市城市管理委员会,重庆市规划局,新疆生产建设兵团建设局：

2016年以来,各地认真贯彻落实《中共中央国务院关于加强城市规划建设管理工作的若干意见》精神,按照《城市建成区违法建设专项治理工作五年行动方案》（以下简称《五年行动方案》）要求,深入开展违法建设治理工作,取得了阶段性成果。当前,一些地方新增违法建设尚未得到根本遏制,存量违法建设处置进展缓慢,违法建设治理存在责任不落实等问题。为全面贯彻落实党的十九大精神,进一步加强违法建设治理工作,现就有关事项通知如下。

一、坚决遏制新增违法建设

各省级城市管理执法主管部门、城乡规划主管部门要对本地区新增违法建设实行零容忍,发现一起，查处一起。推动各市、县（区）建立健全违法建设发现和报告责任制，落实市、县（区）有关部门、街道（镇）和社区等基层单位及物业服务企业的发现和报告责任。督促各市、县（区）全面实行网格化巡查办法，增强一线巡查力量，增加日常巡查频次；综合运用卫星遥感、无人机、数字化城市管理平台等技术手段，快速发现新增违法建设；完善群众举报和反馈制度，畅通信箱、电话、手机APP、微信等投诉举报渠道；建立健全违法建设快速拆除机制，对发现的新增违法建设要立即予以制止，坚决刹风止乱。

二、有效治理存量违法建设

推动各市、县（区）按照《五年行动方案》确定的治理目标，完善建成区违法建设台账管理，有效处置存量违法建设；明确违法建设处置计划和分阶段处置任务，压实相关部门违法建设处置责任，建立联动查处、信息共享等工作机制；制定分类处置办法和政策措施，依法处置存量违法建设，杜绝选择性执法；坚决拆除存在安全隐患的违法建设，优先拆除群众反映强烈、严重影响城乡规划实施的违法建设，其它历史遗留的违法建设也要依法依规妥善处置；选择部分典型案件公开挂牌督办，依法追究有关人员责任，形成严厉打击违法建设的高压态势。

三、建立健全惩防长效机制

推动各市、县（区）强化源头治理、系统治理，建立违法建设惩防长效机制；不断总结违法建设治理经验，完善配套规章制度，健全治理工作机制，构建全覆盖、网格化的违法建设防控和治理体系；强化社会信用管理，建立完善联合惩戒和约束机制，倒逼形成不敢违法建设、不愿违法建设的格局；统筹规划建设配套服务设施，提高城市综合管理和服务能力，适应市民居住生活需要；充分利用广播电视、报纸、互联网等新闻媒体加强宣传，引导广大市民自觉遵守法律、抵制违法建设，推动形成共建共治共享的良好局面。

四、全面强化综合考核评价

加强对各市、县（区）违法建设治理工作的监督检查，定期实施综合考核评价，推动违法建设治理工作依法规范、有力有效进行；制定违法建设治理综合考核评价办法，将违法建设治理工作情况纳入年度目标责任制考核内容，依据治理要求设定考核指标。实行违法建设治理工作情况季排名、半年通报、年度考核等制度；指导各市、县（区）建立考核评价结果反馈机制，限期整改违法建设治理工作中存在的问题。各级城市管理执法主管部门、城乡规划主管部门违法建设查处考核评价结果要与领导干部考核奖惩挂钩，对工作积极、治理成效突出的予以表扬，对进展缓慢、工作推进不力的予以通报批评、约谈或依法依纪追究责任；对国家公职人员暗中参与、纵容、支持违法建设行为的，严肃追究责任。

中华人民共和国住房和城乡建设部
2017年12月21日

住房城乡建设部办公厅关于印发建筑工地施工扬尘专项治理工作方案的通知

建办督函〔2017〕169号

各省、自治区住房城乡建设厅，直辖市城市管理、建设及有关部门，新疆生产建设兵团建设局：

为推进城市生态文明建设，有效治理建筑工地施工扬尘，改善城市空气质量和人居环境，根据全国住房城乡建设工作会议精神，我部决定开展为期1年的建筑工地施工扬尘专项治理。现将《建筑工地施工扬尘专项治理工作方案》印发给你们，请遵照执行。

中华人民共和国住房和城乡建设部办公厅
2017年3月13日

建筑工地施工扬尘专项治理工作方案

为进一步改善城市空气质量和人居环境，提高城市管理水平，我部决定 2017 年在全国开展建筑工地施工扬尘专项治理（以下简称施工扬尘治理），现制定如下工作方案：

一、工作目标

通过开展施工扬尘治理，严肃查处相关违法违规行为，有效解决房屋建筑、市政基础设施建设及建筑物拆除工地施工扬尘突出问题，提高建筑施工标准化水平；建立施工扬尘治理长效机制，提高城市管理能力和水平，有效遏制施工扬尘对城市空气质量的影响。

二、主要工作

各级城市管理或住房城乡建设主管部门要会同相关部门，按照"预防为主，综合治理"原则，根据职责分工，结合当地实际，采取切实有效措施，完善监督管理机制，做好施工扬尘治理工作。

（一）监督建筑工程各方主体主要责任落实情况。

1. 建设单位的主要责任。建设单位对施工扬尘治理负总责，应当将施工扬尘治理的费用列入工程造价，在工程承包合同中明确相关内容，并及时足额支付。

2. 施工单位的主要责任。施工单位应当建立施工扬尘治理责任制，针对工程项目特点制定具体的施工扬尘治理实施方案，并严格实施。施工单位应当在建筑工地公示施工扬尘治理措施、责任人、主管部门等信息，并及时向当地主管部门报送施工扬尘治理措施落实情况。

3. 渣土运输单位的主要责任。渣土运输单位应当建立工程渣土（建筑垃圾）运输扬尘污染防治管理制度和相关措施，使用合规车辆，加强对渣土运输车辆、人员管理。

（二）监督施工现场扬尘治理措施落实情况。

1. 施工场地。施工单位应当在建筑工地设置围挡，并采取覆盖、分段作业、择时施工、洒水抑尘、冲洗地面和车辆等有效防尘降尘措施。施工现场的主要道路要进行硬化处理。裸露的场地和堆放的土方应采取覆盖、固化或绿化等防尘措施。施工现场出口处应设置车辆冲洗设施，对驶出的车辆进行清洗。

2. 施工废弃物。建筑土方、建筑垃圾应当及时清运；在场地内堆存的，应当采用密闭式防尘网遮盖。建筑物内垃圾应采用容器或搭设专用封闭式垃圾道的方式清运，严禁凌空抛掷。施工现场严禁焚烧各类废弃物。土方和建筑垃圾的运输必须采用封闭式运输车辆或采取覆盖措施。

3. 施工物料。在规定区域内的施工现场应使用预拌制混凝土及预拌砂浆。采用现场搅拌混凝土或砂浆的场所应采取封闭、降尘、降噪措施。水泥和其他易飞扬的细颗粒建筑材料应密闭存放或采取覆盖等措施。

（三）监督其他扬尘治理措施落实情况。

1. 建筑物或者构筑物拆除。拆除建筑物或者构筑物时，应采用隔离、洒水等降噪、降尘措施，并及时清理废弃物。

2. 市政道路施工。当市政道路施工进行铣刨、切割等作业时，应采取有效的防扬尘措施。灰土和无机料应采用预拌进场，碾压过程中应洒水降尘。

3. 空置建设用地。暂时不能开工的建设用地，建设单位应当对裸露地面进行覆盖；超过 3 个月的，应当进行绿化、铺装或者遮盖。

三、时间安排

（一）部署阶段（4月10日前）。各省、自治区住房城乡建设厅、直辖市城市管理、建设及有关部门、新疆生产建设兵团建设局要根据实际，对本地区施工扬尘治理工作进行安排部署。各市、县主管部门要制定切实可行的工作方案，对各类建筑工地进行深入细致的排查摸底，建立各类建筑工地项目清单（见附件2）、台账（见附件3），确保全覆盖、无遗漏。

（二）实施阶段（4月11日至11月30日）。要认真按照本方案要求，结合文明工地创建工作，全面开展施工扬尘治理，建立健全信息报送制度，并于每月底前向我部报送工作进展情况（见附件1）。我部将抽取重点地区进行实地督查，督促地方完善治理措施，强化日常执法监管，加强制度建设，推进全国施工扬尘治理工作。

（三）总结阶段（12月1日至12月31日）。要认真总结施工扬尘治理的经验、成效，并及时向我部报送。在此基础上，我部将对治理工作成效显著的地区和单位进行通报表扬，并对好的经验和做法进行总结推广。

四、有关要求

（一）加强组织领导。各级城市管理或住房城乡建设主管部门要站在推进生态文明建设的高度，充分认识施工扬尘治理的重要性和迫切性，统筹部署，认真组织实施，切实将工作落到实处。

（二）强化监管执法。要综合运用日常巡查、随机抽查和远程监控等手段，加强监管，严格执法。畅通举报渠道，通过数字城管、热线电话、微信公众平台、手机APP等多种方式受理施工扬尘方面的群众举报。对违反有关法律、法规和国家标准的企业，严肃查处，并记入诚信信息系统。对工作落实不力、治理效果不明显的单位，视其情节和后果，由上级主管部门依法依规追究相应责任。

（三）做好重污染天气应急应对工作。要根据本地实际情况制定重污染天气应急应对预案，制定不同预警级别的相应扬尘控制措施，编制工地停工清单，细化任务，责任到人，做到可量化、可考核、可追责。根据当地政府发布的空气污染预警级别，及时启动应急应对预案，并进行督导检查。

（四）健全长效机制。要逐步建立执法联动机制，保证监管工作的常态化，将施工扬尘治理作为日常工作，常抓不懈，继续巩固治理成果。

（五）开展宣传工作。要积极开展宣传工作，通过各类新闻媒体，及时宣传报道施工扬尘治理先进典型和经验，公开曝光反面典型，充分发挥舆论监督作用，调动社会公众参与施工扬尘治理的积极性，营造良好的舆论氛围。

附件：1. 建筑工地施工扬尘专项治理工作进展情况统计表（略）
      2. 建筑工地施工扬尘专项治理项目清单表（略）
      3. 建筑工地施工扬尘专项治理项目台账表（略）

数据统计与分析

2017年城乡建设统计分析

2017年,全国城乡建设系统在党中央、国务院的正确领导下,狠抓各项工作落实,加快建设市政公用基础设施,不断开创工作新局面。

2017年城市(城区)建设

【概况】 2017年年末,全国设市城市661个,比上年增加4个,其中,直辖市4个,地级市294个,县级市363个。城市城区户籍人口4.10亿人,暂住人口0.82亿人,建成区面积5.62万平方公里。

[说明]

城市(城区)包括:市本级(1)街道办事处所辖地域;(2)城市公共设施、居住设施和市政公用设施等连接到的其他镇(乡)地域;(3)常住人口在3000人以上独立的工矿区、开发区、科研单位、大专院校等特殊区域。

各项统计数据均不包括香港特别行政区、澳门特别行政区、台湾省。

城市、县、建制镇、乡、村庄的年末实有数均来自民政部,人口数据来源于各地区公安部门,部分地区如北京、上海为统计部门常住人口数据。

【城市市政公用设施固定资产投资】 2017年完成城市市政公用设施固定资产投资19327.61亿元,比上年增长6.34%,占同期全社会固定资产投资总额的3.01%。其中,道路桥梁、轨道交通、园林绿化投资分别占城市市政公用设施固定资产投资的36.20%、26.10%和9.10%。2017年全国城市市政公用设施建设固定资产投资的具体行业分布如图1所示。

[说明]

市政公用设施固定资产投资统计口径为计划总投资在5万元以上的市政公用设施项目,不含住宅及其他方面的投资。

全国城市市政公用设施投资新增固定资产13460.97亿元,固定资产投资交付使用率69.65%。主要新增生产能力(或效益)是:供水日综合生产

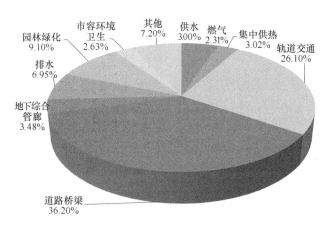

图1 2017年全国城市市政公用设施建设固定资产投资的行业分布

能力583.74万立方米,天然气储气能力16354.40万立方米,集中供热蒸汽能力2715吨/小时,热水能力15529兆瓦,道路长度0.92万公里,排水管道长度2.33万公里,城市污水处理厂日处理能力542.8万立方米,城市生活垃圾无害化日处理能力2.58万吨。

2017年按资金来源分城市市政公用设施建设固定资产投资合计19704.71亿元,比上年增加2385.55亿元。其中,本年资金来源18245.08亿元,上年末结余资金1459.62亿元。本年资金来源的具体构成,如图2所示。

【城市供水和节水】 2017年年末,城市供水综合生产能力达到3.05亿立方米/日,比上年增长2.68%,其中,公共供水能力2.51亿立方米/日,比上年增长4.93%。供水管道长度79.7万公里,比上年增长5.38%。2017年,年供水总量593.8亿立方米,其中,生产运营用水160.7亿立方米,公共服务用水84.9亿立方米,居民家庭用水229.3亿立方米。用水人口4.83亿人,人均日生活用水量178.9升,用水普及率98.30%,比上年降低0.12个百分点。2017年,城市节约用水64.8亿立方米,节水措施总投资59.9亿元。

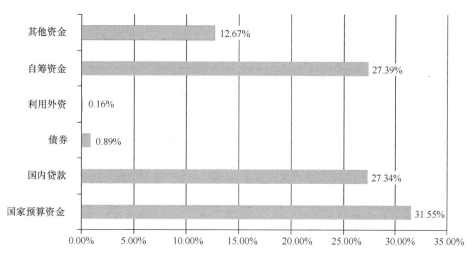

图2 2017年城市市政设施建设固定资产投资本年资金来源的具体构成

[说明] 除人均住宅建筑面积、人均日生活用水量外，所有人均指标、普及率指标均以户籍人口与暂住人口合计为分母计算。

【城市燃气】 2017年，人工煤气供气总量27.1亿立方米，天然气供气总量1263.8亿立方米，液化石油气供气总量998.8万吨，分别比上年减少38.6%、增长7.9%、减少7.4%。人工煤气供气管道长度1.2万公里，天然气供气管道长度62.3万公里，液化石油气供气管道长度0.6万公里，分别比上年减少36.7%、增长13.1%、减少28.9%。用气人口4.73亿人，燃气普及率96.26%，比上年增加0.51个百分点。

【城市集中供热】 2017年年末，城市供热能力（蒸汽）9.8万吨/小时，比上年增加25.6%，供热能力（热水）64.8万兆瓦，比上年增长31.3%，供热管道27.6万公里，比上年增长29.4%，集中供热面积83.1亿平方米，比上年增长12.5%。

【城市轨道交通】 2017年年末，全国有34个城市开通轨道交通并投入运营，比上年增加4个城市，开通轨道交通线路165条，运营线路长度5033公里，车站数3234个。全国56个城市在建轨道交通，在建线路长度6246公里。共有62个城市的轨道交通线网规划获批（含地方政府批复的18个城市），规划线路总长7321公里。

[说明] 本部分数据来源于城市轨道交通2017年度统计和分析报告。轨道交通包括地铁、轻轨、单轨、市域快轨、现代有轨电车、磁浮交通和APM等7种类型。

【城市道路桥梁】 2017年年末，城市道路长度39.8万公里，比上年增长4.0%，道路面积78.9亿平方米，比上年增长4.6%，其中人行道面积17.4亿平方米。人均城市道路面积16.1平方米，比上年增加0.3平方米。2017年，全国城市新建地下综合管廊2429公里，形成廊体2418公里。

【城市排水与污水处理】 2017年年末，全国城市共有污水处理厂2209座，比上年增加170座，污水厂日处理能力15743万立方米，比上年增长5.6%，排水管道长度63.0万公里，比上年增长9.3%。城市年污水处理总量465.5亿立方米，城市污水处理率94.54%，比上年增加1.10个百分点，其中污水处理厂集中处理率91.98%，比上年增加3.18个百分点。城市再生水日生产能力3588万立方米，再生水利用量71.3亿立方米。

【城市园林绿化】 2017年年末，城市建成区绿化覆盖面积231.4万公顷，比上年增长5.0%，建成区绿化覆盖率40.91%，比上年增加0.61个百分点；建成区绿地面积209.9万公顷，比上年增长5.4%，建成区绿地率37.11%，比上年增加0.68个百分点；公园绿地面积68.8万公顷，比上年增长5.3%，人均公园绿地面积14.01平方米，比上年增加0.31平方米。

【城市市容环境卫生】 2017年年末，全国城市道路清扫保洁面积84.2亿平方米，其中机械清扫面积54.7亿平方米，机械清扫率65.0%。全年清运生活垃圾、粪便2.15亿吨，比上年增长5.7%。全国城市共有生活垃圾无害化处理场（厂）1013座，比上年增加73座，日处理能力68.0万吨，处理量2.10亿吨，城市生活垃圾无害化处理率97.74%，比上年增加1.12个百分点。

【2011～2017年全国城市建设的基本情况】
2011～2017年全国城市建设的基本情况见表1。

2011～2017年全国城市建设的基本情况

表1

类别	指标		2011	2012	2013	2014	2015	2016	2017
概况	城市数（个）		657	657	658	653	656	657	661
	♯直辖市（个）		4	4	4	4	4	4	4
	♯地级市（个）		283	284	286	288	291	293	294
	♯县级市（个）		370	369	368	361	361	360	363
	城区人口（亿人）		3.54	3.70	3.77	3.86	3.94	4.03	4.10
	城区暂住人口（亿人）		0.55	0.52	0.56	0.60	0.66	0.74	0.82
	建成区面积（平方公里）		43603	45566	47855	49773	52102	54331	56225
	城市建设用地面积（平方公里）		41861	45751	47109	49983	51584	52761	55155
投资	市政公用设施固定资产年投资总额（亿元）		13934.3	15296.4	16349.8	16245.0	16204.4	17460.0	19327.6
城市供水和节水	年供水总量（亿立方米）		513.4	523.0	537.3	546.7	560.5	580.7	593.8
	供水管道长度（万公里）		57.4	59.2	64.6	67.7	71.0	75.7	79.7
	用水普及率（%）		97.04	97.16	97.56	97.64	98.07	98.42	98.3
城市燃气	人工煤气年供应量（亿立方米）		84.7	77.0	62.8	56.0	47.1	44.1	27.1
	天然气年供应量（亿立方米）		678.8	795.0	901.0	964.4	1040.8	1171.1	1263.8
	液化石油气年供应量（万吨）		1165.8	1114.8	1109.7	1082.8	1039.2	1078.8	998.8
	供气管道长度（万公里）		34.9	38.9	43.2	47.5	52.8	57.8	64.1
	燃气普及率（%）		92.41	93.15	94.25	94.57	95.30	95.75	96.26
城市集中供热	供热能力	蒸汽（万吨/小时）	8.5	8.6	8.4	8.5	8.1	7.8	9.8
		热水（万兆瓦）	33.9	36.5	40.4	44.7	47.3	49.3	64.8
	管道长度	蒸汽（万公里）	1.3	1.3	1.2	1.2	1.2	1.2	27.6
		热水（万公里）	13.4	14.7	16.6	17.5	19.3	20.1	
	集中供热面积（亿平方米）		47.4	51.8	57.2	61.1	67.2	73.9	83.1
城市轨道交通	建成轨道交通的城市个数（个）		12	16	16	22	24	30	34
	建成轨道交通线路长度（公里）		1672	2006	2213	2715	3069	3586	5033
	正在建设轨道交通的城市个数（个）		28	29	35	36	38	39	56
	正在建设轨道交通线路长度（公里）		1891	2060	2760	3004	3994	4870	6246
城市道路桥梁	城市道路长度（万公里）		30.9	32.7	33.6	35.2	36.5	38.2	39.8
	城市道路面积（亿平方米）		56.2	60.7	64.4	68.3	71.8	75.4	78.9
	城市桥梁（座）		53386	57601	59530	61863	64512	67737	69816
城市排水与污水处理	污水年排放量（亿立方米）		403.7	416.8	427.5	445.3	466.6	480.3	492.4
	排水管道长度（万公里）		41.4	43.9	46.5	51.1	54.0	57.7	63.0
	城市污水处理厂座数（座）		1588	1670	1736	1807	1944	2039	2209
	城市污水处理厂处理能力（万立方米/日）		11303	11733	12454	13087	14038	14910	15743
	城市污水日处理能力（万立方米）		13304.1	13692.9	14652.7	15123.5	16065.4	16779.2	17036.7
	城市污水处理率（%）		83.63	87.30	89.34	90.18	91.90	93.44	94.54
	再生水日生产能力（万立方米）		1389	1453	1761	2065	2317	2762	3588
	再生水利用量（亿立方米）		26.8	32.1	35.4	36.3	44.5	45.3	71.3

续表

类别	指标	年份						
		2011	2012	2013	2014	2015	2016	2017
城市园林绿化	建成区绿化覆盖面积（万公顷）	255.4	181.2	190.7	201.7	210.5	220.4	231.4
	建成区绿地面积（万公顷）	224.3	163.5	171.9	182.0	190.8	199.3	209.9
	建成区绿化覆盖率（％）	39.2	39.6	39.7	40.22	40.12	40.30	40.91
	建成区绿地率（％）	35.3	35.7	35.78	36.29	36.36	36.43	37.11
	人均公园绿地面积（平方米）	11.80	12.30	12.64	13.08	13.35	13.70	14.01
	公园个数（个）	10780	11604	12401	13074	13834	15370	15633
	公园面积（万公顷）	28.6	30.6	33.0	36.8	38.4	41.7	44.5
城市市容环境卫生	清扫保洁面积（万平方米）	630545	573507	646014	676093	730333	794923	842048
	生活垃圾清运量（万吨）	16395	17081	17238	17860	19142	20362	21521

（住房和城乡建设部计划财务与外事司、哈尔滨工业大学）

2017年县城建设

【概况】 2017年年末，全国共有县1526个，比上年减少11个。县城户籍人口1.39亿人，暂住人口0.17亿人，建成区面积1.99万平方公里。

[说明]

县城包括：（1）县政府驻地的镇、乡（城关镇）或街道办事处地域；（2）县城公共设施、居住设施等连接到的其他镇（乡）地域；（3）县域内常住人口在3000人以上独立的工矿区、开发区、科研单位、大专院校等特殊区域。

县包括县、自治县、旗、自治旗、特区、林区。

【县城市政公用设施固定资产投资】 2017年，完成县城市政公用设施固定资产投资3634.2亿元，比上年增长7.06％。其中：道路桥梁、园林绿化、排水分别占县城市政公用设施固定资产投资的44.12％、17.35％和10.56％。2017年全国县城市政公用设施建设固定资产投资的具体行业分布如图3所示。

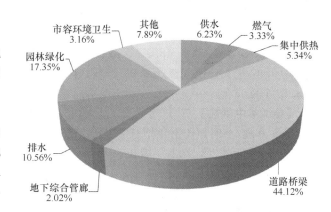

图3 2017年全国县市政公用设施建设固定资产投资的行业分布

[说明]

县城的市政公用设施固定资产投资统计口径为计划总投资在5万元以上的市政公用设施项目，不含住宅及其他方面的投资。

2017年按资金来源分县城市政公用设施建设固定资产投资合计3610.82亿元，比上年增加13.16％。其中，本年资金来源3524.21亿元，上年末结余资金86.61亿元。本年资金来源的具体构成，如图4所示。

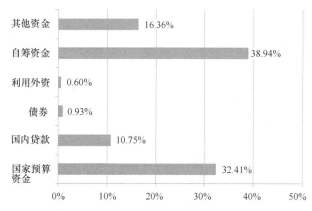

图4 2017年全国县城市政公用设施建设固定资产投资本年资金来源的分布

2017年，全国县城市政公用设施投资新增固定资产2882.93亿元，固定资产投资交付使用率为79.33％。主要新增生产能力（或效益）是：供水日综合生产能力198.14万立方米，天然气储气能力598.73万立方米，集中供热蒸汽能力4409吨/小时，热水能力6783兆瓦，道路长度7177.65公里，排水管道长度1.29万公里，污水处理厂日处理能力171.3万立方米，生活垃圾无害化日处理10630吨。

【县城供水和节水】 2017年年末，县城供水综合生产能力达到0.64亿立方米/日，比上年增加0.10%，其中，公共供水能力0.52亿立方米/日，比上年增加13.0%。供水管道长度23.4万公里，比上年增加10.9%。2017年，全年供水总量112.8亿立方米，其中生产运营用水28.9亿立方米，公共服务用水11.8亿立方米，居民家庭用水51.3亿立方米。用水人口1.45亿人，供水普及率92.87%，比上年增加2.37个百分点，人均日生活用水量120.17升。2017年，县城节约用水2.49亿立方米，节水措施总投资3.23亿元。

【县城燃气】 2017年，人工煤气供应总量7.4亿立方米，天然气供气总量138.0亿立方米，液化石油气供气总量215.5万吨，分别比上年减少9.8%、增长34.4%、减少6.3%。人工煤气供气管道长度0.13万公里，天然气供气管道长度12.65万公里，液化石油气供气管道长度0.15万公里，分别比上年减少5.8%、增长18.9%、减少27.3%。用气人口1.27亿人，燃气普及率81.35%，比上年增加3.16个百分点。

【县城集中供热】 2017年年末，供热能力（蒸汽）1.5万吨/小时，比上年增长8.6%，供热能力（热水）13.7万兆瓦，比上年增长9.1%，供热管道6.1万公里，比上年增长31.3%，集中供热面积14.6亿平方米，比上年增长6.5%。

【县城道路桥梁】 2017年年末，县城道路长度14.1万公里，比上年增长5.2%，道路面积26.8亿平方米，比上年增长7.6%，其中人行道面积6.7亿平方米，人均城市道路面积17.18平方米，比上年增加0.77平方米。2017年，全国县城新建地下综合管廊384公里，地下综合管廊长度549公里。

【县城排水与污水处理】 2017年年末，全国县城共有污水处理厂1572座，比上年增加59座，污水厂日处理能力3218.3万立方米，比上年增长6.0%，排水管道长度19.0万公里，比上年增长10.5%。县城全年污水处理总量85.8亿立方米，污水处理率90.21%，比上年增加2.83个百分点，其中污水处理厂集中处理率88.89%，比上年增加3.09个百分点。

【县城园林绿化】 2017年年末，县城建成区绿化覆盖面积68.7万公顷，比上年增长8.5%，建成区绿化覆盖率34.60%，比上年增加2.07个百分点；建成区绿地面积61.0万公顷，比上年增长9.1%，建成区绿地率30.74%，比上年增加2.00个百分点；公园绿地面积18.5万公顷，比上年增长8.2%，人均公园绿地面积11.86平方米，比上年增加0.81平方米。

【县城市容环境卫生】 2017年年末，全国县城道路清扫保洁面积24.8亿平方米，其中机械清扫面积14.2亿平方米，机械清扫率57.3%。全年清运生活垃圾、粪便0.67亿吨，比上年减少5.6%。全国县城共有生活垃圾无害化处理场（厂）1300座，比上年增加27座，日处理能力20.5万吨，处理量0.61亿吨，县城生活垃圾无害化处理率91.00%，比上年增加5.78个百分点。

【2011～2017年全国县城建设的基本情况】 2011～2017年全国县城建设的基本情况见表2。

2011～2017年全国县城建设的基本情况　　　　　表2

类别	指标	2011	2012	2013	2014	2015	2016	2017
概况	县数（个）	1627	1624	1613	1596	1568	1537	1526
	县城人口（亿人）	1.29	1.34	1.37	1.40	1.40	1.39	1.39
	县城暂住人口（亿人）	0.14	0.15	0.16	0.16	0.16	0.16	0.17
	建成区面积（平方公里）	17376	18740	19503	20111	20043	19467	19854
投资	市政公用设施固定资产年投资总额（亿元）	2860	3466	3833.7	3572.9	3099.8	3394.5	3634.2
县城供水和节水	供水总量（亿立方米）	97.7	102.0	103.9	106.3	106.9	106.5	112.8
	#生活用水量（亿立方米）	42.9	45.4	47.0	48.3	49.1	48.9	51.3
	供水管道长度（万公里）	17.3	18.6	19.4	20.4	21.5	21.1	23.4
	用水普及率（%）	86.09	86.94	88.14	88.89	89.96	90.50	92.87
县城燃气	人工煤气供应总量（亿立方米）	9.5	8.6	7.7	8.5	8.2	7.2	7.4
	天然气供应总量（亿立方米）	53.9	70.1	81.6	92.6	102.6	105.7	138.0
	液化石油气供应总量（万吨）	242.2	256.9	241.1	235.3	230.0	219.2	215.5
	供气管道长度（万公里）	5.65	7.07	8.07	9.29	10.99	10.89	12.93
	燃气普及率（%）	66.52	68.50	70.91	73.24	75.90	78.19	81.35

续表

类别	指标	2011	2012	2013	2014	2015	2016	2017
县城集中供热	供热面积（亿平方米）	7.81	9.05	10.33	11.42	12.31	13.12	14.63
	蒸汽供热能力（万吨/小时）	1.47	1.39	1.33	1.30	1.37	1.02	1.49
	热水供热能力（万兆瓦）	8.13	9.73	10.75	12.94	12.58	13.04	13.72
	蒸汽管道长度（万公里）	0.17	0.20	0.29	0.27	0.33	0.33	6.08
	热水管道长度（万公里）	2.86	2.19	3.72	4.12	4.30	4.30	
县城道路桥梁	道路长度（万公里）	10.86	11.80	12.52	13.04	13.35	13.16	14.08
	道路面积（亿平方米）	19.24	21.02	22.69	24.08	24.95	25.35	26.84
	人均道路面积（平方米）	13.4	14.1	14.86	15.39	15.98	16.41	17.18
县城排水与污水处理	污水排放量（亿立方米）	79.5	64.2	88.1	90.47	92.65	92.72	95.07
	污水处理厂座数（座）	1303	1416	1504	1555	1599	1513	1572
	污水处理厂处理能力（万立方米/日）	2409	2623	2691	2882	2999	3036	3218
	污水处理率（%）	70.41	75.24	78.47	82.12	85.22	87.38	90.21
	排水管道长度（万公里）	12.2	13.7	14.9	16.03	16.79	17.19	18.98
县城园林绿化	建成区绿化覆盖面积（万公顷）	46.6	52.0	56.7	59.93	61.70	63.33	68.69
	建成区园林绿地面积（万公顷）	38.6	43.7	48.3	52.05	54.22	55.95	61.03
	建成区绿化覆盖率（%）	26.8	27.7	29.06	29.80	30.78	32.53	34.60
	建成区绿地率（%）	22.2	23.3	24.76	25.88	27.05	28.74	30.74
	人均公园绿地面积（平方米）	8.5	9.0	9.47	9.91	10.47	11.05	11.86
县城市容环境卫生	生活垃圾年清运量（万吨）	6743	6838	6505	6657	6655	6666	6746

（住房和城乡建设部计划财务与外事司　哈尔滨工业大学）

2017 年村镇建设

【概况】　2017 年年末，全国共有建制镇 21116 个，乡（苏木、民族乡、民族苏木）10529 个。据对 18085 个建制镇、10314 个乡（苏木、民族乡、民族苏木）、703 个镇乡级特殊区域和 244.9 万个自然村统计汇总，村镇户籍总人口 9.41 亿。其中，建制镇建成区 1.55 亿，占村镇总人口的 16.47%；乡建成区 0.25 亿，占村镇总人口的 2.66%；镇乡级特殊区域建成区 0.05 亿，占村镇总人口的 0.53%；村庄 7.56 亿，占村镇总人口的 80.34%。

[说明]

村镇数据不包括香港特别行政区、澳门特别行政区、台湾省；也未包括西藏自治区。

村镇包括：（1）城区（县城）范围外的建制镇、乡，以及具有乡镇政府职能的特殊区域（农场、林场、牧场、渔场、团场、工矿区等）的建成区；（2）全国的村庄。

乡包括乡、民族乡、苏木、民族苏木。

2017 年年末，全国建制镇建成区面积 392.6 万公顷，平均每个建制镇建成区占地 217 公顷；乡建成区 63.4 万公顷，平均每个乡建成区占地 61 公顷；镇乡级特殊区域建成区 13.7 万公顷，平均每个镇乡级特殊区域建成区占地 194 公顷。

【规划管理】　2017 年年末，全国已编制总体规划的建制镇 16259 个，占所统计建制镇总数的 89.9%，其中本年编制 1480 个；已编制总体规划的乡 7558 个，占所统计乡总数的 73.3%，其中本年编制 615 个；已编制总体规划的镇乡级特殊区域 545 个，占所统计镇乡级特殊区域总数的 77.5%，其中本年编制 14 个；已编制村庄规划的行政村 292052 个，占所统计行政村总数的 54.8%，其中本年编制 27516 个。2017 年全国村镇规划编制投资达 55.2 亿元。

【建设投资】　2017 年，全国村镇建设总投资 17452 亿元。按地域分，建制镇建成区 7410.24 亿元，乡建成区 653 亿元，镇乡级特殊区域建成区 221 亿元，村庄 9168 亿元，分别占总投资的 42.5%、3.7%、1.3%、52.5%。按用途分，房屋建设投资 12828 亿元，市政公用设施建设投资 4624 亿元，分别占总投资的 73.5%、26.5%。2017 年全国村镇建设固定资产投资结构如图 5 所示。

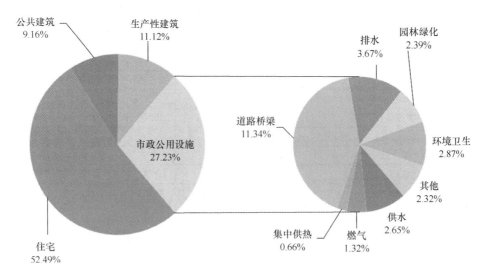

图 5　2017 年全国村镇建设固定资产投资结构

在房屋建设投资中，住宅建设投资 9252.78 亿元，公共建筑投资 1614.25 亿元，生产性建筑投资 1960.70 亿元，分别占房屋建设投资的 72.13%、12.58%、15.28%。

在市政公用设施建设投资中，道路桥梁投资 1999.76 亿元，排水投资 647.10 元，环境卫生投资 505.19 亿元，供水投资 467.77 亿元，分别占市政公用设施建设总投资的 43.25%、14.00%、10.93% 和 10.12%。

【房屋建设】 2017 年，全国村镇房屋竣工建筑面积 16.94 亿平方米，其中住宅 13.27 亿平方米，公共建筑 1.91 亿平方米，生产性建筑 1.77 亿平方米。2017 年年末，全国村镇实有房屋建筑面积 376.60 亿平方米，其中住宅 309.79 亿平方米，公共建筑 27.28 亿平方米，生产性建筑 39.54 亿平方米，分别占 82.26%、7.24%、10.50%。

2017 年年末，全国建制镇建成区人均住宅建筑面积 34.75 平方米，乡建成区人均住宅建筑面积 31.47 平方米，镇乡级特殊区域建成区人均住宅建筑面积 32.57 平方米，村庄人均住宅建筑面积 32.57 平方米。

【公用设施建设】 2017 年年末，在建制镇、乡和镇乡级特殊区域建成区内，供水管道长度 66.89 万公里，排水管道长度 19.03 万公里，排水暗渠长度 10.38 万公里，铺装道路长度 41.32 万公里，铺装道路面积 27.79 亿平方米，公共厕所 15.69 万座。

2017 年年末，建制镇建成区用水普及率 88.10%，人均日生活用水量 109.46 升，燃气普及率 52.11%，人均道路面积 13.81 平方米，排水管道暗渠密度 6.41 公里/平方公里，人均公园绿地面积 3.13 平方米。

2017 年年末，乡建成区用水普及率 78.78%，人均日生活用水量 104.27 升，燃气普及率 25.02%，人均道路面积 15.70 平方米，排水管道暗渠密度 5.29 公里/平方公里，人均公园绿地面积 1.65 平方米。

2017 年年末，镇乡级特殊区域建成区用水普及率 95.62%，人均日生活用水量 105.59 升，燃气普及率 65.33%，人均道路面积 17.43 平方米，排水管道暗渠密度 6.53 公里/平方公里，人均公园绿地面积 5.52 平方米。

2017 年年末，全国 71.95% 的行政村有集中供水，用水普及率 75.51%，人均日生活用水量 87.73 升，燃气普及率 27.00%。

【2011~2017 年全国村镇建设的基本情况】 2011~2017 年全国村镇建设的基本情况见表 3。

2011~2017 年全国村镇建设的基本情况　　表 3

类别	指标		年份						
			2011	2012	2013	2014	2015	2016	2017
概况	村镇户籍人口（亿人）	总人口	9.42	9.45	9.48	9.52	9.57	9.58	9.41
		建制镇建成区	1.44	1.48	1.52	1.56	1.60	1.62	1.55
		乡建成区	0.31	0.31	0.31	0.30	0.29	0.28	0.25

续表

类别	指标		年份						
			2011	2012	2013	2014	2015	2016	2017
概况	村镇户籍人口（亿人）	镇乡级特殊区域建成区	0.03	0.03	0.03	0.03	0.03	0.04	0.05
		村庄	7.64	7.63	7.62	7.63	7.65	7.63	7.56
	村镇建成区面积和村庄现状用地面积（万公顷）	建制镇建成区	338.6	371.4	369.0	379.5	390.8	397.0	392.6
		乡建成区	74.2	79.5	73.7	72.2	70.0	67.3	63.4
		镇乡级特殊区域建成区	9.3	10.1	10.7	10.5	9.4	13.6	13.7
		村庄现状用地	1373.8	1409.0	1394.3	1394.1	1401.3	1392.2	1346.1
房屋建设	年末实有房屋建筑面积（亿平方米）		360.3	367.4	373.7	378.1	381.0	383.2	376.6
	其中：住宅		302.9	308.0	313.3	317.8	320.7	323.2	309.8
	本年竣工房屋建筑面积（亿平方米）		10.1	11.2	11.8	11.6	11.4	10.6	16.9
	其中：住宅		7.0	7.7	8.6	8.5	8.6	8.0	13.3

（住房和城乡建设部计划财务与外事司　哈尔滨工业大学）

2017年城乡建设统计分省数据

2017年城市（城区）建设分省数据

2017年城市市政公用设施水平分省数据见表4。

【2017年城市市政公用设施水平分省数据】

2017年城市市政公用设施水平分省数据　　表4

地区名称	人口密度（人/平方公里）	人均日生活用水量（升）	用水普及率（％）	燃气普及率（％）	建成区供水管道密度（公里/平方公里）	人均城市道路面积（平方米）	建成区排水管道密度（公里/平方公里）
上年	2408	176.86	98.42	95.75	13.93	15.80	7.04
全国	2,477	178.89	98.30	96.26	11.46	16.05	9.51
北京	1,144	188.01	100.00	100.00	7.33	7.44	6.63
天津	3,276	145.91	100.00	100.00	16.46	17.41	19.14
河北	2,675	122.39	99.05	98.78	8.36	18.88	8.35
山西	3,454	128.62	97.81	98.34	7.60	15.92	6.29
内蒙古	1,824	114.51	99.10	96.01	7.08	23.89	5.88
辽宁	1,770	139.71	98.45	97.14	12.32	13.68	6.69
吉林	2,284	117.75	94.85	92.99	7.24	14.30	5.68
黑龙江	5,515	120.40	98.53	87.77	8.34	13.89	6.33
上海	3,814	200.32	100.00	100.00	37.69	4.51	19.79
江苏	2,092	215.20	99.98	99.73	15.41	25.62	13.59
浙江	2,109	200.21	100.00	99.97	17.55	17.28	13.07
安徽	2,535	188.11	99.43	98.57	12.65	22.19	12.78
福建	2,854	203.69	99.56	97.45	13.85	17.41	9.42
江西	4,740	170.33	98.11	97.38	11.98	17.90	8.84
山东	1,554	126.73	99.82	99.57	9.93	25.13	11.36

续表

地区名称	人口密度（人/平方公里）	人均日生活用水量（升）	用水普及率（%）	燃气普及率（%）	建成区供水管道密度（公里/平方公里）	人均城市道路面积（平方米）	建成区排水管道密度（公里/平方公里）
河南	4,871	129.32	95.88	93.96	8.43	13.90	8.38
湖北	2,746	199.55	99.27	97.13	8.97	15.74	10.40
湖南	3,883	180.25	96.52	93.50	13.28	13.72	8.49
广东	3,253	256.48	97.80	96.88	9.40	12.86	9.70
广西	1,950	257.18	97.63	97.80	12.95	17.56	8.69
海南	2,070	268.18	98.40	98.32	18.51	18.22	13.50
重庆	2,017	151.64	98.05	96.37	11.82	12.67	11.54
四川	2,962	202.05	94.91	91.22	13.12	13.72	8.47
贵州	2,302	177.28	96.54	87.74	10.90	12.18	5.34
云南	3,000	129.41	96.71	75.93	10.08	12.52	6.23
西藏	1,232	265.71	92.80	56.77	10.72	14.70	2.73
陕西	4,101	166.63	95.95	93.61	6.74	16.32	3.37
甘肃	4,066	125.97	98.81	90.56	6.30	16.51	5.84
青海	2,777	182.26	98.93	94.19	11.71	14.40	8.01
宁夏	1,388	179.27	95.66	91.71	5.64	21.83	4.10
新疆	2,436	186.98	98.75	98.32	7.76	19.78	4.93

地区名称	污水处理率（%）	污水处理厂集中处理率	人均公园绿地面积（平方米）	建成区绿化覆盖率（%）	建成区绿地率（%）	生活垃圾处理率（%）	生活垃圾无害化处理率
上年	**93.44**	**89.80**	**13.70**	**40.30**	**36.43**	**98.45**	**96.62**
全国	**94.54**	**91.98**	**14.01**	**40.91**	**37.11**	**99.00**	**97.74**
北京	97.53	94.98	16.20	48.42	46.65	99.88	99.88
天津	92.58	91.73	14.15	36.84	32.96	95.80	94.43
河北	97.79	97.67	14.52	41.77	38.17	99.78	99.78
山西	92.62	92.62	11.98	40.61	36.40	99.79	94.86
内蒙古	95.64	95.64	19.66	40.22	37.17	99.41	99.41
辽宁	93.33	92.77	12.07	40.73	37.71	99.05	99.05
吉林	91.31	91.26	11.37	35.78	31.91	95.61	71.78
黑龙江	89.95	87.35	11.78	35.45	32.68	88.32	82.73
上海	94.50	93.99	8.19	39.10	34.44	100.00	100.00
江苏	95.28	85.08	14.95	42.97	39.61	100.00	100.00
浙江	94.97	91.70	13.32	40.36	36.41	100.00	100.00
安徽	97.30	93.85	14.32	42.15	38.35	99.94	99.94
福建	92.21	89.07	14.13	43.69	40.28	99.38	99.38
江西	95.44	94.64	14.50	45.22	42.10	100.00	97.56
山东	96.95	96.66	17.84	42.09	38.16	100.00	100.00
河南	96.92	96.85	12.00	39.44	34.82	99.65	99.65
湖北	94.62	92.46	11.00	38.43	33.89	99.89	99.89
湖南	95.53	93.35	9.99	41.21	36.68	99.75	99.75
广东	94.48	94.38	18.24	43.47	38.94	98.68	97.98
广西	93.98	72.76	12.42	39.12	34.17	99.92	99.92
海南	86.79	84.40	12.16	40.06	36.31	99.98	99.98

续表

地区名称	污水处理率（%）	污水处理厂集中处理率	人均公园绿地面积（平方米）	建成区绿化覆盖率（%）	建成区绿地率（%）	生活垃圾处理率（%）	生活垃圾无害化处理率
重庆	95.48	94.72	17.05	40.32	37.69	99.98	99.42
四川	91.49	88.17	12.48	40.00	35.62	99.25	98.54
贵州	94.78	94.78	15.25	37.01	34.60	95.22	95.22
云南	94.07	92.72	11.50	38.87	34.87	99.90	92.74
西藏	88.97	88.97	5.85	34.81	34.16	95.42	95.42
陕西	92.44	92.44	12.64	39.88	35.74	98.96	98.96
甘肃	94.90	94.90	14.87	33.28	29.69	98.40	98.40
青海	79.26	72.22	11.18	32.55	31.12	95.66	94.78
宁夏	95.25	95.25	19.17	40.41	38.36	99.08	99.08
新疆	89.32	88.29	13.23	39.98	36.51	95.28	88.57

【2017年城市人口和建设用地分省数据】 2017年城市人口和建设用地分省数据见表5。

2017年城市人口和建设用地分省数据　　表5

面积单位：平方公里

人口单位：万　人

地区名称	市区面积	市区人口	市区暂住人口	城区面积	城区人口	城区暂住人口	建成区面积	本年征用土地面积	耕地
上年	2154880.06	75481.61	11042.25	198178.59	40299.17	7414.01	54331.47	1713.62	775.76
全国	2,196,209.81	76,808.50	12,005.17	198,357.17	40,975.72	8,164.07	56,225.38	1,934.37	841.27
北京	16,410.00	2,293.70	13.00	16,410.00	1,876.60		1,445.54	17.55	4.83
天津	11,760.27	1,050.00	186.50	2,585.18	684.80	162.10	1,087.57	14.61	8.15
河北	47,775.21	3,469.47	266.85	6,907.30	1,695.71	152.30	2,120.20	63.78	25.94
山西	33,892.82	1,576.26	170.01	3,297.75	1,004.93	134.01	1,178.32	17.68	13.92
内蒙古	147,077.45	982.27	236.20	4,884.54	670.09	220.61	1,269.16	74.41	22.77
辽宁	78,914.63	3,096.37	301.12	12,799.79	2,035.43	229.66	2,643.80	22.56	10.49
吉林	106,234.18	1,930.35	160.14	5,105.63	1,025.47	140.45	1,452.15	64.97	37.81
黑龙江	200,028.48	2,310.14	138.43	2,582.94	1,311.54	113.00	1,819.70	8.87	5.74
上海	6,340.50	2,418.33		6,340.50	2,418.33		998.75	23.00	14.00
江苏	67,019.77	5,703.28	967.37	15,368.38	2,861.20	354.51	4,426.51	165.18	83.57
浙江	54,532.00	3,438.62	1,589.42	11,590.49	1,631.01	812.95	2,829.27	133.44	59.12
安徽	39,380.52	2,505.18	474.81	6,082.46	1,182.17	359.62	2,039.30	148.25	73.98
福建	46,494.93	2,138.28	759.36	4,473.89	938.10	338.92	1,516.88	70.53	15.86
江西	41,959.17	2,064.47	200.00	2,421.59	1,016.38	131.51	1,454.10	94.02	26.87
山东	90,403.91	5,906.56	631.28	22,733.65	3,055.98	477.21	4,971.47	140.43	60.42
河南	46,234.77	4,328.75	498.65	5,131.54	2,075.19	424.55	2,685.29	45.56	19.83
湖北	90,876.59	4,116.25	471.02	8,084.10	1,835.41	384.86	2,340.79	95.41	50.71
湖南	49,166.49	2,636.20	461.69	4,591.99	1,380.56	402.61	1,709.35	69.51	17.66
广东	95,054.41	8,106.49	2,183.32	16,834.70	3,948.42	1,528.33	5,911.05	117.89	52.13
广西	68,539.76	2,392.78	252.16	5,789.43	896.60	232.33	1,413.65	118.50	31.43
海南	17,138.30	557.42	132.62	1,444.67	210.71	88.28	323.82	21.13	2.12
重庆	43,263.10	2,489.92	504.31	7,440.00	1,121.59	378.85	1,423.09	108.26	43.55
四川	82,433.06	4,127.32	569.72	8,359.03	2,065.83	410.12	2,832.25	109.50	55.40

续表

地区名称	市区面积	市区人口	市区暂住人口	城区面积	城区人口	城区暂住人口	建成区面积	本年征用土地面积	耕地
贵州	34,176.60	1,371.70	128.82	3,184.43	624.66	108.48	986.35	18.70	7.00
云南	84,818.32	1,658.18	131.50	3,157.40	857.69	89.44	1,142.13	51.13	26.67
西藏	31,300.51	57.70	39.38	603.22	36.75	37.58	147.56	11.96	8.93
陕西	49,054.71	1,740.14	98.79	2,620.92	1,000.46	74.37	1,287.05	37.95	28.84
甘肃	87,442.07	895.88	150.67	1,590.66	532.31	114.52	868.71	34.84	25.65
青海	166,331.50	226.85	23.36	688.15	175.08	16.03	199.87	5.40	0.20
宁夏	23,697.42	341.37	71.04	2,159.18	233.50	66.30	458.12	14.39	5.55
新疆	238,458.36	878.27	193.63	3,093.66	573.19	180.57	1,243.58	14.96	2.13

地区名称	城市建设用地面积								
	合计	居住用地	公共管理与公共服务设施用地	商业服务业设施用地	工业用地	物流仓储用地	道路交通设施用地	公共设施用地	绿地与广场用地
上年	**52761.30**	**16373.91**	**4975.48**	**3775.90**	**10525.24**	**1617.31**	**7785.66**	**1998.63**	**5709.17**
全国	**55,155.47**	**16,979.27**	**5,098.33**	**3,843.01**	**11,083.70**	**1,664.99**	**8,364.82**	**1,968.65**	**6,152.70**
北京	1,465.30	423.39	172.42	136.30	263.09	51.32	271.24	31.71	115.83
天津	995.02	277.53	77.53	76.97	242.45	60.12	134.63	20.95	104.84
河北	2,014.17	697.27	167.40	124.24	273.99	60.86	312.48	71.38	306.55
山西	1,140.08	369.35	125.67	73.87	143.33	38.25	177.80	71.81	140.00
内蒙古	1,202.73	362.26	107.53	105.37	161.40	48.26	227.57	38.63	151.71
辽宁	2,748.49	870.76	183.26	163.43	719.31	65.52	393.71	61.38	291.12
吉林	1,407.49	508.69	106.54	90.15	286.83	47.78	201.18	57.75	108.57
黑龙江	1,813.17	637.45	164.37	89.66	357.68	71.43	267.80	62.83	161.95
上海	1,910.74	546.49	151.31	117.55	550.59	57.03	135.90	212.37	139.50
江苏	4,431.72	1,307.62	366.10	314.14	1,064.76	121.87	619.69	124.38	513.16
浙江	2,682.49	789.72	233.43	210.48	588.52	65.99	442.11	75.38	276.58
安徽	2,001.94	625.68	157.04	174.03	370.71	54.63	320.07	61.49	237.69
福建	1,472.75	492.15	147.93	104.76	276.01	34.84	215.82	46.34	154.90
江西	1,402.64	408.15	150.23	100.10	277.54	33.66	217.69	51.00	164.27
山东	4,660.19	1,411.77	485.42	327.76	1,024.96	155.09	630.74	154.77	469.68
河南	2,530.78	763.21	287.71	134.88	386.42	80.92	411.80	99.56	366.28
湖北	2,499.44	756.71	234.45	153.66	573.79	72.54	394.80	96.81	216.68
湖南	1,635.89	563.55	185.70	109.92	239.66	45.27	212.08	85.37	194.34
广东	5,577.44	1,670.89	446.33	366.99	1,488.04	127.36	870.82	133.45	473.56
广西	1,372.12	410.79	145.13	82.64	220.45	52.48	249.22	55.22	156.19
海南	256.76	91.57	26.93	16.16	16.99	2.68	57.66	9.68	35.09
重庆	1,213.18	371.77	111.60	77.45	244.58	30.99	232.63	30.39	113.77
四川	2,660.07	817.40	256.45	207.87	450.81	70.86	428.34	81.84	346.50
贵州	945.30	308.05	88.87	75.73	155.24	27.94	152.26	26.94	110.27
云南	1,087.65	388.35	120.41	102.95	122.57	36.51	149.32	32.92	134.62
西藏	124.84	31.95	20.77	15.49	14.78	4.20	23.41	8.99	5.25
陕西	1,229.90	297.26	117.88	101.34	145.98	27.14	208.51	42.21	289.58
甘肃	861.12	209.60	80.09	57.83	171.35	30.37	138.36	42.45	131.07
青海	178.70	60.81	14.82	8.91	13.23	13.42	25.15	6.70	35.66
宁夏	402.58	128.99	52.98	19.12	42.58	13.50	70.86	15.74	58.81
新疆	1,230.78	380.09	112.03	102.38	196.06	62.16	171.17	58.21	148.68

【2017年城市市政公用设施建设固定资产投资分省数据】 2017年城市市政公用设施建设固定资产投资分省数据见表6。

2017年城市市政公用设施建设固定资产投资分省数据　　　表6

计量单位：万元

地区名称	本年投资完成合计	供水	燃气	集中供热	轨道交通	道路桥梁	排水	污水处理	污泥处置	再生水利用
上年	174599734	5458498	4089062	4818675	40794785	75643268	12225062	4088663	185327	810312
全国	193,276,146	5,801,366	4,456,833	5,841,997	50,452,154	69,966,525	13,436,186	4,210,541	211,000	297,157
北京	13,717,733	394,839	660,604	1,175,539	3,427,629	2,038,338	1,451,002	709,907	61,441	168,824
天津	3,014,976	5,886	40,548	13,345	1,334,089	849,072	119,478	95,478		543
河北	3,964,229	130,102	181,639	521,469	582,118	1,103,142	546,844	130,279	4,830	800
山西	3,487,857	55,042	128,622	376,524		2,395,456	130,105	17,156	39,607	
内蒙古	5,592,699	192,266	47,846	344,681	427,806	2,391,943	376,046	31,473	5,850	24,435
辽宁	2,664,691	116,383	49,654	286,054	580,386	675,925	281,020	27,549	2,275	
吉林	2,682,566	153,559	73,864	112,294	842,352	630,892	95,973	47,422	1,257	3,840
黑龙江	2,144,321	118,178	47,737	300,922	594,461	688,263	157,138	70,747		
上海	5,760,147	102,670	163,587		2,994,607	1,418,858	486,042	371,549	17,098	
江苏	18,059,574	1,145,641	186,962	0	5,337,146	6,647,835	1,315,712	377,474	14,644	17,272
浙江	10,811,169	420,658	186,018	0	3,632,709	3,575,421	830,933	361,271	1,700	10,297
安徽	7,454,578	286,428	166,447	58,511	1,078,362	3,423,657	577,063	128,812	4,003	1,486
福建	7,128,613	263,653	63,770	0	2,527,427	3,049,368	362,759	112,890	1,283	
江西	5,723,360	107,248	102,206	0	548,458	2,397,570	558,863	100,848	6,722	
山东	12,008,962	456,634	267,318	845,664	2,533,553	4,303,847	886,665	127,160	14,641	5,405
河南	8,680,683	189,901	149,459	1,071,247	1,229,948	3,502,484	744,154	242,985		15,982
湖北	13,021,487	164,256	81,458	1,281	4,256,102	4,508,789	1,392,157	479,496	6,419	
湖南	7,699,626	208,481	75,041	0	1,367,791	4,172,541	293,251	75,036	2,580	127
广东	11,289,939	261,344	49,456	0	4,330,176	2,988,560	665,657	89,617		0
广西	5,856,089	153,418	62,757	0	1,045,694	2,839,751	288,333	61,718	2,423	
海南	1,193,224	34,828	3,730			593,955	168,504	80,764		4,890
重庆	7,819,593	128,751	131,480	0	3,069,937	3,024,252	307,695	55,193		
四川	11,492,553	220,316	64,765	0	3,927,749	4,890,095	489,807	154,726	2,530	
贵州	2,681,140	56,571	120	0	633,293	1,148,807	125,913	52,860	1,529	4,000
云南	4,893,918	85,686	28,403	0	1,548,716	1,418,624	237,131	13,735	60	5,085
西藏	322,519		2,858	100,000		196,870	21,941	14,426		
陕西	4,310,795	55,232	256,743	111,463	1,219,093	1,162,145	210,835	34,916	4,705	1,324
甘肃	2,532,923	132,198	41,263	117,325	377,300	1,253,432	90,549	42,377	15,403	7,922
青海	1,310,431	5,294	8,933	9,809		889,540	32,176	30,612		
宁夏	767,516	2,549	11,737	183,407		185,478	23,822	3,413		
新疆	5,188,235	153,354	1,121,808	212,462	1,005,252	1,601,615	168,618	68,652		24,925

续表

地区名称	园林绿化	市容环境卫生	垃圾处理	地下综合管廊	其他	本年新增固定资产
上年	16701452	4452116	1180877	2947106	7469710	106211811
全国	17,596,381	5,081,455	2,408,345	6,733,719	13,909,530	134,609,680
北京	2,072,816	1,040,059	186,242	157,917	1,298,990	5,153,774
天津	261,422	8,493		369	382,274	820,552
河北	581,950	74,723	35,881	195,028	47,214	4,983,791
山西	198,688	25,964	17,080	99,541	77,915	2,875,945
内蒙古	1,024,478	43,187	16,698	227,310	517,136	3,827,446
辽宁	95,687	506,582	490,526	20,048	52,952	1,336,555
吉林	206,496	46,256	24,676	479,407	41,473	2,173,722
黑龙江	75,443	65,810	54,205	80,671	15,698	1,896,976
上海	222,149	102,899	102,080		269,335	4,189,524
江苏	1,466,442	320,470	106,742	578,003	1,061,363	12,727,051
浙江	1,085,202	199,609	117,727	382,076	498,543	5,636,151
安徽	1,037,032	318,316	140,710	150,077	358,685	3,214,080
福建	479,811	126,225	77,469	88,149	167,451	4,237,390
江西	743,007	107,805	71,059	134,570	1,023,633	5,507,933
山东	1,319,198	241,732	141,944	488,341	666,010	9,552,637
河南	1,257,818	170,944	71,531	304,161	60,567	9,886,637
湖北	898,021	261,584	67,902	487,887	969,952	12,319,666
湖南	466,485	184,369	166,273	194,968	736,699	2,405,975
广东	220,005	378,921	213,734	135,384	2,260,436	2,392,262
广西	464,434	94,997	52,830	71,667	835,038	4,285,235
海南	193,563	6,718	420	140,400	51,526	132,426
重庆	794,577	71,883	26,776	28,283	262,735	12,567,634
四川	796,058	182,868	125,257	133,832	787,063	8,185,362
贵州	131,420	58,584	28,108	161,068	365,364	1,128,599
云南	321,841	67,925	39,113	580,496	605,096	2,191,792
西藏		850				115,410
陕西	579,784	80,140	9,608	607,860	27,500	3,882,048
甘肃	60,978	18,592	9,022	135,588	305,698	1,081,873
青海	17,323	13,526		333,130	700	1,302,798
宁夏	144,568	1,400	351	206,699	7,856	368,084
新疆	379,685	260,024	14,381	130,789	154,628	4,230,352

【2017年城市市政公用设施建设固定资产投资资金来源分省数据】 2017年城市市政公用设施建设固定资产投资资金来源分省数据见表7。

2017年城市市政公用设施建设固定资产投资资金来源分省数据　　表7

计量单位：万元

地区名称	本年实际到位资金合计	上年末结余资金	本年资金来源										各项应付款
			小计	国家预算资金	中央预算资金	国内贷款	债券	利用外资	外商直接投资	自筹资金	单位自有资金	其他资金	
上年	173191522	9426721	163764801	53031404	1194417	43387183	1333925	346413	59542	39635746	6019114	26030130	21565150
全国	197,047,036	14,596,195	182,450,841	57,561,827	2,904,482	49,874,958	1,631,977	287,048	165,512	49,978,374	9,318,386	23,116,657	29,096,846
北京	13,617,649	3,184,893	10,432,756	5,678,913	110,501	516,798	178,255	0	0	1,513,345		2,545,445	2,172,782
天津	3,073,831	126,421	2,947,410	640,480	13,123	1,447,952	13,605	0	0	673,367	134,035	172,006	168,473
河北	4,020,033	36,551	3,983,482	1,327,959	16,112	1,099,921	42,568			1,108,791	347,480	404,243	146,501
山西	2,794,545	19,105	2,775,440	668,314	6,367	7,573	104,394	0	0	598,674	177,278	1,396,485	792,666
内蒙古	5,609,864	11,236	5,598,628	1,723,786	91,220	185,704	19,404			2,174,294	61,366	1,495,440	680,747
辽宁	2,462,386	286,659	2,175,727	1,038,244	33,751	425,654	23,827			546,528	238,331	141,474	163,894
吉林	2,962,996	658,070	2,304,926	458,370	127,564	830,453	19,389	1,962		709,622	138,243	285,130	300,375
黑龙江	1,975,362	181,019	1,794,343	487,254	154,000	625,987	23,940	0	0	549,157	128,095	108,005	177,609
上海	5,712,275	219,155	5,493,120	1,375,184	63,143	43,354	0	1,882		4,070,697	233,333	2,003	362,188
江苏	20,110,046	1,614,156	18,495,890	2,992,805	18,040	6,352,084	54,550	31,593	31,593	6,755,892	1,540,590	2,308,966	2,348,722
浙江	11,142,830	715,731	10,427,099	2,989,334	203,755	2,308,325	29,289	8,117	2,917	3,754,802	928,838	1,337,232	914,205
安徽	6,917,097	23,753	6,893,344	3,751,572	370,239	547,135	53,882	74,608	1,066	2,056,309	183,747	409,838	988,111
福建	7,085,661	122,298	6,963,363	4,082,339	3,653	1,022,947	0	0	0	628,494	179,176	1,229,583	909,779
江西	5,535,860	144,240	5,391,620	2,816,766	346,666	1,177,917	0	9,180	3,180	957,376	117,107	430,381	2,107,607
山东	10,196,214	337,017	9,859,197	3,411,710	136,499	2,462,576	73,660	0	0	2,598,113	738,376	1,313,138	2,426,966
河南	9,162,748	145,719	9,017,029	4,575,162	10,772	900,881	12,410	30,586	30,586	1,635,128	200,713	1,862,862	364,117
湖北	12,937,656	18,823	12,918,833	190,835	27,873	10,294,596		16,236	4,400	1,666,113	179,611	751,053	166,032
湖南	7,937,504	238,023	7,699,481	665,856	7,496	2,914,773	133,819	0	0	3,327,530	249,900	657,503	1,088,920
广东	13,200,846	905,280	12,295,566	7,633,941	32,627	2,446,700	19,655	0	0	1,139,175	576,600	1,056,095	602,629
广西	5,732,267	253,739	5,478,528	1,965,784	92,947	1,906,246	45,618	10,843		1,040,764	140,372	509,273	807,230
海南	1,570,892	851,006	719,886	137,976	27,369	236,155	36,579			113,686	55,099	195,490	120,383
重庆	7,653,997	445,642	7,208,355	3,071,853	23,130	2,492,757	2,200	0	0	785,355	326,665	856,190	1,427,843
四川	10,156,845	1,167,930	8,988,915	1,208,189	99,036	2,641,709	645,014			2,540,265	675,698	1,953,738	4,837,636
贵州	2,485,149	264,222	2,220,927	695,262	19,693	910,544	2,000	0	0	511,235	2,385	101,886	664,545
云南	4,172,819	124,799	4,048,020	778,926	274,240	948,445	10,200	60,481	59,013	1,415,155	210,557	834,813	1,089,106
西藏	276,116	2,080	274,036	119,926	107,300	80,668	1,800	850		70,792	23,099		3,700
陕西	4,811,545	530,298	4,281,247	1,702,080	186,600	1,228,657				1,225,616	251,178	124,894	813,514
甘肃	3,521,974	287,701	3,234,273	390,235	115,242	1,505,492	69,832	4,699	0	983,210	127,868	280,805	833,945
青海	2,038,804	794,467	1,244,337	586,526	113,574	596,425				59,326		2,060	140,039
宁夏	578,963	2,538	576,425	74,077	14,504	169,569	3,393			320,615	29,469	8,771	96,335
新疆	7,592,262	883,624	6,708,638	322,169	57,446	1,546,961	12,694	36,011	32,757	4,448,948	1,123,177	341,855	1,380,247

2017年县城建设分省数据

【2017年县城市政公用设施水平分省数据】

2017年县城市政公用设施水平分省数据见表8。

2017年县城市政公用设施水平分省数据　　　　表8

地区名称	人口密度（人/平方公里）	人均日生活用水量（升）	用水普及率（%）	燃气普及率（%）	建成区供水管道密度（公里/平方公里）	人均城市道路面积（平方米）	建成区路网密度（公里/平方公里）	建成区道路面积率（%）
上年	2127	119.43	90.50	78.19	10.86	16.41	6.76	13.02
全国	2,183	120.17	92.87	81.35	10.49	17.18	6.28	11.94
河北	2,635	101.20	98.51	94.17	10.18	23.30	8.00	16.22
山西	3,210	83.10	98.38	82.62	11.22	16.30	6.90	13.38
内蒙古	834	88.07	97.48	84.13	10.36	29.58	6.18	13.28
辽宁	1,696	95.82	90.65	74.72	10.85	11.98	4.02	6.75
吉林	3,186	101.72	78.93	70.88	13.11	10.41	6.31	9.51
黑龙江	2,716	90.53	85.63	51.06	9.64	12.71	6.60	7.81
江苏	2,008	143.32	99.57	99.35	13.66	19.92	6.87	13.62
浙江	890	183.13	100.00	99.04	22.64	21.43	8.09	14.41
安徽	1,749	128.32	94.90	88.54	11.86	22.77	5.88	12.69
福建	2,460	172.65	98.70	97.47	12.96	17.40	8.15	13.22
江西	4,809	119.19	95.76	90.09	12.35	19.00	7.53	13.59
山东	1,360	120.35	98.85	95.48	7.46	21.63	6.12	13.51
河南	2,538	104.09	83.41	71.21	6.31	16.47	5.46	12.25
湖北	2,932	124.91	95.01	88.13	10.06	17.88	6.75	14.14
湖南	3,397	140.72	86.51	74.65	11.72	12.46	5.93	10.22
广东	1,617	152.14	90.13	88.80	16.14	11.53	6.15	8.80
广西	2,407	156.12	96.24	92.42	11.65	16.34	7.35	13.16
海南	3,457	160.76	94.53	93.00	10.59	20.92	4.63	10.25
重庆	2,709	113.97	96.43	93.76	12.25	8.96	7.07	12.17
四川	1,843	127.48	88.74	79.50	10.09	11.05	4.65	9.12
贵州	2,460	104.52	89.10	56.61	7.29	12.89	4.82	8.52
云南	3,941	109.25	93.24	48.36	11.99	14.17	5.93	11.13
西藏	2,016	209.27	84.95	67.62	5.92	21.01	4.80	6.55
陕西	3,702	89.77	92.93	80.74	6.68	14.53	6.49	11.39
甘肃	4,827	77.87	91.44	61.16	8.23	13.84	5.58	9.72
青海	2,021	97.98	96.71	53.47	10.31	18.80	6.88	11.46
宁夏	3,109	113.83	96.01	71.38	7.45	27.54	7.42	14.45
新疆	3,071	126.07	95.65	90.27	9.10	20.66	5.43	8.87

数据统计与分析

续表

地区名称	建成区排水管道密度（公里/平方公里）	污水处理率（%）	污水处理厂集中处理率	人均公园绿地面积（平方米）	建成区绿化覆盖率（%）	建成区绿地率（%）	生活垃圾处理率（%）	生活垃圾无害化处理率
上年	**8.83**	**87.38**	**85.80**	**11.05**	**32.53**	**28.74**	**93.01**	**85.22**
全国	**8.56**	**90.21**	**88.89**	**11.86**	**34.60**	**30.74**	**96.11**	**91.00**
河北	8.78	96.06	96.06	12.16	40.21	35.89	98.16	97.69
山西	9.47	92.26	92.26	11.11	38.11	33.79	84.06	81.26
内蒙古	7.03	95.05	95.05	22.42	35.85	32.88	97.40	97.40
辽宁	5.85	93.40	93.40	9.92	16.59	14.63	95.65	95.65
吉林	7.46	87.87	87.87	9.50	29.17	26.21	97.23	77.07
黑龙江	5.76	88.36	88.23	12.05	23.20	19.72	77.89	57.99
江苏	11.47	86.27	83.55	12.56	41.53	39.00	100.00	100.00
浙江	14.67	93.60	91.38	14.07	40.41	36.46	100.00	100.00
安徽	10.22	94.14	93.36	12.74	36.02	32.07	98.90	98.34
福建	11.79	87.22	86.87	14.62	42.11	38.83	96.98	96.98
江西	10.92	85.22	84.89	14.69	42.20	37.61	100.00	100.00
山东	9.27	96.20	96.08	15.01	38.92	34.44	99.91	99.91
河南	8.14	93.65	93.65	9.42	31.38	27.50	95.57	82.15
湖北	8.26	89.49	87.38	10.08	33.91	30.13	98.59	93.95
湖南	8.34	93.28	89.19	9.51	38.28	32.70	97.97	97.97
广东	5.28	87.63	87.43	14.82	33.15	31.50	98.13	94.94
广西	10.46	93.21	85.33	11.00	33.99	29.89	99.48	97.85
海南	5.28	90.49	90.49	8.27	37.26	30.48	99.81	99.81
重庆	14.93	93.71	93.71	11.85	41.64	36.72	99.18	99.18
四川	7.60	76.53	72.96	10.75	33.06	29.14	94.89	87.69
贵州	2.94	80.10	80.10	10.28	27.31	24.63	83.99	83.99
云南	10.66	87.34	87.34	9.86	33.84	29.52	97.75	80.40
西藏	5.18	18.77	17.47	1.61	3.15	4.31	86.65	85.20
陕西	6.97	87.82	87.82	10.44	34.04	29.82	96.65	92.10
甘肃	7.31	89.51	89.51	8.42	19.76	16.00	98.23	95.40
青海	7.55	73.98	73.98	4.74	18.61	15.30	92.99	74.58
宁夏	7.50	92.77	92.77	17.44	37.00	32.41	96.38	96.38
新疆	5.65	87.05	85.62	11.68	32.03	28.75	96.07	54.63

注：本表各项人均指标除人均日生活用水量外，均以城区人口和城区暂住人口合计为分母计算。

【2017年县城人口和建设用地分省数据】 2017 年县城人口和建设用地分省数据见表9。

2017年县城人口和建设用地分省数据　　　　　　　表9

面积单位：平方公里

人口单位：万人

地区名称	县域面积	县域人口	县域暂住人口	县城面积	县城人口	县城暂住人口	建成区面积	本年征用土地面积	耕地
上年	7502515.89	67313.83	3010.22	72591.13	13858.30	1583.28	19466.60	803.14	341.14
全国	7,462,592.37	66,852.24	3,061.63	71,583.40	13,922.53	1,700.93	19,854.12	1,363.61	811.55
河北	137,512.28	4,131.17	169.57	3,887.48	923.35	100.99	1,383.14	41.04	24.02
山西	127,799.40	2,099.05	80.41	1,992.60	595.03	44.66	726.80	5.49	2.14
内蒙古	1,050,507.89	1,542.03	118.88	5,962.80	434.05	63.38	975.56	390.23	354.69
辽宁	72,464.19	1,016.96	28.70	1,361.34	214.35	16.58	326.16	3.06	1.20
吉林	86,445.71	772.93	35.60	663.07	187.76	23.52	224.24	14.57	12.57
黑龙江	235,608.73	1,412.62	35.62	1,350.42	343.49	23.32	565.67	8.27	2.43
江苏	34,185.40	2,102.69	66.70	2,759.09	524.83	29.11	683.81	39.40	23.75
浙江	50,225.24	1,514.61	250.60	4,976.56	361.25	81.78	592.28	49.95	30.59
安徽	100,014.99	4,574.55	168.60	5,318.25	824.26	106.04	1,281.78	104.46	47.11
福建	78,029.82	1,776.86	115.12	1,702.72	365.73	53.21	503.05	43.03	10.24
江西	126,422.91	2,977.40	89.29	1,705.60	761.90	58.28	982.97	62.56	19.47
山东	67,954.84	4,102.15	98.60	7,775.91	990.21	67.58	1,550.14	62.01	29.72
河南	120,103.89	7,132.39	235.38	5,752.94	1,346.37	113.93	1,783.87	53.20	25.10
湖北	99,118.25	2,235.44	104.43	1,609.97	428.75	43.35	561.66	25.75	9.93
湖南	160,433.84	4,710.12	335.93	3,750.16	1,059.31	214.66	1,243.26	76.59	23.64
广东	78,080.15	2,238.53	96.82	3,106.16	440.17	62.24	531.84	23.22	4.39
广西	168,294.43	3,298.47	81.05	2,262.47	491.26	53.40	666.00	40.81	17.54
海南	17,421.41	313.09	21.11	228.84	73.56	5.54	143.31	3.88	0.50
重庆	39,138.73	940.73	82.10	752.46	159.10	44.71	149.93	12.01	5.22
四川	409,019.04	5,099.60	213.59	5,993.51	949.51	155.17	1,205.95	57.28	32.37
贵州	142,428.93	3,063.52	113.22	2,434.99	536.27	62.81	742.87	57.73	25.15
云南	303,736.19	3,262.51	136.55	1,537.20	530.52	75.34	702.74	54.09	26.05
西藏	1,178,653.78	277.90	40.67	325.42	49.13	16.46	163.25	60.33	44.31
陕西	156,569.59	2,238.94	84.24	1,456.98	480.71	58.73	645.84	22.07	14.94
甘肃	370,264.24	1,883.99	95.96	807.96	342.30	47.74	485.86	20.39	11.95
青海	549,157.03	413.90	32.98	581.28	100.06	17.44	185.53	2.75	1.74
宁夏	39,164.28	339.18	19.44	321.05	82.79	17.03	178.03	11.13	9.67
新疆	1,463,837.19	1,380.91	110.47	1,206.17	326.51	43.93	668.58	18.31	1.12

续表

地区名称	城市建设用地面积								
	合计	居住用地	公共管理与公共服务设施用地	商业服务业设施用地	工业用地	物流仓储用地	道路交通设施用地	公共设施用地	绿地与广场用地
上年	**18242.39**	**6111.29**	**1733.22**	**1327.15**	**2538.77**	**591.72**	**2501.24**	**909.04**	**2529.96**
全国	**18,863.94**	**6,252.81**	**1,750.64**	**1,338.60**	**2,599.24**	**578.88**	**2,732.52**	**854.12**	**2,757.13**
河北	1,343.68	462.84	109.30	90.69	136.63	28.79	215.97	35.55	263.91
山西	672.07	245.41	59.73	36.49	52.56	13.28	111.93	26.23	126.44
内蒙古	902.66	300.75	94.17	66.63	90.09	22.45	156.95	37.50	134.12
辽宁	301.89	127.58	19.27	19.95	57.33	8.31	26.23	19.51	23.71
吉林	214.89	79.37	16.41	15.93	29.83	9.68	27.30	8.67	27.70
黑龙江	504.66	216.73	39.23	32.72	73.88	22.60	64.90	17.53	37.07
江苏	686.01	228.99	55.77	47.19	143.19	18.29	80.41	22.26	89.91
浙江	614.68	191.99	51.87	38.60	137.67	9.68	73.38	28.42	83.07
安徽	1,241.97	358.47	92.99	89.56	230.65	45.08	193.89	55.34	175.99
福建	485.87	167.35	40.88	33.71	63.70	11.31	74.29	18.69	75.94
江西	938.43	283.84	89.31	68.68	152.88	27.33	150.80	39.10	126.49
山东	1,466.38	446.05	128.40	105.92	296.47	41.07	180.44	56.76	211.27
河南	1,653.18	522.65	152.28	111.50	223.83	53.10	279.33	83.31	227.18
湖北	535.54	160.60	57.21	41.58	70.38	14.90	89.18	26.63	75.06
湖南	1,279.91	408.86	132.05	111.37	192.85	65.96	142.38	81.25	145.19
广东	527.24	183.33	55.00	43.73	78.05	16.80	60.28	29.71	60.34
广西	632.04	216.46	56.02	35.38	92.29	20.25	99.66	23.81	88.17
海南	125.89	30.07	9.47	7.74	26.85	5.34	25.08	4.12	17.22
重庆	138.56	46.83	10.93	8.81	15.39	2.47	20.06	8.20	25.87
四川	1,123.64	364.80	102.20	74.18	150.82	36.94	151.00	53.03	190.67
贵州	670.06	258.58	68.99	51.79	65.06	22.60	78.36	36.84	87.84
云南	654.27	213.66	82.45	48.08	49.89	17.31	103.58	36.02	103.28
西藏	150.37	52.13	23.79	16.47	9.91	4.67	24.69	8.97	9.74
陕西	595.99	184.63	50.87	39.52	40.56	14.10	92.73	29.17	144.41
甘肃	438.43	159.67	52.72	31.23	32.99	12.48	63.63	25.42	60.29
青海	156.23	53.59	20.33	11.40	13.85	5.18	22.37	11.24	18.27
宁夏	177.84	61.91	18.61	16.07	18.55	4.57	30.56	6.19	21.38
新疆	631.56	225.67	60.39	43.68	53.09	24.34	93.14	24.65	106.60

【2017年县城市政公用设施建设固定资产投资分省数据】 2017年县城市政公用设施建设固定资产投资分省数据见表10。

2017年县城市政公用设施建设固定资产投资分省数据　　　　表10

计量单位：万元

地区名称	本年投资完成合计	供水	燃气	集中供热	道路桥梁	排水	污水处理	污泥处置	再生水利用
上年	33945418	1606655	1231155	1806513	18057959	2629753	1110226	26119	35491
全国	36,341,810	2,263,319	1,209,876	1,941,340	16,033,333	3,838,973	994,726	32,710	51,842
河北	1,907,021	83,665	129,845	529,111	514,793	171,508	39,707	4,778	
山西	1,134,387	33,334	98,288	293,835	413,458	99,875	21,813	640	2,500
内蒙古	1,661,346	65,426	15,826	140,092	484,844	125,190	31,199	6,226	4,336
辽宁	103,340	4,939	8,862	36,131	23,632	14,580	10,169		
吉林	172,976	6,594	572	18,922	78,915	45,013	12,618	4,610	
黑龙江	334,012	16,147	27,963	111,503	118,600	23,182	8,869		
江苏	746,445	54,639	38,968	10,632	311,080	45,497	7,194		
浙江	1,449,330	73,737	33,059	0	568,057	167,189	54,400		
安徽	4,013,979	173,752	146,570	4,300	2,096,484	482,379	73,767	1,414	30,130
福建	1,713,161	76,811	34,508	0	915,790	209,257	45,945	1,415	
江西	3,031,228	135,982	46,264	0	1,308,794	321,368	58,545	7,876	
山东	1,422,572	44,953	77,468	179,850	457,654	196,502	40,158		79
河南	2,742,342	163,955	115,896	158,314	1,136,680	480,360	176,412	3,447	7,312
湖北	1,026,574	30,815	37,718	0	509,247	74,171	13,955		
湖南	2,168,092	78,952	46,195	2,446	1,041,245	237,391	75,580		
广东	268,934	7,267	230	0	85,218	24,439	8,100		
广西	1,646,426	68,830	61,372	0	994,295	198,966	17,622	15	
海南	158,513	5,753	6,000		116,384	12,693	6,889		
重庆	318,376	35,203	8,147		120,939	39,604	19,355		
四川	2,070,700	63,214	49,248	52	1,109,942	240,722	70,125		
贵州	2,481,863	75,414	13,615	0	1,458,535	122,969	43,108		
云南	1,381,725	55,249	29,789	0	729,360	78,290	19,979		1,735
西藏	305,161	34,007		82,986	91,197	54,006	23,534		
陕西	1,662,772	82,307	135,568	113,656	647,499	145,069	37,236	2,181	
甘肃	592,165	17,025	8,452	118,813	264,461	102,398	30,846	108	5,080
青海	225,344	5,435	9,402	32,946	104,459	21,171	5,330		
宁夏	157,897	9,200	5,564	17,185	62,376	17,102	10,525		
新疆	1,445,129	760,714	24,487	90,566	269,395	88,082	31,746		670

数据统计与分析

续表

地区名称	园林绿化	市容环境卫生	垃圾处理	地下综合管廊	其他	本年新增固定资产
上年	5007451	1158986	523741	228660	2218286	28205893
全国	6,305,905	1,148,546	535,219	734,526	2,865,992	28,829,267
河北	328,009	54,216	23,197	5,700	90,174	1,768,835
山西	113,994	15,235	8,514	42,359	24,009	918,378
内蒙古	604,703	61,765	22,580		163,500	1,116,842
辽宁	3,999	1,547	214		9,650	87,793
吉林	17,961	396			4,603	115,014
黑龙江	25,959	9,266	4,305		1,392	321,591
江苏	229,572	22,069	1,019	33,000	988	623,357
浙江	269,827	69,397	50,756		268,064	1,274,098
安徽	765,077	137,018	105,191	123,728	84,671	3,567,725
福建	172,112	6,645	1,830	214,630	83,408	1,097,755
江西	458,052	54,970	35,984	9,800	695,998	2,704,546
山东	286,058	124,433	107,792	13,600	42,054	1,371,621
河南	563,277	120,013	44,751		3,847	2,439,489
湖北	287,721	10,474	5,942	781	75,647	776,080
湖南	251,362	58,590	6,749	20,200	431,711	1,140,939
广东	9,949	119,216	11,006	148	22,467	198,729
广西	254,500	25,508	360		42,955	1,625,043
海南	4,712	5,393	4,781		7,578	46,971
重庆	73,679	6,810	3,576	32,100	1,894	345,886
四川	323,415	56,523	20,324	94,660	132,924	1,453,135
贵州	347,875	59,514	37,437	13,618	390,323	1,640,342
云南	220,723	27,045	8,260	73,110	168,159	1,162,682
西藏	2,815	2,785	1,185	28,084	9,281	156,638
陕西	454,260	44,607	13,707	16,234	23,572	1,532,587
甘肃	39,574	11,604	2,251	6,300	23,538	454,795
青海	23,988	9,491	2,576	6,474	11,978	188,631
宁夏	36,538	6,591	5,040		3,341	116,421
新疆	136,194	27,425	5,892		48,266	583,344

【2017年县城市政公用设施建设固定资产投资资金来源分省数据】 2017年县城市政公用设施建设固定资产投资资金来源分省数据见表11。

2017年县城市政公用设施建设固定资产投资资金来源分省数据　　表11

计量单位：万元

地区名称	合计	上年末结余资金	本年资金来源										各项应付款
			小计	国家预算资金	中央预算资金	国内贷款	债券	利用外资	外商直接投资	自筹资金	单位自有资金	其他资金	
上年	31907940	306556	31601384	11949759	1206248	2215836	139772	190224	93936	13392629	1479837	3713164	5375929
全国	36,108,214	866,091	35,242,123	11,423,298	1,070,113	3,788,960	329,394	212,343	135,831	13,723,475	2,202,392	5,764,653	6,806,564
河北	1,839,352	9,240	1,830,112	369,518	29,249	143,830	48,065	3,000	3,000	849,259	207,381	416,440	239,869
山西	1,057,480	6,522	1,050,958	389,665	11,163	16,976	3,800	0	0	364,812	107,114	275,705	211,834
内蒙古	1,278,936	21,782	1,257,154	92,385	16,097	112,109	0	0	0	742,855	70,248	309,805	416,782
辽宁	102,960	0	102,960	26,630	4,060	25,834		1,230		39,862	9,534	9,404	20,139
吉林	177,608	500	177,108	60,142	6,048	0	21,346	0	0	71,250	1,614	24,370	68,724
黑龙江	346,152	10,023	336,129	112,534	34,429	16,515	19,406	0	0	163,797	55,151	23,877	83,801
江苏	740,025	455	739,570	212,637	0	30,045	0	1,530	0	424,786	73,454	70,572	287,648
浙江	1,338,888	10,733	1,328,155	379,767	32,066	121,061	662	2,478	2,478	722,206	238,636	101,981	211,635
安徽	3,961,195	65,131	3,896,064	1,950,388	22,165	415,696	12,199	2,357	1,300	1,160,296	153,042	355,128	422,525
福建	1,803,646	93,563	1,710,083	459,090	36,274	147,000	260	0	0	666,908	88,735	436,825	412,371
江西	3,061,228	49,716	3,011,512	828,593	64,077	238,977	2,137	34,559	23,959	1,103,135	41,662	804,111	718,631
山东	1,300,678	22,240	1,278,438	711,219	0	16,364	20,189	28,904	0	370,918	154,566	130,844	216,463
河南	2,713,569	41,050	2,672,519	1,722,662	27,432	208,412	0	0	0	476,096	72,830	265,349	167,328
湖北	929,283	6,373	922,910	166,883	37,680	16,462	1,000	6,000	0	589,416	30,106	143,149	240,888
湖南	2,310,097	56,985	2,253,112	179,053	14,148	413,630	1,600	22,700	17,420	1,083,026	237,113	553,103	334,142
广东	249,671	15,911	233,760	53,652	6,948	9,411	17,311	0	0	123,771	3,697	29,615	19,538
广西	1,669,619	10,351	1,659,268	733,972	20,440	362,831	11,785	1,220	1,220	469,658	37,386	79,802	90,165
海南	169,198		169,198	55,736	1,936	7,857	22,894			31,432	10,000	51,279	
重庆	315,704	160	315,544	193,402	8,471	83,055	800			38,287	9,386		13,900
四川	2,045,354	96,844	1,948,510	533,427	119,668	192,743	48,565	15,693	14,483	769,885	139,130	388,197	255,663
贵州	2,526,100	92,578	2,433,522	124,196	50,174	707,291	10,000	14,066	14,066	979,742	257,291	598,227	580,960
云南	1,276,246	42,207	1,234,039	438,802	112,224	185,563	48,636	56,278	44,600	392,698	70,161	112,062	562,359
西藏	706,345	195,965	510,380	289,117	156,731	49,370				69,641	1,000	102,252	412
陕西	1,568,982	408	1,568,574	847,569	29,679	39,030	0	0	0	559,466	55,321	122,509	149,203
甘肃	572,009	7,241	564,768	158,993	65,044	52,906	24,436	13,142	13,142	250,471	49,880	64,820	115,401
青海	264,603	9,620	254,983	167,353	114,412	18,844	3,648	0	0	47,529	4,926	17,609	15,931
宁夏	101,486	493	100,993	31,219	14,556	857	4,457			28,277	434	36,183	77,340
新疆	1,681,800	0	1,681,800	134,694	34,942	156,291	6,198	9,186	163	1,133,996	22,594	241,435	872,912

2017年村镇建设分省数据

【2017年建制镇市政公用设施水平分省数据】 2017年建制镇市政公用设施水平分省数据见表12。

2017年建制镇市政公用设施水平分省数据　　　　　表12

地区名称	人口密度（人/平方公里）	人均日生活用水量（升）	供水普及率（%）	燃气普及率（%）	人均道路面积（平方米）	排水管道暗渠密度（公里/平方公里）
上年	4902	99.01	83.86	49.52	12.84	6.28
全国	4,271	109.46	88.10	52.11	13.81	6.41
北京	3,883	118.87	82.04	57.15	14.57	6.75
天津	4,155	98.67	93.07	77.95	15.84	6.43
河北	3,597	81.43	86.26	43.75	10.57	3.11
山西	4,276	80.88	90.86	26.40	12.82	4.78
内蒙古	2,584	92.29	71.90	21.68	16.19	2.57
辽宁	3,200	96.00	79.65	31.18	12.69	3.93
吉林	3,325	87.46	80.49	23.42	12.14	2.25
黑龙江	2,991	87.33	89.86	15.53	16.95	3.26
上海	5,229	138.54	92.18	81.47	9.48	4.93
江苏	5,368	106.91	98.26	92.29	18.43	11.21
浙江	4,415	129.72	89.25	58.19	15.05	8.64
安徽	3,973	110.32	77.26	38.56	14.28	6.55
福建	5,007	121.03	92.76	69.84	14.56	6.79
江西	4,035	118.27	79.25	37.93	12.64	6.09
山东	4,311	82.62	94.54	71.51	15.49	7.51
河南	4,393	95.58	78.03	16.89	12.21	5.47
湖北	3,950	112.81	89.41	48.20	13.35	7.24
湖南	4,207	131.23	78.18	37.77	15.02	4.95
广东	4,016	168.09	93.51	69.22	15.88	7.09
广西	5,449	108.31	91.59	74.65	12.81	7.82
海南	2,883	110.73	89.69	74.06	13.29	4.88
重庆	5,546	104.36	94.68	67.77	7.15	7.23
四川	5,042	103.21	87.99	60.99	10.33	6.86
贵州	3,985	98.07	86.10	10.61	13.42	6.77
云南	5,005	99.14	93.73	11.25	11.09	6.54
西藏	4,215	106.26	46.27	5.63	15.78	1.75
陕西	4,662	74.90	86.62	21.76	11.16	6.41
甘肃	3,153	72.12	81.69	7.98	12.74	3.65
青海	3,796	90.62	87.79	15.84	11.06	3.08
宁夏	3,451	75.10	92.54	45.79	14.75	7.27
新疆	2,869	91.35	86.55	17.24	23.30	3.50

续表

地区名称	污水处理率(%)	污水处理厂集中处理率	人均公园绿地面积(平方米)	绿化覆盖率(%)	绿地率(%)	生活垃圾处理率(%)	无害化处理率
上年	52.64	42.49	2.46	16.85	9.43	86.03	46.94
全国	**49.35**	**39.56**	**3.13**	**15.97**	**10.42**	**87.19**	**51.17**
北京	41.27	35.43	4.21	20.84	13.67	93.85	83.19
天津	43.29	32.98	1.05	18.74	8.79	87.08	33.97
河北	20.48	14.57	0.92	10.81	5.91	76.62	10.06
山西	9.82	5.31	2.19	20.14	11.68	41.05	5.60
内蒙古	15.18	6.04	1.99	12.32	6.87	59.50	3.58
辽宁	28.87	19.21	1.31	14.98	7.37	61.99	12.50
吉林	14.31	12.16	0.85	8.20	3.71	64.44	11.41
黑龙江	11.64	8.44	1.19	4.79	3.01	17.61	2.01
上海	90.07	85.76	3.31	16.74	11.83	93.24	71.72
江苏	76.05	68.94	7.46	30.10	25.52	99.30	89.88
浙江	68.44	52.13	3.19	16.46	10.84	94.97	79.13
安徽	27.72	21.55	2.31	16.81	9.66	87.59	42.51
福建	52.12	37.09	8.13	22.64	16.66	95.47	68.28
江西	19.10	10.38	2.10	9.24	6.62	86.96	40.18
山东	71.84	54.34	6.27	25.97	18.36	99.98	96.09
河南	28.93	12.27	1.76	16.83	4.41	74.24	17.17
湖北	26.51	18.46	1.28	15.39	8.92	90.13	37.71
湖南	28.90	12.67	2.76	20.48	13.88	82.46	33.83
广东	50.47	46.31	3.42	13.92	9.27	96.98	60.79
广西	23.91	17.05	1.14	9.64	4.49	96.44	14.24
海南	15.43	8.62	0.99	15.04	9.37	92.24	19.44
重庆	56.58	48.63	0.67	6.70	4.79	92.31	59.97
四川	49.54	39.00	1.26	8.46	6.67	88.13	38.08
贵州	40.06	28.94	2.30	11.58	7.39	84.71	30.51
云南	11.59	8.43	0.74	6.44	4.32	72.46	10.69
西藏	0.00	0.00	0.04	6.78	3.79	85.40	24.04
陕西	26.45	20.59	1.04	7.61	5.19	59.57	8.53
甘肃	29.40	11.06	0.58	6.40	3.49	64.83	11.32
青海	0.85	0.85	0.20	9.17	6.28	48.96	5.83
宁夏	52.96	39.11	1.77	8.19	5.91	74.81	28.64
新疆	15.93	7.76	1.56	12.36	9.75	45.87	5.53

【2017年建制镇基本情况分省数据】 2017年建制镇基本情况分省数据见表13。

2017年建制镇基本情况分省数据　　　　表13

地区名称	建制镇个数（个）	建成区面积（公顷）	建成区户籍人口（万人）	建成区暂住人口（万人）	规划建设管理					本年规划编制投入（万元）
					设有村镇建设管理机构的个数（个）	村镇建设管理人员（人）	专职人员	有总体规划的建制镇个数（个）	本年编制	
上年	18099	3970215.19	16240.43	3220.13	17143	83279	53063	17056	1308	282827.89
全国	18,085	416,223,396.07	3,925,894.13	15,523.8074	16,766.2780	16,698	80,623	52,231	16,259	1,480
北京	113	1,121,457.90	29,077.89	75.6480	112.8987	102	1,235	566	93	3
天津	113	727,903.12	28,712.97	102.7571	119.3076	112	632	380	91	13
河北	883	8,686,549.16	169,469.16	548.4225	609.5814	793	2,791	1,820	664	73
山西	467	7,466,395.87	58,423.67	236.8341	249.8404	351	707	387	351	13
内蒙古	418	49,930,888.88	88,538.13	241.4040	228.8250	379	1,350	951	386	17
辽宁	607	12,867,285.60	96,047.27	293.3214	307.3927	602	1,719	1,212	542	19
吉林	386	11,814,526.73	83,307.08	280.8361	276.9709	377	1,338	859	271	25
黑龙江	449	20,937,281.35	81,629.48	265.2213	244.1863	436	1,020	649	369	34
上海	99	526,913.27	120,435.60	301.4350	629.7372	94	1,091	726	79	8
江苏	703	6,258,110.24	265,414.28	1,240.8681	1,424.7564	701	7,315	5,004	695	70
浙江	594	6,377,175.34	226,848.42	750.8676	1,001.4541	579	5,230	3,286	556	71
安徽	841	11,717,018.36	230,855.31	930.7475	917.2532	749	3,474	2,131	779	91
福建	541	10,474,068.48	131,798.68	599.1862	659.9373	527	1,894	1,308	522	16
江西	708	8,778,942.36	135,296.09	573.4728	545.9204	696	2,868	1,697	694	50
山东	1,068	11,653,814.45	384,926.35	1,544.8277	1,659.4411	1,064	7,709	5,160	1,017	114
河南	933	10,204,708.66	233,524.97	1,057.0413	1,025.9668	898	6,051	3,657	838	56
湖北	545	9,922,032.88	151,642.96	619.1579	599.0601	489	3,074	2,105	477	37
湖南	990	14,481,056.19	228,053.05	951.1828	959.3850	903	4,696	3,018	885	86
广东	1,006	16,820,963.12	331,171.82	1,146.2776	1,330.1268	945	7,470	4,801	856	89
广西	697	17,578,894.85	93,603.58	531.9887	510.0687	693	2,857	2,138	677	24
海南	157	2,101,895.58	31,966.32	93.2796	92.1565	155	394	263	154	2
重庆	577	5,501,036.09	78,151.53	438.6500	433.4472	568	2,329	1,677	562	105
四川	1,833	21,760,994.88	198,939.61	904.0187	1,003.0156	1,586	4,440	2,966	1,618	139
贵州	754	11,193,573.39	123,878.92	510.6461	493.7127	737	2,241	1,520	701	145
云南	553	19,685,628.93	71,657.81	353.6300	358.6202	532	2,199	1,452	525	25
西藏	70	11,919,275.33	2,028.88	7.0551	8.5508	12	38	4	37	13
陕西	921	17,289,247.79	113,814.00	513.7870	530.5684	791	2,285	1,271	833	73
甘肃	618	22,599,039.25	69,480.59	211.1295	219.0638	474	1,311	686	570	46
青海	104	17,599,003.14	12,656.56	44.3426	48.0457	86	105	57	97	13
宁夏	76	2,089,136.57	18,052.12	58.7101	62.3011	70	191	112	74	6
新疆	261	46,138,578.31	36,491.03	97.0610	104.6859	197	569	368	246	4

【2017年建制镇建设投资分省数据】 2017年建制镇建设投资分省数据见表14。

2017年建制镇建设投资分省数据

表14

计量单位：万元

地区名称	合计	房屋		住宅	公共建筑	生产性建筑
		小计	房地产开发			
上年	68253562	51282790	19408113	33273181	8128342	9881310
全国	74,102,368.90	55,433,473.90	23,374,232.40	35,653,050.21	8,116,150.71	11,664,272.98
北京	1,743,040.76	1,453,177.76	1,180,337.00	734,378.41	608,055.35	110,744.00
天津	906,754.25	696,025.25	462,089.00	521,391.48	105,042.96	69,590.81
河北	1,296,391.88	985,165.88	299,123.32	690,953.88	100,086.45	194,125.55
山西	651,367.69	426,370.69	187,448.80	290,238.51	101,685.57	34,446.61
内蒙古	291,021.67	145,230.67	48,350.00	117,524.21	19,506.86	8,199.60
辽宁	450,371.18	294,518.18	171,433.90	191,797.80	66,721.69	35,998.69
吉林	598,434.46	469,525.46	209,223.40	305,400.08	38,943.89	125,181.49
黑龙江	243,310.64	123,997.64	35,227.32	56,141.54	27,443.00	40,413.10
上海	7,569,675.08	6,495,542.08	4,508,542.91	5,209,954.51	296,142.07	989,445.50
江苏	8,078,855.72	6,224,158.72	2,479,192.75	3,678,621.90	909,756.08	1,635,780.74
浙江	7,853,878.46	5,874,909.46	1,994,440.59	3,114,326.89	798,212.35	1,962,370.22
安徽	3,246,160.95	2,336,461.95	905,718.99	1,487,273.57	267,562.27	581,626.11
福建	2,611,505.35	2,069,351.35	769,404.20	1,466,089.87	285,675.09	317,586.39
江西	1,658,426.33	1,261,272.33	329,576.87	882,031.86	210,251.72	168,988.75
山东	7,828,087.19	5,742,318.19	1,586,370.81	2,845,475.78	1,033,383.73	1,863,458.68
河南	2,956,922.45	2,284,032.45	1,049,755.12	1,637,906.11	318,691.74	327,434.60
湖北	1,533,868.30	963,394.30	350,893.97	644,808.14	171,580.00	147,006.16
湖南	2,301,019.02	1,681,062.02	353,076.61	1,126,128.36	303,130.00	251,803.66
广东	7,812,804.11	6,009,318.11	3,999,675.82	3,736,237.76	561,759.07	1,711,321.28
广西	1,286,474.24	909,539.24	125,605.15	621,993.00	213,595.27	73,950.97
海南	459,208.72	369,919.72	175,267.83	286,696.10	24,715.02	58,508.60
重庆	1,147,561.48	826,890.48	265,197.56	626,905.88	116,610.71	83,373.89
四川	3,771,736.11	2,718,447.11	940,800.19	2,149,788.96	335,096.95	233,561.20
贵州	3,443,818.62	2,021,309.62	340,860.91	1,255,263.69	417,672.71	348,373.22
云南	1,154,859.17	879,786.17	71,242.00	566,225.89	218,349.89	95,210.39
西藏	117,390.60	78,056.60	1,900.00	40,987.69	28,139.91	8,929.00
陕西	1,542,558.12	974,932.12	236,268.17	658,419.45	211,145.49	105,367.18
甘肃	703,473.82	576,139.82	213,214.40	325,644.63	205,795.52	44,699.67
青海	93,579.84	72,061.84	9,696.50	41,766.68	29,594.16	701.00
宁夏	275,642.01	192,990.01	35,147.00	163,513.86	15,128.80	14,347.35
新疆	474,170.68	277,568.68	39,151.31	179,163.72	76,676.39	21,728.57

续表

地区名称	市政公用投资										
	小计	供水	燃气	集中供热	道路桥梁	排水	污水处理	园林绿化	环境卫生	垃圾处理	其他
上年	16970858	1471697	565809	464300	6594572	2236277	1206723	1864318	1626169	785687	2148094
全国	18,668,895	1,485,679	749,291	583,887	6,849,977	3,108,941	1,636,360	2,035,219	1,863,772	891,835	1,992,129
北京	289,863	16,188	21,346	29,139	76,379	21,970	2,395	66,124	53,025	4,806	5,692
天津	210,729	9,413	36,238	25,386	38,442	26,178	6,627	44,013	15,663	6,173	15,396
河北	311,226	30,405	47,698	63,771	70,659	37,276	28,277	23,147	33,227	17,233	5,043
山西	224,997	14,047	18,270	33,770	23,210	13,295	6,641	10,417	104,738	6,654	7,250
内蒙古	145,791	11,689	1,750	14,135	58,865	11,308	3,745	29,324	10,806	6,090	7,914
辽宁	155,853	24,190	3,473	44,520	28,802	12,063	7,625	8,736	20,572	11,705	12,897
吉林	128,909	7,640	1,403	19,661	45,900	23,765	14,870	8,826	10,061	4,773	11,653
黑龙江	119,313	11,242	2,893	6,390	27,457	46,983	36,942	3,903	12,942	5,870	7,503
上海	1,074,133	62,256	14,208	0	601,651	105,476	41,682	116,184	100,921	46,419	73,437
江苏	1,854,697	115,569	68,684	1,534	565,377	252,121	162,692	292,944	191,713	99,308	366,755
浙江	1,978,969	113,751	48,309	0	684,724	387,040	264,320	309,162	187,951	87,419	248,032
安徽	909,699	83,897	27,752	0	355,348	162,289	74,349	116,387	88,227	48,513	75,799
福建	542,154	50,140	17,116	0	218,403	89,178	51,190	73,946	67,878	40,054	25,493
江西	397,154	48,825	6,182	0	165,081	64,670	30,411	37,134	39,508	21,709	35,754
山东	2,085,769	134,243	199,735	238,047	585,876	227,786	123,284	281,263	226,862	106,266	191,957
河南	672,890	78,584	32,776	22,189	241,498	93,910	38,880	82,807	79,047	37,156	42,079
湖北	570,474	40,166	11,941	0	130,203	171,199	129,761	29,187	36,268	22,350	151,510
湖南	619,957	89,576	10,030	0	254,251	83,973	45,350	46,924	64,707	35,869	70,496
广东	1,803,486	126,670	24,099	0	681,071	615,721	149,044	84,759	178,930	95,514	92,236
广西	376,935	27,882	861	0	102,659	165,283	133,732	15,581	41,058	30,025	23,611
海南	89,289	27,595	6,705	0	25,791	9,068	4,560	4,959	12,626	6,652	2,545
重庆	320,671	27,673	14,204	0	129,449	55,860	34,075	21,401	32,422	18,222	39,662
四川	1,053,289	103,894	73,737	0	416,177	151,297	91,273	90,055	89,906	42,446	128,223
贵州	1,422,509	88,940	5,905	0	897,906	116,829	66,940	112,273	57,918	32,229	142,738
云南	275,073	47,383	5,725	0	90,726	46,255	31,311	24,359	23,944	17,609	36,681
西藏	39,334	2,006	0	0	27,793	2,895	200	2,165	2,054	1,453	2,421
陕西	567,626	42,997	27,242	35,626	161,402	63,920	29,273	54,690	48,392	22,344	133,357
甘肃	127,334	20,328	6,844	25,680	33,709	16,419	8,219	7,205	10,291	5,616	6,858
青海	21,518	4,392	2,248	269	5,875	1,035	428	3,550	3,893	2,245	256
宁夏	82,652	2,747	2,801	4,698	16,716	11,277	5,469	14,056	6,648	1,455	23,709
新疆	196,602	21,351	9,116	19,072	88,577	22,002	12,795	19,738	11,574	7,658	5,172

【2017年乡市政公用设施水平分省数据】 2017年乡市政公用设施水平分省数据见表15。

2017年乡市政公用设施水平分省数据　　　　　表15

地区名称	人口密度（人/平方公里）	人均日生活用水量（升）	供水普及率（%）	燃气普及率（%）	人均道路面积（平方米）	排水管道暗渠密度（公里/平方公里）
上年	4450	85.33	71.90	22.00	13.56	4.52
全国	3,773	104.27	78.78	25.02	15.70	3,773
北京	1,933	140.38	96.31	39.94	17.58	1,933
天津	3,540	118.19	89.44	15.67	13.96	3,540
河北	3,107	85.98	79.23	28.34	14.03	3,107
山西	3,489	82.33	84.53	17.12	16.62	3,489
内蒙古	2,247	87.77	61.08	19.98	22.35	2,247
辽宁	3,564	98.65	47.00	13.17	16.33	3,564
吉林	2,581	94.99	62.41	12.24	16.09	2,581
黑龙江	2,523	83.84	83.35	7.29	20.83	2,523
上海	3,522	154.14	97.77	16.78	21.32	3,522
江苏	5,274	106.23	96.35	91.80	19.09	5,274
浙江	3,857	114.07	90.67	52.68	20.14	3,857
安徽	3,514	120.98	75.18	35.64	16.59	3,514
福建	5,346	106.53	91.38	69.37	14.60	5,346
江西	4,425	104.23	77.30	32.55	14.50	4,425
山东	3,522	84.65	94.44	50.56	19.57	3,522
河南	4,205	91.49	68.80	8.32	13.80	4,205
湖北	3,450	111.13	89.02	44.17	15.44	3,450
湖南	3,228	314.98	70.19	27.64	15.42	3,228
广东	2,882	91.65	96.87	46.13	23.78	2,882
广西	6,504	99.48	87.09	54.87	13.56	6,504
海南	2,261	76.34	91.94	79.27	15.17	2,261
重庆	4,777	94.65	88.90	35.63	11.72	4,777
四川	4,464	98.75	81.53	32.02	12.49	4,464
贵州	3,761	89.46	81.26	7.43	13.86	3,761
云南	4,620	99.17	92.72	8.90	13.74	4,620
西藏	4,732	97.62	30.32	4.05	24.03	4,732
陕西	3,355	77.34	78.99	12.35	16.31	3,355
甘肃	3,404	70.60	78.44	7.61	14.79	3,404
青海	4,724	93.56	56.44	0.26	13.86	4,724
宁夏	3,607	90.82	85.04	24.88	17.61	3,607
新疆	2,868	83.39	89.94	4.74	27.26	2,868

数据统计与分析

续表

地区名称	污水处理率（%）	污水处理厂集中处理率	人均公园绿地面积（平方米）	绿化覆盖率（%）	绿地率（%）	生活垃圾处理率（%）	无害化处理率
上年	11.38	5.92	1.11	13.74	5.91	70.37	17.03
全国	17.19	8.20	1.65	13.18	7.49	72.99	23.62
北京	33.86	25.74	2.89	23.90	17.63	86.45	60.28
天津	11.68	9.88	0.03	18.80	3.77	50.16	
河北	7.44	0.94	0.66	13.28	7.35	66.36	9.38
山西	5.96	2.57	2.11	18.00	12.43	50.82	2.63
内蒙古	4.42	0.00	1.40	12.13	7.01	53.94	4.77
辽宁	10.68	0.91	0.30	13.90	6.67	45.86	7.89
吉林	4.69	0.55	0.96	7.10	4.37	62.93	8.18
黑龙江	0.29	0.19	0.64	4.90	3.17	11.49	2.81
上海	57.57	53.32	3.37	30.60	29.37	96.90	96.90
江苏	47.18	38.63	5.84	28.78	23.62	99.04	88.15
浙江	41.25	12.81	1.82	11.65	6.90	88.77	54.65
安徽	31.79	21.26	3.60	20.11	10.44	84.83	54.93
福建	44.75	25.03	8.12	23.89	16.20	96.33	63.15
江西	14.77	6.02	1.52	10.80	7.51	85.92	34.77
山东	29.36	10.51	3.31	21.81	11.97	100.00	96.43
河南	23.77	7.11	1.56	15.91	4.32	85.47	19.77
湖北	19.32	10.04	2.76	11.28	5.81	86.69	38.83
湖南	4.01	1.23	1.95	18.15	11.48	74.98	24.62
广东	17.35	16.10	1.10	17.30	4.89	91.23	36.53
广西	6.28	4.15	0.94	11.24	6.80	90.75	16.42
海南	2.47	0.66	0.51	27.02	15.52	98.31	1.71
重庆	44.74	38.17	0.50	9.76	6.92	82.39	26.45
四川	25.18	16.75	0.52	7.97	5.21	80.47	20.50
贵州	12.94	4.77	1.44	8.73	5.52	74.36	26.39
云南	5.34	3.38	0.45	6.60	4.11	75.65	9.72
西藏	3.30	0.00	0.08	6.16	4.45	72.19	5.48
陕西	16.18	15.95	0.40	6.55	4.52	39.46	1.71
甘肃	8.16	5.06	0.89	8.74	4.49	64.13	9.73
青海	0.00		0.02	7.82	4.21	42.00	0.04
宁夏	26.14	20.87	0.26	9.47	5.85	70.07	31.96
新疆	2.44	1.51	1.54	15.55	11.72	32.65	5.23

【2017年乡基本情况分省数据】 2017年乡基本情况分省数据见表16。

2017年乡基本情况分省数据　　　　　　　　　　　　　　　　　　　　　　　　　　　　　　表16

地区名称	乡个数（个）	建成区面积（公顷）	建成区户籍人口（万人）	建成区暂住人口（万人）	规划建设管理					本年规划编制投入（万元）
					设有村镇建设管理机构的个数（个）	村镇建设管理人员（人）	专职人员	有总体规划的乡个数（个）	本年编制	
上年	10883	672968.75	2793.58	201.13	8720	21756	13819	8737	544	60841.97
全国	10,314	633,750.13	2,504.2346	2,391.4404	7,662	19,400	12,301	7,558	615	67,728.11
北京	13	849.38	1.9022	1.6418	13	64	32	11	1	20.00
天津	4	452.78	1.4256	1.6029	4	20	14	1		
河北	796	65,727.84	211.1547	204.2038	648	1,669	1,114	511	86	6,321.37
山西	606	33,795.37	118.2802	117.9208	399	788	431	310	11	2,592.00
内蒙古	249	20,291.85	48.0515	45.6029	204	507	334	194	9	726.00
辽宁	192	11,148.05	39.2084	39.7338	191	276	236	164	6	815.60
吉林	163	14,531.94	37.6945	37.5004	157	364	274	71	5	238.12
黑龙江	345	26,460.54	77.8108	66.7673	326	428	326	248	21	752.52
上海	2	136.38	0.5533	0.4803	2	26	20			80.00
江苏	63	9,834.78	50.3596	51.8663	63	333	243	62	4	1,020.00
浙江	250	11,934.96	52.7383	46.0318	203	520	322	216	25	4,739.94
安徽	258	28,659.94	112.5342	100.6976	210	605	388	221	25	2,484.06
福建	263	15,603.24	90.8526	83.4114	251	527	368	259	21	1,301.00
江西	565	40,650.84	189.8886	179.8659	546	1,549	920	552	40	4,873.70
山东	69	8,560.21	30.9640	30.1524	66	276	170	60	12	867.00
河南	595	88,520.26	386.4021	372.2563	565	2,897	1,984	510	25	4,951.54
湖北	133	17,881.94	69.5582	61.7003	122	512	310	103	7	5,189.57
湖南	370	34,034.48	116.0688	109.8748	288	836	486	258	21	5,242.40
广东	13	965.90	3.7883	2.7837	10	45	16	11	2	474.00
广西	313	11,674.91	77.6784	75.9317	307	574	467	299	6	300.75
海南	22	863.56	1.8272	1.9524	21	31	24	21		20.00
重庆	185	6,407.35	33.0296	30.6064	171	441	329	171	33	1,306.60
四川	2,101	52,455.79	243.0819	234.1764	1,163	1,923	1,065	1,146	67	8,345.72
贵州	320	23,943.18	95.2679	90.0537	308	662	433	286	57	4,011.22
云南	574	32,405.36	150.8065	149.7055	514	1,515	952	529	28	2,948.91
西藏	538	6,558.34	31.2760	31.0352	65	221	72	228	58	3,472.53
陕西	23	1,331.26	5.3439	4.4665	17	28	18	15	1	346.00
甘肃	482	17,848.82	63.4590	60.7590	287	677	361	384	16	2,411.35
青海	222	5,551.01	26.8557	26.2252	136	143	80	164	14	404.00
宁夏	89	5,827.33	21.7958	21.0163	81	166	90	86	9	463.00
新疆	496	38,842.54	114.5768	111.4176	324	777	422	467	5	1,009.21

【2017年乡建设投资分省数据】 2017年乡建设投资分省数据见表17。

2017年乡建设投资分省数据

表17

计量单位：万元

地区名称	合计	房屋				
		小计	房地产开发	住宅	公共建筑	生产性建筑
上年	5243103	3883007	342676	2604282	888427	390332
全国	6,530,841	4,779,054	492,144	3,191,181	1,064,524	523,349
北京	12,007	9,120	7,140	8,800	320	0
天津	505					
河北	276,920	203,967	34,612	142,904	36,021	25,042
山西	210,595	165,903	36,367	94,746	26,104	45,053
内蒙古	114,230	78,072	1,602	49,057	10,815	18,200
辽宁	46,464	27,666	460	8,805	12,957	5,904
吉林	52,660	32,687	15,400	23,235	9,016	436
黑龙江	53,970	36,482	378	13,538	11,339	11,605
上海	357	130		100	30	
江苏	141,908	89,713	8,912	50,743	17,700	21,270
浙江	221,963	110,883	4,262	66,965	35,410	8,508
安徽	252,954	160,101	5,346	110,184	34,218	15,699
福建	230,852	150,884	11,509	101,236	36,958	12,690
江西	478,253	365,101	24,187	237,491	89,545	38,065
山东	135,477	114,819	18,897	49,251	27,313	38,255
河南	654,145	482,408	73,444	380,229	59,753	42,426
湖北	312,485	225,190	69,133	134,838	56,083	34,269
湖南	277,552	214,152	10,209	141,452	54,026	18,674
广东	5,716	4,149	0	3,011	708	430
广西	154,091	115,815	18,505	89,789	23,312	2,714
海南	4,950	2,909	1,048	2,898	11	0
重庆	73,566	48,194	1,552	33,930	10,053	4,211
四川	693,577	522,065	51,097	378,718	108,813	34,534
贵州	475,034	349,903	37,251	229,410	88,564	31,929
云南	616,900	492,365	30,925	336,522	95,639	60,204
西藏	319,038	242,149	7,476	156,999	67,883	17,267
陕西	20,111	16,480	0	11,729	2,749	2,002
甘肃	190,110	148,424	10,900	98,498	29,589	20,337
青海	29,124	21,742	0	16,385	4,794	563
宁夏	80,473	55,004	5,638	42,763	9,963	2,278
新疆	394,854	292,577	5,894	176,955	104,838	10,784

续表

地区名称	市政公用投资										
	小计	供水	燃气	集中供热	道路桥梁	排水	污水处理	园林绿化	环境卫生	垃圾处理	其他
上年	1360139	206742	36653	23720	527058	157208	52759	128953	168586	83774	111473
全国	1,751,787	228,405	46,925	23,831	712,728	249,226	124,051	175,951	197,318	101,664	117,403
北京	2,887	161	271	1,010	20	180	130	281	884	303	80
天津	505			62		252	30	26	165	64	
河北	72,953	6,321	7,467	2,750	36,165	4,465	2,565	4,429	9,414	4,408	1,942
山西	44,692	7,913	4,537	4,169	14,366	1,895	233	4,351	6,143	3,148	1,318
内蒙古	36,158	3,617	775	2,443	15,301	1,934	101	5,368	3,659	2,236	3,061
辽宁	18,798	3,977	269	1,100	7,387	2,501	68	653	2,161	1,009	750
吉林	19,973	1,874	125	552	10,736	2,883	974	901	2,278	1,026	624
黑龙江	17,488	1,734	0	105	6,632	2,395	48	1,178	3,174	532	2,270
上海	227	50			60				117	36	
江苏	52,195	3,545	1,788	0	11,361	18,634	7,257	7,294	5,067	2,200	4,506
浙江	111,080	8,133	341	0	29,078	14,573	10,383	23,694	11,903	4,432	23,358
安徽	92,853	12,126	254	0	26,690	27,426	19,647	7,817	13,078	7,498	5,462
福建	79,968	10,767	304	0	29,018	16,404	12,282	7,509	12,132	8,238	3,834
江西	113,152	16,956	1,064	0	43,443	15,769	7,255	14,011	13,793	7,391	8,116
山东	20,658	2,801	1,120	1,460	4,592	2,467	734	3,063	4,094	1,581	1,061
河南	171,737	31,337	3,695	1,426	61,494	21,561	5,567	20,308	20,583	8,671	11,333
湖北	87,295	8,213	1,033	0	46,587	12,212	7,390	7,802	6,972	4,225	4,476
湖南	63,400	11,880	461	0	26,594	6,384	2,559	4,975	8,486	4,553	4,620
广东	1,567	438	22	0	273	177	96	80	399	133	178
广西	38,276	4,571	78	0	10,154	6,053	3,014	3,206	11,817	8,244	2,397
海南	2,041	65	0	0	1,097	93	22	377	149	133	260
重庆	25,372	2,616	1,843	0	7,221	6,188	4,170	2,057	3,600	1,893	1,847
四川	171,512	28,204	9,668	0	80,786	19,388	10,284	6,272	16,726	9,700	10,468
贵州	125,131	13,001	10,288	0	51,850	19,095	10,456	17,651	7,318	2,994	5,928
云南	124,535	27,902	147	0	47,557	20,055	12,518	13,124	10,372	6,982	5,378
西藏	76,889	3,532	300	0	54,222	7,357	1,196	3,944	2,672	669	4,862
陕西	3,631	335	145	75	376	460	12	386	1,049	194	805
甘肃	41,686	4,153	165	4,386	16,513	3,361	1,296	3,170	7,066	4,180	2,872
青海	7,382	1,052	0	0	2,986	322	0	1,045	1,599	552	378
宁夏	25,469	1,185	207	2,502	13,196	2,922	553	1,706	2,670	1,228	1,081
新疆	102,277	9,946	558	1,791	56,973	11,820	3,211	9,273	7,778	3,211	4,138

【2017年镇乡级特殊区域市政公用设施水平分省数据】 2017年镇乡级特殊区域市政公用设施水平分省数据见表18。

2017年镇乡级特殊区域市政公用设施水平分省数据　　　　　表18

地区名称	人口密度（人/平方公里）	人均日生活用水量（升）	供水普及率（％）	燃气普及率（％）	人均道路面积（平方米）	排水管道暗渠密度（公里/平方公里）
上年	3665	93.76	91.52	58.14	15.42	5.88
全国	**3,711**	**105.59**	**95.62**	**65.33**	**17.43**	**6.53**
北京	2,743	71.23	96.77	38.71	11.29	3.54
河北	2,483	106.65	90.14	35.82	20.75	6.46
山西	2,240	62.13	100.00		8.93	0.00
内蒙古	1,020	93.17	60.69	0.86	35.24	1.71
辽宁	4,031	108.57	81.88	37.50	11.43	4.13
吉林	4,309	112.25	100.00	0.00	21.95	8.05
黑龙江	3,898	81.48	98.03	47.87	15.25	6.38
上海	2,926	111.08	99.89	99.89	16.22	5.73
江苏	6,480	128.77	99.94	99.61	19.38	11.24
安徽	4,468	112.06	57.79	20.39	10.26	6.42
福建	3,647	109.97	87.76	80.46	25.29	7.33
江西	3,191	79.30	87.51	53.23	12.97	5.28
山东	1,384	76.62	96.54	83.17	36.21	6.12
河南	3,907	65.48	75.52	1.59	29.66	4.81
湖北	3,319	113.48	97.65	84.06	15.83	7.75
湖南	2,738	115.00	73.71	23.37	22.37	6.18
广东	2,269	133.71	87.17	2.70	21.22	10.57
广西	916	133.79	99.89	56.07	29.73	3.54
海南	3,214	101.95	90.81	76.29	11.55	3.36
四川	3,511	86.98	99.68		42.72	5.56
云南	4,933	96.38	95.24	8.82	15.61	6.82
甘肃	3,603	62.46	88.40	28.31	9.58	3.44
宁夏	3,884	78.36	94.69	26.81	17.57	5.90
新疆	2,975	94.39	87.72	19.67	34.82	3.17
新疆兵团	3,459	132.21	96.98	83.19	17.26	6.71

续表

地区名称	污水处理率（%）	污水处理厂集中处理率	人均公园绿地面积（平方米）	绿化覆盖率（%）	绿地率（%）	生活垃圾处理率（%）	无害化处理率
上年	59.32	48.78	3.95	23.87	14.57	63.85	27.39
全国	52.06	45.07	5.52	23.30	16.03	72.64	39.36
北京				10.33	10.33	100.00	100.00
河北	38.28	36.73	0.15	12.52	8.04	47.92	7.10
山西				2.40			
内蒙古	0.72		0.53	7.32	2.13	51.48	6.04
辽宁	47.46	5.73	1.08	12.17	9.01	72.89	1.23
吉林	11.37	11.37	2.80	13.48	1.61	6.94	0.00
黑龙江	25.44	25.32	4.72	28.93	19.51	30.62	7.41
上海	98.67	98.66	3.19	19.31	14.36	95.89	95.89
江苏	72.06	54.61	10.52	26.82	22.62	99.97	93.24
安徽			1.28	13.68	6.32	71.31	25.25
福建	47.69	5.52	5.47	21.95	18.72	93.07	38.55
江西	11.31	2.93	0.74	7.66	4.96	83.08	16.39
山东	8.17	6.39	19.00	15.49	14.76	99.28	93.41
河南	18.63	17.96	1.66	14.97	5.40	94.11	0.02
湖北	8.44	8.05	3.99	26.42	16.39	94.19	32.16
湖南	1.29		0.75	14.96	11.05	71.87	0.02
广东	0.00	0.00	0.62	16.91	3.08	99.12	47.74
广西	72.87	72.87		29.59	10.56	94.82	71.60
海南	30.02		1.43	16.61	8.01	84.23	0.64
四川				3.89	3.56		
云南	24.66	0.00	0.54	6.66	4.80	76.06	0.00
甘肃			0.67	6.00	3.27		
宁夏	10.07	3.10	3.07	16.54	7.78	59.67	8.62
新疆	0.26	0.26	1.98	16.04	11.01	35.92	6.18
新疆兵团	80.65	73.59	6.01	22.99	16.30	93.54	43.76

【2017年镇乡级特殊区域基本情况分省数据】 2017年镇乡级特殊区域基本情况分省数据见表19。

2017年镇乡级特殊区域基本情况分省数据　　　　　　　表19

地区名称	镇乡级特殊区域个数（个）	建成区面积（公顷）	建成区户籍人口（万人）	建成区暂住人口（万人）	规划建设管理				本年规划编制投入（万元）
					设有村镇建设管理机构的个数（个）	村镇建设管理人员（人）	专职人员	有总体规划的镇乡级特殊区域个数（个）	本年编制	
上年	775	136062.37	431.26	67.35	629	2932	1950	594	43	6942.34
全国	703	136,878.86	472.6409	507.9938	554	3,112	1,869	545	22	8,406.13
北京	1	113.00	0.3300	0.3100	1	6		1		150.00
河北	31	2,600.81	6.5590	6.4580	23	62	46	16	3	74.50
山西	1	50.00	0.1214	0.1120		0	0			
内蒙古	43	4,429.02	4.6471	4.5176	31	87	70	35		5.00
辽宁	29	1,510.31	6.0149	6.0877	29	47	36	20		4.50
吉林	3	74.55	0.3961	0.3212	2	2	2	1		0.00
黑龙江	175	48,182.91	175.8820	187.7935	150	697	433	141	7	317.62
上海	3	6,152.14	8.4778	17.9984	3	23	23	3		245.00
江苏	29	12,663.05	75.0199	82.0541	25	198	154	28		352.50
安徽	18	1,934.60	8.0998	8.6436	14	206	123	10	1	20.00
福建	9	756.00	2.4252	2.7571	7	14	9	8		10.00
江西	26	2,271.32	9.4997	7.2480	23	113	53	24		167.00
山东	7	3,277.64	5.0790	4.5377	6	28	22	6	2	22.00
河南	16	3,010.00	13.0769	11.7593	15	126	92	14		2,251.00
湖北	30	3,043.12	10.6388	10.1016	26	155	86	28	1	586.12
湖南	17	510.19	1.7100	1.3969	10	13	11	6		5.00
广东	10	571.30	1.4082	1.2963	7	14	8	5		17.00
广西	4	1,148.67	1.1288	1.0527	4	160	53	3		0.00
海南	24	3,396.27	10.6612	10.9154	13	105	42	12		
四川	2	18.00	0.0652	0.0632	1	6	0			
云南	12	520.79	4.3948	2.5690	11	24	14	7	1	53.00
甘肃	4	164.60	0.3142	0.5930	3	28	28	3		
宁夏	20	1,569.67	5.7564	6.0969	18	84	55	18	1	138.00
新疆	56	2,636.45	7.7027	7.8424	32	71	44	40		0.00
新疆兵团	133	36,274.45	113.2318	125.4682	100	843	465	116	6	3,987.89

【2017年镇乡级特殊区域建设投资分省数据】 2017年镇乡级特殊区域建设投资分省数据见表20。

2017年镇乡级特殊区域建设投资分省数据

表20

计量单位：万元

地区名称	合计	房屋		住宅	公共建筑	生产性建筑
		小计	房地产开发			
上年	2381105	1648972	366838	1008307	220208	420457
全国	2,205,447	1,682,913	420,894	970,190	337,455	375,268
北京	130					
河北	22,990	19,123	90	3,599	3,804	11,720
山西	0	0	0	0	0	0
内蒙古	18,761	14,536	0	10,632	645	3,259
辽宁	4,453	1,379	264	933	416	30
吉林	183	171	0	90	81	0
黑龙江	218,466	140,448	55,767	119,817	17,341	3,290
上海	580,067	573,740	237,620	407,167	13,839	152,734
江苏	208,218	148,116	60,915	78,718	23,336	46,062
安徽	8,301	7,222	0	5,978	412	832
福建	8,976	7,325	0	3,525	720	3,080
江西	83,544	81,253	1,200	74,081	2,242	4,930
山东	104,650	66,077	18,255	20,698	6,463	38,916
河南	14,495	10,529	5,170	5,286	2,873	2,370
湖北	26,987	19,381	237	10,494	3,390	5,497
湖南	3,573	3,318	222	2,017	1,116	185
广东	2,179	1,738	0	1,163	521	54
广西	4,845	4,551	0	1,388	119	3,044
海南	24,099	22,165	331	20,518	527	1,120
四川	26	26	0	26	0	0
云南	8,804	7,716	199	6,542	1,174	0
甘肃	1,277	855	0	305	280	270
宁夏	7,046	3,146	0	1,866	1,280	0
新疆	17,771	14,030	321	8,769	3,911	1,350
新疆兵团	835,606	536,068	40,303	186,578	252,965	96,525

续表

地区名称	市政公用投资										其他
	小计	供水	燃气	集中供热	道路桥梁	排水	污水处理	园林绿化	环境卫生	垃圾处理	
上年	732133	66258	18061	96750	200309	60453	18869	114838	44069	23259	131395
全国	522,534	46,887	21,631	103,599	173,111	60,658	21,849	131,674	46,241	25,674	111,844
北京	130	110							20	10	
河北	3,867	517	485	685	503	876	200	382	417	188	505
山西	0	0	0	0	0	0	0	0	0	0	0
内蒙古	4,225	1,213	0	41	1,489	484	12	1,813	664	466	10
辽宁	3,074	243	60	1,682	880	505	32	109	399	252	76
吉林	12	0	0	0	0	8	0	0	4	4	0
黑龙江	78,018	10,437	0	19,908	20,212	14,962	7,898	5,917	9,096	4,763	17,698
上海	6,327	503	360		16,994	837	270	1,570	3,057	2,154	
江苏	60,102	3,755	579	0	38,519	13,637	5,897	16,384	14,140	8,552	11,607
安徽	1,079	273	0	0	158	80	5	228	231	103	267
福建	1,651	152	20		345	635	130	267	397	200	180
江西	2,291	572	2	0	1,989	528	227	327	415	259	447
山东	38,573	2,771	430	31,320	7,366	304	147	1,355	1,410	770	983
河南	3,966	990	15	0	3,910	1,003	615	1,016	746	417	196
湖北	7,606	1,199	10	0	2,355	2,939	2,152	1,108	1,472	917	878
湖南	255	43	0	0	455	51	3	62	84	44	15
广东	441	20	0	0	10	15	8	25	207	137	174
广西	294	59	0	0	208	37	0	109	62	46	27
海南	1,934	348	0	0	4,161	286	220	360	867	128	73
四川	0	0	0	0	0	0	0	0	0	0	0
云南	1,088	182	0	0	1,010	239	174	216	411	347	40
甘肃	422	21	0	0	15	0	0	174	29	25	198
宁夏	3,900	497	0	2,139	1,491	380	179	599	215	181	70
新疆	3,741	470	0	287	5,321	722	139	1,400	704	177	158
新疆兵团	299,538	22,512	19,670	47,537	65,720	22,130	3,541	98,253	11,194	5,534	78,242

【2017年村庄基本情况分省数据】 2017年村庄基本情况分省数据见表21。

2017年村庄基本情况分省数据

表21

地区名称	村庄建设用地面积（公顷）	村庄户籍人口（万人）	村庄常住人口（万人）	行政村个数（个）	自然村个数（个）	已编制村庄规划的行政村个数（个）	本年编制	占全部行政村比例（%）
全国	13,460,915.90	75,591.26	67,516.16	533,017	2,448,785	292,052	27,516	54.79
北京	91,450.27	339.03	463.73	3,617	4,609	2,676	56	73.98
天津	58,196.35	237.72	240.40	2,947	2,937	1,845	666	62.61
河北	974,703.13	4,548.83	4,335.97	43,248	63,132	18,941	1,921	43.80
山西	436,804.93	1,953.44	1,707.42	26,394	44,551	7,559	375	28.64
内蒙古	290,063.83	1,312.62	1,085.07	11,000	43,813	6,631	212	60.28
辽宁	434,207.74	1,742.67	1,699.11	10,934	48,403	5,571	303	50.95
吉林	400,768.56	1,316.04	1,201.83	9,129	38,229	2,066	205	22.63
黑龙江	470,867.57	1,732.45	1,420.59	9,637	35,469	3,825	155	39.69
上海	69,773.28	298.56	453.61	1,534	20,905	692	37	45.11
江苏	683,507.74	3,484.03	3,521.69	14,263	128,972	12,240	710	85.82
浙江	317,884.52	2,045.80	2,042.96	22,741	81,664	15,852	1,635	69.71
安徽	599,384.79	4,314.03	3,701.74	15,981	181,149	9,155	677	57.29
福建	261,765.49	1,936.97	1,687.80	13,199	64,412	10,416	206	78.92
江西	433,385.54	3,052.37	2,597.14	19,241	159,402	14,288	1,024	74.26
山东	1,035,401.22	5,209.52	4,962.23	67,044	91,088	38,805	3,290	57.88
河南	995,067.04	6,329.67	5,521.10	43,096	170,784	22,473	1,742	52.15
湖北	506,109.98	2,565.76	2,130.68	19,497	97,884	12,726	2,918	65.27
湖南	743,672.64	3,992.63	3,155.96	23,702	104,127	9,754	1,458	41.15
广东	874,911.63	4,496.96	3,927.72	18,179	143,861	11,162	1,681	61.40
广西	538,604.88	4,044.30	3,780.15	14,157	176,962	11,416	161	80.64
海南	118,892.99	536.41	492.62	3,488	19,381	2,583	67	74.05
重庆	213,962.21	1,938.47	1,365.38	8,611	68,927	5,461	1,337	63.42
四川	764,962.27	5,957.54	4,850.94	45,942	238,673	13,245	1,200	28.83
贵州	391,198.36	2,724.04	2,272.96	14,824	79,800	6,786	2,324	45.78
云南	527,049.78	3,340.94	3,186.89	14,062	130,483	10,495	657	74.63
陕西	38,919.51	232.47	219.20	5,425	18,396	780	385	14.38
甘肃	341,695.51	2,127.92	1,949.53	17,962	69,561	10,706	1,088	59.60
青海	333,904.98	1,844.40	1,712.55	16,041	82,223	10,549	593	65.76
宁夏	56,958.00	366.46	352.37	4,142	8,548	3,508	80	84.69
新疆	65,846.94	390.09	351.51	2,309	12,695	1,632	87	70.68
新疆兵团	359,535.61	1,107.24	1,061.18	8,833	15,768	7,634	182	86.43

【2017年村庄建设投资分省数据】 2017年村庄建设投资分省数据见表22。

2017年村庄建设投资分省数据

表22

计量单位：万元

地区名称	合计	房屋				
		小计	房地产开发	住宅	公共建筑	生产性建筑
上年	83205738	62007897	2885561	50454617	4859308	6693972
全国	91,676,423	66,381,851	6,134,346	52,713,412	6,624,378	7,044,061
北京	1,064,165	522,946	34,226	454,542	35,888	32,516
天津	458,448	136,088	3,680	118,223	12,892	4,973
河北	2,781,515	1,874,361	136,888	1,371,245	200,649	302,467
山西	1,116,569	807,374	86,309	623,560	80,864	102,950
内蒙古	973,290	608,450	23,566	486,438	45,999	76,013
辽宁	742,091	337,175	35,943	192,132	37,905	107,138
吉林	754,197	421,939	103,507	347,935	39,473	34,531
黑龙江	705,508	465,110	23,226	371,811	22,365	70,934
上海	355,097	69,641	0	49,233	9,944	10,464
江苏	4,883,003	3,353,319	321,994	2,102,940	314,865	935,514
浙江	4,920,467	3,203,584	357,958	2,240,403	396,021	567,160
安徽	3,688,940	2,541,058	264,012	2,081,419	237,001	222,638
福建	3,885,838	3,272,265	1,084,001	2,661,272	198,613	412,380
江西	3,851,048	2,843,645	102,884	2,408,763	260,261	174,621
山东	8,760,359	6,276,102	1,584,579	4,423,236	867,749	985,117
河南	3,640,745	2,696,067	201,270	2,067,476	311,758	316,833
湖北	3,159,869	1,997,400	73,705	1,495,387	285,416	216,597
湖南	4,317,653	3,475,429	101,124	2,797,704	379,244	298,481
广东	4,803,473	3,888,996	631,754	3,239,932	207,510	441,554
广西	3,754,803	2,699,784	69,127	2,443,520	171,756	84,508
海南	603,842	457,899	20,935	412,557	31,116	14,226
重庆	1,489,976	903,490	49,600	791,338	67,642	44,510
四川	7,805,720	6,008,390	292,995	5,279,341	421,068	307,981
贵州	4,933,585	3,262,600	53,832	2,598,432	370,227	293,941
云南	8,876,659	7,104,907	93,188	6,290,458	577,425	237,024
西藏	545,715	371,827	8,825	260,364	82,775	28,688
陕西	2,317,429	1,670,786	144,489	1,204,968	208,476	257,342
甘肃	2,116,415	1,635,755	131,022	1,365,097	161,381	109,277
青海	701,869	600,120	2,827	503,364	71,756	25,000
宁夏	614,512	462,103	9,037	383,799	52,881	25,423
新疆	2,749,043	2,237,381	79,143	1,573,995	415,618	247,768
新疆兵团	304,580	175,860	8,700	72,528	47,840	55,492

续表

地区名称	市政公用设施										
	小计	供水	燃气	集中供热	道路桥梁	排水	污水处理	园林绿化	环境卫生	垃圾处理	其他
上年	21197841	2588882	504826	202035	9913994	2287604	986991	1677266	2390565	1103322	1632669
全国	25,294,572	2,916,704	1,503,687	459,717	12,261,771	3,052,214	1,441,659	1,876,827	2,944,529	1,356,313	1,867,339
北京	541,219	15,905	72,636	116,621	94,525	54,332	34,162	135,940	111,303	25,186	26,074
天津	322,360	11,469	67,556	71,509	41,609	30,101	7,256	73,041	25,736	7,638	19,437
河北	907,154	56,488	353,450	45,603	285,417	35,343	12,077	60,590	95,948	56,871	13,392
山西	309,195	33,307	95,276	35,997	71,716	10,424	1,397	27,351	62,697	23,664	11,460
内蒙古	364,840	45,048	854	14,106	185,998	15,359	2,332	60,719	39,799	21,148	21,608
辽宁	404,916	39,534	15,614	5,461	247,309	19,375	6,017	22,944	250,015	27,488	27,191
吉林	332,258	32,476	2,134	884	209,533	28,815	7,326	14,061	33,839	14,320	30,035
黑龙江	240,398	42,346	17	4,047	153,106	6,732	123	8,148	22,341	6,460	19,542
上海	285,456	20,379	3,363	0	54,748	134,681	76,032	27,335	33,947	10,012	34,938
江苏	1,529,684	183,407	21,390	155	606,860	296,332	186,136	184,880	244,501	103,812	132,848
浙江	1,716,883	179,656	40,221	0	467,677	623,301	364,886	183,881	211,202	103,796	118,351
安徽	1,147,882	133,525	14,461	0	656,585	121,267	40,987	72,431	142,430	78,594	71,019
福建	613,573	65,555	6,199	0	269,153	118,887	78,774	56,393	98,554	60,591	36,795
江西	1,007,403	93,795	8,209	0	347,061	81,301	21,081	57,246	89,607	52,374	367,417
山东	2,484,257	246,632	243,987	118,022	1,050,371	213,722	70,635	239,380	377,507	180,876	191,267
河南	944,678	156,406	97,064	12,619	402,956	90,498	30,232	73,801	127,048	54,384	56,950
湖北	1,162,469	114,405	77,568	0	677,330	109,837	34,241	59,280	78,863	45,398	78,651
湖南	842,224	138,488	9,414	0	458,889	70,117	17,251	53,053	100,042	53,450	58,813
广东	914,477	159,856	11,966	0	335,552	189,772	119,557	82,436	151,589	83,696	51,199
广西	1,055,019	98,632	615	0	732,842	95,626	56,954	18,802	98,724	75,373	33,129
海南	145,943	13,545	1,627	0	76,710	22,991	9,713	14,909	23,775	11,993	4,168
重庆	586,486	68,406	22,717	0	372,101	50,153	23,799	23,848	52,793	28,254	21,007
四川	1,797,330	225,679	99,984	0	1,089,807	128,967	49,884	56,747	123,882	61,232	134,914
贵州	1,670,985	189,498	165,556	0	935,793	148,487	80,784	77,119	62,108	41,041	113,491
云南	1,771,752	265,734	4,869	0	1,190,467	153,241	67,258	43,724	81,228	51,732	61,985
西藏	173,888	4,418	0	0	125,826	30,170	679	9,161	23,768	2,721	1,592
陕西	646,643	74,058	58,152	11,017	348,048	52,389	9,702	47,578	72,427	25,494	29,907
甘肃	480,660	48,848	401	4,010	331,282	19,726	3,016	16,108	60,169	24,503	35,782
青海	101,749	16,202	716	93	51,774	22,309	1,136	2,276	8,127	4,230	4,149
宁夏	152,409	17,826	1,344	1,225	81,150	29,567	4,105	12,284	13,611	5,090	3,923
新疆	511,662	116,309	6,297	15,979	254,669	33,183	12,781	29,699	21,744	11,200	44,326
新疆兵团	128,720	8,872	30	2,369	54,907	15,209	11,346	31,662	5,205	3,692	11,979

2017年建筑业发展统计分析

2017年全国建筑业基本情况

2017年,在以习近平同志为核心的党中央坚强领导下,建筑业深入学习贯彻党的十九大会议精神,认真落实《国务院办公厅关于促进建筑业持续健康发展的意见》(国办发〔2017〕19号),全面深化改革,加快转型升级,积极推进建筑产业现代化,整体发展稳中有进,发展质量不断提升。全国建筑业企业(指具有资质等级的总承包和专业承包建筑业企业,不含劳务分包建筑业企业,下同)完成建筑业总产值213953.96亿元,同比增长10.53%;完成竣工产值116791.89亿元,同比增长3.46%;签订合同总额439524.36亿元,同比增长18.10%,其中新签合同额254665.71亿元,同比增长20.41%;完成房屋施工面积131.72亿平方米,同比增长4.19%;完成房屋竣工面积41.91亿平方米,同比下降0.78%;实现利润7661亿元,同比增长9.66%。截至2017年底,全国有施工活动的建筑业企业88059个,同比增长6.07%;从业人数5536.90万人,同比增长6.80%;按建筑业总产值计算的劳动生产率为347462元/人,同比增长3.11%。

【建筑业增加值增速低于国内生产总值增速 支柱产业地位稳固】 经初步核算,2017年全年国内生产总值827122亿元,比上年增长6.90%。全年全社会建筑业实现增加值55689亿元,比上年增长4.30%,增速低于国内生产总值增速2.60个百分点(参见图6)

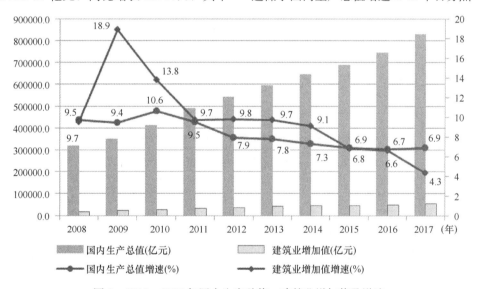

图6 2008~2017年国内生产总值、建筑业增加值及增速

自2009年以来,建筑业增加值占国内生产总值的比例始终保持在6.5%以上。2017年在上年下降的情况下出现回升,达到了6.73%的较高点(参见图7),建筑业国民经济支柱产业的地位稳固。

【建筑业固定资产投资大幅下滑 总产值增速连续两年增长】 2017年,全社会固定资产投资(不含农户,下同)631684亿元,比上年增长7.20%,增速继续呈下滑态势(参见图8)。建筑业固定资产投资3648亿元,比上年降低19.00%(参见图9),占全社会固定资产投资的0.58%,比上年减少0.19个百分点。

近年来,随着我国建筑业企业生产和经营规模的不断扩大,建筑业总产值持续增长,2017年达到213953.96亿元,比上年增长10.53%,增速比上年增加了3.44个百分点。建筑业总产值增速结束了2011年至2015年连续5年的下降趋势,连续两年出现增长(参见图10)。

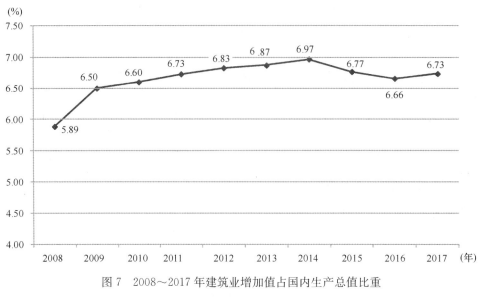

图7 2008~2017年建筑业增加值占国内生产总值比重

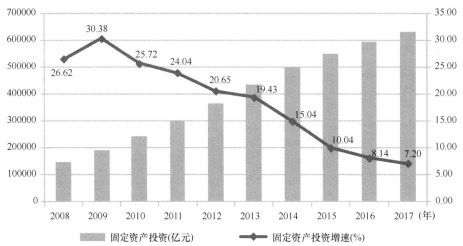

图8 2008~2017年全社会固定资产投资（不含农户）及增速

注：国家统计局根据第三次农业普查结果对2016年固定资产投资基数进行调整，2017年增速按可比口径计算，图9同。

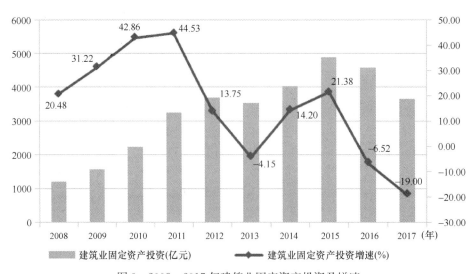

图9 2008~2017年建筑业固定资产投资及增速

数据统计与分析

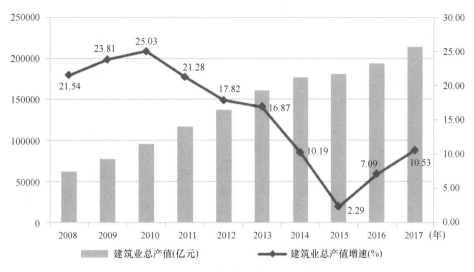

图10 2008~2017年全国建筑业总产值及增速

【**建筑业从业人数和企业数量增加 劳动生产率再创新高**】 2017年底,全社会就业人员总数77640万人,其中,建筑业从业人数5536.90万人,比上年末增加352.36万人,增长6.80%。建筑业从业人数占全社会就业人员总数的7.13%,比上年提高0.45个百分点,占比再创新高(参见图11)。建筑业在吸纳农村转移人口就业、推进新型城镇化建设和维护社会稳定等方面继续发挥显著作用。

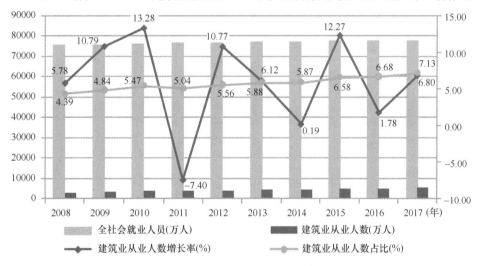

图11 2008~2017年全社会就业人员总数、建筑业从业人数增长情况

截至2017年底,全国共有建筑业企业88059个,比上年增加5042个,增速为6.07%,比上年增加了3.47个百分点,增速连续两年增加(参见图12)。国有及国有控股建筑业企业6800个,比上年减少14个,占建筑业企业总数的7.72%,比上年下降了0.49个百分点。

2017年,按建筑业总产值计算的劳动生产率为347462元/人,比上年增长3.11%,增速虽略有下降,但劳动生产率水平创出新高(参见图13)。

【**建筑业企业利润总量继续保持增长态势 行业产值利润率略有下降**】 2017年,全国建筑业企业实现利润7661亿元,比上年增加674.95亿元,增速为9.66%,增速比上年高1.37个百分点(参见图14)。

近10年来,建筑业产值利润率(利润总额与总产值之比)一直在3.5%上下徘徊。2017年,建筑业产值利润率为3.58%,比上年降低了0.03个百分点(参见图15)。

【**建筑业企业签订合同总额、新签合同额增速回升**】 2017年,全国建筑业企业签订合同总额439524.36亿元,比上年增长18.10%,增速连续两年增长。其中,本年新签合同额254665.71亿元,比上年增长了20.41%,增速也连续两年保持增长(参见图16)。本年新签合同额占签订合同总额比例为57.94%,比上年提高了1.11个百分点,连续两年出现增长(参见图17)。

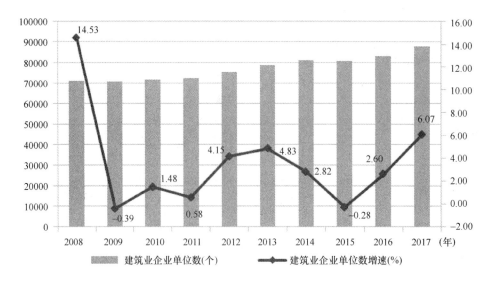

图 12 2008～2017年建筑业企业数量及增速

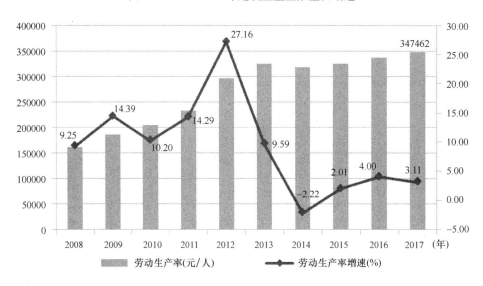

图 13 2008～2017年按建筑业总产值计算的建筑业劳动生产率及增速

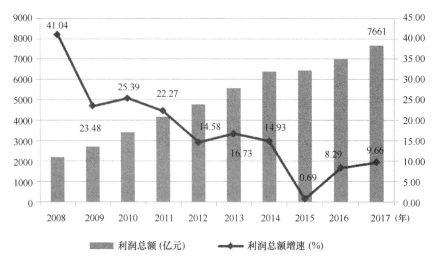

图 14 2008～2017年全国建筑业企业利润总额及增速

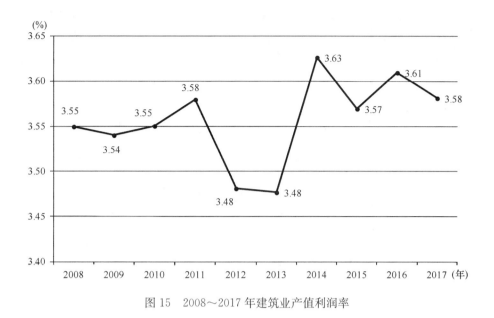

图 15　2008～2017 年建筑业产值利润率

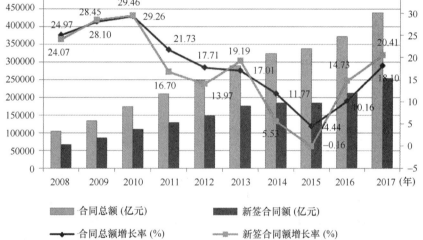

图 16　2008～2017 年全国建筑业企业签订合同总额、新签合同额及增速

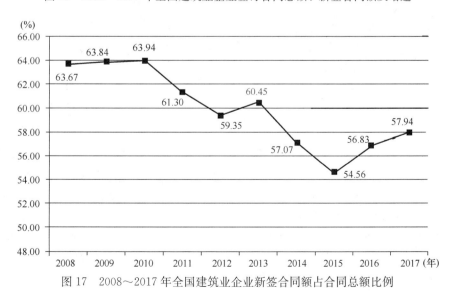

图 17　2008～2017 年全国建筑业企业新签合同额占合同总额比例

【房屋施工面积增速连续两年保持增长、竣工面积增速下降　住宅占房屋竣工面积近七成】2017年，全国建筑业企业房屋施工面积131.72亿平方米，比上年增长4.19%，增速连持续两年保持增长。竣工面积41.91亿平方米，比上年下降0.78%（参见图18）。

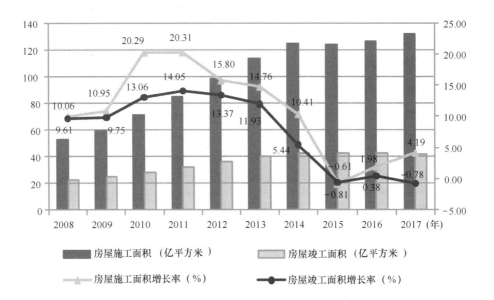

图18　2008~2017年建筑业企业房屋施工面积、竣工面积及增速

从全国建筑业企业房屋竣工面积构成情况看，住宅竣工面积占最大比重，为66.90%；厂房及建筑物竣工面积占11.86%；商业及服务用房屋竣工面积、办公用房屋竣工面积分别占7.06%和5.57%；其他种类房屋竣工面积占比均在5%以下（参见图19）。

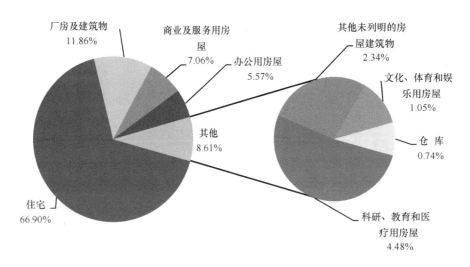

图19　2017年全国建筑业企业房屋竣工面积构成

在城镇保障性安居工程方面，2017年，全国城镇棚户区住房改造开工609万套，棚户区改造基本建成604万套，公租房基本建成82万套。全年全国农村地区建档立卡贫困户危房改造152.5万户。

【对外承包工程完成营业额增速上升、新签合同额增速下降　我国企业对外承包工程竞争力稳步提升】2017年，我国对外承包工程业务完成营业额1685.80亿美元，比上年增长5.75%，增速比上年提高2.28个百分点。新签合同额2652.80亿美元，比上年增长8.72%，增速比上年下降了7.44个百分点（参见图20）。

数据统计与分析

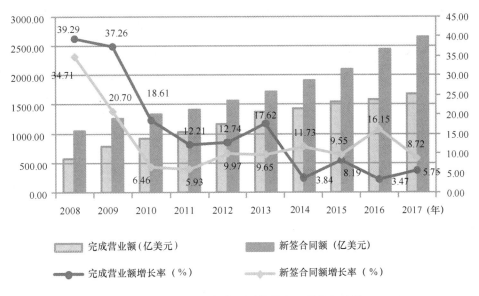

图20 2008~2017年我国对外承包工程业务情况

2017年，我国对外劳务合作派出各类劳务人员52.2万人，较上年同期增加2.8万人。其中承包工程项下派出22.2万人，占42.5%；劳务合作项下派出30万人，占57.5%。2017年末在外各类劳务人员97.9万人，较上年同期增加1万人。

美国《工程新闻记录》（简称"ENR"）杂志公布的2017年度全球最大250家国际承包商共实现营业收入4681.2亿美元，比上一年度下降了6.4%，下滑的态势已经持续了三年，且降幅有了明显的扩大。我国内地共有65家企业入选2017年度全球最大250家国际承包商榜单，入选数量与上年持平。入选企业共实现海外市场营业收入987.2亿美元，比上年增长了5.4%，占250家国际承包商场营业收入总额的21.1%，比上年提高1.8个百分点。

65家上榜企业中，有38家企业排名比上一年度有所提升，17家企业排名下降，排名未变的企业1家，新进榜企业9家。中国交通建设股份有限公司连续10年排名中国上榜企业首位，名次继续保持在第3位（参见表23）。

2017年度ENR全球最大250家国际承包商中的中国内地企业　　表23

序号	公司名称	排名 2017	排名 2016	海外市场收入（百万美元）
1	中国交通建设股份有限公司	3	3	21201
2	中国电力建设集团有限公司	10	11	11595.9
3	中国建筑工程总公司	11	14	10358.8
4	中国中铁股份有限公司	21	20	5565.6
5	中国铁建股份有限公司	23	55	4945
6	中国能源建设股份有限公司	27	**	4297
7	中国机械工业集团公司	31	23	3992.2
8	中国冶金科工集团有限公司	48	49	2519
9	中国化学工程集团公司	50	67	2472.3
10	中国石化工程建设有限公司	53	75	2180.5
11	中信建设有限责任公司	56	58	2005.2
12	青建集团股份公司	64	77	1640.4
13	哈尔滨电气国际工程有限公司	67	88	1502.4

续表

序号	公司名称	排名 2017	排名 2016	海外市场收入（百万美元）
14	中国石油工程建设（集团）公司	73	84	1262.7
15	中国水利电力对外公司	83	74	935.3
16	特变电工股份有限公司	84	**	912.7
17	中国石油天然气管道局	88	68	881
18	中国江西国际经济技术合作公司	90	103	830.3
19	中国电力技术装备有限公司	93	128	810.1
20	浙江省建设投资集团有限公司	94	117	799.6
21	中煤建设集团有限公司	95	111	797.4
22	中国中原对外工程有限公司	96	109	797.3
23	中地海外建设集团	102	97	742.8
24	北方国际合作股份有限公司	103	112	741
25	中国通用技术（集团）控股有限责任公司	104	92	727.1
26	中国有色金属建设股份有限公司	106	129	694.6
27	新疆兵团建设工程（集团）有限责任公司	108	116	664.8
28	中国江苏国际经济技术合作公司	115	95	621.5
29	安徽省外经建设（集团）有限公司	116	145	601.4
30	上海建工集团	117	105	600.5
31	中原石油工程有限公司	124	125	535.9
32	中国地质工程集团公司	126	124	517.3
33	中鼎国际工程有限责任公司	127	131	514.6
34	中钢设备有限公司	129	160	492.3
35	中国武夷实业股份有限公司	131	168	470
36	东方电气股份有限公司	132	107	464.7
37	中国寰球工程公司	133	119	461.9
38	中国山东对外经济技术合作集团有限公司	139	167	437.1
39	上海电气集团股份有限公司	141	249	432.2
40	北京建工集团有限责任公司	142	115	429.9
41	江苏南通三建集团股份有限公司	143	150	428.8
42	烟建集团有限公司	146	183	419.7
43	安徽建工集团有限公司	147	127	416.4
44	沈阳远大铝业工程有限公司	149	153	412.8
45	中国河南国际合作集团有限公司	150	130	440.8
46	上海城建（集团）公司	153	144	388.4
47	云南建工集团有限公司	159	186	355.7
48	中石化胜利油田石油工程技术服务有限责任公司	160	176	344.3
49	中国成套设备进出口（集团）总公司	163	179	335.2
50	中国核工业建设股份有限公司	171	**	316

续表

序号	公司名称	排名 2017	排名 2016	海外市场收入（百万美元）
51	山东德建集团有限公司	177	**	270.3
52	南通建工集团股份有限公司	179	185	264.2
53	北京城建集团	180	171	263.6
54	中国大连国际经济技术合作集团有限公司	181	194	259.5
55	江苏南通六建建设集团有限公司	185	204	241.5
56	中国甘肃国际经济技术合作总公司	193	196	216.3
57	烟台国际经济技术合作集团有限公司	202	211	183.7
58	重庆对外建设（集团）有限公司	203	213	182.7
59	浙江省交通工程建设集团有限公司	210	218	161.6
60	平高集团有限公司	220	**	132.1
61	江苏中南建筑产业集团有限责任公司	228	**	113.8
62	山东淄建集团	229	189	110.3
63	中国凯盛国际工程有限公司	230	**	106.3
64	北京住总集团有限责任公司	240	**	79.4
65	中铝国际工程股份有限公司	245	**	67.1

** 表示未进入 2016 年度 250 强排行榜

2017 年全国建筑业发展特点

【苏、浙两省建筑业总产值继续雄踞行业龙头 藏、黔两省区增速较大】 2017 年，江苏、浙江两省依然领跑全国各地区建筑业，建筑业总产值继续双双超过 2.7 万亿元，分别达到 27955.95 亿元、27235.82 亿元，两省建筑业总产值共占全国建筑业总产值的 25.80%，比上年减少了 0.43 个百分点。

除苏、浙两省外，总产值超过 7500 亿元的还有湖北、山东、四川、广东、河南、福建、北京、湖南和重庆 9 个地区，上述 11 省市完成的建筑业总产值占全国建筑业总产值的 69.49%（参见图 21）。

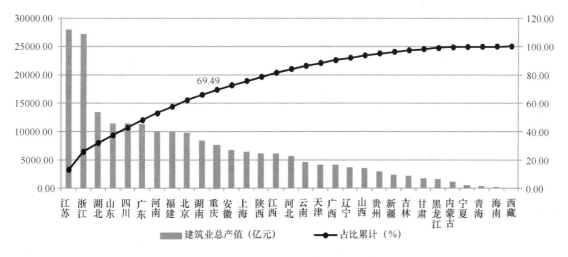

图 21 2017 年全国各地区建筑业总产值排序

从各地区建筑业总产值增长情况看，有 24 个地区的建筑业总产值增长，20 个地区的增速高于上年。西藏、贵州、云南和广西分别以 32.93%、24.12%、22.22% 和 22.06% 的增速位居前四位。7 个地区的建筑业总产值出现负增长，其中，天津、黑龙江、内蒙古出现了低于 -8% 的负增长，分别为 -12.87%、-9.12% 和 -8.08%（参见图 22）。

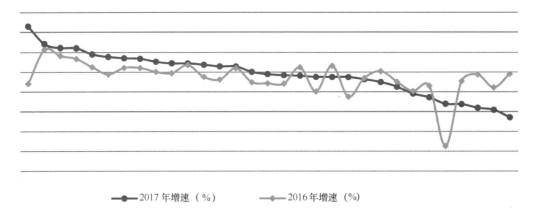

图22 2016~2017年各地区建筑业总产值增速

【新签合同额保持较快增长　甘肃出现负增长】 2017年，全国建筑业企业新签合同额254665.71亿元，比上年增长20.41%，增速较上年提高了4.99个百分点。浙江、江苏两省建筑业企业新签合同额继续占据前两位，分别达到29036.41亿元、27302.47亿元，占各自签订合同额总量的64.20%、60.83%，且出现较大幅度的增长，分别比上年增长了23.47%和18.07%。新签合同额超过8000亿元的还有湖北、广东、北京、四川、山东、福建、河南、上海、湖南、陕西等10个地区。新签合同额增速超过25%的有广西、云南、广东、贵州、西藏、新疆、江西、安徽、陕西等9个地区，分别增长40.56%、34.61%、32.07%、31.32%、31.24%、30.25%、29.77%、29.52%、26.19%。甘肃出现了-0.93%的负增长（参见图23）。

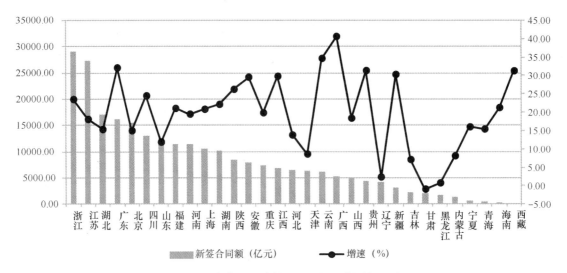

图23 2017年各地区建筑业企业新签合同额及增速

【大部分地区跨省完成建筑业产值持续增长且增速加快　外向度总体呈上升状态】 2017年，各地区跨省完成的建筑业产值74389.76亿元，比上年增长11.94%，增速同比提高1.56个百分点。跨省完成建筑业产值占全国建筑业总产值的34.77%，比上年提高0.44个百分点。

跨省完成的建筑业产值排名前两位的仍然是浙江和江苏，分别为14011.30亿元、13093.96亿元。两省跨省产值之和占全部跨省产值的比重为36.44%。北京、湖北、福建、上海、湖南、天津、四川、江西、广东、河南和山东11个地区，跨省完成的建筑业产值均超过2000亿元。从增速上看，内蒙古、云南、贵州排在前三位，分别为44.65%、33.15%和30.73%。西藏、河南、青海3个地区出现负增长。

从外向度（即本地区在外省完成的建筑业产值占本地区建筑业总产值的比例）来看，排在前三位的地区为北京、天津、上海，分别为69.65%、

54.03%和53.33%。外向度超过30%的还有浙江、江苏、福建、山西、青海、湖北、江西、湖南、陕西等9个省市。本年度各地区的外向度均为正增长（参见图24）。

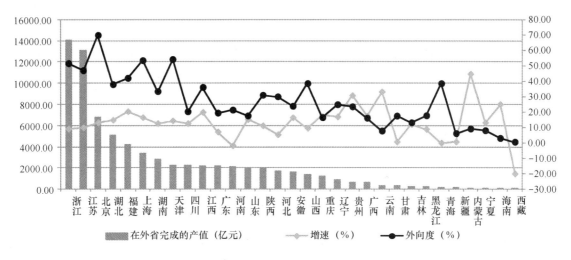

图24　2017年各地区跨省完成的建筑业总产值及外向度

【多数地区建筑业从业人数增加、劳动生产率提高】　2017年，全国建筑业从业人数超过百万的地区共17个，比上年减少1个。浙江、江苏依然是从业人数大省，人数分别达到880.84万人、772.75万人。福建、四川、山东、湖北、河南、广东、湖南、重庆等8个地区从业人数均超过200万人，分别为379.36万人、352.83万人、328.71万人、289.19万人、275.84万人、260.40万人、247.25万人和224.64万人。与上年相比，23个地区的从业人数增加，其中，增加人数最多的是四川，增加69.96万人；海南从业人数与上年持平；7个地区的从业人数减少，其中，辽宁、天津、上海3个地区减少的人数均超过10万人。从业人数增速超过20%的有云南、西藏、宁夏、四川4个地区，增速分别为31.89%、29.93%、25.08%和24.73%；天津、辽宁、吉林、上海4个地区的降幅均超过10%（参见图25）。

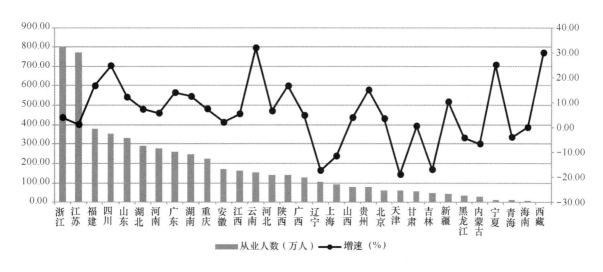

图25　2017年各地区建筑业从业人数及其增长情况

2017年，按建筑业总产值计算的劳动生产率排序前三位的地区是北京、上海和湖北。北京自2012年来连续6年领跑全国，2017年劳动生产率为564242元/人，比上年增长5.69%；上海2017年劳动生产率为532485元/人，比上年增长了11.40%；湖北2017年劳动生产率为506235元/人，比上年增长了10.34%。20个地区按建筑业总产值计算的劳动生产率有所提高，11个地区有所降低。增速超过10%的有吉林、山西、上海、贵州、湖北和辽宁6个地区（参见图26）。

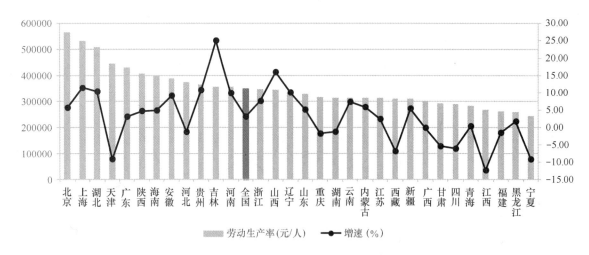

图 26　2017 年各地区建筑业劳动生产率及其增长情况

【特级、一级资质企业贡献明显　产业集中度进一步提升】　住房和城乡建设部汇总的 7667 个特级、一级资质建筑业企业 2017 年主要指标数据如表 24 所示。从表中可以看出，上报数据的特级、一级资质企业虽然数量占比仅为 8.71%，但新签工程承包合同额、建筑业总产值、房屋建筑施工面积、房屋建筑竣工面积和利润总额 5 项指标占全部资质以上企业同类指标的比重均超过 55%，对行业发展的贡献非常明显。与上年相比，企业数量虽然略有减少，但各项指标占比均出现了较大的增幅，产业集中度进一步提升。

特级、一级资质企业 2017 年主要指标数据　　表 24

指标名称	全部资质以上企业			特级、一级资质企业		
	2017 年	比上年增长	增速（%）	2017 年	占全部资质以上企业的比重（%）	占比比上年增加百分点
企业数量	88059	5042	6.07	7667	8.71	−0.58
新签工程承包合同额（亿元）	254665.71	43168.91	20.41	213892.00	83.99	19.85
建筑业总产值（亿元）	213953.96	20387.18	10.53	152186.49	71.13	12.40
房屋建筑施工面积（万平方米）	1317195.36	52979.09	4.19	1067554.96	81.05	14.84
房屋建筑竣工面积（万平方米）	419074.06	−3308.21	−0.78	288526.73	68.85	11.22
利润总额（亿元）	7661	674.95	9.66	4500.96	58.75	9.01

（中国建筑业协会　哈尔滨工业大学　赵　峰　王要武　金　玲　李晓东　徐亚军）

2017 年建设工程监理行业基本情况

【建设工程监理企业的分布情况】　2017 年全国共有 7945 个建设工程监理企业参加了统计，与上年相比增长 6.2%。其中，综合资质企业 166 个，增长 11.41%；甲级资质企业 3535 个，增长 4.62%；乙级资质企业 3133 个，增长 9.2%；丙级资质企业 1107 个，增长 2.41%；事务所资质企业 4 个，减少 20%。具体分布如表 25～表 27 所示。

2017 年全国建设工程监理企业按地区分布情况　　表 25

地区名称	北京	天津	河北	山西	内蒙古	辽宁	吉林	黑龙江	上海	江苏	浙江	安徽	福建	江西	山东	河南
企业个数	328	107	305	223	158	311	190	218	194	734	489	300	372	159	540	293
地区名称	湖北	湖南	广东	广西	海南	重庆	四川	贵州	云南	西藏	陕西	甘肃	青海	宁夏	新疆	合计
企业个数	271	250	538	182	55	107	348	148	172	43	474	189	65	63	119	7945

数据统计与分析

2017年全国建设工程监理企业按工商登记类型分布情况 表26

工商登记类型	国有企业	集体企业	股份合作	有限责任	股份有限	私营企业	其他类型
企业个数	554	57	31	4355	597	2258	93

2017年全国建设工程监理企业按专业工程类别分布情况 表27

资质类别	综合资质	房屋建筑工程	冶炼工程	矿山工程	化工石油工程	水利水电工程	电力工程	农林工程
企业个数	166	6394	19	33	140	89	341	17
资质类别	铁路工程	公路工程	港口与航道工程	航天航空工程	通信工程	市政公用工程	机电安装工程	事务所资质
企业个数	51	28	9	7	29	616	2	4

注：本统计涉及专业资质工程类别的统计数据，均按主营业务划分。

【建设工程监理企业从业人员情况】 2017年年末工程监理企业从业人员1071780人，与上年相比增长7.13%。其中，正式聘用人员761609人，占年末从业人员总数的71.06%；临时聘用人员310171人，占年末从业人员总数的28.94%；工程监理从业人员为763943人，占年末从业总数的71.28%。

2017年年末工程监理企业专业技术人员914580人，与上年相比增长7.67%。其中，高级职称人员138388人，中级职称人员397839人，初级职称人员223258人，其他人员155095人。专业技术人员占年末从业人员总数的85.33%。

2017年年末工程监理企业注册执业人员为286146人，与上年相比增长12.8%。其中，注册监理工程师为163944人，与上年相比增长8.36%，占总注册人数的57.29%；其他注册执业人员为122202人，占总注册人数的42.71%。

【建设工程监理企业业务承揽情况】 2017年工程监理企业承揽合同额3962.96亿元，与上年相比增长28.47%。其中工程监理合同额1676.32亿元，与上年相比增长19.72%；工程勘察设计、工程项目管理与咨询服务、工程招标代理、工程造价咨询及其他业务合同额2286.64亿元，与上年相比增长35.74%。工程监理合同额占总业务量的42.3%。

【建设工程监理企业财务收入情况】 2017年工程监理企业全年营业收入3281.72亿元，与上年相比增长21.74%。其中工程监理收入1185.35亿元，与上年相比增长7.3%；工程勘察设计、工程项目管理与咨询服务、工程招标代理、工程造价咨询及其他业务收入2096.37亿元，与上年相比增长31.78%。工程监理收入占总营业收入的36.12%。其中20个企业工程监理收入突破3亿元，50个企业工程监理收入超过2亿元，174个企业工程监理收入超过1亿元，工程监理收入过亿元的企业个数与上年相比增长12.26%。

（住房和城乡建设部建筑市场监管司）

2017年工程建设项目招标代理机构基本情况

【工程招标代理机构的分布情况】 2017年度参加统计的全国工程招标代理机构共6209个，比上年下降4.4%。按照资格等级划分，甲级机构1938个，比上年下降0.97%；乙级机构2557个，比上年下降8.22%，暂定级机构1714个，比上年下降2.17%。按照企业登记注册类型划分，国有企业和国有独资公司共236个，股份有限公司和其他有限责任公司共3174个，私营企业2689个，港澳台投资企业3个，外商投资企业4个，其他企业103个。具体分布。如表28、表29所示。

2017年全国工程招标代理机构地区分布情况 表28

地区名称	北京	天津	河北	山西	内蒙古	辽宁	吉林	黑龙江	上海	江苏	浙江	安徽	福建	江西	山东	河南
企业个数	236	56	234	176	198	161	192	134	146	434	356	242	250	167	492	196
地区名称	湖北	湖南	广东	广西	海南	重庆	四川	贵州	云南	西藏	陕西	甘肃	青海	宁夏	新疆	合计
企业个数	249	196	468	149	33	152	307	123	182	18	223	168	56	67	148	6209

2017年全国工程招标代理机构拥有资质数量情况 表29

资质数量	具有单一招标代理机构资格的企业	具有两个及两个以上资质的企业
企业个数	1342	4867

【工程招标代理机构的人员情况】 2017年年末工程招标代理机构从业人员合计604173人，比上年增长3.86%。其中，正式聘用人员537889人，占年末从业人员总数的89%；临时工作人员66284人，占年末从业人员总数的11%。

2017年年末工程招标代理机构正式聘用人员中专业技术人员合计457125人，比上年下降1.55%。其中，高级职称人员74779人，中级职称198455人，初级职称107080人，其他人员76811人。专业技术人员占年末正式聘用人员总数的85%。

2017年年末工程招标代理机构正式聘用人员中注册执业人员合计134303人，比上年增长2.77%。其中，注册造价工程师59606人，占总注册人数的44.38%；注册建筑师1010人，占总注册人数的0.75%；注册工程师3273人，占总注册人数的2.44%；注册建造师28580人，占总注册人数的21.28%；注册监理工程师40807人，占总注册人数的30.38%；其他注册执业人员1027人，占总注册人数的0.76%。从统计报表情况看，94.30%的工程招标代理机构的注册造价工程师数量能够满足企业资格标准要求，其中，96.49%的甲级工程招标代理机构的注册造价工程师数量能够满足企业资格标准要求。

【工程招标代理机构的业务情况】 2017年度工程招标代理机构工程招标代理中标金额137111.62亿元，比上年增长40.06%。其中，房屋建筑和市政基础设施工程招标代理中标金额101234.06亿元，占工程招标代理中标金额的73.83%；招标人为政府和国有企事业单位工程招标代理中标金额107602.93亿元，占工程招标代理中标金额的78.48%。

2017年度工程招标代理机构承揽合同约定酬金合计1605.51亿元，比上年下降6%。其中，工程招标代理承揽合同约定酬金为252.68亿元，占总承揽合同约定酬金的15.74%；工程监理承揽合同约定酬金为496.87亿元；工程造价咨询承揽合同约定酬金为307.09亿元；项目管理与咨询服务承揽合同约定酬金为152.97亿元；其他业务承揽合同约定酬金为395.91亿元。

【工程招标代理机构的财务情况】 2017年度工程招标代理机构的营业收入总额为2277.09亿元，比上年减少10.5%。其中，工程招标代理收入280.82亿元，占营业收入总额的12.33%；工程监理收入458.26亿元，工程造价咨询收入362.16亿元，工程项目管理与咨询服务收入149.73亿元，其他收入1026.12亿元。

2017年度工程招标代理机构的营业成本合计1633.12亿元，营业税金及附加合计108.02亿元，营业利润合计249.39亿元，利润总额合计249.73亿元，所得税合计52.67亿元，负债合计2040.43亿元，所有者权益合计1672.99亿元。

【工程招标代理机构工程招标代理收入前100名情况】 2017年度工程招标代理机构工程招标代理收入前100名中，从资质等级来看，甲级机构86个，乙级机构13个，暂定级1个。

(住房和城乡建设部建筑市场监管司)

2017年工程勘察设计企业基本情况

【企业总体情况】 2017年全国共有24754个工程勘察设计企业参加了统计，与上年相比增长12.6%。其中，工程勘察企业2062个，占企业总数8.3%；工程设计企业21513个，占企业总数86.9%；工程设计与施工一体化企业1179个，占企业总数4.8%。

【从业人员情况】 2017年工程勘察设计行业年末从业人员428.6万人，年末专业技术人员181万人。其中，具有高级职称人员38.4万人，占从业人员总数的9%；具有中级职称人员65.1万人，占从业人员总数的15.2%。

【业务完成情况】 2017年工程勘察新签合同额合计1150.7亿元，与上年相比增加33.3%。

工程设计新签合同额合计5512.6亿元，与上年相比增加18.8%。其中，房屋建筑工程设计新签合同额1355.5亿元，市政工程设计新签合同额743亿元。

工程总承包新签合同额合计34258.3亿元，与上年相比增加38.8%。其中，房屋建筑工程总承包新签合同额8418.3亿元，市政工程总承包新签合同额4020.7亿元。

其他工程咨询业务新签合同额合计699.1亿元，与上年相比增加6.9%。

【财务情况】 2017年全国工程勘察设计企业营业收入总计43391.3亿元。其中，工程勘察收入837.3亿元，占营业收入的1.9%；工程设计收入4013亿元，占营业收入的9.2%；工程总承包收入20807亿元，占营业收入的48%；其他工程咨询业务收入552.2亿元，占营业收入的1.3%。

工程勘察设计企业全年利润总额2189亿元，与上年相比增加11.6%；企业净利润1799.1亿元，与上年相比增加11.3%。

【科技活动状况】 2017年全国工程勘察设计行业科技活动费用支出总额为999.7亿元，与上年相比增加29%；企业累计拥有专利17.3万项，与上年相比增加33.1%；企业累计拥有专有技术4.4万项，与上年相比增加4.7%。

(住房和城乡建设部建筑市场监管司)

2017年房屋市政工程生产安全事故情况通报

【总体情况】 2017年全国共发生房屋市政工程生产安全事故692起、死亡807人，比2016年事故起数增加58起、死亡人数增加72人（参见图27、图28），分别上升9.15%和9.80%。

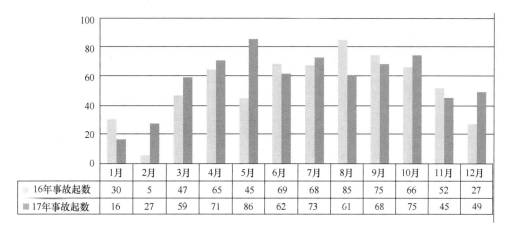

图27　2016～2017年事故起数情况

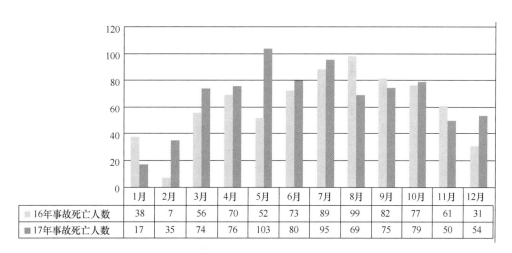

图28　2016～2017年事故死亡人数情况

【较大及以上事故情况】 2017年全国共发生房屋市政工程生产安全较大事故23起、死亡90人，比2016年事故起数减少4起、死亡人数减少4人（参见图29、图30），分别下降14.81%和4.26%，未发生重大及以上事故。

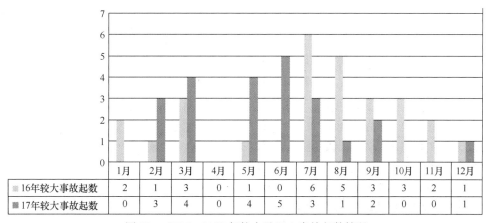

图29　2016～2017年较大及以上事故起数情况

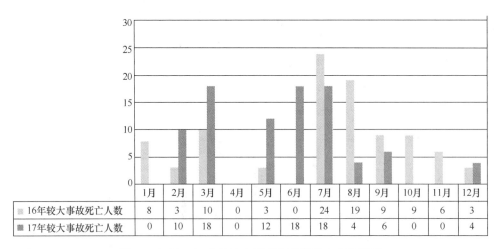

图30　2016~2017年较大及以上事故死亡人数情况

【事故类型情况】　2017年，房屋市政工程生产安全事故按照类型划分，高处坠落事故331起，占总数的47.83%；物体打击事故82起，占总数的11.85%；坍塌事故81起，占总数的11.71%；起重伤害事故72起，占总数的10.40%；机械伤害事故33起，占总数的4.77%；触电、车辆伤害、中毒和窒息、火灾和爆炸及其他类型事故93起，占总数的13.44%。不同事故类型起数所占比例情况如图31所示。

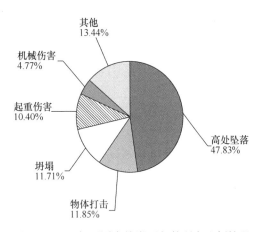

图31　2017年不同事故类型起数所占比例情况

2017年发生的23起房屋市政工程生产安全较大事故中，土方坍塌事故5起、死亡18人，分别占较大事故总数的21.74%和20.00%；起重伤害事故4起、死亡16人，分别占较大事故总数的17.39%和17.78%；模板支撑体系坍塌事故2起、死亡6人，分别占较大事故总数的8.70%和6.67%；吊篮倾覆事故2起、死亡6人，分别占较大事故总数的8.70%和6.67%；中毒和窒息事故2起、死亡7人，分别占较大事故总数的8.70%和7.78%；火灾和爆炸事故2起、死亡7人，分别占较大事故总数的8.70%和7.78%；脚手架坍塌事故1起、死亡3人，分别占较大事故总数的4.35%和3.33%；车辆伤害事故1起、死亡3人，分别占较大事故总数的4.35%和3.33%；机械伤害事故1起、死亡4人，分别占较大事故总数的4.35%和4.44%；其他坍塌事故3起、死亡20人，分别占较大事故总数的13.04%和22.22%。不同较大事故类型事故起数所占比例情况如图32所示。

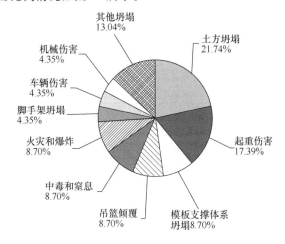

图32　2017年不同较大事故类型事故起数所占比例情况

【形势综述】　2017年全国房屋市政工程生产安全事故起数和死亡人数与2016年相比均有所上升，建筑施工安全生产形势依然严峻。一是部分地区事故总量较大，如江苏（89起，90人）、广东（64起，83人）、重庆（51起，57人）、安徽（34起，38人）、江西（34起，35人）、浙江（31起，34人）。二是部分地区死亡人数同比上升较多，如山西、陕西、甘肃、海南、吉林、内蒙古、广东、湖南、福建等9个地区死亡人数同比上升均超过50%。三是造成群死群伤的事故仍然较多，如广东省广州市从化固体废弃物综合处理中心工程"3·25"事故（9人死亡）、内蒙古自治区鄂尔多斯市伊金霍洛旗蒙古源流文化产业园北方民国影视城拍摄区二期"7·11"事故（8人死亡）、广东省广州市中交集团南方总部基地B区"7·22"事故（7人死亡）、山东省淄博市孝妇河黄土崖段综合整治项目昌国路、北京路人行道及雨污管道工程"6·19"事故（5人死亡）等事故，给人民群众生命财产带来重大损失。

按照事故类型分析，高处坠落事故占全部事故起数的47.83%，是最易造成人员伤亡的事故类型，反映出不少工程项目存在安全管理粗放、施工现场安全防护不到位、施工作业人员安全意识淡薄等问题。较大事故中，以基坑坍塌、起重伤害、模板支架坍塌为代表的危险性较大的分部分项工程事故共17起、死亡64人，分别占较大事故总数的73.91%和71.11%，是防范群死群伤事故的重点。

按照工程类别分析，2017年共发生市政基础设施工程事故88起、死亡136人，分别占事故总数的12.72%和16.85%，其中较大事故10起、死亡42人，分别占较大事故总数的43.48%和46.67%。此外，2017年市政基础设施工程事故起数和死亡人数同比分别上升37.50%和51.11%，远高于房屋建筑工程事故增量，随着城镇基础设施投资力度持续加大，市政基础设施工程事故防控压力将进一步增大。

【2017年房屋市政工程生产安全事故情况】
2017年，全国有31个省（区、市）发生房屋市政工程生产安全事故，17个省（区、市）死亡人数同比上升。2017年房屋市政工程生产安全事故情况如表30所列。

2017年房屋市政工程生产安全事故情况 表30

地区	总体情况						较大及以上事故情况					
	事故起数（起）			死亡人数（人）			事故起数（起）			死亡人数（人）		
	2017年	2016年	同比	2017年	2016年	同比	2017年	2016年	同比	2017年	2016年	同比
合 计	692	634	58	9.15%	807	735	72	9.80%	23	27	-4	-14.81%	90	94	-4	-4.26%
江 苏	89	113	-24	-21.24%	90	118	-28	-23.73%	0	0	0	/	0	0	0	/
广 东	64	49	15	30.61%	83	50	33	66.00%	4	0	4	/	23	0	23	/
重 庆	51	37	14	37.84%	57	41	16	39.02%	2	2	0	0	6	6	0	0
安 徽	34	33	1	3.03%	38	35	3	8.57%	1	0	1	/	3	0	3	/
江 西	34	23	11	47.83%	35	27	8	29.63%	0	0	0	/	0	0	0	/
浙 江	31	26	5	19.23%	34	31	3	9.68%	0	1	-1	-100.00%	0	4	-4	-100.00%
广 西	25	19	6	31.58%	31	21	10	47.62%	1	0	1	/	3	0	3	/
湖 北	29	26	3	11.54%	30	28	2	7.14%	0	1	-1	-100.00%	0	3	-3	-100.00%
吉 林	27	15	12	80.00%	29	17	12	70.59%	0	1	-1	-100.00%	0	3	-3	-100.00%
河 南	20	24	-4	-16.67%	29	30	-1	-3.33%	2	2	0	0	6	6	0	0
云 南	24	21	3	14.29%	29	22	7	31.82%	2	0	2	/	7	0	7	/
福 建	22	15	7	46.67%	27	18	9	50.00%	1	1	0	0	3	3	0	0
湖 南	24	15	9	60.00%	27	17	10	58.82%	0	0	0	/	0	0	0	/
甘 肃	22	12	10	83.33%	27	15	12	80.00%	1	0	1	/	4	0	4	/
贵 州	23	20	3	15.00%	26	30	-4	-13.33%	0	4	-4	-100.00%	0	13	-13	-100.00%
山 东	12	16	-4	-25.00%	24	32	-8	-25.00%	4	4	0	0	14	17	-3	-17.65%
四 川	22	18	4	22.22%	23	26	-3	-11.54%	0	2	-2	-100.00%	0	9	-9	-100.00%
内蒙古	12	8	4	50.00%	20	12	8	66.67%	1	1	0	0	8	3	5	166.67%
天 津	16	14	2	14.29%	18	14	4	28.57%	0	0	0	/	0	0	0	/
上 海	16	26	-10	-38.46%	17	31	-14	-45.16%	0	2	-2	-100.00%	0	7	-7	-100.00%
新 疆	14	15	-1	-6.67%	17	17	0	0	1	1	0	0	3	3	0	0
北 京	14	26	-12	-46.15%	14	26	-12	-46.15%	0	0	0	/	0	0	0	/

续表

地区	总体情况							较大及以上事故情况						
	事故起数（起）			死亡人数（人）				事故起数（起）			死亡人数（人）		
	2017年	2016年	同比	2017年	2016年	同比		2017年	2016年	同比		2017年	2016年	同比
山西	9	3	6	200.00%	14	4	10	250.00%	1	0	1	/	3	0	3	/
黑龙江	13	20	-7	-35.00%	13	22	-9	-40.91%	0	1	-1	-100.00%	0	3	-3	-100.00%
海南	9	7	2	28.57%	12	7	5	71.43%	0	0	0	/	0	0	0	/
辽宁	10	9	1	11.11%	10	13	-3	-23.08%	0	2	-2	-100.00%	0	6	-6	-100.00%
陕西	5	5	0	0	10	5	5	100.00%	1	0	1	/	4	0	4	/
河北	5	4	1	25.00%	7	10	-3	-30.00%	1	2	-1	-50.00%	3	8	-5	-62.50%
青海	7	12	-5	-41.67%	7	13	-6	-46.15%	0	0	0	/	0	0	0	/
新疆兵团	6	0	6	/	6	0	6	/	0	0	0	/	0	0	0	/
宁夏	3	3	0	0	3	3	0	0	0	0	0	/	0	0	0	/
西藏	0	0	0	/	0	0	0	/	0	0	0	/	0	0	0	/

注：按各地死亡人数同期比增幅降序排列

【2017年房屋市政工程生产安全较大及以上事故情况】 2017年，全国有14个省（区、市）发生房屋市政工程生产安全较大事故。其中，山东、广东各发生4起，河南、重庆、云南各发生2起，河北、山西、内蒙古、安徽、福建、广西、陕西、甘肃、新疆各发生1起。2017年房屋市政工程生产安全较大及以上事故情况如表31所列。

2017年房屋市政工程生产安全较大及以上事故情况　　　　表31

序号	地区	事故名称	死亡人数	建设单位	施工单位	法定代表人	项目经理	监理单位	法定代表人	项目总监
1	广东	广东省广州市从化固体废弃物综合处理中心工程"3·25"事故	9	广州环投从化环保能源有限公司	广州市市政集团有限公司	杨粤黔	姚启源	广州市市政工程监理有限公司	孙成	贺利军
2		广东省深圳市城市轨道交通工程3号线三期（南延）工程3131标段"5·11"事故	3	深圳市地铁集团有限公司	深圳市市政工程总公司	尹剑辉	胡正东	甘肃铁科建设工程咨询有限公司	张红利	牛旭升
3		广东省广州市中交集团南方总部基地B区"7·22"事故	7	中交第四航务工程局有限公司	中交第四航务工程局有限公司	梁卓人	黄庆	广州珠江工程建设监理有限公司	陈如山	李继建
4		广东省中山市长江路改造（一期）工程"8·13"事故	4	中山市一环长江路投资建设有限公司	联建建设工程有限公司	郑克松	张权	广州珠江工程建设监理有限公司	陈如山	刘幸
5	山东	山东省聊城市东昌府区公园首府项目5号楼工程"5·7"事故	3	聊城市运东畅泰置业发展有限公司	聊城兴业建筑安装工程有限公司	孙荣祥	任世伟	聊城市华信工程监理有限责任公司	吴庆均	吕玉环
6		山东省济宁市高新区崇文学校工程"6·1"事故	3	山东滨达开发建设有限公司	山东圣大建设集团有限公司	任宪正	石红真	山东齐鲁城市建设管理有限公司	王华	高壮民
7		山东省淄博市孝妇河黄土崖段综合整治项目昌国路、北京路人行道及雨污管道工程"6·19"事故	5	淄博市生态水系建设指挥部办公室	淄博宝鑫市政公路工程有限公司	姚丽华	郑继荣	山东文德建设项目管理有限公司	高明新	高威
8		山东省青岛市地铁11号线区间"6·23"事故	3	青岛蓝色硅谷城际轨道交通有限公司	中国铁建电气化局集团有限公司	郑斌	刘晋明	中铁济南工程建设监理有限公司	郭宏瑞	薛林雪

续表

序号	地区	事故名称	死亡人数	建设单位	施工单位	法定代表人	项目经理	监理单位	法定代表人	项目总监
9	云南	云南省大理白族自治州海东新区金尚银凰庄项目"5·3"事故	3	大理东欣房地产开发有限公司	云南万合建筑工程有限公司	单继强	董芝猛	云南实信建设监理公司	董怀俊	李伟
10	云南	云南省德宏州瑞丽市畹町经济开发区污水处理厂及配套管网一期工程"12·22"事故	4	瑞丽市住房和城乡规划建设局	云南建博工程集团有限公司	邓剑波	曾睿	云南镕诚建设项目管理（集团）有限公司	李青韬	孟义刚
11	河南	河南省信阳市息县龙湖办事处三合安置区3号楼项目"2·19"事故	3	信阳市息县龙湖办事处	息县永立建筑工程有限公司	尹金平	刘军	信阳市息县建设工程监理有限公司	和贵明	王程
12	河南	河南省驻马店市上蔡县泉谷坊食品有限公司项目"9·15"事故	3	河南省大程泉谷坊食品有限公司	河南置信建筑工程有限公司	张宏绪	李勇	郑州基业工程监理有限公司	李国钰	李国清
13	重庆	重庆市江北区石子山中小学工程"3·28"事故	3	重庆市江北区城市建设发展有限公司	中康建设管理股份有限公司	敖翔	万慕国	重庆天骄监理有限公司	李俊波	蒋志
14	重庆	重庆市大渡口区"幸福华庭"公租房项目配套学校及幼儿园工程"6·2"事故	3	重庆市城投公租房建设有限公司	重庆松宏建筑工程有限责任公司	吴松泽	李永华	重庆渝海建设监理有限公司	樊怀春	余勇
15	内蒙古	内蒙古自治区鄂尔多斯市伊金霍洛旗蒙古源流文化产业园北方民国影视城拍摄区二期"7·11"事故	8	鄂尔多斯市蒙古源流文化产业发展有限公司	内蒙古兴泰建设集团有限公司	韩平	杨建明	内蒙古金长城工程项目管理有限公司	王丽梅	周效
16	陕西	陕西省延安新区桥沟排洪渠一标工程"6·21"事故	4	延安新区管理委员会	陕西华艺建筑工程有限公司	王明仁	余学金	延安鑫潮监理有限公司	刘文霞	刘宏军
17	甘肃	甘肃省天水市秦州区污水管网工程"2·20"事故	4	天水市政府投资项目代建办公室	甘肃省第八建设集团有限责任公司	常随敏	武志伟	天水建筑设计院	马步真	薛瑜珊
18	河北	河北省保定市裕华商务中心工程"3·27"事故	3	河北百悦房地产开发有限公司	河北建设集团天辰建筑工程有限公司	商金峰	陈猛	保定市建筑设计院有限公司	陆峰	姚彦惠
19	山西	山西省太原市万科广场"5·14"事故	3	太原万科新都心房地产开发有限公司	中铁十九局集团有限公司	王学忠	林晋良	山西神剑建设监理有限公司	沈桂权	周辉辉
20	安徽	安徽省安庆市桐城金色阳光城7号楼工程"3·27"事故	3	安徽桐城市盛晟建设开发有限公司	南通建工集团股份有限公司	张向阳	柏建华	安徽丰汇建筑工程项目管理有限责任公司	王军	毕良华
21	福建	福建省厦门市轨道交通工程"2·12"事故	3	厦门轨道交通集团有限公司	中国铁建股份有限公司	孟凤朝	解秀涛	上海三维工程建设咨询有限公司	祝进才	杨海华

续表

序号	地区	事故名称	死亡人数	建设单位	施工单位	法定代表人	项目经理	监理单位	法定代表人	项目总监
22	广西	广西壮族自治区南宁市隆安县丁当镇污水处理厂污水管网配套一期工程"9·17"事故	3	隆安县住房和城乡建设局	广西展鸿建设集团有限公司	周海成	黄荣梅	桂林南方建设监理有限责任公司	蒋云建	韦远敢
23	新疆	新疆维吾尔自治区昌吉回族自治州环宇新天地建设项目"7·19"事故	3	新疆东方环宇房地产开发有限公司	新疆东方环宇建筑安装工程有限公司	张鲁梅	杨丰华	吉昌盛业工程建设监理有限责任公司	高平原	张玉轩

（住房和城乡建设部质量安全司）

2017年我国对外承包工程业务完成额前100家企业和新签合同额前100家企业

【2017年我国对外承包工程业务完成营业额前100家企业】 根据国家商务部的有关统计分析报告，2017年我国对外承包工程业务完成营业额前100家企业如表32所列。

2017年我国对外承包工程业务完成营业额前100家企业　　表32

序号	企业名称	完成营业额（万美元）
1	华为技术有限公司	1,360,797
2	中国建筑工程总公司	1,217,501
3	中国水电建设集团国际工程有限公司	562,308
4	中国交通建设股份有限公司	534,154
5	中国港湾工程有限责任公司	489,923
6	中国铁建股份有限公司	368,460
7	中国路桥工程有限责任公司	356,253
8	中国葛洲坝集团股份有限公司	317,409
9	中国冶金科工集团有限公司	278,750
10	上海振华重工（集团）股份有限公司	231,248
11	中国土木工程集团有限公司	211,634
12	中国石油工程建设有限公司	210,736
13	中信建设有限责任公司	204,323
14	中国机械设备工程股份有限公司	188,669
15	中铁国际集团有限公司	181,892
16	青建集团股份公司	168,884
17	哈尔滨电气国际工程有限责任公司	158,681
18	中工国际工程股份有限公司	138,016
19	山东电力建设第三工程有限公司	132,685
20	中国石油管道局工程有限公司	127,086
21	中交第一公路工程局有限公司	111,699

续表

序号	企业名称	完成营业额（万美元）
22	中国电力技术装备有限公司	111,611
23	山东电力基本建设总公司	109,558
24	中交第二航务工程局有限公司	105,109
25	中交第四航务工程局有限公司	101,764
26	中国水利水电第八工程局有限公司	97,813
27	惠生工程（中国）有限公司	97,386
28	中国有色金属建设股份有限公司	96,699
29	中国石油集团长城钻探工程有限公司	92,667
30	浙江省建设投资集团股份有限公司	92,056
31	威海国际经济技术合作有限公司	92,034
32	中国中原对外工程公司	91,467
33	中国水利电力对外有限公司	90,173
34	中铁四局集团有限公司	89,412
35	中国电建市政建设集团有限公司	88,572
36	中国江西国际经济技术合作公司	87,858
37	中交第三航务工程局有限公司	86,039
38	中石化炼化工程（集团）股份有限公司	84,153
39	中国石油集团东方地球物理勘探有限责任公司	82,401
40	江西中煤建设集团有限公司	80,219
41	上海电气集团股份有限公司	76,311
42	北方国际合作股份有限公司	75,096
43	中国航空技术国际工程有限公司	74,095
44	中国中材国际工程股份有限公司	72,900
45	中国水利水电第十四工程局有限公司	67,413
46	中兴通讯股份有限公司	66,598
47	中地海外集团有限公司	66,168
48	武汉烽火国际技术有限责任公司	65,753
49	中国建筑第五工程局有限公司	65,136

续表

序号	企业名称	完成营业额（万美元）
50	中国能源建设集团广东火电工程有限公司	64,036
51	中国石化工程建设有限公司	61,560
52	上海建工集团股份有限公司	60,254
53	中国机械进出口（集团）有限公司	59,401
54	中国石油集团渤海钻探工程有限公司	58,385
55	大庆石油管理局	57,983
56	中铁七局集团有限公司	57,717
57	中国电建集团华东勘测设计研究院有限公司	57,386
58	中国地质工程集团有限公司	56,542
59	中铁十局集团有限公司	55,415
60	中交广州航道局有限公司	54,045
61	中石化中原石油工程有限公司	53,629
62	中国化学工程第七建设有限公司	53,065
63	新疆生产建设兵团建设工程（集团）有限责任公司	52,842
64	中国水利水电第十工程局有限公司	52,698
65	中国天辰工程有限公司	52,295
66	中交第二公路工程局有限公司	52,069
67	中国水利水电第七工程局有限公司	51,122
68	上海电力建设有限责任公司	50,561
69	上海诺基亚贝尔股份有限公司	48,155
70	云南省建设投资控股集团有限公司	47,890
71	中国能源建设集团广东省电力设计研究院有限公司	47,614
72	中交第一航务工程局有限公司	47,227
73	江苏南通三建集团股份有限公司	47,189
74	中国电力工程有限公司	46,913
75	神州长城国际工程有限公司	45,994
76	烟建集团有限公司	45,197
77	江苏省建筑工程集团有限责任公司	44,071
78	中建三局第一建设工程有限公司	43,756
79	中铁五局集团有限公司	43,227
80	安徽省外经建设（集团）有限公司	42,909
81	中材建设有限公司	41,016
82	特变电工股份有限公司	40,216
83	中国重型机械有限公司	40,182
84	中铁建工集团有限公司	40,077
85	中国河南国际合作集团有限公司	40,071

续表

序号	企业名称	完成营业额（万美元）
86	中鼎国际工程有限责任公司	40,035
87	中交隧道工程局有限公司	40,005
88	中铁大桥局集团有限公司	39,967
89	中国建材国际工程集团有限公司	39,428
90	中国水利水电第四工程局有限公司	39,122
91	中国水利水电第五工程局有限公司	38,896
92	北京城建集团有限责任公司	38,503
93	中建安装工程有限公司	38,207
94	中石化宁波工程有限公司	37,809
95	中国水产舟山海洋渔业公司	37,332
96	中国成套设备进出口（集团）总公司	37,267
97	中铁隧道局集团有限公司	37,252
98	中国能源建设集团天津电力建设有限公司	36,848
99	苏州中材建设有限公司	34,000
100	中国中铁股份有限公司东方国际建设分公司	33,994

（哈尔滨工业大学）

【2017年我国对外承包工程业务新签合同额前100家企业】 根据国家商务部的有关统计分析报告，2017年我国对外承包工程业务新签合同额前100家企业如表33所列。

2017年我国对外承包工程业务新签合同额前100家企业　　表33

序号	企业名称	新签合同额（万美元）
1	中国建筑工程总公司	2,813,208
2	中国水电建设集团国际工程有限公司	1,736,897
3	华为技术有限公司	1,519,201
4	中国交通建设股份有限公司	1,519,172
5	中国港湾工程有限责任公司	1,200,297
6	中国葛洲坝集团股份有限公司	1,178,504
7	中国路桥工程有限责任公司	671,382
8	中国土木工程集团有限公司	651,726
9	中国冶金科工集团有限公司	575,992
10	中国石油工程建设有限公司	559,444
11	中国铁建股份有限公司	471,057
12	中铁国际集团有限公司	455,301
13	中国机械设备工程股份有限公司	342,827

续表

序号	企业名称	新签合同额（万美元）
14	中国石油管道局工程有限公司	279,172
15	中国电力技术装备有限公司	230,660
16	中工国际工程股份有限公司	230,399
17	中兴通讯股份有限公司	216,749
18	中国石油集团长城钻探工程有限公司	197,418
19	中国华电科工集团有限公司	187,500
20	中国机械进出口（集团）有限公司	187,448
21	上海电气集团股份有限公司	187,446
22	上海振华重工（集团）股份有限公司	186,533
23	中国化学工程第七建设有限公司	183,315
24	中交第一公路工程局有限公司	176,665
25	中国能源建设集团广东火电工程有限公司	171,922
26	中国航空技术国际工程公司	162,145
27	青建集团股份公司	161,436
28	中国江西国际经济技术合作公司	158,323
29	安徽省外经建设（集团）有限公司	151,384
30	中国石油集团渤海钻探工程有限公司	150,077
31	山东电力基本建设总公司	150,000
32	中国中铁股份有限公司东方国际建设分公司	145,500
33	山东电力建设第三工程有限公司	143,706
34	中国电力工程顾问集团华北电力设计院有限公司	139,737
35	中信建设有限责任公司	138,435
36	中地海外集团有限公司	136,663
37	成都西油联合石油天然气工程技术有限公司	136,000
38	中建三局第一建设工程有限责任公司	127,015
39	中国寰球工程有限公司	124,750
40	神州长城国际工程有限公司	121,321
41	江苏永鼎股份有限公司	114,120
42	惠生工程（中国）有限公司	113,377
43	威海国际经济技术合作有限公司	113,143
44	江西中煤建设集团有限公司	111,203
45	中国建筑第二工程局有限公司	104,627
46	中国石化集团国际石油工程有限公司	100,011
47	中铁七局集团有限公司	99,360
48	中国电力工程顾问集团西北电力设计院工程有限公司	99,344

续表

序号	企业名称	新签合同额（万美元）
49	中国水利电力对外有限公司	97,498
50	华山国际工程	95,734
51	中材建设有限公司	93,335
52	中铁电气化局集团有限公司	92,864
53	中国河南国际合作集团有限公司	92,494
54	中国能源建设集团广东省电力设计研究院有限公司	92,312
55	中国有色金属建设股份有限公司	91,905
56	大庆石油管理局	91,715
57	青岛市恒顺众昇集团股份有限公司	90,131
58	北方国际合作股份有限公司	89,970
59	中铁二局集团有限公司	88,128
60	上海隧道工程有限公司	86,755
61	中铁一局集团有限公司	86,222
62	蚌埠市国际经济技术合作有限公司	84,600
63	中国地质工程集团有限公司	84,242
64	中国山东对外经济技术合作集团有限公司	84,027
65	中国电建集团华东勘测设计研究院有限公司	79,100
66	中国中材国际工程股份有限公司	78,392
67	中国电建集团核电工程公司	74,660
68	浙江省建设投资集团股份有限公司	74,379
69	上海诺基亚贝尔股份有限公司	72,190
70	武汉烽火国际技术有限责任公司	70,523
71	中铁四局集团有限公司	67,842
72	中铁十局集团有限公司	65,720
73	中国建材国际工程集团有限公司	65,160
74	中国化学工程第三建设有限公司	63,848
75	中国水电工程顾问集团有限公司	62,188
76	山东高速尼罗投资发展有限公司	62,000
77	东方电气集团国际合作有限公司	61,924
78	金诚信矿业管理股份有限公司	60,783
79	中铁三局集团有限公司	60,493
80	沈阳远大铝业工程有限公司	58,818
81	云南省建设投资控股集团有限公司	58,749
82	中铁建工集团有限公司	57,744
83	上海电力建设有限责任公司	57,729
84	中国能源建设集团江苏省电力设计院有限公司	57,490

续表

序号	企业名称	新签合同额（万美元）
85	中铁二院工程集团有限责任公司	56,907
86	中石化第五建设有限公司	52,556
87	中国武夷实业股份有限公司	52,352
88	四川华西海外投资建设有限公司	51,609
89	江苏苏美达成套设备工程有限公司	50,923
90	中国电建集团中南勘测设计研究院有限公司	50,189
91	中国能源建设集团浙江火电建设有限公司	49,632
92	江苏省建筑工程集团有限责任公司	49,237

续表

序号	企业名称	新签合同额（万美元）
93	中天建设集团有限公司	46,449
94	湖南建工集团有限公司	44,913
95	上海建工集团股份有限公司	44,319
96	中成进出口股份有限公司	44,268
97	中国江苏国际经济技术合作集团有限公司	43,843
98	中石化中原石油工程有限公司	43,369
99	中国电建市政建设集团有限公司	42,049
100	天津欧柏威股份有限公司	41,756

（哈尔滨工业大学）

2017年全国房地产市场运行分析

2017年全国房地产开发情况

根据国家统计局发布的有关数据，2017年我国房地产市场开发情况如下：

【房地产开发投资完成情况】 2017年，全国房地产开发投资109799亿元，比上年名义增长7.0%，增速比1～11月份回落0.5个百分点。其中，住宅投资75148亿元，增长9.4%，增速回落0.3个百分点。住宅投资占房地产开发投资的比重为68.4%。2017年全国房地产开发投资增速情况如图33所示。

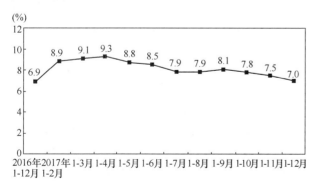

图33　2017年全国房地产开发投资增速

2017年，东部地区房地产开发投资58023亿元，比上年增长7.2%，增速比1～11月份回落0.2个百分点；中部地区投资23884亿元，增长11.6%，增速回落0.8个百分点；西部地区投资23877亿元，增长3.5%，增速回落0.8个百分点；东北地区投资4015亿元，增长1.0%，增速回落0.4个百分点。具体如表34所示。

2017年东中西部和东北地区房地产开发投资情况　　表34

地　区	投资额（亿元）	住宅	比上年增长（%）	住宅
全国总计	109799	75148	7.0	9.4
一、东部地区	58023	39770	7.2	9.3
二、中部地区	23884	17006	11.6	14.1
三、西部地区	23877	15510	3.5	6.2
四、东北地区	4015	2862	1.0	1.7

数据来源：国家统计局

注：东部地区包括北京、天津、河北、上海、江苏、浙江、福建、山东、广东、海南10个省（市）；中部地区包括山西、安徽、江西、河南、湖北、湖南6个省；西部地区包括内蒙古、广西、重庆、四川、贵州、云南、西藏、陕西、甘肃、青海、宁夏、新疆12个省（市、自治区）；东北地区包括辽宁、吉林、黑龙江3个省。

【房屋供给情况】 2017年，房地产开发企业房屋施工面积781484万平方米，比上年增长3.0%，增速比1～11月份回落0.1个百分点。其中，住宅施工面积536444万平方米，增长2.9%。房屋新开工面积178654万平方米，增长7.0%，增速提高0.1个百分点。其中，住宅新开工面积128098万平方米，增长10.5%。房屋竣工面积101486万平方米，下降4.4%，降幅扩大3.4个百分点。其中，住宅竣工面积71815万平方米，下降7.0%。

2017年、2016年全国房地产开发企业施工面积、新开工面积和竣工面积逐月情况，如表35所示。

2017年、2016年全国房地产开发企业施工、新开工和竣工面积逐月情况　　表35

月份	2017年						2016年					
	施工面积（亿平方米）	增长（%）	新开工面积（亿平方米）	增长（%）	竣工面积（亿平方米）	增长（%）	施工面积（亿平方米）	增长（%）	新开工面积（亿平方米）	增长（%）	竣工面积（亿平方米）	增长（%）
1～2	622950	3.2	17238	10.4	16141	15.8	603544	5.9	15620	13.7	13942	28.9
1～3	636977	3.1	31560	11.6	23031	15.1	617975	5.8	28281	19.2	20001	17.7
1～4	654054	3.1	48240	11.1	28174	10.6	634261	5.8	43425	21.4	25478	20.1
1～5	671438	3.1	65179	9.5	33911	5.9	651338	5.6	59522	18.3	32028	20.4
1～6	692326	3.4	85720	10.6	41524	5.0	669750	5.0	77537	14.9	39546	20.0
1～7	707313	3.2	100371	8.0	47021	2.4	685606	4.8	92944	13.7	45904	21.3
1～8	721781	3.1	114996	7.6	52296	3.4	700121	4.6	106834	12.2	50592	19.1
1～9	738065	3.1	131033	6.8	57694	1.0	716029	3.2	122655	6.8	57112	12.1
1～10	752334	2.9	145127	5.6	65612	0.6	730981	3.3	137375	8.1	65211	6.6
1～11	768443	3.1	161679	6.9	76245	-1.0	745122	2.9	151303	7.6	77037	6.4
1～12	781484	3.0	178654	7.0	101486	-4.4	758975	3.2	166928	8.1	106128	6.1

数据来源：国家统计局

2017年，房地产开发企业土地购置面积25508万平方米，比上年增长15.8%，增速比1～11月份回落0.5个百分点；土地成交价款13643亿元，增长49.4%，增速提高2.4个百分点。2017年全国房地产开发企业土地购置面积增速，如图34所示。

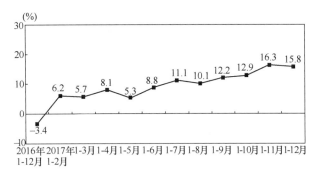

图34　2017年全国房地产开发企业土地购置面积增速

2017年商品房销售和待售情况

2017年，商品房销售面积169408万平方米，比上年增长7.7%，增速比1～11月份回落0.2个百分点。其中，住宅销售面积增长5.3%，办公楼销售面积增长24.3%，商业营业用房销售面积增长18.7%。商品房销售额133701亿元，增长13.7%，增速提高1个百分点。其中，住宅销售额增长11.3%，办公楼销售额增长17.5%，商业营业用房销售额增长25.3%。2017年全国商品房销售面积及销售额增速，如图35所示。

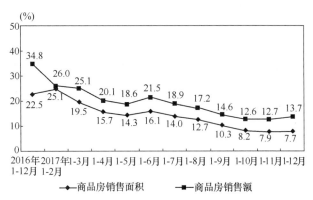

图35　2017年全国商品房销售面积及销售额增速

2017年，东部地区商品房销售面积71199万平方米，比上年增长2.9%，增速比1～11月份回落0.3个百分点；销售额74439亿元，增长6.2%，增速提高0.9个百分点。中部地区商品房销售面积47460万平方米，增长12.8%，增速提高0.3个百分点；销售额28665亿元，增长24.1%，增速提高1.6个百分点。西部地区商品房销售面积42459万平方米，增长10.7%，增速回落0.9个百分点；销售额25231亿元，增长25.9%，增速提高0.3个百分点。

东北地区商品房销售面积 8289 万平方米,增长 7.0%,增速回落 0.4 个百分点;销售额 5367 亿元,增长 21.8%,增速回落 0.3 个百分点。具体如表 36 所示。

2017 年东中西部和东北地区房地产销售情况 表 36

地 区	商品房销售面积		商品房销售额	
	绝对数(万平方米)	比上年增长(%)	绝对数(亿元)	比上年增长(%)
全国总计	169408	7.7	133701	13.7
东部地区	71199	2.9	74439	6.2
中部地区	47460	12.8	28665	24.1
西部地区	42459	10.7	25231	25.9
东北地区	8289	7.0	5367	21.8

数据来源:国家统计局

2017 年末,商品房待售面积 58923 万平方米,比 11 月末减少 683 万平方米。其中,住宅待售面积减少 670 万平方米,办公楼待售面积增加 118 万平方米,商业营业用房待售面积减少 215 万平方米。

2017 年、2016 年全年商品房销售面积和销售额逐月情况,如表 37 所示。

2017 年、2016 年全国商品房销售面积、销售额 表 37

月份	2017 年				2016 年			
	商品房销售面积(万平方米)	增长(%)	商品房销售额(亿元)	增长(%)	商品房销售面积(万平方米)	增长(%)	商品房销售额(亿元)	增长(%)
1~2	14054	25.1	10806	26.0	11235	28.2	8577	43.6
1~3	29035	19.5	23182	25.1	24299	33.1	18524	54.1
1~4	41655	15.7	33223	20.1	36012	36.5	27656	55.9
1~5	54821	14.3	43632	18.6	47954	33.2	36775	50.7
1~6	74662	16.1	59152	21.5	64302	27.9	48682	42.1
1~7	86351	14.0	68461	18.9	75760	26.4	57569	39.8
1~8	98539	12.7	78096	17.2	87451	25.5	66623	38.7
1~9	116006	10.3	91904	14.6	105185	26.9	80208	41.3
1~10	130254	8.2	102990	12.6	120338	26.8	91482	41.2
1~11	146568	7.9	115481	12.7	135829	24.3	102503	37.5
1~12	169408	7.7	133701	13.7	157349	22.5	117627	34.8

数据来源:国家统计局

2017 年全国房地产开发资金来源结构分析

2017 年,房地产开发企业到位资金 156053 亿元,比上年增长 8.2%,增速比 1~11 月份提高 0.5 个百分点。2017 年全国房地产开发企业本年到位资金增速,如图 36 所示。

【国内贷款比重小幅增加】 2017 年,全国房地产开发企业本年到位资金来源于国内贷款 25242 亿元,增长 17.3%,全年房地产开发国内贷款占全年

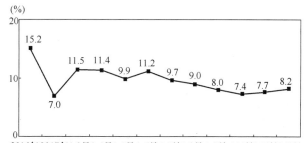

图 36　2017 年全国房地产开发企业本年到位资金增速

到位资金总和的 16.2%，比上年同期增加了 1.3 个百分点。

【利用外资金额小幅增加】 2017 年，全国房地产开发企业本年到位资金来源于利用外资 168 亿元，增长 19.8%。全年房地产开发利用外资约占全年到位资金的 0.1%。

【自筹资金比重小幅下降】 2017 年，全国房地产开发企业本年到位资金来源于自筹资金为 50872 亿元，增长 3.5%。全年房地产开发自筹资金占全年到位资金的 32.6%，比上年同期下降了 1.5 个百分点。

【其他来源资金小幅增加】 2017 年，全国房地产开发企业本年到位资金来源于其他资金 79770 亿元，增长 8.6%。全年房地产开发其他资金占全年到位资金的 51.1%，比上年同期增加了 0.2 个百分点。在其他资金中，定金及预收款 48694 亿元，增长 16.1%；个人按揭贷款 23906 亿元，下降 2.0%。

2017 年全国房地产开发资金来源结构逐月情况，如表 38 所示。

2017 年全国房地产开发资金来源结构逐月情况（单位：亿元）　　　　表 38

月份	房地产开发资金合计	国内贷款	利用外资	自筹资金	其他资金	定金及预付款	个人按揭贷款
1~2	22880	4985	48	6897	10950	6108	3391
1~3	35666	6892	74	10894	17806	10007	5538
1~4	47221	8774	74	14217	24156	13842	7662
1~5	58989	10497	90	18008	30394	17849	9600
1~6	75765	13352	104	23273	39035	23226	12000
1~7	87664	15094	112	27340	45118	26937	13852
1~8	99804	16904	112	31439	51349	30786	15764
1~9	113095	19003	113	36451	57528	34610	17739
1~10	125941	20798	125	41086	63932	38632	19586
1~11	139489	22649	147	45997	70696	42817	21612
1~12	156053	25242	168	50872	79770	48694	23906
2016 年	144214	21512	140	49133	73428	41952	24403

数据来源：国家统计局

2017 年全国房地产开发景气指数

2017 年全国房地产开发景气指数如表 39 所示。

2017 年全国房地产开发景气指数　　　　表 39

指数类别	月份										
	2	3	4	5	6	7	8	9	10	11	12
国房景气指数	100.78	101.13	101.23	101.18	101.37	101.42	101.42	101.44	101.49	101.63	101.72
较上月增幅	0.02	0.35	0.10	−0.05	0.19	0.05	0	0.02	0.05	0.14	0.09

数据来源：国家统计局

2017 年 70 个大中城市住宅销售价格变动情况

【新建住宅销售价格情况】 根据国家统计局公布的月度数据，2017 年全国 70 个大中城市的新建住宅销售价格指数情况分别如表 40、表 41 和表 42 所列。

2017年70个大中城市新建住宅销售价格指数环比数据

表40

城市	1月	2月	3月	4月	5月	6月	7月	8月	9月	10月	11月	12月
北京	100.0	100.0	100.4	100.2	100.0	99.6	99.9	100.0	99.9	99.8	100.0	100.0
天津	99.7	100.4	100.2	99.9	100.1	100.0	99.8	99.9	100.0	100.1	99.8	100.2
石家庄	100.1	100.2	100.9	100.1	100.0	100.5	100.3	100.1	100.3	100.2	100.2	100.0
太原	100.4	100.4	100.5	101.3	100.9	101.1	100.4	100.2	100.5	100.7	100.4	100.6
呼和浩特	99.8	100.3	100.2	100.5	100.4	100.3	100.9	101.0	100.3	100.9	101.1	100.8
沈阳	100.1	100.6	101.2	101.8	101.9	101.6	100.8	100.5	100.6	100.6	100.8	100.4
大连	100.0	100.5	100.6	101.1	101.0	100.5	100.9	100.6	100.7	101.0	100.8	
长春	100.2	100.4	100.8	100.9	101.1	100.9	100.8	100.4	100.8	100.5	100.7	101.1
哈尔滨	99.9	100.8	100.7	100.5	102.0	101.6	100.6	100.3	100.8	101.7	100.4	101.0
上海	99.9	100.2	99.9	99.9	100.0	99.8	100.0	100.0	100.0	100.2	100.0	100.2
南京	99.8	99.9	99.9	99.7	99.8	100.0	99.9	99.8	100.0	99.9	99.8	100.1
杭州	100.0	99.8	100.2	100.0	99.7	100.2	100.0	99.9	99.7	100.0	99.9	100.0
宁波	99.7	100.2	100.8	100.9	101.2	100.9	100.3	100.2	99.9	100.2	100.3	100.3
合肥	99.9	99.8	100.1	100.0	99.8	100.1	100.0	99.9	99.9	100.0	100.1	100.0
福州	99.7	100.0	99.9	99.8	100.0	99.9	99.8	99.7	99.6	100.0	100.2	99.8
厦门	99.8	99.9	101.8	100.0	100.3	100.4	100.2	100.0	99.9	99.8	100.2	99.9
南昌	100.0	100.6	101.3	100.7	101.0	100.1	100.4	100.9	100.3	100.2	100.6	100.0
济南	99.9	100.0	100.6	100.4	100.5	100.2	100.1	99.7	99.4	99.8	99.9	100.3
青岛	100.1	100.2	100.9	100.3	100.4	100.3	100.3	100.1	100.3	100.3	100.5	100.2
郑州	99.8	99.7	100.3	100.1	99.9	100.0	99.9	99.7	99.9	99.9	100.0	100.3
武汉	99.9	99.8	99.9	100.4	100.3	100.2	99.8	99.9	99.9	100.0	100.0	100.3
长沙	100.5	100.8	101.0	100.8	100.3	100.2	100.7	100.3	100.1	100.3	100.0	100.2
广州	100.6	100.9	102.5	101.4	100.9	100.5	100.4	99.3	99.5	99.8	99.9	99.7
深圳	99.5	99.4	99.7	100.0	99.4	100.0	99.8	99.9	100.0	99.9	99.8	99.9
南宁	100.6	100.3	101.1	101.0	101.1	100.9	101.2	100.5	100.2	100.3	100.4	100.4
海口	100.4	100.9	102.6	99.6	99.4	101.2	100.7	99.0	100.0	100.0	99.8	102.2
重庆	101.3	101.0	101.1	101.4	100.8	101.5	100.9	100.3	100.2	100.2	100.6	100.4
成都	100.0	99.6	99.4	100.0	99.9	99.8	99.9	99.6	100.0	100.6	100.1	100.5
贵阳	100.5	100.4	101.2	101.5	100.9	100.6	100.8	100.7	100.6	100.4	100.8	101.2
昆明	100.4	100.3	100.7	101.6	100.6	100.7	100.6	100.5	100.1	100.4	101.2	102.5
西安	100.7	101.0	100.8	101.5	101.7	101.5	101.0	100.3	100.5	100.7	100.4	100.6
兰州	100.3	100.4	100.5	100.4	100.7	100.8	100.3	100.0	100.1	100.0	100.6	100.8
西宁	100.2	100.3	100.2	100.3	100.5	100.2	100.3	100.3	100.6	100.0	101.2	101.1
银川	99.9	99.8	100.1	100.2	100.4	100.4	100.4	100.3	100.0	100.1	101.0	100.5
乌鲁木齐	99.7	100.1	100.2	100.4	100.5	100.4	100.3	100.6	100.6	100.5	101.8	100.9
唐山	100.2	100.2	100.8	102.2	100.4	100.8	100.2	100.2	99.7	99.9	100.6	100.5
秦皇岛	100.4	100.3	100.7	101.0	100.9	100.1	100.7	100.5	99.6	100.5	100.9	100.1
包头	100.2	100.1	100.3	100.6	100.5	100.2	100.4	100.6	100.3	100.3	100.9	101.0

续表

城市	1月	2月	3月	4月	5月	6月	7月	8月	9月	10月	11月	12月
丹东	100.3	100.2	99.9	100.1	100.0	100.3	100.5	100.4	100.3	100.0	101.0	101.2
锦州	100.1	99.5	100.4	100.3	100.1	100.4	100.1	100.0	100.3	100.1	100.3	100.1
吉林	99.9	100.4	100.8	100.7	100.9	100.6	100.9	100.7	100.6	100.5	100.3	100.3
牡丹江	100.2	100.1	100.6	100.7	100.6	100.1	100.5	100.8	100.0	100.5	100.6	101.1
无锡	99.5	99.9	100.3	100.1	100.2	99.7	100.0	99.7	99.8	99.7	99.8	100.2
扬州	100.8	100.9	101.4	101.7	101.5	100.9	100.4	100.3	100.1	100.5	99.7	100.3
徐州	100.4	100.7	100.5	101.2	101.6	101.7	100.5	100.4	100.3	100.5	100.6	100.1
温州	99.8	100.2	100.5	101.3	101.4	100.9	101.0	99.8	100.1	100.3	100.4	100.6
金华	100.4	100.3	101.2	101.7	101.3	101.0	101.3	100.4	100.3	100.5	100.4	100.5
蚌埠	100.3	100.7	102.2	103.4	102.0	101.2	99.5	99.9	99.4	100.0	99.7	
安庆	100.2	100.4	101.4	101.1	100.2	100.3	99.7	100.1	100.9	100.3	100.0	100.5
泉州	100.7	100.5	100.5	99.6	99.8	100.7	99.8	99.9	99.2	100.4	99.6	100.6
九江	101.1	100.8	101.3	101.1	101.6	100.7	100.7	100.4	99.9	100.2	100.0	100.1
赣州	100.8	100.4	100.2	100.4	100.2	100.4	100.3	100.4	100.3	99.7	100.0	99.7
烟台	100.3	100.5	100.6	100.7	101.2	101.1	100.9	100.5	100.4	100.6	100.7	100.4
济宁	100.2	100.3	100.9	101.0	101.7	101.3	100.8	100.7	100.8	100.4	100.2	100.4
洛阳	100.4	100.2	101.3	100.8	101.3	102.3	100.7	100.6	100.2	100.3	10.3	100.1
平顶山	99.9	100.1	100.6	101.2	100.6	100.9	100.5	100.3	100.5	100.5	100.6	100.5
宜昌	100.8	100.7	101.0	102.1	101.6	101.4	100.7	99.9	100.0	99.8	100.5	100.3
襄阳	100.5	100.3	100.7	100.9	100.8	101.9	100.6	100.3	100.4	99.8	100.3	100.0
岳阳	100.8	100.5	100.8	100.6	101.0	101.2	100.9	100.7	100.6	100.7	100.4	100.7
常德	100.3	100.4	101.2	100.4	101.4	101.6	101.1	100.7	100.3	100.5	100.1	100.6
惠州	100.5	100.1	101.1	100.6	100.8	100.5	100.3	100.1	100.1	100.2	100.4	100.2
湛江	100.7	100.6	100.2	101.0	102.6	100.6	100.9	100.4	100.0	100.2	101.5	100.3
韶关	100.5	100.9	101.8	101.6	101.1	100.4	101.3	100.0	100.5	100.1	100.0	100.4
桂林	100.3	100.5	100.8	101.3	100.8	101.0	101.2	101.1	100.2	100.4	101.3	100.3
北海	100.4	100.6	100.7	101.9	103.2	102.1	101.5	100.9	100.5	100.7	100.3	99.7
三亚	101.7	101.3	102.3	98.8	99.8	99.2	100.3	100.1	99.8	100.2	100.8	100.5
泸州	99.8	100.1	100.5	100.4	100.2	100.9	100.3	99.7	100.1	100.7	100.8	101.9
南充	100.2	100.7	101.3	100.9	100.7	101.4	100.4	100.6	100.7	100.9	100.7	100.5
遵义	100.3	100.2	100.3	100.7	100.1	100.5	100.3	100.0	100.6	100.0	100.4	100.9
大理	100.2	100.3	99.8	100.6	100.3	100.6	100.2	100.5	100.6	100.3	100.0	101.5

数据来源：国家统计局

2017年70个大中城市新建住宅销售价格指数同比数据　　　　表41

城市	1月	2月	3月	4月	5月	6月	7月	8月	9月	10月	11月	12月
北京	124.7	122.1	119.0	116.0	113.5	110.7	108.9	105.2	100.5	99.8	99.8	99.8
天津	123.2	122.7	120.5	117.3	114.7	112.3	109.7	105.9	101.8	100.6	99.9	100.2

续表

城 市	1月	2月	3月	4月	5月	6月	7月	8月	9月	10月	11月	12月
石家庄	118.5	118.2	118.6	117.6	116.4	115.8	113.1	109.3	105.0	103.5	103.0	102.8
太 原	102.9	103.2	103.4	104.9	105.8	106.4	106.9	106.9	106.9	107.2	107.3	107.6
呼和浩特	101.0	101.1	101.0	101.4	101.7	101.9	102.8	103.7	104.2	104.8	106.1	106.8
沈 阳	103.2	104.1	105.1	106.1	107.6	109.0	109.8	110.3	110.7	111.0	111.7	111.5
大 连	102.5	103.4	103.8	104.1	104.6	104.8	106.4	106.6	107.1	107.1	107.6	108.4
长 春	104.3	104.4	104.6	105.4	106.1	106.9	107.6	107.7	107.9	107.7	108.0	108.8
哈尔滨	102.1	103.0	103.1	103.8	105.5	106.7	107.5	107.7	108.5	109.9	110.5	110.7
上 海	123.8	121.1	116.8	113.2	111.0	108.6	107.3	102.8	100.0	99.8	99.8	100.2
南 京	135.4	131.8	127.4	122.1	117.3	113.0	109.2	104.8	101.3	99.0	98.5	98.7
杭 州	127.4	125.4	122.8	119.3	116.2	114.5	111.8	108.1	102.2	99.1	99.4	99.4
宁 波	111.1	110.7	109.9	109.7	109.6	109.9	109.4	108.4	106.3	105.0	104.6	105.0
合 肥	144.0	140.5	134.5	127.2	120.9	115.4	111.0	105.8	101.0	99.4	99.7	99.8
福 州	125.5	123.7	121.1	117.4	115.5	114.0	111.9	107.1	101.5	98.9	98.2	98.4
厦 门	138.4	136.5	132.0	125.5	119.4	114.5	109.8	105.7	102.6	101.8	102.3	102.2
南 昌	114.3	113.6	113.4	112.5	112.0	110.8	109.4	108.6	106.5	105.6	105.9	106.3
济 南	119.0	118.3	118.1	117.3	116.7	115.9	115.1	111.2	105.1	101.5	100.3	100.9
青 岛	113.0	113.1	112.9	111.9	111.4	111.2	110.9	109.1	104.4	103.4	103.7	104.1
郑 州	127.3	126.5	125.0	123.6	121.8	119.9	117.5	111.0	103.1	99.5	99.0	99.3
武 汉	123.0	121.7	120.2	118.3	116.0	114.2	112.1	108.6	104.6	101.6	100.1	100.6
长 沙	117.9	118.4	119.1	118.2	118.4	118.1	117.9	116.5	111.8	107.5	105.9	105.9
广 州	124.0	123.1	122.7	121.6	119.4	117.8	116.7	113.2	109.4	107.7	106.6	105.5
深 圳	118.2	113.5	109.1	106.6	105.4	102.7	100.5	98.1	96.3	96.7	96.9	97.1
南 宁	110.2	110.1	110.6	110.4	110.8	111.2	111.8	111.4	109.5	108.3	108.7	108.4
海 口	106.5	107.1	109.6	108.7	107.4	108.5	108.4	106.7	105.9	105.0	104.2	105.9
重 庆	107.7	108.3	108.9	109.9	110.2	112.0	112.8	112.8	111.9	111.4	110.7	110.0
成 都	105.3	104.9	103.9	103.3	102.9	102.0	101.0	99.7	97.3	98.7	98.8	99.4
贵 阳	105.3	105.4	106.3	107.2	107.7	108.4	108.7	109.1	109.0	108.8	109.5	110.3
昆 明	104.2	104.6	105.5	106.3	106.5	107.3	107.7	108.0	107.8	107.1	107.8	110.1
西 安	107.6	108.7	109.5	110.7	111.9	113.1	113.8	113.4	113.6	112.6	111.3	111.2
兰 州	103.2	103.5	103.6	103.6	103.9	104.4	104.4	103.5	103.2	103.6	104.3	105.4
西 宁	102.3	102.8	102.8	102.6	102.8	103.1	103.3	103.2	103.5	103.1	104.3	105.4
银 川	102.4	102.2	102.2	101.7	101.5	102.1	102.3	102.7	102.9	102.9	103.7	104.0
乌鲁木齐	99.1	99.7	99.9	100.2	100.2	100.8	101.1	102.1	102.9	103.7	105.5	106.1
唐 山	103.2	103.2	104.2	106.6	106.6	107.9	107.6	107.5	106.8	106.1	105.6	105.9
秦皇岛	107.0	107.1	107.6	108.4	109.3	109.0	109.7	109.6	108.6	106.8	106.1	105.9
包 头	100.2	100.6	100.7	101.0	101.5	102.0	102.8	103.3	103.3	103.8	104.3	105.5
丹 东	99.8	100.8	100.9	100.7	100.3	100.5	101.4	101.9	102.4	102.2	102.7	104.2

续表

城 市	1月	2月	3月	4月	5月	6月	7月	8月	9月	10月	11月	12月
锦 州	97.7	97.5	98.2	98.9	99.4	100.2	101.0	101.2	101.6	101.5	101.6	101.7
吉 林	102.6	102.7	103.4	103.4	104.4	104.6	105.6	106.1	106.4	106.5	107.0	106.9
牡丹江	99.3	99.7	100.5	101.1	102.2	102.6	103.7	103.8	103.4	104.4	105.2	106.0
无 锡	134.4	133.8	131.6	128.2	126.4	122.8	119.6	113.7	104.9	99.7	98.7	98.9
扬 州	110.3	111.2	112.3	113.7	114.8	115.5	114.9	114.5	113.3	112.0	109.6	109.0
徐 州	109.6	110.0	109.9	110.2	111.2	112.8	112.6	112.5	111.5	110.2	109.3	108.9
温 州	104.4	104.6	104.6	105.6	106.9	107.7	108.5	107.9	106.4	106.1	106.5	106.6
金 华	106.8	107.1	108.0	109.4	110.5	111.2	113.0	112.5	110.8	110.3	109.3	109.6
蚌 埠	109.8	110.8	110.2	111.7	114.7	116.7	117.0	115.2	113.2	111.1	109.7	108.8
安 庆	107.7	108.6	109.2	109.8	109.6	109.4	108.1	107.0	107.1	106.8	105.4	105.2
泉 州	109.8	110.1	109.9	108.5	108.4	109.4	108.6	107.1	104.6	103.9	101.5	101.4
九 江	112.2	112.9	113.6	113.7	114.6	114.8	114.4	113.5	111.7	109.8	109.0	108.4
赣 州	114.0	114.3	113.6	112.3	112.6	112.2	112.0	110.9	108.1	104.6	103.5	102.8
烟 台	105.5	105.9	106.0	106.3	107.0	107.6	108.1	108.1	108.0	107.9	108.1	108.2
济 宁	102.0	102.1	102.8	103.7	105.4	106.7	108.0	108.5	109.0	108.9	108.8	108.9
洛 阳	105.0	105.4	106.5	106.8	107.9	110.2	110.7	111.0	110.7	110.7	109.4	108.9
平顶山	103.5	103.6	103.9	105.1	105.6	106.3	106.9	106.9	106.3	106.2	106.4	106.4
宜 昌	105.9	106.3	107.2	109.1	110.5	111.5	111.3	110.6	109.8	108.8	108.6	108.4
襄 阳	103.2	103.3	103.5	104.4	104.7	106.8	107.3	107.1	107.2	106.9	106.7	106.4
岳 阳	105.8	106.2	106.6	106.8	107.9	109.0	109.5	110.0	109.2	108.6	108.7	109.1
常 德	103.3	103.4	104.7	105.0	106.7	108.1	109.2	109.9	108.5	108.5	108.1	108.9
惠 州	124.7	123.9	123.9	120.6	117.8	115.5	113.6	112.2	108.1	105.9	104.7	104.5
湛 江	109.3	109.9	109.9	110.6	112.6	111.7	111.7	112.2	110.8	109.6	110.0	109.4
韶 关	108.7	108.7	109.5	110.5	111.2	111.6	114.4	114.7	112.6	111.4	109.4	108.9
桂 林	103.8	104.4	105.1	105.9	106.8	107.5	108.9	109.6	108.2	107.6	109.2	109.6
北 海	104.5	104.7	105.0	106.6	110.0	112.5	114.0	114.7	114.1	114.4	113.9	113.1
三 亚	106.3	107.6	110.2	109.0	108.3	107.7	108.3	107.6	106.2	105.5	105.6	104.9
泸 州	103.0	103.8	104.0	103.9	103.6	104.2	104.2	103.6	103.2	103.5	103.8	105.4
南 充	102.0	102.9	103.5	103.9	104.2	105.2	106.0	105.9	106.9	108.2	108.7	109.3
遵 义	102.0	102.1	102.2	102.8	102.7	103.4	104.6	104.5	105.5	106.0	106.2	107.0
大 理	102.6	103.0	103.6	104.2	103.7	103.6	103.6	104.1	104.4	104.4	104.5	105.7

数据来源：国家统计局

2017年70个大中城市新建住宅销售价格指数定基数据　　表42

城 市	1月	2月	3月	4月	5月	6月	7月	8月	9月	10月	11月	12月
北 京	132.1	132.0	132.6	132.8	132.8	132.3	132.2	132.2	132.1	131.8	131.8	131.8
天 津	126.6	127.1	127.3	127.2	127.4	127.4	127.2	127.1	127.1	127.2	126.9	127.2
石家庄	120.0	120.3	121.3	121.4	121.4	121.9	122.3	122.4	122.8	123.0	123.3	123.3

续表

城市	1月	2月	3月	4月	5月	6月	7月	8月	9月	10月	11月	12月
太原	104.0	104.5	105.0	106.4	107.3	108.5	109.0	109.2	109.7	110.5	110.9	111.5
呼和浩特	100.3	100.6	100.8	101.4	101.8	102.1	103.0	104.0	104.4	105.2	106.4	107.3
沈阳	103.1	103.7	105.0	106.9	108.9	110.6	111.6	112.2	112.9	113.6	114.5	114.9
大连	101.9	102.4	103.0	104.1	105.1	105.7	106.6	107.1	107.7	108.4	109.6	110.4
长春	103.5	103.9	104.7	105.7	106.8	107.8	108.6	109.0	109.8	110.4	111.2	112.4
哈尔滨	102.5	103.4	104.1	104.6	106.7	108.4	109.0	109.4	110.3	112.1	112.5	113.6
上海	137.4	137.7	137.6	137.4	137.4	137.2	137.2	137.2	137.2	137.5	137.5	137.8
南京	145.6	145.4	145.2	144.9	144.6	144.6	144.5	144.2	144.3	144.1	143.8	143.9
杭州	133.7	133.3	133.6	133.6	133.2	133.5	133.4	133.2	132.9	132.9	132.8	132.8
宁波	114.4	114.7	115.6	116.7	118.1	119.1	119.5	119.8	119.6	119.8	120.1	120.5
合肥	148.5	148.2	148.4	148.4	148.1	148.2	148.6	148.4	148.2	148.2	148.4	148.4
福州	129.7	129.7	129.5	129.2	129.2	129.1	128.8	128.5	127.9	128.0	128.2	128.0
厦门	147.6	147.4	150.2	150.2	150.6	151.3	151.6	151.6	151.4	151.1	151.5	151.2
南昌	116.4	117.1	118.6	119.4	120.5	120.7	121.2	122.2	122.6	122.9	123.7	123.6
济南	120.5	120.5	121.2	121.7	122.3	122.5	122.7	122.3	121.6	121.4	121.2	121.6
青岛	113.0	113.2	114.3	114.6	115.0	115.4	115.8	116.1	116.3	116.7	117.2	117.4
郑州	130.3	129.9	130.3	130.4	130.2	130.2	130.1	129.7	129.5	129.4	129.3	129.6
武汉	127.5	127.2	127.2	127.7	127.9	128.3	128.6	128.4	128.2	128.1	128.1	128.4
长沙	119.0	119.9	121.1	122.1	123.2	123.5	124.3	124.6	124.7	125.1	125.1	125.3
广州	131.2	132.4	135.7	137.7	138.9	139.5	140.1	139.1	138.4	138.1	137.9	137.5
深圳	148.8	147.9	147.5	147.4	146.5	146.5	146.2	145.6	145.7	145.6	145.3	145.1
南宁	112.3	112.7	113.9	115.1	116.3	117.3	118.7	119.4	119.6	119.9	120.5	120.9
海口	106.8	107.7	110.4	110.0	109.4	110.7	111.5	110.4	110.4	110.5	110.2	112.6
重庆	108.9	110.0	111.2	112.7	113.6	115.3	116.3	116.6	116.9	117.1	117.8	118.2
成都	106.7	106.2	105.5	105.5	105.4	105.1	105.0	104.7	104.7	105.4	105.5	106.0
贵阳	105.3	105.7	107.0	108.6	109.6	110.3	111.2	112.0	112.8	113.2	114.2	115.5
昆明	103.5	103.8	104.6	106.2	106.9	107.7	108.3	108.8	109.0	109.4	110.7	113.5
西安	108.2	109.3	110.3	111.9	113.7	115.5	116.6	117.0	117.5	118.3	118.8	119.5
兰州	103.5	103.9	104.4	104.8	105.6	106.4	106.7	106.8	106.9	107.2	107.9	108.8
西宁	101.1	101.4	101.6	101.9	102.4	102.7	103.0	103.3	104.0	104.0	105.3	106.4
银川	100.9	100.7	100.8	101.1	101.5	102.0	102.4	102.5	103.2	103.3	104.4	104.9
乌鲁木齐	98.0	98.1	98.4	98.8	99.3	99.7	99.9	100.6	101.1	101.6	103.4	104.3
唐山	102.3	102.5	103.4	105.6	106.1	106.9	107.1	107.4	107.0	106.9	107.5	108.1
秦皇岛	105.9	106.2	106.9	108.0	109.0	109.1	109.9	110.5	110.1	110.6	111.5	111.7
包头	99.0	99.1	99.3	99.9	100.4	100.7	101.0	101.6	102.0	102.3	103.2	104.3
丹东	97.9	98.1	98.0	98.1	98.1	98.4	99.0	99.3	99.6	99.6	100.6	101.7
锦州	96.1	95.6	96.0	96.2	96.3	96.6	96.8	96.7	97.0	97.2	97.5	97.6

续表

城 市	1月	2月	3月	4月	5月	6月	7月	8月	9月	10月	11月	12月
吉 林	101.4	101.7	102.6	103.3	104.3	104.9	105.9	106.6	107.2	107.8	108.1	108.5
牡丹江	98.4	98.5	99.1	99.8	100.4	100.5	101.0	101.8	101.9	102.3	103.0	104.1
无 锡	134.4	134.2	134.7	134.9	135.2	134.8	134.8	134.4	134.1	133.7	133.4	133.6
扬 州	110.9	111.9	113.5	115.5	117.2	118.3	118.7	119.1	119.2	119.8	119.5	119.9
徐 州	109.6	110.4	111.0	112.3	114.1	116.1	116.6	117.0	117.4	118.0	118.7	118.8
温 州	106.3	106.5	107.1	108.5	110.1	111.1	112.2	112.0	112.1	112.4	112.9	113.5
金 华	108.6	108.8	110.2	112.0	113.5	114.7	116.1	116.5	116.9	117.5	118.0	118.6
蚌 埠	108.0	108.8	109.1	111.4	115.2	117.6	119.0	118.4	118.2	117.5	117.5	117.2
安 庆	107.4	107.8	109.3	110.5	110.7	111.1	110.7	110.8	111.8	112.1	112.1	112.7
泉 州	109.8	110.4	110.9	110.5	110.3	111.1	110.8	110.7	109.8	110.2	109.8	110.5
九 江	111.8	112.8	114.3	115.5	117.5	118.4	119.2	119.7	119.5	119.7	119.8	119.9
赣 州	113.8	114.3	114.6	115.0	115.2	115.7	116.0	116.5	116.8	116.5	116.4	116.1
烟 台	105.5	106.0	106.7	107.4	108.6	109.8	110.7	111.3	111.8	112.5	113.3	113.8
济 宁	100.4	100.8	101.7	102.7	104.4	105.8	106.6	107.3	108.1	108.6	108.7	109.2
洛 阳	104.1	104.3	105.7	106.6	107.9	110.4	111.1	111.8	112.0	112.4	112.8	112.9
平顶山	103.9	104.0	104.6	105.9	106.5	107.4	108.0	108.3	108.9	109.4	110.1	110.7
宜 昌	105.5	106.2	107.2	109.4	111.2	112.7	112.8	112.7	112.7	112.5	113.1	113.5
襄 阳	101.5	101.8	102.2	103.1	103.9	105.9	106.6	106.9	107.4	107.2	107.5	107.5
岳 阳	104.2	104.7	105.5	106.2	107.3	108.5	109.4	110.2	110.8	111.6	112.0	112.8
常 德	102.1	102.5	103.2	104.1	105.6	107.1	108.2	108.4	109.2	109.6	110.1	110.3	110.9
惠 州	125.8	125.9	127.2	128.0	129.0	129.6	129.6	129.7	129.9	130.1	130.5	130.8
湛 江	107.3	107.9	108.2	109.2	112.5	113.7	114.2	114.2	114.4	116.2	116.5
韶 关	107.5	108.4	110.4	112.1	113.4	113.5	115.4	115.3	115.5	115.9	115.9	116.5
桂 林	102.7	103.1	104.0	105.3	106.2	107.2	108.5	109.7	110.0	110.4	111.9	112.2
北 海	104.3	104.9	105.6	107.6	111.1	113.5	115.0	116.0	116.6	117.4	117.7	117.4
三 亚	106.4	107.8	110.3	109.0	108.8	107.9	108.1	108.3	108.1	108.4	109.3	109.9
泸 州	103.4	103.6	104.0	104.4	104.6	105.6	105.9	105.6	105.6	106.3	107.2	109.2
南 充	100.6	101.2	102.5	103.3	104.2	105.0	106.0	106.7	107.5	108.4	109.1	109.7
遵 义	101.2	101.4	101.8	102.5	102.6	103.3	104.3	105.2	105.8	106.5	106.9	107.9
大 理	102.3	102.6	102.5	103.1	103.5	104.1	104.3	104.8	105.4	105.7	106.4	107.9

数据来源：国家统计局

【新建商品住宅销售价格情况】 根据国家统计局公布的月度数据，2017年全国70个大中城市的新建商品住宅销售价格指数情况分别如表43、表44和表45所列。

2017年70个大中城市新建商品住宅销售价格指数环比数据　　表43

城 市	1月	2月	3月	4月	5月	6月	7月	8月	9月	10月	11月	12月
北 京	100.0	99.9	100.4	100.2	100.0	99.6	99.9	100.0	99.8	99.8	100.0	100.0
天 津	99.7	100.4	100.2	99.9	100.1	100.0	99.8	99.9	100.0	100.1	99.7	100.2

续表

城　市	1月	2月	3月	4月	5月	6月	7月	8月	9月	10月	11月	12月
石家庄	100.1	100.2	100.9	100.1	100.0	100.5	100.3	100.1	100.3	100.2	100.2	100.0
太　原	100.5	100.4	100.5	101.3	100.9	101.2	100.4	100.2	100.5	100.7	100.4	100.6
呼和浩特	99.8	100.3	100.2	100.5	100.4	100.3	100.9	101.0	100.3	100.9	101.1	100.8
沈　阳	100.1	100.6	101.2	101.8	101.9	101.6	100.8	100.5	100.7	100.6	100.8	100.4
大　连	100.0	100.5	100.6	101.1	101.0	100.5	100.9	100.5	100.6	100.7	101.1	100.8
长　春	100.2	100.4	100.8	101.0	101.1	100.9	100.8	100.4	100.8	100.5	100.7	101.2
哈尔滨	99.9	100.8	100.7	100.5	102.0	101.6	100.6	100.3	100.8	101.7	100.4	101.0
上　海	99.9	100.2	99.9	99.8	100.0	99.8	100.0	100.0	99.9	100.3	100.0	100.3
南　京	99.8	99.9	99.8	99.7	99.8	100.0	99.9	99.8	100.0	99.9	99.8	100.1
杭　州	100.0	99.8	100.2	100.0	99.7	100.2	100.0	99.8	99.7	100.0	99.9	100.0
宁　波	99.7	100.2	100.8	100.9	101.2	100.9	100.3	100.2	99.9	100.2	100.3	100.3
合　肥	99.9	99.8	100.1	99.9	99.8	100.1	100.3	99.9	99.9	100.0	100.1	100.0
福　州	99.7	100.0	99.9	99.8	100.0	99.9	99.8	99.7	99.6	100.0	100.2	99.8
厦　门	99.8	99.9	101.9	100.0	100.3	100.4	100.2	100.0	99.9	99.8	100.2	99.8
南　昌	100.0	100.6	101.3	100.7	101.0	100.1	100.4	100.9	100.3	100.2	100.6	100.0
济　南	99.9	100.0	100.6	100.4	100.5	100.2	100.1	99.7	99.4	99.8	99.9	100.3
青　岛	100.1	100.2	100.9	100.3	100.4	100.3	100.4	100.3	100.1	100.3	100.5	100.2
郑　州	99.8	99.7	100.3	100.1	99.9	100.0	99.9	99.7	99.9	99.9	100.0	100.3
武　汉	99.9	99.8	99.9	100.4	100.2	100.3	100.2	99.8	99.9	99.9	100.0	100.3
长　沙	100.6	100.8	101.1	100.8	100.9	100.2	100.7	100.2	100.1	100.3	100.0	100.2
广　州	100.6	100.9	102.5	101.4	100.9	100.5	100.4	99.3	99.5	99.8	99.9	99.7
深　圳	99.5	99.4	99.7	100.0	99.4	100.0	99.8	99.6	100.0	99.9	99.8	99.8
南　宁	100.7	100.4	101.2	101.1	101.2	100.6	101.3	100.6	100.2	100.3	100.5	100.4
海　口	100.4	100.9	102.6	99.6	99.4	101.2	100.7	99.0	100.0	100.0	99.8	102.2
重　庆	101.3	101.0	101.1	101.4	100.8	101.6	100.9	100.3	100.2	100.2	100.6	100.4
成　都	100.0	99.6	99.3	100.0	99.9	99.8	99.9	99.6	100.0	100.7	100.1	100.5
贵　阳	100.5	100.4	101.3	101.5	100.9	100.6	100.9	100.7	100.6	100.4	100.9	101.2
昆　明	100.4	100.3	100.7	101.6	100.6	100.7	100.6	100.5	100.1	100.4	101.2	102.6
西　安	100.8	101.1	100.9	101.6	101.8	101.7	101.1	100.3	100.5	100.7	100.5	100.6
兰　州	100.3	100.4	100.5	100.4	100.7	100.8	100.3	100.0	100.1	100.3	100.7	100.8
西　宁	100.2	100.3	100.2	100.3	100.5	100.4	100.2	100.4	100.7	100.0	101.3	101.1
银　川	99.9	99.8	100.1	100.2	100.4	100.5	100.4	100.5	100.3	100.1	101.0	100.5
乌鲁木齐	99.7	100.1	100.3	100.5	100.6	100.4	100.7	100.6	100.5	101.9	101.0	
唐　山	100.2	100.2	100.9	102.3	100.4	100.5	100.2	100.2	99.7	99.9	100.6	100.6
秦皇岛	100.4	100.3	100.7	101.1	101.0	100.2	100.8	100.5	99.6	100.5	100.9	100.1
包　头	100.2	100.1	100.3	100.6	100.5	100.4	100.4	100.6	100.4	100.4	100.9	101.1
丹　东	100.3	100.2	99.9	100.1	100.0	100.3	100.5	100.4	100.3	100.0	101.0	101.2

续表

城市	1月	2月	3月	4月	5月	6月	7月	8月	9月	10月	11月	12月
锦州	100.1	99.5	100.4	100.3	100.1	100.4	100.1	100.0	100.3	100.1	100.3	100.1
吉林	99.9	100.4	100.8	100.7	100.9	100.6	100.9	100.7	100.6	100.5	100.4	100.3
牡丹江	100.2	100.1	100.6	100.8	100.6	100.2	100.5	100.9	100.0	100.5	100.7	101.2
无锡	99.5	99.9	100.3	100.1	100.2	99.7	100.0	99.7	99.8	99.7	99.8	100.2
扬州	100.8	100.9	101.4	101.7	101.5	100.4	100.4	100.3	100.1	100.5	99.7	100.3
徐州	100.4	100.7	100.6	101.3	101.6	101.8	100.5	100.4	100.3	100.5	100.6	100.2
温州	99.8	100.2	100.5	101.4	101.5	100.9	101.0	99.8	100.1	100.3	100.4	100.6
金华	100.4	100.3	101.2	101.7	101.3	101.0	101.3	100.4	100.3	100.5	100.4	100.5
蚌埠	100.3	100.7	100.3	102.2	103.4	102.1	101.2	99.5	99.9	99.4	100.0	99.7
安庆	100.2	100.4	101.4	101.1	100.2	100.3	99.7	100.1	100.9	100.3	100.0	100.5
泉州	100.7	100.6	100.5	99.6	99.8	100.7	99.8	99.9	99.2	100.4	99.6	100.6
九江	101.1	100.8	101.3	101.1	101.7	100.8	100.7	100.4	99.9	100.2	100.0	100.1
赣州	100.8	100.4	100.2	100.4	100.2	100.5	100.5	100.4	100.3	99.7	100.0	99.7
烟台	100.3	100.5	100.6	100.7	101.2	101.1	100.9	100.5	100.4	100.6	100.7	100.4
济宁	100.2	100.3	100.9	101.0	101.7	101.3	100.8	100.7	100.8	100.4	100.2	100.4
洛阳	100.4	100.2	101.4	100.9	101.3	102.4	100.7	100.6	100.2	100.4	100.3	100.1
平顶山	99.9	100.1	100.6	101.3	100.6	100.9	100.5	100.3	100.5	100.5	100.6	100.5
宜昌	100.8	100.7	101.0	102.1	101.7	101.4	100.0	99.9	100.0	99.8	100.5	100.4
襄阳	100.5	100.3	100.4	100.9	100.8	102.0	100.6	100.3	100.4	99.8	100.3	100.0
岳阳	100.8	100.5	100.8	100.9	101.1	101.3	100.9	100.8	100.6	100.8	100.4	100.7
常德	100.3	100.4	101.2	100.4	101.5	101.6	101.1	100.7	100.3	100.5	100.1	100.6
惠州	100.5	100.1	101.1	100.6	100.8	100.5	100.0	100.1	100.1	100.2	100.4	100.2
湛江	100.7	100.6	100.2	101.0	102.6	100.9	100.9	100.4	100.0	100.2	101.5	100.3
韶关	100.5	100.9	101.8	101.6	101.1	100.4	101.3	100.0	100.5	100.1	100.0	100.4
桂林	100.3	100.5	100.8	101.3	100.8	101.0	101.2	101.1	100.2	100.4	101.3	100.3
北海	100.4	100.6	100.7	101.9	103.2	102.1	101.5	100.9	100.5	100.7	100.3	99.7
三亚	101.7	101.3	102.3	98.8	99.8	99.2	100.3	100.1	99.8	100.2	100.8	100.5
泸州	99.8	100.1	100.5	100.4	100.2	100.9	100.3	99.9	100.1	100.7	100.8	102.0
南充	100.2	100.7	101.3	101.0	100.7	101.4	100.4	100.6	100.8	100.9	100.7	100.5
遵义	100.4	100.2	100.3	100.7	100.2	100.7	101.0	100.8	100.6	100.7	100.5	101.0
大理	100.2	100.3	99.8	100.6	100.3	100.9	100.2	100.5	100.6	100.6	100.6	101.5

数据来源：国家统计局

2017年70个大中城市新建商品住宅销售价格指数同比数据 表44

城市	1月	2月	3月	4月	5月	6月	7月	8月	9月	10月	11月	12月
北京	127.0	124.1	120.6	117.4	114.6	111.5	109.6	105.6	100.5	99.8	99.7	99.8
天津	124.4	123.9	121.5	118.1	115.5	112.9	110.1	106.2	101.8	100.6	99.8	100.1
石家庄	118.9	118.5	119.0	118.0	116.8	116.1	113.4	109.5	105.1	103.5	103.1	102.9

续表

城 市	1月	2月	3月	4月	5月	6月	7月	8月	9月	10月	11月	12月
太 原	103.0	103.4	103.5	105.0	106.0	106.6	107.2	107.1	107.1	107.4	107.6	107.9
呼和浩特	101.0	101.1	101.0	101.4	101.7	101.9	102.8	103.7	104.2	104.8	106.1	106.9
沈 阳	103.2	104.2	105.1	106.1	107.6	109.0	109.8	110.3	110.8	111.0	111.8	111.5
大 连	102.5	103.4	103.8	104.1	104.6	104.8	106.4	106.6	107.1	107.1	107.6	108.4
长 春	104.4	104.4	104.6	105.4	106.2	107.0	107.7	107.8	108.0	107.8	108.1	109.0
哈尔滨	102.1	103.0	103.1	103.8	105.5	106.7	107.5	107.7	108.5	109.9	110.5	110.7
上 海	128.3	125.0	119.8	115.4	112.9	110.0	108.4	103.2	99.9	99.7	99.7	100.2
南 京	137.3	133.5	128.9	123.2	118.2	113.6	109.6	105.0	101.4	98.9	98.5	98.6
杭 州	127.6	125.6	123.0	119.5	116.3	114.6	111.9	108.2	102.2	99.1	99.4	99.4
宁 波	111.2	110.8	110.0	109.8	109.7	110.0	109.5	108.5	106.3	105.0	104.7	105.1
合 肥	144.2	140.7	134.7	127.3	120.9	115.4	111.0	105.8	101.0	99.4	99.7	99.8
福 州	125.7	124.0	121.3	117.6	115.6	114.1	112.0	107.1	101.5	98.9	98.2	98.3
厦 门	138.8	136.9	132.3	125.7	119.5	114.7	109.8	105.7	102.6	101.9	102.3	102.2
南 昌	114.5	113.8	113.6	112.7	112.1	111.0	109.5	108.7	106.6	105.7	106.0	106.4
济 南	119.0	118.3	118.1	117.3	116.7	115.9	115.1	111.2	105.1	101.5	100.3	100.9
青 岛	113.2	113.3	113.1	112.1	111.6	111.5	111.1	109.3	104.5	103.5	103.8	104.2
郑 州	127.7	126.9	125.4	124.0	122.1	120.2	117.7	111.1	103.2	99.5	99.0	99.3
武 汉	124.2	122.8	121.2	119.2	116.8	114.9	112.7	109.0	104.8	101.7	100.1	100.6
长 沙	118.4	118.9	119.6	118.6	118.9	118.5	118.3	116.9	112.0	107.6	106.0	106.1
广 州	124.2	123.3	122.9	121.7	119.5	117.9	116.9	113.3	109.4	107.7	106.6	105.5
深 圳	118.4	113.6	109.2	106.7	105.5	102.7	100.5	98.0	96.2	96.7	96.8	97.0
南 宁	111.2	111.2	111.7	111.5	111.9	112.5	113.0	112.5	110.4	109.1	109.6	109.2
海 口	106.5	107.2	109.6	108.8	107.4	108.5	108.4	106.7	105.9	105.1	104.2	105.9
重 庆	107.7	108.4	108.9	110.0	110.3	112.1	112.9	112.9	112.0	111.5	110.8	110.0
成 都	105.5	105.0	104.1	103.4	102.9	102.1	101.0	99.7	97.2	98.7	98.7	99.4
贵 阳	105.4	105.5	106.4	107.3	107.8	108.5	108.8	109.2	109.2	109.0	109.6	110.4
昆 明	104.3	104.6	105.6	106.4	106.5	107.3	107.7	108.1	107.8	107.1	107.8	110.2
西 安	108.3	109.6	110.4	111.7	113.0	114.3	115.1	114.7	114.9	113.7	112.3	112.2
兰 州	103.3	103.6	103.7	103.8	104.0	104.5	104.6	103.7	103.3	103.7	104.5	105.5
西 宁	102.5	103.0	103.0	102.8	103.0	103.3	103.6	103.4	103.8	103.3	104.6	105.8
银 川	102.4	102.2	102.2	101.7	101.5	102.1	102.4	102.7	102.8	102.9	103.7	104.0
乌鲁木齐	99.0	99.7	99.9	100.2	100.3	100.9	101.3	102.2	103.1	104.0	106.0	106.6
唐 山	103.3	103.4	104.4	106.9	107.0	108.2	108.0	107.9	107.1	106.4	105.9	106.1
秦皇岛	107.5	107.5	108.1	108.9	109.9	109.5	110.2	110.1	109.1	107.2	106.4	106.3
包 头	100.2	100.6	100.7	101.0	101.5	102.0	102.8	103.4	103.4	103.9	104.4	105.7
丹 东	99.8	100.8	100.9	100.7	100.3	100.9	101.4	101.9	102.4	102.2	102.7	104.2
锦 州	97.7	97.5	98.2	98.9	99.4	100.2	101.0	101.2	101.6	101.5	101.6	101.7

续表

城 市	1月	2月	3月	4月	5月	6月	7月	8月	9月	10月	11月	12月
吉 林	102.7	102.7	103.4	103.4	104.4	104.6	105.6	106.1	106.4	106.6	107.0	106.9
牡丹江	99.2	99.7	100.5	101.1	102.3	102.8	104.0	104.1	103.6	104.7	105.6	106.5
无 锡	134.6	134.0	131.8	128.4	126.5	122.9	119.7	113.7	104.9	99.7	98.7	98.9
扬 州	110.3	111.2	112.3	113.7	114.8	115.5	114.9	114.5	113.3	112.0	109.6	109.1
徐 州	110.1	110.6	110.5	110.8	111.8	113.6	113.3	113.2	112.1	110.8	109.8	109.3
温 州	104.5	104.6	104.6	105.7	106.9	107.8	108.6	108.0	106.4	106.2	106.5	106.7
金 华	106.8	107.1	108.1	109.5	110.6	111.6	113.0	112.6	110.9	110.4	109.3	109.7
蚌 埠	109.8	110.9	110.2	111.7	114.7	116.7	117.0	115.2	113.2	111.1	109.8	108.8
安 庆	107.7	108.7	109.2	109.9	109.7	109.4	108.1	107.1	107.1	106.8	105.4	105.2
泉 州	110.0	110.3	110.1	108.6	108.6	109.6	108.7	107.2	104.7	104.0	101.5	101.4
九 江	112.4	113.0	113.8	113.8	114.7	114.9	114.6	113.6	111.8	109.9	109.1	108.4
赣 州	114.0	114.4	113.6	112.7	112.3	112.6	112.0	110.9	108.2	104.6	103.6	102.8
烟 台	105.5	105.9	106.3	106.7	107.0	107.5	108.0	108.1	108.0	107.9	108.1	108.2
济 宁	102.0	102.1	102.8	103.8	105.5	106.8	108.1	108.6	109.1	109.0	108.9	109.0
洛 阳	105.3	105.6	106.9	107.2	108.3	110.7	111.2	111.6	111.2	111.2	109.9	109.3
平顶山	103.5	103.6	104.0	105.2	105.7	106.4	107.0	107.0	106.4	106.3	106.5	106.5
宜 昌	106.0	106.5	107.3	109.2	110.7	111.7	111.4	110.8	110.0	108.9	108.8	108.6
襄 阳	103.2	103.3	103.6	104.4	104.7	106.9	107.3	107.2	107.2	107.0	106.8	106.4
岳 阳	106.2	106.6	107.1	107.3	108.5	109.6	110.2	110.7	109.8	109.2	109.3	109.7
常 德	103.4	103.4	104.8	105.1	106.8	108.4	109.4	110.1	108.6	108.7	108.3	109.1
惠 州	124.7	124.0	123.9	120.7	117.9	115.5	113.7	112.3	108.1	105.9	104.8	104.5
湛 江	109.3	109.9	109.9	110.6	112.6	111.7	111.7	112.2	110.8	109.6	110.0	109.4
韶 关	108.7	108.7	109.5	110.5	111.2	111.6	114.4	114.7	112.6	111.5	109.4	108.9
桂 林	103.8	104.4	105.1	105.9	106.8	107.5	108.9	109.6	108.2	107.6	109.2	109.6
北 海	104.6	104.7	105.0	106.7	110.1	112.6	114.1	114.9	114.2	114.5	114.0	113.2
三 亚	106.3	107.6	110.3	109.0	108.4	107.7	108.3	107.7	106.2	105.5	105.6	105.0
泸 州	103.1	103.9	104.1	103.9	103.7	104.3	104.3	103.7	102.6	103.6	103.8	105.5
南 充	102.1	103.0	103.6	104.0	104.3	105.3	106.1	106.1	107.1	108.4	109.0	109.5
遵 义	102.1	102.2	102.3	102.9	102.8	103.6	104.2	104.8	105.8	106.3	106.5	107.4
大 理	102.6	103.1	103.6	104.0	103.7	103.7	103.6	104.1	104.5	104.4	104.5	105.7

数据来源：国家统计局

2017年70个大中城市新建商品住宅销售价格指数定基数据 表45

城 市	1月	2月	3月	4月	5月	6月	7月	8月	9月	10月	11月	12月
北 京	135.2	135.2	135.7	136.0	136.0	135.4	135.3	135.4	135.2	134.9	134.9	134.9
天 津	128.1	128.6	128.8	128.7	128.9	128.9	128.7	128.6	128.5	128.6	128.3	128.6
石家庄	120.4	120.7	121.8	121.9	121.8	122.4	122.7	122.9	123.2	123.5	123.8	123.8
太 原	104.2	104.6	105.2	106.6	107.5	108.8	109.3	109.5	110.1	110.8	111.2	111.9

数据统计与分析

续表

城 市	1月	2月	3月	4月	5月	6月	7月	8月	9月	10月	11月	12月
呼和浩特	100.3	100.6	100.8	101.4	101.8	102.2	103.0	104.1	104.4	105.3	106.5	107.4
沈 阳	103.1	103.8	105.0	106.9	109.0	110.7	111.6	112.2	112.9	113.6	114.5	114.9
大 连	101.9	102.4	103.0	104.1	105.1	105.7	106.6	107.1	107.7	108.4	109.6	110.4
长 春	103.6	103.9	104.7	105.7	106.9	107.9	108.7	109.1	110.0	110.6	111.3	112.6
哈尔滨	102.5	103.4	104.1	104.7	106.7	108.4	109.1	109.4	110.3	112.1	112.5	113.6
上 海	145.4	145.7	145.6	145.4	145.4	145.1	145.1	145.0	145.4	145.4	145.8	
南 京	148.3	148.1	147.9	147.5	147.2	147.2	147.1	146.8	146.8	146.7	146.4	146.5
杭 州	133.9	133.6	133.8	133.8	133.5	133.7	133.7	133.5	133.1	133.1	133.0	133.0
宁 波	114.6	114.8	115.8	116.9	118.2	119.3	119.7	119.9	119.8	120.0	120.3	120.7
合 肥	148.7	148.5	148.7	148.6	148.3	148.4	148.8	148.6	148.4	148.4	148.6	148.6
福 州	130.0	129.9	129.8	129.5	129.5	129.3	129.1	128.8	128.2	128.2	128.5	128.2
厦 门	148.1	147.9	150.7	150.7	151.2	151.8	152.2	152.2	152.0	151.6	152.0	151.8
南 昌	116.6	117.3	118.9	119.7	120.9	121.0	121.5	122.6	123.0	123.3	124.0	124.0
济 南	120.5	120.5	121.2	121.7	122.3	122.5	122.7	122.3	121.6	121.4	121.2	121.6
青 岛	113.2	113.5	114.6	114.9	115.3	115.7	116.1	116.5	116.6	117.0	117.6	117.8
郑 州	130.7	130.4	130.7	130.9	130.7	130.7	130.6	130.1	130.0	129.8	129.8	130.1
武 汉	129.0	128.7	128.6	129.2	129.4	129.8	130.1	129.9	129.7	129.6	129.6	129.9
长 沙	119.5	120.4	121.7	122.7	123.8	124.1	124.9	125.2	125.3	125.8	125.8	126.0
广 州	131.4	132.6	136.0	138.0	139.2	139.8	140.4	139.4	138.7	138.4	138.2	137.8
深 圳	149.4	148.5	148.1	148.1	147.1	147.1	146.8	146.2	146.3	146.2	145.9	145.7
南 宁	113.6	114.0	115.4	116.7	118.1	119.2	120.8	121.4	121.7	122.1	122.7	123.1
海 口	106.8	107.7	110.5	110.1	109.5	110.8	111.6	110.4	110.5	110.5	110.3	112.7
重 庆	109.0	110.0	111.3	112.8	113.7	115.4	116.4	116.8	117.0	117.2	117.9	118.4
成 都	106.9	106.4	105.7	105.7	105.5	105.3	105.2	104.8	104.8	105.5	105.6	106.2
贵 阳	105.3	105.8	107.1	108.8	109.7	110.4	111.4	112.2	112.9	113.4	114.4	115.7
昆 明	103.5	103.8	104.6	106.3	107.0	107.7	108.4	108.9	109.1	109.5	110.8	113.7
西 安	109.0	110.2	111.2	113.0	115.0	116.9	118.2	118.5	119.2	120.0	120.6	121.3
兰 州	103.7	104.0	104.5	105.0	105.7	106.6	106.9	107.0	107.1	107.5	108.2	109.1
西 宁	101.2	101.5	101.7	102.0	102.6	102.9	103.2	103.6	104.2	104.3	105.6	106.8
银 川	100.9	100.7	100.8	101.1	101.5	102.0	102.4	102.9	103.2	103.4	104.4	104.9
乌鲁木齐	97.9	98.0	98.2	98.7	99.2	99.6	99.9	100.6	101.2	101.8	103.7	104.7
唐 山	102.4	102.6	103.6	105.9	106.3	107.3	107.5	107.7	107.2	107.8	108.5	
秦皇岛	106.2	106.5	107.3	108.4	109.5	109.7	110.5	111.1	110.6	111.2	112.2	112.3
包 头	98.9	99.0	99.3	99.9	100.4	100.7	101.1	101.7	102.0	102.4	103.3	104.4
丹 东	97.9	98.1	98.0	98.1	98.1	98.4	99.0	99.3	99.6	99.6	100.6	101.7

673

续表

城 市	1月	2月	3月	4月	5月	6月	7月	8月	9月	10月	11月	12月
锦 州	96.1	95.6	96.0	96.2	96.3	96.6	96.8	96.7	97.0	97.2	97.5	97.6
吉 林	101.4	101.8	102.6	103.4	104.3	104.9	105.9	106.6	107.2	107.8	108.2	108.5
牡丹江	98.2	98.3	98.9	99.7	100.4	100.5	101.1	101.9	102.0	102.5	103.1	104.4
无 锡	134.6	134.4	134.9	135.1	135.4	135.0	135.0	134.6	134.3	133.9	133.6	133.8
扬 州	110.9	111.9	113.6	115.5	117.2	118.3	118.7	119.1	119.3	119.8	119.5	120.0
徐 州	110.2	111.0	111.6	113.1	114.9	117.0	117.6	118.0	118.4	119.0	119.8	119.9
温 州	106.3	106.6	107.2	108.6	110.2	111.2	112.4	112.1	112.2	112.6	113.0	113.7
金 华	108.6	108.9	110.2	112.1	113.6	114.7	116.2	116.6	117.0	117.5	118.0	118.6
蚌 埠	108.0	108.8	109.1	111.5	115.2	117.6	119.0	118.4	118.3	117.6	117.6	117.3
安 庆	107.4	107.9	109.4	110.6	110.8	111.1	110.7	110.9	111.8	112.1	112.1	112.7
泉 州	110.0	110.6	111.1	110.7	110.5	111.3	111.0	110.9	110.4	110.0	110.0	110.7
九 江	111.9	112.9	114.4	115.7	117.0	118.6	119.4	119.9	119.7	119.9	119.9	120.1
赣 州	113.9	114.4	114.6	115.1	115.3	115.8	116.1	116.5	116.9	116.6	116.5	116.2
烟 台	105.5	106.0	106.7	107.4	108.6	109.8	110.7	111.3	111.8	112.5	113.3	113.8
济 宁	100.4	100.8	101.7	102.7	104.4	105.8	106.7	107.4	108.2	108.7	108.8	109.3
洛 阳	104.3	104.5	106.0	106.9	108.3	110.9	111.7	112.4	112.6	113.0	113.4	113.5
平顶山	104.0	104.1	104.7	106.0	106.6	107.6	108.1	108.5	109.1	109.6	110.3	110.9
宜 昌	105.6	106.3	107.3	109.6	111.4	113.0	113.0	112.9	112.9	112.7	113.3	113.7
襄 阳	101.5	101.8	102.2	103.1	104.0	106.0	106.6	107.0	107.4	107.2	107.6	107.6
岳 阳	104.5	105.0	105.9	106.6	107.7	109.1	110.1	110.9	111.3	112.4	112.8	113.7
常 德	102.1	102.6	103.8	104.2	105.7	107.4	108.6	109.4	109.7	110.3	110.4	111.1
惠 州	125.9	125.9	127.3	128.0	129.1	129.7	129.7	129.8	129.9	130.1	130.6	130.9
湛 江	107.3	107.9	108.2	109.2	112.0	112.7	113.7	114.2	114.2	114.4	116.2	116.5
韶 关	107.5	108.4	110.4	112.1	113.4	113.8	115.4	115.3	115.9	115.9	115.9	116.5
桂 林	102.7	103.1	104.0	105.3	106.2	107.7	108.5	109.7	110.0	110.4	111.9	112.2
北 海	104.3	104.9	105.7	107.7	111.1	113.5	115.2	116.2	116.7	117.5	117.9	117.6
三 亚	106.5	107.8	110.3	109.0	108.8	107.9	108.2	108.3	108.2	108.4	109.3	109.9
泸 州	103.5	103.7	104.1	104.5	104.7	105.7	106.0	105.7	105.7	106.5	107.3	109.4
南 充	100.6	101.2	102.5	103.5	104.3	105.7	106.1	106.8	107.6	108.4	109.4	109.9
遵 义	101.3	101.5	101.8	102.6	102.7	103.5	104.5	105.4	106.1	106.7	107.3	108.4
大 理	102.3	102.7	102.5	103.1	103.5	104.1	104.3	104.9	105.5	105.8	106.4	108.0

数据来源：国家统计局

【二手住宅销售价格情况】 根据国家统计局公布的月度数据，2017年全国70个大中城市的二手住宅销售价格指数情况分别如表46、表47和表48所列。

2017 年 70 个大中城市二手住宅销售价格指数环比数据 表 46

城 市	1月	2月	3月	4月	5月	6月	7月	8月	9月	10月	11月	12月
北 京	100.8	101.3	102.2	100.0	99.1	98.9	99.2	99.1	99.4	99.5	99.5	99.6
天 津	100.2	100.5	101.6	101.0	99.6	99.1	99.4	99.2	99.7	99.7	99.8	100.0
石家庄	100.3	100.4	100.5	100.3	99.9	99.8	99.5	100.0	100.0	100.4	100.0	99.8
太 原	100.9	100.5	100.4	100.9	100.6	100.8	100.5	100.4	100.2	100.6	100.7	101.1
呼和浩特	99.9	100.0	100.1	100.0	100.1	100.2	100.4	100.2	100.2	100.4	100.7	100.6
沈 阳	100.0	100.3	100.6	101.1	101.0	101.1	101.0	100.6	100.4	100.1	100.4	100.5
大 连	100.3	100.2	100.4	100.7	100.9	100.6	100.3	100.4	100.2	100.5	100.6	100.5
长 春	100.2	100.3	100.4	100.7	100.6	100.4	100.4	100.2	100.5	100.4	100.7	100.6
哈尔滨	100.4	100.1	100.2	100.3	100.8	101.4	100.4	101.1	100.6	100.9	100.3	100.7
上 海	99.6	100.2	100.7	100.8	100.0	99.9	99.6	99.8	99.9	100.3	99.7	99.9
南 京	99.9	100.1	99.7	99.8	100.0	100.6	99.8	99.9	99.7	99.9	99.5	99.8
杭 州	100.5	100.6	100.9	100.7	100.8	100.8	100.8	100.7	100.6	100.4	100.2	100.0
宁 波	99.8	100.4	100.7	100.8	101.1	101.2	100.6	100.5	100.3	100.4	100.2	100.3
合 肥	99.9	99.2	100.0	99.8	99.9	99.6	100.0	100.4	100.0	99.8	100.0	100.2
福 州	100.8	100.9	101.6	100.9	100.7	100.8	100.2	100.1	100.3	99.9	100.0	99.8
厦 门	100.2	102.0	104.9	99.3	99.7	99.6	99.7	99.6	99.7	99.6	99.7	99.3
南 昌	100.6	100.4	100.3	100.8	100.6	100.7	100.3	100.5	99.8	99.7	100.1	99.8
济 南	99.8	100.5	101.3	101.0	100.6	100.8	99.8	99.4	99.8	99.9	99.8	99.9
青 岛	100.6	100.8	101.7	101.3	101.0	100.9	100.8	100.5	100.3	100.4	100.3	100.2
郑 州	100.7	100.6	100.5	100.6	100.2	100.3	100.0	99.5	99.7	99.5	99.7	99.8
武 汉	100.4	100.7	101.0	101.1	101.0	101.3	101.1	100.8	100.4	100.4	100.1	100.2
长 沙	100.8	101.2	101.8	104.3	100.8	100.4	100.0	100.6	100.4	100.4	100.2	100.0
广 州	101.6	102.7	103.3	101.0	100.5	100.3	100.1	100.0	100.2	99.7	100.1	99.6
深 圳	99.9	99.3	100.3	100.8	100.3	99.7	100.6	99.8	99.9	100.4	100.1	100.4
南 宁	100.9	100.5	100.6	100.8	100.9	101.7	101.4	100.5	100.1	100.5	100.4	100.1
海 口	100.5	100.6	101.0	100.9	100.1	100.4	99.8	99.6	99.5	99.5	99.6	100.1
重 庆	100.9	100.5	100.8	101.0	100.9	101.3	101.1	100.8	100.5	100.3	100.2	100.3
成 都	100.6	100.7	100.9	100.5	100.1	100.0	100.4	100.2	100.4	100.6	100.0	100.2
贵 阳	100.4	100.3	100.4	100.9	100.5	100.2	100.4	100.3	100.2	100.2	100.6	100.7
昆 明	100.3	99.9	100.9	100.8	100.7	100.5	100.3	100.4	100.5	100.3	100.8	101.3
西 安	99.9	100.4	101.1	101.3	101.4	101.6	100.8	100.9	100.0	100.2	100.5	100.5
兰 州	100.1	99.8	100.2	100.5	100.6	100.4	100.3	100.1	100.0	100.0	100.5	100.8
西 宁	100.0	100.1	100.1	100.2	100.0	100.3	100.1	100.0	100.5	100.1	100.0	100.7
银 川	99.8	99.7	100.0	100.1	100.2	100.1	100.0	100.2	100.0	99.9	100.6	100.3
乌鲁木齐	100.6	100.2	99.9	100.4	100.8	100.6	101.3	100.7	100.8	101.0	101.8	100.8
唐 山	100.7	100.4	100.5	101.1	100.1	100.7	100.2	100.0	100.1	100.5	100.2	100.0

续表

城 市	1月	2月	3月	4月	5月	6月	7月	8月	9月	10月	11月	12月
秦皇岛	100.5	101.0	101.5	101.3	99.8	99.9	100.3	100.9	100.9	99.9	99.9	100.1
包 头	100.4	99.7	101.0	100.5	100.2	100.4	100.1	100.4	100.3	99.8	100.5	100.6
丹 东	100.2	100.1	100.3	100.2	100.3	100.1	100.3	100.1	100.2	100.3	100.3	100.5
锦 州	99.8	99.9	100.1	99.9	100.1	100.2	99.9	100.0	100.0	99.9	100.1	100.0
吉 林	100.1	100.2	100.5	100.4	100.5	100.3	100.1	100.4	100.4	100.2	100.4	100.3
牡丹江	100.3	99.8	100.2	100.5	100.3	100.6	100.4	100.1	100.3	100.3	100.2	100.7
无 锡	99.9	100.8	101.8	102.1	101.4	101.5	100.5	101.2	100.0	99.6	100.0	100.0
扬 州	100.5	100.7	101.2	101.2	100.9	100.5	100.6	100.4	99.8	100.3	99.6	100.4
徐 州	100.3	100.4	100.2	100.8	101.1	101.3	100.2	100.1	100.2	100.3	100.4	100.2
温 州	99.9	100.3	100.4	101.0	101.2	101.6	100.6	100.4	100.4	100.2	100.2	99.8
金 华	100.2	100.1	100.7	101.4	100.9	100.7	100.4	100.6	100.8	100.7	100.5	100.6
蚌 埠	100.6	100.5	100.6	101.2	101.8	101.9	100.6	100.2	100.1	100.1	100.0	99.8
安 庆	100.7	100.6	100.8	101.5	100.9	100.4	100.9	100.4	100.3	99.9	99.9	100.3
泉 州	100.5	101.0	101.1	101.2	100.8	100.6	100.0	100.1	100.4	100.1	100.2	100.3
九 江	100.8	100.2	100.6	100.4	100.6	100.9	100.6	100.3	100.2	100.0	100.2	100.0
赣 州	100.6	100.7	100.3	100.0	100.3	100.4	100.4	100.2	99.9	99.8	100.1	100.0
烟 台	100.4	100.3	100.4	100.9	101.0	100.8	100.5	100.5	100.3	100.4	100.3	100.5
济 宁	100.5	100.1	100.8	100.7	100.8	101.0	100.9	100.7	100.5	100.3	100.6	100.7
洛 阳	100.3	100.0	100.3	100.6	100.7	100.9	100.2	100.3	100.2	100.1	100.5	100.1
平顶山	100.0	99.8	100.2	100.8	100.6	100.5	100.9	100.9	100.4	100.3	100.4	99.9
宜 昌	100.5	100.3	100.7	101.3	101.4	101.1	99.9	99.8	99.9	99.8	100.7	100.5
襄 阳	100.3	100.4	100.5	100.7	100.5	100.8	100.4	100.1	100.3	100.0	100.5	100.3
岳 阳	100.6	100.1	100.4	100.5	100.6	100.7	100.5	100.2	100.2	100.3	100.5	100.3
常 德	99.8	100.0	100.6	100.5	100.7	100.9	100.6	100.1	100.4	100.1	100.3	100.5
惠 州	100.7	100.3	101.6	101.2	101.0	100.6	100.5	100.2	100.0	100.1	100.1	100.2
湛 江	101.1	100.4	100.3	101.1	101.4	100.8	100.7	100.8	100.5	100.4	100.3	100.2
韶 关	100.4	100.5	101.6	101.1	100.5	100.6	100.8	99.8	100.4	99.9	100.0	100.2
桂 林	99.8	99.9	100.0	100.4	100.3	100.7	100.5	100.9	100.1	100.1	100.5	99.9
北 海	100.3	100.2	100.4	101.5	102.3	101.6	100.9	100.6	100.3	100.3	100.0	99.9
三 亚	100.8	100.7	101.3	99.9	99.5	99.3	99.9	100.2	100.0	100.2	100.6	100.3
泸 州	100.2	100.3	100.4	100.2	100.3	100.5	100.2	100.4	100.4	100.4	100.9	100.6
南 充	99.9	100.4	100.6	100.4	100.6	100.8	100.5	100.5	100.7	100.7	100.8	100.6
遵 义	100.8	100.0	100.5	100.3	100.5	100.3	100.4	100.7	100.5	100.4	100.6	100.9
大 理	99.8	99.9	100.0	100.2	100.1	100.4	100.0	100.2	100.4	100.3	100.5	101.0

数据来源：国家统计局

2017年70个大中城市二手住宅销售价格指数同比数据

表47

城市	1月	2月	3月	4月	5月	6月	7月	8月	9月	10月	11月	12月
北京	134.6	132.2	127.0	122.5	118.8	115.8	113.1	107.8	101.4	99.8	99.1	98.4
天津	123.9	122.8	121.9	119.9	117.1	115.0	111.9	106.9	102.4	100.9	100.0	99.7
石家庄	117.9	118.1	116.5	114.0	111.7	109.2	106.5	102.9	99.0	99.6	100.2	100.8
太原	104.7	105.4	105.4	106.5	107.3	107.4	107.1	106.9	107.0	106.7	106.9	107.9
呼和浩特	99.1	99.1	99.1	99.2	99.3	99.8	100.2	100.4	100.6	101.2	102.1	102.8
沈阳	100.7	101.3	101.9	102.5	103.4	104.4	105.4	106.0	106.6	106.8	107.2	107.4
大连	101.5	102.0	102.2	102.4	103.2	103.3	103.9	104.3	104.4	104.8	105.2	105.7
长春	100.8	101.7	102.3	102.8	103.1	103.7	104.2	104.4	104.4	104.4	104.9	105.7
哈尔滨	100.5	100.7	100.4	100.7	101.5	103.0	103.6	104.8	105.2	106.0	106.6	107.4
上海	128.7	122.5	116.1	114.2	112.6	110.0	107.4	103.4	99.9	99.9	99.9	100.3
南京	132.0	130.1	126.0	121.5	118.1	116.5	112.9	108.9	104.9	102.8	100.5	98.7
杭州	121.6	121.0	119.8	118.5	117.9	117.4	115.8	113.5	109.1	106.9	107.1	107.2
宁波	107.2	107.4	107.6	107.9	108.2	109.2	109.2	109.0	107.4	106.8	106.7	106.7
合肥	146.8	136.5	124.9	116.7	111.7	107.6	104.7	102.8	99.9	98.0	98.6	99.2
福州	116.6	116.7	117.5	116.5	116.5	116.9	115.9	112.8	108.6	106.9	106.7	105.9
厦门	131.8	131.8	131.7	125.5	117.7	112.5	109.5	106.5	104.1	103.7	103.9	103.3
南昌	113.0	113.1	111.8	111.5	110.6	109.2	108.7	107.7	105.2	104.4	104.3	103.8
济南	115.2	115.7	116.3	117.0	117.2	117.3	116.5	113.3	107.5	104.5	103.1	102.4
青岛	110.2	110.9	112.6	113.8	114.7	115.6	116.1	115.3	110.2	109.4	109.1	108.9
郑州	127.5	127.2	126.1	125.4	124.2	122.6	121.0	115.3	107.2	103.4	102.3	101.0
武汉	121.9	122.1	122.0	122.1	121.5	120.8	119.6	117.7	114.0	111.7	109.6	108.9
长沙	113.1	114.3	116.0	119.9	120.7	120.8	120.5	120.2	116.5	114.3	112.8	111.4
广州	126.2	128.1	127.8	125.9	124.2	123.2	121.5	118.3	114.7	112.5	111.7	109.8
深圳	112.8	108.4	103.9	105.1	105.4	104.3	103.1	100.9	99.0	100.1	101.0	101.5
南宁	105.8	106.2	106.8	107.0	107.6	109.4	110.9	110.8	110.1	109.2	109.3	108.8
海口	104.0	104.5	104.6	104.5	104.4	104.7	104.3	103.6	102.7	101.8	100.9	100.7
重庆	104.4	105.0	105.6	106.2	106.8	108.1	108.9	109.5	109.5	109.6	109.4	109.0
成都	105.6	105.6	106.2	106.5	106.3	106.0	106.1	105.9	104.6	104.6	104.6	104.6
贵阳	102.3	102.4	102.5	103.3	103.8	104.1	104.2	104.2	104.4	104.4	104.7	105.4
昆明	101.5	101.3	101.9	102.2	102.5	103.1	103.4	104.0	104.4	104.4	105.2	106.8
西安	98.8	99.4	100.8	102.3	104.1	105.7	106.6	107.2	107.5	107.5	108.4	108.8
兰州	101.2	100.7	101.1	101.3	101.8	102.5	102.5	102.4	102.5	102.5	102.8	103.7
西宁	98.8	99.3	99.9	100.0	100.4	100.6	100.9	100.9	101.2	101.2	102.1	102.9
银川	100.1	99.9	99.7	99.7	99.8	100.0	100.0	100.1	100.1	100.0	100.7	101.0
乌鲁木齐	97.3	98.5	99.1	99.6	100.5	101.4	103.0	104.0	105.0	106.3	108.6	109.6
唐山	102.2	102.8	103.2	104.4	104.4	105.1	105.4	105.2	105.3	105.3	104.9	104.5

续表

城市	1月	2月	3月	4月	5月	6月	7月	8月	9月	10月	11月	12月
秦皇岛	104.3	105.5	107.0	108.1	107.4	107.0	107.4	108.2	109.0	107.8	106.4	106.1
包头	98.8	99.1	100.4	101.2	101.9	102.3	102.6	103.3	104.2	103.7	104.1	104.0
丹东	99.1	99.5	100.0	100.2	100.6	100.9	101.1	101.3	101.4	101.8	102.2	102.8
锦州	97.3	97.5	98.1	98.4	98.5	99.0	99.3	99.6	99.6	99.8	99.9	99.9
吉林	101.8	102.1	102.5	102.7	103.0	103.2	103.2	103.5	103.6	103.6	103.8	103.9
牡丹江	100.4	100.3	100.3	100.7	101.1	101.8	102.7	102.9	103.0	103.5	103.5	103.8
无锡	119.2	120.1	121.2	122.3	123.6	124.6	124.1	120.8	111.4	108.4	108.7	108.9
扬州	106.1	106.9	108.2	109.5	110.3	110.9	110.9	110.9	109.8	108.6	106.7	106.2
徐州	105.2	105.7	105.5	105.8	106.8	108.0	108.2	107.5	106.8	106.1	105.5	105.5
温州	102.8	102.8	102.7	103.4	104.8	106.3	106.8	107.1	106.7	106.6	106.8	106.4
金华	104.8	104.9	105.2	106.4	106.9	107.5	107.8	107.8	107.4	107.6	107.3	107.7
蚌埠	106.1	106.4	106.9	107.7	109.3	111.2	111.2	110.7	109.7	109.4	108.6	107.6
安庆	107.4	107.8	108.8	110.1	110.9	111.2	111.4	111.2	110.0	109.3	107.9	106.8
泉州	106.6	107.8	109.2	110.2	111.3	112.1	111.8	111.3	110.7	109.2	107.3	106.5
九江	108.7	109.0	109.0	108.5	109.2	108.8	108.8	107.6	107.1	106.1	106.3	104.8
赣州	110.2	110.8	111.4	110.6	110.5	110.8	110.6	110.0	106.6	104.0	103.2	102.8
烟台	102.8	103.3	103.6	104.3	105.1	105.8	106.5	106.4	106.4	106.6	106.6	106.9
济宁	101.5	101.6	102.3	103.0	103.9	105.0	105.8	106.2	106.5	106.7	107.1	107.8
洛阳	103.1	103.2	103.4	103.8	104.3	105.1	105.1	104.9	104.8	104.7	104.4	104.4
平顶山	100.5	100.4	100.4	101.3	102.0	102.6	103.5	104.1	104.1	104.3	104.8	105.0
宜昌	103.5	103.8	104.0	105.2	106.5	107.6	107.5	107.0	106.6	105.8	106.0	106.1
襄阳	100.8	101.5	102.1	102.8	103.3	104.1	104.4	104.1	104.3	104.3	104.7	105.0
岳阳	103.0	103.0	103.3	103.6	104.1	104.7	105.0	105.0	104.9	104.6	105.0	105.0
常德	102.3	102.6	103.1	103.2	103.8	104.4	104.6	104.7	104.1	104.0	104.0	104.1
惠州	114.9	114.8	115.6	115.8	114.9	114.7	113.7	113.0	109.1	108.2	106.6	106.4
湛江	103.4	103.9	104.6	105.8	107.1	107.8	108.3	109.1	109.1	109.2	109.1	108.2
韶关	102.2	102.0	103.3	104.2	104.7	105.9	107.0	107.0	106.3	106.1	106.2	105.9
桂林	98.3	98.2	98.4	99.0	99.6	100.2	100.7	101.7	101.8	102.2	103.0	103.0
北海	101.8	102.2	102.4	104.0	105.9	107.8	108.7	109.0	109.1	109.1	108.9	108.4
三亚	103.0	103.7	104.6	104.6	104.4	103.6	103.6	103.7	103.3	103.0	103.2	102.7
泸州	102.5	103.1	103.2	102.8	102.9	103.3	103.3	103.4	103.4	103.6	104.2	104.7
南充	102.7	103.0	103.5	103.5	103.9	104.6	104.8	105.0	105.3	105.7	106.2	106.6
遵义	102.8	103.0	103.4	103.6	103.9	104.0	104.1	104.7	105.4	105.3	105.6	106.1
大理	100.0	99.5	99.3	99.4	99.2	99.8	99.6	100.3	100.8	101.2	101.4	102.8

数据来源：国家统计局

2017年70个大中城市二手住宅销售价格指数定基数据　　　　表48

城　市	1月	2月	3月	4月	5月	6月	7月	8月	9月	10月	11月	12月
北　京	151.5	153.5	156.8	156.8	155.5	153.7	152.6	151.2	150.2	149.5	148.7	148.1
天　津	127.3	127.9	130.1	131.4	130.8	129.7	128.8	127.8	127.4	126.9	126.7	126.7
石家庄	118.5	119.1	119.6	120.0	119.8	119.6	119.0	119.0	119.5	119.5	119.5	119.2
太　原	106.1	106.6	107.0	108.0	108.7	109.5	110.0	110.4	110.7	111.3	112.1	113.3
呼和浩特	99.0	99.0	99.1	99.1	99.1	99.4	99.8	99.9	100.1	100.5	101.2	101.8
沈　阳	101.6	101.9	102.6	103.7	104.7	105.9	107.0	107.6	108.0	108.1	108.6	109.1
大　连	101.2	101.4	101.8	102.5	103.4	104.0	104.3	104.8	105.0	105.6	106.1	106.6
长　春	100.9	101.2	101.9	102.5	103.0	103.7	104.0	104.2	104.8	105.1	105.8	106.4
哈尔滨	101.9	101.9	102.1	102.4	102.4	103.3	104.7	105.2	106.3	106.9	107.9	108.2	108.9
上　海	140.4	140.6	141.6	142.7	142.7	142.6	141.9	141.6	141.4	141.9	141.5	141.4
南　京	138.5	138.6	138.3	138.0	137.9	138.7	138.5	138.4	137.9	137.8	137.1	136.9
杭　州	125.7	126.4	127.6	128.5	129.5	130.7	131.6	132.5	133.2	133.8	134.1	134.1
宁　波	110.4	110.8	111.6	112.5	113.8	115.1	115.9	116.5	116.9	117.3	117.6	118.0
合　肥	152.4	151.2	151.2	151.0	150.8	150.2	150.7	151.2	151.5	151.1	151.0	151.4
福　州	119.7	120.7	122.6	123.7	124.5	125.5	125.7	125.9	126.2	126.1	126.1	125.8
厦　门	137.6	140.4	147.3	146.3	145.8	145.2	144.8	144.2	143.7	143.2	142.7	141.8
南　昌	114.7	115.1	115.5	116.4	117.1	117.9	118.3	118.9	118.7	118.4	118.5	118.3
济　南	116.7	117.3	118.8	120.1	120.8	121.7	121.4	120.6	120.4	120.2	119.9	119.8
青　岛	110.9	111.7	113.6	115.1	116.2	117.2	118.1	118.7	119.0	119.6	119.9	120.1
郑　州	130.7	131.5	132.1	132.8	133.0	133.5	133.5	132.9	132.5	131.9	131.4	131.1
武　汉	125.7	126.6	127.9	129.3	130.6	132.2	133.7	134.7	135.3	135.9	136.0	136.3
长　沙	114.1	115.4	117.4	122.5	123.5	124.0	123.9	124.7	125.2	125.7	125.9	126.0
广　州	135.6	139.2	143.7	145.2	145.9	147.2	147.3	147.3	147.6	147.1	147.2	146.6
深　圳	141.6	140.5	141.0	142.1	142.5	142.1	143.0	142.8	142.6	143.3	143.4	144.0
南　宁	108.1	108.6	109.2	110.1	111.1	112.9	114.6	115.1	115.3	115.9	116.4	116.5
海　口	103.0	103.7	104.7	104.7	104.8	105.2	105.0	104.6	104.0	103.5	103.0	103.2
重　庆	107.1	107.6	108.5	109.6	110.6	112.0	113.2	114.1	114.6	115.0	115.2	115.6
成　都	106.5	107.2	108.1	108.7	108.8	108.9	109.3	109.5	109.9	110.6	110.5	110.8
贵　阳	102.8	103.2	103.6	104.5	105.1	105.5	105.7	105.9	106.4	106.6	107.2	107.9
昆　明	102.3	102.1	103.0	103.8	104.5	105.2	105.5	105.8	106.3	106.6	107.5	108.9
西　安	96.5	96.9	98.0	99.3	100.7	102.3	103.1	104.0	103.9	104.1	104.6	105.1
兰　州	101.1	100.9	101.1	101.6	102.2	102.6	103.1	103.4	103.5	103.5	103.9	104.7
西　宁	99.2	99.3	99.4	99.6	99.6	99.9	100.0	100.1	100.5	100.6	101.4	102.1
银　川	99.3	99.1	99.1	99.2	99.4	99.5	99.5	99.6	99.7	99.6	100.2	100.5
乌鲁木齐	98.5	98.7	98.5	98.9	99.7	100.3	101.7	102.7	103.5	104.6	106.5	107.3
唐　山	102.0	102.4	102.9	104.0	104.1	104.8	105.0	105.1	105.1	105.6	105.8	105.8

续表

城 市	1月	2月	3月	4月	5月	6月	7月	8月	9月	10月	11月	12月
秦皇岛	102.9	104.0	105.5	106.9	106.6	106.5	106.8	107.8	108.8	108.6	108.6	108.7
包 头	97.7	97.4	98.4	98.9	99.1	99.5	99.6	100.0	100.2	100.1	100.6	101.2
丹 东	98.0	98.1	98.4	98.6	98.8	98.9	99.2	99.3	99.5	99.8	100.1	100.6
锦 州	93.5	93.3	93.4	93.3	93.4	93.6	93.6	93.6	93.5	93.5	93.5	93.6
吉 林	101.6	101.8	102.3	102.7	103.2	103.5	103.7	104.1	104.5	104.8	105.2	105.4
牡丹江	100.6	100.4	100.6	101.1	101.4	101.9	102.4	102.5	102.9	103.2	103.4	104.1
无 锡	119.0	119.9	122.1	124.6	126.4	128.2	128.8	130.3	130.3	129.8	129.7	129.8
扬 州	106.4	107.2	108.4	109.7	110.7	111.3	111.9	112.3	112.1	112.4	112.0	112.4
徐 州	105.3	105.7	106.0	106.8	107.9	109.3	109.6	109.7	109.8	110.1	110.5	110.7
温 州	104.8	105.1	105.6	106.7	108.0	109.8	110.5	110.9	111.4	111.7	111.8	111.6
金 华	105.5	105.7	106.4	107.8	108.8	109.5	110.0	110.7	111.6	112.3	112.8	113.5
蚌 埠	104.9	105.5	106.1	107.3	109.2	111.3	112.0	112.2	112.4	112.4	112.4	112.2
安 庆	106.9	107.6	108.5	110.1	111.1	111.6	112.6	113.1	113.4	113.3	113.1	113.4
泉 州	106.1	107.2	108.4	109.7	110.6	111.3	111.3	111.3	111.7	111.8	112.0	112.4
九 江	109.9	110.1	110.7	111.1	111.8	112.7	113.4	113.8	114.0	113.9	114.1	114.2
赣 州	110.8	111.6	112.0	112.0	112.4	112.8	113.3	113.5	113.4	113.2	113.2	113.2
烟 台	102.5	102.8	103.3	104.2	105.2	106.1	106.9	107.5	107.8	108.3	108.6	109.1
济 宁	101.2	101.3	102.1	102.8	103.6	104.7	105.7	106.4	106.9	107.2	107.8	108.5
洛 阳	102.3	102.3	102.6	103.2	103.9	104.9	105.1	105.4	105.6	105.8	106.3	106.4
平顶山	100.3	100.2	100.4	101.8	102.3	103.3	104.7	105.0	105.4	105.3		
宜 昌	104.5	104.7	105.5	106.9	108.3	109.5	109.5	109.3	109.2	109.0	109.7	110.3
襄 阳	100.7	101.2	101.7	102.4	102.9	103.7	104.1	104.2	104.5	104.5	105.1	105.4
岳 阳	102.5	102.6	103.0	103.5	104.1	104.8	105.3	105.6	105.8	106.2	106.7	107.0
常 德	102.4	102.4	103.1	103.4	104.1	105.0	105.6	105.7	106.2	106.3	106.6	106.8
惠 州	115.9	116.3	118.1	119.6	120.8	121.5	121.9	122.1	122.1	122.2	122.3	122.5
湛 江	101.9	102.3	102.7	103.8	105.3	106.1	106.8	107.7	108.2	108.6	108.9	109.1
韶 关	101.8	102.3	103.9	105.1	105.6	106.3	107.1	106.8	107.2	107.1	107.1	107.3
桂 林	97.2	97.1	97.1	97.4	97.7	98.4	98.8	99.7	99.8	99.9	100.4	100.3
北 海	103.8	104.0	104.4	106.0	108.4	110.2	111.1	111.8	112.1	112.4	112.4	112.3
三 亚	103.7	104.5	105.9	105.7	105.2	104.5	104.3	104.6	104.6	104.8	105.5	105.8
泸 州	104.4	104.7	105.1	105.2	105.6	106.1	106.3	106.6	107.1	107.5	108.5	109.2
南 充	103.0	103.4	104.0	104.4	105.1	105.9	106.4	107.0	107.7	108.5	109.3	109.9
遵 义	101.1	101.1	101.7	102.0	102.5	102.7	103.2	103.9	104.4	104.8	105.4	106.4
大 理	98.7	98.7	98.7	98.9	99.0	99.4	99.4	99.6	100.0	100.3	100.8	101.8

数据来源：国家统计局

(哈尔滨工业大学　王要武　赵蕊)

部属单位、社团

住房和城乡建设部人力资源开发中心

【2017年专业技术职务任职资格评审工作】 2017年，住房和城乡建设部人力资源开发中心（以下简称"中心"）深入贯彻中共中央办公厅、国务院办公厅《关于深化职称制度改革的意见》精神，落实国务院《关于加快推进"互联网＋政务服务"工作的指导意见》有关要求，进一步推进住房和城乡建设部职称评审工作科学化、规范化、信息化建设，在部人事司的指导下，研究草拟《建设工程（科研）系列职称评审工作管理办法》《建设工程（科研）系列职称评审实施办法》《建设工程（科研）系列职称评审专家管理办法》，组织开发职称评审信息系统。2017年职称评审工作严格落实有关规定，年度评审专家调整30%；严肃评审工作纪律，建立问责追责机制，参与评审工作的工作人员签订保密承诺书；增加评审结果公示环节。共组织召开31个评审会，提交评委会评审3390人，评审通过2476人。

【行业职业技能标准编制（编写）工作】 2017年，完成弱电工、古建筑工、模板工、建筑门窗安装工4项职业技能标准的审查报批，项目已结题；指导环卫和燃气行业2项标准按计划进行编写；启动排水行业、市政行业、装配式建筑、智能楼宇管理员4项标准的编写工作；制定《行业标准编写技术导则》，完善《行业标准编写技术规程》；组织编写弱电工标准培训教材。

【住房城乡建设行业从业人员培训管理信息系统的协调开发和运营维护工作】 受部人事司委托，做好信息系统的协调开发和运营维护工作。协调部信息中心和系统技术开发方完成信息化建设及系统定级、域名申报工作，基本完成系统与各地数据的对接工作。

【完成部司局指导的培训项目和行业培训工作】 2017年共举办各类管理和专业技术人员培训班10期，培训学员3299人。

受部人事司、城市建设司和住房公积金监管司指导，在昆明、深圳和长春分别举办"行业从业人员培训管理信息化建设培训班""风景名胜区科学利用与绿色发展培训班"和"住房公积金统计业务培训班"。

根据行业发展的需求，围绕住房和城乡建设部重点、热点工作，有针对性地举办了"城乡建设统计培训班""国家园林城市建设与管理培训班""《建筑工程设计文件编制深度规定（2016年版）》培训班"。

【全国住房和城乡建设职业教育教学指导委员会秘书处工作】 经部人事司批准并报教育部备案，自11月起，中心承接全国住房和城乡建设职业教育教学指导委员会秘书处工作。秘书处交接完成并按要求正常开展工作。

【住房和城乡建设行业专家库建设工作】 受部人事司委托，中心汇总了8个机关司局、5个直属单位、10个社团组织报送的117个专委会（专家组）8752名专家信息数据。经梳理核实、删除重复信息后，对6201名副高级以上职称的专家按照城乡规划、勘察设计、建筑工程、市政工程、房地产、技术标准规范、科研等七个类别归集形成简易信息库，形成了《专家信息数据统计情况报告》，提出了住房城乡建设行业专家库建设方案意见。

【行业企事业单位人力资源服务工作】 为助力行业所属企事业单位的发展，中心从建筑设计、工程造价、工程管理咨询、房地产开发等四个领域挑选了12家企事业单位开展调研走访工作，了解各单位人力资源管理现状以及业务发展中遇到的问题，发挥行业人力资源服务机构的纽带作用，以行业发展需求为导向开展人事代理服务。针对2017年因行业从业人员流动性大而导致的招工难问题，中心与部分高校合作共同搭建行业企事业单位校园招聘平台，满足行业企事业单位人才需求。

（住房和城乡建设部人力资源开发中心）

住房和城乡建设部执业资格注册中心

【执业资格考试情况】 2017年，住房和城乡建设部职业资格注册中心（以下简称"中心"）组织完成2017年度一级注册建筑师、勘察设计注册工程师[含一级注册结构工程师、注册土木工程师（岩土）、注册土木工程师（港口与航道工程）、注册土木工程师（水利水电工程）、注册公用设备工程师、注册电气工程师、注册化工工程师、注册环保工程师]、注册城乡规划师、一级建造师等执业资格全国统一考试的命题及阅卷工作。完成2017年度二级注册建筑师、二级注册结构工程师和二级建造师执业资格考试命题工作。

2017年，全国共有近134.6万人报名参加了各专业（不含二级）执业资格全国统一考试，具体报考情况见表1。

2017年度各专业执业资格考试报考情况统计表　　表1

专业		报考人数
一级注册建筑师		56688
勘察设计注册工程师	一级注册结构工程师	22946
	注册土木工程师（岩土）	13679
	注册土木工程师（港口与航道工程）	648
	注册土木工程师（水利水电工程）	2400
	注册公用设备工程师	22068
	注册电气工程师	14453
	注册化工工程师	2738
	注册环保工程师	3297
注册城乡规划师		40352
一级建造师		1167230
合计		1346499

2017年，二级注册建筑师报考人数为19675人、二级注册结构工程师报考人数为8576人、二级建造师报考人数为174.9万人。

【考试管理工作】 2017年，继续加强考试基础建设，严格落实命题工作管理办法，加强考试总结分析，提高命题工作针对性，提升考试效度。严把试题质量关，加强对命题专家的管理和指导，加大审题会的审校力度，确保试卷命制零差错。面对考试命题安全工作的新形势，积极研究命题保密工作，探索考试命题方式方法的改革。落实注册安全工程师相关工作职能，组建注册安全工程师建筑施工安全专业考试命题专家队伍。

【执业资格注册管理工作】 2017年，中心继续开展一级注册建筑师、勘察设计注册工程师、一级建造师等执业资格注册工作。5月，接手了注册监理工程师注册审查工作职能，完成与中国建设监理协会的工作交接，并顺利开展相关工作。2017年，共完成20.5万余人次的各类注册工作，各专业累计注册人数（不含二级）达到101.3万余人，具体情况见表2。

2017年度各专业执业资格注册情况统计表　　表2

专业		至2017年底累计注册人数
一级注册建筑师		33023
勘察设计注册工程师	一级注册结构工程师	48556
	注册土木工程师（岩土）	17950
	注册公用设备工程师	29162
	注册电气工程师	23026
	注册化工工程师	6373
一级建造师		666112
注册监理工程师		189684
合计		1013886

在做好日常注册管理工作的同时，中心积极贯彻落实国务院关于行政审批事项改革总体部署，贯彻住房城乡建设部对职业资格注册制度的改革要求，简政放权，优化服务，积极推进电子化申报注册审查工作，先后完成注册监理工程师、一级注册建筑师、勘察设计注册工程师的注册申报审查电子化工作，为注册人员提供更便捷服务的同时，提高了注册管理服务水平。

【继续教育工作】 建立健全注册建筑师、注册结构工程师、注册土木工程师（岩土）三个专业继续教育工作专家委员会，制订《继续教育必修课教材组编工作流程》，优化专家结构，规范必修课教材编撰工作，并围绕贯彻落实中央城市工作会议精神，组编4本必修课教材，制定教学大纲和教学计划，指导各地开展继续教育培训工作。

【国际交流与合作工作】 2017年，组织"美国注册建筑师制度下的考试及执业管理模式研究"代表团赴美开展相关交流活动，了解美国建筑师资格考试的改革发展情况和建筑师执业管理模式，为进一步完善我国注册建筑师制度提供有益经验。赴韩国参加第20届韩中日注册建筑师组织交流会，较好地完成了会议全部议题，加深了韩中日三国建筑师组织间的合作交流。

【研究工作】 组织落实住房城乡建设部主管部门下达的《完善勘察设计行业注册执业制度研究》课题研究，在调研的基础上，形成《勘察设计注册工程师管理规定》的修订建议报告。配合部主管部门完成了《监理工程师注册管理工作规程》的修订工作。继续开展《基于互联网的建设行业执业资格管理系统研究与应用》和《注册建筑师制度的改革与发展》两个课题研究。配合部主管部门修订《全国注册建筑师管理委员会章程（草稿）》等。

【建设行业职业技能鉴定工作】 按照住房城乡建设部落实国务院职业资格改革精神工作部署，2017年底，承接了建设行业职业技能鉴定管理实施工作，着手建立和完善住房城乡建设行业职业技能培训与鉴定体系工作。

（住房和城乡建设部执业资格注册中心）

中国建筑工业出版社（中国城市出版社）

【稳步推进生产经营工作，实现社会效益与经济效益双丰收】 2017年，在住房和城乡建设部的领导下，在国家新闻出版广电总局、财政部文化司的指导下，中国建筑工业出版社（中国城市出版社）上下以党建工作为统领，认真学习贯彻党的十八大以来历次全会和党的十九大会议，以及习近平同志系列讲话精神，主动适应经济发展新常态，齐心协力，攻坚克难，团结奋进，各项生产经营工作稳步推进，实现了社会效益与经济效益的双丰收。经济效益方面，建工社全年共批准选题2557种，出书4150种（新书1524种，重印书2626种），出版码洋8.1亿元，实际回款收入4.85亿元，实现利润4328万元，资产总额11.03亿元。城市社全年出书88种（新书55种，重印书33种），出书码洋2167.7万元，回款收入1557万元，实现利润41万元，实现扭亏为盈，资产总额1153万元。社会效益方面，2017年我社连续第四次荣获了出版业分量最重的"中国出版政府奖先进单位奖"，并荣获"2017数字出版年度'创新企业'奖"；《中国近代建筑史》荣获"中国出版政府奖图书奖"，《中国古建筑丛书》荣获"中国出版政府奖图书奖（提名奖）"，另有3种图书获得"引进、输出优秀图书奖"等。

【加强编辑业务建设，提升编辑工作水平】 2017年，继续围绕服务行业和社会，积极推进各项编辑工作，全面提升出版服务水平。重点加强《"十三五"选题规划》《2017年出版计划》，以及《围绕中央城市工作会议与部中心工作图书选题及出版规划》的出版落实工作，完成《建筑设计资料集》（第三版）《工程管理论》《中国传统建筑解析与传承》（第二批）《中国建筑艺术史》等一批重点出版物的出版。为贯彻落实十九大会议精神，专门组织召开了学习交流研讨会，研究策划落实十九大精神的相关选题，制定《围绕十九大报告选题计划表》。自主策划的选题喜获丰收，两社共有8项自主策划选题获得出版基金资助，金额共计813.5万元。进一步加强编辑业务制度建设，提高编辑工作效率，相继制定了《关于加工、复审、代终审工作量定额及支付费用标准的暂行规定》等多项重要编辑管理制度。创新教材出版形式，提高教材竞争力，新成立的教材分社在多领域积极开展基于信息网络技术的融合教材开发创新工作。积极"走出去、引进来"，开展国际出版合作，2017年，在中国图书对外推广领域的单体出版社中排名第10位，荣获"2017中国图书海外馆藏影响力出版100强"殊荣，全年共引进图书110种，输出图书53种。此外，编辑部对6000种选题库进行了梳理，彻底清理了1000多种不具备出版意义的选题信息，并成功举办了"2017《中国建筑教育》·'清润奖'大学生论文竞赛"、2017《建筑师》"天作奖"国际大学生建筑设计竞赛等。

【保质量、促生产，全面提升图书生产保障水平】 2017年，制定落实图书生产"工作历"制度，主动开展按需生产业务，有力地护卫了社图书出版工作的有序开展。同时，严格执行《出版物质量保障体系》规定，实施全过程质量管理，编校质量合格率达99.2%，印装质量合格率达到99.7%；获评市优图书1800种，其中，《中国平遥古城与山西大院》摘得"2016年度印刷产品质量大奖"；《园冶注释》与《介入》荣获"中国最美的书"称号，并代表国家参加德国莱比锡"世界最美的书"的评选活动，最终《园冶注释》荣获"世界最美的书"银奖。

【积极推动营销分配改革，建立营销管理新模式】 2017年，制定出台营销中心及建筑书店考核办法，调动部门工作热情。营销中心大力推动内部岗位重组，实行大区管理，即"营销＋销售"两位一体的新团队业务模式，促进对代理连锁系统、新华书店、馆配及电商服务质量的提升，加强驻地代表的市场推广、打盗维权工作。中国建筑书店积极改革内部考核办法，将收入分配与目标任务挂钩，明确各销售岗位任务指标与考核分配的关系，激发了员工的工作积极性，工作效率得到提高，超额完成2017年各项任务指标。积极建设完善社营销体系，积极推进"网店一体化"建设，构建高效、规范的网络分销新模式；升级官方微店系统，完善选书功能，开展线上客服工作，优化用户体验，增加消费黏性；出台微信营销工作的管理办法，激发了编辑人员利用微信开展社群营销、精准营销的热情。2017年，初步形成以传统代理连锁系统、新华书店、馆配为线下营销主体，以网店一体化平台、中国建筑出版在线、微信、微店及几大官方旗舰店等为线上营销主体的现代营销体系雏形。

【加强重点图书的出版和营销工作，提高各环节协作能力】 2017年，全力推进《建筑设计资料集》（第三版）的编辑出版工作，协调社外专业排版人员到社现场办公，加强社内校对、印制、材料等出版岗位的协同配合，顺利完成该书历时七年半的编辑出版任务，并隆重举办了新书发布会。加强教材编辑工作，积极协调数字出版中心支持教材课件制作；召开生产协调会，保障春、秋季教材及时出版。加强建造师考试用书的营销及打盗维权工作，通过落实销售高峰期的周例会制度，加强各部门的协同应对，统筹解决营销及打盗维权问题。

【发挥重大数字项目的引领示范作用，促进出版工作融合发展】 9月，正式成立建知（北京）数字传媒有限公司，启用数字出版研发基地，全面推进出版融合发展各项工作。"建造师全程知识服务""基于ISLI与CNONIX标准构建建筑业大数据整合分析应用平台"两个项目顺利入选国家新闻出版改革发展项目库；"中国建筑教育数字化知识服务""建造师全程知识服务""基于ISLI与CNONIX标准构建建筑业大数据整合分析应用平台"等3个项目获得国家财政支持1900万元；"出版融合发展重点实验室"暨"新闻出版业科技与标准重点实验室"隆重揭牌；数字图书馆正式上线，开始为160余家图书馆提供在线服务（试用）；在线知识服务实现营收600多万元；"建筑施工资源库"等4个重点项目通过验收，同时"建筑装饰装修OTO商务平台"、"工程建设标准在线服务平台"等8个项目也在稳步建设中。

【持续保持打击盗版侵权的高压态势，实现线上线下全覆盖】 2017年，通过打盗维权工作的全覆盖，很好地净化了建工版图书市场。在线上创新性地开展了与当当网的维权合作，很好地控制了天猫、淘宝销售盗版"建造师考试用书"的顽疾；在线下通过驻地代表及合作律师事务所持续对盗版重点区域、重点渠道保持高压态势，保持市场巡查工作的常态化，全年共查处盗版图书4.4万册，码洋172万元。在法律诉讼方面也进展顺利，河南新郑"5·15仓储非法出版物案"等4起案件的责任人，分别被判处了2年到3年6个月不等的有期徒刑，赔偿我社经济损失70万元；全年立案审理盗版侵权案件93件，获得赔偿116.4万元，有效地护卫了我社的正当权益。

【大力推进信息化建设，提升信息化管理水平】 2017年，对原有孤立、落后的各业务系统进行了统一置换，先后上线新版ERP系统、财务对接系统，以及编辑成本核算系统等，启动OA系统的开发测试工作，以改变原有各业务系统不能互联互通的问题，实现各板块高效协同的管理目标。截至年底，各上线系统运行平稳，也实现了建工社、城市社两社共用一套系统的目标，切实提高了管理效率。

【提高财务管理质量与效率，保证财务安全】 根据国家政策变化，认真梳理并修订了财务相关管理制度，保障财务工作的安全。积极应用新技术，提升财务工作的运行效率，借助ERP系统升级改造财务操作系统，完成与国家财税系统的信息对接工作，使财务运行更加科学化、规范化。2017年，积极配合中纪委、财政部中企处、发改委检查组、驻部纪检组、海淀国税稽查局等6批审查组，顺利完成并通过了对社相关账目的审计、稽查工作。

【锐意进取，以改革创新不断驱动企业新发展】
2017年，社党委确定了以改革创新驱动企业发展的工作新思路。首先以调动员工的积极性和创新性为目的，着重进行考核分配制度的改革，先后出台多个部门的考核分配方案，同时发布了涉及全社员工的《关于岗位工资和效益工资考核分配办法的补充规定》等两项岗位考核及分配制度，使员工收入与其任务完成情况直接挂钩，提高其工作积极性，增加部门业务工作的活力。其次以改革创新不断推动企业发展，通过建设及完善网店一体化及微店平台、开办校园书店等，进一步健全渠道体系，提高渠道竞争力；大力推进教材出版领域的改革，成立教育教材分社，建立一个更高效、更适应竞争形势、更便于统筹教材出版全局的管理模式，提升社教材的市场竞争力；购置POD按需印刷生产线，减少库存，降低企业经营风险；成立建知（北京）数字传媒有限公司，建立出版融合发展国家级实验室和知识服务技术与标准实验室，推进出版融合发展，加速向知识服务型企业的转化；成立建设发展研究院，开展建设智库研究，为更好地服务行业和企业自身发展提供智力支持；成立离退休干部综合服务办公室，加强对老同志的关爱，营造温暖的企业人文环境。

【加强人力资源管理，狠抓队伍建设，打造企业的持续竞争力】 加强职业技能培训，开展继续教育培训工作，2017年，与中国编辑学会合作开展了48学时面授课和在线继续教育。加强人才引进工作，充实人才队伍，引进新员工18人，及时开展入职培训工作，促进新员工与企业文化的快速融合。通过修订完善《中层干部选拔聘任工作办法》，改进干部选拔机制，狠抓干部队伍的决策力与执行力建设。相继制定发布《待岗人员管理办法》《关于岗位工资和效益工资考核分配办法的补充规定》等5项人才管理及考核分配制度，进一步规范人才管理，打造企业的持续竞争力。

〔中国建筑工业出版社（中国城市出版社）〕

中国建筑学会

【学会建设】 2017年，中国建筑学会（以下简称"学会"）经中国科协科技社团党委批准，成立中国建筑学会理事会党委，在学会建设中发挥政治核心、思想引领和组织保障作用，认真履行保证学会发展正确政治方向的责任，前置审议学会"三重一大"事项，以及学会换届、分支机构成立和撤销、预防学术不端行为、接收大额捐赠、开展涉外活动等事项；推动学会有序参与社会治理、提供公共服务。

全年新增个人会员1198名，新增团体会员62家，编辑会讯35期，总发行13000余份。2017年认定21人成为资深会员。会员之家微信平台发布各类专业信息2000余条，浏览量达50000余次。

为了提升服务品质，提高工作效率，树立品牌形象，规范资金使用，开发了会员管理和服务系统，购买电子邮箱系统和财务管理信息系统，对OA的其他相关服务系统进行调研和测试，学会的网站完成改版，内容更加丰富，APP已经上线；学会新媒体开通微信服务号、订阅号，入驻"今日头条"和"科猫"，并不定期更新相关平台内容，发布业内热点信息。

2017年，学会继续作为国际建协和亚洲建协会员出席相关会议，增加了国际建协的投票比重。

【服务创新型国家和社会建设】 服务建筑科技工作者，表彰优秀建筑科技工作者，推广优秀建筑作品，开展奖项评审工作。2017年，修改《中国建筑设计奖申报及评审工作条例》，为进一步发挥中国建筑设计奖在促进建设领域科技进步的导向作用，推动建设科技创新活动的蓬勃开展，根据《科技部关于进一步鼓励和规范社会力量设立科学技术奖的指导意见》，学会决定对中国建筑设计奖评选活动进行调整，分为项目类、科技类、人物类。

【学会能力提升计划】 继续与中国科协签订《学会创新和服务能力提升工程》项目合同书，2017年以提升学会能力建设为着力点，着力自身改革创新，提升学会综合管理和运营能力；加强国际交流与合作，继续提高中国建筑界和中国建筑学会的国际影响力和知名度；启动对广大会员和会员单位的科技评价工作，加强中国建筑学会奖项评选，启动中国建筑学会品牌学术活动培育等工作，使学会的学术影响力、社会公信力、会员凝聚力和自主发展能力显著增强，成为社会信誉好、发展能力强、学术水平高、服务成效显著、内部管理规范、市场竞争力强、在业界和社会具有重要影响力的现代科技社团。

【学术期刊】 学会及直属分会公开出版和内部发行的刊物16种，全年累计发行60余万册。其中，自1月起，《建筑学报》进入CSSCI，成为中文社会科学引文索引来源期刊；《建筑结构学报》实现提前2个月网上优先出版；《建筑知识》完成新一届编辑委员会换届工作，由半月刊改为月刊。

【学科发展研究】 编制完成《2016－2017年建筑学学科发展动态》，对国际建筑学学科的发展动态进行综述，在国际视野下评述中国建筑学学科的发展现状，分析并聚焦未来建筑学学科发展的关键问题和前沿方向。

为探索我国团体标准编制和管理工作模式，借鉴发达国家和地区标准化优秀成果，探索建立标准化深化改革新形势下中国建筑学会标准研制试点，为我国团体标准化工作与国际接轨提供借鉴。学会制定《中国建筑学会标准管理办法》《中国建筑学会标准立项申请表》《中国建筑学会标准编制工作流程》等相关制度文件，为我国团体标准化发展提供了可复制、可推广的试点经验。

【决策咨询】 协助开展雄安新区市民服务中心项目方案征集。5月，为贯彻落实党中央国务院建设雄安新区的决策部署，以"世界眼光、国际标准、中国特色、高点定位"的总体要求全面推进雄安新区的建设，中国建筑学会应新区筹委会委托，开展了雄安新区临时办公区项目设计方案征集开展顾问咨询工作。项目包括新区临时党委、筹委会及平台公司、先期入驻企业办公、生活场所，同时担负规划建设成果展示、政务服务、会议接待等功能。

组织开展冬奥会崇礼太子城冰雪小镇建筑方案设计工作。太子城冰雪小镇位于北京2022年冬奥会张家口赛区核心区，为冬奥会重要配套项目，也是冬奥会期间人员集散中心。为了更好地贯彻总书记"努力交出冬奥会筹办和本地发展两份优异答卷"重要指示，做好2022年北京冬奥会筹办工作，应张家口市崇礼区人民政府委托，中国建筑学会与崇礼区人民政府共同启动太子城冰雪小镇建筑大师工作营。遵循"尊重自然、集约资源、中国风格、国际标准"的设计理念，打造具有中国北方山地风格的以冰雪为特色的旅游小镇。

承担山西柳林明清特色街道保护提升项目。8月，应山西省住房城乡建设厅和柳林县人民政府邀请，中国建筑学会专家组一行前往山西省柳林县考察历史街区保护与更新工作，并与山西省住房城乡建设厅及柳林县人民政府共同主办了山西柳林明清街历史文化街区保护更新建筑设计会议暨历史街区业态研讨会。会议就山西历史街区保护与更新中的建筑设计方法、历史文化传承、建筑风貌保护、街区业态组织等展开深入交流，希望共同探索山西历史文化街区未来发展模式的创新之路。

与郑东新区管委会共同主办"国际城市设计人会"。受郑东新区管委会委托，为了更好地建设郑东新区龙湖金融中心，学会与郑东新区管委会共同举办郑东新区龙湖金融岛超高层用地及文化用地项目建筑设计方案征集活动，就金融办公、酒店和"两馆两中心"开展建筑概念设计方案征集工作。

【国际学术会议】 1月，学会联合APEC建筑师加拿大、韩国、马来西亚、新加坡、中国香港监督委员会、蒙古建筑师联盟、澳门建筑师协会，组织了"2017国际青年建筑师设计工作营"活动。活动促进了中国和相关国家青年建筑师的职业交流与合作。

5月，在斯里兰卡科伦坡举行的堪培拉协议第六次全体代表大会上，由中国建筑学会推荐，清华大学建筑学院院长庄惟敏同志当选堪培拉协议主席。

9月，学会代表出席国际建筑师协会第27届会员代表大会。

9月，经过一年精心筹备和组织的"融合之间"中国馆展览在第26届世界建筑师大会期间揭幕，是国际建协会员国展览最大的一个。国际建协主席、秘书长、两位前主席以及来自韩国、马来西亚、美国等国家和地区的重量级嘉宾参加了开幕式。

12月13～15日应亚洲建筑师协会和泰国建筑师协会邀请，中国建筑学会代表团赴泰国清迈参加亚洲建筑师协会青年建筑师论坛，来自17个国家和地区的28位代表参加了本届论坛。

【国内主要学术会议】 6月，学会在北京清华大礼堂召开主题为"建筑师的职业责任"的学术年会，来自全国各地的建筑科技工作者、会员以及部分高校师生400余人参加了会议。

9月15～23日，学会与山东省住房城乡建设厅、威海市人民政府主办的主题为"提升城市设计·繁荣建筑文化"的第九届威海国际人居节于在山东威海举行,来自政府有关部门、建筑设计界等业内人士2000多人出席此次活动。此次人居节首次举办了大型建筑设计展,展览面积超过8000平方米,并通过北京国际城市建设博览会、武汉设计双年展、白俄罗斯国家建筑节和首尔国际建筑师大会中国馆,将建筑设计展推向国际平台,传播了中国文化,树立了文化自信。

建筑师负责制制度研究座谈会。2017年学会继续开展建筑师负责制研究工作,先后在京沪开展调研工作、组织学术研讨会、起草《关于推行建筑师负责制管理模式的若干意见》等,为《在民用建筑工程中推进建筑师负责制指导意见(征求意见稿)》的出台提供了重要参考。

举办首届海上丝绸之路建筑文化(泉州阿)高端论坛。由中国建筑学会、华侨大学、泉州市科学技术协会、泉州市土木建筑学会联合主办的首届海上丝绸之路建筑文化(泉州)高端论坛,于12月8日在泉州举行。

【两岸交流】 2月20日,台北中华全球建筑学人交流协会代表团拜访修龙理事长,商议第五届海峡两岸建筑院校学术交流工作坊设计基地选址事宜。在京期间,代表团还拜会了住房城乡建设部。

5月13日,由华侨大学、台北市立大学、福建省土木建筑学会联合中国建筑学会建筑教育评估分会共同主办的光明之城建筑文化体验营暨第四届海峡两岸青年学子光明之城实体建构竞赛在华侨大学厦门校区召开,中国建筑学会副理事长赵琦参加了闭幕式及颁奖活动。本次活动旨在推进中华文化的传承和发展,提升海峡青年学子的文化认同感,促进两岸大学生创意设计实践交流。

12月5~11日,中国建筑学会代表团赴台北参加第十八届海峡两岸建筑学术交流会。海峡两岸建筑学术交流会由中国建筑学会与台北中华全球建筑学人交流协会共同发起,轮流承办,自1989年以来已成功举办17届。本次交流会的主题为"建筑城乡、城乡建筑"。

【国际组织任职】 庄惟敏任国际建筑师协会理事、国际建筑师协会职业实践委员会联席主任;张百平任国际建筑师协会副理事;刘克成任国际建筑师协会遗产委员会联席主任;孔宇航任国际建筑师协会竞赛委员会委员。

【国际交往】 接待各国来访组团7个,带团访问了印度、韩国、尼泊尔等国家,出席亚建协第19次建筑论坛、第26届世界建筑师大会。组织"融合之间"中国馆展览,成为第26届世界建筑师大会期间国际建协会员国展览最大的一个。与金砖五国的四国对应组织面对面交流并达成合作协议或意向。承担APEC建筑师中央理事会秘书处工作,主办"一带一路"建筑师相关论坛与摄影展。

【科普活动】 2017年共办培训班13个,参加培训人员1000余人次。截止到2017年,学会科普基地已发展至56家,覆盖全国19个省市自治区。

开展科普培训工作,以"匠人精神"为主旨,发展科普基地,已发展56家,覆盖全国24各省市自治区;举办科普大讲堂,在9个省市举办11场活动;组织建筑科普主题特色活动;出版科普教育图书12册。

【表彰举荐优秀科技工作者】 6月,梁思成建筑奖颁奖典礼在清华大学隆重举行,向获奖者杨经文、周恺颁奖。住房城乡建设部部长陈政高出席颁奖典礼并讲话,他指出:"梁思成建筑奖不仅是褒奖建筑师所做出的杰出贡献,也是凝聚中华民族建筑智慧、传承弘扬中国建筑文化的重要载体。"他同时希望"各国建筑师和相关企业积极参与到'一带一路'倡议中来,加强建筑领域的交流与合作,共商合作大计、共建合作平台、共享合作成果"。国际建协原主席斯古塔斯评价说:"梁思成建筑奖展现出向全球开放的创新精神,正成为一个与国际顶级建筑奖项齐名的大奖"。

中国建筑设计奖评审与颁奖,经评审委员会核定,共评选出获奖作品93项。其中建筑创作19项、室内设计6项、施工组织7项、工业建筑10项、暖通空调14项、建筑电气18项、给水排水16项、建筑防火综合技术3项。颁奖活动在2017年中国建筑学会年会期间举行,仲继寿秘书长主持颁奖仪式,修龙理事长、崔愷院士、邵韦平大师向获奖项目颁奖。

受住房城乡建设部村镇建设司委托,学会继续承担2017年第三批田园建筑优秀实例的推荐认定工作,目前各项工作已基本筹备就绪,只待建设部的统一工作部署。

【会员服务】 年内,举办北京建造节、北京古建节、礼拜五沙龙、中国建筑学会会员之家活动。整合平台资源,完成学会财务系统建设工作,基本完成会员智慧管理系统建设工作,启动中国建筑奖征集系统建设工作,为会员和广大建筑科技工作者提供更为全面的服务。

(中国建筑学会)

中国土木工程学会

【服务创新型国家和社会建设】 2017年，中国土木工程学会（以下简称"学会"）完成了"十二五"国家科技支撑计划课题"软土地下空间开发工程安全与环境控制关键技术"研究成果的出版工作，学会组织有关单位编写并出版了《大直径超长灌注桩设计与施工技术指南》《软土大面积深基坑无支撑支护设计与施工技术指南》《城市软土基坑与隧道工程对邻近建（构）筑物影响评价与控制技术指南》《城市软土基坑与隧道工程信息化施工安全监控技术指南》4本学会技术指南。学会标委会申报并参加了"十三五"国家重点研发计划"工业化建筑标准体系建设方法与运行维护机制研究"课题（2016YFC0701601）；申报并承担了住房城乡建设部2017年科学技术项目计划"我国装配式住宅技术体系分析与应用发展研究"课题。承担了住房城乡建设部《绿色施工技术推广应用研究》课题，承担了中国科协学科创新协同项目《轨道交通协同创新平台建设》等。

2017年学会继续开展团体标准的编制工作。修订《中国土木工程学会标准管理办法》《中国土木工程学会标准编制工作流程》等制度文件，征集并发布2017年学会标准研编计划，开展学会标准的编制管理、跟踪管理，对标准编制项目进行引导、规范、监督、审查等，并提供技术指导。自2015年试点以来，批准立项的学会标准编制项目共58项（其中2017年45项），内容涵盖建筑信息化、轨道交通、路桥、隧道、结构新材料、地基基础等诸多领域。2017年，有3项学会标准正式批准发布。

【学会能力提升计划】 受有关单位的委托，作为第三方机构聘请同行专家，组织开展《新加坡轨道交通工程大士西延长线项目城市桥梁模块化预制组拼技术研究》等项目的科技成果鉴定工作，并研究制定《中国土木工程学会科技成果鉴定管理办法（试行）》、工作流程等制度文件。

学会实现工作人员的专职化。对新进人员采用聘用制管理办法，搞活学会用人机制。学会空缺岗位在部人力资源开发中心的配合下，面向社会公开招聘，应聘人员经面试、综合能力测评及业务能力考评合格后择优试用，试用期满、考核合格者正式签订聘用协议。同时为激励聘用员工的工作热情，所有聘用员工工资待遇均参照在职员工的标准进行核定，做到一视同仁，同工同酬。进一步明确了岗位职责，改进了考核和奖励办法。

继续推进学会信息化建设。将现有的网站内容重新梳理并结合各业务部门的需求完善门户网站。建设协同办公系统，打造学会及分会交流的统一平台。

【学会建设】 学会召开了九届八次理事会通讯会议、九届九次常务理事通讯会议、九届十次常务理事通讯会议。各分支机构加强了组织建设，定期召开理事会议，燃气分会完成换届改选工作。

【学术期刊】 编辑出版《土木工程学报》《现代隧道技术》《防护工程》《建筑市场与招标投标》《煤气与热力》《城市公共交通》《公交信息快递》《城市公交》《预应力技术与工程应用》《空间结构简讯》《土木工程师》《城市道桥与防洪》等期刊。

《土木工程学报》每期发行1700余册，国外发行10余册。《土木工程学报》经过数年的学术建设和提升，指标稳步前行。与清华同方数据库合作，为《土木工程学报》发表论文编制DOI号码，并对过刊文章进行回溯。旨在更加高效地将学报文章在线被检索。

2017年结合詹天佑获奖工程，挖掘推广新技术新应用，从技术推广层面对詹天佑大奖工程进行宣传，出版3期《土木工程应用技术》。

【国内外主要学术会议】 2017年，学会共召开国内外学术会议76次，参会人数达2万人次，出版论文集20余种，提交论文1700余篇。

10月16～17日，2017（第三届）城市防洪排涝国际论坛在南京召开，包括7位院士在内的300多位国内外领导、专家、学者和企事业单位代表齐聚一堂，共同审视、把脉当今城市防洪排涝领域的最新成果、最新技术、最新理念、最新信息，共商城市防洪排涝领域的生态未来。会议以"重塑绿色可持续发展城市水环境"为主题。邀请来自产业各界各层的领导、专家、学者和嘉宾，共同探讨城市防洪排涝的核心命题，共同促使城市绿色基础设施真正起到生态作用，修复城市水生态、涵养水资源、增强城市防涝能力，扩大公共产品有效投资，提高新型城镇化质量，促进人与自然和谐发展，塑造健康的、完整的、有用的生态文明。共有35位专家发表了精彩演讲，大会收录优秀论文10篇。论坛对提升我国城市防洪排涝能力起到了积极的推进作用。

4月14日，由中国土木工程学会、北京詹天佑土木工程科学技术发展基金会共同主办的"中国土木工程詹天佑奖技术交流会"在北京召开。本次会议以"土木工程创新技术"为主题，与"第十四届中国土木工程詹天佑奖颁奖大会"同期召开，中国土木工程学会理事、学会各专业分会（分支机构）的专家、部分省市土建学会的领导、第十四届詹天佑奖获奖单位、会员单位以及来自全国土木工程领域的工程科技人员代表近400人参会。

4月24～25日，由中国土木工程学会、中国工程院土木水利与建筑工程学部、国家自然科学基金委员会材料与工程学部、东南大学、江苏省土木建筑学会等共同主办的"第五届全国土木工程安全与防灾学术论坛"在南京召开。东南大学校长张广军院士、工程院陈厚群、王景全、江欢成、崔俊芝、谢礼立、张超然、郑皆连、杨秀敏、马洪琪、陈政清、郑健龙、杨永斌、杜彦良、王建国、张建云、缪昌文、王超等18位土木建筑与水利领域的院士，以及来自全国土木工程领域的200多家高校、研究所、企业的500余名专家、学者和代表参会。为期两天的论坛针对土木工程建设、运营、管养中的各类工程安全防灾、耐久等关键科学问题进行深入探讨。杨秀敏院士、周福霖院士和杨永斌院士做主题报告，39位"千人计划"特聘专家、长江学者、国家杰出青年自然科学基金获得者等知名专家做特邀报告，报告涵盖土木工程中结构、防灾、材料、桥梁、岩土、市政、水利等各个研究方向，报告内容丰富新颖，学术价值突出，为我国土木工程建设的战略决策提供了可靠的科学支撑，为更好地推进土木工程领域的快速发展奠定了坚实的基础。

7月1～7日，由中国土木工程学会、东南大学等单位共同主办的"2017年土木工程院士知名专家系列讲座暨第八届全国研究生暑期学校"在南京召开。活动邀请了包括4位院士在内的50余位来自国内外的知名专家学者就土木工程领域热点、难点问题精辟阐述自己的学术观点和学术成果，专业讲座分为五个专题：结构与防灾、桥梁工程、岩土工程、力学、工程管理，来自全国各地70多所高校的优秀学生和工程师400余人参加活动。这项公益活动极大地开拓了参会人员的知识视野，对促进土木工程科技后备人才的培养、激发土木工程科技创新热情具有积极意义。

7月7～10日，由中国科学技术协会学会学术部指导，中国土木工程学会、东南大学主办的"首届土木工程海外华人青年学者学术交流与联谊会"在南京召开。会议旨在聚集海内外优秀青年学者，就土木工程学科国际前沿科技与发展动态开展交流与探讨，促进海内外土木工程青年学者的交流和合作。

9月7～9日，由学会住宅工程指导工作委员会、中国建设科技集团股份有限公司主办的"全国钢结构住宅前沿技术论坛"在北京召开，来自高校、设计、施工等领域12位国内外专家分享了自己及团队的研究成果，近300位企业科技工作者代表出席了会议。会议围绕我国已建和在建装配式钢结构建筑特别是住宅体系，从行业标准、结构设计、施工应用、围护体系等方面，深入探讨交流钢结构住宅科研、设计与建造的成功经验，为进一步推进钢结构住宅发展、推动住房市场供给侧结构性改革做出了积极地探索。

9月22～24日，由中国工程院土木、水利与建筑工程学部，中国土木工程学会，湖南大学等单位共同主办的第四届建筑科学与工程创新论坛在长沙召开。9位院士及300余位土木工程领域的专家学者交流土木建筑工程创新技术、探寻新理念、展示新成果，围绕大型复杂结构体系性能与可持续发展、高性能桥梁结构新体系发展与创新、生态智慧型城镇建设与安全保障、可持续交通基础设施建设与保障技术、绿色先进土木工程材料等方面作了40多个主题报告。

11月18日，由河南省科协、中国土木工程学会主办，河南省土木建筑学会承办的"地下空间开发利用与城市可持续发展高层学术论坛"在郑州举办，以钱七虎院士、王复明院士为首的百余位国内外专家学者汇聚一堂，聚焦城市可持续发展的现实迫切问题，进行了热烈的学术交流。

【国际交往】 2017年，学会加强与有关国际以及国家学术组织的联系，与英国、加拿大、美国等国家和香港、澳门地区的学术组织开展双边互动，友好协商今后的进一步合作方向。学会与加拿大土木工程学会和澳门建筑业协会分别续签和签订合作协议。学会代表团参加了国际隧道协会举办的世界隧道大会，还派团访问了加拿大土木工程学会并参加了其2017年年会。学会正与加拿大土木工程学会就合作举办国际学术交流活动展开商讨。学会接待了英国土木工程师学会3个代表团8人次的来访，共同探讨学会与各方今后的合作与交流情况。学会还接待了加拿大土木工程学会2个代表团4人次的来访，双方就明年开展的相关合作进行了详细的交流和探讨。

【表彰奖励】 受中国科协委托，学会组织推荐了两院院士候选人5名、第十五届中国青年科技奖候选人2名、第十二届光华工程科技奖候选人2名、全国学会优秀党员科技工作者5名；受教育部委托，学会组织推荐了2017年度教育部青年科学奖候选人1位，按时完成材料报送推荐工作，现已进入公示阶段；受科技部委托，继续承担科技部2017年"创新人才推进计划"之"中青年科技创新领军人才"候选人的组织推荐工作；继续组织实施中国科协"青年人才托举工程"项目，学会共组织遴选了土木工程领域的5名青年科技人才进行托举；推荐的第十四届中国青年科技奖有1人获奖。

4月14日，第十四届中国土木工程詹天佑奖颁奖大会在北京举行，共有29项科技创新工程荣获詹天佑奖，来自全国各省市的土木建筑科技工作者400余人参加了大会。

受科技部国家科技奖励工作办公室的委托，组织开展2017年度国家科技奖励的遴选推荐工作，东南大学吴智深教授等主持完成的"土木工程结构区域分布光纤传感与健康监测关键技术"项目经学会推荐，获2017年国家技术发明二等奖。

【第十四届中国土木工程詹天佑奖颁奖大会】 4月14日，第十四届中国土木工程詹天佑奖（以下简称"詹天佑奖"）颁奖大会在北京举行，共有29项科技创新工程荣获詹天佑奖。住房城乡建设部副部长易军出席并讲话。中国土木工程学会理事长郭允冲在大会上发言。中国土木工程学会副理事长、清华大学副校长袁驷出席。

詹天佑大奖已先后组织完成15届评选，共有433项土木工程领域的精品工程获得表彰其中港澳地区11项，海外4项。

【中国土木工程学会2017年学术年会】 10月26～27日，由中国土木工程学会主办、同济大学承办的以"智能土木"为主题的2017年学术年会在同济大学举行，来自全国建筑、交通、铁路、道桥、隧道、市政等土木工程各领域的院士、专家学者、科技人员、学会会员、企业代表约500人参会，围绕智能土木时代的新概念、新技术、新战略，交流研讨智能化城镇建设领域最新的科研进展和工程实践。

（中国土木工程学会）

中国风景园林学会

【服务创新型国家和社会建设】 2016～2017年间，园林绿化行业"营改增"政策的实施及园林绿化施工企业资质的取消等给行业管理和园林绿化施工企业经营带来了重大影响。针对这一情况，中国风景园林学会（以下简称"学会"）企业工作委员会赴北京、湖北、广东及安徽等地组织多次座谈会，就"营改增"政策实施后企业实际税负的变化、苗木抵扣问题，园林绿化施工企业资质取消后的市场规范和工程质量保证等问题听取地方行业主管部门、有关学会和企业的意见。受住房城乡建设部城市建设司委托，在调研的同时，征求《园林绿化工程建设管理办法（暂行）》的意见。学会将调研意见汇总后形成书面报告，提交住房城乡建设部城市建设司，对后期政策制定和相关管理规定出台提供了参考。

"十九大"召开以后，学会组织在京副理事长、行业专家等积极学习"十九大"精神，就时代的风景园林行业建设进行多次讨论和广泛调研，于12月撰写完成一份《加强风景园林行业管理和风景园林行业发展的建议》，提交住房城乡建设部，供政府决策参考。

【学会建设】 截至12月31日，学会登记个人会员9831人，较2016年增313人，增长率3.3%；单位会员1200家，较2016年增148家，增长率14.1%。

4月1日，学会在成都召开五届八次常务理事会议，讨论通过《2016年工作总结和2017年工作计划》和《2017年会筹备方案》。会议强调以深化改革、体制创新为背景，要加强学会自身建设，支持分支机构开展活动，秘书处工作人员增强专业化、职业化、年轻化程度。同日，召开学会分支机构负责人工作会议，传达《住房和城乡建设部人事司关于进一步加强部管社团培训办班管理的通知》《关于立即取消未经批准的评标达标表彰项目的通知》等文件精神，要求分支机构按照有关社团管理规定，规范地开展活动。

学会全力做好第六次全国会员代表大会和理事会换届准备工作。12月，完成换届报告、《章程》修订、理事和会员代表推荐等工作。

【学术期刊】 《中国园林》2017年度继续入选"中文核心期刊"和"中国科技核心期刊"。

【学科发展研究】 学会承担的"风景园林学科史研究"项目顺利推进。研究由首席科学家杨锐教授担任首席科学家，孟兆祯院士在内的10余位顾问和50余位专家参与研究和编写工作。先后召开4次中大型会议，确定研究总体框架，多次修订编写大纲。相继形成3个版次书稿。基本厘清了中国风景园林学科发展的脉络，明确了学科与行业、社会发展的交互关系，建立学科史研究的方法体系。

【国际学术会议】 5月26～29日，学会教育工作委员会参与承办的"2017中国风景园林教育大会暨（国际）CELA教育大会"在北京举行，国内外820余位代表参会。会议以"沟通"（Bridging）为主题，旨在加强中外风景园林学科教育思想的交汇碰撞，不同学科与文化之间的理念交流，以及知识与经验的分享。这是国际上两大教育年会首次联合合办，也是（国际）CELA教育大会首次在中国召开，会议标志着中美两国风景园林教育交流翻开了新的一页。

【国内主要学术会议（含与香港、澳门）】 11月4～6日，学会2017年会在西安召开，主题为"风景园林与'城市双修'。会议重点就风景园林在城市更新、城市生态修复和城市修补的实践作用和理论探索进行了交流。会议首次结合地区特色，设立"西北风景园林与一带一路"论坛和"西北风景园林建设优秀成果展"。

9月21日，学会与北京林业大学、中国园艺学会和中国花卉协会共同在北京主办纪念陈俊愉先生百年诞辰学术报告会，以"陈俊愉与美丽中国建设"为主题，从不同角度总结了陈俊愉先生的学术思想，号召以陈俊愉先生为楷模，为推动中国风景园林事业的发展而努力。10月28～29日，中国风景园林学会、浙江大学、北京林业大学和浙江农林大学共同在杭州主办"第二届中华民族风景园林传承与创新之路暨孟兆祯院士学术思想论坛"，总结孟兆祯院士的学术思想体系，倡导借古开今，走中国特色的风景园林之路，推动我国风景园林行业的理论研究和实践。

【国际交往】 6月22～23日，英国风景园林学会（LI）2017年会在曼彻斯特大学举行，主题为"作为基础设施的风景园林（Landscape as Infrastructure）"。学会副理事长、北京林业大学教授王向荣和同济大学教授刘滨谊、清华大学教授朱育帆受邀参会交流并作主旨演讲。王向荣和朱育帆还应邀参加了英国风景园林学科改革内部会议，与国际风景园林师联合会（IFLA）主席凯瑟琳·摩尔（Kathryn Moore,）以及英国多所风景园林学科负责人进行了交流。

10月14～20日，2017年世界设计高峰论坛（World Design Summit 2017）暨第54届国际风景园林师联合会（IFLA）大会（54th World Congress of Landscape Architects）在加拿大蒙特利尔举行，主题为"为未来而设计"（Designing for the Future）。中国风景园林学会副理事长兼秘书长陈重等组成中国代表团出席了会议。

【科普活动】 4月，学会继续举办"风景园林月"系列科普活动，主题为"风景园林让生活更美好"。继续推进科普报告会与地方合作举办的模式，在西安、北京和新乡组织4场学术科普报告会，组织1场"在校大学生走进企业"沙龙活动。在中国风景园林学会官网进行了"全国大学生风景园林规划设计竞赛获奖作品网络展"。

9月16日，联合河北省风景园林学会，组织专家参与了全国科普日（河北主会场）活动，以风景园林与"城市双修"为主线，向公众普及风景园林领域热点工作和专业知识。本次活动就学会与地方联合举办专题科普活动积累了经验。

2017，持续推动科普工作常态化，推动科普专家团队和科普能力建设，拟定《全国风景园林学科科学传播专家评审与管理办法（征求意见稿）》等文件，创建并向中国科协申报了1个风景园林学科科普团队（王向荣副理事长任首席科学传播专家）。

【继续教育】 7月18日，学会在北京组织"园林绿化行业增值税纳税实务与提高培训班"，向学员培训了增值税实施后企业结构优化、合同管理中的涉税实务、涉农苗木政策解读、供应商选择的策略、建筑施工企业的收入确认以及后营改增时期重要纳税策略等内容。8月和12月,学会经济与管理研究专业委员会先后在银川和杭州举办风景园林管理干部培训班,向学员培训风景园林行政管理、规划设计管理、工程建设管理、科技管理及科技创新、法制管理等内容。10月25~28日,中国风景园林学会菊花分会在南京举办"2017年度菊花栽培与应用技术培训班",向学员培训菊花栽培和应用的最新技术。

【科技奖励】 2017年,学会继续承担华夏优秀科技项目的推荐工作,提交10项风景园林科技项目参与本年度评审。学会首次开展"中国风景园林学会优秀科技成果"征集工作,拟定了《中国风景园林学会优秀风景园林科技成果征集办法》,评出《城市衰弱行道树复壮技术研发与应用》等24项优秀科技成果。

【会员服务】 2017年,学会继续推行个人电子会员证,进一步缩短发证周期,简化入会手续。继续在呼和浩特举办了第九届会员日活动。6月28~30日,在广东省举办首期"创新创造会员全国行"系列活动,主题为"互学互鉴 创新创造 共谋发展"。活动组织企业会员到优秀会员单位进行实地参观、考察和座谈,搭建会员之间相互交流、学习、合作的平台,探讨风景园林企业如何适应经济新常态,抓住新机遇,在新一轮发展大潮中赢得主动、抢占先机,加快转型升级,把企业做大、做强、做优、做久等。

(中国风景园林学会)

中国市长协会

【概况】 2017年,中国市长协会(以下简称"协会")本着"为城市发展服务,为市长工作服务"的宗旨,围绕中央城市工作会议和全国经济工作会议精神的要求,针对城市、市长工作热点难点问题,开展了一系列活动,圆满完成年初制定的计划,提升了协会在城市中的影响力。

【市长论坛】 协会五届三次理事扩大会暨"2017中国市长论坛"于6月14日在哈尔滨举行。大会由中国市长协会、哈尔滨市人民政府主办,黑龙江省市长协会协办。来自全国近300名国家部委领导、各城市市长及城市代表和专家学者与会。会议审议通过了协会工作报告和财务收支报告,讨论通过了几项工作建议:关于增补惠州市为中国市长协会常务理事城市的建议;关于天津市市长王东峰担任中国市长协会荣誉会长的建议;通过上海市副市长翁铁慧担任中国市长协会副会长、女市长分会会长的建议。在论坛环节,与会嘉宾围绕着"城市创新发展"主题,进行了多维度、多视角的研讨和交流。会上,还简短举行了《中国城市发展报告2016》的首发式。

中国市长协会女市长分会五届二次理事扩大会同期召开,审议通过了分会的工作报告,选举上海市副市长翁铁慧为女市长分会会长,增补了副会长和常务理事城市。与会女市长对分会今后的工作方向提出了中肯的意见和建议。

作为第四届中俄博览会暨第二十八届哈洽会重要内容之一,协会与黑龙江市长协会合作,于6月14日举办了"中俄城市创新发展高峰论坛"。近300名中、俄两国城市市长、副市长、专家学者和企业家就"城市创新发展"主题,研讨了中俄城市的发展与合作问题。

【围绕城市热点、难点问题举办论坛及专题研讨会】 世界城市日市长论坛。10月31日,受住建部委托,协会于在广州承办了"2017世界城市日市长论坛",主题为"可持续城镇化与城市治理"。来自国家发改委、广州、厦门、徐州以及世界大都市联盟、意大利帕多瓦和英国布里斯托尔等城市代表进行了交流对话。论坛旨在互相学习城市可持续发展经验,推动解决城市发展中共同面临的问题。

小城镇专委会年会暨"第二届中国新型城镇化发展研讨会"。2017年中国市长协会小城市(镇)发展专业委员会年会暨"第二届中国新型城镇化发展研讨会"于6月13日在哈尔滨召开。本次会议围绕"中国新型城镇化发展新机遇、新动能、新空间"主题,来自全国近200名城市代表、城镇化研究专家、优质企业代表、投融资机构专业人士共同探讨了城镇投资路径、交流发展经验。

泛珠三角区域省会城市市长联席会议。11月10日，协会参与主办的"泛珠三角区域省会城市市长联席会议"在长沙举行。论坛是2004年以来的第13届，以"开放互动、合作共赢"为主题，旨在深化泛珠三角区域九省会城市，以及与香港、澳门的交流合作，推进区域协调发展。

2017健康城市论坛。11月7日，协会参与主办的"2017健康城市论坛"在上海举行，主题为"城市健康治理，和谐开放创新"，与会的200多名政府官员、专家和企业家参加研讨，对推动建设健康城市起到了积极作用。这个论坛自2010年起由协会与上海市健康产业发展促进协会联合举办，已连续举办了七届，2014被列入联合国"世界城市日"系列活动。

女市长专题研讨会。5月25日，协会女市长分会与浙江省金华市政府联合举办了"城市让老年生活更美好"为主题的智慧养老专题研讨会，来自北京、河北、山西、安徽、四川、青海等省的10多个城市的女市长及有关部门负责人共60多人参加了讨论。研讨会通过政策解读、经验交流和案例分析三个板块就养老产业的政策、服务和养老照护体系等多方面内容进行了探讨。

【积极开展国际交往活动】 中德市长班。9月11～30日，协会承办了中共中央组织部和住建部共同主办的赴德国转变城市发展方式高级研究班。

中国—东盟市长论坛。协会与南宁市人民政府、广西市长协会合作，于9月9日在南宁举办了"2017年中国—东盟市长论坛"。来自中国和东盟多国近百个城市的300名嘉宾齐聚南宁，共商城市旅游合作及共建智慧城市。

新型城镇化和可持续发展专题研究班。协会与广东省委组织部合作组织的赴丹麦"新型城镇化和可持续发展专题研究班"于6月12日至7月2日举办。

【专项咨询】 城市咨询服务。应江阴市政府邀请，协会城市咨询委员会部分老市长于4月11日对该市开展了调研咨询活动。老市长们对江阴的城市规划、建设和管理以及经济发展进行考察。期间，与江阴市政府召开了座谈会，老市长们对江阴的城市发展定位、产业发展以及城市建设和管理提出了中肯的建议，受到江阴市与会代表的好评。

小城市（镇）专委会为城市提供服务。协会小城市（镇）专委会组织专家团队于4月、6月、8月和9月先后考察调研了秦皇岛、防城港、六盘水、云浮、菏泽等城市，调研团队与城市各级领导沟通交流了城市与县镇发展思路，并对各市下属的县镇进行了深入考察调研，探讨发展中的问题和需求，并向各市提交了调研报告，受到各市的好评。

【《中国市长》会刊与全媒体平台】 2017年《中国市长》会刊重点报道了《城市雾霾　发展新机遇》《互联网＋扶贫　信息时代新命题》《以民为本　开放进取—全国两会专题》《雄安：2017春天的故事》《城市群：中国城市化的战略模式》《十九大专题报道》等专题。进一步加强了城市专访报道工作。协会全媒体平台整合了协会媒体资源，包括协会官网、官方微信、微博等新媒体，为协会提供更多样化的媒体服务。

【城市问题研究】 《中国城市发展报告（2016）》出版发行。经过一年的研究编写，由协会主办、欧亚国际科学院中国科学中心承办的《中国城市发展报告（2016）》于6月出版发行。

《中国城市状况报告（2016/2017）》出版发行。由协会参与主办的《中国城市状况报告（2016/2017）》于8月出版发行。协会与欧亚国际科学院中国科学中心、中国规划学会和联合国人居署共同编写，每两年一卷。

【社会公益】 协会与美国斯达克基金会共同主办的斯达克"世界从此欢声笑语"2017中国项目于9月16～26日在兰州、天水举行。在国际听力专家和中方工作团队、志愿者们的共同努力下，为5717名听障人士，免费适配了11172台助听器。该项目是助听器大型捐赠项目，每年救助我国一个省份的贫困听障人群。

由协会推动、协会女市长分会发起的"女市长爱尔慈善基金"于2009年5月在上海成立，旨在通过发挥女市长的影响力，动员各界力量关注和支持残障康复事业，救助贫困听力障碍群体。

【广州中国市长大厦】 广州中国市长大厦倾注了广州市政府对全国市长的深厚情谊。多年来为全国市长学习广东改革开放经验，举办了大量培训班、研讨会等市长交流系列活动，为促进全国城市建设和发展，发挥了非常重要的作用。

（中国市长协会）

中国城市规划协会

【完善注册城乡规划师相关制度】 2017年,根据《关于印发〈注册城乡规划师职业资格制度规定〉和〈注册城乡规划师职业资格考试实施办法〉》相关要求,中国城市规划协会(以下简称"协会")于7月3日召开了第一届注册城乡规划师管理委员会四次会议,对《注册城乡规划师注册办法》和《注册城乡规划师继续教育办法》进行相关修订,并于7月11~17日通过协会网站、微信公众号广泛征求意见,于8月1日起施行。

【开展注册城乡规划师的继续教育工作】 2017年,全国各省的培训机构分别在北京、天津、上海、重庆、河北、内蒙古、辽宁、吉林、黑龙江、江苏、浙江、安徽、江西、湖北、湖南、广东、广西、海南、云南、陕西等20个省市区举办各类注册城乡规划师培训及会议49期,共有14185人就近参加学习;为满足规划师的多样化需求,落实主管部门对提高服务水平的要求,协会广泛开展了课程需求调查,并根据大家反馈的建议,在"城乡规划微课堂"在线教育平台上提供部分课程作为补充,截至年底微课堂上共发布了30个网上课程,约有1200人参与了学习。

【注册等相关业务工作】 2017年,协会审核通过注册城乡规划师业务13070项,其中初始注册1374项、变更注册3374项、延续注册8104项、注册类型转换83项、更改补办54项、注销业务61项、撤销业务20项;学时审核通过39148项。全年累计发放证书9745张。

【2017年度全国优秀城乡规划设计评优准备工作】 9月,为了进一步加强全国优秀城乡规划设计奖项的专业性、权威性和公信力,规范申报和评选程序,协会成立了第五届全国优秀城乡规划设计奖评选组织委员会,修订《全国优秀城乡规划设计奖评选办法》。

【加大规划宣传力度,建设信息服务平台】 充分利用协会网站、微信公众号等信息资源,及时发布行业动态和资讯,为会员单位及规划工作者提供网络交流平台。

【相关课题研究及调研组织】 9月,受部城乡规划司委托,协会承担了《规划编制单位及注册城乡规划师现状分析》课题工作。

为贯彻落实习近平总书记治国理政新理念新思想新战略,强化城市总体规划的战略引领和刚性控制作用,9月,住房城乡建设部发布了《关于城市总体规划编制试点的指导意见》,确定城市总体规划编制将在江苏、浙江两省和全国15个城市开展规划改革试点工作。按照部领导要求,协会全程参与试点城市的总体规划编制改革工作,为新一版的总体规划改革提供相关咨询服务,为建立和完善城市总体规划编制、审批、实施和考核评估体系,进一步推进城市总体规划编制和实施体系改革发挥行业作用。

【相关论坛、研讨会的开展】 3月10日,在复旦大学举行城乡规划工作的融合与创新暨中国城市规划协会会刊《城乡规划》杂志首发式。

5月27日,在复旦大学举行第四届复旦城市规划论坛暨"面向中小城市转型发展的规划应对"研讨会,该研讨会是上海论坛2017特别专场,由复旦大学和中国城市规划协会主办。为推动"五位一体"总体布局和"四个全面"战略布局,落实中央城市工作会议精神,加快推进中小城市转型发展,会议为中小城市转型发展过程中所面临的问题把脉支招,使新一轮中小城市规划编制更具科学性、前瞻性和可操作性。

10月13~14日,在厦门召开2017年全国规划院长会议。此次会议是贯彻习近平总书记指示精神和中央城镇化工作会议、中央城市工作会议精神,落实"五个统筹",落实住房和城乡建设部关于创新规划理念、改革规划方式、完善规划体系要求的一次行业盛会。会议以"统筹规划、规划统筹"为主题,对规划院改革与发展、业务创新与技术拓展、基于"多规合一"的规划实施等,与全国规划院共同探讨城市总体规划改革和规划院的转型发展。

【规划设计专业委员会】 促进副省级和地市级规划院的交流。5月18~19日,在义乌组织召开"转型时期中小城市发展与有机更新论坛暨第三届全国中小城市规划院联席会",对城市建设管理信息化平台打造、规划院改革发展和内部管理等方面问题进行了广泛的讨论交流,共同探讨中小城市有机更新与规划问题；8月31日，在沈阳组织召开"第七届全国副省级城市规划院联席会"，会议以"统筹与发展——创新城市发展新模式"为主题，从发展的角度，探索新时期作为区域中心城市如何深入落实中央城市工作会议提出的城市发展应遵循"一个尊重与五个统筹"的基本原则和要求，从规划编制的角度，探讨城市规划院在城市发展中如何更好的承担起服务和技术支撑的角色，加强规划统筹和规划的操作实施，对未来的运营发展进行了战略思考。

继续开展《城市规划设计导则指导意见》的修订工作。分别在4月和7月召开各阶段编制组会议，10月在全国规划院长会议上征求全国规划设计单位意见，截至年底，共收到8份反馈意见与建议，课题组将根据反馈意见完善相关内容。完成规划设计专业委员会的换届工作，成立第四届的组织机构。

【城市勘测专业委员会】 加强横向联系，创新交流模式。4月27日，与国务院第一次全国地理国情普查领导小组办公室统计分析组（中国测绘科学研究院）联合举办"城市地理国情监测（2017）高端技术论坛"，交流开展地理国情监测工作的情况、做法和经验；8月10～11日，与协会地下管线专业委员会联合举办"普查新阶段地下管线数据采集、动态更新与应用专题会"，围绕城市管线综合管理、数据应用、管线详查及小区普查、动态修补测等开展交流，并围绕城市管线管理机制、挖掘专线、惯性定位、无损挖掘和空洞探测等新技术应用开展高峰对话，对热点话题进行集中研讨。《城市基础地理信息系统技术规范（送审稿）》通过审查，并于5月报住房城乡建设部标委会，完成相关编制工作。11月10日在南京召开以"服务、共创、融合，推进智慧城市建设"为主题的2017年年会，搭建交流平台，进一步促进城市勘测工作的提升。

【地下管线专业委员会】 协助开展《地下管线管理条例（征求意见稿）》的相关工作，推动地下管线的综合管理。完善《地下管线检测与可靠性鉴定标准》《城市地下病害体综合探测与风险评估技术规范》《供水管网漏水检测听漏仪》等技术规程的标准制定，以推动地下管线行业健康发展。把握行业特点，开展技术交流活动。11月16～17日，以"地下管线综合管理与地下空间规划利用"为主题召开了地下管线专业委员会2017年年会，围绕加强城市地下管理、保障城市地下管线的有序建设和安全运行、城市地下空间的智慧管理、地下管网实时监控等方面进行了积极有效的交流。

【女规划师委员会】 女规划师委员会以协调、服务女规划师为职能，是加强女规划师之间联络、提升女规划师业务能力和行业影响的重要平台。积极贯彻十九大及中央城市工作会议精神，并在日常工作中践行习近平总书记系列讲话中对城市规划工作的具体要求，探索城市规划新理念、新方法，创造新实践、新范式，并从女性视角关注中国妇女儿童的生活环境与品质提升；积极参加全国妇联组织的各项活动，推荐单位和个人参加全国妇联的评选，2017年，西安城市规划设计研究院获得了全国巾帼文明岗的集体荣誉，张菁获得了全国巾帼建功标兵的个人荣誉；继续开好女规划师委员会年会。12月16日，以"宜居城市 幸福生活"为主题，在深圳召开了第三届第七次年会，共同交流了北京市城市总体规划、儿童友好城市、城市规划的公众参与实践、深圳城市设计实施等规划编制、实施和管理经验。

【信息管理工作委员会】 举办2017年中国城市规划信息化年会。9月21～22日，以"众源、众规、众智"为主题，在武汉召开了2017年年会，共同探讨推动城市规划信息化建设的前沿理念、成功经验和先进技术。

【规划展示专业委员会】 8月25日，在长沙召开馆长研讨会，围绕展馆建设运行、展陈设计艺术、创新与发展等问题展开了充分的研讨和经验交流；12月14～15日，在广州召开"规划展示专业委员会2017年年会"，年会围绕"新时代、新格局、新突破——规划展示行业的认识与思考"的主题进行了充分讨论，对规划展示行业的转型发展、创新规划展示思路和整个行业目前普遍存在的困难等问题进行了剖析与解读。5月9～22日，在上海举办2017年全国城市规划展示（展览）馆讲解员国家职业资格证书（中级）培训班，以提升展览讲解员的专业素质和水平。

【城乡规划编制研究中心工作委员会】 12月7～8日，在武汉组织召开2017全国城乡规划编制研究中心年会，会议以"规划改革与创新服务"为主题展开交流与探讨，充分发挥规划编研队伍的技术与管理相结合的优势，推进城市规划体制改革，促进城乡规划管理健康发展。

【工作年度新举措】 为提高秘书处工作效能，规范工作程序，针对突出问题建立健全秘书处各项工作和管理制度，制定《中国城市规划协会印章管理办法》《中国城市规划协会公文管理办法》《中国城市规划协会财务工作办法》《中国城市规划协会办公用品管理办法》《中国城市规划协会公务接待办法》《注册城乡规划师注册办法》《注册城乡规划师继续教育办法》以及人事、内务管理等规定，抓好落实相关工作。

（中国城市规划协会）

中国勘察设计协会

【概况】 2017年，中国勘察设计协会（以下简称"协会"）紧紧围绕"提供服务，反映诉求、规范行为"的要求履职尽责，结合行业和协会的实际情况，以服务行业和会员为根本宗旨，通过协助政府完善行业管理政策环境，紧抓行业自律，维护有序竞争的市场秩序；通过建立行业协同机制和平台，促进并帮助会员深化经营体制改革、管理创新和科技创新，提升行业整体核心竞争力，拓展市场空间，开拓工程总承包、全过程工程咨询、工程专业技术产品和服务、"走出去"等业务；通过加强协会自身建设，提升协会服务能力，促进行业可持续发展，逐步使协会真正成为会员之家。

【召开2017年度全国勘察设计行业创新创优大会】 12月8～9日，2017年度全国勘察设计行业创新创优大会暨全国优秀建筑设计展示交流会及中国勘察设计协会六届二次理事会在福州召开。本次会议旨在贯彻落实十九大精神，提升福建省乃至全国城市设计与建筑创作水平，树立建筑文化自信，引导社会公众关注建筑创作，倡导积极健康的建筑评论环境，促进行业健康持续发展。中国勘察设计协会理事长施设、原理事长吴奕良、副理事长王树平、副理事长兼秘书长王子牛、住房城乡建设部工程质量安全监管司技术处处长贾抒、福建省勘察设计协会理事长戴一鸣等领导和包括各地方、各部门勘察设计同业协会负责人、勘察设计企业领导在内的第六届理事会理事，建筑设计技术人员参加大会。

【举办第二届工程项目管理大会】 协会于10月在北京举办第二届工程项目管理大会，建设项目管理与工程总承包分会具体承办。理事长施设、副理事长王树平、李爱民、王子牛，住房城乡建设部工程质量安全监管司工程技术处处长贾抒，工程总承包分会名誉会长袁纽等领导出席会议。来自全国不同行业的代表共计320人参加会议。

【协助发布《工程勘察设计行业发展"十三五"规划》】 2017年，协会受住房城乡建设部委托，起草《工程勘察设计行业发展"十三五"规划》。5月2日由住房城乡建设部正式印发，旨在进一步明确"十三五"时期工程勘察设计行业发展的指导思想、目标和主要任务，推进完善市场机制，促进行业科技进步，保障勘察设计质量，引导企业转型发展，加强行业协会作用，促进行业持续健康发展。

【编制发布工程勘察设计行业2017年度发展报告】 2017年，协会编制发布《工程勘察设计行业2017年度发展报告》，该报告为协会编制的第9个年度报告，以住房城乡建设部2016年行业统计资料和国家统计局统计资料为基础，结合面向行业的问卷调研和对100多家企业领导的访谈，总结分析行业2017年度的发展现状和问题，研究提出行业发展趋势和政策建议，针对热点问题做包括全过程工程咨询在内的四项专题研究。《报告》在保留原有的特色结构的基础上进行改版升级，于2017年底正式印发。

【积极承接政府委托的各项课题】 2017年，协会受住房城乡建设部委托完成《建设项目工程总承包管理规范》的编制，该标准于5月4日由住房城乡建设部批准发布，编号GB/T 50358—2017，并于2018年1月1日起实施；受住房城乡建设部委托，开展全过程工程咨询模式研究，编制《全过程工程咨询模式研究报告》和《关于培育发展全过程工程咨询的指导意见（建议稿）》，于11月正式提交市场司；受住房城乡建设部委托，承担《工程勘察设计统计报表制度》修订工作，修订制度于10月定稿报部建筑市场监管司，并已获国家统计局审批。此外建筑设计分会承担住房城乡建设部建筑市场监管司《勘察设计行业放管服改革研究》课题，完成《建设工程勘察设计资质管理规定》（修订）和《建筑工程勘察设计资质管理规定实施意见》（报批稿）；工程智能设计分会完成住房城乡建设部2017软课题"智慧社区及家庭网络平台关键技术研究及试点应用"的研究，并通过验收；农业专业委员会完成农业部发展计划司委托的全面梳理"一个办法四个规定";水系统工程与技术分会配合住房城乡建设部编辑整理海绵城市相关标准修订条文汇编,已正式出版;抗震防灾分会协助住房城乡建设部组织《建筑工程抗震管理条例》编制;工程勘察与岩土分会完成住房城乡建设部质量司专题项目《工程勘察质量管理制度研究》和《工程勘察质量管理标准化研究》等。

【加强行业HSE体系和品牌建设】 2017年,协会召开工程勘察设计行业质量提升经验交流会,由质量管理工作委员会与北京中设认证服务有限公司联合承办,多家开展质量管理升级版认证的单位做经验交流;协会质量工作委员会举办首期《勘察设计企业卓越绩效评价准则》评审员研修班,与中国质量协会合作编制《卓越绩效评价准则 勘察设计》,组织"勘察设计行业实施卓越绩效模式先进企业"推荐活动,开展2017年度国家工程建设(勘察设计)优秀QC小组的申报和评审工作,共评选出240个优秀QC小组;市政工程设计分会完成《市政设计企业创新能力评价指标体系及评价方法》,形成体系方法测试版,为市政勘察设计企业的创新能力评价提供基础资料。

【加大行业信息化推进力度】 2017年,协会举办第八届创新杯BIM应用大赛。该活动由协会信息化推进工作委员会联合欧特克软件公司具体承办。本次大赛共收到317家参赛单位的有效参赛作品599个,同比上年增加27%,参赛作品质量也高于往届,涉及商业综合体、住宅、工厂、铁路、公路、交通枢纽、医疗、文化旅游、综合市政等多种类型,其中参赛单位中有37%的施工企业。经过初评、网评、终评和公示环节,评选出单项奖122个,新秀奖23个,普及奖40个,企业奖8个。

【推进行业实施"走出去"战略】 2017年,建设项目管理和工程总承包分会围绕"走出去"的主题,举办2017年度北京国际工程发展论坛。会议主要是面向有志于开辟"一带一路"海外市场的大型工程勘察设计企业,200名代表参会。

【建立中设协团体标准体系】 2017年,协会搭建团体标准顶层设计框架,起草制定《中国勘察设计协会工程建设团体标准管理办法》,将原工程设计标准设计工作委员会更名为标准化工作委员会,理顺内部管理关系。积极推进协会团体标准试点工作,完成《无源光局域网POL工程建设和布线标准》、《智能建筑工程设计通则》两项团体标准可行性研究立项批复。建筑电气工程设计分会的团体标准《绿色模块化微型数据机房建设标准》编制工作取得实质性进展。

【加强评优引导】 协会组织开展2017年度全国优秀工程勘察设计行业奖评选。为做好年度行业优评选工作,确保评选过程公平、公开、公正,评选结果经得起检验,协会发布《全国优秀工程勘察设计行业奖评选监察工作小组管理办法(暂行)》和《关于协会工作人员做好全国优秀工程勘察设计行业奖评选工作的自律规定》。评选工作自4月25日启动,共收到有效申报项目3163项。经过申报、初评、会审、公示、理事长会议审定等阶段,11月30日公布321个一等奖、586个二等奖和785个三等奖的获奖名单。此外,协会还开展中国勘察设计协会科学技术奖评选的前期工作,计划于2018年组织开展首届评选工作。协会分支机构和直属机构举办各具特色的评优活动:建设项目管理和工程总承包分会开展2017年度全国勘察设计行业从事工程项目管理和工程总承包企业完成合同额百名排序工作;高等院校勘察设计分会完成教育部2017年度优秀勘察设计评选工作;《智能建筑与智慧城市》杂志举办第十二届"中国智能建筑市场十大品牌"评选活动等。

【发挥培训作用】 2017年,协会从建章立制入手加强培训管理,制定《中国勘察设计协会培训办班管理办法》和培训收费统收统支、会务劳务费给付、财务报销细则等工作规则;公开遴选培训合作机构并签订合作协会;策划并举办勘察劳务班、工程设计招标班、资质交流会、全过程及总承包规范交流会等共计15期培训和交流活动,累积有1625人参加培训和交流。建筑设计分会针对《建筑设计服务成本要素信息》进行培训,市政工程设计分会开展多批次《地铁设计规范》系列讲座以及《城市轨道交通预制装配新技术》交流研讨,建筑电气工程设计分会举办《建筑电气设计疑难点解析及强制性条文》两期培训,农业专业委员会举办7期农业建设项目管理培训班等。

【举办各类技术交流活动】 2017年,协会举办各类技术交流活动。主办绿色建筑论坛、工程总承包财务风险防范研讨会、美丽乡村特色小镇专题研讨会、城市防灾减灾高端论坛、第五届(2017)全国人防与地下空间大会暨人防工程建设管理创新发展论坛、第五届全国工程勘察行业发展论坛、首届北京国际工程发展论坛、智能建筑行业国家标准宣讲活动暨2017智能建筑行业新标准新技术发展巡回论坛、2017年智慧城市驱动智能建筑技术创新发展高峰论坛、"智能建筑·智慧未来"2017智能建筑行业融合发展论坛等活动、中青年建筑师学术交流论坛、2017年电气设计与研究学术交流会、给排水专业学术交流研讨会和暖通专业学术年会、第7届全国建筑环境与能源应用技术交流大会、古德寺历史街区文化的保护与更新创意设计大赛、全国设计院总工参观行业展览、全国建筑电气技术交流大会、第十届中国智能建筑电气沙龙等活动；承办北京古建艺术节；协办2017年第33届釜山国际建筑文化交流活动，2017首届粤港澳大湾区新型智慧城市高峰论坛等活动。

【加强诚信自律体系建设】 2017年，围绕诚信自律体系建设的主题，协会一方面建立常态化的行业成本信息动态监测与发布机制，为行业反不正当竞争提供信息支持。继2016年发布建筑设计服务成本要素信息统计分析情况后，工程勘察与岩土、市政工程两个行业成本信息统计分析取得进展，同时还启动园林和景观设计、施工图审查的成本信息统计分析课题；另一方面修订包括《全国勘察设计行业从业公约》《全国勘察设计行业执业道德准则》和《诚信宣言》在内的诚信机制系列文件，制定《全国工程勘察设计单位诚信评估管理办法》，拟于2018年起面向全行业发布实施。

【加强专家队伍建设】 2017年，为更好地开展面向行业改革发展的课题研究和咨询活动，开展行业新技术研发、项目评优等咨询服务，协会制定发布《中国勘察设计协会行业发展咨询专家委员会管理办法》和《中国勘察设计协会技术专家委员会管理办法》，征集、筹组两个专家委员会。行业发展咨询专家委员会所属的行业发展研究专业委员会已于12月率先组建完成，并于12月15日举行委员聘任仪式，为11位专家正式颁发聘书。

【加强同业协会的工作协调】 3月，协会在成都召开全国勘察设计同业协会工作会议，会上总结2016年协会的工作成果，讨论2017年协会的工作要点，交流工作经验，为开展全局性的工作协调创造有利条件。此外，协会还分别于9月、11月支持召开北方片、南方片和部分部门勘察设计同业协会工作交流会。

【加强协会自身建设】 2017年，为提升协会秘书处的整体工作水平，提高员工的积极性，做到人尽其才，协会开展内部竞聘和社会招聘，确定各项业务的主管，使协会人员匹配更趋年轻化、专业化和职业化，提高协会的工作质量和效率；进一步完善管理制度，协会制定修订完成并发布实施《中国勘察设计协会岗位履职费用报销标准与管理办法》《中国勘察设计协会聘用、返聘和借用工作人员管理办法》《中国勘察设计协会工作人员绩效考核管理办法》和《中国勘察设计协会薪酬管理办法》；按照《中国勘察设计协会分支机构管理办法》，加强分支机构各项工作的日常性联系。

（中国勘察设计协会）

中国建筑业协会

2017年，中国建筑业协会（以下简称"中建协"）在住房城乡建设部的指导下，在广大会员的大力支持下，认真履行职能，圆满地完成了各项工作，为推进建筑业的改革与发展做出了应有的贡献。

【六届四次会长会议】 10月16日，中建协六届四次会长会议在西安召开，中建协会长王铁宏主持会议。住房城乡建设部建筑市场监管司原司长吴慧娟，中建协副会长兼秘书长吴涛等出席会议。会议审定了2016～2017年度第二批中国建设工程鲁班奖（国家优质工程）评审结果。代表们围绕行业发展相关的建筑业企业资质升级、劳务企业市场准入、推广装配式建筑、后"营改增"调研、践行"一带一路"倡议、企业文化建设等问题进行了深入探讨，并对协会2018年工作提出了指导性意见。

【全国建筑行业改革发展秘书长研讨会】 5月23日，中建协在上海召开全国建筑行业改革发展秘书长研讨会。中建协会长王铁宏、副会长兼秘书长吴涛出席会议。副会长兼秘书长吴涛作中国建筑业协会2016年工作报告，并通报了2017年协会重点工作。

【纪念鲁班奖创立30周年暨2016～2017年度创精品工程经验交流会】 11月6日，中建协在北京钓鱼台国宾馆召开纪念鲁班奖创立30周年暨2016～2017年度创精品工程经验交流会。会上发布了238

项 2016~2017 年度中国建设工程鲁班奖（国家优质工程）。住房城乡建设部副部长易军、原副部长郑一军、总工程师陈宜明等出席大会。

【中国建筑业国际产能合作企业联盟成立大会暨第二届践行"一带一路"倡议承建境外工程经验交流会】 10 月 16~17 日，中建协在西安召开中国建筑业国际产能合作企业联盟成立大会暨第二届践行"一带一路"倡议承建境外工程经验交流会。国家发展和改革委员会国际合作中心顾问康义、中建协会长王铁宏等出席会议。中建协副会长兼秘书长吴涛主持会议。来自国内外有关机构和企业的代表共 300 余人参会。会上举行了中国建筑业国际产能合作企业联盟成立启动仪式。

【纪念国务院推广鲁布革工程管理经验 30 周年暨第十六届中国国际工程项目管理峰会】 9 月 24~25 日，纪念国务院推广鲁布革工程管理经验 30 周年暨第十六届中国国际工程项目管理峰会在北京举行。第十届全国人大环境与资源保护委员会主任毛如柏、中国工程院院士、原铁道部副部长孙永福，中纪委原驻建设部纪检组组长姚兵，住房城乡建设部建筑市场监管司巡视员张毅、原司长吴慧娟，中建协会长王铁宏、副会长兼秘书长吴涛等领导与会。各地区、各行业建筑业（建设）协会，大专院校、国外项目管理组织的负责人，有关建筑企业负责人和从事项目管理的专家学者以及突出贡献项目经理近 800 人参加会议。

【深入开展行业调研】 为深入分析"营改增"对行业和企业发展的影响，进一步推动"营改增"顺利实施，促进建筑业持续健康发展。2017 年，中建协会同 11 家行业建设协会、部分地区建筑业协会和大型建筑业企业共同开展"营改增"调研活动，4 月 12 日在京召开建筑业"营改增"实施情况调研工作座谈会。调研组历时 3 个多月对不同地区、不同资质等级、不同专业类型、不同经营规模、不同所有制结构的建筑企业营改增情况进行专题调研，并撰写了《建筑业营改增实施情况调研报告》，研究提出企业的应对措施，上报住房城乡建设部供决策参考。

2017 年，受住房城乡建设部有关业务司委托，中建协深入开展了《工程质量管理标准化岗位职责研究》《建筑业企业成本与负担研究》《施工质量管理信息化应用模式研究》等课题调研，向国家发改委国民经济综合司 7 次报送建筑业经济形势分析报告，向国家发改委就业和收入分配司报送关于建筑业就业、收入分配和社会保障形势的报告，参与商务部《十二五期间中国建筑服务业发展情况》课题研究。中建协部分分支机构也承接了住房城乡建设部委托的多项课题任务。

2017 年，中建协编制并发布首部团体标准《装配式混凝土建筑施工规程》。该《规程》由中建协会同有关协会、建筑业企业、安全质量监督站等 39 家单位共同发起，并于 3 月 23 日在北京召开编制工作会议。12 月 22 日，中建协向首部团体标准《装配式混凝土建筑施工规程》编制单位代表赠书。

开展"上海市推广装配式建筑情况调研""BIM 技术研究""PPP 模式与建筑业企业转型升级研究"以及建筑业践行"一带一路"倡议等专题调研，并撰写调研报告。启动编写《中国建筑业企业未来发展十年纲要》。同时，继续组织副会长、常务理事单位和各地区、各行业建筑业（建设）协会围绕行业亟待解决的热点难点问题开展调研。中建协及分支机构积极参与并组织编制了《模板工职业技能标准》《建设工程项目管理规范》《智能楼宇管理员职业标准》《古建筑工职业技能标准》《地下防水工程技术规范》等。

【积极反映行业诉求】 近年来，北京、上海、山东、江西等多个地区先后出台了地方性审计条例或审计监督条例，规定政府投资和以政府投资为主的建设项目"以审计结果作为工程竣工结算依据"，对此，广大施工企业反响强烈，呼吁撤销此规定。中建协围绕此规定的合法性、合理性及对建筑市场各方主体的影响进行了调研，并与一些熟悉建筑市场的法律专家进行了认真研讨，认为此规定在一定程度上混淆了行政法律关系与民事法律关系的界限，超越了《审计法》和《审计法实施条例》规定的审计监督职能，也与合同双方平等自愿原则相矛盾，在实践中极大地损害了施工企业的合法权益。为此，中建协联合 26 家地方建筑业协会和有关行业建设协会于 2013 年两次向全国人大常委会申请对规定"以审计结果作为工程竣工结算依据"的地方性法规进行立法审查，并建议予以撤销。2015 年 5 月，中建协再次向全国人大常委会法工委提交申请，引起了法工委的高度重视。按照法工委的要求，中建协补报了企业案例，进一步说明这一地方性法规给施工企业造成的经济损失。6 月 5 日，中建协收到法工委《关于对地方性法规中以审计结果作为政府投资建设项目竣工结算依据有关规定提出的审查建议的复函》。

2017 年，中建协还对住房城乡建设部《施工总承包企业特级资质标准》《注册建造师管理规定》，国务院法制办《中华人民共和国耕地占用税法》和《最高人民法院关于审理建设工程施工合同纠纷案件适用法律问题的解释（二）》等重要文件的征求意见稿研究提出了修改意见。

【推动工程质量安全水平提升】 2017年，中建协组织开展了"工程质量安全提升行动万里行"活动。6月，组织召开贯彻落实《工程质量安全提升行动方案》座谈会。7～12月，组织媒体记者和协会专家委专家先后赴江苏、福建、广东、山东等地开展"工程质量安全提升行动万里行"活动，与企业有关负责人就工程质量安全管理和工程创优深入交流，总结企业先进做法，对工程项目进行现场咨询。根据万里行调研采访情况，采写新闻稿、编印协会简报，在中建协网站和会刊上开辟专栏刊登受采访企业的先进经验和鲁班奖获奖企业的创优经验。

为巩固发展"工程质量治理两年行动"成果，总结交流建筑业质量管理的先进经验，运用信息技术提升建设工程质量管理水平。2017年，中建协召开"互联网＋工程质量信息管理平台"上线暨2017年工程质量管理提升活动专家座谈会。与会领导和专家针对以信息技术为手段促进工程质量安全管理水平的提高、本单位工程质量管理创新的先进经验进行了深入的研讨和交流。

2017年，中建协召开了全国建筑业企业创精品工程经验交流会。来自全国各地、行业建筑业（建设）协会及建筑业企业有关人员1000多人参加了会议。召开2016～2017年度第二批中国建设工程鲁班奖（国家优质工程）复查工作启动会，完成2016～2017年度第二批中国建设工程鲁班奖（国家优质工程）与2016～2017年度境外工程鲁班奖评选工作。

2017年，中建协工程建设质量管理分会继续开展了工程建设领域QC小组活动，并召开"2017年全国工程建设优秀QC小组活动成果交流会"，1374个QC小组荣获2017年全国工程建设优秀QC小组称号。

【科技推广与管理创新】 根据科技部印发的《科技部关于进一步鼓励和规范社会力量设立科学技术奖的指导意见》要求，中建协将原"中国建设工程施工技术创新成果奖"更名为"中国建筑业协会建设工程施工技术创新成果奖"，重新修订评选办法，并向科技部奖励办递交备案报告。2017年共收到申报创新成果151项，经过组织专家进行网络评审和答辩综评，评出一、二等创新成果25项。

通过举办全国建筑业新技术应用暨优秀论文经验交流会、全国建筑业企业智慧工地现场观摩、全国建设工程项目管理优秀成果发布以及建筑业风险管理与工程保险担保研讨活动，推进企业科技进步与管理创新。

组织开展BIM大赛，并召开建设工程BIM技术成果推广应用经验交流会；开展第三届信息化案例征集活动；举办大型公共建筑工程建造管理与技术创新研修班。中建协建筑企业经营和劳务管理分会召开了全国建筑劳务用工研讨暨建筑工人实名制管理平台上线发布会。

【行业诚信体系和企业品牌建设】 开展2017年度AAA级信用企业评价工作，并对2015年度、2016年度全国建筑业AAA级信用企业信用等级进行复审，加强对全国建筑业AAA级信用企业的动态管理，信用评价工作为推动企业树立诚信意识和品牌意识起到了重要作用。组织开展2016年度双200强企业评价工作，召开全国建筑业企业创新发展经验交流会，编辑出版《2016年度中国建筑业双200强企业研究报告》。这项评价工作树立了行业品牌，发挥了优秀企业的榜样带头和标杆引领作用。

【行业培训】 举办装配式建筑技术应用暨《装配式混凝土建筑施工规程》宣贯和装配式建筑关键技术应用与操作技能培训班。组织编写《建筑业营改增实施指南》，该书凝聚了国内优秀建筑业企业的实践经验和研究成果，体系完整，内容详实，案例丰富，可操作性强，对建筑企业尽快适应新税制具有很高的学习借鉴价值。组织开展全国建筑业企业创建农民工业余学校示范项目部推荐活动，有69个项目部被确定为"2016～2017年度全国建筑业企业创建农民工业余学校示范项目部"。

2017年，中建协与中国就业培训技术指导中心、中国海员建设工会全国委员会联合主办的全国工程建设行业吊装职业技能竞赛，是首个国家级塔式起重机职业技能大赛，也是我国塔式起重机行业唯一的国家级技能竞赛。来自全国各地近140名专业选手组成的31支队伍参赛，在比赛中充分展示了精湛的塔机技能。中建协向人社部申请授予前3名选手"全国技术能手"称号，向住房城乡建设部申请授予前30名选手"全国住房城乡技术能手"称号。

按照住房城乡建设部《关于进一步加强定点扶贫工作实施方案》的要求，筹备对青海省大通县、湟中县开展扶贫培训。2017年各分支机构共举办各专业领域的培训班10余期，包括建筑工程施工质量相关标准规范培训班、防水密封胶施工人员理论和实际操作技术培训班、全国建筑业企业创建鲁班工程项目经理高级研修班、大型公共建筑工程建造管理与技术创新研修班、企业文化高级研修班等。

【行业统计与信息宣传】 2017年，中建协继续与住房城乡建设部计划财务与外事司合作完成了《2016年建筑业发展统计分析》和《2017年上半年建筑业发展统计分析》报告，并在住房城乡建设部办公厅《工作调研与信息》《中国建设报》《建筑时报》《工程管理学报》等媒体上刊登。承接《建筑业特级、一级企业快速调查项目》。每月进行特级、一级建筑业企业统计数据的审核、汇总、分析及编印工作，为各级建设主管部门提供了及时准确的统计分析资料。

2017年，中建协编辑出版12期会刊《中国建筑业》；编印了《中国建筑业协会2016年年报》；中建协建筑史志与企业文化分会出版了《中国建筑业年鉴（2016卷）》；设立中建协微信公众号，定位为：展示支柱产业成就、探讨行业改革发展、交流调查研究成果、传递行业新近资讯、发布协会工作动态。

【对外交流】 2017年，由中建协主办的"国际工程项目管理高级研修班"在甘肃举办，来自全国各省、自治区、直辖市的建筑业企业相关管理人员400余人参加了研修学习。北京昌平中建协项目管理培训中心举办"2017年度国际项目管理英国皇家特许建造学会（CIOB）专业培训班"。组织专家赴肯尼亚、塞尔维亚等国对我国企业承建的工程项目进行实地检查和调研；组团赴阿联酋参加第44届世界技能大赛观摩；与印度使馆就印度驻华使馆重扩建工程进行交流沟通并协助开展了招标工作；接待了澳门建筑业协会的来访，深入探讨了进一步交流合作的相关事项。

【重要会议与活动】 1月9日，中建协在上海召开了"互联网＋工程质量信息管理平台"上线暨2017年工程质量管理提升活动专家座谈会。

1月16日，中建协召开2016年度秘书处工作总结会。

3月23日，中建协在北京召开装配式混凝土和钢结构装配式施工工艺规程团体标准工作会议。

4月12日，中建协在北京召开建筑业"营改增"实施情况调研工作座谈会。

4月17～18日，中建协在重庆市召开全国建筑业企业创精品工程经验交流会。

4月28日，由中建协会同辽宁省建筑业协会等39家单位共同发起的"装配式混凝土和钢结构装配式施工工艺规程"团体标准的编制工作在大连召开了启动会。

5月5～6日，中建协在杭州召开首届建筑业风险管理与工程保险担保研讨会。

5月10日，中建协在北京召开协会改革发展研讨会。

5月17～19日，由中建协主办，辽宁省建筑业协会协办的"装配式建筑关键技术应用与操作技能"培训班在沈阳市开班。

5月23日，中建协在上海召开全国建筑行业改革发展秘书长研讨会。

6月3日，中建协在太原召开贯彻落实《工程质量安全提升行动方案》座谈会。

6月5日，中建协收到全国人大法工委《关于对地方性法规中以审计结果作为政府投资建设项目竣工结算依据有关规定提出的审查建议的复函》。

6月14～16日，由中建协主办的"国际工程项目管理高级研修班"于在甘肃省举办。

7月6～7日，中建协在成都市召开全国建筑业新技术应用暨优秀论文经验交流会。

7月13日，中建协组织人民网、中国建设报、建筑时报的记者和协会专家委专家赴江苏南通二建集团有限公司开展采访咨询，启动万里行活动第一站。

7月20日，中建协在银川召开全国建筑行业信息传媒工作经验交流会。

7月26～28日，由中建协组织编写的《装配式混凝土建筑施工工艺规程》团体标准在武汉召开编写组第四次工作会议。

8月8日，中建协在北京召开2016～2017年度第二批中国建设工程鲁班奖（国家优质工程）复查工作启动会。

8月9～10日，全国建筑业企业"智慧工地"现场观摩交流会在郑州市举办。

8月22～25日，中建协在西安举办首期全国建筑业企业文化建设高级研修班。

8月29～30日，中建协在北京召开装配式混凝土建筑施工工艺规程团体标准编制工作会议。

9月1日，《模板工职业技能标准（送审稿）》审查会在北京召开。

9月24～25日，纪念国务院推广鲁布革工程管理经验30周年暨第十六届中国国际工程项目管理峰会在北京举行。

10月16日，中建协六届四次会长会议在西安召开。

10月16～17日，中建协在西安召开中国建筑业国际产能合作企业联盟成立大会暨第二届践行"一带一路"倡议承建境外工程经验交流会。

11月5日,首届全国建筑业书画展和第四届(中建一局杯)全国建筑业摄影大赛作品展在北京开幕。

11月6日,中建协在北京钓鱼台国宾馆召开纪念鲁班奖创立30周年暨2016~2017年度创精品工程经验交流会。

11月26~27日,中建协在南京召开全国建筑业企业信用体系建设与创新发展经验交流会。

12月21~22日,中建协在厦门召开建设工程BIM技术成果经验交流暨协会首部团体标准发布会。

(中国建筑业协会)

中国安装协会

2017年,中国安装协会(以下简称"协会")紧紧围绕住房建设中心工作,以改革创新为动力,以促进行业科技进步为主线,充分发挥协会作用,积极为企业搭建交流平台,努力为会员单位提供高质量的服务,为推动行业持续发展作出了积极的贡献。

【加强行业调研,研究新形势下安装企业发展思路】 2017年,协会根据建筑业改革发展形势,围绕安装行业的改革发展,通过各种形式,对安装行业的现状和热点问题开展调查研究工作。

围绕企业转型升级开展调研。结合落实国务院《关于促进建筑业持续健康发展的意见》和住房城乡建设部《建筑业发展"十三五"规划》,协会在江苏等安装企业比较多的省市组织召开企业家座谈会,交流企业转型升级、创新发展,增强核心竞争力方面的经验,研究探讨安装行业面临的困难与挑战,安装企业存在的问题及应对措施。对于企业家们提出的想法、思路、意见和建议,协会高度重视,进行了总结归纳、研究分析,从中总结出一些能够引导企业走出困境、可持续发展的规律与经验。

围绕机电安装工业化发展开展调研。近年来,安装行业面临生产成本不断上升,劳动力日渐短缺,节能环保等多方面的挑战,客观上促使越来越多的安装企业在机电安装工业化、产业化、信息化方面探索。2016年9月,国务院《关于大力发展装配式建筑的指导意见》的出台,促使越来越多的企业在装配式建筑方面进行积极探索和实践,市场内生动力不断增强。推动机电安装产业化发展,促进机电安装装配式技术交流,推广装配式建筑技术应用,了解什么样的建筑工业化体系符合机电安装技术、经济和劳动力综合素质的现状和发展,是协会关注的问题。协会通过举办交流研讨会、实地观摩考察、深入企业座谈、与开发企业共同开展活动等方式开展调研,了解安装行业工业化发展现状,以及机电专业工厂化生产、装配式安装、信息化管理在项目中的应用,积极探索和总结企业在发展过程中存在的突出问题和对策建议,引导行业发展。

围绕企业关注的热点问题进行调研。"十三五"期间,国家大力促进节能减排工作,建筑设备和系统的运行维护越来越被重视,建筑行业中设备和系统运行维护的好坏成为建筑节能的关键。协会运维委时刻关注政府政策导向,关注行业发展动态,分析行业市场状况、技术创新,积极开展运行维护行业统计调研,整理收集数据,向会员单位发布国内外运行维护行业市场状况,经济技术等信息,并积极向政府及有关部门反映企业诉求,提出行业发展和立法等方面的意见和建议。通过调研,了解企业关心的一些热点问题,组织技术培训,凭借中国建筑科学研究院的技术优势和行业专家的支撑,为企业提供技术咨询与技术服务。

【坚持民主办会,增强协会的生机和活力】 2017年,协会认真接受住房城乡建设部、民政部的业务指导和监督管理,坚持服务宗旨,严格按照章程规定,重要事项提交理事会审议,充分发挥理事会作用,广泛听取会员单位意见,通过服务提高信誉,通过服务确立自身存在的价值,提升了协会的凝聚力和影响力。

按时召开协会会长会议和理事会议。4月份,协会在天津召开会长会议,审议通过了秘书处提出的两个提案,同意增选山西省工业设备安装集团有限公司董事长兼总经理耿鹏鹏为协会第六届理事会副会长,同意筹备成立"中国安装协会BIM应用与智慧建造分会"。同期召开了"六届五次理事(扩大)

会议",审议通过了秘书处的工作报告,审议通过"关于撤销协会压力容器与锅炉专业委员会、仪表专业委员会、电梯专业委员会三个分支机构"等提案。

召开协会科学技术委员会会议。3月份,协会在济南召开"协会第五届科学技术委员会第二次会议",总结五届一次科技委会议以来的工作,提出下一步工作设想。会议选举杨存成为协会第五届科学技术委员会主任委员、增补和调整了副主任委员,通过了《中国安装协会科学技术委员会工作规则》。会议提出要大力提升中国安装协会科学技术进步奖的影响力,深化为企业创新服务工作,将更多的科技成果和先进技术转化为现实生产力,推动行业科技进步和科技创新工作的持续发展。

召开协会秘书长、联络员、通讯员联席会议。8月份,协会在宜昌召开秘书长、联络员、通讯员联席会议,通报了协会工作,感谢各省市安装协会(分会)、有关行业建设协会秘书长们对协会工作的支持与配合,肯定了协会联络员、通讯员在协会各项工作中发挥的积极作用。

充分发挥专家作用。协会专家库已有专家814位,其中2017年增加114位。协会运用信息化手段,在协会网站建立了专家库平台,展示专家风采及报道相关信息。专家在协会开展的行业调研、工程复查、技术咨询、成果鉴定、标准编制、书籍编写等各项活动中发挥着越来越重要的作用,同时,也为政府决策当好参谋和助手。2017年,西安地铁三号线奥凯"问题电缆"事件曝光后,受到政府高度重视,要求加强全面质量监管,并组织对"问题电缆"进行排查更换。4月,受陕西省住房和城乡建设厅的委托,协会组织业内专家,对《西安地铁三号线奥凯"问题电缆"整改技术方案》进行评审,选定了推荐的施工方案,并从技术保障、安全预案、配合协调等多方面提出了建议和意见。协会专家的专业水平及敬业精神和严谨的工作态度得到政府的好评。

【搭建创优平台,提升"中国安装之星"和"中国安装协会科学技术进步奖"的评选质量】 组织好2017~2018年度中国安装工程优质奖(中国安装之星)第一批评选活动。3月,协会启动了2017~2018年度中国安装工程优质奖(中国安装之星)第一批评选活动。5月,协会在西安召开"创精品机电工程研讨会暨现场观摩会",会议贯彻落实住房城乡建设部全国工程质量安全三年提升行动的部署,总结推广安装企业在创建精品机电工程中的先进做法和成功经验,围绕树立精品工程意识、创优策划与工程资料整理,以及常见质量问题防治进行深入研讨,并就防治质量通病的做法,创优经验体会等进行分享与交流,对《中国安装工程优质奖(中国安装之星)评选办法》进行解读。10月,协会派出23个工程复查组分赴全国28个省、自治区、直辖市,对177项工程进行了为期半个月的复查工作。11月底,协会召开评审会议,通过质询、评议,无记名投票,公示,157项工程被评选为2017会员单位参与热情不断高涨,企业积极申报,各省市安装协会、行业建设协会、协会各地区(会员单位)联络组认真组织推荐。协会继续采取网上申报,在网上对申报资料进行初审,保证申报资料的准确性,并为后续评审工作提供方便。

做好2016~2017年度中国安装协会科学技术进步奖评选工作。4月,协会按照专业及申报类别,分9个审查组,采用网络和集中审查方式,对121项成果进行审查,审查结果提交给评审委员会。6月,协会在上海召开2016~2017年度中国安装协会科学技术进步奖评审会,70个项目荣获2016~2017年度中国安装协会科学技术进步奖,其中一等奖6项、二等奖18项、三等奖46项。2017年,协会按照国家科学技术奖励工作办公室要求,参加国家科学技术奖励工作办公室社会科技奖励第三方评价答辩会,获得满意效果,通过了评价。

【持续推进行业科技创新,提高企业核心竞争力】 2017年,协会继续承担起推动行业科技进步和科技创新的职责,发挥科技创新引领作用,以提高企业核心竞争力为目标,促进企业科技创新,拓展发展空间,创造发展机会,提升发展质量。

积极推动BIM技术在行业的应用。为贯彻落实住房城乡建设部《关于推进建筑信息模型应用的指导意见》以及《2016~2020年建筑业信息化发展纲要》,进一步推广和应用BIM技术、信息化管理、装配式建造等新技术,提升企业战略品牌和核心竞争力,发挥典型工程、优秀企业的示范引领作用,7月,协会在大连举办了"全国机电工程BIM技术应用交流研讨会",就BIM技术在机电工程项目中的应用、BIM技术应用指南和标准规范、预制加工的信息化管理,以及国外的一些相关应用实例进行了经验交流。为了搭建一个全行业共同参与的BIM技术应用交流平台,9月,协会在两年来开展BIM应用交流活动的基础上,经理事会同意,成立中国安装协会BIM应用与智慧建造分会。

组织工程观摩活动。2017年,协会在每次大型活动后,都组织代表观摩工程,给代表提供学习交流平台。3月份协会科技委会议期间,组织观摩中建八局第一建设有限公司 BIM 应用示范工程——中国建设银行山东省分行综合营业楼项目。该项目应用 BIM 技术进行深化设计、逆序施工、管道工厂预制化、装配式支吊架等先进技术的水平和管理科学的方法，让大家受益匪浅；4月，理事会议期间，组织观摩了中建八局第一建设有限公司施工的鲁能绿荫里工程项目，代表们对中建八局第一建设有限公司施工的全国最大模块化装配式机房给予高度赞扬；5月，创精品机电工程研讨会期间，组织观摩了陕西建工安装集团有限公司、陕西建工第五建设集团有限公司共同承建的西北妇女儿童医院综合安装工程的地下设备机房，中建三局安装工程有限公司承建的永利国际金融中心项目的装配式制冷机房，代表们看到最新的安装技术和先进的施工工艺在实际施工中的应用，学习优秀企业的施工管理方式和成功经验；7月，大连机电工程 BIM 技术应用交流研讨会期间，组织观摩中铁建工集团安装工程有限公司的恒鼎（大连）数字化加工基地；8月，太原宣贯班后，组织观摩山西省工业设备安装集团有限公司自投自建的科研办公楼机电安装工程、质量展示馆等。

【紧紧围绕行业发展需求，总结推广管理创新成果和先进施工技术】 组织开展评选机电安装行业优秀论文活动。协会共收到来自70多家机电安装企业的246篇论文，内容涉及建筑机电、工业机电、石油化工、水利电力、市政机电、BIM 技术、企业管理等多个领域和专业。经评审委员会的综合评议，130篇机电工程技术与管理论文获优秀论文奖，山西省工业设备安装集团有限公司等11家单位获优秀组织奖。为促进行业交流，加强企业管理创新和科技创新，协会从这130篇优秀论文中挑选一部分有代表性的论文汇编成册，供业内人员学习交流。协会管道分会和焊接专业委员会也分别开展了专业优秀论文评选活动，在各自年会期间进行交流评选，并编辑优秀论文专辑供业内人员学习交流。

编制标准，强化标准化建设。组织专家制定《中国安装协会团体标准管理办法》，为下一步协会标准的立项、制定、修订、批准、复审、日常管理等打下了基础。

编写《城市地下综合管廊全过程技术与管理》。为帮助企业学习城市地下综合管廊工程项目的管理理念和管理方法，了解施工技术的特点、难点、关键技术和创新技术，学习城市地下综合管廊项目施工技术与管理经验，此书由施工单位、设计单位、制造厂家、高等院校、物业运营等13家单位参加编写。

编写《建设工程安全生产技术与管理实务—建筑安装工程》。为全面提高安装企业特别是安装管理人员的风险辨识、隐患排查治理、事故应急处置等安全管理能力，推动企业加强安全文化建设，进一步提升全行业的安全文明素质，协会组织编写了《建设工程安全生产技术与管理实务—建筑安装工程》。5月，由中国建筑工业出版社出版。此书的编写工作得到北京市设备安装工程集团有限公司等多家单位的大力支持。

继续做好建造师执业资格考试大纲修订工作。协会一直承担着住房城乡建设部委托的一、二级建造师执业资格考试大纲（机电工程）修订工作。根据住房城乡建设部"全国一、二级建造师执业资格考试大纲修订工作会议纪要"，协会成立一级建造师（机电工程）执业资格考试大纲修订工作编写组，制定考试大纲修订工作计划。编写组先后在上海、西安、北京等地召开座谈会，听取来自机电安装、电力、冶金、石油、石化、核工业等领域近50多家企业的100多位项目经理及有关专家对考试大纲和考试用书的修订意见，形成一级建造师执业资格考试大纲（机电工程）（2018年版）初稿报给了住房城乡建设部。同时，在编写组成员的共同努力下，圆满地完成了一级建造师（机电工程）执业资格考试用书的修编工作。根据一、二级建造师（机电工程）执业资格考试大纲修订工作安排，编写组又分别在重庆和成都召开座谈会，听取企业的意见，进一步完善了二级建造师（机电工程）执业资格考试大纲（2019版）。2017年，协会向住房城乡建设部注册中心推荐一级建造师命题专家12人，二级命题专家10人，并参加阅卷工作。

【完善信息化建设，为会员提供良好的信息服务】 协会有《安装》杂志、《工作简报》以及网站、微信公众号、《安装》杂志社微信公众号等信息宣传渠道。通过这些渠道的相互融合，实现优势互补，更好地服务于行业，服务于会员。2017年，协会信息化建设取得新进展，工作联系更加快捷高效。

【严格按照住房城乡建设部要求，积极扎实地做好脱钩工作】 行业协会与行政机关脱钩是我国社会管理领域的一项重大体制机制改革，2月，协会被列入民政部第三批脱钩试点单位。根据住房城乡建设部的部署，协会制定了《中国安装协会脱钩试点实施方案》，在住房城乡建设部的指导下各项工作有序开展。

（中国安装协会）

中国建筑金属结构协会

【年度重要发文】 2017年,中国建筑金属结构协会于3月份发布贯彻军民融合国家战略建立行业产品数据库的通知;发布《轻型集成房屋设计 制作与安装资格等级标准》的通知;授予江西省安义县为"中国铝材之乡"荣誉称号。

4月,授予武汉中心大厦、昆明滇池国际会展中心、江苏大剧院等钢结构工程为"中国钢结构金奖"。从中,评出武汉中心大厦钢结构工程为"中国钢结构金奖杰出工程大奖"。

分别于4月、12月上报《以钢结构为主体的建筑工程施工总承包试点工作总结与建议》。

6月,发布《中国建筑金属结构协会团体标准管理办法(试行)》的通知;同意命名山东胶业有限公司为"中国建筑门窗幕墙用硅酮密封胶发展博览馆"。

9月,接收"国防系统机电设计分会"为中国建筑金属结构协会分支机构。

11月,发布成立中国建筑金属结构协会"净化与新风委员会"的决定。

【服务政府】 完成国家标委会下达的关于"团体标准现状""中国标准2030规划"等两个课题调研。配合住房城乡建设部标准定额司,就如何提高我国建筑门窗相关标准要求,征询专家意见,起草《关于建议提高我国建筑门窗标准要求的报告》。承接住房城乡建设部科技司《钢结构建筑技术体系研究报告》,于2017年12月在山东启动。

【标准编制】 年内,编制《电动门窗通用技术要求》《卷帘门窗》《建筑用纱门窗技术条件》《辐射供暖用混水装置应用技术规程》《承插型盘扣式钢管支架构件》《建筑施工碗扣式钢管脚手架安全技术规程》《建筑门窗制作工职业技能标准》《建筑门窗招标投标实施指南》《门窗合同范本》《多能互补分户供暖节能运行技术导则》《绿色建筑材料—建筑阀门》《管网叠压供水设备》等。

发布实施。《建筑系统门窗技术导则》于3月出版发行。《钢门窗》《人行自动门通用技术要求》于10月发布。《建筑门窗五金件 合页(铰链)》于1月发布,7月起实施。《建筑用不锈钢焊接管材》于12月发布,2018年8月起实施。《铝合金模板》于9月发布,2018年5月起实施。《塑料门窗》(国家建筑标准设计图集)于5月出版发行。

【行业自律】 5月,在郑州市召开建设工程模板脚手架认证专家委员会启动会议。参加会议的有相关行业协会、认证机构和模架企业,29人出席。会议签署了模架产品认证合作协议,讨论修改模架产品认证试行管理办法,以及专家组织建设。会议决定成立建设工程模板产品专家认证委员会和脚手架产品认证专家委员会,并强调模板脚手架产品认证专家委工作要坚持责权对等原则。要抓紧制定专家委管理办法,明确规定专家产生办法、议事规则、工作纪律、动态管理、信用档案、工作津贴和专家库建设等。

给排水行业标识认证工作进展顺利,对4家钢塑管企业进行了复审工作,在行业标识认定工作的促进下,企业对品牌意识大大增强,有效地提高了钢塑管行业的产品质量水平。

在"建筑光伏行业"开展行业自律工作,有12家企业自愿加入了这个承诺活动,企业反映,通过此项自律建设工作,在标准的引导下,企业的管理工作得到了一次升华。

【门窗企业行业资格登记】 截至11月,通过联席会议成员单位的共同努力,全国已有3578家建筑门窗企业完成行业资格登记,还有2000家企业在申报当中。资格等级第一阶段工作已经完成,第二阶段工作行将启动。

建筑门窗行业资格计算机辅助管理系统趋于成熟。这个系统不仅用于资格登记工作的网络辅助管理,实现相关协会与我会的联网办公,重要的是建立了完善的资格登记企业数据库,为信用体系建设提供了基础,为下一步利用大数据开展行业分析奠定了基础。

2017年,门业领域的建筑门窗企业行业资格评定工作取得新的进展。4月在北京、7月在佛山各举办一期资格申报培训班;新申报并获批的行业资格

32家企业42个证书；发展佛山自动门行业协会成为联席会议成员单位。

【行业展会】 第二届中国自动门电动门展览会于3月在京举办。本届增加了军民融合和智慧社区展示区，组织军民融合对接、军品技术要求讲座等配套活动。有50余家骨干企业参展，5300余名专业观众，其中20多位全军工程协会领导和各军种的设计专家应邀参观了展会，并与13家军民融合板块的参展企业现场进行了对接交流。发布论文15篇。

第23届全国铝门窗幕墙新产品博览会于3月在广州举办。"2017中国国际太阳能发电应用展览会"于3月在北京举办。塑料门窗及相关产品展览会于4月在西安举行。中国装配式建筑（钢结构）及建筑工业化产品与设备博览会于5月在沈阳展出。第八届国际门业博览会于5月在浙江永康举办。中国国际供热通风空调、卫浴及舒适家居系统展览会于5月在北京举办。"国际城镇给排水水处理展览会"9月在上海举办。第十五届中国国际门窗幕墙博览会于11月在上海举办。

【行业年会】 3月8日，全国自动门电动门行业年会在北京召开。3月10日"第23届全国铝门窗幕墙行业年会"在广州召开。4月14～16日"第22届全国塑料门窗行业年会"在西安召开。5月18～20日"全国建筑钢结构行业年会"在沈阳召开。WPC年会和第44界世界技能大赛等多项活动于10月16～19日在阿拉伯联合酋长国首都——阿布扎比召开。中国建筑金属结构协会给水排水设备分会会长刘建受邀出席，会议宣布他为新任中国执委。钢塑管行业年会于9月7日在上海召开，出席代表113人。

【军民融合】 4月，拜访全军军事设施建设局工程处，了解军队工程对门窗的要求和军队建筑工程配套改革方向；6月拜访原总参第四设计院、火箭军设计研究院，了解设计人员对特种门窗企业和产品信息查询的要求；11月会同企业代表了解火箭军对行业产品的前沿需求和预研项目。

通过多次走访军队5家设计单位，听取军方设计、施工、监理专家的意见，初步建立了军队用数据库信息模板，并请6家企业试点报送企业信息给相关军方设计院，根据试点情况再组织其他骨干企业填报。

5月协会联合国防科技工业局、永康市政府，在永康举办全军供应商资质培训班。参加企业60余家。9月在上海由给水排水设备分会和国防系统机电设计分会联合主办的"军民融合给水排水技术研讨会"。

【工作会议】 中国建筑金属结构协会换届领导小组工作会议于8月10日在京召开。会议审议并通过了中国建筑金属结构协会第十一次会员代表大会换届选举工作方案（草案）及第十一届理事会理事、常务理事、会长、副会长、名誉会长、名誉副会长、秘书长、顾问推荐名单等。出席本次会议的会长、副会长应到29人，实到21人。

【论坛举办】 年内，3月在上海举办"国际门窗遮阳高峰论坛"。5月，协会和浙江永康市政府联合主办"装配式建筑与配套门窗发展论坛"。5月、6月、8月分别于杭州、郑州、合肥举办"中国地暖万里行暨舒适家居"论坛，参加人员1300人。"全国旋转门行业峰会暨工厂化联盟论坛"于6月在山东淄博举行。

2017年全国建筑钢结构行业大会期间，邀请了多位院士参与"中国工程院院士高峰论坛"，针对钢结构及装配式建筑领域中的前沿技术、四新成果、热点问题等进行研讨。与会嘉宾的演讲与发言对目前我国建筑钢结构企业的转型发展有着重要的指导意义，吸引了来自港、澳、台、日本协会以及军民融合、部队工程建设协会及各大设计院的积极参与，给钢结构行业带来了最前沿的技术成果和商机。

【调研活动】 门窗配套件行业：产品设计开始关注产品细部设计，产品的个性化特点开始显现。更好的满足使用需求、更加人性化，但个别产品的细部处理仍有进一步提升的空间；产品的外观和质量水平有提升；从产品中可以感受出企业开始重视品牌、商标、专利等企业的无形资产；对于有外协加工的企业，建议建立健全相关质量管理手段和流程，加大控制力度；产品的加工精细度和产品质量的稳定性还有进一步提升空间。

铝门窗幕墙行业：2017年铝门窗幕墙行业总体产值较2016年略有波动，保持在与2015年（前年）基本持平的状态。幕墙板块相比2016年，整体工程产值仍然呈现一个小幅下降的态势，幅度与上年同期相比，出现有所放缓态势。而铝门窗产值再次上升，对应市场内的变化情况，主要是有两方面：房地产市场的体量下降明显，从前几年的急速上升，到近期各种限购政策反而刺激了市场供需的平稳回调；部分地区对公用建筑限制玻璃幕墙应用的误解，导致幕墙应用，尤其是玻璃幕墙的应用受到了一定量的限制，明显减少了幕墙的市场体量。但在建筑外围护结构体系中，基于对采光和通风的功能诉求，幕墙的减少，相应的会在建筑立面适当增加门窗的面积及外墙装饰、造型面板的设计。这样的情况下，铝合金门窗的工程占比较以往出现了进一步的上升。而与之配套的铝型材、玻璃、五金件、密封胶等分类产品，因应用领域的扩大或缩减，各有增减，但总体来说波动不大。

采暖散热器行业：年内，国内各行各业都在承受着"环保风暴"的压力，采暖散热器行业内不规范企业被关停、整顿，行业生产企业从2016年的1800多家，到2017年底能持续生产企业约500余家，环保风暴加快了行业的洗牌速度。以采暖散热器为基础产业，拓展新的业务体系，注重与多种能源供暖系统的融合发展，以跨界思维模式，打造相关产业链的延伸发展模式。"全屋家装"渐成行业新宠，带动散热器产品的高端定制，企业个别差异化明显，促进采暖散热器行业营销模式的多样化；装配式建筑、绿色建筑、智慧住宅、精装房的大力发展，促进采暖散热器产品的标准化、模块化、个性化、功能化、系统化、智能化、国际化的进程。

辐射供暖供冷行业：我国北方地区煤改电（气）工作预计将涉及2000万户村镇家庭，其中适合燃气供暖的家庭约1500万户，2017年仅此一项，壁挂炉需求量估计达到400多万台，由于受燃气管线建设影响，实际安装量在200万台左右。由更换热源带来的供暖末端系统（散热器和地暖、风机盘管）的升级换代将是一个庞大的市场。此外还有几百万适宜电供暖的家庭，也会对电供暖市场给予极大的推动。

（中国建筑金属结构协会）

中国建设监理协会

2017年，中国建设监理协会（以下简称协会）深入学习贯彻党的十八届五中、六中全会和十九大精神，围绕住房城乡建设部总体工作部署，大力推进工程监理行业改革发展，按照协会理事会确定的2017年工作要点，精心组织，稳步实施，圆满完成了各项工作。

【贯彻落实主管部门要求，助推监理行业发展】
贯彻落实工程质量安全提升行动方案。3月，住房城乡建设部印发了《工程质量安全提升行动方案》，协会根据方案要求，迅速下发《关于贯彻落实〈工程质量安全提升行动方案〉的通知》，从充分认识提升行动的重要意义、落实监理主体责任、提升监理技术创新能力等十方面提出要求，全面贯彻落实行动方案。

征求企业资质及相关标准意见。根据建筑市场监管司的要求，协会组织召开《工程监理企业资质管理规定》（建设部令第158号）和《注册监理工程师管理规定》（建设部令第147号）修订工作座谈会，与会专家积极建言献策，为行政主管部门决策提供了依据。

【落实相关政策精神，完成政府委托工作】 完成2017年度全国监理工程师资格考试工作。协会组织专家完成了全国监理工程师资格考试的命题、审题及主观题阅卷工作。完善监理工程师考试命题保密工作规则，加强保密措施，保证监理工程师考试顺利进行，在命题工作上，广泛听取了各方意见，使试题内容与监理工作紧密结合、与时俱进、质量更高，试题设计受到了有关管理机构及广大考生的好评。2017年全国监理工程师资格考试报考人数为76471人，参考人数为60919人，合格人数为22185人，合格率为36.42%。

不断提高服务能力，着力保障继续教育质量。根据国务院、住房城乡建设部关于继续教育的相关文件要求，协会起草并发布《关于注册监理工程师继续教育有关事项补充通知》，明确注册监理工程师继续教育工作改革放开后的相关事宜及具体做法，帮助协会、相关单位和企业做好注册监理工程师继续教育工作。协会继续为个人会员提供免费继续教育，帮助9个省市开展网络继续教育工作。

按照主管部门要求，完成注册管理移交工作。依据住房城乡建设部人事司5月9日印发的《关于由住房和城乡建设部执业资格注册中心承担监理工程师注册审查相关工作的通知》要求，中国建设监理协会与住房城乡建设部执业资格注册中心就监理工程师注册工作完成交接，并签订《关于交接监理工程师注册工作备忘录》。

【深入开展课题研究，助推行业有序发展】 完成《项目综合咨询管理及监理行业发展方向研究》课题。协会组织开展的《项目综合咨询管理及监理行业发展方向》课题研究，通过国内外对比，着重提出我国工程咨询行业目前存在的主要问题，分析归纳工程项目综合咨询的内容及特点，提出工程项目综合咨询服务应具备的业务能力、所需要的政策支持和工程监理企业实现战略转型的路径、方式及具体策略。10月该课题成果成功通过验收。

完成《房屋建筑工程项目监理机构及工作标准》课题研究。协会组织开展的《房屋建筑工程项目监理机构及工作标准》课题研究，分析了房屋建筑工程项目监理机构人员配备、岗位职责、工作标准、工作质量检查与评价等方面的现状及存在的问题，结合监理行业的发展，提出解决问题的建议，对进一步规范房屋建筑工程项目监理机构人员配备及工作具有一定的指导意义。10月该课题成果成功通过验收。

【组织开展热点交流，推动行业健康发展】 举办工程监理企业信息技术应用经验交流会。为促进信息技术与工程监理深入融合，提升工程监理服务能力，推动工程监理企业转型升级、创新发展。7月，协会在西安召开工程监理企业信息技术应用经验交流会。会长郭允冲出席会议，副会长王学军在开幕式上作主旨讲话，副会长兼秘书长修璐在会上作主题报告，9位企业代表、专家教授就信息技术应用、装配式建筑发展、云平台创新等在会上作专题演讲，使工程监理企业拓宽了视野，找到了差距，振奋了精神，极大鼓舞了与会企业创新发展的信心和勇气。

积极推动监理行业转型升级创新发展。为贯彻落实《国务院办公厅关于促进建筑业持续健康发展的意见》和《住房城乡建设部关于促进工程监理行业转型升级创新发展的意见》，更好发挥协会的桥梁与纽带作用，协会于9月至11月分别在乌鲁木齐、南京、长沙开展工程监理行业转型升级创新发展宣讲活动。9月，协会在上海组织召开全过程工程咨询试点工作座谈会，进一步推进全过程工程咨询服务的开展，使监理企业更准确及时的了解转型升级创新发展方向，促进行业健康发展。

【加大宣传力度，树立良好形象】 创新宣传方式，提高行业影响力。协会于2017年在《中国建设报》开设"建设监理行业风采"栏目。栏目主要展示和推介全国建设监理企业在服务行业、协助政府、保障工程质量等方面的创新性作为。

开通协会微信公众号，及时发布行业相关政策信息和协会重点工作，加强协会服务工作。采取多种措施，不断提升刊物质量。《中国建设监理与咨询》是协会重要的舆论工具，在监理宣传、政策引导、技术交流、理论研讨等多方面发挥了积极作用。刊物每期围绕一个焦点话题进行稿件安排，如聚焦全过程工程咨询服务、聚焦工程监理行业转型升级创新发展等主题报道，形成一定特色。全年共刊登各类稿件近300篇。地方及行业动态近70篇、政策法规近20篇、其他130余篇，宣传协办企业80余家。

【加强协会工作沟通，发挥会长单位作用】 3月，协会在北京召开"全国建设监理协会秘书长工作会议"。会议研究了2017年协会工作的整体方向和协会工作交流，对2016年协会相关部门具体工作进行了报告，并提出相应的工作建议。

召开中国建设监理协会会长工作会议。7月，协会在西安召开协会会长工作会议。会上报告了协会2017上半年工作总结和下半年工作安排，从贯彻住房城乡建设部《工程质量安全提升行动方案》、助推全过程工程咨询服务试点工作等十一个方面总结了协会工作，并对下半年的工作进行安排。会议就国家新政策下监理企业的发展方向，提出要加强对会员的服务意识，做好会员诚信体系建设相关工作，逐步开展对会员的法律援助工作。会议还对会员实施工程安全保险机制等工作进行了商讨。

【强化内部机制建设，提升协会服务水平】 做好秘书处自身建设按照住房城乡建设部有关政策要求，制订完善《中国建设监理协会公务接待管理办法》等内部管理规定，推进了协会自律发展，促进了秘书处办事效率的提高。

不断加强协会党建工作。党支部是协会工作的战斗堡垒，支部建设是带领秘书处完成各项任务，保障协会健康发展的重要支柱。党支部组织全体党员认真学习党的十八届五中、六中全会和十九大精神，深入学习领会习近平新时代中国特色社会主义思想，坚决贯彻落实中央八项规定精神，思想行动上同党中央保持高度一致，深入开展"两学一做"学习教育，坚持每周学习制度。

完善工会组织建设。在住房城乡建设部机关工会的指导下，协会工会举办多项活动，并积极参与住房城乡建设部机关工会组织的各种活动，促使秘书处工作人员爱岗敬业、团结协作。根据工会管理办法，工会开展了丰富多彩的文体活动，丰富了职工的业余文化生活，增强了秘书处的凝聚力。

加强和完善分支机构管理。协会定期组织召开分支机构工作会议,对各分支机构上年度工作总结和新年度工作计划及费用预算等提出相关要求,规范了对分支机构的管理。对于行政主管部门委托的有关政策调研、改革方案征求意见等,协会都及时联系分支机构,征求和听取他们的意见,向行政主管部门如实反馈,获得了较高评价。

做好单位会员和团体会员管理。为体现会员荣誉,协会在举办业务交流活动时,优先安排会员参加。本年度发展会员22家,目前协会拥有单位会员1036家。2017年,协会组织了对历年单位会员缴费情况的核实、统计,对长期未履行会员义务的单位进行通知,或按程序劝退,受到广大会员认可。

做好个人会员管理。根据《中国建设监理协会个人会员管理办法(试行)》等文件规定,协会本年度共组织发展四批个人会员,共34162名。协会与地方协会、专业委员会、分会签订了《个人会员管理服务合作协议书》,深度服务会员需求,做好个人会员管理工作。

【完善协会内控机制,强化财务监督管理】 协会在住房城乡建设部和民政部的指导和监督下,严格执行财政部《会计法》《民间非营利组织会计制度》等有关法律、法规、规定和办法,建立会计核算标准规范,实现会计核算标准化管理,加强财务内部控制,较好完成会员和上级主管单位委托和交办的各项任务。

【推动地区交流合作,共谋行业成长发展】 加强横向沟通,注重地区间经验交流。11月,为加强内地注册监理工程师与香港建筑测量师的沟通交流,协会召开内地注册监理工程师与香港建筑测量师互认十周年回顾与展望暨监理行业的改革与发展交流活动,交流双方互认感受和体会,展示内地行业改革与发展成就。

重视团结协作,共促行业健康发展。各地方协会、专业委员会和分会是协会履行职能,开展工作的重要依托。2017年,协会与地方、行业协会团结协作,相互支持,在行业调研、经验交流等方面相互合作,共同促进建设监理行业的健康发展。同时地方、行业协会在创新工作思路,推进监理行业健康发展方面也取得了较大成绩。

北京市建设监理协会、天津市建设监理协会、湖南省建设监理协会、江西省建设监理协会等在行业自律方面取得一定成绩,武汉市建设监理协会积极承接政府购买服务,对于规范监理工作行为发挥了积极作用。

2017年,中国建设监理协会召开了数次不同内容和规模的会议,得到陕西省建设监理协会、上海市建设工程咨询行业协会、广东省建设监理协会、新疆维吾尔自治区建筑业协会、江苏省建设监理协会和湖南省建设监理协会的强有力支持,协助协会做了大量的会务工作,为会议圆满召开做出了显著贡献。

(中国建设监理协会)

中国建筑装饰协会

2017年中国建筑装饰协会主要工作

【认真接受各部门的审计、检查】 中国建筑装饰协会(以下简称"协会")在国家治理体系和治理能力建设中具有纽带和桥梁的重要作用。2017年,为了规范行业协会运作,全面顺应我国现代化社会治理体系建设的要求,中国建筑装饰协会秘书处接受中央纪律检查委员会巡视组、国家发展与改革委员会、民政部、住房城乡建设部、审计署等部门的共计8次检查、审计。监察审计报告在年中已全部完成,对协会整体工作给予了积极、肯定的评价。认为中国建筑装饰协会运作总体规范,能够执行党和国家的方针政策,在行业中具有较高的认可度。但也存在着对分支机构管理不到位,个别分支机构存在违规行为现象。

多部门的反复审计检查,提高了秘书处的政治意识、大局意识、核心意识和看齐意识。根据检查、审计中发现的问题,结合"两学一做",中国建筑装饰协会秘书处进行了认真整改,通过思想建设、制度建设和组织建设,特别是针对分支机构的活动组织、发文、收费等的管理加大了力度，进一步提高秘书处运作的规范水平。

【认真做好脱钩准备工程】 为了加强协会的市场主体地位，提高协会自我发展能力，根据国家社会治理现代化建设的要求，行业协会要与行政管理部门"脱钩"。中国建筑装饰协会是住房城乡建设部第三批"脱钩"的协会，要在2018年2月以前完成"脱钩"的全部工作。2017年秘书处成立工作小组，配合相关机构，完成了协会资产的清产核资工作，由住房城乡建设部及财政部核定后，上报国资委。外事关系也与北京外事办建立了工作联系。其他有关工作也按照相关规定完成准备工作，全面理顺了协会脱钩后的工作关系。

【加强行业社团标准的编制工程】 截止到2017年底，已经完成编制，通过审核，颁布实施的有《绿色建筑室内装饰装修评价标准》等9项，取得阶段性成果。2017年通过协会新立项开始编制的行业社团标准有《单元式建筑幕墙生产技术规程》等19项。通过审核，颁布实施的有《住宅厨房建筑装修一体化技术规程》《轨道交通车站幕墙工程技术规程》和《室内装饰装修工程人造石材应用技术规程》3项。

为了加强对协会行业社团标准建设的领导，建立并完善行业社团标准编制的体制机制，组建了行业社团标准编制办公室，对各项标准的编制进行统一领导与管理。新机构成立后，制定《行业社团标准编制管理办法》，明确行业社团标准的编制主体、基本原则和编制程序，从制度上保证行业社团标准建设的质量和传播力度，更好地发挥出行业社团标准在行业内的指导作用，提高建筑装修装饰工程实施过程专项专业技术的规范化水平。

【稳妥开展行业内的各项专业活动】 2017年，以减轻企业负担、降低社会成本为宗旨，协会在废除专业活动无法律依据收费的基础上，继续开展了一系列行业内专业活动，推动行业转型升级和企业体质增效。

协会受住房城乡建设部委托开展的"中国建筑工程装饰奖"评审工作如期完成。2017年共有由北京侨信装饰工程有限公司承建的"中央音乐学院之音乐厅室内精装修工程"等656项工程荣获"中国建筑工程装饰奖"公共建筑装修类奖；由北京中铁装饰工程有限公司承建的"北方工业大学第三实验楼外窗及幕墙工程"等339项工程荣获"中国建筑装饰奖"建筑幕墙类奖；由上海美术设计有限公司设计的"中共一大会址纪念馆展示项目布展设计与实施一体化项目"等48项工程荣获"中国建筑工程装饰奖"设计类奖。为了确保奖项的含金量，2017年加大了工程复查的力度，淘汰率比往年略有升高。

协会受国务院整规办委托开展的行业信用等级评价工作2017年正常进行。全年共对911家企业进行了行业信用等级评价，其中初次参评的新企业146家，占所有评审企业的16%以上。经过专业机构审核，全年评为AAA级企业851家、AA级企业24家、A级企业6家、证书废止企业33家。由于此项工作的环境有所变化，协会也对此项工作做了相应的调整。由单一开展信用评价向全面建设行业信用体系转变；工作思路由与商务部对接向国家发改委对接转变；工作对象由会员单位向全行业覆盖转变。

由协会组织自2003年开展的"行业百强企业评价推介"活动，对强化行业品牌建设、优化行业企业结构、推动行业产业化发展具有重要的作用，得到了市场的高度认同。自2017年开始此项活动调整为两年评审一次，以适应行业内企业发展变化相对平稳的客观状态，减轻申报企业的负担。2018年将组织进行2017~2018年百强企业评价推介工作，以满足行业市场的需求。此项工作自2015年开始取消了收费，提高了此项工作的公益性和市场公信度，是在行业内具有重要影响力的专业评价。

2017年，根据行业发展状态和企业的需求，协会组织开展了一系列的行业内专业技术性活动。先后进行了"中国照明应用设计大赛""中国软装陈设艺术高峰论坛""全国大学生环境设计大赛""建筑幕墙领军企业沙龙""设计行业年度人物""吊顶顶墙集成应用发展论坛""企业税收优惠政策暨高新技术企业辅导培训""中国建筑空间摄影大赛""厨卫五金、陶瓷坐便器、智能坐便器产品性能检测""中国建筑装饰行业绿色发展大会暨助力雄安新区建设交流会""中国建筑装饰行业采购趋势论坛"等专业活动。配合住房城乡建设部，参与《施工总承包特级资质标准》《注册建造师管理办法》的修订工作。

【按协会章程规定完成定制工作】 10月19日，中国建筑装饰协会在重庆市召开了八届二次会长工作会，中国建筑装饰协会副会长、部分地方协会会长等50多人参加了会议。会议就2017年协会秘书处的工作进行了总结，并就2018年中国建筑装饰协会秘书处的工作安排，广泛征求了各位会长的意见。与会会长就行业发展的现状、企业当前存在的主要困难及解决对策、协会、行业及企业在新时代大背景下发展的趋势等，提出了意见和建议。会议通过了中国建筑装饰协会执行会长制度，推举刘晓一任执行会长。

12月27日，中国建筑装饰协会按照章程规定，在海南博鳌召开八届二次理事会暨常务理事会。会议通过了刘晓一执行会长兼秘书长所做协会秘书处2017年工作报告；通过调整协会秘书处领导班子、理事会及常务理事会组成人员、协会秘书处分支机构负责人等的人事任免提案；通过了中国建筑装饰协会订立了"中国建筑装饰行业诚信公约"，圆满完成协会章程规定的议程。会后组织召开了"第三届全国建筑装饰行业科技创新大会博鳌论坛"。

【进一步完善行业体系建设】 根据行业发展客观形势的需要，2017年中国建筑装饰协会新设立了"消防与智能化分会""适老产业委员会""学术与教育委员会""信息化分会""环境艺术分会""互联网与产业链分会""住宅租赁产业分会""金融工作委员会"等8个分支机构，是近年来成立分支机构最多的一年，进一步完善了协会秘书处的组织体系。组织开展"全装修产业数据调研""信用体系建设专家培训班""中国建筑装饰设计行业智库体系建设"等基础性工作，为拓展在行业内的业务工作范围奠定了基础。

2017年，协会举办了"中国建材家居产业发展大会"，继续推动产业链的建设。加强同地方政府的合作，将行业的"百强峰会"落户在深圳市福田区；授予临朐县"中国铝合金装饰建材产业基地"称号。继续参与全国政协的"民营企业参与国际产能合作遇到的问题及解决对策"的课题调研，对天津、深圳的相关企业进行了深入地调查研究。继续办好《中华建筑报》《中国建筑装饰装修》杂志和"中国建筑装饰新网"3个行业主流媒体，宣传党和国家方针政策，引导行业有序、健康发展。

为了贯彻落实住房城乡建设部《工程质量安全提升行动方案》，推动供给侧结构性改革深入发展，2017年编辑出版了《中国建筑装饰质量专辑》；为了总结行业技术发展的经验和成果，同中国建筑工业出版社合作，共同启动了《中国建筑装饰精品案例集》系列丛书编撰工作。继续开展建筑装饰行业科技示范工程、科技创新成果相关工作。推进建筑装饰企业研发机构、产学研及双创示范基地建设；继续对国家科技创新成果应用的相关政策措施在行业内进行宣传贯彻；推动行业"科技创新型企业"和"科技创新成果工程应用"认证工作。以上工作推动了行业科技创新的持续发展。

2017年中国建筑装饰行业发展基本情况

【行业发展的宏观环境】 2017年，建筑装饰行业作为在建设中国特色社会主义现代化强国中，具有重要基础性作用的行业，仍然处于较快发展的机遇期。在以习近平同志为核心的党中央坚强领导下，在创新、协调、绿色、开放、共享发展理念指引下，经过全行业的努力奋斗，行业发展取得了优异的成就。

【行业规模】 2017年，全国建筑装饰行业完成工程总产值3.94万亿元，约占整个国民经济的4.9%。行业总产值比2016年增加了2800亿元，增长幅度为7.6%。增长速度比2016年提升了0.1个百分点，比宏观经济增长速度提高了0.7个百分点，体现了行业向社会提供物质基础，具有超前性的特点。按工程属性划分，其中公共建筑装修装饰全年完成工程总产值2.03万亿元，比2016年增加了1500亿元，增长幅度为8.1%左右；住宅装修装饰全年完成工程总产值1.91万亿元，比2016年增加了1300亿元，增长幅度为7.3%，实现了各主要细分市场的全面发展。

就公共建筑装修装饰市场分析。在"五位一体"统筹推进，供给侧结构性改革不断深化，城市功能修补、生态修复建设方针指导下，公共建筑装修装饰工程总量中，建筑幕墙全年完成工程总产值为3600亿元左右，比2016年增加了100亿元，增长幅度为2.8%左右；改造性装修装饰工程总产值9500亿元左右，比2016年增加了1000亿元，增长幅度为11.76%左右；境外工程产值950亿元左右，比2016年增加了400亿元，增长幅度为72.73%左右，工程所在国家的数量也相应有所增加。

就住宅装修装饰市场分析。在国家对房地产行业不断进行严厉、精准调控政策的作用及房地产市场去库存的压力下，随着"房子是用来住的，不是用来炒的"调控目标的不断接近和社会有支付能力的消费需求的提升，住宅装修装饰工程总量中，精装修成品房全年完成工程总产值为7600亿元，比2016年增加了600亿元，增长幅度为8.57%左右；新建毛坯房住宅装修装饰工程总产值为5500亿元，与2016年持平，增长幅度为零；改造性住宅装修装饰工程总产值6000亿元，比2016年增加了700亿元，增长幅度为13.21%左右。

就行业财富（国民收入）分配状态分析。在新的分配体制机制作用下，2017年，建筑装饰行业实现建筑业增加值在 2 万亿元左右，比 2016 年增加了 1000 亿元，增长幅度在 5.26% 左右。其中上缴税费约为 4000 亿元，比 2016 年增加了 500 亿元左右，增长幅度约为 14.29%；劳动者收入约为 1.1 万亿元，比 2016 年增加了 500 亿元左右，增长幅度约为 4.76%；全行业实现净利润约为 700 亿元，与 2016 年持平；全行业平均利润率为 1.78% 左右，比 2016 年下降了 0.12 个百分点。

【从业者队伍】 2017 年，全行业从业者队伍规模约为 1650 万人，比 2016 年增加了 20 万人，增加幅度约为 1.23%。其中新接收大专以上学历毕业生约为 30 万人，比 2016 年增加了 10 万人，增加幅度为 50% 左右。截止到 2017 年底，行业内接受过高等系统教育的人数达到 310 万人，比 2016 年提高了 10.71%；受过高等系统教育的人数占从业者总数的 18.79% 左右，比 2016 年提高了 1.61 个百分点。全行业新接收各类中专、职高、技校等接受过专业职业技术教育的人数约为 35 万人，比 2016 年增加了 5 万人，增加幅度为 16.67% 左右，全行业年轻技术工人总数约为 225 万人，占全体从业者队伍的 13.64%，比 2016 年提高了 2 个百分点。行业从业者队伍的整体素质有了新的提高。

2017 年末进行注册建造师等执业资格的考核与注册，全行业有执业资格的注册人员数量与结构与 2016 年基本相同。2017 年制定了新的《注册建造师管理办法》，进一步明确了在新的历史发展阶段，对注册建造师的管理目标、程序和具体措施，使这一执业资格考核与注册得以延续。

从管理层从业者队伍状况分析，2017 年民营建筑装修装饰工程企业的领导层新老交替的速度加快，一批高学历、新知识结构的年青从业者，开始走入企业管理核心层。受市场发展对人才需求变化的影响，大量的法律、外贸、外语、金融等非建筑装修装饰传统专业的毕业生和社会专业人才大量进入行业，使行业管理人才队伍专业构成更为丰富、储备更为多样化，行业人才队伍结构得到进一步优化，为行业的供给侧结构性改革，企业的转型升级、提质增效奠定了坚实的人才资源基础。

从技术类从业者队伍状况分析，技术研发与工程设计人员都有所增长。2017 年全行业新增建筑装修装饰工程设计人员约 10 万人，增长数量与 2016 年基本相同，全行业设计人员总数约为 177 万人，占从业者总数的 10.73% 左右，比 2016 年提高了 0.48 个百分点。其中约 105 万设计师就业在住宅装修装饰领域，约占设计师总数的 59.32% 左右。全行业技术研发人员总数约为 85 万人，比 2016 年增加了约 3 万人，增长幅度为 3.53% 左右。其中金融、计算机、电子、自动化等专业人才数量增长较快。

从生产，施工一线从业者队伍状况分析，年轻化、知识化、工匠化的趋势的日益明显。2017 年继续有一批年龄老化、文化水平低、接受新事物慢的一线操作人员退出行业，补充的是经过专业技术教育的年青技术工人，正在转变一线操作人员的年龄结构、知识结构和技能结构，以适应行业的技术升级。2017 年开始大力弘扬工匠精神，崇尚劳动光荣，加之建筑装修装饰工程成品化水平不断提高，劳动作业方式有所转变，也形成了行业内一支安于岗位，具有匠心的一线操作人员的稳定队伍。

【企业状况】 截止到 2017 年底，全行业企业数量约为 13 万家，比 2016 年减少了约 0.2 万家，下降幅度在 1.52% 左右，持续保持稳中有降的趋势，与供给侧结构性改革预期目标相适应。企业经营实力进一步提高，全行业企业平均年工程产值达到 3031 万元，比 2016 年提高了 261 万元，增长幅度为 9.42%。全行业产值最高的企业年工程产值超过了 500 亿元，达到新的水平；年产值超过 5 亿元的企业达到 205 家；超过 30 亿元的企业达到 46 家；超过百亿元的企业达到 5 家，均比 2016 年有所增加，企业结构进一步优化。

由于国家对建筑业企业资质管理制度进行了改革，2017 年新增有资质的企业在 9000 家左右，比 2016 年增加了约 3000 家，增长幅度为 50%。全行业有资质企业数量达到 10 万家左右，占行业内企业的比例达到 76.92% 左右，比 2016 年提高了 8 个百分点，市场规范化基础近一步巩固。有资质的企业主要分为两大类，一类是专业工程企业，即建筑装修装饰和建筑幕墙工程企业，约为 6 万家，占有资质企业总数的 60%；一类是其他专业工程企业兼营建筑装修装饰工程，约为 4 万家。

由于撤销了专业工程企业不能申报建筑工程总承包资质的规定，2017 年建筑装饰企业增加建筑工程总承包资质的企业数量有较大幅度增长。截止到年底，建筑装修装饰和建筑幕墙工程企业取得建筑工程总承包资质的企业约 2 万家，占专业工程企业总数的 1/3。拥有总承包商资质的建筑装修装饰工程企业，主动调整了企业的经营策略，扩大了工程承接的范围，获取更大的市场空间。在城市功能修补、生态修复和乡村振兴发展战略实施等发展空间中，更好地发挥出企业专业技术优势。

就企业运转状态分析，由于营改增税制改革后，大部分建筑装修装饰工程企业税负不降反升，企业的负担有所增加。由于最低价中标仍然是工程资源分配的基本原则，高档豪华装修项目减少，甲方供应、甲方指定材料范围扩大，再加上市场竞争同质化、价格为主要因素作用下，企业创利及自我发展能力下降。为了提升企业的市场地位、增强生存与发展能力，登陆资本市场是业内大企业的重要发展目标。截止到年底，全行业登陆资本市场的企业达到142家。其中在国内外证券交易所上市的企业37家，比2016年增加了3家；在中小企业股权交易中心上市的105家，比2016年增加了4家。

登陆资本市场后的建筑装饰企业，快速转变为社会性大企业，提升了在市场中的地位，增强了企业的影响力和话语权。由于企业拥有了雄厚的资金实力，在市场激烈竞争的形势下，可以使用更多种手段和多元化形式获取工程资源，在资源配置方面形成优势，取得了超常规的发展。企业率先在管理科技、技术发展等方面的创新和成果应用，在行业内的示范作用非常明显，成为推动行业产业化发展的主体。

2017年，在互联网、物联网、3D打印、人工智能等新技术应用更为普及、行业技术装备升级和生产作业方式转变的基础上，行业劳动生产率进一步提高。全行业人均劳动生产率为23.88万元/人，比2016年提高了1.43万元，增长幅度为6.37%。劳动生产率的提升，一定程度上化解了行业募集劳动力困难的矛盾，在从业者队伍增长低于产值增长水平条件下，企业为社会提供服务的能力与水平有新的提高。

2017年，由于城市精准定位、风貌恢复、低端服务清除等多种因素作用，城市周边的中、小型建材、饰材市场及材料、部件、饰件的加工制造企业退出市场。这一变化在优化材料市场结构的同时，也在某种程度上增加了建筑装修装饰工程实施的难度。为了适应这一市场变化，建筑装修装饰工程企业普遍加大了供应商网络建设的力度，加强了同规范化大型材料厂商的战略合作，进一步提升了企业资源集成与整合能力，提高了企业生存与发展的能力。

（中国建筑装饰协会）

中国工程建设标准化协会

【概况】 2017年，中国工程建设标准化协会（以下简称"协会"）紧紧抓住标准化改革重要机遇，主动适应标准化工作和协会工作新常态，努力做好各项工作。一年来，在主管部门的大力支持下，通过大家的共同努力，协会的社会影响持续提升，各项工作取得新的进展。

【积极开展协会标准制修订工作】 2017年，随着国家标准体制改革步伐的加快及新的《中华人民共和国标准化法》的颁布，协会标准工作面临新形势、新机遇和新挑战。在技术标准部和各分支机构的共同努力下，协会标准制订工作取得了显著成绩，无论是批准发布数量还是计划项目数量，都开创了新局面。以国家政策为导向，以节约资源和保护环境、保证质量安全为核心，以新产品、新技术、新材料、新工艺为主线，分两批下达了《基桩分布式光纤测试规程》《建筑地基基础抗震设计规程》《光伏板支撑结构技术规程》《工程竹结构检测技术规程》《地下综合管廊混凝土构件质量检验评定标准》等协会标准制订、修订计划项目共计363项；根据《中国工程建设标准化协会产品标准试点实施方案》，分三批下达了《不锈钢二次供水水箱》《公路自平衡预应力中空棒》《相变储能供热系统》等产品标准试点项目共140项；批准发布《健康住宅评价标准》《既有建筑绿色改造技术规程》《规划和报建P-BIM软件功能与信息交换标准》等59项协会标准和3项产品标准；加强协会标准的宣传和信息公开。将协会标准的征求意见稿和发布情况在协会网站和《工程建设标准化》杂志上及时发布和刊登。将协会标准的计划信息和标准发布信息上传到团体标准平台进行公布，全年共有37项标准信息在平台上发布。

【组织开展各类工程建设标准宣贯培训】 2017年，协会严格按照住房城乡建设部人事教育司对部管社团培训工作的要求，积极主动开展工程建设标准的宣贯培训及与工程建设标准相关的专项技术培训工作。在遵循"把握时效性，突出针对性"的同时，在有关主管部门的支持下及相关标准主（参）编单位的配合下，充分利用协会自身人才、技术和信息优势，结合住房城乡建设的重点计划，以协会会员单位为主体对象，适时举办《脚手架安全技术系列标准》宣贯培训班、《装配式混凝土建筑技术标准》宣贯暨装配式建筑技术应用培训班等6期国家标准、行业标准宣贯（研修）及专项技术培训班，参加学员近800人次。

【**积极开展标准化咨询服务**】 在做大做强产品推荐工作的同时，协会不断创新工作思路，拓展服务领域，围绕行业热点和企业需求，积极组织开展绿色建筑节能产品推广工作及相关技术研讨和交流活动，有效开创了咨询服务工作新局面。2017年，工程建设产品推荐和绿色建筑节能产品推荐两项推荐工作都取得了良好的成绩。

【**努力办好协会期刊和网站**】《工程建设标准化》进一步调整栏目设置。为充实栏目内容，满足读者需求，新增"BIM专栏""专家讲堂"等栏目；继续发挥协会的分支机构和专家优势，强化"热点聚焦"栏目；不断扩充稿件来源。2017年，在协会分支机构和一些行业组织的协助下，协会期刊紧跟行业热点焦点，在工程建设标准化改革、海绵城市、BIM标准、装配式建筑、认证认可、质量提升行动等方面刊登了一些质量较高的文章。杂志的综合性、专业性、时效性、实用性均有了很大提高。

【**组织开展工程建设标准化课题研究**】 2017年，在协会公路分会及水运、铁路、房建、水利、电力等多家单位参与下，组织开展《服务于"一带一路"战略的工程建设标准化政策研究》，完成研究报告与工作报告的编写工作，并上报部标准定额司组织审查。

【**协会自身建设**】 筹备协会脱钩工作。2017年，根据民政部、国家发展改革委《关于做好全国性行业协会商会与行政机关脱钩试点工作的通知》，协会在主管部门的统一领导下，制定了本协会脱钩方案，按计划如期推进相关脱钩手续。协会脱钩后，将实现"五分离、五规范"，即机构分离，规范综合监管关系；职能分离，规范行政委托和职责分工关系；资产财务分离，规范财产关系；人员管理分离，规范用人关系；党建、外事等事项分离，规范管理关系；加强分支机构组织建设。一年来，分支机构建设工作得到有序推进，建筑给水排水专业委员会完成了换届工作，批准设立了认证认可工作委员会、海绵城市工作委员会两个分支机构且分别召开了成立会议。

（中国工程建设标准化协会）

中国建设工程造价管理协会

2017年，中国建设工程造价管理协会（以下简称"协会"）认真执行党的十九大路线方针，坚持以科学发展观为统领，切实加强自身建设，积极履行协会"服务政府、服务会员、服务社会"的职能，工作主要围绕行业改革与发展、前瞻性课题研究和标准编制、诚信体系建设与行业自律、人才建设与培养、纠纷调解机制建立、会员管理与服务、信息化建设、国际化发展、党建等几大方面展开，各项工作取得了新进展。

【**配合行业主管部门，进一步深化改革**】 制定发展规划，引领工程造价事业科学发展。积极参与工程造价咨询行业发展规划的起草工作，受住房城乡建设部标准定额司委托，完成《工程造价事业发展"十三五"规划》的编制，通过搜集工程咨询行业、会计行业、建筑业等行业的大量资料，不断创新编制方式，充分调动行业内各方面力量，从各管理机构、造价咨询企业中选取年轻技术骨干成立编制组。认真梳理分析工程造价事业发展中的突出问题，提出了工程造价事业改革和发展目标，使工程造价事业定位更加清晰，工程造价管理改革措施更加扎实有效。8月，《工程造价事业发展"十三五"规划》由住房城乡建设部正式印发。

完善执业资格管理制度，落实职业资格制度改革精神。人力资源社会保障部印发《关于公布国家职业资格目录的通知》，将造价工程师正式纳入国家职业资格清单目录，并作为36项准入类职业资格之一。围绕造价工程师等级设置、报考条件、专业划分等内容，修订《造价工程师执业资格制度暂行规定》文件，制订《造价工程师考试管理办法》，调整和优化了造价工程师等级设置、报考条件、专业划分等内容，使职业资格改革平稳推进，有序衔接，为造价工程师职业资格制度更好地发展提供了"长治久安"的政策保障。

做好日常管理工作，认真完成部标准定额司交办任务。对注册造价工程师管理系统和咨询企业管理系统进行完善和升级，为管理工作提供了技术保障。全年共协助部标准定额司完成442家工程造价咨询企业甲级资质申报材料的审核工作。完成造价工程师初始注册19539人，受理延续注册45131人，受理1318名造价工程师注销注册、挂失补证及信息变更等各类业务的审核。

受部标准定额司委托，承担造价工程师执业资格考试命题考务工作，在总结以往经验的基础上，通过完善考务工作的流程管理，改进组织程序、保密要求、命审题质量、试阅卷等关键环节，力争将考务工作在质量与安全上做到万无一失。2017年造价工程师报考人数约25万人，创历史新高。2017年主观题评卷仍采用网络集中评卷方式，主观试题评卷工作质量和效率得以全面提高，确保考试公平，得到了广泛好评。

【开展前瞻性课题研究和标准编制，促进行业可持续发展】 为全面系统反映我国工程造价咨询行业的发展历程和现状，组织编写第四期《工程造价咨询服务行业发展报告》，从行业发展现状、影响行业发展的主要环境因素、行业标准体系建设、行业结构分析、行业收入统计分析、行业存在的主要问题、对策及展望、国际工程项目管理模式研究及应用等七个方面进行了全面的梳理和分析，为政府和内外从业人员了解工程造价咨询行业发展提供重要参考材料，为企业决策提供依据。完成《工程造价行业信息化发展战略》课题研究，初步搭建了整个工程造价信息化的战略系统框架，为行业信息化发展指明了方向。

为适应造价管理改革发展需要，完善工程计价依据体系。开展《建设项目总投资费用组成》课题研究，对基本建设投资项目的总投资费用划分做出规定，规范工程中费用构成。开展《工程造价费用通则》的研究，作为工程造价的基础性标准，它的制定直接影响到我国各省市、各行业的造价标准的制定。

完成国家标准《建设工程造价鉴定规范》《建设项目工程结算编审规范》的编制工作，完成行业标准2017版《建设项目全过程造价咨询规程》的修编工作，新版《建设项目全过程造价管理咨询指南》的初稿编制工作。完成专业指南《建设工程信息计价指南》《超高层建筑措施费计价指南》和《PPP项目工程造价咨询业务指南》的编制工作，完成《大数据在工程造价管理中的应用》的课题研究工作。按照2017年培训计划，在四川、江苏和云南共举办了三场宣贯会，圆满完成工程造价行业指导性文献《PPP项目工程造价咨询业务指南》的宣贯工作。

为更好的研究工程造价咨询企业国际化战略，积极服务于国家"一带一路"战略实施，受部标准定额司的委托，组织开展了工程造价咨询企业国际化发展战略研究，完成了《工程造价咨询企业国际化战略研究》《国际工程项目管理模式研究》和《我国工程造价咨询走出去对策研究》课题研究，提出国际化发展战略实施的政策和建议，合理引导工程造价咨询企业转变经营模式，提高国际工程咨询的能力和水平，积极服务于国家"一带一路"战略实施，实现市场份额国际化。

为了建立工程造价纠纷调解机制，重点研究行业纠纷调解工作的开展思路和模式，提出审计、审价等改革相关制度建设建议，受部部标准定额司委托，和标准定额研究所共同完成《工程造价纠纷调解及审价机制研究》课题的研究工作。

【加强诚信体系建设，提升行业公信力】 为贯彻落实国务院、住房城乡建设部关于社会信用体系建设的工作部署，加快推进工程造价咨询行业信用体系建设，受部标准定额司委托，研究制订《工程造价咨询行业信用信息管理办法》，明确信用信息管理原则、信息的采集、公布和管理流程，良好行为信息和不良行为信息的内容，建立工程造价咨询企业和个人信用档案。

为进一步完善行业自律制度建设，制定并完善《会员执业违规行为惩戒暂行办法》《造价工程师职业道德守则》《造价咨询企业执业行为准则》，规范会员企业经营执业行为，引导行业健康发展，维护市场竞争秩序。

2017年，全面开展信用评价工作，经过前期的动员和宣传，全国共18个省9个专委会上报了1355家工程造价咨询企业信用评价数据。经过初评、终评等程序，将最终评级结果在本会网站进行公示，制作信用评价证书发放给参评企业。另外制作了宣传材料刊登在《中国建设报》和《工程造价管理》杂志上，发布了近2年信用评价成果，方便行业了解信用评价工作的开展情况。

搭建工程造价行业"企业库、专业人员库、项目信息库、信用信息库及全国工程造价行业监管平台"四库一平台系统，实现各库间数据的互联互通，为行业诚信体系建设和行业监管提供技术支持。

【建立人才培养机制，提升行业素质】 将工程造价专业人才培养当作行业发展的大事来抓，不断提高人才队伍整体素质，培养行业发展需要的应用型、管理型和研究型人才，推动行业人才的发展和壮大。

为推动工程造价咨询企业提升核心竞争力，召开工程造价咨询企业核心人才培训与交流会议，促进企业做好核心人才培养工作。对来自全国工程造价咨询企业的法人或技术负责人培训专业课程。通过培训落实工程造价行业人才发展战略，培养与行业发展相适应的人才队伍，达到推动企业多元化发展，提升工程造价咨询成果文件质量，促进企业人才培养的目的。

为贯彻落实《国家中长期教育改革和发展规划纲要（2010－2020年）》的精神，第三届全国高等院校工程造价技能及创新竞赛于2017年11月18日在四川成都和北京成功举办，来自全国各地工程造价和工程管理类院校的高职院校团队111个、本科院校团队126个，近700名选手、400余名指导老师参加了本次竞赛活动，竞赛取得了圆满成功。

依据《注册造价工程师管理办法》对继续教育工作提出的具体要求和意见，精心选取了装配式建筑技术与工艺、PPP模式对工程造价的影响、海绵城市建设等建筑业工程造价关注点作为课程编制继续教育教材。为满足不同专业、不同层次造价工程师继续教育需要，除必修课课件外，还提供了内容丰富的选修课课件，较好地满足了专业人员更新知识结构的要求，不断提高服务水平，完善工作流程，为广大工程造价专业人员提供更好的网络教育服务。

【创新会员服务形式，提升服务会员能力】 协会全年共开展了11个类别43个大项会员服务工作。建立会员服务系统，梳理会员管理和服务工作流程，将相关会员管理和服务工作集成到线上，进一步提高服务效率，搭建中价协与会员单位和个人直接联系的平台，为更好开展会员服务工作打下坚实的基础。

创新服务内容，提供高质量的会员服务，维持和提高协会的凝聚力。为会员免费继续教育，免费赠送专业期刊，免费赠送会员协会信息化、国际化等最新研究成果，为企业提供人才招聘服务等。组织举办四期"企业开放日"活动，促进企业间的交流和分享，为企业搭建交流平台，举办第五届企业家高层论坛，近400名代表参会，推广优秀企业的经验，优秀企业推广经验，会员企业热烈交流，高层论坛已经成为行业内各企业探讨合作，谋求发展的年度盛会。

起草《关于交纳2017年度会费等事宜的通知》，布置开展会费收缴工作。调研各省协会和企业实际情况，协调处理在协会脱钩前后遇到的问题，保证会员管理和服务工作顺利进行。为减轻企业负担，研究行业现状，对部分企业会费进行了减免，并印发了减免会费的通知。

【积极推进信息服务建设，发挥宣传作用】 积极推进信息化建设，为会员提供精准的数据服务。收集工程造价相关法律法规、部门规章、规范性文件及地方工程造价文件，梳理数据之间关联关系，建设工程造价行业法律法规数据库，为提高工程造价从业人员执业规范性和准确性提供支撑。收集地方造价管理机构发布的《工程造价信息》，研究数据处理和展示体系，建设《工程造价信息》数据库，为会员及时准确获取造价信息提供支撑。

充分发挥网站、微信平台和《工程造价管理》期刊的宣传媒介作用。围绕部标准定额司工作要点，策划"共编共享计价依据""十三五规划""工程造价监管"等专题，及时宣传国家有关工程造价事业发展改革成果，立足工程造价专业学科建设，报道和交流工程造价领域相关理论和方法研究，反映国内外工程造价发展的新动态、新进展，推动国内外工程造价领域的学术交流。

【加强国际交流与合作，落实"一带一路"战略】 随着中国企业对沿线国家投资的不断增长，我国工程造价咨询"走出去"也迎来了新机遇，协会积极参与国际交流和国际标准的制定工作，为会员提供学习和交流的平台，推动造价工程师资格国际互认，为工程造价管理和造价咨询进入国际舞台奠定基础。

7月，亚太区工料测量师协会（PAQS）第21届年会顺利召开。中国建设工程造价管理协会（CECA）应邀派出由理事长徐惠琴为团长的代表团出席本次会议。开展第三批内地造价工程师与香港工料测量师的资格互认工作。年内共有128名香港工料测量师获得内地造价工程师互认注册，60名内地造价工程师获得香港工料测量师的认定。

【行业协会脱钩工作】 根据《行业协会商会与行政机关脱钩总体方案》，按照第二批全国性行业协

中国建设教育协会

2017年,中国建设教育协会(以下简称"协会")面临很多重点和难点工作。在上级部门的关心和指导下,在协会各专业委员会的配合下、在各地方建设教育协会的支持下,在秘书处全体员工的共同努力下,各项工作成绩显著,发展空间不断上升。

【专业委员会工作】 中国建设教育协会下属12个分支机构,这些专业委员会在2017年的工作中,积极作为,努力开拓工作新领域,紧密团结会员单位,为会员单位排忧解难,全方位服务,效果显著。在发展职业教育、扩大社会影响、输送技能人才、创新教学、加速发展等方面取得了优秀成绩。

召开会员大会、常委会、主任工作会等;注重教育科研工作,参与了协会组织的论文、课件评优、课题申报、评审等工作,组织第五届全国高校土木工程实践教学研讨会,充分发挥各会员单位与协会之间的桥梁纽带作用;大力推进职业院校培训工作,加快培训课程推广,开展短训工作,不断探索新的培训模式,积极主动的与其他部委主管的或住房城乡建设部单位进行了横向交流沟通;在信息化建设方面,在线教育平台正式上线,视频课程建设工作稳步推进;组织会员单位参加展览会、技能竞赛、重大项目、抢险救灾、行业公益活动等;成立全国建设类院校施工技术应用技能大赛专家委员会,全国建设类院校34位院校骨干教师作为首批专家入库;各会员单位积极参与大协会举办的活动,积极向大协会申报教育教学课题;踊跃向《建设技校报》投稿,积极参与《中国建设教育发展年度报告》撰写工作,积极参与大协会举办的各类竞赛及BIM特色工作等。

【地方联席会议】 协会每年与地方建设教育协会共同联合召开联席会议。2017年在地方协会十五次联席会议上提出联席会议轮值主席制度,经过大家的充分讨论,形成《地方建设教育协会联席会议工作规程》。大家共同认为通过联席会议这个平台,使建设教育协会与地方建设教育协会之间、地方协会与地方协会之间坚强了联系,互相交流经验,取长补短、共同提高,充分肯定了联席会议的机制。

【科研活动】 《中国建设教育发展年度报告》(2016)顺利完成。《发展报告》(2016)经过认真组织和编委会所有人员的共同努力已经正式出版发行。

【成果评优工作】 2017年,协会组织开展了2015~2016年度优秀教育教学科研成果评选工作。以专业委员会为基础形成5个初评小组,通过多次研究、反复修改,形成优秀教育教学科研课题成果评选的办法、标准等系列文件。本次评选共收到参评教育教学科研成果105份、论文成果235篇。经过小组初评和协会专家组复评,评选出优秀教育教学科研成果一等奖6名、二等奖10名、三等奖10名;优秀论文一等奖9名、二等奖19名、三等奖29名;优秀组织奖3名。

【课题立项工作】 2月,协会下发《关于开展2017年度教育教学科研课题申报工作的通知》,编制《中国建设教育协会教育教学科研课题指南(2017年度)》。经过协会专业委员会和地方建设教育协会初评,专家评审,确定《面向工程教育的协同育人机制之研究与实践》等139项课题为2017年协会教育教学科研立项课题,并于8月下发《关于2017年中国建设教育协会教育教学科研课题立项的通知》。

【课题结题工作】 按照协会教育教学科研课题结题验收管理办法及时与课题负责人沟通,保证课题的结题质量。对于集体开展结题验收的会员单位,根据会员单位需要帮助其修改组织结题验收相关文件并提出建议,保证集体验收工作按要求有序进行。对于验收合格的课题,做到随到随结,热心为会员单位做好服务。

【完成住房城乡建设部交办的科研课题工作】 2017年"装配式建筑技能人才需求研究项目"进入到实施和收尾阶段。

按照住房城乡建设部标委会的要求,协助住房城乡建设部人事司组织完成了《市政公用设施运行管理人员职业标准》的复审工作。

协助住房城乡建设部人事司开展建筑业从业人员职业培训情况调查,并且对调查数据进行录入、统计和分析。

【认真办好会刊和简报】 2017年,全年完成6期会刊和6期简报的编辑出版发行工作以及刊物上传给中国知网、中国建筑工业出版社网站的任务。

【成功举办普通高校和高等职业院校书记、校长论坛】 7月21~23日,"第九届全国建设类高职院校书记、院长论坛"在广西南宁市举行。广西建设职业技术学院承办了此次论坛。论坛主题为"立德树人,争创一流"。

11月2~3日,"第十三届全国建筑类高校书记、校(院)长论坛暨第四届中国高等建筑教育高峰论坛"在山东省济南市举行。论坛主题为"全面贯彻落实党的十九大精神,加快推进建筑类高校'双一流'建设"。

两个论坛一直坚守建设行业学术交流平台的宗旨,紧跟主旋律,将建设教育的中心任务、热点难点问题融入主题分题。

【秘书处会议】 年内,协会组织召开五届三次理事会、五届五次常务理事会、第十五届地方建设教育协会联席会议,并参加了论坛、各专业委员会的年会、分会、评审会等。

【举办第八届全国高等院校建设类优秀学生夏令营活动】 8月,组织以"大国工匠·建设未来"为主题的夏令营活动。从组织机构、在人员构成、内容设计,以及顶层设计上,都进行综合筹划与创新。

【举办各级各类比赛】 2017年,协会全年组织竞赛活动四类11项,共有来自全国700余所院校1400余代表队7000余师生到现场参加比赛。其中全国职业院校技能大赛中职组技能比赛,全国建设职业技能竞赛参赛,全国中、高等院校BIM应用比赛,建筑信息模型(BIM)应用技能大赛人数再创新高,分别比2016年增长43%、33%、20%、10%。BIM工作影响力持续提高。

5月底,在山东青岛组织举办全国职业院校技能大赛中职组建筑装饰赛项比赛;6月初在江苏南京组织举办全国职业院校技能大赛中职组工程测量和建筑设备安装与调控(给排水)比赛。该大赛作为我国职业教育工作的一项重大制度设计与创新,深化了职业教育教学改革,推动了产教融合、校企合作,促进了人才培养和产业发展的结合,扩大了职业教育的国际交流,增强了职业教育的影响力和吸引力。

5月,组织举办第八届全国高等院校学生"斯维尔杯"建筑信息模型(BIM)应用技能大赛,全国453所大学的457支代表队,是我国高等教育建筑类领域中规模大、业界影响远的主要赛事。比赛在浙江杭州和吉林长春同步举办,实现高校建筑类专业之间的BIM协同,增强学生实践与创新能力的同时,提高学生的团队协作能力。

10月,协会联合广联达科技股份有限公司在长沙和徐州组织BIM应用技能系列比赛。2008~2017年连续举办了十届全国高等院校BIM应用技能比赛。比赛促进了BIM技术在高校教学中的应用,培养了大批BIM技术人才,得到社会、行业和院校的普遍好评。

全国中等职业学校建设职业技能竞赛。2017年是建设职业技能竞赛举行的第二年,共设装配式混凝土建筑虚拟施工(高职组)、装配式楼宇智能化工程技术技能、工程算量、BIM建模四个赛项。与上年相比,突出了装配式技术的重要性,增设装配式混凝土建筑虚拟施工赛项,延伸了智能化工程技术技能在装配式领域的运用。其次,在往年的基础上,新增高职组参赛项目。竞赛的4个赛项都是代表住房城乡建设行业未来发展方向、市场急需的职业岗位。

【特色项目——BIM工作】 全国BIM应用技能考评工作。5月13~14日,11月11日,开展全国BIM应用技能第一、第二次考评工作,共计12731名考生参加考试,首次共计118家,第二次共计158家考点进行了考试。继《全国BIM应用技能等级考试管理办法》《全国BIM应用技能等级考试省级管理中心管理办法》《全国BIM应用技能等级考试考点管理办法》3项文件后,分别发布《全国BIM应用技能考评投诉处理机制》与《全国BIM应用技能考评证书补发换发申请表》,进一步完善考评工作机制,稳步推进各项工作。

为促进BIM人才培养工作的全面可持续发展,提供建筑业实现转型升级的人才保障,协会组织开展的2017年BIM应用技能师资培训明确培训依托全国BIM应用技能各省级考评管理中心开展(局部片区可酌情合并)的培训模式,也将培训内容、培训流程与要求等内容予以明确。同时开展针对BIM大赛的师资培训。本年度培训相关BIM的师资总人员达2000余人次。

【"学分银行"工作】 自2016年建筑行业学习成果认证分中心在协会落户之后,"建筑行业学分银行"开始挂牌运营。2017年开立"学分银行"账户逾5000人。3月份,协会开始向国家开放大学申报"建筑行业学习成果认证、积累与转换项目",通过答辩、评比和论证,8月份正式与国开签订立项合同,旨在一年时间内完成BIM建模证书与学历教育课程的对接,为非学历学习成果与学历教育的互融互通奠定基础。

【继续探索新的培训模式】 协会培训部组织相关专家开发以实际建设工程项目运行和岗位工作流程为基础的、以提升在校学生专业技能和综合素质为目标的职业教育改革课程,建立一种在校内执行、作为学科教育体系必要补充的教育培训模式。协会培训部与中国建筑总公司城市发展公司、中建八局、中国铁建公司、中国电建公司、中国核建公司、北京城建集团、北京住总集团等大型国有集团公司进行研讨,拟共同开发基于实际工程案例的、适用于学校专业教学的、以实际岗位工作流程为导向的职业教育课程体系。

【开展国际合作项目】 4月,在北京交通运输职业学院由协会与德国汉斯·赛德尔基金会举办共同组织了全国12所汽车试点院校、25名教师参加的汽车新技术培训班,讲授新能源汽车、混动汽车等技术。6月初,有8所汽车试点参加了由协会与赛会共同组织的毕业考试。9月,联合举办"中德合作绿色建筑专业技术研讨会"在京召开。此次研讨会是中国建设教育协会在国内推出的公益大讲堂系列活动之一,以绿色建筑为主题,旨在分享国内国外主流绿色建筑标准、技术的最新发展动态,交流业界领先的节能保温施工技术,并围绕着在绿色建筑在设计、施工等方面的重点和难点问题进行广泛深入的探讨。会议有来自30余家企业和院校的60多位代表参会,得到业内的普遍关注。

(中国建设教育协会)

附 录

示 范 名 录

2017年国家园林城市名单

一、2017年国家生态园林城市

浙江省杭州市

河南省许昌市

江苏省常熟市、张家港市

二、2017年国家园林城市

河北省辛集市、黄骅市

山西省永济市

内蒙古自治区赤峰市、巴彦淖尔市

辽宁省盘锦市

江苏省邳州市

浙江省慈溪市

安徽省巢湖市

江西省贵溪市

山东省安丘市、曲阜市

河南省鹤壁市、汝州市、禹州市

湖北省丹江口市、枝江市、宜城市、安陆市、石首市、利川市

湖南省衡阳市、资兴市

广东省河源市、云浮市

海南省儋州市

四川省攀枝花市

贵州省安顺市

陕西省延安市、汉中市

甘肃省兰州市

宁夏回族自治区固原市

新疆维吾尔自治区吐鲁番市、阿拉尔市、图木舒克市

三、2017年国家园林县城

河北省魏县、曲周县、任县、威县、涿鹿县、承德县、东光县、大厂回族自治县

山西省应县、静乐县

内蒙古自治区达拉特旗、准格尔旗、鄂托克前旗、阿荣旗、科尔沁右翼前旗

江苏省建湖县、阜宁县、泗洪县

安徽省肥东县、肥西县、濉溪县、五河县、金寨县、广德县

福建省仙游县、德化县、武平县

江西省湖口县、靖安县

山东省金乡县、五莲县、莒县、郯城县

河南省宜阳县、洛宁县、范县、方城县、固始县、鹿邑县、新蔡县

湖北省郧西县、监利县、罗田县、崇阳县、巴东县

湖南省攸县、桂阳县、江华瑶族自治县

广西壮族自治区灵山县、浦北县、德保县、南丹县

重庆市梁平县、武隆县、彭水苗族土家族自治县

四川省米易县

云南省富民县、宜良县、马龙县、新平彝族傣族自治县、元江哈尼族彝族傣族自治县、昌宁县、景谷傣族彝族自治县、镇沅彝族哈尼族拉祜族自治县、镇康县、大姚县

陕西省岐山县、淳化县、旬邑县、宜君县、宁陕县

宁夏回族自治区永宁县

新疆维吾尔自治区鄯善县、玛纳斯县、奇台县、轮台县、若羌县、博湖县、特克斯县

四、2017年国家园林城镇

江苏省苏州市甪直镇、太仓市沙溪镇、常州市雪堰镇、扬州市曹甸镇

江西省婺源县江湾镇、靖安县宝峰镇

河南省荥阳市高山镇、栾川县赤土店镇、济源市下冶镇、济源市坡头镇、济源市思礼镇、永城市太丘镇、新县吴陈河镇、新县郭家河乡

重庆市涪陵区焦石镇、巴南区东温泉镇、忠县石宝镇、云阳县南溪镇

四川省宜宾市高店镇

(摘自《住房城乡建设部关于命名2017年国家园林城市的通报》建城〔2017〕225号)

2017年各省(区、市)改善农村人居环境示范村名单

一、北京市（5个）

环境整治示范村

顺义区高丽营镇高丽营一村

密云区溪翁庄镇东智北村

美丽乡村示范村

通州区于家务乡仇庄村

大兴区青云店镇东辛屯村

怀柔区渤海镇北沟村

二、天津市（5个）

环境整治示范村

津南区北闸口镇前进村

宁河区宁河镇杨泗村

美丽乡村示范村

武清区梅厂镇小雷庄村

宝坻区八门城镇欢喜庄村

静海区蔡公庄镇惠丰西村

三、河北省（8个）

保障基本示范村

保定市阜平县龙泉关镇骆驼湾村

张家口市蔚县草沟堡乡白庄子村

承德市平泉市党坝镇永安村

环境整治示范村

石家庄市正定县曲阳桥乡西里寨村

唐山市迁安市五重安乡万宝沟村

廊坊市大厂回族自治县祁各庄镇亮甲台村

美丽乡村示范村

秦皇岛市北戴河区戴河镇北戴河村

邯郸市馆陶县寿山寺乡寿东村

四、山西省（7个）

保障基本示范村

太原市娄烦县杜交曲镇下石家庄村

朔州市山阴县北周庄镇燕庄村

晋中市左权县桐峪镇下武村

环境整治示范村

大同市南郊区口泉乡杨家窑村

临汾市襄汾县古城镇关村

吕梁市离石区信义镇归化村

美丽乡村示范村

长治市长治县振兴新区振兴村

五、内蒙古自治区（9个）

保障基本示范村

赤峰市喀喇沁旗西桥镇雷营子村

通辽市科尔沁左翼后旗甘旗卡镇束力古台嘎查

呼伦贝尔市鄂伦春自治旗大杨树镇新华村

乌兰察布市察哈尔右翼前旗平地泉镇南村

兴安盟科尔沁右翼前旗察尔森镇察尔森嘎查

环境整治示范村

包头市九原区哈林格尔镇兰桂村

锡林郭勒盟二连浩特市赛乌素嘎查

美丽乡村示范村

赤峰市宁城县存金沟乡草沟门村

巴彦淖尔市五原县隆兴昌镇刘四拉新村

六、辽宁省（9个）

环境整治示范村

鞍山市海城市西柳镇古树村

本溪市本溪满族自治县小市镇谢家崴子村

丹东市东港市孤山镇大鹿岛村

营口市老边区柳树镇东岗子村

朝阳市北票市台吉镇东台吉村

朝阳市凌源市四官营子镇小窝铺村

美丽乡村示范村

沈阳市沈北新区石佛街道孟家台村

阜新市细河区四合镇黄家沟村

盘锦市大洼区田家街道大堡子村

七、吉林省（8个）

保障基本示范村

吉林市桦甸市公吉乡公郎头村

辽源市东辽县安石镇朝阳村

通化市柳河县安口镇半拉背村

延边朝鲜族自治州敦化市雁鸣湖镇腰甸村

环境整治示范村
长春市九台区土门岭街道办事处马鞍山村
通化市通化县兴林镇曲柳川村
美丽乡村示范村
长春市九台区波泥河街道办事处平安堡村
长春市德惠市朱城子镇良种场村
八、黑龙江省（5个）
保障基本示范村
哈尔滨市延寿县玉河乡新城村
鹤岗市绥滨县绥滨镇向日村
大庆市林甸县宏伟乡治安村
环境整治示范村
绥化市肇东市昌五镇昌盛村
美丽乡村示范村
佳木斯市郊区西格木乡草帽村
九、上海市（5个）
美丽乡村示范村
浦东新区书院镇塘北村
金山区廊下镇中丰村
松江区泖港镇黄桥村
青浦区朱家角镇张马村
崇明区竖新镇仙桥村
十、江苏省（13个）
环境整治示范村
无锡市江阴市璜土镇璜土村
盐城市东台市梁垛镇临塔村
扬州市高邮市菱塘回族乡清真村
泰州市姜堰区溱潼镇湖南村
宿迁市泗阳县李口镇八堡村
美丽乡村示范村
南京市江宁区江宁街道牌坊社区
无锡市宜兴市湖㳇镇张阳村
徐州市睢宁县姚集镇高党村
常州市溧阳市竹箦镇陶庄村
苏州市吴中区临湖镇石舍村
南通市如皋市如城街道顾庄社区
连云港市连云区高公岛街道黄窝村
镇江市句容市后白镇西冯村
十一、浙江省（15个）
环境整治示范村
嘉兴市南湖区新丰镇乌桥村
湖州市长兴县虹星桥镇郑家村
金华市开发区汤溪镇节义村
衢州市开化县华埠镇金星村
台州市温岭市石塘镇五岙村

丽水市缙云县舒洪镇仁岸村
美丽乡村示范村
杭州市临安市太湖源镇指南村
宁波市奉化区萧王庙街道青云村
温州市文成县南田镇武阳村
嘉兴市平湖市广陈镇高新村
湖州市德清县下渚湖街道二都村
绍兴市诸暨市赵家镇东溪村
衢州市江山市大陈乡大陈村
台州市三门县横渡镇岩下潘村
丽水市龙泉市竹垟畲族乡盖竹村
十二、安徽省（10个）
保障基本示范村
淮南市寿县迎河镇李台村
安庆市潜山县水吼镇黄龛村
六安市金寨县果子园乡果子园村
亳州市利辛县永兴镇诸王村
环境整治示范村
合肥市庐江县汤池镇三冲村
铜陵市义安区东联乡合兴村
宣城市宁国市中溪镇狮桥村
美丽乡村示范村
黄山市歙县雄村镇卖花渔村
池州市贵池区梅村镇霄坑村
宣城市绩溪县瀛洲镇仁里村
十三、福建省（12个）
环境整治示范村
福州市永泰县嵩口镇大喜村
莆田市涵江区白沙镇坪盘村
漳州市长泰县岩溪镇珪后村
南平市政和县石屯镇石圳村
宁德市福安市潭头镇南岩村
美丽乡村示范村
福州市晋安区寿山乡前洋村
莆田市荔城区西天尾镇后黄村
泉州市安溪县尚卿乡黄岭村
泉州市晋江市深沪镇运伙村
漳州市南靖县书洋镇塔下村
南平市浦城县富岭镇双同村
宁德市霞浦县溪南镇半月里村
十四、江西省（11个）
保障基本示范村
赣州市上犹县社溪镇严湖村
赣州市瑞金市叶坪乡朱坊村
赣州市瑞金市叶坪乡大胜村

吉安市泰和县马市镇柳塘村
吉安市井冈山市柏露乡楠木坪村
上饶市上饶县五府山镇船坑畲族村
环境整治示范村
景德镇市浮梁县江村乡严台村
九江市武宁县罗坪镇长水村
新余市渝水区良山镇下保村
美丽乡村示范村
南昌市进贤县前坊镇太平村
宜春市高安市华林山镇艮山村
十五、山东省（17个）
环境整治示范村
枣庄市峄城区阴平镇斜屋村
日照市莒县陵阳镇陵阳街村
莱芜市雪野旅游区大王庄镇竹园子村
临沂市沂水县院东头镇四门洞村
德州市禹城市辛店镇修庄村
聊城市冠县北馆陶镇魏庄村
滨州市经济技术开发区杜店街道狮子刘村
菏泽市郓城县张营镇彭庄村
美丽乡村示范村
济南市章丘区文祖街道三德范村
青岛市城阳区惜福镇街道棉花社区
淄博市桓台县起凤镇华沟村
东营市垦利区黄河口镇五七村
烟台市蓬莱市小门家镇岳家圈村
潍坊市昌邑市饮马镇山阳村
济宁市兖州区小孟镇苏户村
泰安市肥城市潮泉镇柳沟村
威海市文登区界石镇梧桐庵村
十六、河南省（10个）
保障基本示范村
信阳市商城县河凤桥乡田湾村
周口市沈丘县冯营乡李寨村
兰考县许河乡董西村
环境整治示范村
焦作市武陟县嘉应观乡杨庄村
许昌市禹州市花石镇河东张庄村
信阳市平桥区明港镇新集村
长垣县蒲西街道云寨村
美丽乡村示范村
安阳市林州市临淇镇南庄村

三门峡市灵宝市豫灵镇文峪村
南阳市西峡县二郎坪镇中坪村
十七、湖北省（10个）
保障基本示范村
黄石市阳新县黄颡口镇太平村
十堰市房县军店镇中村村
恩施土家族苗族自治州来凤县大河镇冷水溪村
环境整治示范村
武汉市蔡甸区永安街炉房村
十堰市丹江口市习家店镇茯苓村
襄阳市枣阳市兴隆镇白土村
潜江市张金镇小河村
美丽乡村示范村
十堰市郧阳区茶店镇樱桃沟村
荆门市钟祥市客店镇南庄村
随州市大洪山风景名胜区长岗镇绿水村
十八、湖南省（12个）
保障基本示范村
岳阳市平江县安定镇横冲村
益阳市安化县仙溪镇山口村
永州市双牌县理家坪镇坦田村
怀化市溆浦县北斗溪镇坪溪村
环境整治示范村
长沙市宁乡市花明楼镇杨林桥村
湘潭市韶山市银田镇银田村
邵阳市邵东县堡面前乡大羊村
岳阳市岳阳县新墙镇清水村
美丽乡村示范村
长沙市长沙县开慧镇白沙村
长沙市浏阳市沿溪镇沙龙村
衡阳市珠晖区茶山坳镇金甲岭村
郴州市苏仙区飞天山镇和平村
十九、广东省（11个）
环境整治示范村
广州市从化区吕田镇莲麻村
韶关市翁源县江尾镇连溪村
江门市鹤山市址山镇禾南村
揭阳市榕城区仙桥街道篮兜村
云浮市罗定市附城街道丰盛村
美丽乡村示范村
广州市番禺区石楼镇大岭村
汕头市潮南区成田镇简朴村

清远市英德市九龙镇塘坑村
中山市南区曹边村
揭阳市空港经济区砲台镇南潮村
云浮市云城区思劳镇城村

二十、广西壮族自治区（12个）
保障基本示范村
南宁市马山县金钗镇龙塘村
南宁市上林县大丰镇云里村
柳州市融水苗族自治县融水镇小荣村
贺州市富川瑶族自治县柳家乡下湾村
河池市金城江区保平乡下洛村
河池市南丹县芒场镇巴平村
河池市天峨县六排镇都隆村
环境整治示范村
桂林市恭城瑶族自治县平安乡新街村
贵港市港南区湛江镇平江村
美丽乡村示范村
桂林市龙胜各族自治县泗水乡周家村
桂林市恭城瑶族自治县莲花镇门等村
来宾市象州县罗秀镇纳禄村

二十一、海南省（8个）
保障基本示范村
陵水黎族自治县隆广镇石关村
琼中黎族苗族自治县湾岭镇中朗村
环境整治示范村
海口市秀英区石山镇建新村
三亚市天涯区文门村
澄迈县福山镇敦茶村
琼中黎族苗族自治县湾岭镇水央村
美丽乡村示范村
海口市龙华区新坡镇仁里村
琼海市大路镇新村村

二十二、重庆市（8个）
保障基本示范村
万州区武陵镇下中村
合川区隆兴镇天佑村
忠县花桥镇显周村
秀山土家族苗族自治县洪安镇新田沟村
环境整治示范村
涪陵区武陵山乡乐道村
永川区南大街街道黄瓜山村
美丽乡村示范村
九龙坡区金凤镇九凤村
南川区大观镇中江村

二十三、四川省（14个）
保障基本示范村
广元市旺苍县木门镇天星村
乐山市马边彝族自治县民主乡玛瑙村
南充市仪陇县日兴镇黎明村
宜宾市屏山县鸭池乡越红村
巴中市平昌县驷马镇天生村
阿坝藏族羌族自治州茂县永和乡腊普村
甘孜藏族自治州色达县翁达镇翁达村
凉山彝族自治州昭觉县大坝乡拖都村
环境整治示范村
遂宁市蓬溪县常乐镇拱市村
广安市华蓥市禄市镇月亮坡村
雅安市雨城区碧峰峡镇黄龙村
美丽乡村示范村
成都市新都区新繁镇高院村
自贡市沿滩区仙市镇百胜村
泸州市龙马潭区双加镇大冲头村

二十四、贵州省（11个）
保障基本示范村
毕节市大方县兴隆苗族乡菱角村
铜仁市江口县太平镇云舍村
黔西南布依族苗族自治州兴仁县屯脚镇鲤鱼村
黔东南苗族侗族自治州剑河县革东镇屯州村
黔东南苗族侗族自治州麻江县宣威镇翁保村
黔南布依族苗族自治州贵定县盘江镇音寨村
环境整治示范村
贵阳市息烽县永靖镇黎安村
安顺市西秀区大西桥镇下九溪村
黔东南苗族侗族自治州三穗县台烈镇颇洞村
美丽乡村示范村
遵义市播州区枫香镇花茂村
遵义市湄潭县兴隆镇龙凤村

二十五、云南省（10个）
保障基本示范村
昆明市禄劝彝族苗族自治县中屏镇植桂村
楚雄彝族自治州永仁县猛虎乡迤帕拉村
普洱市江城哈尼族彝族自治县整董镇整董村
大理白族自治州永平县龙街镇古富村
怒江傈僳族自治州兰坪白族普米族自治县通甸镇下甸村
临沧市凤庆县洛党镇鹿鸣村
环境整治示范村
红河哈尼族彝族自治州蒙自市雨过铺镇永宁村
大理白族自治州祥云县下庄镇金旦村
美丽乡村示范村

昆明市石林彝族自治县石林街道五棵树村
德宏傣族景颇族自治州陇川县勐约乡广瓦村

二十六、西藏自治区（7个）

保障基本示范村

拉萨市堆龙德庆区德庆乡顶嘎村
昌都市贡觉县莫洛镇多吉村
山南市措美县措美镇玉美村
阿里地区日土县日松乡甲岗村
林芝市察隅县古玉乡罗马村

环境整治示范村

日喀则市江孜县紫金乡孜庆努村

美丽乡村示范村

拉萨市柳梧新区柳梧乡达东村

二十七、陕西省（10个）

保障基本示范村

铜川市耀州区董家河镇王家砭村
宝鸡市太白县桃川镇灵丹庙村
咸阳市长武县亭口镇宇家山村
延安市宝塔区万花山乡佛道坪村
榆林市吴堡县辛家沟镇深砭焉村
商洛市山阳县漫川关镇前店子村

环境整治示范村

西安市高陵区通远镇何村
杨凌示范区杨陵区五泉镇蒋家寨村

美丽乡村示范村

渭南市大荔县城关街道畅家村
安康市平利县城关镇三里垭村

二十八、甘肃省（7个）

保障基本示范村

天水市清水县黄门镇小河村
张掖市民乐县六坝镇新民村
酒泉市玉门市柳湖乡岷州村
定西市岷县麻子川乡吴纳村
陇南市康县碾坝镇小河村

环境整治示范村

金昌市金川区双湾镇陈家沟村

美丽乡村示范村

天水市麦积区麦积镇后川村

二十九、青海省（7个）

保障基本示范村

西宁市湟源县大华镇莫布拉村
海北藏族自治州门源回族自治县浩门镇头塘村
黄南藏族自治州同仁县扎毛乡扎毛村
海南藏族自治州共和县铁盖乡上合乐寺村
海西蒙古族藏族自治州格尔木市大格勒乡查那村

环境整治示范村

海东市平安区三合镇新安村

美丽乡村示范村

西宁市湟中县拦隆口镇卡阳村

三十、宁夏回族自治区（7个）

保障基本示范村

固原市原州区张易镇大店村
固原市隆德县陈靳乡新和村
固原市泾源县六盘山镇东山坡村
固原市泾源县兴盛乡红星村
固原市彭阳县古城镇刘高庄村

环境整治示范村

中卫市沙坡头区迎水桥镇姚滩村

美丽乡村示范村

银川市西夏区镇北堡镇昊苑村

三十一、新疆维吾尔自治区（7个）

保障基本示范村

喀什地区塔什库尔干塔吉克自治县塔什库尔干乡托格伦夏村
和田地区和田县罕艾日克镇巴依买来村

环境整治示范村

乌鲁木齐市乌鲁木齐县水西沟镇大庙村
昌吉回族自治州玛纳斯县旱卡子滩乡加尔苏瓦提村
博尔塔拉蒙古自治州博乐市小营盘镇努克特克日木村
塔城地区额敏县玉什喀拉苏镇喀拉尕什村

美丽乡村示范村

巴音郭楞蒙古自治州若羌县吾塔木乡尤勒滚艾日克村

三十二、新疆生产建设兵团（5个）

环境整治示范村

第三师五十团夏河连队居住区（夏河社区）
第六师一〇五团二连
第七师一三七团阿吾斯奇牧场

美丽乡村示范村

第十师一八一团克木齐中心连队
第十二师西山农牧场烽火台小镇

（摘自《住房城乡建设部等部门关于公布2017年改善农村人居环境示范村名单的通知》建村函〔2017〕236号）

住房城乡建设部第一批城市设计试点城市名单

1. 北京市
2. 黑龙江省哈尔滨市
3. 吉林省长春市
4. 山东省青岛市
5. 山东省东营市
6. 江苏省南京市
7. 江苏省苏州市
8. 安徽省合肥市
9. 安徽省马鞍山市
10. 浙江省杭州市
11. 浙江省宁波市
12. 浙江省义乌市
13. 河南省郑州市
14. 广东省深圳市
15. 广东省珠海市
16. 云南省玉溪市
17. 陕西省西安市
18. 宁夏回族自治区银川市
19. 内蒙古自治区包头市
20. 内蒙古自治区呼伦贝尔市

（摘自《住房城乡建设部关于将北京等20个城市列为第一批城市设计试点城市的通知》建规〔2017〕68号）

住房城乡建设部第二批城市设计试点城市名单
（共37个城市）

1. 上海市
2. 天津市
3. 重庆市
4. 山西省晋城市
5. 山西省运城市
6. 内蒙古自治区乌兰察布市
7. 辽宁省大连市
8. 江苏省徐州市
9. 江苏省南通市
10. 江苏省镇江市
11. 江苏省宿迁市
12. 浙江省台州市
13. 安徽省蚌埠市
14. 安徽省宣城市
15. 安徽省界首市
16. 福建省厦门市
17. 江西省赣州市
18. 山东省济南市
19. 山东省烟台市
20. 山东省日照市
21. 河南省漯河市
22. 湖北省武汉市
23. 湖北省襄阳市
24. 湖北省荆州市
25. 湖北省远安县
26. 湖南省长沙市
27. 广东省广州市
28. 广西壮族自治区南宁市
29. 广西壮族自治区北海市
30. 海南省海口市
31. 海南省三亚市
32. 贵州省贵阳市
33. 云南省西盟县
34. 西藏自治区山南市
35. 陕西省延安市
36. 青海省德令哈市
37. 新疆维吾尔自治区阿勒泰市

（摘自《住房城乡建设部关于将上海等37个城市列为第二批城市设计试点城市的通知》建规〔2017〕148号）

住房城乡建设部第一批历史建筑保护利用试点城市名单

1. 北京市
2. 广东省广州市
3. 江苏省苏州市
4. 江苏省扬州市
5. 山东省烟台市
6. 浙江省杭州市
7. 浙江省宁波市
8. 福建省福州市
9. 福建省厦门市
10. 安徽省黄山市

(摘自《住房城乡建设部关于将北京等10个城市列为第一批历史建筑保护利用试点城市的通知》建规〔2017〕245号)

第一批农村生活垃圾分类和资源化利用示范县(区、市)名单

一、北京市(3个)
门头沟区
怀柔区
延庆区

二、河北省(2个)
邯郸市邱县
保定市满城区

三、山西省(3个)
长治市长子县
晋中市灵石县
忻州市岢岚县

四、内蒙古自治区(4个)
包头市九原区
鄂尔多斯市伊金霍洛旗
兴安盟阿尔山市
阿拉善盟阿拉善左旗

五、辽宁省(4个)
抚顺市新宾满族自治县
丹东市东港市
辽阳市辽阳县
盘锦市大洼区

六、吉林省(4个)
辽源市东辽县
通化市通化县
白山市抚松县
白城市镇赉县

七、上海市(3个)
松江区
奉贤区
崇明区

八、江苏省(3个)
南京市高淳区
徐州市沛县
泰州市高港区

九、浙江省(7个)
宁波市象山县
嘉兴市海盐县
湖州市德清县
湖州市安吉县
金华市金东区
金华市浦江县
衢州市江山市

十、安徽省(6个)
合肥市巢湖市
马鞍山市和县
淮北市相山区
滁州市来安县
滁州市全椒县
宣城市宁国市

十一、福建省(2个)
三明市明溪县
漳州市长泰县

十二、江西省(3个)
九江市瑞昌市
赣州市崇义县
宜春市靖安县

十三、山东省（7个）
淄博市博山区
枣庄市市中区
济宁市邹城市
泰安市肥城市
临沂市费县
聊城市冠县
菏泽市郓城县
十四、河南省（5个）
郑州市新密市
许昌市禹州市
济源市
兰考县
汝州市
十五、湖北省（5个）
武汉市东西湖区
宜昌市夷陵区
鄂州市梁子湖区
荆门市京山县
仙桃市
十六、湖南省（5个）
长沙市望城区
株洲市攸县
常德市津市市
郴州市永兴县
永州市宁远县
十七、广东省（4个）
汕头市南澳县
佛山市顺德区
惠州市博罗县
云浮市罗定市
十八、广西壮族自治区（2个）
南宁市横县
玉林市北流市
十九、海南省（2个）
白沙黎族自治县
陵水黎族自治县
二十、重庆市（3个）
万盛经济技术开发区
忠县
秀山土家族苗族自治县
二十一、四川省（7个）
成都市温江区
成都市蒲江县
泸州市纳溪区
德阳市罗江县
眉山市丹棱县
宜宾市筠连县
雅安市宝兴县
二十二、贵州省（3个）
遵义市湄潭县
安顺市西秀区
黔东南苗族侗族自治州麻江县
二十三、云南省（4个）
玉溪市澄江县
楚雄彝族自治州大姚县
红河哈尼族彝族自治州弥勒市
大理白族自治州宾川县
二十四、陕西省（4个）
西安市高陵区
渭南市大荔县
延安市宝塔区
安康市岚皋县
二十五、甘肃省（2个）
天水市清水县
张掖市甘州区
二十六、青海省（1个）
海东市平安区
二十七、宁夏回族自治区（1个）
银川市永宁县
二十八、新疆维吾尔自治区（1个）
乌鲁木齐市乌鲁木齐县
（摘自《住房城乡建设部办公厅关于开展第一批农村生活垃圾分类和资源化利用示范工作的通知》建办村函〔2017〕390号）

第二批全国特色小镇名单

一、北京市（4个）
怀柔区雁栖镇
大兴区魏善庄镇
顺义区龙湾屯镇

附　录

延庆区康庄镇

二、天津市（3个）
津南区葛沽镇
蓟州区下营镇
武清区大王古庄镇

三、河北省（8个）
衡水市枣强县大营镇
石家庄市鹿泉区铜冶镇
保定市曲阳县羊平镇
邢台市柏乡县龙华镇
承德市宽城满族自治县化皮溜子镇
邢台市清河县王官庄镇
邯郸市肥乡区天台山镇
保定市徐水区大王店镇

四、山西省（9个）
运城市稷山县翟店镇
晋中市灵石县静升镇
晋城市高平市神农镇
晋城市泽州县巴公镇
朔州市怀仁县金沙滩镇
朔州市右玉县右卫镇
吕梁市汾阳市贾家庄镇
临汾市曲沃县曲村镇
吕梁市离石区信义镇

五、内蒙古自治区（9个）
赤峰市敖汉旗下洼镇
鄂尔多斯市东胜区罕台镇
乌兰察布市凉城县岱海镇
鄂尔多斯市鄂托克前旗城川镇
兴安盟阿尔山市白狼镇
呼伦贝尔市扎兰屯市柴河镇
乌兰察布市察哈尔右翼后旗土牧尔台镇
通辽市开鲁县东风镇
赤峰市林西县新城子镇

六、辽宁省（9个）
沈阳市法库县十间房镇
营口市鲅鱼圈区熊岳镇
阜新市阜蒙县十家子镇
辽阳市灯塔市佟二堡镇
锦州市北镇市沟帮子镇
大连市庄河市王家镇
盘锦市盘山县胡家镇
本溪市桓仁县二棚甸子镇
鞍山市海城市西柳镇

七、吉林省（6个）
延边州安图县二道白河镇
长春市绿园区合心镇
白山市抚松县松江河镇
四平市铁东区叶赫满族镇
吉林市龙潭区乌拉街满族镇
通化市集安市清河镇

八、黑龙江省（8个）
绥芬河市阜宁镇
黑河市五大连池市五大连池镇
牡丹江市穆棱市下城子镇
佳木斯市汤原县香兰镇
哈尔滨市尚志市一面坡镇
鹤岗市萝北县名山镇
大庆市肇源县新站镇
黑河市北安市赵光镇

九、上海市（6个）
浦东新区新场镇
闵行区吴泾镇
崇明区东平镇
嘉定区安亭镇
宝山区罗泾镇
奉贤区庄行镇

十、江苏省（15个）
无锡市江阴市新桥镇
徐州市邳州市铁富镇
扬州市广陵区杭集镇
苏州市昆山市陆家镇
镇江市扬中市新坝镇
盐城市盐都区大纵湖镇
苏州市常熟市海虞镇
无锡市惠山区阳山镇
南通市如东县栟茶镇
泰州市兴化市戴南镇
泰州市泰兴市黄桥镇
常州市新北区孟河镇
南通市如皋市搬经镇
无锡市锡山区东港镇
苏州市吴江区七都镇

十一、浙江省（15个）
嘉兴市嘉善县西塘镇
宁波市江北区慈城镇
湖州市安吉县孝丰镇
绍兴市越城区东浦镇
宁波市宁海县西店镇
宁波市余姚市梁弄镇

金华市义乌市佛堂镇
衢州市衢江区莲花镇
杭州市桐庐县富春江镇
嘉兴市秀洲区王店镇
金华市浦江县郑宅镇
杭州市建德市寿昌镇
台州市仙居县白塔镇
衢州市江山市廿八都镇
台州市三门县健跳镇

十二、安徽省（10个）
六安市金安区毛坦厂镇
芜湖市繁昌县孙村镇
合肥市肥西县三河镇
马鞍山市当涂县黄池镇
安庆市怀宁县石牌镇
滁州市来安县汊河镇
铜陵市义安区钟鸣镇
阜阳市界首市光武镇
宣城市宁国市港口镇
黄山市休宁县齐云山镇

十三、福建省（9个）
泉州市石狮市蚶江镇
福州市福清市龙田镇
泉州市晋江市金井镇
莆田市涵江区三江口镇
龙岩市永定区湖坑镇
宁德市福鼎市点头镇
漳州市南靖县书洋镇
南平市武夷山市五夫镇
宁德市福安市穆阳镇

十四、江西省（8个）
赣州市全南县南迳镇
吉安市吉安县永和镇
抚州市广昌县驿前镇
景德镇市浮梁县瑶里镇
赣州市宁都县小布镇
九江市庐山市海会镇
南昌市湾里区太平镇
宜春市樟树市阁山镇

十五、山东省（15个）
聊城市东阿县陈集镇
滨州市博兴县吕艺镇
菏泽市郓城县张营镇
烟台市招远市玲珑镇
济宁市曲阜市尼山镇
泰安市岱岳区满庄镇
济南市商河县玉皇庙镇
青岛市平度市南村镇
德州市庆云县尚堂镇
淄博市桓台县起凤镇
日照市岚山区巨峰镇
威海市荣成市虎山镇
莱芜市莱城区雪野镇
临沂市蒙阴县岱崮镇
枣庄市滕州市西岗镇

十六、河南省（11个）
汝州市蟒川镇
南阳市镇平县石佛寺镇
洛阳市孟津县朝阳镇
濮阳市华龙区岳村镇
周口市商水县邓城镇
巩义市竹林镇
长垣县恼里镇
安阳市林州市石板岩镇
永城市芒山镇
三门峡市灵宝市函谷关镇
邓州市穰东镇

十七、湖北省（11个）
荆州市松滋市沱水镇
宜昌市兴山县昭君镇
潜江市熊口镇
仙桃市彭场镇
襄阳市老河口市仙人渡镇
十堰市竹溪县汇湾镇
咸宁市嘉鱼县官桥镇
神农架林区红坪镇
武汉市蔡甸区玉贤镇
天门市岳口镇
恩施州利川市谋道镇

十八、湖南省（11个）
常德市临澧县新安镇
邵阳市邵阳县下花桥镇
娄底市冷水江市禾青镇
长沙市望城区乔口镇
湘西土家族苗族自治州龙山县里耶镇
永州市宁远县湾井镇
株洲市攸县皇图岭镇
湘潭市湘潭县花石镇
岳阳市华容县东山镇
长沙市宁乡县灰汤镇

衡阳市珠晖区茶山坳镇

十九、广东省（14个）
佛山市南海区西樵镇
广州市番禺区沙湾镇
佛山市顺德区乐从镇
珠海市斗门区斗门镇
江门市蓬江区棠下镇
梅州市丰顺县留隍镇
揭阳市揭东区埔田镇
中山市大涌镇
茂名市电白区沙琅镇
汕头市潮阳区海门镇
湛江市廉江市安铺镇
肇庆市鼎湖区凤凰镇
潮州市湘桥区意溪镇
清远市英德市连江口镇

二十、广西壮族自治区（10个）
河池市宜州市刘三姐镇
贵港市港南区桥圩镇
贵港市桂平市木乐镇
南宁市横县校椅镇
北海市银海区侨港镇
桂林市兴安县溶江镇
崇左市江州区新和镇
贺州市昭平县黄姚镇
梧州市苍梧县六堡镇
钦州市灵山县陆屋镇

二十一、海南省（5个）
澄迈县福山镇
琼海市博鳌镇
海口市石山镇
琼海市中原镇
文昌市会文镇

二十二、重庆市（9个）
铜梁区安居镇
江津区白沙镇
合川区涞滩镇
南川区大观镇
长寿区长寿湖镇
永川区朱沱镇
垫江县高安镇
酉阳县龙潭镇
大足区龙水镇

二十三、四川省（13个）
成都市郫都区三道堰镇

自贡市自流井区仲权镇
广元市昭化区昭化镇
成都市龙泉驿区洛带镇
眉山市洪雅县柳江镇
甘孜州稻城县香格里拉镇
绵阳市江油市青莲镇
雅安市雨城区多营镇
阿坝州汶川县水磨镇
遂宁市安居区拦江镇
德阳市罗江县金山镇
资阳市安岳县龙台镇
巴中市平昌县驷马镇

二十四、贵州省（10个）
黔西南州贞丰县者相镇
黔东南州黎平县肇兴镇
贵安新区高峰镇
六盘水市水城县玉舍镇
安顺市镇宁县黄果树镇
铜仁市万山区万山镇
贵阳市开阳县龙岗镇
遵义市播州区鸭溪镇
遵义市湄潭县永兴镇
黔南州瓮安县猴场镇

二十五、云南省（10个）
楚雄州姚安县光禄镇
大理州剑川县沙溪镇
玉溪市新平县戛洒镇
西双版纳州勐腊县勐仑镇
保山市隆阳区潞江镇
临沧市双江县勐库镇
昭通市彝良县小草坝镇
保山市腾冲市和顺镇
昆明市嵩明县杨林镇
普洱市孟连县勐马镇

二十六、西藏自治区（5个）
阿里地区普兰县巴嘎乡
昌都市芒康县曲孜卡乡
日喀则市吉隆县吉隆镇
拉萨市当雄县羊八井镇
山南市贡嘎县杰德秀镇

二十七、陕西省（9个）
汉中市勉县武侯镇
安康市平利县长安镇
商洛市山阳县漫川关镇
咸阳市长武县亭口镇

宝鸡市扶风县法门镇
宝鸡市凤翔县柳林镇
商洛市镇安县云盖寺镇
延安市黄陵县店头镇
延安市延川县文安驿镇

二十八、甘肃省（5个）

庆阳市华池县南梁镇
天水市麦积区甘泉镇
兰州市永登县苦水镇
嘉峪关市峪泉镇
定西市陇西县首阳镇

二十九、青海省（4个）

海西州德令哈市柯鲁柯镇
海南州共和县龙羊峡镇
西宁市湟源县日月乡
海东市民和县官亭镇

三十、宁夏回族自治区（5个）

银川市兴庆区掌政镇
银川市永宁县闽宁镇
吴忠市利通区金银滩镇
石嘴山市惠农区红果子镇
吴忠市同心县韦州镇

三十一、新疆维吾尔自治区（7个）

克拉玛依市乌尔禾区乌尔禾镇
吐鲁番市高昌区亚尔镇
伊犁州新源县那拉提镇
博州精河县托里镇
巴州焉耆县七个星镇
昌吉州吉木萨尔县北庭镇
阿克苏地区沙雅县古勒巴格镇

三十二、新疆生产建设兵团（3个）

阿拉尔市沙河镇
图木舒克市草湖镇
铁门关市博古其镇

（摘自《住房城乡建设部关于公布第二批全国特色小镇名单的通知》建村〔2017〕178号）

住房城乡建设部第三批生态修复城市修补试点城市名单（共38个城市）

1. 河北省保定市
2. 河北省秦皇岛市
3. 内蒙古自治区包头市
4. 内蒙古自治区兴安盟阿尔山市
5. 辽宁省鞍山市
6. 黑龙江省抚远市
7. 江苏省徐州市
8. 江苏省苏州市
9. 江苏省南通市
10. 江苏省扬州市
11. 江苏省镇江市
12. 安徽省淮北市
13. 安徽省黄山市
14. 福建省三明市
15. 山东省济南市
16. 山东省淄博市
17. 山东省济宁市
18. 山东省威海市
19. 河南省郑州市
20. 河南省焦作市
21. 河南省漯河市
22. 河南省长垣县
23. 湖北省潜江市
24. 湖南省长沙市
25. 湖南省湘潭市
26. 湖南省常德市
27. 广东省惠州市
28. 广西壮族自治区柳州市
29. 海南省海口市
30. 贵州省遵义市
31. 云南省昆明市
32. 云南省保山市
33. 云南省玉溪市
34. 云南省大理市
35. 陕西省宝鸡市
36. 青海省格尔木市
37. 宁夏回族自治区中卫市
38. 新疆维吾尔自治区乌鲁木齐市

（摘自《住房城乡建设部关于将保定等38个城市列为第三批生态修复城市修补试点城市的通知》建规〔2017〕147号）

获 奖 名 单

2017年中国人居环境奖获奖名单

一、综合奖
1. 江苏省如皋市
2. 安徽省六安市

二、范例奖
1. 北京市东城区东四南历史街区保护更新公众参与项目
2. 北京市装配式建造公租房项目
3. 北京市中国建筑科学研究院近零能耗示范楼项目
4. 北京市新首钢城市更新改造项目
5. 上海市宝山区张庙街道老旧小区综合治理项目
6. 上海市宝山区后工业景观示范园项目
7. 上海市世博城市最佳实践区北区海绵化改造项目
8. 重庆市九龙坡区桃花溪流域综合整治项目
9. 河北省黄骅市盐碱地生态修复项目
10. 内蒙古自治区兴安盟阿尔山市棚户区改造保障性住房项目
11. 内蒙古自治区乌兰察布市白泉山山体生态修复暨公园建设项目
12. 黑龙江省哈尔滨市香坊区垃圾场生态修复项目
13. 黑龙江省哈尔滨市阿城区金龙山镇吉兴村美丽宜居村建设项目
14. 黑龙江省五大连池风景名胜区生态景观保护项目
15. 吉林省长春市长春公园生态景观提升改造工程
16. 山东省淄博市地下管线综合管理项目
17. 山东省青岛市青岛中德生态园生态宜居园区建设
18. 山东省烟台市城区照明节能改造项目
19. 山东省安丘市城市湿地生态修复工程
20. 江苏省常州市住房保障全覆盖工程
21. 江苏省连云港市赣榆区湿地新城生态修复项目
22. 江苏省扬中市新坝镇美丽宜居小镇建设项目
23. 安徽省合肥市大蜀山森林公园南湖水环境综合治理工程
24. 安徽省铜陵市黑砂河下游生态岸线整治工程
25. 安徽省蚌埠市龙子湖东公园生态修复项目
26. 安徽省安庆市岳西县冶溪镇金盆村美丽乡村建设项目
27. 安徽省铜陵市义安区胥坝乡群心村美丽乡村建设项目
28. 浙江省临海市灵湖景区建设项目
29. 浙江省衢州市水亭门历史文化街区保护利用项目
30. 浙江省湖州市德清县乾元镇旧城有机更新项目
31. 浙江省湖州市安吉县灵峰街道剑山村蔓塘自然村建设项目
32. 浙江省诸暨市实验幼儿园教育集团节水宣传教育项目
33. 浙江省宁波市垃圾分类公益环保考察项目
34. 福建省青年建筑师驻村行动项目
35. 福建省福州市鼓楼区旧城更新项目
36. 福建省泉州市德化县进城务工人员安居项目
37. 福建省泉州市永春县桃溪生态修复工程
38. 福建省莆田市生态绿心保护修复项目
39. 福建省厦门市自行车专用道示范段规划建设项目

40. 福建省漳州市漳州古城保护建设（一期）项目
41. 福建省南平市政和县石圳村新农村建设项目
42. 福建省邵武市和平镇特色小城镇建设项目
43. 河南省孟州市莫沟村传统村落建设项目
44. 河南省汝州市海绵城市建设项目
45. 湖北省武汉市戴家湖公园园林绿化与生态修复项目
46. 广东省珠海市香炉湾沙滩修复项目
47. 广东省韶关市南雄梅关古驿道保护与利用项目
48. 广东省汕头市西堤公园建设项目
49. 广东省佛山市禅城区社会综合治理项目
50. 广西壮族自治区南宁市那考河海绵城市建设项目
51. 海南省三亚市月川生态绿道项目
52. 云南省昆明市水源开发及供水设施建设项目
53. 云南省保山市中心城区地下综合管廊建设项目
54. 贵州省黔东南州黎平县肇兴景区侗族文化遗产保护与发展项目
55. 贵州省安顺市西秀区旧州镇屯堡绿色低碳小镇项目
56. 贵州省六盘水市六枝特区落别乡牛角村新农村建设项目
57. 贵州省遵义市播州区花茂村美丽田园建设项目
58. 青海省玉树市城市特色风貌提升项目
59. 新疆维吾尔自治区哈巴河县至库勒拜乡绿化修复建设项目
60. 新疆维吾尔自治区吐鲁番市地源热泵供热制冷应用项目

（摘自《住房城乡建设部关于2017年中国人居环境奖获奖名单的通报》建城〔2017〕224号）

2016~2017年度中国建设工程鲁班奖（国家优质工程）获奖名单

（排名不分先后）

序号	工程名称	承建单位	参建单位
1	北京雁栖湖国际会展中心	北京建工集团有限责任公司	北京建工土木工程有限公司
			北京市设备安装工程集团有限公司
			上海宝冶集团有限公司
			江河创建集团股份有限公司
			深圳市奇信建设集团股份有限公司
			北京蓝海华业工程技术有限公司
2	亦庄云计算中心项目	中建一局集团建设发展有限公司	北京中建华昊装饰工程有限公司
			秦皇岛渤海铝幕墙装饰工程有限公司
			北京市华盾消防安全工程有限责任公司
3	中国建筑股份有限公司技术中心试验楼改扩建工程	中建二局第三建筑工程有限公司	中建不二幕墙装饰有限公司
4	宜兴市文化中心工程	北京建工集团有限责任公司	北京市设备安装工程集团有限公司
			江苏沪宁钢机股份有限公司
			深圳市中孚泰文化建筑建设股份有限公司
			苏州金螳螂建筑装饰股份有限公司
			江苏东保装饰集团有限公司
			江苏大美天第文化产业有限公司

附 录

续表

序号	工程名称	承建单位	参建单位
5	南开大学新校区（津南校区）图书馆	天津住宅集团建设工程总承包有限公司	天津市亚盛建筑装饰工程有限公司
			天津住总机电设备安装有限公司
6	天津大学新校区公共中心区工程（主楼、图书馆、体育馆）	天津天一建设集团有限公司 中建三局集团有限公司 中国建筑第二工程局有限公司	天津市华腾瑞丰建筑工程有限公司
			天津盛达安全科技有限责任公司
			中建三局安装工程有限公司
			和兴玻璃铝业（上海）有限公司
			天津市南洋装饰工程公司
			中建环球建设集团有限公司
			上海中锦建设集团股份有限公司
7	中国农业银行股份有限公司客户服务中心（天津）项目	中国建筑第六工程局有限公司	天津中发机电工程有限公司
			天津华惠安信装饰工程有限公司
			沈阳远大铝业工程有限公司
8	滨海直属（欣嘉园）中学（天津市实验中学滨海学校）	天津市建工工程总承包有限公司 天津三建建筑工程有限公司	天津中发机电工程有限公司
			天津卓容建设工程集团有限公司
9	渤海银行业务综合楼	中国建筑第八工程局有限公司	中建安装工程有限公司
			苏州苏明装饰股份有限公司
			上海市建筑装饰工程集团有限公司
			长沙广大建筑装饰有限公司
			天津市中环系统工程有限责任公司
10	河北大学图书馆	河北建设集团有限公司	河北建设集团装饰工程有限公司
11	石家庄西北地表水厂工程	河北省第二建筑工程有限公司	河北省安装工程有限公司
12	内蒙古自治区人民医院新建门诊医技综合楼—门诊综合楼工程	内蒙古兴泰建设集团有限公司	内蒙古兴泰实业有限责任公司
			内蒙古兴泰电子科技有限公司
13	呼伦贝尔市人民医院门诊病房综合楼	赤峰鑫盛隆建筑工程有限责任公司	湖南德成建设工程有限公司
14	乌兰活佛府	陕西建工第五建设集团有限公司	陕西鼎盛装饰工程有限责任公司
			陕西华山建设有限公司
15	竞杰.常青藤（一期）教学楼	山西四建集团有限公司	
16	山西省工业设备安装有限公司科技研发中心	山西省工业设备安装有限公司	
17	恒隆广场·大连项目	中国建筑第八工程局有限公司	浙江东南网架股份有限公司
			中建五局工业设备安装有限公司
			沈阳远大铝业工程有限公司
			中建八局第二建设有限公司
			上海康业建筑装饰工程有限公司
			上海市安装工程集团有限公司
			大连德欣建筑装饰设计工程有限公司
			浙江恒昇装饰工程有限公司

续表

序号	工程名称	承建单位	参建单位
18	新建沈阳南站工程（站房部分）	中铁建工集团有限公司	浙江精工钢结构集团有限公司
			中铁九局集团有限公司
19	建昌至兴城高速公路	中交第一公路工程局有限公司	中交一公局海威工程建设有限公司
			路桥华祥国际工程有限公司
			中交一公局第一工程有限公司
			中交一公局第六工程有限公司
20	哈尔滨大剧院	北京市第三建筑工程有限公司	上海宝冶集团有限公司
			沈阳远大铝业工程有限公司
			深圳市中孚泰文化建筑建设股份有限公司
			北京港源建筑装饰工程有限公司
21	黄浦江沿岸E18单元1~8地块商业办公用房项目塔楼3	上海建工一建集团有限公司	上海市安装工程集团有限公司
			上海康业建筑装饰工程有限公司
			上海美特幕墙有限公司
22	研发中心工程（中国银联三期项目）	上海建工四建集团有限公司	上海康业建筑装饰工程有限公司
			上海新丽装饰工程有限公司
			上海市建筑装饰工程集团有限公司
			沈阳远大铝业工程有限公司
23	南桥中企联合大厦	上海建工五建集团有限公司	上海久鹏建筑劳务有限公司
			上海恒禄建筑劳务有限公司
			上海旭远消防工程有限公司
			上海奉贤建设发展（集团）有限公司
			上海久贤实业发展有限公司
			苏州名门世家建筑装饰设计工程有限公司
24	天津海河教育园区——新建青年职业学院	上海建工七建集团有限公司	上海市安装工程集团有限公司
			杭州萧宏建设集团有限公司
25	中国商飞总部基地（一期）工程	上海建工集团股份有限公司	上海建工七建集团有限公司
			上海市安装工程集团有限公司
			上海市机械施工集团有限公司
			上海市建筑装饰工程集团有限公司
			上海建工一建集团有限公司
			沈阳远大铝业工程有限公司

附 录

续表

序号	工程名称	承建单位	参建单位
26	复旦大学附属中山医院肝肿瘤及心血管病综合楼工程	中天建设集团有限公司 中国建筑第八工程局有限公司 上海二十冶建设有限公司	上海市安装工程集团有限公司
			北京北方天宇医疗建筑科技有限公司
27	苏州现代传媒广场项目总承包工程	中亿丰建设集团股份有限公司	浙江东南网架股份有限公司
			苏州金螳螂建筑装饰股份有限公司
			沈阳远大铝业工程有限公司
			苏州柯利达装饰股份有限公司
			上海市安装工程集团有限公司
			中建安装工程有限公司
28	无锡地铁1号线控制中心及配套工程	江苏正方园建设集团有限公司	苏州美瑞德建筑装饰有限公司
			无锡金城幕墙装饰工程有限公司
			江苏冠杰建设有限公司
			江苏无锡二建建设集团有限公司
29	交通银行江苏省分行新营业办公大楼	南通新华建筑集团有限公司	广东世纪达装饰工程有限公司
			苏州金螳螂建筑装饰股份有限公司
			南京国豪装饰安装工程股份有限公司
			中国建筑装饰集团有限公司
			浙江亚厦装饰股份有限公司
			中建安装工程有限公司
30	南京禄口国际机场二期工程T2航站楼	南京禄口国际机场有限公司 中国建筑第八工程局有限公司	江苏沪宁钢机股份有限公司
			中建安装工程有限公司
			苏州柯利达装饰股份有限公司
			南京广博装饰工程有限公司
			苏州美瑞德建筑装饰有限公司
			华翔飞建筑装饰工程有限公司
			北京京航安机场工程有限公司
31	泰州市公安局业务技术用房	江苏邗建集团有限公司	江苏伟业安装集团有限公司
			中国江苏国际经济技术合作集团有限公司
			南通德佳窗业幕墙有限责任公司
			苏州柯利达装饰股份有限公司
			江苏协和装饰工程有限公司
			江苏镇江安装集团有限公司
32	岱山C片保障房项目15号地块1~7号楼	江苏金谷园建设有限公司	

续表

序号	工程名称	承建单位	参建单位
33	翔宇大厦	江苏省华建建设股份有限公司	江苏扬安集团有限公司
			扬州日模邗沟装饰工程有限公司
			江苏华宇装饰集团有限公司
			司南工程有限公司
34	浙江乐清农村合作银行营业综合楼	浙江中成建工集团有限公司	
35	同花顺数据处理基地	浙江杭州湾建筑集团有限公司	浙江杰立建设集团有限公司
			杭州昂大建设环境工程有限公司
36	浙江音乐学院建筑工程	浙江省建工集团有限责任公司	浙江省工业设备安装集团有限公司
			浙江省武林建筑装饰集团有限公司
			浙江建工幕墙装饰有限公司
37	晶晖广场	浙江博元建设股份有限公司	浙江年代装饰工程有限公司
			浙江金辰装饰工程有限公司
38	温州市中医院新院区建设工程	歌山建设集团有限公司	浙江一方建筑装饰实业有限公司
39	秦皇岛金梦海湾2号3号地块住宅项目一期工程	浙江勤业建工集团有限公司	中铁建工集团装饰工程有限公司
			浙江亚厦装饰股份有限公司
			浙江诸安建设集团有限公司
			浙江精工钢结构集团有限公司
40	国家重型汽车工程技术研究中心科研综合楼	山东天齐置业集团股份有限公司	
41	德国企业中心项目	莱西市建筑总公司	苏州金螳螂建筑装饰股份有限公司
			青岛宝利建设有限公司
			中建八局第一建设有限公司
			德才装饰股份有限公司
			山东兴华建设集团有限公司
42	临沂市市民活动中心	天元建设集团有限公司	山东天元装饰工程有限公司
			山东天元安装工程有限公司
43	济南市政务服务中心	济南四建（集团）有限责任公司	山东津单幕墙有限公司
			济南四建集团智能消防工程有限责任公司
			山东海瑞林装饰工程有限公司
			山东国宸装饰工程有限公司
44	京沪高铁德州综合客运站·客运站、公交枢纽	山东德建集团有限公司	深圳市科源建设集团有限公司
45	淄博高新区现代老年生活中心世博国际高新医院门诊医技病房综合楼	山东万鑫建设有限公司	山东鑫泽装饰工程有限公司
			苏州市华迪净化系统有限公司
46	合肥滨湖新区方兴大道（包河大道～福建路）工程	中铁二十四局集团有限公司	中铁二十四局集团安徽工程有限公司

附 录

续表

序号	工程名称	承建单位	参建单位
47	中国信达（合肥）灾备及后援基地建设项目	中国建筑第五工程局有限公司 中建五局第三建设有限公司	中建五局装饰幕墙有限公司
			深圳市博大建设集团有限公司
			中建不二幕墙装饰有限公司
			深圳市赛为智能股份有限公司
			江苏建业建设集团有限公司
48	芜湖伟星时代金融中心	浙江大经建设集团股份有限公司	安徽杭萧钢结构有限公司
			金刚幕墙集团有限公司
49	泉州市东海学园泉州一中教学区	福建省闽南建筑工程有限公司	
50	锦绣一方62~64号楼	厦门思总建设有限公司	
51	南昌银行金融服务中心	江西建工第二建筑有限责任公司	沈阳远大铝业有限公司
			四联智能技术股份有限公司
52	南昌西综合客运枢纽站站房（含地下室）	发达控股集团有限公司	江西康盛装饰集团有限公司
53	南昌地铁大厦	中国建筑股份有限公司	中建三局第一建设工程有限责任公司
			中建三局装饰有限公司
			中国建筑装饰集团有限公司
			江西建工第一建筑有限责任公司
54	河南新中益"上大压小"扩建工程	新乡中益发电有限公司 河南省第二建设集团有限公司 河北省电力建设第一工程公司 河南第一火电建设公司	中铁十九局集团有限公司
			中机新能源开发有限公司
			河南六建筑集团有限公司
55	郑州新郑国际机场二期扩建工程（T2航站楼、综合交通换乘中心及塔台小区）	河南省机场集团有限公司 中建三局集团有限公司 中国建筑第八工程局有限公司 中国建筑第五工程局有限公司 平煤神马建工集团有限公司	中建钢构有限公司
			浙江东南网架股份有限公司
			北京利华消防工程有限公司
			深圳市深装总装饰股份有限公司
			上海蓝天房屋装饰工程有限公司
			长沙广大建筑装饰有限公司
			深圳城市建筑装饰工程有限公司
			江河创建集团股份有限公司
			上海宝冶集团有限公司
			深圳瑞和建筑装饰股份有限公司
			中建五局工业设备安装有限公司
			中建八局第一建设有限公司

续表

序号	工程名称	承建单位	参建单位
56	郑州商品交易所技术中心	中国建筑第七工程局有限公司	中建七局安装工程有限公司
			中建七局第四建筑有限公司
			郑州建东科技股份有限公司
57	光谷同济医院工程	中建三局集团有限公司	中建三局装饰有限公司
			武汉市精艺装饰工程有限公司
			武汉市傅友建设集团有限公司
58	东方红.麓谷星辰4、5号栋住宅楼及地下室工程	湖南东方红建设集团有限公司 湖南乔口建设有限公司	
59	南岳生物制药有限公司血液制品产业园项目建安工程（一期）	湖南省第五工程有限公司	湖南省工业设备安装有限公司
			湖南艺光装饰装潢有限责任公司
			湖南天禹设备安装有限公司
			湖南禹班建设集团有限公司
60	三新房屋制造股份有限公司金霞生产基地	湖南省沙坪建设有限公司	湖南沙坪装饰有限公司
61	攸县发展中心主楼	湖南省第四工程有限公司	湖南四建安装建筑有限公司
62	越秀金融大厦	广州建筑股份有限公司	广东省工业设备安装有限公司
			江苏沪宁钢机股份有限公司
			江河创建集团股份有限公司
			广州市第一建筑工程有限公司
63	深圳市档案中心（一期）	深圳市第一建筑工程有限公司	深圳市洪涛装饰股份有限公司
			深圳市华南装饰集团股份有限公司
			深圳市同大机电设备安装有限公司
64	华发人才公馆（一、二期）	广东建星建筑工程有限公司	
65	太平金融大厦	中建三局集团有限公司	中建三局第二建设工程有限责任公司
			中建三局装饰有限公司
			中建钢构有限公司
			深圳市美芝装饰设计工程股份有限公司
			沈阳远大铝业工程有限公司
			深圳市中装建设集团股份有限公司
66	海格通信北斗产业园（海华产业园）生产大楼	广东正升建筑有限公司	汕头市建安（集团）公司
			广州市机电安装有限公司

续表

序号	工程名称	承建单位	参建单位
67	新光城市花园 B5～B6 栋、B7～B8 栋	中天建设集团有限公司	中天建设集团浙江安装工程有限公司
			广东省第一建筑工程有限公司
68	南湖名都广场 A 座	广西建工集团第五建筑工程有限责任公司	广东省基础工程集团有限公司
			苏州金螳螂建筑装饰股份有限公司
69	河池市水电园林广场	广西建工集团第三建筑工程有限责任公司	广西富林景观建设有限公司
			广西壮族自治区河池市建筑工程公司
70	新建南宁至黎塘铁路南宁东站站房及相关工程	中铁建工集团有限公司 中铁五局集团有限公司	中铁建工集团钢结构有限公司
			中铁五局集团建筑工程有限责任公司
			中铁五局集团电务工程有限责任公司
71	博鳌亚洲论坛永久会址二期工程	武汉建工集团股份有限公司	深圳市洪涛装饰股份有限公司
			海南泰盛建筑工程有限公司
72	仁恒滨河湾一期	四川省第六建筑有限公司 龙信建设集团有限公司	南京仁生装饰工程有限公司
			四川穗港消防工程有限公司
			深圳市恒和装饰设计工程有限公司
73	四川省图书馆新馆	中国华西企业股份有限公司	中国华西企业股份有限公司第十二建筑工程公司
			四川省工业设备安装公司
			四川华西蜀港装饰工程有限公司
			银广厦集团有限公司
			四川希望华西建设工程总承包有限公司
74	成都市公安局新建业务技术用房	成都建筑工程集团总公司	成都市工业设备安装公司
			成都建工装饰装修有限公司
			四川省工业设备安装公司
75	成都市中心城区缓堵保畅"两快两射两环"项目二环路东段改造工程	中国十九冶集团有限公司 成都华川公路建设集团有限公司 邛崃市公路桥梁工程有限公司	
76	重庆两江企业总部大厦	中建五局第三建设有限公司 中国建筑第五工程局有限公司	中建五局装饰幕墙有限公司
			湖南乔口建设有限公司
			重庆两江新区市政景观建设有限公司
77	渝州宾馆改建工程	重庆建工集团股份有限公司	重庆建工第二建设有限公司
			重庆建工渝远建筑装饰有限公司
			重庆建工第九建设有限公司
			重庆工业设备安装集团有限公司
			建峰建设集团股份有限公司
			重庆港庆建筑装饰有限公司
78	新建贵阳至广州铁路贵阳北站站房工程	中铁建设集团有限公司 中铁二十二局集团有限公司	中铁八局集团有限公司
			北京中铁装饰工程有限公司
79	贵州省六盘水至盘县高速公路北盘江特大桥	贵州路桥集团有限公司 中交第二航务工程局有限公司	

续表

序号	工程名称	承建单位	参建单位
80	云南大学呈贡校区图书馆	云南建投第六建设有限公司	深圳市特艺达装饰设计工程有限公司
81	云南省博物馆新馆建设工程	云南工程建设总承包公司	云南建工钢结构有限公司
			中建三局第二建设工程有限责任公司
82	渭南市博物馆	陕西建工集团有限公司	陕西建工第六建设集团有限公司
			陕西建工第五建设集团有限公司
			陕西建工机械施工集团有限公司
83	曲江玫瑰园	陕西建工第一建设集团有限公司	陕西恒业建设集团有限公司
			陕西华新建工集团有限公司
			北京弘高建筑装饰设计工程有限公司
			新中原建筑装饰工程有限公司
			广州珠江装饰装修有限公司
84	沣西新城总部经济园综合楼	陕西建工第六建设集团有限公司	深圳市新鹏都装饰工程有限公司
85	第七〇五研究所办公及调试楼	陕西建工第十一建设集团有限公司	
86	西安西藏大厦	陕西建工第五建设集团有限公司	陕西建工安装集团有限公司
			陕西省建筑装饰工程公司
			南京第五十五所技术开发有限公司
87	新建宝鸡至兰州铁路客运专线兰州西客站站房工程	中铁建工集团有限公司	中铁一局集团有限公司
			中国中铁航空港建设集团有限公司
			中铁二十一局集团有限公司
88	宁夏国际会议中心	中国建筑第八工程局有限公司	中建安装工程有限公司
			中建八局第三建设有限公司
			中国二十二冶集团有限公司
			江苏沪宁钢机股份有限公司
			上海中建八局装饰有限责任公司
89	西宁曹家堡机场二期工程航站楼	湖南省建筑工程集团总公司	湖南六建机电安装有限责任公司
			湖南建工集团装饰工程有限公司
90	青海省高级人民法院审判业务综合楼	浙江中成建工集团有限公司	浙江华汇机电设备安装有限公司
			福建远泰幕墙装饰工程有限公司
91	新疆电力调度信息中心	中建三局集团有限公司	中建三局装饰有限公司
			江苏南通二建集团有限公司
			中建三局安装工程有限公司
92	新建铁路大同至西安客运专线马家庄隧道	中铁十一局集团有限公司	中铁十一局集团第五工程有限公司
			中铁十一局集团第二工程有限公司
93	新建宁波铁路枢纽北环线工程甬江特大桥	中铁四局集团有限公司	中铁四局集团第二工程有限公司
			中铁四局集团钢结构有限公司
			中铁四局集团电气化工程有限公司
			中铁四局集团上海工程有限公司
			中铁四局集团有限公司第八工程分公司

附 录

续表

序号	工程名称	承建单位	参建单位
94	贵阳市新庄污水处理厂二期工程	中铁五局集团有限公司	中铁五局集团建筑工程有限责任公司
95	贵广铁路油竹山隧道	中铁二局工程有限公司	中铁二局第二工程有限公司 中铁电气化局集团有限公司
96	南京市梅子洲过江通道接线工程—青奥轴线地下交通系统及相关工程	中铁十五局集团有限公司 中铁十四局集团有限公司	中铁十五局集团第四工程有限公司 中铁十五局集团第七工程有限公司 中铁十四局集团电气化工程有限公司
97	燕翔饭店改扩建项目	中铁十六局集团有限公司	中铁建设集团有限公司 苏州金螳螂建筑装饰股份有限公司 北京弘高建筑装饰设计工程有限公司
98	宿迁市第一人民医院	中铁建设集团有限公司	
99	马鞍山长江公路大桥	中交第二公路工程局有限公司 中交第二航务工程局有限公司 中交路桥华南工程有限公司 中交大桥局集团有限公司	安徽省交通建设有限责任公司 安徽开源路桥有限责任公司 中交第三公路工程局有限公司 安徽省路港工程有限责任公司
100	舟山大陆连岛工程金塘大桥项目	中交第二航务工程局有限公司 中铁四局集团第二工程有限公司 中交路桥建设有限公司 中交第一航务工程局有限公司 广东省长大公路工程有限公司	浙江省交通工程建设集团有限公司 中铁宝桥集团有限公司 中交第四航务工程局有限公司 宁波交通工程建设集团有限公司
101	临夏折桥至兰州达川公路土建工程 ZD2 合同段刘家峡大桥工程	中交第一公路工程局有限公司	中交一公局第一工程有限公司
102	西安南（南山）750千伏变电站工程	陕西送变电工程公司	
103	±800kV 特高压直流双龙换流站工程	湖北省送变电工程公司 黑龙江省送变电工程公司 辽宁省送变电工程公司	西北电力建设第四工程有限公司 四川电力送变电建设公司 北京送变电公司
104	扬州北 500kV 变电站	江苏省送变电公司	常嘉建设集团有限公司
105	山东黄河 500 千伏变电站	山东送变电工程公司	
106	宁波万华 MDI 扩建工程	中国化学工程第六建设有限公司 中国化学工程第三建设有限公司	烟建集团有限公司 湖南省岳唐防腐绝热工程建设有限公司
107	陕煤集团红柳林矿井工程	陕西煤业化工建设（集团）有限公司	
108	万境财智中心	五矿二十三冶建设集团有限公司 湖南顺天建设集团有限公司	五矿二十三冶建设集团第二工程有限公司 五矿二十三冶建设集团第四工程有限公司 五矿瑞和（上海）建设有限公司
109	御桥小区 B 地块 16-02（H块）商业项目	江苏南通三建集团股份有限公司	上海旭博建筑装饰工程有限公司 南通市裕成建设有限公司 浩嘉恒业建设发展有限公司

续表

序号	工程名称	承建单位	参建单位
110	阜成路八号院38号职工住宅楼等6项（职工住宅楼）	中航天建设工程有限公司	
111	西安服务外包产业园创新孵化中心AB座工程	陕西航天建筑工程有限公司	陕西华新建工集团有限公司
112	海淀区北部文化中心	中国建筑一局（集团）有限公司	长沙广大建筑装饰有限公司 沈阳远大铝业工程有限公司
113	新建天津铁道职业技术学院工程	中建二局第三建筑工程有限公司 中建三局集团有限公司	中建三局第三建设工程有限责任公司 天津城建滨海路桥有限公司 中铁十八局集团第五工程有限公司
114	安徽名人馆	中建三局集团有限公司	中建三局第一建设工程有限责任公司 金大陆展览装饰有限公司 中铁四局集团建筑工程有限公司
115	兰州市元通黄河大桥工程	中国建筑第七工程局有限公司	
116	侵华日军南京大屠杀遇难同胞纪念馆三期工程	中建八局第三建设有限公司	江苏国信工程安装有限公司 江苏建峰建设有限公司 江苏苏地建设有限公司 南京深业智能化系统工程有限公司
117	"915"工程项目	中国建筑股份有限公司	中建八局第一建设有限公司 中建安装工程有限公司 中国建筑装饰集团有限公司 莱西市建筑总公司
118	奥体金融中心A栋楼	中建八局第一建设有限公司	
119	文昌航天发射中心CZ-7运载火箭发射工位	中国人民解放军63926部队	上海沪能防腐隔热工程技术有限公司
120	融科智地联想园区B座综合办公楼等4项	中建三局集团有限公司	中建三局第二建设工程有限责任公司 深圳市得益节能科技股份有限公司 中建钢构有限公司
121	中国国学中心工程	北京城建集团有限责任公司	江苏沪宁钢机股份有限公司 北京城建安装集团有限公司 北京城五工程建设有限公司
122	中海油能源技术开发研究院项目	中国建筑第八工程局有限公司	中建安装工程有限公司 中建幕墙有限公司 中建电子工程有限公司 北京国泰瑞安消防工程有限公司 北京海港装饰工程有限公司
123	奥林匹克公园瞭望塔	北京建工集团有限责任公司	北京清尚建筑装饰工程有限公司 北京市设备安装工程集团有限公司 江苏沪宁钢机股份有限公司 北京江河幕墙系统工程有限公司

附 录

续表

序号	工程名称	承建单位	参建单位
124	剧场及配套服务用房（北京天桥演艺区南区公建项目）	中建二局第三建筑工程有限公司	沈阳远大铝业工程有限公司
125	和田市北京医院建设工程	北京建工四建工程建设有限公司	
126	中共天津市委党校改扩建项目（新建工程）	天津住宅集团建设工程总承包有限公司	天津华惠安信装饰工程有限公司 天津住总机电设备安装有限公司
127	临港经济区商务大厦	天津三建建筑工程有限公司	天津市南洋装饰工程有限公司 浙江亚厦装饰股份有限公司 美华建设有限公司 四川益生园艺工程有限责任公司 天津安装工程有限公司
128	中新天津生态城天津医科大学生态城代谢病医院工程	中铁建工集团有限公司	天津世达建筑工程有限公司 西安飞机工业装饰装修工程股份有限公司 北京筑邦建筑装饰工程有限公司
129	天津市环湖医院迁址新建工程门急诊住院综合楼	天津天一建设集团有限公司	建峰建设集团股份有限公司 浙江中南建设集团有限公司 天津中发机电工程有限公司
130	蓟汕高速公路（津滨高速～津晋高速）三、四标海河特大桥工程	天津路桥建设工程有限公司 中国建筑第六工程局有限公司	
131	石家庄传媒大厦	河北建设集团股份有限公司	深圳市科源建设集团有限公司
132	保鑫国际	天保建设集团有限公司	南通华新建工集团有限公司
133	河北省廊坊市地表水厂工程项目	河北省第二建筑工程有限公司	太平洋水处理工程有限公司
134	劲松路2号棚户区改造项目2号、3号楼及地库工程	山西四建集团有限公司	
135	翔建·御景华府1号、2号、3号楼	山西八建集团有限公司	
136	内蒙古农业大学校区建设项目设计生命科学楼及附楼	内蒙古兴泰建设集团有限公司	内蒙古碧轩装饰工程有限责任公司 内蒙古电子科技有限责任公司 内蒙古金鑫泰钢结构有限责任公司
137	呼和浩特市妇幼保健院异地新建项目综合楼	内蒙古巨华集团大华建筑安装有限公司	深圳市晶宫设计装饰工程有限公司
138	一汽丰田技术开发有限公司（FTRD）研发基地建设项目	天津市建工工程总承包有限公司 吉林省新生建筑工程公司	湖南省长沙湘华建筑工程有限公司
139	生命金融大厦A座	吉林建工集团有限公司	中建远泰幕墙装饰工程有限公司
140	金河湾世纪广场酒店	江苏江中集团有限公司	江苏江中集团装饰工程有限公司
141	勘探开发研究院实验中心及外系统建设工程	江苏南通三建集团股份有限公司	上海弘韬建设发展有限公司 深圳城市建筑装饰工程有限公司 大庆油田建设集团有限责任公司

续表

序号	工程名称	承建单位	参建单位
142	上海中心大厦	上海建工集团股份有限公司	上海建工一建集团有限公司
			上海市安装工程集团有限公司
			上海市机械施工集团有限公司
			上海市建筑装饰工程集团有限公司
			苏州金螳螂建筑装饰股份有限公司
			沈阳远大铝业工程有限公司
			北京江河幕墙系统工程有限公司
			武汉凌云建筑装饰工程有限公司
			上海市基础工程集团有限公司
			江苏沪宁钢机股份有限公司
143	上海北外滩白玉兰广场办公塔楼	上海建工一建集团有限公司	上海一建建筑装饰有限公司
			上海江河幕墙系统工程有限公司
			上海市机械施工集团有限公司
			上海智源安保消防工程有限公司
			豪尔赛科技集团股份有限公司
144	铂金大厦	上海建工二建集团有限公司	上海市建筑装饰工程集团有限公司
			上海建工四建集团有限公司
			无锡王兴幕墙装饰工程有限公司
145	上海迪士尼乐园及配套设施（一期）项目	上海国际主题乐园有限公司 上海建工集团股份有限公司 上海园林（集团）有限公司 上海建工四建集团有限公司 中国建筑第八工程局有限公司 上海宝冶集团有限公司 中国京冶工程技术有限公司 中国建筑第二工程局有限公司 上海建工二建集团有限公司 上海建工七建集团有限公司 上海市浦东新区建设（集团）有限公司	上海市基础工程集团有限公司
			上海市机械施工集团有限公司
			上海市建筑装饰工程集团有限公司
			上海市安装工程集团有限公司
			浙江亚厦装饰股份有限公司
			六合峰（天津）科技股份有限公司
			苏州金螳螂建筑装饰股份有限公司
			上海宝冶建筑装潢有限公司
			福建省宁德市新园景观绿化工程有限公司
			北京中建华腾装饰工程有限公司
			中建二局装饰工程有限公司
			中建二局安装工程有限公司
			上海乃村装饰工艺有限公司
			上海新丽装饰工程有限公司
			上海康业建筑装饰有限公司
			上海春沁生态园林建设股份有限公司
			上海科胜幕墙有限公司
			上海美特幕墙有限公司
			上海申迪园林投资建设有限公司

附 录

续表

序号	工程名称	承建单位	参建单位
146	南京牛首山文化旅游区一期工程-佛顶宫	中国建筑第八工程局有限公司	中建安装工程有限公司
			上海通用金属结构工程有限公司
			苏州金螳螂建筑装饰股份有限公司
			深圳市洪涛装饰股份有限公司
			江苏凯进生态环境有限公司
			南京锦江园林景观有限公司
147	盐城体育中心体育场工程	江苏中南建筑产业集团有限责任公司	金丰环球装饰工程（天津）有限公司
			南通市中南建工设备安装有限公司
148	苏州国际博览中心三期、花桥国际商务城博览中心新展馆工程	中亿丰建设集团股份有限公司 苏州第一建筑集团有限公司	上海宝冶集团有限公司
			苏州工业园区科特建筑装饰有限公司
			苏州金螳螂建筑装饰股份有限公司
			深圳城市建筑装饰工程有限公司
			江苏宜安建设有限公司
			中天建设集团浙江安装工程有限公司
			合肥达美建筑装饰工程有限责任公司
			昆山同济市政工程有限公司
			昆山市华鼎装饰有限公司
149	研发中心（会展中心、办公楼及地下车库）	江苏南通二建集团有限公司	江苏启安建设集团有限公司
			深圳市博大建设集团有限公司
150	连云港市档案馆、城建档案馆迁建工程	南通四建集团有限公司	南通承悦装饰集团有限公司
			苏州柯利达装饰股份有限公司
151	仁恒江湾城四期	龙信建设集团有限公司	南京仁生装饰工程有限公司
152	海安县文化艺术中心	南通华新建工集团有限公司	南通华汇建筑工程有限公司
			江苏河马机电工程有限公司
			上海森信建设集团有限公司
153	余政储出（2011）80号地块办公楼及地下室项目	浙江省三建建设集团有限公司	浙江省武林建筑装饰集团有限公司
			苏州美瑞德建筑装饰有限公司
			深圳市洪涛装饰股份有限公司
			苏州朗捷通智能科技有限公司
154	杭政储出［2007］55号地块办公、商业金融用房	浙江省建工集团有限责任公司	江苏沪宁钢机股份有限公司
			浙江省工业设备安装集团有限公司
			浙江中南建设集团有限公司
			浙江宏恩装饰工程有限公司

续表

序号	工程名称	承建单位	参建单位
155	杭州国际博览中心	中国建筑第八工程局有限公司	浙江亚厦装饰股份有限公司
			苏州金螳螂建筑装饰股份有限公司
			中建安装工程有限公司
			中国建筑装饰集团有限公司
			中建八局装饰工程有限公司
			杭州市设备安装有限公司
			浙江省工业设备安装集团有限公司
			中建八局第一建设有限公司
			中建八局第二建设有限公司
			中建八局第三建设有限公司
			江苏滨联建设集团有限公司
			浙江德方智能科技有限公司
			上海华尔派建筑装饰工程有限公司
			杭州中艺生态环境工程有限公司
			浙江东冠信息技术有限公司
156	宁波卷烟厂"十二五"易地技术改造项目联合工房工程项目	浙江欣捷建设有限公司	福建省五建装修装饰工程公司
			浙江森晟建设有限公司
157	青岛外语学校新建工程一期项目	荣华建设集团有限公司	青岛宝利建设有限公司
			中建八局第一建设有限公司
			德才装饰股份有限公司
			山东兴华建设集团有限公司
			山东荣泰建筑工程集团有限公司
			青岛宇通消防科技有限公司
158	东营市人民医院急诊急救中心暨内科病房综合楼	山东高阳建设有限公司	山东福缘来装饰有限公司
159	潍坊市中医院门诊综合楼主楼	潍坊昌大建设集团有限公司	潍坊鸢港装饰有限公司
			湖南省长沙湘华建筑工程有限公司
160	临沂市阳光热力有限公司西部供热中心项目	山东天元安装工程有限公司 天元建设集团有限公司	
161	山东省第23届运动会媒体中心	山东冠鲁置业有限公司 冠鲁建设股份有限公司	山东四方安装工程有限公司
			浙江中南智能科技有限公司
162	安徽省城乡规划建设大厦	安徽建工集团有限公司	安徽省安泰科技股份有限公司
			安徽省第一建筑工程有限公司
163	合肥香格里拉大酒店地下室、酒店A及裙楼	中天建设集团有限公司	江苏省工业设备安装集团有限公司
			深圳市特艺达装饰设计工程有限公司
164	特房·山水杰座（1～3号楼及地下室）	福建省九龙建设集团有限公司	
165	洋唐居住区保障性安居工程A09、B05地块地下室及上部主体工程	中建三局集团有限公司	中建三局安装工程有限公司

附 录

续表

序号	工程名称	承建单位	参建单位
166	福建海峡银行办公大楼	中建海峡建设发展有限公司	
167	江西检验检疫局综合实验用房	江西建工第一建筑有限责任公司	
168	中大城7号、8号楼及其商铺、地下室工程（一标段）	中大建设股份有限公司	
169	安阳世贸中心	河南北方城建集团有限公司	
170	安阳市人民医院整体搬迁建设项目门急诊综合楼	河南省第二建设集团有限公司	
171	河南鹤壁鹤淇电厂"上大压小"新建工程	河南六建建筑集团有限公司 中国能源建设集团东北电力第一工程有限公司 河南第一火电建设公司	河南省第二建设集团有限公司 中铁十九局集团有限公司 北京国电龙源环保工程有限公司 河南四建股份有限公司
172	长城汇1号写字楼	中建三局第一建设工程有限责任公司	江河创建集团股份有限公司 武汉博艺美建筑装饰安装工程有限公司 苏州金螳螂建筑装饰股份有限公司 上海全筑建筑装饰集团股份有限公司 浙江精工钢结构集团有限公司
173	武汉鹦鹉洲长江大桥正桥工程	中铁大桥局集团有限公司 武船重型工程股份有限公司 武汉市汉阳市政建设集团公司	
174	中国人寿陕西省分公司综合楼工程	中建三局集团有限公司	中建三局第三建设工程有限责任公司 深圳市三鑫幕墙工程有限公司 北京市建筑装饰设计工程有限公司
175	运达中央广场商业综合体（东塔楼、中部裙楼）	中建五局第三建设有限公司	中建五局工业设备安装有限公司 中国建筑装饰集团有限公司 湖南运达装饰工程有限公司 中国建筑第五工程局有限公司
176	东方红·麓谷星辰综合楼工程（东方红大厦）	湖南东方红建设集团有限公司	
177	宁乡市民之家PPP项目	湖南建工集团有限公司	湖南建工集团装饰工程有限公司 湖南六建机电安装有限责任公司 湖南天禹设备安装有限公司
178	浙江温州中心区电信大楼	湖南省第四工程有限公司	湖南四建安装建筑有限公司 湖南六建装饰设计工程有限责任公司
179	长沙县妇幼保健院整体搬迁项目-医疗保健综合楼	湖南高岭建设集团股份有限公司	湖南建工集团装饰工程有限公司 荣华建设集团有限公司
180	中南林业科技大学综合实验大楼	湖南省第六工程有限公司	湖南六建机电安装有限责任公司 湖南六建装饰设计工程有限责任公司
181	河源市图书馆新馆	广东长圣建设集团有限公司	汕头市潮阳建筑工程总公司
182	广东省建筑工程集团有限公司综合楼工程施工总承包	广东省建筑工程集团有限公司	广东省基础工程集团有限公司 广东省建筑装饰集团有限公司 广东省工业设备安装有限公司

续表

序号	工程名称	承建单位	参建单位
183	粤剧艺术博物馆工程	广东电白二建集团有限公司	广州市美术有限公司
184	和平里花园Ⅱ期1栋、2A栋、2B栋、2C栋及地下室工程	江苏省华建建设股份有限公司	江苏中程建筑有限公司
			深圳市中装建设集团股份有限公司
185	中信银行大厦	中国华西企业有限公司	深圳市华西安装工程有限公司
			深圳市科源建设集团有限公司
			深圳瑞和建筑装饰股份有限公司
			深圳市美芝装饰设计工程股份有限公司
			深圳南利装饰集团股份公司
			深圳市方大建科集团有限公司
186	当代艺术馆与城市规划展览馆	中建三局集团有限公司 重庆中工建设有限公司	中建三局第二建设工程有限责任公司
			中建钢构有限公司
			深圳市方大建科集团有限公司
			深圳市中建南方建设集团有限公司
			深圳海外装饰工程有限公司
			中建电子工程有限公司
187	广西民族大学西校区图书馆	广西建工集团第一建筑工程有限责任公司	
188	三亚财经国际论坛中心项目（四期）	中国建筑第五工程局有限公司 中建五局第三建设有限公司	深圳市中建南方建设集团有限公司
			珠海兴业绿色建筑科技有限公司
			海南深装总建筑装饰工程有限公司
			深圳市深装总装饰股份有限公司
			苏州金螳螂建筑装饰股份有限公司
			广州富利建筑安装工程有限公司
			中建不二幕墙装饰有限公司
189	伊泰·天骄6号、8号、10号、11号楼	成都市第四建筑工程公司	广东爱得威建设（集团）股份有限公司
			深圳市极尚建筑装饰设计工程有限公司
190	新建林罗至织金（新店）铁路站前工程施工标纳界河特大桥	中铁二局工程有限公司	中铁二局第五工程有限公司
			中铁二局集团新运工程有限公司
191	成都博物馆新馆建设工程	中国建筑第二工程局有限公司	成都市第四建筑工程公司
			中建钢构有限公司
			沈阳远大铝业工程有限公司
192	重庆新闻传媒中心一期工程	中冶建工集团有限公司	重庆固甲机电设备有限公司
193	重庆农村商业银行大厦工程	重庆建工集团股份有限公司	重庆建工第二建设有限公司
			重庆工业设备安装集团有限公司
			重庆建工工业有限公司
			深圳市三鑫科技发展有限公司
			深圳市奇信建设集团股份有限公司
			深圳市晶宫设计装饰工程有限公司

附 录

续表

序号	工程名称	承建单位	参建单位
194	遵义医学院新蒲校区图书馆工程	遵义建工（集团）有限公司	贵州亚美装饰有限公司
195	坝陵河大桥	贵州桥梁建设集团有限责任公司 中交第二航务工程局有限公司	
196	中航工业贵阳航空发动机产业基地项目101号科研楼	陕西建工第五建设集团有限公司	陕西鼎盛装饰工程有限责任公司 中企凯澳幕墙装饰工程有限公司
197	云南建投发展大厦（原云南建工发展大厦）	云南建投第九建设有限公司 云南建投钢结构股份有限公司 云南建投第二安装工程公司	深圳市建装业集团股份有限公司 深圳市华辉装饰工程有限公司 苏州金螳螂建筑装饰股份有限公司
198	楚雄州青山嘴水库工程	云南建投第一水利水电建设有限公司	云南省水利水电工程有限公司
199	延安大剧院工程	陕西建工集团有限公司	陕西建工第十一建设集团有限公司 陕西省建筑装饰工程公司 陕西建工安装集团有限公司 湖南艺光装饰装潢有限责任公司 陕西建工第一建设集团有限公司 陕西建工机械施工集团有限公司
200	省政协和省民主党派机关换建项目	陕西建工集团有限公司	
201	榆林高新区高科大厦	榆林市怀远建工集团有限公司	
202	清华大学附属中学秦汉学校初中部	陕西建工第一建设集团有限公司	陕西恒业建设集团有限公司 陕西华新建工集团有限公司
203	敦煌大剧院	中国建筑第八工程局有限公司	中建钢构有限公司 中建八局第三建设有限公司 深圳市中孚泰文化建筑建设股份有限公司 陕西大洋立恒装饰有限公司 中迅达装饰工程集团有限公司 甘肃工大舞台技术工程有限公司
204	兰州航天煤化工设计研发中心	甘肃第四建设集团有限责任公司	
205	新疆高端人才服务大厦	江苏南通二建集团有限公司	江苏启安建设集团有限公司 苏州苏明装饰股份有限公司
206	新纪元广场（新疆财富中心）C座工程	江苏省苏中建设集团股份有限公司	苏州金螳螂建筑装饰股份有限公司
207	新疆国际会展中心二期场馆建设及配套服务区项目	中建三局集团有限公司	中建三局第三建设工程有限责任公司 江苏顺通建设集团有限公司 浙江精工钢结构集团有限公司 中建深圳装饰有限公司 山东嘉林建设工程有限公司

续表

序号	工程名称	承建单位	参建单位
208	合肥枢纽南环线合肥南站工程	中铁建设集团有限公司 中铁十一局集团有限公司	中铁建设集团设备安装有限公司
			北京中铁装饰工程有限公司
			中铁四局集团有限公司
209	新建杭州至长沙铁路客运专线金华江特大桥	中铁五局集团有限公司	中铁五局集团第二工程有限责任公司
			中铁五局集团第六工程有限责任公司
210	杭州市紫之隧道（紫金港路～之江路）工程	中铁一局集团有限公司 中铁三局集团有限公司 中铁隧道集团有限公司 中铁十六局集团有限公司 上海隧道工程有限公司 中铁十四局集团有限公司	中铁一局集团建筑安装工程有限公司
			中铁一局集团第五工程有限公司
			浙江浙大中控信息技术有限公司
			中天建设集团浙江安装工程有限公司
			浙大网新系统工程有限公司
			中铁二局工程有限公司
			中铁十六局集团北京轨道交通工程建设有限公司
211	山东中烟工业有限责任公司滕州卷烟厂易地技术改造项目一标段	中铁建工集团有限公司	青岛安装建设股份有限公司
212	广佛江快速通道江顺大桥工程	中国中铁股份有限公司	中铁广州工程局集团有限公司
			中铁大桥局集团有限公司
			中铁建设投资集团有限公司
213	乐昌至广州高速公路大瑶山一号隧道	中铁十二局集团有限公司	中铁十二局集团第二工程有限公司
			甘肃紫光智能交通与控制技术有限公司
214	扬州市瘦西湖隧道工程	中铁十四局集团有限公司	中铁十四局集团隧道工程有限公司
			中铁十四局集团大盾构工程有限公司
			中铁十四局集团电气化工程有限公司
			北京中铁房山桥梁有限公司
			中铁十四局集团第四工程有限公司
			中铁十四局集团建筑工程有限公司
215	中国人寿研发中心一期	中铁建设集团有限公司 北京国际建设集团有限公司	北京菲尼有限公司
			深圳市建装业集团股份有限公司
			北京建磊国际装饰工程股份有限公司
			思创数码科技股份有限公司
			中国中安消防安全工程有限公司
			北京恒信建筑工程有限责任公司
			浩德科技股份有限公司
			沈阳远大铝业工程有限公司
216	青岛邮轮母港客运中心项目一期（联检大厅）	天元建设集团有限公司	山东天元安装工程有限公司
			山东天元装饰工程有限公司
			青岛港（集团）港务工程有限公司
217	荆岳长江公路大桥	四川公路桥梁建设集团有限公司 湖南路桥建设集团有限责任公司 中交第二公路工程局有限公司	武船重型工程股份有限公司
			天津城建集团有限公司

附　录

续表

序号	工程名称	承建单位	参建单位
218	马蹄河特大桥	中交一公局第四工程有限公司	
219	华润浙江苍南 2×1000MW 超超临界燃煤发电机组一期工程	中国能源建设集团安徽电力建设第一工程有限公司	浙江省二建建设集团有限公司
			中国电建集团河南工程公司
			河南四建股份有限公司
220	±500 千伏富宁换流站工程	云南省送变电工程公司	
221	朝阳利州 500 千伏输变电新建工程	辽宁省送变电工程公司	
222	扩大杭嘉湖南排杭州三堡排涝工程	浙江省第一水电建设集团股份有限公司	中国水利水电第十二工程局有限公司
			中天建设集团有限公司
			浙江江能建设有限公司
			杭州市园林绿化股份有限公司
223	烟台万华 PO/AE 一体化项目丙烯酸及酯工程	中国化学工程第六建设有限公司 烟建集团有限公司	
224	高检院 582 工程	中国建筑第二工程局有限公司	中建二局第一建筑工程有限公司
			山东天石集团有限公司
225	河西地区综合性医院（河西儿童医院）-门诊医技病房楼	上海宝冶集团有限公司	苏州金螳螂建筑装饰股份有限公司
			南京东大智能化系统有限公司
			深圳市方大建科集团有限公司
			南通四建集团有限公司
			上海风神环境设备工程有限公司
			湖南德成建设工程有限公司
226	宝钢广东湛江钢铁基地项目炼钢工程	中国十七冶集团有限公司	
227	珠海横琴新区市政基础设施Ⅰ标段城市综合管廊工程	中国二十冶集团有限公司	中国二十二冶集团有限公司
228	中国少年儿童科技培训基地地下部分等 4 项（中国少年儿童科技培训基地）	中国建筑一局（集团）有限公司	中建一局集团第二建筑有限公司
			浙江大丰建筑装饰工程有限公司
			北京弘高建筑装饰设计工程有限公司
			中国新兴建设开发总公司
			中翔消防工程有限公司
			长沙广大建筑装饰有限公司
229	三亚海棠湾君悦酒店	中建一局集团建设发展有限公司	深圳市特艺达装饰设计工程有限公司
			深圳市卓艺装饰设计工程有限公司
230	1817 工程教学综合楼	中建三局集团有限公司	中建东方装饰有限公司
			华鼎建筑装饰工程有限公司
			中建深圳装饰有限公司
			中星联丰幕墙装饰工程有限公司
231	神木县少年宫（新村艺术大厦）	中建五局第三建设有限公司	浙江东南网架股份有限公司
			深圳市中孚泰文化建筑建设股份有限公司
			中建五局装饰幕墙有限公司

续表

序号	工程名称	承建单位	参建单位
232	天津数字电视大厦二期施工总承包工程	中国建筑第六工程局有限公司	中建六局建设发展有限公司
			浙江亚厦装饰股份有限公司
			天津中发机电工程有限公司
233	徐州市三环北路高架快速路工程	中国建筑股份有限公司 中建三局集团有限公司 中国建筑第七工程局有限公司 中建新疆建工（集团）有限公司	中国建筑装饰集团有限公司
			中建三局基础设施工程有限公司
			中建七局第二建筑有限公司
			徐州市公路工程总公司
234	鲁能领秀城商业综合体项目	中国建筑第八工程局有限公司	苏州金螳螂建筑装饰股份有限公司
			上海新丽装饰工程有限公司
			湖南新宇装饰设计工程有限公司
			荣华建设集团有限公司
			德泰建设有限公司
			湖南省沙坪建设有限公司
			中建八局第一建设有限公司
235	G14青奥城地块（会议中心）工程	中国建筑第八工程局有限公司	中建安装工程有限公司
			中建八局第三建设有限公司
			中建二局安装工程有限公司
			深圳市中孚泰文化建筑建设股份有限公司
			浙江亚厦装饰股份有限公司
			浩德科技股份有限公司
236	信息工程大学综合实验演训楼	中国建筑第二工程局有限公司	上海住总金属结构件有限公司
			杭萧钢构（河南）有限公司
237	"1600工程"Ⅱ期工程	中国人民解放军92302部队 北京金港场道工程建设股份有限公司 中铁四局集团有限公司 江南造船（集团）有限责任公司	
238	中航技研发展示中心工程	中国新兴建设开发总公司	深圳海外装饰工程有限公司
			北京银都世纪装饰工程有限责任公司
			成都成飞建设有限公司